9787101102086

U0710174

中國史學基本典籍叢刊

文史通義校注

上册

〔清〕章學誠 撰
葉　瑛 校注

中華書局

圖書在版編目(CIP)數據

文史通義校注/(清)章學誠撰;葉瑛校注. —北京:中華書局,2014.7(2025.4重印)
(中國史學基本典籍叢刊)
ISBN 978-7-101-10208-6

Ⅰ.文… Ⅱ.①章…②葉… Ⅲ.①文史-研究-中國-清代②《文史通義》-注釋 Ⅳ.K092.49

中國版本圖書館 CIP 數據核字(2014)第 122206 號

責任編輯:俞國林
封面設計:周 玉
責任印製:管 斌

中國史學基本典籍叢刊

文史通義校注

(全三冊)

〔清〕章學誠 撰
葉 瑛 校注

*

中華書局出版發行
(北京市豐臺區太平橋西里 38 號 100073)
http://www.zhbc.com.cn
E-mail:zhbc@zhbc.com.cn
北京新華印刷有限公司印刷

*

850×1168 毫米 1/32・40¾ 印張・6 插頁・760 千字
2014 年 7 月第 1 版 2025 年 4 月第 8 次印刷
印數:9101-9700 册 定價:158.00 元

ISBN 978-7-101-10208-6

出版說明

《文史通義》是清朝乾、嘉時代著名學者章學誠的著作。章學誠（一七三八——一八〇一）字實齋，浙江會稽（今紹興）人，是著名的史學家，曾經爲和州永清縣和亳州編寫縣志和州志，又編寫《湖北通志》，著有《章氏遺書》，從中選出精要部分爲《文史通義》，後附《校讎通義》。

章學誠著作《文史通義》想挽救當時的學風。他在《上辛楣宫詹錢大昕》的信裏說：「世俗風尚，必有所偏，達人顯貴之所主持，聰明才俊之所奔赴，其中流弊必不在小。載筆之士不思救挽，無爲貴著述矣。苟欲有所救挽，則必逆于時趨。」他看到當時學風的流弊，想加以挽救。他說的「達人顯貴之所主持」，當指朝廷提倡宋學；「聰明才俊之所奔赴」，當指當時的學者都趨向漢學。宋學講心性，認爲「理在氣先」，離事物而言理，不免空疏；漢學講考證，治學不本於性情。章氏在《原學下》提出批評道：「學博者長於考索，豈非道中之實積；而騖於博者，終身敝精勞神以殉之，不知博之何所取也。」又說：「言義理者似能思矣，而不知義理虛懸而無薄，則義理亦無當於道矣。」因此他在《浙東學術》裏提出「言性命者必究於史」，反對空談性

命」,在《博約下》説「言學術功力,必兼性情」,「令學者自認資之所近與力所能勉者而施其功力」,反對不顧資質專講考據。當時的經學,主張道在《五經》,可以從通文字音韻訓詁來通經,通經來明道。漢學的研究文字音韻訓詁正所以明道,這就把漢學和經學結合了。他在《原道上》裏對通經來明道的經學提出批評,他説:「道者,萬事萬物之所以然,而非萬事萬物之當然也。人可得而見者,則其當然而已矣。」由於人們看到的當然不同,法制也跟着不同。「三皇無為而自化,五帝開物而成務,三王立制而垂法,後人見為治化不同如是。」那末聖人怎樣去認識道,認識「萬事萬物之所以然」呢?「聖人求道,道無可見,即衆人之不知其然而然,聖人所藉以見道者也。」「學於衆人,斯為聖人。」他認為道是萬事萬物之所以然,這種所以然只能從衆人之不知其然而然中去找,不能從經書中去找。這樣,他要在當時的宋學、漢學、經學外另外開闢一條治學的道路,反對當時的學風。

他要開闢一條怎樣治學的路呢?《原道下》説:「夫道備於六經,義蘊之匿於前者,章句訓詁足以發明之」;事變之出於後者,六經不能言,固貴約六經之旨,而隨時撰述,以究大道也。」「蓋必有所需而後從而給之,有所鬱而後從而宣之,有所弊而後從而救之。」《易》曰:『神以知來,智以藏往。』」他主張研究事變,要解決後來的事變,六經裏沒有,可以取六經的用意做參考,觀察衆人的所需、所鬱、所弊來解決。他的目光在借古通今,借古是智以藏往,通今

是神以知來,可見他更重在通今。《原道下》附有邵晉涵說:「是篇初出,傳稿京師,同人素愛章氏文者,皆不滿意。謂蹈宋人語錄習氣,不免陳腐取憎,與其平日爲文不類。」他的卓識深心,在當時愛章氏文者都不理解,其他的人更不用說了。因此,他不可能在當時真正開闢出一條新的治學的路來。

他的成就還在史學、文學和校讎學上。他在《家書》二說:「吾於史學,蓋有天授,自信發凡起例,多爲後世開山,而人乃擬吾於劉知幾。不知劉言史法,吾言史意,劉議館局纂修,吾議一家著述。截然兩途,不相入也。」如劉知幾《史通·六家》批評《史記》:「尋《史記》疆宇遼闊,年月遐長,而分以紀傳,散以書表。每論家國一政,而胡、越相懸,叙君臣一時,而參、商是隔,此其爲體之失也。兼其所載多聚舊記,時採雜言,故使覽之者事罕異聞,而語饒重出,此撰錄之煩者也。」認爲《史記》把一時的事分散在紀傳書表裹不集中,多引用舊書,這兩點《漢書》跟《史記》一樣,不過一爲斷代史,一爲通史罷了。」劉的推重《漢書》而貶低《史記》,只是偏重斷代史而貶低通史,對紀傳體的不足處並不能補足。章氏對《史記》《漢書》的評價和劉氏不同。他在《書教下》說:「遷書通變化,而班氏守繩墨。」「遷書體圓用神,班氏體方用智。」守繩墨指有定法,通變化指根據人事的變化來寫,自有用意,如「《伯夷列傳》乃七十

篇之序例,非專爲伯夷傳也。《屈賈列傳》所以惡絳、灌之讒,其叙屈之文,非爲屈氏表忠,乃弔賈之賦也」。他認爲劉講定法,所以贊美《漢書》;他講用意,所以推重《史記》。

他在《答客問上》説:「君臣事跡,官司典章」,「纂輯比類,以存一代之舊物,是則所謂整齊故事之業也。開局設監,集衆修書,正當用其義例,守其繩墨」。他認爲劉所講的就是這種開局修書的義理。至於他講的史意,「固將綱紀天人,推明大道,所以通古今之變,而成一家之言者,必有詳人之所略,異人之所同,重人之所輕,而忽人之所謹,繩墨之所不可得而拘,類例之所不可得而泥,而後微茫杪忽之際,有以獨斷於一心」。他注意的在「通古今之變,成一家之言」。他對史書體例的看法也是這樣。在《書教下》説:「司馬《通鑑》病紀傳之分而合之以編年,袁樞《紀事本末》又病《通鑑》之合,而分之以事類。按本末之爲體也,因事命篇,不爲常格,非深知古今大體,天下經綸,不能網羅隱括,無遺無濫,文省於紀傳,事豁於編年,決斷去取,體圓用神。」把紀事本末體這樣推重,是他的創見,後來新的歷史書的編著,證實了他的遠見。他又提出《史德》,這也是劉所沒有提到的。

就文學看,他的《史德》,是史學通於文學的。他説:「凡文不足以動人,所以動人者氣也;凡文不足以入人,所以入人者情也。氣積而文昌,情深而文摯,氣昌而情摯,天下之至文也。然而其中有天有人,不可不辨也。」「氣合於理,天也,氣能違理以自用,人也。情本於性,天

也，情能汩性以自恣，人也。」《史德》要求文章寫得完全符合於事理，不能有絲毫的偏私，從而推求到情和氣，這也是他論文的主旨。他又寫了《文德》，也是文學和史學相通的。他說：「凡爲古文辭者必敬以恕。」敬要「氣攝而不縱，縱必不能中節也」，恕要「能爲古人設身處地」，是說陳壽在晉作《三國志》，晉承魏，不得不以魏爲主，習鑿齒在東晉偏安一隅時寫《漢晉春秋》，不得不以偏安一隅的蜀漢爲主。這又是論文而通於史了。他對於清代推重的明朝歸有光和桐城派開創者方苞都有不滿，他在《文理》裏批評歸有光用五色圈點來評論《史記》：「今歸、唐諸子，得力於《史記》者，特其皮毛，而於古人深際未之有見」。他在《答問》裏批評方苞：「或問近世如方苞氏，刪改唐、宋大家，亦有補歟？夫方氏不過古人所謂本不甚深，況又加以私心勝氣，非徒無補於文，而反開後生小子無忌憚之漸也。」他的論文，像《文理》說的：「古人著爲文章，皆本於中之所見，初非好爲炳炳烺烺，如錦工綉女之矜誇采色已也。」他先要探求古人本於中之所見，與古今文章的流變，作者的成就，不滿於歸、唐與方苞的所得者淺，只追求所謂疏宕頓挫。他在《文集》裏提出「因文以求立言之質」，看它有沒有真識。他在《陳東蒲方伯詩序》裏論詩書要求立言之質，認爲「令翻譯者流，但取詩之意義，演爲通俗語言，此中果有卓然其不可及，迥然其不

同於人者」，才是可稱的詩了。他論文批評歸方的無學無識，主張辨章學術，就通於校讎學了。

就校讎學看，他在《校讎通義序》裏說：「校讎之義，蓋自劉向父子部次條別，將以辨章學術，考鏡源流，非深明於道術精微群言得失之故者，不足與此。」用意在考求學術源流，深通道術精微。因此，他的校讎對各種書要按照它的學術源流來分，還要考求群言得失。這樣來談校讎，已經擴大了校讎的原意，不限于校對書籍，把劉向、劉歆的部次條別編定《七略》都包括在內了。按照他的校讎學，那末《四庫提要》，還得像《七略》那樣，著爲一書，來辨章古今學術源流，條別屬兩類的有互著，一書而其中有的篇章可屬另一類的，可以裁篇別出。這樣來談校讎，那末《四庫提要》還得像《七略》那樣，著爲一書，它的得失，當時的學術界是不能接受的。

對這樣一部重要著作，到一九三五年，才有福建閩侯縣葉長清先生的《文史通義注》，爲無錫國學專修學校叢書之十一。葉注有注無校。葉瑛先生作《文史通義校注》，始于一九二九年，完成于一九四八年。葉瑛字石甫，一八九六年出生於安徽桐城西鄉陶冲驛，畢業于武昌高等師範學校。先後任教于吳淞中國公學、天津南開學校及任武漢大學教授，一九五〇年去世，年五十四。他的校注告成時，看到了葉注，把葉注的勝義採入校注，並加注明。校注比葉注更爲詳密。校注用浙江書局本、粵雅堂叢書本等九個本子，其中劉咸炘校志古堂刻本、

廬江何氏鈔本更重要。何本按語，可考訂《文史通義》各篇的作年和有關文獻。如五三九頁注〔一〕等是。劉本可以補原書的脫文，如一四〇頁正文：「蓋必有所鬱而後從而宣之，有所弊而後從而救之。」括號中的話是校注從劉本補的。又七五八頁原文：「（《儒林》叙董仲舒、）王吉，別有專傳。」括號中的話，也是校注從劉本遺書補的。還有個別文字的改正。校注還據劉本補錄有關章氏原文，如在九二八頁注〔五八〕中據劉本補錄章氏《金文叙錄》，可作這篇《永清縣志文徵序例》的參考。在一一三三頁注〔五〕裏據劉本補錄章氏論鄭樵評《漢志》的一節，可作這篇《鄭樵誤校漢志》的參考。

注文徵引原文出處，能糾正章氏原文的疏漏。章氏在《家書二》裏說：「吾讀古人文字，高明有餘，沉潛不足。故於訓詁考質多所忽略，而神解精識，乃能窺及前人所未到處。」他在《報黃大俞先生》裏說：「不可以比類之密而笑著述之或有所疏。」因此讀章書當領會他的創見，但注章書正要補他的疏漏，校注做到了這點。如一五四頁原文「禮自宗伯，樂有司成」，章氏誤以「司成」爲樂之官。一五九頁注〔二七〕引「樂正司業，父師司成」來糾正章氏的誤解。四七九頁又四七二頁原文《漢志》儒家有平原君，章氏以趙勝著《平原君》入儒家爲說。注〔二五〕引章太炎說，以平原君爲朱建來訂正等。

這次刊印校注遺稿，必要時稍加修補。有題意不明的，如《浙東學術》，原文稱「浙東之

學，雖出婺源（朱熹），然自三袁之流，多宗江西陸氏」，按朱熹與陸九淵皆言性理，浙東學術言經世致用，此點主要區別，本篇何以不言？又浙東學術一般推呂祖謙、陳傅良、葉適、陳亮，與朱、陸不同，此篇于諸人何以不言？何以言浙東之學出于朱、陸？原注對此皆無説明，因加補注，以説明題意。又如七五七頁正文「史家所謂部次條別之法」下引「孟荀三鄒、老莊申韓」等傳作例，原注未言此等合傳部次條別之義例，因加申説。又注文有漏注篇名的補篇名，如四五四頁注（六）引張祐詩，補《贈志凝上人》題；五三〇頁注（九）引《顏氏家訓》，補《風操》篇名等。校注在糾正原文疏漏處還可補充的，稍加簡注，如二〇頁注（二五）所引《尚書》文稍加簡注。注中引文過深的，稍加簡注，如六九二頁正文「唐人修五代地志（即《隋志》）。」按《隋書·地理志》以煬帝時的一百九十郡、一千二百五十五縣作志，於郡下不言五代沿革，不得稱五代地志。又七七四頁正文：「呂氏十二紀似本紀所宗。」於《史記·大宛傳贊》兩言《禹本紀》，爲《史記》所本，章説未是，但章用「似」字，尚未肯定。校注引《文心雕龍·史傳》「取式《呂覽》，通號曰紀」，更肯定了，因加改注。注文有疏漏的，亦稍加補正，如一九四頁正文：「以良知爲諱，無亦懲於末流之失。」校注未注「末流之失」，因引泰州學派之狂縱作補。如三六二頁正文：「譬若《月令》中星不可同於《堯典》」，太初曆法不可同於《月令》。」三六五頁注（九）注（一〇）未注「不可同於《堯典》」與「《月

令》」,因加補注。校注和稍加補正處,一定還有疏漏或錯誤,尚望專家和讀者指正,以便於再版時改正。

中華書局編輯部
一九八三年五月

目錄

題記	一
例言	七
序……章華紱	九
文史通義校注卷一 內篇一	
易教上	一
易教中	一四
易教下	二三
書教上	三六
書教中	四六
書教下	五八
詩教上	七一
詩教下	九二
經解上	一一〇
經解中	一二〇
經解下	一二九
文史通義校注卷二 內篇二	
原道上	一三九
原道中	一五三
原道下	一六一
原學上	一七二
原學中	一七五
原學下	一八〇

博約上	一八四
博約中	一八九
博約下	一九四
言公上	一九九
言公中	二一四
言公下	二二八

文史通義校注卷三　內篇三

史德	二五七
史釋	二六九
史注	二七七
傳記	二九〇
習固	三〇三
朱陸	三〇六
文德	三二四

文理	三三四
文集	三四五
篇卷	三五六
天喻	三六二
師説	三七〇
假年	三七五
感遇	三八〇
辨似	三九三

文史通義校注卷四　內篇四

説林	四〇三
知難	四二五
釋通	四三三
橫通	四五二
繁稱	四五六

匡謬	四六九
質性	四八三
黠陋	四九五
俗嫌	五〇九
鍼名	五一六
砭異	五二一
砭俗	五二五

文史通義校注卷五　內篇五

申鄭	五三七
答客問上	五四五
答客問中	五五二
答客問下	五五九
答問	五六七
古文公式	五七六

文史通義校注卷六　外篇一

古文十弊	五八四
浙東學術	六〇六
婦學	六一五
婦學篇書後	六二二
詩話	六四八
方志立三書議	六六三
州縣請立志科議	六八一
地志統部	六九二
和州志皇言紀序例	七〇八
和州志官師表序例	七一三
和州志選舉表序例	七一六
和州志氏族表序例上	七二一
和州志氏族表序例中	七二九

目次	頁
和州志氏族表序例下	七三三
和州志輿地圖序例	七三六
和州志田賦書序例	七四四
和州志藝文書序例	七五三
和州志政略序例	七六一
和州志列傳總論	七六四
和州志闕訪列傳序例	七八三
和州志前志列傳序例上	七八八
和州志前志列傳序例中	七九五
和州志前志列傳序例下	七九九
和州文徵序例	八〇六
文史通義校注卷七　外篇二	
永清縣志皇言紀序例	八一五
永清縣志恩澤紀序例	八二三

永清縣志職官表序例	八二八
永清縣志選舉表序例	八三三
永清縣志士族表序例	八三八
永清縣志輿地圖序例	八四四
永清縣志建置圖序例	八五四
永清縣志水道圖序例	八六〇
永清縣志六書例議	八六六
永清縣志政略序例	八六六
永清縣志列傳序例	八八三
永清縣志女列傳序例	八九〇
永清縣志闕訪列傳序例	八九九
永清縣志前志列傳序例	九〇七
永清縣志文徵序例	九一五
亳州志人物表例議上	九三〇
亳州志人物表例議中	九三四

亳州志人物表例議下	九三九
亳州志掌故例議上	九四二
亳州志掌故例議中	九四六
亳州志掌故例議下	九五〇

文史通義校注卷八 外篇三

與甄秀才論文選義例書（二）	九五四
答甄秀才論修志第二書	九六〇
答甄秀才論修志第一書	九七三
修志十議	九八一
天門縣志學校考序	九八九
天門縣志五行考序	九九六
天門縣志藝文考序	九九八
與石首王明府論志例	一〇〇二
記與戴東原論修志	一〇一三
報廣濟黄大尹論修志書	一〇一七
覆崔荆州書	一〇二一
爲張吉甫司馬撰大名縣志序	一〇二五
爲畢秋帆制府撰常德府志序	一〇三五
爲畢秋帆制府撰荆州府志序	一〇四二
爲畢秋帆制府撰石首縣志序	一〇五〇
書武功志後	一〇五四
書朝邑志後	一〇六一
書吴郡志後	一〇六六
書姑蘇志後	一〇七六
書灤志後	一〇八四
書靈壽縣志後	一〇九〇

校讎通義校注卷一

叙	一一〇一

原道第一	一〇八
宗劉第二	一二四
互著第三	一三五
別裁第四	一三五
辨嫌名第五	一三五
補鄭第六	一三九
校讎條理第七	一四五
著錄殘逸第八	一五二
藏書第九	一五五

校讎通義校注卷三

補校漢藝文志第十	一六七
鄭樵誤校漢志第十一	一六八
焦竑誤校漢志第十二	一七五
漢志六藝第十三	一八九
漢志諸子第十四	二〇五
漢志詩賦第十五	二三八
漢志兵書第十六	二四八
漢志數術第十七	二五五
漢志方技第十八	二五九

引用書目 ……………… 二六一

題　記

吾國學術，源遠流長，載籍之富，蘊藏之豐，甲乎世界；初涉其藩，茫無涯涘，不有書焉為之津逮，鮮有不興望洋向若之歎者。清會稽章實齋先生所著之《文史通義》，辨章學術，考鏡流別，端學人之趨向，明立言之指歸，洵有心國故者所宜先讀之書也。先生生平著述宏富，而自謂「性命之文，盡於《通義》一書」。《跋戊申秋課》，劉刻《章氏遺書》卷二十九。先生生平著述宏富，而自謂「性命之文，盡於《通義》一書」。《跋戊申秋課》，劉刻《章氏遺書》卷二十九。裁，見其《通義》有精深者，亦與歎絕。《與史餘村簡》，《遺書》卷九。而焦里堂循《讀書三十二贊》，《文史通義》列於十九。其書見重當時已如此。顧先生懷才不遇，侘傺終老，不為時流所知。有翁方綱者，曾詢劉端臨台拱，實齋學業究何門路。《家書》二，《遺書》卷九。翁氏居高位，工書法，有名於時，而相驚河漢若是，最足以代表當日士林對於先生之反應。而先生不自祕惜，每一篇成，恆寫寄友人，人間傳錄，多有異同，剽竊其辭意而諱其所自。《與邵二雲論學書》云：「生平所得，無不見於言談，至筆之於書，亦多新奇可喜；其間游士襲其談鋒，經生資為策括，足下亦既知之。近則遨遊南北，目見耳聞，自命專門著述者，率多陰用其言，陽更其貌，且有明翻其說，暗勤其意，幾於李義山之敝縕，身無完膚；杜子美之殘膏，人多沾丐。鄙昔著《言公》篇，久

有謝名之意，良以立言垂後，無既著有文辭，今必名出於我。」《遺書》卷九。其思想議論影響於當世者又如此。百餘年來，先生之學漸顯，洎乎今日，幾於家有其書矣。然知其學者未必能諳其識，欲以跡者未必能接以心，此所以讀其書求其旨而不得者十常八九也。

先生之學，蓋遠祖陽明，蕺山王守仁、劉宗周，近祧梨洲、思復黃宗義、邵廷采，所著《浙東學術》一文，乃先生自道其學之所從出，講性命而兼攻史學，固是浙東學派一脈相傳者。先生一生景仰餘姚邵廷采念魯。邵氏所著《思復堂集》，先生歎爲五百年來所罕見。以爲「班、馬、韓、歐、程、朱、陸、王，其學其文，如五金貢自九牧，各有地產，不相合也，洪鑪鼓鑄，自成一家，更無金品界之分，談何容易！文以集名，而按其旨趣義理，乃在子史之間，五百年來，誰能辦此？」《邵與桐別傳》後貽選按語，《遺書》卷十八。故其爲學宗旨，即欲步趨邵氏，萃合馬、班之史，韓、歐之文，程、朱之理，陸、王之學，以成一子之書。而性耽史學，出於天授，發凡起例，多爲後世開山而其別識心裁，在明史言，不在言史法，取著述成家，不取方圓求備，自謂與劉知幾截然兩途者在此。先生有此抱負，惜未能紬石室之祕藏，成名山之鴻業，嘗約邵二雲晉涵改修《宋史》，欲爲千百年後史學開蠶叢者，既美志不遂，而爲畢秋帆所修造端宏大之《史籍考》，亦未能卒業，乃僅應用其理論而小試之於方志。方志之在前人，多爲圖經之概念所囿，視爲地理之書而已。先生則以爲方志乃《周官》外史小史之遺，爲國史之所取資，其視國史，具體而微耳。吾國方

志學之成立，自先生始。所修和州、永清、亳州諸志，及《湖北通志稿》等，其創造天才，從可概見。然先生深識所寄，不在是也。《與嚴冬友書》云：「日月倏忽，得過日多，檢點前後，識力頗進，而記誦日衰。思斂精神爲校讎之學，上探班、劉，溯源官禮，下該《雕龍》《史通》，甄別名實，品藻流別，爲《文史通義》一書，草創未多，頗用自賞。」《遺書》卷二十九。外著有《校讎通義》，自成一家之言，於吾國學術源流及宗旨，辨之最晰。《文史通義》《校讎通義》源流清，則各種學術地位之高下輕重，其間互相之關係，豁然呈露。宗旨明，則衡定古今述作，正僞純駁，若坐堂上而指數之於堂下也。先生嘗謂「史學本於《春秋》，專家著述本於官禮，辭章泛應本於風詩，若坐堂上而指數之於旨，盡於是矣。子有雜家，雜於衆不雜於己，雜而猶成其家者也。文有別集，集亦雜也，雜於體不雜於旨，集亦不異於諸子也。故諸子雜家與文集中之具本旨者，皆著述之事，立言之選也。」《立言有本》，《遺書》卷七。著述貴有宗旨，而辨之不可不嚴。與先生並世諸賢，若休寧戴東原，通經服古，一貫多聞，學出於朱子，而反以攻朱爲能事，乃先生平日反對最力者也。而稱其「所學深通訓詁，究於名物制度，而得其所以然，將以明道也。著《論性》《原善》諸篇，於天人理氣，實有發前人所未發。」《書朱陸篇後》本書附錄。若江都汪容甫中處考證風氣正盛之時，斐然有志於著述，期欲有所樹立，先生許爲工辭章而優於辭令者也。而所著《述學》，內其所外而外其所內，病其「博學能文，而不知宗本。」《立言有本》，《遺書》卷七。若餘姚

邵二雲,遠承家學,汲流浙東,精訓詁而兼長史裁,敦孝行而知尊文獻,爲先生平日所最引爲深契者也。」而論爲學祈嚮,則謂「足下於文,漫不留意,立言宗旨,未見有所發明,此非足下有疏於學,恐於聞道之日猶有待也。」《與邵二雲論學》《遺書》卷九。批評人物,有時似近深刻,而持論警闢,輒能洞垣一方,非惟好而知其惡,惡而知其美也,而立言宗旨,辨之惟恐不嚴,從可知矣。

清代學風,肇自亭林顧炎武,至乾、嘉間,大師輩出,惠定宇、莊方耕惠棟、莊存與興於吳,戴東原、程易疇戴震、程瑤田興於皖,而江、淮間汪容甫、劉端臨、王懷祖念孫復翁桴應而起,以考證訓詁講經學,風靡一時,洗膚受之疏陋,宏漢家之遺緒,其茂績度越前古,可云盛矣。先生起於浙東,獨病其時「風氣徵實過多,發揮過少,有如蠶食葉而不能抽絲。」《與汪龍莊書》,《遺書》卷九。故平日論學,不主逐時趨而徇風氣,而主逆時趨而持風氣,良以「所貴君子之學術,爲能持世而救偏」故也。其《文史通義》一書,即半爲矯正此種風氣而作。其言曰:「《文史通義》,專爲著作之林校讎得失。著作本乎學問,而近人所謂學問,則以《爾雅》名物,六書訓故,謂盡經世之大業,雖以周、程義理,韓、歐文辭,不難一咉置之。」《與陳鑑亭論學》《遺書》卷九。當時偏重考據,而略棄義理與辭章,流弊至此。又曰:「學誠從事於文史校讎,蓋將有所發明;然辨論之間,頗乖時人好惡,故不欲多爲人知,所上敝帚,乞勿爲外人道也!」《上錢辛楣宮詹書》《遺書》卷二十九。又曰:「鄙著《文史通義》

之書，諸知己者，許其可與論文，不知中多有爲之言，不盡爲文史計者。關於身世有所根觸，發憤而筆於書。嘗謂百年而後，有能許《通義》文辭，與老杜歌詩同其沈鬱，是僕身後之桓譚也。」《與朱少白》《遺書·逸篇》。以其與時異趨，不爲時流所喜，絃外之音，不無身世寂寞之感，而自甘爲舉世不爲之學，期以持世而救偏，則自信之篤，固可質鬼神而無疑，俟百世而不惑者矣。

然先生之反抗時代風尚，非故自立異以鳴高，好惡有拂人之性也。良由先生高瞻遠矚，不爲時代風氣所囿，曉然洞明於經史百家支與流裔，而有以得其大原。故其論學，千舉萬變而不窮於辯，昂首天表而不汨於俗。其基本觀念「即器以明道」一語，足以蔽之。《易》曰：「形而上者謂之道，形而下者謂之器。」道不離器，猶之影不離形。造學之途有百，而其要期於明道，故曰：「學者，學於道也。道混沌而難分，故須義理以析之；道隱晦而難宣，故須文辭以達之；三者不可有偏廢也。」《與朱少白論文》《遺書》卷二十九。又曰：「學博者長於考索，豈非道中之實積？而鶩於博者，終身敝精勞神以徇之，不思博之何所取也。才雄者健於屬文，矜其豔於雲霞，豈非道體之發揮？而擅於文者，終身苦心焦思以搆之，不思文之何所用也。言義理者，似能思矣，而不知義理虛懸而無薄，則義理亦無當於道矣。」《原學下》，本書卷二。故爲明道而治學，則學有指歸，即器以明道，則道非虛牝，由是而立言，則言出於己，而所以爲言者非由己也。世儒言道，不知即事物而求所以然，故誦法聖人之言，以爲

聖人別有一道，在我輩日用事爲之外，是離器而言道也。故宋學流弊，「以道名學，而外輕經濟事功，內輕學問文章，則守陋自是，枵腹空談性天，無怪通儒恥言宋學也。」《家書五》《遺書》卷九。其治漢學者，知即器以求之矣，而其致力之途，初不出乎名物、度數、章句、訓詁之間，以爲學問在是，而不知是乃明道之具，而非道也。清代學者，自亭林以來，懲於王學末流空疏之弊，主張實事求是，倡經學即理學之說，以爲道在六經，學者窮經有得，爲已盡天下之能事。先生則以爲道在事物，學者明經，在即事物而求其所以然，六經固不足以盡之。故曰：「道備於六經，義蘊之匿於前者，章句訓詁足以發明之。事變之出於後者，六經不能言，固貴約六經之旨而隨時撰述，以究大道也。」《原道下》，本書卷二。知即器以明道，故知古人不離事而言理。知古人不離事而言理，則知六籍皆經世之書，而初非空言。其中所蘊含先民之智慧與經驗，多具有普通性與永久性，能闡發而日新之，在在與吾人現實生活相聯繫。此六經皆史之說，微意所在也。

雖然，學固貴明道矣，而學問本乎性情，所謂道欲通方而學貴自得。故先生論學教人，最尊重個性。人生難得全才，得於天者，必有所近。從其性之所近，盡其力之所能，因以推微而知著，因偏以得全，此不拘於從入之途，人人可自勉焉者也。若夫「不問天質之所近，盡己之所安，惟逐風氣所趨，而徇當世之所尚，勉強爲之，固已不若人矣。世人譽之，則沾沾以喜，世人毀之，則戚戚以憂，而不知天質之良，日已離矣。夫風氣所在，毀譽隨之，得失是非，豈有

定哉？辭章之習既盛，輒詆馬、鄭爲章句，性理之餕方張，則嗤韓、歐爲文人，循環無端，莫知所底。而好名無識之徒，乃謂託足於是，"天下莫能加焉，不亦惑歟！"《答沈楓墀論學》，《遺書》卷九。

一九二九年秋，余執教天津南開學校，爲諸生授《文史通義》，苦無注本，閱讀弗便也，爰疏記其崖略若干篇。抗戰事起，南開中敵火，笥衍爲燼。隨校轉渝後，懲空言之無裨，慨學術之弗章，課暇輒取《通義》疏注之。一九四二年秋，移教武漢大學，僑居樂山，境益堅苦，注事中廢者累年。已而任授是課，因復稍稍董理舊業。復員來漢，圖書稍集，繙檢較便矣。夫注書之事，有類胥鈔，而其難在乎明審。《通義》文字易憭，而牽涉猥繁，其間檢一語徵一事而究全書遍群籍者，往往而有。然則區區微績，庶期涓埃注附，不無小益於高深乎？校注既竟，爰識數語如上。一九四八年立秋後三日，桐城葉瑛記於落伽山。

例 言

一、《文史通義》一書，當日章氏曾自刻其一部，今僅附見於燕肆所傳鈔本（見《章氏遺書》，載四川省圖書館《圖書集刊》第二期）。清道光十二年，次子華紱始刻其書於河南，號大梁本，即世所通行者。清季以還，翻刻滋多，習見之本，不下十數種（見張述祖《文史通義版本考》，載燕大《史學年報》第三卷第一期）。劉氏嘉業堂所刊《章氏遺書》，徵輯較備，而《通義》篇第，乃與通行本迥異。內篇較多《禮教》、《所見》、《博雜》、《同居》、《感賦》、《雜說》六篇；外篇所收爲與內篇相發明諸文字，似較通行本專取方志敍例者爲勝。劉刻係據蕭山王毂塍（宗炎）所定本，而王氏固實齋易簀時以全稿付託者，然華紱序謂王本多與先人原編互異，則亦未必盡得先生意也。茲爲便於採用起見，仍以通行本爲據，其間有闕文，則於注中從別本錄入。《校讎通義》例亦準此。

二、是書翻刻，以浙本伍氏《粤雅堂叢書》本（咸豐元年）較早。浙本年代未詳，茲所校以粤雅堂本爲主，諸本文字有異同者，則注明於後，其有他本不能勝此本者，則不復注，凡以明所從也。其分段起訖，亦準此例。

三、本注爲便於一般讀者起見,凡涉經史之詞句,悉將原文注出。而出處必據其最先,援引必著其篇卷,固無論已。其原書自注有須加注者,亦爲之注明。

四、有前後迻見而上下文義須待詳而後明者,則重爲注出,並注明已見某篇,使詳略可以互見。

五、原書作者或徵引故實,疏於檢點,或據寫文字,涉筆偶誤,悉於注中疏正之。

六、章氏生際考據風氣極盛之世,乃昌言其課虛之學,於文史創見,近世學者多能言之。兹於其書要旨所在,思有以救弊補偏,亦略爲引發,以期不至晦其原意,而時賢有修正之説者,則酌要採入,庶以見學術之公云。

七、注文採自時賢者,必一一注明,不敢攘美。近有葉君長青注,於章氏之説,間有辨正,而疏略之處,時亦難免。繕稿垂成,乃始見及,兹摘其勝義,隨注標明,援引從同,則不復識別。

八、各篇撰著年月,則據《章實齋年譜》《章實齋文字編年》,及參證《遺書》,分別注明,庶於章氏思想進展,讀者亦可考知。

九、每篇注首揭明全篇大旨,藉資省覽,每段大意,亦時分別注明,以期昭晰。其注引用舊説,間厠鄙見者,悉加一案字以別之。

十、注者多年從事教讀,牽於人事,涉覽不周,疏漏之咎,在所難免。尚祈海内賢達,進而教之,實所企幸!是書注成,得徐中舒先生事前惠寄各鈔本篇目,感銘盛誼,並附記之。

序

先君子幼資甚魯，賦稟復孱弱，少從童子塾，日誦百餘言，常形呕呕。先大父顧而憐之，從不責以課程。惟性耽墳籍，不甘爲章句之學。塾師所授舉子業，不甚措意，輒取子史等書，日夕披覽，孜孜不倦。觀書常自具識力，知所去取，意所不愜，輒批抹塗改，疑者隨時劄記，以俟參考。自遊朱竹君先生之門，先生藏書甚富，因得遍覽群書，日與名流討論講貫，備知學術源流同異；以所聞見，證平日之見解，有幼時所見及，至老不可移者，知一時創見，或亦有關天授，特少時學力未充，無所取證，不能發揮盡致耳。乃堅定。著有《文史通義》一書，其中倡言立議，多前人所未發。大抵推原官禮。而有得於向、歆父子之傳，故於古今學術淵源，輒能條別而得其宗旨。易簀時，以全稿付蕭山王穀塍先生，乞爲校定，時嘉慶辛酉年也。穀塍先生旋遊道山。道光丙戌，長兄杼思，自南中寄出原草，併穀塍先生訂定目錄一卷。查閱所遺尚多，亦有與先人原編篇次互異者，自應更正，以復舊觀。先錄成副本十六冊，其中亥豕魯魚，別無定本，無從校正。庚寅辛卯，幸得交洪洞劉子敬、華亭姚春木二先生，將副本乞爲覆勘。今勘定《文史通義》內篇五卷，外篇三卷，

《校讎通義》三卷，先爲付梓。尚有雜篇，及《湖北通志》檢存稿並文集等若干卷，當俟校定，再爲續刊。

道光壬辰十月，男華紱謹識。

文史通義校注卷一

内篇一

易教上〔一〕

六經皆史也。〔二〕古人不著書，古人未嘗離事而言理，〔三〕六經皆先王之政典也。〔四〕或曰：《詩》《書》《禮》《樂》《春秋》，則既聞命矣。《易》以道陰陽，〔五〕願聞所以爲政典，而與史同科之義焉。曰：聞諸夫子之言矣。「夫《易》開物成務，冒天下之道。」「知來藏往，吉凶與民同患。」〔六〕其道蓋包政教典章之所不及矣。「夫《易》」象天法地，「是興神物，以前民用。」〔七〕其教蓋出政教典章之先矣。《周官》太卜掌三《易》之法，夏曰《連山》，殷曰《歸藏》，周曰《周易》，〔八〕然三《易》各有所本，《大傳》所謂庖羲、神農與黄帝，各有其象與數，各殊其變與占，不相襲也。〔九〕《歸藏》本庖羲，《連山》本神農，《周易》本黄帝。〔一〇〕由所本而觀之，不特三王不相襲，堯、舜，是也。〔一一〕蓋聖人首出御世，作新視聽，神道設教，〔一二〕以彌綸乎禮樂刑政之所不及者，一本天理之自然，非如後世託之詭異妖祥，讖緯術數，〔一三〕以愚天下也。三皇、五帝亦不相沿矣。〔一四〕

夫子曰：「我觀夏道，杞不足徵，吾得夏時焉。我觀殷道，宋不足徵，吾得坤乾焉。」[一五]夫夏時，夏正書也。坤乾，《易》類也。夫子憾夏、商之文獻無所徵矣，[一六]同爲一代之法憲；同爲觀於夏、商之所得，則其所以厚民生與利民用者，蓋與治曆明時，[一七]同爲一代之法憲；而非聖人一己之心思，離事物而特著一書，以謂明道也。《禮》《樂》《詩》《書》[二〇]，與刑、政、教、令，人事也。天與人參，王者治世之大權也。韓宣子之聘魯也，觀書於太史氏，得見《易》象、《春秋》，以爲周禮在魯。夫子曰：「《易》之興也，其於中古乎？作《易》者，其有憂患乎？」[二二]夫《春秋》乃周公之舊典，謂周禮之在魯可也，《易》象亦稱周禮，其爲政教典章，切於民用而非一己空言，自昭代而非相沿舊制，則又明矣。[二二]顧氏炎武嘗謂《連山》《歸藏》，不名爲《易》。太卜所謂三《易》，因《周易》而牽連得名。[二三]今觀八卦起於伏羲，《連山》作於夏后，而夫子乃謂《易》興於中古，作《易》之人獨指文王，則《連山》《歸藏》不名爲「易」，又其徵矣。[二四]

或曰：文王拘幽，[二五]未嘗得位行道，豈得謂之作《易》以垂政典歟？曰：八卦爲三《易》所同，文王自就八卦而繫之辭，商道之衰，文王與民同其憂患，故反覆於處憂患之道，而要於无咎，[二六]非創制也。周武既定天下，遂名《周易》，[二七]而立一代之典教，非文王初意所計及也。夫子生不得位，不能創制立法，以前民用；因見《周易》之於道法，美善無可復加，懼其久而失

傳，故作《象》《象》《文言》諸傳，[二九]以申其義蘊，所謂述而不作；非力有所不能，理勢固有所不可也。[二九]

後儒擬《易》，則亦妄而不思之甚矣！彼其所謂理與數者，有以出《周易》之外邪！無以出之，而惟變其象數法式，以示與古不相襲焉，此王者宰制天下，作新耳目，殆如漢制所謂色黃數五，事與改正朔而易服色者[三〇]為一例也。揚雄不知而作，則以九九八十一者，變其八八六十四矣。[三一]後代大儒，多稱許之，則以其數通於治曆[三二]合其吉凶也。夫數乃古今所共，凡明於曆學者，皆可推尋，豈必《太玄》而始合哉？蓍揲合其吉凶，則又陰陽自然之至理。誠之所至，探籌鑽瓦，[三三]皆可以知吉凶。司馬《潛虛》，又以五五更其九九，[三四]其文，艱深其字，然後可以知吉凶乎？[三五]《元包》妄託《歸藏》，[三六]不足言也。此指揚氏《法言》，[三七]不免賢者之多事矣。先儒所論僅謂畏先聖而當知嚴憚耳。此指揚氏《法言》，[三八]王氏《中說》，[三九]誠為中其弊矣。若夫六經，皆先王得位行道，經緯世宙之跡，而非託於空言。故以夫子之聖，猶且述而不作。如其不知妄作，不特有擬聖之嫌，抑且蹈於僭竊王章之罪也，可不慎歟！[四〇]

〔一〕清嘉慶元年丙辰，實齋年五十九，是年有《上朱中堂世叔珪書》云：「近刻數篇呈誨，題似說經，而文

實論史。議者頗譏小子攻史而強説經,以爲有意爭衡,此不足辨也。」是當時《文史通義》已有自刻本。所呈數篇,蓋即《易教》三篇,《書教》三篇,《詩教》二篇,故云題似説經,據燕大所藏武昌柯氏《章氏遺書》鈔本,於此八篇下皆注「已刻」二字,可證也。《書教》《詩教》作年,分見各篇注。惟此篇惜鈔本將實齋原注年歲略去,遂不知撰著年月矣。

按《易教》三篇大旨在明《易》乃周之政典,其爲史與他經無異。本篇但就懸象設教與治曆明時爲説。

〔三〕六經皆史。按此説實倡自王守仁,(《傳習録》:「愛曰:『先儒論六經,以《春秋》爲史,史專記事,恐與五經事體終或稍異。』先生曰:『以事言謂之史,以道言謂之經,事即道,道即事,《春秋》亦經,五經亦史。《易》是包犧之史,《書》是堯、舜以下史,《禮》《樂》是三代史,其事同,其道同,安有所謂異?』」)特至章氏推闡其義而益精耳。《報孫淵如書》云:「愚之所見,以爲盈天地間凡涉著作之林,皆是史學。六經特聖人取此六種之史以垂訓者耳。子集諸家,其源皆出於史,末流忘所自出,自生分别,故於天地之間,别爲一種不可收拾不可部次之物,不得不分四種門户矣。」(劉刻《章氏遺書》卷九。)經史各自爲部,始於晉荀勗爲《中經簿》,以甲乙丙丁分次,非舊法也。《七略》録《太史公書》在《春秋》家。明經爲史所包,章氏蓋據其始言之。其立説之根據有二:古時學在王官,而掌之者史,六藝分掌,具見《周官》(説詳《校讎通義·原道》篇),此就學術源流言,知六經皆史者,一也。古人學不離事,孔子之述六經,皆取先王典章,未嘗離事而著理(《經解中》語),記事與言事之

理，體勢相因，此就經史本質言，知六經皆史者，又一也。龔自珍《古史鉤沉論》曰：「六經者，周史之宗子也。《易》也者，卜筮之史也。《書》也者，記言之史也。《春秋》也者，記動之史也。《風》也者，史所采於民，而編之竹帛，付之司樂者也。《雅》《頌》也者，史所采於士大夫也。《禮》也者，一代之律令，史職藏之官府，而時以詔王者也。小學也者，外史達之四方，瞽史諭之賓客之所爲也。夫宗伯雖掌禮，禮不可以口舌存，儒者得之史，非得之宗伯。樂雖司樂掌之，樂不可口耳存，儒者得之史，非得之司樂。故曰六經者，周史之宗子也。」張爾田《史微・史學》篇曰：「《周易》爲伏羲至文王之史，《尚書》爲堯舜至秦穆之史，《詩》《春秋》爲東周至魯哀之史，《禮》《樂》爲統貫二帝三王之史。《太史公自序》曰：『伏羲至純厚，造《易》八卦。堯、舜之盛，《尚書》載之，禮樂作焉。湯、武之隆，詩人歌之。《春秋》采善貶惡，推三代之德，褒周室，非獨刺譏而已也。』則六藝相續爲史，可以心知其意矣。」

〔三〕蓋道不離器，猶影不離形，離器而言道，是猶離形而求影，此天下所必無者，故云古人未嘗離事而言理。

〔四〕《原道中》：「《易》掌太卜，《書》在外史，《詩》領太師，《禮》自宗伯，《樂》有司成，《春秋》各有國史。」是六藝所明，不出當日官司典守，國家政教，故云爲先王政典。《莊子・天運》：「六經，先王之陳跡也。」劉咸炘《文史通義・識語》：「《通義》全書以三教篇爲綱，三篇又以此篇首三句爲綱。」

〔五〕《莊子・天下》：「《易》以道陰陽。」《釋文》：「道，音導。」

〔六〕《易·繫辭上》:「夫《易》何爲者也？夫《易》開物成務，冒天下之道，如斯而已者也。」注:「冒，覆也。言《易》通萬物之志，成天下之務，其道可以覆冒天下也。」又云:「吉凶與民同患，神以知來，知以藏往。」疏:「《易》道以示人吉凶，民則亦憂患其吉凶，是與民同其所憂患也。蓍定數於始，於卦爲來；卦成象於終，於蓍爲往。以卦望蓍，則是知卦將來之事，故言神以知來；以蓍望卦，則是聚於蓍象往去之事，故言知（智）以藏往也。」

〔七〕《易·繫辭上》:「知崇禮卑，崇效天，卑法地。」

〔八〕《周禮·春官》:「太卜掌三《易》之法，一曰《連山》，二曰《歸藏》，三曰《周易》。其經卦皆八，其別皆六十有四。」注:「《易》者，揲蓍變易之數可占者也。三《易》卦別之數亦同，其名占異也。」疏云:「《連山易》其卦以純艮爲首，艮爲山，雲氣出內於山，故名爲連山。《歸藏易》以純坤爲首，坤爲地，萬物莫不歸而藏於其中，故名爲歸藏。《周易》以純乾爲首，乾爲天，天能周匝於四時，故名《易》爲周也。」云三《易》卦別之數同者，三代《易》之卦皆八，而別皆六十四也。《連山》、《歸藏》、《周易》，是名異也。《連山》《歸藏》占七八，《周易》占九六，是占異也。」鄭玄《易贊》及《易論》云:「夏曰《連山》，殷曰《歸藏》，周曰《周易》。」（《正義·論三代易名》引）按《周易》八卦分陰爻陽爻，陽爻稱九，陰爻稱六，《連山》《歸藏》稱陽爻爲七，陰爻爲八，與《周易》不同。

〔九〕《史記·太史公自序》：「《易·大傳》」。《集解》引張晏云：「謂《易·繫辭》也。」《易·繫辭下》：「庖犧氏没，神農氏作。」又「神農氏没，黃帝、堯、舜氏作。」

〔一〇〕按《周易正義》：「《世譜》群書，神農一曰連山氏，亦曰列山氏。黃帝一曰歸藏氏。」是《連山》本於神農，《歸藏》本於黃帝，此云《歸藏》本於黃帝，未知何據。

〔一一〕三王，三代之王也。《史記·五帝本紀·正義》云：「太史公依《世本》《大戴禮》以黃帝、顓頊、帝嚳、唐堯、虞舜爲五帝，譙周、應劭、宋均皆同。而孔安國《尚書序》，皇甫謐《帝王世紀》，孫氏注《世本》，並以伏犧、神農、黃帝爲三皇，少昊、顓頊、高辛、唐、虞爲五帝。」《禮記·樂記》：「五帝殊時，不相沿樂。三王異世，不相襲禮。」

〔一二〕《易·觀卦·彖辭》云：「聖人以神道設教，而天下服矣。」

〔一三〕後《漢書·方術傳》：「樊英少受業三輔，習京氏《易》，又善風角、算、河洛、七緯、推步、災異備。」章懷太子注：「七緯者，《易》緯《稽覽圖》、《乾鑿度》、《坤靈圖》、《通卦驗》、《是類謀》、《辨終備》也。《書》緯《璇璣鈐》、《考靈曜》、《刑德放》、《帝命驗》、《運期授》也。《詩》緯《推度災》、《記曆樞》、《含神霧》也。《禮》緯《含文嘉》、《稽命徵》、《斗威儀》也。《樂》緯《動聲儀》、《稽曜嘉》、《叶圖徵》也。《孝經》緯《援神契》、《鉤命決》也。《春秋》緯《演孔圖》、《元命包》、《文耀鉤》、《運斗樞》、《感精符》、《合誠圖》、《考異郵》、《保乾圖》、《漢含孳》、《佐助期》、《握誠圖》、《潛潭巴》、《說題辭》也。」《後漢書·桓譚傳》：「會議靈臺所處，帝謂譚曰：『吾欲讖決之，何如？』譚默然良久曰：『吾

不讀讖。』帝問其故。譚復極言讖之非經。帝大怒曰：『桓譚非聖無法。』」陳振孫《直齋書錄解題》：「讖緯之說，起於哀、平、王莽之際，以此濟其篡逆。而光武紹復舊物，乃亦以赤伏符自累，篤好而推崇之，甘與莽、述同志。於是佞臣陋士，從風而靡，賈逵以此論左氏學，曹褒以此定漢禮，作大予樂，大儒鄭康成專以讖言經，何休又不足言矣。二百年間，惟桓譚、張衡力非之，而不能回也。魏、晉以革命受終，莫不傅會符命，其源實出於此。隋、唐以來，其學寖微矣。考《唐志》猶存九部八十四卷。今其書皆亡，惟《易緯》僅存。」《左傳》僖五年：「公既視朔，遂登觀臺以望。」注：「朔旦冬至，曆數之所始，治曆者因此可以明其術數，審別陰陽。」術數者，究陰陽五行生剋之理，以推知人事吉凶者也。

〔一四〕按此上言先王神道設教，作《易》所以作新視聽，以彌綸禮樂刑政之所不及。

〔一五〕《禮記·禮運》：「孔子曰：『我欲觀夏道，是故之杞，而不足徵也，吾得夏時焉。』」注：「夏時，得夏四時之書也。其書存者，有《夏小正》。坤乾，得殷陰陽之書也。其書存者，為《歸藏》。」

〔一六〕《論語·八佾》：「子曰：『夏禮吾能言之，杞不足徵也；殷禮吾能言之，宋不足徵也；文獻不足故也。』」劉寶楠《正義》云：「文，謂典策。獻，謂秉禮之士大夫。子貢所謂賢者識大，不賢者識小，皆謂獻也。」

〔一七〕《易·革卦》象曰：「澤中有火，革。君子以治曆明時。」曆，原刻以避清高宗諱弘曆，改作憲，今仍改

為曆，下同。

〔一八〕《易·繫辭》上：「懸象著明，莫大乎日月。」此謂懸易象以教民也。

〔一九〕《尚書·堯典》：「乃命羲和，欽若昊天曆象日月星辰，敬授人時。」此所謂治曆授時也。

〔二〇〕《禮記·王制》：「樂正崇四術，立四教，順先王《詩》《書》《禮》《樂》以造士，春秋教以《禮》《樂》，冬夏教以《詩》《書》。」

〔二一〕《易·繫辭》。

〔二二〕《左傳》昭二年：「春，晉侯使韓宣子（起）來聘，且告為政而來見，禮也。觀書於太史氏，見《易》象與魯《春秋》，曰：『周禮盡在魯矣。吾乃今知周公之德，與周之所以王也。』」

〔二三〕《日知錄》（卷一）云：「夫子曰：『《易》之興也，當文王與紂之事邪？』是文王所作之辭，始名為《易》。而《周官》太卜掌三《易》之法，一曰《連山》，二曰《歸藏》，三曰《周易》。《連山》《歸藏》，非《易》也，而云三《易》者，後人因《易》之名以名之也。」

〔二四〕按此上言《易》象稱周禮，以其為周之政典。

〔二五〕《史記·周本紀》：「崇侯虎譖西伯於殷紂曰：『西伯積善累德，諸侯皆嚮之，將不利於帝。』帝紂乃囚西伯於羑里。」今河南湯陰縣有羑城，《魏書·地形志》云：「即羑里。」

〔二六〕《易·繫辭》下：「《易》之興也，其當殷之末世，周之盛德邪？當文王與紂之事邪？是故其辭危。危者使平，易者使傾，其道甚大，百物不廢，懼以終始，其要无咎，此之謂《易》之道也。」

〔二七〕按《周易》之「周」，宜從《易》緯「因代以題周」之說，與《周書》《周禮》並同。周代之名，因地而起。文王演《易》，初祇行於本國，則《周易》之名已有，不必待武王既定天下以後也。故《隋志》謂「文王作卦辭，謂之《周易》。」

〔二八〕《史記·孔子世家》：「孔子晚而喜《易》，序《彖》《繫》《象》《說卦》《文言》。」《正義》：「夫子作十翼，謂上《彖》、下《彖》、上《象》、下《象》、上《繫》、下《繫》、《文言》《序卦》《說卦》《雜卦》也。」《隋書·經籍志》：「昔宓羲始畫八卦，以通神明之德，以類萬物之情，並因而重之，爲六十四卦。及乎三代，實爲三《易》，夏曰《連山》，殷曰《歸藏》，文王作卦辭，謂之《周易》。周公作《爻辭》，孔子爲《彖》《象》《繫辭》《文言》《序卦》《說卦》《雜卦》，而子夏爲之傳。」《象》者，《易正義》引莊氏云：「斷也。斷一卦之義，所以名爲象也。」《象》者，《易正義》云：「萬物之體，自然各有形象，聖人設卦，以寫萬物之象。今夫子釋此卦之所象也。」《文言》者，《易正義》云：「夫子贊明《易》道，申說義理，釋《乾》《坤》二卦經文之言，故稱《文言》。」

〔二九〕按此上言武王定名《周易》，立一代之典教。

〔三〇〕《禮記·大傳》：「立權度量，考文章，改正朔，易服色，殊徽號，異器械，別衣服，此其所得與民變革者也。」《史記·武帝本紀》：「（元封七年）夏，漢改曆，以正月爲歲首，而色尚黃，官名更印章以五字，因以爲太初元年。」《集解》引張晏曰：「漢據土德，上數五，故用五爲印文也。」按秦併六國，自以爲獲水德之瑞，正以十月，色尚黑。漢初襲制未改，至武帝時，落下閎運算轉曆，乃始改元，以建寅之

〔二〕《漢書・揚雄傳》：「雄字子雲，蜀郡成都人也。雄少好學，年四十餘，自蜀來遊京師，大司馬王音詔以爲門下史，薦雄待詔，歲餘爲郎，給事黃門，卒。」《書錄解題》儒家類：「《太玄經》十卷，揚雄撰，晉范望解贊。按《漢志》，揚雄所敘三十八篇，《太玄》十九。本傳，三方九州七十二部八十一家二百四十三表七百二十九贊，分爲三卷。有首、衝、錯、測、攡、瑩、數、文、掜、圖、告，以解剝玄體，蓋與本經三卷共爲十四。今《志》云十九，未詳。」揚雄擬《易》作《太玄》，變八八六十四卦爲九九八十一首。

〔三〕蓍，蓍草，用以筮者。揲，數蓍也。

〔四〕《荀子・君道》：「探籌投鉤者，所以爲公也。」探籌，猶抽鬮也。《史記・龜策列傳》：「卜，先以造灼鑽。鑽中已，又灼。」《莊子・外物》：「七十二鑽而無遺筴。」古時鑽龜甲，用火灼，看裂紋以卜。鑽瓦，言趨簡易也。

〔五〕《文選》王延壽《魯靈光殿賦》：「支離分赴。」李善注：「支離，分散也。」

〔六〕理數不能外乎《周易》。徒變其法式，以示新奇，自非王者改制，作新耳目，夫何取焉？此章氏所以譏其不智也。餘杭章太炎氏於此獨有辨解，其言曰：「尚考九流之學，其根極悉在有司。而《易》亦掌之太卜，同爲周禮；然非禮器制度符節璽印幡信之屬不可刊者，故周時《易》有二種，（《六藝略》有《易經》十二篇，《數術略》蓍龜家復有《周易》三十卷）與《連山》《歸藏》而四。及漢揚雄猶得摹

略爲之,是亦依則古初,不懲於素。學誠必以公私相格,是九流悉當燔燒,何獨《太玄》也」。(說詳《國故論衡·原理》篇,不具引。)

〔三六〕《書錄解題》《易》類:「《元包》十卷,唐衞元嵩撰,武功蘇源明傳,趙郡李江注。其書以八卦爲八篇首,而一世至歸魂各附其下。先坤,次乾,次兌、艮、離、坎、巽、震。坤曰太陰,乾曰太陽,餘六子有孟仲少之目。每卦之下,各爲數語,用意僻怪,文字險澀,不可深曉也。」蔣超伯《南漘楛語》云:「其體略近《太玄》。以《太玄》義本《連山》,《元包》遂襲《歸藏》,首坤而次乾,文多詰屈,術家從無用以占卜者。」

〔三七〕《書錄解題》《易》類:「《潛虛》一卷,司馬光撰。《玄》以準《易》,《虛》以準《玄》。」《郡齋讀書志》:「此書以五行爲本,五行相乘爲二十五。」故稱「五五」。用「五五」來變更揚雄《太玄》的「九九」八十一首。

〔三八〕《書錄解題》儒家類:「《法言》十卷,漢揚雄撰。凡十三篇,篇各有序,本在篇卷末,如班固《敘傳》,然今本分冠篇首,自宋咸始也。」

〔三九〕《書錄解題》儒家類:「《中說》十卷,隋王通仲淹撰。《唐志》五卷。今本第十卷有《文中子世家》、《錄關子明事》,及王氏家書雜錄,舊傳以此爲前後序,非也。」遺書本作「中說」。按粵雅堂本「中說」作「中論」,誤。是書係王通門人共集其師之語。

〔四〇〕宋濂《諸子辨》云:「《法言》者,爲擬《論語》而作。《論語》出於群弟子之所記,豈孔子自爲哉? 雄

擬之，僭矣。」王仲言《揮麈錄》曰：「有疑《中說》爲阮逸僞造者。按《唐志》已有五卷，胡元瑞謂劉賁已斥其擬經之罪，則非皆逸僞造矣。」（姚際恆《古今僞書考》引）此並謂畏先聖而當知嚴憚也。

〔四〕王章：《左傳》僖十五年：「晉侯朝王，請隧，弗許，曰：『王章也。』」按此上言《易》爲政典，非私門著述之業，後世擬之者妄。

易教中〔一〕

孔仲達曰：「夫《易》者，變化之總名，改換之殊稱。」〔二〕先儒之釋《易》義，未有明通若孔氏者也。得其說而進推之，《易》爲王者改制之鉅典，事與治曆明時相表裏，其義昭然若揭矣。許叔重〔三〕釋「易」文曰：「蜥易，守宫，象形。祕書說『日月爲易』，象陰陽也。」〔四〕《周官》太卜，掌三《易》之法。鄭氏注：「易者，揲蓍變易之數可占者也。」〔五〕朱子以謂「《易》有交易變易之義」。〔六〕是皆因文生解，各就一端而言，非當日所以命《易》之旨也。三《易》之名，雖始於《周官》，而《連山》《歸藏》，可并名《易》，《易》不可附《連山》《歸藏》而稱爲三《易》者，誠以《易》之爲義，實該羲、農以來不相沿襲之法也。孔《傳》謂歲改易，〔七〕而周人即取以名揲卦之書，〔八〕則王者改制更新之大義，顯而可知矣。《大傳》曰：「生生之謂易。」〔九〕韓康伯〔一〇〕謂「陰陽轉易，以成化生」。〔一一〕此即朱子交易變易之義所由出也。三《易》之文雖不傳，今觀《周官》太卜有其法，《左氏》記占有其辭，〔一二〕則《連山》《歸藏》，皆有交易變易之義。是義、農以來，《易》之名雖未立，而《易》之意已行乎其中矣。上古淳質，文字無多，固有具其實而未著其名者。後人因以定其名，則徹前後而皆以是爲主義焉，一若其名之向著者，此亦其一端也。〔一三〕

欽明之爲敬也，允塞之爲誠也，[二四]曆象之爲曆也，[二五]曆象之曆，作推步解，非曆書之名。皆先具其實而後著之名也。《易·革·象》曰：「澤中有火，君子以治曆明時。」[二六]其《象》曰：「天地革而四時成。湯武革命，順乎天而應乎人。」[二七]曆自黃帝以來，代爲更變，[二八]而夫子乃爲取象於澤火，且以天地改時、湯武革命爲革之卦義；則《易》之隨時廢興，道豈有異乎？《易》始於羲、農，而備於成周，曆始黃帝，而遞變於後世；上古詳天道，而中古以下詳人事之大端也。然卦氣之說，雖創於漢儒，[二九]而卦序卦位，[三〇]則已函其終始；則疑大撓未造甲子[三一]以前，羲農即以卦畫爲曆象，所謂天人合於一也。《大傳》曰：「古者，庖羲氏之王天下也，仰則觀象於天，俯則觀法於地，觀鳥獸之文與地之宜，近取諸身，遠取諸物，於是始作八卦，以通神明之德，以類萬物之情。」[三二]此黃帝未作干支之前所創造也。是知上古聖人，開天創制，立法以治天下，作《易》之與造曆，同出一源，未可強分孰先孰後。故《易》曰：「開物成務，冒天下之道。」[三四]《書》曰：「平秩敬授，作訛成易。[三五]皆一理也。[三六]

夫子曰：「加我數年，五十以學《易》，可以無大過矣。」[三七]又曰：「吾學周禮，今用之，吾從周。」[三八]學《易》者，所以學周禮也，韓宣子見《易·象》《春秋》，以爲周禮在魯。[三九]夫子學《易》而志《春秋》，[三〇]所謂學周禮也。夫子語顏淵曰：「行夏之時，乘殷之輅，服周之冕，樂則

《韶》舞。」[三]是斟酌百王，損益四代，爲萬世之圭臬[三]也。曆象遞變，而夫子獨取於夏時；筮占不同，而夫子獨取於《周易》。此三代以後，至今循行而不廢者也。然三代以後，曆顯而《易》微；曆存於官守，而《易》流於師傳，故儒者敢於擬《易》，而不敢造曆也。曆之薄蝕盈虧，[三]有象可驗，而《易》之吉凶悔吝，[四]無迹可拘，是以曆官不能穿鑿於私智，而《易》師各自爲説，不勝紛紛也。故學《易》者，不可以不知天。[五]觀此，益知《太玄》《元包》《潛虛》之屬，乃是萬無可作之理，其故總緣不知爲王制也。

[一] 按本篇明《易》爲王者改制之鉅典，事與治曆明時相表裏。

[二]《新唐書·儒學傳》上：「孔穎達字仲達，冀州衡水人。貞觀初，除國子司業，久之，拜祭酒，侍講東宫，後致仕，卒。初，穎達與顏師古、司馬才章、王恭、王琰受詔撰五經義訓，凡百餘篇（《舊書》本傳作一百八十卷），號《義贊》，詔改爲《正義》云。雖包貫異家爲詳博，然其中不能無謬冗。博士馬嘉運駁正其失，至相譏詆。有詔令更裁定，功未就。永徽二年，詔中書門下與國子三館博士、弘文館學士考正之。於是尚書左僕射于志寧、右僕射張行成、侍中高季輔，就加增損，書始布下。」《周易正義·論易之名》云：「夫《易》者，變化之總名，改換之殊稱。自天地開闢，陰陽運行，寒暑迭來，日月更出，孚萌庶類，亭毒（猶成熟，指秋時穀物成熟）群品，新新不停，生生相續，莫非資變化之力，改換之功。」

〔三〕《後漢書·儒林傳》：「許慎字叔重，汝南召陵人也。性淳篤，少博學經籍，馬融嘗推敬之。時人爲之語曰：『五經無雙許叔重。』爲郡功曹，舉孝廉，再遷除洨長，卒於家。初，慎以五經傳説臧否不同，於是慎爲《五經異義》，又作《説文解字》十四篇，皆傳於世。」

〔四〕《説文》：「易，蜥易，蝘蜓，守宫也。象形。祕書説『日月爲易』，象陰陽也。」段玉裁注云：「祕書，謂緯書。按《參同契》曰：『日月爲易，剛柔相當』。」陸氏德明引虞翻注《參同契》云：『字從日下月』。」

〔五〕此《周禮·春官》三《易》下注文。賈《疏》云：「按《易·繫辭》云：『分而爲二以象兩，掛一以象三，揲之以四以象四時，歸奇於扐以象閏』此揲蓍變易之數可占者也。」《後漢書·鄭玄傳》：「玄字康成，北海高密人也。事扶風馬融，遊學十餘年乃歸。及黨事起，隱修經業，杜門不出。黨禁解，徵辟皆不就。弟子自遠方至者數千。建安五年卒，年七十四。凡玄所注《周易》《尚書》《毛詩》《儀禮》《禮記》《論語》《孝經》《尚書大傳》《中候》《乾象曆》，又著《天文七政論》《魯禮禘祫義》《六藝論》《毛詩譜》，駁許慎《五經異義》，答臨孝存《周禮難》，凡百餘萬言」

〔六〕朱子《周易本義》云：「《易》，書名也。其卦本伏羲所畫，有交易變易之義，故謂之易。」朱熹字元晦，徽州婺源人。宋高宗建炎四年，生於閩之尤溪。紹興中，登進士。歷高、孝、光、寧四朝，累官轉運副使，煥章閣待制，祕閣修撰，卒，諡曰文。嘗學於李侗及羅從彥，而得於延平者爲尤多。其學以居敬爲主，主張窮理以致其知，反躬以踐其實，仰承周、張、二程諸子之緒，而集其大成。所編著有《周易本義》《周易啟蒙》《詩經集傳》《大學章句》《中庸章句》《論語集注》《孟子集注》《楚辭集注》《韓文

〔七〕《尚書·堯典》：「申命和叔，宅朔方，曰幽都，平在朔易。」僞孔《傳》：「易，謂歲改易於北方，平均在察其政，以順天常。」《正義》云：「易謂歲改易於北方者，人則三時在野，冬入隩室；物則三時生長，冬入困倉，是人之與物皆改易也。」

〔八〕按八卦最初爲一種象徵的名號，後乃專用於卜筮，夏曰《連山》，殷曰《歸藏》，周曰《周易》，是周始以《易》名揲卦之書也。

〔九〕《易·繫辭》上文，見注〔二〕。

〔一〇〕《晉書·韓伯傳》：「伯字康伯，潁川長社人也。清和有思理，留心文藝。入爲侍中，轉丹陽尹、吏部尚書，領軍將軍。簡文帝居藩，引爲談客。自司徒左西屬，轉撫軍掾、中書郎、散騎常侍、豫章太守。卒，年四十九。」《書錄解題·易類》：「《周易注》六卷，《略例》一卷，《繫辭注》三卷。魏尚書郎王弼注上下經，撰《略例》。晉太常潁川韓康伯注《繫辭》《說》《序》《雜卦》。」

〔一一〕《易·正義》云：「生生，不絕之辭。陰陽轉變，後生次於前生，是萬物恒生，謂之易也。」

〔一二〕按《左傳》所引《易》繇辭，其稱《周易》者，蓋即《連山》《歸藏》之遺文也。《周禮正義》云：「夏殷《易》以七八不變爲占。《周易》以九六變者爲占。」按襄九年《左傳》云：「穆姜薨於東宮，始往而筮之，遇艮之八。」《周易》之陽爻稱九，陰爻稱六。《連山》《歸藏》易之陽爻稱七，陰爻稱八。此言「遇艮之八」，即遇《連山》《歸藏》易艮卦之陰爻，不用《周易》。

〔三〕按此上明《易》之名定於周，取王者改制更新之義。

〔四〕《書·堯典》："欽明文思，安安。"僞孔《傳》："欽，敬也。"今本《書·舜典》："溫恭允塞。"《正義》引《詩毛傳》訓塞爲實。

〔五〕曆象：原作"憲象"，以避諱改，見前篇注〔一七〕。本篇中之"曆"字，原皆作"憲"。

〔六〕原文作"澤中有火，革。君子以治曆明時。"《易·正義》曰："澤中有火革者，火在澤中，二性相違，必相改變，故爲革象也。君子以治曆明時者，天時變改，故須曆數，所以君子觀茲革象，脩治曆數，以明天時也。"

〔七〕《易·正義》曰："此先明天地革者，天地之道，陰陽升降，溫暑涼寒，迭相變革，然後四時之序皆有成也。湯武革命，順乎天而應乎人者，以明人革也。夏桀、殷紂凶狂無度，天既震怒，人亦叛主。殷湯、周武聰明睿智，上順天命，下應人心，放桀鳴條，誅紂牧野，革其王命，改其惡俗，故曰湯武革命，順乎天而應乎人。"

〔八〕中國曆法，相傳肇自黃帝，以後代有變益。《史記·曆書》："黃帝考定星曆。"《索隱》云："《系本》及《律曆志》，黃帝使羲和占日，常儀占月，臾區占星，泠綸造律呂，大撓作甲子，隸首作筭數，容成綜此六術而著曆也。"

〔九〕卦氣者，謂以六十四卦分配節氣也。《易·復》象辭"七日來復"，疏："案《易緯稽覽圖》云：卦氣起中孚，故離坎震兑，各主其一方，其餘六十卦，卦有六爻，爻別主一日，凡主三百六十日。餘有五日

〔一〇〕卦序,卦之次序也。《易·正義》曰:「文王既緐六十四卦,分爲上下篇,先後之次,其理不見。孔子就上下二經,各序其相次之義。」然《史記·孔子世家》僅言孔子序《彖》《繫》《説卦》《文言》,而不及《序卦》,疑《序卦》乃筮人相傳之舊記。卦位,卦之方位也。錢大昕《十駕齋養新録》卷一:「八卦方位,震東方,巽東南,離南方,乾西北,坎北方,艮東北,見於《説卦傳》。坤兑次於離後乾前,則坤西南,兑西方可知也。」

〔一一〕《世本》:「大撓作甲子。」

〔一二〕《易·繫辭》下文。

〔一三〕《尚書·堯典》:「乃命羲和,欽若昊天,曆象日月星辰,敬授人時。」僞孔《傳》:「重黎之後羲氏和氏,世長天地四時之官,故堯命使敬順昊天。昊天,言元氣廣大。星,四方中星。辰,日月所會。曆象其分節,敬記天時,以授人也。」

〔一四〕見前篇注〔六〕。

〔一五〕平秩:平均安排耕作次序。敬授:見上條注。作訛成易:春東作,夏南訛,秋西成,冬朔易。春耕

作,夏作物生長變化,訛是化,秋收成,冬到達一年改變期,易,改變。東南西北分屬四季,見《書·堯典》:「平秩東作」「平秩南訛」「平秩西成」「平在朔易」。

〔一六〕按此上明作易與造曆同源。

〔一七〕《論語·述而》文。

〔一八〕《禮記·中庸》文。

〔一九〕見前篇注〔二〕。

〔二〇〕《孝經鉤命決》云:「孔子在庶,德無所施,功無所就,志在《春秋》,行在《孝經》。」(《公羊傳序·疏》引)

〔二一〕《論語·衛靈公》文。《韶》爲舜樂。

〔二二〕圭臬:準的,標準。《周禮·春官》:「土圭以致四時日月。」注:「土,猶度也。土圭,測日景之圭。」《說文》:「臬,射的。從木,自聲。」徐曰:「射之高下準的。」

〔二三〕薄蝕:日月食也。《釋名·釋天》:「日月虧曰蝕。稍稍侵虧,如蟲食草木葉也。」盈虧:《禮記·禮運》:「天秉陽,垂日星,地秉陰,竅於山川,播五行於四時,和而後月生也。三五而盈,三五而闕。」

〔二四〕《易·繫辭》上:「吉凶者,失得之象也。悔吝者,憂虞之象也。」注云:「由有失得故吉凶生。失得之微者,足以致憂虞而已,故曰悔吝。」

〔二五〕按此上明《易》與曆同爲政典,而玄著有別,故後人敢於擬《易》,而不敢造曆。

易教下〔一〕

《易》之象也,《詩》之興也,〔二〕變化而不可方物矣。《禮》之官也,〔三〕《春秋》之例也,〔四〕謹嚴而不可假借〔五〕矣。夫子曰:"天下同歸而殊途,一致而百慮。"〔六〕君子之於六藝,一以貫之,〔七〕斯可矣。物相雜而爲之文,〔八〕事得比而有其類。〔九〕知事物名義之雜出而比處也,非文不足以達之,非類不足以通之,六藝之文,可以一言盡也。夫象歟,興歟,例歟,官歟,風馬牛之不相及也,〔一〇〕其辭則不過曰通於類也。故學者之要,貴乎知類。〔一一〕

象之所包廣矣,非徒《易》而已,六藝莫不兼之,蓋道體之將形而未顯者也。睢鳩之於好逑,〔一二〕樛木之於貞淑,〔一三〕甚而熊蛇之於男女,〔一四〕象之通於《詩》也。筮畢之驗雨風,〔一五〕箕畢之驗雨風,〔一六〕甚而傅巖之入夢賚,〔一七〕象之通於《書》也。古官之紀雲鳥,〔一八〕《周官》之法天地四時,〔一九〕以至龍翟章衣,〔二〇〕熊虎志射,〔二一〕象之通於《禮》也。歌協陰陽,〔二二〕舞分文武,〔二三〕至磬念封疆,〔二四〕鼓思將帥,〔二五〕象之通於《樂》也。筆削不廢災異,〔二六〕《左氏》遂廣妖祥,〔二七〕象之通於《春秋》也。《易》與天地準,故能彌綸天地之道。〔二八〕萬事萬物,當其自靜而動,形迹未彰而象見矣。故道不可見,人求道而恍若有見者,皆其象也。〔二九〕

有天地自然之象,有人心營搆之象。〔三〇〕天地自然之象,《說卦》爲天爲圜諸條,〔三一〕約略

足以盡之。人心營搆之象,睽車之載鬼,[三二]翰音之登天,[三三]意之所至,無不可也。然而心虛用靈,人累[三四]於天地之間,不能不受陰陽之消息;心之營搆,則情之變易,感於人世之接搆,而乘於陰陽倚伏爲之也。是則人心營搆之象,亦出天地自然之象也。[三五]

《易》象雖包六藝,與《詩》之比興,尤爲表裏。夫《詩》之流別,盛於戰國人文,所謂長於諷喻,[三六]不學《詩》,則無以言也。[三七]詳《詩教》篇。然戰國之文,深於比興,即其深於取象者也。《莊》《列》之寓言也,[三八]則觸蠻可以立國,[三九]蕉鹿可以聽訟。[四〇]《離騷》之抒憤也,[四一]則帝闕可上九天,[四二]鬼情可察九地。[四三]他若縱橫[四四]馳說之士,飛箝[四五]捭闔[四六]之流,徒蛇[四七]引虎[四八]之營謀,桃梗土偶之問答,[四九]愈出愈奇,不可思議。然而指迷從道,固有其功,飾奸售欺,亦受其毒。故人心營搆之象,有吉有凶;宜察天地自然之象,而衷[五〇]之以理,此《易》教之所以範天下也。[五一]

諸子百家,不衷大道,其所以持之有故而言之成理者,則以本原所出,皆不外於《周官》之典守。[五二]其支離而不合道者,師失官守,[五三]末流之學,各以私意恣其說爾。非於先王之道,全無所得,而自樹一家之學也。[五四]至於佛氏之學,來自西域,[五五]毋論彼非世官典守之遺,且亦生於中國,言語不通,没於中國,文字未達也。然其所言與其文字,持之有故而言之成理者,殆較諸子百家爲尤盛。反覆審之,而知其本原出於《易》教也。蓋其所謂心性理道,名目有

殊,[五六]推其義指,初不異於聖人之言。其異於聖人者,惟舍事物而別見有所謂道爾。至於丈六金身,[五七]莊嚴色相,[五八]以至天堂清明,地獄陰慘,[五九]《易》之龍血玄黃,[六〇]夜叉披髮,[六一]種種詭幻,非人所見,儒者斥之爲妄,不知彼以象教,[六二]不啻《易》之龍血玄黃,[六三]張弧載鬼。[六四]是以閻摩變相,[六五]皆即人心營搆之象而言,非彼造作誑誣以惑世也。至於末流失傳,鑿而實之,遂謂光天之下,別有境焉。令彼所學,與夫文字之所指擬,儒者又不察其本末,攘臂以爭,憤若不共戴天,而不知非其實也。以象爲教,非本也。

夫婦之愚,偶見形憑於聲者,而附會出之,遂謂光天之下,別有境焉。令彼所學,與夫文字之所指擬,但切入於人倫之所日用,即聖人之道也。以象爲教,非本也。[六六]

《易》象通於《詩》之比興;《易》辭通於《春秋》之例。嚴天澤之分,[六七]則二多譽,四多懼焉。[六八]謹治亂之際,則陽君子,陰小人也。[六九]杜微漸之端,姤一陰,而已惕女壯,陽,而即慮八月焉。[七二]慎名器之假,[七三]至於四德尊,[七四]元而無異稱,亨有小利貞,[七五]利貞有小利貞,[七六]貞有貞吉貞凶,[七七]吉有元吉,[七八]悔有悔亡,[七九]咎有無咎,[八〇]一字出入,謹嚴甚於《春秋》。蓋聖人於天人之際,以謂甚可畏也。《易》以天道而切人事,《春秋》以人事而協天道,[八一]其義例之見於文辭,聖人有戒心焉。[八二]

〔一〕按本篇明《易》象通於六藝。

〔二〕興：《詩經》六義之一，是先言他物以引起所詠之事。《文心雕龍·比興》：「興者，起也。起情者，依微以擬議。」陳啟源《毛詩稽古編》：「興者，興會所致，非即非離，言在此，意在彼，其詞微，其旨遠。」

〔三〕《禮記·明堂位》鄭注：「周之六卿，其屬各六十，則周三百六十官也。」《周禮》即《周官》。《漢志》：「《周官經》六篇。」原注：「王莽時劉歆置博士。」師古曰：「即今之《周官禮》也。亡其冬官，以《考工記》充之。」

〔四〕杜預《春秋左氏傳序》：「發傳之體有三，而為例之情有五：一曰微而顯，二曰志而晦，三曰婉而成章，四曰盡而不汙，五曰懲惡而勸善。」

〔五〕韓愈《進學解》：「《春秋》謹嚴。」《左氏春秋正義序》云：「夫子因魯史之有得失，據周經以正褒貶，一字所加，有同華袞之贈，一言所黜，無異蕭斧之誅。」

〔六〕《易·繫辭》下文。

〔七〕賈誼《新書·六術》：「《詩》《書》《易》《春秋》《禮》《樂》六者之術，謂之六藝。」《史記·滑稽列傳》：「孔子曰，六藝於治，一也。」《論語·里仁》：「吾道一以貫之。」

〔八〕《易·繫辭》下：「物相雜故曰文。」

〔九〕《禮記·學記》：「比物醜類。」注：「以事相況而為之，醜猶比也。」

〔一〇〕《左傳》僖四年：「楚子使與師言曰：『君處北海，寡人處南海，唯是風馬牛不相及也。』」注：「風，放

〔二〕《禮記·學記》：「九年，知類通達，強立而不反。」鄭注：「知類，知事義之比也。」按此節明六藝之理，歸於通類。

〔三〕《詩·周南·關雎》：「關關雎鳩，在河之洲。窈窕淑女，君子好逑。」毛傳：「雎鳩，王鳩也，鳥摯而有別。逑，匹也。」即以雎鳩雌雄之摯而有別，爲淑女與君子好配之象。

〔四〕《詩·樛木序》：「《樛木》，后妃逮下也。言能逮下而無嫉妬之心焉。」貞淑，指婦女。

〔五〕《詩·小雅·斯干》：「大人占之，維熊維羆，男子之祥；維虺維蛇，女子之祥。」

〔六〕《尚書·洪範》：「一五行：一曰水，二曰火，三曰木，四曰金，五曰土。二五事：一曰貌，二曰言，三曰視，四曰聽，五曰思。」

〔七〕《尚書·洪範》：「庶民維星，星有好風，星有好雨。」

〔八〕《尚書·僞說命》上：「（高宗）夢帝賚（賜）予良弼（輔相），其代予言，乃審厥（其）像，俾（使）以形（像）旁（廣）求於天下，説築傅巖之野，惟肖，爰立作相。」指在傳巖得傳説，用爲相。

〔九〕《左傳》昭十七年：「秋，郯子來朝，公與之宴。昭子問焉，曰：『少皞氏鳥名官，何謂也？』郯子曰：『吾祖也，我知之。昔者，黄帝氏以雲紀，故爲雲師而雲名。炎帝氏以火紀，故爲火師而火名。共工氏以水紀，故爲水師而水名。太皞氏以龍紀，故爲龍師而龍名。我高祖少皞摯之立也，鳳鳥適至，故紀於鳥，爲鳥師而鳥名。』」

〔一九〕《周官》六卿,爲天官、地官、春官、夏官、秋官、冬官。

〔二〇〕《禮記·禮器》:「禮有以文爲貴者,天子龍袞(繡卷龍之禮服)。」《左傳》桓二年:「火、龍、黼黻(禮服上繡的火、龍及半黑半白斧形與半青半黑兩已相背形),昭其文也。」《詩·君子偕老》:「其之翟也。」毛《傳》云:「褕翟、闕翟(兩種有雉文的后服),羽飾衣也。」《左傳》閔二年:「衣,身之章也。」

〔二一〕《儀禮·鄉射禮》:「凡侯(箭靶),天子熊侯白質(畫熊白底),諸侯麋侯赤質,大夫布侯,畫以虎豹,士布侯,畫以鹿豕。」

〔二二〕《禮記·樂記》:「是故先王本之情性,稽之度數,制之禮樂,合生氣之和,道五常之行,使之陽而不散,陰而不密。」

〔二三〕《禮記·內則》:「十有三年,學樂,誦詩,舞勺。成童舞象,學射御。」鄭注云:「先學勺,後學象,文武之次也。」《樂記》:「比音而樂之,及干戚羽旄。」鄭注云:「干,盾也。戚,斧也。武舞所執也。羽,翟(雉)羽也。旄,旄牛尾也。文舞所執。」

〔二四〕《禮記·樂記》:「石聲磬,磬以立辨、辨以致死。君子聽磬聲,則思死封疆之臣。」

〔二五〕《禮記·樂記》:「鼓鼙之聲讙,讙以立動,動以進衆。君子聽鼓鼙之聲,則思將帥之臣。」

〔二六〕《史記·孔子世家》:「孔子爲《春秋》,筆則筆,削則削,游夏之徒不能贊一辭。」《公羊傳》隱三年:「己巳,日有食之。何以書?記異也。」徐彥疏云:「僖十四年,沙鹿崩。成五年,梁山崩。傳皆云:何以書?記異也。外異不書,此何以書?爲天下記異也。」《春秋》記災異之事,其例視此。

〔一七〕《左傳》所記妖祥，如莊公十四年蛇鬬於鄭，昭公八年石語於晉等事皆是。

〔一八〕《易·繫辭》上文。

〔一九〕按此節明《易》象通於《詩》《書》《禮》《樂》《春秋》。

〔二〇〕自然之象，物象也。營構之象，意象也。

〔二一〕《易·説卦》：「乾爲天，爲圜，爲君，爲父，爲玉，爲金，爲寒，爲冰，爲大赤，爲良馬，爲老馬，爲瘠馬，爲駁馬，爲木果。」《正義》：「此下歷就八卦廣明卦象者也。」

〔二二〕《易·中孚》：「上九、翰音（雞聲）登於天，貞凶。」

〔二三〕見下〔六四〕注。

〔二四〕累，係累也。

〔二五〕按此節明心象一切本於自然。

〔二六〕《詩》之比興，借物喻意或託諷。《文心雕龍·比興》：「比則畜憤以斥言，興則環譬以託諷。」演變而成爲戰國策士之議論，善用寓言來託諷。

〔二七〕《論語·季氏》：「不學詩，無以言。」春秋時代之外交，多唸《詩》句以喻意，所以不學詩，不好參加外交。

〔二八〕《漢書·藝文志》道家有《莊子》五十二篇（今存三十三篇）。《史記·老莊申韓列傳》：「莊子者，蒙人也，名周。周嘗爲蒙漆園吏，與梁惠王、齊宣王同時。其學無所不闚，然其要本歸於老子之言。故

其著書十餘萬言，大抵率寓言也。《索隱》：「寓，寄也。寄辭於其人，故《莊子》有《寓言》篇。」

〔三八〕《漢·志》有《列子》八篇。原注云：「名圄寇，先莊子，莊子稱之。」高似孫《子略》曰：「太史公不傳列子。如莊周所載許由、務光，遷猶疑之，所謂列禦寇之説，獨見於寓言耳；遷於此詎得不致疑邪？是書與《莊子》合者十七章，其間尤有淺近迂怪者，出於後人會萃而成之耳。」

〔三九〕《莊子·則陽》：「有國於蝸之左角者曰觸氏，有國於蝸之右角者曰蠻氏，時相與爭地而戰，伏尸數萬，逐北，旬有五日而後反。」

〔四〇〕《列子·周穆王》：「鄭人有薪於野者，遇駭鹿，御而擊之，斃之，恐人之見之也，遽而藏諸隍中，覆之以蕉，不勝其喜。俄而遺其所藏之處，遂以爲夢焉。順塗而詠其事。傍有人聞者，用其言而取之。既歸，告其室人曰：『向薪者夢得鹿而不知其處，吾今得之，彼直真夢者矣。』室人曰：『若將是夢見薪者之得鹿邪？詎有薪者邪？今真得鹿，是若之真夢邪？』夫曰：『吾據得鹿，何用知彼夢我夢邪？』薪者之歸，不厭失鹿，其夜真夢藏之之處，又夢得之之主。爽旦，按所夢而尋得之，遂訟而爭之，歸之士師。」

〔四一〕《史記·屈原列傳》：「屈平疾王聽之不聰也，讒諂之蔽明也，邪曲之害公也，方正之不容也，故憂愁幽思而作《離騷》。」《楚辭·惜誦》：「惜誦以致愍兮，發憤以抒情。」

〔四二〕帝闕：天帝之宮門。《離騷》：「吾令帝閽開關兮，倚閶闔而望予。」王逸注云：「閶闔，天門也。」又：「指九天以爲正兮，夫惟靈修之故也。」《九歌·大司命》注：「九天，八方中央也。」

〔四三〕《天問》:「地方九則,何以墳之?」王逸注云:「墳,分也。謂九州之地,凡有九品,禹何以能分別之乎?」《招魂》云:「魂兮歸來,君無下此幽都些!」王逸注云:「幽都,地下后土所治也。」此蓋兼用其義。梅堯臣《孫子》注云:「九地,言深不可知。」

〔四四〕《史記·吳起列傳》:「破馳説之言從橫者。」又《蘇秦傳》:「從合則楚王,衡成則秦霸。」南北曰從,東西曰衡。合六國以擯秦爲合從,連六國以事秦爲連衡。

〔四五〕《文心雕龍·論説》:「飛鉗伏其精術。」黃注云:「鬼谷子著《飛鉗》篇。」飛鉗,游説時抓住對方的方法。

〔四六〕尹知章《鬼谷子序》云:「蘇秦張儀受捭闔之術。」《鬼谷子》有《捭闔》篇。捭闔,開合,即一擒一縱。

〔四七〕《韓非子·説林》上:「鴟夷子皮事田成子。田成子去齊,走而之燕。鴟夷子負傳(符信)而從,至望邑。子皮曰:『子獨不聞涸澤之蛇乎?澤涸,蛇將徙,有小蛇謂大蛇曰:「子行而我隨之,人以爲蛇之行者耳,必有殺子者。子不如相銜負我以行,人必以我爲神君也。」乃相銜負以越公道而行。人皆避之曰,神君也。今子美而我惡,以子爲我上客,千乘之君也;以子爲我使者,萬世之卿也;子不如爲舍人。』田成子因負傳而從之,至逆旅,逆旅之君待之甚敬,因獻酒肉。」

〔四八〕《戰國策·楚策》:「荊宣王問群臣曰:『吾聞北方之畏昭奚恤也,果誠何如?』群臣莫對。江一對曰:『虎求百獸而食之,得狐。狐曰:「子無敢食我也,天帝使我長百獸;今子食我,是逆天帝命也。子以我爲不信,吾爲子先行,子隨我後,觀百獸之見我而敢不走乎?」虎以爲然,故遂與之行,獸見

〔四九〕《戰國策·齊策》:「孟嘗君將入秦,蘇秦欲止之,謂孟嘗君曰:『今者臣來過於淄上,有土偶人與桃梗相與語。桃梗謂土偶人曰:「子,西岸之土也,埏子以爲人,至歲八月,降雨下,淄水至,則汝殘矣!」土偶曰:「不然,吾西岸之土也,吾殘則復西岸耳。今子東國之桃梗也,刻削子以爲人,降雨下,淄水至,流子而去,則子漂漂者將何如耳。」今秦四塞之國,譬若虎口,而君入之,則臣不知君所出矣!』孟嘗君乃止。」

〔五〇〕《史記·孔子世家贊》:「中國言六藝者,折衷於夫子。」《索隱》引宋均云:「折,斷也。衷,當也。」

〔五一〕按本節明戰國之文深於取象,見《易》教之廣。

〔五二〕《漢書·藝文志》敘儒、道、陰陽、名、法、墨、縱橫、雜、農、小説十家之學,謂各出於古之某官,此所謂不外周官之典守也。

〔五三〕《左傳》昭十四年:「天子失官,學在四夷。」

〔五四〕《莊子·天下》:「其數散於天下而設於中國者,百家之學,時或稱而道之。」

〔五五〕《魏書·釋老志》:「漢哀帝元壽元年,博士弟子秦景憲,受大月氏王使伊存口授浮屠經,中土聞之,未之信了也。後孝明帝夜夢金人頂有白光,飛行殿庭,乃訪群臣,傅毅始以佛對。帝遣郎中蔡愔、博士弟子秦景等使於天竺,寫浮屠遺範。愔仍與沙門攝摩騰、竺法蘭東還洛陽。中國有沙門及跪拜之

〔五六〕宋仁宗曰：「明心見性，佛教爲深。修身治國，儒道爲切。」

〔五七〕《傳燈録》：「西方有佛，其形丈六而黄金色。」

〔五八〕《法華經》：「諸佛身金色百寶莊嚴相。」

〔五九〕此佛家託以勸懲之説也。李丹《天堂地獄偈》云：「釋迦生中國，設教如周孔，周孔生西方，設教如釋迦。天堂無則已，有則君子登。地獄無則已，有則小人入。」

〔六〇〕《維摩經·觀衆生品》：「時維摩詰室有一天女，見諸大人聞所説法，便現其身，即以天華散諸菩薩大弟子上。華至諸菩薩，即皆墮落，至大弟子，便著不墮。一切弟子神力去華，不能令去。爾時天女問舍利弗：『何故去華？』答曰：『此華不如法，是以去之。』天女曰：『勿謂此華爲不如法，所以者何，是華無所分别，仁者自此生分别想耳。觀諸菩薩華不著者，已斷一切分别想故。譬如人畏時，非人得其便，如是，弟子畏生死故，聲色香味觸得其便也。已離畏者，一切五欲不能爲也。』」

〔六一〕夜叉，鬼物之醜惡見形者。法雲《翻譯名義集》：「夜叉，此云勇健，亦云暴惡，舊云閲叉。」《西域記》云，藥叉舊訛曰夜叉，能飛騰空中。」

〔六二〕《文選·王簡棲頭陀寺碑文》：「正法既没，象教陵夷。」李善注引曇無讖曰：「釋迦佛正法住世五百年，像法一千年，末法一萬年。」釋迦牟尼去世後，大弟子刻木爲佛像，以形象教人。

〔六三〕《易·坤》卦：「上六，龍戰於野，其血玄黄。」

〔六四〕《易·睽》卦：「上九，睽孤，見豕負塗（泥），載鬼一車。先張之弧，後說（脫）之弧，匪寇昏媾，往遇雨則吉。」

〔六五〕閻摩變相：閻羅王地獄中之種種變動形象。《法苑珠林》卷十二：「如《起世經》云，佛告諸比丘，有閻摩使在於世間。何等爲三？一老，二病，三死。有人放逸三業，惡行身壞命終，生地獄中，諸守獄者，應時即來，驅彼衆生至閻摩王前，白言：『大王，此等衆生，昔在人間縱逸自恣，不善三業，今來生此，惟願大王善教示之。』」（六道篇地獄部之餘）

按此節明象教有通於《易》象。

〔六六〕《易·履》：「象曰：『上天下澤，履。君子以辨上下，定民志。』」天澤之分，指上下之分。

〔六七〕《易·繫辭下》：「二與四，同功而異位，其善不同，二多譽，四多懼，近也。」一卦六爻，倒數第二爻在下，故多譽。此指陰爻，處于臣位，故在下多譽，在上逼近君多懼。

〔六八〕《易·繫辭下》云：「陽卦多陰，陰卦多陽，其故何也？陽卦奇，陰卦耦。其德行何也？陽一君而二民，君子之道也。陰二君而一民，小人之道也。」陽卦如震☳、坎☵，一陽二陰，猶一君二民。陰卦如巽☴、離☲，一陰二陽，猶二君一民。

〔六九〕《易》：「☴（巽下乾上）《姤》，女壯，勿用取女。」《正義》云：「姤，遇也。此卦一柔（陰）而遇五剛（陽），故名爲姤。施之於人，則是一女而遇五男，爲壯至甚，故戒之曰，此女壯甚，勿用取此女也。」

〔七〇〕《易》：「☱（兌下坤上）《臨》，元亨利貞，至於八月有凶」。《正義》云：「至於八月有凶者，以物盛必

〔一二〕《左傳》成二年：「惟器與名，不可以假人（借與人）」。

〔一三〕《易·繫辭下》：「三與五，同功而異位，三多凶，五多功，貴賤之等也。其柔危，其剛勝邪。」一卦六爻，倒數第三爻在下多凶，倒數第五爻在上多功。此指陽爻，屬君，故在下則多凶，在上則有功。

〔一四〕乾卦四德：元，善；亨，通；利，和；貞，正。《易·乾·文言》：「君子行此四德者，故曰乾元亨利貞。」焦循《易·通釋》：「八卦始於乾坤，六十四卦生於八卦，其行也以元亨利貞，而括其要，不過元而已。」

〔一五〕《易》：「《旅》，小亨。」《正義》曰：「既爲羈旅，苟求僅存，非甚光大，故旅之爲義，小亨而已。」

〔一六〕《易》：「《遯》，亨，小利貞。」《正義》曰：「小利貞者，陰道初始浸長，正道亦未全滅也。」

〔一七〕《易·通釋》：「經稱貞吉二十四，稱貞凶九。」

〔一八〕《易》：「《坤》，六五，黃裳元吉。」《正義》：「元，大也。以其德能如此，故得大吉也。」

〔一九〕《易·通釋》：「按《易》爻稱悔亡十八，而象辭止《革》一卦稱悔亡。」

〔八〇〕《易·通釋》：「按《易》象稱无咎者八，爻稱无咎者八十五。」

〔八〕《漢書·董仲舒傳》：「臣謹按《春秋》之中，視前世已行之事，以觀天人相與之際，甚可畏也。」《史記·司馬相如傳贊》：「《春秋》推見至隱。《易》本隱以之顯。」《索隱》引虞喜《志林》曰：「《春秋》以人事通天道，是推見至隱也。《易》以天道接人事，索隱以之明顯也。」

〔八二〕按此節明《易》辭之謹嚴，同於《春秋》。

書教上〔一〕

《周官》外史,掌三皇五帝之書。今存虞、夏、商、周之策而已,五帝僅有二,而三皇無聞焉。〔二〕左氏所謂《三墳》《五典》,〔三〕今不可知,未知即是其書否也?以三王之誓、誥、貢、範諸篇,〔四〕推測三皇諸帝之義例,則上古簡質,結繩未遠,文字肇興,書取足以達微隱通形名而已矣。因事命篇,本無成法,〔五〕不得如後史之方圓求備,拘於一定之名義者也。夫子敘而述之,取其疏通知遠,足以垂教矣。〔六〕世儒不達,以謂史家之初祖,實在《尚書》,因取後代一成之史法,紛紛擬《書》者,皆妄也。〔七〕

三代以上之爲史,與三代以下之爲史,其同異之故可知也。三代以上,記注有成法,而撰述無定名;三代以下,撰述有定名,而記注無成法。〔八〕夫記注無成法,則取材也難;撰述有定名,則成書也易。〔九〕成書易,則文勝質矣。取材難,則僞亂真矣。僞亂真而文勝質,史學不亡而亡矣。良史之才,間世一出,補偏救弊,僅且不支。非後人學識不如前人,《周官》之法亡,而《尚書》之教絕,其勢不得不然也。〔一〇〕

《周官》三百六十,具天下之纖析矣,然法具於官,而官守其書。觀於六卿聯事之義,〔一一〕而知古人之於典籍,不憚繁複周悉,以爲記注之備也。即如六典之文,繁委如是,太宰掌之,小

宰副之，司會、司書、太史又為各掌其貳，[13]則六典之文，蓋五倍其副貳，而存之於掌故焉。[13]其他篇籍，亦當稱是。是則一官失其守，一典出於水火之不虞，他司皆得藉徵於副策。斯非記注之成法，詳於後世歟？漢至元成之間，典籍可謂備矣。然劉氏七略，[14]雖溯六典之流別，亦已不能具其官；而律令藏於法曹，章程存於故府，朝儀守於太常者，[15]不聞石渠天祿[16]別儲副貳，以備校司之討論，可謂無成法矣。漢治最為近古，而荒略如此，又何怪乎後世之文章典故，雜亂而無序也哉？[17]

孟子曰：「王者之迹息而《詩》亡；《詩》亡然後《春秋》作。」[18]蓋言王化之不行也，推原《春秋》之用也。不知《周官》之法廢而《書》亡，《書》亡而後《春秋》作。則言王章之不立也，可識《春秋》之體也。何謂《周官》之法廢而《書》亡哉？蓋官禮制密，而後記注有成法；記注有成法，而後撰述可以無定名。以謂纖悉委備，有司具有成書，而吾特舉其重且大者，筆而著之，以示帝王經世之大略；而典、謨、訓、誥、貢、範、官、刑之屬，[19]詳略去取，惟意所命，不必著為一定之例焉，斯《尚書》之所以經世也。至官禮廢，而記注不足備其全；《春秋》比事以屬辭，[20]而左氏不能不取百司之掌故，與夫百國之寶書，以備其事之始末，其勢有然也。[21]所謂記注無成法，而撰述不能不有定名也。故曰：王者迹息而《詩》亡，見《春秋》之用；《周官》法廢而《書》亡，見《春秋》之體也。[22]

班以下，演左氏而益暢其支焉。

《記》曰：「左史記言，右史記動。」其職不見於《周官》，其書不傳於後世，殆禮家之憶文歟？〔二四〕後儒不察，而以《尚書》分屬記事，《春秋》分屬記事，則失之甚也。〔二五〕夫《春秋》不能舍傳而空存其事目，則左氏所記之言，不啻千萬矣。《尚書》典謨之篇，記事而言亦具焉；訓誥之篇，記言而事亦見焉。古人事見於言，言以爲事，未嘗分事言爲二物也。劉知幾以二典、貢、範諸篇之錯出，轉譏《尚書》義例之不純，〔二六〕毋乃因後世之空言，而疑古人之實事乎！《記》曰：「疏通知遠，《書》教也。」豈曰記言之謂哉？〔二七〕

六藝並立，《樂》亡而入於《詩》《禮》，〔二八〕《書》亡而入於《春秋》，皆天時人事，不知其然而然也。《春秋》之事，則齊桓、晉文，〔二九〕而宰孔之命齊侯，〔三〇〕王子虎之命晉侯，〔三一〕皆訓誥之文也，而左氏附傳以翼經；夫子不與《文侯之命》同著於篇，〔三二〕則《書》入《春秋》之明證也。馬遷紹法《春秋》，而刪潤典謨，以入紀傳；〔三三〕班固承遷有作，〔三四〕而《禹貢》取冠《地理》，《洪範》特志《五行》，〔三五〕而《書》與《春秋》不得不合爲一矣。後儒不察，又謂紀傳法《尚書》，而編年法《春秋》，〔三六〕是與左言右事之強分流別，又何以異哉。〔三七〕

〔一〕按乾隆五十七年，實齋《與邵二雲論修宋史書》云：「近撰《書教》之篇，所見較前似有進境，與《方志三書》之議，同出新著。」是《書教》三篇，蓋成於是年，實可代表章氏晚年（時年五十五）史學見解。

〔二〕《周官》即《周禮》,見《易教下》注〔三〕。外史,屬《周禮》春官宗伯。《尚書》乃虞、夏、商、周四代之書。策,簡也。連編諸簡乃名爲策,見《獨斷》。《史記·五帝本紀贊》:「學者多稱五帝,尚矣。然《尚書》獨載堯以來。」《漢書·藝文志》:「《書》之所起遠矣,至孔子篹焉,上斷於堯,下訖於秦,凡百篇。」孔子刪書,斷自唐虞,是五帝僅有二也。

〔三〕《左傳》昭十二年:「左史倚相趨過,王曰:『是良史也,子善視之。是能讀《三墳》《五典》《八索》《九丘》。』」《正義》引孔安國《尚書序》云:「伏羲、神農、黃帝之書,謂之《三墳》,言大道也。少昊、顓頊、高辛、唐、虞之書,謂之《五典》,言常道也。」

〔四〕三王,夏、商、周三代之王也。誓、誥、貢、範,皆《書》體之名,若《湯誓》《湯誥》《禹貢》《洪範》是也。孔穎達《書·疏》:「書體有十,一曰典,二曰謨,三曰貢,四曰歌,五曰誓,六曰誥,七曰訓,八曰命,九曰征,十曰範。」

〔五〕《易·繫辭下》:「上古結繩而治,後世聖人易之以書契。」書契即文字。皇甫謐《帝王世紀》:「黃帝垂衣裳,蒼頡造文字,然後書契始作。」《尚書·堯典·疏》:「書篇之名,因事而立,既無體例,隨便爲文。」

〔六〕《禮記·經解》:「疏通知遠,《書》教也。」

〔七〕按此節明古書因事命篇,本無成法,總提全篇大意。

本篇論記注與撰述之異。

〔八〕杜預《春秋序》：「諸所記注，多違舊章。」《唐書·百官志》：「史館修撰掌修國史。」按記注與撰述之分，劉知幾已啟其旨。《史通·史官建置》：「爲史之道，其流有二。何者？書事記言，出自當時之簡；勒成刪定，歸於後來之筆。」然則當時草創者，資乎博聞實錄，若董狐、南史是也。後來經始者，貴乎儁識通才，若班固、陳壽是也。必論其事業，先後不同，然相須而成，其歸一揆。」此所謂當時之簡，屬於記注之史料。所謂後來之筆，屬於撰述之史著。二者流別不同，事實相須。實齋蓋本此言之，特爲詳盡耳。古者，各國有史，據事直書，而《尚書》因事命篇，初無定體，是記注有成法，而撰述無定名也。後世史職既略，文獻不備，而紀傳因襲陳規，代無變革，是撰述有定名，而記注無成法也。

〔九〕後世修史，以記注無成法，史料不備，故取材難。而紀傳志表，體勢相承，故成書易。章氏主張州縣立志科（見外篇《州縣請立志科議》），所以救前者之失；而史著必須體有因創，貴於變通，所以矯後者之弊也。

〔一〇〕按此節論記注與撰述，古今相異。

〔一一〕《周官》，太宰、大司徒、大宗伯、大司馬、大司寇、大司空爲六卿。《周禮·天官》：「大宰以八法治官府。三曰官聯，以會官治。」注：「官聯謂國有大事，一官不能獨共，則六官共舉之。聯讀爲連，古書連作聯。聯謂連事通職，相佐助也。」又《小宰》職：「以官府之六聯合邦治，一曰祭祀之聯事，二曰賓客之聯事，三曰喪荒之聯事，四曰軍旅之聯事，五曰田役之聯事，六曰斂弛之聯事，凡小事皆有聯。」

〔三〕按「繁委」，菁華閣本作「繁悉」。《周禮·天官》：「大宰掌建邦之六典，以佐王治邦國：一曰治典，以經邦國，以治官府，以紀萬民；二曰教典，以安邦國，以教官府，以擾萬民；三曰禮典，以和邦國，以統百官，以諧萬民；四曰政典，以平邦國，以正百官，以均萬民；五曰刑典，以詰邦國，以刑百官，以糾萬民；六曰事典，以富邦國，以任百官，以生萬民。」又：「小宰之職，掌邦之六典、八法、八則之貳，以逆邦國都鄙官府之治。」司會同。「司書掌邦之六典、八法、八則、九職、九正、九事，邦中之版，土地之圖，以周知入出百物，以敘其財。」春官：「大史掌建邦之六典，以逆邦國之治。」

〔三〕《漢書·司馬相如傳·封禪文》：「宜命掌故悉奏其儀而覽焉。」《音義》曰：「掌故，太常官屬，主故事者也。」

〔四〕《漢書·藝文志》：「成帝時，以書頗散亡，使謁者陳農求遺書於天下。詔光祿大夫劉向校經傳、諸子、詩賦，兵部校尉任宏校兵書，太史令尹咸校數術，侍醫李柱國校方技。每一書已，向輒條其篇目，撮其指意，錄而奏之。會向卒，哀帝復使向子侍中奉車都尉歆卒父業，於是總群書而奏其《七略》，故有《輯略》，有《六藝略》，有《諸子略》，有《詩賦略》，有《兵書略》，有《術數略》，有《方技略》。」《隋書·經籍志》：「《七略》七卷，劉歆撰。」《唐書·藝文志》同。《宋史·藝文志》不載，蓋已亡。清嚴可均所輯佚文數十條，載《全漢文》卷三十九。

〔五〕《史記·自序》：「漢興，蕭何次律令，韓信申軍法，張蒼爲章程，叔孫通定禮儀。」《漢書·成帝紀》注引《漢舊儀》：「尚書四人爲四曹。成帝置五人，有三公曹，主斷獄事。」《隋書·經籍志·舊事序》：「古

者，朝廷之政，發號施令，百官奉之，藏於官府，各修其職，守而弗忘。《春秋傳》曰：『吾視諸故府』，則其事也。」《漢書·百官公卿表》：「奉常，秦官，掌宗廟禮儀。景帝中元六年，更名太常，秩中二千石。」

〔一六〕《文選》班固《東都賦》：「又有天祿石渠典籍之府」。《三輔皇圖》卷六：「石渠閣，蕭何造，其下礱石爲渠以導水，若今御溝，因以爲閣名。所藏入關所得秦之圖籍。至於成帝，又於此藏祕書焉。」又：「天祿閣，藏典籍之所。」

〔一七〕按此節明後世記注無成法。

〔一八〕語見《孟子·離婁下》。朱注：「王者之迹熄，謂平王東遷，而政教號令不及於天下也。《詩》亡，謂《黍離》降爲《國風》，而《雅》亡也。《春秋》始於魯隱公之元年，實周平王四十九年也。」

〔一九〕官、刑、孔疏云：「《周官》上詒於下，《呂刑》陳刑於王，亦誥也。」

〔二〇〕《禮記·經解》：「屬辭比事，《春秋》教也。」章太炎先生云：「屬辭比事，謂一事而涉數國者，各國皆記其一耑（端），至《春秋傳》乃排比整齊，猶司馬《通鑑》比輯諸史紀傳表志之事，同爲一篇，此爲屬辭比事。自非良史，則尚緒紛然，首尾橫決，故春秋之失亂矣。」（《檢論·春秋故言》自注）

〔二一〕《史記·十二諸侯年表序》：「魯君子左丘明，懼弟子人人異端，各安其意，失其真，故因孔子史記，具論其語，成《左氏春秋》。」《公羊傳》疏引閔因叙云：「昔孔子受端門之命，制《春秋》之義，使子貢等求周史記，得百二十國寶書。」杜預《春秋左氏傳序》略云：「左丘明受經於仲尼，身爲國史，躬覽載籍，必廣記而備言之，將令學者原始要終，涣然冰釋，怡然理順，然後爲得。」此所謂備其事之始末

〔三〕《太平御覽》六百十引桓譚《新論》：「左氏經之與傳，猶衣之表裏，相待而成。有經而無傳，使聖人閉門思之，十年不能知也。」

〔三〕《漢書·司馬遷傳》：司馬遷字子長，漢左馮翊夏陽人。十歲誦古文，二十而南遊江淮，北涉汶泗，仕爲郎中。繼父爲太史令。遭李陵之禍，退而卒述陶唐以來，至於麟止，凡百三十篇，爲《太史公書》。

《後漢書·班固傳》：班固字孟堅，九歲能屬文，及長，博貫載籍，九流百家之言，無不窮究。固以父彪所續前史未詳，欲就其業，顯宗使終成前書，乃爲《漢書》，凡百篇。按左氏之傳《春秋》，年經事緯，叙次分明。馬、班之書，本紀紀年，詳於《春秋》之經，列傳叙人，異於左氏之傳，而表志用補紀傳之所未備，實宏左氏之支流而加暢者也。

〔三〕按本節明後世撰述有定名。

〔四〕《禮記·玉藻》：「動則左史書之，言則右史書之。」黃以周曰：「左右字今互譌。鄭《玉藻》注云：『其書《春秋》《尚書》具在。』謂右史書動爲《春秋》，左史書言爲《尚書》也。荀悅《申鑒》云：『古者，天子諸侯有事必告於廟，朝有二史，左史記言，右史記事，事爲《春秋》，言爲《尚書》。』與鄭注合。」（《禮書通故》卷三十四）

〔五〕《漢書·藝文志》：「古之王者，世有史官，君舉必書，所以慎言行，昭法式也。左史記言，右史記事，事爲《春秋》，言爲《尚書》，帝王靡不同之。」

〔六〕劉知幾，見《史德》注〔三〕。《史通·六家》：「蓋《書》之所主，本於號令，所以宣王道之正義，發話言

書教上

四三

於臣下，故其所載皆典、謨、訓、誥、誓、命之文。至如堯、舜二典，直敘人事，《禹貢》一篇，惟言地理，《洪範》總記災祥，《顧命》都陳喪禮，茲亦爲例不純者也。」

〔二七〕按此節明《尚書》之體，非純屬記言。

〔二八〕沈約《宋書·樂志》：「及秦焚典籍，《樂經》用亡。」朱彝尊《經義考》一百六十七《樂經》：「《隋志》四卷，佚。《漢書·王莽傳》：『元始三年，立《樂經》。』應劭曰：『周室陵遲，禮崩樂壞，重遭暴秦，遂以闕亡。』按《周官》成均之法，所以教國子樂德、樂語、樂舞三者而已。樂德，則《舜典》命夔教胄子教言，已括其要。樂語，則《三百篇》可被絃歌者是。樂舞，則鏗鏘鼓舞之節，不可以爲經。樂之有經，大略存其綱領。然則《大司樂》一章，即《樂經》可知矣。《樂記》從而暢言之，無異《冠禮》之有義，《喪服》之有傳，即謂《樂經》至今存，可也。」

〔二九〕《孟子·離婁下》：「王者之迹熄而《詩》亡，《詩》亡然後《春秋》作。晉之《乘》，楚之《檮杌》，魯之《春秋》，一也。其事則齊桓、晉文，其文則史，孔子曰：『其義則丘竊取之矣。』」

〔三〇〕《左傳》僖九年：「夏，會於葵丘。王使宰孔賜齊侯胙（祭肉）。曰：『天子有事於文、武（祭文、武王），使孔賜伯舅胙。』齊侯將下拜，孔曰：『且有後命，天子使孔曰：以伯舅耋老，加勞賜一級，無下拜。』對曰：『天威不違顏咫尺，小白余，敢貪天子之命，無下拜，恐隕越於下，以遺天子羞，敢不下拜。』下拜，登（登堂），受」

〔三一〕《左傳》僖二十八年：「晉侯獻楚俘於王。王命尹氏及王子虎、內史叔興父策命晉侯爲侯伯，賜之大

輅（車）之服，戎輅之服，彤（赤）弓一，彤矢百，玈（黑）弓矢千，秬鬯一卣（黑黍香酒一樽），虎賁（武士）三百人。曰：『王謂叔父，敬服王命，以綏四國，糾逖王慝（王之所惡）』晉侯三辭，從命曰：『重耳敢再拜稽首，奉揚天子之丕（大）顯休命。』奉策以出，出入三覲（見）。」

〔三三〕《書序》：「平王錫晉文侯秬鬯圭瓚（玉器），作《文侯之命》。」按劉刻《遺書》本，「篇」作「編」。兹依粤雅堂本。志古堂本同。

〔三三〕《史記》紹法《春秋》，見史公《自序》。《殷本紀》：「成湯以來，采於《詩》《書》。」而《五帝本紀》亦稱書闕有間，旁采軼文之見於他書，擇其言尤雅者，此採書以入紀傳之明徵也。

〔三四〕《後漢書·班彪傳》：「《史記》自太初以後，闕而不錄，彪乃繼採前史遺事，旁貫舊聞，作《後傳》數十篇，因斟酌前史，而譏正得失。固以彪所續未詳，乃潛精研思，致就其業，爲紀、表、志、傳凡百篇。」

〔三五〕《漢書·地理志》錄入《尚書·禹貢》文。《五行志》錄入《尚書·洪範》文。

〔三六〕《十七史商榷》卷一：「司馬遷創立本紀、表、書、世家、列傳體例，後之作史者，遞相祖述，莫能出其範圍。即班范稱書，陳壽稱志，李延壽南北朝稱史，歐陽於五代稱史記，小異其目，大指總在司馬氏牢籠中。司馬取法《尚書》及《春秋》內外傳，自言述而不作，其實以兼作者。」《史通》《左傳》家：「漢代史書，以遷固爲主，而紀傳互出，表志相重，於文爲煩，頗難周覽。至孝獻帝，始命荀悅撮其書爲編年體，依《左傳》著《漢紀》三十篇。自是每代國史，皆有斯作。」

〔三七〕按此節明《書》入《春秋》，合而爲一，乃爲紀傳體。

書教中〔一〕

《書》無定體，故易失其傳；亦惟《書》無定體，故託之者衆。周末文勝，官禮失其職守，〔二〕而百家之學，多爭託於三皇五帝之書矣。藝植託於神農，兵法醫經託於黃帝，〔三〕好事之徒，傳爲《三墳》之逸書而《五典》之別傳矣。不知書固出於依託，旨亦不盡無所師承，官禮之政舉而人存，世氏師傳之掌故耳。〔四〕惟〔三〕〔五〕之留遺，多存於《周官》之職守，則外史所掌之書，〔五〕必其籍之別具，亦如六典各存其副之制也。左氏之所謂《三墳》《五典》，〔六〕或其概而名之，或又別爲一説，未可知也。必欲確指如何爲三皇之墳，如何爲五帝之典，則鑿矣。〔七〕

《逸周書》七十一篇，多官禮之別記與《春秋》之外篇，殆治《尚書》者雜取以備經書之旁證耳。劉、班以謂孔子所論百篇之餘，〔八〕則似逸篇，初與典、謨、訓、誥，同爲一書，而孔子爲之刪彼存此耳。毋論其書文氣不類，醇駁互見，即如《職方》《時訓》諸解，明用經記之文，〔九〕《太子晉解》，明取春秋時事，〔一〇〕其爲外篇別記，不待繁言而決矣。而其中實有典言寶訓，識爲先王誓誥之遺者，〔一一〕亦未必非百篇之逸旨，而不可遽爲刪略之餘也。夫子曰：「信而好古。」〔一二〕先王典誥，衰周猶有存者，而夫子刪之，豈得爲好古哉？惟《書》無定體，故《春秋》官禮之別記外篇，皆得從而附合之，亦可明《書》教之流別矣。〔一三〕

《書》無定體，故附之者雜。後人妄擬《書》以定體，故守之也拘。古人無空言，安有記言之專書哉？漢儒誤信《玉藻》記文，而以《尚書》爲記言之專書焉。於是後人削趾以適屨，[一四]轉取事文之合者，削其事而輯録其文，以爲《尚書》之續焉：若孔氏《漢、魏尚書》、王氏《續書》之類皆是也。[一五]無其實，而但貌古人之形似，譬如畫餅餌之不可以充饑。[一六]況《尚書》本不止於記言，則孔衍、王通之所擬，併古人之形似而不得矣。劉知幾嘗患史策記事之中，忽閒長篇文筆，欲取君上詔誥，臣工奏章，別爲一類，編次紀傳史中，略如書志之各爲篇目，[一七]是劉亦知《尚書》折而入《春秋》矣。然事言必分爲二，則有事言相貫，質與文宣之際，如別自爲篇，則不便省覽，如仍然合載，則爲例不純；是以劉氏雖有是説，後人訖莫之行也。至如論事章疏本同口奏，辨難書牘，不異面論，次於紀傳之中，事言無所分析，後史恪遵成法可也。乃若揚、馬之辭賦，原非政言，[一八]嚴、徐之上書，亦同獻頌，[一九]鄒陽、枚乘之縱橫，[二〇]杜欽、谷永之附會，[二一]本無關於典要，馬、班取表國華，削之則文采滅如，存之則紀傳猥濫，斯亦無怪劉君之欲議更張也。[二二]

杜氏《通典》爲卷二百，[二三]而《禮典》乃八門之一，已占百卷，蓋其書本官禮之遺，宜其於禮事加詳也。然叙典章制度，不異諸史之文，而禮文疑似，或事變參差，博士經生，折中詳議，或取裁而徑行，或中格而未用，入於正文，則繁複難勝，削而去之，則事理未備，杜氏並爲採輯

其文,附著禮門之後,凡二十餘卷,可謂窮天地之際,而通古今之變者矣。[二四]史遷之書,蓋於《秦紀》之後,存錄秦史原文。[二五]惜其義例未廣,後人亦不復踵行,斯並記言記事之窮,別有變通之法,後之君子所宜參取者也。[二六]

濫觴流爲江河,事始簡而終鉅也。[二七]東京[二八]以還,文勝篇富,史臣不能概見於紀傳,則彙次爲《文苑》之篇。[二九]文人行業無多,但著官階貫系,略如《文選》人名之注,[三〇]試牓履歷之書,本爲麗藻篇名,轉覺風華消索;則知一代文章之盛,史文不可得而盡也。蕭統《文選》以還,爲之者衆,今之尤表表者,姚氏之《唐文粹》,[三一]呂氏之《宋文鑑》,[三二]蘇氏之《元文類》,[三三]並欲包括全代,各有言與事,故僅可分華與實,不可分言與事爾。[三四]史與文選,[三五]集林大暢。文人當誥,則內制外制之集,[三六]自爲編矣。宰相論思,言官白簡,[三七]卿曹各言職事,閫外料敵善謀,[三八]陸贄《奏議》之篇,[三九]蘇軾進呈之策,又各著於集矣。[四〇]萃合則有名臣經濟,[四一]策府議林,[四二]連編累牘,可勝數乎! 大抵前人著錄,不外別集總集二條,[四三]蓋以一人文字觀也。其實應隸史部,追源當系《尚書》;但訓誥乃《尚書》之一端,不得如漢人之直以記言之史目《尚書》耳。[四四]

撰輯章奏之人,宜知訓誥之記言,必叙其名臣章奏,隸於《尚書》,以擬訓誥,人所易知。

事，以備所言之本末，故《尚書》無一空言，有言必措諸事也。後之輯章奏者，但取議論曉暢，情辭愷切，以爲章奏之佳也。雖有佳章，將何所用？文人尚華之習見，不可語於經史也。班氏董、賈二傳，則以《春秋》之學爲《尚書》也，即《尚書》折入《春秋》之證也。其叙賈、董生平行事，無意求詳，前後寂寥數言，不過爲政事諸疏、天人三策備始末爾。[四五]賈、董未必無事可叙，班氏重在疏策，不妨略去一切，但録其言，前後略綴數語，備本末耳，不似後人作傳，必盡生平，斤斤求備。噫！觀史裁者，必知此意，而始可與言《尚書》《春秋》之學各有其至當，不似後世類鈔徵事，但知方圓求備而已也。[四六]

〔一〕按本篇明記言非《書》之正體，後世託之非是。

〔二〕《禮記・表記》：「殷、周之質不勝其文。」《論語・雍也》：「文勝質則史。」《集解》引包曰：「史者，文多質少。」周末政教式微，百家馳説，是文多質少也。《史記・曆書》：「幽、厲之後，周室微，陪臣執政，史不記時，君不告朔，故疇人子弟分散，或在諸夏，或在夷狄。」此官禮失守之徵也。《論語・微子》：「太師摯適齊，亞飯干適楚，三飯繚適蔡，四飯缺適秦，鼓方叔入於河，播鼗武入於漢，少師陽、擊磬襄入於海。」邢疏謂「此章記魯哀公時禮壞樂崩，樂人皆去。」此雖列國之事，亦可以推見王朝之一般。

〔三〕《漢書・藝文志・諸子略》農家：「《神農》二十篇。」原注云：「六國時，諸子疾時怠於農業，道耕農

〔四〕《禮記·中庸》:「其人存,則其政舉。」《孟子·告子下》:「士無世官,官事無攝。」古者世官,或以官爲氏,故曰世氏。掌故,見前篇注〔三〕。

〔五〕即三皇五帝之書。

〔六〕見《書教》上注〔三〕。

〔七〕按此節明《書》無定體,故託之者衆。

〔八〕《漢志·六藝略·書》類:「《周書》七十一篇。」原注:「周《史記》。」師古曰:「劉向云:『周時誥誓號令也。』蓋孔子所論百篇之餘也。」今之存者,四十五篇。《隋書·經籍志》於《周書》十卷,注曰「汲冢書」。《唐書·藝文志》仍之,後人遂於今本《周書》冠以汲冢二字。然考《晉書·束晳傳》,汲冢所得雜書十九篇,中雖有《周書》之名,而篇帙太少。許氏《說文解字》,馬注《論語》,鄭注《周禮》《儀禮》,所引《周書》,皆在今本《逸周書》七十篇中,其非出汲冢甚明。詳見《困學紀聞》卷二。

〔九〕《職方解》爲《逸周書》第六十二篇,文與《周禮·夏官·職方氏》相類。《時訓解》爲《逸周書》第五十二篇,文與《禮記·月令》相類。《史通·六家》《尚書》家:「至若《職方》之言,與《周官》無異;《時訓》之説,比《月令》多同;斯百王之正書,五經之别録者也。」

〔一〇〕《太子晉解》爲《逸周書》第六十四篇，記師曠與太子晉問答語。

〔一一〕宋丁黼《周書序》曰：「夫子定《書》爲百篇矣，孟子於《武成》取其二三策，謂血流漂杵等語，近於誇也。今所謂《汲冢周書》，多誇詡之辭，且雜以詭譎之説，此豈文、武、周公之事，而孔孟之所取哉？然其間畏天敬民，尊賢尚德，古先聖王之格言遺制，尚多有之。至於《時訓》《明堂》，記禮者之所采錄，克殷度邑，司馬遷之所援據，是蓋有不可盡廢者。」

〔一二〕《論語·述而》文。

〔一三〕按此節明《書》無定體，故附之者雜。

〔一四〕《玉藻》記文，見前篇注〔二四〕。《三國志·魏志·明帝紀》注引《魏略》載帝露布曰：「削趾適屨，刻骨傷肌。」《廣雅·釋器》：「屨，履也。」

〔一五〕《史通·六家》云：「晉廣陵相魯國孔衍，以爲國史所以表言行，昭法式，至於人理常事，不足備列，乃刪漢魏諸史，取其美詞典言，足爲龜鏡者，定以篇第，纂成一家，由是有《漢尚書》、《後漢尚書》、《魏尚書》，凡爲二十六卷。尋其義例，皆準《尚書》。」《晉書·儒林傳》：「孔衍字舒元，孔子二十二世孫。中興初，補中書郎，出爲廣陵郡。凡所撰述百餘萬言。」《唐書·藝文志》雜史類：「孔衍《漢尚書》十卷，《後漢尚書》六卷，《魏尚書》十四卷。」《唐書〔一九六〕·隱逸·王績傳》：「績，絳州龍門人。兄通，隋末大儒也，聚徒河汾間。做古作六經，又爲《中説》以擬《論語》，不爲諸儒稱道，故書不顯，惟《中説》獨傳。」《新唐書〔二○一〕·文藝上·王勃傳》：「勃尤喜著書。初，祖通，隋末居白

牛溪，教授門人甚衆。嘗起漢魏盡晉，作書百二十篇，以續古《尚書》，後亡其序，有錄無書者十篇，勃補完缺逸，定著二十五篇。

〔一六〕《傳燈錄》：「智閑被潙山問，尋一句酬對不得，自歎曰：『畫餅不可充飢。』」

〔一七〕《史通·載言》：「古者，言爲《尚書》，事爲《春秋》，左右二史，分尸其職。逮左氏爲書，不遵古法，言之與事，同在傳中。然而言事相兼，煩省合理，故使讀者尋繹不倦，覽諷忘疲。至於《史》《漢》則不然，凡所包舉，務存恢博，文辭入記，繁富爲多，是以賈誼、鼂錯、董仲舒、東方朔等傳，唯尚録言，罕逢載事。夫方述一事，得其紀綱，而隔以大篇，分其次序，遂使披閱之者，有所懵然。後史相承，不改其轍，交錯分擾，古今是同。按遷、固列君臣於紀傳，統遺逸於表志，雖篇名甚廣，而言無獨録。愚謂凡爲史者，宜於表志之外，更立一書，若人主之制册誥命，群臣之章表移檄，悉入書部，題爲制册章表書，以類區別，他皆放此，亦猶志之有《禮樂志》《刑法志》者也。又詩人之什，自成一家，故風、雅、比、興、非三傳所取。自六義不作，文章生焉，若韋孟《諷諫》之詩，揚雄《出師》之頌，馬卿之書《封禪》，賈誼之論《過秦》，諸如此文，皆施紀傳。竊謂宜從古詩例，斷入書中，亦猶《舜典》列元首之歌，《夏書》包五子之詠者也。夫能使史體如是，庶幾《春秋》《尚書》之道備矣。」

〔一八〕揚雄見《易教上》注〔三〕。《漢書·揚雄傳》載有《甘泉》《河東》《長楊》《羽獵》等賦，《反離騷》《解嘲》等文。又《司馬相如傳》：「相如字長卿，蜀郡成都人也。少好讀書，事景帝，爲武騎常侍。病免，客遊梁，得與諸侯游士居，乃著《子虛》之賦。武帝讀而善之，召問相如。相如請爲天子游獵賦，

賦奏，天子以爲郎。數歲，唐蒙已略通夜郎，邛筰君長請吏，上拜相如爲中郎將，建節往使。後失官，歲餘復爲郎。後拜文園令，病卒。」本傳載有《上林》、《子虛》、《哀二世》、《大人》等賦，及《封禪文》。

[一九]嚴安，臨菑人。以故丞相史上書，有云：「今徇南夷，朝夜郎，降羌僰，略薉州，建城邑，深入匈奴，燔其龍城，議者美之，此人臣之利，非天下之長策也。」徐樂，燕都無終人。上書曰：「臣聞天下之患，在於土崩，不在瓦解，古今一也。臣竊以爲陛下天然之質，寬仁之資，而誠以天下爲務，則禹、湯之名不難侔，而成、康之俗未必不復興也。」其辭實類獻頌。書俱載《漢書》本傳。

[二〇]《漢書·鄒陽傳》：「鄒陽，齊人也。事吳王濞。王以太子事陰有邪謀，陽奏書諫。去之梁，從孝王遊。羊勝、公孫詭等疾陽，惡之於孝王。孝王怒，下獄。吏將殺之，陽乃從獄中上書，書奏，孝王立出之，卒爲上客。」又《枚乘傳》：「乘字叔，淮陰人也，爲吳王濞郎中。吳王之初怨望，謀爲逆也，乘奏書諫，王不用。遂去之，從梁孝王遊。後景帝拜乘弘農都尉，卒。」鄒陽《上書吳王》與《獄中上書自明》，枚乘《上書諫吳王》，文並載本傳。縱橫：指他們上書，與戰國策士相似。

[二一]《漢書·杜周傳》：「欽字子夏（周之孫，南陽杜衍人），少好經書，家富而目偏盲，故不好爲吏。大將軍王鳳輔政，以欽爲武庫令。後有日食地震之變，詔舉賢良方正能直言士，合陽侯梁放舉欽，欽上對。」又《谷永傳》：「谷永字子雲，長安人也。少爲長安小吏，後博學經書。（成帝）建始三年，冬，日食地震，同日俱發，詔舉方正直言極諫之士，太常劉慶忌舉永，待詔公車，時對者數千人，永與杜欽爲上第焉。」附會：指二人結合災異來論政治。

〔一二〕《漢書·董仲舒傳》:「竊譬之，琴瑟不調，甚者必解而更張之，迺可鼓也。」按此節明後世擬《書》以定體，故守之也拘。

〔一三〕《書錄解題》:「《通典》二百卷，唐宰相杜佑撰。採五經群史，歷代沿革廢置、群士論議，迄於天寶，凡爲八門，曰《食貨》《選舉》《職官》《禮》《樂》《兵刑》《州郡》《邊防》。貞元中，表上之，李瀚爲之序。初，劉秩爲《政典》三十五篇，佑以爲未盡，廣而成之。」《新唐書·杜佑傳》:「佑字君卿，京兆萬年人。以蔭補濟南參軍，歷嶺南淮南節度使。德宗崩，詔攝冢宰。憲宗即位，遷司徒，封岐國公，以太保致仕，卒諡安簡。佑性嗜學，雖貴，猶夜分讀書。先是劉秩采百家，爲《政典》三十五篇。房琯稱才過劉向。佑以爲未盡，因廣其闕，參以新禮，爲二百篇，自號《通典》，奏之，優詔嘉美。儒者服其書約而詳。」

〔一四〕《漢書·司馬遷傳》:「亦欲以究天人之際，通古今之變，成一家之言。」

〔一五〕《史記·秦始皇本紀》後錄襄公以下立年及葬處。《索隱》云:「皆據《秦紀》爲說，與正史小有不同，今取異説重列於後。」

〔一六〕按此節明史有變通，所以濟記言記事之窮。

〔一七〕濫觴:酒杯中酒溢出。葉注引《荀子·子道》:「昔者，江出於岷山，其始出也，其源可以濫觴。」按:《家語·三恕》王肅注:「觴所以盛酒者，言其微也。」《莊子·人間世》:「其作始也簡，其將畢也必巨。」

〔二八〕東京，指後漢也。《帝王世紀》：「高祖都長安，光武都洛陽；是以時人謂洛陽爲東京，長安爲西京。」

〔二九〕范曄《後漢書》始立《文苑傳》，後史因之。

〔三〇〕晁公武《郡齋讀書志·總集類》：「《文選》六十卷，梁昭明太子蕭統纂。選賦、詩、騷、七、詔、冊、令、教等類，輯之爲三十卷。唐李善集注，析之爲六十卷。」李善注人名，如《兩都賦序》：「《漢書》曰：『王褒字子淵。上令褒待詔，褒等數從獵，擢爲諫大夫。』」注文較簡。

〔三一〕《郡齋讀書志·總集類》：「《唐文粹》一百卷，皇朝姚鉉寶臣編。鉉，廬州人，太平興國初進士。文辭敏麗，善書札。藏書至多，頗有異本，累遷兩浙漕司，課吏寫書，采唐世文章，分門編類，初爲五十卷，後復增廣之。」

〔三二〕《書錄解題·總集類》：「《皇朝文鑑》一百五十卷，呂祖謙編。朱晦庵晚年嘗語學者曰：『此書編次，篇篇有意。每篇首必取大文字作壓卷，如賦取《五鳳樓》之類。』其所載奏議，亦係一時政治大節，祖宗二百年規模，與後來中變之意，盡在其間，非《選》《粹》比也。」

〔三三〕《四庫全書總目》總集類：「《元文類》七十卷，目錄三卷，元蘇天爵編。所錄諸作，自元初迄於延祐，正元文極盛之時，凡分四十有三類。天爵三居史職，於當代掌故，最爲嫻習，而詞章典雅，亦足追蹤前修，故是編去取精嚴，具有體要，論者謂與姚鉉《唐文粹》、呂祖謙《宋文鑑》鼎立而三。」

〔三四〕《顔氏家訓·勉學》：「夫學者猶種樹也，春玩其華，秋登其實。講論文章，春華也。修身利行，秋實

也。」按此節明史與文選華實相資而爲用。

〔三五〕《隋書·經籍志》:「魏祕書郎鄭默始制《中經》。祕書監荀勖又因中經更著《新簿》,分爲四部,總括群書。一曰甲部,紀六藝及小學等書。二曰乙部,有古諸子家、近世子家、兵書兵家、術數。三曰丙部,有史記舊事,皇覽簿雜事。四曰丁部,有詩賦、圖讚、汲冢書。」《唐書·藝文志》:「兩都各聚書四部,以甲乙丙丁爲次,列經史子集四庫。」《晉書·荀勖傳》:「勖字公曾,潁川潁陰人。」

〔三六〕《獨斷》:「制者,王者之言必爲法制也。」

〔三七〕東坡有《内制集》十卷,《外制集》三卷。

班固《西都賦》:「朝夕論思,日月獻納。」《晉書·傅玄傳》:「玄天性峻急,不能有所容,每有奏劾,或值日暮,捧白簡,整簪帶,竦踊不寐,坐而待旦,於是貴游懾伏,臺閣生風。」

〔三八〕《史記·馮唐傳》:「閫以内者,寡人制之。閫以外者,將軍制之。」韋昭曰:「此郭門之閫也。門中橛曰閫。」

〔三九〕《書録解題·章奏類》:「《陸宣公奏議》二十卷,唐宰相陸贄撰。」《新唐書·陸贄傳》:「贄字敬輿,蘇州嘉興人。年十八,第進士,中博學宏詞,以書判拔萃補渭南尉。德宗立,召爲翰林學士,從幸奉天,書詔日數百,他學士閣筆不得下,而贄沛然有餘。

〔四〇〕《宋史·蘇軾傳》:軾字子瞻,眉山人,嘉祐二年試禮部,擢第二,治平二年直史館。熙寧初,王安石創行新法,軾上書論其不便。元祐中,累官翰林學士,兼侍讀。有《奏議》十五卷,《内制》十卷,《外

〔四一〕《四庫簡明目錄》奏議類：「《名臣經濟錄》五十三卷，明黃訓編。輯洪武至嘉靖九朝名臣經濟之文，中闕建文一朝，以革除故也。凡分十門。」

〔四二〕策府議林：未詳。明何喬新有《策府群玉》，是備對策用，包括各種議論文章，當是。

〔四三〕《隋書·經籍志》：「別集之名，蓋漢東京之所創也。自靈均（屈原）以降，屬文之士衆矣，然其志尚不同，風流殊别。後之君子，欲觀其體勢，而見其心靈，故别聚焉，名之曰集。」又：「總集者，以建安之後，辭賦轉繁，衆家日以滋廣，晉代摯虞採摘孔翠，芟剪繁蕪，自詩賦以下，各爲條貫，合而編之，謂爲《流别》。是後又集總鈔，作者繼軌，屬辭之士，以爲覃奧而取則焉。」

〔四四〕按此節明文集中奏章，應隸於《尚書》類。

〔四五〕《漢書·賈誼傳》全録其《論政事疏》，《董仲舒傳》全録其《賢良對策》三首，稱「天人三策」。

〔四六〕按此節明輯奏章，必叙事以備始末。

書教中

五七

書教下[一]

《易》曰：「蓍之德圓而神，卦之德方以智。」[二]閒嘗竊取其義，以概古今之載籍，撰述欲其圓而神，記注欲其方以智也。夫智以藏往，神以知來，[三]記注欲往事之不忘，撰述欲來者之興起，故記注藏往似智，而撰述知來擬神也。藏往欲其賅備無遺，故體有一定，而其德爲方；知來欲其決擇去取，故例不拘常，而其德爲圓。《周官》三百六十，[四]天人官曲之故[五]可謂無不備矣。然諸史皆掌記注，而未嘗有撰述之官，立自出史職，至於帝典諸篇，並無應撰之官。誓誥，自出史職，至於帝典諸篇，並無應撰之官。聖哲神明，深知二帝三王精微之極致，不足以與此。則傳世行遠之業，不可拘於職司，必待其人而後行；非《尚書》之所以無定法也。[七]

《尚書》《春秋》，皆聖人之典也。《尚書》無定法，而《春秋》有成例。故《書》之支裔，折入《春秋》，而《書》無嗣音。有成例者易循，而無定法者難繼，此人之所知也。不能究六藝之深耳，未有不得其遺意者也。史氏繼《春秋》而有作，莫如馬、班，[八]馬則近於圓而神，班則近於方以智也。

《尚書》一變而爲左氏之《春秋》，《尚書》無成法而左氏有定例，[一〇]以緯經也。左氏一變而爲史遷之紀傳，左氏依年月而遷書分類例，[一一]以搜逸也。遷書一變而爲班氏之斷代，遷書

通變化，而班氏守繩墨〔一二〕，以示包括也。就形貌而言，遷書遠異左氏，而班史近同遷書，蓋左氏體直，自爲編年之祖，而馬、班曲備，皆爲紀傳之祖也。推精微而言，則遷書之去左氏也近，而班史之去遷書也遠〔一三〕。蓋遷書體圓用神，多得《尚書》之遺；班氏體方用智，多得官禮之意也。〔一四〕

遷書紀、表、書、傳，本左氏而略示區分，不甚拘於題目也。《伯夷列傳》乃七十篇之序例，非專爲伯夷傳也。〔一五〕《屈賈列傳》所以惡絳、灌之讒，其敘屈之文，非爲屈氏表忠，乃弔賈之賦也。〔一六〕《倉公》錄其醫案，《貨殖》兼書物產，《龜策》但言卜筮，〔一七〕亦有因事命篇之意，初不沾沾爲一人始末也。《張耳陳餘》，因此可以見彼耳。〔一八〕《孟子荀卿》，總括游士著書耳。〔一九〕名姓標題，往往不拘義例，僅取名篇，譬如《關雎》《鹿鳴》，所指乃在嘉賓淑女，〔二〇〕而或且譏其位置不倫，如孟子與三鄒子。或又摘其重複失檢，如子貢已在《弟子傳》，又見於《貨殖》。不知古人著書之旨，而轉以後世拘守之成法，反訾古人之變通，亦知遷書體圓而用神，猶有《尚書》之遺者乎！〔二一〕

遷《史》不可爲定法，固《書》因遷之體，而爲一成之義例，遂爲後世不祧之宗焉。〔二二〕三代以下，史才不世出，而謹守繩墨，待其人而後行，勢之不得不然也。然而固《書》本撰述而非記注，則於近方近智之中，仍有圓且神者，以爲之裁制，是以能成家，而可以傳世行遠也。後史失注，則於近方近智之中，仍有圓且神者，以爲之裁制，是以能成家，而可以傳世行遠也。後史失

班史之意,而以紀表志傳,同於科舉之程式,[二三]官府之簿書,則於記注撰述,兩無所似,而古人著書之宗旨,不可復言矣。史不成家,而事文皆晦,而猶拘守成法,以謂其書固祖馬而宗班也,而史學之失傳也久矣![二四]

曆法久則必差,推步後而愈密,[二五]前人所以論司天也。而史學亦復類此。《尚書》變而為《春秋》,則因事命篇,不為常例者,得從比事屬辭為稍密矣。《左》《國》變而為紀傳,則年經事緯,不能旁通者,得從類別區分為益密矣。[二六]紀傳行之千有餘年,學者相承,殆如夏葛冬裘,渴飲饑食,無更易矣。然無別識心裁,可以傳世行遠之具,而斤斤如守科舉之程式,不敢稍變;如治胥吏之簿書,繁不可刪。蓋族史但知求全於紀表志傳之成規,[二七]而書為體例所拘,但欲方圓求備,不知紀傳原本《春秋》,《春秋》原合《尚書》之初意也。《易》曰:「窮則變,變則通,通則久。」[二八]紀傳實為三代以後之良法,而演習既久,先王之大經大法,轉為末世拘守之紀傳所蒙,曷可不思所以變通之道歟?[二九]

左氏編年,不能曲分類例,《史》《漢》紀表傳志,所以濟類例之窮也。族史轉為類例所拘,以致書繁而事晦;亦猶訓詁注疏,所以釋經,俗師反溺訓詁注疏而晦經旨也。[三〇]夫經為解晦,當求無解之初;史為例拘,當求無例之始。例自《春秋》左氏始也,蓋求《尚書》未入《春

神奇化臭腐,臭腐復化爲神奇,[三一]解《莊》書者,以謂天地自有變化,人則從而奇腐云耳。事屢變而復初,文飾窮而反質,[三二]天下自然之理也。《尚書》圓而神,其於史也,可謂天之至矣。非其人不行,故折入左氏,而又合流於馬、班,蓋自劉知幾以還,莫不以謂書教中絕[三四]史官不得衍其緒矣。又自《隋・經籍志》著錄,以紀傳爲正史,編年爲古史,遂分正附,莫不甲紀傳而乙編年。則馬、班之史,以支子而嗣《春秋》,[三六]且以左氏大宗,而降爲旁庶矣。司馬《通鑑》病紀傳之分,而合之以事類。[三七]袁樞《紀事本末》又病《通鑑》之合,而分之以事類。[三八]按本末之爲體也,因事命篇,不爲常格;非深知古今大體,天下經綸,不能網羅隱括,無遺無濫。文省於紀傳,事豁於編年,決斷去取,體圓用神,斯眞《尚書》之遺也。[三九]在袁氏初無其意,且其學亦未足與此,書亦不盡合於所稱。故歷代著錄諸家,次其書於雜史。[四〇]自屬纂錄之家,便觀覽耳。但即其成法,沉思冥索,加以神明變化,則古史之原,隱然可見。[四一]書有作者甚淺,而觀者甚深,此類是也。故曰:神奇化臭腐,而臭腐復化爲神奇,本一理耳。[四二]

夫史爲記事之書。[四三]事萬變而不齊,史文屈曲而適如其事,則必因事命篇,不爲常例所拘,而後能起訖自如,無一言之或遺而或溢也。此《尚書》之所以神明變化,不可方物。降而

左氏之傳，已不免於以文徇例，理勢不得不然也。以上古神聖之制作，而責於晚近之史官，豈不懸絕歟！不知經不可學而能，意固可師而做也。且《尚書》固有不可盡學者也，即《紀事本末》，不過纂錄小書，亦不盡取以爲史法，而特以義有所近，不得以辭害意[四四]也。斟酌古今之史，而定文質之中，則師《尚書》之意，而以遷《史》義例，通左氏之裁制焉，所以救紀傳之極弊，非好爲更張也。[四五]

紀傳雖創於史遷，然亦有所受也。觀於《太古年紀》[四六]《夏殷春秋》[四七]《竹書紀年》[四八]，則本紀編年之例，自文字以來，即有之矣。《尚書》爲史文之別具，如用左氏之例，而合於編年，即傳也。以《尚書》之義，爲《春秋》之傳，則左氏不致以文徇例，而浮文之刊落者多矣。以《尚書》之義，爲遷《史》之傳，則八書三十世家，不必分類，皆可做左氏而統名曰傳。或考典章制作，或叙人事終始，或究一人之行，即列傳本體。或合同類之事，或錄一時之言，訓詁之類。一代之文，因事命篇，以緯本紀。則較之左氏翼經，可無局於年月後先之累；較之遷《史》之分列，可無歧出互見之煩。文省而事益加明，例簡而義益加精，豈非文質之適宜，古今之中道歟？至於人名事類，合於本末之中，難於稽檢，則別編爲表，以經緯之；天象地形，輿服儀器，非可本末該之，且亦難以文字著者，別繪爲圖，以表明之。蓋通《尚書》《春秋》之本原，而拯馬《史》、班《書》之流弊，其道莫過於此。至於創立新裁，疏別條目，較古今之述作，定一書之規

模,別具《圓通》之篇,[四九]此不具言。[五〇]

邵氏晉涵云:[五二]「紀傳史裁,參仿袁樞,是貌同心異。以之上接《尚書》家言,是貌異心同。是篇所推,於六藝爲支子,於史學爲大宗;於前史爲中流砥柱,於後學爲叢叢[五三]開山。」

〔一〕按本篇明《書》之爲體,在能因事命篇,後史應師其意,以爲變通。

〔二〕《易・繫辭上》文,言用蓍草占吉凶,可以求得各種卦,沒有一定,故圓;一卦之卦辭有一定,故方。韓康伯注:「圓者,運而不窮。方者,止而有分。言蓍以圓象神,卦以方象智也。」卦列爻分,各有其體,故曰圓。

〔三〕《易・繫辭上》傳文。韓康伯注:「明蓍卦之用同神知也。」按諸本「蓍」誤作「筮」。惟志古堂本不誤。

〔四〕見《易教下》注〔三〕。

〔五〕《禮記・禮器》:「人官有能也。」孔穎達疏云:「人官有能也者,謂萬物委曲,各有所利;若麴蘗利爲酒醴,絲竹利爲琴笙,皆自然有其性各異也。」物曲有利也。」孔穎達疏云:「人官有能也者,人居其官,各有所能;若司徒奉牛,司馬奉羊,及庖人治庖,祝治尊俎,是也。物曲有利也,

〔六〕古時諸史之任,太史最優,然止於載言記事而已。漢司馬遷繼父談爲太史令而作《史記》,蓋託孔子

書教下

六三

〔七〕因魯史而作《春秋》,猶是私家之著述。東漢明帝以班固爲蘭臺令史,詔撰《世祖本紀》,時以蘭臺爲著述之所。章、和二帝以後,圖籍盛於東觀,撰漢記者,相繼在乎其中,謂之著作,而未有其官也。魏明帝太和中始置著作郎,以當撰著之名。是撰述之有專官,自魏始也。詳見《史通·史官建置》篇。

〔八〕按此節明《尚書》無定法,即無定體例,體圓而用神。

〔九〕《史記》通敘古今,識趣奇高。《漢書》專述一代,體裁茂密。劉氏《識語》云:「馬圓而神,而變爲紀傳,以濟編年之窮,又方以智也。班方以智,而中有因事命篇之意,不失其爲圓而神也。」此所謂二者入載籍,不偏廢也。

〔一〇〕按此節明繼《春秋》而作者,必兼有《尚書》遺意。

〔一一〕左氏傳例有五,見《易教下》注〔四〕。杜預《春秋左氏傳序》曰:「經之條貫,必出於傳,傳之義例,總歸諸凡。」《春秋釋例》終篇曰:「丘明之傳有稱《周禮》以正常者,諸稱凡以發例是也。有明經以立新意者,諸顯義例而不稱凡是也。稱凡者五十,其別四十有九。」

〔一二〕張守節《正義序》:「《史記》上起軒轅,下既天漢,作十二本紀,帝王興廢悉詳;三十世家,君國存亡畢著;八書,贊陰陽禮樂;十表,定代系年封;七十列傳,忠臣孝子之誠備矣。」

〔一三〕《史通·六家》:「《漢書》者,究西都之首末,窮劉氏之廢興,包舉一代,撰成一書,言皆精練,事甚該密。故學者尋討,易爲其功;自爾迄今,無改斯道。」

〔三〕劉氏《識語》：「馬書初變編年之傳爲分篇之傳，而一氣卷舒，多因事附見，未嚴類例，故曰去左氏近，得《尚書》之遺，不甚拘拘於題目，故傳少而事該。」《史記》之傳無一定寫法，變化多；《漢書》之傳寫法比較相近，變化少。

〔四〕按此節明《史記》體圓，多得《尚書》之意。

〔五〕章氏《丙辰劄記》：「太史《伯夷傳》蓋爲七十列傳作叙例。篇末隱然以七十列傳竊比夫子之表幽顯微。傳雖以伯夷名篇，而文實兼七十篇之發凡起例。」（劉刻《遺書》外編三）經夫子論定，以明己之去取是非，奉夫子爲折衷。惜由、光讓國無徵，而幸伯夷、吳太伯之

〔六〕《史記・賈生列傳》：「賈生名誼，雒陽人也。吳廷尉爲河南守，召置門下。文帝初立，聞河南守吳公治平爲天下第一，乃徵爲廷尉。廷尉乃言賈生，召以爲博士，超遷一歲中至太中大夫。賈生以爲漢興二十餘年，天下和洽，當改正朔，易服色，法制度，定官名，興禮樂，乃悉草具其事儀法。於是天子議以賈生任公卿之位。絳、灌、東陽侯、馮敬之屬盡害之，乃短賈生曰：『雒陽之人，年少初學，專欲擅權，紛亂諸事。』於是天子後亦疏之，不用其議，乃以賈生爲長沙王太傅。」此明著絳灌之讒也。又《屈原傳》曰：「屈平正道直行，竭忠盡智，以事其君，讒人間之，可謂窮矣。信而見疑，忠而被謗，能無怨乎？」又曰：「人君無愚智賢不肖，莫不欲求忠以自爲，舉賢以自佐；然亡國破家相隨屬，而聖君治國累世而不見者，其所謂忠者不忠，而所謂賢者不賢也。」此雖爲屈子抒憤，亦所以弔賈生者也。

〔一七〕倉公，淳于意也。傳備載藥案。史公慨上下交征利而傳《貨殖》，蓋與《平準書》相表裏，《平準書》譏上之政，《貨殖傳》譏下之俗。傳中帶叙物產。《龜策列傳》，陳仁錫曰：「《龜策》叙乃子長（司馬遷）之筆，臣以通經術以下，乃褚先生所補。」

〔一八〕《史通・列傳》：「傳之爲體，大抵相同，而述者多方，有時而異。如二人行事，首尾相隨，則有一並書，包括令盡，若陳餘張耳合體成篇，是也。」

〔一九〕《孟荀列傳》中叙三騶子及稷下先生等，以著當日遊說風氣，見仁義所由路塞也。

〔二〇〕《毛詩・關雎序》：「《關雎》，樂得淑女以配君子。」《鹿鳴序》：「《鹿鳴》，燕群臣嘉賓也。」

〔二一〕按此節證《史記》體圓用神之妙。《粵雅堂叢書》本此下連上不分段。

〔二二〕古者宗廟之數，依貴賤定制。天子七廟，諸侯五廟，卿大夫三廟，士一廟。遠祖世次逾定制，則遷其神主於祧廟。惟始祖之廟不廢，其神主不遷入祧廟。祧廟爲遷主所藏之廟。

〔二三〕《日知錄》（卷十六）云：「唐制取士之科，有秀才，有明經，有進士，有俊士，有明法，有明字，有明算，有一史，有三史，有開元禮，有道舉，有童子；而明經之別，有五經，有三經，有二經，有學究一經，有三禮，有三傳，有史料，此歲舉之常選也。其天子自詔曰制舉，姚崇下筆成章，張九齡道侔伊吕之類，見於史者凡五十餘科，故謂科目。」唐用科目取士，謂之科舉，後宋用帖括，明清用八股試士，亦沿用此稱。

〔二四〕按此節明後世史家拘守成法，有失班氏之意。

〔二五〕曆，原作「憲」，避清高宗諱改。《左傳》文元年疏：「日月運轉於天，猶如人之行步，故推曆謂之步曆。」推步謂推日月五星之度，昏旦節氣之差也。

〔二六〕《左傳》爲編年之傳，《國語》爲國別之史，均有所局限，司馬氏變爲紀傳，曲注旁通，區分益密。

〔二七〕《莊子・養生主》「族庖」，注引崔譔云：「族，衆也。」族史，即衆史也。

〔二八〕《易・繫辭下》傳文。

〔二九〕按此節明後史書拘於成例，有待變通。

〔三〇〕《漢書・藝文志》：「古之學者耕且養，三年而通一藝。後世經傳既已乖離，博學者又不思多聞闕疑之義，而務碎義逃難，便辭巧說，破壞形體，說五字之文至於二三萬言，後進彌以馳逐，故幼童而守一藝，白首而後能言。」此可見經爲解晦之弊。

〔三一〕按此節明變通之道在反求《尚書》。

〔三二〕《莊子・知北遊》：「故萬物一也，是其所美者爲神奇，其所惡者爲臭腐，臭腐復化爲神奇，神奇復化爲臭腐，故曰通天下一氣耳。」

〔三三〕《易・賁》：「上九，白賁无咎。」王弼注：「處飾之終，飾終反質，故任其質素，不勞文飾而无咎也。」

〔三四〕《史通・六家》：「自宗周既隕，《書》體遂廢，迄乎漢、魏，無能繼者。」

〔三五〕《隋書・經籍志》史部叙例云：「自是世有著述，皆擬班、馬，以爲正史。作者尤廣，一代之史，至數十家。今依其世代，聚而編之，以備正史。」又云：「《竹書紀年》，蓋魏國之史記，其著書皆編年相

〔三六〕《後漢書·荀淑傳》：「淑孫悅，字仲豫，獻帝時官祕書監。帝以班固《漢書》文繁難省，乃令悅依《左氏傳》體，爲《漢紀》三十卷，辭約而事詳。」《晉書·文苑傳》：「袁宏字彥伯。父勖，臨汝令。謝尚鎮牛渚，引宏參其軍事。後自吏部郎出爲東陽郡。撰《後漢紀》三十卷。」

〔三七〕《宋史·司馬光傳》：「光字君實，陝州夏縣人。英宗即位，擢爲翰林學士。光常患歷代史繁，人主不能遍覽，遂爲《通志》八卷以獻。《資治通鑑》二百九十四卷，目錄三十卷，考異三十卷，丞相溫公河內司馬光君實撰。初，光嘗約戰國至秦二世，如左氏體，爲《通志》八卷以進。英宗悅之，遂命論次歷代君臣事跡。起周威烈，迄乎五代，就祕閣置局。神宗御製序，賜名《資治通鑑》。及補外，聽以書局自隨，元豐七年，書成。上曰：『賢於荀悅《漢紀》遠矣。』目錄仿《史記》年表，年經國緯，用劉羲叟長曆氣朔，而撮新書精要，散於其中。考異參諸家異同，正其謬誤，而歸於一。總三百五十四卷。」

〔三八〕《宋史·袁樞傳》：「樞字機仲，建安人。乾道七年，除太學錄，求外補，出爲嚴州教授。樞嘗喜誦司馬光《資治通鑑》，苦其浩博，乃區別其事而貫通之，號《通鑑紀事本末》」。

〔三九〕《四庫簡明目錄·紀事本末類》：「《通鑑紀事本末》四十二卷，宋袁樞撰。因司馬光《資治通鑑》之文，分類排纂，以一事爲一篇，各詳其起訖，使節目分明，經緯條貫，遂於史家二體之外，自爲一體，迄

今不可磨滅。然溯其根柢，實則《尚書》每事為篇，先有此例，究亦六家之枝流也。」

〔四〇〕按袁書《宋史‧藝文志》及陳氏《實齋書錄解題》次於編年類，《明史‧藝文志》始入雜史類。

〔四一〕章氏《與邵二雲論修宋史書》：「《紀事本末》本無深意，而因事命篇，不為成法，引而申之，擴而充之，遂覺體圓用神。《尚書》神聖制作，數千年來，可仰望而不可接者，至此可以仰追。」（劉刻《遺書》卷九）

〔四二〕按此節明紀事本末體，文省於紀傳，事豁於編年，實乃《尚書》之遺。

〔四三〕《說文》：「史，記事者也。」是史字之義，本為記事，初以名典文書之職守，後乃被於記事之載籍焉。

〔四四〕《孟子‧萬章上》：「故說詩者，不以文害辭，不以辭害志，以意逆志，是為得之。」

〔四五〕按此節明後世修史，應師《尚書》之意，以求變通。

〔四六〕《漢志‧春秋類》：「《太古以來年紀》二篇。」按司馬貞《三皇本紀》：「《春秋緯》稱自開闢至於獲麟，凡三百二十七萬六千歲，分為十紀。」不知與《太古年紀》異同如何？

〔四七〕《史通‧六家》：「《汲冢璅語》記太丁時事，目為《夏殷春秋》。」

〔四八〕杜預《左傳後序》：「余成《春秋釋例》及《經傳集解》，會汲郡汲縣有發其界內舊冢者，大得古書，皆簡編科斗文字，多雜碎怪妄，不可訓知。《紀年》最為分了，起自夏、殷、周，皆三代王事，無諸國別也，唯特記晉國，起自殤叔，次文侯、昭侯以至曲沃莊伯。莊伯之十一年十一月，魯隱公之元年正月也。皆用夏正建寅之月為歲首，編年相次。晉國滅，獨記魏事，下至魏哀王之二十年，蓋魏國之

史記也。推校哀王二十年太歲在壬戌,是周赧王之十六年,秦昭王之八年,韓襄王之十三年,趙武靈王之二十七年,楚懷王之三十年,燕昭王之十三年,齊湣王之二十五年也。哀王二十三年乃卒,故特不稱諡,謂之今王。其著書文意大似《春秋經》,推此足見古者國史策書之常也。」

〔四九〕胡適謂此篇始終未成。

〔五〇〕按此節具體說明遠師《尚書》,以求變通之意。

〔五一〕邵晉涵字與桐,一字二雲,餘姚人,清乾隆三十六年進士,累官至侍讀學士。性嗜學,於四庫七略,無不推極本原,實事求是。精通小學而邃於史。著有《爾雅正義》,而畢氏《續資治通鑑》,亦經其手校定。(見《遺書·邵與桐別傳》)生平與實齋相知最深,切磋素密,此評要非阿好之辭。

〔五二〕鹽叢:相傳爲蜀王之先祖,指新史學之開創者。

詩教上〔一〕

周衰文弊，六藝道息，而諸子爭鳴。〔二〕蓋至戰國而文章之變盡，至戰國而著述之事專，〔三〕至戰國而後世之文體備，故論文於戰國，而升降盛衰之故可知也。戰國之文，奇衺錯出，而裂於道，〔四〕人知之；其源多出於《詩》教，〔五〕人不知也。後世之文，其體皆備於戰國，〔六〕人不知；其源多出於《詩》教，〔七〕人愈不知也。知諸家本於六藝，而後可與論戰國之文；〔八〕知戰國多出於《詩》教，而後可與論六藝之文。知六藝之文，而後可與論戰國之文，可與離文而見道；可與論戰國之文，而後可與奉道而折諸家之文也。〔九〕

戰國之文，其源皆出於六藝，何謂也？曰：道體無所不該，六藝足以盡之。〔一〇〕諸子之為書，其持之有故而言之成理者，〔一一〕必有得於道體之一端，而後乃能恣肆其說，以成一家之言也。所謂一端者，無非六藝之所該，〔一二〕故推之而皆得其所本；非謂諸子果能服六藝之教，而出辭必衷於是也。〔一三〕《老子》說本陰陽，〔一四〕《莊》《列》寓言假象，〔一五〕《易》教也。鄒衍侈言天地，〔一六〕關尹推衍五行，〔一七〕《書》教也。管、商法制，義存政典，〔一八〕《禮》教也。申、韓刑名，旨歸賞罰，〔一九〕《春秋》教也。其他楊、墨、尹文之言，〔二〇〕蘇、張、孫、吳之術，〔二一〕辨其源委，挹其旨趣，九流之所分部，《七錄》之所敘論，〔二二〕皆於物曲人官，〔二三〕得其一致，而不自知為六典之遺

也。〔二四〕

戰國之文，既源於六藝，又謂多出於《詩》教，何謂也？曰：戰國者，縱橫之世也。縱橫之學，本於古者行人之官。〔二五〕觀春秋之辭命，〔二六〕列國大夫，聘問諸侯，出使專對，蓋欲文其言以達旨而已。〔二七〕至戰國而抵掌揣摩，〔二八〕騰說以取富貴，其辭敷張而揚厲，變其本而加恢奇焉，〔二九〕不可謂非行人辭命之極也。孔子曰：「誦詩三百，授之以政，不達；使於四方，不能專對，雖多奚爲？」〔三〇〕是則比興之旨，諷諭之義，〔三一〕固行人之所肄也。縱橫者流，推而衍之，是以能委折而入情，微婉而善諷也。及其出而用世，必兼縱橫之辭以文之，周衰文弊，所以文其質也。古之文，質合於一，至戰國而各具之質；當其用也，必兼縱橫之辭以文之，周衰文弊，所以文其質也。故曰：戰國者，縱橫之世也。

後世之文其體皆備於戰國，何謂也？曰：子史衰而文集之體盛；著作衰而辭章之學興。文集者，辭章不專家，而萃聚文墨，以爲蛇龍之菹也。〔三五〕詳見《文集》篇。後賢承而不廢者，江河導而其勢不容復遏也。經學不專家，而文集有經義；史學不專家，而文集有傳記；立言不專家，〔三六〕即諸子書也。而文集有論辨。後世之文集，舍經義與傳記論辨之三體，其餘莫非辭章之屬也。而辭章實備於戰國，承其流而代變其體製焉。學者不知，而溯摯虞所裒之《流別》，〔三七〕

摯虞有《文章流別傳》。甚且以蕭梁《文選》，舉為辭章之祖也，其亦不知古今流別之義矣。[三八]

今即《文選》諸體，以徵戰國之賅備。摯虞《流別》孔逭《文苑》，[三九]今俱不傳，故據《文選》。京都諸賦，[四〇]蘇、張縱橫六國，侈陳形勢之遺也。[四一]《上林》《羽獵》，[四二]安陵之從田，[四三]龍陽之同釣也。[四四]《客難》《解嘲》，屈原之《漁父》《卜居》，莊周之惠施問難也。[四五]韓非《儲說》，比事徵偶，《連珠》之所肇也。[四六]前人已有言及之者。而或以為始於傅毅之徒，傅玄之言。非其質矣。[四七]孟子問齊王之大欲，歷舉輕煖肥甘，聲音采色，[四八]《七林》之所啟也；[四九]而或以為創之枚乘，忘其祖矣。[五〇]鄒陽辨謗於梁王，[五一]江淹陳辭於建平，[五二]蘇秦之自解忠信而獲罪也。[五三]《過秦》《王命》《六代》《辨亡》諸論，[五四]抑揚往復，詩人諷諭之旨，孟、荀所以稱述先王，儆時君也。[五五]屈原上稱帝嚳，中述湯、武，下道齊桓，亦是。[五六]梁苑辭人，[五七]原、嘗、申、陵之盛舉也。[五八]東方、司馬，侍從於西京，[五九]徐、陳、應、劉，徵逐於鄴下，[六〇]談天雕龍之奇觀也。[六一]遇有升沉，時有得失，畸才彙於末世，利祿萃其性靈，[六二]廊廟山林，江湖魏闕，[六三]曠世而相感，不知悲喜之何從，文人情深於《詩》《騷》，[六四]古今一也。[六五]

至戰國而文章之變盡，至戰國而後世之文體備，其言信而有徵矣。至戰國而著述之事專，何謂也？

曰：古未嘗有著述之事也，官師守其典章，[六六]史臣錄其職載。文字之道，百官以之治，而萬民以之察，[六七]而其用已備矣。是故聖王書同文以平天下，[六八]未有不用之於政教典

章,而以文字爲一人之著述者也。詳見外篇《較讎略·著錄先明大道論》。〔六九〕道不行而師儒立其教,〔七〇〕我夫子之所以功賢堯舜也。然而予欲無言,無行不與,〔七一〕六藝存周公之舊典,夫子未嘗著述也。〔七二〕《論語》記夫子之微言,〔七三〕而曾子子思,俱有述作以垂訓,〔七四〕至孟子而其文然後閎肆焉,〔七五〕著述至戰國而始專之明驗也。《論語》記曾子之没,吴起嘗師曾子,則曾子没於戰國初年,而《論語》成於戰國之時明矣。春秋之時,管子嘗有書矣,《鶡子》《晏子》,後人所託。〔七六〕然載一時之典章政教,〔七七〕則猶周公之有《官禮》也。記管子之言行,則習管氏法者所綴輯,而非管仲所著述也。或謂管仲之書,不當稱桓公之諡,閻氏若璩又謂後人所加,非《管子》之本文,皆不知古人並無私自著書之事,皆是後人綴輯,詳《諸子》篇。〔七八〕兵家之有《太公陰符》,〔七九〕醫家之有《黄帝素問》,〔八〇〕農家之《神農》《野老》,〔八一〕先儒以謂後人僞撰,而依託乎古人;其言似是,而推究其旨,則亦有所未盡也。蓋末數小技,造端皆始於聖人,苟無微言要旨之授受,則不能以利用千古也。三代盛時,各守人官物曲之世氏,〔八二〕是以相傳以口耳,而孔、孟以前,未嘗得見其書也。至戰國而官守師傳之道廢,〔八三〕通其學者,述舊聞而著於竹帛焉。中或不能無得失,要其所自,不容遽昧也。以戰國之人,而述黄、農之説,是以先儒辨之文辭,而斷其僞託也;不知古初無著述,而戰國始以竹帛代口耳。外史掌三皇五帝之志,〔八四〕與孔子所述六藝舊典,皆非著述一類,其説已見於前。實非有所僞託也。然則著述始專於戰國,蓋亦出於勢之不得不然矣。著述不能不衍爲文辭,而文辭不能

不生其好尚。〔八五〕後人無前人之不得已，而惟以好尚逐於文辭焉，然猶自命爲著述，是以戰國爲文章之盛，而衰端亦已兆於戰國也。〔八六〕

〔一〕據《年譜》，乾隆四十八年癸卯，實齋在永平主講敬勝書院，有《再答周筤谷論課蒙書》云：「近日生徒散去，荒齋闃然，補苴《文史通義》內篇，撰《言公》上中下三篇、《詩教》上下二篇，其言實有開鑿鴻濛之功，立言家於是必將有取。」（劉刻《遺書》卷九）意頗自負。《詩教》二篇，乃實齋論文之大綱。本篇主旨，在明後世文體備於戰國，而戰國之文源於《詩》教。程君千帆《文學發凡》，注頗詳審，是篇爰本《言公》之義多採取焉。

〔二〕六藝，見《易教下》注〔七〕。《漢書·藝文志》：「昔仲尼沒而微言絕，七十子喪而大義乖，故《春秋》分爲五，《詩》分爲四，《易》有數家之傳。戰國從衡，真僞分爭，諸子之言，紛然殽亂。」此所謂六藝道息，諸子爭鳴也。

〔三〕實齋《與孫淵如論學十規》云：「文字最古，莫過羲畫虞典。《五經》則多三代之文，下逮春秋而止。若夫傳記與諸子家言，皆出戰國，同爲籍去官亡而作。春秋以前，凡有文字，莫非官司典守，即大小術藝，亦莫非世氏師傳，未有空言著述不隸官籍，如後世之家自爲書者也」（《章氏遺書》逸篇）

〔四〕衷，邪之本字。《周禮·天官·宮正》：「去其淫怠與其奇衺之民。」《莊子·天下》：「後世之學者，不幸不見天地之純，古人之大體，道術將爲天下裂。」按《粵雅堂叢書》本「戰國」作「後世」，志古堂

本同。

〔五〕《漢書·藝文志》：「諸子十家，其可觀者，九家而已。皆起於王道既微，諸侯力政，時君世主，好惡殊方，是以九家之術，蜂出並作，各引一端，崇其所善，以此馳說，取合諸侯，其言雖殊，譬猶水火相滅亦相生也。《易》曰：『天下同歸而殊塗，一致而百慮。』今異家者，各推所長，窮知究慮，以明其指，雖有蔽短，合其要歸，亦六經之支與流裔。」此謂諸子之學皆出六經，實齋則進論其文亦本於經也。

〔六〕《文心雕龍·宗經》：「論說辭序，則《易》統其旨；詔策章奏，則《書》發其源；賦頌歌讚，則《詩》立其本；銘誄箴祝，則《禮》總其端；紀傳銘檄，則《春秋》為根，並窮高以樹表，極遠以啟疆，所以百家騰躍，終入環內者也。」（《顏氏家訓·文章》所論，與此略同。）章氏《論課蒙學文法》：「論事之文，疏通致遠，《書》教也。傳贊之文，抑揚咏歎，辭命之文，長於諷諭，皆《詩》教也。叙例之文與考訂之文，明體達用，辨名正物，皆《禮》教也。叙事之文，比事屬辭，《春秋》教也。五經之教，於是得其四矣。若夫《易》之為教，繫辭盡言，類情體撰，其要歸於潔淨精微，說理之文所從出也。」（劉刻《遺書·補遺》是後世之文並導源《五經》，特至戰國而其體始備耳。

〔七〕《漢書·藝文志》：「縱橫家者流，蓋出於行人之官。孔子曰：『誦《詩》三百，使於四方，不能顓對，雖多亦奚以為！』又曰：『使乎使乎！』言當權事制宜，受命不受辭，此其所長也。」《禮記·經解》：「入其國，其教可知也，其為人也，溫柔敦厚，《詩》教也。」戰國者，縱橫之世，而縱橫家則本於《詩》教。

〔八〕諸家，謂戰國諸子也。《文心雕龍·諸子》：「孟、荀所述，理懿而辭雅；管、晏屬篇，事覈而言練。列禦寇之書，氣偉而采奇；鄒子之說，心奢而辭壯；墨翟、隨巢，意顯而語質；尸佼、尉繚，術通而文鈍。鶡冠綿綿，亟發深言，鬼谷渺渺，每環奧義。情辨以澤，文子擅其能；辭約而精，尹文得其要。慎到析密理之巧，韓非著博喻之富。呂氏鑒遠而體周，淮南汎采而文麗。（按惟此一家漢人所集。）」諸子之文，觀此可知其概。

〔九〕折，謂折中也。見《易教下》注〔五〇〕。

〔一〇〕《穀梁傳》哀元年注：「該，備也。」《史記·太史公自序》：「《禮》以節人，《樂》以發和，《書》以道事，《詩》以達意，《易》以道化，《春秋》以道義。」《荀子·勸學》：「《禮》之敬文也，《樂》之中和也，《詩》《書》之博也，《春秋》之微也，在天地之間者，畢矣。」以其兼該道體，故云畢耳。

〔一一〕二語見《荀子·非十二子》。

〔一二〕《莊子·天下》：「《詩》以道志，《書》以道事，《禮》以道行，《樂》以道和，《易》以道陰陽，《春秋》以道名分。其數散於天下而設於中國者，百家之學，時或稱而道之。」六藝該道，而諸子各得道之一端，故爲六藝所該。

〔一三〕《左傳》昭十六年：「發命之不衷。」注：「衷，當也。」《漢志》謂諸子爲六經之支與流裔，又以九流十家出於王官，以六藝爲王官所掌耳。《國故論衡·原學》：「九流皆出王官，及其發舒，王官所不能與。官人守要，而九流宣其義，是以滋長。」說與此正相參。

七七

〔四〕《漢志·道家》:「《老子鄰氏經傳》四篇。」原注:「姓李,名耳,鄰氏傳其學。」劉師培《國學發微》云:「《易》言陰陽,即《老子》之有無,乃對待之詞也。又言陰陽生於太極,太極者,即絕對之詞也。《老子》以有無二字代陰陽,以玄字代太極,所謂真宰真空,即玄之義也。」按《老子》言「玄」與「有無」,與《易》言「太極」「陰陽」其實不同。

〔五〕莊、列寓言,見《易教下》注〔三八〕。假象如《莊子·逍遥遊》以鯤鵬爲喻即是。《左傳》桓六年:「申繻曰:『以類命爲象,取於物爲假。』」注:「象,若孔子首象尼丘。假,若伯魚生,人有饋之魚,因名之曰鯉。」按假象是借象來達意,是《易》教。

〔六〕鄒衍齊人,嘗爲燕昭王師。《尚書·禹貢》始列九州,《洪範》始陳五行;鄒子推而衍之,稱引天地剖判以來,五德轉移。又言中國外復有九州,瀛海環之,天地之際。其説具見《史記·孟荀列傳》。

〔七〕《漢志》道家有《關尹子》九篇。原注:「名喜,爲關吏。老子過關,喜去吏而從之。」其書隋志已不載,今本孫定所傳。宋濂《諸子辯》:「前有劉向序文,既與向不類,事亦無據,疑即定之所爲也。間讀其書,多法釋氏及神仙方技家,而藉吾儒言文之。其爲假託,蓋無疑者。其《二柱》篇中言五行者,乃衍二氏之説。按五行説本於《書經·洪範》。

〔八〕《史記·齊太公世家》:「桓公既得管仲,修齊國政,連五家之兵,設輕重魚鹽之利,以贍貧窮,禄賢能,齊人皆説。」《管晏列傳》稱仲之言曰:「倉廩實而知禮節,衣食足而知榮辱。上服度,則六親固

〔一九〕《史記·申韓列傳》：「申不害之學，本於黃、老而主刑名，著書二篇，號曰《申子》。韓非喜刑名法術之學，而其歸本於黃、老。」按刑，本作形。《尹文子》云：「名者，名形者也。形者，應名者也。」施之於政，循名責實，參伍不失，其所長也。《史記·孔子世家》謂孔子作《春秋》，「約其文辭而指博，故吳、楚之君自稱王，而《春秋》貶之曰子」；踐土之會，實召周天子，而《春秋》諱之曰「天子狩於河陽」；推此類以繩當世貶損之義。後有王者，舉而開之，《春秋》之義行，則天下亂臣賊子懼焉。」此《春秋》正名之義，賞罰之旨，戰國刑名家言所從出也。《漢志》法家有《申子》六篇，今佚。《韓子》五十五篇，今存。名家有《尹文子》一篇。

〔二〇〕《淮南子·氾論訓》：「全真保性，不以物累形，楊子之所立也。」楊朱《說符》及《韓非子·說林》《說苑·權謀》中。《漢志》墨家有《墨子》七十一篇（今存五十三篇），圖九卷（今存十三篇）。

〔二一〕《漢志》從橫家有《蘇子》三十一篇，《張子》十篇。今並佚。《兵書略》權謀家有《吳孫子兵法》八十二篇，圖九卷（今存十三篇）。師古曰：「孫武也。」《齊孫子》八十九篇，圖四卷，佚。（今存銀雀山漢

墓出土竹簡《孫臏兵法》）。師古曰：「孫臏。」又《吳起》四十八篇（今存六篇）。按蘇秦、張儀、孫武、吳起，《史記》並有傳。

〔二三〕班固《漢書》本劉歆《七略》而志《藝文》，其《諸子略》除小説家外，儒、道、陰陽、法、名、墨、從橫、雜、農爲九流。范甯《穀梁傳序》：「九流分而微言隱。」《隋書·經籍志》：「普通中，有處士阮孝緒，博采宋齊以來王公之家凡有書記，參校官簿，更爲《七錄》，一曰經典錄，二曰記傳錄，三曰子兵錄，四曰文集錄，五曰技術錄，六曰佛錄，七曰道錄。」其書今佚，惟《序》存《廣弘明集》中。

〔二四〕見《書教下》注〔五〕。

〔二五〕六典，見《書教上》注〔三〕。按此節論戰國之文，皆源於六藝。

〔二六〕《周禮·秋官》：「大行人掌大賓之禮，及大客之儀，以親諸侯。小行人掌邦國之禮籍，以待四方之使者。」

〔二七〕《周禮·大行人》：「諭言語，協辭命。」鄭注：「六辭之命也。」《孟子·公孫丑》：「我於辭命，則不能也。」趙注：「言辭教命。」焦循《正義》：「辭，謂解説也。命，教令也。」

〔二八〕《左傳》襄公二十五年，鄭入陳，子產獻捷於晉，晉不能難。仲尼曰：「志有之：『言以足志，文以足言。』不言，誰知其志？言之無文，行而不遠。晉爲伯，鄭入陳，非文辭不爲功，慎辭哉。」

〔二九〕《戰國策·秦策》：「蘇秦乃夜發書，陳篋數十，得太公《陰符》之謀，伏而誦之，簡練以爲揣摩。期

〔二九〕《禮記·樂記》:「發揚蹈厲,太公之志也。」《文選序》:「變其本而加厲。」年,揣摩成,見說趙王於華屋之下,抵掌而談。」

〔三〇〕語見《論語·子路》。末句原書作「雖多亦奚以為」。

〔三一〕《詩大序》:「詩有六義,三曰比,四曰興。」陳啟源《毛詩稽古編》:「比興皆喻,而體不同。興者,興會所生,非即非離,意在此,其詞微,其旨遠。比者,一正一喻,兩相譬況,其詞決,其旨顯;且與賦交錯而成文,不若興語之用以發端,多在首章也。」《詩大序》「風以動之」疏:「言王者施化,先依違諷諭以動之。」

〔三二〕《左傳》成十四年:「《春秋》之稱,微而顯,婉而成章。」

〔三三〕近人鍾泰云:「《周禮·春官》:『太卜掌三《易》之法:一曰《連山》,二曰《歸藏》,三曰《周易》。』則《易》在《禮》之中矣。『大師教六詩:曰風,曰賦,曰比,曰興,曰雅,曰頌。』則《詩》在《禮》之中矣。『大司樂以樂舞教國子,舞雲門、大卷、大咸、大磬、大夏、大濩、大武。』則樂在《禮》之中矣。『小史掌邦國之志,外史掌四方之志,掌三皇五帝之書。』則《書》與《春秋》在《禮》之中矣。是故言《禮》,而六藝即無不在。晉韓宣子之聘魯也,觀書於太史氏,得見《易象》與魯《春秋》,曰:『周禮盡在魯矣,吾乃今知周公之德,與周之所以王也。』是可證也。」(《中國哲學史》第二章)諸子之學,承流六藝;六藝之在官守,統為典禮;,故云其質多本於《禮》教也。

〔三四〕按此節論戰國為縱橫之世,其文多出於《詩》教。

〔三五〕《孟子·滕文公下》：「驅蛇龍而放之菹。」趙注：「澤生草曰菹。」

〔三六〕《左傳》襄二十四年：「太上有立德，其次有立功，其次有立言。」孔疏：「立言，謂言得其要，理足可傳，其身既没，其言尚存。老、莊、管、晏、楊、墨、孫、吴之徒，制作子書；屈原、宋玉、賈逵、揚雄、馬遷、班固以後，撰集史傳，及制作文章，皆是立言者也。」

〔三七〕《晉書·摯虞傳》：「虞字仲洽，京兆長安人也。少事皇甫謐，才學通博，著述不倦。拜郎中，久之，補尚書郎，將作大匠。歷祕書監，衛尉卿，光禄勳，太常卿，卒。撰《文章志》四卷，注解《三輔決録》。又撰古文章類聚，區分爲三十卷，名曰《流别集》，各爲之論，辭理愜當，爲世所重。」按原注《文章流別傳》，傳當作集。

〔三八〕《文選》見《書教中》注〔三〇〕。按此節論後世之文，其體備於戰國。

〔三九〕《隋志》總集類：「《文苑》一百卷，孔逭撰。」

〔四〇〕《文選》有班固《兩都賦》，張衡《兩京賦》《南都賦》，左思《三都賦》。

〔四一〕蘇、張之辭，具見《國策》。劉向《别録》云：「蘇秦、張儀之屬，生從横短長之説，左右傾側。蘇秦爲從，張儀爲横，横則秦帝，從則楚王，所在國重，所去國輕。」蘇秦、張儀之遊説，稱一國之地勢，物産等，與京都賦略相似。

〔四二〕《文選》司馬相如《上林賦》，揚雄《羽獵賦》，皆賦畋游之作。與下《戰國策》「從畋」相似，下「同釣」作陪襯。

〔四三〕《戰國策・楚策》：「楚王游於雲夢，結駟千乘，旌旗蔽日，野火之起也若雲蜺，兕虎嗥之聲若雷霆。有狂兕犨車依輪而至。王親引弓而射，壹發而殪。王抽旃旄而抑兕首，仰天而笑曰：『樂矣今日之游也。寡人萬歲千秋之後，誰與樂此矣？』安陵君泣數行而進曰：『臣入則編席，出則陪乘，大王萬歲千秋之後，願得以身試黃泉，蓐螻蟻，又何如得此樂而樂之！』王大悅，乃封壇爲安陵君。」（《文選》注引《説苑》，「壇」作「纏」。）

〔四四〕《戰國策・魏策》：「魏王與龍陽君共船而釣。龍陽君得十餘魚而涕下。王曰：『有所不安乎？如是，何不相告也？』對曰：『臣無敢不安也。』王曰：『然則何爲出涕？』曰：『臣爲王之所得魚也。』王曰：『何謂也？』對曰：『臣之始得魚也，臣甚喜。後得又益大，今臣直欲棄臣前之所得矣。今以臣凶惡而得爲王拂枕席，今臣爵至人君，走人於庭，辟人於途。四海之内，美人亦甚多矣，聞臣之得幸於王也，必褰裳而趨王，臣亦猶曩臣之前所得魚也，臣安能無涕出乎？』魏王：『嘻！有是心也，何不相告也？』於是布令於四境之内曰，『有敢言美人者，族。』」

〔四五〕東方朔《答客難》，揚雄《解嘲》，並載《文選》。《文心雕龍・雜文》謂其體本於宋玉《對楚王問》。「自《對問》以後，東方朔效而廣之，名爲《客難》託古慰志，疏而有辨。揚雄《解嘲》，雜以諧謔，迴環自釋，頗亦爲工。」《客難》《解嘲》設爲問答之辭，以舒憤懣之意，而《漁父》《卜居》二篇，正對問體，極爲顯然。《莊子・秋水》：「莊子與惠子游於濠梁之上。莊子曰：『儵魚出游從容，是魚樂也。』惠子曰：『子非魚，安知魚之樂？』莊子曰：『子非我，安知我不知魚之樂？』惠子曰：『我非

子，固不知子矣。子固非不知魚矣，子不知魚之樂全矣。」莊子曰：「請循其本。子曰，女安知魚樂云者，既已知吾知之而問我，我知之濠上也。」」也是對問體。

〔四六〕《文心雕龍·雜文》：「揚雄覃思文闊，業深綜述，碎文瑣語，肇爲《連珠》。」楊升庵曰：「《北史·李先傳》：『魏帝召先讀《韓子·連珠》二十二篇』。《韓子》即韓非書，中有連語，先列其目而後著其解，謂之《連珠》。據此則《文章緣起》謂始於揚雄，非也。」（劉氏《識語》引）今《韓非子》無連珠，殆即《内外儲説》耳。

〔四七〕《後漢書·文苑傳》：「傅毅字武仲，扶風茂陵人。肅宗召文學之士，以毅爲蘭臺令史，與班固、賈逵共典校書。永元初，竇憲遷大將軍，以毅爲司馬，早卒。著詩、賦、誄、頌、祝文、七激、連珠，凡二十八篇。」《文選》載陸機《演連珠》五十首，《注》引傅玄叙《連珠》曰：「所謂連珠者，興於漢章之世，班固、賈逵、傅毅三子受詔作之。其文體辭麗而言約，不指説事情，必假喻以達其旨，而覽者微悟，合於古詩諷興之義，欲使歷歷如貫珠，易看（《藝文類聚》引作覩）而可悦，故謂之連珠。」

〔四八〕《孟子·梁惠王上》：「曰：『王之所大欲，可得聞與？』王笑而不言。曰：『爲肥甘不足於口與？輕煖不足於體與？抑爲采色不足視於目與？聲音不足聽於耳與？便嬖不足使令於前與？王之諸臣皆足以供之，而王豈爲是哉？』曰：『否，吾不爲是也。』曰：『然則王之所大欲可知已，欲辟土地，朝秦、楚，涖中國而撫四夷也。以若所爲，求若所欲，猶緣木而求魚也。』」

〔四九〕洪邁《容齋隨筆》七：「枚乘作《七發》，創意造端，麗旨腴詞，上薄騷些，蓋文章領袖，故爲可喜。其

後繼之者，如傅毅《七激》、張衡《七辯》、崔駰《七依》、馬融《七廣》、曹植《七啟》、王粲《七釋》、張協《七命》之類，規倣太切，了無新意。傅玄又集之以為《七林》，使人讀未終篇，往往棄諸几格。」

[50]枚乘見《書教中》注[30]。《文選》錄乘《七發》外，有曹植《七啟》、張協《七命》二篇。《文心雕龍・雜文》：「枚乘摛豔，首製《七發》，腴詞雲搆，誇麗風駭。蓋七竅所發，發乎嗜欲，始邪末正，所以戒膏腴之子也。」《左傳》昭十五年：「數典而忘其祖。」

[51]見《書教中》注[30]。《文選》有鄒陽《獄中上書自明》一首。

[52]《梁書・江淹傳》：「淹字文通，濟陽考城人。宋建平王景素好士，淹隨景素在南兗州，廣陵令郭彥文得罪，辭連淹，繫州獄中，上書。景素覽書，即日出之。」《文選》有江淹《詣建平王上書》一首。

[53]《戰國策・燕策》：「人有惡蘇秦於燕王者曰：『武安君，天下不信人也』王以萬乘下之，尊之於廷，示天下與小人群也。』武安君從齊來，而燕王不館也，謂燕王曰：『臣，東周之鄙人也，見足下，身無咫尺之功，而足下迎臣於郊，顯臣於廷。今臣為足下使，利得十城，功存危燕，足下不聽臣者，人必有言臣不信，傷臣於王者。臣之不信，是足下之福也。臣鄰家有遠為吏者，其妻私人，其夫且歸，其私之者憂之。其妻曰：「公勿憂也，吾已為藥酒以待之矣。」後二日，夫至，妻使妾奉卮酒進之。妾知其藥酒也，進之則殺主父，言之則逐主母。乃陽僵棄酒。主父大怒而笞之。故妾一僵而棄酒，上以活主父，下以存主母也。忠至如此，然不免於笞，此以忠信得罪者也。臣之事，適不幸而類妾之棄酒也。』」

〔五四〕賈誼《過秦論》、班彪《王命論》、曹冏《六代論》、陸機《辨亡論》，並載《文選》。陳前代之得失，資當世之鑒戒，其用心一也。

〔五五〕《史記‧孟荀列傳》：「天下方務於合從連衡，以攻伐爲賢，而孟軻乃述唐、虞、三代之德，是以所如不合。退而與萬章之徒，序詩書，述仲尼之意，作《孟子》七篇。荀卿嫉濁世之政，亡國亂君相屬，不遂大道，而營巫祝，信機祥，於是推儒墨道德之行事興壞，序列著萬言而卒。」

〔五六〕《漢書‧淮南王傳》：「淮南王安爲人好書，招致賓客方術之士數千人，作爲內書二十一篇，外書甚衆。」《楚辭》有淮南小山《招隱士》一篇。王逸《章句序》曰：「《招隱士》者，淮南小山之所作也。昔淮南王安博雅好古，招懷天下俊偉之士，自八公之徒，咸慕其德而歸其仁，各竭才智，著作篇章，分造辭賦，以類相從，故或稱小山，或稱大山，其義猶《詩》有《小雅》《大雅》也。」《文選‧招隱士》下署名「劉安」。《漢志‧詩賦略》有《淮南王群臣賦》四十四篇，殆即小山、大山之屬所作也。

〔五七〕《史記‧梁孝王世家》：「孝王，竇太后少子也，愛之，賞賜不可勝道。於是梁王築東苑，方三百餘里，招延四方豪傑。自山以東，游說之士，莫不畢至，齊人羊勝、公孫詭、鄒陽之屬。」

〔五八〕平原君趙勝，孟嘗君田文，春申君黃歇，信陵君魏無忌，招致賓客各數千人，得士之力，取重當時。具見《史記》本傳。

〔五九〕《漢書‧嚴助傳》：「郡舉賢良對策百餘人，武帝善助對，擢爲中大夫。後得朱買臣、吾丘壽王、司馬相如、主父偃、徐樂、嚴安、東方朔、枚皋、膠倉、終軍、嚴蔥奇等，並在左右。」《史記‧滑稽列傳》：

「武帝時，齊人有東方生名朔，初入長安，詔拜以爲郎，常在側侍中，數召至前談語，人主未嘗不說（悅）也。」《文選》錄答客難》《非有先生論》。《漢書》本傳稱「朔之文辭，以此二篇爲最善。」司馬相如見《書教中》注[一八]。《文選》錄相如《子虛》《上林》《長門》三賦，《諭巴蜀檄》《難蜀父老》《諫獵書》《封禪文》。惟《長門賦》不載本傳，《日知錄》何義門讀書記》並以爲贗品。

[六〇]《魏志·王粲傳》：「始文帝爲五官中郎將，及平原侯植，皆好文學，粲與北海徐幹字偉長，廣陵陳琳字孔璋，陳留阮瑀字元瑜，汝南應瑒字德璉，東平劉楨字公幹，並見友善。」鄴，魏都，今河南安陽縣，《文選》錄鄴下諸子之文頗多，茲不具舉。

[六一]《史記·孟荀列傳》：「齊有三騶子，其前騶忌先孟子，其次騶衍，後孟子。騶衍，亦採騶衍之術以紀文。騶衍之術，迂大而閎辯，奭也文具難施，故齊人頌曰：『談天衍，雕龍奭。』」《集解》引劉向《別錄》曰：「騶衍之所言，五德終始，天地廣大，書言天事，故曰談天。騶奭修衍之文飾，若雕鏤龍文，故曰雕龍。」司馬相如有《大人賦》，有似「談天」，又《子虛》《上林》有似「雕龍」。

[六二]《莊子·大宗師》《釋文》引李奇曰：「畸，奇異也。」《史記·儒林傳》：「余讀功令，至於廣厲學官之路，未嘗不廢書而歎也。」蓋利祿之途，自是開也。

[六三]《中說·禮樂》：「在山澤而有廊廟之志。」」《莊子·讓王》：「中山公子牟謂瞻子曰：『身在江海之上，心居魏闕之下，奈何？』」《釋文》引許慎曰：「魏闕，天子兩觀也。」按江海，《呂氏春秋·開春論》作江湖。此言身在野而心在朝廷，即「遇有升沉」之意。

〔六四〕《文心雕龍·辨騷》：「自風雅寢聲，莫或抽緒，奇文鬱起，其《離騷》哉！」劉熙載《藝概》：「《騷》按之而逾深。」

〔六五〕按此節即《文選》諸體證後世之文，戰國已肇其端。

〔六六〕《禮記·曲禮》：「宦學事師，非禮不親。」疏：「宦謂學仕宦之事，學謂學習六藝，此二者俱是事師，非禮不親。」《說文》：「官，吏事君也。从宀，从𠂤。𠂤猶眾也。此與師同意。」《廣雅·釋詁》：「師，官也。」蓋古者政教不分，官師合一，故二字異名而同訓。

〔六七〕《易·繫辭下》：「上古結繩而治，後世聖人易之以書契，百官以治，萬民以察。」

〔六八〕《禮記·中庸》：「今天下車同軌，書同文。」

〔六九〕今《通義》外篇無此，蓋即《校讎通義·原道》篇，茲不具引。

〔七〇〕《周禮·天官》：「師以賢得民，儒以道得民。」注：「師，諸侯師氏，有德行以教民者。儒，諸侯保氏，有六藝以教民者。」此指私家講學者，與本義別。

〔七一〕《論語·陽貨》：「子曰：『予欲無言。』」《述而》：「子曰：『述而不作，信而好古，竊比於我老彭。』」《校讎通義·原道》曰：「六藝非孔子之書，乃《周官》之舊典也，《易》掌太卜，《書》藏外史，《禮》在宗伯，《樂》隸司樂，《詩》領太師，《春秋》存乎國史。夫子自謂述而不作，明乎官司失守，而師弟子之傳業於是判焉。」

〔七二〕《漢書·藝文志》：「《論語》者，孔子應答弟子時人，及弟子相與言，而接聞於夫子之語也。當時弟

子各有所記。夫子既卒，門人相與輯而論篹，故謂之《論語》」。按《論語》記曾子臨死之言，則非孔子所能聞。」又曰：「昔仲尼没而微言絶。」

〔一四〕《漢志》儒家：「《子思》二十三篇。《曾子》十八篇。」《禮記·中庸》注：「孔子之孫子思作之。」《子思》，除《中庸》外，已佚，定海黄以周有輯本。《曾子》今存十篇，在《大戴記》中，儀徵阮元有注釋本。

〔一五〕《莊子·天下》：「深閎而肆。」張英《聰訓齋語》：「《孟子》文雄奇跌宕，變幻洋溢。」

〔一六〕《漢志·道家》：「《鶡冠子》一篇。」原注：「名熊，爲周師，自文王以下問焉。」今存一卷，凡十四篇。沈欽韓曰：「今十四篇標題甲乙，數目雜亂不可曉，又短僿不成章。而《列子》三引《鶡冠子》，賈誼書述《鶡冠子》七章，皆今書所無。今本其糟粕耳。」（《漢書疏證》二十五）。又儒家：「《晏子》八篇。」孫星衍《序》曰：「《晏子》名《春秋》，疑其文出於齊之《春秋》，晏子死，其賓客集其行事爲書，雖無年月，尚仍舊名。凡稱子書，多非自著，無足怪者。」

〔一七〕《史記·管晏列傳贊》：「吾讀管氏《牧民》《山高》《乘馬》《輕重》《九府》，詳哉其言之也。」《集解》引劉向《别録》曰：「《山高》，一名《形勢》。」所舉篇目，皆《管子》綱要，而《立政》《幼官》《地員》《弟子職》存古典籍，此所謂載典章政教也。

〔一八〕按《校讎通義·漢志諸子》未究及此，而《言公》頗申其説，可參閲。又《述學駁文》曰：「孔子未修《春秋》以前，並無諸子著書之事。如其有之，則夫子必從而討論，不容絶不置於口也。其人有生孔

〔一七〕子前者,如《管子》上溯太公之類,皆是後人撰輯,非其本人之所自爲。」(劉刻《遺書》卷七)

〔一九〕《漢志》無,《隋志》始有《太公陰謀》《太公陰符鈐錄》等書,今並佚。

〔二〇〕姚際恒《古今僞書考》:「《漢志》有《黄帝内經》十八卷。《隋志》始有《黄帝素問》九卷,唐王砅爲之注,以《素問》九卷、《靈樞》九卷,當《内經》十八卷,實附會也。」《書録解題·醫書類》:「《素問》,黄帝與岐伯問答,此固出於後世依託,要是醫書之祖也。」章氏《與孫淵如觀察論學十規》云:「《本草》《素問》道術原本炎黄,歷三代以至《春秋》,守在官書世氏,其間或存識記,或傳耳口,迭相受授,言不盡於書也。至戰國而官亡籍去,遂有醫家者流,取所受授而筆之於書,今所傳本是也。」(《章氏遺書》逸篇)

〔二一〕《神農》,見《書教中》注〔三〕。《漢志》農家:「《野老》十七篇。」原注:「六國時在齊、楚間。」應劭曰:「年老居田野,相民耕種,故號野老。」今佚。

〔二二〕見《書教中》注〔四〕。

〔二三〕參看《書教中》注〔二〕。

〔二四〕按外史所掌云云,見《周禮·春官》。

〔二五〕按《校讎通義·漢志詩賦》曰:「古之賦家者流,源本《詩》《騷》,出入戰國諸子。雖其文逐聲韻,旨存比興,而深探本源,實能自成一子之學,與夫專門之書,初無差別。」又《遺書·雜説》曰:「諸子不難其文,而難於宗旨有其不可滅。故諸子僅工文辭,即後文集之濫觴。」蓋爲學貴乎專門,著述貴有

宗旨，則博而能約，自足成家；否則浮聲泛響，倜然而無所歸宿；故謂古之辭賦實具子風，而後來子書大類文集者，此也。俞樾《賓萌集·自序》云：「文集始於諸子，古之君子既没，而其徒撰次其行事，與其文詞，以傳於後。後世人各有集，而不知其原出於諸子，於是集日以多，而文日以卑矣。」劉師培《論文雜記》：「古人學術，各有專門，故發爲文章，亦復旨無旁出，成一家言，與諸子同。」均足爲章説佐證。

〔八六〕按此節論學至戰國而著述之事乃專。

詩教下[一]

或曰：若是乎三代以後，六藝惟《詩》教爲至廣也。敢問文章之用，莫盛於《詩》乎？曰：豈特三代以後爲然哉？三代以前，《詩》教未嘗不廣也。夫子曰：「不學《詩》，無以言。」[二]古無私門之著述，未嘗無達衷之言語也。惟託於聲音，而不著於文字，故秦人禁《詩》《書》[三]《書》闕有間[四]而《詩》篇無有散失也。[五]後世竹帛之功，勝於口耳，而古人聲音之傳，勝於文字；則古今時異，而理勢亦殊也。自古聖王以禮樂治天下，三代文質，出於一也。[六]世之盛也，典章存於官守，《禮》之質也；情志和於聲詩，樂之文也。迨其衰也，典章散，而諸子以術鳴。故專門治術，皆爲《官禮》之變也。情志蕩，而處士以橫議，[七]故百家馳説，皆爲聲《詩》[八]之變也。故專門治術，皆爲官禮之變也。談天、雕龍、堅白、異同之類，名、法、兵、農、陰陽之類，主虛理者，謂之百家馳説。其言不過達其情志，故歸於詩，而爲樂之變也。戰國之文章，先王禮樂之變也。六藝爲《官禮》之遺，其説亦詳外篇《校讎略》中《著録先明大道論》。[九]然而獨謂《詩》教廣於戰國者，專門之業少，而縱橫騰説之言多。後世專門子術之書絶[一〇]僞體子書，不足言也。而文集繁，雖有醇駁高下之不同，其究不過自抒其情志。故曰：後世之文體，皆備於戰國，而《詩》教於斯可謂極廣也。學者誠能博覽後世之文集，而想見先王禮樂之初焉，庶幾

有立而能言,學問有主即是立,不盡如朱子所云肌膚筋骸之束而已也。[二]可以與聞學《詩》學《禮》之訓矣。[三]

學者惟拘聲韻爲之詩,而不知言情達志,敷陳諷諭,抑揚涵泳之文,皆本於《詩》教。[三]是以後世文集繁,而紛紜承用之文,相與沿其體,而莫由知其統要也。至於聲韻之文,古人不盡通於《詩》,而後世承用詩賦之屬,亦不盡出六義之教也,[一四]其故亦備於戰國。是故明於戰國升降之體勢,而後禮樂之分可以明,六藝之教可以別;《七略》九流諸子百家之言,可以導源而漸流;兩漢、六朝、唐、宋、元、明之文,可以畦分而塍別;[一五]官曲術業,[一六]聲詩辭説,口耳竹帛之遷變,可以坐而定矣。[一七]

演疇皇極,訓詁之韻者也,[一八]《文》《繫》之韻者也,[一九]所以通卜筮,闡幽玄也。[二○]六藝非可皆通於《詩》也,而韻言不廢,則諧音協律,不得專爲《詩》教也。傳記如《左》《國》,[二一]著説如《老》《莊》,[二二]文逐聲而遂諧,語應節而遽協,豈必合《詩》教之比興哉?焦貢之《易林》,[二三]史游之《急就》[二四]經部韻言之不涉於《詩》也。《黃庭經》之七言,《參同契》[二五]子術韻言之不涉於《詩》也。後世雜藝百家,誦拾名數,率用五言七字,演爲歌訣,咸以取便記誦,皆無當於詩人之義也。而文指存乎咏歎,取義近於比興,多或滔滔萬言,少或寥寥片語,不必諧韻和聲,而識者雅賞其爲《風》《騷》遺範也。故

善論文者，貴求作者之意指，而不可拘於形貌也。[二六]傳曰：「不歌而誦謂之賦。」[二七]班氏固曰：「賦者古詩之流。」[二八]劉氏勰曰：「六藝附庸，蔚爲大國。」[二九]蓋長言咏歎之一變，[三〇]而無韻之文可通於詩者，亦於是而益廣也。屈氏二十五篇，劉、班著錄，以爲《屈原賦》也。[三一]《漁父》之辭，未嘗諧韻，而入於賦，[三二]則文體承用之流別，不可不知其漸也。文之敷張而揚厲者，皆賦之變體，不特庸之爲大國，離去宛邱故都，而大啟疆宇於東海之濱也。[三三]後世百家雜藝，亦用賦體爲拾誦，竇氏《述書賦》，吳氏《事類賦》，[三四]醫家藥性賦，星卜命相術業賦之類。蓋與歌訣同出六藝之外矣。然而賦家者流，猶有諸子之遺意，居然自命一家之言者，其中又各有其宗旨焉。殊非後世詩賦之流，拘於文而無其質，茫然不可辨其流別也。是以劉、班《詩賦》一略，區分五類，而屈原、陸賈、荀卿，俱詳著於列之學也。説詳外篇《校讎略》中《漢志詩賦論》。[三五]馬、班二史，於相如、揚雄諸家之著賦，之傳，自劉知幾以還，從而抵排非笑者，[三六]蓋不勝其紛紛矣，要皆不爲知言也。權輿，而文苑必致文采之實蹟，以視范史而下，[三七]標文苑而止敘文人行略者，爲遠勝也。然而漢廷之賦，實非苟作，長篇錄入於全傳，足見其人之極思，[三八]殆與賈疏董策，爲用不同，而同主於以文傳人也。[三九]是則賦家者流，縱橫之派別，而兼諸子之餘風，此其所以異於後世辭章之士也。[四〇]故論文於戰國而下，貴求作者之意指，而不可拘於形貌也。[四一]

論文拘形貌之弊，至後世文集而極矣。蓋編次者之無識，亦緣不知古人之流別，作者之意指，不得不拘貌而論文也。集文雖始於建安，[四二]魏文撰徐、陳、應、劉文爲一集，此文集之始，摯虞《流別集》，猶其後也。而實盛於齊、梁之際。[四三]古學之不可復，蓋至齊梁而蕩然矣。摯虞《流別集》，乃是後人集前人。人自爲集，自齊之《王文憲集》始，而昭明《文選》又爲總集之盛矣。范、陳、晉、宋諸史所載，文人列傳，總其撰著，必云詩、賦、碑、箴、頌、誄若干篇而未嘗云文集若干卷。[四四]則古人文字，散著篇籍，而不強以類分可知也。孫武之書，蓋有八十二篇矣，説詳外篇《校讎略》中《漢志兵書論》。閭間以謂「子之十三篇，吾既得而見」，[四五]是始《計》[四六]以下十三篇，當日別出獨行，而後世合之明徵也。韓非之書，今存五十五篇矣。而秦王見其《五蠹》《孤憤》，恨不得與同時。[四七]是《五蠹》《孤憤》，當日別出獨行，而後世始合之明徵也。《呂氏春秋》自序，以爲良人問十二紀，[四八]是八覽六論，[四九]未嘗入序次也。董氏《清明》《玉杯》《竹林》之篇，班固與《繁露》並紀其篇名，[五〇]是當日諸篇，未入《繁露》之書也。夫諸子專家之書，指無旁及，而篇次猶不可強繩以類例；況文集所裒，體製非一，命意各殊，不深求其意指之所出，而欲強以篇題形貌相拘哉！[五一]

賦先於詩，[五二]騷別於賦，[五三]賦有問答發端，誤爲賦序，[五四]前人之議《文選》，猶其顯然者也。若夫《封禪》《美新》《典引》，皆頌也。稱符命以頌功德，而別類其體爲符命，[五五]則王子淵

以聖主得賢臣而頌嘉會，〔五六〕亦當別類其體爲主臣矣。班固次韻，乃《漢書》之自序也。〔五七〕其云述《高帝紀》第一，述《陳項傳》第一者，所以自序撰書之本意，史遷有作於先，故已退居於述爾。今於史論之外，別出一體爲史述贊，〔五八〕則遷書自序，所謂作《五帝紀》第一者，又當別出一體爲史作贊矣。〔五九〕漢武詔策賢良，〔六〇〕則策問也。今以出於帝制，遂於策問之外，別名曰詔。〔六一〕賈誼《過秦》，蓋《賈子》之篇目也。〔六二〕今傳《賈氏新書》，首列《過秦》上下二篇，此爲後人輯定，不足爲據。《漢志》，《賈誼》五十八篇，又賦七篇，此外別無論著，則《過秦》乃《賈子》篇目明矣。〔六三〕遂援左思「著論準《過秦》」之説，而標體爲論矣。〔六四〕左思著論之説，須活看，不可泥。因陸機《辨亡》之論，規仿《過秦》，魏文《典論》，〔六五〕蓋猶桓子《新論》、〔六六〕王充《論衡》〔六七〕之以論名書耳。《論文》，其篇目也。今與《六代》《辨亡》諸篇，同次於論；然則昭明《自序》，所謂「老、莊之作，管、孟之流，立意爲宗，不以能文爲本」，其例不收諸子篇次者，豈以有斯文，即可裁篇題論，而改子爲集乎？《七林》之文，皆設問也。〔六八〕則《九歌》《九章》《九辨》，〔六九〕亦可標爲九乎？《難蜀父老》，枚生發問有七，而遂標爲七。〔七〇〕《文選》者，辭章之圭臬，〔七一〕集部之準繩，〔七二〕而淆亂蕪穢，不可彈詰；則《客難》當與同編，而《解嘲》當别爲嘲體；《賓戲》當亦設爲戲體矣。今以篇題爲難，而别爲難體，則古人別流，作者意指，流覽諸集，孰是深窺而有得者乎？集人之文，尚未得其意指，而自哀所著爲流別，〔七三〕集部之準繩，

文集者，何紛紛耶？若夫總集別集之類例，編輯撰次之得失，今古詳略之攸宜，錄選評鈔之當否，別有專篇討論，不盡述也。〔七三〕

〔一〕按本篇大旨，謂論文宜以情質爲準，不可拘於形貌，承上篇而推言之。

〔二〕見《論語·季氏》。

〔三〕《史記·秦始皇本紀》：「三十四年，始皇置酒咸陽宮。博士齊人淳于越進曰：『臣聞殷周之王千餘歲，封子弟功臣，自爲枝輔。今陛下有海內，而子弟爲匹夫，卒有田常六卿之臣，無輔拂，何以相救哉？事不師古而能長久者，非所聞也。』始皇下其議。丞相李斯曰：『五帝不相復，三代不相襲，各以治，非其相反，時變異也。今陛下創大業，建萬世之功，固非愚儒所知。且越言乃三代之事，何足法也。異時諸侯並爭，厚招游學。今天下已定，法令出一，百姓當家則力農工，士則學習法令辟禁。而諸生不師今而學古，以非當世，惑亂黔首，禁之便。臣請史官非秦紀皆燒之，非博士官所職，天下敢有藏《詩》《書》百家語者，悉詣守尉雜燒之。有敢偶語《詩》《書》，棄市。以古非今者，族。令下三十日不燒，黔爲城旦。所不去者，醫藥卜筮種樹之書。若欲有學法令，以吏爲師。』制曰：『可。』」

〔四〕《史記·五帝本紀贊》：「《書》缺有間矣。」《索隱》：「言古典殘缺有年載，故曰有間。」《漢志·六藝略》：「《書》之所起，遠矣，至孔子篹焉；上斷於堯，下迄於秦，凡百篇而爲之序，言其作意。秦燔書禁學，濟南伏生獨壁藏之。漢興，亡失，求得二十九篇。武帝末，魯共王壞孔子宅，欲以廣其宮，而得

〔五〕《古文尚書》及《禮記》《論語》《孝經》凡數十篇，皆古文也。孔安國者，孔子後也，悉得其書，以考二十九篇，得多十六篇。」此《書》闕之由來。

〔六〕《漢志·六藝略》：「孔子純取周《詩》，上采殷，下取魯，凡三百五篇。遭秦火而全者，以其諷誦，不獨在竹帛故也。」

〔七〕《孟子·滕文公下》：「聖王不作，諸侯放恣，處士橫議，楊朱、墨翟之言盈天下。」

〔八〕《詩譜序》疏引《六藝論》曰：「詩者，弦歌諷諭之聲也。」

〔九〕見前篇注〔六九〕。

〔一〇〕江瑔《讀子卮言》曰：「古人著書，必持之有故，言之成理，卓然成一家言，而後可以名爲子書。唐、宋以後，諸子道衰，類書繁起，鈔胥是務，勦襲相因，亦裹然列名於子部之中。子書之體不明，先民之緒遂湮，無惑乎諸子百家之學，響沈景絕於後世，而綴學汲古之士，所以伈（愓）然而懼也。」

〔一一〕《論語·泰伯》：「立於禮。」朱注：「禮以恭敬辭遜爲本，而有節文度數之詳，可以固人肌膚之會，筋骸之束，故學者之中，所以能卓然自立，而不爲事物之所搖奪者，必於此而得之。」

〔一二〕按此節論《詩》教之廣，於戰國爲尤盛。

〔一三〕按章氏《論課蒙學文法》謂傳贊之文，抑揚詠歎，辭命之文，長於諷諭，皆原於《詩》教。已見前篇注〔六〕引。

〔四〕《詩大序》:「《詩》有六義焉:一曰風,二曰賦,三曰比,四曰興,五曰雅,六曰頌。」章氏《陳東浦方伯詩序》云:「學誠嘗推劉、班區别五家之義(《漢志·詩賦略》分五目),以校古今詩賦,寥寥鮮有合者。詩家不勝患苦,或反詰如何方合五家之推?則報之曰:古詩去其音節鏗鏘,律詩去其聲病對偶,且並去其謀篇用事琢句鍊字一切工藝之法,而令翻譯者流,演爲通俗語言,其中果有卓然其不可及,迥然其不同於人者,斯可以入五家之推矣。苟去是數者,而枵然一無所有,是工藝而非詩也。」(劉刻《遺書》卷十三)可與此參證。

〔五〕《説文》:「田五十畝曰畦。」又:「塍,稻中畦也。」章氏《陳東浦方伯詩序》云:「顧嘗從事於校讎之業,略辨詩教源流,謂六經教衰,諸子爭鳴,劉向條别其流有九。至諸子衰而爲文集,後世史官不能繼劉向條辨文集流别,故文集濫焉。六義風衰,而騷賦變體,劉向條别其流有五,則詩賦亦非一家已也。第劉向九流之説猶存,今推其意以校後世之文,如韓出儒家,柳出名家,蘇出兵家,王出法家,子瞻縱横,子固校讎,猶可推類以治其餘。詩賦五家之説已逸,而後世遂混合詩賦而爲一流,不知其中流别,古人甚於諸子之分家學,此則劉、班以後千七百年,未有議焉者也。」儀徵劉氏,即歷代詩文而條其流别,主張以集還子,(《論文雜記》)蓋本章説而引發之。

〔六〕《禮記·儒行》:「營道同術。」注:「術,業也。」

〔七〕按此節言論文不拘形貌,乃能明其體要。

〔八〕《尚書·洪範》:「天乃錫禹《洪範》九疇。」僞《孔傳》:「洪,大。範,法也。」《正義》:「乃賜禹大法九

〔一九〕六象，謂六爻之象。孔子作十翼，贊明《易》道，其釋六爻之《象辭》，謂之小象，多用韻語，與爻《繫辭》同。《屯》卦：「六二，迍如邅如，乘馬班如。」邅、班同在元部。其《象》曰：「六二之難，乘剛也。」難、乃叶字，反常也。」剛、常同在陽部。

〔二〇〕《禮記·曲禮》：「龜爲卜，筴爲筮。卜筮者，先聖王所以使民信時日，敬鬼神，畏法令也。所以使民決嫌疑，定猶與也。」《易·繫辭下》：「夫《易》彰往而察來，而微顯闡幽。」韓康伯注：「夫《易》無往不彰，無來不察，而微以之顯，幽以之闡，明也。」按玄本作元，避清聖祖諱改。

〔二一〕《左傳》用韻者，如隱十一年：「山有木，工則度之。賓有禮，主則擇之。」度、擇同在魚部。《國語》用韻者，如《越語》：「不亂民功，不逆天時，五穀稑熟，民乃蕃滋。君臣上下，交得其志。」時、滋、志同在之部。

〔二二〕《老子》用韻者，如二章：「故有無相生，難易相成，長短相形，高下相傾。」生、成、形、傾同在耕部。《莊子》用韻者，如《人間世》：「迷陽迷陽，无傷吾行。」陽、行同在陽部。

〔二三〕《隋書·經籍志》五行類：「《易林》十六卷，焦贛撰。」《書錄解題》云：「凡四千九十六卦，其辭假出於經史，其意雅通於神祇，蓋一卦可以變六十四也。」皆韻語古雅，頗類左氏所載繇辭。」

〔二四〕《漢志》小學類：「《急就》一篇，元帝時黃門令史游作。」《郡齋讀書志》：「書凡三十二章，雜記姓名諸物五官等字，以教童蒙。急就者，謂字之難知者，緩急可就而求焉。」《書錄解題》：「其文多古語、古字、古韻，有足觀者。」全書無複字，皆作韻語。

〔二五〕《唐書·藝文志》道家類：「《老子黃庭經》一卷。」又五行類：「魏伯陽《周易參同契》二卷。」二書傳世者，異本頗多，而皆用韻。朱子嘗為《參同契》作《考異》一卷。

〔二六〕按此節承上詳證聲韻之文，古不盡通於詩。

〔二七〕語見《漢志·詩賦略》。

〔二八〕語見班固《兩都賦序》。

〔二九〕《文心雕龍·詮賦》：「賦也者，受命於詩人，拓宇於《楚辭》也。於是荀況《禮》《智》，宋玉《風》《釣》，爰錫名號，與詩畫境，六義附庸，蔚為大國。」按六義，章氏引作六藝，乃涉筆之誤。

〔三〇〕《禮記·樂記》：「故歌之為言也，長言之也。說（悅）之，故言之；言之不足，故長言之；長言之不足，故嗟歎之；嗟歎之不足，不知手之舞足之蹈之也。」

〔三一〕《漢志·詩賦略》：「《屈原賦》二十五篇。」班固《漢志》本於劉歆《七略》，故稱劉、班。

〔三二〕姚氏《古文辭類纂序》云：「辭賦固當有韻，然古人亦有無韻者，以義在託諷，亦謂之賦耳。」按《漁

父》之辭，並非全無韻者。如：「舉世皆濁我獨清，衆人皆醉我獨醒。」清、醒同在耕部。「聖人不凝滯於物，而能與世推移。舉世皆濁，何不淈其泥而揚其波；衆人皆醉，何不餔其糟而歠其醨。何故深思高舉，自令放爲！」移、波、醨、爲同在歌部。

〔三三〕宛邱，陳都，今河南淮陽縣。《史記·田敬仲完世家》：「陳完者，陳厲公佗之子也。宣公十一年，殺其太子禦寇。禦寇與田完相愛，恐禍及己，完故奔齊，桓公使爲工正。完卒，謚爲敬仲。敬仲如齊，以陳字爲田。」六世田乞行陰德於民，得齊衆心，已而爲相，專齊政。十世田和遷齊康公於海上，自請立爲齊侯。

〔三四〕《四庫總目》子部藝術類：「《述書賦》二卷，唐竇臮撰。品題叙述，皆極精核。」又類書類：「《事類賦》三十卷，宋吳淑撰，並自注。淑本徐鉉之婿，學有淵源；又預修《太平御覽》《文苑英華》兩大書，見聞尤博，故賦既工雅，又注與賦出自一手，事無舛誤，故傳誦至今。」

〔三五〕《校讎通義·漢志詩賦》：「《漢志》分《藝文》爲六略，每略又各别爲數種，每種始叙列爲諸家，論辨流别，義至詳也。惟賦一略，區爲五種，而每種之後，更無叙論，不知劉、班之所遺耶，抑流傳之脱簡耶？今觀《屈原賦》二十五篇以下，共二十家爲一種，《陸賈賦》三篇以下，共二十一家爲一種，《孫卿賦》十篇以下，共二十五家爲一種，名類相同，而區種有别，當日必有其義例。今諸家之賦，十逸八九，而叙論之說，闕焉無聞，非著錄之遺憾與！」又曰：「古之賦家者流，原本《詩》《騷》，出入戰國諸子。假設問對，莊、列寓言之遺也。恢廓聲勢，蘇、張縱橫之體也。排比諧隱，韓非《儲說》之屬

〔三六〕《史通·載文》：「夫觀乎人文，以化成天下，觀乎國風，以察興亡，是知文之爲用，遠矣，大矣。是以虞帝思理，夏后失御，《尚書》載其元首禽荒之歌，鄭莊至孝，晉獻不明，《春秋》録其大隧狐裘之什。其理讜而切，其文簡而要，足以懲惡勸善，觀風察俗者矣。若馬卿之《子虛》《上林》，揚雄之《甘泉》《羽獵》，班固《兩都》，馬融《廣成》，喻過其體，詞没其義，繁華而失實，流宕而亡返，無裨勸獎，有長奸詐，而前後《史》《漢》，皆書諸列傳，不其謬乎？」

〔三七〕《宋書·范曄傳》：「曄字蔚宗，彭城王義康冠軍參軍，遷尚書郎，左遷宣城太守。後以狂詩誅。」按曄作《後漢書》，以怨望被收，十志未成而卒，存紀傳九十卷。乃刪衆家《後漢書》，爲一家之作。今本《志》三十卷，晉司馬彪撰，梁劉昭注。合之，共一百二十卷。范書列傳，始著《文苑》之目，後史因之者，亦多不載文辭焉。

〔三八〕《楚辭·招魂》：「結撰至思，蘭芳假些。」「人有所極，同心賦些。」

〔三九〕《漢書·賈誼傳》載《陳政事疏》《請封建子弟疏》《諫封淮南四子疏》。《董仲舒傳》載《對賢良策》三首。

〔四〇〕劉熙載《藝概》曰:「古人一生之志,往往在於賦寓之。」《史記》《漢書》之例,賦可載入列傳,所以使讀其賦者,即知其人也。」又曰:「《鵩賦》爲賦之變體,即其體而通之,凡能爲子書者,於賦皆足自成一家。」可爲章説張目。

〔四一〕按此節證後世詩賦之屬,不盡出於六義,而古賦家者流,則兼諸子餘風;故論文於戰國而下,貴求作者之意指。

〔四二〕魏文帝《與吳質書》:「徐、陳、應、劉,一時俱逝,痛可言邪!頃撰其遺文,都爲一集。」

〔四三〕按《蜀志·諸葛亮傳》載陳壽所定諸葛氏目録,名雖爲集,實乃子書。《藝文類聚》載曹植《文章序》云:「余少而好賦,所著繁多,删定别撰爲前録七十八篇。」自定其文,而不以集名。蓋體式初興,尚無定稱耳。任昉《王文憲(儉)集序》:「昉以筆札見知,思以薄技效德,是用綴緝遺文,永爲世範。所撰《古今集記》《今書七志》爲一家言,不列於集。」《南史·張融傳》:「融文集數十卷行於世,自名其集爲《玉海》。」王集由人編次,張集乃自定名,以其時集部乃大盛也。參看《文集》篇。

〔四四〕如《後漢書·馬融傳》:「所著賦、頌、碑、誄、書、記、表、奏、七言、琴歌、對策、遺令,凡二十一篇。」《魏志·王粲傳》:「著詩、賦、論、議,垂六十篇。」按范史見上。《晉書·陳壽傳》:「壽字承祚,巴蜀安漢人。仕蜀爲館閣令史。及蜀平,司空張華愛其才,舉爲孝廉,除著作即,撰魏、蜀、吳《三國志》,凡六十五篇。」《舊唐書·房玄齡傳》:「貞觀十八年,玄齡與褚遂良受詔重撰《晉書》。於是奏請許敬宗、來濟、陸元仕、劉子翼、令狐德棻、李義府、薛元超、上官儀等八人,分功撰録,以臧榮緒《晉書》

為主，參考詳洽。然史官多文詠之士，好採碎事，競爲綺豔。李淳風修天文、律曆、五行三志最可觀。太宗自著宣武二帝、陸機、王義之四論，於是總題曰御撰。凡一百三十卷。」《梁書·沈約傳》：「約字休文，吳興武康人。篤志好學，能屬文。高祖受禪，爲尚書僕射，轉左光禄大夫。卒，諡曰隱。著《宋書》百卷。」

〔四五〕《史記·孫武傳》：「孫子武者，齊人也。以兵法見於吳王闔閭。」闔閭曰：「子之十三篇，吾盡觀之矣。」

〔四六〕《孫子》第一篇爲《計》篇，爲十三篇之首篇。

〔四七〕《史記·韓非傳》：「觀往者得失之變，故作《孤憤》《五蠹》《内外儲》《説林》《説難》十餘萬言。人或傳其書至秦，秦王見《孤憤》《五蠹》之書曰：『嗟乎！寡人得見此人，與之游，死不恨矣。』」

〔四八〕《吕氏春秋·序意》：「維秦八年，歲在涒灘，秋甲子朔，朔之日，良人問十二紀。」十二紀者，《孟春紀》《仲春紀》《季春紀》《孟夏紀》《仲夏紀》《季夏紀》《孟秋紀》《仲秋紀》《季秋紀》《孟冬紀》《仲冬紀》、《季冬紀》也。

〔四九〕八覽者，《有始覽》《孝行覽》《慎大覽》《先識覽》《審分覽》《審應覽》《離俗覽》《恃君覽》。六論者，《開春論》《慎行論》《貴直論》《不苟論》《似順論》《士容論》。

〔五〇〕《漢書·董仲舒傳》：「『《玉杯》《蕃露》《清明》《竹林》之屬，復數十篇十餘萬言，皆傳於後世。」今《玉杯》《清明》《竹林》，並《春秋繁露》中篇名。

〔五一〕按此節言論文拘形貌之弊,至後世文集而極。

〔五二〕章氏評昭明《文選》不當賦先於詩,參看外篇《永清縣志文徵序例》。

〔五三〕吳子良《林下偶談》卷二:「太史公曰:《離騷》,遭憂也。離訓遭,騷訓憂,屈原以此命名,其文則賦也。故班固《藝文志》有《屈原賦》二十五篇。梁昭明集《文選》,不併歸賦門,而別名之曰騷;後人沿襲,皆以騷稱,可謂無義。」

〔五四〕蘇軾《答劉沔書》曰:「梁蕭統《文選》,世以為工,以軾觀之,拙於文而陋於識者,莫統若也。宋玉賦《高唐》《神女》,其初略陳所夢之因,如子虛、亡是公相與問答,皆賦矣,而乃謂之序,此與兒童之見何異?」(《東坡後集》卷十四)

〔五五〕《文選》載司馬相如《封禪文》、揚雄《劇秦美新》、班固《典引》三篇,別爲符命一類。《文心雕龍》則歸之封禪,其《封禪》曰:「相如《封禪》,蔚為唱首;及揚雄《劇秦》、班固《典引》,事非鐫石,而體因紀禪。」

〔五六〕《文選》頌類有王襃《聖主得賢臣頌》。《易·乾·文言》:「亨者,嘉之會也。」又曰:「嘉會足以合禮。」

〔五七〕《史記·自序》及《漢書·叙傳》,中各以數言,述其每篇作意。次韻者,謂《史記》序目間作韻語,《漢書·叙傳》因之,後以次前也。

〔五八〕《文選》史述贊類載《漢書》之《述高紀贊》《述成紀贊》《述韓彭英盧吳傳贊》三篇。

〔五九〕《漢書・叙傳》師古注曰：「自『皇矣高祖』以下諸叙，皆班固自論撰《漢書》意，此亦依放《史記》之叙目耳。史遷則云爲某事作某本紀，某列傳。班固謙不言然，而改言述，蓋避作者之謂聖，而取述者之謂明也。但後之學者，不曉此爲《漢書》叙目，見有述字，因謂此文追叙《漢書》之事，乃呼爲『《漢書》述』，失之遠矣，摯虞尚有此惑，其餘曷足怪乎？」

〔六〇〕《文選》有策問類，而以賢良詔入詔類。

〔六一〕蔡邕《獨斷》：「漢天子正號曰皇帝，其言曰制詔。其命令一曰策書，二曰制書，三曰詔書，四曰戒書。」又云：「凡群臣上書於天子者，有四名，一曰章，二曰奏，三曰表，四曰駁議。」此漢時公文書制之大略。《文心雕龍・議對》云：「對策者，應詔而陳政，即議之別體也。」以此推之，則策問者，或策之別體，蓋策問之與對策，非歲以爲常，故不列於公文之中，而蕭《選》歸類，遂亦不能無失矣。

〔六二〕《漢志・儒家》：「《賈誼》五十八篇。」《書錄解題》：「今書首載《過秦論》，末爲《弔湘賦》，餘皆錄《漢書》語，且略節誼本傳於第十一傳中，其非《漢書》所有者，輒淺駁不足觀，決非誼本書也。」《文選》賈誼《過秦論》注引應劭曰：「賈誼書第一篇名也，言秦之過。」

〔六三〕陸機《辨亡論》亦載《文選》。注引孫盛曰：「陸機著《辨亡論》，言吳之所以亡也。」《文心雕龍・論説》：「陸機《辨亡》，效《過秦》而不及。」

〔六四〕按左思語見《詠史詩》。《吳志・闞澤傳》云：「孫權問書傳篇賦何者爲美？澤欲諷諭以明治亂，因對賈誼《過秦論》最善。」是《過秦》名論，不始晉人。或此篇初本別出獨行，如《呂覽》六論之類。此

〔六五〕《文選》呂向注:「文帝《典論》二十篇,兼論古者經典文事。」今存《論文》一篇,載《文選》;《自叙》一篇,見《魏志·文帝紀》注。

〔六六〕《後漢書·桓譚傳》:「譚字君山,沛國相人也,博學多通。譚著書言當世行事二十九篇,號曰《新論》。」《隋書·經籍志》儒家:「《桓子新論》十七卷,後漢六安丞桓譚撰。」原書今佚。清嚴可均《全漢文》有輯本三卷。此亦言《典論》為子部書,非集部之論文。

〔六七〕《後漢書·王充傳》:「充字仲任,會稽上虞人也。師事扶風班彪,好博覽,而不守章句。充好論説,始若詭異,終有理實。以為俗儒守文,多失其真,乃閉門潛思,絕慶弔之禮,戶牖牆壁,各置刀筆,著《論衡》八十五篇。」《隋書·經籍志》雜家:「《論衡》二十九卷,後漢徵士王充撰。」今佚其一篇。

〔六八〕見前篇注〔四九〕。

〔六九〕屈原《九歌》《九章》,宋玉《九辨》,《文選》載入騷類。

〔七〇〕設問當作設論。東方朔《答客難》,揚雄《解嘲》,班固《答賓戲》,《文選》並入設論類。司馬相如《難蜀父老》,《文選》作《喻巴蜀檄》,入檄類,流俗本有析出此篇別題《難蜀父老》入難類者,非昭明之舊,章氏誤據俗本為説,殊疏。

〔七一〕見《易教中》注〔三三〕。

〔七二〕《漢書·律曆志》:「準者,所以揆平取正也。繩者,上下端直,經緯四通也。」準指水平儀,繩如木匠所用之墨綫。

〔七三〕按此節論《文選》義例之失,益見論文不可拘於形貌。

經解上〔一〕

六經不言經,〔二〕三傳不言傳,〔三〕猶人各有我而不容我其我也。依經而有傳,〔四〕對人而有我,是經傳人我之名,起於勢之不得已,而非其質本爾也。《易》曰:「上古結繩而治,後世聖人易之以書契,百官以治,萬民以察。」〔五〕夫爲治爲教,所以宣幽隱而達形名,布政教而齊法度也。〔六〕未有以文字爲一家私言者也。《易》曰:「雲雷屯,君子以經綸。」〔七〕經綸之言,綱紀世宙之謂也。鄭氏注,謂「論撰書禮樂,施政事。」〔八〕經之命名,所由昉乎!〔九〕然猶經緯經紀云爾,未嘗明指《詩》《書》六藝爲經也。三代之衰,治教既分,夫子生於東周,〔一〇〕有德無位,懼先聖王法積道備,至於成周,無以續且繼者而至於淪失也,於是取周公之典章,所以體天人之撰而存治化之迹者,獨與其徒,相與申而明之。〔一一〕此六藝之所以雖失官守,而猶賴有師教之撰也。然夫子之時,猶不名經也。逮夫子既歿,微言絕而大義將乖,〔一二〕於是弟子門人,各以所見、所聞、所傳聞者,〔一三〕或取簡畢,〔一四〕或授口耳,〔一五〕錄其文而起義。左氏《春秋》,子夏《喪服》諸篇,皆名爲傳,〔一六〕而前代逸文,不出於六藝者,稱述皆謂之傳,如孟子所對湯武及文王之囿,〔一七〕是也。則因傳而有經之名,猶之因子而立父之號矣。〔一八〕

至於官師既分,處士橫議,〔一九〕諸子紛紛,著書立說,而文字始有私家之言,不盡出於典章

政教也。儒家者流,[二0]乃尊六藝而奉以爲經,則又不獨對傳爲名也。經,終於習禮。」[二三]莊子曰:「孔子言治《詩》《書》《禮》《樂》《易》《春秋》六經。」[二三]又曰:「繙十二經,[二三]以見老子。」荀莊皆出子夏門人,[二四]而所言如是,六經之名,起於孔門弟子亦明矣。[二五]

然所指專言六經,則以先王政教典章,綱維天下,故《經解》疏别六經,以爲入國可知其教也。[二六]《論語》述夫子之言行,[二七]《爾雅》爲群經之訓詁,[二八]《孝經》則又再傳門人之所述,[二九]與《緇衣》《坊》《表》諸記,相爲出入者爾。[三0]劉向、班固之徒,序類有九,而稱藝爲六,則固以三者爲傳,而附之於經,所謂離經之傳,不與經之傳相次也。[三一]當時諸子著書,往往自分經傳,如撰輯《管子》者之分别經言,[三二]《墨子》亦有《經》篇,[三三]《韓非》則有《儲說》經傳,[三四]蓋亦因時立義,自以其說相經緯爾,非有所擬而僭其名也。經同尊稱,其義亦取綜要,後世著録則以爲傳,而不必爲經。聖如夫子,而不必當也。諸子有經,以貫其傳,其義各有攸當也。非如後世之嚴也。

之家,因文字之繁多,不盡關於綱紀,於是取先聖之微言,與群經之羽翼,皆稱爲經。如《論語》《孟子》《孝經》,與夫大小《戴記》之别於《禮》,[三五]《左氏》《公》《穀》之别於《春秋》,皆題爲經,乃有九經、十經、十三、十四諸經,[三六]以爲專部,蓋尊經而并及經之支裔也。而儒者著書,始嚴經名,不敢觸犯,則尊聖教而慎避嫌名,蓋猶三代以後,非人主不得稱我爲朕也。[三七]

然則今之所謂經,其強半皆古人之所謂傳也。古之所謂經,乃三代盛時,典章法度,見於政教行事之實,而非聖人有意作為文字以傳後世也。〔三八〕

〔一〕據浙江圖書館所藏會稽徐氏鈔本,《經解》三篇題下原注云:「庚戌鈔存《通義》。」庚戌為乾隆五十五年,當是其前一年己酉作。是年三月,實齋遊太平,館於徐立綱學使署,為徐經紀宗譜。自四月十一日至五月初八日,得《通義》內外二十三篇,約二萬餘言。其《甲編小引》云:「向病諸子言道,率多破碎,儒者又尊道太過,不免推而遠之,無怪前人詆文史之儒不足與議於道矣。因推原道術,為書得五十三篇,以為文史緣起,亦見儒之流為文史,儒者自誤以謂有道在文史外耳。新著一十二篇,附存舊稿一篇。」十二篇之目,以意推之,當是《經解》三篇,《原道》三篇,《原學》三篇,《博約》三篇。其附錄一篇,錢賓四(穆)氏或謂疑是《朱陸篇》。其餘篇目可考者,內篇有《史釋》《史注》《習固》《文集》《篇卷》《天喻》《師說》《假年》《感遇》《辨似》《說林》《知難》《匡謬》《黠陋》,外篇有《亳州人物志例議》上中下,皆稱「庚戌鈔存《通義》」,大率皆作於己酉年也。按《經解》三篇乃申明六經皆史之義,謂六藝皆先王舊典,而非人可臆為者。本篇論經只有六,後世滋多,乃以傳為經。

〔二〕《莊子・天下》:「《詩》以道志,《書》以道事,《禮》以道行,《樂》以道和,《易》以道陰陽,《春秋》以道名分。」《史記・滑稽列傳》:「《禮》以節人,《樂》以發和,《書》以道事,《詩》以達意,《易》以神

〔三〕化,《春秋》以道義。」又《自序》同。所引六藝,並無經名。

〔四〕《史記・十二諸侯年表序》:「魯君子左丘明懼弟子人人異端,各安其意,失其真,故因孔子《史記》,具論其語,成《左氏春秋》。」《左氏春秋》初本自爲一書,而劉歆《移書議太常博士》,亦稱《公羊春秋》《穀梁春秋》,《漢書・儒林傳》同,是則離經而言,皆不稱傳。

〔五〕《史通・六家》:「孔子既著《春秋》,而丘明受經作傳。蓋傳者,轉也,轉受經旨,以授後人。或曰,傳者,傳也,所以傳示來世。案孔安國注《尚書》,亦謂之傳,斯則傳者,亦訓釋之義乎?」

〔六〕見《易・繫辭下》文。

〔七〕形名,見《詩教上》注〔九〕。《周禮・春官》:「外史掌達書名于四方。」鄭注:「古曰名,今曰字。使四方知書之文字,得能讀之。」古時學在官府,學者以吏爲師,故文字大用,在宣布政教,齊一法度也。

〔八〕見《易・屯卦・象辭》。《正義》曰:「經,謂經緯,綸,謂綱綸,言君子法此屯象有爲之時,以經綸天下,約束於物,故云君子以經綸也。」

〔九〕《釋文》引鄭玄注,綸作論,謂「論撰書禮樂,施政事」。鄭注:「丁杰有補輯本十二卷。

〔一〇〕《公羊傳》隱二年:「始滅昉於此乎?」注:「昉,適也。」按適有始義。《公羊傳》:「襄公二十二年十有一月庚子,孔子生。」(生於東周靈王二十一年,卒於周敬王四十年,享年七十三)。

〔一一〕杜預《春秋左氏傳序》:「周德既衰,官失其守,上之人不能使《春秋》昭明,赴告策書,諸所記注,多

經解上

一三

違舊章。仲尼因魯史策書成文，考其真僞，而志其典禮，上以遵周公之遺制，下以明將來之法。其發

〔三〕《漢書·藝文志》：「昔仲尼沒而微言絕，七十子喪而大義乖。」

〔四〕《公羊傳》哀十四年：「《春秋》何始乎隱？祖之所逮聞也。所見異辭，所聞異辭，所傳聞異辭。」

〔五〕《史記·十二諸侯年表序》：「七十子之徒，口授其傳指，爲有所刺譏諱襃挹損之文辭，不可以書見也。」《公羊傳》隱二年：「紀子伯者何？無聞焉爾。」何休《解詁》：「《春秋》有改周受命之制，孔子畏時遠害，又知秦將燔《詩》《書》，其説口授相傳，至漢公羊氏（壽）及弟子胡母生等，乃始記於竹帛，故有失也。」

〔六〕《儀禮·喪服》題子夏傳。内有「傳曰」之文。賈公彦疏云：「『傳曰』者，不知何人所作；；人皆云孔子弟子卜商字子夏所爲，師師相傳，蓋不虛也。」

〔七〕《孟子·梁惠王下》：「齊宣王問曰：『湯放桀，武王伐紂，有諸？』孟子對曰：『於傳有之。』」又：「齊宣王問曰：『文王之囿方七十里，有諸？』孟子對曰：『於傳有是言。』」趙岐注：「於傳有之。」

〔八〕按此上言因傳而有經名。然章太炎云：「經者，編絲綴屬之稱，異於百名以下用版者。傳者，專之假借。《説文》訓專爲六寸簿。專之得名，以其體短，有異於經。鄭康成《論語序》云：『《春秋》二尺四寸，《孝經》一尺二寸，《論語》八寸。』此則專之簡策，當復短於《論語》，所謂六寸者也。」（《國故論

衡·文學總略》)是則經傳之名，由此言因傳而有經名，傳則由弟子各記所聞於簡編而起，與章氏說異。

〔一九〕語見《孟子·滕文公下》。焦循《正義》：「《漢書·異姓諸侯王表》云：『秦既稱帝，患周之敗，以爲起於處士橫議。』注云：『處士謂不官朝而居家者也。横，音胡孟反。』按縱則順，横則逆，故政之不順者爲横行，行之不順者爲横議。」

〔二○〕《漢志·諸子略》：「儒家者流，蓋出於司徒之官，助人君順陰陽，明教化者也。」

〔二一〕《荀子·勸學》：「學惡乎始，惡乎終？曰：其數始乎誦經，終乎讀禮。」楊倞注：「數，術也。經，謂《詩》《書》。禮，謂典禮之屬。」

〔二二〕見《莊子·天運》篇文。

〔二三〕《莊子·天道》：「孔子西藏書於周室。子路謀曰：『由聞周之徵藏史有老聃者，免而歸居，夫子欲藏書，則試往因焉。』孔子曰：『善。』往見老聃，而老聃不許，於是繙十二經以説。」《釋文》：「十二經，説者云《詩》《書》《禮》《樂》《易》《春秋》六經，又加六緯，合爲十二經也。一説云，《易》上下經，並十翼爲十二，又一云，《春秋》十二公經也。」

〔二四〕楊士勛《穀梁傳序》疏：「穀梁子名俶，字元始，魯人，一名赤，受經於子夏，爲經作傳，傳孫卿。」汪中《荀子通論》：「《經典》叙録《毛詩》，徐整云：『子夏傳曾申，申傳魏人李克，克傳魯人孟仲子，孟仲子傳根牟子，根牟子傳趙人孫卿子，孫卿子傳魯人大毛公。』」（按陸璣《毛詩草木蟲魚疏》説同）由是

〔二五〕按此上謂六經之名,起於孔門弟子也。

〔二六〕《禮記‧經解》:「孔子曰:『入其國,其教可知也。其爲人也,溫柔敦厚,《詩》教也;疏通知遠,《書》教也;廣博易良,《樂》教也;絜靜精微,《易》教也;恭儉莊敬,《禮》教也;屬辭比事,《春秋》教也。』」

〔二七〕見《詩教上》注〔七三〕。

〔二八〕《書錄解題》小學類:「《爾雅》三卷,晉弘農太守河東郭璞景純注。按《漢志‧爾雅》二十篇,今書惟十九篇。《志》初不著撰人名氏,璞《序》亦但稱興於中古,隆於漢世而已。至陸氏《釋文》始謂《釋詁》爲周公所作。其説蓋本於魏張揖所上《廣雅表》,言周公制禮以道天下,著《爾雅》一篇,以釋其義。今俗所傳三卷,或言仲尼所增,或言子夏所益,或言叔孫通所補,或言沛郡梁文所考,皆解家所説,先師傳疑,莫能明也。」清邵晉涵引證鄭君之言,謂爲孔子門人所作,以釋六藝之文。

〔二九〕唐徐彥《公羊解詁序》疏引《孝經鉤命決》:「孔子在庶,德無所施,功無所就,志在《孝經》,行在《春

秋》。」《漢書·藝文志》：「《孝經》者，孔子爲曾子陳孝道也。」按書發端云，「仲尼居，曾子侍」，則著之竹帛，其爲再傳弟子，從可知已。

[三〇]《緇衣》《坊記》《表記》，並《禮記》篇名。僞《尚書序》：「及傳《論語》《孝經》。」《正義》：「漢武帝謂東方朔云：『《傳》曰：「時然後言，人不厭其言。」』(見《論語·憲問》)」又漢東平王劉雲與其太師策書云：「《傳》曰：『陳力就列，不能者止。』(見《論語·季氏》)」又成帝賜翟方進策書云：「《傳》曰：『高而不危，所以長守貴也。』(見《孝經·諸侯章》)」是漢世通謂《論語》《孝經》爲傳也。」

[三一]《校讎通義·漢志六藝》：「至於《論語》《孝經》《爾雅》，則非六經之本體也，學者崇聖人之緒餘，而尊以經名，其實皆傳也，可與六經相表裏，而不可與六經爲並列也。蓋官司典常實爲經，而師儒講習爲傳，其體判然有別，非謂聖人之書有優劣也。是以劉歆《七略》，班固《藝文》，叙列六藝之名實爲九種，蓋經爲主而傳爲附，不易之理也。」龔自珍《六經正名》：「六經、六藝之名，由來久遠，不可以肊增益。善夫！劉向之爲《七略》也。班固因之造《藝文志》，序六藝爲九種。有經，有傳，有記，有群書。傳則附于經，記則附于傳，群書頗關經，則附于經。何謂傳？《書》之有大小夏侯、歐陽，傳也。《詩》之有齊、魯、韓、毛，傳也。《春秋》之有公羊、穀梁、左氏、鄒、夾氏，亦傳也。何謂記？大小戴氏所録凡百三十有一篇，是也。《易》之有淮南·道訓》《古五子》十八篇，《易》者也。《書》之有《周書》七十一篇，群書之關《書》者也。《春秋》之有《楚漢春秋》《太史公書》，群書之關《春秋》者也。然則《禮》之有《周官》《司馬法》，群書之頗關《禮經》者也。」此言只有

文史通義校注

六經，此外稱經者皆非經，乃本章説而申詳之。

〔三〕《管子》見《詩教上》注〔一八〕。自《牧民》至《幼官圖》九篇爲經言，《五輔》至《兵法》八篇爲外言，《大匡》至《戒》九篇爲內言，《地圖》至《九變》十八篇爲短語，《任法》至《内業》五篇爲區言，《封禪》至《問霸》十三篇爲雜篇，《牧民解》至《明法解》五篇爲《管子》解，《臣乘馬》至《輕重庚》十九篇爲《管子》輕重，凡八十六篇。今亡十篇，尹知章注本二十四卷，七十六篇。

〔三三〕《墨子》，見《詩教上》注〔二〇〕。内有《經》上、《經》下、《經説》上、《經説》下四篇。

〔三四〕《漢志》法家：「《韓子》五十五篇。」今本篇數同。中有《内外儲説》六篇，每篇首段爲經，標舉其義而證以實例，其下則詳述所舉事例之始末，猶之傳也。

〔三五〕《隋書·經籍志》：「漢初，河間獻王得仲尼弟子及後學者所記一百三十一篇，獻之，時無傳之者。至劉向考校經籍，檢得一百三十篇，（按一在十之下，寫者亂之）向因第而叙之，又得《明堂陰陽記》三十三篇，《孔子三朝記》七篇，《王史氏記》二十一篇，《樂記》二十三篇，凡五種，合二百十四篇。戴德删其煩重，合而記之，爲八十五篇，謂之《大戴記》。而戴聖又删《大戴》之書，爲四十六篇，謂之《小戴記》。漢末馬融遂傳《小戴》之學。融又足（按《通典》引作「定」是。）《月令》一篇，《明堂位》一篇、《樂記》一篇，合四十九篇。而鄭玄受業於融，又爲之注。」《書録解題》禮類：「《大戴記》十三卷，隋唐志所載卷數，皆與今同，而篇乃自三十九而下止於八十一，中又缺四篇，第七十二復出一篇，實存四十篇。」又：「《禮記》二十卷，所謂《小戴禮》也，凡四十九篇。漢儒輯録前記，固非一家之

言，大抵駁而不純，獨《大學》《中庸》爲孔氏之正傳，然非專爲禮作也。唐魏徵嘗以《小戴禮》綜彙不倫，更作《類禮》二十篇，蓋有以也。」

〔三六〕宋書·百官志：「國子助教十人。《周易》《尚書》《毛詩》《禮記》《周官》《儀禮》《春秋左氏傳》《公羊》《穀梁》各爲一經，《論語》《孝經》爲一經，合十經，助教分掌。」皮錫瑞《經學歷史》云：「唐分三《禮》三《傳》合《易》《詩》《書》爲九經。宋又增《論語》《孝經》《孟子》《爾雅》爲十三經。」十四經者，又加《大戴記》也。宋史繩祖《學齋佔畢》：「先時嘗併《大戴記》於十三經末，稱十四經。」

〔三七〕《史記·秦始皇本紀》：「天子自稱曰朕。」《集解》引蔡邕曰：「朕，我也。古者上下共稱之，貴賤不嫌，則可以同號之義也。皋陶與舜言：『朕言惠，可底止。』屈原曰：『朕皇考。』至秦然後天子獨以爲稱，漢因而不改。」此言經爲專稱，猶朕爲專稱也。

〔三八〕按此上言後世尊六經而及其支裔，其所稱經，強半已非先王政典。

經解中〔一〕

事有實據，而理無定形。故夫子之述六經，皆取先王典章，未嘗離事而著理。後儒以聖師言行爲世法，則亦命其書爲經，此事理之當然也。然而以意尊之，則可以意僭之矣。蓋自官師之分也，官有政，賤者必不敢强干之，以有據也。師有教，不肖者輒敢紛紛以自命，以無據也。孟子時，以楊、墨爲異端矣。〔三〕楊氏無書，〔三〕墨翟之書，初不名經。雖有《經》篇《經說》，未名全書爲經。而莊子乃云：「苦獲、鄧陵之屬，皆誦《墨經》。」則其徒自相崇奉而稱經矣。〔四〕東漢秦景之使天竺，〔四十二章〕，〔五〕皆不名經；佛經皆中國繙譯，竺書無經字。則亦文飾之辭矣。〔六〕《老子》二篇，劉、班著錄，初不稱經，〔七〕《隋志》乃依阮《錄》，稱《老子經》，〔八〕意者阮《錄》出於梁世，梁武崇尚異教，則佛老皆列經科，〔九〕其所做也。而加以《道德真經》，與《莊子》之加以《南華真經》，《列子》之加以《沖虛真經》，則開元之玄教設科，〔一〇〕附飾文致，又其後而益甚者也。韓退之曰：「道其所道，非吾所謂道。」則名教既殊，又何防於經其所經，非吾所謂經乎？〔二〕

若夫國家制度，本爲經制。李悝《法經》，〔三〕後世律令之所權輿；〔三〕唐人以律設科，〔四〕明祖頒示《大誥》，〔五〕師儒講習，以爲功令，〔六〕是即《易》取經綸之意，國家訓典，臣民尊奉爲

經，義不背於古也。孟子曰：「行仁政，必自經界始。」[一七]地界言經，取經紀之意也。是以地理之書，多以經名，《漢志》有《山海經》，[一八]《隋志》乃有《水經》，[一九]後代州郡地理，多稱圖經，義皆本於經界，書亦自存掌故，不與著述同科，其於六藝之文，固無嫌也。[二〇]

至於術數諸家，均出聖門制作。周公經理垂典，皆守人官物曲，而不失其傳。及其司失守，而道散品亡，則有習其說者，相與講貫而授受，亦猶孔門傳習之出於不得已也。然而口耳之學，不能歷久而不差，則著於竹帛，以授之其人，説詳《詩教上》篇。亦其理也。是以至戰國而義、農、黃帝之書，一時雜出焉。其書皆稱古聖，如天文之甘、石《星經》，[二一]方技之《靈》《素》《難經》，[二二]其類實繁，則猶匠祭魯般，[二三]兵祭蚩尤，[二四]不必著書者之果為聖人，而習是術者，奉為依歸，則亦不得不尊以經言者也。[二五]

又如《漢志》以後，雜出春秋戰國時書，若師曠《禽經》，[二六]伯樂《相馬》之經，[二七]其類亦繁，不過好事之徒，因其人而附合，或略知其法者，託古人以鳴高，亦猶儒者之傳梅氏《尚書》與子夏之《詩大序》也。[二八]他若陸氏《茶經》，[二九]張氏《棋經》，[三〇]酒則有《甘露經》，[三一]貨則有《相貝經》，[三二]是乃以文為諧戲，本無當於著錄之指，譬猶毛穎可以為傳，[三三]蟹之可以為志，[三四]琴之可以為史，[三五]荔枝牡丹之可以為譜耳。[三六]此皆若有若無，不足議也。[三七]

蓋即數者論之，異教之經，如六國之各王其國，不知周天子也。與守之，固無虞其越畔[四〇]也。至諧戲而亦以經名，此趙佗之所謂妄竊帝號，聊以自娛[四一]，不妨諧戲置之，六經之道，如日中天，豈以是爲病哉![四二]

〔一〕按本篇論異教雜書其題名經，無損於六經之尊。

〔二〕《孟子・滕文公下》：「楊、墨之道不息，孔子之道不著，是邪說誣民，充塞仁義也。仁義充塞，則率獸食人，人將相食。吾爲此懼。閑先聖之道，距楊、墨，放淫辭。」韓愈《進學解》：「觝排異端。」

〔三〕見《詩教上》注[二〇]。

〔四〕《墨子》見《詩教上》注[二〇]。《莊子・天下》：「相里勤之弟子五侯之徒，南方之墨者苦獲、已齒、鄧陵子之屬，俱誦《墨經》；而倍譎不同，相謂別墨。」按《晉書・隱逸傳》注引魯勝《墨辯叙》云：「《墨辯》有上下《經》，《經》各有《說》，凡四篇，與其書衆篇連第，故獨存。」《莊子》稱誦《墨經》，蓋指此，非謂全書，章說未諦。

〔五〕梁慧皎《高僧傳》：「漢明帝夢金人飛行於庭，以占所夢，傅毅以佛對。帝遣郎中蔡愔、博士弟子秦景等往天竺。愔等於彼遇見攝摩騰、竺法蘭二梵僧，乃要還漢地，譯《四十二章經》。騰所住處，今

雒陽雍門白馬寺也。」《書錄解題》釋氏類：「《四十二章經》一卷，後漢竺法蘭譯。佛書到中國，此其首也。」

〔六〕《國故論衡·文學總略》曰：「經者，編絲綴屬之稱，亦猶浮屠稱修多羅。修多羅者，直譯爲線、譯義爲經，蓋彼以貝葉爲書，故用線連貫也。」據此則佛書稱經，質素應爾，非盡緣文飾矣。

〔七〕按《漢志》道家有《老子鄰氏經傳》四篇，《老子傅氏經說》三十七篇，《老子徐氏經說》六篇，不得謂「劉、班著錄，初不稱經」也。章氏失考。

〔八〕阮孝緒《七錄》，見《詩教上》注〔三〕。《隋志》道經類《老子道德經》二卷，有河上公、王弼、鍾會、孫登、劉仲融、盧景裕各家注本。

〔九〕《梁書·武帝紀》：「高祖篤信正法，猶長佛典，製《涅槃》《大品》《淨名》《三慧》諸經義記，復數百卷。」《隋書·經籍志》：「梁武大崇佛法於華林園中，總集釋氏經典，凡五千四百卷。」此所謂梁崇異教也。阮《錄》外篇《佛法錄》著錄佛經、《仙道錄》著錄道經。《隋志》道經佛經附集部。

〔一〇〕李日華《紫桃軒雜綴》卷二：「老君所授尹喜五千文，至漢河上公有章句，蜀嚴遵有指歸，俱未有《道德經》之名。自唐玄宗既作注釋，始改定章句，稱《道德經》。」《新唐書·藝文志》道家類：「王士元《亢倉子》二卷下注：『天寶元年，詔號《莊子》爲《南華真經》，《列子》爲《沖虛真經》。』玄教，粵雅堂本因避清聖祖諱作元教，今仍改作玄教。《新唐書·選舉志》：「開元二十九年，始置崇玄學，習《老子》《莊子》《文子》《列子》，謂之道舉。」

〔一〕韓語見《原道》。按此上言佛老稱經，名教既殊，無防於義。

〔二〕《漢志》法家類：「《李子》三十二篇。」原注云：「名悝，相魏文侯，富國強兵。」《晉書·刑法志》：「律文起自李悝。悝撰次諸國法，著《法經》六篇，商君受之以相秦。」《唐六典》刑部注：「魏文侯師李悝集諸國刑書，造《法經》六篇，一盜法，二賊法，三囚法，四捕法，五雜法，六具法。」《法經》、《隋志》已亡，清黃奭輯《李子法經》六篇。

〔三〕《爾雅·釋詁》：「權輿，始也。」

〔四〕《唐書·選舉志》：「唐制，取士之科，有明法。」律科即明法。

〔五〕《明史·刑法志》云：「《大誥》者，太祖患民狃元習，循私滅公，戾日滋。(洪武)十八年，采輯官民過犯，條為《大誥》。其目十條，曰攬納戶，曰安保過付，曰詭寄田糧，曰民人經該不解物，曰灑派拋荒田土，曰倚法為奸，曰空引偷軍，曰黥刺在逃，曰官吏長解賣囚，曰寰中士夫不為君用，其罪至抄劄。」明焦竑《國史經籍志》卷一制書類：「《御制大誥》一卷，《大誥續編》一卷，《大誥三編》一卷。」

〔六〕《史記·儒林傳》：「余讀功令，至於廣厲學官之路，未嘗不廢書而歎也。」《索隱》：「謂學者課功著之於令，即今之學令，是也。」今則通指政令。

〔七〕見《孟子·滕文公》上文。趙岐注：「經，亦界也。」

〔八〕《漢志·數術略》：「《山海經》十三篇。」不著撰人名氏。《書錄解題》：「《山海經》十八卷，漢劉歆校，晉郭璞注。世傳禹、益所作，其事見《吳越春秋》曰：『禹東巡，登南岳，得金簡玉字，通水之理，

〔一九〕《隋志》地理類:「《水經》三卷,郭璞注。」不著撰人名氏。《郡齋讀書志》:「《水經》四十卷,漢桑欽撰,後魏酈道元注。」今所傳本,宋時已佚五卷,清全祖望、戴震、趙一清均有校刊之本。戴氏據書中地理考證,定爲三國魏人所作。

〔二〇〕圖經始見於《隋志》,郎蔚之著有《隋諸州圖經集》一百卷。按此上言地理之書稱經,旨存掌故;不同著述,固自無嫌。

〔二一〕《郡齋讀書志》天文類:「《星經》一卷,漢甘公、石申撰。以日月五星三垣二十八舍恒星,圖象次舍,有占訣以候休咎。」錢大昕《十駕齋養新錄》(卷十四)云:「今世俗所傳甘、石《星經》,不知何人僞撰,大約採晉、隋二志成之。《續漢書·天文志》注引《星經》五六百言,今本皆無之,是劉昭所見之《星經》,久失其傳矣。」

〔二二〕《靈樞》《素問》,見《詩教上》注〔八〇〕。《書錄解題》醫書類:「《難經》二卷,渤海秦越人撰,濟陽丁德用補注。《漢志》但有《扁鵲内外經》而已,《隋志》始有《難經》,《唐志》遂題爲秦越人,皆不可考。八十一難,分爲十三篇,而首篇爲診候,最詳,凡二十四難。蓋脈學自扁鵲始也。」

〔二三〕公輸般,魯人,爲楚造雲梯將以攻宋,墨子止之,見《墨子·公輸》。又嘗爲木鳶,乘之以窺宋城,見《渚宫遺事》。後世木作奉爲祖師。

〔二四〕《御覽》二百七十引《世本》：「蚩尤以金作兵器。」《公羊傳》莊八年：「甲午，祠兵。」祠者，祠五兵矛戟、劍、楯、弓、鼓，及蚩尤之造兵者。

按此上言技藝之書稱經，各崇其術，亦復無礙。

〔二五〕《書錄解題》刑法類：「師曠《禽經》一卷，稱張華注。」《漢魏叢書》本王謨《識語》云：「自《漢志》、七略》、《隋·經籍》《唐·藝文志》《宋崇文書目》皆不載，陳氏《書錄解題》始列其目，稱晉張華注，馬氏《文獻通考》因之，而陸氏《埤雅》亦引其說，則是書蓋唐、宋間人所作，而記名師曠也。」

〔二六〕《隋志》五行類：「《相馬經》一卷。」不著撰人名氏。《唐書·藝文志》農家：「伯樂《相馬經》一卷。」

〔二七〕蔣超伯《南漘楛語》云：「《古文尚書》，晉元帝時，由豫章內史梅賾奏上。此書從無師說，蓋即賾僞作也。至南齊姚方興，愉授天水梁柳，柳授城陽臧曹，曹授汝南梅賾。此書從無師說，蓋即賾僞作也。至南齊姚方興蘇愉，愉授天水梁柳，柳授城陽臧曹，曹授汝南梅賾。又增『曰若稽古帝舜』二十八字，時梁武帝爲齊博士，駁之，不行。古文之僞，其理本不難推。凡《左氏》所引，杜預皆注曰逸書，即晉初未有此書之確證。無如孔沖遠等作爲《正義》，又並姚方興二十八字錄之，公然與伏生二十九篇混而爲一，此六經中之一大異事也。本朝（清）閻百詩、惠定宇兩先生，援經據古，一一攻其癥結，如老吏斷獄，不容後有遁辭，雖毛西河極口呼冤，不能翻案，此又我朝漢學重興之大快事矣。」按閻若璩著《古文尚書疏證》八卷，惠棟著《古文尚書考》二卷，毛奇齡著《古文尚書冤詞》八卷。

〔二九〕《詩序》，舊說自「《關雎序》」，謂之小序；自「風，風也」至末，名爲大序。小序，序明篇旨，分置諸篇之首。大序總論詩之綱領，併舉《關雎》篇端。鄭《詩譜》云：「《大序》是子夏作，《小序》是子夏、毛公合作，卜商意有不盡，毛公足成之。」故昭明《文選》錄《詩序》而署名子夏。《後漢書·儒林傳》：「衛宏字敬仲，東海人。初，九江謝曼卿善《毛詩》，宏從受學，作《毛詩序》。」故或謂《小序》爲宏所作。《隋志》謂「《詩序》，子夏所創，毛公及敬仲又加潤飾」。

〔三〇〕《書錄解題》雜藝類：「《茶經》一卷（按《文獻通考》作三卷），唐陸羽鴻漸作。」

〔三一〕《宋史·藝文志》雜藝術類：「張學士《棋經》一卷。」《南滁梧語》：「《棋經》十三篇，宋張凝著。」

〔三二〕崔豹《古今注》：「甘露，一名天酒。」說郛九十四有王瑎《甘露經》闕。

〔三三〕《唐志》農家類：「《相貝經》一卷。」不著撰人名氏。

〔三四〕韓愈作《毛穎傳》，時柳宗元在永州，讀之，書其後曰：「韓子窮古書，好斯文，嘉穎之能盡其意，故奮而爲之傳，以發其鬱積，而學者得之勵，其有益於世歟！」又《與楊誨之書》云：「足下所持韓生《傳》來，僕甚奇其書，恐世人非之，今作數百言，知前聖不必罪俳也。」

〔三五〕《書錄解題》音樂類：「《琴史》六卷，吳郡朱長文伯原撰。」按前五卷紀自古通琴理者一百五十五人，後一卷論制度之損益，操弄之沿起，頗稱詳備。

〔三六〕《蟹志》，唐陸龜蒙著，載《笠澤叢書》卷四。清焦循有《續蟹志》，載《雕菰樓集》卷七。

〔三七〕《書錄解題》農家類:「《荔枝譜》一卷,莆田蔡襄君謨撰,且書而刻之,與《牡丹記》並行。」又:「《牡丹譜》一卷,歐陽修撰,蔡君謨書之,盛行於世。」

〔三八〕按此上言諧戲稱經,無關著錄宏恉,原無足議。

〔三九〕《禮記·禮器》文。

〔四〇〕《左傳》襄二十五年:「行無越思,如農之有畔。」

〔四一〕趙佗,真定人,高后時,自稱南越武帝,發兵攻長沙邊邑。文帝即位,以書讓佗,佗上書謝曰:「僭竊帝號,亦聊以自娛耳。」事詳《漢書·南粵傳》。

〔四二〕按此上總束上文,言各類稱經,俱與六經之道無妨。

經解下[一]

異學稱經以抗六藝，愚也。儒者僭經以擬六藝，[二]妄也。六經初不為尊稱，義取經綸為世法耳，六藝皆周公之政典，故立為經。夫子之聖，非遂周公。而《論語》諸篇不稱經者，以其非政典也。後儒因所尊而尊之，分部隸經，以為傳固翼經[三]者耳。佛老之書，本為一家之言，非有綱紀政事；其徒欲尊其教，自以一家之言，尊之過於六經，無不可也。強加經名以相擬，何異優伶效楚相哉。[四]亦其愚也。乃云象《論語》者，抑何謬邪？雖然，此猶一家之言，其病小也。其何法應之，抑亦可矣。揚雄、劉歆，儒之通經者也。揚雄《法言》，蓋云時人有問，用法應之，抑亦可矣。[五]人僅知謂僭經爾，不知《易》乃先王政典而非空言，雄蓋蹈大可異者，作《太玄》以準《易》，[五]人僅知謂僭經爾，不知《易》乃先王政典而非空言，雄蓋蹈於僭竊王章之罪，弗思甚也。詳《易教》篇。衛氏之《元包》，[六]司馬之《潛虛》，[六]方且擬《玄》而有作，不知《玄》之擬《易》已非也。劉歆為王莽作《大誥》，[七]其行事之得罪名教，固無可說矣。即擬《尚書》，亦何至此哉？河汾六籍，或謂好事者之緣飾，王通未必遽如斯妄也。[八]誠使果有其事，則六經奴婢之誚，猶未得其情矣。奴婢未嘗不服勞於主人，王氏六經，服勞於孔氏者，又何在乎？[九]

束晳之《補笙詩》，[一〇]皮日休之《補九夏》，[一一]白居易之《補湯征》，[一二]以為文人戲謔而不

為虐,稱爲擬作,抑亦可矣。標題曰補,則亦何取辭章家言,以綴《詩》《書》之闕邪?[一三]至《孝經》,雖名爲經,其實傳也。[一四]儒者重夫子之遺言,則附之經部矣。馬融誠有志於勸忠,自以馬氏之說,援經徵傳,縱橫反復,極其言之所至可也。必標《忠經》,[一五]亦已異矣。乃至分章十八,引《風》綴《雅》,一一效之,何殊張載之《擬四愁》,[一六]《七林》之倣《七發》哉![一七]誠哉非馬氏之書,俗儒所依託也。宋氏之《女孝經》,[一八]鄭氏之《女論語》,[一九]以謂女子有才,嘉尚其志可也。但彼如欲明女教,自以其意立說可矣。假設班氏惠姬,[二〇]與諸女相問答,則是將以書爲訓典,而先自託於子虛、亡是之流,[二一]使人何所適從? 彼意取其似經傳耳,夫經豈可似哉? 經求其似,則讇諛有卦。[二二]見《輟耕錄》。韓始收聲,有《月令》矣。[二三]皆諧謔事。

若夫屈原抒憤,有辭二十五篇,劉、班著錄,概稱之曰《屈原賦》矣。[二四]乃王逸作《注》,《離騷》之篇,已有經名。王氏釋經爲徑,亦不解題爲經者,始誰氏也。[二五]至宋人注屈,乃云「一本《九歌》以下有傳字」,[二六]雖不知稱名所始,要亦依經而立傳名,不當自宋始也。夫屈子之賦,固以《離騷》爲重,史遷以下,至取《騷》以名其全書,[二七]今猶是也。然諸篇之旨,本無分別,惟因首篇取重,而強分經傳,欲同正《雅》爲經,變《雅》爲傳之例;[二八]是《孟子》七篇,當分《梁惠王》經,與《公孫》《滕文》諸傳矣。[二九]

夫子之作《春秋》，莊生以謂議而不斷，[三〇]蓋其義寓於其事其文，不自爲賞罰也。[三一]漢魏而下，做《春秋》者，蓋亦多矣。其間或得或失，更僕不能悉數。後之論者，至以遷、固而下，擬之《尚書》；諸家編年，擬之《春秋》。[三二]不知遷、固本紀，本爲《春秋》家學，書志表傳，始猶《左》《國》內外之與爲終始發明耳。[三三]諸家《陽秋》，[三四]先後雜出，或用其名而變其體，《十六國春秋》之類。[三五]或避其名而擬其實，《通鑑綱目》之類。[三六]要皆不知遷、固之書，本紹《春秋》之學，並非取法《尚書》者也。故明於《春秋》之義者，但當較正遷、固以下其文其事之中，其義固何如耳。若欲萃聚其事，以年分編，則荀悅、袁宏之例具在，[三七]未嘗不可法也。必欲於紀傳編年之外，別爲《春秋》，則亦王氏《元經》之續耳。夫異端抗經，不足道也。儒者服習六經，而不知經之不可以擬，則淺之乎爲儒者矣！[三八]

[一] 按本篇論後儒擬經之妄。
[二] 儒者僭經，指揚雄、王通所作，詳下。
[三] 說詳上篇。
[四] 《史記·滑稽列傳》：「楚相孫叔敖死，其子窮困負薪。優孟曰：『若無遠有所之。』即爲孫叔敖衣冠，抵掌談語，歲餘，像孫叔敖。莊王置酒，優孟前爲壽，莊王大驚，以爲孫叔敖復生，欲以爲相。優

孟曰：『請歸與婦計之。』三日後，優孟復來。王曰：『婦言謂何？』孟曰：『婦言慎無爲，楚相不足爲也。孫叔敖爲相，盡忠爲廉以治楚，王得以霸。今死，其子無立錐之地，貧困負薪，以自飲食。必如孫叔敖，不如自殺。』於是莊王謝優孟，乃召孫叔敖子，封之寢丘四百戶，以奉其祀。」

〔五〕《法言》，見《易教上》注〔三〕及注〔三八〕。《漢書·揚雄傳》：「雄以爲經莫大於《易》，作《太玄》；傳莫大於《論語》，作《法言》。」

〔六〕《元包》《潛虛》見《易教上》注〔三六〕及〔三七〕。

〔七〕王莽居攝二年九月，東郡太守翟義舉兵討莽。莽大懼，於是仿《周書》作《大誥》，遣大夫桓譚等頒於天下，諭以當反位孺子之意。見《漢書·翟義傳》。

〔八〕《中説·禮樂》曰：「吾續《書》，以存漢、晉之實。續《詩》，以辯六代之俗。修《元經》，以斷南北之疑。贊《易》道，以申先師之旨。正禮樂，以旌後王之失。」又杜淹《文中子世家》曰：「《禮論》二十五篇，《樂論》二十篇，《續書》一百五十篇，《續詩》三百六十篇，《元經》五十篇，《贊易》七十篇，並未及行，遭時喪亂。」《書錄解題》編年類：「《元經·薛氏傳》十五卷，稱王通撰薛收傳。按河汾王氏諸書，自《中説》之外，皆《唐·藝文志》所無，其傳出阮逸，或云皆逸僞作也。」

〔九〕宋錢希白《南部新書》：「劉賁精於儒術，看《文中子》，忿然曰：『才非殆庶，擬上聖述作，不亦過乎！』客曰：『《文中子》於六籍何如？』賁曰：『若以人望人，《文中子》於六籍，猶奴婢之於郎主

〔10〕也。」世遂以《文中子》爲六籍奴婢。晁氏《讀書志·元經叙錄》曰:「予從兄子逸事安康,嘗得其本歸而示四父。四父讀至帝問蛙鳴,哂其陋曰:『六籍奴婢之言不爲過。』」按此上言揚雄、劉歆、王通擬經續經之妄。

〔10〕《文選》載《補亡詩》六篇,爲《南陔》《白華》《華黍》《由庚》《崇丘》《由儀》。李善注引王隱《晉書》曰:「束皙字廣微,平陽干人也。嘗覽古詩,惜其不備,故作詩以補之。」按笙詩,乃鄉飲酒燕禮笙入所奏者。《毛詩序》曰:「有其義而亡其辭。」洪邁《容齋續筆》云:「亡其辭者,元未嘗有辭也。束皙《補亡》六篇,不作可也。」

〔11〕《周禮·春官》:「鐘師掌金奏,凡樂事以鐘鼓奏《九夏》,王夏、肆夏、昭夏、納夏、章夏、齊夏、族夏、陔夏、驁夏。」鄭注:「《九夏》,皆詩篇名,頌之族類也。載在樂章,樂崩亦從而亡。」《全唐詩》小傳:「皮日休字襲美,襄陽人,隱居鹿門。咸通八年,登進士第。入朝授太常博士。黃巢入長安,署學士,使爲讖文,疑其譏己,遂及禍。著有《皮子文藪》。《補周禮九夏》,見《文藪》卷三。

〔12〕《全唐詩》小傳:「白居易字樂天,華州下邽人。貞元中擢進士第,補校書郎。元和時,爲翰林學士,左拾遺,拜贊善大夫,以言事貶江州司馬。穆宗初,徵爲主客郎中,知制誥,歷杭、蘇二州刺史。會昌初,以刑部尚書致仕。著有《白氏長慶集》。《補逸書序》(卷二十九)云:「葛伯不祀,湯始征之,作《湯征》。」

〔13〕按此上言束皙、皮日休、白居易補經之妄。

〔一四〕見《經解上》注〔二九〕。

〔一五〕《四庫總目》儒家類:「《忠經》一卷,舊題漢馬融撰,鄭玄注。其文擬《孝經》爲十八章,經與注如出一手。《玉海》引宋《兩朝志》載有海鵬《忠經》,然則此書本有撰人,後人詐題馬、鄭耳。」

〔一六〕後漢張衡於順帝陽嘉中,出爲河間相,時天下漸敝,鬱鬱不得志,爲《四愁詩》。《晉書·張載傳》:「載字孟陽,安平人。長沙王乂請爲記室督,拜中書侍郎。載見世方亂,無復仕進意,遂稱病篤告歸,卒。」載作《擬四愁詩》,《文選》録其一首。

〔一七〕見《詩教上》注〔四九〕。

〔一八〕《四庫總目》儒家類:「《女孝經》一卷,唐鄭氏撰。鄭氏,朝散郎侯莫陳邈之妻。前載進書表,稱姪女策爲永王妃,因作此以戒。其書仿《孝經》十八章,章首皆假曹大家以立言,進表所謂不敢自專也。」按宋氏應作鄭氏,與下互誤。

〔一九〕《舊唐書·后妃下》:「女學士尚宮宋氏者,名若莘,著《女論語》十篇。」其言模仿《論語》,以韋逞母宣文君宋氏代仲尼,以曹大家等代顏、閔,其間問答,悉以婦道所尚。妹若昭注解,皆有理致。」

〔二〇〕《後漢書·列女傳》:「扶風曹世叔妻,同郡班彪之女也,名昭字惠班,一名姬,博學多才,世叔早卒,有節行法度。兄固著《漢書》,八《表》及《天文志》未竟而卒,帝詔昭就東觀續成之。和帝數召入宮,令皇后諸貴人師事焉,號曰大家。作《女誡》七篇,有助内訓。」

〔二一〕司馬相如《子虛賦》《上林賦》,設子虛、亡是公爲問答之辭。

［二三］陶宗儀《輟耕錄》卷十：「淮南潘子素純嘗作《輥卦》，譏世之人，以突梯滑稽而得顯爵者。近世扶風馬文璧琬，又作《諞卦》，切中時病，真得風刺之正。」

［二四］未詳。按此上言鄭氏、宋氏等託經之妄。

［二五］見《詩教下》注［三二］。

［二六］《後漢書·文苑傳》：「王逸字叔師，南郡宜城人。元初中舉上計吏，爲校書郎，順帝時爲侍中，著《楚辭章句》行於世。」其《離騷經章句叙》云：「屈原執履忠貞而被讒邪，憂心煩亂，不知所愬，乃作《離騷經》。離，別也。騷，愁也。經，徑也。言己放逐離別，中心愁思，猶依道徑以諷諫者也。」

［二七］朱子《楚辭辨證》上：「洪氏目錄，《九歌》下注云：『一本此下皆有傳字。』晁氏本則自《九辯》以下乃有之。」皆不知題「傳」始于何時。

［二八］周中孚《鄭堂札記》：「《史記·太史公自序》：『屈原放逐，著《離騷》。』又云：『作辭以諷諫，連類以爭議，《離騷》有之。』《漢書·（司馬）遷傳》：『屈原放逐，乃賦《離騷》。』皆舉首政以統號其全書。」（李詳《文心雕龍黃注補正》引，見己酉年《國粹學報》文篇）

［二九］鄭玄《詩譜序》略云：「文武之德，光熙前緒。其時《詩》，《風》有《周南》《召南》，《雅》有《文王》《鹿鳴》之屬，故皆錄之，謂之《詩》之正經。後王陵夷，厲也幽也，政教尤衰，周室大壞，故孔子錄懿王、夷王時詩，訖於陳靈公淫亂之事，謂之變《風》變《雅》。」《正義》曰：「懿王時詩，《齊風》是也；夷王時詩，《邶風》是也。」詩自《邶風》至《豳風》一百三十五篇，爲變《風》。自《六月》至《何草不黃》五

十八篇，爲變《小雅》。自《民勞》至《召旻》一百三十篇，爲變《大雅》。章氏《乙卯劄記》云：「鄭氏《詩譜》，《小雅》十六篇，《大雅》十八篇爲正經。孔穎達曰：『凡書非正者謂之傳，《六月》以下，《小雅》之傳，《民勞》以下，《大雅》之傳也。』《離騷》爲經，而《九歌》以下馬傳，義取乎此，朱子云爾。」

（劉刻《遺書》外編卷二）

〔二九〕《孟子》七篇，其目爲《梁惠王》《公孫丑》《滕文公》《離婁》《萬章》《告子》《盡心》。按此上言《屈賦》強分經傳之妄。

〔三〇〕《莊子·齊物論》：「《春秋》經世，先王之志，聖人議而不辯。」郭注：「順其成迹，而凝乎至當之極，不執其所是，以非衆人也。」

〔三一〕寓義於事文，見《書教上》注〔二九〕。《春秋元命苞》：「賞罰者，天子之事也。夫子有德無位，寄賞罰於《春秋》，一字之襃貶，榮于華袞，嚴于斧鉞。」

〔三二〕按《隋志》錄《史記》以下爲正史，紀年以下爲古史，似以紀傳準《尚書》，編年準《春秋》，後世著錄多因之。

〔三三〕《史通·六家》：《春秋》家，「太史公著《史記》，始以天子爲本紀，考其宗旨，如法《春秋》，自是爲國史者，皆用斯法。」史公本《春秋》義而著史，已具於《自序》，近人金靜庵云：「《史記》之有本紀，以編年爲體，義同於《春秋經》。本紀之外，別作列傳，義同於《左氏傳》。凡本紀不能詳者，皆具於列傳，即列傳爲釋本紀而作也。《周禮》外史掌三皇五帝之書，而古人嘗稱『史誦書』（《左》襄十四

〔三四〕晉簡文帝母鄭后名阿春，故避諱謂《春秋》為《陽秋》。《隋志》：「《漢晉陽秋》四十七卷，晉習鑿齒撰。《晉陽秋》三十二卷，孫盛撰。《續晉陽秋》三十卷，宋檀道鸞撰。」此所謂諸家陽秋也。

〔三五〕《隋志》霸史類：「《十六國春秋》一百卷，魏崔鴻撰。」

〔三六〕《資治通鑑》見《書教下》注〔三七〕。《書錄解題》編年類：「《通鑑綱目》五十九卷，新安朱熹撰。始司馬公《通鑑》有目錄舉要。朱晦翁別為義例，表歲以著年，因年以著統，大書以提要，而分注以備言。大書者為綱，分注者為目，綱如經，目如傳。」

〔三七〕見《書教下》注〔三六〕。

〔三八〕按此上言後史以編年體擬《春秋》之妄。

文史通義校注卷二

內篇二

原道上[一]

道之大原出於天,[二]天固諄諄然命之乎?曰:天地之前,則吾不得而知也。天地生人,斯有道矣,而未形也。三人居室,而道形矣,[三]猶未著也。人有什伍而至百千,一室所不能容,部別班分,而道著矣。仁義忠孝之名,刑政禮樂之制,皆其不得已而後起者也。[四]

人生有道,人不自知;三人居室,則必朝暮啟閉其門戶,饔飧[五]取給於樵汲,既非一身,則必有分任者矣。或各司其事,或番易其班,所謂不得不然之勢也,而均平秩序之義出矣。又恐交委而互爭焉,則必推年之長者持其平,亦不得不然之勢也,而長幼尊卑之別形矣。至於什伍千百,部別班分,亦必各長其什伍,而積至於千百,則人衆而賴於幹濟,必推才之傑者理其繁,勢紛而須於率俾,必推德之懋者[六]司其化,是亦不得不然之勢也;而作君作師,[七]畫野分州,[八]井田[九]封建[一〇]學校[一一]之意著矣。故道者,非聖人智力之所能爲,皆其事勢自然,

漸形漸著,不得已而出之,故曰天也。

《易》曰:「一陰一陽之謂道。」[一三]是未有人而道已具也。繼之者善,成之者性。[一四]是天著於人,而理附於氣。故可形其形而名其名者,皆道之故,而非道也。人之初生,萬事萬物之所以然,而非萬事萬物之當然也。故可形其形而名其名者,皆道之故,而非道也。[一五]道者,萬事萬物之所以然,而非萬事萬物之當然也。[一六]人可得而見者,則其當然而已矣。人之初生,至於什伍千百;以及作君作師,分州畫野,蓋必有所需而後從而給之,有所鬱而後從而宣之,有所弊而後從而救之。[一七]義、農、軒、頊[一八]之制作,初意不過如是爾。法積美備,至唐、虞而盡善焉,殷因夏監,[一九]至成周而無憾焉。譬如濫觴積而漸爲江河,培塿積而至於山嶽,[二〇]亦其理勢之自然,而非堯、舜之聖,過乎羲、軒、文、武之神,勝於禹、湯也。後聖法前聖,非法前聖也,法其道之漸形而漸著者也。三皇無爲而自化,五帝開物而成務,[二一]三王立制而垂法,後人見爲治化不同有如是爾。當日聖人創制,[二二]則猶暑之必須爲葛,寒之必須爲裘,[二三]而非有所容心,以謂吾必如是而後可以異於聖人,吾必如是而後可以齊名前聖也。此皆一陰一陽往復循環所必至,而非可即是以爲一陰一陽之道也。一陰一陽往復循環者,猶車輪也。聖人創制,一似暑葛寒裘,猶軌轍也。[二四]

道有自然,聖人有不得不然,其事同乎?曰:不同。道無所爲而自然,聖人有所見而不得不然也。[二五]聖人有所見,故不得不然;衆人無所見,則不知其然而然。孰爲近道?曰:

不知其然而然,即道也。〔二六〕非無所見也,不可見也。不得不然者,聖人所以合乎道,非可即以爲道也。聖人求道,道無可見,即眾人之不知其然而然,聖人所藉以見道者也。故不知其然而然,一陰一陽之迹也。學於聖人,斯爲賢人。學於賢人,斯爲君子。學於眾人,斯爲聖人。非眾可學也,求道必於一陰一陽之迹也。自有天地,而至唐、虞、夏、商,迹既多而窮變通久之理亦大備。周公以天縱生知之聖,〔二八〕而適當積古留傳,道法大備之時,是以經綸制作,〔二九〕集千古之大成,則亦時會使然,非周公之聖智能使之然也。蓋自古聖人,皆學於眾人之不知其然而然,而周公又遍閱於自古聖人之不得不然,而知其然也。譬如春夏秋冬,各主一時,而冬令告一歲之成,亦其時會使然,此非周公智力所能也,時會使然也。故創制顯庸〔三〇〕之聖,千古所同也。集大成者,周公所獨也。時會適當然而然,周公亦不自知其然也。

孟子曰:「孔子之謂集大成。」〔三一〕今言集大成者爲周公,毋乃悖於孟子之指歟?曰:集之爲言,萃眾之所有而一之也。自有天地,而至唐、虞、夏、商,皆聖人而得天子之位,經綸治化,一出於道體之適然。周公成文、武之德,適當帝全王備,殷因夏監,至於無可復加之際,故得藉爲制作典章,而以周道集古聖之成,斯乃所謂集大成也。孔子有德無位,即無從得制作之權,不得列於一成,安有大成可集乎?非孔子之聖,遂於周公也,時會使然也。孟子所謂集大

成者，乃對伯夷、伊尹、柳下惠而言之也。恐學者疑孔子之聖，與三子同，無所取譬，譬於作樂之大成也。[三三]故孔子大成之說，可以對三子，而不可以盡孔子也。以之盡孔子，反小孔子矣。何也？周公集義、軒、堯、舜以來之大成，周公固學於歷聖而集之，無歷聖之道法，則固無以成其周公也。孔子非集伯夷、尹、惠之大成，孔子固未嘗學於伯夷、尹、惠，且無伯夷、尹、惠之行事，豈將無以成其孔子乎？[三四]夫孟子之言，各有所當而已矣，豈可以文害意乎？[三五]

達巷黨人曰：「大哉孔子！博學而無所成名。」[三六]今人皆嗤黨人不知孔子矣；抑知孔子果成何名乎？以謂天縱生知之聖，不可言思擬議，而為一定之名也，於是援天與神，以爲聖不可知[三七]而已矣。斯其所見，何以異於黨人乎？天地之大，可一言盡。[三八]孔子雖大，不過天地，獨不可以一言盡乎？或問何以一言盡之，則曰：學周公而已矣。[三九]周公之外，別無所學乎？曰：非有學而孔子有所不至，周公既集群聖之成，則周公之外，更無所謂學也。周公集群聖之大成，孔子學而盡周公之道，斯一言也，足以蔽孔子之全體矣。「祖述堯、舜」，周公之志也。「憲章文、武」，周公之業也。[四〇]一則曰：「文王既没，文不在兹。」[四一]又曰：「吾學《周禮》，今用之。」[四二]再則曰：「甚矣吾衰，不復夢見周公。」[四三]又曰：「吾從周。」[四四]哀公問政，則曰：「文、武之政，布在方策。」[四五]或問「仲尼焉學？」子貢以謂「文、武之道，未墜於地」。[四六]「述而不作」，[四七]周公之舊典也。「好古敏求」，[四八]周公之遺籍也。黨人

生同時而不知,乃謂無所成名,亦非全無所見矣。而猶嗤黨人爲不知,奚翅百步之笑五十步乎?〔五〇〕故自古聖人,其聖雖同,而其所以爲聖,不必盡同,時會使然也。惟孔子與周公,俱生法積道備無可復加之後,周公集其成以行其道,孔子盡其道以明其教,符節脗合,如出於一人,不復更有毫末異同之致也。然則欲尊孔子者,安在援天與神,而爲恍惚難憑之説哉?〔五一〕

或曰:孔子既與周公同道矣,周公集大成,而孔子獨非大成歟?曰:孔子之大成,亦非孟子所謂也。蓋與周公同其集義、農、軒、頊、唐、虞、三代之成,而非集夷、尹、柳下之成也。蓋君師分而治教不能合於一,氣數之出於天者也。周公集治統之成,而孔子明立教之極,皆事理之不得不然,而非聖人異於前人,此道法之出於天者也。故隋唐以前,學校並祀周、孔,以周公爲先聖,孔子爲先師,〔五二〕蓋言制作之爲聖,而立教之爲師。故孟子曰:「周公、仲尼之道一也。」〔五三〕然則周公、孔子,以時會而立統宗之極,聖人固藉時會而舜」,子貢以謂「生民未有如夫子」,有若以夫子較古聖人,則謂「出類拔萃」〔五四〕三子皆舍周公,獨尊孔氏。朱子以謂事功有異,〔五五〕是也。然而治見實事,教則垂空言矣。後人因三子之言,而盛推孔子,過於堯、舜,因之崇性命而薄事功,於是千聖之經綸,不足當儒生之坐論矣。夫伊川論禹、稷、顔子,謂禹、稷較顔子爲優。朱子又以二程與顔、孟切比長短。蓋門户之見,賢者不免,古今之通患。

尊夫子者，莫若切近人情。不知其實，而但務推崇，則玄之又玄，聖人一神天之通號耳，世教何補焉？故周、孔不可優劣也，塵垢秕穅，陶鑄堯、舜，莊生且謂寓言，[五六]曾儒者而襲其說歟？故欲知道者，必先知周、孔之所以爲周、孔。[五七]

〔一〕《淮南子·原道訓》高誘注：「原，本也。本道根真，包裹天地，以歷萬物，故曰原道。」本篇因舊題，義多新創，其要旨實齋已自言之。《與陳鑑亭論學書》曰：「道無不該，治方術者各以所見爲至。古人著《原道》者三家，淮南託於空濛，劉勰專言文指，韓昌黎氏特爲佛老塞源，皆足以發明立言之本。鄙著宗旨，則與三家又殊。《文史通義》專爲著作之林校讎得失。著作本乎學問，而近人所謂學問，則以《爾雅》名物，六書訓故，謂足盡經世之大業，雖以周、程義理，韓、歐文辭，不難一映置之。其稍通方者，則分考訂、義理、文辭爲三家，而謂各有其所長；不知此皆道中之一事耳。著述紛紛，出奴入主，正坐此也。鄙著《原道》之作，蓋爲三家之分畛域設也。篇名爲前人疊見之餘，其所發明，實從古未盡之寶。諸君似見題襲前人，遂覺文如常習耳。夫文章以六藝爲歸，人倫以孔子爲極，三尺儒子能言之矣。然學術之未進於古，正坐儒者流誤欲法六經而師孔子耳。孔子不得位而行道，述六經以垂教於萬世，孔子之不得已也。後儒非處周不可爲之世，輒謂師法孔子，必當著述以垂後，豈有不得已者乎？何其蔑視同時之人，而惓惓於後世邪！故學孔子者，當學孔子之所學，不當學孔子之不得已。然自孟子以後，命爲通儒者，率皆願學孔子之不得已。以孔子之不得已而誤爲

孔子之本志，則虛尊道德文章別爲一物；大而經緯世宙，細而日用倫常，視爲粗迹矣。故知道器合一，方可言學。道器合一之故，必求端於周、孔之分，此實古今學術之要旨，而前人於此，言議或有未盡也。故篇中所舉，如言道出於天，其說似廓，則推道體之存，即在衆人之不知其然而然。集大成者，實周公而非孔子。孔子雖大如天，亦可一言而盡。孔子於學周公之外，更無可言。六經未嘗離器言道，道德之衰，道始因人而異其名。皆妄自詡謂開鑿鴻蒙，前人從未言至此也。」（劉刻《遺書》卷九）蓋清儒自顧亭林以來，以爲道在六經，通經即所以明道。實齋則謂道在事物，初不出乎人倫日用之間。學者明道，應即事物而求其所以然，六經固不足以盡之。《文史通義》本爲救當時經學之流弊而作，此三篇實爲全書總滙。作年見《經解上》注〔一〕。本篇言聖人之經綸治化，出於道體之自然，而周公集其大成。

〔二〕董仲舒語，見《漢書》本傳。

〔三〕人營社會生活，日用飲食，胥有其由之則以維持之。道猶路也，人生不可離道，猶之行必由路，三人極言其少耳。王宗炎《復實齋書》云：「奉到大著，取《原道》一篇讀之，於『三人居室而道形』一語，尚有未能融徹者。夫男女居室，《孟子》以爲人之大倫。而《中庸》言道造端夫婦。今言三人居室，已近不辭，若以居室作居處解，則三人二字亦無著落。蓋必一生二、二乃生三，一即未形，二已漸著，斷無舍偶而言參之道。鄙見別楮具之，未識有當否也？」（見劉刻《遺書》附錄）欲將此句改爲「有彼我而道形矣。」殊於作者原意未諦。

〔四〕人文演進，由部落而爲國家，教養衛各事，緣之日趨於複雜，故曰禮樂刑政，不得已而起。按此節明道出於自然。

〔五〕朝曰饔，夕曰飧，熟食也。

〔六〕率俾：《周書·僞武成》：「華夏蠻貊，罔不率俾。」僞孔傳：「皆相率而使。」懋：盛大之意。《書·僞大禹謨》：「予懋乃德。」

〔七〕《周書·僞泰誓》：「天佑下民，作之君，作之師。」

〔八〕《夏書·禹貢》：「禹別九州。」傳引《周公職錄》云：「黃帝受命，風后受圖割地布九州。」《漢書·地理志》：「昔在黃帝，方制萬里，畫埜分州，得百里之國萬區。」師古曰：「畫，謂爲之界也。埜，古野字。」

〔九〕《孟子·滕文公上》：「方里而井，井九百畝，其中爲公田，八家皆私百畝，同養公田。」《漢書·食貨志》：「一井八家共之，各受私田百畝，公田十畝，是爲八百八十畝。餘二十畝以爲廬舍。」

〔一〇〕《周禮·大司徒》：「凡建邦國，以土圭土其地而制其域。」

〔一一〕《孟子·滕文公上》：「方里而井，井九百畝，其中爲公田，八家皆私百畝，同養公田。」諸侯之地封疆方四百里，其食者四之一。諸男之地封疆方百里，其食者四之一。諸伯之地，封疆方三百里，其食者參之一。諸子之地，封疆方五百里，其食者半。諸公之地，封疆方五百里，其食者參之一。諸叔之不咸，故封建親戚以蕃屏周。」

〔一二〕《孟子·滕文公上》：「設爲庠序學校以教之。庠者，養也。校者，教也。序者，射也。夏曰校，殷曰

序,周曰庠。學則三代共之,皆所以明人倫也。」朱注:「庠以養老爲義,校以教民爲義,序以習射爲義,皆鄉學也。學,國學也。」

〔二〕按此節言道漸形漸著,申明上意。

〔三〕《易·繫辭上》:「一陰一陽之謂道。繼之者,善也。成之者,性也。」

〔四〕程子云:「生生之謂易,是天之所以爲道也。天只是以生爲道,繼此生理者,即是善也。善便有一個元底意思。元者善之長,萬物皆有春意,便是繼之者善也。成之者性也,成卻待他萬物自成其性須得。」(《二程遺書》卷二)

〔五〕《莊子·知北遊》:「无始曰:道不可聞,聞而非也。道不可見,見而非也。道不可言,言而非也。知形形之不形乎,道不當名。」道爲萬物之本體,萬物乃道體之顯現,故凡可聞見而名言之者,皆道之迹而非道也。故,事也。

〔六〕《莊子·天道》:「悲夫!世人以形色名聲爲足以得彼之情,則知者不言,言者不知,而世豈識之哉?」道該萬事萬物當然之理,而其當然之迹則非道。故曰道非萬事萬物之當然。

〔七〕《韓非子·解老》:「道者,萬物之所以成也。」道乃形成萬物之第一因,故曰道者萬事萬物之所以然。

〔八〕「從而紿」以下原脫十七字,劉刻《遺書》本有,《原道下》篇正同。據補。

太皞伏羲氏,炎帝神農氏,黃帝軒轅氏,顓頊高陽氏。相傳伏羲氏始作八卦,神農氏教民播種五穀,

軒轅氏作舟車以濟不通，顓頊作曆法，以孟春爲元。見《通鑑外紀》。

〔一九〕《論語·爲政》：「子張問：『十世可知也？』子曰：『殷因於夏禮，所損益可知也。周因於殷禮，所損益可知也。其或繼周者，雖百世可知也。』」《八佾》：「子曰：『周監於二代，郁郁乎文哉！吾從周。』」

〔二〇〕濫觴：見《書教中》注〔三七〕。《左傳》襄二十四年：「部婁無松柏。」杜注：「部婁，小阜也。」應劭《風俗通》、《文選·魏都賦》注並引作「培塿」。《荀子·儒效》：「積土爲山，積水爲海。」

〔二一〕《老子》五十七章：「我無爲而民自化。」《易·繫辭上》：「夫易開物成務，冒天下之道，如斯而已者也。」三皇五帝，見《易教上》注〔二〕。

〔二二〕韓愈《原道》：「夏葛而冬裘。」按劉刻《遺書》本「則猶」作「一似」。

〔二三〕按此節言聖人創制，由於道之漸形漸著，不得不然。

〔二四〕按劉刻《遺書》本此下有「故言聖人體道可也，言聖人與道同體不可也」十八字。

〔二五〕《莊子·齊物論》：「已而不知其然謂之道。」

〔二六〕按劉刻《遺書》本「如是」下有「爾」字，「創制」下有「祇覺事勢出於不得不然」十字。

〔二七〕此語甚吃緊。實齋論學之旨，與戴東原迥異，而論道之意，則有采諸東原而略變者。錢君賓四曰：「實齋謂道不外人倫日用，此在東原《緒言》《疏證》兩書中，主之甚力，即《原善》亦本此旨，惟發之未暢耳。實齋所謂道之自然與不得不然者，亦即《原善》自然與必然之辨。故主求道於人倫日用，

乃兩氏之所同。惟東原謂歸於必然，適全其自然，必然乃自然之極致，而盡此必然者爲聖人。聖人之遺言存於經，故六經乃道之所寄。實齋則謂聖人之不得不然，乃所以合乎道，而非可即爲聖人。自然變則聖人之不得不然者亦將隨而變，故時會不同，則所以爲聖人亦不同。故曰聖人學於衆人，又曰六經皆史，則六經固不足以盡夫道也。」(《中國近三百年學術史》)

〔二八〕《論語·子罕》：「固天縱之將聖。」《集解》引孔曰：「言天固縱大聖之德。」又《季氏》：「生而知之者，上也。」《正義》曰：「謂聖人也。」

〔二九〕《易·屯》：「象曰，雲雷屯，君子以經綸。」疏：「經，謂經緯。綸，謂綱綸。」《尚書大傳》：「周公居攝三年，制禮作樂。」

〔三〇〕《國語·周語》二：「叔父若能光裕大德，更姓改物，以創制天下，自顯庸也。」韋昭注：「創，造也。庸，用也。謂爲天子造制度，自顯用於天下。」

〔三一〕按此節言周公逢其時會，集制作之大成。

〔三二〕《孟子·萬章下》文。

〔三三〕《孟子·萬章下》：「孟子曰：『伯夷，聖之清者也；伊尹，聖之任也；柳下惠，聖之和者也；孔子，聖之時者也。孔子之謂集大成。集大成也者，金聲而玉振之也。』」朱注：「謂猶作樂者集衆音之小成而爲一大成也。成者，樂之一終，《書》所謂簫韶九成，是也。」按刻《遺書》本，與「三子同」下有「公孫丑氏嘗有若是其般（王秉恩校作班）之問矣。故言三子之偏，與孔子之全」二十四字。

〔三四〕劉咸炘《識語》云:「孟子言孔集大成,是言氣質天德,此言周公集歷來制作之大成,與孟子言孔集大成者有別。應分別言之。」

〔三五〕《孟子·萬章上》:「故說《詩》者,不以文害辭,不以辭害志。」按此節明周公集歷來制作之大成,與孟子言孔集大成者有別。

〔三六〕《論語·子罕》文。《集解》引鄭曰:「達巷者,黨名也。五百家為黨,此黨之人,美孔子博學道藝,不成一名而已。」

〔三七〕《孟子·盡心下》:「聖而不可知之之謂神。」

〔三八〕《禮記·中庸》:「天地之道,可一言而盡也。」

〔三九〕《法言·學行》:「孔子習周公者也。」《淮南子·要略》:「孔子修成康之道,述周公之訓,以教七十子,使服其衣冠,脩以篇籍,故儒者之學生焉。」

〔四〇〕《荀子·解蔽》:「孔子仁知且不蔽,故學亂術,足以為先王者也。積也,故德與周公齊,名與三王並。」

〔四一〕《禮記·中庸》:「仲尼祖述堯、舜,憲章文、武。」

〔四二〕《論語·子罕》文。

〔四三〕《論語·述而》文。

〔四四〕《禮記·中庸》文。

〔四五〕《論語‧八佾》文。

〔四六〕《禮記‧中庸》文。鄭注：「方，版也。策，簡也。」

〔四七〕《論語‧子張》文。

〔四八〕《論語‧述而》文。朱注：「孔子刪《詩》《書》，定《禮》樂，贊《周易》，修《春秋》，皆傳先王之舊，而未嘗有所作也。」此言孔子「述而不作」。

〔四九〕《論語‧述而》：「子曰：『我非生而知之者，好古敏以求之者也。』」朱注：「尹氏曰：『孔子以生知之聖，每云好學者，非惟勉人也；蓋生而可知者，義理爾；若夫禮樂名物，古今事變，亦必待學而後有以驗其實也。』」按孔子自言非生知，朱注不確。

〔五〇〕《孟子‧梁惠王上》：「兵刃既接，棄甲曳兵而走，或百步而後止，或五十步而後止，以五十步笑百步則何如？」

〔五一〕按此節言孔子學周公。

〔五三〕《禮記‧文王世子》：「凡始立學者，必釋奠于先聖先師。及行事必以幣。」鄭注：「先聖，周公若孔子。」《唐書‧禮樂志》五：「唐武德二年，始詔國子學立周公、孔子廟。七年，高祖釋奠焉，以周公為先聖，孔子配。貞觀二年，左僕射房玄齡、博士朱子奢建言：『周公、尼父俱聖人，然釋奠於學，以夫子也。大業以前，皆孔子為先聖，顏回為先師。』乃罷周公，升孔子為先聖，以顏回配。四年，詔州縣皆作孔子廟。」

〔五三〕《孟子·滕文公上》：「陳良，楚產也，悅周公、仲尼之道，北學於中國。」又《離婁下》：「先聖後聖，其揆一也。」此言周公、孔子之道是一致的。

〔五四〕《孟子·公孫丑上》：「宰我曰：『以予觀於夫子，賢於堯、舜遠矣。』子貢曰：『見其禮而知其政，聞其樂而知其德，由百世之後，等百世之王，莫之能違也。自生民以來，未有夫子也。』有若曰：『豈惟民哉？麒麟之於走獸，鳳凰之於飛鳥，太山之於丘垤，河海之於行潦，類也。聖人之於民，亦類也，出於其類，拔乎其萃。自生民以來，未有盛於孔子也。』」

〔五五〕朱注：「程子曰：『語聖則不異，事功則有異。』夫子賢於堯、舜，語事功也。蓋堯、舜治天下，夫子又推其道以垂教萬世。」按朱子宜作程子。

〔五六〕《莊子·逍遙遊》：「之人也，物莫之傷，大浸稽天而不溺，大旱金石流、土山焦而不熱，是其塵垢粃糠，猶將陶鑄堯、舜者也。」

〔五七〕按此節言周公集大成在制作，孔子集大成在立教。

原道中〔一〕

韓退之曰：「由周公而上，上而爲君，故其事行；由周公而下，下而爲臣，故其說長。」〔二〕

夫說長者，道之所由明，而說長者，亦即道之所由晦也。夫子明教於萬世，〔三〕夫子未嘗自爲說也。表章六籍，存周公之舊典，故曰：「述而不作，信而好古。」又曰：「蓋有不知而作之者，我無是也。」〔四〕「子所雅言，《詩》《書》執《禮》」，〔五〕所謂明先王之道以導之也。非夫子推尊先王，意存謙牧而不自作也，夫子本無可作也。有德無位，即無制作之權。空言不可以教人，所謂無徵不信也。〔六〕教之爲事，義、軒以來，蓋已有之。觀《易·大傳》之所稱述，〔七〕則知聖人即身示法，因事立教，〔八〕而未嘗於敷政出治之外，別有所謂教法也。虞廷之教，則有專官矣；司徒之所敬敷，〔九〕典樂之所咨命，〔一〇〕以至學校之設，通於四代；〔一一〕司成師保之職，詳於周官。〔一二〕然既列於有司，則肄業存於掌故，其所習者，修齊治平之道，〔一三〕而所師者，守官典法之人。治教無二，官師合一，豈有空言以存其私說哉？儒家者流，尊奉孔子，若將私爲儒者之宗師，則亦不知孔子矣。孔子立人道之極，豈有意於立儒道之極耶？儒也者，賢士不遇明良之盛，〔一四〕不得位而大行，於是守先王之道，以待後之學者，〔一五〕出於勢之無可如何爾。人道所當爲者，廣矣，大矣。豈當身皆無所遇，而必出於守先待後，不復涉於人世哉？學《易》原於義

畫,[二六]不必同其卉服野處也。[二七]觀《書》始於虞典,[二八]不必同其呼天號泣也。[二九]以爲所處之境,各有不同也。然則學夫子者,豈曰屏棄事功,預期道不行而垂其教邪?[三〇]

《易》曰:「形而上者謂之道,形而下者謂之器。」[三一]道不離器,猶影不離形。後世服夫子之教者自六經,以謂六經載道之書也,而不知六經皆器也。《易》之爲書,所以開物成務,掌於《春官》太卜,[三二]則固有官守而列於掌故矣。《書》在外史,[三四]《詩》領大師,[三五]《禮》自宗伯,[三六]樂有司成,[三七]《春秋》各有國史。[三八]三代以前,《詩》《書》六藝,未嘗不以教人,不如[三九]後世尊奉六經,別爲儒學一門,而專稱爲載道之書者。蓋以學者所習,不出官司典守,國家政教;而其爲用,亦不出於人倫日用之常,是以但見其爲不得不然之事耳,未嘗別見所載之道也。夫子述六經以訓後世,亦謂先聖先王之道不可見,六經即其器之可見者也。後人不見先王,當據可守之器而思不可見之道。故表章先王政教,與夫官司典守以示人,而不自著爲説,以致離器言道也。夫子自述《春秋》之所以作,則云:「我欲託之空言,不如見諸行事之深切著明。」[四〇]則政教典章,人倫日用之外,更無別出著述之道,亦已明矣。秦人禁偶語《詩》《書》,[四一]而云「欲學法令,以吏爲師」。[四二]夫秦之悖於古者,禁《詩》《書》耳。至云學法令者,以吏爲師,[四三]則亦道器合一,而官師治教,未嘗分歧爲二之至理也。其後治學既分,不能合一,天也。官司守一時之掌故,經師傳授受之章句,[四四]亦事之出於不得不然者也。然而歷代相

傳,不廢儒業,爲其所守先王之道也。而儒家者流,守其六籍,以謂是特載道之書耳。夫天下豈有離器言道,離形存影者哉?彼舍天下事物、人倫日用,而守六籍以言道,則固不可與言夫道矣。〔三四〕

《易》曰:「仁者見之謂之仁,智者見之謂之智,百姓日用而不知」矣。〔三五〕然而不知道而道存,見謂道而道亡。大道之隱也,不隱於庸愚,而隱於賢智之倫者紛紛有見也。蓋官師治教合,而天下聰明範於一,故即器存道,而人心無越思。官師治教分,而聰明才智,不入於範圍,則一陰一陽,人於受性之偏,〔三六〕而各以所見爲固然,亦勢也。夫禮司樂職,各守專官,雖有離婁之明,師曠之聰,〔三七〕不能不赴範而就律也。今云官守失傳,而吾以道德明其教,則人人皆自以爲道德矣。故夫子述而不作,而表章六藝,以存周公舊典也,不敢舍器而言道也。莊生譬之爲耳目口鼻,〔三八〕司馬談別之爲六家,〔三九〕劉向區之爲九流。〔四〇〕皆自以爲至極,而思以其道易天下者也。由君子觀之,皆仁智之見而謂之,而非道之果若是易也。夫道因器而顯,不因人而名也。自人有謂道者,而道始因人而異其名矣。仁見謂仁,智見謂智,是也。人自率道而行,道非人之所能據而有也。自人各謂其道,而各行其所謂,而道始得爲人所有矣。墨者之道,〔四一〕許子之道,〔四二〕其類皆是也。夫道自形於三人居室,而大備於周公、孔子,歷聖未嘗別以道名者,蓋猶一門之内,不自標其姓氏也。至百家雜出而言道,而儒者

不得不自尊其所出矣。一則曰堯、舜之道,再則曰周公、仲尼之道,故韓退之謂「道與德爲虛位」也。〔四三〕夫「道與德爲虛位」者,道與德之衰也。〔四四〕

〔一〕按本篇明道不離器,學者宜即器以求道,離器而言道,則道爲虛位,而人各自道其所道矣。

〔二〕見韓愈《原道》。

〔三〕按劉刻《遺書》本作「夫子盡周公之道,而明其教於萬世」。

〔四〕並見《論語·述而》。

〔五〕同上。朱注:「雅,常也。執,守也。《詩》以理情性,《書》以道政事,《禮》以謹節文,皆切於日用之實,故常言之。《禮》獨言執者,以人所執守而言,非徒誦說而已也。」雅言當指當時之普通話,即以普通話講課。

〔六〕《禮記·中庸》:「上焉者,雖善無徵,無徵不信。不信,民弗從。」

〔七〕《易·繫辭下》:「古者,庖犧氏之王天下也,仰則觀象於天,俯則觀法於地,觀鳥獸之文與地之宜,近取諸身,遠取諸物,於是始作八卦,以通神明之德,以類萬物之情。作結繩而爲網罟,以佃以漁,蓋取諸離。庖犧氏没,神農氏作,斲木爲耜,揉木爲耒,耒耜之利,以教天下,蓋取諸益。日中爲市,致天下之民,聚天下之貨,交易而退,各得其所,蓋取諸噬嗑。神農氏没,黄帝、堯、舜氏作,通其變,使民不倦,神而化之,使民宜之。《易》窮則變,變則通,通則久。是以自天祐之,吉無不利。黄帝、堯、

舜，垂衣裳而天下治，蓋取諸乾坤。刳木爲舟，剡木爲楫，舟楫之利，以濟不通，致遠以利天下，蓋取諸渙。服牛乘馬，引重致遠，以利天下，蓋取諸隨。重門擊柝，以待暴客，蓋取諸豫。斷木爲杵，掘地爲臼，臼杵之利，萬民以濟，蓋取諸小過。弦木爲弧，剡木爲矢，弧矢之利，以威天下，蓋取諸睽。上古穴居而野處，後世聖人易之以宮室，上棟下宇，以待風雨，蓋取諸大壯。古之葬者，厚衣之以薪，葬之中野，不封不樹，喪期無數，後世聖人易之以棺椁，蓋取諸大過。上古結繩而治，後世聖人易之以書契，百官以治，萬民以察，蓋取諸夬。」按司馬談論《六家要旨》引《易‧大傳》，因談受《易》於楊何，何自著《易傳》，所以稱孔子所著者，爲《易‧大傳》，稱《易‧繫辭》傳文，稱《易‧大傳》以示區別，後人故沿用之。

〔八〕劉咸炘《識語》云：「此八字（即身示法二句）最精。黃梨洲已發此論，是先生所從出。」

〔九〕今本《虞書‧舜典》：「帝曰：契⋯⋯百姓不親，五品不遜，汝作司徒，敬敷五教，在寬。」《國語》韋昭注：「五教，父義，母慈，兄友，弟恭，子孝也。」

〔一〇〕《虞書‧舜典》：「帝曰：夔！命汝典樂。教胄子，直而溫，寬而栗，剛而無虐，簡而無傲。詩言志，歌永言，聲依永，律和聲，八音克諧，無相奪倫，神人以和。」

〔一一〕《禮記‧王制》：「有虞氏養國老于上庠，養庶老于下庠。夏后氏養國老于東序，養庶老于西序。殷人養國老于右學，養庶老于左學。周人養國老于東膠，養庶老于虞庠。」

〔一二〕《禮記‧文王世子》：「大司成論說在東序。」鄭注：「大司成，司徒之屬，師氏也。」《周禮‧地官‧司

〔三〕掌故，見《書教上》注〔三〕。《禮記·大學》：「身修而後家齊，家齊而後國治，國治而後天下平。」

〔四〕《書·益稷》：「乃賡載歌曰：元首明哉！股肱良哉！庶事康哉！」

〔五〕見《孟子·滕文公下》。

〔六〕伏羲始畫八卦，見《易·繫辭》。

〔七〕《夏書·禹貢》：「島夷卉服。」《易·繫辭下》。

〔八〕謂《虞書·堯典》也。孔子篡書，上斷於堯。

〔九〕《書·偽大禹謨》：「帝初于歷山，往于田，日號泣于旻天，于父母。」《孟子·萬章上》：「舜往于田，號泣于旻天。」

〔一〇〕按本節言聖人因事立教，隨所處之境而有不同。

〔一一〕見《易·繫辭上》。

〔一二〕同上。韓康伯注云：「言《易》通萬物之志，成天下之務。」

〔一三〕見《易教上》注〔八〕。

〔一四〕《周禮·春官》：「外史掌三皇五帝之書。」

〔一五〕《周禮·春官》：「大師教六詩：曰風，曰賦，曰比，曰興，曰雅，曰頌。」

〔一六〕《周禮·春官》：「大宗伯之職，掌建邦之天神、人鬼、地示之禮，以佐王建保邦國。」鄭注云：「建，立

〔二七〕《禮記·文王世子》:「樂正司業,父師司成。」《正義》曰:「司,是職司。謂樂正主大子《詩》《書》之業。父師主大子成就其德行也。」按鄭注大司成即師氏(見上注),爲掌教之官。惟宗伯之屬大司樂,掌成均之法,以樂德、樂語、樂舞教國子,以六律、六同、五聲、八音、六舞大合樂,以致鬼神示,以和邦國,爲掌樂之官。此以司成主樂,失考。

〔二八〕杜預《春秋左氏傳序》:「《周禮》有史官掌邦國四方之事,達四方之志。諸侯亦有國史,大事書之於策,小事簡牘而已。」

〔二九〕按「不如」舊譌作「不知」,兹依志古堂本正。劉刻《遺書》本作「非如」,「非如後世尊奉六經」,文義更順。

〔三〇〕《春秋繁露·俞序》、《史記·太史公自序》引孔子語。

〔三一〕見《詩教下》注〔三〕。

〔三二〕按劉刻《遺書》本,無此上「夫秦之悖於古者,禁《詩》《書》耳。至云學法令者,以吏爲師」二十一字。

〔三三〕沈欽韓《漢書疏證》曰:「章句者,師法指括其文,敷暢其義,以相教授。《左》宣二年《傳疏》,服虔載賈逵、鄭衆、或人三說,解叔牂曰『子之馬然也』,此章句之體。」餘詳下篇注〔六〕。

〔三四〕按本節言道不出乎人倫日用之常,六經乃明道之器,不可舍人倫日用而專守六經。

原道中

一五九

〔三五〕見《易·繫辭上》。按劉刻《遺書》本，此下有「道之所由隱也，夫見而謂之，則固賢於日用不知」十九字。

〔三六〕劉咸炘《識語》云：「此《質性》篇所由作。直達本原，由此推求，乃見先生真識。」

〔三七〕見《孟子·離婁上》。朱注：「離婁，古之明目者。」趙注：「師曠，晉平公之樂太師也。」

〔三八〕《莊子·天下》：「譬如耳目口鼻，皆有所明，不能相通，猶百家衆技也，皆有所長，時有所用。雖然，不該不徧，一曲之士也。」

〔三九〕司馬談列陰陽、儒、墨、法、名、道德六家而論其要旨，見《史記·太公自序》。

〔四〇〕見《詩教上》注〔三〕。

〔四一〕《孟子·滕文公下》：「楊朱、墨翟之言盈天下。」又：「楊、墨之道不息，孔子之道不著。」

〔四二〕《孟子·滕文公上》：「有爲神農之言者許行。」朱注引程子曰：「許行所謂神農之言，乃後世稱述上古之事失其義理者耳。」

〔四三〕見韓愈《原道》。

〔四四〕按本節言舍器而言道，道始因人而名，而非天下共由之者。

原道下〔一〕

人之萃處也,因賓而立主之名。言之龐出也,因非而立是之名。自諸子之紛紛言道,而為道病焉,儒家者流,乃尊堯、舜、周、孔之道,以為吾道矣。道本無吾,而人自吾之,以謂庶幾別於非道之道也。而不知各吾其吾,猶三軍之眾,可稱我軍,對敵國而我之也;非臨敵國,三軍又各有其我也。夫六藝者,聖人即器而存道;而三家之《易》〔二〕四氏之《詩》〔三〕攻且習者,不勝其入主而出奴也。〔四〕不知古人於六藝,被服如衣食,人人習之為固然,未嘗專門以名家者也。〔五〕後儒但即一經之隅曲,而終身殫竭其精力,猶恐不得一當焉,是豈古今人不相及哉?其勢有然也。古者道寓於器,官師合一,學士所肄,非國家之典章,即有司之故事,耳目習而無事深求,故其得之易也。後儒即器求道,有師無官,事出傳聞,而非目見,文須訓故而非質言,是以得之難也。夫六藝並重,非可止守一經也;經旨閎深,非可限於隅曲也;而諸儒專攻一經之隅曲,必倍古人兼通六藝之功能,則去聖久遠,於事固無足怪也。但既竭其心思耳目之智力,則必於中獨見天地之高深,人莫我尚也,亦人之情也。而不知特為一經之隅曲,未足窺古人之全體也。訓詁章句,〔六〕疏解義理,〔七〕考求名物,〔八〕皆不足以言道也。〔九〕取三者而兼用之,則以萃聚之力,補遙溯之功,或可庶幾耳。而經師先已不能無牴

悟，〔一〇〕傳其學者，又復各分其門戶，〔二〕不啻儒墨之辨焉；則因賓定主，而又有主中之賓，因非立是，而又有是中之非，門徑愈歧，而大道愈隱矣。〔三〕

「上古結繩而治，後世聖人易之以書契，百官以治，萬民以察。」古人未嘗取以爲著述，以文字爲著述，起於官師之分職，治教之分途也。〔三〕夫文字之用，爲治爲察，古人未嘗取以爲著述，以文字爲著述，起於官師之分職，治教之分途也。〔三〕夫文字之用，爲治爲察，古人未嘗取以爲著述，以文字爲著述。孟子曰：「予豈好辨哉？予不得已也。」夫子曰：「予欲無言。」〔四〕欲無言者，不能不有所言也。〔五〕後世載筆之士，作爲文章，將以信今而傳後，其亦尚念欲無言之旨，與夫不得已之情，庶幾哉言出於我，而所以爲言，初非由我也。〔六〕夫道備於六經，義蘊之匿於前者，章句訓詁足以發明之。變之出於後者，六經不能言，固貴約六經之旨，而隨時撰述以究大道也。〔七〕太上立德，其次立功，其次立言，〔八〕立言與立功相準。蓋必有所需而後從而給之，有所鬱而後從而宣之，有所弊而後從而救之，〔九〕而非徒誇聲音采色，以爲一己之名也。《易》曰：「神以知來，智以藏往」〔一〇〕知來，陽也。藏往，陰也。一陰一陽，道也。文章之用，或以述事，或以明理。理闡方來，陽也。〔二二〕其至焉者，則述事而理以昭焉，言理而事以範焉，〔三三〕則主適之陰也。〔二〕而文乃衷於道矣。遷、固之史，董、韓之文，〔二四〕庶幾哉有所不得已於言者乎？不知其故，而但溺文辭，其人不足道已。即爲高論者，以謂文貴明道，何取聲情色采以爲愉悅，亦非知道之言也。夫無爲之治而奏薰風，〔二五〕靈臺之功而樂鐘鼓，〔二六〕以及彈琴遇文，〔二七〕風雩言志，〔二八〕則帝

王致治，賢聖功修，未嘗無悅目娛心之適，而謂文章之用，必無詠嘆抑揚之致哉？〔二九〕

子貢曰：「夫子之文章，可得而聞也。夫子之言性與天道，不可得而聞也。」〔三〇〕蓋夫子所言，無非性與天道，而未嘗表而著之曰，此性此天道也。所言無非性與天道，而不明著此性與天道者，恐人舍器而求道也。夏禮能言，殷禮能言，皆曰「無徵不信」。〔三一〕則夫子所言，必取徵於事物，而非徒託空言，以為明道也。曾子真積力久，〔三二〕則曰：「一以貫之」。〔三三〕子貢多學而識，則曰：「一以貫之」。〔三四〕非真積力久，與多學而識，則固無所據為一之貫也。撰述文辭，欲以闡古聖之心也，而溺光采者，如玩好之弄矣。訓詁名物，將以求古聖之迹也，而侈記誦者，如貨殖之市矣。異端曲學，道其所道，而德其所德，固不足為斯道之得失也。記誦之學，文辭之才，不能不以斯道為宗主，而市且弄者之紛紛忘所自也。而其弊也，則欲使人舍器而言道。夫溺於器而不知道者，亦即器而示之以道，斯可矣。宋儒起而爭之，以謂是皆溺於器而不知道也。夫溺於器而不知道者，之言，豈非未流良藥石哉？〔三五〕然藥石所以攻臟腑之疾耳。宋儒之意，似見疾在臟腑，遂欲并臟腑而去之。〔三六〕曾子教人辭遠鄙倍，〔三七〕而宋儒則曰：「工文則害道。」〔三八〕夫宋儒則曰：「玩物而喪志。」

將求性天，乃薄記誦而厭辭章，〔四〇〕何以異乎？

孟子曰：「義理之悅我心，猶芻豢之悅我口。」〔四一〕義理不可空言也，博學以實之儒，未之聞也。

之，文章以達之，三者合於一，庶幾哉周、孔之道雖遠，不啻累譯而通矣。顧經師互詆，文人相輕，[四三]而性理諸儒，又有朱、陸之同異，[四三]從朱從陸者之交攻，而言學問與文章者，又逐風氣而不悟，莊生所謂「百家往而不反，必不合矣」悲夫！[四四]

邵氏晉涵曰：「是篇初出，傳稿京師，同人素愛章氏文者皆不滿意，謂蹈宋人語錄習氣，不免陳腐取憎，與其平日爲文不類，至有移書相規誡者。余諦審之，謂朱少白名錫庚曰：此乃明其《通義》所著一切，創言別論，皆出自然，無矯強耳。語雖渾成，意多精湛，未可議也。」

族子廷楓曰：「叔父《通義》，平日膾炙人口，豈盡得其心哉？不過清言高論，類多新奇可喜，或資爲掌中之談助耳。不知叔父嘗自恨其名雋過多，失古意也。是篇題目，雖似迂闊，而意義實多創闢。如云道始三人居室，而君師政教，皆出乎天；賢智學於聖人，聖人學於百姓，集大成者，爲周公而非孔子，學者不可妄分周孔，學孔子者，不當先以垂教萬世爲心，孔子之大，學周禮一言，可以蔽其全體；皆乍聞至奇，深思至確，《通義》以前，從未經人道過，豈得謂陳腐耶？諸君當日詆爲陳腐，恐是讀得題目太熟，未嘗詳察其文字耳。」

〔一〕按本篇言學術愈歧而大道愈隱。明道之要，應由合而統分，因偏以得全。

〔二〕《漢書・儒林傳》：「丁寬，梁人，從田何受《易》。寬授同郡碭田王孫。王孫授施讎、孟喜、梁丘賀，繇是《易》有施、孟、梁丘之學。」又《藝文志・六藝略》《易》類：「《易經》十二篇，施、孟、梁丘三家。」

〔三〕《漢書・儒林傳》：「漢興，言《詩》，於魯則申培公，於齊則轅固生，於燕則韓太傅。」又：「毛公，趙人，治《詩》爲河間獻王博士。」按漢初説《詩》者四家，《魯詩》始申培而盛於韋賢，《齊詩》始轅固而盛於匡衡，《韓詩》始韓嬰而盛於王吉，三家皆立於學官。自魯國毛亨作《故訓傳》，授趙國毛萇，時人謂亨爲大毛公，萇爲小毛公，以其所傳爲《毛詩》，至平帝時亦立於學官。而謝曼卿爲之訓，鄭衆、賈逵爲之傳，鄭玄爲之箋，於是《毛詩》行而三家廢。《齊詩》亡於魏，《魯詩》亡於西晉，《韓詩内傳》亡於北宋，惟《外傳》僅存。

〔四〕韓愈《原道》：「入者主之，出者奴之。」

〔五〕《漢書・儒林傳》：「（嚴）彭祖、（顔）安樂各自顓門教授。」師古曰：「顓與專同。專門，言各自名家。」劉毓炘《識語》：「強蕘叔《佩雅堂書目》序儒家類曰：『異哉！書之有儒家之名，古未始有也。古學出於一，六藝簡策所傳，莫非儒書。蓋甚矣非儒者之多而後有是名也』此語極當，可以證此。」

〔六〕《漢書・劉歆傳》：「初《左氏傳》多古字古音，學者傳訓故而已。」訓故通作訓詁，《爾雅》有《釋詁》《釋訓》兩篇。詁者，古也。古今異言，通之使人知也。訓者，道也。以物之事義形貌告道人也。

《漢書・夏侯勝傳》：「勝從父子建，自師事勝及歐陽高，左右采獲，又從《五經》諸儒問與《尚書》相

〔七〕出入者，牽引以次章句，具文飾說。勝非之曰：「建所謂章句小儒，破碎大道。」《關雎》詩《疏》云：「句者，局也，聯字分疆，所以局言者也。章者，明也。總義包體，所以明情者也。」《文心雕龍·章句》：「夫設情有宅，置言有位，宅情曰章，位言曰句。」曾國藩云：「自六籍燔於秦火，漢世掇拾殘遺，徵諸儒能通其讀者，支分節解，於是有章句之學。」（《經史百家簡編序》）指分章斷句。

〔八〕《孟子·告子上》：「心之所同然者何也？謂理也，義也。」朱注引程子曰：「在物爲理，處物爲義，體用之謂也。」《說文》：「疏，通也。」疏通其義也。

〔九〕《周禮·天官》：「庖人掌共六畜、六獸、六禽，辨其名物。」賈疏：「此禽獸等皆有名號物色，故云辨其名物。」此云考求名物，指清人考據之學。

〔一〇〕方東樹曰：「漢學諸人堅稱義理存乎訓詁典章制度，而如車制，江氏有考，戴氏有圖，阮氏、金氏、程氏、錢氏皆言車制，同時著述，言人人殊，訖不知誰爲定論。他如蔡氏賦役，沈氏祿田，任氏、江氏、盛氏、張氏宮室，黃氏、江氏、任氏、戴氏衣服冕弁，各自專門，亦互相駁斥，不知誰爲真知定見。莊子所謂有待而定者邪？竊以此等明之固佳，即未能明，亦無關於身心性命，國計民生。學術之大，物有本末，是何足善也。以荀子法後王之語推之，則冕服車制賦田役等，雖古聖之制，亦塵飯木胾耳。」（《漢學商兌》卷下）

《說文》：「牾，䘗（逆）也。」悟正作牾。

《說文》：「牴，觸也。」

《國故論衡·明解故下》：「傳記有古今文。今文流別有數家。（原注，如《春秋》二家，《詩》三家，《書》三家，《禮》三家，《易》七家，漢博士

亦未備。）一家之中，又自參錯。（原注，如《公羊》分胡母生、董仲舒二師，董氏之徒又分嚴顏（嚴彭祖、顏安樂）。何休依胡母生條例，則不取嚴、顏。嚴與顏亦相攻，張玄爲顏氏博士，諸生以其兼説嚴氏攻之，光武令還署，是其事也。）古文準是。（原注，如劉、杜、鄭、賈、馬、鄭[劉歆、杜林、鄭衆、賈逵、馬融、鄭玄]各有異説。）又古文師出今文後者，既染俗説，弗能捐棄，或身自傅會之，違其本真。（原注，如賈逵謂《左氏》同《公羊》者十有七八之類。）今文傳記師説，或反與《周官》《左氏》應，古文師説顧異。略此三事，則足以明去就之塗矣。」經師先已不能無牴牾，於此可見。

〔二〕《法言・君子》：「或曰：『孫卿非數家之書，侻（輕易）也。』至於子思、孟軻，詭哉！曰：『吾於孫卿與？見同門而異户也。』」門户之見，指各守一家之説，互相攻擊。見上條注。

〔三〕按此節言學由專而精，亦由專而隘，以至門徑愈歧，大道愈隱。

〔四〕見《易・繫辭下》。

〔五〕見《論語・陽貨》。

〔六〕見《孟子・滕文公下》。

〔七〕《禮記・曲禮上》「史載筆。」劉咸炘《識語》云：「此二語是先生論文之大義。由我者，真知真情也，其根本在氣質。詳《史德》《文德》《質性》諸篇。非由我者，切時切事也，其根本在風氣。詳《原學下》《説林》《古文十弊》第五。」

清儒以爲由訓詁章句以通經，即經以求道，此自顧炎武以至戴震皆然。章學誠以道在窮變通久，非

原道下

一六七

六經所能盡。

〔一八〕《左傳》襄二十四年：「穆叔如晉，范宣子逆之，問焉，曰：『古人有言曰，死而不朽，何謂也？』穆叔曰：『豹聞之，太上有立德，其次有立功，其次有立言，雖久不廢，此之謂不朽。』」

〔一九〕此爲立言者吃緊語。顧炎武自言著述之德云：「必古人所未及就，後世之所必不可無者，而後爲之。」（《日知錄》卷十九《著書之難》條）屬意雖殊，亦可與此處相參。

〔二〇〕見《易·繫辭上》。

〔二一〕于慎行曰：「知來，悟性也。藏往，記性也。」（劉氏《識語》引）

〔二二〕劉咸炘《識語》：「史主事而御以理，子主理而證以事，子史合一。」

〔二三〕《論語·里仁》：「君子之於天下也，無適也，無莫也，義之與比。」朱注：「適，專主也。」

〔二四〕劉熙載《藝概》：「董仲舒學本《公羊》，而進退容止，非禮不行，則其於禮也，深矣。至觀其論大道，深奧宏博，又知於諸經之義，無所不貫。」又云：「昌黎自言約六經之旨而成文，旨字專以本領言，不必其文之相似，故雖於《莊》《騷》、太史、子雲、相如之文，博取兼資，其約經旨者自在也。」

〔二五〕《論語·衛靈公》：「子曰：『無爲而治者，其舜也與！夫爲何哉？恭己正南面而已矣。』」《家語·辯樂》：「舜彈五弦之琴，歌南風之詩。詩曰：『南風之薰兮，可以解吾民之慍兮。南風之時兮，可以阜吾民之財兮。』」

〔二六〕文王受命而民附，作靈臺。《詩·大雅·靈臺》五章，後二章合樂於辟雍，以驗民物之和。

〔二七〕《史記·孔子世家》：「孔子學鼓琴於師襄子，十日不進。師襄子曰：『可以益矣。』孔子曰：『丘已習其曲矣，未得其數也。』有間，曰：『已習其數，可以益矣。』孔子曰：『丘未得其志也。』有間，曰：『已習其志，可以益矣。』孔子曰：『丘未得其人也。』有間，曰：『有所穆然深思焉，有所怡然高望而遠志焉。』曰：『丘得其爲人，黯然而黑，幾然而長，眼如望羊，心如王四國，非文王其誰能爲此也？』師襄子辟席而拜曰：『師蓋云《文王操》也。』」

〔二八〕《論語·先進》：「『（曾）點，爾何如？』鼓瑟希，鏗爾，舍瑟而作，對曰：『異乎三子者之撰。』子曰：『何傷乎？亦各言其志也。』曰：『莫（暮）春者，春服既成，冠者五六人，童子六七人，浴乎沂，風乎舞雩（求雨壇），詠而歸。』夫子喟然歎曰：『吾與點也。』」曾皙名點，曾參之父。

〔二九〕按本節言文貴衷於道，所以爲文，初非由己。又按劉刻《遺書》本，此下有「但溺於文辭之末則害道已」十一字。

〔三〇〕見《論語·公冶長》。

〔三一〕見《易教上》注〔一六〕。

〔三二〕《荀子·勸學》：「真積力久則入，學至乎没而後止也。」

〔三三〕《論語·里仁》：「子曰：『參乎！吾道一以貫之。』曾子曰：『唯。』子出。門人問曰：『何謂也？』曾子曰：『夫子之道，忠恕而已矣。』」朱注：「盡己之謂忠。推己之謂恕。夫子之一理渾然，而泛應曲當，譬則天地之至誠無息，而萬物各得其所也。曾子故借學者盡己推己之目，以著明之，欲人之易

原道下

一六九

〔三四〕《論語·衛靈公》:「子曰:『賜也!女以予爲多學而識之者與?』對曰:『然。非與?』曰:『非也。予一以貫之。』」邢昺疏:「予一以貫之者,孔子答言己之善道,非多學而識之也,但用一理以貫通之。」朱注:「說已見前,然彼以行言,而此以知言也。」

〔三五〕《論語·雍也》:「子曰:『博學於文,約之以禮,亦可以弗畔矣夫!』」

〔三六〕《二程外書·上蔡語錄》:「昔錄《五經》語作一册,伯淳見之謂曰:『玩物喪志。』謝良佐字記問甚博,曰:『賢卻記得許多。』謝子不覺身汗面赤。先生曰:『只此便是惻隱之心。』又:『明道見謝子顯道,上蔡人,元豐中從學。

〔三七〕《論語·泰伯》:「曾子言曰:『君子所貴乎道者三:動容貌,斯遠暴慢矣;正顏色,斯近信矣;出辭氣,斯遠鄙倍矣。』」朱注:「倍,與背同,謂背理也。」

〔三八〕《二程遺書》卷一八:「或問伊川先生曰:『作文害道否?』曰:『害也。凡爲文,不專意則不工,若專意,則志局於此,又安能與天地同其大也。《書》云:「玩物喪志。」爲文,亦玩物也。呂與叔有詩云:「學如元凱方成癖,文似相如始類俳。獨立孔門無一事,只輸顏氏得心齋。」此詩甚好。古之學者惟務養情性,其他則不學。今爲文者,專務章句,悦人耳目,既務悦人,非俳優而何?』」

〔三九〕《史記·留侯世家》:「忠言逆耳利於行,毒藥苦口利於病。」

〔四〇〕《二程遺書》卷十八:「伊川先生曰:『古之學者一,今之學者三,異端不與焉。一曰文章之學,二曰

〔四一〕見《孟子‧告子上》。

〔四二〕魏文帝《典論‧論文》：「文人相輕，自古而然。」

〔四三〕朱子，見《易教中》注〔六〕。陸九淵字子靜，金谿人。乾道八年，登進士第。官至知荊門軍。年五十四卒。嘉定十年，賜諡文安。（《宋史》本傳）按陸九淵以主靜存心爲主。嘗與朱子會講於鵝湖，論多不合。蓋朱言道問學，而陸重尊德性，一則內外交修，一則專尚涵養也。由是門弟子遂分立門戶。明王陽明尊陸學，因輯《朱子語錄》中之近陸者，爲《朱子晚年定論》。羅欽順以其所言繫以年月，多在未見陸之前，起而駁正之。清初孫承澤又本此作《考正晚年定論》。朱陸異同，自明中葉以還，遂紛紛矣。餘詳《朱陸》篇。

〔四四〕見《莊子‧天下》文。按此節言義理、考據、詞章三者合一，由是而明道，庶足以見其全。

原學上[一]

《易》曰：「成象之謂乾，效法之謂坤。」[二]學也者，效法之謂也。道也者，成象之謂也。

夫子曰：「下學而上達。」[三]蓋言學於形下之器，而自達於形上之道也。士希賢，賢希聖，聖希天。[四]希賢希聖，則有其理矣。「上天之載，無聲無臭」[五]聖人如何而希天哉？蓋天之生人，莫不賦之以仁義禮智之性，天德也；[六]莫不納之於君臣父子夫婦兄弟朋友之倫，天位也。[七]以天德而修天位，雖事物未交隱微之地，已有適當其可，而無過與不及之準焉，所謂成象也。以天德而事至物交，一如其準以赴之，所謂效法也。此聖人之希天也，此聖人之下學上達也。伊尹曰：「天之生斯民也，使先知覺後知，使先覺覺後覺也。」[八]人生稟氣不齊，固有不能自知適當其可之準者，則先知先覺之人，從而指示之，所謂教也。教人自知適當其可之準，[九]非教之舍己而從我也。故士希賢，賢希聖，希其效法於成象，而非舍己之固有[一〇]而希之也。然則何以使知適當其可之準歟？何以使知成象而效法之歟？則必觀於生民以來，備天德之純，而造天位之極者，求其前言往行，[一一]所以處夫窮變通久者而多識之，而後有以自得所謂成象者，而善其效法也。故效法者，必見於行事。《詩》《書》誦讀，[一二]所以求效法之資，而非可即爲效法也。然則古人不以行事爲學，而以《詩》《書》誦讀爲學者，何邪？蓋

謂不格物而致知,則不可以誠意,[三]行則如其知而出之也。故以誦讀爲學者,推教者之所及而言之,非謂此外無學也。子路曰:「有民人焉,有社稷焉,何必讀書,然後爲學?」夫子斥以爲佞者,[四]蓋以子羔爲宰,不若是説,非謂學必專於誦讀。專於誦讀而言學,世儒之陋也。

〔一〕按《原學》三篇,蓋由《原道》推論而出。章氏《與陳鑑亭論學書》云:「《原學》之篇,即申《原道》未盡之意。以其學而不思,爲俗學之因緣;思而不學,爲異端之底藴,頗自喜其能得要領。」(劉刻《遺書》卷九)其作年已見《經解上》注〔一〕。本篇言下學人事,自可上達天理。博學多識,仍須自得。故《詩》《書》誦讀,乃所以求效法之資,而非即可爲效法。

〔二〕見《易·繫辭上》文。

〔三〕《論語·憲問》:「子曰:『不怨天,不尤人,下學而上達,知我者其天乎!』」朱注引程子曰:「學者須守下學上達之要。蓋凡下學人事,便是上達天理,然習而不察,則亦不能以上達矣。」

〔四〕見周敦頤《通書》文。

〔五〕見《詩·大雅·文王》。

〔六〕《禮記·中庸》:「苟不固聰明聖知,達天德者,其孰能知之。」天德,天生之德性,即仁義禮智。《孟子·盡心上》:「君子所性,仁義禮智根於心。」

〔七〕《孟子·萬章下》:「弗與共天位也。」朱注引范氏曰:「位曰天位,言天所待賢人,使治天民,非人君

所得專者。」天位指爵位，章氏引作五倫，相當於《孟子·滕文公上》：「聖人有憂之，使契爲司徒，教以人倫，父子有親，君臣有義，夫婦有別，長幼有序，朋友有信。」

〔八〕見《孟子·萬章上》文。

〔九〕《孟子·離婁下》：「君子深造之以道，欲其自得之也。」又《盡心下》：「君子引而不發，躍如也。中道而立，能者從之。」《禮記·學記》：「君子之教喻也，道而弗牽，强而弗抑，開而弗達。」《白虎通》四：「學之爲言，覺也。悟所不知也。」

〔一〇〕《孟子·告子上》：「仁義禮智，非由外鑠我也，我固有之也。」

〔一一〕《易·大畜·象傳》：「君子以多識前言往行，以畜其德。」

〔一二〕《荀子·勸學》：「其數始乎誦經，終乎讀禮。」楊注：「經，謂《詩》《書》。」

〔一三〕《禮記·大學》：「欲誠其意者，先致其知。致知在格物。」朱子《補傳》云：「所謂致知在格物者，言欲致吾之知，在即物而窮其理也。蓋人心之靈莫不有知，而天下之物莫不有理，惟於理有未窮，故其知有不盡也。」

〔一四〕《論語·先進》：「子路使子羔爲費宰。子曰：『賊夫人之子！』子路曰：『有民人焉，有社稷焉，何必讀書，然後爲學？』子曰：『是故惡夫佞者！』」

原學中〔一〕

古人之學，不遺事物，〔二〕蓋亦治教未分，官師合一，而後為之較易也。司徒敷五教，典樂教胄子，〔三〕以及三代之學校，〔四〕皆見於制度。彼時從事於學者，入而申其佔畢，〔五〕出而即見政教典章之行事，是以學皆信而有徵，而非空言相為授受也。然而其知易入，其行難副，則從古已然矣。堯之斥共工也，則曰：「靜言庸違。」〔六〕夫靜而能言，則非不學者也。試之於事而有違，則與效法於成象者異矣。傅說之啟高宗〔七〕也，則曰：「非知之艱，行之惟艱。」〔八〕高宗舊學於甘盤，〔九〕久勞於外，豈不學者哉？未試於事，則恐行之而未孚也。又曰：「人求多聞，時惟建事，學於古訓乃有獲。」〔一〇〕說雖出於古文，〔一一〕其言要必有所受也。夫求多聞而實之以建事，則所謂學古訓者，非徒誦說，亦可見矣。夫治教一而官師未分，求知易而實行已難矣；何況官師分，而學者所肄，皆為前人陳迹哉？夫子曰：「學而不思則罔，思而不學則殆。」〔一二〕又曰：「吾嘗終日不食，終夜不寢，以思，無益，不如學也。」〔一三〕夫思亦學者之事也，而別思於學，若謂思不可以言學者，蓋謂必習於事，而後可以言學〔一四〕此則夫子誨人知行合一〔一五〕之道也。諸子百家之言，起於徒思而不學也〔一六〕是以其旨皆有所承禀，〔一七〕而不能無敝耳。劉歆〔一八〕所謂某家者流，其源出於古者某官之掌，其流而為某家之學，其失而為某事之敝。〔一九〕夫

某官之掌，即先王之典章法度也。流爲某家之學，則官守失傳，而各以思之所至，自爲流別也。失爲某事之敝，則極思而未習於事，雖持之有故，言之成理，[二〇]而不能知其行之有病也。是以三代之隆，學出於一，所謂學者，皆言人之功力也。統言之，十年曰幼學，[二一]是也。析言之，則十三學樂，二十學禮，[二二]是也。國家因人功力之名，而名其制度，則曰鄉學國學，學則三代共之，[二三]是也。未有以學屬乎人，而區爲品詣之名者。官師分而諸子百家之言起，於是學始因人品詣以名矣，所謂某甲家之學，某乙家之學，是也。學因人而異名，學斯舛矣。是非行之過而至於此也，出於思之過也。故夫子言學思偏廢之弊，即繼之曰：「攻乎異端，斯害也已。」[二四]夫異端之起，皆思之過，而不習於事者也。

〔一〕按本篇論學不遺事，故必習於事而後可以言學。學因人而名，乃思而不學之弊。

〔二〕此爲章氏論學吃緊語，全篇意義由此衍發。

〔三〕見《原道中》注〔九〕及注〔一〇〕。

〔四〕見《原道上》注〔二〕。

〔五〕《禮記‧學記》：「今之教者，呻其佔畢，多其訊。」鄭注：「呻，吟也。佔，視也。簡謂之畢。訊，猶問也。言今之師自不曉經之義，但吟誦其視簡之文，多其難問也。」

〔六〕《書·堯典》：「靜言庸違。」蔡傳：「共工，官名。靜言庸違者，靜則能言，用則違背也。」

〔七〕傅說，殷高宗之賢相也。高宗，名武丁。《書·序》：「高宗夢得說，使百工營求諸野，得諸傅巖，作《說命》三篇。」按閻若璩、惠棟謂三篇爲僞書。

〔八〕見《商書·僞說命中》文。

〔九〕《僞說命下》：「台（我）小子，舊學於甘盤，既乃遯於荒野。」僞孔傳：「甘盤，殷賢臣有道德者。」

〔一〇〕見《僞說命下》，亦爲傅說之辭。

〔一一〕今文《尚書》二十八篇無《說命》。此三篇並出僞古文《尚書》也。

〔一二〕《論語·爲政》文。《集解》引包咸曰：「學不尋思其義，則罔然無所得。不學而思終卒不得，徒使人精神疲殆。」邢昺疏：「此章言教學法也。學而不思則罔者，言爲學之法，既從師學，則自思其餘蘊。若雖從師學而不尋思其義，則罔然無所得也。思而不學則殆者，言自尋思而不往從師學，終卒不得其義，則徒使人精神疲勞倦殆。」朱注云：「不求諸心，故昏而無所得。不習其事，故危而不安。」朱解甚精，較舊義爲勝。

〔一三〕見《論語·衛靈公》文。朱注云：「此爲思而不學者言之。蓋勞心以必求，不如遜志以自得也。」

〔一四〕按學必習於事，清初博野顏元以此樹其獨特之學風，戴望所爲《顏先生別傳》足以覘其梗概。其言曰：「先生名其居曰習齋，帥門弟子行孝弟，存忠信，日習禮、習樂、習射、習書數，究兵農水火諸學，堂上琴竽弓矢籌管森列。嘗曰：『必有事焉，學之要也。心有事則存，身有事則修，家之齊，國之治，

皆有事也。無事則道與治俱廢。故正德、利用、厚生曰事,不見諸事,非德、非用、非生也。德行藝曰物,不徵諸物,非德非行非藝也。『先生之學,以事物爲歸,而生平未嘗空言立教。』(《顏氏學記》)實齋不無受其影響,惟習齋以此立教,而實齋則本之以建樹其史學耳。

〔一五〕按知行合一之說,雖倡自王陽明,然前賢實已啟之。墨子將行包在知內,見於《經上》(知聞說親名實合爲條);知而不行,不得謂知,見於《貴義》(今瞽者曰鉅者白也條)。荀子亦曰:「不聞不若聞之,聞之不若見之,見之不若知之,知之不若行之,學至於行之而止矣。行之,明也。明之爲聖人」(《儒效》)。其他見於群籍者,茲不具引,特陽明以誠意證知行,闡之而益精耳。

〔一六〕劉咸炘《識語》云:「二語至精。」

〔一七〕《莊子・天下》謂古之道術有在於是者,某氏聞其風而悅之云云,即此所謂旨有所承禀也。

〔一八〕《漢書・楚元王傳》:「劉歆字子駿,少以通《詩》《書》,能屬文,召見成帝,待詔宦者署,爲黃門郎。河平中,受詔與父向領校祕書。講六藝傳記,諸子詩賦,術數方技,無所不究。向死,歆復爲中壘校尉。哀帝即位,遷光祿大夫,貴幸,復領《五經》,卒父前業。歆乃集六藝群書,種別爲《七略》」。班固著《漢書》,即本歆《七略》作《藝文志》。

〔一九〕以上數語,乃約《漢書・藝文志・諸子略》之文。

〔二〇〕見《荀子・非十二子》篇文。

〔二一〕以上一節,劉咸炘云:「是先生入手處。」

〔二一〕《禮記·曲禮上》:「人生十年曰幼學。」

〔二二〕《禮記·內則》:「十有三年,學樂,誦《詩》,舞勺,成童舞象,學射御。二十而冠,始學禮。」

〔二三〕見《原道上》注〔二〕。

〔二四〕見《論語·爲政》篇文。何晏《集解》:「攻,治也。善道有統,故殊塗而同歸。異端不同歸也。」邢昺疏:「此章禁人雜學。異端,諸子百家之書也。」

原學中
一七九

原學下〔一〕

諸子百家之患，起於思而不學；世儒之患，起於學而不思。〔二〕蓋官師分而學不同於古人也。後王以謂儒術不可廢，故立博士，置弟子，而設科取士，〔三〕以爲誦法先王者勸焉。蓋其始也，以利祿勸儒術，〔四〕而其究也，以儒術徇利祿，斯固不足言也。而儒宗碩師，由此輩出，則亦不可謂非朝廷風教之所植也。夫人之情，不能無所歆而動，既已爲之，則思力致其實，而求副乎名。中人以上，可以勉而企焉者也。學校科舉，〔五〕奔走千百才俊，豈無什一出於中人以上者哉？去古久遠，不能學古人之所學，則既以誦習儒業，即爲學之究竟矣。而攻取之難，勢亦倍於古人，故於專門攻習儒業者，苟果有以自見，而非一切庸俗所可幾，吾無責焉耳。學博者長於考索，〔六〕豈非道中之實積，〔七〕而騖於博者，終身敝精勞神以徇之，不思博之何所取也？才雄者健於屬文，〔八〕豈非道體之發揮？〔九〕而擅於文者，終身苦心焦思以搆之，不思文之何所用也？言義理者似能思矣，而不知義理虛懸而無薄，〔一〇〕則義理亦無當於道矣。此皆知其然，而不知所以然也。程子曰：「凡事思所以然，〔一一〕天下第一學問。」人亦盡求所以然者思之乎？天下不能無風氣，風氣不能無循環，一陰一陽之道，見於氣數者然也。所貴君子之學術，爲能持世而救偏，〔一二〕一陰一陽之道，宜於調劑者然也。風氣之開也，必有所以取；學問文辭，

與義理，所以不無偏重畸輕之故也。風氣之成也，必有所以敝；人情趨時而好名，狥末而不知本也。是故開者雖不免於偏，必取其精者，爲新氣之迎；敝者縱名爲正，必襲其偏者，爲末流之託；此自然之勢也。而世之言學者，不知持風氣，而惟知狥風氣，[三]且謂非是不足邀譽焉，則亦弗思而已矣。

〔一〕按本篇論世儒之患，起於學而不思。學術貴能持世而救偏，故宜以導虛之學矯其敝。

〔二〕《論衡・超奇》：「能說一經者爲儒生。」章氏《與汪龍莊書》：「近日學者風氣，徵實太多，發揮太少，有如桑蠶食葉而不能抽絲。」（劉刻《遺書》卷九）此所謂患在學而不思也。

〔三〕《荀子・非相》楊倞注：「後王，近時之王也。」漢武帝崇儒學，立五經博士，《史記・儒林傳》：「今上即位，趙綰、王臧之屬明儒學，而上亦鄉之，於是招方正賢良文學之士。自是之後，言《詩》，於魯則申培公，於齊則轅固生，於燕則韓太傅；言《尚書》，自濟南伏生；言《禮》，自魯高堂生；言《易》，自葘川田生。言《春秋》，於齊魯自胡毋生，於趙自董仲舒。公孫弘請爲博士官，置弟子五十人，復其身。」《索隱》引如淳曰：「《漢儀》弟子射策，甲科百人，補郎中；乙科二百人，補太子舍人；皆秩比二百石。次郡國文學，秩百石也。」

〔四〕《漢書・儒林傳贊》：「自武帝立五經博士，開弟子員，設科射策，勸以官祿，訖於元始，百有餘年，傳業者寖盛，支葉蕃滋，一經説至百餘萬言，大師衆至千餘人，蓋利祿之途然也。」

〔五〕李光地云：「立太學以教於國，設庠序以化於邑，董子雖言之而莫行也。故在漢代，辟雍太學之制，博士弟子員之設，僅於京師而已。自後天下州邑，亦徒廟祀孔子而無學。宋之中世，始詔天下有州者皆得立學，而縣之學士滿二百人始得爲之，少則不能中律。今荒州僻縣，無不設之學矣。」（焦循《孟子正義》引）科舉，見《書教下》注〔三〕。

〔六〕此指考據家。按劉刻《遺書》本此下有「侈其富於山海」六字。

〔七〕實積：學問之切實積累。《荀子·勸學》：「不積小流，無以成江海。」

〔八〕此指詞章家。按劉刻《遺書》本此下有「矜其豔於雲霞」六字。

〔九〕章氏《答沈楓墀論學》：「文非學不立，學非文不行，二者相須，如左右手。」（劉刻《遺書》卷九）

〔一〇〕《荀子·正名》：「然而徵知必將待天官（如耳目等）之當簿其類（接觸各類事物）然後可也。」劉師培云：「簿與薄同，義訓爲迫，迫又訓爲附。」此處蓋用其義。

〔一一〕程子曰：「窮物理者，窮其所以然也。天之高，地之厚，鬼神之幽顯，必有所以然者。」（《二程粹言》卷二）

〔一二〕張爾田云：「先生當舉世溺於訓詁、音韻、名物、度數之時，已慮恒幹之將亡，獨昌言六藝皆史之誼，又推其說施之於一切立言之書，而條其義例，比於子政辯章舊聞，一人而已。爲先生之學，則務矯世趨，群言殽列，必尋其原而遂之於大道。」（劉刻《章氏遺書序》）此所謂持世救偏也。

〔一三〕章氏《信摭》曰：「吾浙此時文人習氣正如患虛損耳。阮宗伯（元）爲學使，進以十全大補之

劑,對症藥也。然阮公,江南人也。江南方患停滿之症,如得檳榔枳實,亦更當有進境。大抵風氣所趨,虛則實之,實則虛之,凡以云救劑也。」(劉刻《遺書》外編卷一)

博約上[一]

沈楓墀以書問學,[二]自愧通人廣座,不能與之問答。余報之以學在自立,人所能者,我不必以不能愧也。因取譬於貨殖,居布帛者,不必與知粟菽,藏藥餌者,不必與聞金珠;患己不能自成家耳。譬市布而或闕於衣材,售藥而或欠於方劑,則不可也。[三]或曰:此即蘇子瞻之教人讀《漢書》法也,[四]今學者多知之矣。余曰:言相似而不同,失之毫釐,則謬以千里矣。[五]或問蘇君曰:「公之博贍,亦可學乎?」蘇君曰:「可,吾嘗讀《漢書》矣,凡數過而盡之。[六]有盡,不可不知所擇云爾。學者多誦蘇氏之言,以爲良法,不知此特尋常摘句,如近人之纂類策括[七]者爾。問者但求博贍,固無深意。蘇氏答之,亦不過經生決科之業,[八]今人稍留意於應舉業者,多能爲之,未可進言於學問也。而學者以爲良法,則知學者鮮矣。夫學必有所專,蘇氏之意,將以班書爲學歟?抑將以所求之禮、樂、兵、農爲學歟?則終身不能竟其業也,豈數過可得而盡乎?將以所求之禮、樂、兵、農爲學歟?則每類各有高深,又豈一過所能盡一類哉?就蘇氏之所喻,比於操賈求貨,是欲初出市金珠,再出市布帛,至於米粟藥餌,以次類求矣。如約略其賈,而每種姑少收之,則是一無盡其類歟?雖陶朱、猗頓[九]之富,莫能給其賈也。如欲求而

所成其居積也。蘇氏之言，進退皆無所據，而今學者方奔走蘇氏之不暇，則以蘇氏之言，以求學問則不足，以務舉業則有餘也。舉業比戶皆知誦習，未有能如蘇氏之所為者，偶一見之，則固矯矯流俗之中，人亦相與望而畏之；而其人因以自命，以謂是學問，非舉業也，而不知其非也。蘇氏之學，出於縱橫。〔一〇〕其所長者，揣摩〔二〕世務，切實近於有用，而所憑以發揮者，乃策論也。〔三〕策對必有條目，論鋒必援故實，苟非專門夙學，必須按冊而稽，誠得如蘇氏之所以讀《漢書》者嘗致力焉，則亦可以應猝備求，無難事矣。韓昌黎曰：「記事者必提其要，纂言者必鉤其玄。」〔三〕鉤玄提要，千古以爲美談，而韓氏所自爲玄要之言，不但今不可見，抑且當日絕無流傳，亦必尋章摘句，取備臨文攎拾者耳。而人乃欲仿鉤玄提要之意而爲撰述，是亦以蘇氏類求，誤爲學問，可例觀也。或曰：如子所言，韓、蘇不足法歟？曰：韓、蘇用其功力，以爲文辭助爾，非以此謂學也。

〔一〕按實齋論學，以爲必習於事而後乃能經世而致用。然博綜須歸乎自得，從人多本於情性，性有所偏，則所長不能兼備，極其所致，則以專家爲歸，故曰「道欲通方，而業歸專一」，此《博約》所爲作也。劉咸炘《識語》曰：「章炳麟謂『《文史通義》遺害甚大，後生讀之，但知抵掌談六藝諸子，繙閱書錄而無所歸宿。』此弊誠有之，但坐不讀《博約》篇耳。」語頗有見。三篇作年見《經解上》注〔一〕。本篇論類

〔二〕求爲待問之資而非學問。

〔三〕沈在廷字楓墀，乾隆舉人。其父業富，號既堂，乾隆進士，爲實齋薦卷房師。乾隆三十年，實齋至京師，應順天鄉試。沈業富與分校，薦先生文於主司，不錄。沈大惋惜，因館於其家。（據胡作年譜）

五十四年，秋冬之際，實齋由鄂返亳州，十一月有《答沈楓墀論學》，義與是篇相發。其言曰：「足下所問節目雖多，可以一言而蔽，曰，學以求心得也。足下欲進於學，必先求端於道。道不遠人，即萬事萬物之所以然也。道無定體，即如文之無難無易，惟其是也。人生難得全才，得於天者必有所近，學者不自知也。博覽以驗其趣之所入，習試以求其性之所安，旁通以究其量之所至，是亦足以求進乎道矣。今之學者則不然，不問天質之所近，不求心性之所安，惟逐風氣所趨，而循當世之所尚，勉强爲之，固已不若人矣。人生有能有不能，耳目有至有不至，雖聖人有所不能盡也。立言之士，讀書但觀大意，專門考索，名數究於細微。二者之於大道，交相爲功，殆猶女餘布而農餘粟也」。（劉刻《遺書》卷九）後復來書相問，此謂其後書也。

實齋又《答沈楓墀書》：「足下自謂通人廣座不能與之問答，因而内愧，此由自信未真，未免氣奪於外也。人心不同如面，彼有所能而吾不解，情理之常，何足愧哉？但學人必有所以自恃，如市廛居貨，待人求索，貴於不匱，不貴兼也。居布帛者不必與知米粟，市陶冶者不必愧無金珠。是以學欲其博，守欲其約。學而不博，是貸乏而不足以應人求也。守而不約，是欲盡百貨而出於一門也。昔揚子雲默而好深湛之思。范蔚宗自謂口不調利，以此無談功。然彼二家之所成就，豈不卓然可觀哉！

〔四〕蘇軾《與王庠書》：「卑意欲少年爲學者，每一書皆作數次讀之。書之富如入海，百貨皆有。人之精力，不能兼收盡取，但得其所欲求者耳。故願學者每一次作一意求之，如欲求古今興亡治亂，聖賢作用，且只作此意求之，勿生餘念。又別作一次求事迹、故實、典章、文物之類，亦如之，他皆倣此。此雖迂鈍，而他日學成，八面受敵，與慕涉獵者，不可同日而語也。」（宋沈作喆《寓簡》卷八引）

〔五〕《禮記·經解》：「《易》曰：『君子慎始，差若豪氂，繆以千里。』此之謂也。」

〔六〕賈，音價。下同。

〔七〕策，對策也。括，帖括也。唐制帖經試士，後以應試者多，故帖孤章絕句以惑之。應試者，則取其難者編爲歌訣，以便記憶，謂之帖括。

〔八〕謂弋取科名也。《法言·學行》：「或曰：『書與經同而世不尚，治之可乎？』曰：『可。』或人啞爾笑曰：『須以發策決科。』」

〔九〕《史記·貨殖傳》：「范蠡既雪會稽之恥，乃變姓易名，適齊爲鴟夷子皮，之陶爲朱公。十九年之中，三致千金。再分散與貧交疏昆弟，子孫修業而息之，遂致巨萬。故言富者皆稱陶朱公。」又：「猗頓用鹽鹽起。」《集解》引《孔叢子》曰：「猗頓，魯之窮士也，耕則常飢，桑則常寒。聞朱公富，往而問術

[一〇] 劉師培《論文雜記》：「子瞻之文，以粲花之舌，運捭闔之辭，往復卷舒，一如意中所欲出，而屬辭比事，翻空易奇，縱橫家之文也。」自注云：「子瞻之文，說理多未確，惟工於博辯，層出不窮，皆能自圓其說，於蘇、張之學殊有得也。」

[一一]《戰國策·秦策》：「簡鍊以爲揣摩。」

[一二] 劉咸炘云：「蘇氏本以議論長，其門多爲策論。」（《宋元文派略述》）

[一三] 見韓愈《進學解》文。韓愈字退之，鄧州南陽人。幼孤，讀書日記數千百言，比長，盡通六藝百家學，擢進士第。裴度討淮西，愈爲行軍司馬，以功遷刑部侍郎。明年諫迎佛骨，貶潮州刺史。穆宗即位，召拜國子祭酒、兵部侍郎，轉吏部。長慶四年卒，年五十七，諡曰文。其先世居昌黎，世稱韓昌黎。

博約中〔一〕

或曰：舉業所以覘人之學問也。舉業與學問科殊，末流之失耳。苟有所備以俟舉，即《記》之所謂博學強識以待問也，〔二〕寧得不謂之學問歟？余曰：博學強識，儒之所有事也。以謂自立之基，不在是矣。學貴博而能約，未有不博而能約者也。〔三〕以言俗儒記誦漫澒，〔四〕至於無極，妄求遍物，〔五〕而不知堯、舜之知所不能也。博學強識，自可以待問耳，不知約守，而祇爲待問設焉，則無問者，儒將無學乎？且問者固將聞吾名而求吾實也，名有由立，非專門成學不可也，故未有不專而可成學者也。或曰：蘇氏之類求，韓氏之鉤玄提要，名物制數，貫串旁騖，實能討先儒所未備。其所纂輯諸書，至今學者資衣被焉，〔六〕其於經、傳、子、史，搜羅摘抉，窮幽極微，王伯厚氏，蓋因名而求實者也。昔人謂韓昌黎因文而見道，〔七〕既見道，則超乎文矣。王氏因待問而求學，既知學，則超乎待問矣。然王氏諸書，謂之纂輯可也，謂之著述，則不可也。〔八〕謂之學者求知之功力可也，謂之成家之學術，則未可也。今之博雅君子，疲精勞神於經傳子史，而終身無得於學者，正坐宗仰王氏，而誤執求知之功力，以爲學即在是爾。學與功力，實相似

而不同。學不可以驟幾，人當致攻乎功力則可耳。指功力以謂學，是猶指秫黍以謂酒也。[九]

夫學有天性焉，讀書服古之中，有入識最初，而終身不可變易者是也。學又有至情焉，讀書服古之中，有欣慨會心，而忽焉不知歌泣何從者是也。[一〇]功力有餘，而性情不足，未可謂學問也。性情自有，而不以功力深之，所謂有美質而未學者也。[一一]夫子曰：「發憤忘食，樂以忘憂，不知老之將至。」[一二]不知孰爲功力，孰爲性情。斯固學之究竟，夫子何以致是？則曰：「好古敏以求之者也。」[一三]今之俗儒，且憾不見夫子未修之《春秋》，[一四]又憾戴公得《商頌》，而不存七篇之闕目，[一五]以謂高情勝致，至相贊歎。充其僻見，且似夫子删修，不如王伯厚之善搜遺逸焉。[一六]蓋逐於時趨，而誤以摹續補苴[一七]謂足盡天地之能事也。幸而生後世也，如生秦火未燬以前，典籍具存，無事補輯，[一八]彼將無所用其學矣。

〔一〕按本篇論纂輯爲求知之功力而非著述。

〔二〕《禮記・曲禮上》：「博聞强識而讓。」注：「識，如字，又式異反。」又《儒行》：「夙夜强學以待問。」

〔三〕《法言・吾子》：「多聞則守之以約，多見則守之以卓。寡聞則無約也，寡見則無卓也。」別詳前篇注引《又答沈楓墀書》。

〔四〕漫，即曼。《漢書・揚雄傳》：「爲其泰曼漶。」注：「曼漶，不分貌，猶言濛鴻也。」

（五）《孟子·盡心上》：「堯、舜之知而不徧物，急先務也。」

（六）《宋史·儒林傳》：王應麟字伯厚，慶元府人。淳祐元年進士。官至禮部侍郎，兼中書舍人。所著有《深寧集》一百卷，《困學紀聞》二十卷，《玉海》二百卷。牟應塽《困學紀聞序》：「蓋九經諸子之指趣，歷代史傳之事要，制度名物之原委，以至宗工鉅儒之詩文議論，皆後學所當知者。公作爲是書，各以類聚，考訂評論，皆出己意，發前人之所未發，詞約而明，理融而達，該邃淵綜，非讀書萬卷，何以能之？」

（七）伊川先生曰：「退之晚來爲文，所得處甚多。學本是修德，有德然後有言。退之卻倒學了，因學文日求所未至，遂有所得。如曰：『軻之死，不得其傳。』似此言語，非是蹈襲前人，又非鑿空撰得出，必有所見，若無所見，不知所傳者何事。」(《二程遺書》卷十八)

（八）章氏《與林秀才書》：「爲今學者計，札錄之功必不可少。」「宋人所爲章氏《考索》、王氏《玉海》之類，皆爲制科對策，如峙糗糧，初亦未爲著作。惟用功勤而徵材富，亦遂自爲一書。」(劉刻《遺書》卷九)

（九）章氏《又與正甫論文書》：「學問文章，古人本一事，後乃分爲二途。近人則不解文章，但言學問，而所謂學問者，乃是功力，非學問也。功力之與學問，實相似而不同。記誦名數，搜剔遺逸，排纂門類，考訂異同，途轍多端，實皆學者求知所用之功力爾。即於數者之中，能得其所以然，因而上闚古人精微，下啟後人津逮，其中隱微，不獨喻而難爲他人言者，乃學問也。今人誤執古人功力以爲學問，毋

怪學問之紛紛矣。」(劉刻《遺書》卷二十九)

〔10〕劉咸炘《識語》云：「所謂天性，即《質性》篇所論。中翰論學書》：「人之性情才質，必有所近，童子塾時，知識初啟，蓋往往以無心得之，行之而不著也。其後讀書作文，與夫游思曠覽，亦時若有會焉，又習而不察焉。此即道之見端，而充之可以垂弗達者。」(劉刻《遺書》卷九)

〔11〕按此節論功力與性情交相爲用而不同，義最精美。

〔2〕見《論語·述而》文。

〔3〕《論語·述而》：「子曰：『我非生而知之者，好古敏以求之者也。』」

〔4〕《困學紀聞》卷六：《公羊》莊七年傳云：不修《春秋》曰：雨星不及地尺而復。君子修之曰：『星霣如雨。』何氏曰：『不修《春秋》，謂史記也。古者謂史記爲《春秋》。劉原父謂『何休以不修《春秋》百二十國寶書修爲《春秋》。』朱文公謂『二書不傳，不得聖人筆削之意。』」按章氏泛論，不必指朱子。

〔5〕周武王滅商，封紂之庶兄微子於宋，修其禮樂，以奉商後。其後樂章放失，至戴公時，其大夫正考父校得《商頌》十二篇於周太師。至孔子編詩，又亡其七篇。《國語·魯語》：「昔正考父校商之名《頌》十二篇於周太師，以《那》爲首。」《毛詩序》：「微子至於戴公，其間禮樂廢壞，有正考父者，得《商頌》十二篇於周之太師，以《那》爲首。」鄭司農云：「自考父至孔子，又亡其七篇，故餘五耳。」

《國語》韋昭《注》引

〔一六〕王應麟輯有《三家詩考》一卷,《周易鄭氏注》一卷,附刻《玉海》中,開後世輯佚之業。

〔一七〕肇績,應作襞積。《漢書·司馬相如傳》:「襞積褰縐。」師古曰:「襞積,即今之帬褶。」猶編集。韓愈《進學解》:「補苴罅漏,張皇幽眇。」蓋用《吕氏春秋》語,「衣敝不補,履決不苴。」猶輯佚。

〔一八〕輯佚入清,成爲專門之業。惠棟不喜王韓《易注》而從事漢《易》,於是有《漢易》八卷之作,後又擴充爲《九經古義》十六卷。余蕭客用其師法,輯《古經解鉤沈》三十卷,所收益富。乾隆三十八年,朱筠奏請開四庫館,從《永樂大典》輯出之書,合計凡三百七十五種,四千九百二十六卷。自是輯佚風氣益盛。

博約中

博約下〔一〕

或曰：子言學術，功力必兼性情，為學之方，不立規矩，但令學者自認資之所近與力能勉者，而施其功力，殆即王氏良知〔二〕之遺意也。夫古者教學，自數與方名，誦詩舞勺，各有一定之程，〔三〕不問人之資近與否，力能勉否。而子乃謂人各有能有所不能，不相強也，豈古今人有異教與？答曰：今人不學，不能同於古人，非才不及也，勢使然也。自官師分，而教法不合於一，學者各以己之所能私相授受，其不同者一也。且官師既分，則肄習惟資簡策，道不著於器物，事不守於職業，其不同者二也。古人幼學，皆已明習，而後世老師宿儒，專門名家，殫畢生精力求之，猶不能盡合於古，其不同者三也。天時人事，今古不可強同，沉潛者循度數而徐達。資之近而力能勉者，人人所有，則人人可自得也，〔五〕高明者略而切求，非人智力所能為也。然而六經大義，昭如日星，三代損益，可推百世。〔六〕豈可執定格以相強歟？王氏致良知之說，即孟子之遺言也。良知曰致，則固不遺功力矣。〔七〕朱子欲人因所發而遂明，孟子所謂察識其端而擴充之，〔八〕胥是道也。而世儒言學，輒以良知為諱，無亦懲於末流之失，〔九〕而謂宗指果異於古所云乎？

或曰：孟子所謂擴充，固得仁、義、禮、智之全體也。子乃欲人自識所長，遂以專其門而名

其家，〔一〇〕且戒人之旁鶩焉，豈所語於通方之道歟？答曰：言不可以若是其幾也。〔一一〕道欲通方，而業須專一，其說並行而不悖也。聖門身通六藝者七十二人，〔一二〕然自顏、曾、賜、商，所由不能一轍。〔一三〕再傳而後，荀卿言《禮》，〔一四〕孟子長於《詩》《書》，〔一五〕或疏或密，途徑不同，而同歸於道也。後儒途徑所由寄，則或於義理，或於制數，或於文辭，三者其大較矣。三者致其一，不能不緩其二，理勢然也。知其所致為道之一端，而不以所緩物而不化者也。是以學必求其心得，〔一六〕業必貴於專精，類必要於擴充，道必抵於全量，性情喻於憂喜憤樂，理勢達於窮變通久，〔一七〕博而不雜，約而不漏，庶幾學術醇固，而於守先待後之道，〔一八〕如或將見之矣。

〔一〕本篇論學問必本性情，為學須從其性之所近，而深之以功力，極於專精，始能成學。

〔二〕《與陸元靜書》曰：「孟子云：『是非之心，知也。』『是非之心，人皆有之。』即所謂良知也。孰

〔三〕王守仁字伯安，餘姚人。弘治十二年進士。正德初，劉瑾矯旨逮南京科道官，抗章論救，謫貴州龍場驛丞。累官擢左僉都御史，巡撫南贛。十四年，以平宸濠功，拜南京兵部尚書，封新建伯。嘉靖七年卒於南安，年五十七，諡文成。王氏良知之說，本於《孟子》。《孟子》曰：「人之所不學而能者，其良能也。所不慮而知者，其良知也。」陽明以此與《大學》格物致知相聯繫，而倡「致良知」之說。

無良知乎？但不能致之耳。《易》謂『知至，至之』。知至者，知也。至之者，致知也。此知行之所以合一也。近世格物致知之説，只一知字尚未有下落，若致字工夫，全不曾道著矣。此知行之所以二也。」（《王陽明全集·文録》卷五）是致良知者，又知行合一説所從出也。

〔三〕《禮記·內則》：「六年，教之數與方名。七年，男女不同席，不共食。八年，出入門户，及即飲食，必後長者，始教之讓。九年，教之數日。十年，出就外傅，居宿於外，學書記，衣不帛襦袴。禮師初，朝夕學幼儀，請肄簡諒。十有三年，學樂誦詩，舞勺。成童舞象，學射御。二十而冠，始學禮，可以衣裘帛，舞大夏，惇行孝弟，博學不教，內而不出。」

〔四〕《周禮·地官》：「保氏養國子以道，乃教之六藝，一曰五禮，二曰六樂，三曰五射，四曰五馭，五曰六書，六曰九數。」鄭注：「六書，象形、會意、轉注、處事、假借、諧聲也。九數指算田地，算粟米即百分法，算廩税，算積羃方圓、算工程之立方體圓錐等，算遠近勞費，算贏絀，即聯立方程、勾股等。

〔五〕見《原道上》注〔一九〕。

〔六〕《商書·洪範》：「沈潛剛克，高明柔克。」章氏《通説爲邱君題南樂官舍》：「凡人之性必有所近，必有所偏，偏則不可以言通，古來人官物曲，守一而不可移者，皆是選也。薄其執一，而舍其性之所近，徒汎騖以求通，則終無所得矣。惟即性之所近，而用力之能勉者，因以推微而知著，會偏而得全，斯古人所以求通之方也。然則學者不患通之量，而患無以致通之原，蓋欲自得資深，然後可以取資左

〔七〕《王陽明年譜》：「陽明嘗曰：某於此良知之説，從百死千難中得來，不得已與人一口説盡，只恐學者得之容易，把作一種光景玩弄，不實落用功，負此知耳。」

〔八〕《孟子·公孫丑上》：「惻隱之心，仁之端也。羞惡之心，義之端也。辭讓之心，禮之端也。是非之心，智之端也。凡有四端於我者，知皆擴而充之矣，若火之始然，泉之始達。」朱注：「四端在我，隨處發知，皆即此擴廣而充滿其本然之量，則其日新又新，將有不能自已者矣。」

〔九〕王學末流之失，指王守仁門人王艮、王棟之泰州學派，以講學爲事。黃宗羲《明儒學案》稱泰州之學，時時不滿師説，益啟瞿曇之祕，故躋陽明而爲禪。當時稱爲狂縱。有鑒於王學末流之失，以良知爲諱。如顧炎武《與友人論學書》：「愚所謂聖人之道者如之何？曰博學於文，曰行己有恥。自一身至于天下國家，皆學之事也，自子臣弟友以至出入往來辭受取與之間，皆有恥之事也。」諱言「致良知」。

〔一〇〕見《原道下》注〔五〕。

〔一一〕《論語·子路》文。朱注：「幾，期也。言一言之間，未可以如此而必期其效。」

〔一二〕語見《史記·孔子世家》。

〔一三〕顏回，字子淵。曾參，字子輿。端木賜，字子貢。卜商字子夏。顏淵在德行之科，曾子學最篤實，子貢在言語之科，子夏在文學之科，故云所由不一轍。

〔四〕荀卿名況,趙人,其學蓋出於仲弓。黃震曰:「荀子所主在禮,而曰『禮之敬文也』則禮之本於內心者,卿殆未之深考,故其議禮之效,惟欲辨分以足用。」

〔五〕趙岐《孟子題辭》:「長師孔子之孫子思,治儒者之道,治《五經》,尤長於《詩》《書》。」

〔六〕《孟子·離婁下》:「君子深造之以道,欲其自得之也。」王夫之《四書箋解》:「自得者,心自得之,知其所以然也。」

〔七〕《易·繫辭下傳》:「《易》窮則變,變則通,通則久。」

〔八〕見《原道中》注〔一五〕。

言公上〔一〕

古人之言,所以爲公也,未嘗矜於文辭,而私據爲己有也。志期於道,言以足言。〔二〕其道果明於天下,而所志無不申,不必其言之果爲我有也。《虞書》曰:「敷奏以言,明試以功。」〔三〕此以言語觀人之始也。必於試功而庸服,〔四〕則所貴不在言辭也。誥諭之體,言之成文者也。苟足立政而敷治,君臣未嘗分居立言之功也。周公曰:「王若曰多方。」〔五〕誥四國之文也。說者以爲周公將王之命,不知斯言固本於周公,成王允而行之,是即成王之言也。蓋聖臣爲賢主立言,是亦聖人之治也。當時史臣載筆,亦皆聖人之徒也。曾氏鞏曰:〔六〕「典謨載堯、舜功績,併其精微之意而亦載之,是謂賢能知聖,是亦聖人之言也。文與道爲一貫,言與事爲同條,猶八音之,賢臣爲聖主述事,是謂賢能任聖,是即成王之言之徒也。」〔七〕由是觀相須而樂和,〔八〕不可分屬一器之良也。五味相調而鼎和,〔九〕不可標識一物之甘也。故曰:古人之言,所以爲公也,未嘗矜於文辭,而私據爲己有也。〔一〇〕

司馬遷曰:「《詩》三百篇,大抵賢聖發憤所爲作也。」〔一一〕是則男女慕悅之辭,思君懷友之所託也。〔一二〕征夫離婦之怨,忠國憂時之所寄也。〔一三〕必泥其辭,而爲其人之質言,則《鴟鴞》實鳥之哀音,〔一四〕何怪鮒魚忿誚於莊周,〔一五〕《萇楚》樂草之無家,〔一六〕何怪雌風慨嘆於宋玉

哉？[一七]夫詩人之旨，温柔而敦厚，[一八]主文而譎諫，言之者無罪，聞之者足戒，[一九]舒其所憤懣，而有裨於風教之萬一焉，是其所志也。

故曰：古人之言，所以爲公也，未嘗矜於文辭，而私據爲己有也。[二〇]

夫子曰：「述而不作。」[二一]六藝皆周公之舊典，夫子無所事作也。《論語》則記夫子之言出於《詩》也。[二三]「允執厥中」之述堯言，[二五]「玄牡昭告」之述湯誓，[二六]未嘗言出於《書》也。《墨子》引湯誓。《論語》記夫子之微言，而《詩》《書》初無識別，蓋亦述而之言，不甚拘別。王伯厚常據古書出孔子前者，考證《論語》所記夫子之言，多有所本。古書或有偽託，不盡可憑，要之古人引之旨也。

矣。「不恒其德」，證義巫醫，[二三]未嘗明著《易》文也。

夫子之言，見於諸家之稱述，諸家不無真偽之參，而子思、孟子之書，所引精粹之言，亦多出於《論語》所不載。而《論語》未嘗兼收，蓋亦詳略互託之旨也。[二八]《論語》未嘗有所庸心，蓋取足以明道而立教，而聖作明述爲聖言之薈粹，創新述故，未嘗有所庸心，蓋取足以明道而立教，而聖作明述爲文字之權輿，[二七]《論語》

故曰：古人之言，所以爲公也，未嘗矜其文辭，而私據爲己有也。[二九]

言之功也。[三〇]然而諸子思以其學易爲周衰文弊，諸子爭鳴，蓋在夫子既殁，微言絕而大義之已乖也。而語言文字，未嘗私其所出也。先民舊章，存天下，固將以其所謂道者，爭天下之莫可加，[三一]而語言文字，未嘗私其所出也。先民舊章，存錄而不爲識別者，《幼官》《弟子》之篇，[三二]《月令》《土方》之訓是也。[三三]《管子‧地圓》《淮南‧地

形〉，皆土訓之遺。輯其言行，不必盡其身所論述者，管仲之述其身死後事，[三四]韓非之載其李斯《駁議》是也。[三五]《莊子·讓王》《漁父》之篇，蘇氏謂之僞託；[三六]非以晏子爲墨，爲墨學者述晏子事，以名其書，[三七]猶孟子之《告子》《萬章》名其篇也。[三八]《呂氏春秋》，[三九]《淮南鴻烈》之解同稱，[四〇]蓋謂集衆賓客而爲之，不能自命專家，斯固然矣。然呂氏、淮南，未嘗以集衆爲諱，如後世之掩人所長以爲己有也。二家固以裁定之權，自命家言，故其宗旨，未嘗不約於一律，[四一]呂氏將爲一代之典要，劉安託於道家之支流，各以聰明才力之所偏，每有得於大道之一端，而遂欲以之易天下。其持之有故，而言之成理者，故將推衍其學術，而傳之其徒焉。斯又出於賓客之所不與，苟足顯其術而立其宗，而援述於前，與附衍於後者，未嘗分居立言之功也。故曰：古人之言，所以爲公也，未嘗矜其文辭，而私據爲已有也。[四二]

夫子因魯史而作《春秋》，孟子曰：「其事齊桓、晉文，其文則史」孔子自謂竊取其義焉耳。[四三]載筆之士，有志《春秋》之業，固將惟義之求，其事與文，所以藉爲存義之資也。世之譏史遷者，責其裁裂《尚書》《左氏》《國語》《國策》之文，以謂割裂而無當，[四四]出蘇明允《史論》。世之譏班固者，責其孝武以前之襲遷書，以謂盜襲而無恥，[四五]出鄭漁仲《通志》。此則全不通乎文理之論也。遷史斷始五帝，沿及三代，周、秦，使舍《尚書》《左》《國》，豈將爲憑虛、亡是之作賦

乎？〔四六〕必謂《左》《國》而下，爲遷所自撰，則陸賈之《楚漢春秋》，高祖孝文之《傳》，皆遷之所採摭，〔四七〕其書後世不傳，而徒以所見之《尚書》《左》《國》，怪其割裂焉，可謂知一十而不知二五者矣。〔四八〕固書斷自西京一代，使孝武以前，不用遷史，豈將爲經生決科之同題而異文乎？必謂孝武以後，爲固之自撰，則馮商、揚雄之紀，劉歆、賈護之書，皆固之所原本，〔四九〕以載言爲翻空後人不見，而徒以所見之遷史，怪其盜襲焉，可謂知白出而不知黑入者乎。揚、馬詞賦，尤空而無實者也。〔五〇〕以敘事爲徵實歟？年表傳目，尤實而無文者也。《屈賈》《孟荀》《老莊申韓》之標目，《同姓侯王》《異姓侯王》之分表，初無發明，而僅存題目，褒貶之意，默寓其中，乃立言之大者也。〔五一〕作史貴知其意，非同於掌故，僅求事文之末也。夫子曰：「我欲託之空言，不如見諸行事之深切著明也。」〔五二〕此則史氏之宗旨也。〔五三〕苟足取其義而明其志，而事次文篇，未嘗分居立言之功也。故曰：古人之言，所以爲公也，未嘗矜其文辭，而私據爲己有也。〔五四〕
漢初經師，抱殘守缺，〔五五〕以其畢生之精力，發明前聖之緒言，師授淵源，等於宗支譜系；觀弟子之術業，而師承之傳授，不啻鳧鵠黑白之不可相淆焉，〔五六〕學者不可不盡其心也。公、穀之於《春秋》，〔五七〕後人以謂假設問答以闡其旨爾。〔五八〕不知古人先有口耳之授，而後著之竹帛焉，非如後人作經義，苟欲名家，必以著述爲功也。商瞿受《易》於夫子，其後五傳而至田何。

施、孟、梁丘,皆田何之弟子也。[五九]然自田何而上,未嘗有書,則三家之《易》,著於《藝文》,[六〇]皆悉本於田何以上口耳之學也。不雜齊、魯,[六一]傳伏《書》者,不知孔學;[六二]諸學章句訓詁,有專書矣。門人弟子,據引稱述,雜見傳紀章表者,不盡出於所傳之書也,而宗旨卒亦不背乎師說。則諸儒著述成書之外,別有微言緒論,口授其徒,而學者神明其意,推衍變化,著於文辭,不復辨其孰爲師說,不復辨爲師之所詔,與夫徒之所衍也。而人之觀之者,亦以其人而定爲其家之學,而口耳竹帛,未嘗分居立言之功也。故曰:古人之言,所以爲公也,未嘗矜通其經而傳其學,而口耳竹帛,未嘗分居立言之功也。故曰:古人之言,所以爲公也,未嘗矜於文辭,而私據爲己有也。[六三]

〔一〕按《原道下》:「言出於我,而所以爲言,初非由我。」《言公》三篇,即由此義引發之者也。劉咸炘《識語》:「『言公』一義,自先生始詳發之,其初不過欲明班(固)非矯馬(司馬遷),諸子書出於其徒二義,爲史與校讎之要義,既推而擴之,遂無所不通。」三篇作年見《詩教上》注〔二〕。本篇論古人之言,期於達意以明道,所以爲公,未嘗私據而爲己有。

〔二〕《論語·述而》:「志於道。」《左傳》襄二十五年:「仲尼曰:志有之,言以足志,文以足言。不言,誰知其志? 言之無文,行而不遠,慎辭也。」

〔三〕《虞書·舜典》文。

〔四〕今本《書·舜典》:「車服以庸。」

〔五〕《周書·多方》:「周公曰:『王若曰……猷,告爾四國多方。』」正義曰:「成王新始即政,周公留而輔之。周公以王命告令諸侯,所告實非王言,故不限于四方。)」加『周公曰』於『王若曰』之上,以明周公宣成王之意也。」

〔六〕《宋史》(卷三一九)本傳:「曾鞏字子固,(建昌)南豐人。幼警敏,讀書脫口輒誦。嘉祐進士,擢史館修撰、中書舍人。」工文章,以簡潔著稱。著有《元豐類稿》五十卷,《隆平集》二十卷。生於天禧三年,卒於元豐六年,年六十五歲。

〔七〕曾鞏《南齊書目録序》:「昔者,虞舜有神明之性,有微妙之德,使由之者不能知,知之者不能名,以爲治天下之本,號令之所布,法度之所設,其言至約,其體至備。以爲治天下之具而爲至典者,推而明之。則方事之時,豈特任政者皆天下之士哉?蓋執簡操筆而隨者,亦皆聖人之徒也。」(《元豐類稿》卷十一)

〔八〕今本《尚書·舜典》:「四海遏密八音。」僞孔傳:「八音,金石絲竹匏土革木。」

〔九〕《禮記·王制》:「五味異和。」《禮運》鄭注:「五味,酸苦辛鹹甘也。」

〔一〇〕按此節即《書》以明言公之義。

〔一一〕《史記·太史公自序》文。

〔三〕《詩》尚比興，思君懷友，每託爲男女慕悅之辭。如曹植《七哀》：「願爲西南風，長逝入君懷！」此思君之作也。

〔三〕《詩·黍離》《君子于役》，雖寫征夫離婦之怨，實是忠國憂時之所寄也。

〔三〕如《詩》江淹《雜擬》：「日暮碧雲合，佳人殊未來。」此懷友之詞也。

〔四〕《周書·金縢》：「武王既喪，管叔及其群弟（蔡叔、霍叔）乃流言于國曰：『公將不利於孺子（周成王）。』周公乃告二公（召公、太公）曰：『我之弗辟，我無以告我先王。』周公居東二年，則罪人斯得，于後公乃爲詩以貽王，名之曰《鴟鴞》。」

〔五〕《莊子·外物》：「莊周家貧，故往貸粟於監河侯。監河侯曰：『諾。我將得邑金，將貸子三百金，可乎？』莊周忿然作色曰：『周昨來，有中道而呼者。周顧視車轍中，有鮒魚焉。周問之曰：鮒魚來，子何爲者邪？對曰：我東海之波臣也。君豈有斗升之水而活我哉？周曰：諾。我且南遊吳、越之王，激西江之水而迎子，可乎？鮒魚忿然作色曰：吾失我常與，我無所處，吾得斗升之水然活耳。君乃言此，曾不如早索我於枯魚之肆！』」

〔六〕《詩·檜風·隰有萇楚》第二章：「隰有萇楚（羊桃）猗儺（柔順）其華；夭之沃沃，樂子之無家！」

〔七〕《文選》宋玉《風賦》：「楚襄王游於蘭臺之宮，宋玉、景差侍。有風颯然而至，王乃披襟而當之，曰：『快哉此風！寡人所與庶人共者邪？』宋玉對曰：『此獨大王之雄風耳！庶人安得而共之！』下寫大王之雄風與庶人之雌風，以見王與庶人不同之寓意。文長不錄。

〔八〕《禮記·經解》：「溫柔敦厚，《詩》教也。」

〔九〕語見《毛詩序》。

〔一〇〕按此節即《詩》以明言公之義。

〔一一〕見《論語·述而》。

〔一二〕《論語·子路》：子曰：「不占而已矣。」不恒其德二句，乃《易·恒卦》九三爻辭，孔子取以證巫醫之不可無恒。

〔一三〕《論語·子路》：「子曰：『南人有言曰："人而無恒，不可以作巫醫。"善夫！"不恒其德，或承其羞。"』」

〔一四〕《論語·季氏》：「齊景公有馬千駟，死之日，民無德而稱焉。伯夷叔齊餓於首陽之下，民到于今稱之。『誠不以富，亦祇以異』，其斯之謂與！」「誠不以富」二句，乃《小雅·我行其野》之詞，孔子引之以贊夷齊也。

〔一五〕《論語·子罕》：「子曰：『衣敝縕袍，與衣狐貉者立而不恥者，其由也與！"不忮不求"』」不忮不求」三句，乃《衛風·雄雉》之詩，子路能不以貧富動其心，故孔子臧。」「不忮不求」，何用不臧。」季由，字子路。此以美之。

〔一六〕《論語·堯曰》：「堯曰：『咨！爾舜，天之曆數在爾躬。允執厥中，四海困窮，天祿永終』」文見《虞書·偽大禹謨》。

《書·湯誥》：「堯曰：『予小子履，敢用玄牡，敢昭告于皇皇后帝。有罪不敢赦，帝臣不蔽，簡在帝心。朕躬有罪，無以萬方。萬方有罪，罪在朕躬。』」《墨子·兼愛下》引作《湯誓》。

〔二七〕見《經解》注〔二三〕。

〔二八〕《禮記‧樂記》：「故知禮樂之情者能作，識禮樂之情者能述」；作者之謂聖，述者之謂明。明聖者，述作之謂也。

〔二九〕《禮記‧樂記》以明言公之義。

〔三〇〕《漢書‧藝文志》：「仲尼沒而微言絕，七十子喪而大義乖。」

〔三一〕《莊子‧天下》：「天下之治方術者多矣，皆以其有為不可加矣。」

〔三二〕劉向校《管子》書，定著八十六篇，《漢志》列入道家。今存七十六篇。《幼官》說五行政令，《弟子職》蓋古禮書，輯《管子》者收之。

〔三三〕《禮記‧月令》，鄭《目錄》云：「名《月令》者，以其記十二月政之所行也。本《呂氏春秋》十二紀之首章也，以禮家好事合鈔之」。《周禮》夏官之屬有土方氏、訓方氏。《管子》雜篇有《地員》篇。《淮南子》有《地形訓》。皆為土訓之遺。

〔三四〕晁公武曰：「杜佑《指略敘》云：其書載管仲將沒，對齊桓公之語，疑後人續之。」（《郡齋讀書志》）宋濂曰：「是書非仲自著也。其中有絕似《曲禮》者，有近似《老》《莊》者，有論霸術而極精微者，或小智自私而其言至卑汙者。疑戰國時人采掇仲之言行，附以他書成之。不然，毛嬙、西施，吳王好劍，威公之死，五公子之亂，事皆出仲後，不應豫載之也。」（《諸子辯》）

〔三五〕《韓非子‧存韓》，前半當是非事秦時所上書。後半自「詔以韓客之所上書，書言韓之未可舉，下臣

〔三六〕斯」以下，備載李斯《駁議》，及秦、韓交涉事蹟，明是秦史官或李斯徒黨所記錄。

〔三七〕見《莊子祠堂記》(《東坡前集》卷三十二)。

〔三八〕柳宗元《辯晏子春秋》曰：「吾疑其墨子之徒有齊人者爲之。墨好儉，晏子以儉名於世，故墨子之徒，尊著其事，以增高爲己術者。」(《柳河東集》卷四)

〔三九〕告子名不害，從孟子論性。萬章，孟子弟子。均以在篇首，取以名篇。

〔四〇〕《史記·呂不韋傳》：「是時諸侯多辯士，如荀卿之徒，著書布天下。呂不韋乃使其客人人著所聞，論集以爲八覽、六論、十二紀，二十餘萬言。以爲備天地萬物古今之事，號曰《呂氏春秋》。」

〔四一〕《漢志》雜家：「《淮南》内二十一篇，外三十三篇。」師古曰：「内篇論道。外篇雜説。」《西京雜記》：「淮南王安著《鴻烈》二十一篇。鴻，大也。烈，明也。言大明禮教。」梁章鉅《退菴隨筆》十七：「鴻烈之義，一見於本書《要略訓》，而高誘叙中亦言『講論道德，總統仁義，而著此書，號曰《鴻烈》』。誘又曰：『光禄大夫劉向，校定撰具，名之《淮南》。』《藝文志》亦向、歆所述，是當時品題《淮南》，不必稱子，直至《隋志》始題《淮南子》也。」別詳《詩教上》注〔五六〕。

〔四二〕《漢書·藝文志》謂雜家「兼儒墨，合名法」，蓋能節取其長而去其偏宕，雜於衆而不雜於己，此其所以成家也。

〔四三〕見《孟子·離婁下》。

〔四四〕蘇洵《史論下》:「遷之辭,淳健簡直,自成一家,而乃裂取六經傳記,雜於其間,以破碎汩亂其體。五帝三代紀多《尚書》之文。齊、魯、晉、楚、宋、衛、陳、鄭、吳、越世家,多《左傳》《國語》之文。《孔子世家》《仲尼弟子傳》,多《論語》之文。夫《尚書》《左傳》《國語》《論語》之文,非不善也,雜之則不善也。今夫繡繪錦縠,衣服之窮美者也。尺寸而割之,錯而紉之以為服,則絺繪之不若。遷之書,無乃類是乎?」(《嘉祐集》卷八)

〔四五〕《通志·自序》:「班固者,浮華之士也。全無學術,專事剽竊。由其斷漢為書,是致周、秦不相因,古今成間隔。自高祖至武帝,凡六世之前,盡竊遷書,不以為憨。自昭帝至平帝,凡六世,資於賈逵、劉歆,復不以為恥。況又有曹大家終篇,則固之自為書也,幾希。後世眾手修書,道傍築室,掠人之文,竊鐘掩耳,皆固之作俑也。」

〔四六〕《史記》一書,起《五帝本紀》。《太史公自序》:「述往事,思來者,於是卒述陶唐以來,至於麟止,自黃帝始。」《文選》張衡《西京賦》有憑虛公子。司馬相如《上林賦》有亡是公。皆無是人之意。

〔四七〕《漢書·藝文志》:「《楚漢春秋》九篇,陸賈所記。」《後漢書·班彪傳》:「漢興,定天下。太中大夫陸賈記錄時功,作《楚漢春秋》九篇。孝武之世,太史令司馬遷采《左氏》《國語》,刪《世本》《國策》,據楚漢列國時事,上自黃帝,下訖獲麟,作本紀、世家、列傳、書、表,凡百三十篇,而十篇缺焉。」《史記·陸賈傳》《索引》:「《楚漢春秋》九篇,陸賈記項氏與漢高祖初起,及說惠文間事。」《漢書·司馬遷傳贊》稱:「述《楚漢春秋》,接其後事。」《漢志·諸子略》儒家類有《高祖傳》十一篇,自注……

「高祖及大臣述古語及詔策也」。又《孝文傳》十一篇，自注：「文帝所稱及詔策。」

〔四八〕《史記·越王句踐世家》：「且王之所求者，鬭晉楚也。晉楚不鬭，越兵不起，是知二五不知十也。」

〔四九〕《史通·古今正史》：「《史記》所書，年止漢武，太初已後，闕而不錄。其後劉向、向子歆及諸好事者，若馮商、衛衡、揚雄、史岑、肆仁、晉馮、段肅、金丹、馮衍、韋融、蕭奮、劉恂等，相次撰續，迄於哀、平間，猶名《史記》。至建武中，司徒掾班彪，以爲其言鄙俗，不足以踵前史。又雄、歆襃美僞新，誤惑後衆，不當垂之後代者也。於是採其舊事，旁貫異聞，作《後傳》六十五篇。其子固以父所撰，未盡一家，乃起元高皇，終乎王莽，十有二世，二百三十年，綜其行事，上下通洽，爲《漢書》紀、表、志、傳百篇。」按《漢書·藝文志》馮商《所續太史公》七篇。賈護，未詳。《答客問上》又作賈逵。鄭樵謂班固《漢書》資於賈逵，見上注〔四五〕。

〔五〇〕《韓非子·說林下》：「楊朱之弟楊布，衣素衣而出，天雨，解素衣，衣緇衣而反。其狗不知而吠之。楊布怒，將擊之。楊朱曰：『子毋擊也，子亦猶是。曩者，使汝狗白而往，黑而來，子豈能毋怪哉？』」

〔五一〕按《史記·司馬相如傳》《漢書·揚雄傳》，並錄其辭賦以入傳，不別立文苑，所以著其風流文采。劉知幾欲取史傳中所載詩文，更立一書，以清史體。（《史通·載言》）浦起龍折之曰：「是篇蓋就列傳而言，方詮事狀，忽夾長篇，未免文氣隔越，故設此論。嘗竊計之，就如賈生、董傅、方朔、馬卿，未作要官，無他政蹟，其生平不朽，正在陳書、對策、詩頌、論著等文，設檢去之，以何擔重？」浦氏之說可

〔五二〕 與此相參。

〔五三〕《書教下》:「《屈賈列傳》,所以惡絳、灌之讒,其叙屈之文,非爲屈氏表忠,乃弔賈之賦也。」又云:「《孟子荀卿》,總括遊士著書耳。」方苞曰:「騶衍以下十一人,錯出《孟子荀卿傳》,若無倫次,及推其意義,然後知其不苟然也。蓋戰國時,守孔子之道而不志乎利者,孟子一人耳。其次惟荀卿,而少駁焉。故首論商鞅、吴起、田忌以及從横之徒,著仁義所由充塞也。自騶衍至騶奭,説猶近正,而著書以干世主爲志,則已鶩於功利矣。其序荀卿於衍、奭諸人後者,非獨以時相次也。荀卿之學,雖不能無駁,而著書則非干世,所以別於衍、奭之倫也。自公孫龍至吁子,則舜雜鄙近,視衍、奭而又下矣。」(《書孟荀傳後》,《望溪文集》卷二。)此發明合傳之意,較然詳明。《史記·老莊申韓傳》:「申子卑卑,施於名實,韓子引繩墨,切事情,明是非,其極慘覈少恩,皆原於道德之意。」名法之學,其鵠歸於無爲,而因循爲用之説,適啓刑名之漸,故史公明其合傳之故如此。蘇軾謂「事固有不相謀而相感者,老、莊之後,其禍爲申、韓」。(《韓非論》)説猶淺之。《漢書·異姓諸侯王表》在卷十三。(同姓)《諸侯王表》在卷十四。蘇洵《史論中》:「固之表八,而王侯書六,其人也必曰某土某王若侯某,或功臣外戚,則加其姓而首目之曰號諡姓名,此異姓列侯之例也。諸侯王其目止號諡,豈以其尊故不曰名之邪? 不曰名之而實名之,豈以不名而不著邪? 此同姓諸侯王例也。」(《嘉祐集》卷八)

〔五四〕 按此節言史文之公。見《春秋繁露·俞序》及《史記·太史公自序》引。

〔五五〕劉歆《移讓太常博士書》中語。

〔五六〕《莊子·天運》：「鵠不日浴而白，烏不日黔而黑。」梟當作烏。

〔五七〕《漢志·六藝略·春秋》：「《公羊傳》十一卷。《穀梁傳》十一卷。」蔣超伯云：「公羊高，齊人，受《春秋》於子夏。四傳而至董仲舒，及胡母子都。胡母生再傳而至嚴彭祖、顏安樂，是爲嚴、顏之學。仲舒以《公羊》顯，又數傳而至何休。其後高龍、孔衍、徐彥、邢昺，或注或疏，此《公羊》之源流也。穀梁赤亦子夏弟子，一説名喜，以《春秋》傳孫卿，卿傳申公，申公傳江翁，至尹更始，始爲章句。此後有唐固、糜信、孔衍、江熙等十餘家。范武子以其膚淺，復爲之注，至今宗之。此外如石、趙、蟲、熊之注，唐楊士勛之疏，今皆不傳，（按《十三經注疏》，《穀梁傳》正用楊疏）此《穀梁》之大概也」（《南漘楛語》）

〔五八〕《公羊》《穀梁》二傳，均爲問答體。

〔五九〕《漢書·儒林傳》：「自魯商瞿子木受《易》孔子，以授魯橋庇子庸。子庸授江東馯臂子弓。子弓授燕周醜子家。子家授東武孫虞子乘。子乘授齊田何子裝。丁寬從田何受《易》，授同郡碭田王孫。王孫授施讎、孟喜、梁丘賀，由是《易》有施、孟、梁丘之學。」

〔六〇〕《漢書·藝文志·六藝略》《易》類：「《章句》，施、孟、梁丘各二篇。」

〔六一〕《漢書·儒林傳》：「韓嬰，燕人也。孝文時爲博士，孝景時，至常山太傅。嬰推詩人之意而作内外傳數萬言，其語與齊、魯殊，然歸一也。」按齊《詩》亡於魏，魯《詩》亡於晉，韓《詩》亡於北宋，今存

《韓詩外傳》十卷。

〔六二〕《漢書·儒林傳》:「伏生,濟南人也,故爲秦博士。秦時禁書,伏生壁藏之,大兵起,流亡。漢定,伏生求其書,亡數十篇,獨得二十九篇,即以教于齊、魯之間。」一傳爲歐陽生,三傳爲夏侯勝,勝授族兄子建,於是《書》有歐陽、大小夏侯之學。是爲今文《尚書》。又《儒林傳》:「孔氏有《古文尚書》(皆科斗文),孔安國以今文讀之,因以起其家,逸書得十餘篇,蓋《尚書》茲多於是矣。遭巫蠱,未立於學官。」按安國《尚書》(五十九篇)不傳於世。後張霸有《尚書》百兩篇,亦不傳於世。東漢賈逵、馬融、鄭玄作古文《尚書》注解,亦不傳於世,至晉梅賾獻古文《尚書》,並孔安國傳,即今所通行者,蓋僞託也。餘詳《經解中》注〔二八〕。

〔六三〕按此節言經學之公。

言公中〔一〕

嗚呼！世教之衰也，道不足而爭於文，則言可得而私矣；實不充而爭於名，則文可得而矜矣。言可得而私，文可得而矜，則爭心起而道術裂矣。古人之言，欲以喻世；而後人之言，欲以欺世。非心安於欺世也，有所私而矜焉，不得不如是也。古人之言，欲以淑人；而後人之言，欲以炫己。非古人不欲炫，而後人偏欲炫也，有所不足與不充焉，不得不如是也。〔二〕孟子曰：「矢人豈不仁於函人哉？操術不可不慎也。」〔三〕古人立言處其易，後人立言處其難。何以明之哉？古人所欲通者，道也。不得已而有言，〔四〕譬如喜於中而不得不笑，疾被體而不能不呻，豈有計於工拙敏鈍，而勉強爲之效法哉？若夫道之所在，學以趨之，學之所在，類以聚之，古人有言，先得我心之同然者，〔五〕即我之言也。何也？其道同也。窮畢生之學問思辨於一定之道，〔六〕而上通千古同道之人以爲之輔，其立言也，不易然哉？惟夫不師之智，務爲無實之文，則不喜而強爲笑貌，無病而故爲呻吟，已不勝其勞困矣；而況挾恐見破之私意，〔七〕竊據自擅之虛名，前無所藉，後無所援，處勢孤危而不可安也，豈不難哉？夫外飾之言，與中不欲爭名之言，其難易之數可知也。不欲爭名之言，與必欲爭名之言，其難易之數，又可知也。通古出之言，其難易之數可知也。

今前後，而相與公之之言，與私據獨得，必欲己出之言，其難易之數，又可知也。立言之士，將有志於道，而從其公而易者歟？抑徒競於文，而從其私而難者歟？公私難易之間，必有辨矣。嗚呼！安得知言之士，而與之勉進於道哉？〔八〕

古未有竊人之言以爲己有者，伯宗梁山之對，〔九〕既受無後之誚，而且得蔽賢之罪矣。古未有竊人之文以爲己有者，屈平屬草稿未定，上官大夫見而欲奪，〔一〇〕既思欺君，而且以讒友矣。竊人之美，等於竊財之盜，老氏言之斷斷如也。〔二〕其弊由於自私其才智，而不知歸公於道也。向令伯宗薦蕢者之賢，而用縞素哭祠之成說，是即伯宗興邦之言也，功不止於梁山之事也。上官大夫善屈平而贊助所爲憲令焉，是即上官造楚之言也，功不止於憲令之善也。韓琦爲相，而歐陽修爲翰林學士。或謂韓公無文章，韓謂「琦相而用修爲學士，天下文章，孰大於琦？」〔二二〕嗚呼！若韓氏者，可謂知古人言公之旨矣。〔一三〕

竊人之所言，以爲己有者，好名爲甚，而爭功次之。功欺一時，而名欺千古也。以己之所作，僞託古人者，奸利爲甚，而好事次之；好事則罪盡於一身，奸利則效尤而蔽風俗矣。齊丘竊《化書》於譚峭，〔一四〕郭象竊《莊》注於向秀，〔一五〕君子以謂儇薄無行矣。作者如有知，但欲其說顯白於天下，而不必明之自我也。然而不能不恫心於竊之者，蓋穿窬胠篋之智，〔一六〕必有竊易更張以就其掩著，而因以失其本指也。劉炫之《連山》，〔一七〕梅賾之《古文尚書》，〔一八〕應詔入

獻，將以求祿利也。侮聖人之言，而竊比河間、[一九]河內之蒐討，[二〇]君子以爲罪不勝誅矣。夫墳典既亡，而作僞者之搜輯補苴，如古文之採輯逸書，散見於記傳者，幾無遺漏。亦未必無什一之存也。然而不能不深惡於作僞者，遺篇逸句，附於闕文，[二一]而其義猶存；附會成書，而其義遂亡也。向令易作僞之心力，而以採輯補綴爲己功，則功豈下於河間之《禮》、河內之《書》哉？王伯厚《三家詩考》、吴草廬《逸禮》，[二二]生於宋、元之間，去古浸遠，而尚有功於經學。人，必更易爲力，惜乎計不出此，反藉以作僞。郭象《秋水》《達生》之解義，[二三]非無精言名理可以爲向之亞也；向令推闡其旨，與秀之所注，相輔而行，觀者亦不辨其孰向孰郭也，豈至邊等穿窬之術哉？不知言公之旨，而欲自私自利以爲功，大道隱而心術不可復問矣。[二四]

學者莫不有志於不朽，而抑知不朽固自有道乎？言公於世，則書有時而亡，其學不至遽絶也。蓋學成其家，而流衍者長，觀者考求而能識別也。孔氏古文雖亡，而許慎治《詩》兼韓氏；[二五]而史遷問故於安國，[二六]今遷書具存，而孔氏之《書》，未盡亡也。韓氏之《詩》雖亡，而許慎《詩》兼韓氏；[二七]今《說文》具存，而韓嬰之《詩》，未盡亡也。劉向《洪範五行傳》，[二八]與《七略別錄》雖亡，[二九]而班固史學出劉歆；歆之《漢記》、《漢書》所本。今《五行》《藝文》二志具存，而劉氏之學未亡也。[三〇]亦有後學託之前修者，褚少孫之藉靈於馬遷，[三一]裴松之依光於陳壽，[三二]非緣附驥，其力不足自存也。又有道同術近，其書不幸亡逸，藉同道以存者，《列子》殘闕，半述於莊

生」，〔三三〕楊朱書亡，多存於《韓子》；〔三四〕蓋莊、列同出於道家，而楊朱爲我，其術自近名法也。〔三五〕又有才智自騁，未足名家，有道獲親，幸存斧琢之質者，〔三六〕告子杞柳湍水之辨，〔三七〕藉孟子而獲傳；惠施白馬三足之談，〔三八〕因莊生而遂顯；雖爲射者之鵠，亦見不羈之才，非同泯泯也。又有瑣細之言，初無高論，而幸入會心，竟垂經訓。孺子濯足之歌，〔三九〕通於家國；時俗苗碩之諺，〔四〇〕證於身心。其喻理者，即淺可深；而獲存者，無俗非雅也。古人易而後人難也，古人巧而後人拙也，古人是而後人非也，名實之勢殊，公私之情異，而有意於言與無意於言者，不可同日語也。故曰：無意於文而文存，有意於文而文亡。〔四一〕

今有細民之訟，兩造具辭，有司受之，必據其辭而賞罰其直枉焉。所具之辭，豈必鄉曲細民能自撰哉？而曲直賞罰，不加爲之辭者，而加之訟者，重其言之之意，而言固不必計其所出也。墓田隴畝，祠廟宗支，履勘碑碣，不擇鄙野，以謂較論曲直，舍是莫由得其要焉。豈無三代鐘鼎，秦、漢石刻，款識奇古，文字雅奧，爲後世所不可得者哉？取辨其事，雖庸而不可廢；無當於事，雖奇而不足爭也。然則後之學者，求工於文字之末，而欲據爲一己之私者，其亦不足與議於道矣。〔四二〕

或曰：指遠辭文，〔四三〕《大傳》之訓也。辭遠鄙倍，〔四四〕賢達之言也。「言之不文，行之不遠」，〔四五〕辭之不可以已也。今日求工於文字之末者非也，其何以爲立言之則歟？曰：非此之

謂也。《易》曰：「修辭立其誠。」[四六]誠不必於聖人至誠之極致，始足當於修辭之立也。學者有事於文辭，毋論辭之如何，其持之必有其故，而初非徒爲文具者，皆誠也。有其故，而修辭以副焉，是其求工於是者，所以求達其誠也。「《易》奇而法，《詩》正而葩」，[四七]《易》以道陰陽」，《詩》以道性情也。[四八]其所以修而爲奇與葩者，則固以謂不如是，則不能以顯陰陽之理與性情之發也。故曰：非求工也。無其實而有其文，即六藝之辭，猶無所取，而況其他哉？[四九]

文，虛器也；道，實指也。文欲其工，猶弓矢欲其良也。弓矢可以禦寇，亦可以爲寇，非關弓矢之良與不良也。文可以明道，亦可以叛道，非關文之工與不工也。他日見操，自比矢之不得不應弦焉。[五〇]使爲曹操檄袁紹，聲曹操之罪狀，辭采未嘗不壯烈也。然則徒善文辭，而無當於道，譬彼舟車之良，洵便於乘者矣，適燕與粵，未可知工亦必猶是爾。也。[五一]

聖人之言，賢人述之，而或失其指。賢人之言，常人述之，而或失其指。人心不同，如其面焉。[五二]而曰言託於公，不必盡出於己者，何也？蓋謂道同而德合，其究終不至於背馳也。且賦詩斷章，不啻若自其口出，[五三]而本指有所不拘也。引言互辨，與其言意或相反，而古人並存不廢也。前人有言，後人援以取重焉，是同古人於己也。前人有言，後人從而擴充焉，是以己

附古人也。仁者見仁,知者見知,[五四]言之從同而異,從異而同者,殆如秋禽之毛,不可徧舉也。是以後人述前人,而不廢前人之舊也。以為並存於天壤,而是非失得,自聽知者之別擇,乃其所以為公也。君子惡夫盜人之言,而遽鏟去其跡,以遂掩著之私也。若夫前人已失其傳,不得已而取裁後人之論述,是乃無可如何,譬失祀者,得其族屬而主之,亦可通其魂魄爾。非喻言公之旨,不足以知之。[五五]

〔一〕按本篇論道不足而競於文,實不足而爭於名,其弊流為盜竊。劉咸炘《識語》云:「先生議論多被人竄取,故有此論。」

〔二〕《砭異》:「夫內重則外輕,實至則名忘。凡求異於人者,由於內不足也。自知不足,又不勝其好名之心,斯欲求異以加人,而人亦卒莫為所加也。內不足不得不矜於外,實不至不得不騖於名,又人情之大抵類然也。」即申此意而暢言之。

〔三〕《孟子・公孫丑上》:「孟子曰:『矢人豈不仁於函人哉?矢人惟恐不傷人,函人惟恐傷人。巫匠亦然。故術不可不慎也。』」

〔四〕《近思錄》卷二:「伊川先生《答朱長文書》曰:『聖賢之言,不得已也。蓋有是言,則是理明。無是言,則天下有闕焉。如彼耒耜陶冶之器不制,則生人之道有不足矣。聖賢之言,雖欲已得乎?然其包涵天下之理,亦甚約也。後之人始執卷則以文章為先,平生所為,動多於聖人,然有之無所補,無

〔五〕《孟子·告子上》：「心之所同然者，何也？謂理也，義也。聖人先得我心之所同然耳。」

〔六〕《禮記·中庸》：「博學之，審問之，慎思之，明辨之，篤行之。」

〔七〕劉歆《移讓太常博士書》：「猶欲抱殘守缺，挾恐見破之私意，而無從善服義之公心。」

〔八〕按此節言中無實得，而欲自私其言，爲事甚難。

〔九〕《左傳》成五年：「梁山崩。晉侯以傳（車）召伯宗。伯宗辟重（避重載車）曰：『辟傳！』重人曰：『待我，不如捷之速也』。問其所，曰：『絳人也。』問絳事焉。曰：『梁山崩，將召伯宗謀之。』問：『將若之何？』曰：『山有朽壤而崩，可若何！國主山川，故山崩川竭，君爲不舉，降服，乘縵，徹樂，出次，祝幣，史辭以禮焉。其如此而已。雖伯宗若之何！』伯宗請見之，不可。遂以告而從之。」《韓詩外傳》卷八：「君問伯宗何以知之。伯宗不言受輦者，詐以自知。孔子聞之曰：『伯宗其無後，攘人之善』。」按後十年：「三郤殺伯宗，子伯州犂奔楚。

〔一〇〕《史記·屈原傳》：「懷王使屈原造爲憲令。屈原屬草稿未定，上官大夫見而欲奪之，屈平不與，因讒之曰：『王使屈平爲令，衆莫不知，每一令出，平伐（誇）其功曰，以爲非我莫能爲也』。王怒而疏屈平。」

〔一一〕《左傳》昭十四年：「己惡而掠美爲昏。」又僖二十四年：「竊人之財，猶謂之盜，況貪天之功以爲己

〔一三〕明曾大有《韓魏公集序》：「至其自謂：『某爲相，歐陽永叔爲翰林學士，天下文章，孰大於此？』則公之志在經世，而其文有非人所及知者。」

〔一四〕宋濂曰：「《齊丘子》六卷，一名《化書》，言道、術、德、仁、食、儉六化爲甚悉。是書之作，非齊丘也。終南山隱者譚峭景升也，齊丘竊之者也。」（《諸子辯》）《列仙傳》：「譚景升以《化書》授齊丘，曰：『是書之化，其道無窮，願子序之，流於後世。』齊丘因奪爲己有而傳之，遂不得其死。」（《古今僞書考》引）按《粤雅堂叢書》本，「齊丘」「譚峭」誤倒。

〔一五〕《世説新語·文學》：「初注《莊》者數十家，莫能究其要旨。向秀於舊注外爲解義，妙析奇致，大暢玄風。惟《秋水》《至樂》二篇未竟而秀卒。秀子幼，義遂零落，然猶有别本。郭象者，爲人薄行，有俊才，見秀義不傳於世，遂竊以爲己注，乃自注《秋水》《至樂》，又易《馬蹄》一篇，其餘衆篇，或點定文句而已。後秀義别本出，故今有向、郭二《莊》，其義一也。」陳振孫云：「秀義今不傳，但時見陸氏《釋文》。」《四庫總目提要》稱以《釋文》校之，郭、向兩家注有同有異，是所謂竊據向書點定文句者始非無證。

〔一六〕《論語·陽貨》：「子曰：『色厲而内荏，譬諸小人，其猶穿窬之盜也與！』」《集解》：「穿，穿壁。窬，窬牆。」《莊子·胠篋》注引司馬云：「從旁開爲胠。」胠篋，謂發篋盜物者。

〔一七〕《隋書·儒林傳》：「劉炫字光伯，河間景城人。開皇中，預修國史，除殿內將軍。時牛弘奏請購求天下遺逸之書。炫偽造書百餘卷，題為《連山易》《魯史記》等，錄上送官，取賞而去。後有人訟之，經赦免死，除名歸家。」

〔一八〕見《經解中》注〔二八〕。

〔一九〕《漢書·景十三王傳》：「河間獻王德，修學好古，實事求是。從民間得善書，必為好寫與之，留其真，加金帛賜以招之。由是四方道術之人，不遠千里，或有先祖舊書，多奉之以奏獻王者。獻王所得，皆古文先秦舊書，《周官》《尚書》《禮記》《孟子》《老子》之屬。」

〔二〇〕《論衡·正說》：「孝宣皇帝之時，河內女子發老屋，得逸《易》《禮》《尚書》各一篇，奏之。宣帝下示博士，然後《易》《禮》《尚書》各益一篇，而《尚書》二十九篇始定。」《隋書·經籍志》：「河內女子得《泰誓》一篇獻之。」《晉書·束晳傳》：「太康二年，汲郡人不準盜發魏襄王家，得竹書數十車，皆漆書科斗字。武帝以其書付祕閣，校綴次第，以今文寫之，暫在著作，得觀竹書。」按竹書凡七十五篇，今世所傳《竹書紀年》《汲冢周書》《穆天子傳》皆在其中。

〔二一〕《論語·衛靈公》：「子曰：『吾猶及史之闕文也。』」《集解》引包咸曰：「古之良史，於書字有疑則闕之，以待知者。」

〔二二〕《隋書·經籍志》：「漢初，有高堂生傳十七篇。又有古經出於淹中，而河間獻王得而獻之，合五十六篇（除十七篇，《逸禮》三十九篇）。有李氏得《周官》，上於河間獻王，獨闕《冬官》一篇，取《考工

〔一三〕記》以補其處，合成六篇，奏之。又得仲尼弟子及後學者所記一百三十一篇，獻之。時亦無傳之者。〕河內之書，見上注。南宋王應麟字伯厚，撰《三家詩考》三卷，搜集齊、魯、韓三家詩說。元吳澄號草廬，撰《儀禮逸經傳》二卷，掇拾逸經，以補《儀禮》之遺。

〔一四〕按《世說新語》謂象所自注者，爲《秋水》《至樂》二篇。此云《達生》，誤。

〔一五〕按本節言盜竊者必竄易，作僞者多附會，所以可惡。

〔一六〕惠棟云：「孔安國古文五十八篇，漢世未嘗亡，至東京時惟亡《武成》一篇，而《藝文志》所載五十七篇而已。其所逸十六篇，當時學者或能案其篇目，舉其遺文，雖無章句訓故之學，翕然皆知孔氏之逸書也。今世所謂古文者，乃梅賾之書，非壁中之文也。賾採摭傳記，作爲古文，以給後世。後世儒者，靡然信從。於是東晉之古文出，而西漢之古文亡矣。」(《古文尚書考》卷一)

〔一七〕《漢書·儒林傳》：「(孔)安國爲諫大夫，授都尉朝。」而司馬遷亦從安國問故。遷書載《堯典》《禹貢》《洪範》《微子》《金縢》諸篇，多古文說。」

〔一八〕《後漢書·儒林傳》：「許慎字叔重，汝南召陵人。慎以《五經》傳說，臧否不同，於是撰爲《五經異義》，又作《說文解字》十四篇，皆傳於世。」《說文叙》云：「其稱《詩》毛氏。」段玉裁注云：「毛氏者，許《詩》學之宗也。」然亦時采《韓詩》爲說。如馗，九達之道也。《兔罝》「施于中逵」，《韓詩》逵作馗。薺，蒺藜也。《牆有茨》，《韓詩》茨作薺。灈，深也。《新臺》「新臺有洒」，《韓詩》洒作灈。皆用《韓詩》之證。

〔二八〕《漢書·劉向傳》：「上方精於《詩》《書》，觀古文，詔向領校中《五經》祕書。向見《尚書·洪範》，箕子爲武王陳五行陰陽休咎之應，向乃合上古以來，歷春秋、六國至秦、漢符瑞災異之記，推迹行事，連傳禍福，著其占驗，比類相從，各有條目，凡十一篇，號曰《洪範五行傳》。」《漢志·六藝略·書類》：「劉向《五行傳記》十一卷。」

〔二九〕《隋書·經籍志》：「《七略別錄》二十卷，劉向撰。」《唐書·藝文志》同。其書宋時已佚，清嚴可均輯《別錄》一卷，載《全漢文》卷三十八。

〔三〇〕《史通·書志》：「班固綴孫卿之詞，以序《刑法》；探孟軻之語，用裁《食貨》；《五行》出劉向《洪範》，《藝文》取劉歆《七略》，因人成事，其目遂多。」

〔三一〕《漢書·司馬遷傳》：「十篇缺，有錄無書。」注引張晏曰：「亡《景紀》《武紀》《禮書》《樂書》《兵書》《漢興以來將相年表》《日者列傳》《三王世家》《龜策列傳》《傅靳列傳》。元成之間，褚先生補缺，作《武帝紀》《三王世家》《日者》《龜策列傳》，言辭鄙陋，非遷本意也。」《史記·孝武本紀·索隱》引張晏云：「褚先生，潁川人，仕元成間。」褚顗《家傳》，褚少孫，梁相褚大弟之孫，宣帝時爲博士，寓居沛，事大儒王式，故號先生，續《太史公書》。」

〔三二〕陳壽：見《詩教下》注〔四〕。《宋書·裴松之傳》：「松之字世期，河東聞喜人，仕至中書侍郎。元嘉中，奉詔注陳壽《三國志》。」趙翼曰：「其《表》云：『壽書銓叙可觀，然失在於略，時有所脫漏。臣奉旨尋詳，務在周悉，其壽所不載而事宜存錄者，罔不畢取。或同說一事，而辭有乖雜，或出事本異，疑

不能判者，並皆鈔內，以備異聞。」此松之作注大旨，在於搜輯之博，以補壽之缺也。」(《廿二史劄記》卷六)

〔三三〕見《易教下》注〔三八〕。按張湛《序》云：「所存僅《楊朱》《說符》目錄三卷，後在劉正興家得四卷，趙季子家得六卷，參校有無，始得全備。」是知今所傳本，未必原書。宋林希逸謂：「其間有絕到語，非漢後所可及。此書晚出，或者因其散佚不完，故後人附益之。」說尚允。(今人馬叙倫《列子僞書考》，辨之甚詳。)《莊子》除有《列御寇》篇外，多所稱述。

〔三四〕按楊朱遺說，多存於《列子‧楊朱》篇。(又《力命》篇引《楊子》二條，《說符》篇引《楊子》三條，《黃帝》篇、《仲尼》篇各一條。)其見《韓非子‧說林》者，僅二條耳。

〔三五〕按楊朱不近名法，惟其貴存我而賤侵物之意，通於明分。《列子‧楊朱》：「古之人，損一毫利天下，不與也。悉天下奉一身，不取也。人人不損一毫，人人不利天下，天下治矣。」又曰：「智之所貴，存我爲貴。力之所賤，侵物爲賤。」嚴人己之分，杜侵奪之萌，實名法所尚。

〔三六〕《莊子‧徐无鬼》：「莊子送葬，過惠子之墓，顧謂從者曰：郢人堊漫其鼻端，若蠅翼，使匠石斲之。匠石運斤成風，聽而斲之，盡堊而鼻不傷，郢人立不失容。宋君聞，召匠石曰：『試爲寡人爲之。』匠石曰：『臣則嘗能斲之，雖然，臣之質死久矣。』自夫子之死也，吾无以爲質矣！吾无與言之矣！」此用其事。宣穎曰：「質，施技之地，謂郢人也。」

〔三七〕《孟子‧告子上》：「告子曰：『性，猶杞柳也。義，猶桮棬也。以人性爲仁義，猶以杞柳爲桮棬。』又

〔三八〕《公孫龍子》有《白馬論》。《莊子·天下》:「惠施以此爲大觀於天下,而曉辯者,相與樂之,卵有毛,雞三足。」按惠施當作施龍。

〔三九〕《孟子·離婁上》:「有孺子歌曰:『滄浪之水清兮,可以濯我纓。滄浪之水濁兮,可以濯我足』。孔子曰:『小子聽之!清,斯濯纓;濁,斯濯足矣。自取之也。』夫人必自侮而後人侮之,家必自毀而後人毀之,國必自伐而後人伐之。」

〔四〇〕《禮記·大學》:「故諺有之曰:『人莫知其子之惡,莫知其苗之碩。』此謂身不修不可以齊其家。」

〔四一〕按本節言古人無意於文而文存。

〔四二〕按本節言立言取其辨理當事,不求工於文字之末。

〔四三〕《易·繫辭下》:「其旨遠,其辭文。」

〔四四〕《論語·泰伯》:「出辭氣,斯遠鄙倍矣。」倍,通背。按「倍」,舊作「背」,茲依志古堂本正。

〔四五〕見《言公上》注〔二〕。

〔四六〕見《易·乾·文言》文。

〔四七〕見韓愈《進學解》文。

〔四八〕《莊子·天下》:「《詩》以道志,《書》以道事,《禮》以道行,《樂》以道和,《易》以道陰陽,《春秋》以

(四九)按本節言文欲其工，所以求達其誠。

(五〇)《三國・魏志・王粲傳》：「陳琳字孔璋，避難冀州，袁紹使典文章。袁氏敗，琳歸太祖。太祖謂曰：『卿昔爲本初移書，但可罪狀孤而已，惡惡止其身，何乃上及父祖邪？』琳謝罪。」按琳《爲袁紹檄豫州》文載《文選》。李善注引《魏志》，「琳謝罪曰：『矢在弦上，不可不發。』」

(五一)按本節言徒善文辭而無當於道，適足爲病。

(五二)《左傳》襄二十八年：「賦詩斷章，余取所求焉。」《尚書・秦誓》：「人之彥聖，其心好之，不啻若自其口出。」

(五三)《左傳》襄三十一年：「子産曰：『人心之不同，如其面焉。吾豈敢謂子面如吾面乎？』」

(五四)《易・繫辭上》：「仁者見之謂之仁。知者見之謂之知。」知，音智。

(五五)按本節言言有同異，彼此並存，得失自見，至盜竊人言而去其迹乃可惡

言公下〔一〕

於是泛濫文林，迴翔藝苑，離形得似，弛羈脫轡，〔二〕上窺作者之指，下挹時流之撰。口耳之學既微，竹帛之功斯顯。窟巢託足，遂啟璇雕；毛葉御寒，終開組纂。〔三〕名言忘於太初，流別生於近晚。譬彼觥沸酌於觴實，斯褰裳以厲津；〔四〕隄防拯於橫流，必方舟而濟亂。〔五〕推言公之宗旨，得吾道之一貫。惟日用而不知，鴞炙忘乎飛彈。〔六〕試一攬夫沿流，蔚春畦之蔥蒨。

若乃九重高拱，六合同風。〔七〕王言綸綍，元氣寰中。〔八〕秉鈞爕鼎之臣，襄謨殿柏；〔九〕珥筆執簡之士，承旨宸楓。〔一〇〕於是西掖揮麻，〔一一〕北門視草。〔一二〕天風四方，淵雷八表。〔一三〕敷洋溢之德音，〔一四〕述憂勤之懷抱。〔一五〕崇文則山《韶》海《濩》，〔一六〕厲武則泰秣汎驅。〔一七〕敷政則雲龍就律，恤災則鳩鵠迴腴。〔一八〕斯並石室金縢，史宬尊藏掌故；〔一九〕而縹函緗軸，學士輯爲家書。〔二〇〕左史右史之紀，王者無私；內制外制之集，詞臣非擅。〔二一〕雖木天清閟，〔二二〕公言自有專官；而竹簉茅簽，〔二三〕存互何妨於外傳也。制語之公。

至於右文稽古，購典延英。〔二四〕鸞臺述史，虎觀談經。〔二五〕議簽校幟，六天、五帝、三統、九疇〔二六〕之論，專家互執：《禮》仇《書》訟，齊言、魯故、孔壁、梁墳〔二七〕之說，稱制以平。《正義》定

著乎一家[二八]，《晉史》約刪以百卷。[二九]六百年之解詁章疏，《五經正義》，取兩漢六朝專家之說而定於朝宗於谷王。[三一]翡翠空青，蔚藍芝紫，水碧砂丹，[三四]爛兮章施於采絢。凡以統車書而一視聽，齊鈞律而抑邪濫。[三五]雖統名乎勅定，實舉職於儒臣。領袖崇班，表進勒名首簡；群工集事，一時姓氏俱湮。蓋新廟獻功，豈計衆匠奔趨，而將作用紀？[三六]明禋成禮，何論庖人治俎，而尸祝辭陳！[三七]館局之公。

一。十八家之編年紀傳。[三〇]《晉史》十八家。譬彼漳分江合，[三二]濟伏河橫，[三三]淮申汭曲，泪兮

爾其三台八座，[三八]百職庶司，節鎮統部，郡縣分治。羅群星於秋旻，[三九]茁百穀於東菑。[四〇]簿書稠匝，卷牒紛披。文昌武庫，[四一]禮司樂署[四二]之燦爛，若輻湊而運軸於車輪；甲兵犴訟，[四三]錢貨農田之條理，若棋置而列枰以方罫。[四四]雁行進藍田之牒，準令式而文行；[四五]牛耳招平原之徒，奉故事而盡諾。[四六]是則命筆爲刀，[四七]稱書曰隸。[四八]遣言出自胥徒，得失歸乎長吏。蓋百官治而萬民察，所以易結繩而爲書契。[四九]昧者徒爭於末流，知者乃通其初意。文移之公。

若夫侯王將相，岳牧群公。鈴閣[五〇]啟事，戟門[五一]治戎。稱崇高之富貴，具文武之威風。則有書記翩翩，風流名士，[五二]幕府賓客，[五三]文學掾史。[五四]鶡擊海濱，仲連飛書於沙漠；[五五]鷹揚河朔，孔璋馳檄於當塗。[五六]王粲慷慨而依劉，賦傳荊闕；[五七]班固倜儻以從竇，銘勒狼

居。〔五八〕芻毁塗摧，死魄感惠連之書；〔五九〕鶯啼花發，生魂歸希範之堅，忠烈奮風雲之氣。〔六一〕輸情則青草春生，騰說則黃濤夏沸。感幽則山鬼夜啼，顯明則海靈朝壽。〔六二〕並能追杳人冥，傳心達志。變化從人，曲屈如意。蓋利祿之途既廣，則揣摩之功微至。〔六三〕中晚文人之集，強半捉刀之技。既合馭而和鸞，豈分途而爭轍？書記之公

蓋聞富貴願足，則慕神仙。黃白之術〔六四〕既紕，文章之尚斯專。度生人之不朽，久視弗若名傳。〔六五〕既懲愚而顯智，遂以後而勝前。則有爵擅七貂，抑或户封〔六六〕十萬，當退食之委蛇，或休沐之閒宴。〔六七〕恥汩没於世榮，乃雅羨乎述贊。於是西園集雅，〔六八〕東閣賓儒，〔六九〕列鉛置槧，紛墨披朱。〔七〇〕或濫齊門之竽；〔七一〕或矜隋侯之珠，〔七二〕或寶燕市之石，〔七三〕或求藝林之勝事，遂合力而并圖。或抱荆山之璞，〔七四〕皆懷私而自媚，視匠指而奔趨。藉大力以賅存，供善學之搜討。立功固等乎立言，何嘗少謝於專家之獨造也哉？募而聚槀。

至如《詩》《騷》體變，樂府〔七六〕登場。《朱鷺》《悲翁》，《上邪》《如張》之篇題，學士無徵於詮解；呼豨、瑟二，存吾、幾令之音拍，工師惟記乎鏗鏘。〔七七〕則有擬議形容，敷陳推表。好事者爲之説辭，傷心人別有懷抱。金羈白馬，〔七九〕酒市釵樓，〔八〇〕年少之樂也；關山楊柳，行李風煙，〔八一〕離别之情也。草蓐禽肥，馬驕弓逸，〔八二〕游獵之快也；隴水嗚咽，塞日昏黄，〔八三〕征戍

之行也。或以感憤而申征夫之怨，或以悒鬱而抒去妾之悲；或以曠懷而恢遊宴之興，或以古意而託豔冶之詞。蓋傳者未達其旨，遂謂《子夜》乃女子之號，[八四]《木蘭》爲自叙之詩。[八五]苟不背於六義之比興，作者豈欲以名姓而自私。

別有辭人點竄，略仿史删。[八六]因襲成文，或稍加點竄，惟史家義例有然。詩文集中，本無此例。間有同此例者，大有神奇臭腐之別，不可不辨。鳳困荆墟，悲迷陽於南國；[八七]莊子改《鳳兮歌》。《鹿鳴》萍野，誦宵《雅》於《東山》。[八八]魏武用《小雅》詩。女蘿薜荔，陌上演山鬼之辭；[八九]綺紈流黄，狹斜襲婦豔之故。[九〇]樂府《陌上桑》與《三婦豔》之辭也。韓公删《月蝕》之句，[九一]增減古辭爲之。[九二]删改盧仝之詩。豈惟義取斷章，不異賓筵奏賦。以至河分岡勢，乃聯壁草青痕；[九三]宋詩僧用唐句。積雨空林，爰入水田白鷺。[九四]譬之古方今效，神加減於刀圭；趙壁漢師，變旌旗於節度。[九五]藝林自有雅裁，條舉難窮其數者也。苟爲不然，效出於尤。仿《同谷》之七歌，[九六]宋後詩人頗多。擬河間之《四愁》，[九七]傅玄、張載，尚且爲之，大可駭怪。非由中以出話，如隨聲而助謳。直是孩提學語，良爲有識所羞者矣。點竄之公。

又有詩人流別，懷抱不同。變韻言兮裁文體，擬古事兮達私衷。旨原諸子之寓辭，文人沿襲而成風；後人不得其所自，因疑作僞而相攻。蓋傷心故國，斯傳塞外之書；[九八]李陵《答蘇武書》，自劉知幾以後，衆口一辭，以爲僞作。以理推之，僞者何所取乎？當是南北朝時，有南人羈北，而事類李陵，不忍明

言者，擬此書以見志耳。灰志功名，乃託河邊之喻；[九九]世傳鬼谷子《與蘇秦張儀書》，言河邊之樹，處非其地，故招剪伐，託喻以招二子歸隱，疑亦功高自危之人所託言也。讀者以意逆志，不異騷人之賦。出之本人，其意反淺，出之擬作，其意甚深，同於騷也。其後詞科取士，用擬文爲掌故。[一〇〇]兹乃爲矩爲規，亦趨亦步。庶幾他有心而予忖，布。[一〇〇]作頌準於王襃，著論裁於賈傳。[一〇二]兹乃爲矩爲規，亦趨亦步。庶幾他有心而予忖，亦足闡幽微而互著。[一〇二]擬文之公。

又如文人假設，變化不拘。《詩》通比興，《易》擬象初。莊人巫咸之座，屈造詹尹之廬。[一〇三]楚太子疾，有客來吳。[一〇四]烏有、子虛之徒，爭談於較獵；[一〇五]憑虛、安處之屬，講議於京都。[一〇六]《解嘲》《客難》《實戲》[一〇七]之篇衍其緒，鏡機、玄微、沖漠之類[一〇八]濬其途。此則寓言十九，[一〇九]詭説萬殊者也。乃其因事著稱，緣人生義。譬若酒襲杜康之名，[一一〇]錢用鄧通之字。[一一一]空槐落火，桓溫發嘆於仲文之遷；[一一二]庾信《枯樹賦》所借用者，其實殷仲文遷東陽，在桓溫久卒之後。素月流天，王粲抽毫於應、劉之逝。[一一三]謝莊《月賦》所借用者，其實王粲卒於應、劉之前。斯則善愁即爲宋玉，豈必楚廷？曠達自是劉伶，何論晉世？[一一四]善讀古人之書，尤貴心知其意。愚者介介而爭，古人不以爲異也已。假設之公。

及夫經生制舉，演義爲文；[一一五]雖源出於訓故，實解主於餐新。截經書分命題，制變化兮由人。長或連篇累章，短或片言隻字。脱增減兮毫釐，即步移兮影徙。爲聖賢兮立言，或庸愚

兮申志。並欲描情摹態，設身處地。或語全而意半，或神到而形未。縱收俄頃之間，刻畫幾希之際。《易》奇《詩》正，〔二八〕《禮》節樂和，〔二九〕以至《左》誇《莊》肆，屈幽《史》潔〔三〇〕之文其微至。理，無所不包，天人性命，經濟閎通，以及儒紛墨儉，名釽法深之學術，〔三一〕無乎不備。惟制頒於功令，而義得於師承。嚴民生之三事，〔三二〕約智力於規繩。守共由之義法，申各盡之精能。體會爲言，曾何嫌乎擬聖？因心作則，豈必縱己說而成名。制義之公。

凡此區分類別，鱗次部周。夭華媚春，碩果酣秋。極淺深之殊致，標左右之分流。其匿也幾括，〔三三〕其爭也寇讎。其同也交譽，其異也互糾。〔三四〕其違也耿耿而孤憂。〔三五〕孰鴻鵠而高舉，孰鷄鶩而啁啾？〔三六〕孰梧桐於高岡，孰茅葦於平洲，〔三七〕衆自是而人非，喜伐異而黨儔。飲齊井而相捽，〔三八〕曾不知伏泉之在幽。由大道而下覽夫群言，奚翅激、謫、叱、吸、叫、嚎、突、咬之殊聲，而醞釀於鼻、口、耳、枋、圈、臼、洼、污之異竅。厲風濟而爲虛，〔三九〕知所據而有者，一土囊〔四〇〕之噫嘯。能者無所競其名，黠者無所事其剽。羣者無所恃其辯，誇者無所爭其耀。識言公之微旨，庶自得於道妙。或疑著述不當入辭賦，不知著述之體，初無避就，荀卿有《賦篇》〔四一〕矣，但無實之辭賦，自不宜溷著述爾。

〔一〕按本篇申上篇之意，推而言之。

〔二〕韓愈《復志賦》：「朝馳騖乎書林兮，夕翺翔乎藝苑。」（《昌黎集》卷一）《世說新語·排調》：「桓豹奴（嗣）是王丹陽（混）外生，形似其舅，桓甚諱之。宣武云：『不恒相似，時似耳。恒似是形，時似是神。』桓逾不說。」轡，音顯。《廣韻》：「羈，勒也。」《荀子·禮論》，蛟轡，楊注：「馬服之革也。」此言求神似，去拘束。

〔三〕《孟子·滕文公下》：「當堯之時，水逆行，汜濫於中國，蛇龍居之，民無所定，下者為巢，上者為營窟。」謝靈運《山居賦》：「宮室以瑤璇致美。」《禮記·禮運》：「未有麻絲，衣其羽皮。」《楚辭·招魂》：「纂組綺縞，結琦璜些。」王逸注：「纂組，綬類也。」此言由簡陋進于文華

〔四〕《詩·小雅·采菽》：「觱沸檻泉。」傳：「觱沸，泉出貌。」《家語·三恕》：「江始於岷山，其源可以濫觴。」實，瀆也。《詩·邶風·匏有苦葉》：「深則厲，淺則揭。」傳：「以衣涉水為厲。揭，褰衣也。」

〔五〕《說文》：「方，併船也。」《莊子·山木》：「方舟而濟于河。」《爾雅·釋水》：「正絕流曰亂。」注：「橫流而濟之也。」

〔六〕《易·繫辭上》：「百姓日用而不知。」《莊子·齊物論》：「見彈而求鴞炙。」司馬云：「鴞，小鳩，可炙。」

〔七〕《楚辭·九辯》：「豈不鬱陶而思君兮，君之門以九重。」洪興祖補注：「天子有九門。」《莊子·齊物

論》:「六合之外,聖人存而不論。」成玄英云:「六合,天地四方。」此言朝廷政令影響極遠。

〔八〕《禮記·緇衣》:「王言如絲,其出如綸。王言如綸,其出如綍。」注:「綸,綬也。綍,引棺索也。」《說文》:「寰,天子封畿内縣也。」此言王言影響極大。

〔九〕《詩·節南山》:「秉國之均。」傳:「均,平也。」秉鈞,喻執政也。《書·僞周官》:「兹惟三公,論道經邦,燮理陰陽。」言調和陰陽。《僞說命下》:「若作和羹,爾惟鹽梅。」言調鼎調味,喻治理政事。《漢書·朱博傳》:「博爲御史大夫,其府中列柏樹,常有野烏數千,棲宿其上,晨去暮來,號爲朝夕烏。」後遂名御史臺曰柏臺。此言宰相在朝謀劃。

〔一〇〕《文選》曹植《求通親親表》:「執鞭珥筆。」注:「珥筆,載筆也。」何晏《景福殿賦》:「槐楓被宸。」《說文》:「宸,屋宇也。」此言起草詔令之臣,承旨起草。

〔一一〕《漢官儀》:「左右曹受尚書事,前世文士以中書在右,因謂中書爲右曹,亦稱西掖。」《唐書·百官志》:「開元二十六年,又改翰林供奉爲學士,别置學士院,專掌内命。凡拜免將相,號令征伐,皆用白麻。」此言學士用白麻書寫重大王命。

〔一二〕《唐書·百官志》:「自太宗時,名儒學士,時時召以草制,然猶未有名號。乾封以後,始號北門學士。」《漢書·淮南王傳》:「武帝方好文藝,以安辯博,善爲文辭,每爲報書及賜,常召司馬相如等視草迺遣。」

〔一三〕《易·姤·象辭》:「天下有風姤,后以施命誥四方。」《莊子·在宥》:「淵默而雷聲。」《文心雕龍·

〔四〕《禮記·中庸》:「是以聲名洋溢乎中國。」《詩·大雅·皇矣》:「貊其德音。」疏引服虔曰:「在己爲德,施行爲音。」

〔五〕《詩·魚麗·序》曰:「始於憂勤,終於逸樂。」

〔六〕《莊子·天下》:「舜有《大韶》,湯有《大濩》。」此言崇文則奏樂。

〔七〕《爾雅·釋地》:「東至於泰遠,西至於邠國。」《說文》引作汃國,云:「汃(同邠),西極之水也。」按「秾」,浙本粤雅堂本均作「秾」。此從黔本。泰秾,指東方遠處供糧秾。汃驪,指西方遠國效奔走。

〔八〕《易·乾·文言》:「雲從龍。」《禮記·樂記》:「八風從律而不姦。」《通鑑》:「梁簡文時,江南百姓乏食,皆鳩形鵠面。」此言政令皆從,災禍得救。

〔九〕《史記·自序》:「抽石室金匱之書。」《索隱》:「石室金匱,皆國家藏書之處。」《周書·金縢》:「公歸,乃納册于金縢之匱中。」疏引鄭云:「縢,束也。凡藏祕書,藏之於匱,必以金緘其表。」《字彙補》:「宬,藏書之室也。明大内有皇史宬,藏列聖御筆實錄祕典。」掌故,見《書教上》注〔三〕。此言珍藏文書。

〔一〇〕縹,帛青白色也。緗,帛淺黃色也。縹帙緗素,皆謂書卷。《隋書·經籍志》:「荀勗分中經爲四部,總括群書,盛以縹囊,書用緗素。」學士,見上。家書,謂一家之書也。

〔二〕左史右史，見《書教上》注〔二四〕。

〔二二〕《唐六典》：「內閣，惟祕書閣最閎壯，穹隆高敞，謂之木天。」《詩·閟宮·傳》：「閟者，閉也。先妣姜嫄之廟，在周常閉而無事。」

〔二三〕歐陽修《內制集序》：「嗚呼！予且老矣，方買田淮潁之間。若夫涼竹簟之暑風，曝茅簷之冬日，睡餘支枕，念昔平生仕宦出處，顧瞻玉堂，如在天上。因覽遺藁，見其所載職官名氏，以較其人盛衰先後，孰存孰亡，足以知榮寵為虛名而資談笑之一噱也。」（《歐陽文忠公全集》卷八十二）此言朝廷命令可以外傳。

〔二四〕《漢書·武帝紀·贊》：「文景務在養民，至於稽古禮文之事，猶多闕焉。」《隋書·經籍志》：「武帝開獻書之路，置寫書之官。」《後漢書·班彪傳》：「開東閣，延英雄。」

〔二五〕《唐書·百官志》：「垂拱元年，改門下省為鸞臺。」述史，未詳。鸞臺，疑為蘭臺之誤。班固為蘭臺令史，受詔撰《光武本紀》，見《漢書》本傳。《後漢書·章帝紀》：「建初四年，於是下太常將大夫、博士、議郎、郎官及諸生諸儒，會白虎觀，講議五經同異。帝親稱制臨決，如孝宣甘露石渠故事，作《白虎議奏》。」此言朝廷下令記述歷史，談論經書同異。

〔二六〕議簽、議論「巧言如簧」使人迷惑之論。校幟，校正各種標幟。《禮記·郊特牲·疏》：「鄭氏以為天有六天，丘郊各異。云，大微宮有五帝坐星，青帝曰靈威仰，赤帝曰赤熛怒，白帝曰白招拒，黑帝曰汁光紀，黃帝曰含樞紐，是五帝與大帝六也。」《周禮·春官·小宗伯》：「兆五帝於四郊。」鄭注：「五

帝,蒼曰靈威仰,太昊食焉,赤曰赤熛怒,炎帝食焉,黃曰含樞紐,黃帝食焉,白曰白招拒,少昊食焉;黑曰汁光紀,顓頊食焉。黃帝亦於南郊。」《尚書大傳》:「夏以孟春月爲正,殷以季冬月爲正,周以仲冬月爲正。」《白虎通·三正》:「正朔有三何?本天有三統,明王者受命各統一正也。周爲天正,色尚赤。殷爲地正,色尚白。夏爲人正,色尚黑。」九疇,見《詩教下》注[一八]。

[一七]《漢書·夏侯勝傳》:「勝從父子建,自師事勝,及歐陽高,左右采獲,又從五經諸儒問與《尚書》相出入者,牽引以次章句,具文飾說。勝非之曰:『建所謂章句小儒,破碎大道。』建亦非勝疏略,難以應敵。建卒自顓門名經。」此即《禮》仇《書》訟。《公羊傳》莊二十八年:「《春秋》,伐者爲客,伐者爲主。」何休注云:「伐人者爲客,讀伐,長言之,齊人語也。見伐者爲主,讀伐,短言之,齊人語也。」
《漢書·藝文志·六藝略·詩類》:「《魯故》二十五卷。」師古曰:「故者,通其指義也。它皆類此,今本《毛詩》改《故訓傳》爲詁字,失真耳。」又《藝文志·書叙》:「古文《尚書》者,出孔子壁中。武帝末,魯共王壞孔子宅,欲以廣其宮,而得古文《尚書》及《禮記》《論語》《孝經》凡數十篇,皆古字也。」梁墳即指汲冢,見前篇注[二〇]。

[一八]又見《易教中》注[二]。《日知錄》卷十八:「《舊唐書·儒學傳》,太宗以經籍去聖久遠,文字多訛謬,詔前中書侍郎顏師古考定《五經》,頒於天下,又以儒學多門,章句繁雜,詔國子祭酒孔穎達與諸儒撰定《五經》義疏,凡一百七十卷,名曰《五經正義》,令天下傳習。《高宗紀》,永徽四年,三月壬子朔,頒孔穎達《五經正義》於天下,每年明經令依此考試。今人但知《五經正義》爲孔穎達作,不知

〔二九〕《史通·古今正史》：「貞觀中，有詔以前後《晉書》十有八家，制作雖多，未能盡善。乃勅史官更加纂錄，採正典與雜說數十餘部，兼引僞史十六國書，爲紀十、志二十、列傳七十、載記三十，並叙列目錄，合爲百三十二卷。自是言晉史者，皆棄其舊本，競從新撰者焉。」

〔三〇〕據《隋書·經籍志》正史類，王隱《晉書》八十六卷，虞預《晉書》二十六卷，朱鳳《晉書》十卷，《晉中興書》七十八卷，謝靈運《晉書》三十六卷，臧榮緒《晉書》一百一十卷，何法盛《晉中興書》七十八卷，謝靈運《晉書》三十六卷，臧榮緒《晉書》一百一十卷，何法盛《晉史草》三十卷，凡八家。編年類，陸機《晉紀》四卷，千寶《晉紀》二十三卷，曹嘉之《晉紀》十卷，習鑿齒《漢晉陽秋》四十七卷，鄧粲《晉紀》十一卷，孫盛《晉陽秋》三十一卷，劉謙之《晉紀》二十三卷，王韶之《晉紀》十卷，徐廣《晉紀》四十五卷，檀道鸞《續晉陽秋》二十卷，郭季產《續晉紀》五卷，凡八十一家。浦起龍曰：「據志蓋十九家，豈緣習氏書獨主漢斥魏，以爲異議，遂廢不用歟？」

〔三一〕漳河源二，清漳出山西定平縣沾嶺。濁漳出山西長子縣發鳩山。二水分流，至河南涉縣之合漳村，始合爲一，下流注入衛河。《禹貢》岷山道江，是以岷江爲江之正源。源出岷山台地，南流至灌縣，乃夾離堆分流，向東別出者爲沱江，向東南者又分歧爲數渠，網絡成都附近之錦繡平原，最西者爲岷江正流，直趨省會者曰錦江，至新津彭山，數支復合，乃放流而南，至樂山，大渡河來注，復東南流至宜賓，合金沙江，始稱長江。

〔三二〕濟水源出河南濟源縣西王屋山，東南流爲漭龍河，入黄河。其故道本過黄河而南，東流至山東，與黄

〔三三〕淮水源出河南桐柏山，東流至蘇、皖界上，瀦爲洪澤湖。下游昔循黃河故道入海，自被黃河所奪，河水源出陝西嶓冢山，初名漾水，東流經沔縣稱沔水，經褒城縣納褒水，始稱漢水，東流入湖北境，至漢河平行入海。今下游爲黃河、大清河、小清河所佔，惟河北發源處尚存耳。今惟藉洪澤湖東出諸細流，經寶應、高郵諸湖，以入長江。沔，漢本一水，漢又北徙以後，遂行淤塞。

〔三四〕《楚辭·懷沙》：「浩浩沅、湘，分流汨兮。」王逸注：「汨，流也。」《書·禹貢》：「江、漢朝宗於海。」《老子》第六十六章：「江海所以能爲百谷王者，以其善下之，故能爲百谷王。」

〔三五〕《漢書·賈山傳》：「飾以翡翠。」注：「雄曰翡，雌曰翠。」《本草》：「空青產銅礦中，大塊中空有水者良，可明目。」《説文》：「蔚，牡蒿也。」《本草》：「芝有青赤黃白黑紫六色。」《史記·武帝本紀》：「致物而丹砂可化爲黃金。」丹砂即今硃砂也。

〔三六〕《左傳》襄二十六年：「多鼓鈞聲。」注：「鈞，同其聲。」又大鈞爲宮商，細鈞爲角、徵、羽，見《國語》注。《禮記·王制》：「考時月，定日，同律。」《漢書·律曆志》：「律有十二，陽六爲律，陰六爲呂，黃帝之所作也。」《文心雕龍·樂府》：「夫樂本心術，故響浹肌膚，先王慎焉，務塞淫濫。」

〔三七〕《莊子·逍遙遊》：「庖人雖不治庖，尸祝不越樽俎而代之矣。」

〔三八〕《周禮》疏：「三台一名天柱，上台司命爲太尉，中台司中爲司徒，下台司祿爲司空。」《通典》：「漢以六尚書並一令一僕射爲八座，魏以五曹、一令、二僕射爲八座，隋、唐以左右僕射六尚書爲八座。」

〔三九〕《爾雅·釋天》：「秋爲旻天。」注：「旻，猶愍也，愍萬物彫落。」

〔四〇〕《爾雅·釋地》：「田一歲曰菑。」注：「今江東呼初耕地反草爲菑。」

〔四一〕《史記·天官書》：「斗柄戴匡六星曰文昌宮。」《漢書·高帝紀》：「蕭何治未央宮，立東闕、北闕、前殿、武庫、太倉。」

〔四二〕漢成帝置客曹尚書，魏、晉爲祠部，北魏又稱儀曹，隋以後爲禮部。《漢書·禮樂志》：「武帝始立樂府，采詩夜誦。」《日知錄》卷二十八：「樂府是官署之名，其官有令，有音監，有游徼。後人乃以樂府所采之詩即名之曰樂府。」

〔四三〕《詩·小雅·小宛》「宜岸宜獄」，《釋文》：「《韓詩》作犴。鄉亭之繫曰犴，朝廷曰獄。」獄訟也。

〔四四〕韋昭《博弈論》：「所志不出一枰之上，所務不出方罫之間。」李善注：「《方言》曰：投博謂之枰。」皮兵切。」《集韻》：「罫，古買切，音枴，博局方目也。」

〔四五〕韓愈《藍田縣丞廳壁記》：「丞位高而偪，例以嫌不可否事。文書行，吏抱成案詣，丞卷其前，鉗以左手，右手摘紙尾，雁鶩行以進，平立睨丞曰『當署』。丞涉筆占位署惟謹。」（《昌黎集》卷十三）

〔四六〕《左傳》定八年：「衛人請執牛耳。」疏云：「盟用牛耳，卑者執之，尊者涖之。」《史記·平原君傳》：「毛遂奉銅盤而跪進之楚王曰：『王當歃血而定從，次者吾君，次者遂。』遂定從於殿上。毛遂左手持盤血，而右手招十九人曰：『公相與歃此血於堂下，公等錄錄，所謂因人成事者也。』」《後漢書·

〔四七〕《史記·蕭相國世家》:「南陽宗資主畫諾。」

〔四七〕《史記·蕭相國世家》:「蕭相國何,於秦時為刀筆吏,錄錄未有奇節。」張守節云:「古用簡牘,書有錯謬,以刀削之,故號曰刀筆吏。」(見《周昌傳》注)

〔四八〕《漢書·藝文志》:「秦時始有隸書,起於官獄多事,苟趨省易,施之於徒隸也。」

〔四九〕《易·繫辭下》:「上古結繩而治,後世聖人易之以書契,百官以治,萬民以察。」

〔五〇〕《晉書·羊祜傳》:「鈴閣之下,侍衛者不過數十人。」鈴閣,謂將帥所居之地。

〔五一〕顯貴之家,立戟於門。唐制,官階勳俱三品,始聽立戟,見《唐書·盧坦傳》。

〔五二〕魏文帝《與吳質書》:「元瑜書記翩翩,致足樂也。」《世說新語·傷逝》:「衛洗馬(玠)以永嘉六年喪,丞相王公曰:『此君風流名士,海內所瞻。』」

〔五三〕《史記·李牧傳》:「市租皆輸入幕府。」《索隱》曰:「古者,出征為將帥,軍還則罷,理無常處,以幕帟為府署,故曰幕府。」《晉書·郗超傳》:「謝安笑曰:『郗生可謂入幕之賓矣。』」

〔五四〕《漢書·儒林傳》:「文學掌故補郡屬,備員。」漢時郡國置文學,魏、晉以來因之。唐時太子諸王置文學,侍奉文章。《六書故》:「掾,乃屬官通稱。」《玉篇》:「史,掌書之官也。」

〔五五〕韓愈《嘲魯連子》:「魯連細而黠,有似黃鷂子。」(《昌黎集》卷五)《史記·魯仲連傳》:「燕將攻下聊城,聊城人或讒之燕,燕將懼誅,因保守聊城,不敢歸。齊田單攻聊城,歲餘,士卒多死,而聊城不下。魯連乃為書,約之矢,射城中,遺燕將書。燕將見魯連書,泣三日,猶預不能自決,喟然歎曰:

『與人刃我，寧自刃。』乃自殺。聊城亂。田單遂屠聊城，歸而言魯連，欲爵之。魯連逃隱於海上，曰：『吾與富貴而詘於人，寧貧賤而輕世肆志焉。』」注[50]。

[五六] 陳琳，字孔璋。曹植《與楊德祖書》云：「孔璋鷹揚於河朔。」李善注：「孔璋，廣陵人，在冀州袁紹記室，故曰河朔。」《後漢書·獻帝紀》：「當塗高者，魏也。」陳琳爲袁紹草檄聲曹氏罪狀，見前篇注引《荆州記》：「當陽縣城樓，王粲登之而作賦。」

[五七] 《魏志·王粲傳》：「粲字仲宣，山陽高平人也。獻帝西遷，粲徙長安，年十七，司徒辟，詔除黃門侍郎，以西京擾亂，不就，乃之荆州，依劉表。表以粲貌寢而體弱，通俛，不甚重也。」《文選·登樓賦》注引《書教上》注[三]。

[五八] 班固，見《後漢書·班固傳》：「永元初，大將軍竇憲出征匈奴，以固爲中護軍，與參議。」又《竇憲傳》：「齊殤王子都鄉侯暢來弔國憂，竇憲遣客刺殺暢，發覺，憲懼誅，自求擊匈奴以贖死。會南單于請兵北伐，乃拜憲車騎將軍，以執金吾耿秉爲副，大破單于，遂登燕然山，刻石勒功，紀漢威德，令班固作銘。」銘文載《文選》。按蒙古杭愛山即古燕然山。封狼居胥山，係霍去病事，此誤。

[五九] 《宋書·謝惠連傳》：「謝惠連，陳郡陽夏人也。幼而聰敏，年十歲，能屬文，族兄靈運深加知賞。本州辟主簿，不就。元嘉七年，爲司徒彭城王義康法曹參軍。義康修東府城，城塹中得古冢，爲之改葬，使惠連爲祭文，留信待成也。」《文選》載其文曰：「芻靈已毀，塗車既摧。」《禮記·檀弓下》：「塗

〔六〇〕車芻靈，自古有之。」鄭注：「芻靈，束茅爲人馬。謂之靈者，神之類。」

〔六一〕《梁書·文學傳》：「丘遲字希範，吳興人。八歲，能屬文。及長，辟徐州從事，高祖踐阼，拜中書郎，遷司徒從事中郎，卒。」陳伯之初事齊東昏侯，後降梁，繼復叛附魏。天監（梁武帝年號）四年十月，梁臨川王宏北伐，軍於洛口。明年春，宏以記室丘遲爲伯之鄉人，又工文章，乃使作書招之。伯之得書，果自壽陽梁城率衆八千來歸，時天監五年也。書載《文選》，有云：「暮春三月，江南草長，雜花生樹，群鶯亂飛。見故國之旗鼓，感平生於疇昔，撫弦登陴，豈不愴恨！通之以情，故爲感動耳。

〔六二〕《新序·雜事》：「熊渠子見其誠心而金石爲之開，況人心乎！」《後漢書》（卷五十二）《二十八將傳論》：「咸能感會風雲，奮其智勇。」

〔六三〕《淮南子·本經訓》：「昔者，蒼頡作書，而天雨粟，鬼夜哭。」韓愈《南海神廟碑》：「將事之夜，天地開除，月星明概。五鼓既作，牽牛正中，公乃盛服執笏，以入即事。海之百靈祕怪，慌惚畢出，蜿蜿虵虵，來享飲食。」（《昌黎集》卷三十一）

〔六四〕《世說新語·容止》：「魏武將見匈奴使，自以形陋，不足雄遠國，使崔季珪代。既畢，令間諜問曰：『魏王何如？』匈奴使答曰：『魏王雅望非常，然牀頭捉刀人，此乃英雄也』。」俗稱代人作文字曰捉刀，本此。《左傳》桓二年注：「鸞在鑣，和在衡，動皆有鳴聲。」皆指鈴。《史記·淮陰侯傳·索隱》：「幟，帛長丈五，廣半幅。」

〔六五〕《漢書·淮南王傳》：「又有《中書》八卷，言神仙黃白之術。」顏注引張晏曰：「黃，黃金也。白，白

〔六五〕長生久視,語見《老子》。阮籍《詠懷》:「千秋萬歲後,榮名安所之?」乃悟羨門子,噭噭令自嗤。」曾國藩云:「千秋二句言榮名不足稱。羨門二句,言長生不足慕。」魏文帝《典論·論文》:「蓋文章經國之大業,不朽之盛事,年壽有時而盡,榮樂止乎其身,二者必至之長期,未若文章之無窮。」

〔六六〕《文選》左思《詠史》:「金張藉舊業,七葉珥漢貂。」注引董巴《輿服志》曰:「侍中、中常侍冠武弁,貂尾爲飾。」《史記·呂不韋傳》:「食河南洛陽十萬户。」

〔六七〕《詩·召南·羔羊》:「退食自公,委蛇委蛇。」傳云:「委蛇,行可從迹也。」鄭箋:「委曲自得之貌。」徐堅《初學記》:「漢律,吏五日得一休沐,言休息以洗沐也。」《漢書·東方朔傳》:「得賜清讌之閒。」

〔六八〕張衡《東京賦》:「歲惟仲冬,大閲西園。」李善注:「西園,上林苑也。」曹植《公讌詩》:「清夜遊西園,飛蓋相追隨。明月澄清影,列宿正參差。」

〔六九〕《漢書·公孫宏傳》:「宏自見爲舉首,起徒步,數年至宰相,封侯,於是起客館,開東閣,以延賢人。」

〔七〇〕《西京雜記》卷三:「揚雄好事,常懷鉛提槧,從諸計吏訪殊方絶俗之語,作《方言》。」古時校讎,以色爲别。」《唐書·陸龜蒙傳》:「得書熟誦乃録,雠比勤勤,朱黄不去手。所藏雖少,其精皆可傳。」

〔七一〕《韓非子·和氏》:「楚人和氏得玉璞楚山中,奉而獻之厲王。王使玉人相之。玉人曰:『石也。』王以和爲誑,而刖其左足。及厲王薨,武王即位,和又奉其璞而獻之武王。武王使玉人相之,又曰:

〔七二〕《淮南子·覽冥訓》高誘注云:「隋侯,漢東之國,姬姓諸侯也。隋侯見大蛇傷斷,以藥傅之。後蛇於江中銜大珠以報之,因曰隋侯之珠。蓋明月珠也。」

〔七三〕《文選》應璩《百一詩》:「宋人寶燕石,慙魂靡所如。」注引《闕子》曰:「宋之愚人,得燕石於梧臺之側,藏之以爲大寶。周客聞而觀焉,主人齋七日,端冕玄服以發寶,革匱十重,巾十襲。客見,俛而掩口,盧胡而笑曰:『此特燕石也,其與瓦甓不殊。』主人大怒曰:『商賈之言,醫匠之心。』藏之愈固,守之彌謹。」(按《藝文類聚》引作《闕子》。《漢志》從橫家有《闕子》一篇。)

〔七四〕《韓非子·內儲説上》:「齊宣王使人吹竽,必三百人,南郭處士請爲王吹竽,宣王説之,廩食以數百人。」

〔七五〕《左傳》昭七年:「其用物也弘矣,其取精也多矣。」又曰:「四言盛於周,漢一變而爲五言,《離騷》盛於楚,漢一變而爲樂府,體雖不同,詞實並駕,皆變之善者也。」《漢書·禮樂志》:「武帝定郊祀之禮,乃立樂府,采詩夜誦,有趙、代、秦、楚之謳,以李延年爲協律都尉,多舉司馬相如

〔七六〕胡應麟《詩藪》内編卷一:「四言變而爲《離騷》,《離騷》變而爲五言。」又曰:「宣王死,湣王立,好一一聽之,處士逃。」

〔七七〕「石也。」王又以和爲誑,而刖其右足。武王薨,文王即位。和乃抱其璞而哭於楚山之下,三日三夜,泣盡而繼之以血。王聞之,使人問其故曰:『天下之刖者多矣,子奚哭之悲也?』和曰:『吾非悲刖也,悲夫寶玉而題之以石,貞士而名之以誑,此吾所以悲也。』王乃使人理其璞而得寶焉,遂命曰和氏之璧。」

等數十人,造爲詩賦,略論律呂,以合八音之調,作十九章之歌。

〔七七〕《古今樂錄》曰:「漢鼓吹鐃歌十八曲,字多訛誤:一曰《朱鷺》,二曰《思悲翁》,三曰《艾如張》,十五曰《上邪》。」(《樂府詩集》卷十六)

〔七八〕漢鐃歌《有所思》:「妃呼豨,秋風肅肅晨風颸。」王士禛曰:「妃呼豨,皆有聲而無字。」(《池北偶談》)瑟二,待詳。漢鐃歌《臨高臺》:「令吾主壽萬年,收中吾。」劉履曰:「篇末收中吾三字其義未詳,疑曲調之餘聲,如樂錄所謂羊無夷伊那何之類。」(《古詩源》引)宋鼓吹鐃歌《晚芝曲》:「幾令吾幾令諸韓亂發正令吾。」(《樂府詩集》卷十九)沈約曰:「樂人以音聲相傳,訓詁不可復解;凡古樂錄,皆令是辭,細字是聲,聲辭合寫,故致然爾。」(《宋書・樂志》)《漢書・藝文志叙》:「漢興,制氏以雅樂聲律世在樂官,頗能紀其鏗鏘鼓舞,而不能言其義。」

〔七九〕曹植《白馬篇》:「白馬飾金羈,連翩西北馳。」

〔八〇〕李白《少年行》:「五陵年少金市東,銀鞍白馬度春風。落花踏盡歸何處,笑入胡姬酒肆中。」又《少年子》:「金丸落飛鳥,夜入瓊樓臥。」

〔八一〕王之渙《出塞》:「黃河遠上白雲間,一片孤城萬仞山。羌笛何須怨楊柳,春風不度玉門關。」《左傳》僖三十年:「行李之往來。」杜注:「行李,使人也。」王勃詩:「風煙望五津。」

〔八二〕李白《行行且遊獵》:「胡馬秋肥宜白草,騎來躡影何矜驕。」魏文帝《典論・自叙》:「歲之暮春,句芒司節,風和扇物,弓燥手柔,草淺獸肥,與族兄子丹,獵於鄴西,終日。」(《魏志・文帝紀》注引)

〔八三〕《隴頭歌》：「隴頭流水，鳴聲嗚咽。遥望秦川，肝腸斷絶。」王昌齡《從軍行》：「大漠風塵日色昏，紅旗半卷出轅門。前軍夜戰洮河北，已報生禽吐谷渾。」

〔八四〕《宋書·樂志》：「《子夜歌》者，有女子名子夜，造此聲。晉孝武太元中，琅琊王軻之家，有鬼歌《子夜》。」

〔八五〕《木蘭詩》當係北歌，而經後人修改者。《獨異志》謂木蘭姓花，商丘人，恐係附會。

〔八六〕《史記·十二諸侯年表序》：「爲成學治古文者要删焉。」章氏《覆崔荆州書》：「要删，猶云删要以備用爾。」

〔八七〕《論語·微子》：「楚狂接輿歌而過孔子曰：『鳳兮，鳳兮！何德之衰。往者不可諫，來者猶可追。已而，已而！今之從政者殆而！』」《莊子·人間世》：「孔子適楚，楚狂接輿遊其門曰：『鳳兮鳳兮，何如德之衰也！來世不可待，往世不可追也。天下有道，聖人成焉。天下無道，聖人生焉。方今之時，僅免刑焉。福輕乎羽，莫之知載。禍重乎地，莫之知避。已乎已乎！臨人以德。殆乎殆乎！畫地而趨。迷陽迷陽，無傷吾行。吾行却曲，無傷吾足。』」王先謙云：「迷陽，謂棘刺也。生於山野，踐之傷足。」《詩·漢廣序》：「文王之化，被於南國。」

〔八八〕魏武帝《短歌行》：「呦呦鹿鳴，食野之苹。我有嘉賓，鼓瑟吹笙。」《禮記·學記》注：「宵之言小也，習《小雅》之三（首）。」《詩·豳風·東山序》：「《東山》，周公東征也。」魏武帝《苦寒行》：「悲彼《東山》詩，悠悠使我哀。」

〔八九〕郭茂倩《樂府詩集》(卷二十八)《陌上桑》:「今有人,山之阿,被服薜荔帶女蘿。既含睇,又宜笑,子戀慕予善窈窕。乘赤豹,從文貍,辛夷車駕結桂旂。被石蘭,帶杜衡,折芳拔荃遺所思。處幽室,終不見天,路險艱,獨後來。表獨立,山之上,雲何容容而在下。杳冥冥,羌晝晦,東風飄飄神靈雨。風瑟瑟,木搜搜,思念公子徒以憂。」題《楚辭鈔》,係錄《九歌·山鬼》之辭。

〔九〇〕樂府《長安有狹邪行》末謂:「大婦織羅綺,中婦織流黃。小婦無所爲,挾瑟上高堂。丈人且安坐,調絲方未央。」沈德潛云:「後人摘爲《三婦豔》。」王融《三婦豔》作「小婦獨無事」「調弦詎未央。」

〔九一〕梁《隴頭流水歌辭》:「隴頭流水,流離四下。念吾一身,飄然曠野。西上隴阪,羊腸九回,山高谷深,不覺脚酸。手攀弱枝,足踰弱泥。」又《隴頭歌辭》前四句同上,下作:「朝發欣城,暮宿隴頭;寒不能語,舌卷入喉。隴頭流水,鳴聲幽咽;遙望秦川,肝腸斷絶。」(《樂府詩集》卷二十五) 蓋增改古辭爲之。

(《樂府詩集》卷三十五),餘同。

〔九二〕盧仝《月蝕詩》載《玉川子集》卷一。韓愈《月蝕詩效玉川子作》載《昌黎集》卷五。陳齊之曰:「退之效玉川子《月蝕詩》,乃刪盧仝冗語耳,非效玉川也。韓雖法度森嚴,便無盧仝豪放之氣。」

〔九三〕《中山詩話》:「僧惠崇詩云:『河分岡勢斷,春入燒痕青。』然唐人詩句。而崇之弟子吟贈其師曰:『河分岡勢司空曙,春入燒痕劉長卿;不是師偷古人句,古人詩句似師兄。』」

〔九四〕王維《積雨輞川莊作》:「積雨空林煙火遲,蒸藜炊黍餉東菑。漠漠水田飛白鷺,陰陰夏木囀黃鸝。」

〔九五〕李曰華曰：「李嘉祐詩，『水田飛白鷺，夏木囀黃鸝』。王摩詰但加漠漠陰陰四字，而氣象鬥生，所謂點鐵成金也。」（《寒廳詩話》引）按王維盛唐在前，李嘉祐中唐在後，非王維取嘉祐句而加「漠漠」「陰陰」四字。

〔九六〕刀圭：藥物量名。一刀圭為十分方寸七之一。見《本草綱目序例》。《史記·淮陰侯傳》：「韓信張耳已入水上軍，軍皆殊死戰，不可敗。信所出奇兵二千騎，共候趙空壁逐利，則馳入趙壁，皆拔趙幟，立漢赤幟二千。」

〔九六〕《左傳》僖二十四年：「尤而效之，罪又甚焉。」蕭宗乾元二年，杜甫自秦州赴同谷縣，寓居同谷，作歌七首。

〔九七〕《文選·四愁詩序》：「張衡不樂久居機密，陽嘉中，（《後漢書》本傳作永和初）出為河間相。……時天下漸弊，鬱鬱不得志，為《四愁詩》。」張載有擬平子《四愁詩》，《文選》錄其一。

〔九八〕《史通·雜說下》：「《李陵集》有與蘇書，詞采壯麗，音句流靡，觀其體不類西漢人，殆後來所為，假稱陵作也。」蘇軾《與劉沔書》：「陵與武書，詞句儇薄，正齊、梁間小兒所擬作，決非西漢文。」今謂擬作以見志，說尤得之。

〔九九〕袁淑《真隱傳》：「鬼谷先生，不知何許人也，居鬼谷山，因以為稱。蘇秦、張儀師之，遂立功名。先生遺書責之曰：『若二君豈不見河邊之樹乎？僕御執其枝，波浪盪其根，上無徑尺之陰，下被數千之痕，（《太平御覽》五百十引無此二句）此木豈與天地有仇怨，所居然也。子不見嵩岱之松柏，華霍之

檀桐乎？上枝干於青雲，下根通於三泉，千秋萬歲，不受斧斤之患，此木豈與天地有骨肉哉？蓋所居然也。」（據《藝文類聚》三十八引）

[一〇〇]《易·姤·象傳》：「天下有風，姤。后以施命誥四方。」正義曰：「后以施命誥四方者，風行草偃，天之威令，故人君法此施行教命，誥於四方也。」《文心雕龍·章表》：「章以謝恩，表以陳請。」《後漢書·光武紀》注：「說文曰：檄以木簡爲書，長尺二寸，謂之檄以徵召也。」《封氏聞見記》：「露布者，謂不封檢，露而宣布，欲四方速知。亦謂之露版者，《魏武奏事》云，有警急，輒露版插羽，是也。」

[一〇一] 王襃字子淵，蜀人。《漢書》本傳：「益州刺史王襄，欲宣風化於衆，使襃作中和樂職宣布詩，因奏襃有軼才。上乃徵襃，既至，詔爲《聖主得賢臣頌》。」按賈誼《過秦》在《賈子新書》中，本有三篇，《文選》錄其一而題之以論。《詩教下》云：「賈誼《過秦》，蓋《賈子》之篇目也。豈以有取斯文，即可裁篇題論，改子爲集乎？」左思《詠史》：「著論準《過秦》。」

[一〇二]《莊子·田子方》：「顏淵問於仲尼曰：『夫子步亦步，夫子趨亦趨，夫子馳亦馳，夫子奔逸絕塵，而回瞠若乎後矣。』」《詩·小雅·巧言》：「他人有心，予忖度之。」《易·繫辭下》：「夫《易》彰往而察來，而微顯闡幽。」

[一〇三]《莊子·應帝王》：「鄭有神巫曰季咸，知人之生死存亡禍福壽夭，期以歲月旬日若神。鄭人見之，皆棄而走。列子見之而心醉。」《楚辭·卜居》：「屈原既放，三年不得復見，竭知盡忠，而蔽鄣於讒，心煩慮亂，不知所從，乃往見太卜鄭詹尹曰：『余有所疑，願因先生決之。』」

〔〇四〕枚乘《七發》：「楚太子有疾，而吳客往問之，曰：『伏聞太子玉體不安，亦少間乎？』」

〔〇五〕司馬相如《子虛賦》：「楚使子虛使於齊，王悉發車騎與使者出畋。畋罷，子虛過奼（詫）烏有先生。」

〔〇六〕張衡《西京賦》：「有憑虛公子者，心奓體忕，雅好博古，學乎舊史氏，是以多識前代之載，言於安處先生。」

〔〇七〕東方朔《答客難》、揚雄《解嘲》、班固《答賓戲》皆主客答問，體同《卜居》《七發》《子虛賦》等篇，並載《文選》。

〔〇八〕曹植《七啟》：「玄微子隱於大荒之庭，飛遁離俗，澄神定靈，輕祿傲貴，與物無營。耽虛好靜，羨此永生。獨馳思於天雲之際，無物象而能傾。」於是鏡機子聞而將往說焉。」張協《七命》：「沖漠公子含華隱曜，嘉遁龍盤。」

〔〇九〕《莊子·寓言》篇文。郭注：「寄之他人，則十言而九見信。」

〔一〇〕《文選》魏武帝《短歌行》：「何以解憂，惟有杜康。」李善注：「《博物志》曰：『杜康造酒』。王著《與杜康絕交書》曰：『康字仲寧。』或云：『黃帝時宰人，號酒泉太守。』

〔一一〕《史記·平準書》：「孝文帝時，鄧通以鑄錢，財過王者，故鄧氏錢布天下。」又《佞幸列傳》：「鄧通，蜀郡南安人，獨自謹其身以媚上。上使善相者相通，曰：『當貧餓死。』帝曰：『能富通者在我也，何謂貧乎？』於是賜鄧通蜀嚴道銅山，得自鑄錢，鄧氏錢布天下，其富如此。」

〔一二〕庾信《枯樹賦》：「殷仲文風流儒雅，海內知名，世異時移，出爲東陽太守。常忽忽不樂，顧庭槐而歎

曰：「此樹婆娑，生意盡矣！」又：「火入空心，膏流斷節。」又：「桓大司馬聞而歎曰：『昔年種柳，依依漢南，今看搖落，悽悽江潭。樹猶如此，人何以堪！』」（《庾子山集》卷一）《世說新語·言語》：「桓公北征，經金城，見前為琅邪時種柳，皆已十圍，慨然曰：『木猶如此，人何以堪！』」攀枝執條，泫然流淚。」庾信將兩個典故合而為一。

〔三〕謝莊《月賦》：「陳王初喪應、劉，端憂多暇，綠苔生閣，芳塵凝榭，悄焉疚懷，不怡中夜。廼清蘭路，肅桂苑，騰吹寒山，弭蓋秋阪，臨濬壑而怨遙，登崇岫而傷遠。于時斜漢左界，北陸南躔，白露曖空，素月流天。沈吟齊章，殷勤陳篇，抽毫進牘，以命仲宣。」《日知錄》卷十九《假設之辭》條：「古人為賦，多假設之辭，叙述往事，以為點綴，不必一一符同也。子虛、亡是公、烏有先生之文，已肇始於相如矣。後之作者，實祖此意。謝莊《月賦》：『陳王初喪應、劉，端憂多暇』，又曰『抽毫進牘，以命仲宣』。」按王粲以建安從征吳，二十二年春，道病卒，徐、陳、應、劉一時俱逝，亦是歲也。至明帝太和六年，植封陳王。豈可掎摭史傳以議此賦之不合哉？庾信《枯樹賦》既言殷仲文出為東陽太守，乃復有桓大司馬，亦同此例。」

〔四〕《史記·屈原列傳》：「原死之後，楚有宋玉、唐勒、景差之徒，皆好辭而以賦見稱。」王逸以《九辯》為宋玉作，中多悲秋語。《世說新語·任誕》：「劉伶恆縱酒放達，或脫衣裸形在屋中，人見譏之。伶曰：『我以天地為棟宇，屋室為褌衣，諸君何為入我褌中？』」又《文學》篇注引《名士傳》曰：「伶字伯倫，沛郡人。肆意放蕩，以宇宙為狹。常乘鹿車，攜一壺酒，使人荷鍤隨之，云：『死便掘地以埋。』

〔一五〕《日知錄》卷十六:「經義始於宋熙寧中王安石所立之法。」章氏《課蒙文法》:「四書文字本於經義,與論同出一源,其途徑之分,則自演人口氣始,蓋代聖賢以立言,所貴處身設地,非如論說之惟我欲言也。」(劉刻《遺書》補遺)

〔一六〕《釋名》:「水,準也,準平物也。」《周禮·考工記》:「準之,先後量之。」

〔一七〕《説文》:「躔,踐也。」徐曰:「星之躔次,星所履行也。」《漢書·律曆志》:「日月初躔,星之紀也。」孟康曰:「躔,舍也。二十八舍,列在四方,日月行焉,起於星紀,而又周之,猶四聲爲宮也。」

〔一八〕韓愈《進學解》:「《易》奇而法,《詩》正而葩。」(《昌黎集》卷十二)

〔一九〕《史記·自序》:「《禮》以節人,《樂》以發和。」

〔二〇〕韓愈《進學解》:「《春秋》謹嚴,《左氏》浮誇。」莊子自叙其學,「宏大而辟,深閎而肆。」(《天下》)柳宗元《答韋中立論師道書》:「參之《離騷》以致其幽,參之太史以著其潔。」

〔二一〕儒者博而寡要,墨者儉而難遵,法家嚴而少恩,見司馬談《論六家要指》。《漢志·諸子略》叙名家云:「及謷(揭發陰私)者爲之,則苟鉤鈲析亂而已。」師古曰:「鈲,破也,音普革反。」按「鈲」《方言》二同,似指煩躁不安。應依《漢志》作「鈲」。菁華閣本不誤。

〔二二〕《國語·晉語》一:「欒共子曰:『民生於三,事之如一,父生之,師教之,君食之。非父不生,非食不長,非教不知,生之族也,故壹事之。』」

土木形骸,遨遊一世。」

（三三）《莊子‧齊物論》：「其發若機栝，其司是非之謂也。」《釋文》：「機，弩牙。栝，箭栝。」機爲弓上發弩箭之裝置，幾括疑本此。

（三四）《史記‧魏其武安列傳》：「魏其者，沾沾自喜耳。」師古曰：「沾沾，輕薄也。」

（三五）《詩‧邶風‧柏舟》：「耿耿不寐，如有隱憂。」傳：「耿耿，猶儆儆也。」

（三六）《楚辭‧惜誓》：「黃鵠之一舉兮，知山川之紆曲；再舉兮，睹天地之圜方。」《荀子‧禮論》：「小者是燕爵（雀），猶有啁噍之頃焉。」

（三七）《詩‧大雅‧卷阿》：「鳳凰鳴矣，于彼高岡。梧桐生矣，于彼朝陽。」蘇軾《答張文潛書》：「地之美者，同於生物，不同於所生；惟荒瘠斥鹵之地，彌望皆黃茅白葦。」（《東坡前集》卷三十）

（三八）《莊子‧列禦寇》：「齊人之井，飲者相捽也。」郭注：「言穿井之人，爲己有造泉之功而捽飲者，不知泉之天然也。」捽，揪打。

（三九）《莊子‧齊物論》：「山林之畏佳（猶崔嵬），大木百圍之竅穴，似鼻，似口，似耳，似枅（柱上方木）似圈，似臼，似洼（深池）者，似污（低處）者。激者，謞者，叱者，吸者，叫者，嚎者，突者，咬者，前者唱于，而隨者唱喁。泠風則小和，飄風則大和，厲風濟，則衆竅爲虛。」宣穎云：「激，如水激聲。謞，如箭去聲。叱，出而聲粗。吸，入而聲細。叫，高而聲揚。嚎，下而聲濁。突，深而聲留。咬，鳴而聲清。皆狀竅聲。」于，喁，相和聲。枅，音雞。泠風，小風，厲風，烈風也。濟，止也。

（三〇）《文選》宋玉《風賦》：「夫風生於地，起於青蘋之末，侵淫谿谷，盛怒於土囊之口。」李善注：「土囊，

大穴也。盛弘之《荊州記》曰:『宜都佷山縣有山,山有穴,口大數尺,爲風井。』土囊當此之類也。」

〔三〕《荀子‧賦篇》分禮、知(智)、雲、蠶、箴五賦,賦末有佹詩(怪異激切之詩)。五賦中禮、知論學術,不限於藝文。

文史通義校注卷三

內篇三

史德[一]

才、學、識三者，得一不易，而兼三尤難，千古多文人而少良史，職是故也。昔者劉氏子玄，蓋以是說謂足盡其理矣。[二]雖然，史所貴者義也，而所具者事也，所憑者文也。孟子曰：「其事則齊桓、晉文，其文則史，義則夫子自謂竊取之矣。」[三]非識無以斷其義，非才無以善其文，非學無以練其事，三者固各有所近也，其中固有似之而非者也。記誦以爲學也，辭采以爲才也，擊斷以爲識也，非良史之才、學、識也。[四]雖劉氏之所謂才、學、識，猶未足以盡其理也。夫劉氏以謂有學無識，如愚估操金，不解貿化。[五]推此說以證劉氏之指，不過欲於記誦之間，知所決擇，以成文理耳。故曰：古人史取成家，退處士而進奸雄，排死節而飾主闕，亦曰一家之道然也。[六]此猶文士之識，非史識也。能具史識者，必知史德。德者何？謂著書者之心術也。[七]夫穢史者所以自穢，[八]謗書者所以自謗，[九]素行爲人所羞，文辭何足取重。魏收

之矯誣,沈約之陰惡,[一〇]讀其書者,先不信其人,其患未至於甚也。所患夫心術者,謂其有君子之心,而所養未底於粹也。夫有君子之心,而所養未粹,大賢以下,所不能免也。此而猶患於心術,自非夫子之《春秋》,不足當也。以此責人,不亦難乎?是亦不然也。蓋欲爲良史者,當慎辨於天人之際,[一一]盡其天而不益以人也。[一二]盡其天而不益以人,雖未能至,苟允知之,亦足以稱著述者之心術矣。而文史之儒,競言才、學、識,而不知辨心術以議史德,烏乎可哉?[一三]

夫是堯、舜而非桀、紂,人皆能言矣。崇王道而斥霸功,[一四]又儒者之習故矣。至於善善而惡惡,[一五]褒正而嫉邪,凡欲託文辭以不朽者,莫不有是心也。然而心術不可不慮者,則以天與人參,其端甚微,非是區區之明所可恃也。夫史所載者事也,事必藉文而傳,故良史莫不工文,而不知文又患於爲事役也。蓋事不能無得失是非,一有得失是非,則出入予奪相奮摩矣。奮摩不已,而氣積焉。事不能無盛衰消息,一有盛衰消息,則往復憑弔生流連矣。流連不已,而情深焉。凡文不足以動人,所以動人者,氣也。[一六]凡文不足以入人,所以入人者,情也。[一七]氣積而文昌,情深而文摯;氣昌而情摯,天下之至文也。然而其中有天有人,不可不辨也。氣合於理,天也;氣能違理以自得陽剛,而情合陰柔,[一八]人麗[一九]陰陽之間,不能離焉者也。情本於性,天也;情能汨性[二〇]以自恣,人也。史之義出於天,而史之文,不能不藉

人力以成之。人有陰陽之患，而史文即忤於大道之公，其所感召者微也。夫文非氣不立，而氣貴於平。人之氣，燕居〔二一〕莫不平也。因事生感，而氣失則宕，〔二二〕氣失則激，氣失則驕，毘於陽矣。文非情不深，而情貴於正。人之情，虛置無不正也。因事生感，而情失則流，情失則溺，情失則偏，毘於陰矣。〔二三〕陰陽伏沴之患，〔二四〕乘於血氣而入於心知，其中默運潛移，似公而實逞於私，似天而實蔽於人，發爲文辭，至於害義而違道，其人猶不自知也。故曰心術不可不慎也。〔二五〕

夫氣勝而情偏，猶曰動於天而參於人也。才藝之士，則又溺於文辭，以爲觀美之具焉，而不知其不可也。史之賴於文也，猶衣之需乎采，食之需乎味也。采之不能無華樸，味之不能無濃淡，勢也。華樸爭而不能無邪色，濃淡爭而不能無奇味。邪色害目，奇味爽口，〔二六〕起於華樸濃淡之爭也。文辭有工拙，而族史方且以是爲競焉，〔二七〕是舍本而逐末矣。以此爲文，未有見其至者。以此爲史，豈可與聞古人大體乎？〔二八〕

韓氏愈曰：「仁義之人，其言藹如。」〔二九〕仁者情之普，義者氣之遂也。〔三〇〕程子嘗謂：「有《關雎》《麟趾》之意，而後可以行《周官》之法度。」〔三一〕吾則以謂通六義比興之旨，而後可以講春王正月之書。〔三二〕蓋言心術貴於養也。史遷百三十篇，《報任安書》〔三三〕所謂「究天人之際，通古今之變，成一家之言」。自序以謂「紹名世，正《易傳》，本《詩》《書》《禮》樂之際」，〔三四〕其本

史德

二五九

旨也。所云發憤著書，[三五]不過敘述窮愁，而假以爲辭耳。後人泥於發憤之說，遂謂百三十篇，皆爲怨誹所激發，[三六]王允亦斥其言爲謗書。[三七]於是後世論文，以史遷爲譏謗之能事，以微文爲史職之大權，[三八]或從羨慕而倣效爲之，是直以亂臣賊子之居心，而妄附《春秋》之筆削，不亦悖乎！今觀遷所著書，如《封禪》之惑於鬼神，[三九]《平準》之算及商販，[四〇]孝武之秕政也。後世觀於相如之文，[四一]桓寬之論，[四二]何嘗待史遷而後著哉？《遊俠》《貨殖》諸篇，不能無所感慨，[四三]賢者好奇，[四四]亦洵有之。餘皆經緯古今，折衷六藝，[四五]何嘗敢於訕上哉[四六]？朱子嘗言，《離騷》不甚怨君，後人附會有過。[四七]吾則以謂史遷未敢謗主，讀者之心自不平耳。夫以一身坎軻，怨誹及於君父，且欲以是邀千古之名，此乃愚不安分，名教中之罪人，天理所誅，又何著述之可傳乎？夫《騷》與《史》，千古之至文也。其文之所以至者，皆抗懷於三代之英，[四八]而經緯乎天人之際者也。所遇皆窮，固不能無感慨。而不學無識者流，且謂誹君謗主不妨尊爲文辭之宗焉，大義何由得明，心術何由得正乎？夫子曰：「《詩》可以興。」[四九]說者以謂興起好善惡惡之心也。[五〇]好善惡惡之心，懼其似之而非，故貴平日有所養也。《騷》與《史》，皆深於《詩》者也。言婉多風，皆不背於名教，而梏於文者不辨也。故曰必通六義比興之旨，而後可以講春王正月之書。[五一]

〔一〕按本篇論著書者之心術，而進及史家之素養，必學養淳粹，不恣情，不使氣，文乃能如事而出，傳信詔後。據《年譜》是篇作於乾隆五十六年。章氏《與史餘村簡》：「近撰《史德》諸篇，所見較前有進，與《原道》《原學》諸篇相足表裏。而《原道》諸篇，既不爲人所可，此篇亦足下觀之可耳，勿示人也。」

（劉刻《遺書》卷九）

〔二〕《新唐書・劉知幾傳》：「劉子玄名知幾，通覽群史，與兄知柔俱以善文詞知名，擢進士第。武后時，累遷鳳閣舍人，兼修國史。中宗時，擢太子率更令，遷祕書監。始子玄修《武后實錄》，有所改正，而武三思等不聽，自以爲見用於時，而志不遂，乃著《史通》內外四十九篇，譏評今古。徐堅讀之，歎曰：『爲史者宜置此坐右也。』」其論史謂有三長，說見下。

〔三〕語見《孟子・離婁下》。

〔四〕劉咸炘《識語》：「記誦以爲學，近世之史考也。辭采以爲才，沈、蕭以下之陋史也。擊斷以爲識，宋人之史論也。」

〔五〕《新唐書・劉知幾傳》：「禮部尚書鄭惟忠嘗問：『自古文士多，史才少，何耶？』對曰：『史有三長，才、學、識，世罕兼之，故史才少。夫有學無才，猶愚賈操金，不能殖貨。有才無學，猶巧匠無楩柟斧斤，弗能成室。善惡必書，使驕君賊臣知懼，此爲無可加者』時以爲篤論。」

〔六〕《史通・忤時》：「古者刊定一史，纂成一家，體統各殊，指歸咸別。夫《尚書》之爲教也，以疏通知遠爲主。《春秋》之義也，以懲惡勸善爲先。《史記》則退處士而進姦雄，《漢書》則抑忠臣而飾主闕，

〔七〕《禮記·樂記》：「夫民有血氣心知之性，而無哀樂喜怒之常，應感起物而動，然後心術形焉。」疏云：「術，謂所由道路也。」

〔八〕《史通·古今正史》：「齊天保二年，勅祕書監魏收博采舊聞，勒成一史，於是成《魏書》百三十卷。收詔齊氏，於魏室多不平。既黨北朝，又厚誣江左；性憎勝己，喜念舊惡，與之有怨者，莫不被以醜言，沒其善事，遷怒所至，毀及高曾。書成始奏，詔收於尚書省，與諸家論討，前後列訴者，百有餘人。時尚書令楊遵彥一代貴臣，勢傾朝野，收撰其家傳甚美，是以深被黨援，諸訟史者皆獲重罰，或斃于獄中，群怨謗聲不息。孝昭世勅收更加研審，然後宣佈於外。武成嘗訪諸群臣，猶云不實，又令治改，其所變易甚多。由是世薄其書，號爲穢史。」

〔九〕謝承《漢書》曰：「蔡邕在王允坐，聞卓死，有歎惜之音。允責邕曰：『卓，國之大賊，殺主殘臣，天地所不祐，人神所同疾；君爲王臣，世受漢恩，國主危難，曾不倒戈，卓受天誅，而更嗟痛乎？』便使收付廷尉。邕謝允曰：『雖以不忠，猶識大義，今古安危，耳所厭聞，口所常玩，豈當背國而向卓也！狂瞽之詞，謬出患入，願黥首爲刑，以繼漢史。』公卿惜邕才，咸共諫允。允曰：『昔武帝不殺司馬遷，使作謗書，流於後世。方今國祚中衰，戎馬在郊，不可令佞臣執筆在幼主左右，後令吾徒並受謗議。』遂殺邕。」（《魏志·董卓傳》注引）洪邁曰：「司馬遷作《史記》，於《封禪書》中述武帝神仙鬼竈方士之事甚備，故王允謂之謗書。」（《容齋隨筆》卷四

[一〇]《北齊書·魏收傳》:「收字伯起,小字佛助,鉅鹿下曲陽人。以文華顯,辭藻富逸,撰《魏書》一百三十卷。」《梁書·沈約傳》:「約字休文,吳興武康人,篤志好學,能屬文。高祖受禪,爲尚書僕射,轉左光禄大夫,卒,謚曰隱。著《宋書》百卷。」《史通·採撰》:「沈氏著書,好誣先代,於晉則故造奇說,在宋則多出謗言,前史所載,已譏其謬矣。而魏收黨附北朝,尤苦南國。遂云,馬叡出於牛金,劉駿上淫路氏,可謂助桀爲虐,幸人之災。尋其生絶胤嗣,死遭剖斲,蓋亦陰過之所致也。」

[一一]《莊子·天地》:「无爲而尊者,天道也。有爲而累者,人道也。」《大宗師》:「不以人助天。」《秋水》:「无以人滅天。」《徐无鬼》:「不以人入天。」皆明不以人累天之義。

[一二]《莊子·山木》:「无受天損易,无受人益難。」益以人,謂主觀的情感用事也。

[一三]劉咸炘《識語》:「盡其天者,各如其分也。後之爲史者,豈能如孔子。惟有各如其分,以待論定,不敢以私意擊斷。」《莊子·天地》按此上言具史識者,必知史德而慎心術。

[一四]《漢書·董仲舒傳》:「夫仁人者,正其誼不謀其利,明其道不計其功。是以仲尼之門,五尺之童,羞稱五伯,爲其先詐力而後仁義也。」

[一五]《公羊傳》昭二十年:「君子之善善也長,惡惡也短。惡惡止其身,善善及子孫。」

[一六]《孟子·公孫丑上》:「氣,體之充也。」趙岐注云:「氣,所以充滿形體爲喜怒也。」

[一七]《論衡·初稟》:「情,接於物而然者也。」黃宗羲云:「文以理爲主,然而情不至,則亦文之郛廓耳。廬陵之誌交游,無不鳴咽。子厚之言身世,莫不悽愴。郝陵川之處真州,戴鄴源之入故都,其言皆惻

〔一八〕《孟子‧公孫丑上》：「其爲氣也，至大至剛。」《説文》：「情，人之陰氣有欲者。」

〔一九〕《禮記‧王制》：「郵（過）罰麗于事。」注：「麗，附也。」

〔二〇〕泪，音骨，亂也。《書‧洪範》：「汨陳其五行。」正義曰：「言五行陳列皆亂也。」

〔二一〕《論語‧述而》：「子之燕居」朱注云：「燕居，閒暇無事之時。」

〔二二〕宕，與蕩通，放蕩也。

〔二三〕《莊子‧在宥》：「人大喜邪，毗於陽。大怒邪，毗於陰。」司馬云：「毗，助也。」俞樾云：「喜屬陽，怒屬陰。毗陽毗陰，言傷陰陽之和也。」（《諸子平議》卷十八）

〔二四〕《莊子‧大宗師》：「陰陽之氣有沴。」郭注云：「沴，陵亂也。」沴，音軫。

〔二五〕按此上言史文備情與氣，著史者應慎辨於天人之際。

〔二六〕《老子》第十二章：「五色令人目盲，五音令人耳聾，五味令人口爽。」王弼注：「爽，差失也。」

〔二七〕《莊子‧養生主》「族庖」注，崔云：「族，衆也。」

〔二八〕按此上言史而溺於文辭，爲舍本逐末。

〔二九〕見《答李翊書》。

〔三〇〕程顥《答橫渠先生論定性書》：「夫天地之常，以其心普萬物而無心。聖人之常，以其情順萬事而無

情。故君子之學，莫若廓然而大公，物來而順應。」(《明道文集》卷三)《孟子·盡心上》：「君子之於物也，愛之而弗仁。於民也，仁之而弗親。親親而仁民，仁民而愛物。」此所謂仁者，情之普也。又《公孫丑上》：「其爲氣也，配義與道，無是餒也。是集義所生者，非義襲而取之也。行有不慊於心，則餒矣。我故曰：告子未嘗知義，以其外之也。」此所謂義者氣之遂也。

〔三一〕《二程外書》卷十二：「明道云：必有《關雎》《麟趾》之意，而後可以行周公法度。」

〔三二〕六義，見《詩教下》注〔四〕。比興，見《詩教上》注〔三〕。

〔三三〕「元年者何？君之始年也。春者何？歲之始也。王者孰謂？謂文王也。曷爲先言王而後言正月？王正月也。何言乎王正月？大一統也。」《春秋》隱公元年春王正月。《公羊傳》云：春王正月之書，此謂史籍。

〔三四〕見《漢書·司馬遷傳》。

〔三五〕按《史記·太史公自序》，正《易傳》下有「繼《春秋》」三字。劉熙載云：「太史公文，兼括六藝百家之旨，第論其惻怛之情，抑揚之致，則得於《詩三百篇》及《離騷》居多。」(《文概》)

《史記·太史公自序》：「於是論次其文，七年而太史公遭李陵之禍，幽於縲紲，乃喟然而嘆曰：『是余之罪也夫！是余之罪也夫！身毀不用矣。』退而深惟曰：『夫《詩》《書》隱約者，欲遂其志之思也。昔西伯拘羑里，演《周易》。孔子阨陳、蔡，作《春秋》。屈原放逐，著《離騷》。左丘失明，厥有《國語》。孫子臏脚，而論兵法。不韋遷蜀，世傳《呂覽》。韓非囚秦，《説難》《孤憤》。《詩三百篇》，大抵賢聖發憤之所爲作也。此人皆意有所鬱結，不得通其道，故述往事，思來者。』於是卒述陶唐以

來，至於麟止。」

〔三六〕劉熙載云：「太史公文，悲世之意多，憤世之意少，是以立身常在高處。至讀者或謂之悲，或讀之憤，又可以自徵氣量焉。」（《文概》）足證成此說。

〔三七〕《後漢書・王允傳》：「允字子師，太原祁人也。中平元年，黃巾賊起，特選拜豫州刺史。獻帝即位，拜太僕，再遷守尚書令。初平元年，代楊彪爲司徒。見董卓篡逆已兆，乃結吕布爲内應，卓入朝，布刺殺之。卓將李傕、郭汜爲亂，殺允。」謂史公作謗書，見上。

〔三八〕班固《典引序》：「司馬遷著書成一家之言，揚名後世，以身陷刑之故，反微文刺譏，貶損當世，非誼士也。」微文，隱約諷刺。按《史記》中是有微文諷刺，諷刺得當，此正《史記》勝於《漢書》處。

〔三九〕方苞曰：「封禪用事雖希曠，其禮儀不可得而詳，然以是爲合不死之名，致怪物，接仙人蓬萊方士之術，則夫人而知其妄矣。子長恨群儒不能辨明，爲天下笑，故寓其意於自序，以明其父未嘗與此，而所以發憤以死者，蓋以天子建漢家之封，接千載之統，乃重爲方士所愚迷，恨己不得從行，而辨明其事也。」(《書太史公自序後》，《望溪文集》卷二) 史公作書之意，由此亦可推見。

〔四〇〕漢武帝設平準令丞，職主均天下之輸斂，貴則糶之，賤則糴之，平賦以相準，輸歸於京師，故曰平準。史公病其與民爭利，而書《平準》，說見下。

〔四一〕《漢書・司馬相如傳》：「相如既病免，家居茂陵。天子使所忠往，而相如已死，家無遺書，問其妻。對曰：『長卿未嘗有書也，時時著書，人又取去。長卿未死時爲一卷書，曰：有使來求書，奏之。其

遺札書言封禪事，所忠奏焉。」文載本傳及《文選》。

〔四二〕《漢書‧食貨志》：「昭帝即位六年，詔郡國舉賢良文學之士，問以民所疾苦，教化之要。（桑）弘羊難以此國家大業，所以制四夷，安邊足用之本，不可廢也。」又《車千秋傳贊》：「至宣帝時，汝南桓寬次公治《公羊春秋》，舉為郎，至廬江太守丞，博通，善屬文。推衍鹽鐵之議，增廣條目，極其論難，著數萬言，亦欲以究治亂，成一家之法焉。」又《藝文志》儒家⋯⋯「桓寬《鹽鐵論》六十篇」。

〔四三〕班固《漢書‧司馬遷傳贊》云：「其是非頗繆於聖人，論大道，則先黃、老而後六經；序游俠，則退處士而進姦雄；述貨殖，則崇勢利而羞貧賤，此其蔽也。」而姚鼐云：「世言司馬子長先海內，無校於物漢，不能自贖，發憤而傳《貨殖》，余謂不然。蓋子長見其時天子不能以寧靜淡薄先海內，無校於物之盈絀，而以制度防禮俗之末流，乃令其民仿效淫侈，去廉恥而逐利資。賢士困於窮約，素封僭於君長。又念里巷之徒，逐取什一，行至猥賤⋯⋯而鹽鐵酒沽均輸，以帝王之富，親細民之役，為足羞也。」（《書貨殖傳後》，《惜抱軒集》卷五）鍾惺謂《貨殖傳》乃補《平準書》之所未備。

〔四四〕《法言‧君子》：「仲尼多愛，愛義也。子長多愛，愛奇也。」

〔四五〕《史記‧孔子世家》：「中國言六藝者折中於老子。」折中，取中正無偏，亦作折衷。

〔四六〕《史記‧封禪書》對武帝有微文譏刺，即敢于訕上，此正其勝處。

〔四七〕《朱子語類》卷百三十七：「屈原一書，近偶閱之，從頭被人誤解了，自古至今，譌謬相傳，更無一人

史德

能破之者，而又爲説以增飾之。看來屈原本是一箇忠誠惻怛愛君底人。觀他所作《離騷》數篇，盡是歸依愛慕，不忍捨去懷王之意，所以拳拳反復，不能自已，何嘗有一句是駡懷王？亦不見他有褊躁之心，後來没出氣處，不柰何方投河殞命。而今句句解作駡懷王，枉屈説了屈原。只是不平心看他語意，所以如此。」又同書卷百三十九：「《楚詞》不甚怨君；今被諸家解得都成怨君，不成模樣。」

按「有過」二字黔本作「之過」。

〔四八〕《禮記·禮運》：「大道之行也，與三代之英。」

〔四九〕《論語·陽貨》文。

〔五〇〕《論語·泰伯》：「興於《詩》。」朱注：「興，起也。詩本性情，有邪有正，其爲言既易知，而吟咏之間，抑揚反復，其感人又易入。故學者之初，所以興起其好善惡惡之心而不能自已者，必於此而得之。」王陽明曰：「今教童子，惟當以孝弟忠信禮義廉恥爲專務，其栽培涵養之方，則宜誘之歌詩，以發其志意；導之習禮，以肅其威儀；諷之讀書，以開其知識。」（《傳習録》卷二）意亦同此。

〔五一〕按此上言《騷》與《史》皆深於《詩》，而心術貴有所養。

史 釋[一]

或問《周官》府史之史，[二]與內史、外史、太史、小史、御史之史，[三]有異義乎？曰：無異義也。府史之史，庶人在官供書役者，今之所謂書吏是也。五史，則卿、大夫、士爲之，所掌圖書（紀載、命令、法式之事，今之所謂內閣六科、[四]翰林中書[五]之屬是也。官役之分，高下之隔，流別之判，如霄壤矣。然而無異義者，則皆守掌故，而以法存先王之道也。[六]

史守掌故而不知擇，猶府守庫藏而不知計也。先王以謂太宰制國用，司會質歲之成，[七]皆有調劑盈虛，均平秩序之義，非有道德賢能之選，不能任也，故任之以卿士、大夫之重。若夫守庫藏者，出納不敢自專，庶人在官，足以供使而不乏矣。然而卿士、大夫，討論國計，得其遠大，若問庫藏之纖悉，必曰府也。[八]

五史之於文字，猶太宰司會之於財貨也。典、謨、訓、誥，曾氏以謂「唐、虞、三代之盛，載筆而紀，亦皆聖人之徒」，[九]其見可謂卓矣。五史以卿士、大夫之選，推論精微；史則守其文誥、圖籍、章程、故事，而不敢自專；然而問掌故之委折，[一〇]必曰史也。[一一]

夫子曰：「民可使由之，不可使知之。」[一二]先王道法，非有二也，卿士、大夫能論其道，而府史僅守其法；人之知識，有可使能與不可使能爾。非府史所守之外，別有先王之道也。夫子

曰：「俎豆之事，則嘗聞之矣。」[三]曾子乃曰：「君子所貴乎道者三。籩豆之事，則有司存。」[四]非曾子之言異於夫子也，夫子推其道，曾子恐人泥其法也。[三]「文武之道，未墜於地，在人。夫子焉不學，亦何常師之有？」[五]「入太廟，每事問。」[六]則有司賤役，巫祝百工，皆夫子之所師矣。問禮問官，[七]豈非學於掌故者哉？故道不可以空詮，[八]文不可以空著。三代以前未嘗以道名教，而道無不存者，無空理也。蓋自官師治教分，而文字始有私門之著述，於是文章學問，乃與官司掌故為分途，而立教者可得離法而言道體矣。《易》曰：「苟非其人，道不虛行。」[九]學者崇奉六經，以謂聖人立言以垂教，不知三代盛時，各守專官之掌故，而非聖人有意作為文章也。[一〇]

《傳》曰：「禮，時為大。」[一一]又曰：「書同文。」[一二]蓋言貴時王之制度也。學者但誦先聖遺言，而不達時王之制度，是以文為鞶帨綺繡之玩，[一四]之資，不復計其實用也。故道隱而難知，士大夫之學問文章，未必足備國家之用也。法顯而易守，書吏所存之掌故，實國家之制度所存，亦即堯、舜以來，因革損益之實迹也。故無志於學則已，君子苟有志於學，則必求當代典章，以切於人倫日用；必求官司掌故，而通於經術精微；則學為實事，而文非空言，所謂有體必有用也。不知當代而言好古，不通掌故而言經術，則鞶帨之文，射覆之學，雖極精能，其無當於實用也審矣。[一五]

孟子曰：「力能舉百鈞，而不足舉一羽。明足察秋毫之末，而不見輿薪。」[二六]難其所易，而易其所難，謂失權度之宜也。學者昧今而博古，荒掌故而通經術，是能勝《周官》卿士之所難，而不知求府史之所易也。故舍器而求道，舍今而求古，舍人倫日用而求學問精微，皆不知府史之史通於五史之義者也。[二七]

以吏爲師，[二八]三代之舊法也。秦人之悖於古者，禁《詩》《書》而僅以法律爲師耳。三代盛時，天下之學，無不以吏爲師。《周官》三百六十，[二九]天人之學備矣。其守官舉職，而不墜天工者，[三〇]皆天下之師資也。東周以還，君師政教不合於一，於是人之學術，不盡出於官司之典守。秦人以吏爲師，始復古制。而人乃狃於所習，轉以秦人爲非耳。秦之悖於古者多矣，猶有合於古者，以吏爲師也。[三一]

孔子曰：「生乎今之世，反古之道，裁及其身者也。」[三二]李斯請禁《詩》《書》，以謂儒者是古而非今，[三三]其言若相近，而其意乃大悖。後之君子，不可不察也。夫三王不襲禮，五帝不沿樂。[三四]不知禮時爲大，而動言好古，必非真知古制者也。是不守法之亂民也，故夫子惡之。[三五]損益雖曰隨時，未有薄堯、舜，而詆斥禹、湯、文、武、周公而可以爲治者。李斯請禁《詩》《書》，君子以謂愚之首也。後世之去唐、虞、三代，則更遠矣。要其一朝典制，可以垂奕世而致一時之治平者，未有不於古先聖王之道，得其彷彿者也。故當代典

章，官司掌故，未有不可通於《詩》《書》六藝之所垂。而學者昧於知時，動矜博古，譬如考西陵之蠶桑，[三七]講神農之樹藝，[三八]以謂可禦飢寒而不須衣食也。

〔一〕按史以記事爲職，故史字本義爲記事。《說文》：「史，記事者也。從又持中。中，正也。」江永爲之說云：「凡官府簿書謂之中，故諸官言治中、受中、小司徒斷庶民訟獄之中，皆謂簿書，猶今之案卷也。此中字之本義。故掌文書者謂之史。其字從又持中，又者右手，以手持簿書也。」（《周禮疑義舉例》）吳大澂則以中爲簡冊，持中，即持冊之象。（《說文古籀補》）王氏國維則以中爲盛算之器，亦用以盛簡，簡之多者自當編之爲篇，若數在十簡左右者，盛之於中，爲用較便。（《釋史》）近人金靜庵則謂中蓋對貳而言，貳者副本，中者祕藏之正本也。（《中國史學史》第一章）釋中之義，所說各殊，胥以明史爲記事之官則一也。本篇主旨在明掌故與記注之重要，申證《原道》《原學》之義，以見道不離事，文無空言，一切文章皆歸於史也。作年見《經解上》注〔一〕。

〔二〕《周禮·天官》：「大宰府六人，史十有二人。」鄭注云：「府，治藏。史，掌書者。」又宰夫八職：「五曰府，掌官契以治藏。六曰史，掌官書以贊治。」鄭注云：「治藏，藏文書及器物。贊治，若今起文書草也。」六官所屬諸職司莫不有史，即後世所謂書吏耳。

〔三〕《周禮·春官》：「大史掌建邦之六典，以逆邦國之治，掌法以逆官府之治，掌則以逆都鄙之治。凡

辨法者考焉，不信者刑之。凡邦國都鄙及萬民之有約劑者藏焉，以貳六官。」又：「小史掌邦國之治，奠繫世，辨昭穆。」又：「內史掌王之八枋之法，以詔王治，執國法及國令之貳，以逆會計，掌敘事之法，受納訪，以詔王聽治。」又：「外史掌書外令，掌四方之志，掌三皇五帝之書，掌達書名於四方。」又：「御史掌邦國都鄙及萬民之治令，以贊冢宰，凡治者受法令焉。掌贊書，凡數從政者。」清黃以周云：「大戴記‧盛德》：『內史大史，左右手也。』謂內史居左，大史居右。《玉藻》：『動則左史書之，言則右史書之。』左右字令互譌。《漢‧藝文志》鄭《六藝論》並云：『左史記言，右史記事』可證。」〈禮書通故》三十四〉依此可知周之內史即古之左史，周之大史即古之右史也。

〔四〕《清通典》〈卷二十六〉《職官》四：「都察院：吏科、戶科、禮科、兵科、刑科、工科掌印給事中，滿洲漢人各一人。給事中，滿洲漢人各一人，掌傳達綸音，稽考庶政。」內閣，見下。

〔五〕《清通典》〈卷二十三〉《職官》一：「內閣：殿大學士，滿漢各二人，兼各部尚書銜，掌宣綸綍，贊理庶政。內外諸司題疏到，票擬進呈，得報轉下部科。學士，兼禮部侍郎銜，滿洲六人，漢四人，掌敷本章，傳宣綸綍。中書，滿洲七十人，蒙古十六人，漢軍八人，漢人三十人，掌撰擬紀載繙譯繕寫之事。中書科中書，滿洲二人，漢人四人，掌繕寫誥敕。」又：「翰林院：掌院學士，滿漢各一人。侍讀學士，滿二人，漢三人。侍講學士，滿二人，漢三人。侍讀，滿二人，漢三人。侍講，滿二人，漢三人。修撰、編修、檢討，無定員。凡翰林院官，掌國史、圖籍、制誥、文章之事。」

〔六〕按上言史守掌故，以法存道，無閒於品位之高下。

〔七〕《周禮》，大宰之職「以九職任萬民」，「以九賦斂財賄」，「以九式均節財用」，「以九貢致邦國之用」。此所謂大宰制國用也。司會爲鈞考之官，掌「凡在書契版圖者之貳，以逆群吏之治，而聽其會計，以參互考日成，以月要考月成，以歲會考歲成。」疏云：「歲計曰會。以一歲之會計，考當歲成事文書。」此所謂司會質歲之成也。

〔八〕《史記・陳丞相世家》：「孝文皇帝既益明習國家事，朝而問丞相勃曰：『天下一歲決獄幾何？』勃謝曰：『不知。』問：『一歲錢穀出入幾何？』勃又謝不知，汗出沾背，愧不能對。於是上亦問左丞相平。平曰：『有主者。』上曰：『主者謂誰？』平曰：『陛下即問決獄責廷尉，問錢穀責治粟內史。』上曰：『苟各有主者，而君所主者何事也？』平對曰：『主臣。陛下不知其駑下，使待罪宰相。宰相者，上佐天子理陰陽，順四時，下育萬物之宜，外鎮撫四夷諸侯，內親附百姓，使卿大夫各得任其職焉。』孝文帝乃稱善。」此暗用其事。

〔九〕見《言公上》注〔七〕。

〔一〇〕原委曲折也。

〔一一〕按此上言問掌故之委曲，皆在府史。

〔一二〕見《論語・泰伯》文。朱注云：「民可使之由於是理之當然，而不能使之知其所以然也。」

〔一三〕見《論語・衛靈公》文。

〔四〕《論語·泰伯》:「曾子有疾,孟敬子問之。曾子言曰:『鳥之將死,其鳴也哀。人之將死,其言也善。君子所貴乎道者三:動容貌,斯遠暴慢矣;正顔色,斯近信矣;出辭氣,斯遠鄙倍矣。籩豆之事,則有司存。』」

〔五〕《論語·子張》:「衛公孫朝問於子貢曰:『仲尼焉學?』子貢曰:『文、武之道,未墜於地,在人,賢者識其大者,不賢者識其小者,莫不有文、武之道焉。夫子焉不學?而亦何常師之有?』」

〔六〕見《論語·八佾》文。

〔七〕孔子問禮於老聃,見《史記·孔子世家》。問官於郯子,見昭十七年《左傳》。

〔八〕《文選·魏都賦注》:「銓,次也。」

〔九〕見《易·繫辭下》。

〔一〇〕按此上言三代以前,政教合一,學習於事,故無空理無空言。

〔一一〕見《經解中》注〔三九〕。

〔一二〕見《詩教上》注〔六八〕。

〔一三〕《法言·寡見》:「今之學也,不獨爲之華藻也,又從而繡其鞶帨。」注云:「鞶,大帶也。帨,佩巾也。鞶帨已是外飾,又從而繡之,言章句華多實少。」

〔一四〕《漢書·東方朔傳》:「上嘗使諸數家射覆。」師古曰:「數家,術數之家也。於覆器之下而置諸物,令闇射之,故云射覆。」

〔一五〕按此節言學須通今乃有實用。

〔一六〕見《孟子·梁惠王上》文。

〔一七〕按此上言掌故乃國家制度所存,必由此以通於經術精微,乃爲實學。否則捨易得難。

〔一八〕見《詩教下》注〔三〕。近人金靜庵云:「秦人以吏爲師,吏即史也。惟古今有不同者,一則學下逮於庶民,而百家之學以興。一則所學以法令爲限,而百家之學以絕耳。」(《中國史學史》第一章)所說甚諦。

〔一九〕見《周禮·天官》疏。

〔二〇〕《書·皋陶謨》:「天工,人其代之。」

〔二一〕按此上言秦以吏爲師,有合古制。

〔二二〕《禮記·中庸》:「生乎今之世,反古之道,如此者,烖及其身者也。」朱注:「烖,古災字。反,復也。」

〔二三〕見《原道上》注〔一九〕。

〔二四〕見《易教上》注〔二〕。

〔二五〕見《詩教下》注〔三〕。

〔二六〕《史記·五帝本紀》:「黃帝娶于西陵之女,是爲嫘祖。」嫘祖爲黃帝元妃,始教民蠶桑。

〔二七〕《史記·五帝本紀》:「神農氏世衰。」《集解》引班固曰:「教民耕農,故號曰神農。」

〔二八〕按此上言古今損益,道有可通。博古貴能知時,掌故通乎經術,結束全篇。

史 注[一]

昔夫子之作《春秋》也，筆削[二]既具，復以微言大義，口授其徒。[三]三傳[四]之作，因得各據聞見，推闡經蘊，於是《春秋》以明。諸子百家，既著其說，亦有其徒相與守之，然後其說顯於天下。至於史事，則古人以業世其家，學者就其家以傳業。孔子問禮，必於柱下史。蓋以域中三大，[五]非取備於一人之手，程功於翰墨之林者也。史遷著百三十篇，《漢書》爲《太史公》，《隋志》始曰《史記》。乃云：「藏之名山，傳之其人。」[六]其後外孫楊惲，始布其書。[七]班固《漢書》，自固卒後，一時學者，未能通曉。馬融乃伏閣下，從其女弟受業，然後其學始顯。[八]夫馬、班之書，今人見之悉矣，而當日傳之必以其人，受讀必有所自者，古人專門之學，必有法外傳心，筆削之功所不及，則口授其徒，而相與傳習其業，以垂永久也。遷書自裴駰爲注，[九]固書自應劭作解，[一〇]其後爲之注者，猶若干家，[一一]則皆闡其家學者也。[一二]

魏、晉以來，著作紛紛，[一三]前無師承，後無從學。且其爲文也，體既濫漫，絕無古人筆削謹嚴[一四]之義；旨復淺近，亦無古人隱微難喻之故。[一五]自可隨其詣力，孤行於世耳。至於史籍之掌，代有其人，而古學失傳，史存具體。惟於文誥案牘[一六]之類次，月日記注之先後，不勝擾擾，而文亦繁蕪複沓，盡失遷、固之舊也。是豈盡作者才力之不逮，抑史無注例，其勢不得不日

二七七

趨於繁富也。古人一書，而傳者數家。後代數人，而共成一書。夫傳者廣，則簡盡微顯之法存，[二七]作者多，則牴牾複沓之弊出。循流而忘其源，古學如何得復，而史策何從得簡乎？是以《唐書》倍漢，[二八]《宋史》[二九]倍唐，檢閱者不勝其勞，傳習之業，安得不亡？[三〇]

夫同聞而異述者，見崎而分道也。源正而流別者，歷久而失真也。九師之《易》，[三一]四氏之《詩》，[三二]師儒林立，傳授已不勝其紛紛。士生三古而後，[三三]能自得於古人，勒成一家之作，方且徬徨乎兩間，孤立無徒，而欲抱此區區之學，待發揮於子長之外孫，孟堅之女弟，必不得之數也。太史《自叙》之作，其自注[三四]之權輿[三五]乎？明述作之本旨，見去取之從來，已似恐後人不知其所云，而特筆以標之。所謂不離古文，[三六]乃考信六藝云者，[二七]皆自注其陳、范二史，尚有松之、章懷為之注。[三八]其他雜史支流，猶有子注，是六朝史學家法未亡之一驗也。

自後史權既散，紀傳浩繁，茫乎其不知涯涘焉。惟徐氏《五代史注》，[三二]亦已簡略，尚存餼羊[三三]於一綫。而唐、宋諸家，則又大綱細目之規矩也。[三八]劉孝標注《世說新語》，[三一]則宗旨，或殿卷末，或冠篇端，未嘗不反復自明也。班《書》年表十篇，與《地理》《藝文》二志皆自注，則又大綱細目之規矩也。[三八]劉孝標注《世說新語》，[三一]則記》，[三〇]劉孝標注《世說新語》，[三一]則

後無可代之人，而自為之解。當與《通鑑舉要》《考異》[三五]之屬，同為近代之良法也。[三六]

劉氏《史通》，[三七]畫補注之例為三條，[三八]其所謂小書人物之《三輔決錄》，[三九]《華陽士

女》[四〇]與所謂史臣自刊之《洛陽伽藍》[四一]《關東風俗》[四二]者，雖名爲二品，實則一例。皆近世議史諸家之不可不亟復者也。惟所謂思廣異聞之松之《三國》、[四三]劉昭《後漢》一條，[四四]則史家之舊法，與《索隱》《正義》之流，[四五]大同而小異者也。[四六]

夫文史之籍，日以繁滋，一編刊定，則徵材所取之書，不數十年，嘗失亡其十之五六，宋、元修史之成規，可覆按焉。[四七]使自注之例得行，則因援引所及，而得存先世藏書之大概，因以校正藝文著錄之得失，是亦史法之一助也。且人心日漓，風氣日變，缺文之義不聞，而附會之習，且愈出而愈工焉。在官修書，惟冀塞責，私門著述，苟飾浮名，或剽竊成書，或因陋就簡。使其術稍黠，皆可愚一時之耳目，而著作之道益衰。誠得自注以標所去取，則聞見之廣狹，功力之疏密，心術之誠僞，灼然可見於開卷之頃，而風氣可以漸復於質古，是又爲益之尤大者也。然則考之往代，家法既如彼；揆之後世，繁重又如此；夫翰墨省於前，而功效多於舊，孰有加於自注也哉？[四八]

[一] 按本篇主旨在明史爲專門之業，法外時有傳心，而史注爲用甚鉅，義與《申鄭》篇相參。作年見《經解上》注[一]。

[二] 見《易教下》注[二六]。

史 注

二七九

〔三〕《史記·十二諸侯年表序》：「孔子明王道，干七十餘君莫能用，故西觀周室，論史記舊聞，興於魯而次《春秋》。上記隱，下至哀之獲麟，約其文辭，去其煩重，以制義法。王道備，人事浹。七十子之徒，口受其傳指，爲有所刺譏襃諱挹損之文辭，不可以書見也。魯君子左丘明懼弟子人人異端，各安其意，失其真，故因孔子史記具論其語，成《左氏春秋》。」

〔四〕《漢書·藝文志·春秋家》：「《左氏傳》三十卷。《公羊傳》十一卷。《穀梁傳》十一卷。」叙云：「丘明論本事而作傳，明夫子不以空言說經也。《春秋》所貶損大人，當世君臣，有威權勢力，其事實皆形於傳，是以隱其書而不宣，所以免時難也。及末世口說流行，故有《公羊》《穀梁》、鄒、夾之傳。四家之中，《公羊》《穀梁》立於學官，鄒氏無師，夾氏未有書。」參看《言公上》注〔五七〕。

〔五〕《老子》第二十五章：「故道大，天大，地大，王亦大。域中有四大，而王處其一焉。」三大，謂天地道也。徐陵《勸進梁元帝表》：「擬茲三大，賓是四門。」上官儀《勸封禪表》：「號均三大，體覆載以曲成。」

〔六〕見《漢書·司馬遷傳》。

〔七〕《漢書·司馬遷傳》：「遷既死後，其書稍出。宣帝時，遷外孫平通侯楊惲祖述其書，遂宣布焉。」亦見《楊惲傳》。

〔八〕《班昭續〈漢書〉》，見《經解下》。《後漢書·列女傳》：「《漢書》始出，多未能通者，同郡馬融伏於閣下，從昭受讀。」《史通·古今正史》：「固後坐竇氏事，卒於洛陽獄，書頗散亂，莫能綜理。其妹曹大

家，博學能屬文，奉詔校叙：〕又選高才郎馬融等十人，從大家受讀。」元王惲《玉堂嘉話》卷二：「許魯齋云：『古人看《漢書》皆有傳授，不然，有難者。豈律曆、天文之謂乎？』」

〔九〕裴駰字龍駒，河東聞喜人，宋兵曹參軍。父松之字世期，注《三國志》。《宋書》父子同傳。《隋書·經籍志·正史類》：「《史記》八十卷，裴駰注。」駰《史記集解序》曰：「考校此書，文句不同，有多有少，莫辯其實。而世之惑者，定彼從此，是非相貿，真僞舛雜。故中散大夫東莞徐廣研核衆本，爲作《音義》，具列異同，兼述訓解，粗有所發明，而殊恨省略。聊以愚管，增演徐氏，采經傳百家並先儒之説，有所裨補，以徐爲本，號曰《集解》。」

〔一〇〕《後漢書·應奉傳》：「奉，汝南人。子劭，字仲遠，少篤學，博覽多聞。靈帝舉孝廉，拜泰山太守。建安二年，詔拜爲袁紹軍謀校尉。時遷許，書記罕存。劭慨然綴集所聞，著《漢官禮儀》《風俗通》《集解漢書》，皆行于世。」《隋書·經籍志·正史類》：「《漢書集解音義》二十四卷，應劭撰。」按顏師古《漢書叙例》：「《漢書》舊無注解，惟服虔、應劭等各爲《音義》，自別施行。至典午中朝，爰有晉灼，集爲一部，凡十四卷，號曰《漢書集注》。屬永嘉喪亂，金行播遷，南方學者，皆弗之見。有臣瓚者，莫知氏族，考其時代，亦在晉初，又總集諸家音義，稍以己之所見，續厠其末，凡二十四卷，分爲兩帙，今之《集解音義》則是其書。」錢大昕云：「依小顏説，知《隋志》所載，即臣瓚所集，非出於應劭一人。《隋志》多承阮《録》舊文，則應劭下當有等字，殆傳寫失之也。」（《十駕齋養新録》卷六）《七録》，並題云然，斯不審耳。」

〔二〕按《隋志》除《集解》外，尚有服虔《漢書音訓》一卷，韋昭《漢書音義》七卷，劉顯《漢書音》二卷，夏侯詠《漢書音》二卷，蕭該《漢書音義》十二卷，包愷《漢書音》十一卷，晉灼《漢書集注》十三卷，陸澄《漢書注》一卷，韋稜《漢書續訓》三卷，姚察《漢書訓纂》三十卷，《漢書集解》一卷。後顔注出，盡掩諸家，獨行於世。《書錄解題·正史類》：「《漢書》一百卷，唐祕書監顔師古注。師古以太子承乾之命，總先儒注解，服虔、應劭而下二十餘人，删繁補略，裁以己說，遂成一家。」

〔三〕《史記·曆書》：「疇人子弟分散。」《集解》引如淳曰：「家業世世相傳爲疇。律，年二十三，傳之疇官，各從其父學。」《索隱》引韋昭曰：「疇，類也。」《北史·江式傳》：「式少專家學，數年中常夢兩人時相教授，及寤，每有記識。」古時專門術業，父子相傳，故有家學之稱。按此上言前世史有注例，文簡而學傳。

〔四〕按魏、晉、南北朝以迄唐初，私家修史之風盛，如後漢史在劉宋以前有九家，自范曄《後漢書》成，而九家之書乃廢。晉史在唐以前有十八家，自唐文皇官修之《晉書》成，而十八家之書乃廢。三國史在陳壽《三國志》未成書前，各有作者，不只一家，自陳書行，而衆書就湮。皆初多家纂集，最後勒爲一編也。

〔五〕見《易教下》注〔五〕。

〔六〕《史記·司馬相如傳》：「《春秋》推見以至隱，《易》本隱以之顯。」《匈奴傳》：「孔子著《春秋》，隱、桓之間則章，至定、哀之際則微，爲其切當世之文而罔襃，忌諱之辭也。」

[六]《文心雕龍・詔策》:「誓以訓戎,誥以敷政。」《國語・周語》:「先王耀德不觀兵,有威讓之令,有文誥之辭。」

[七]《左傳》成十四年:「《春秋》之稱,微而顯,志而晦,婉而成章,盡而不汙,懲惡而勸善,非聖人誰能修之!」

[八]《書錄解題》正史類:「《唐書》二百卷,五代晉宰相涿郡劉昫等撰。《新唐書》二百二十五卷,翰林學士廬陵歐陽修永叔、端明殿學士安陸宋祁子京撰。初,慶曆中,詔王堯臣、張方平刊修,久而未就。至和初,乃命修為紀志,祁為列傳,范鎮、王疇、宋敏求、呂夏卿、劉羲叟同編修。嘉祐五年上之。凡廢傳六十一,增傳三百三十一,志三,表四。故其進書上表曰:『其事則增於前,其文則省於舊』。」

[九]《舊唐書》雖頗涉繁蕪,然事蹟明白,首尾該贍,亦自可觀。《新唐書・志》,歐陽永叔所作,頗有裁斷,文亦明達。而列傳出宋子京之手,簡而不明,二手高下,迥然不侔。」

[一○]《四庫全書總目》正史類:「《宋史》四百九十六卷,元托克托等奉敕撰。其總目題本紀四十七,志一百六十二,表三十二,列傳二百五十五。然卷四百七十八,至卷四百八十三,實為世家六卷,總目未列,蓋偶遺也。其書大旨以表章道學為宗,餘事皆不甚措意,故舛謬不勝殫數。」

[一一]《論語・學而》:「傳不習乎?」《正義》:「傳,謂師有傳於己也。」按此上謂後世史無注例,文雖繁而傳業亡。

[一二]《漢書・藝文志・易類》:「《淮南道訓》二篇」。自注:「淮南王安聘明《易》者九人,號九師說。」劉

〔二〕向《別錄》曰：「所讎校中《易傳》《淮南九師道訓》，除復重，定著十二篇。淮南王聘善爲《易》者九人，從之採獲，署曰《淮南九師書》。」(《初學記》卷二十一引，《太平御覽》六百九所引同。)

〔三〕《漢書·藝文志》：「漢興，魯申公爲《詩》訓故，而齊轅固、燕韓生皆爲之傳，三家列於學官。又有毛公之學，未得立。」別詳《原道下》注〔三〕。

〔四〕《漢書·藝文志》：「世歷三古。」孟康曰：「《易·繫辭》曰：『《易》之興，其於中古乎？』然則伏羲爲上古，文王爲中古，孔子爲下古。」

〔五〕按「自叙」劉刻《章氏遺書》本作「叙例」。章氏《史篇別錄叙例》：「史家自注之例，或謂始於班氏諸志，其實史遷諸表已有子注矣。」(劉刻《遺書》卷七)《太史公自序》末述各篇作意，稱「作《五帝本紀》第一」等，應是正文，不同于自注，至《三代世表》列各帝名後加注，則可稱「子注」。

〔六〕《史記·五帝本紀贊》：「余嘗西至崆峒，北過涿鹿，東漸於海，南浮江、淮矣。至長老皆各往往稱黃帝、堯、舜之處，風教固殊焉。總之，不離古文者近是。」《索隱》：「古文，即《帝德》《帝系》二書也。」

〔七〕按「乃」，劉刻《遺書》本作「及」。《史記·伯夷列傳》：「學者載籍極博，猶考信於六藝，《詩》《書》雖缺，然虞夏之文可知也。」

〔八〕《漢書》年表，分大綱細目，《地理志》《藝文志》亦同，正文如大綱，子注如細目。

〔二九〕按裴松之於宋元嘉中，奉詔注《三國志》，徵引之書，多至一百五十餘種，其目具見趙翼《廿二史劄記》卷六，別詳《言公中》注〔三〕。《舊唐書·高宗諸子傳》：「章懷太子賢，字明允，高宗第六子也。上元二年六月，立爲皇太子。賢招集當時學者，太子左庶子張大安，洗馬劉訥言，洛川司戶格希玄，學士許叔牙，成元一，史藏諸，周寶寧等，注《後漢書》，表上之。」

〔三〇〕《隋書·經籍志》霸史類：「《秦記》十一卷，宋殿中將軍裴景仁撰，梁雍州主簿席惠明注。」

〔三一〕《隋書·經籍志》小說類：「《世說》十卷，劉孝標注。」《梁書·文學傳》：「劉峻字孝標，荆州戶曹參軍。高祖招文學之士，峻不能隨衆沈浮，故不任用。」高氏《緯略》云：「劉義慶采摭漢、晉以來佳事佳話，爲《世說新語》，孝標注此書，引援漢、魏諸史，如晉氏一代，凡一百六十五家，皆出於正史之外。」

〔三二〕《廿二史劄記》（卷二一）：「宋太祖開寶六年四月，詔修梁、唐、晉、漢、周書，七年閏十月，書成，凡一百五十卷，目録二卷。監修者爲薛居正，同修者爲盧多遜、扈蒙、張澹、李昉、劉兼、李穆、李九齡，皆本前朝實錄爲稿本，此官修之本也。其後歐陽修私撰《五代史記》七十五卷，藏於家。修没後，熙寧五年，詔求其書刊行，於是薛、歐二史並行於世。」《宋史·藝文志》：「歐陽修《新五代史》七十四卷，

（目録一卷）徐無黨注。」

〔三三〕《論語·八佾》：「子貢欲去告朔之餼羊。」《集解》引鄭玄曰：「牲生曰餼。禮，人君每月告朔於廟，有祭，謂之朝享。魯自文公始，不視朔。子貢見其禮廢，故欲去其羊。」

〔三四〕《書錄解題》起居注類：「《神宗實錄考異》二百卷，監修趙鼎，史官范冲等撰。《考異》者，備朱墨黃三書，而明著其去取之意也。闕百六十一至百七十一卷。」《宋史·儒林傳》五：「范冲字元長，登紹聖進士第，仕至翰林侍讀學士，以龍圖閣直學士奉祠，卒，年七十五。冲之修《神宗實錄》也，爲《考異》一書，明示去取，舊文以墨書，刪去者以黄書，新修者以朱書，世號朱墨史。」

〔三五〕《通鑑》見《書教下》注〔三七〕。《通鑑舉要》、《書錄解題》稱「光患李書浩大難領略，而《目錄》無首尾，晚著《通鑑舉要歷》八十卷，其稿在晁說之以道家。今其本不傳。」《資治通鑑考異》，司馬光撰。光編集《通鑑》，有一事用三四出處纂成者，光既擇可信者從之，復參考同異，別爲此書辨正謬誤，祛將來之惑。成書三十卷。

〔三六〕按此上言史注所由起，及其後史法僅存者。

〔三七〕見《史德》篇注〔二〕。

〔三八〕《史通·補注》：「昔《詩》《書》既成，而毛孔（毛萇、孔安國）立傳。傳之時義，以訓詁爲主，亦猶《春秋》之傳，配經而行也。降及中古，始名傳曰注。蓋傳者，轉也，轉授於無窮。注者，流也，流通而靡絕。進此二名，其歸一揆。如韓、戴、服、鄭（韓嬰、戴德、戴聖、服虔、鄭玄）鑽仰六經，裴、李、應（裴駰、李奇、應劭、晉灼）訓解三史，開導後學，發明先義，古今傳授，是曰儒宗。（一）既而史傳小書，人物雜記，若摯虞之《三輔決錄》，陳壽之《季漢輔臣》，周處之《陽羨風土》，常璩之《華陽士女》，文言美辭，列於章句，委曲叙事，存於細書，此之注釋，異夫儒士者矣。（二）次有好事之子，思廣異

聞，而才短力微，不能自達，庶憑驥尾，千里絕群，遂乃掇衆史之異辭，補前書之所闕，若裴松之《三國志》、陸澄劉昭兩《漢書》、劉彤《晉紀》、劉孝標《世說》之類，是也。〔三〕亦有躬爲史臣，手自刊補，雖志存該博，而才闕倫叙，除煩則意有所恡，畢載則言有所妨，遂乃定彼榛楛，列爲子注，若蕭大圜《淮海亂離志》、羊衒之《洛陽伽藍記》、宋孝王《關東風俗傳》、王劭《齊志》之類，是也。

〔三九〕《後漢書‧趙岐傳》：「岐字邠卿，初名嘉，字臺卿，拜太常，著《三輔決錄》。」《晉書‧摯虞傳》：「虞字仲洽，京兆長安人。少事皇甫謐，才學博通，著述不倦。官至太常卿，卒。撰《文章志》四卷，注解《三輔決錄》。」《隋志》雜傳類：「《三輔決錄》七卷，漢太僕趙岐撰，摯虞注。」

〔四〇〕吕大防《華陽國志》引：「晉常璩作《華陽國志》，自先漢至晉初，踰四百歲，士女可書者四百人。」《晉書‧常璩傳》：「璩字道將，散騎常侍。」《華陽士女》書無考。

〔四一〕晁公武《郡齋讀書志》：「《洛陽伽藍記》三卷（按《隋志》作五卷），元魏楊衒之撰。魏遷都洛陽，一時王公大人多造佛寺，或舍其私第爲之，故僧舍多，爲天下最。衒之載其本末及事跡甚備。」《書錄解題》：「爾朱之亂，城郭丘墟，追述此記。」《四庫總目提要‧洛陽伽藍記》云：「據《史通‧補注》篇則衒之此記，實有自注，世所傳本皆無之，不知何時佚脱。然自宋以來，未聞有引用其注者，則其刊落已久，今不復可考矣。」

〔四二〕《北史‧宋隱傳》：「族裔世景從孫孝王，爲北平王文學，非毀朝士，撰《朝士別錄》二十卷。會周武滅齊，改爲《關東風俗傳》，更廣見聞，成三十卷。」宋書注，未詳。

〔四三〕見《言公中》注〔三〕。

〔四四〕《南史·文學傳》：「劉昭字宣卿，臨川王記室。初，昭伯父彤，集眾家《晉書》，注千寶《晉紀》，爲四十卷。至昭集《後漢》同異，以注范曄《後漢》，世稱博悉，一百八十卷。」《十駕齋養新錄》卷六：「劉昭本注范史紀傳，又取司馬氏（彪）《續漢志》兼注之，以補蔚宗之闕。後章懷太子別注范史，而劉注遂廢。惟《志》三十卷，章懷以非范書，故注不及焉。」按劉注《續漢志》三十卷，今併於范史，始於宋乾興元年，因孫奭之請也。

〔四五〕《郡齋讀書志》史評類：「《史記索隱》三十卷，唐司馬貞撰。據徐裴注，糾正牴牾，援據密緻，如東坡辨宰我未嘗從田常爲辭，蓋本諸貞也。」《書錄解題》正史類：「《史記正義》三十卷，唐張守節撰，開元二十四年，作序。」《四庫簡明目錄》云：「是書徵引故實，頗爲賅博，於地理尤詳，音義亦較他注爲密。」

〔四六〕按此上論劉氏三條注例。

〔四七〕按宋太祖開寶六年，詔修梁、唐、晉、漢、周書。以五代諸帝，本各有實錄，薛居正即本之以成書，故一年之内，即能告成（見《廿二史劄記》卷二十一）。至仁宗時，詔歐陽修、宋祁刊修《唐書》，所藉以補輯《舊書》者，唐代史事，據《唐志》所載，無慮數十百種。如孫甫撰《唐史記》七十五卷，趙瞻著《唐春秋》五十卷，趙鄰幾追補《唐實錄》《會昌以來日曆》二十六卷，陳彭年著《唐紀》四十卷，宋敏求嘗補武宗以下六世實錄百四十卷，皆歐宋得藉爲筆削之地者（同書卷十六）。至若元順帝時，修宋、

〔四八〕按此上言注例當復，結出本意。

遼、金三史，不及三年而成書，亦以三史皆有舊本。《遼史》在遼時已有耶律儼本，在金時又有陳大任本，此《遼史》舊本也。金亡後，累朝實錄在順天張萬戶家，後據以修史。此《金史》舊本也。宋亡後，董文炳在臨安主留事，曰：「國可滅，史不可滅。」遂以宋史館諸記注盡歸於元都，貯國史院。此《宋史》舊本也。三史元世祖時有纂修本，衹以正統持論不決，至順帝時，詔宋、遼、金各爲一史，於是托克托等遂據以編排之耳（同書卷二十三）。而諸史徵材所取之書，不數十年，亡失太半。

傳　記〔一〕

傳記之書，其流已久，蓋與六藝先後雜出。古人文無定體，經史亦無分科。《春秋》三家之傳，〔二〕各記所聞，依經起義，雖謂之記可也。《經》《禮》二戴之記，〔三〕各傳其說，附經而行，雖謂之傳可也。其後支分派別，至於近代，始以錄人物者，區爲之傳；敘事蹟者，區爲之記。蓋亦以集部繁興，人自生其分別，不知其然而然，遂若天經地義之不可移易。然如虞預《妒記》、〔四〕《襄陽耆舊記》之類，〔五〕叙人何嘗不於後世，苟無傷於義理，從衆可也。此類甚多，學者生稱記？《龜策》《西域》諸傳，〔六〕述事何嘗不稱傳？大抵爲典爲經，皆是有德有位，綱紀人倫之所制作，今之六藝是也。〔七〕夫子有德無位，則述而不作，故《論語》《孝經》〔八〕皆爲傳而非經，而《易·繫》亦止稱爲《大傳》。〔九〕其後悉列爲經，諸儒尊夫子之文，蹈於妄作，又自以立說，當禀聖經以爲宗主，遂以所見所聞，各筆於書而爲傳記。周末儒者，及於漢初，皆知著述之事，不可自命經綸，傳是也。蓋皆依經起義，其實各自爲書，〔一〇〕與後世箋注自不同也。若二《禮》諸記、《詩》《書》《易》《春秋》諸叙人述事，各有散篇，亦取傳記爲名，附於古人傳記專家之義爾。明自嘉靖〔一一〕而後，集體日盛，論文各分門户，〔一二〕其有好爲高論者，輒言傳記乃史職，身非史官，豈可爲人作傳？〔一三〕世之無定識而强解

事者,群焉和之,以謂於古未之前聞。夫後世文字,於古無有,而相率而爲之者,集部紛紛,大率皆是。若傳則本非史家所創,馬、班以前,早有其文。孟子答苑囿湯、武之事,皆曰:「於傳有之。」彼時並未有紀傳之史,豈史官之文乎! 今必以爲不居史職,不宜爲傳,試問傳記有何分別? 不爲經師,又豈宜更爲記耶? 記無所嫌,而傳爲厲禁,則是重史而輕經也。文章宗旨,著述體裁,稱爲例義。今之作家,昧焉而不察者多矣。獨於此等無可疑者,輒爲瞽説,妄説陰陽禁忌,愚民舉措爲難矣。明末之人,思而不學,其爲瞽説,可勝唾哉! 今之論文章者,乃又學而不思,反襲其説,以矜有識,是爲古所愚也。〔一四〕

辨職之言,尤爲不明事理。如通行傳記,盡人可爲,自無論經師與史官矣。必拘拘於正史列傳,而始可爲傳,則雖身居史職,苟非專撰一史,又豈可别自爲私傳耶? 若但爲應人之請,便與撰傳,而無以異於世人所撰。惟他人不居是官,例不得爲,己居其官,即可爲之,一似官府文書之須印信者然;是將以史官爲胥吏,而以應人之傳,爲倚官府而舞文之具也,説尤不可通矣。道聽之徒,乃謂此言出大興朱先生,〔一五〕不知此乃明末之矯論,持門户以攻王、李者也。〔一六〕

朱先生嘗言:「見生之人,不當作傳。」自是正理。但觀於古人,則不盡然。按《三國志》龐淯母趙娥,爲父報仇殺人,注引皇甫《烈女傳》云:「故黄門侍郎安定梁寬爲其作傳。」〔一七〕是

生存之人，古人未嘗不爲立傳。李翱撰《楊烈婦傳》，彼時楊尚生存。[一八]恐古人似此者不乏。蓋包舉一生而爲之傳，《史》《漢》列傳體也。隨舉一事而爲之傳，《左氏》傳經體也。朱先生言，乃專指列傳一體爾。[一九]

邵念魯與家太詹，嘗辨古人之撰私傳，曰：「子獨不聞鄧禹之傳，范氏固有本歟？」[二〇]按此不特范氏，陳壽《三國志》，裴注引東京、魏、晉諸家私傳相證明者，凡數十家。[二一]即見於隋、唐《經籍》《藝文志》者，如《東方朔傳》《陸先生傳》之類，[二二]亦不一而足，事固不待辨也。彼挾兔園之册，[二三]但見昭明《文選》、[二四]唐宋八家[二五]鮮入此體，遂謂天下之書，不復可旁證爾。[二六]

往者聘撰《湖北通志》，[二七]因恃督府深知，遂用別識心裁，勒爲三家之學。[二八]人物一門，全用正史列傳之例，撰述爲篇。而隋、唐以前，史傳昭著，無可參互詳略施筆削者，則但揭姓名，爲《人物表》。[二九]說詳本篇《序例》。其諸史本傳，悉入《文徵》，以備案檢。所謂三家之學，《文徵》以擬《文選》。其於撰述義例，精而當矣。時有僉人，窮於宦拙，求余薦入書局，無功冒餐餼矣。值督府左遷，[三〇]小人涎利搆讒，群刺蜂起，當事惑之，檄委其人校正。余方恃其由余薦也，而不虞其背德反噬，昧其平昔所服膺者，而作誷張以罔上也。因舉《何蕃》《李赤》《毛穎》《宋清》諸傳，出於例仿《文選》《文苑》，《文選》《文苑》本無傳體。

遊戲投贈，不可入正傳也。[三三]上官乃嘔贊其有學識也，而又陰主其説，匿不使余知也。噫！《文苑英華》有傳五卷，[三四]蓋七百九十有二，至於七百九十有六，其中正傳之體，公卿則有兵部尚書梁公李峴，節鉞則有東川節度盧坦，[三五]皆李華撰傳。[三六]文學如陳子昂，盧藏用撰傳。[三七]節操如李紳，沈亞之撰傳。[三八]貞烈如楊婦，李翱。[三九]寶女，杜牧。[四〇]合於史家正傳例者，凡十餘篇，而謂《文苑》無正傳體，真喪心矣！[四一]

宋人編輯《文苑》，類例固有未盡，然非僉人所能知也。即傳體之所采，蓋有排麗如碑誌者，庾信《邱乃敷敦崇傳》之類。自述非正體者，《陸文學自傳》之類。借名存諷刺者，《宋清傳》之類。投贈類序引者，《強居士傳》之類。俳諧爲遊戲者，《毛穎傳》之類。亦次於諸正傳中；[四二]不如李漢集韓氏文，[四三]以《何蕃傳》入雜著，以《毛穎傳》入雜文，義例乃皎然矣。[四四]

〔一〕按本篇乃爲史部中之傳記義例而發。作年未詳。

〔二〕見前篇注〔四〕。

〔三〕《漢書·儒林傳》：「后蒼説《禮》數萬言，曰后氏《曲臺記》，授聞人通、漢子方、梁戴德延君、戴聖次君、沛慶普孝公。孝公爲東平太傅。德號大戴，爲信都太傅。聖號小戴，以博士論石渠，至九江太

文史通義校注　二九四

守。由是《禮》有大戴、小戴、慶氏之學。」餘見《經解上》注[三五]。

〔四〕《隋書‧經籍志》雜傳類：「《妬記》二卷，虞通之撰。」《南史》，宋世諸主，莫不嚴妬，明帝每嫉之，使近臣虞通之撰《妬婦記》。按虞通之，梁餘姚人，善言《易》，仕至兵部校尉。虞預，晉餘姚人，字叔寧，官終散騎常侍。係兩人，此失考。

〔五〕《隋志》雜傳類：「《襄陽耆舊記》五卷，晉習鑿齒撰。」晁氏曰：「前載襄陽人物，中載其山川城邑，後載其牧守。」

〔六〕《龜策傳》，見《史記》卷一百二十八。《西域傳》見《漢書》卷九十六。

〔七〕即六經，見《漢書‧藝文志》注。

〔八〕《論語》，見《詩教上》注[七三]。《孝經》，見《經解上》注[二九]。

〔九〕按《史記‧自序》引《易》，稱《易‧大傳》。

〔一〇〕如《左傳》舊與《春秋》別行，至晉杜預爲《春秋左氏傳》作注，始取以相合。其《序》云：「分經之年，與傳之年相附，比其義類，各隨而解之，名曰《經傳集解》。」

〔一一〕嘉靖：明世宗年號。

〔一二〕《明史‧文苑傳序》：「弘、正之間，李東陽出入宋、元，溯流唐代，擅聲館閣。而李夢陽、何景明倡言復古，文自西京，詩自中唐而下，一切唾棄。操觚談藝之士，翕然宗之。明之詩文，於斯一變。迨嘉靖時，王慎中、唐順之輩文宗歐、曾，詩倣初唐。李攀龍、王世貞輩，文主秦、漢，詩規盛唐。王、李之

〔一三〕《日知錄》（卷十九）：「列傳之名，始於太史公，蓋史體也。」「不當作史之職，無爲人立傳者，故有碑，有誌，有狀，而無傳。梁任昉《文章緣起》言傳始於東方朔作《非有先生傳》，是以寓言而爲之傳。韓文公集中傳三篇，《太學生何蕃》、《圬者王承福》、《毛穎》。柳子厚集中傳六篇，《宋清》《郭橐駝》《童區寄》《梓人》《李赤》《蝜蝂》。《何蕃》僅採其一事而謂之傳，《王承福》之輩皆微而謂之傳，《毛穎》《李赤》《蝜蝂》則戲耳而謂之傳，蓋比於稗官之屬耳。若《段太尉》則不曰傳，曰「逸事狀」，子厚之不敢傳太尉，以不當史任故也。自宋以後，乃有爲人立傳者，侵史官之職矣。」

〔一四〕按此蓋指姚鼐《古文辭類纂序》引劉海峰之説。此上明傳記於古無別。身非史官不得爲人立傳，乃明人之謬論。

〔一五〕朱先生：即朱筠也。實齋年二十八，從筠學文（《湖北按察使馮君家叔傳》），故稱朱先生而不名。章氏《朱先生別傳》云：「先生諱筠，字美叔，一字竹君，學者稱爲笥河先生。先世蕭山，曾祖始家大興，遂爲大興人。提督安徽學政，以興起斯文爲己任，搜羅逸獻遺文。適詔求遺書，先生欣然，因上書具言條例，於是遂開四庫之館。乾隆四十六年，卒，春秋五十有三。登乾隆甲戌科進士，終翰林編修。」（劉刻《遺書》卷第十八）

〔一六〕《明史·文苑傳》：「李攀龍字于鱗，歷城人。與謝榛、王世貞、宗臣、梁有譽、徐中行、吳國倫稱七子，攀龍爲之魁。其持論，謂文自西京，詩自天寶而下，俱無足觀。攀龍才思勁鷙，名最高，獨心重世貞，才天下並稱王、李。」又：「王世貞字元美，太倉人。始與李攀龍狎主文盟。攀龍没，獨操柄二十年。才最高，地望最顯，聲華意氣，籠蓋海内。其持論，文必西漢，詩必盛唐，大曆以後，書勿讀，而藻飾特甚。晚年攻者漸起，顧漸造平淡。世貞自號鳳洲，又號弇州山人。」按此上破傳乃史職之説。

〔一七〕《三國志·魏書·龐淯傳》：「初，淯外祖父趙安，爲同縣李壽所殺，淯舅兄弟三人同時病死，壽家喜。淯母娥，自傷父讎不報，乃幃車袖劍，白日刺壽於都亭前，訖，徐詣縣，顏色不變。曰：『父讎已報，請受戮。』禄福長尹嘉，解印綬縱娥。娥不肯去，遂强載還家，會赦得免。州郡歎賞，刊石表閭。」注引皇甫謐《烈女傳》曰：「故黄門侍郎安定梁寬，追述娥親，爲其作傳。」娥，作娥親。章氏《乙卯劄記》曰：「疑梁寬傳有娥親奮刀砍之之語，皇甫遂連親字爲娥之名也。」（劉刻《遺書》外編二）

〔一八〕《楊烈婦傳》略曰：「建中四年，李希烈陷汴京，分兵數千，抵項城縣。縣令李侃不知所爲。其妻楊氏曰：『重賞以令死士，其必濟。』得數百人，侃率之以乘城。有以弱弓射賊者，中其帥，墮馬死，賊遂散走。項城之人無傷焉。刺史上侃功，詔遷絳州太平縣。楊氏至兹猶存。」（《李文公集》卷十二）

〔一九〕按此上破不爲生人立傳之説。

〔二〇〕《清史列傳·儒林傳》上二：「邵廷采字念魯，浙江餘姚人。問學於黄宗羲，好求經世大略，生平於曆

算占候陣圖擊刺無不學。康熙五十年卒，年六十四。弟子刻其文爲《思復堂集》十卷。章太顗名大來，山陰人，毛西河門人，官至太詹。其《書念魯先生傳後》云：「來交先生晚，然與先生上下千百年論史傳甚悉，又熟其行事，有人識者不盡表章。故以所聞見，雜次爲傳後。或言『不當爲人作傳。傳，史也。而無其職，妄矣。』先生大不然。來嘗與之辯，曰：『漢非有先生傳』，寓言也。在唐則《毛穎》《李赤》爲戲，《梓人》《圬者》《郭橐駝》爲諷，非眞欲傳其人也。宋時乃有傳。』先生曰：『子獨不聞鄧禹之傳，范蔚宗固有本乎？古者太史輶軒，每采家乘；稗官紀載，實裨史筬。《龐娥》《高士》，初非國書也，而皆爲傳。傳，可也。」(《太顗後甲集》)

〔二〕《史通·正史》：「宋文帝以《國志》載事傷於簡略，乃命中書郎裴松之兼採群書補注其闕。由是世言《三國志》者以裴注爲本。」按《廿二史劄記》(卷六)列舉裴注所引書目，其中私傳，若吳人《曹瞞傳》、《鄭玄別傳》、《荀彧別傳》、《禰衡傳》、《邴原別傳》、《程曉別傳》、《王弼傳》、《孫資別傳》、《曹志別傳》、《陳思王傳》、《王朗家傳》、《劉廙別傳》、《任昭別傳》、《鍾會母傳》、《虞翻別傳》、《趙雲別傳》、《費禕別傳》、《華陀別傳》、《管輅別傳》、何邵作《王弼傳》、陸機作《顧譚傳》、《機雲別傳》不下二十餘家。(《裴松之三國志注》條)

〔三〕《隋書·經籍志》雜傳類：「《東方朔傳》八卷，」不著撰者名氏。《唐書·藝文志》同。又：「《陸先生傳》一卷，孔稚珪撰。」《唐書·藝文志》未載。

〔二三〕《西京雜記》：「梁孝王好營宮室苑囿之樂，作曜華之宮，築兔園。」（《文選》謝惠連《雪賦》注引）《郡齋讀書志》類書類：「《兔園策》十卷，唐虞世南奉王命撰。纂古今事，爲四十八門，皆偶麗之語。至五代時，行於民間，村墅以授學童，故有遺下兔園策之誚。」又《困學紀聞》卷十四：「《兔園策府》三十卷，唐蔣王惲令僚佐杜嗣先倣應科目策，自設問對，引經史爲訓注。惲，太宗子，故用梁王兔園名其書。馮道兔園册謂此也。」按《五代史·劉岳傳》：「馮道世本田家，狀貌質野。旦入朝，兵部侍郎任贊及岳在其後。道行數反顧，贊問岳，道反顧何爲。岳曰：『遺下兔園册耳。』兔園册者，鄉校俚儒教田夫牧子之所誦也，故岳舉以誚道。」

〔二四〕見《書教中》注〔三〇〕。

〔二五〕《明史·文苑·茅坤傳》：「坤善古文，最心折唐順之。順之喜唐、宋諸大家，所著《文編》，唐、宋人自韓、柳、三蘇、曾、王八家外，無所取，故坤選《八大家文鈔》。其書盛行海內，鄉里小生無不知茅鹿門者。鹿門，坤別號也。」

〔二六〕按此上歷證古有私傳。《粵雅堂叢書》本此下連上文不分段。

〔二七〕按實齋因周震榮之介紹，受知畢沅。沅以乾隆五十三年秋，官湖廣總督。實齋與至友邵晉涵均在幕，助修《續通鑑》。五十七年，修《湖北通志》（據《年譜》假定作於是年），時有進士陳熷者，嘉興人，而脫稿。會畢氏入覲，囑實齋於湖北巡撫惠齡。齡不之契，而謗議以興。求章氏推薦，任校刊事。受委後，乃頗指摘《通志》全書之失。當局不明，竟謂其所論頗見本源。畢

氏返,聞其事,令實齋答復,於是章氏作《通志辨例》以正之。(外有《修湖北通志駁陳熷議》一卷,載劉刻《遺書補遺》。)《方志辨體》叙其事云:「余撰《湖北通志》,初恃督府一人之知,竟用別裁獨斷,後爲小人讒毀,乘都府入覲之隙,諸當道憑先入之言,委人磨勘,而向依督府爲生計者,祇窺數十金之利,一時騰躍而起,無不關蒙弓而反射,名士習氣然也。」又自述其義例以見一斑云:「《通志·食貨考》,田賦一門,余取賦役全書,布政使司總彙之册,登其款數,而采明人及本朝人所著財賦利病奏議詳揭,與士大夫私門論撰之屬,聯絡爲篇。蓋有布政司册以總大數,又有議論以明得失,故文簡而事理明也。舊志盡取各府州賦役全書,挨次排纂,書盈五六百紙,閱者連篇累卷,但見賦稅錢穀之數,其十一府州數百年來利病得失,則茫然無可求矣。」(劉刻《遺書》卷第十四)由此可知其書宏深蕭括,文簡而事詳,允爲志書中一部傑作。惜不久畢氏去職,全局皆翻,嘉慶官本,章著痕跡,渺不復存。幸而《遺書》中尚存《湖北通志檢存稿》二十卷(劉刻本卷二十四至二十七)及《湖北通志未成稿》一卷(劉刻本卷三十)得以窺見其崖略耳。

[二八] 章氏《爲畢制府擬進湖北三書序》:「昔隋儒王通嘗謂古史有三,《詩》《書》與《春秋》也。臣愚以爲方志義本百國春秋,掌故義本三百官禮,文徵義本十五國風。古者各有師授淵源,各有官司典守。後世浸失其旨,故其書離合分併,往往不倫。然歷久推衍,其法漸著。故唐、宋以來,正史而外,有《會要》《會典》以法官禮,《文鑑》《文類》以仿風詩;蓋不期而合於古也。惟方志蠻剔未清,義例牽

〔一九〕《湖北通志·凡例》：「方志人物，爲舊史列傳之遺，而志爲史所取裁，於法宜詳於史。近代志家乃反删節史傳，誤仿地理類書，摘取人物典故之例，非史裁也。但古人名在史傳，本自昭彰，原不藉方志表揚；若一概全鈔，便成漫漶，若一概删去，又成缺典。今將史傳彰著之人，錄其本傳入於《文徵》，本志不復重爲立傳，但列其名爲《人物表》，覽者自可互考而知。」（劉刻《遺書》卷第廿四）又《答朱少白書》：「此傳諸體出於史傳常例之外者，準之於古，皆有所受，並無片言隻義出於杜撰，惟肉眼讀書，太不留意，故不知其所本耳。陳熷多聞寡識，乃謂諸傳並非傳體，甚至言《左傳》之傳主訓詁解義之屬，與史傳之傳判若天淵，此眞痰迷心竅人語也。」（劉刻《遺書·補遺》）

〔二〇〕乾隆五十九年八月，畢沅以湖北邪教案奏報不詳實，被議降補山東巡撫，並罰湖廣總督養廉五年，再罰山東巡撫養廉三年。（事詳《東華錄》乾隆一百九十九）

〔二一〕《書·無逸》：「民無或胥譸張爲幻。」譸，音輈。《玉篇》：「譸張，誑也。」

〔二二〕文載劉刻《遺書》卷二十七。

〔二三〕按此蓋本《日知録》。見前注引。

〔二四〕《四庫簡明目録》總集類：「《文苑英華》一千卷，宋太平興國七年，李昉等奉敕撰。蓋以續《昭明文

選》，故《文選》訖於梁初，此書即詑始梁末，而下迄於唐。然南北朝之文十之一而弱，唐代之文，十之九而強，往往全部收入。」

〔三五〕李峴，先世隴西人。自太子通事舍人，五遷為魏州刺史，化行河朔，再遷為京兆尹，官終兵部尚書。卒，贈梁公。李華《李峴傳》，載《文苑英華》。

〔三六〕盧坦字保衡，洛陽人，為壽安令。憲宗時，累遷戶部侍郎，判度支。出為東川節度使。卒，年六十九。李華《盧坦傳》，載《文苑英華》卷七九二。

〔三七〕陳子昂字伯玉，梓州射洪人。文明初，登進士第。武后朝，為麟臺閣正字。數上書言事，遷右拾遺武攸宜北討，表為管記，軍中文翰皆委之。以父老解官歸侍。縣令段簡涎其富，因事繫獄，憂憤而卒。有《陳拾遺集》。盧藏用《陳子昂別傳》，載《文苑英華》卷七九三。

〔三八〕李紳字公垂，本趙人，徙家吳中。元和元年進士。時節度使李錡在吳，客舍之。明年，錡以驕聞，有詔召，錡稱疾不行，迫紳作疏，不從，幽之外獄。錡誅，兵散，乃出。穆宗時，召為右拾遺。武宗時，累官尚書右僕射門下侍郎。卒，諡文肅。有《追昔遊集》。沈亞之《李紳傳》，載《文苑英華》卷七九五。

〔三九〕見上注〔二八〕，文載《文苑英華》卷七九六。

〔四〇〕杜牧《竇烈女傳》略云：竇氏小字桂娘。美顏色。李希烈破汴州，取桂娘以去。桂娘嘗謂希烈曰：「忠而勇，一軍莫如陳先奇。其妻竇氏，先奇寵信之，願得相往來。」希烈然之。桂娘以姊事先奇妻。先奇因斬希烈。興元元年四月，希烈欲盡誅老將，桂娘為臘帛書以遺先奇妻。先奇因斬希烈。杜牧文，載《文苑英

〔四一〕按此上引《文苑英華》證有正傳之體。

〔四二〕《文苑英華》有傳五卷，庾信《丘乃敦崇傳》（王秉恩校，原注敷字衍。）載卷七九一。陸羽《陸文學自傳》，韓愈《圬者王承福傳》、《毛穎傳》，並載卷七九三。柳宗元《宋清傳》，載卷七九四。釋皎然《強居士傳》，載卷七九六。

〔四三〕李漢《韓昌黎集序》：「長慶四年冬，先生沒。門人隴西李漢辱知最厚且親，遂收拾遺文，無所失墜。得賦四，古詩二百一十，聯句十一，律詩一百六十，雜著六十五，書啓序九十六，哀詞祭文三十九，碑誌七十六，筆硯鱷魚文三，表狀五十二，總七百。並目錄合爲四十一卷，目爲《昌黎先生集》。」漢字南紀，韓愈之壻。元和七年，登進士第，累辟使府。文宗即位，召爲屯田員外郎、史館修撰，預修《憲宗實錄》。太和四年，轉兵部員外郎，知制誥，尋遷駕部郎中。太和九年六月，出爲邠州刺史，改汾州司馬。會昌中，卒。

〔四四〕按此上辨正《文苑》編輯類例。

習 固〔一〕

辨論烏乎起？起於是非之心也。是非之心烏乎起？起於嫌介疑似之間也。烏乎極？極於是堯非桀也。世無辨堯、桀之是非，世無辨天地之高卑也。目力盡於秋毫，〔二〕耳力窮乎穴蟻。〔三〕能見泰山，不爲明目，能聞雷霆，不爲聰耳。故堯、桀者，是非之名，而非所以辨是非也。嫌介疑似，未若堯、桀之分也。推之而無不若堯、桀之分，起於是非之微，而極於辨論之精也。故堯、桀者，辨論所極；而是非者，隱微之所發端也。隱微之創見，〔四〕辨論者矜而寶之矣。推之不至乎堯、桀，無爲貴創見焉。推之既至乎堯、桀，人亦將與固有之堯、桀而安之也。故創得之是非，終於無所見是非也。〔五〕積古今之是非而安之如堯、桀者，皆積古今人所創見之隱微而推極之者也。安於推極之是非者，不知是非之所在也。不知是非之所在者，非竟忘是非也，以謂固然而不足致吾意焉爾。

觸乎其類而動乎其思，於是有見所謂誠然者，非其所非而是其所是，矜而寶之，以謂隱微之創見也。推而合之，比而同之，致乎其極，乃即向者安於固然之堯、桀也。向也不知所以，而今知其所以，故其所見有以異於向者之所見，而其所云實不異於向之所云也。故於是非而不

303

致其思者，所矜之創見，皆其平而無足奇者也。

酤家釀酒而酸，〔六〕大書酒酸減直於門，以冀速售也。有不知書者，人飲其酒酸矣，盍減直而急售？」主人聞之而啞然也。〔七〕故於是非而不致其思者，所矜之創見，乃告主家人未之知也。既去而遺其物，主家追而納之，又謂主人之厚己也。屏人語曰：「君家之酒酸之酒酸也。

堯、桀固無庸辨矣。然彼堯之仁，必有幾，〔八〕幾於不能言堯者，乃真是堯之人也。遇桀之暴，必有幾，幾於不能數桀者，乃真非桀之人也。千古固然之堯、桀，猶推始於幾，幾不能言與數者，而後定堯、桀之固然也。故真知是非者，不能遽言是非也。真知是堯非桀者，其學在是非之先，不在是堯非桀也。

是堯而非桀，貴王而賤霸，尊周、孔而斥異端，正程、朱而偏陸、王，〔九〕吾不謂其不然也；習固然而言之易者，吾知其非真知也。

〔一〕按本篇言學貴真知，若習于固然而言之，則非真知。蓋發《原學下》篇未盡之義。作年見《經解上》注〔一〕。

〔二〕《孟子·梁惠王上》：「明足以察秋毫之末，而不見輿薪。」

〔三〕《晉書·殷仲堪傳》:「父師嘗患耳聰,聞牀下蟻動,謂之牛鬬。帝素聞之而不知其人,問仲堪曰:『患此者爲誰?』仲堪流涕而起曰:『臣進退維谷。』」

〔四〕《禮記·中庸》:「莫見乎隱,莫顯乎微。」

〔五〕謂堯、桀爲是非極致,無可再推。

〔六〕《韓非子·外儲説右上》:「宋人有酤酒者,升概甚平,遇客甚謹,爲酒甚美,縣幟甚高,然而不售,酒酸。」按《粵雅堂叢書》本,此文連上不提行。

〔七〕《易·震·象辭》:「笑言啞啞。」疏云:「啞啞,笑語之聲也。」啞,音戹。

〔八〕《爾雅·釋詁》:「幾,近也。」

〔九〕陸隴其曰:「今之論學者,無他,亦宗朱子而已。」宗朱子爲正學,不宗朱子即非正學。董子云:『諸不在六藝之科,孔子之術者,皆絶其道,勿使並進。』今有不宗朱子,亦當絶其道,勿使並進。」清儒恪守程、朱家法者,陸桴亭先生外,推隴其。隴其字稼書,謚清獻。《國朝先正事略》云:「公教人必授以朱子《小學》及程氏《讀書分年日程》,俾學者循序致功。其學以居敬窮理爲主。謂窮理而不居敬,玩物喪志,而失於支離。居敬而不窮理,則將埽見聞,空善惡,其不至師心自用,墮於佛老者,幾希。所著《學術辨》,力闢陽明爲禪學。謂陽明之病,在認心爲性。顧涇陽、高景逸之病,在忘動求靜。論者謂程、朱之統,自明薛敬軒、胡敬齋後,惟公能得其正宗云。」

朱　陸〔一〕

天人性命之理，〔二〕經傳備矣。經傳非一人之言，而宗旨未嘗不一者，其理著於事物，而不託於空言也。師儒釋理以示後學，〔三〕惟著之於事物，則無門戶之爭矣。理，譬則水也。事物，譬則器也。器有大小淺深，水如量以注之，無盈缺也。今欲以水注器者，姑置其器，而論水之挹注盈虛，與夫量空測實之理，爭辨窮年，未有已也，而器固已無用矣。〔四〕

子夏之門人，問交於子張。〔五〕治學分而師儒尊知以行聞，〔六〕自非夫子，其勢不能不分也。高明沉潛之殊致，〔七〕譬則寒暑晝夜，知其意者，交相爲功，〔八〕不知其意，交相爲厲也。宋儒有朱、陸，千古不可合之同異，〔九〕亦千古不可無之同異也。末流無識，爭相詬詈，與夫勉爲解紛，〔一〇〕調停兩可，皆多事也。然謂朱子偏於道問學，故爲陸氏之學者，攻朱氏之流於支離；〔一一〕謂陸氏之偏於尊德性，故爲朱氏之學者，攻陸氏之流於虛無；各以所畸重者，〔一二〕爭其門戶，是亦人情之常也。但既自承朱氏之授受，而攻陸、王，必且博學多聞，通經服古，若西山、〔一三〕鶴山、〔一四〕東發、〔一五〕伯厚〔一六〕諸公之勤業，然後充其所見，當以空言德性爲虛無也。今攻陸王之學者，不出博洽之儒，而出荒俚無稽之學究，則其所攻，與其所業相反也。問其何爲不學問，則曰支離也。詰其何爲守專陋，則曰性命也。是攻陸、王者，未嘗得朱之近似，即僞陸、

荀子曰：「辨生於末學。」[一八]朱、陸本不同，又況後學之曉曉乎？[一九]但門戶既分，則欲攻朱者，必竊陸、王之形似；欲攻陸、王，必竊朱子之形似。朱之形似必繁密，陸、王形似必空靈，一定之理也。而自來門戶之交攻，俱是專己守殘，[二〇]束書不觀，而高談性天之流也。[二一]則自命陸、王以攻朱者，固偽陸、王；即自命朱氏以攻陸、王者，亦偽朱氏，不得號為偽朱也。[二二]則自命陸、王以攻朱者，固偽陸、王，朱無偽者，空言易，而實學難也。黃、[二三]蔡、[二三]真、魏，皆承朱子而務為實學，則自無暇及於門戶異同之見，亦自不致隨於消長盛衰之風氣也。是則朱子之流別，優於陸、王也。然而偽陸、王之冒於朱學者，猶且引以為同道焉，吾恐朱氏之徒，叱而不受矣。[二四]

傳言有美疢，亦有藥石焉。[二五]陸、王之攻朱，足以相成而不足以相病。偽陸、王之自謂學朱而奉朱，朱學之憂也。蓋性命、事功、學問、文章，合而為一，朱子之學也。求一貫於多學而識，而約禮於博文，是本末之兼該也。[二六]諸經解義不能無得失，[二七]訓詁考訂不能無疎舛，是何傷於大禮哉？[二八]是亦足以立教矣。且傳其學者，如黃、蔡、真、魏，皆通經服古，躬行實踐之醇儒，其於朱子有所失，亦不曲從而附會，乃有崇性命而薄事功，棄置一切學問文章，二章句集注之宗旨，因而斥陸護王，憤若不共戴天，[二九]以謂得朱之傳授，是以通貫古今、經緯世宙之朱子，而為村陋無聞，[三〇]傲狠自是之朱子也。且解義不能無得失，考訂不能無疎舛，自

獲麟絕筆以來，〔三一〕未有免焉者也。今得陸、王之僞，而自命學朱者，乃曰：墨守朱子，雖知有毒，猶不可不食。〔三二〕又曰：朱子實兼孔子與顏、曾、孟子之所長。噫！其言之是非，毋庸辨矣。朱子有知，憂當何如邪？〔三三〕

告子曰：「不得於言，勿求於心，不得於心，勿求於氣。」不動心者，不求義之所安，〔三四〕此墨守之似告子古墨守之權輿也。是非之心，人皆有之。不能充之以義理，而又不受人之善，此墨守之似告子也。然而藉人之是非以爲是非，不如告子之自得矣。

藉人之是非以爲是非，如傭力佐鬭，知爭勝而不知所以爭也。故攻人則不遺餘力，而詰其所奉者之得失爲何如，則未能悉也。故曰：明知有毒，而不可不服也。〔三五〕

末流失其本，朱子之流別，以爲優於陸、王矣。然則承朱氏之俎豆，必無失者乎？曰：奚爲而無也。今人有薄朱氏之學者，即朱氏之數傳而後起者也。〔三六〕其與朱氏爲難，學百倍於陸、王之末流，思更深於朱門之從學，充其所極，朱子不免先賢之畏後生矣。〔三七〕然究其承學，實自朱子數傳之後起也，其人亦不自知也。而世之號爲通人達士者，亦幾幾乎褰裳〔三八〕以從之。有識者觀之，齊人之飲井相捽也。〔三九〕性命之說，易入虛無。朱子求一貫於多學而識，寓約禮於博文，其事繁而密，其功實而難；雖朱子之所求，未敢必謂無失也。然沿其學者，一傳而爲勉齋、九峰，〔四〇〕再傳而爲西山、鶴山、東發、厚齋，〔四一〕三傳而爲仁山，〔四二〕白雲，〔四三〕四傳而

為潛溪、[四四]義烏、[四五]五傳而為寧人、[四六]百詩，[四七]則皆服古通經，學求其是，而非專己守殘，空言性命之流也。自是以外，文則入於辭章，學則流於博雅，[四八]求其宗旨之所在，或有不自知者矣。生乎今世，因聞寧人、百詩之風，上溯古今作述，有以心知其意，[四九]此則通經服古之緒，又嗣其音矣。無如其人慧過於識而氣蕩乎志，反為朱子詬病焉，[五〇]則亦忘其所自矣。夫實學求是，與空談性天不同科也。考古易差，解經易失，如天象之難以一端盡也。曆象之學，後人必勝前人，勢使然也。因後人之密而貶義、和[五一]不知即義、和之遺法也。所見出於前人，不知即是前人之遺緒，是以後曆而貶義、和也。蓋其所見，能過前人者，慧有餘也。抑亦後起之智慮所應爾也，不知即是前人遺蘊者，識不足也。其初意未必遂然，其言足以懾一世之通人達士，而從其井捽者，氣所蕩也。貶朱者之即出朱學，其力深沉，不以源流互王者，出傷陸、王，其學猥陋，不足為陸、王病也。今承朱氏數傳之後，攻陸、質，言行交推；世有好學而無真識者，鮮不從風而靡矣。[五二]

古人著於竹帛，皆其宣於口耳之言也。言一成而人之觀者，千百其意焉，故不免於有向而有背。今之黠者則不然，以其所長，有以動天下之知者矣。知其所短，不可以欺也，則似有不屑焉。徒澤之蛇，[五三]且以小者神君焉。其遇可以知而不必且為知者，則略其所長，以為未可與言也；而又飾所短，以為無所不能也。雷電以神之，鬼神以幽之，鍵篋以固之，標幟以市之，

於是前無古人,而後無來者矣。天下知者少,而不必且爲知者之多也;知者一定不易,而不必且爲知者之千變無窮也。故以筆信知者,而以舌愚不必深知者,天下由是靡然相從矣。夫略所短而取其長,遺書具存,強半皆當遵從而不廢者也。天下靡然從之,何足忌哉!不知其口舌遺厲,深入似知非知之人心,去取古人,任憸衷而害於道也。子必且行劫。」[五五]其人於朱子蓋已飲水而忘源,及筆之於書,僅有微辭隱見耳,未敢居然斥之也。此其所以不見惡於眞知者也。

人而有是言,則朱子眞不可以不斥也。[五六]夫朱子之授人口實,強半出於《語錄》。[五七]《語錄》出於弟子門人雜記,未必無失初旨也。然而大旨實與所著之書相表裏,則朱子之著於竹帛,即其懼其不類於是人,即不得爲通人也。故趨其風者,習聞口舌之間,肆然排詆而無忌憚,以謂是宣於口耳之言。是表裏如一者,古人之學也。即以是義責其人,亦可知其不如朱子遠矣,又何爭於文字語言之末也哉。[五八]

[一]按實齋之學,源本浙東,上溯陸王,主經世而不空言義理,有宗主而不存門户之見;於當日騖博而學無歸宿,快抨擊以赴一鬨之市者,實欲有所折衷而救其偏也。清初毛西河攻擊朱子,其失易見。戴東原以經學大師,而論朱子語,不無偏宕;實齋於此,殆欲一平反之。錢穆云:「實齋此篇,即爲東

原而作,時東原猶未卒,故文中隱其名。後又爲《書後》一篇,始明說《朱陸》篇爲正戴而發,則東原下世已十餘年矣。」又云:「《書後》亦似成於己酉,與《原道》諸篇同時。《姑熟夏課甲編》所謂附有舊稿一篇,即《朱陸》,又加以《書後》也。」(《中國近三百年學術史》)已酉,爲乾隆五十四年。《書後》若成於是年,而文云「戴君下世今十餘年」,則《朱陸》篇之作,當在乾隆四十三年以前也。

〔二〕《漢書·司馬遷傳》:「欲以究天人之際。」《論語·憲問》:「下學而上達。」朱注引程子曰:「蓋凡下學人事,便是上達天理。」此釋天人最爲平實。《易·乾·象辭》曰:「乾道變化,各正性命。」孔穎達疏云:「性者,天生之資,若剛柔遲速之別。命者,人所禀受,若貴賤壽夭之屬。」《大戴記·本命》:「分於道謂之命。形於一謂之性。」此釋性命亦甚明確。

〔三〕見《詩教上》注〔七〇〕。

〔四〕按此節謂理著事物,可以息爭。古人學不離事之説,見《原學中》。

〔五〕《論語·子張》:「子夏之門人,問交於子張。子張曰:『子夏云何?』對曰:『子夏曰:「可者與之,其不可者拒之。」』子張曰:『異乎吾所聞。君子尊賢而容衆,嘉善而矜不能。我之大賢與,於人何所不容;我之不賢與,人將拒我,如之何其拒人也?』」《集解》引包咸曰:「交友當如子夏,泛交當如子張。」

〔六〕按《漢書·董仲舒傳》:「曾子曰:『尊其所聞,則高明矣。行其所知,則光大矣。』」此當云尊聞以行知。

〔七〕見《博約下》注〔六〕。

〔八〕劉咸炘《識語》云：「此即論諸子之大識，先生由史學而得之。」

〔九〕《宋史·儒林陸九淵傳》：「初，陸九淵與朱熹會鵝湖，論辨所學多不合。熹守南康，九淵訪之，熹與至白鹿洞。九淵爲講君子小人喻義利一章，聽者至有泣下。熹以爲切中學者隱微深痼之病。」朱子之學，近師延平（李侗），而上宗伊川。陸子之學，出於上蔡（謝良佐），而遠師明道。雖同出程門，而各有宗主。黃宗羲《象山學案》云：「按先生之學，以尊德性爲宗，謂先立乎其大，而後大之所以學爲主，謂格物窮理，乃吾人入聖之階梯。夫苟信心自是，而惟從事於覃思，是師心自用也。繼先生與兄復齋會紫陽於鵝湖。復齋倡詩有『留情傳注翻榛塞，著意精微轉陸沉』之句。先生和詩亦云：『簡易工夫終久大，支離事業竟浮沉。』紫陽以爲譏己，不懌，而朱、陸之異益甚。於是宗朱者詆陸爲狂禪，宗陸者以朱爲俗學，兩家之學，各成門户，幾如冰炭矣。」（《宋元學案》卷五十八）

〔一〇〕《史記·魯仲連傳》：「魯連笑曰：『所謂貴於天下之士者，爲人排患釋難，解紛亂而無所取也。』」又《滑稽列傳》：「談言微中，亦可以解紛。」

〔一一〕見《易教上》注〔三四〕。

〔一二〕《史記·自序》：「道家無爲，其術以虛無爲本。」虛無本此。《象山年譜》：「淳熙二年乙未，吕伯恭約先生與季兄復齋會朱元晦諸公於信之鵝湖寺。」又：「鵝湖之會，論及教人，元晦之意，欲令人泛

觀博覽而復歸之約。二陸之意，欲先發明人之本心，而後使之博覽。朱以陸之教人爲太簡，陸以朱之教人爲支離，此頗不合。」

〔三〕《宋史·儒林傳》：「真德秀字景元，後更爲景希，建之浦城人。慶元（宋寧宗年號）五年進士，繼中博學宏詞科，累官起居舍人兼太常少卿。紹定五年，召爲户部尚書，改翰林學士，尋得疾，拜參知政事而卒。（端平二年）年五十八。諡文忠。」德秀嘗受學於詹體仁，體仁師朱子，故其學以紫陽爲宗，學者稱西山先生，所著有《西山集》五十六卷，《大學衍義》四十三卷。

〔四〕《宋史·儒林傳》：「魏了翁字華父，邛州蒲江人。慶元五年進士，以校書郎出知嘉定府。以父憂解官，築室於白鶴山下，以所聞於輔廣李燔者，開門授徒。士爭負笈從之，由是蜀人盡知義理之學。在蜀十七年，入進兵部郎中，累官至權工部侍郎。以端明殿學士同簽樞密院事，督視京湖軍馬，尋復召還，出知紹興府，浙東安撫使。嘉熙元年卒，贈太師，諡文靖。」所著有《鶴山全集》一百九卷。

〔五〕《宋史·儒林傳》：「黃震字東發，慈溪人，寶祐（理宗年號）四年，登進士第。（度宗時）擢史館檢閱，與修寧宗、理宗兩朝實錄，出通判廣德軍。撫州飢，起知其州，多善政。陞提舉常平，改提典刑獄。移浙東提舉常平。（嘗師王文貫）居官，恒未明視事，事至立決。自奉薄，人有急難，則周之不少吝。所著《日鈔》一百卷。卒，門人私諡曰文潔先生。」

〔六〕見《博約》中注〔六〕。黃百家曰：「清江貝瓊言：『自厚齋尚書倡學者以考亭朱子之説，一時從之而變，故今粹然皆出於正，無陸氏偏駁之弊。』然則四明之學，以朱而變陸者，同時凡三人，史果齋（蒙

〔一七〕卿〕黃東發、王伯厚也。深寧論學，蓋亦兼取諸家，然其綜羅文獻，實師法東萊。」（《宋元學案》卷八十五）

〔一八〕韓愈《讀墨子》：「余以爲辯生於末學，各務售其師之説，非二師之道本然也。」（《昌黎集》卷十一）此云荀子誤。

〔一九〕《詩·豳風·鴟鴞》：「予維音曉曉。」傳：「曉曉，懼也。」此用以狀饒舌。

〔二〇〕劉歆《移太常博士書》，見《漢書》本傳。

〔二一〕性天，謂性與天道。《論語·公冶長》：「夫子之言性與天道，不可得而聞也。」顧炎武《與友人論學書》痛言束書不觀，高談性天之弊。見《博約下》注〔九〕。

〔二二〕《宋史·道學傳》：「黃榦字直卿，閩縣人。父瑀，監察御史，以篤行直道著聞。瑀歿，往見劉清之，清之奇之，因命受業朱熹。榦自見熹，夜不設榻，不解帶，稍倦則微坐一倚，或至達曙。熹語人曰：『直卿志堅思苦』，以其子妻榦。及病革，以所著書授榦，手書與訣曰：『吾道之託在此。』歷官漢陽軍，尋知安慶府，創郡城，備戰守。後金人破黃州沙窩諸關，淮東西皆震，獨安慶堵如故，舒人德之，相謂曰：『生汝者，黃父也。』」制置李珏辟爲參議官，再辭不受。弟子日盛，巴蜀江湖之士皆來。俄差主管亳州明道宫，踰月，乞致仕，特受承議郎，卒，諡文肅。有《經解》《文集》行於世。」

〔二三〕《宋史·儒林傳》：「蔡元定字季通，建陽人。父發博覽群書，以程氏《語錄》、邵氏《經世》、張氏《正

蒙》授之，曰：『此孔子正脈也。』元定深涵其義，既長，辨析益精，聞朱熹名，往師之。熹叩其學，大驚曰：『此吾老友也，不當在弟子列』四方來學者，熹必俾先從元定質正焉。尤袤、楊萬里薦，堅以疾辭。築室西山，將爲終焉之計。卒謐文節，學者尊之曰西山先生。所著有《大衍詳說》《律吕新書》《燕樂原辨》《星極經世》《太玄潛虛要旨》《洪範解》《八陣圖說》。子沈，字仲默，少事朱熹。熹晚欲著《書傳》，未及爲，遂以屬沈。《洪範》之數，學者久失其傳，元定獨心得之，然未及論者，曰：『成吾書者沈也。』沈沉潛反復者數十年，然後成書。隱居九峰，名卿薦用，不屑就。」學者稱九峰先生。

〔二四〕按此節言實學難冒。冒朱學以攻陸、王者亦爲偏陸、王。

〔二五〕《左傳》襄公二十三年：「臧孫曰：『季孫之愛我，疾疢也。孟孫之惡我，藥石也。美疢不如惡石，猶生我，疢之美，其毒滋多。』」

〔二六〕一貫多識，見《原道下》注〔二四〕。博文約禮，見《原道下》注〔二五〕。《日知録》（卷六）引宛平孫承澤云：「夫子以天縱之聖，不以生知自居，而曰『好古敏求』，曰『多聞』『多見』，曰『博文約禮』。至老删述不休，猶欲假年學《易》。朱子一生效法孔子，進學必在致知，涵養必在主敬，德行在是，學問在是。」

〔二七〕朱子著述豐富，尤殫慮於經訓，於《易》則有《本義》，有《啓蒙》，於《詩》則有《集傳》，於《中庸》則有《章句》，於《論語》《孟子》則有《集注》，而於《太極圖》《通書》《西銘》又各有解。蔡西山、真西

〔二八〕按東發《日鈔》折衷諸儒，歸於至當，即於考亭，亦不肯苟同，要以求心之所安而已。

〔一九〕《禮記·曲禮上》:"父之讎,弗與共戴天。"

山、魏鶴山其立論皆然。

〔二〇〕《禮記·學記》:"獨學無友,則孤陋而寡聞。"

〔二一〕《春秋》:"哀公十四年春,西狩獲麟。"《左傳》杜注:"麟者,仁獸,聖王之嘉瑞也。時無明王,出而遇獲。仲尼傷周道不興,感嘉瑞之無應,故因魯《春秋》而修中興之教。絕筆於獲麟之一句,所感而作,固所以爲終也。"按《公羊》《穀梁》經終於此。《左傳》經終哀公十六年夏,孔丘卒。

〔二二〕《後漢書·儒林傳》:"何休作《公羊墨守》",章懷注云:"言《公羊》之義不可攻,如墨翟之守城也。"章氏《丙辰劄記》:"程、朱流弊,雖較陸、王爲輕,而迂怪不近人情,則與狂禪相去亦不甚遠。如陸當湖最爲得程、朱之深矣,猶附和砒霜可喫之謬論,況他人遠不若當湖先生者乎?"(劉刻《遺書》外編卷三)此語《陸稼書文集》未見,未詳所出。

〔二三〕按此節言僞陸、王而冒朱學之陋。

〔二四〕告子之語,見《孟子·公孫丑上》。毛奇齡云:"不動心,有養勇一道,皆以氣制心,而使之不動,此即告子所云守氣也。有直養一道,則專以直道養其心,使心得慊然而氣不餒,此即孟子所云持志,告子所云求心也。是不動心之道,有直從心上求者,自反是也。有轉從心之所制上求者,養勇是也。曾子自反,祗求心。北宮黝、孟施舍養勇,則但求氣。惟告子則不求心,並不求氣。"(焦循《孟子正義》引)

〔三五〕按此上二節言墨守者，中無自得而助攻，惟知爭勝。

〔三六〕此指戴東原震，見《書朱陸篇後》（附錄）。東原師婺源江慎修永。永著有《禮書綱目》八十八卷，哀集經傳，釐析篇章，足終朱子未竟之緒。《近思錄集注》十四卷，病近本破碎，仍還原書次第，皆有關學術之大者。是其兼爲性理之學，實遠宗朱子，而東原乃其後起。

〔三七〕杜甫《戲爲六絕句》：「今人嗤點流傳賦，不覺前賢畏後生。」

〔三八〕《詩・鄭風・褰裳》：「子惠思我，褰裳涉溱。」褰，揭衣也。言揭衣涉水而相從也。

〔三九〕見《言公下》注〔三八〕。

〔四十〕黃榦勉齋、蔡沈九峰，皆朱子門人，見上。

〔四一〕按真德秀西山受學於詹體仁，魏了翁鶴山聞學於輔廣李燔，故於晦翁爲再傳。黃震東發受學於王文貫，王應麟厚齋受學於王塈、徐幾，於朱子應爲四傳。

〔四二〕《元史・儒學傳》：「金履祥字吉父，蘭溪人。幼而敏睿，比長，益自策勵，凡天文、地形、禮樂、田乘、兵謀、陰陽、律曆之書，靡不畢究。及壯，問濂、洛之學，事同郡王柏，從登何基之門，自是講貫益密，造詣益邃。宋亡，屏舍金華山中，視世故泊如也。居仁山之下，學者稱仁山先生。大德中，卒，諡文安。」所著有《通鑑前編》二十卷，《大學章句疏義》二卷，《論語孟子集注考證》十七卷，《仁山集》六卷。按何基爲勉齋門人，金氏受學北山，故於晦翁爲三傳。

〔四三〕《元史・儒學傳》：「許謙字益之，金華人。生數歲而孤，稍長，肆力於學，立程自課，既乃受業於金

履祥之門，居數年，盡得其所傳。延祐（元仁宗年號）初，居東陽，入華山中，學者翕然從之，及門之士，著錄者千餘人，隨其材分，咸有所得。不出里閈者四十年，中外薦舉莫能致。至元三年卒，年六十八，嘗以白雲山人自號，世稱白雲先生，賜謚文懿。」著有《許白雲集》《宋元學案》卷八二）。按許氏，仁山門人，於晦翁應爲四傳。

〔四四〕《明史·宋濂傳》：「宋濂字景濂，其先金華之潛溪人，至濂乃遷浦江。幼英敏強記，就學於聞人夢吉，通《五經》，復往從吳萊學，已，遊柳貫、黃溍之門。明初，徵除江南儒學提舉，命授皇太子經，尋改起居注，總修《元史》。進翰林學士承旨，知制誥，以年老致仕。長孫慎坐胡惟庸黨，乃安置茂州，卒於夔，年七十二。正統中，賜謚文憲。」濂博極群書，文章醇古，一代制度典章，多所裁定。所著有《潛溪集》《翰苑集》《芝園集》《蘿山集》《龍門子》《浦陽人物記》，合一百四十餘卷。按晦翁之學，由勉齋而北山（何基）、魯齋（王柏）、桂山（聞人銑）、凝熙（聞人夢吉）以至景濂，應爲六傳。

〔四五〕《明史·忠義傳·王禕傳》：「王禕字子充，義烏人，幼敏慧，長師柳貫、黃溍，遂以文章名世。元政衰敝，爲書八九千言，上時宰，危素、張起巖並薦，不報。隱青岩山，著書。明洪武初，授江南儒學提舉司校理，遷起居注，同知南康府事。召修《元史》，命與宋濂爲總裁。書成，擢翰林待制，兼國史編修。奉使雲南，爲梁王（把都）所害。正統間，追謚文忠。」其遺文有《華川集》《玉堂雜著》諸書。按晦翁之學，由毅齋（徐僑）而唐卿（王世傑）、蟠松（石一鰲）、晉卿（黃溍）以至義烏，應爲五傳。

〔四六〕《清史列傳·儒林傳下·顧炎武傳》：「顧炎武初名絳，字寧人，江南崑山人。讀書一目十行。年十

〔四七〕《清史列傳・儒林傳下・閻若璩傳》：「閻若璩字百詩，山西太原人。世業鹽筴，僑寓淮安。年二十，讀《尚書》至古文二十五篇，即疑其偽。沈潛三十餘年，乃盡得其癥結所在，作《古文尚書疏證》八卷，引經據古，一一陳其矛盾之故，古文之偽大明。崑山顧炎武以所撰《日知錄》相質，即為改定數條，炎武虛心從之。編修汪琬著《五服考異》，若璩糾其繆數條，尚書徐乾學歎服。及乾學奉敕修《一統志》，開局洞庭山，既又移嘉善，復歸崑山，若璩皆與其事。局中人輯其緒論一編曰《閻氏碎金》。撰《四書釋地》等五卷，《孟子生卒年月考》一卷，《潛邱劄記》六卷，《毛朱詩說》一卷，手校《困學紀聞》二十卷。又有《日知錄補正》諸書。康熙四十三年卒，年六十九。」

〔四八〕偽孔安國《尚書序》：「若好古博雅君子，與我同志，亦所不隱也。」

四，為諸生，耿介絕俗，與同里歸莊善，時有歸奇顧怪之目。見明季多故，棄舉業，講求經世之學。母王氏守節，明亡，不食卒。往還河北，最後至華陰，置田五十畝，因定居焉。嘗謂經學即理學。自有舍經學以言理學者，而邪說以起；不知舍經學則其所謂理學者，禪學也。於同時諸人，雖以苦節推孫奇逢、李容，以經世之學推黃宗羲，而論學則皆不合。炎武之學，大抵主於斂華就實，凡國家典制、郡邑掌故、天文儀象、河漕兵農之屬，莫不窮原究委，考正得失。撰《天下郡國利病書》百二十卷，《肇域志》一編，《音論》三卷，《詩本音》十卷，《易音》三卷，《唐韻正》二十卷，《古音表》二卷，《韻補正》一卷。而《日知錄》三十卷尤為精詣之書。又作《杜解補正》三卷。其他著作有《亭林文集》《詩集》，並有補於學術世道。二十一年，卒，年七十。」

〔四九〕《史記·五帝本紀贊》:「非好學深思，心知其意，固難爲淺見寡聞道也。」

〔五〇〕按此指戴氏當日口説，未形於筆墨，見《書朱陸篇後》。

〔五一〕見《易教中》注〔三〕。

〔五二〕按此節言戴氏以實學而攻朱子，爲飲水忘源。

〔五三〕見《易教下》注〔四七〕。

〔五四〕猶褊心也。《詩·魏風·葛屨》:「維是褊心，是以爲刺。」褊，通。

〔五五〕蘇軾《荀卿論》中語。

〔五六〕《論衡·超奇》:「博覽古今者爲通人。」

〔五七〕《書·仲虺之誥》:「予恐來世以台（我）爲口實。」《書錄解題·儒家類》:「陵陽李道傳哀晦庵門人廖德明而下三二十家，刻之九江，爲《晦庵語錄》四十六卷。其弟性傳又得黄幹而下四十一家，及前錄所無者刻之，爲《晦庵續錄》四十卷。」

〔五八〕按此節言戴氏口詆朱子，不必深知者，將爲所惑。

【附録】

書朱陸篇後（據劉刻《遺書》卷二）

戴君學問，深見古人大體，不愧一代鉅儒，而心術未醇，頗爲近日學者之患，故余作《朱陸》篇正之。戴君下世今十餘年，同時有横肆罵詈者，固不足爲戴君累。而尊奉太過，至有稱

謂孟子後之一人，則亦不免爲戴所愚。身後恩怨俱平，理宜公論出矣，而至今無人能定戴氏品者，則知德者鮮也。凡戴君所學，深通訓詁，究於名物制度，而得其所以然，將以明道也。時人方貴博雅考訂，見其訓詁名物，有合時好，以謂戴之絕詣在此。及戴著《論性》《原善》諸篇，於天人理氣，實有發前人所未發者，時人則謂空說義理，可以無作，是固不知戴學者矣。戴見時人之識如此，遂離奇其說曰：「余於訓詁、聲韻、天象、地理四者，如肩輿之隸也。余所明道，則乘輿之大人也。」當世號爲通人，僅堪與余輿隸通寒溫耳。其自尊所業，以謂學者不究於此，無由聞道。不知訓詁名物，亦一端耳。古人學於文辭，求於義理，不由其說，如韓、歐、程、張諸儒，竟不許以聞道，則亦過矣。然此猶自道所見，欲人惟己是從，於說尚未有欺也。

其於史學義例，古文法度，實無所解，而久遊江湖，恥其有所不知，往往強爲解事，應人之求，又不安於習故，妄矜獨斷。如修《汾州府志》，乃謂僧僚不可列之人類，因取舊志名僧入於古蹟。又謂修志貴考沿革，其他皆可任意，此則識解漸入庸妄，然不過自欺，尚未有心於欺人也。余嘗遇戴君於寧波道署，居停代州馮君廷丞，馮既名家子，夙重戴名，一時馮氏諸昆從，皆循謹敬學，欽戴君言，若奉神明。戴君則故爲高論，出入天淵，使人不可測識。人詢班、馬二史優劣，則全襲鄭樵譏班之言，以謂己之創見。又有請學古文辭者，則曰：「古文可以無學而

能。余生平不解古文辭,後忽欲爲之而不知其道,乃取古人之文,反覆思之,忘寢食者數日,一夕忽有所悟,翼日,取所欲爲文者,振筆而書,不假思索而成,其文即遠出《左》《國》《史》《漢》之上。」雖諸馮敬信有素,聞此亦頗疑之。蓋其意初不過聞大興朱先生輩論爲文辭不可有意求工,而實未嘗其甘苦。又覺朱先生言平淡無奇,遂恢怪出之,冀聳人聽,而不知妄誕至此,見由自欺而至於欺人,心已忍矣。然未得罪於名教也。

戴君學術,實自朱子道問學而得之,故戒人以鑿空言理,其説深探本原,不可易矣。顧以訓詁名義,偶有出於朱子所不及者,因而醜貶朱子,至斥以悖謬,詆以妄作,且云:「自戴氏出,而朱子僥倖爲世所宗,已五百年,其運亦當漸替。」此則謬妄甚矣!戴君筆於書者,其於朱子有所異同,措辭與顧氏寧人、閻氏百詩相似,未敢有所譏刺,固承朱學之家法也。其異於顧、閻諸君,則於朱子間有微辭,亦未敢公然顯非之也。而口談之謬,乃至此極,害義傷教,豈淺鮮哉!或謂言出於口而無蹤,書又無大牴牾,何爲必欲摘之以傷厚道?不知誦戴遺書而興起者尚未有人,聽戴口説而加厲者,滔滔未已。至今徽歙之間,自命通經服古之流,不薄朱子,則不得爲通人。而誹聖排賢,毫無顧忌,流風大可懼也。向在維揚,曾進其説於沈堂先生曰:「戴君立身行己,何如朱子,至於學問文章,互爭不釋,姑緩定焉可乎?」此言似粗而實精,似淺而實深也。

戴東原云：「凡人口談傾倒一席，身後或反不如期期不能自達之人。」此說雖不盡然，要亦情理所必有者。然戴氏既知此理，而生平口談，約有三種：與中朝顯官負重望者，則知及而仁不能守之爲累歟？大約戴氏生平口談，約有三種：與中朝顯官負重望者，則多致憤爭傷雅，則知及而仁不能意，必度其人所可解者，略見鋒穎，不肯竟其辭也。與及門之士，則授業解惑，實有資益；與欽風慕名，而未能遽受教者，則多爲慌惚無據，玄之又玄，使人無可捉摸，而疑天疑命，終莫能定。故其身後，縉紳達者咸曰：「戴君與我同道，我嘗定其某書某文字矣。」或曰：「戴君某事質成於我，我贊而彼允遵者也。」而不知戴君當日特以依違其言，而其所以自立，不在此也。及門之士，其英絶者，往往或過乎戴。戴君於其逼近己也，轉不甚許可之，然戴君固深知其人者也。後學向慕，而聞其恍惚玄渺之言，則疑不敢決，至今未能定戴爲何如人，而信之過者，遂有超漢、唐、宋儒爲孟子後一人之説，則皆不爲知戴者也。

文 德〔一〕

凡言義理,有前人疎而後人加密者,不可不致其思也。古人論文,惟論文辭而已矣。〔二〕劉勰氏出,本陸機氏説而昌論文心;〔三〕蘇轍氏出,本韓愈氏説而昌論文氣;〔四〕可謂愈推而愈精矣。未見有論文德者,〔五〕學者所宜深省也。夫子嘗言「修辭立其誠」,〔七〕孟子嘗論「知言」「養氣」,〔八〕韓子亦言「有德必有言」,〔六〕又言「仁義之途」,《詩》《書》之源」,〔九〕皆言德也。今云未見論文德者,以古人所言,皆兼本末,包內外,猶合道德文章而一之,〔一〇〕未嘗就文辭之中言其有立、〔一一〕又有文之德也。凡爲古文辭者,必敬以恕。論古必恕,非寬容之謂也。敬非修德之謂者,氣攝而不縱,縱必不能中節也。〔一二〕恕非寬容之謂者,能爲古人設身而處地也。〔一三〕嗟乎!知德者鮮,〔一四〕知臨文之不可無敬恕,則知文德矣。〔一五〕

昔者陳壽《三國志》,紀魏而傳吳、蜀,〔一六〕習鑿齒爲《漢晉春秋》,正其統矣。〔一七〕司馬《通鑑》〔一八〕仍陳氏之説,朱子《綱目》〔一九〕又起而正之。「是非之心,人皆有之。」〔二〇〕不應陳氏誤於先,而司馬再誤於其後,而習氏與朱子之識力,偏居於優也。而古今之譏《國志》與《通鑑》者,殆於肆口而罵詈,則不知起古人於九原,〔二一〕肯吾心服否邪?陳氏生於西晉,司馬生於北宋,

苟黜曹魏之禪讓，將置君父於何地？而習與朱子，則固江東南渡之人也，惟恐中原之爭天統也。此説前人已言。〔二一〕諸賢易地則皆然，〔二二〕未必識遂今之學究也。〔二三〕是則不知古人之世，不可妄論古人文辭也。知其世矣，不知古人之身處，亦不可以遽論其文也。〔二四〕身之所處，固有榮辱隱顯，屈伸憂樂之不齊，而言之有所爲而言者，雖有子不知夫子之所謂，〔二五〕況生千古以後乎？聖門之論恕也，「己所不欲，勿施於人」，〔二六〕其道大矣。今則第爲文人，論古必先設身，以是爲文德之恕而已爾。〔二七〕

韓氏論文，「迎而拒之，平心察之」。〔二八〕喻氣於水，言爲浮物。柳氏之論文也，「不敢輕心掉之」，「怠心易之」，「矜氣作之」，「昏氣出之」。〔二九〕夫諸賢論心論氣，未即孔、孟之旨，及乎天人、性命之微也。然文繁而不可殺，〔三〇〕語變而各有當。要其大旨則臨文主敬，一言以蔽之矣。主敬則心平，而氣有所攝，自能變化從容以合度也。夫史有三長，才、學、識也。古文辭而不由史出，〔三一〕是飲食不本於稼穡也。夫識生於心也，才出於氣也。學也者，凝心以養氣，鍊識而成其才也。心虛難恃，氣浮易弛。主敬者，隨時檢攝於心氣之間，而謹防其一往不收之流弊也。夫緝熙敬止，〔三二〕聖人所以成始而成終也，其爲義也廣矣。今爲臨文，檢其心氣，以是爲文德之敬而已爾。〔三三〕

〔一〕按本篇所論,與《史德》相發,敬即不得已之義,恕即心知其意之義,彼論著史,此則論一切文字耳。作於嘉慶元年丙辰。(據柯氏鈔本,《丙辰山中草》有其目。)章太炎先生云:「文德之論,發諸王充《論衡》,(原注:《論衡·佚文》篇:「上書陳便宜,奏記薦吏士,一則爲身,二則爲人,繁文麗辭,無文德之操,治身完行,徇吏爲私,無爲主者。」)楊彥遵依用之,(原注:《魏書·文苑傳》:「楊彥遵作《文德論》,以爲古今辭人,皆負才遺行,澆薄險忌,惟邢子才、王元景、温子昇,彬彬有德素。」)而章學誠竊焉。」《國故論衡·文學總略》)劉咸炘則謂:「按北齊楊愔已有《文德論》,豈但仲任一語?然未倡之,先生已自言之矣,未嘗於才學識之外言德也。劉勰乃昌論文心,文心之論,則始於陸機也。蘇轍乃昌論文氣,文氣之論,則始於曹子桓也。然則論文德自先生始耳,何必以前此已有,爲譏議之論哉?」(《識語》)按實齋所謂文德,專指作者態度而不涉及修養,旨固殊乎前人,而闡發幽微,獨參勝義,情尤異乎竊取。劉氏平反章說,頗爲得之。(本篇注參取程君千帆《文學發凡》)

〔二〕《論語·衛靈公》:「子曰:『辭達而已矣。』」《左傳》襄二十五年引孔子「非文辭不爲功」之語,已見《詩教上》注〔三七〕。《史記·十二諸侯年表序》,謂《春秋》「約其文辭,去其煩重,以制義法。」是論文辭,自孔子以來爲然矣。

〔三〕《文選》李善注引臧榮緒《晉書》曰:「機字士衡,吳郡人。祖遜,吳丞相。父抗,吳大司馬。機少襲領父兵,爲牙門將軍。年二十而吳滅,退臨舊里,與弟雲勤學,積十一年,譽流京華,聲溢四表。被徵爲太子洗馬,與弟雲俱入洛,司徒張華素重其名,舊相識以文呈華,天才綺練,當時獨絕,新聲妙句,

係蹤張、蔡。機妙解情理，心識文體，故作《文賦》。」《文賦序》云：「余觀才士之所作，竊有以得其用心。」《梁書・文學傳》：「劉勰字彥和，依沙門僧祐，與之居處，積十餘年，遂博通經論。天監初，起家奉朝請，中軍臨川王宏引兼記室，遷車騎倉曹參軍，出爲太末令，政有清績，除仁威南康王記室，兼東宮通事舍人。初，勰撰《文心雕龍》五十篇，論古今文體，引而次之。既成，未爲時流所稱。勰自重其文，欲取定於沈約。約時貴盛，無由自達，乃負其書候約出，干之於車前，狀若貨鬻者。約便命取讀，大重之，謂爲深得文理，常陳諸几案。」《文心雕龍・序志》：「夫文心者，言爲文之用心也。昔涓子琴心，王孫巧心，心哉美矣！故用之焉。」又品陸氏《文賦》謂「陸賦巧而碎亂。」黃師季剛云：「按《文賦》以辭賦之故，舉體未能詳備，彥和拓之，所載文體，幾於網羅無遺。然經傳子史，筆札雜文，難於覼縷，視其經略，誠恢廓於平原，至其詆陸氏非知言之選，則尚待商兌也。」

[四] 韓愈《答李翊書》：「氣，水也。言，浮物也。水大而物之浮者大小畢浮。氣之與言猶是也，氣盛則言之短長與聲之高下者皆宜。」(《昌黎集》卷十六)韓愈，見《博約上》注[三]。

書：「文者，氣之所形。然文不可學而能，氣可養而致。」(《欒城集》卷二十)《宋史・蘇轍傳》：「轍字子由，年十九，與兄軾同登進士科，又同策制舉。哲宗朝，累遷御史中丞，拜尚書右丞，進門下侍郎。徽宗時致仕，築室於許，號潁濱遺老。政和二年卒，年七十四。諡文定。轍性沈靜簡潔，爲文汪洋淡泊，似其爲人。所著《詩傳》《春秋傳》《古史》《老子解》《欒城集》並行於世。」按文氣之說，始於魏文帝。其《典論・論文》云：「文以氣爲主，氣之清濁有體，不可力強而致。」又云：「徐幹時

有齊氣。孔融體氣高妙，有過人者。」蓋就人才性禀賦有不齊言。而韓氏、蘇氏所論文氣，一則指文章之氣勢，一則及文人之修養，而皆本《孟子》「我知言，我善養吾浩然之氣」一義而發揮之。

〔五〕按經傳言文德者，《書·大禹謨》：「帝乃誕敷文德。」《易·大畜·象傳》：「君子以懿文德。」《論語·季氏》：「故遠人不服，則修文德以來之。」凡此之類，均就文教德化而言，無與文學。王充《論衡》始論及之，而楊愔、楊遵彥《文德論》，皆與本篇命意有別，以其未嘗就文辭之中，於才學識外而言德也。

〔六〕見《論語·憲問》。

〔七〕見《易·乾·文言》文。

〔八〕《孟子·公孫丑上》：「『敢問夫子惡乎長？』曰：『難言也。其爲氣也，至大至剛，以直養而無害，則塞於天地之間。其爲氣也，配義與道，無是餒也。是集義所生者，非義襲而取之也，行有不慊於心，則餒矣。』」

〔九〕韓愈《答李翊書》：「雖然，不可以不養也，行之乎仁義之途，游之乎《詩》《書》之源，終吾身而已矣。」（《昌黎集》卷十六）按「源」，舊譌作「流」，茲依劉刻《遺書》本正。

〔一〇〕按古人之學，貴乎有體有用，蓄德能文。《日知錄》（卷十九）：「典、謨、爻、象，此二帝三王之言也。《論語》《孝經》，此夫子之言也。文章在是，性與天道亦不外乎是。故曰：『有德必有言。』」此合道德文章而一之也。

〔一〕劉知幾謂史有三長,才、學、識。見《史德》篇注〔五〕。

〔二〕《禮記·中庸》:「喜怒哀樂之未發,謂之中;發而皆中節,謂之和。」朱注:「發皆中節,情之正也。」

〔三〕設身處地,從古人所處地位立論,見下。

〔四〕《論語·衛靈公》文。

〔五〕按此上論敬恕爲文德之要。

〔六〕見《言公中》注〔三〕。《廿二史劄記》六《三國志書法》云:「其體例顯爲分別者,曹魏則立本紀,蜀、吳二主則但立傳,以魏爲正統,二國皆僭竊也。」又云:「正統在魏,則晉之承魏爲正統,自不待言,此陳壽仕于晉,不得不尊晉也。」然殿本《三國志·目錄·考證》云:「史家之例,帝曰本紀,臣曰列傳,始自馬遷,述於班固,《晉書》則以十六國爲載紀,歷代未之有改也。惟《三國志》既無本紀之稱,并無列傳之目,不別吳、蜀以他稱,統名之曰《三國志》,然則陳壽之意亦可見矣。今考證悉遵壽原書例,不書紀傳等字。」是陳書原無紀傳之目。按《隋志》正史敘例云:「三國鼎峙,魏氏及吳並有史官,晉時巴西陳壽刪集三國之事,惟魏帝爲紀,其功臣及吳、蜀之主,並皆爲傳。」則唐時所行本已有紀傳之別矣。

〔七〕《晉書·習鑿齒傳》:「習鑿齒字彥威,襄陽人。爲滎陽太守,在郡著《漢晉春秋》,起漢光武,終晉愍帝。於三國時,蜀以宗室爲正,魏雖受漢禪晉,尚爲篡逆,至文帝(司馬昭)平蜀,乃爲漢亡而晉始興

焉。引世祖諱炎,興為禪受,明天心不可以勢力強也。」《史通·探賾》:「鑿齒以魏為偽國者,蓋定邪正之途,明順逆之理耳。」其書今佚。

〔一八〕見《書教下》注〔三七〕。《通鑑·魏文帝紀》黃初二年,附論曰:「秦焚書阬儒,漢興,學者始推五德生勝,以秦為閏位,在木火之間,霸而不王,於是正閏之論興矣。臣今所述,止欲叙國家之興衰,著生民之休戚,使觀者自擇其善惡得失,以為勸戒,非若《春秋》立褒貶之法,撥亂世,反諸正也。正閏之際,非所敢知。然天下離析之際,不可無歲時日月以識事之先後,據漢傳於魏,而晉受之,晉傳於宋,以至於陳,而隋取之,唐傳於梁,以至於周,而大宋承之,故不得不取魏、宋、齊、梁、後唐、後晉、後漢、後周年號,以紀諸國之事,非尊此而卑彼,有正閏之辨也。昭烈之於漢,雖云中山靖王之後,而族屬疏遠,不能紀其世數名位,是非難辨,故不敢以光武及晉元帝為比,使得紹漢氏之遺統也。」

〔一九〕朱子《綱目》:見《經解下》注〔三六〕。建安二十六年四月,先主即位改元,《綱目》特書:「昭烈皇帝章武元年。」劉友益《綱目書法》云:「大書章武何?紹昭烈於高光也。魏篡立,吳割據,昭烈親中山靖王之裔,名正言順,舍此安歸?故曰統正於下而道定矣。(原注:本習鑿齒《漢晉春秋》。)

〔二〇〕見《孟子·告子上》文。

〔二一〕《禮記·檀弓下》:「趙文子與叔譽觀乎九原。文子曰:『死者如可作也,吾誰與歸?』」鄭注:「作,起也。」

〔三〕《退菴隨筆》卷十六引翟晴江（灝）曰：「陳壽《三國志》紀魏而傳蜀，習鑿齒《漢晉春秋》繼漢而越魏，非其識有高下也，時也。陳撰志於晉武受禪之初，晉受魏禪，魏之見廢，蜀已破亡，安得不尊魏？習著《春秋》於晉元中興之後，蜀以宗室而存漢緒，猶元帝以藩庶而復晉統，安得不尊蜀？司馬公《通鑑》作於北宋受周禪時，安得不以魏爲正統？朱子《綱目》作于南渡偏安之後，安得不以蜀爲正統？陳與習，司馬與朱子，易地則皆然。」《四庫總目提要·三國志》：「其書以魏爲正統，至習鑿齒作《漢晉春秋》，始立異議。自朱子以來，無不是鑿齒而非壽。然以理而論，壽之謬，萬萬無辭。以勢而論，則鑿齒帝漢順而易，壽欲帝漢逆而難。蓋鑿齒時，晉已南渡，其事有類乎蜀，爲偏安者爭正統，此孚於當代之論者也。壽則身爲晉武之臣，而晉承魏之統，僞魏是僞晉矣，其能行於當代哉？此猶宋太祖簒立近於魏，而北漢、南唐蹟於蜀，故北宋諸儒皆有所避而不偽魏。高宗以後，偏安江左，近於蜀，而中原魏地，全入於金，故南宋諸儒紛紛起而帝蜀，此皆當論其世，未可以一格繩也。」此與實齋同時之説，原注云前人已言，未詳所指。

〔三〕《孟子·離婁下》：「禹、稷、顔子，易地則皆然。」

〔四〕《唐書·選舉志》：「明經之別有五，經有三經，有二經，有學究一經。」學究之名本此。此泛指鄙儒。

〔五〕《孟子·萬章下》：「以友天下之善士爲未足，又尚論古之人，頌其詩，讀其書，不知其人可乎？是以論其世也。是尚友也。」焦循《正義》：「按古人各生一時，則其言各有其當；惟論其世，乃不執泥其言，亦不鄙棄其言，斯爲能上友古人。」

〔二六〕《史記·仲尼弟子列傳》:「有若少孔子十三歲。」《集解》引鄭玄曰:「魯人。」《禮記·檀弓上》:「有子問於曾子曰:『問喪於夫子乎?』曰:『聞之矣。喪欲速貧,死欲速朽。』有子曰:『是非君子之言也。』曾子曰:『參也聞諸夫子也。』有子又曰:『是非君子之言也。』曾子曰:『參也與子游聞之。』有子曰:『然。然則夫子有爲言之也。』曾子以斯言告於子游。子游曰:『甚哉!有子之言似夫子也。昔者,夫子居於宋,見桓司馬自爲石椁,三年而不成。夫子曰:「若是其靡也,死不如速朽之愈也。」死之欲速朽,爲桓司馬言之也。南宮敬叔反,必載寶而朝。夫子曰:「若是其貨也,喪不如速貧之愈也。」喪之欲速貧,爲敬叔言之也。』曾子以子游之言告於有子。有子曰:『然。吾固曰:非夫子之言也。』曾子曰:『子何以知之?』有子曰:『夫子制於中都,四寸之棺,五寸之椁,以斯知不欲速朽也。昔者,夫子失魯司寇,將之荆,蓋先之以子夏,又申之以冉有,以斯知不欲速貧也。』」

〔二七〕《論語·衛靈公》:「子貢問曰:『有一言而可以終身行之者乎?』子曰:『其恕乎!己所不欲,勿施於人。』」

〔二八〕按此上論古必恕。

〔二九〕韓愈《答李翊書》:「迎而拒之,平心而察之,其皆淳也,然後肆焉。」

〔三〇〕柳宗元《答韋中立論師道書》:「吾每爲文章,未嘗敢以輕心掉之,懼其剽而不留也;未嘗敢以怠心易之,懼其弛而不嚴也;未嘗敢以昏氣出之,懼其昧没而雜也;未嘗敢以矜氣作之,懼其偃蹇而驕也。」(《柳河東集》卷三十四)

〔三一〕僖公二十二年《公羊傳》:「《春秋》辭繁而不殺者,正也。」注:「殺,省也。」

〔三二〕《文心雕龍·宗經》《顏氏家訓·文章》皆謂文本於經,而章氏獨謂文由史出者,蓋以六經皆史(見《易教上》),經爲史所包故也。

〔三三〕《詩·大雅·文王》:「穆穆文王,於緝熙敬止。」傳云:「穆穆,美也。緝熙,光明也。」

〔三四〕按此上言臨文主敬。

文 德

三三三

文　理〔一〕

偶於良宇案間，見《史記》錄本，取觀之，乃用五色圈點，各爲段落，反覆審之，不解所謂詢之良宇，啞然失笑，以謂已亦厭觀之矣。其書云出前明歸震川氏，〔二〕五色標識，各爲義例，不相混亂。〔三〕若者爲全篇結構，若者爲逐段精彩，若者爲意度波瀾，若者爲精神氣魄，以例分類，便於拳服揣摩，〔四〕號爲古文祕傳。前輩言古文者，所爲珍重授受，不輕以示人者也。又云：「此如五祖傳燈，〔五〕靈素受籙，〔六〕由此出者，乃是正宗；不由此出，縱有非常著作，釋子所譏爲野狐禪也。〔七〕余幼學於是，及遊京師，聞見稍廣，乃知文章一道，初不由此。然意其中或有一二之得，故不遽棄，非珍之也。」〔八〕

余曰：文章一道，自元以前，衰而且病，尚未亡也。明人初承宋、元之遺，粗存規矩。至嘉靖、隆慶之間，〔九〕晦蒙否塞，而文幾絕矣。歸震川氏生於是時，力不能抗王、李之徒，而心知其非，故斥鳳洲以爲庸妄。〔一〇〕謂其創爲秦、漢僞體，至併官名地名，而改用古稱，〔一一〕使人不辨作何許語，故直斥之曰文理不通，〔一二〕非妄言也。然歸氏之文，氣體清矣，而按其中之所得，則亦不可强索。故余嘗書識其後，以爲先生所以砥柱中流者，特以文從字順，不汨沒於流俗，〔一三〕而於古人所謂閎中肆外，〔一四〕言以聲其心之所得，〔一五〕則未之聞爾。然亦不得不稱爲彼時之豪

傑矣。但歸氏之於制藝，[一六]則猶漢之子長，唐之退之，百世不祧之大宗也。故近代時文家之言古文者，多宗歸氏。唐、宋八家之選，[一七]人幾等於《五經》四子所由來矣。惟歸、唐之集，[一八]其論說文字皆以《史記》爲宗；而其所以得力於《史記》者，乃頗怪其不類。蓋《史記》體本蒼質，而司馬才大，故運之以輕靈。今歸、唐之所謂疏宕頓挫，其中無物，[一九]遂不免於浮滑，而開後人以描摩淺陋之習。故疑歸、唐諸子，得力於《史記》者，特其皮毛，而於古人深際，未之有見。今觀諸君所傳五色訂本，然後知歸氏之所以不能至古人者，正坐此也。[二〇]

夫立言之要，在於有物。[二一]古人著爲文章，皆本於中之所見，初非好爲炳炳烺烺，如錦工繡女之矜誇采色已也。[二二]富貴公子，雖醉夢中，不能作寒酸求乞語；疾痛患難之人，雖置之絲竹宴享之場，不能易其呻吟而作歡笑。此聲之所以肖其心，而文之所以不能彼此相易，各自成家者也。今舍己之所求，而摩古人之形似，是杞梁之妻，[二三]善哭其夫，而西家偕老之婦，亦學其悲號；屈子自沈汨羅，[二四]而同心一德之朝，其臣亦宜作楚怨也，不亦慎乎？[二五]至於文字，古人未嘗不欲其工。孟子曰：「持其志，無暴其氣。」[二六]學問爲立言之主，猶之志也；文章爲明道之具，猶之氣也。求自得於學問，固爲文之根本；求無病於文章，亦爲學之發揮。故宋儒尊道德而薄文辭，[二七]伊川先生謂學工文則害道，[二八]明道先生謂記誦爲玩物喪志，[二九]雖爲忘本而逐末者言之，然推二先生之立意，則持其志者，不必無暴其氣。而出辭氣之遠於鄙倍，辭

之欲求其達，〔三0〕孔、曾皆爲不聞道矣。但文字之佳勝，正貴讀者之自得；如飲食甘旨，衣服輕暖，衣且食者之領受，各自知之，而難以告人。如欲告人衣食之道，當指膾炙而令其自嘗，可得旨甘；指狐貉而令其自被，可得輕暖，則有是道矣。必吐己之所嘗而哺人以授之甘，摟人之身而置懷以授之暖，則無是理也。〔三一〕

韓退之曰：「記事者必提其要，纂言者必鉤其玄。」〔三二〕其所謂鉤玄提要之書，不特後世不可得而聞，雖當世籍、湜之徒，〔三三〕亦未聞其有所見，果何物哉？蓋亦不過尋章摘句，以爲撰文之資助耳。此等識記，古人當必有之。如左思十稔而賦《三都》，門庭藩溷，皆著紙筆，得即書之。〔三四〕今觀其賦，並無奇思妙想，動心駴魄，當藉十年苦思力索而成。其所謂得即書者，亦必標書誌義，先掇古人菁英，而後足以供驅遣爾。然觀書有得，存乎其人，各不相涉也。故古人論文，多言讀書養氣之功，博古通經之要，親師近友之益，取材求助之方，則其道矣。至於論及文辭工拙，則舉隅反三，〔三五〕稱情比類，如陸機《文賦》，劉勰《文心雕龍》，〔三六〕鍾嶸《詩品》，〔三七〕或偶舉精字善句，或品評全篇得失，令觀之者得意文中，會心言外，其於文辭思過半矣。至於不得已而摘記爲書，標識爲類，是乃一時心之所會，未必出於其書之本然。比如懷人見月而思，月豈必主遠懷？久客聽雨而悲，雨豈必有愁况？然而月下之懷，雨中之感，豈非天地至文？而欲以此感此懷，藏爲祕密，或欲嘉惠後學，以謂凡對明月與聽霖雨，必須用此悲感，方

可領略,則適當良友乍逢,及新昏宴爾之人,必不信矣。是以學文之事,可授受者規矩方圓;其不可授受者心營意造。[三八]至於纂類摘比之書,標識評點之冊,本爲文之末務,不可揭以告人,祗可用以自誌。父不得而與子,師不得以傳弟。蓋恐以古人無窮之書,而拘於一時有限之心手也。[三九]

律詩當知平仄,古詩宜知音節。顧平仄顯而易知,音節隱而難察;能熟於古詩,當自得之。執古詩而定人之音節,則音節變化,殊非一成之詩所能限也。趙伸符氏取古人詩爲《聲調譜》,[四〇]通人譏之,余不能爲趙氏解矣。然爲不知音節之人言,未嘗不可生其啟悟;特不當舉爲天下之式法爾。時文當知法度,古文亦當知有法度。時文法度顯而易言,古文法度隱而難喻,能熟於古文,當自得之。執古文而示人以法度,則文章變化,非一成之文所能限也。歸震川氏取《史記》之文,五色標識,以示義法。今之通人,如聞其事必竊笑之,余不能爲歸氏解也。[四二]然爲不知法度之人言,未嘗不可資其領會;特不足據爲傳授之祕爾。據爲傳授之祕,則是郢人寶燕石矣。[四三]夫書之難以一端盡也,仁者見仁,智者見智。詩之音節,文之法度,君子以謂可不學而能,如啼笑之有收縱,歌哭之有抑揚,必欲揭以示人,人反拘而不得歌哭啼笑之至情矣。[四四]然使一己之見,不事穿鑿過求,而偶然瀏覽,有會於心,筆而誌之,以自省識,未嘗不可資修辭之助也。乃因己所見,而謂天下之人,皆當範我之心手焉,後人或我從矣,起

古人而問之，乃曰：「余之所命，不在是矣！」毋乃冤歟？〔四〕

〔一〕按文有一定之妙，而無一定之法，至持定式以衡萬變之文，不特厚誣古人，且將遺誤來學。本篇就歸氏標《史記》之文以示義法一事，歷述文章不可拘泥程式，秉識閱通，爲言文術者所當取則。實齋際生清學極盛之世，文質分流，嘗謂：「主義理者拙於詞章，能文辭者疏於徵實。」是篇一再致意於言求有物，以矯當日文人空疏之失，故謂不當舍己所求而規樅古人之形似，此其立論前提所在也。

〔二〕《年譜》：「乾隆五十四年，先生遊太平，館於安徽學使署中。張小兮、左良宇皆一時名俊，比屋而處，暇則聚談，談亦不必皆文字，而引機觸發，則時有感會。《文理》，因見良宇案上錄本而作，自是此年在太平作品。」《辨似》：「文亦自有其理，姸媸好醜，人見之者，不約而有同然之情，又不關於所載之理者，即文之理也。」文理二字之義，其自釋如此。（本篇注參取趙君西陸《文論箋證》）

〔三〕《明史·文苑傳》：爲古文，「原本經術，好《太史公書》，得其神理」。

歸氏《評點史記·例意》：「《史記》起頭處來得勇猛者圈，緩些者點。硃圈點處總是意句與敘事好處，黃圈點處總是氣脈。亦有轉折處用黃圈而事乃聯下去者。黑擲是背理處，青擲是不好要緊處，硃擲是好要緊處，黃擲是一篇要緊處。」錄上數則，用見一斑。

〔四〕《禮記·中庸》：「得一善，則拳拳服膺而弗失之矣。」揣摩：見《詩教上》注〔二六〕。

〔五〕佛教禪宗，衣鉢相傳凡六世，初祖達摩，二祖慧可，三祖僧璨，四祖道信，五祖弘忍，六祖慧能，是爲震旦六祖。傳燈，佛家語謂傳法也。《大般若經》：「佛所言如燈傳照。」唐釋法海《六祖大師法寶壇經略序》：「年二十四，聞經悟道，往黃梅求印可，五祖器之，付衣法，令嗣祖位。」按慧能居韶州寶林寺，對弟子但説法要，不傳衣鉢，見《正宗記》。

〔六〕《宋史・方技傳》：「林靈素，温州人，少從浮屠學，苦其師答罵，去爲道士，善妖幻，往來淮、泗間。政和末，徽宗訪方士於左道録，徐知常以靈素對。賜號通真達靈先生。建上清寶籙宮。假帝誥天書雲篆，務以欺世惑衆，令吏民詣宫受神霄祕録，朝士之嗜進者，亦靡然趨之。」

〔七〕《四家玄録》：「百丈大智禪師，一老人聽法，曰：『僧住此山，有人問大修行底人，還落因果也無？』師曰：『不昧因果。』老人大悟曰：『今已免老狐身，只在山後住，乞依亡僧例，焚燒。』巖中果見一死狐，積薪化之。」野狐禪，禪家稱外道也。

〔八〕按此上述良宇語，爲本文緣起。

〔九〕嘉靖，明世宗年號。隆慶，明穆宗年號。

〔一〇〕王、李，見《傳記》注〔六〕。錢謙益《題歸太僕文集》：「熙甫生與王弇州同時。嘗爲人叙其文曰：『今之所謂文者，未始爲古人之學，苟得一二妄庸人爲之巨子，以訑排前人。』」（《項思堯文集序》）弇州笑曰：『妄誠有之，庸則未敢聞命。』」熙甫曰：「唯庸故妄，未有妄而不庸者也。」」

〔二〕《日知錄》（卷十九）《文人求古之病》：「以今日之地名爲不古而借古地名，以今日之官名爲不古而借古官名，舍今日恒用之字，而借古字之通用者，皆文人所以自蓋其俚淺也。」

〔三〕錢謙益《題歸太僕文集》：「傳聞熙甫上公車，賃騾車以行，熙甫儼然中坐，後生弟子執書夾侍。嘉定徐宗伯年最少，從問李空同文云何，因取集中《于肅愍廟碑》以進。熙甫讀畢，揮之曰：『文理那得通！』」（《牧齋初學集》卷八十三）

〔三〕《書·禹貢》：「厎柱析城。」陸德明《音義》：「厎柱，山名，在河水中。」韓愈《樊紹述墓誌銘》：「文從字順各識職。」曾國藩《書歸震川文集後》：「當時頗崇茁軋之習，假齊、梁之雕琢，號爲力追周、秦者，往往而有。熙甫一切棄去，不事塗飾，而選言有序，不刻畫而足以昭物情，與古作者合符，而後來者取則焉，則不可謂不智已。」

〔四〕韓愈《進學解》：「先生之於文，可謂閎其中而肆其外矣。」（《昌黎集》卷十二）

〔五〕揚子《法言·問神》：「言，心聲也。書，心畫也。」

〔六〕《明史·文苑·歸有光傳》：「有光制舉義，湛深經術，卓然成大家。後德清胡友信與齊名，世並稱歸、胡。」錢謙益《歸震川文集序》論歸氏制藝云：「少年應舉，筆放墨飽，一洗熟爛，人驚其頡頏眉山，不知汪洋跌蕩，得之莊周者爲多。」

〔七〕見《傳記》篇注〔三五〕。

〔八〕《明史·唐順之傳》：「唐順之字應德，武進人。於學無所不窺，爲古文，洸洋紆折，有大家風。」

〔一九〕方苞《書歸震川文集後》:「震川之文,鄉曲應酬者十六七,而徇請者之意,襲常綴瑣,雖欲大遠於俗言,其道無由。其發於親舊,及人微而語無忌者,蓋多近古之文。至事關天屬,其尤善者,不事修飾而辭情並得,使覽者惻然有隱,其氣韻蓋得之子長,故能取法於歐、曾,而少更其形貌耳。孔子於《艮》五爻辭釋之曰:『言有序。』《家人》之象系之曰:『言有物。』凡文之愈久而傳,未有越此者也。」

〔二〇〕按此上言歸氏雖宗《史記》,但得其皮毛,未至深際。震川之文,於所謂有序者蓋庶幾矣,而有物者則寡焉。」(《望溪文集》卷五)

〔二一〕《易·家人》象辭:「君子以言有物而行有恒。」劉熙載《藝概》:「論事敘事,皆以窮盡事理爲先,事理盡後,斯可再講筆法。不然,離有物以求有章,曾足以適用而不朽乎?」章氏《評沈梅村古文》:「《易》曰:『言有物而行有恒。』又曰:『修辭立其誠。』所謂物與誠者,本於人心之不容已,仁者見仁,智者見智,要於實有所見,故其所言,自成仁智而不誣,不必遽責聖賢道德之極至,始謂修辭之誠也。蓋人各有能有不能,與其飾言而道中庸,不若偏舉而談狂狷,此言貴誠不尚飾也。」(《劉刻《遺書》補遺)

〔二二〕柳宗元《答韋中立論師道書》:「始吾幼且少,學爲文章,以辭爲工,及長,乃知文者以明道,是固不苟爲炳炳烺烺,務采色誇聲音而以爲能也。」(《柳河東集》卷三十四)《廣雅·釋訓》:「炳炳,明也。」烺與朗同。章氏《信摭》:「論文以清真爲訓。清之爲言,不雜也。真之爲言,實有所得而著於言也。清則就文而論,真則未論文而先言學問也。」(劉刻《遺書》外編一)實有所得而著於言,即文本於中之所見也。

〔二三〕《孟子·告子下》:「華周、杞梁之妻,善哭其夫,而變國俗。」

〔二四〕汨羅二水名,合流曰汨羅江,在今湖南湘陰縣北。屈原不復見用於楚懷王、襄王,自沉於此。

〔二五〕愼,同顚。《穀梁傳》僖二十八年:「晉文公之行事,爲已愼矣。」

〔二六〕見《孟子·公孫丑上》文。

〔二七〕周敦頤《通書》:「文,所以載道也。輪轅飾而弗庸,徒飾也,況虛車乎?文辭,藝也;道德,實也。篤其實而藝者書之,美則愛,愛則傳焉。賢者得以學而至之,是爲教。故曰:『言之無文,行之不遠。』不知務道德而第以文辭爲能者,藝焉而已。」宋儒輕軒輊道藝,於此可見。

〔二八〕《宋史·道學傳》:「程頤字正叔,哲宗初,召爲祕書省校書郎,擢崇正殿說書。紹聖中,削籍竄涪州;徽宗即位,徙峽州,卒,年七十五。頤於書無所不讀,其學本於誠,以《大學》《語》《孟》《中庸》爲標指,而達於六經。平生誨人不倦,故學者出其門最多;淵源所漸,皆爲名士。涪人祠頤於北巖。世稱伊川先生。」工文則害道,見《原道下》注〔三八〕。

〔二九〕《宋史·道學傳》:「程顥,字伯淳,世居中山,後從開封徙河南。熙寧初,爲太子中允,監察御史,以正心窒欲求賢育才爲言,務以誠意感悟主上。王安石執政,乞去言職,出提點京西刑獄,改僉書鎮寧軍判官。哲宗立,爲宗正丞,卒,年五十四。顥資性過人,充養有道,和粹之氣,盎於背面。厭科舉之習,慨然有求道之志,泛濫諸家,出入老釋者幾十年,返求諸六經而後得之。文彥博題其墓曰明道先生。」大程子謂記誦爲玩物喪志,見《原道下》注〔三六〕。

〔三〇〕《論語·泰伯》：「曾子曰：『出辭氣，斯遠鄙倍矣。』」又《衛靈公》：「子曰：『辭，達而已矣。』」

〔三一〕按此上言文須言之有物，而其佳勝貴在自得。

〔三二〕見韓愈《進學解》文。

〔三三〕《新唐書·韓愈傳》：「張籍字文昌，和州烏江人，第進士。性狷直，嘗責愈喜博簺，論議好勝人，不能著書若孟軻、揚雄以垂世者。」又：「皇甫湜字持正，睦州新安人，擢進士第，爲陸渾尉，仕至工部郎中。」

〔三四〕《晉書·文苑傳》：「左思字太沖，齊國臨淄人也。欲賦《三都》，乃詣著作郎張載，訪岷、邛之事。遂構思十年，門庭藩溷，皆著紙筆，遇得一句，即便疏之。及成，皇甫謐爲作賦序，張載爲注《魏都》，劉逵注《吳》《蜀》。司空張華見而歎曰：『班、張之流也。』於是豪貴之家，競相傳寫，洛陽爲之紙貴。」

〔三五〕《論語·述而》：「子曰：不憤不啟，不悱不發，舉一隅不以三隅反，則不復也。」

〔三六〕俱見《文德》篇注〔三〕。

〔三七〕《梁書·文學傳》：「鍾嶸字仲偉，潁川長社人。好學有思理。衡陽王元簡出守會稽，引爲寧朔記室，專掌文翰，遷西中郎晉安王記室。嶸嘗品古今五言詩，論其優劣，名爲《詩評》。」《書錄解題》文史類：「《詩品》三卷，梁記室參軍鍾嶸撰。以古今作者爲三品而評之，上品十一人，中品三十九人，下品六十九人。」

〔三八〕《孟子·盡心下》：「孟子曰：『梓匠輪輿，能與人規矩，不能使人巧。』」朱注引尹氏曰：「規矩法度，

〔三九〕可告人者，巧則在其人，雖大匠亦未如之何也。」心營意造，即獨出心裁，所謂巧也。

按此上言摘記標識，可資自省，不須示人。

〔四〇〕《清史列傳·文苑傳》二：「趙執信字伸符，山東益都人。康熙十八年進士，改翰林院庶吉士，散館，授編修，尋擢右春坊右贊善。以國恤中讌飲，被劾落職。年八十三卒。執信詩，自寫性真，力去浮靡。娶王士禎甥女。嘗問古詩聲調於士禎，士禎靳之。執信乃發唐人諸集，排比鉤稽，竟得其法，為《聲調譜》一卷。」

〔四一〕姚姬傳《答翁學士書》：「文字者，猶人之言語也。有氣以充之，則觀其文也，雖百世而後，如立其人而與言於此。無氣，則積字焉而已。意與氣相御而為辭，然後有聲音節奏、高下抗墜之度，反復進退之態，采色之華。故聲色之美，因乎意與氣而時變者也。是安得有定法哉！」（《惜抱軒文集》卷六）可與此參證。

〔四二〕章氏評歸有光圈點和評點《史記》，稱：「蓋《史記》體本蒼質，而司馬才大，故運之以輕靈。今歸、唐（順之）之所謂疏宕頓挫，其中實無物，遂不免於浮滑，而開後人以描摹淺陋之習。」見《文理》。

〔四三〕宋人實燕石，見《言公下》注〔七三〕。按此作鄑人，偶誤。

〔四四〕章氏《趙立齋時文題式引言》：「余惟古人文成法立，如語言之有起止，啼笑之有收縱，自然之理，豈有一定式哉？文而有式，則面目雷同，性靈錮蔽，而古人立言之旨晦矣。」（劉刻《遺書》卷第廿九）

〔四五〕按此上言文多變化，無式可拘，持定式以語文術，則為誣往而欺來。

文集〔一〕

集之興也，其當文章升降之交乎？古者朝有典謨，官存法令，風詩采之閭里，〔二〕敷奏登之廟堂，未有人自爲書，家存一説者也。劉向校書，敘錄諸子百家，皆云出於古者某官某氏之掌，是古無私門著述之徵也。餘詳外篇。〔三〕自治學分途，百家風起，周、秦諸子之學，不勝紛紛；識者已病道術之裂矣。然專門傳家之業，未嘗欲以文名，苟足顯其業，而可以傳授於其徒，諸子俱有學徒傳授，《管》《晏》二子書，多記其身後事，《莊子》亦記其將死之言，《韓非·存韓》之終以李斯駁議，〔四〕蓋爲其學者，各據聞見而附益之爾。則其説亦遂止於是，而未嘗有參差龐雜之文也。兩漢文章漸富，爲著作之始衰。然賈生奏議，編入《新書》；〔五〕即《賈子書》。唐《集賢書目》始有《新書》之名。相如詞賦，但記篇目：《藝文志》《司馬相如賦》二十九篇，次《屈原賦》二十五篇之後，而敘錄總云，《詩賦》一百六家，一千三百一十八篇。蓋各爲一家言，與《離騷》等。皆成一家之言，與諸子未甚相遠。〔六〕初未嘗有彙次諸體，裒爲一集者也。自東京以降，訖乎建安、黃初〔七〕之間，文章繁矣。然范、陳二史，《文苑傳》始於《後漢書》。所次文士諸傳，識其文筆，〔八〕皆云所著詩、賦、碑、箴、頌、誄若干篇，而不云文集若干卷，則文集之實已具，而文集之名未立也。《隋志》：「別集之名，《東京》所創。」蓋未深考。自摯虞創爲《文章流別》，學者便之，於是別聚古人之作，標爲別集；則文集之名，實仿於晉代。〔九〕陳壽定

《諸葛亮集》二十四篇,本云《諸葛亮故事》,其篇目載《三國志》,亦子書之體。而《晉書·陳壽傳》云,定《諸葛集》,壽於目錄標題,亦稱《諸葛氏集》,蓋俗誤云。而後世應酬牽率之作,決科俳優之文,[一〇]亦氾濫橫裂,而爭附別集之名,是誠劉《略》所不能收,班《志》所無可附。而所爲之文,亦矜情飾貌,矛盾參差,非復專門名家之語無旁出也。[一一]夫治學分而諸子出,公私之交也。言行殊而文集興,誠僞之判也。勢屢變則屢卑,文愈繁則愈亂。苟有好學深思之士,因文以求立言之質,因散而求會同之歸,則三變而古學可興。惜乎循流者忘源,而溺名者喪實,二缶猶且以鍾惑,[一二]況滔滔之靡有底極者。[一三]

昔者,向、歆父子之條別,其《周官》之遺法乎?聚古今文字而別其家,合天下學術而守於官,非歷代相傳有定式,則西漢之末,無由直溯周、秦之源也。《藝文志》有録無書者,亦歸其類,則劉向以前必有傳授矣。且《七略》分家,亦未有確據,當是劉氏失其傳。班《志》而後,紛紛著録者,或合或離,不知宗要,其書既不盡傳,則其部次之得失,叙録之善否,亦無從而悉考也。荀勗《中經》有四部,[一四]詩賦圖讚,與汲冢之書歸丁部。王儉《七志》,[一五]以詩賦爲文翰志,而介於諸子軍書之間,則集部之漸日開,而尚未居然列專目也。至阮孝緒撰《七録》,[一六]惟技術、佛、道分三類,而經典、紀傳、子兵、文集之四録,已全爲唐人經、史、子、集之權輿;是集部著録,實仿於蕭梁,而古學源流,至此爲一變,亦其時勢爲之也。嗚呼!著作衰而有文集,典故窮而有類書,[一七]

學者貪於簡閱之易,而不知實學之衰;狃於易成之名,而不知大道之散。江河日下,豪傑之士,從狂瀾既倒之後,而欲障百川於東流,[一九]其不為舉世所非笑,而指目牽引為言詞,何可得耶?[二○]

且名者,實之賓也。類者,例所起也。古人有專家之學,而後有專門之書;有專門之書,而後有專門之授受。[二一]鄭樵蓋嘗云爾。即類求書,因流溯源,部次之法明,雖三墳五典,[二二]可坐而致也。自校讎失傳,而文集類書之學起,一編之中,先自不勝其龐雜;後之興者,何從而窺古人之大體哉? 夫《楚詞》,[二三]屈原一家之書也。自《七錄》初收於集部,《隋志》特表《楚詞》類,因併總集別集為三類,遂為著錄諸家之成法。充其義例,則相如之賦,[二四]蘇、李之五言,[二五]枚生之《七發》,[二六]亦當別標一目,而為賦類、五言類、《七發》類矣。總集別集之稱,何足以配之? 其源之濫,實始詞賦不列專家,而文人有別集也。《文心雕龍》,[二七]劉勰專門之書也。自《集賢書目》[二八]收為總集,《隋志》已然。《唐志》乃併《史通》《文章龜鑑》《史漢異義》為一類;[二九]遂爲鄭略、馬《考》[三○]諸子之通規。《鄭志》以《史通》入通史類,以《雕龍》入《文集》類。夫漁仲校讎,義例最精,猶舛誤若此,則俗學之傳習已久也。葛洪《史鈔》,[三一]張騭《文士傳》,[三二]《典論·論文》如《雕龍》《史鈔》如《史漢異義》,《文士傳》如《文章龜鑑》,類皆相似。亦當混合而入總集矣。史部子部之目何得而分之? 《典論》,子類也。《史鈔》《文士傳》,史類也。

其例之混實由文集難定專門，而似者可亂真也。著錄既無源流，作者標題，遂無定法。郎蔚之《諸州圖經集》，[三四]則史部地理而有集名矣。《隋志》所收。王方慶《寶章集》，[三五]則經部小學而有集名矣。《唐志》所收。玄覺《永嘉集》，[三六]則子部釋家而有集名矣。《唐志》所收。百家雜藝之末流，識既庸闇，文復鄙俚，或抄撮古人，或自明小數，[三七]本非集類，而紛紛稱集者，何足勝道？雖曾氏《隆平集》，[三八]亦從流俗，當改為傳志，乃爲相稱。然則三集既興，九流必混，學術之迷，豈特黎丘有鬼，[三九]歧路亡羊[四〇]而已耶？[四一]

〔一〕按後世文集，包絡總雜，而其初實止辭賦。昭明《文選》惟取沉思翰藻固有以者。王儉《七志》變《七略》辭賦之名為文翰，其時雜文已多，不止於賦。阮孝緒《七錄》改翰爲集，而《隋志》因之，然亦止主翰藻，無經史子三門闌入也。至唐人而論著傳記乃無不入集矣（本劉咸炘說）。本篇論其源流得失，與《詩教下》時相出入，有助校讎。作年見《經解上》注〔一〕。

〔二〕《禮記・王制》：「歲二月東巡狩，命太師陳詩，以觀民風。」劉歆《與揚雄書》：「三代、周、秦軒車使者、遒人使者，以歲八月巡路，宷（求）代語僮謠歌戲。」（附載《方言》及《古文苑》）《漢書・食貨志》：「孟春之月，群居者將散，行人振木鐸徇于路，以採詩，獻之太師，比其音律，以聞於天子。」何休《公羊傳注》：「男子六十、女年五十無子者，官衣食之，使之民間求詩，鄉移於邑，邑移於國，國以聞於天子。」

〔三〕《校讎通義·原道》：「理大物博，不可殫也，聖人為之立官分守，而文字亦從而紀焉。有官斯有法，故法具於官。有法斯有書，故官守其書。有書斯有學，故師傳其學。有學斯有業，故弟子習其業。官守學業，皆出於一，而天下以同文為治，故私門無著述文字，則官守之分職，即群書之部次，不復別有著錄之法也。」

〔四〕《管子》記身後事，《韓非》書附李斯駁議，並見《言公上》注〔三四〕及注〔三五〕。《書錄解題》儒家類：「《晏子春秋》十二卷，齊大夫平仲晏嬰撰。《漢志》八篇，但曰《晏子》。《隋》《唐》七卷，始號《晏子春秋》。今卷數不同，未知果本書否？」案《崇文總目》謂其書已亡，今所傳者，蓋後人采嬰行事而成，故柳宗元謂墨氏之徒有齊人者為之，非嬰所自著也《莊子·列禦寇》：「莊子將死，弟子欲厚葬之，莊子曰：『吾以天地為棺椁，以日月為連璧，星辰為珠璣，萬物為齎送，吾葬具豈不備邪！』」此亦為其學者所附益也。

〔五〕見《詩教下》注〔六二〕。盧文弨《書校本賈誼新書後》：「《新書》非賈生所自為也，乃習於賈生者，萃其言以成此書耳。《過秦論》，史遷全錄其文。《治安策》，見班書者乃一篇，此離而為四五。後人以此為是賈生平日所草創（《朱子語錄》），豈其然歟？書中為《漢書》所不載者，雖往往類《韓詩外傳》，然如青史氏之記，具載胎教之古禮，《修政語》上下兩篇，多帝王之遺訓，《保傅篇》序《容經》立陳古典，具有源本。其解《詩》之騶虞，《易》之潛龍亢龍，亦深得經義，魏晉人決不能為。故曰：是習賈生者萃而為之，其去賈生之世不大相遼絕，可知也。」（《抱經堂文集》卷十）

〔六〕劉師培《論文雜記》云：「《漢書·藝文志》叙詩賦爲五種，而賦則析爲四類，屈原以下二十家爲一類，陸賈以下二十一家爲一類，荀子以下二十五家爲一類，客主賦以下十二家爲一類。而班《志》於區分之意，不注一詞；近代校讎家亦鮮有討論及此者。自吾觀之，客主賦以下十二家皆漢代之總集類也，餘則皆爲分集。而分集之賦，復分三類：有寫懷之賦，有騁詞之賦，有闡理之賦。寫懷之賦，屈原以下二十家，是也。騁詞之賦，陸賈以下二十一家，是也。闡理之賦，荀卿以下二十五家，是也。寫懷之賦，其源出於《詩經》。騁詞之賦，其源出於縱橫家。闡理之賦，其源出於儒道兩家。」

〔七〕建安，漢獻帝年號。黄初，魏文帝年號。

〔八〕《文心雕龍·總術》：「今之常言，有文有筆。以爲無韻者，筆也；有韻者，文也。」

〔九〕按「仿」宜作「昉」。《文章流别》，見《詩教上》注〔三七〕。又按《詩教下》：「集文雖始於建安，而實盛於齊、梁之際。」自注：「魏文撰徐、陳、應、劉文爲一集，此文集之始，摯虞《流别集》猶其後也。」與此説微異。

〔一〇〕決科，見《博約上》注〔八〕。《漢書·揚雄傳》：「又頗似俳優。」

〔一一〕劉歆《七略》，見《書教上》注〔一四〕。阮孝緒《七録》叙目：「後漢校書郎班固因七略之辭爲《漢書·藝文志》」。

〔一二〕《校讎通義·宗劉》：「漢、魏、六朝著述，略有專門之意，至唐、宋詩文之集，則浩如煙海矣。今即世俗所謂唐、宋大家之集論之，如韓愈之儒家，柳宗元之名家，蘇洵之兵家，蘇軾之縱橫家，王安石之法

家，皆以平生所得，見於文字，旨無旁出，即古人之所以自成一子者也。其體既謂之集，自不得強列以諸子部次矣。」

〔三〕《莊子·天地》：「以二缶鍾惑，而所適不得矣。」郭象注：「各自信據，故不知所之。」《小爾雅》：「釜二有半謂之藪。藪二有半謂之缶。缶二謂之鍾。」

〔四〕章氏《丙辰劄記》：「蓋自東都而後，文集日繁，其爲之者，大抵應酬取給，鮮有古人立言之旨。故文人撰述，但有賦、頌、碑、箴、誄諸體，而子史專門著述之書，不能定爲誰氏之言，何家之學也。其故由於無立言之質，致文靡而文不足貴，非文集之體必劣於子史諸書也。」（劉刻《遺書·外編》）按此上言文集之名始於《流別》，而後世泛濫，所作非復專家，循流忘源，頹波莫返。「底」，舊譌作「抵」，兹依劉刻《遺書》本正。

〔五〕王隱《晉書》：「荀勗字公曾，領祕書監，與中書令張華，依劉向《別錄》，整理錯亂，又得汲冢竹書，身自撰次，以爲《中經》。」（《文選》任昉《王文憲集序》注引）別見《書教中》注〔三五〕。

〔六〕《齊書·王儉傳》：「儉字仲寶，琅邪臨沂人。幼專心篤學，手不釋卷，爲中書監，薨。」《隋書·經籍志》：「元徽元年，祕書丞王儉別撰《七志》（四十卷）。一曰經典志，紀六藝小學史記雜傳。二曰諸子志，紀古今諸子。三曰文翰志，紀詩賦。四曰軍書志，紀兵書。五曰陰陽志，紀陰陽圖緯。六曰術藝志，紀方技。七曰圖譜志，紀地域及圖書，道佛附見。」

〔七〕見《詩教上》注〔二二〕。吳仁傑曰：「《漢志》載賦頌歌詩一百家，皆不曰集。晉荀勗分書爲四部，其四

〔八〕《後漢書·東平獻王蒼傳》：「事過典故。」典故，謂典例故實也。蔣超伯《南漘楛語》：「《藝文類聚》《北堂書鈔》，類書之鼻祖也。」《四庫全書目錄叙》：「類事之書，兼收四部，而非經非史非子非集。《皇覽》始於魏文而《隋志》載入子部，歷代相承，莫之或易。」然則類書不始於唐人矣。按《唐書·藝文志》子部始立類書一門。

〔九〕韓愈《進學解》：「障百川而東之，挽狂瀾於既倒。」(《昌黎集》卷十二)

〔一〇〕按此上言文集盛而專門之學衰。

〔一一〕《通志·圖譜略·序例》：「有專門之書，則有專門之學。有專門之學，則其學必傳。」

〔一二〕見《書教上》注〔三〕。

〔一三〕《漢書·藝文志》詩賦略：「《屈原賦》二十五篇。」王逸《楚辭章句序》：「屈原依詩人之義而作《離騷》，上以諷諫，下以自慰。遭時闇亂，不見省納，不勝憤懣，遂復作《九歌》以下凡二十五篇。楚人高其行義，瑋其文采，以相教傳。至於孝武帝恢廓道訓，使淮南王安作《離騷經》章句。逮至劉向典校經書，分爲十六卷。」《隋書·經籍志》：「《楚辭》類叙」：「《隋志》集部，以《楚辭》別爲一門，歷代因之。」「其後賈誼、東方朔、劉向、揚雄嘉其文彩，擬之而作。蓋以原，楚人也，謂之《楚辭》。」《四庫總目·

〔二四〕《漢書·藝文志》詩賦略:「《司馬相如賦》二十九篇。」

〔二五〕《文選》雜詩類,錄李陵《與蘇武詩》三首,蘇武《古詩》四首。按蘇、李詩除《文選》所錄者外,《初學記》及《古文苑》有蘇武《別李陵詩》一首,《藝文類聚》及《古文苑》有蘇武《答李陵詩》一首,李陵《錄別詩》八首,殆後人依託。

〔二六〕見《詩教上》注〔五〇〕。

〔二七〕見《文德》篇注〔三〕。

〔二八〕《通志·文藝略》四:「《唐集賢書目》一卷,韋述撰。」

〔二九〕《唐書·藝文志》總集類:「劉子玄《史通》二十卷。倪宥《文章龜鑑》一卷。裴傑《史漢異義》二卷。」

〔三〇〕王鳴盛《蛾術編》十三:「《通志》輯自鄭樵。樵居夾漈山,搜奇訪古,初爲經旨、禮樂、文字、天文、地理、蟲魚、草木方書之學,皆有論辨,條其綱目,而名之曰略,凡二十略。又取史遷以下十五代之史,删併紀傳,以《唐書》《五代史》本朝大臣所修,不敢議,迄隋而止。合二十略,統曰《通志》。高宗幸建康,嘗命奏進,會樵病卒。淳熙間上之。」《通志》凡二百卷,精采在其二十略。馬端臨《文獻通考》三百四十八卷,詳後《申鄭》注〔一八〕。

〔三一〕見《詩教下》注〔六五〕。

〔三二〕《唐書·藝文志》雜史類:「葛洪《史記鈔》十四卷。」《晉書·葛洪傳》:「洪字稚川,丹陽句容人。從

祖玄得仙，號葛仙公，洪悉得其法。干寶薦洪領著作，洪固辭，求爲句漏令，曰：『非欲爲榮，以有丹耳。』自號抱朴子，因以名書。」

〔三三〕《唐書·藝文志》雜傳記類：「張鷟《文士傳》五十卷。」

〔三四〕《隋書·經籍志》地理類：「《隋諸州圖經集》一百卷，郎蔚之撰。」

〔三五〕《唐書·藝文志》小學類：「王方慶《寶章集》十卷。」

〔三六〕《唐書·藝文志》釋家類：「玄覺《永嘉集》十卷，慶州刺史魏靖編次。」

〔三七〕《孟子·告子上》：「今夫弈之爲數，小數也。」焦循《正義》：「數，術也。」

〔三八〕《郡齋讀書志》雜史類：「《隆平集》二十卷，皇朝曾鞏撰。記五朝君臣事蹟。其間記事多誤，如《太平御覽》與總類爲兩書之類。或疑非鞏書。」《四庫簡明目録》：「今考鞏行狀神道碑，列所著述，無此名，公武之言當信也。」

〔三九〕《吕氏春秋·慎行論·疑似》：「梁北有黎丘部，有奇鬼焉，善效人之子姪昆弟之狀。邑丈人有之市而醉歸者，黎丘之鬼效其子之狀，扶而道苦之。酒醒而誚其子曰：『吾爲汝父也，豈謂不慈哉？我醉，汝道苦我，何故？』其子泣而觸地曰：『孽矣！無此事也。昔也往責於東邑人，可問也』。其父信之，曰：『嘻！是必夫奇鬼也，我固嘗聞之矣。』明日，端復飲於市，欲遇而刺殺之。明旦之市而醉。其真子恐其父之不能反也，遂逝迎之。丈人望其真子，拔劍而刺之。丈人智惑於似其子者而殺其真子。」

〔四〇〕《列子‧説符》:「楊子之鄰人亡羊,既率其黨,又請楊子之豎追之。楊子曰:『嘻!亡一羊,何追之衆?』鄰人曰:『多歧路。』既反,問:『獲羊乎?』曰:『亡之矣。』曰:『奚亡之?』曰:『歧路之中,又有歧焉,吾不知所之,所以反也。』楊子戚然變容,不言者移時,不笑者竟日。」

〔四一〕按以上言校讎失傳,不克辨章流别,著録失序,集部益雜。

篇 卷 [一]

《易》曰:「艮其輔,言有序。」[二]《詩》曰:「出言有章。」[三]古人之於言,求其有章有序而已矣。著之於書,則有簡策。[四]標其起訖,是曰篇章。[五]孟子曰:「吾於《武城》,取二三策而已矣。」[六]是連策爲篇之證也。《易·大傳》曰:「二篇之策,萬有一千五百二十。」[七]是首尾爲篇之證也。左氏引《詩》,舉其篇名,而次第引之,則曰某章云。是篇爲大成,而章爲分闋之證也。[八]要在文以足言,成章有序,取其行遠可達而已。篇章簡策,非所計也。後世文字繁多,爰有較讎之學。[九]而向、歆著錄,多以篇卷爲計。大約篇從竹簡,卷從縑素,因物定名,無他義也。而縑素爲書,後於竹簡,故周、秦稱篇,入漢始有卷也。篇必有起訖,卷無起訖之稱,往往因篇以爲之卷。故《漢志》所著幾篇,即爲後世幾卷,其大較也。然《詩經》爲篇三百,而爲卷不過二十有八;[一〇]《尚書》《禮經》,亦皆卷少篇多,[一一]則又知彼時書入縑素,亦稱爲篇。篇之爲名,專主文義起訖,而卷則繫乎綴帛短長,此無他義,蓋取篇之名書,古於卷也。故異篇可以同卷,而分卷用以標起訖。[一二]是篇不可易,而卷可分合也。嗣是以後,訖於隋、唐,《書》之計卷者多,計篇者少。著述諸家,所謂一卷,往往即古人之所謂一篇;則事隨時義,蓋取篇之名書,古於卷也。故異篇可以同卷,而分卷用以標起訖。是篇不可易,而卷可分合也。嗣是以後,訖於隋、唐,《書》之計卷者多,計篇者少。著述諸家,所謂一卷,往往即古人之所謂一篇;則事隨時

變，人亦出於不自知也。惟司馬彪《續後漢志》，[一三]八篇之書，分卷三十，割篇目徇卷，大變班書子卷之法，作俑唐、宋史傳，失古人之義矣。之類，但舉篇數，全書自了然也。《五行志》分子卷五，《王莽傳》[一四]《史》《漢》之書，十二本紀，七十列傳，八書，十志以篇之起訖爲主，不因卷帙繁重而苟分也。之類，但舉篇數，全書自了然也。《五行志》分子卷五，《王莽傳》分子卷三，而篇目仍合爲一，總卷之數，仍與相符，是矣。歐陽《唐志》五十，其實十三志也，年表十五，其實止四表也。《宋史》列傳二百五十有五，《后妃》以一爲二，《宗室》以一爲四，李綱一人，傳分二卷，再併《道學》《儒林》，以至《外國》《蠻夷》之同名異卷，凡五十餘卷；其實不過一百九十餘卷耳。

至於其間名小異而實不異者，道書稱号，[一五]即卷之別名也，元人《説郛》用之。[一六]雋永》稱首，[一七]則章之別名也，梁人《文選》用之。[一八]此則標新著異，名實故無傷也。唐、宋以來，卷軸之書，又變而爲紙冊；則成書之易，較之古人，蓋不啻倍蓰已也。[一九]古人所謂簡帙繁重，不可合爲一篇者，今則再倍其書，而不難載之同冊矣。故自唐以前，分卷甚短。六朝及唐人文集，所爲十卷，今人不過三四卷也。自宋以來，分卷遂長。以古人卷從捲軸，勢自不能過長；後人紙冊爲書，不過存卷之名，則隨其意之所至，不難鉅冊以載也。以紙冊而存縑素爲卷之名，亦猶漢人以縑素存竹簡爲篇之名，理本同也。然篇既用以計文之起訖矣，是終古不可改易，雖謂不從竹簡起義可也。卷則限於軸之長短，而並無一定起訖之例。今既不用縑素而用紙冊，自當量紙冊之能勝而爲之界。其好古而標卷爲名，從質而標冊爲名，

自無不可,不當又取卷數與冊本,故作參差,使人因卷尋篇,又復使人挾冊求卷,徒滋擾也。夫文之繁省起訖,不可執定;而方策之重,今又不行,古人寂寥短篇,亦可自爲一書,孤行於世。蓋方策體重,不如後世片紙,難爲一書也。則篇自不能孤立,必依卷以連編,勢也。卷非一定而不可易,既欲包篇以合之,又欲破冊而分之,使人多一檢索於離合之外,又無關於義例焉,不亦擾擾多事乎?故著書但論當篇,不當計卷。卷不關於文之本數,篇則因文計數者也。故以篇爲計,自不憂其有闕卷,以卷爲計,不能保其無闕篇也。必欲計卷,聽其量冊短長,而爲銓配可也。不計所載之冊,而銖銖分卷,以爲題籤著錄之美觀,皆是泥古而忘實者也。[二]《崇文》《宋志》,間有著冊而不詳卷者。明代《文淵閣目》,[三]則但計冊而無卷矣。是雖著錄之闕典,然使卷冊苟無參差,何至有此弊也。

古人已成之書,自不宜強改。[四]

[一] 按篇用以計文之起訖,卷則繫乎綴帛短長,別無意義,故著書當論篇不當計卷,此本篇作意也。作年見《經解上》注[一]。

[二] 見《易‧艮》六五爻辭。艮,止也。輔,面頰也。止于頰輔,處於中,出言有次序。

[三] 見《詩‧小雅‧都人士》文。

[四]《左氏春秋傳序‧正義》:「單執一札謂之簡,連編諸簡乃名爲策」。

〔五〕《正韻》:「篇,簡成章也。」《文心雕龍‧章句》:「積句而成章,積章而成篇。」

〔六〕見《孟子‧盡心下》文。

〔七〕《易‧繫辭上》傳文。按策者,著也,《曲禮》「策爲筮」是也。

〔八〕章爲分闋:如《左傳》宣十二年:「武王克商,作頌(《時邁》)曰:『載戢干戈,載櫜弓矢,我求懿德,肆于時夏,允王保之。』又作《武》(《周頌》名)其卒章曰:『耆定爾功。』」以上皆一篇中之一章。《禮記‧文王世子》:「有司告以樂闋。」鄭注:「闋,終也。」

〔九〕《風俗通義》:「劉向《別錄》:『校讎者,一人讀書,校其上下,得謬誤爲校。一人持本,一人讀書,若怨家相對爲讎。』」(《文選‧魏都賦注》引)

〔一〇〕漢志‧六藝略》:「《詩經》二十八卷,魯、齊、韓三家。」

〔一一〕漢志‧六藝略》:「《尚書》古文經四十六卷。」自注云:「爲五十七篇。」又:「《禮》古經五十六卷,經七十篇。」

〔一二〕《漢書》卷二十七上、卷二十七中之上、卷二十七中之下、卷二十七下之上、卷二十七下之下爲《五行志》。卷九十七上、卷九十七下爲《外戚傳》,卷九十八爲《元后傳》。

〔一三〕《晉書‧司馬彪傳》:「彪字紹統,高陽王睦之長子也。泰始中,爲祕書郎轉丞。討論衆書,綴其所聞,起於世祖,終於孝獻,編年二百,錄世十二,通綜上下,旁貫庶事,爲紀、志、傳,凡八十篇,號曰《續漢書》。」彪書今佚,惟志三十卷附范曄之書以行。《書錄解題》正史類:「《後漢志》三十

〔四〕按此上推原篇卷爲用之殊。後乃寖失古義，由司馬彪作俑。

〔五〕本《説文》糾字。道經借爲卷帙之卷，見梁陶宏景《真誥》。陶宗儀《輟耕録》卷二：「弓，即卷字。《真誥》中謂一卷爲一弓。」

〔六〕《四庫簡明目録》雜家類：「《説郛》一百卷，元陶宗儀編。後佚去三十卷，弘治中，郁文博仍補爲一百卷。清姚安陶珽所刊，增爲百二十卷，已非其舊。」

〔七〕《漢書·蒯通傳》：「通論戰國時説士權變，亦自序其説，凡八十一首，號曰《雋永》。」

〔八〕見《書教中》注〔三〇〕。

〔九〕《孟子·滕文公上》：「或相倍蓰。」趙岐注云：「蓰，五倍也。」

〔一〇〕《書録解題》目録類：「《崇文總目》一卷。景祐初，學士王堯臣同聶冠卿、郭稹、呂公綽、王洙、歐陽修等撰定，凡六十六卷。諸儒皆有論議，歐陽公文集頗見數條。今此惟六十六卷之目耳。題云紹興改定。」按舊佚其解題，今本從《永樂大典》補輯爲二十卷。

〔一一〕焦竑《國史經籍志》簿録類：「《文淵閣書目》十四卷，楊士奇編。」永樂間以南京書籍移貯文淵閣，此

卷，晉祕書監司馬彪撰，梁剡令劉昭補注。蔚宗本書，隋、唐《志》皆九十七卷，今書紀傳共九十卷，蓋未嘗有志也。劉昭所注，乃司馬彪《續漢書》之八志爾。其與范氏紀傳自別爲書。其後紀傳孤行，而志不顯。至本朝乾興初，判國子監孫奭始建議校勘，但云補亡補闕，而不著其爲彪書也。」

即其存記之册籍也。」《四庫簡明目錄》(目錄類):「所錄諸書以千字文編號,自天字至往字凡二十號,有册數而無卷數,自《七略》至《崇文總目》,記載中祕之書,未有如是之潦草者。」

〔三〕按此上言著書當論篇,不當計卷。必欲計卷,應量册銓配。

篇卷

天　喻〔一〕

夫天渾然而無名者也。三垣、七曜、二十八宿、十二次、三百六十五度、黃道、赤道，〔二〕曆家強名之以紀數爾。古今以來，合之爲文質損益，〔三〕分之爲學業事功，文章性命。當其始也，但有見於當然，而爲乎其所不得不爲，渾然無定名也。其分條別類，而名文名質，名爲學業事功，文章性命，而不可合併者，皆因偏救弊，有所舉而詔示於人，不得已而強爲之名，定趨向爾。後人不察其故而徇於其名，以謂是可自命其流品，而紛紛有人主出奴之勢焉。漢學宋學之交譏，〔四〕訓詁辭章之互詆，〔五〕德性學問之紛爭，〔六〕是皆知其然而不知其所以然也。〔七〕

學業將以經世也，如治曆者，盡人功以求合於天行而已矣，初不自爲意必也。〔八〕其前人所略而後人詳之，前人所無而後人創之，前人所習而後人更之，譬若《月令》中星不可同於《堯典》，〔九〕太初曆法不可同於《月令》，〔一〇〕要於適當其宜而可矣。周公承文、武之後，而身爲冢宰，故制作禮樂，〔一一〕爲一代成憲。孔子生於衰世，有德無位，故述而不作，〔一二〕以明先王之大道。孟子當處士橫議之時，故力距楊、墨，以尊孔子之傳述。〔一三〕韓子當佛老熾盛之時，故推明聖道，以正天下之學術。〔一四〕程、朱當末學忘本之會，故辨明性理，以挽流俗之人心。〔一五〕其事與功，皆不相襲，而皆以言乎經世也。故學業者，所以闢風氣也。風氣未開，學業有以開之。

風氣既弊，學業有以挽之。人心風俗，不能歷久而無弊，猶曆家之因其差而議更改也。曆法之差，非過則不及。風氣之弊，非偏重則偏輕。重輕過不及之偏，非因其極而反之，不能得中正之宜也。好名之士，方且趨風氣而為學業，是以火救火，而水救水也。[七]

天定勝人，人定亦能勝天。[八]二十八宿，十二次舍，以環天度數，盡春秋中國都邑。夫中國在大地中，東南之一隅耳。而周天之星度，屬之占驗，[九]未嘗不應，此殆不可以理推測，蓋人定之勝於天也。且如子平之推人生年月日時，[一〇]皆以六十甲子，分配五行生剋。夫年月與時，並不以甲子為紀，古人未嘗有是言也。而後人既定其法，則亦推衍休咎而無不應，豈非人定之勝天乎？《易》曰「先天而天弗違」，[一二]蓋以此也。學問亦有人定勝天之理。理分無極太極，[一二]數分先天後天，[一三]圖有《河圖》《洛書》，[一四]性分義理氣質，[一五]聖人之意，後賢以意測之，遂若聖人不妨如是解也。率由其說，亦可以希聖，亦可以希天。豈非人定之勝天乎？尊信太過，以謂真得聖人之意固非，即辨駁太過，以為諸儒詬詈，亦豈有當哉？[一六]

〔一〕按本篇論學術貴在能開風氣而救其弊，蓋引申《原道》《原學》之義。作年見《經解上》注〔一〕。
〔二〕星有上中下三垣。《史記・天官書》：「上垣太微宮垣，十星。」《唐書・權德輿傳》：「中垣紫微宮

垣，十五星。」《湘山野錄》：「下垣天市宮垣，二十二星。」七曜，日月五星也。見《穀梁傳序》注。二十八宿，即二十八舍。《史記·天官書·正義》：「二十八舍，謂東方角、亢、氐、房、心、尾、箕，北方斗、牛、女、虛、危、室、壁，西方奎、婁、胃、昴、畢、觜、參，南方井、鬼、柳、星、張、翼、軫也。」十二次，即星之十二躔次。戌爲降婁，酉爲大梁，申爲實沈，未爲鶉首，午爲鶉火，巳爲鶉尾，辰爲壽星，卯爲大火，寅爲析木，丑爲星紀，子爲玄枵，亥爲娵訾也。凡二十八宿及諸星皆循天左行，一日一夜一周天，計一年内三百六十五周天又四分度之一。見《爾雅》疏。日行之道爲黄道。黄道是太陽在空中移動一年内一周天球之大圓。赤道：天球赤道，天球兩極中間所作之大圓。

〔三〕《漢書·杜周傳》：「（杜）欽對策曰：『殷因於夏，尚質。周因於殷，尚文。』」《論語·爲政》：「殷因於夏禮，所損益可知也。周因於殷禮，所損益可知也。」

〔四〕按清自毛奇齡始攻程、朱、顔元、李塨繼之，於是學者承風，詆宋學爲空疏，掊擊不遺餘力。於時姚姬傳乃有持平之論（見《與蔣松如書》），以爲「義理之學，有關於世道人心，不可誣也。顧學不博不足以述古，言無文不足以行遠。孤生俗儒，守其陋説，屏傳注不觀，固可厭薄；而矯之者，乃專以考訂名物象數爲實學，於身心性命之説，則詆爲空疏無據；其文章之士，又喜逞才氣，放蔑理法，以講學爲迂，是皆不免於偏蔽。思所以正之，則必破除門户」。（李元度《國朝先正事略》卷四十三）

〔五〕戴震《與方希原書》：「古今學問之途，其大致有三，或事於理義，或事於制數，或事於文章。事於文章者，等而末者也。然自子長、孟堅、退之、子厚諸君子之爲之，曰是道也，非藝也。以云道，道固有

〔六〕陸九淵與朱子同時講學,而宗旨異。朱子以道問學爲主,陸子以尊德性爲宗;朱子教人博觀而反之於約,陸則欲人先明本心而後乃事博覽。

按此上言風會之成,皆起於因偏救弊,不得不然。

〔七〕《論語·子罕》:「子絕四:毋意,毋必,毋固,毋我。」《經義述聞》:「毋意,即毋測未至也。」《正義》引莊存與云:「毋必,義之與比也。」

〔八〕《禮記·月令》之中星,同《尚書·堯典》之中星不同。如《月令》:「仲秋之月,日在角,昏牽牛中。」昏和夜以牽牛爲中星。《堯典》:「宵中星虛,以殷仲秋。」夜以虛爲中星。指以時變化而有不同。

〔九〕太初曆不同于《月令》。《史記·曆書》:「漢興,天下初定,未遑,故襲秦正朔服色。今上即位,招致方士唐都分其天部,而巴落下閎運算轉曆,然後日辰之度,與夏正同。」漢武帝改定律法,稱太初曆,用夏正。《月令》抄自《呂氏春秋》十二紀之首,是秦曆,與太初曆不同。孔穎達《月令正義》:「月令》(九月)云:『爲來歲授朔日。』即是九月爲歲終,十月爲授曆,此是時不合。」即一證。

〔一〇〕《史記·周本紀》:「武王崩,太子誦立,是爲成王。成王少,周初定天下,周公恐諸侯畔,乃攝行政當國。興正禮樂,制度於是改,而民和睦,頌聲興。」《尚書大傳》:「周公攝政六年,制禮作樂。」

〔二〕《漢書・儒林傳》:「周道既衰,壞於幽、厲,陵夷二百餘年,而孔子興。究觀古今之篇籍,於是叙《書》則斷《堯典》,稱樂則法《韶》舞,論《詩》則首《周南》,綴周之禮,因《魯春秋》舉十二公行事,繩之以文、武之道,成一王之法,至獲麟而止。蓋晚而好《易》,讀之韋編三絕而爲之傳。皆因近聖之事,以立先王之教,故曰:『述而不作,信而好古。』」

〔三〕《孟子・滕文公下》:「聖王不作,諸侯放恣,處士横議,楊朱、墨翟之言盈天下。天下之言不歸楊,則歸墨。……楊氏爲我,是無君也;墨氏兼愛,是無父也。無父無君,是禽獸也。……楊、墨之道不息,孔子之道不著,是邪説誣民,充塞仁義也。仁義充塞,則率獸食人,人將相食。吾爲此懼,閑先聖之道,距楊、墨,放淫辭。」《法言・吾子》:「古者,楊、墨塞路,孟子辭而闢之,廓如也。」

〔四〕韓愈《進學解》:「觗排異端,攘斥佛老。」(《昌黎集》卷十二)《與孟尚書書》云:「漢氏以來,羣儒區區修補,百孔千瘡,隨亂隨失,其危如一髮引千鈞,緜緜延延,浸以微滅。於是時也,而唱釋老於其間,鼓天下之衆而從之,嗚呼!其亦不仁甚矣。釋老之害,過於楊、墨。韓愈之賢,不及孟子。孟子不能救之於未亡之前,而韓愈乃欲全之於已壞之後,嗚呼!其亦不量其力,且見其身之危莫之救以死也。雖然,使其道由愈而粗傳,雖滅死,萬萬無恨。」(《昌黎集》卷十八)其勇於自任可見。《新唐書》本傳贊云:「自晉汔隋,老佛顯行,聖道不斷如帶,諸儒倚天下正議,助爲怪神。愈獨喟然引聖,爭四海之惑,雖蒙訕笑,跲而復奮。始若未之信,卒大顯於時。昔孟軻距楊、墨,去孔子才二百年。愈排二家,乃去千餘載,撥衰反正,功與齊而力倍之。」

〔五〕《宋史・道學傳序》:「宋中葉,周敦頤得聖賢不傳之學。仁宗明道初年,程顥及弟頤實生,及長,受

業周氏,已乃擴大其所聞,表章《大學》《中庸》二篇與《語》《孟》並行。迄宋南渡,新安朱熹得程氏正傳,其學加親切焉。大抵以格物致知爲先,明善誠身爲要。《詩》《書》六藝之文,與夫孔、孟之遺言,顛錯於秦火,支離於漢儒,幽沈於魏、晉、六朝者,至是皆煥然而大明,秩然而各得其所,此宋儒之學,所以度越諸子,而上接孟氏者歟!」葉向高《二程語録序》:「自孟子後嫻然以學術自任者,其言皆放辟支離,失洙、泗之典刑。蓋道未絕,學已絕矣。夫周、程、張、朱者,續孔孟之學者也。周子之言曰誠,曰無欲,曰中正仁義。張子曰禮。朱子曰居敬窮理。而朱子之居敬窮理,實本於程子。吾觀程子之言,如《定性書》《好學論》《本天》《本心》諸説,皆至爲深粹。其揭敬之一字,則秦、漢以來,無人談及,尤爲得千聖傳心之要訣。而格物之爲窮理,該精粗,兼本末,固亦與下學上達之義有相證者。」

〔一六〕羲和,見《易教中》注〔二二〕。《周禮・春官》:「保章氏掌天星,以志星辰日月之變動,以觀天下之遷,辨其吉凶。」賈疏云:「此官掌日月變動與常不同,以見吉凶之事。」

〔一七〕語見《莊子・人間世》。按此上言學術貴能持風氣,不當趨風氣。

〔一八〕《史記・伍子胥傳》:「申包胥曰:『人衆者勝天,天定亦能破人』。」劉祁《歸潛志》:「天定能勝人,人定亦能勝天。」

〔一九〕占驗:《史記・天官書》:「太史公推古天變,而皋、唐、甘、石因時務論其書傳,故其占驗淩雜米鹽。」占驗指據星象來占卜人事吉凶,是迷信。

〔二〇〕《書録解題》陰陽家類:「《珞琭子》一卷。此書禄命家以爲本經,其言鄙俚,閒巷賣卜之所爲也。」宋徐子平有《珞琭子賦注》二卷行於世。故世稱其術曰「子平」。根據人之生辰八字即生年月日時推算命運,相傳始於唐李虛中之《命書》。

〔二一〕見《易·乾·文言》文。

〔二二〕周敦頤《太極圖説》:「無極而太極。太極動而生陽。陽極而靜,靜而生陰。靜極復動。一動一靜,互爲其根。分陰分陽,兩儀立焉。陽變陰合,而生水、火、木、金、土。五氣順布,四時行焉。五行,一陰陽也。陰陽,一太極也。太極,本無極也。」

〔二三〕邵雍以數言《易》而著《先天圖》。其《先天卦位圖説》曰:「先天學,心法也。圖皆從中起,萬化萬事生於心。」《觀物外篇》曰:「先天之學,心也。後天之學,迹也。出入有無生死者,道也。」蓋以爲宇宙萬有皆生於心,是主觀唯心論。

〔二四〕《易·繫辭上》:「河出圖,洛出書,聖人則之。」孔穎達《正義》:「《春秋緯》云:『河以通乾出天苞,洛以流坤吐地符。河龍圖發,洛龜書感。』《河圖》有九篇。《洛書》有六篇。」孔安國以爲《河圖》則八卦是也。《洛書》,則九疇是也。」此係古代傳説。

〔二五〕《二程遺書》(卷六):「論性不論氣,不備。論氣不論性,不明。」理氣之説,發於伊川,成於朱子。朱子《答黃道夫》曰:「天地之間,有理有氣。理也者,形而上之道也,生物之本也。氣也者,形而下之器也,生物之具也。是以人物之生,必禀此理,然後有性;必禀此氣,然後有形。」(《朱文公文集》卷

五十八又曰：「天地間只是一個道理，性便是理。人之所以有善有不善，只緣氣質之稟，各有清濁。」（《語類》卷四）

（二六）按此上言學有人定勝天之理。

天喻

師　說〔一〕

韓退之曰:「師者,所以傳道受業解惑者也。」又曰:「道之所存,師之所存也。」又曰:「巫醫百工之人,不恥相師。」〔二〕而因怪當時之人,以相師為恥,而曾巫醫百工之不如。韓氏蓋爲當時之敝俗而言之也,未及師之究竟也。《記》曰:「民生有三,事之如一,君、親、師也。」〔三〕此爲傳道言之也。授業解惑,則有差等矣。巫醫百工之相師,亦不可以概視也。蓋有可易之師,與不可易之師,其相去也,不可同日語矣。授業解惑,授且解者之爲師,固然矣;然與傳道有間矣。人皆天所生也,天無物而生,而親則生之。人皆命於天者也,天無聲臭,〔四〕而俾君治之。人皆學於天者也,天不諄諄而誨,〔五〕而師則教之。然則君子而思事天也,亦在謹事三者而已矣。〔六〕

人失其道,則失所以爲人,猶無其身,則無所以爲生也。故父母生而師教,其理本無殊異。此七十子之服孔子,〔七〕所以可與之死,可與之生,東西南北,不敢自有其身,非情親也,理勢不得不然也。若夫授業解惑,則有差等矣。經師授受,章句訓詁;〔八〕史學淵源,筆削義例;〔九〕皆爲道體所該。古人「書不盡言,言不盡意」。〔一〇〕竹帛之外,別有心傳,口耳轉受,必明所自,

不齒宗支譜系不可亂也。此則必從其人而後受,苟非其人,即已無所受也,是不可易之師也。

學問專家,文章經世,其中疾徐甘苦,[一一]可以意喻,不可言傳。[一二]此亦至道所寓,必從其人而後受,不從其人,即已無所受也,是不可易之師也。

祖豆,如七十子之於孔子可也。至於講習經傳,旨無取於別裁;[一四]斧正[一五]文辭,義未見其獨立;人所共知共能,彼偶得而教我,從甲不終,不妨去而就乙;甲不我告,乙亦可詢;此則不究於道,即可易之師也。雖學問文章,亦末藝耳。其所取法,無異梓人之慸琢雕,[一六]紅女之傳絺繡,[一七]以為一日之長,拜而禮之,隨行隅坐,[一八]愛敬有加可也。必欲嚴昭事之二,而等生身之義,則責者罔,而施者亦不由衷矣。[一九]

巫醫百工之師,固不得比於君子之道,然亦有說焉。技術之精,古人專業名家,亦有隱微獨喻,得其人而傳,非其人而不傳者,是亦不可易之師也。古人飲食,必祭始為飲食之人,[二〇]不忘本也。況我道德術藝,而我固無從他受者乎?至於弟子不必不如師,師不必賢於弟子,則觀所得為何如耳。所爭在道,則技曲藝業之長,又何沾沾而較如不如哉?[二一]

嗟夫!師道失傳久矣。有志之士,求之天下,不見不可易之師;而觀於古今,中有怦怦動者,[二二]不覺驪然而笑,[二三]索焉不知涕之何從,[二四]是亦我之師也。不見其人,而於我乎隱相

授受，譬則孤子見亡父於影像，雖無人告之，夢寐必將有警焉。[二五]而或者乃謂古人行事，不盡可法，不必以是爲尸祝也。夫禹必祭鯀，[二六]尊所出也。兵祭蚩尤，[二七]宗創制也。若必選人而宗之，周、孔乃無遺憾矣。[二八] 人子事其親，固有論功德，而祧禰以奉大父者耶？

〔一〕按本篇論成德達材之師，必不可易，義與《原學》相承。

〔二〕以上見韓愈《師說》(《昌黎集》卷十二)。

〔三〕見《言公下》注[二三]。

〔四〕《詩·大雅·文王》:「上天之載，無聲無臭。」

〔五〕《詩·大雅·抑》:「誨爾諄諄。」《釋文》引《埤蒼》云:「諄，告曉之熟也。」

〔六〕按此上言傳道之師，事之如父。

〔七〕《孟子·公孫丑上》:「以德服人者，中心悅而誠服也，如七十子之服孔子也。」

〔八〕《禮記·學記》:「一年視離經辨志。」孔疏云:「離經，謂離析經理，使章句斷絕也。」章句指分章斷句。別詳《原道下》注[六]。

〔九〕筆削，見《易教下》注[二六]。杜預《春秋序》:「其經無義例，因行事而言，則傳直言其歸趣而已。」方苞《書史記貨殖傳》云:「《春秋》之制義法，自史公發之，而後之深於文者亦具焉。義，即《易》之所謂言有物也。法，即《易》之所謂言有序也。以義爲經，而法緯之，然後爲成體之文。」(《望溪文集》)

卷二 文家言義法，史家則言義例，其實一也。

〔〇〕《易‧繫辭上》文。

〔一〕《莊子‧天道》：「輪扁曰：『斲輪，徐則甘而不固，疾則苦而不入；不徐不疾，得之於手而應於心，口不能言，有數存焉於其間。』」

〔二〕《莊子‧天道》：「語之所貴者，意也。意有所隨。意之所隨者，不可以言傳也。」此如輪扁斲輪，得心應手，在長期斲輪中體會得來，無法說明。

〔三〕《禮記‧檀弓上》：「事師無犯無隱，左右就養無方，服勤至死，心喪三年。」

〔四〕杜甫《戲為六絕句》：「別裁偽體親風雅，轉益多師是汝師。」仇注云：「別裁，謂區別而裁去之。」因詩體有正有偽，故去偽體，崇正體。

〔五〕用《莊子‧徐無鬼》郢人斲堊事。

〔六〕《周禮‧考工記》：「梓人為筍簴（懸鐘磬木架），小蟲之屬，以為雕琢。」在木架上雕刻蟲形。《左傳》宣二年：「楚人惎之。」注：「惎……教也。」

〔七〕《漢書‧酈食其傳》：「紅女下機。」師古曰：「紅，讀曰工。」紅女即女功。《書‧皐陶謨》傳：「葛之精者曰絺。五色備曰繡。」

〔八〕《禮記‧王制》：「父之齒隨行。」又《檀弓上》：「童子隅坐而執燭。」

〔九〕按此上分別可易之師，不可易之師。

〔二〇〕《論語·鄉黨》：「雖疏食菜羹瓜祭，必齊（齋）如也。」朱熹集注：「古人飲食，每種各出少許，置之豆間之地，以祭先代始爲飲食之人，不忘本也。」《公羊傳》襄二十九年：「飲食必祝。」注：「祝，因祭祝也。」

〔二一〕按此上言師貴在成我道藝，無間於百工。

〔二二〕《楚辭·九辯》：「心怦怦兮諒直。」《補注》：「怦，心急也。」

〔二三〕齦，笑貌。《莊子·達生》：「桓公輾然而笑。」

〔二四〕索焉：猶索然，流淚貌。《禮記·檀弓上》：「夫子曰：『予鄉者入而哭之，遇於一哀而出涕。予惡夫涕之無從也，小子行之』。」《文選》劉孝標《重答劉秣陵書》：「泫然不知涕之無從也。」

〔二五〕章氏《與朱滄湄中翰論學書》：「惟夫豪傑之士，自得師於古人，取其意之所誠然而中實有不得已者，力求其至，所謂君子求諸己也。世之所重，而非吾意所期與，雖大如泰山，不違顧也。世之所忽，而苟爲吾意之所期與，雖細如秋毫，不敢略也。趨向專，故成功也易。毀譽淡，故自得也深。即其天質之良，而縣古人之近己者以爲準，勿忘勿助，久之自有會心焉，所謂途轍不同而同期於道也。」（劉刻《遺書》卷九）

〔二六〕《禮記·祭法》：「夏后氏亦禘黃帝而郊鯀，祖顓頊而宗禹。」

〔二七〕見《經解中》注〔二四〕。

〔二八〕《說文》：「祧，遷廟也。禰，親廟也。」大父，祖父。指不能尊祖而輕父。按此上言尚師古人。

假　年〔一〕

客有論學者，以謂書籍至後世而繁，人壽不能增加於前古，是以人才不古若也。今所有書，如能五百年生，學者可無遺憾矣。余謂此愚不知學之言也。計千年後，書必數倍於今，則亦當以千年之壽副之，或傳以爲名言也。學問之於身心，猶饑寒之於衣食也。必若所言，造物雖假之以五千年，而猶不達者也。〔二〕不以飽煖慊其終身，〔三〕而欲假年以窮天下之衣食，非愚則罔也。傳曰：「至誠能盡其性，則能盡人之性；能盡人之性，則能盡物之性。」〔四〕明物察倫之具，〔五〕仁義道德之粹，〔六〕參天贊地之能，〔七〕非物所得而全耳。若夫知覺運動，心知血氣之稟於天者，與物豈有殊哉？夫質大者所用不得小，質小者所資不待大，物各有極也。人亦一物也。鯤鵬之壽十億，〔八〕雖千年其猶稀也。蟪蛄不知春秋，朞月其已大耋也。〔九〕人於天地之間，百年爲期之物也。心知血氣，足以周百年之給欲，而不可强致者也。〔一〇〕

夫子十五志學，「七十而從心所欲，不踰矩。」〔一一〕聖人，人道之極也。人之學爲聖者，但有十倍百倍之功，未聞待十倍百倍之年也。一得之能，一技之長，亦有志學之始，與不踰矩之究竟也。其不能至於聖也，質之所限也，非年之所促也。顏子三十而夭，〔一二〕夫子曰：「惜乎！

吾見其進也，未見其止也。」[一三]蓋痛其不足盡百年之究竟也。又曰：「後生可畏。四五十而無聞焉，斯不足畏。」[一四]人生固有八九十至百年者，今不待終其天年，而於四五十，謂其不足畏者，亦約之以百年之生，度其心知血氣之用，固可意計而得也。五十無聞，雖使更千百年，亦猶是也。[一五]

神仙長生之說，誠渺茫矣。同類殊能，則亦理之所有，故列仙洞靈之說，或有千百中之十一，不盡誣也。然而千歲之神仙，不聞有能勝於百歲之通儒，則假年不足戀學之明徵也。禹惜分陰，[一六]孔子「發憤忘食，樂以忘憂，不知老之將至。」[一七]又曰：「假我數年，五十以學《易》」。[一八]蓋懼不足盡百年之能事，以謂人力可至者，而吾有不至焉，則負吾生也。蟪蛄縱得鯤鵬之壽，其能止於啾啾之鳴也。蓋年可假，而質性不可變；是以聖賢愛日力，[一九]而不能憾百年之期蹙，所以謂之盡性也。世有童年早慧，誦讀兼人之倍蓰而猶不止焉者，宜大異於常人矣。及其成也，較量愚柔百倍之加功，不能遽勝也。[二〇]則敏鈍雖殊，要皆盡於百年之能事，而心知血氣，可以理約之明徵也。今不知爲己，而鶩博以炫人，[二一]天下聞見不可盡，而人之好尚不可同；以有盡之生，而逐無窮之聞見；以一人之身，而逐無端之好尚，孟子曰：「堯、舜之智，而不遍物。堯、舜之仁，不遍愛人。」[二二]今以凡猥之資，而欲窮堯、舜之所不遍，且欲假天年於五百焉；幸而不可能也，如其能之，是妖孽而已矣。[二三]

族子廷楓曰:「叔父每見學者,自言苦無記性,書卷過目輒忘,因自解其不學。叔父輒曰:『君自不善學耳。果其善學,記性斷無不足用之理。書卷浩如烟海,雖聖人猶不能盡。古人所以貴博者,正謂業必能專,而後可與言博耳。蓋專則成家,成家則已立矣。宇宙名物,有切己者,雖錙銖不遺。不切己者,雖泰山不顧。如此用心,雖極鈍之資,未有不能記也。不知專業名家,而泛然求聖人之所不能盡,此愚公移山之智,而同斗筲之見也。』此篇蓋有爲而發,是亦誇多鬭靡者,下一針砭。故其辭亦莊亦諧,令人自發深省,與向來所語,學者足相證也。」

〔一〕按學根於質性,其成就大小,不盡繫於年之修短。是篇爲鶩博以炫人者而發,義承《博約》而語頗詼諧。作年見《經解上》注〔一〕。

〔二〕按此上引鶩博者假年之說,爲文緣起。

〔三〕《孟子·公孫丑上》趙岐注云:「慊,快也。」

〔四〕見《禮記·中庸》文。

〔五〕《孟子·盡心上》:「君子所性,仁義禮智根於心,其生色也,睟然見于面。」睟,音粹。睟然,潤澤之貌。

〔六〕《孟子·離婁下》:「舜明於庶物,察於人倫。」

假年

三七七

〔七〕《禮記·中庸》:「能盡物之性,則可以贊天地之化育。可以贊天地之化育,則可以與天地參矣。」

〔八〕鯤鵬之壽十億。《莊子·逍遥遊》:「北冥有魚,其名爲鯤。鯤之大,不知其幾千里也。化而爲鳥,其名爲鵬。鵬之背不知其幾千里也。」又:「上古有大椿者,以八千歲爲春,八千歲爲秋。」十億即從此誇張而來。

〔九〕《逍遥遊》:「蟪蛄不知春秋。」司馬云:「蟪蛄,寒蟬也。」《説文》:「年八十曰耋。」

〔一〇〕按此上言人之所貴於物者,在天性,不在年壽。

〔一一〕《論語·爲政》:「子曰:『吾十有五而志於學,三十而立,四十而不惑,五十而知天命,六十而耳順,七十而從心所欲,不踰矩。』」

〔一二〕《史記·仲尼弟子列傳》:「回年二十九,髮盡白,蚤死。孔子哭之,慟,曰:『自吾有回,門人日親。』」

〔一三〕《論語·子罕》文。皇疏云:「顔淵死後,孔子有此歎也。」

〔一四〕《論語·子罕》:「子曰:『後生可畏,焉知來者之不如今也。四十五十而無聞焉,斯亦不足畏也已。』」

〔一五〕按上言學達於究竟,質有所限。

〔一六〕《晉書·陶侃傳》:「侃常語人曰:『大禹聖者,乃惜寸陰;至於衆人,當惜分陰。』」

〔一七〕《論語·述而》:「葉公問孔子於子路,子路不對。子曰:『女奚不曰,其爲人也,發憤忘食,樂以忘

〔一八〕《論語·述而》文。

〔一九〕《曾子立事》：「君子愛日以學。」《唐書·魏元忠傳》：「古者茆茨采椽，以儉約遺子孫，所以愛力也。」汪中《與朱武曹書》：「盛年不再，日力可惜。」（《述學·別錄》）

〔二〇〕《後漢書·馬援傳》：「朱勃字叔陽，年十二，能誦《詩》《書》，常候援兄況。勃衣方領，能矩步，言辭嫻雅。援裁知書，見之自失。況知其意，乃自酌酒慰援曰：『朱勃小器速成，智盡此耳。卒當從汝稟學，勿畏也。』及援為將軍封侯，而勃位不過縣令。」

〔二一〕《論語·憲問》：「古之學者為己，今之學者為人。」《北堂書鈔》引《新序》：「齊王問墨子曰：『古之學者為己，今之學者為人，何如？』對曰：『古之學者，得一善言，以附其身。今之學者，得一善言，務以悅人。』為己，自求充實。悅人，則必至盜名欺世也。

〔二二〕見《孟子·盡心上》文。

〔二三〕按此上言質不可變，故學在求盡性，而不炫博雅。

感遇〔一〕

古者官師政教出於一，秀民不藝其百畝，則餼於庠序，不有恆業，謂學業。必有恆產，無曠置也。周衰官失，道行私習於師儒，〔二〕於是始有失職之士，孟子所謂尚志者也。〔三〕進不得祿享其恆業，退不得耕穫其恆產，處世孤危，所由來也。士與公卿大夫，皆謂爵秩，未有不農不秀之間，可稱尚志者也。孟子所言，正指爲官失師分，方有此等品目。聖賢有志斯世，則有際可公養之仕，〔四〕三就三去之道，〔五〕遇合之際，蓋難言也。夫子將之荊，先之以子夏，申之以冉有。〔六〕泄柳、申詳，無人乎繆公之側，則不能安其身。〔七〕孟子去齊，時子致矜式之言，有客進留行之說。〔八〕相需之殷，而相遇之疎，則有介紹旁通〔九〕維持調護，時勢之出於不得不然者也。聖賢進也以禮，退也以義，無所攖於外，故自得者全也。〔一〇〕雖然三月無君，則死無廟祭，生無宴樂，〔一一〕霜露恆心，悽涼相弔，〔一二〕聖賢豈必遠於人情哉！君子固窮，枉尺直尋，羞同詭御，〔一三〕非爭禮節，蓋恐不能全其所自得耳。古之不爲仕者，躬耕樂道，〔一四〕後世下位，不可以倖致也。古人不遇時者，隱居下位。〔一五〕後世耕地，不可以倖求也。古人廉退之境，後世竭貪倖之術而求之，猶不得也。故責古之君子，但欲其明進退之節，不苟慕夫榮利而已。責後之君子，必具志士溝壑、勇士喪元之守而後可；聖人處遇，固

無所謂難易也;大賢以下,必盡責其喪元溝壑而後可,亦人情之難者也。[一六]

商鞅浮訾以帝道,[一七]賈生詳對於鬼神,[一八]或致隱几之倦,或逢前席之迎,意各有所為也。然而或有遇不遇者,商因孝公之所欲,而賈操文帝之所難也。韓非致慨於《說難》,[一九]曼倩託言於諧隱,[二〇]蓋知非學之難,而所以申其學者難也。然而韓非卒死於說,而曼倩尚畜於俳,何也?一則露鍔[二一]而遭忌,一則韜鋒而倖全也。故君子不難以學術用天下,而難於所以用其學術之學術。古今時異勢殊,不可不辨也。古之學術簡而易,問其當否而已矣。後之學術曲而難,學術雖當,猶未能用,必有用其學術之學術,而其中又有工拙焉。學術當而趨避不工,見擯於當時;工於遇而執持不當,見譏於後世。溝壑之患逼於前,而工拙之效驅於後。嗚呼!士之修明學術,欲求寡過,而能全其所自得,豈不難哉![二二]

且顯晦時也,窮通命也,才之生於天者有所獨,而學之成於人者有所優,一時緩急之用,與一代風尚所趨,不必適相合者,亦勢也。劉歆經術而不遇孝武,[二三]李廣飛將而不遇高皇,[二四]千古以為惜矣。周人學武,而世主尚文,改而學文,主又重武;方少而主好用老,既老而主好用少,白首泣塗,固其宜也。[二五]若夫下之所具,即為上之所求,相須綦亟,而相遇終疏者,則又不可勝道也。孝文抃髀而思頗、牧,而魏尚不免於罰作;[二六]理宗端拱而表程、朱,而真、魏不

免於疎遠，〔二七〕則非學術之爲難，而所以用其學術之學術，良哉其難也。望遠山者，高秀可把，入其中而不覺也。追往事者，哀樂無端，處其境而不知也。漢武讀相如之賦，嘆其飄飄凌雲，恨不得與同時矣。〔二八〕及其既見相如，未聞加於一時侍從諸臣之右也。人固有愛其人而不知其學者，亦有愛其文而不知其人者。唐有牛、李之黨，〔二九〕惡白居易之作，以謂見則使人生愛，恐變初心。〔三〇〕是於一人之文行殊愛憎也。鄭畋之女，諷詠羅隱之詩，至欲委身事之；後見羅隱貌寢，因之絕口不道。〔三一〕是於一人之才貌分去取也。然而世以學術相貴，讀古人書，常有生不並時之嘆；私；才貌分去取，則是婦人女子之見也。文行殊愛憎，自出於黨脱有遇焉，則又牽於黨援異同之見，甚而效鄭畋女子之別擇於容貌焉；則士之修明學術，欲求寡過，而能全其所自得，豈不難哉？〔三二〕

淳于量飲於斗石，〔三三〕無鬼論相於狗馬，〔三四〕所謂賦《關雎》而興淑女之思，〔三五〕咏《鹿鳴》而致嘉賓之意也。〔三六〕有所託以起興，將以淺而入深，不特詩人微婉之風，實亦世士羌雁之質，〔三七〕欲行其學者，不得不度時人之所喻以漸入也。然而世之觀人者，聞《關雎》而索河洲言《鹿鳴》而求萃野，〔三八〕淑女嘉賓則棄置而弗道也。中人之情，樂易而畏難，喜同而惡異，聽其言而不察其言之所謂者，十常八九也。有賤丈夫者，知其遇合若是之難也，則又舍其所長而強其所短，力趨風尚，不必求愜於心，風尚豈盡無所取哉？其開之者，嘗有所爲；而趨之

者，但襲其僞也。夫雅樂不亡於下里，而亡於鄭聲，[三九]鄭聲工也。良苗不壞於蒿萊，而壞於莠草，[四〇]莠草似也。學術不喪於流俗，而喪於僞學，僞學巧也。天下不知學術，未嘗不虛其心以有待也。僞學出，而天下不復知有自得之真學焉。此孔子之所以惡鄉愿，而孟子之所爲深嫉似是而非也。[四一]然而爲是僞者，自謂所以用其學術耳。昔者夫子未嘗不獵較，而簿正之法卒不廢，兆不足行而後去也。[四二]然則所以用其學術之學術，聖賢不廢也。學術不能隨風尚之變，則又不必聖賢，雖梓匠輪輿，亦如是也。是以君子假兆以行學，而遇與不遇聽乎天。昔揚子雲早以雕蟲獲薦，而晚年草玄寂寞；[四三]劉知幾先以詞賦知名，而後因述史減譽。[四四]誠知其不可奈何，而安之若命也。[四五]

〔一〕昔陳子昂、張九齡有《感遇》之作，以攄寫懷抱。實齋此文，亦自慨之詞耳。作年見《經解上》注〔一〕。

〔二〕見《詩教上》注〔七〇〕。

〔三〕《孟子·盡心上》：「王子墊問曰：『士何事？』曰：『尚志。』」

〔四〕《孟子·萬章下》：「孔子有見行可之仕，有際可之仕，有公養之仕也。於季桓子，見行可之仕也；於衛靈公，際可之仕也；於衛孝公，公養之仕也。」

〔五〕《孟子·告子下》:「陳子曰:『古之君子,何如則仕?』孟子曰:『所就三,所去三。迎之致敬以有禮,言將行其言也,則就之;禮貌未衰,言弗行也,則去之。其次,雖未行其言也,迎之致敬以有禮,則就之;禮貌衰,則去之。其下,朝不食,夕不食,飢餓不能出門戶,君聞之曰:吾大者不能行其道,又不能從其言也,使飢餓於我土地,吾恥之。周之,亦可受也,免死而已矣。』」

〔六〕見《禮記·檀弓上》文,見《文德》注〔二六〕。

〔七〕見《孟子·公孫丑下》。《禮記·雜記》「泄柳之母死」注:「泄柳,魯繆公時賢人也。」《檀弓》「子張病,召申詳而語之」注:「申詳,子張子。」

〔八〕《孟子·公孫丑下》:「孟子致爲臣而歸。他日,王謂時子曰:『我欲中國而授孟子室,養弟子以萬鍾,使諸大夫國人皆有所矜式,子盍爲我言之。』時子因陳子而以告孟子。」趙岐注:「矜,敬也。式,法也。欲使諸大夫國人皆敬法其道。」又:「孟子去齊,宿於晝。有欲爲王留行者,坐而言,不應,隱几而臥。」

〔九〕《史記·魯仲連傳》:「勝爲紹介而見之於先生。」《索隱》:「紹介,猶媒也。凡禮,賓至必因介以傳辭。紹者,繼也。介不一人,故禮云介紹而傳命。」

〔一〇〕《孟子·梁惠王上》:「無恒産而有恒心者,惟士爲能。」《論語·衛靈公》:「子曰:『君子謀道不謀食。耕也,餒在其中矣。學也,禄在其中矣。君子憂道不憂貧。』」

〔一一〕《孟子·滕文公下》:「周霄問曰:『古之君子仕乎?』孟子曰:『仕。《傳》曰:孔子三月無君,則皇

皇如也，出疆必載質。公明儀曰：古之人，三月無君則弔。」「三月無君則弔，不以急乎？」曰：「士之失位也。猶諸侯之失國家也。《禮》曰：諸侯耕助，以供粢盛。夫人蠶繅，以爲衣服。犧牲不成，粢盛不絜，衣服不備，不敢以祭。惟士無田，則亦不祭。牲殺器皿衣服不備，不敢以祭，則不敢以宴，亦不足弔乎？」

〔二〕《禮記·祭義》：「霜露既降，君子履之，必有悽愴之心，非其寒之謂也。」

〔三〕《論語·衛靈公》：「子曰：『君子固窮，小人窮斯濫矣。』」《孟子·滕文公下》：「陳代曰：『不見諸侯，宜若小然。今一見之，大則以王，小則以霸。且《志》曰：枉尺而直尋。宜若可爲也。』孟子曰：『昔齊景公田，招虞人以旌，不至，將殺之。志士不忘在溝壑，勇士不忘喪其元。孔子奚取焉？取非其招不往也。如不待其招而往，何哉？且夫枉尺而直尋者，以利言也。如以利，則枉尋直尺而利，亦可爲與？昔者，趙簡子使王良與嬖奚乘，終日而不獲一禽。嬖奚反命曰：「天下之賤工也。」或以告王良。良曰：「請復之。」強而後可，一朝而獲十禽。嬖奚反命曰：「天下之良工也。」簡子曰：「我使掌與女（汝）乘。」謂王良，良不可，曰：「吾爲之範我馳驅，終日不獲一。爲之詭遇，一朝而獲十。《詩》云：不失其馳，舍矢如破。我不貫（慣）與小人乘，請辭。」御者且羞與射者比。比而得禽獸，雖若丘陵，弗爲也。如枉道而從彼，何也？且子過矣！枉己者未有能直人者也。』」

〔四〕《孟子·萬章下》：「孟子曰：『仕，非爲貧也，而有時乎爲貧。娶妻，非爲養也，而有時乎爲養。爲貧者，辭尊居卑，辭富居貧。辭尊居卑，辭富居貧，惡乎宜乎？抱關擊柝。』」

〔五〕《孟子·萬章上》:「伊尹耕於有莘之野,而樂堯、舜之道焉。」

〔六〕志士溝壑,勇士喪元,見上注〔三〕。按此上言明進退之節,今難於古。

〔七〕《史記·商君列傳》:「鞅西入秦,因孝公寵臣景監以求見孝公。孝公既見衛鞅,語事良久,孝公時時睡,弗聽。罷而孝公怒景監曰:『子之客妄人耳!安足用邪?』景監以讓衛鞅。衛鞅曰:『吾說公以帝道,其志不開悟矣。』後五日,復求見鞅。鞅復見孝公。公與語,不自知膝之前於席也。語數日不厭。景監曰:『子何以中吾君?吾君之驩甚也。』鞅曰:『吾說君以帝王之道比三代。而君曰久遠,吾不能待。且賢君者各及其身顯名天下,安能邑邑待數十百年以成帝王乎?故吾以彊國之術說君,君大說(悦)之耳。』」

〔八〕《史記·賈生傳》:「後賈生徵見,孝文帝方受釐,坐宣室。上因感鬼神事,而問鬼神之本。賈生因具道所以然之狀。至夜半,文帝前席。既罷曰:『吾久不見賈生,自以爲過之,今不及也。』別見《書教下》注〔五〕。

〔九〕《史記·韓非傳》:「韓非者,韓之諸公子也。喜刑名法術之學,而其歸本於黃、老。悲廉直不容於邪枉之臣,觀往者得失之變,故作《孤憤》《五蠹》《内外儲》《說林》《說難》十餘萬言。然韓非知說之難,爲《說難》書甚具,終死於秦,不能自脱。」

〔二〇〕《漢書·東方朔傳》:「朔字曼卿,平原厭次人也。武帝即位,朔上書,令待詔公車。有頃,聞上過,朔儒皆號泣頓首。上問何爲,對曰:『東方朔言,上欲盡誅臣等。』上知朔多端,召問朔:『何恐朱儒爲?』對曰:『朱儒長三尺餘,奉一囊粟,錢二百四十。臣朔長九尺餘,亦奉一囊粟,錢二百四十。朱

儒飽欲死，臣朔飢欲死。』上大笑。因使待詔金馬門，稍得親近。時有幸倡郭舍人曰：『臣願復問朔隱語。』朔應聲輒對，變詐鋒出，莫能窮者。朔好詼諧，武帝以俳優畜之。」《文心雕龍・諧隱》：「諧之言，皆也。辭淺會俗，皆悅笑也。讔者，隱也。遯辭以隱意，譎譬以指事也。」

〔二一〕鍔：《莊子・說劍》：司馬云：「鍔，劍刃。」

〔二二〕見《原學中》注〔一八〕。

〔二三〕按此上言後世趨避有工拙，士難自全。

〔二四〕《史記・李將軍傳》：「李將軍廣者，隴西成紀人也。嘗從行，有所衝陷折關及格猛獸。而文帝曰：『惜乎！子不遇時。如令子當高帝時，萬戶侯豈足道哉？』後廣居右北平，匈奴聞之，號曰漢之飛將軍，避之，數歲不敢入右北平。」

〔二五〕葉注引《論衡・逢遇》：「昔周人有仕數不遇，年老白首，泣涕於塗者。人或問之，何爲泣乎？對曰：『吾仕數不遇，自傷年老失時，是以泣也。』人曰：『仕奈何不一遇也？』對曰：『吾年少之時，學爲文，文德成就，始欲仕宦，人君好用老。用老主亡，後主又用武。吾更爲武，武節始就，武主又亡，少主始立，好用少年，吾年又老，是以未嘗一遇。』仕宦有時，不可求也。」按《漢武故事》：「顏駟不知何許人，漢文帝時爲郎。至武帝嘗輦過郎署，見駟龐眉皓髮，問曰：『叟何時爲郎，何其老也？』對曰：『臣文帝時爲郎。文帝好文，而臣好武。至景帝好美，而臣貌醜。陛下即位，好少，而臣已老。』上感其言，擢拜會稽都尉。」(《文選・思玄賦》注引）此兼用其事。是以三世不遇，故老於郎署。

〔三六〕《漢書·馮唐傳》：「上既聞廉頗、李牧為人，良說（悅）。而撫髀曰：『吾獨不得廉頗、李牧，時為吾將，豈憂匈奴哉？』唐曰：『陛下雖得廉頗、李牧，弗能用也。』上怒，起入禁中。良久，召唐復問。對曰：『臣大父言李牧為趙將，居邊，軍市之租，皆用饗士，賞賜決於外，不從中擾也。委而責成功，故李牧乃得盡其智能。今臣竊聞魏尚為雲中守，軍市租盡以饗賓客，出私養錢，五日一椎牛，饗賓客軍吏舍人。是以匈奴遠避，不近雲中之塞。坐上功首虜差六級，陛下下之吏，削其爵，罰作之。由此言之，陛下雖得廉頗、李牧，弗能用也。』文帝說。是日令馮唐持節赦魏尚，復以為雲中守。」

〔三七〕《宋史·理宗紀》：「淳祐元年春正月甲辰，詔：『朕維孔子之道，自孟軻後，不得其傳。至我朝周敦頤、張載、程顥、程頤，真見實踐，深探聖域，千載絕學，始有指歸。中興以來，又得朱熹，精思明辨，表裏渾融，使《大學》《論》《孟》《中庸》之書，本末洞徹，孔子之道，益以大明於世。朕每觀五臣論著，啟沃良多。今視學有日，其令學官列諸從祀，以示崇獎之意。』」此表程、朱之事也。真德秀、魏了翁，見《朱陸》篇注〔三〕及注〔四〕。《讀史論略》：「理宗始信史彌遠，繼用賈似道，丁大全、秀為真小人，魏了翁為偽君子。」（梁大成語）名人賢士，排斥殆盡。

〔三八〕《史記·司馬相如傳》：「蜀人楊得意為狗監，侍上。上讀《子虛賦》而善之，曰：『朕獨不得與此人同時哉！』得意曰：『臣邑人司馬相如自言為此賦。』上驚，乃召問相如。相如曰：『有是。然此乃諸侯之事，未足觀也。請為天子游獵賦。』賦成，奏之，天子以為郎。」相如見上好仙道，因曰：『上林之事未足美也，尚有靡者。臣嘗為《大人賦》，未就，請具而奏之。』相如既奏《大人》之頌，天子大說，

飄飄有凌雲之氣,似游天地之間意。」

〔二九〕《新唐書·李德裕傳》:「德裕字文饒,宰相吉甫子也。始吉甫相憲宗,牛僧孺、李宗閔對直言策,痛詆當路,條失政。吉甫訴於帝,且泣。有司皆得罪,遂與爲怨。吉甫又爲帝謀討兩河叛將,李逢吉沮解其言,功未既而吉甫卒。裴度實繼之。逢吉以議不合,罷去,故追銜吉甫而怨度。擯德裕不得進。至是間帝暗庸,誅度使與元稹相怨,奪其宰相,而己代之。欲引僧孺,益樹黨,乃出德裕爲浙西觀察使。俄而僧孺入相。由是牛、李之憾結矣。」又《李宗閔傳》:「長慶初,錢徽典貢舉,宗閔託所親於徽。而李德裕、李紳、元稹在翰林,有寵於帝,共白徽納干丐,取士不以實。宗閔坐貶劍州刺史。由是嫌忌顯結,樹黨相磨軋,凡四十年,搢紳之禍不能解。」

〔三〇〕《舊唐書·白居易傳》:「太和已後,李宗閔、李德裕朋黨事起,是非排陷,朝昇暮黜,天子亦無如之何。楊穎士、楊虞卿與宗閔善。居易妻,穎士從父妹也。居易愈不自安,懼以黨人見斥,乃求置身散地,冀於遠害。」《全唐詩話》卷二:「樂天不爲贊皇公所喜,每寄文章,李絨之一篋,未嘗開。劉夢得或請之,曰:『見詩則迴我心矣。』」章氏《上畢撫臺書》:「昔李文饒惡白樂天,絨置其詩,不以寓目,以謂見詩則愛,恐易初心。是愛其文,不必愛其人也。」(劉刻《遺書》卷二十二)

〔三一〕《新唐書·鄭畋傳》:「畋字臺文,系出滎陽。舉進士,擢渭南尉。劉瞻爲相,薦授户部郎中,入翰林,爲學士,俄知制誥。以兵部侍郎進同中書門下平章事。行軍司馬李昌言屯興平,引兵趨府。畋不意見襲,遂委軍去。明年,召至行在,以王鐸爲將,復拜畋司空、門下侍郎平章事。軍務悉以咨決。田

令孜、陳敬瑄、李昌言三人相結,遣人上畋過失。」《舊五代史·羅隱傳》:「隱,餘杭人,詩名天下,尤長於詠史,然多所譏諷,以故不中第。爲唐宰相鄭畋所知。隱雖知文,然貌古而醜。畋女幼有文性,嘗覽隱詩卷,諷誦不已。一日隱至第,鄭女垂簾而窺之,自是絕不詠其詩。」隱字昭諫,入梁授給事中,年八十餘卒。著有《羅江東集》。

〔二〕按此上言後世愛憎有殊,宜士難自全。

〔三〕《史記·滑稽列傳》:「淳于髡者,齊之贅婿也。……威王置酒後宫,召髡,賜之酒。問曰:『先生能飲幾何而醉?』對曰:『臣飲一斗亦醉,一石亦醉。』威王曰:『先生飲一斗而醉,惡能飲一石哉?其說可得聞乎?』髡曰:『賜酒大王之前,執法在傍,御史在後,髡恐懼俯伏而飲,不過一斗,徑醉矣。若親有嚴客,髡帣韛鞠䠆(捲袖曲跪)侍酒於前,時賜餘瀝,奉觴上壽,數起,飲不過二斗,徑醉矣。若朋友交遊,久不相見,卒然相覩,歡然道故,私情相語,飲可五六斗,徑醉矣。若乃州閭之會,男女雜坐,行酒稽留,六博投壺,相引爲曹,握手無罰,目眙(注視)不禁,前有墮珥,後有遺簪,髡竊樂此,飲可八斗而醉二三。日暮酒闌,合尊促坐,男女同席,履舄交錯,杯盤狼藉,堂上燭滅,主人留髡而送客,羅襦襟解,微聞薌(香)澤。當此之時,髡心最歡,能飲一石。』」

〔四〕《莊子·徐无鬼》:「徐无鬼因女商見魏武侯。……少焉,徐无鬼曰:『嘗語君,吾相狗也,下之質,執飽而止,是狸德也。中之質,若視日。上之質,若亡其一。吾相狗又不若吾相馬也。吾相馬,直者中繩,曲者中鉤,方者中矩,圓者中規,是國馬也;而未若天下馬也。天下馬有成材,若卹若失,若喪其一,若

〔三五〕《詩‧關雎‧序》:"《關雎》,樂得淑女,以配君子,憂在進賢,不淫其色,哀窈窕,思賢才,而無傷善之心焉。是《關雎》之義也。"

〔三六〕《詩‧鹿鳴‧序》:"《鹿鳴》,燕群臣嘉賓也。"

〔三七〕《詩‧鹿鳴‧序》注〔三〕:質,與贄通,亦作摯,初見時所執物也。《禮記‧曲禮下》:"凡摯,天子鬯(黑黍酒),諸侯圭(玉珪),卿羔(小羊),大夫雁,士雉,庶人之摯匹(指鴨)。"《鹿鳴》:"呦呦鹿鳴,食野之苹。"

〔三八〕《詩‧關雎》:"關關雎鳩,在河之洲。"傳:"水中可居者曰洲。"又《鹿鳴》:"呦呦鹿鳴,食野之苹。"傳:"苹,蓱也。"白蒿之屬。

〔三九〕《文選‧宋玉對楚王問》:"客有歌於郢中者,其始曰下里巴人,國中屬而和者數千人。"下里,即下里巴人,俚俗之歌也。《論語‧衛靈公》:"放鄭聲,遠佞人。鄭聲淫,佞人殆。"《陽貨》:"惡鄭聲之亂雅樂也。"鄭聲,鄭國靡靡之音。

〔四〇〕《孟子‧盡心下》:"孔子曰:『惡似而非者。惡莠,恐其亂苗也。』"

〔四一〕《論語‧陽貨》:"子曰:『鄉原,德之賊也。』"《孟子‧盡心下》:"萬章曰:『一鄉皆稱原人焉,無所往而不為原人,孔子以為德之賊,何哉?』曰:『非之無舉也,刺之無刺也,同乎流俗,合乎污世,居之似忠信,行之似廉潔,衆皆悅之,自以為是,而不可與入堯、舜之道。故曰德之賊也。』"

〔四二〕《孟子‧萬章下》答萬章問受諸侯之賜:"曰:『孔子之仕於魯也,魯人獵較,孔子亦獵較。獵較猶

可,而況受其賜乎?』曰:『然則孔子之仕也,非事道與?』曰:『事道也。』『事道奚獵較也?』曰:『孔子先簿正祭器,不以四方之食供簿正。』曰:『奚不去也?』曰:『爲之兆也。兆足以行矣而不行,而後去,是以未嘗有所終三年淹也。』趙注:「獵較者,田獵相較,奪禽獸以祭。孔子不違而從之,所以小同於世也。孔子仕於衰世,以漸正之。先爲簿書,以正其宗廟祭祀之器。即其舊禮,取備於國中,不以四方珍食供其所簿正之器。度珍食難常有,乏絕則爲不敬,故獵較以祭也。」兆,事之開端。開端可行而不行,始知不可行,孔子才離去。

〔四三〕《法言·吾子》:「或問吾子少而好賦,曰:『然。童子雕蟲篆刻。』俄而曰:『壯夫不爲也。』」《漢書·揚雄傳》:「孝成帝時,客有薦雄文似相如者。哀帝時,丁、傅、董賢用事,諸附離之者,或起家至二千石。時雄方草《太玄》,有以自守,泊如也。」

〔四四〕《史通·自叙》:「予輒不自揆,亦竊比於揚子雲者,有四焉。何者,揚雄嘗好雕蟲小伎,老而悔其少作。余幼喜詩賦,而壯都不爲,恥以文士得名,期以述者自命。其似一也。揚雄草玄,累年不就,當時聞者,莫不哂其徒勞。余撰《史通》,亦屢移寒暑,悠悠塵俗,共以爲愚。其似二也。揚雄撰《法言》,時人競尤其妄,故作《解嘲》以訓之。余著《史通》,見者亦互言其短,故作《釋蒙》以拒之。其似三也。揚雄少爲范逡、劉歆所重,及聞其撰《太玄經》,則嘲以恐蓋醬瓿。余初好文筆,頗獲譽於當時,晚談史傳,遂減價於知己。其似四也。」劉知幾始末,見《史德》篇注〔三〕。

〔四五〕按此上言自得之學,其遇不遇聽諸天,而安之若命。

辨　似〔一〕

人藏其心，不可測度也，〔二〕言者心之聲，〔三〕善觀人者，觀其所言而已矣。人不必皆善，而所言未有不託於善也。善觀人者，察其言善之故而已矣。夫子曰：「始吾於人也，聽其言而信其行；今吾於人也，聽其言而觀其行。」〔四〕恐其所言不出於意之所謂誠然也。夫言不由中，如無情之訟，辭窮而情易見，〔五〕非君子之所患也。學術之患，莫患乎同一君子之言，同一有爲言之也，求其所以爲言者，咫尺之間，而有霄壤之判焉，似之而非也。〔六〕

天下之言，本無多也。言有千變萬化，宗旨不過數端可盡，故曰言本無多。人則萬變不齊也。以萬變不齊之人，而發爲無多之言，宜其迹異而言則不得不同矣。譬如城止四門，城內之人千萬，出門而有攸往，必不止四途，而所從出者，止四門也。然則趨向雖不同，而當其發軔〔七〕不得不同也。非有意以相襲也，非投東而僞西也，勢使然也。〔八〕

樹藝五穀，所以爲烝民粒食〔九〕計也。儀狄曰：「五穀不可不熟也。」問其何爲而祈熟，則曰：「不熟無以爲酒漿也。」〔一〇〕教民蠶桑，所以爲老者衣帛〔一一〕計也。蚩尤曰：「蠶桑不可不植也。」詰其何爲而欲植，則曰：「不植無以爲旌旗也。」〔一二〕夫儀狄、蚩尤，豈不誠然須粟帛哉？然而斯民衣食，不可得而賴矣。〔一三〕

《易》曰：「陰陽不測之謂神。」又曰：「神也者，妙萬物而爲言者也。」[二四]孟子曰：「大而化之之謂聖，聖而不可知之謂神。」[二五]此神化神妙之說所由來也。夫陰陽不測，不離乎陰陽也。妙萬物而爲言，不離乎萬物也。聖不可知，不離乎充實光輝也。然而曰聖曰神曰妙者，使人不滯於迹，即所知見以想見所不可知見也。學術文章，有神妙之境焉。末學膚受，[二六]泥迹以求之，其真知者，以謂中有神妙，可以意會而不可以言傳者也。不學無識者，窒於心而無所入，窮於辨而無所出，亦曰可意會而不可言傳也。故君子惡夫似之而非者也。[二七]

伯昏瞀人謂列御寇曰：「人將保汝矣，非汝能使人保汝也，乃汝不能使人毋汝保也。」[二八]然則不能使人保者下也，能使人毋保者上也，中則爲人所保矣。故天下惟中境易別，上出乎中而下不及中，恒相似也。學問之始，未能記誦，博涉既深，將超記誦。[二九]故記誦者，學問之舟車也。人有所適也，必資乎舟車；至其地，則舍舟車矣。一步不行者，則亦不用舟車矣。不用舟車之人，乃託舍舟車者爲同調焉。故君子惡夫似之而非者也。[三〇]程子見謝上蔡多識經傳，便謂玩物喪志，畢竟與孔門「一貫」不似。

理之初見，毋論智愚與賢不肖，不甚遠也。再思之，則恍惚而不可恃矣。三思之，則眩惑而若奪之矣。非再三之力，轉不如初也。初見立乎其外，故神全，再三則入乎其中，而身已從其旋折也。必盡其旋折，而後復得初見之至境焉，故學問不可以憚煩也。然當身從旋折之際，

辨似

神無初見之全,必時時憶其初見,以為恍惚眩惑之指南[二三]焉,庶幾哉有以復其初也。吾見今之好學者,初非有所見而為也,後亦無所期於至也,發憤攻苦,以謂吾學可以加人而已矣,泛焉不繫之舟,[二三]雖日馳千里,何適於用乎?乃曰學問不可以憚煩。故君子惡夫似之而非者也。[二三]

夫言所以明理,而文辭則所以載之之器也。虛車徒飾,[二四]而主者無聞,故溺於文辭者,不足與言文也。《易》曰:「物相雜,故曰文。」又曰:「其旨遠,其辭文。」[二五]《書》曰:「政貴有恒,辭尚體要。」[二六]《詩》曰:「辭之輯矣,民之洽矣。」[二七]《記》曰:「毋勦說,毋雷同,則古昔,稱先王。」[二八]傳曰:「辭達而已矣。」曾子曰:「出辭氣,斯遠鄙倍矣。」[二九]經傳聖賢之言,未嘗不以文為貴也。蓋文固所以載理,文不備,則理不明也。且文亦自有其理,妍媸好醜,人見之不約而有同然之情,又不關於所載之理者,即文之理也。故文之至者,文辭非其所重爾,非無文辭也。而陋儒不學,猥曰「工文則害道」。[三〇]故君子惡夫似之而非者也。[三一]

陸士衡曰:「雖杼軸於予懷,怵他人之我先;苟傷廉而愆義,亦雖愛而必捐。」[三二]蓋言文章之士,極其心之所得,常恐古人先我而有是言。苟果與古人同,便為傷廉愆義,雖可愛之甚,必割之也。韓退之曰:「惟古於文必己出,降而不能乃勦襲。」[三三]亦此意也。立言之士,以意為宗,[三四]蓋與辭章家流不同科也。人同此心,心同此理。宇宙遼擴,故籍紛揉,安能必其所言

古人皆未言邪？此無傷者一也。人心又有不同，如其面焉。〔三五〕苟無意而偶同，則其委折輕重，必有不盡同者，人自得而辨之。此無傷者二也。著書宗旨無多，〔三六〕其言則萬千而未有已也，偶與古人相同，不過一二，所不同者，足以概其偶同。此無傷者三也。吾見今之立言者，本無所謂宗旨，引古人言而申明之，申明之旨，則皆古人所已具也。雖然，此則才弱者之所爲，人一望而知之，終歸覆瓿，〔三七〕於事固無所傷也。乃有黠者，易古人之貌，而襲其意焉。同時之人有創論者，申其意而諱所自焉。或聞人言其所得，未筆於書，而遽竊其意以爲己有；他日其人自著爲書，乃反出其後焉。且其私智小慧，足以彌縫其隙，而更張其端，使人瞢然莫辨其底蘊焉。自非爲所竊者覿面質之，〔三八〕且窮其所未至，其欺未易敗也。又或同其道者，亦嘗究心反覆，勘其本末，其隱始可攻也。然而盜名欺世，已非一日之厲矣。〔三九〕故君子惡夫似之而非者也。

不下某氏，某甲之業，勝某氏焉。

萬世取信者，夫子一人而已。夫子之言不一端，而賢者各得其所長，〔四〇〕不肖者各誤於所似。「誨人不倦」，非瀆蒙也，〔四一〕「予欲無言」，非絕教也，〔四二〕「好古敏求」，非務博也，〔四三〕「一以貫之」，非遺物也。〔四四〕蓋一言而可以無所不包，雖夫子之聖，亦不能也。孟子善學孔子者也。夫子言仁知，而求是而求似，賢與不肖，夫子之所無如何也。孟子言仁義，〔四五〕夫子爲東周，而孟子王齊、梁；〔四六〕夫子「信而好古」，孟子乃曰：「盡信書，則

不如無書。」[四七]而求孔子者,必自孟子也。[四八]故得其是者,不求似也。求得似者,必非其是者也。然而天下之誤於其似者,皆曰吾得其是矣。[四九]

〔一〕按本篇題名《辨似》而意實懍乎剽襲,《言公中》已言及之。蓋實齋議論,當日必有被人竊取而失其旨者。作年見《經解上》注[二]。

〔二〕見《禮記·禮運》文。

〔三〕見《文理》注[一五]。

〔四〕見《論語·公冶長》。

〔五〕《禮記·大學》:「子曰:『聽訟,吾猶人也,必也使無訟乎!無情者不得盡其辭,大畏民志。』」鄭注云:「情,猶實也。無實者,多虛誕之辭。聖人之聽訟,與人同耳。必使民無實者不敢盡其辭,大畏其心志,使誠其意不敢訟。」

〔六〕按此節總挈篇旨。《粵雅堂叢書》本此下不提行。志古堂本同。

〔七〕《楚辭·離騷》:「朝發軔於蒼梧兮。」王逸注:「軔,搘輪木也。」洪氏《補注》:「軔,止車之木。」將行,發之。」

〔八〕按此節謂同是一言,而有真似之辨。

〔九〕《孟子·滕文公上》:「后稷教民稼穡,樹藝五穀。」趙岐注:「樹,種。藝,殖也。五穀,稻、黍、稷、

辨　似

〔一〕麥、菽也。《詩·大雅·烝民》傳：「烝，衆也。」《書·皋陶謨》：「懋遷有無化居，烝民乃粒。」僞孔傳：「米食曰粒。」

〔二〕《戰國策·魏策二》：「昔者，帝女令儀狄作酒而美，進之禹。禹飲而甘之，遂疏儀狄，絶甘酒。曰：『後世必有以酒亡其國者。』」《御覽》八百四十三《世本》：「儀狄始作酒醪。」

〔三〕《孟子·盡心上》：「五畝之宅，樹牆下以桑，匹婦蠶之，則老者足以衣帛矣。」《周禮·閭師》：「凡庶民不蠶者，不帛。」

〔四〕蚩尤作兵，見《經解中》注〔三四〕。《御覽》二百七十注：「蚩尤，神農臣也。」

〔五〕按此節設譬。

〔六〕見《易·繫辭上》及《說卦》傳文。按劉刻《遺書》本「謂」作「爲」，茲從《粵雅堂叢書》本正。又諸本「言」下敚「者」字，茲從《遺書》本補。

〔七〕《孟子·盡心下》：「浩生不害問曰：『樂正子何人也？』孟子曰：『善人也，信人也。』『何謂善？何謂信？』曰：『可欲之謂善，有諸己之謂信，充實之謂美，充實而有光輝之謂大，大而化之之謂聖，聖而不可知之之謂神。樂正子二之中，四之下也。』」

〔八〕張衡東京賦文，薛綜注：「末學，謂不經根本。膚受，謂皮膚之不經於心胸。」

〔九〕《孟子·盡心下》：「孔子曰：『惡似而非者。惡莠，恐其亂苗也。惡佞，恐其亂義也。惡利口，恐其亂信也。惡鄭聲，恐其亂樂也。惡紫，恐其亂朱也。惡鄉原，恐其亂德也。』」按此節證以學藝妙境亂信也。

〔八〕見《莊子・列禦寇》文。郭慶藩:「保汝,謂依汝也。」

〔九〕《史記・周本紀》:「百姓懷之,多從而保歸焉。」保歸,謂依歸也。僖二年《左傳》:「保於逆旅。」杜注:「保,依也。」王逸注《七諫》曰:「依,保也。」

〔一〇〕《蜀志・諸葛亮傳》注引《魏略》:「亮在荊州,以建安初與潁川石廣元、徐元直、汝南孟公威等,俱游學,三人務於精熟,而亮獨觀其大略。」諸葛讀書,得觀其深,故超記誦而不尋行數墨也。

〔一一〕按此節證以記誦。

〔一二〕崔豹《古今注》:「黄帝與蚩尤戰於涿鹿之野。蚩尤作大霧,兵士皆迷。於是作指南車,以示四方,遂擒蚩尤。」不用指南針而能指南的車也。

〔一三〕《莊子・列禦寇》:「巧者勞而知者憂。無能者無所求,飽食而敖遊,泛若不繫之舟,虛而敖遊者也。」指學問無宗主。

〔一四〕周子《通書・文辭》:「文,所以載道也。輪轅飾而人弗庸,徒飾也。況虛車乎!」

〔一五〕見《易・繫辭下》文。

〔一六〕見《尚書・伊畢命》文。

〔一七〕見《詩・大雅・板》文。

〔一八〕見《禮記・曲禮上》文。

辨似

〔一九〕見《論語·衛靈公》及《泰伯》文。

〔二〇〕見《原道下》注〔二八〕。

〔二一〕按此節證以文辭。

〔二二〕見《文選》陸機《文賦》文。李善注云：「杼軸，以織喻也。雖出自己，情懼他人先己也。」此言作文雖出自己懷，當避去與人相同者。

〔二三〕韓愈《樊紹述墓誌銘》：「惟古於詞必己出，降而不能乃剽賊。後皆指前公相襲，從漢迄今用一律。」（《昌黎集》卷三十四，此引有小誤。）

〔二四〕蕭統《文選序》：「老、莊之作，管、孟之流，蓋以立意爲宗，不以能文爲本。」

〔二五〕見《言公中》注〔五二〕。

〔二六〕《神僧傳》：「佛圖澄妙解深經，旁通世論，講說之日，正標宗旨，使始末文言，昭然可了。」

〔二七〕《漢書·揚雄傳》：「鉅鹿侯芭常從雄居，受其《太玄》《法言》。劉歆亦嘗觀之，謂雄曰：『空自苦，今學者有禄利，尚不能明《易》，又如《玄》何？吾恐後人用覆醬瓿也。』雄笑而不應。」

〔二八〕《後漢書·朱浮傳》：「浮以書質責之。」注：「質，正也。」

〔二九〕章氏《信摭》云：「邵二雲侍讀撰《爾雅正義》，嘗以所獨解者爲人言之。鄉曲獧子，於邵書未成，先竊其說，刊爲別解。幸邵知之早，及以正義授刻，凡與其人談及者，皆改易以避雷同。蓋同時之人未知孰先孰後，恐滋後人惑也。」（劉刻《遺書·外編》一）又《與邵二雲論學書》云：「鄙性淺率，生平

辨似

所得，無不見於言談；至筆之於書，亦多新奇可喜。其間游士襲其談鋒，經生資爲帖括，足下亦既知之，斯其淺焉者也。近則遨游南北，目見耳聞，自命專門著述者，率多陰用其言，陽更其貌，且有明翻其説，暗勤其意。幾於李義山之敝緼，身無完膚；杜子美之殘膏，人多沾丐。才非先哲，而涉境略同，言之可慚，亦可慨也。」（劉刻《遺書》卷九）觀此知上所指説，實齋固有所感而發，非泛論也。按此上證以剽竊，爲本篇主旨所在。

〔四〇〕韓愈《送王秀才塤序》：「孔子之道，大而能博，門弟子不能徧觀而盡識也，故學焉而皆得其性之所近。」（《昌黎集》卷二十）

〔四一〕誨人不倦，見《論語·述而》文。《易·蒙》彖辭：「再三瀆，瀆則不告，瀆，蒙也。」

〔四二〕見《論語·陽貨》文。朱注：「學者多以言語觀聖人，而不察其天理流行之實，有不待言而著者，是以徒得其言，而不得其所以言。故夫子發此以警之。」

〔四三〕《論語·述而》：「子曰：『我非生而知之者，好古敏以求之者也。』」

〔四四〕按《論語》一以貫之有二，一見《里仁》，朱注謂以行言，一見《衛靈公》，朱注謂以知言。此指後者，已見《原道下》注〔三四〕。

〔四五〕《論語·雍也》：「子曰：『知者樂水，仁者樂山。知者動，仁者靜。知者樂，仁者壽。』」劉寶楠《正義》：「夫子體備仁智，故能言之，所謂善言德行也。」《易·繫辭上》：「仁者見之謂之仁，知者見之謂之知。」均孔子言仁智之證。孟子昌言仁義，具見七篇，兹不具。

〔四六〕《論語·陽貨》:「子曰:『夫召我者,而豈徒哉?如有用我者,吾其為東周乎?』」孟子謂梁惠王:「養生喪死無憾,王道之始也。」告公孫丑:「以齊王,猶反手也。」孔子言東周;孟子在戰國,諸侯已不尊王,故孟子王齊、梁。

〔四七〕《論語·述而》:「子曰:『述而不作,信而好古,竊比於我老彭。』」《孟子·盡心下》:「孟子曰:『盡信書,則不如無書。吾於《武成》,取二三策而已矣。以至仁伐至不仁,而何其血之流杵也?』」按《論語·八佾》:「(子)謂《武》,盡美矣,未盡善也。」孔子稱武王之樂為未盡善,則孔子於古亦有意見,並非全信。

〔四八〕韓愈《送王塤序》:「故求觀聖人之道者,必自孟子始。」(《昌黎集》卷二十)

〔四九〕按此上言得其是者,不求其似。

文史通義校注

中國史學基本典籍叢刊

中册

〔清〕章學誠 撰
葉　瑛 校注

中華書局

文史通義校注卷四

內篇四

説 林〔一〕

道，公也。學，私也。君子學以致其道，〔二〕將盡人以達於天也。人者何？聰明才力，分於形氣之私者也。天者何？中正平直，本於自然之公者也。故曰道公而學私。道同而術異者，韓非有《解老》《喻老》之書，〔三〕《列子》有《楊朱》之篇，〔四〕墨者述晏嬰之事，〔五〕作用不同，而理有相通者也。術同而趣異者，子張難子夏之交，〔六〕荀卿非孟子之説，〔七〕宗旨不殊，而所主互異者也。〔八〕張儀破蘇秦之從，渥洼之駒，〔九〕可以負百鈞〔一〇〕而致千里，合兩渥洼之力，終不可致二千里。言乎絕學孤詣，性靈獨至，縱有偏闕，非人所得而助也。兩渥洼駒，不可致二千里，合兩渥洼之力，未始不可負二百鈞而各致千里。言乎鴻裁絕業，各效所長，縱有牴牾，〔一一〕非人所得而私據也。文辭非古人所重，草創討論，修飾潤色，〔一二〕固已合衆力而爲辭矣。期於盡善，不期於矜私

也。丁敬禮使曹子建潤色其文,以謂後世誰知定吾文者,[一三]是有意於欺世也。存其文而兼存與定之善否,是使後世讀一人之文,而獲兩善之益焉,所補豈不大乎?

司馬遷襲《尚書》《左》《國》之文,班固點竄司馬遷之文,非好異也,理勢之不得不然也。司馬遷點竄《尚書》《左》《國》之文,班固點竄司馬遷之文,非好同也,理勢之不得不然也。[一四]有事於此,詢人端末,豈必責其親聞見哉?張甲述所聞於李乙,豈盜襲哉?人心不同,如其面也。張甲述李乙之言,而聲容笑貌,[一五]不能盡爲李乙,豈矯異哉?

孔子學周公,[一六]周公監二代,[一七]二代本唐、虞、唐、虞法前古,故曰:「道之大原出於天。」[一八]蓋嘗觀於山下出泉,沙石隱顯,流注曲直,因微漸著,而知江河舟楫之原始也。觀於孩提嘔啞,有聲無言,形揣意求,而知文章著述之最初也。

有一代之史,有一國之史,有一家之史,有一人之史。整齊故事,與專門家學之義不明,詳《釋通》《答客問》。而一代之史,鮮有知之者矣。譜牒不受史官成法,詳《家史》篇。而一國之史,鮮有知之者矣。州縣方志,與列國史記之義不明,詳《方志》篇。[一九]而一家之史,鮮有知之者矣。[二〇]而諸子體例不明,文集各私撰著,而一人之史,鮮有知之者矣。

展喜受命於展禽,[三]則卻齊之辭,謂出展禽可也,謂出展喜可也。弟子承師説而著書,友生因咨訪而立解,後人援古義而敷言,不必諱其所出,亦自無愧於立言者也。

子建好人譏訶其文,有不善者,應時改定,[三二]譏訶之言可存也,改定之文亦可存也。意卓而辭躓者,潤丹青於妙筆;辭豐而學疎者,資卷軸於腹笥。[三三]要有不朽之實,取資無足諱也。

陳琳爲曹洪作書上魏太子,言破賊之利害,此意誠出曹洪,明取陳琳之辭,收入曹洪之集可也。今云:「欲令陳琳爲書,琳頃多事,故竭老夫之思。」又云:「怪乃輕其家邱,謂爲倩人。」[三四]此掩著之醜也,不可入曹洪之集矣。

譬彼禽鳥,志識其身,文辭其羽翼也。有大鵬千里之身,而後可以運垂天之翼。[三五]鷃雀假鵬鷃之翼,[三六]勢未舉而先躓矣,況鵬翼乎?故修辭不忌夫暫假,而貴有載辭之志識,與己力之能勝而已矣。噫!此難與溺文辭之末者言也。

諸子一家之宗旨,文體峻潔,而可參他人之辭。文集,雜撰之統彙,體製兼該,而不敢入他人之筆。其故何耶?蓋非文采辭致,不如諸子;而志識卓然,有其離文字而自立於不朽者,不敢望諸子也。果有卓然成家之文集,雖入他人之代言,何傷乎!

莊周《讓王》《漁父》諸篇,辨其爲眞爲贗;[三七]屈原《招魂》《大招》之賦,爭其爲玉爲瑤;[三八]固矣夫!文士之見也。

醴泉,[三九]水之似醴者也。天下莫不飲醴,而獨恨不得飲醴泉,甚矣!世之貴夫似是而非

者也。

著作之體，援引古義，襲用成文，不標所出，非爲掠美，體勢有所不暇及也。亦必視其志識之足以自立，而無所藉重於所引之言；且所引者，並懸天壤，而吾不病其重見焉，乃可語於著作之事也。考證之體，一字片言，必標所出。所出之書，或不一二而足，則必標最初者。譬如劉向《七略》既亡，而部次見於《漢·藝文志》，馬、班並有，用馬而不用班。最初之書既亡，則必標所引者。譬如《七略》《七錄》之文，必云《漢志》《隋注》。則引《七略》《七錄》，阮孝緒《七錄》既亡，而闕目見於《隋·經籍志》注。乃是愼言其餘之定法也。書有並見，而不數其初，陋矣。引用逸書而不標所出，使人觀其所引，一似逸書猶存矣。以考證之體，而妄援著作之義，以自文其剽竊之私焉，謬矣。

文辭，猶三軍也；志識，其將帥也。李廣入程不識之軍，而旌旗壁壘一新焉，[三〇]固未嘗物而變，事事而更之也。知此意者，可以襲用成文，而不必己出者矣。

文辭，猶舟車也；志識，其乘也。輪欲其固，帆欲其捷，凡用舟車，莫不然也。東西南北，存乎其乘者矣。知此義者，可以我用文，而不致以文役我者矣。

文辭，猶品物也；志識，其工師也。橙橘櫨梅，庖人得之，選甘脆以供籩實也；醫師取之，備藥毒以療疾疢也。知此義者，可以同文異取，同取異用，而不滯其迹者矣。古書斷章取義，各有所用，拘儒不達，介介而爭。

文辭，猶金石也；志識，其鑪錘也。神奇可化臭腐，臭腐可化神奇。〔三二〕知此義者，可以不執一成之說矣。有所得者即神奇，無所得者即臭腐。

文辭，猶財貨也；志識，其良賈也。人棄我取，人取我與，〔三三〕則賈術通於神明。知此義者，可以斟酌風尚而立言矣。風尚偏趨，貴有識者持之。

文辭，猶藥毒也；志識，其醫工也。療寒以熱，熱過而厲甚於寒；療熱以寒，寒過而厲甚於熱。良醫當實甚，而已有反虛之憂，故治偏不激，而後無餘患也。知此義者，可以拯弊而處中矣。

轉桔橰〔三三〕之機者，必周上下前後而運之。上推下挽，力所及也。正前正後，力不及也。倍其推，則前如墜，倍其挽，則後如躍，倍其力之所及，以爲不及之地也。人之聰明知識，必有力所不及者，不可不知所倍以爲之地也。

五味之調，八音之奏，〔三四〕貴同用也。先後嘗之，先後聽之，不成味與聲矣。郵傳之達，刻漏之直，〔三五〕貴接續也。並馳同止，並直同休，不成郵與漏矣。書有數人共成者，歷先後之傳而益精，獲同時之助而愈疎也；先後無爭心，而同時有勝氣也；先後可授受，而同時難互喻也；先後有補救，而同時鮮整暇〔三六〕也。

人之有能有不能者，無論凡庶聖賢，有所不能免者也。以其所能而易其不能，則所求者，可

以無弗得也。主義理者拙於辭章,能文辭者疏於徵實,三者交譏而未有已也。義理存乎識,辭章存乎才,徵實存乎學,劉子玄所以有三長難兼之論也。一人不能兼,而咨訪以爲功,而且以相病矣。古人絕業不可復紹也。私心據之,惟恐名之不自我擅焉,則三者不相爲功,而且以相病矣。所謂好古者,非謂古之必勝乎今也,正以今不殊古,而於因革異同,求其折衷也。古之糟魄,可以爲今之精華。非貴糟魄而直以爲精華也,因糟魄之存,而可以想見精華之所出也。古之疵病,可以爲後世之典型。〔三八〕非取疵病而直以之爲典型也,因疵病之存,而可以想見典型之所在也。如《論衡》最爲偏駁,然所稱説,有後世失其傳者,未嘗不藉以存。類書本無深意,古類書,尤不如後世類書之詳備,然援引古書,爲後世所不可得者,藉是以存,亦可貴實矣。是則學之貴於考徵者,將以明其義理爾。

出辭氣,斯遠鄙悖矣。〔三九〕悖者修辭之罪人,鄙則何以必遠也?不文則不辭,辭不足以存,而將併所以辭者亦亡也。諸子百家,悖於理而傳者有之矣,未有鄙於辭而傳者也。理不悖而鄙於辭,力不能勝;辭不鄙而悖於理,所謂五穀不熟,不如荑稗也。〔四〇〕理重而辭輕,天下古今之通義也。然而鄙辭不能奪悖理,則妍媸好惡之公心,亦未嘗不出於理故也。

波者水之風,風者空之波,夢者心之華,文者道之私。止水無波,靜空無風,至人無夢,〔四一〕至文無私。

演口技者，能於一時並作人畜、水火、男婦、老稚千萬聲態，[四二]非真一口能作千萬態也。千萬聲態，齊於人耳，勢必有所止也。工繪事者，能於尺幅並見遠近、淺深、正側、回互千萬形狀，[四三]非真尺幅可具千萬狀也。千萬形狀齊於人目，勢亦有所止也。取其齊於目者以爲止，故筆簡而著形眾也。夫聲色齊於耳目，義理齊於人心，[四四]等也。誠得義理之所齊，而文辭以是爲止焉，可以與言著作矣。

天下有可爲其半，而不可爲其全者。偏枯之藥，可以治偏枯；倍其偏枯之藥，不可以起死人也。此説見《吕氏春秋》。[四五]天下有可爲其全，而不可爲其半者。樵夫擔薪兩鈞，捷步以趨；去其半而不能行，非力不足，勢不便也。風尚所趨，必有其弊。君子立言以救弊，歸之中正而已矣。懼其不足奪時趨也，而矯之或過，[四六]則是倍用偏枯之藥而思起死人也。僅取救弊，而不推明斯道之全量，則是擔薪去半，而欲恤樵夫之力也。

十寸爲尺，八尺曰尋。度八十尺而可得十尋，度八百寸而不可得十尋者，積小易差也。[四七]一夫之力，可耕百畝，合八夫之力而可耕九百畝者，[四八]集長易舉也。學問之事，能集所長，而不泥小數，善矣。

風會所趨，庸人亦能勉赴；風會所去，豪傑有所不能振也。漢廷重經術，卒史亦能通六書，吏民上書，訛誤輒舉劾。[四九]後世文學之士，不習六書之義者多矣。義之俗書，見譏韓氏，韓氏又

云:「爲文宜略識字。」[50]豈後世文學之士,聰明智力,不如漢廷卒史之良哉?風會使然也。相矜以燕語,能爲燕語者,必其熟遊都會,長於閲歷,而口舌又自調利過人者也。及至燕,則庸奴賤婢,稚女髫童,皆燕語矣。以是矜越語之丈夫,豈通論哉?仲尼之門,五尺童子羞稱五霸。[51]必謂五尺童子,其才識過於管仲、狐、趙[52]諸賢焉,夫子之所不許也。五穀之與稊稗,其貴賤之品,有一定矣。然而不熟之五穀,猶遂有秋之稊稗焉。[53]其亦可謂不達而已矣。而託一時風會所趨者,詡然自矜其途轍,以謂吾得寸木,實勝彼之岑樓焉。尊漢學,尚鄭、許,今之風尚如此,此乃學古,非即古學也,居然唾棄一切,若隱有所恃。

王公之僕圉,未必貴於士大夫之親介也。[54]而是僕圉也,出入朱門甲第,[55]詡然負異而驕士大夫曰:「吾門大。」不知士大夫者固得叱而縶之,以請治於王公,王公亦必撻而楚之,以謝閑家之不飭也。學問不求有得,而矜所託以爲高,王公僕圉之類也。

「喪欲速貧,死欲速朽」,有子以謂非君子之言,[56]然則有爲之言,不同正義,聖人有所不能免也。今之泥文辭者,不察立言之所謂,而遽斷其是非,是欲責人才過孔子也。

《春秋》譏佞人。《公羊傳》[57]夫子嘗曰:「惡佞口之覆邦家者。」[58]是佞爲邪僻之名矣。或人以爲「雍也仁而不佞」[59]或人雖甚愚,何至惜仁人以不能爲邪僻?且古人自謙稱不佞,[60]豈以不能邪僻爲謙哉?是則佞又聰明才辨之通稱也。荀子著《性惡》,以謂聖人爲之

「化性而起僞」。[六二]僞於六書，人爲之正名也。荀卿之意，蓋言天質不可恃，而學問必藉於人爲，非謂虛誣欺罔之僞也。而世之罪荀卿者，以謂誣聖爲欺誕，是不察古人之所謂，而遽斷其是非也。

古者文字無多，轉注通用，[六三]義每相兼。諸子著書，承用文字，各有主義，如軍中之令，官司之式，自爲律例，其所立之解，不必彼此相通也。屈平之靈修，[六四]韓非之參伍，[六五]鬼谷之捭闔，[六六]蘇張之縱衡，[六七]皆移置他人之書而莫知其所謂者也。佛家之根、塵、法、相，法律家之以、凖、皆、各、及、其、即、若，皆是也。

馮煖問孟嘗君，收責反命，何市而歸？則曰：「視吾家所寡有者。」[六八]學問經世，文章垂訓，如醫師之藥石偏枯，亦視世之寡有者而已矣。以學問文章，徇世之所尚，是猶既飽而進粱肉，既煖而增狐貉也。非其所長，而強以徇焉，是猶方飽粱肉，而進以糠秕，方擁狐貉，而進以裋褐也。[六九]其有暑資裘而寒資葛者，吾見亦罕矣。

寶明珠者，必集魚目。尚美玉者，必競碔砆。[七○]是以身有一影，罔兩乃影旁微影，見《莊子》注。罔兩[七一]居二三也。然而魚目碔砆之易售，較之明珠美玉爲倍捷也。珠玉難變，而碔砆能隨，能隨易合也。珠玉自用，而碔砆聽用易愜也。珠玉無心，而碔砆有意，有意易投也。珠玉操三難之勢而無一定之價，碔砆乘三易之資而求價也廉，碔砆安得不售，而珠玉安得不

棄乎？

鴆之毒也，犀可解之。[七二]有鴆之地，必有犀焉。瘴屬之鄉，必有檳榔。天地生物之仁，亦消息制化之理有固然也。其弊專已守殘，而失之陋。劉歆《七略》，論次諸家流別，而推《官禮》之遺焉，[七四]所以解專陋之瘴屬也。唐世修書置館局，[七六]館局則各效所長也。其弊則漫無統紀，[七七]而失之亂。劉知幾《史通》，揚搉古今利病，而立法度之準焉，[七八]所以治散亂之瘴屬也。學問文章，隨其風尚所趨，而瘴屬時作者，不可不知檳榔犀角之用也。

所慮夫藥者，爲其偏於治病，病者服之可愈，常人服之，或反致於病也。夫天下無全功，聖人無全用。五穀至良貴矣，食之過乎其節，未嘗不可以殺人也。是故知養生者，百物皆可服。知體道者，諸家皆可存。六經三史，[七九]學術之淵源也。吾見不善治者之瘴屬矣。學問文章，聰明才辨，不足以持世，所以持世者，存乎識也。所貴乎識者，非特能持風尚之偏而已也，知其所偏之中，亦有不得而廢者焉。不得而廢者，嚴於去僞，風尚所趨，不過一偏，惟僞託者，并其偏得亦爲所害。而慎於治偏，真有得者，但治其偏足矣。人各有能有不能，充類至盡，聖人有所不能，庸何傷乎？今之徇趨逐勢者，無有其人，則自明所短，而懸以待之，則可以無弊矣。不足以該者，闕所不知，而善推能者，

其間有所得者，遇非己之所長，則強不知爲知，否則大言欺人，以謂此外皆不足道。夫道大如天，彼不見天者，曾何足論。己處門內，偶然見天，而謂門外之天皆不足道，有是理乎？曾見其人，未暇數責。亦可以無欺於世矣。夫道公而我獨私之，不仁也。思以力勝，不智也。不仁不智，不足以言學也。不足言學，而嚚嚚言學者乃紛紛也。〔八〇〕

說　林

〔一〕《史記・韓非傳・索隱》：「說林者，廣引諸事，其多如林，故曰說林也。」本篇所論，多發《原道》《原學》《言公》《辨似》諸篇之義。

〔二〕見《論語・子張》文。

〔三〕《韓非傳・索隱》：「今按《韓子》書有《解老》《喻老》二篇，是大抵亦崇黃、老之學也。」云：「《解老》不必韓非所作，但必出於老氏之徒而融會法家言者之手。故法家之徒，取之以入韓非之書。」（《十力語要》卷二）

〔四〕《漢書・藝文志》有《列子》八篇。今所傳《列子》書，世多疑爲僞託，非復《漢志》所稱之舊。宋濂《諸子辨》：「《天瑞》《黃帝》二篇，雖多設辭，而其離形去智，泊然虛無，飄然與大化游，實道家之要言。至於《楊朱》《力命》則爲我之意多，疑即古楊朱書其未亡者，勦附於此。」別見《詩教上》注〔一五〕。

〔五〕見《言公上》注〔三七〕。

〔六〕見《朱陸》注〔五〕。

〔七〕《荀子‧非十二子》：「略法先王而不知其統，猶然而材劇志大，聞見雜博，案往舊造說，謂之五行，甚僻違而無類，幽隱而無說，閉約而無解，案飾其辭而祇敬之曰：此真先君子之言也。子思唱之，孟軻和之。世俗之溝猶瞀儒（愚儒）嚾嚾（喧囂）然不知其所非也，遂受而傳之，以爲仲尼、子游爲茲厚於後世。是則子思、孟軻之罪也。」

〔八〕《史記‧張儀傳》：「儀相秦四歲，立惠王爲王。已而免相，相魏以爲秦。欲令魏先事秦，而諸侯效之。魏王不肯聽儀。儀慙無以歸報，留魏四歲，而魏襄王卒，哀王立。張儀復說哀王。哀王不聽。於是張儀陰令秦伐魏。魏與秦戰敗。明年，齊又來敗魏於觀津。秦復欲攻魏，先敗韓申差軍，斬首八萬，諸侯震恐。而張儀復說魏王曰：『今從者，一天下，約爲昆弟，刑白馬以盟洹水之上，以相堅也。而親昆弟，同父母，尚有爭錢財，而欲恃詐僞反覆蘇秦之餘謀，其不可成亦明矣。』魏王乃倍從約，而因儀請成於秦。」按儀破從約始此，時周慎靚王四年也。

〔九〕《史記‧樂書》：「嘗得神馬渥洼水中。」按渥洼水在今甘肅安西縣，黨河之交流也。

〔一〇〕《孟子‧梁惠王上》：「吾力足以舉百鈞。」趙注：「百鈞，三千斤也。」

〔一一〕見《原道下》注〔一〇〕。

〔一二〕《左傳》襄三十一年：「鄭國將有諸侯之事，子產乃問四國之爲於子羽，且使多爲辭令，與裨諶乘以適野，使謀可否，而告馮子簡使斷之，事成，乃授子大叔使行之，以應對賓客，是以鮮有敗事。」《論語‧憲問》：「子曰：『爲命，裨諶草創之，世叔討論之，行人子羽修飾之，東里子產潤色之。』」

〔三〕《文選》曹植《與楊德祖書》：「昔丁敬禮常作小文，使僕潤飾之。僕自以才不過若人，辭不爲也。敬禮謂僕，卿何疑難？文之佳惡，吾自得之，後世誰相知定吾文者邪？吾常歎此達言，以爲美談。」

〔四〕《史記》所采撫，見《言公上》注〔四七〕。《廿二史劄記》二：「《漢書》，武帝以前，紀傳多用《史記》原文，惟推換之法，別見翦裁。」《文心雕龍·序志》：「及其品列成文，有同乎舊談者，非雷同也，勢自不可異也；有異乎前論者，非苟異也，理自不可同也。」

〔五〕《孟子·離婁上》：「恭儉豈可以聲音笑貌爲哉？」

〔六〕見《原道上》注〔三九〕。

〔七〕見《原道上》注〔一九〕。

〔八〕見《原道上》注〔二〕。

〔九〕按《方志》今不傳。或即指《方志辨體》（劉刻《遺書》卷第十四）。

〔一〇〕按《家史》今不傳。《高郵沈氏家譜序》（劉刻《遺書》卷廿一）、《和州志·氏族表序例》（《外篇》一）略可當之。

丁廙字敬禮，沛郡人，與兄儀並善於曹植，文帝即位，被誅。

〔二〕《左傳》僖二十六年：「夏，齊孝公伐我北鄙。公使展喜犒師。公使展喜犒師，使受命於展禽。齊侯未入竟，展喜從之，曰：『寡君聞君親舉玉趾，將辱於敝邑，使下臣犒執事。』齊侯曰：『魯人恐乎？』對曰：『小人恐矣，君子則否。』齊侯曰：『室如縣罄，野無青草，何恃而不恐？』對曰：『恃先王之命。昔周公、太公

〔二二〕股肱周室,夾輔成王。成王勞之,而賜之盟曰:世世子孫,無相害也。載在盟府,大師職之。桓公是以糾合諸侯,而謀其不協,彌縫其闕,而匡救其災,昭舊職也。及君即位,諸侯之望曰:其率桓之功。我敝邑用不敢保聚。曰:豈其嗣世九年,而棄命廢職,其若先君何?君必不然,恃此以不恐。齊侯乃還。

〔二三〕曹植《與楊德祖書》:「世人之著述,不能無病。僕常好人譏彈其文,有不善者,應時改定。」

《南史·陸澄傳》:「然見卷軸未必多僕。」笥,書籠也。《後漢書·邊韶傳》:「腹便便,五經笥。」

〔二四〕《文選》陳琳《為曹洪與魏文帝書》:「得九月二十日書,讀之喜笑,把玩無厭。粗舉大綱,以當談笑。」又云:「間自入益部,仰司馬、楊、王遺風,有子勝斐然之志,故頗奮文辭,異於他日。怪乃輕其家丘,謂為倩人,是何言歟?」注引《邴原別傳》曰:「原游學,詣孫崧。崧曰:『君以鄭君而舍之,以鄭君為東家丘也。』原曰:『君以鄭君為東家丘,以僕為西家愚夫邪?』」《家語》:「孔子西家有愚夫,不知孔子為聖人,乃曰彼東家丘。」

〔二五〕《莊子·逍遙遊》:「鯤之大不知其幾千里也,化而為鳥,其名為鵬。鵬之背,不知其幾千里也。怒而飛,其翼若垂天之雲。」

〔二六〕許慎《淮南子》注:「鷃雀飛不過一尺。」(《文選·七啟》注引)《漢書·鄒陽傳》:「鷙鳥累百,不如

〔二七〕《莊子》之《讓王》《盜跖》《說劍》《漁父》四篇，蘇軾以爲後人僞作。見《言公上》注〔二六〕。

〔二八〕《招魂章句》：「《招魂》者，宋玉之所作也。」林雲銘《楚辭燈》：「以首尾自敘亂辭，及太史公傳贊之語，決其爲屈原。」王逸《大招章句》：「《大招》者，屈原之所作也。」或曰景瑳。疑不能明也。」葉樹藩曰：「《招魂》一篇，自王叔師定爲宋玉所作，千餘年來，未有異議。至明黄維章始取《招》歸之於原，近世頗有宗其說者。論雖未醇，亦足廣學者之識。」

〔二九〕《爾雅·釋天》：「甘雨時降，萬物以嘉，謂之醴泉。」

〔三〇〕《史記·李將軍列傳》：「程不識故與李廣俱以邊太守將軍屯。及出擊胡，而廣行無部伍行陣，就善水草屯舍止，人人自便，不擊刁斗以自衛，莫府省約文書籍事，然亦遠斥候，未嘗遇害。程不識正部曲行伍營陣，擊刁斗，士吏治軍簿至明，軍不得休息，然亦未嘗遇害。是時漢邊郡，李廣、程不識皆爲名將。然匈奴畏李廣之略，士卒亦多樂從李廣而苦程不識。」《唐書·李光弼傳》：「初與郭子儀齊名，世稱郭、李，而戰功推爲中興第一。其代子儀朔方也，營壘士卒麾幟無所更，而光弼一號令之，氣乃益精明。」此蓋兼用其事。

〔三一〕見《書教下》注〔三三〕。

〔三二〕《史記·貨殖傳》：「當魏文侯時，李克務盡地力，而白圭樂觀時變，故人棄我取，人取我與。」宋俞成《螢雪叢說下》：「節孝先生徐積因讀《史記·貨殖傳》，見人棄我取，人取我與，遂悟作文之法。」

〔三三〕《莊子‧天地》：「鑿木爲機，後重前輕，挈水若抽，數如泆湯，其名爲橰。」又《天運》：「子獨不見夫桔橰者乎？引之則俯，舍之則仰。」

〔三四〕見《言公上》注〔八〕及注〔九〕。

〔三五〕《孟子‧公孫丑上》：「速於置郵而傳命。」焦循《正義》：「馬遞曰置。步遞曰郵。」《隋書‧天文志》：「昔黃帝創觀漏水，制器取則，以分晝夜。」《文選》注引司馬彪云：「孔壺爲漏，浮箭爲刻，下漏數刻，以考中星昏明星焉。」

〔三六〕《左傳》成十六年：「日臣之使於楚也，子重問晉國之勇，臣對曰：『好以衆整。』曰：『又何如？』臣對曰：『好以暇。』」

〔三七〕見《史德》注〔五〕。

〔三八〕《詩‧大雅‧蕩》：「雖無老成人，尚有典刑。」鄭箋云：「猶有常事故法，可案用也。」

〔三九〕見《原道下》注〔三七〕。

〔四〇〕《孟子‧告子上》：「五穀者，種之美者也；苟爲不熟，不如荑稗。」

〔四一〕《莊子‧德充符》：「人莫鑑於流水，而鑑於止水。」《大宗師》：「古之真人，其寢不夢。」

〔四二〕葉注引林嗣環《秋聲詩自序》：「京中有善口技者，會賓客大讌，於廳事之東北角，施八尺屏障，口技人坐屏障中，一桌、一椅、一扇、一撫尺而已。衆賓團坐，少頃，但聞屏障中撫尺二下，滿堂寂然，無敢譁者。遥聞深巷犬吠聲，便有婦人驚覺，搖其夫，語猥褻事。夫囈語，初不甚應。婦搖之不止，則

二人語聲間雜，牀又從中戛戛。既而兒醒，大啼。夫令婦撫兒乳。兒含乳啼，婦拍而嗚之。夫起溺。婦亦抱兒起溺。牀上又一大兒醒，狺狺不止。當是時，婦手拍兒聲，口中嗚聲，兒含乳啼聲，大兒初醒聲，牀聲，夫叱大兒聲，溺瓶中聲，溺桶中聲，一齊湊發，衆妙畢備。滿座賓客，無不伸頸側目，微笑嘿歎，以爲妙絶也。既而夫上牀寢。婦又呼大兒溺畢，都上牀寢。小兒亦漸欲睡。夫齁聲起。婦拍兒亦漸拍漸止。微聞有鼠作作索索，盆器傾側，婦夢中咳嗽之聲。賓客少舒，稍稍正坐。忽一人大呼火起，夫起大呼，婦亦起大呼，兩兒齊哭。俄而百千人大呼，百千兒哭，百千狗吠。中間力拉崩倒之聲，火爆聲，呼呼風聲，百千齊作。又夾百千求救聲，曳屋許許聲，搶奪聲，撥水聲，凡所應有，無所不有。雖人有百手，手有百指，不能指其一端。人有百口，口有百舌，不能名其一處也。於是賓客無不變色離席，奮袖出臂，兩股戰戰，幾欲先走。而忽然撫尺一下，群響畢絶。撤屏視之，一人、一桌、一扇、一撫尺而已。」（《虞初新志》卷一）

〔四三〕《韓非子·外儲說左上》：「客有爲周君畫筴者，三年而成。君觀之，與髹筴者同狀。周君大怒。畫筴者曰：『築十版之牆，鑿八尺之牖，而以日始出時加筴其上而觀。』周君爲之，望見其狀盡成龍蛇、禽獸、車馬萬物之狀備具。周君大悅。」

〔四四〕見《原道下》注〔七〕。

〔四五〕《呂氏春秋·似順論·別類》：「魯人有公孫綽者，告人曰：『我能起死人。』人問其故。對曰：『我固能治偏枯。今吾倍所以爲偏枯之藥，則可以起死人矣。』物固有可以爲小，不可以爲大；可以爲半，

說林

四一九

〔四六〕《南史·王琨傳》:「琨避諱過甚。父名懌,母名恭心,並不得犯。時咸謂矯枉過正。」

〔四七〕《上書諫吳王》:「夫銖銖而稱之,至石必差。寸寸而度之,至丈必過。石稱丈量,徑而寡失。」

〔四八〕《孟子·滕文公上》:「方里而井,井九百畝,其中為公田,八家皆私百畝,同養公田。公事畢,然後敢治私事。」焦循《正義》:「助法,八家皆私百畝,同養公田。則每以二畝半為廬井宅園圃,餘八十畝,八家同養。」

〔四九〕許慎《說文序》:「尉律,學僮十七已上始試,諷籀書九千字,乃得為史。又以八體試之,郡移太史并課,最者以為尚書史。書或不正,輒舉劾之。」

〔五〇〕韓愈《石鼓文》:「羲之俗書趁姿媚,數紙尚可博白鵝。」(《昌黎集》卷五)又《科斗書後記》:「凡為文辭,宜略識字。」(《昌黎集》卷十三)

〔五一〕《荀子·仲尼》:「仲尼之門,五尺之豎子,言羞稱乎五霸。」

〔五二〕管仲相齊桓,狐偃、趙衰佐晉文,均霸者之佐。

〔五三〕《孟子·告子下》:「不揣其本而齊其末,方寸之木可使高於岑樓。」趙岐注:「岑樓,山之銳嶺者。」

〔五四〕《說文》:「僕,給事者。囷人,掌馬者。」古者,主有擯,客有介。《禮記·聘義》:「上公七介,侯伯五介,子男三介。」

〔五五〕《晉書·麴允傳》:「南開朱門,北望青樓。」張衡《西京賦》:「北闕甲第,當道直啟。」薛綜注:「第,

不可以為全者也。」

館也。甲,言第一也。」李善曰:「《漢書》曰:『賜霍光甲第一區。』《音義》曰:『有甲乙次第,故曰第也。』」

〔五六〕見《文德》注〔二六〕。

〔五七〕《公羊傳》莊十七年:「春,齊人執鄭瞻。鄭瞻者何?鄭之微者也。此鄭之微者,何言乎齊人執之?書甚佞也。」何注:「為甚佞,故書惡之。」

〔五八〕見《論語·陽貨》文。「佞口」應作「利口」。

〔五九〕見《論語·公冶長》文。《史記·仲尼弟子列傳》:「冉雍字仲弓。」鄭《目錄》云:「魯人。」

〔六〇〕《國語·晉語》:「夷吾不佞。」

〔六一〕《荀子·性惡》:「人之性惡,其善者偽也。故聖人化性而起偽。偽起而生禮義。」楊倞注云:「偽,為也,矯也。矯其本性也。凡非本性而人作為之者,皆謂之偽。」

〔六二〕段玉裁注《說文解字序》轉注曰:「轉注,猶言互訓也。注者,灌也。數字展轉,互相為訓,如諸水相為灌注,交輸互受也。」

〔六三〕《楚辭·離騷》:「指九天以為正兮,夫唯靈脩之故也。」王逸注:「靈,神也。脩,遠也。能神明遠見者,君德也。故以諭君。」

〔六四〕《莊子·齊物論》:「是以聖人不由,而照之於天,亦因是也。」郭象注:「夫懷豁者,因天下之是非,而自無是非也。」

〔六五〕《韓非子·揚權》:「虛靜無爲,道之情也。參伍比物,事之形也。參之以比物,伍之以合虛,根幹不革,則動泄不失矣。」舊注云:「參,三也。伍,五也。謂所陳之事,或參之以比物之情,或伍之以合虛之數,常令根幹堅植,不有移革,如此,則動之散皆無所失泄也。」

〔六六〕見《易教下》注〔四六〕。

〔六七〕《史記·蘇秦傳》:「夫衡人者,皆欲割諸侯之地以予秦。故竊爲大王計,莫如一韓、魏、齊、楚、燕、趙以從親。」《索隱》曰:「按衡人,即游說從橫之士也。東西爲橫,南北爲從。秦地形東西橫長,故張儀相秦,爲秦連橫。」別見《易教下》注〔四〕。

〔六八〕《戰國策·齊策》:「齊人有馮煖者,貧乏不能自存,使人屬孟嘗君,願寄食門下。」於是約車治裝,載券契而行,辭曰:『責畢收,以何市而反?』孟嘗君曰:『視吾家所寡有者。』驅而之薛。使吏召諸民,當償者悉來合券。券徧合赴,矯命以責賜諸民,因燒其券。民稱萬歲。長驅至齊,晨而求見。孟嘗君怪其疾也,衣冠而見之,曰:『責畢收乎?』曰:『收畢矣。』『以何市而反?』馮煖曰:『君云視吾家所寡有者。臣竊計君宮中積珍寶,狗馬實外廄,美人充下陳,君家所寡有者以義耳。臣竊以爲君市義。』」

〔六九〕《史記·秦始皇本紀》:「貧者利褐褐。」徐廣曰:「褐,小襦也,音豎。」《詩·豳風·七月》:「無衣無褐,何以於卒歲?」傳:「褐,毛布也。」

〔七〇〕《韓詩外傳》:「白骨類象,魚目似珠。」《參同契》:「魚目豈爲珠?蓬蒿不代槄。」《戰國策·魏

〔一〕《莊子·齊物論》:「罔兩問景。」郭象注:「罔兩,景外之微陰也。」

〔二〕《説文》:「鳩,毒鳥也。」《本草綱目》:「犀角殺鉤吻、鳩羽、蛇毒。」

〔三〕陸游《避暑漫抄》:「嶺南或見異物從空墜,始如彈丸,漸如車輪,遂四散,人中之即病,謂之瘴母。」《本草圖經》:「檳榔生南海及嶺外州郡,大如桃根,高五七丈,正直無枝,皮似青桐,節如桂竹,葉生木巔,似楂頭又似芭蕉,實作房,從葉中出,一房數百,狀如雞子。」《本草綱目》:「檳榔禦瘴癘。」

〔四〕見《原道下》注〔五〕。

〔五〕《七略》,見《書教上》注〔四〕。《校讎通義·原道》:「劉歆蓋深明乎古人官師合一之道,而有以知乎私門初無著述之故也。何則? 其叙六藝而後次及諸子百家,必云某家者流蓋出於古者某官之掌,其云某官之掌,即法具於官,官守其書之義也。其云失而爲某家之學,失而爲某氏之學,即官司失職,而師弟傳業之弊。其云流而爲某家之學,即官司失職,而師弟傳業之義也。其云失而爲某氏之弊,即孟子所謂生心發政,作政害事。辨而別之,蓋欲庶幾於知言之學者也。」

〔六〕《舊唐書·職官志》:「歷代史官,隸祕書著局。貞觀三年,始移史局於禁中,在門下省北。宰相監修國史,遂成故事。」

〔七〕《史通·史官建置》:「近代趨競之士,尤喜居於史職,至於措詞下筆者,十無一二焉。既而書成繕

〔八〕《史通》見《史德》注〔二〕。《四庫提要》謂：「內篇皆論史家體例，辨別是非。外篇則述史籍源流，及雜評古人得失。」此可見《史通》之大凡。

〔九〕《莊子·天運》：「丘治《詩》《書》《禮》《樂》《易》《春秋》六經。」秦火後，《樂經》亡。《十駕齋養新錄》（卷六）：「《續漢書·郡國志》：『今錄中興以來郡縣改異，及春秋三史會同征伐地名。』三史，謂《史記》《漢書》《東觀漢記》也。自唐以來，《東觀記》失傳，乃以范蔚宗書當三史之一。」

〔八〇〕劉咸炘《識語》云：「首段及末二段最精要。」

寫，則署名同獻；爵賞既行，則攘袂爭受，遂使是非無準，真偽相雜。」

知 難〔一〕

為之難乎哉？知之難乎哉？夫人之所以謂知者，非知其姓與名也，亦非知其聲容之與笑貌也；讀其書，知其言，知其所以為言而已矣。讀其書者，天下比比矣；知其言者，千不得百焉。知其言者，天下寥寥矣，知其所以為言者，百不得一焉。然而天下皆曰：我能讀其書，知其所以言矣。此知之難也。人知《易》為卜筮之書矣，夫子讀之，而知作者有憂患，〔二〕是聖人之知聖人也。人知《離騷》為詞賦之祖矣，司馬遷讀之，而悲其志，〔三〕是賢人之知賢人也。夫不具司馬遷之志，而欲知屈原之志，不具夫子之憂，而欲知文王之憂，則幾乎罔矣。然則古之人，有其憂與其志，不幸不得後之人有能憂其憂，志其志，而因以湮沒不章者，蓋不少矣。〔四〕

劉彥和曰：「《儲說》始出，《子虛》初成，秦皇、漢武恨不同時，既同時矣，韓囚馬輕。」〔五〕蓋悲同時之知音不足恃也。夫李斯之嚴畏韓非，〔六〕孝武之俳優司馬，〔七〕乃知之深，處之當，而出於勢之不得不然，所謂迹似不知而心相知也。賈生遠謫長沙，其後召對宣室，文帝至云：「久不見生，自謂過之」，見之乃知不及。〔八〕君臣之際，可謂遇矣。然不知其治安之奏，而知其鬼神之對，所謂迹似相知而心不知也。劉知幾負絕世之學，見輕時流，〔九〕及其三為史臣，再

入東觀,[一0]可謂遇矣。然而語史才則千里降追,議史事則一言不合,[二]所謂迹相知而心不知也。夫迹相知者,非如賈之知而不用,即如劉之用而不信矣。心相知者,非如馬之狎而見輕,即如韓之讒而遭戮矣。丈夫求知於世,得如韓、馬、賈、劉,亦云盛矣。然而其得如彼,其失如此。若可恃,若不可恃;若可知,若不可知,此遇合之知所以難言也。[三]

莊子曰:「天下之治方術者,皆以其有爲不可加矣。」[一三]夫「耳目口鼻,皆有所明,而不能相通」。[一四]而皆以己之所治,爲不可加,是不自知之過也。天下鮮自知之人,故相知者少也。世傳蕭穎士能識李華《古戰場文》,[一五]以謂文章有眞賞。夫言根於心,其不同也如面。穎士不能一見而決其爲華,而漫云華足以及此,是未得謂之眞知也。而世之能具蕭氏之識者,[一六]已萬不得一;若夫人之學業,固有不止於李華者,於世奚賴焉?凡受成形者,不能無殊致也。凡禀血氣者,不能無爭心也。有爭心,則挾恐見破,嫉忌詆毀之端開矣。惠子曰:「奔者東走,追者亦東走;黨同伐異之弊出矣。有爭心,則挾恐見破,嫉忌詆毀之端開矣。凡稟血氣者,不能無爭心也。有爭心,則挾恐見破,嫉忌詆毀之端開矣。[一六]已萬不得一;若夫人之學業,固有不止於李華者,於世奚賴焉?凡受成形者,不能無殊致也。凡禀血氣者,不能無爭心也。有爭心,則挾恐見破,嫉忌詆毀之端開矣。惠子曰:「奔者東走,追者亦東走;東走雖同,其東走之心則異。」[一七]今同走者衆矣,亦能知同走之心歟?若可恃,若不可恃,若可知,若不可知,此同道之知所以難言也。[一八]

歐陽修嘗慨《七略》四部,目存書亡,以謂其人之不幸。[一九]蓋傷文章之不足恃也。然自獲麟以來,[二0]著作之業,得如馬遷、班固,斯爲盛矣。遷則藏之名山,而傳之其人,[二一]固則女

弟卒業，而馬融伏閣以受其書，[三]於今猶日月也。然讀《史》《漢》之書，而察徐廣、裴駰、服虔、應劭諸家之詁釋，[三]其間不得遷、固之意者，十常三四焉。以專門之攻習，猶未達古人之精微，況泛覽所及，愛憎由己耶？夫不傳者，有部目空存之慨；其傳者，又有推求失旨之病，與愛憎不齊之數。若可恃，若不可恃；若可知，若不可知；此身後之知所以難言也。[四]

人之所以異於木石者，情也。情之所以可貴者，相悅以解也。賢者不得達而相與行其志，亦將窮而有與樂其道。不得生而隆遇合於當時，亦將歿而俟知己於後世。然而有其理者，不必有其事，接以迹者，不必接以心。若可恃，若不可恃；若可知，若不可知。後之視今，亦猶今之視昔。[五]嗟乎！此伯牙之所以絕絃不鼓，[六]而卜生之所以抱玉而悲號者也。[七]夫鷫鸘喁啾，和者多也。茅葦黄白，[八]靡者衆也。鳳高翔於千仞，桐孤生於百尋，[九]知其寡和無偶，闇然自修，不知老之將至，[一〇]所以求適吾事而已。安能以有涯之生，而逐無涯之毀譽哉？[一一]

〔一〕按實齋孤懷絕詣，當時知者甚少，曠觀古今，故不免時有獨立蒼茫之感。是篇寄慨深長，用資自慰。作年見《經解上》注〔一〕。

〔二〕《漢書·藝文志》：「及秦燔書，而《易》為卜筮之事，傳者不絕。」《易·繫辭下》：「《易》之興也，其

〔三〕於中古乎？作《易》者，其有憂患乎？」

〔四〕《文心雕龍·辨騷》：「其文辭麗雅，爲詞賦之宗。」《史記·屈原傳贊》：「余讀《離騷》《天問》《招魂》《哀郢》，悲其志。」

〔五〕按此上言難在知其所以爲言。

〔六〕見《文心雕龍·知音》文。《史記·韓非傳》：「非作《孤憤》《五蠹》《内外儲》《說林》《說難》十餘萬言。秦王見其書曰：『寡人得見此人，與之遊，死不恨矣！』因急攻韓。韓迺遣非使秦。李斯、姚賈害之，下吏治非。」《子虛》，見《感遇》注〔二八〕。

〔七〕《史記·韓非傳》：「非與李斯俱事荀卿，斯自以爲不如非。」

〔八〕《漢書·嚴助傳》：「相如常稱疾避事，上頗以俳優畜之。」又《揚雄傳》：「往時武帝好神仙，相如上《大人賦》，欲以風，帝反縹縹有陵雲之志。繇是言之，賦勸而不止，明矣。又頗似俳優淳于髡優孟之徒，非法度所存，賢人君子詩賦之正也。」呂與叔詩云：「學如元凱方成癖，文似相如始類俳。」

〔九〕見《感遇》注〔二八〕。

〔一〇〕《史通·自叙》：「自小觀書，喜談名理，其所悟者，皆得之襟腑，非由染習。故始在總角，讀班、謝兩《漢》，便怪前書不應有《古今人表》，後書宜爲更始立紀。當時聞者，共責以童子何知，而敢輕議前哲。於是赧然自失，無辭以對。其後見張衡、范曄集，果以二史爲非。其有暗合於古人者，蓋不可勝紀。始知流俗之士，難與之言。凡有異同，蓄諸方寸。及年已過而立，言悟日多，常恨時無同好，

可與言者。」劉知幾始末，見《史德篇》注〔二〕。

〔一〇〕語見《史通・自叙》。原注：「則天朝，爲著作佐郎，轉左史。長安中以本官兼修國史。會遷中書舍人，暫罷其任。神龍元年，又以本官兼修國史，迄今不之改。今之史館，即古之東觀也。」

〔一一〕《史通・忤時》：「求史才，則千里降追。語宦途，則十年不進。」此用其語。又《自叙》：「長安中，會奉詔預修唐史。及今上（中宗）即位，又勅撰《則天大聖皇后實錄》。凡所著述，嘗欲行其舊議；而當時同作諸士，及監修貴臣，每與其鑿枘相違，齟齬難入。」此所謂論史事一言不合也。

〔一二〕按此上言遇合之知難。

〔一三〕見《莊子・天下》文。

〔一四〕同上。

〔一五〕《新唐書・文苑傳》：「蕭穎士字茂挺，梁鄱陽王恢七世孫。開元進士，天寶初，補祕書正字，旋爲集賢校理，史館待制，更調河南府參軍事。所與交者，獨李華與齊名，世號蕭、李。」又同傳：「李華字遐叔，趙州贊皇人。華文辭緜麗，少宏傑氣。穎士健爽自肆，時謂不及穎士，而華自疑過之。因作《弔古戰場文》，極思研摧已成，污爲故書，雜置梵書之庋。它日，與穎士讀之稱工。及？」穎士曰：『君加精思，便能至矣。』華愕然而服。」

〔一六〕劉咸炘《識語》：「專提識字，是先生所獨用力。」

〔七〕入主出奴,見《原道下》注〔四〕。挾恐見破,見《言公中》注〔七〕。《韓非子·說林上》:「惠子曰:『狂者東走,逐者亦東走,其東則同,其所以東走之爲則異。』故曰同事之人,不可不審察也。」

〔八〕按此上言同道之知難。

〔九〕《新唐書·藝文志序》:「自漢以來,史官列其名氏篇第,以爲六藝、九種,《七略》,至唐始分爲四類,曰經、史、子、集,而藏書之盛,莫盛於開元。其著録者,五萬三千九百一十五卷,而唐之學者自爲之書,又二萬八千四百六十九卷。嗚呼!可謂盛矣。然凋零磨滅,不可勝數。豈其華文少實,不足以行遠與?而俚言俗説,猥有存者,亦其有幸不幸者與?今著於篇,有其名而無書者,十蓋五六也,可不惜哉!」

〔一〇〕《春秋》:「(魯)哀公十四年春,西狩獲麟。」孔子《春秋》絶筆於是。

〔一一〕司馬遷《報任少卿書》:「僕誠已著此書,藏諸名山,傳之其人,通都大邑,雖萬被戮,豈有悔哉?」

〔一二〕見《史注》注〔八〕。

〔一三〕《隋書·經籍志》正史類:「《史記音義》十二卷,徐野民撰。《漢書音訓》一卷,服虔撰。」《晉書·徐廣傳》:「廣字野民,東莞姑幕人。百家數術,無不研覽。孝武世,除祕書郎。義熙初,奉詔撰車服儀注。轉員外散騎常侍,領著作。奉敕撰《晉紀》,表上之,遷祕書監。《後漢書·儒林傳》:「服虔字子慎,河南滎陽人。少以清苦建志,入太學受業,有雅才,善著文論。作《春秋左氏傳解》,行之至今。中平末,拜九江太守,免,行客病卒。」裴駰、應劭,見《史注》篇注〔九〕及注〔一〇〕。

〔二四〕按此上言身後之知難。

〔二五〕王羲之《蘭亭集序》文。

〔二六〕《呂氏春秋·本味》:「伯牙鼓琴,鍾子期聽之。方鼓琴,而志在太山。鍾子期曰:『善哉乎鼓琴!巍巍乎若太山。』少選之間,而志在流水。鍾子期又曰:『善哉乎鼓琴!湯湯乎若流水。』鍾子期死,伯牙破琴絕絃,以為世無足復為鼓琴者」

〔二七〕見《言公下》注〔七一〕。

〔二八〕見《言公下》注〔三七〕。

〔二九〕《文選》賈誼《弔屈原文》:「鳳凰翔于千仞兮,覽德輝而下之。」枚乘《七發》:「龍門之桐,高百尺而無枝。」

〔三〇〕《論語·述而》:「發憤忘食,樂以忘憂,不知老之將至。」《禮記·中庸》:「君子之道,闇然而日章。」

〔三一〕按此上總束前文,歸於闇然自修而無悶。

釋　通〔一〕

《易》曰：「惟君子爲能通天下之志。」〔二〕説者謂君子以文明爲德，同人之時，能達天下之志也。《書》曰：「乃命重、黎，絶地天通。」〔三〕説者謂人神不擾，各得其序也。夫先王懼人匿志，於是乎以文明出治，通明倫類，而廣同人之量焉。先王懼世有夢治，於是乎以人官分職，絶不爲通，而嚴畔援之防焉。〔四〕自六卿分典，〔五〕五史治書，〔六〕内史、外史、太史、小史、御史。學專其師，官守其法，是絶地天通之義也。夫子没而微言絶，七十子喪而大義乖。數會於九，書要於六，〔七〕雜物撰德，同文共軌，〔八〕是達天下志之義也。〔九〕然而治《公羊》者，不議《左》《穀》；業韓《詩》者，不雜齊、魯；專門之業，斯其盛也。漢氏之初，《春秋》分爲五，《詩》分爲四；〔一〇〕而綴學之徒，無由彙其指歸也；於是總《五經》之要，辨六藝之文，石渠《雜議》之屬，〔一一〕班固《藝文志》《五經雜議》十八篇。始離經而別自爲書，則通之爲義所由做也。劉向總校《五經》，編録三禮，其於戴氏諸記，標分品目，以類相從，而義非專一，若《檀弓》《禮運》諸篇，俱題通論，〔一二〕則通之定名所由著也。〔一三〕《隋志》有《五經通義》八卷，注，梁有九卷，不著撰人。《唐志》有劉向《五經通義》九卷。然唐以前，記傳無考。

班固承建初之詔，作《白虎通義》。〔一四〕《儒林傳》稱《通義》，固本傳稱《通德論》，後人去義字，稱《白虎通》，非是。應劭愍時流之失，作《風俗通義》。〔一五〕蓋章句訓詁，末流浸失，而經解論議家言，起而救之。〔一六〕二子為書，是後世標通之權輿也。〔一七〕自是依經起義，則有集解，杜預《左傳》、范甯《穀梁》、何晏《論語》。集注，荀爽《九家易》、崔靈恩《毛詩》、孔倫裴松之《喪服經傳》。異同，許慎《五經異義》、賀場《五經異同評》。然否何休《公羊墨守》、鄭玄《駁議》、譙周《五經然否論》。〔一八〕諸名，離經為書，則有六藝、鄭玄論。聖證、王肅論。匡謬、唐顏師古《匡謬正俗》。兼明宋邱光庭《兼明書》。〔一九〕諸目。其書雖不標通，而體實存通之義，經部流別，不可不辨也。若夫堯、舜之典，統名《夏書》；《左傳》稱《虞書》為《夏書》。馬融、鄭玄、王肅三家，首篇皆題《虞夏書》。伏生《大傳》，首篇亦題《虞夏傳》。《國語》《國策》，不從周記：〔二〇〕《太史》百三十篇，自名一子；〔二一〕本名《太史公書》，不名《史記》也。古人一家之言，文成溯夏、周。〔二二〕《地理》始《禹貢》，《五行》合《春秋》，補司馬遷之闕略，不必以漢為斷也。班固《五行》《地理》，上法立，離合銓配，惟理是視，固未嘗別為標題，分其部次也。梁武帝以遷、固而下，斷代為書，於是上起三皇，下訖梁代，撰為《通史》一編，〔二三〕欲以包羅衆史。史籍標通，此濫觴也。〔二四〕嗣是而後，源流漸別。總古今之學術，而紀傳一規乎史遷，鄭樵《通志》作焉。後人議其疏陋，非也。統前史之書志，而例。蓋一家之言，諸子之學識，而寓於諸史之規矩，原不以考據見長也。撰述取法乎官《禮》，杜佑《通典》作焉。《通典》本劉秩《政典》。〔二五〕《通志》精要，在乎義例。〔二六〕合紀傳之互文，紀傳之文，互為詳

略。而编次總括乎荀、袁，荀悦《漢紀》三十卷，袁宏《後漢紀》三十卷，皆易紀傳爲編年。司馬光《資治通鑑》[二七]作焉。彙公私之述作，而銓錄倣乎孔、蕭，孔逭《文苑》百卷，昭明太子蕭統《文選》三十卷。[二八]裴潾《太和通選》[二九]作焉。此四子者，或存正史之規，《通志》是也。自《隋志》以後，皆以紀傳一類爲正史。或正編年之的，《通鑑》。或以典故爲紀綱，《通典》。或以詞章存文獻，《通選》。史部之通，於斯爲極盛也。大部總選，意存掌故者，當隸史部，與論文家言不一例。至於高氏《小史》、[三〇]唐元和中，高峻及子迥。姚氏《統史》[三一]唐姚康復。之屬，則搏節繁文，自就隱括者也。羅氏《路史》、[三二]宋羅泌。鄧氏《函史》[三三]明鄧元錫。之屬，則自具别裁，成其家言者也。譙周《古史考》、蘇轍《古史》、馬驌《繹史》之屬，皆採摭經傳之書，與通史異。[三四]范氏《五代通錄》，[三五]宋范質以編年體，紀梁、唐、晉、漢、周事實。熊氏《九朝通略》，[三六]宋熊克合吕夷簡《三朝國史》、王珪《兩朝國史》、李燾洪邁等《四朝國史》，以編年體爲九朝書。標通而限以朝代者也。易姓爲代，傳統爲朝。李氏《南·北史》，[三七]李延壽。薛歐《五代史》，[三八]薛居正、歐陽修俱有《五代史》。斷代而仍行通法者也。已上二類，雖通數代，終有限斷，非如梁武帝之《通史》，統合古今。

其餘紀傳故事之流，補緝纂錄之策，紛然雜起，雖不能一律以繩，要皆倣蕭梁《通史》之義，而取便耳目，史部流別，不可不知也。夫師法失傳，而人情怯於復古，末流浸失，而學者囿於見聞。訓詁流而爲經解，一變而入於子部儒家，應劭《風俗通義》、蔡邕《獨斷》之類。[三九]再變而入於俗儒語錄，程、朱語錄，[四〇]記者有未别擇處，及至再傳而後浸失，故曰俗儒。三變而入於庸師講章。蒙存淺達之

類，支離蔓衍，甚於語錄。不知者習而安焉，知者鄙而斥焉，而不知出於經解之通，而失其本旨者也。載筆彙而有通史，一變而流爲史鈔，小史統史之類，但節正史，並無別裁，入於通史，非是。史部有史鈔，始於《宋史》。再變而流爲策士之括類，《文獻通考》[四二]之類，雖倣《通典》，向來著錄，入於通史，實爲類書之學。書無別識通裁，便於對策敷陳之用。三變而流爲兔園[四三]之摘比，《綱鑑合纂》及《時務策括》之類。不知者習而安焉，知者鄙而斥焉，而不知出於史部之通，而亡其大原者也。且《七略》流而爲四部，類例顯明，[四三]無復深求古人家法矣。然以語錄講章之混合，則經不爲經，子不成子也。策括類摘之淆雜，則史不成史，集不爲集也。四部不能收，九流無所別，紛紜雜出，妄欲附於通裁，不可不嚴其辨也。夫古人著書，即彼陳編，就我創制，所以成專門之業也。後人併省凡目，取便檢閱，所以入記誦之陋也。夫經師但殊章句，即自名家，費直之《易》，申培之《詩》[四四]，《儒林傳》言其別無著述訓詁，而《藝文志》有《費氏說》《申公魯詩》，蓋即口授章句也。史書因襲相沿，無妨並見，如史遷本《春秋》《國策》諸書，《漢書》本史遷所記，及劉歆所著者，當時兩書並存，不以因襲爲嫌。專門之業，勸襲講義，沿習久而本旨已非，明人修《大全》[四五]改先儒成說以就己意。摘比典故，原書出而舛訛莫掩，記誦之陋，漫無家法，易爲剽竊也。然而專門之精，與剽竊之陋，別具心裁，不嫌貌似也。其相判也，蓋在幾希之間，則別擇之不可不愼者也。[四六]

通史之修，其便有六：一曰免重複，一曰均類例，三曰便銓配，四曰平是非，五曰去牴牾，

六曰詳鄰事。其長有二：一曰具翦裁，二曰立家法。其弊有三：一曰無短長，二曰仍原題，三曰忘標目。何謂免重複？夫鼎革〔四七〕之際，人物事實，同出並見。勝國無徵，新王興瑞，〔四八〕即一事也。前朝草竊，新主前驅，〔四九〕即一人也。董卓、呂布、范、陳各爲立傳，〔五〇〕禪位册詔，梁、陳並載全文，〔五一〕所謂複也。《通志》總合爲書，事可互見，文無重出，不亦善乎？何謂均類例？夫馬立《天官》，班創《地理》，〔五二〕《齊志·天文》不載推步，〔五三〕《唐書·藝文》不叙淵源；〔五四〕依古以來，參差如是。鄭樵著《略》，雖變史志章程，自成家法；但六書七音，原非沿革，昆蟲草木，何嘗必欲易代相仍乎？〔五五〕惟通前後而勒成一家，則例由義起，自就隱括。〔五六〕《隋書·五代史志》，〔五七〕梁、陳、北齊、周、隋。終勝沈、蕭、魏氏之書矣。沈約《宋志》，蕭子顯《南齊志》，魏收《魏志》，皆參差不齊也。何謂便銓配？包羅諸史，制度相仍。惟人物挺生，各隨時世。自后妃宗室，標題著其朝代，至於臣下，則約略先後，以次相比。《南、北史》以宗室分冠諸臣之上，以爲識别，歐陽《五代史》，始標别朝代。然子孫附於祖父，世家會聚宗支。《南、北史》王謝諸傳，不盡以朝代爲斷。一門血脈相承，時世盛衰，亦可因而見矣。即楚之屈原，將漢之賈生同傳，周之太史，偕韓之公子同科，〔五八〕古人正有深意，相附而彰，義有獨斷，末學膚受，豈得從而妄議耶？何謂平是非？夫曲直之中，定於易代。然晉史終須帝魏，〔五九〕而周臣不立韓通，〔六〇〕雖作者挺生，而國嫌宜慎，則亦無可如何者也。惟事隔數代，而衡鑒至公，庶幾筆削平允，而折衷定矣。何謂去牴牾？斷

代爲書,各有裁制,詳略去取,亦不相妨。惟首尾交錯,互有出入,則牴牾之端,從此見矣。居攝之事,班殊於范;[六二]二劉始末,劉表、劉焉。范異於陳。[六三]統合爲編,庶幾免此。何謂詳鄰事?僭國載紀,四裔外國,勢不能與一代同其終始;而正朔紀傳,斷代爲編,則是中朝典故居全,而藩國載紀乃參半也。惟南北統史,則後梁、東魏悉其端,[六三]而五代彙編,斯吳越、荊、潭終具其紀也。[六四]凡此六者,所謂便也。何謂具翦裁?通合諸史,豈第括其凡例,亦當補其缺略,截其浮辭,平突填砌,乃就一家繩尺。若李氏《南、北》二史,文省前人,事詳往牒,故稱良史。[六五]蓋生乎後代,耳目聞見,自當有補前人,所謂憑藉之資,易爲力也。何謂立家法?陳編具在,何貴重事編摩?專門之業,自具體要。若鄭氏《通志》,卓識別裁,獨見不能任其先聲,後代不能出其規範;雖事實無殊舊錄,而辨名正物,諸子之意,寓於史裁,[六六]終爲不朽之業矣。凡此二者,所謂長也。何謂無短長?纂輯之書,略以次比,本無增損,但標題,則劉知幾所謂「學者寧習本書,怠窺新錄」者矣。[六七]何謂仍原題?諸史異同,各爲品目,作者不爲更定,自就新裁。《南史》有《孝義》而無《列女》,詳《列女》篇。[六八]《通志》稱《史記》以作時代,《通志》漢、魏諸人,皆標漢、魏,稱時代,非稱史書也。而《史記》所載之人,亦標《史記》,而不標時代,則誤仍原文也。一隅三反,[六九]則去取失當者多矣。何謂忘題目?帝王、后妃、宗室、世家,標題朝代,其別易見。臣下列傳,自有與時事相值者,見於文詞,雖無標別,但玩叙次,自見朝代。至於

《獨行》《方伎》《文苑》《列女》諸篇，其人不盡涉於世事，一例編次，若《南史》[一〇]吳逵、韓靈敏諸人，幾何不至於讀其書不知其世耶？凡此三者，所謂弊也。[一一]

《說文》訓通爲達，[一二]《爾雅》治訓詁，小學明六書，通之謂也。通者，所以通天下之不通也。古人離合撰著，不言而喻，漢人讀《書》如無《詩》，讀《詩》如無《書》，梁世以通入史裁，蓋有截然不可混合者矣。杜佑以劉秩《政典》爲未盡，而上達於三五，《典》之所以名通也。[一三]奈何魏了翁取趙宋一代之掌故，亦標其名謂之《國朝通典》乎？[一四]既曰國朝，畫代有斷，何通之有？是亦循名而不思其義者也。六卿聯事，職官之書，亦有通之義也。奈何潘迪取有元御史之職守，亦名其書謂之《憲臺通紀》耶？[一五]又地理之學，自有專門，州郡志書，當隸外史。詳《外篇·亳州志議》。前明改元代行省爲十三布政使司，[一六]所隸府州縣衛，各有本志。使司幅員既廣，所在府縣，懼其各自爲書，未能一轍也，於是哀合所部，別爲通志。通者，所以通府縣州衛之各不相通也。奈何修通志者，取府、州、縣、山、川、人、物，分類爲編，以府領縣，以縣領事實人文，摘比分標，不相聯合？如是爲書，則讀者但閱府縣本志可矣，又何所取於通哉？[一七]夫通史人文，上下千年，然而義例所通，則隔代不嫌合撰。使司所領，不過數十州縣，而斤斤分界，惟恐越畔爲虞，良由識乏通材，遂使書同胥史矣。[一八]

〔一〕劉咸炘《識語》:「此篇專論史法,乃先生之大計。不可通者各歸其分,可通者歸於大原;不可通者勿強通,可通者勿自蔽;乃先生學説之大本,亦即此書所以名爲通義也。」按章氏《庚辛間草》有《釋通》《答客問》等篇,則作於乾隆五十五年與五十六年之間。盧江何氏鈔本,原題下注「經」字,蓋以《申鄭》《答客問》諸篇乃所以申發本篇之義也。

〔二〕《易·同人》象辭文,注:「君子以文明爲德。」疏云:「惟君子之人,於同人之時,能以正道通達天下之志。」

〔三〕《周書·吕刑》文。僞孔傳:「重,即羲。黎,即和。堯命羲、和世掌天地四時之官,使人不擾,各得其序,是謂絶地天通。言天神無有降地,地祇不至於天,明不相干。」

〔四〕《詩·大雅·皇矣》:「帝謂文王,無然畔援。」毛傳:「無是畔道,無是援取。」鄭箋:「畔援,猶跋扈。」

〔五〕見《書教上》注〔三〕。

〔六〕見《史釋》篇注〔三〕。

〔七〕見《博約下》注〔四〕。

〔八〕《易·繫辭下》:「雜物撰德。」疏:「言雜聚天下之物,撰數衆人之德。」同文共軌,見《詩教上》注〔六八〕。

〔九〕語見《漢書·藝文志》。《春秋》分爲五,韋昭曰:「謂左氏、公羊、穀梁、鄒氏、夾氏也。」《詩》分爲四,

〔一〇〕韋昭曰：「謂毛氏、齊、魯、韓也。」

〔一一〕《爾雅》，見《經解上》注〔三八〕。見郭璞《爾雅序》文。絕代離辭，不同時代之異詞，實同詞異。

〔一二〕《漢書·藝文志·六藝略》：《孝經》類：「《五經雜議》十八篇，石渠論。」又《韋玄成傳》：「宣帝召拜玄成為淮陽中尉，是時王未就國。玄成受詔與太子大傅蕭望之及《五經》諸儒雜論同異于石渠閣，條奏其對。」

〔一三〕劉向校經，見《書教上》注〔一四〕。按孔穎達《禮記正義》於每篇題下，皆有「按鄭《目錄》云云」一段，而鄭錄每篇皆有「此於《別錄》屬某某」一語，是劉向編錄有分類而鄭引之。其類之可考見者，一通論，二制度，三喪服，四吉禮或吉事，五祭祀，六子法或世子法，七樂記，八明堂或明堂陰陽。此所謂以類相從，義非專一也。又按《正義》引鄭《目錄》，於《檀弓》《禮運》《玉藻》《大傳》《學記》《經解》《哀公問》《仲尼燕居》《孔子閒居》《坊記》《中庸》《表記》《緇衣》《儒行》《大學》諸篇，並云：「此於《別錄》屬通論。」

〔一四〕按此節通義所昉。

〔一五〕《後漢書·儒林傳》「建初中，大會諸儒於白虎觀，考詳同異，連月乃罷，肅宗親臨稱制，如石渠故事，顧命史臣，著為《通義》。」《班固傳》：「天子會諸儒，講論《五經》，作《白虎通德論》，令固撰集其事。」《隋書·經籍志》《論語》類：「《白虎通義》六卷。」《唐志》同。《中興書目》及《崇文總目》稱十卷，凡四十四門。建初，漢章帝年號。

〔一五〕《後漢書‧應奉傳》：「應劭字仲遠，撰《風俗通》，以辯物類名號，釋時俗嫌疑。文雖不典，後世服其洽聞。」《隋志》《唐志》《風俗通義》三十卷。《書錄解題》：「今惟存十卷。」劭《自序》：「至於俗間行語，衆所共傳，積非習貫，莫能原察。私懼後進益以迷昧，聊以不才，舉爾所知，方以類聚，凡一十卷，謂之《風俗通義》。言通於流俗之過謬，而事該之於義理也。」

〔一六〕《容齋五筆‧(卷六)經解之名》：「晉唐至今，諸儒訓釋六經，否則自立佳名，蓋各以百數，其書曰傳曰章句而已。若戰國迄漢，則其名簡雅。一曰故。故者，通其指義也。《書》有《夏侯解故》，《詩》有《魯故》《后氏故》《韓故》也。《毛詩故訓傳》顏師古謂：『流俗改故訓傳爲詁字，失真耳。』小學有杜林《蒼頡故》。二曰微。如《春秋》有《左氏微》《鐸氏微》《張氏微》《虞卿微傳》。三曰通。如注丹《易》通論，名爲《洼君通》，班固《白虎通》，應劭《風俗通》，唐劉知幾《史通》，韓滉《春秋通》。凡此諸書，惟《白虎通》《風俗通》僅有耳。又如鄭康成作《毛詩箋》，申明傳義，他書無用此字者。《論語》之學，但曰《齊論》《魯論》《張侯論》，後來皆不然也。」

〔一七〕見《經解中》注〔三〕。

〔一八〕《隋書‧經籍志》：「《春秋左氏經傳集解》三十卷，杜預撰。《春秋穀梁傳》十二卷，范甯集解。《論語》十卷，何晏集。《周易》荀爽《九家注》十卷。集注《毛詩》二十四卷，梁崔靈恩注。集注《喪服經傳》一卷，晉孔倫撰。集注《喪服經傳》一卷，宋裴松之撰。《五經異義》十卷，後漢許慎撰。

〔一九〕《隋書·經籍志一》：「《六藝論》一卷，鄭玄撰。《聖證論》十二卷，王肅撰。」《舊唐書·經籍志》經解類：「《匡謬正俗》八卷，唐祕書監顏籀師古撰。」《宋史·藝文志》經解類：「丘光庭《兼明書》三卷。」按丘光庭，五代烏程人，官太學博士。

〔二〇〕《國語》，見《書教下》注〔二五〕。《書錄解題》春秋類云：「自班固志《藝文》，有《國語》二十一篇，左丘明所著，至今與《春秋傳》並行，號爲外傳。今考二書雖相出入，而事辭或多異同，文體亦不類，意必非出一人之手也。」《漢志·春秋類》：「《戰國策》三十三篇，記《春秋》後。」《書錄解題》雜史類云：「《戰國策》三十卷，司馬遷《史記》所本，劉向所校者也。但無撰人名氏，後漢高誘注。自東周至中山十二國，凡三十三篇。」

〔三一〕《漢書·司馬遷傳》：「欲以究天人之際，通古今之變，成一家之言。」其自名一子之意可見。洪頤煊《書史記後》云：「《太史公自序》『著十二本紀，十表，八書，三十世家，七十列傳，凡百三十篇，五十二萬六千五百字，爲《太史公書序》，略以拾遺補藝，成一家言』。據此，則書名《太史公》。」或曰：「『遷外孫楊惲所稱』其說非也。桓譚云：『遷所著書成，以示東方朔，朔皆署曰《太史公》』。」《漢書·藝文志》「《太史公》百三十篇，馮商所續《太史公》七篇」，《東平思王傳》『上書求諸子及《太史公書》』，《後漢書·竇融傳》『賜融《太史公·五宗·外戚世家·魏其侯列傳》』，《楊終傳》

『受詔刪《太史公書》』，王充《論衡》、葛洪《抱朴子》引《太史公記》，皆其舊題如此。至《隋書·經籍志》始云：『《史記》一百三十卷，目錄一卷，漢中書令司馬遷撰。』當由六朝本改題。迄今遂相承而不變矣。」(《筠軒文鈔》卷二)

〔三二〕《漢書》卷二十七爲《五行志》，多採劉向、許商《五行傳記》所述，上及春秋、戰國。卷二十八爲《地理志》，多採《夏書·禹貢》《周官·職方》之說。

〔三三〕《梁書·武帝紀》：「太清二年，《通史》成，躬製贊序，凡六百卷。」《史通·六家》：「梁武帝勅其群臣，上自太初，下終齊室，撰成《通史》六百二十卷。其書自秦以上，皆以《史記》爲本，而別採他說，以廣異聞。至兩漢以還，則全錄當時紀傳，而上下通達，臭味相依。又吳、蜀二主皆入世家，五胡及拓拔氏，列於《夷狄傳》。大抵其體皆如《史記》，其所爲異者，唯無表而已。」按《新·舊唐志》皆作六百二十卷，疑有目錄二卷在内。《史通》六百二十卷，疑爲六百二卷之譌。《隋志》作四百八十卷，與諸書皆不合，未知其審也。

〔三四〕見《書教中》注〔二七〕。

〔三五〕見《文集》注〔三０〕。

〔三六〕《通典》，見《書教中》注〔三二〕。《舊唐書·劉知幾傳》：「子秩字祚卿，官至閬州刺史。著《政典》三十五卷。」

〔三七〕荀悦、袁宏，見《書教下》注〔三六〕。《資治通鑑》見《書教下》注〔三七〕。

釋通

四四三

〔二八〕《文選》，見《書教中》注〔三〇〕。《文苑》，見《詩教上》注〔三九〕。

〔二九〕《新唐書·藝文志》總集類：「裴潾《太和通選》三十卷。」

〔三〇〕《新唐書·藝文志》正史類：「《高氏小史》一百二十卷，高峻初六十卷，其子迥釐益之，非高氏本書。」《書錄解題》云：「峻，元和人，則其書當止於順德之間。其止於唐末者，殆後人附益之。」

〔三一〕《新唐書·藝文志》正史類：「姚康復《統史》二百卷。」

〔三二〕《新唐書·藝文志》正史類：「鄧元錫《函史》上編九十五卷，下編二十卷。」《書錄解題》《四庫提要》別史類：「《路史》四十七卷，宋羅泌撰。凡《前紀》九卷，述太初三皇、陰康、無懷之事。《後紀》十四卷，述太昊至夏履癸之事。《國名紀》八卷，述上古至三代諸國姓氏地理，下迄兩漢之末。《發揮》六卷，《餘論》十卷，皆辨難考證之文。」

〔三三〕《明史·藝文志》正史類：「鄧元錫《函史》上編八十卷，下編二十一卷，明鄧元錫撰。是編蓋仿鄭樵《通志》而作，上編即其紀傳，下編即其二十略也。」按所載卷數不同。

〔三四〕《隋書·經籍志》正史類：「《古史考》二十五卷，晉義陽亭侯譙周撰。」《書錄解題》別史類：「《古史》六十卷，眉山蘇轍撰。因馬遷之舊，上觀《詩》《書》，下考《春秋》及秦、漢雜錄，為七本紀，十六世家，三十七列傳。」《四庫提要》紀事本末類：「《繹史》一百六十卷，清馬驌撰。是編纂錄開闢至秦末之事。首為世系圖表，不入卷數，次太古十卷，次三代二十卷，次春秋七十卷，次戰國十五卷，次外錄十卷。仿袁樞《紀事本末》之例，每逢一事，各立標題，詳其始末。」

〔三五〕《宋史·藝文志》編年類：「范質《五代通錄》六十五卷。」

〔三六〕《宋史·藝文志》編年類：「熊克《九朝通略》一百六十八卷。」

〔三七〕《舊唐書·經籍志》正史類：「《南史》八十卷，《北史》一百卷，李延壽撰。」又《李延壽傳》：「延壽，貞觀中補崇賢館學士，嘗刪補宋、齊、梁、陳及魏、齊、周、隋八代史，謂之《南·北史》，凡一百八十卷。」《書錄解題》別史類云：「初，延壽父大師，多識舊事，常以宋、齊、梁、陳、魏、齊、周、隋，天下分隔，南謂北爲索虜，北謂南爲島夷，詳略訾美失傳。思所以改正刊究，未成而没。延壽追終先志，凡八代，合二書爲百八十篇。其書頗有條理，删落釀辭，過本書遠甚。」

〔三八〕《宋史·藝文志》正史類：「薛居正《五代史》一百五十卷。歐陽修《新五代史》七十四卷。」

〔三九〕《風俗通義》，見上。《後漢書·蔡邕傳》：「蔡邕字伯喈，陳留人，所著詩賦、碑誄、銘讚、連珠、箴弔、論議、獨斷、勸學、釋誨、叙樂、女訓、篆勢、祝文、章表、書記，凡四百篇，傳於世。」《書錄解題》禮注類：「《獨斷》二卷，漢議郎蔡邕撰。記漢代制度、禮文、車服及諸帝世次，而兼及前代禮樂。」

〔四〇〕清張伯行依朱子所編《程氏遺書》次第，爲《二程語錄》十八卷。《朱子語錄》，見《朱陸》注〔五八〕。

〔四一〕見《文集》注〔二〇〕。

〔四二〕見《傳記》注〔三三〕。

〔四三〕《七略》見《書教上》注〔一四〕。四部，見《文集》注〔一五〕。

〔四四〕《漢書·儒林傳》：「費直字長翁，東萊人，治《易》爲郎，至單父令。長於卦筮，亡章句，徒以《彖》

釋通

四四五

《象》《繫辭》十篇(二字應在《文言》下)《文言》解說上下經。琅邪王璜平中能傳之。」又:「申公歸魯,退居家教,終身不出門,復謝賓客,獨王命召之乃往。弟子自遠方至,受業者千餘人。申公獨以《詩經》為訓故以教,亡傳。」師古曰:「口說其指,不為解說之傳。」按《漢志》《詩》類有《魯故》二十五卷。《易》類於叙中言費氏經與古文同,而不著於錄。

〔四五〕《日知錄》(卷十八):「自朱子作《大學》《中庸章句》、《或問》,《論語》《孟子集注》之後,於是陳氏櫟作《四書發明》,胡氏炳文作《四書通》,而倪氏士毅合二書為一,頗有刪正,名曰《四書輯釋》。自永樂中,命儒臣纂修《四書大全》,頒之學官,而諸書皆廢。倪氏《輯釋》,今見於劉用章所刻《四書通義》中,《大全》特小有增刪,其詳其簡,或多不如倪氏。《大學》《中庸或問》則全不異,而間有舛誤。至《春秋大全》則全襲元人汪克寬《胡傳纂疏》,但改其中愚按二字為汪氏曰,及添廬陵李氏等一二條而已。《詩經大全》則全襲元人劉瑾《詩經通釋》,而改其中愚按二字為安成劉氏曰。其三經,後人皆不見舊書,亦未必不因前人也。」

〔四六〕按此節論通義之流變。

〔四七〕《易·雜卦》:「革,去故也。鼎,取新也。」故王者易姓受命謂之鼎革。

〔四八〕《周禮·秋官》:「士師祭勝國之社稷,則為之尸。」賈疏:「據周勝殷謂之勝,據殷亡即云亡國。」鄭注:「據周勝殷謂之勝,據殷亡即云亡國。」鄭注:「徵,或為證。」《抱朴子》:「王者德及天,則有天瑞;德及地,則有地瑞。」後世稱所滅之國為勝國。《禮記·中庸》:「杞不足徵。」鄭注:「徵,猶明也。」又:「雖善無徵。」鄭注:「徵,或為證。」

〔四九〕《尚書·微子》：「殷罔不大小，好草竊姦宄。」江聲《尚書集注音疏》：「莠害苗爲草竊。」《詩·魏風·伯兮》：「伯也執殳，爲王前驅。」孔疏：「前驅在車之右，有勇力以用五兵。」

〔五〇〕范曄《後漢書·董卓傳》在卷一百二，《呂布傳》在卷一百五。陳壽《三國志》，《董卓傳》在卷六，《呂布傳》在卷七。

〔五一〕《梁書·敬帝紀》：「太平二年冬十月辛未，詔曰：『五運更始，三正迭代，司牧黎庶，是屬聖賢；用能經緯乾坤，彌綸區宇，大庇黔首，闡揚洪烈，革晦以明，積代同軌，百王踵武，咸此由則』云云。此敬帝傳位詔，又載於《陳書·高祖紀》。

〔五二〕《史記·天官書》在卷二十七，《漢書》改稱《天文》；《漢書·地理志》在卷二十八，《後漢書》改稱《郡國》。

〔五三〕蕭子顯《南齊書·天文志》專志本朝象變，不載推步，劉知幾謂其「寸有所長，賢於班、馬」。（《史通·書志》推步，見《書教下》注〔三五〕。

〔五四〕浦起龍曰：「《藝文》之志，始自漢班，硎谷灰燼，藜照叢殘，有幸心焉。陳、范以還，斯志中絶。唐初勑撰《隋書》，于、李、顔、孔分編史志，復有《經籍》之目。」（《史通·書志》按語）按《舊唐書·經籍志》，《新唐書·藝文志》只載書目，各類淵源概從略。

〔五五〕《通志》二十略有《六書略》《七音略》《昆蟲草木略》。

〔五六〕何休《公羊傳序》：「故遂隱括使就繩墨焉。」疏：「隱謂隱審，括謂檢括。」

〔五七〕《書錄解題》正史類：「《隋書》八十五卷，唐祕書監魏徵、顏師古等撰。其十志，高宗時始成。上總梁、陳、齊、周之事，俗號《五代志》。」

〔五八〕《史記》屈原與賈生合傳，蓋以屈、賈同遭貶斥。老、莊與申、韓合傳，蓋以老、莊之學，流而爲申、韓。老聃爲周守藏室史，故云周之太史。韓非，韓之諸公子也。

〔五九〕《晉書》，見《言公下》注〔三九〕。晉史舊有十八家，以晉受魏禪，多尊魏稱帝；獨習鑿齒《漢晉春秋》以蜀爲正統。

〔六〇〕歐陽修《新五代史》不立韓通傳，爲本朝地也。《書錄解題》：「修曰：『昔孔子作《春秋》，因亂世而立法，余爲本紀，以治法而正亂君。』發論必以嗚呼，曰：此亂世之書也。諸臣止事一朝，曰某臣傳，其更事歷代者曰雜傳，尤足以爲世訓。」然不爲韓瞠眼立傳，識者有以見作史之難。按韓通之死，太祖猶未踐極也，其當在《周臣傳》，明矣。惟王皡《唐餘雜史》以入《忠義傳》云。」《困學紀聞》卷十四：「我藝祖贈韓通中書令，制曰：『易姓受命，王者所以徇至公。殉難不苟，人臣所以明大節。』大哉王言！表忠義以厲臣節，英主之識遠矣。歐陽公《五代史》不爲韓通立傳，劉原父譏之曰：『如此是第二等文字。』」翁元圻注引宋孫穀祥《野老紀聞》云：「子瞻問歐陽公曰：『《五代史》可傳否？』公曰：『修於此竊有善善惡惡之志。』蘇公曰：『韓通無傳，惡得爲善善惡惡？』公默然。通，周臣也。陳橋兵變，歸戴永昌，通擐甲誓師，出抗而死。」按韓通見《宋史》卷四百八十四《周三臣傳》。

〔六一〕漢孝平帝崩，立宣帝玄孫子嬰爲嗣，王莽居攝踐祚，如周公故事。居攝三年，改元初始，莽自稱新皇帝，事詳《漢書·王莽傳》。《後漢書·光武紀》自王莽地皇四年起敘，無一語及居攝。蓋班書成於東京，彰莽穢德，勢所必然；而范書修在宋代，事隔兩朝，固無庸贅也。

〔六二〕范曄《後漢書·劉表傳·劉焉傳》，敘述較詳；陳壽《三國志》二傳敘述較略，是兩書詳略不同所致。

〔六三〕南朝梁時蕭詧降魏，封梁王，旋稱帝江陵，史稱後梁。後魏之末，宇文泰奉文帝寶炬入長安，爲西魏。而高歡則奉孝靜帝善見遷鄴，爲東魏。李延壽《南、北史》備其始末。

〔六四〕唐末錢鏐爲鎮海節度使，并兩浙地，後梁封爲吳越王，凡四主，八十四年。高季興陝州人，後梁太祖時，爲荊南節使，後唐時，封南平王。五傳爲宋所滅。馬殷居長沙，奄有湖南及廣西東部，稱楚國王，後爲南唐所滅。三國始末，並列入《新五代史》世家中。

〔六五〕李延壽《南史》《北史》，見上。司馬光稱「延壽之書，乃近世之佳史，雖於機祥小事，無所不載，然敘事簡淨，比之南北正史，無繁冗蕪穢之辭。陳壽之後，惟延壽可以亞之。」（《貽劉道原書》）

〔六六〕鄭樵《通志》見上。《易·繫辭下》：「辨物正言。」《正義》：「謂辨天下之物，各以類正定言之。若辨健物，正言其龍，若辨順物，正言其馬，是辨物正言也。」《通志》寓諸子之意於史裁，別詳於《申鄭》，茲不具引。

〔六七〕語見《史通·六家》《史記》家。以梁武帝《通史》、元魏濟陰王暉業《科錄》規摹《史記》而病蕪累，故云。

〔六八〕按《通義》無《列女》篇,文見《永清縣·列女傳序例》,詳下。

〔六七〕《論語·述而》:「子曰:『不憤不啟,不悱不發,舉一隅不以三隅反,則不復也。』」

〔七〇〕《永清縣志·列女傳序例》:「李延壽《南、北》二史,同出一家,《北史》仍《魏》《隋》之題,特著《列女》;《南史》因無列女原題,乃以蕭矯妻羊以下,雜次孝義之篇,遂使一卷之中,男女無區別,又非別有取義,是直謂之繆亂而已。」(《通義》外篇卷七)

〔七一〕按此節論通史之利病。

〔七二〕《說文》辵部:「通,達也。從辵,甬聲。」

〔七三〕李翺《答王載言書》云:「六經之詞也,創意造言,皆不相師。故其讀《春秋》也,如未嘗有《詩》也;其讀《詩》也,如未嘗有《易》也;其讀《易》也,如未嘗有《書》也。」

〔七四〕《通典》,見《書教中》注〔三〕。《郡齋讀書志》:「先是,劉秩採經史,自黃帝迄唐天寶末,制度沿革廢置,論議得失,倣《周禮》六官法,爲《政典》三十五篇,房琯稱其才過劉向。(杜)佑以爲未盡,因廣之,參以新禮,爲二百卷。以食貨、選舉、職官、禮樂、刑法、州郡、邊防八門,分類序載,世稱該洽,凡三十六年成書,德宗時上之。」《東坡志林》:「世之言兵者,咸取《通典》。《通典》雖杜佑所集,然其源出於劉秩。」

〔七五〕魏了翁見《朱陸》篇注〔四〕。《書錄解題》典故類:「《國朝通典》二百卷,不著名氏,或言魏鶴山所爲。似方草創,未成書也。」

〔一六〕錢大昕《元史藝文志》職官類：「潘迪《憲臺通紀》二十三卷。」潘迪，元元城人，博學能文，歷官國子司業，集賢學士。著有《易》《春秋》《學》《庸》《述解》《格物類編》《六經發明》。

〔一七〕元時設中書省於各路，稱爲行省。明太祖分全國爲十三布政司（詳後《地理統部》注〔三〕），每司置布政使，掌理全省之民政財政。

〔一八〕參看《方志辨體》（劉刻《遺書》卷第十四）。

〔一九〕《宋史·張亢傳》：「胥史有鈔錄之勞，官吏無商略之暇。」胥史，謂胥鈔也。按此節論後來通史之失。

橫 通[一]

通人[二]之名，不可以概擬也，有專門之精，有兼覽之博。各有其不可易，易則不能爲良；各有其不相謀，謀則不能爲益。然通之爲名，蓋取譬於道路，四衝[三]八達，無不可至，謂之通也。亦取其心之所識，雖有高下、偏全、大小、廣狹之不同，而皆可以達於大道，故曰通也。然亦有不可四衝八達，不可達於大道，而亦不得不謂之通，是謂橫通。橫通之與通人，同而異，近而遠，合而離。

老賈善於販書，舊家富於藏書，好事勇於刻書，皆博雅名流所與把臂入林者也。[四]禮失求野，[五]其聞見亦頗有可以補博雅名流所不及者，固君子之所必訪也。然其人不過琴工碑匠，藝業之得接於文雅者耳。所接名流既多，習聞清言名論，而胸無智珠，則道聽塗說，根底之淺陋，亦不難窺。[六]周學士長發，[七]以此輩人謂之橫通，其言奇而確也。故君子取其所長，而略其所短，譬琴工碑匠之足以資用而已矣。無如學者陋於聞見，接橫通之議論，已如疾雷之破山，[八]遂使魚目混珠，清流[九]無別。而其人亦遂嚚然自命，不自知其通之出於橫也。江湖揮麈，[一〇]別開琴工碑匠家風，君子所宜愼流別也。

徐生善禮容，制氏識鏗鏘；[一一]漢廷討論禮樂，雖宿儒耆學，有不如徐生、制氏者矣。議禮

樂者，豈可不與相接？然石渠天祿之議論，[一二]非徐生、制氏所得參也。此亦禮樂之橫通者也。橫通之人可少乎？不可少也。用其所通之橫，以佐君子之縱也。君子亦不沒其所資之橫也。則如徐生之禮容，制氏之鏗鏘，爲補於禮樂，豈少也哉？無如彼不自知其橫也，君子亦不察識其橫也，是禮有玉帛，而織婦琢工，可參高堂之座，[一三]樂有鐘鼓，而鎔金制革，可議河間之記也。[一四]故君子不可以不知流別，而橫通不可以強附清流，斯無惡矣。

評婦女之詩文，則多假借；作橫通之序跋，則多稱許。一則憐其色，一則資其用也。設如試院之糊名易書，[一五]俾略知臭味之人，詳晰辨之，有不可欺者矣。雖然，婦女之詩文，不過風雲月露，其陋易見。橫通之序跋，則稱許學術，一言爲智爲不智，[一六]君子於斯，宜有慎焉。

橫通之人，無不好名。好名者，陋於知意者也。[一七]其所依附，必非第一流也。有如師曠之聰，[一八]辨別通於鬼神，斯惡之矣。故君子之交於橫通也，不盡其歡，不竭其忠，[一九]爲有試之譽，[二〇]留不盡之辭，則亦足以相處矣。[二一]

〔一〕 按本篇蓋譏當時目錄版本之學。作於嘉慶五年庚申，以《庚申雜訂》有《書原性篇後》及《橫通》諸篇也。

〔二〕 見《朱陸》注[五六]。

〔三〕 《說文》：「衝，通道也。」《漢書·酈食其傳》：「夫陳留天下之衝，四通五達之郊也。」

〔四〕博雅，見《朱陸》注〔八〕。《世說新語·品藻》：「孫興公、許玄度皆一時名流。」名流，名士之流也。

〔五〕《漢書·藝文志》：「仲尼有言，禮失而求諸野。」師古曰：「言都邑失禮，則於外野求之，亦將有獲。」又《賞譽》：「謝公道豫章（謝鯤）若遇七賢，必自把臂入林。」

〔六〕智珠，喻本性之敏達也。張祜《贈志凝上人》詩：「願爲塵外契，一就智珠明。」《論語·陽貨》：「道聽而塗說，德之棄也。」

〔七〕《清史列傳·文苑傳二》：「周長發字蘭坡，浙江山陰人。雍正二年進士，改翰林院庶吉士，出知江西廣昌縣，改樂清教諭。乾隆元年，召試博學鴻詞，授檢討，累遷侍讀學士，以事降侍講。少刻勵爲詩文，才華敏捷。博聞強記，與修《綱目》《皇朝文類》，校刊《遼史》《續文獻通考》《詞林典故》諸書。著有《賜書堂集》。」

〔八〕《莊子·齊物論》：「疾雷破山，風振海，而不能驚。」

〔九〕魚目，見《說林》注〔一〇〕。清流，謂名士也。《三國志·陳群傳》：「陳群動仗名義，有清流雅望。」

〔一〇〕《晉書·王衍傳》：「衍妙善玄言，唯談《老》《莊》爲事，每捉玉柄麈尾，與手同色。」麈尾，拂塵也。

〔一一〕《漢書·儒林傳》：「漢興，魯高堂生傳《士禮》十七篇。而魯徐生善爲頌（同容）。孝文時，徐生以頌爲禮官大夫，傳子至孫延、襄。襄其資性善爲頌，不能通經。延頗能，未善也。襄亦以頌爲大夫，至廣陵内史。延及徐氏弟子公户滿意、桓生、單次皆爲禮官大夫，而徐氏以頌爲禮官大夫，世世在太樂官。但能紀其鏗鏘鼓舞，而不能言其義。」又《禮樂志》：「漢興，樂家有制氏，以雅樂聲律，世世在太樂官，但能紀其鏗鏘鼓舞，而不能言其義。」

〔二〕見《書教上》注〔一六〕。

〔三〕謂魯高堂生所傳《士禮》。

〔四〕《漢書·藝文志》：「武帝時，河間獻王好儒，與毛生等共采《周官》及諸子言樂事者，以作《樂記》，獻八佾之舞，與制氏不相遠。」

〔五〕《新唐書·選舉志下》：「初試選人皆糊名，令學士考判。武后以爲非委任之方，罷之。」宋吳曾《能改齋漫錄》卷一二：「取士至仁宗始有糊名考校之律，雖號至公，尚未絕其弊。其後袁州人李夷賓上言，請別加謄録，因著爲令，而後認識字畫之弊始絕。」

〔六〕《論語·子張》：「子貢曰：『君子一言以爲知（同智），一言以爲不知，言不可不慎也。』」

〔七〕《史記·五帝本紀》：「非好學深思，心知其意，固難爲淺見寡聞者道也。」

〔八〕見《孟子·離婁上》。趙岐注云：「師曠，晉平公之樂太師也。其聽至聰。」

〔九〕《禮記·曲禮上》：「君子不盡人之歡，不竭人之忠，以全交也。」

〔二〇〕《論語·衛靈公》：「子曰：『吾之於人也，誰毀誰譽？如有所譽者，其有所試矣。』」

〔二一〕按劉刻《遺書》本此下尚有一節，茲録如下：「辛亥修《麻城縣志》，有呈《食貨志》稿者，內論市行經紀，（原注，即市司評物者也。）乃曰：『貧人荒年，需升斗活八口家，與錢不如數，睫毛長一尺，無顧盼情，出百錢爲壽，輒強顔作鸕鷀笑。』此乃《聊齋誌異》小說內譏貪鄙教官者。其人竊以責行市經紀，則風馬牛矣。此公以藏書之富著名者也。」

繁 稱[一]

嘗讀《左氏春秋》，而苦其書人名字，不爲成法也。[二]夫幼名，冠字，五十以伯仲，死謚，周道也。[三]此則稱於禮文之言，非史文述事之例也。左氏則隨意雜舉，而無義例；且名字謚行以外，更及官爵封邑，一篇之中，錯出互見；苟非注釋相傳，有受授至今，不復識爲何人。是以後世史文，莫不鑽仰左氏，而獨於此事，不復相師也。[四]

史遷創列傳之體，列之爲言，排列諸人爲首尾，所以標異編年之傳也。[五]然而列人名目，亦有不齊者，或爵，淮陰侯之類。或官，李將軍之類。或直書名，雖非左氏之錯出，究爲義例不純也。或曰：遷有微意焉。夫據事直書，善惡自見，《春秋》之意也。必標目以示褒貶，何怪沈約、魏收諸書，直以標題爲戲哉！[六]況七十列傳，稱官爵者，偶一見之，餘並直書姓名，而又非例之所當貶；則史遷創始之初，不能無失云爾。必從而爲之辭，則害於道矣。[七]

唐末五代之風詭矣，稱人不名不姓，多爲諧隱寓言，觀者乍覽其文，不知何許人也。如李曰隴西，王標瑯琊，雖頗乖忤，猶曰著郡望也。[八]莊姓則稱漆園，牛姓乃稱太牢，[九]則詼嘲諧劇，不復成文理矣。凡斯等類，始於駢麗華詞，漸於尺牘[一〇]小說，而無識文人，乃用之以記事；宜乎試牘之文，流於茁軋，[一一]而文章一道入混沌矣。[一二]

自歐、曾諸君，擴清唐末五季之詭僻，〔一二〕而宋、元三數百年，文辭雖有高下，氣體皆尚清真，斯足尚矣。而宋人又自開其纖詭之門者，則盡人而有號，一號不止，而且三數未已也。夫上古淳質，人止有名而已。周道尚文，幼名冠字。故卑行之於尊者，多避名而稱字。流及近世，風俗日靡，始則去名而稱字，漸則去字而稱號；於是卑行之於所尊，不但諱名，且諱其字，以為觸犯，豈不諂且瀆乎？孔子曰：「名不正，則言不順。」〔一六〕稱號諱字，其不正不順之尤者乎？〔一七〕

表德。〔一四〕不足而加之以號，〔一五〕則何說也？

號之原起，不始於宋也。春秋、戰國，蓋已兆其端矣。陶朱、鴟夷子皮，有所託而逃焉者也。〔一八〕鶡冠、鬼谷諸子，自隱姓名，人則因其所服所居而加之號也。〔一九〕皆非無故而云然也。

唐開元間，宗尚道教，則有真人賜號，南華、沖虛之類。〔二〇〕法師賜號，葉靖法師之類。〔二一〕女冠賜號，太真玉妃之類。〔二二〕僧伽賜號，三藏法師之類。〔二三〕三藏在太宗時，不始開元，今以類舉及之。此則二氏之徒所標榜，〔二四〕後乃逮於隱逸，陳摶、林逋之類。〔二五〕尋播及於士流矣。然出朝廷所賜，雖非典要，猶非本人自號也。度當日所以榮寵之意，已死者同於諡法，未死者同於頭銜，蓋以空言相賞而已矣。〔二六〕

自號之繁，倣於郡望，而沿失於末流之已甚者也。蓋自六朝門第爭標郡望，凡稱名者，不用其人所居之本貫，而惟以族姓著望，冠於題名，此劉子玄之所以反見笑於史官也。〔二七〕沿之

繁稱

四五七

既久，則以郡望爲當時之文語而已矣。既以文語相與鮮新，則爭奇弔詭，[二八]名隨其意，自爲標榜。故別號之始，多從山泉林藪以得名，此足徵爲郡望之變，而因託於所居之地者然也。漸乃易爲堂軒亭苑，則因居地之變，而反託於所居之室者然也。初或有其室，而後乃不必有其地者，造私臆之山川矣。初則因其地，而後乃不必有其室者，構空中之樓閣[二九]矣。識者但知人心之尚詭，而不知始於郡望之濫觴，是以君子惡夫作俑也。[三〇]

峰泉溪橋，樓亭軒館，亦既繁複而可厭矣，乃又有出於諧聲隱語，[三一]此則宋、元人之所未及開，而其風實熾於前明至近日也。或取字之同音者爲號，或取字形離合者爲號。夫盜賊自爲號者，將以惑衆也。赤眉、黃巾，其類甚多。娼優自爲號者，將以媚客也。燕鶯娟素之類甚多。而士大夫乃反不安其名字，而紛紛稱號焉，其亦不思而已矣。

逸囚多改名，懼人知也。出婢必更名，易新主也。[三二]故屢逸之囚，轉賣之婢，其名必多，所謂無如何也。文人既已架字而立號，苟有寓意，不得不然，一已足矣。顧一號不足，而至於三且五焉。噫！可謂不憚煩矣。

古人著書，往往不標篇名。後人較讎，[三三]即以篇首字句名篇。不標書名，後世較讎，即以其人名書，此見古人無意爲標榜也。其有篇名書名者，皆明白易曉，未嘗有意爲弔詭也。然而一書兩名，先後文質，未能一定，則皆較讎諸家，易名著錄，相沿不察，遂開歧異；初非著書之

人，自尚新奇，爲弔詭也。[三五]

有本名質而著錄從文者，有本名文而著錄從質者，有書本全而爲人偏而爲人全稱者，學者不可不知也。本名質而著錄從文者，《老子》本無經名，而書尊《道德》；[三六]《莊子》本以人名，而書著《南華》之類，是也。唐則勑尊《南華眞經》，在開元時《隋志》已有《南華》之目。[三七]本名文而著錄從質者，劉安之書，本名《鴻烈解》，而《漢志》但著《淮南內外》；[三八]觕通之書，本名《雋永》，而《漢志》但著《觕通》本名《雋永》，見本傳，與志不符。書名本全而爲人偏舉者，《呂氏春秋》有十二紀、八覽、六論，而後人或稱《呂覽》；[四〇]《屈原》二十五篇，《離騷》特其首篇，而後世竟稱《騷賦》劉向之《楚辭》，後世遂爲專部。之類是也。書名本偏而爲人全稱者，《史記》爲書策紀載總名，而後人專名《太史公書》；[四二]孫武八十餘篇，有圖有書，而後人即十三篇稱爲《孫子》[四三]之類，是也。此皆較讎著錄之家所當留意。已詳《較讎通義》。雖亦質文升降，時會有然，而著錄之家，不爲別白，則其流弊，無異別號稱名之弔詭矣。[四四]

子史之書，名實同異，誠有流傳而不能免者矣。集部之興，皆出後人綴集，故因人立名，以示誌別，東京迄於初唐，無他歧也。中葉文人，自定文集，往往標識集名，《會昌一品》、元白《長慶》[四五]之類，抑亦支矣。然稱舉年代，猶之可也。或以地名，杜牧《樊川集》，獨孤及《毘陵集》之

類。[四六]或以官名，韓偓《翰林集》。[四七]猶有所取。至於詼諧嘲弄，信意標名，如《錦囊》、李松《忘筌》、楊懷玉。《披沙》、李咸用。《屠龍》、熊曒。《聲書》、沈顏。《漫編》、元結。紛紛標目，[四八]而大雅之風，不可復作矣。[四九]

子史之書，因其實而立之名，蓋有不得已焉耳。集則傳文之散著者也。篇什散著，則皆因事而發，各有標題，初無不辨宗旨之患也。故集詩集文，因其散而類為一人之言，則即人以名集，足以識矣。上焉者，文雖散而宗旨出於一，是固子史專家之遺範也。次焉者，文墨之佳，而萃為一，則亦雕龍[五〇]技曲之一得也。其文與詩，既以各具標名，則固無庸取其會集之詩文而別名之也。人心好異，而競為標題，固已侈矣。至於一各不足，而分輯前後，離析篇章，[五一]或取歷官資格，[五二]或取遊歷程途，[五三]富貴則奢張榮顯，卑微則醞釀寒酸，巧立名目，橫分字號；遂使一人詩文，集名無數，標題之錄，靡於文辭，篇卷不可得而齊，著錄不可從而約；而問其宗旨，核其文華，黃茅白葦，[五四]毫髮無殊；是宜概付丙丁，豈可猥塵甲乙者乎？[五五]歐、蘇諸集，已欠簡要，猶取文足重也。近代文集，逐狂更甚，則無理取鬧矣。

〔一〕按《史通》有《題目》，前論統名，兼編年紀傳二體言。後論篇帙題名，專主紀傳言。就中列傳名目繁多，論析尤詳。本篇前論人名，條分姓氏字號，後論書名，條分子史別集，以見稱謂繁雜之失。作年

〔二〕宋黃徹《䂬溪詩話》：「諸史列傳，首尾一律。惟左氏傳《春秋》則不然，千變萬狀，有一人稱目至數次異者。族氏、名字、爵邑、號諡，皆密布其中。」

〔三〕見《禮記·檀弓上》文。

〔四〕《論語·子罕》：「仰之彌高，鑽之彌堅。」何晏《集解》：「言不可窮盡。」按此節論左氏稱謂不一。

〔五〕《史通·列傳》：「紀者，編年也。傳者，列事也。編年者，歷帝王之歲月，猶《春秋》之經；列事者，錄人臣之行狀，猶《春秋》之傳。《春秋》則以傳解經。《史》《漢》則以傳釋紀。」是列有臚列之義，故有列一人行事而亦謂之列傳，所以標異於編年之傳記也。

〔六〕按沈約《宋書》卷九十五《索虜列傳》，即指北魏。卷九十九《二凶列傳》，即指元劭、始興王濬。並以題為戲。《史通·題目》：「至范曄舉例，始全錄姓名，歷短行於卷中，叢細字於標外，其子孫附出者，注於祖先之下，煩碎之至，孰過於此！自茲以降，多師蔚宗。魏收因之，則又甚矣。其有魏氏鄰國編於魏史者，於其人姓名之上，又列之以邦域，申之以職官。至如江東帝主，則云僭晉司馬叡，島夷劉裕。河西酋長，則云私署涼州牧張寔，私署涼王李暠。此皆篇中所具，又於卷首具列。必如收意，使其撰兩《漢書》《三國志》，題諸盜賊傳，亦當云僭西楚霸王項羽，僞寧朔王隗囂，自餘陳涉、張步、劉璋、袁術，其位號皆一一具言，無所不盡者也。」

〔七〕按此節論《史記》傳目不齊無考。

〔八〕何孟春《餘冬序錄》：「令人稱人姓必易以世望，稱官必用前代職名，稱府、州、縣必用前代郡邑名，欲以爲異。不知文字間著此何益於工拙。此不惟於理無取，且於事復有礙矣。李姓者稱隴西公，杜曰京兆，王曰琅邪，鄭曰滎陽，以一姓之望而概衆人，可乎？此其失自唐末五季間，孫光憲輩始。《北夢瑣言》稱馮涓爲長樂公，《冷齋夜話》稱陶穀爲五柳公，類以昔人之號而概同姓，尤是可鄙。」

《日知錄》卷十九《文人求古之病》條引錢大昕云：「自魏、晉以門第取士，單寒之家屏棄不齒，而士大夫始以郡望自矜。唐、宋重進士科，士既顯貴，多寄居它鄉，不知有郡望者，蓋五六百年矣。惟民間嫁娶名帖，偶一用之，言王必琅邪，言李必隴西，言張必清河，言劉必彭城，言周必汝南，言顧必武陵，言朱必沛國；其所祖何人，遷徙何自，概置弗問。此俗習之甚可笑者也。」(《十駕齋養新錄》卷十二）

〔九〕《史記·莊周傳》：「周嘗爲蒙之漆園吏。」《禮記·王制》：「諸侯無故不殺牛。」疏：「謂太牢也。」《舊唐書·牛僧孺傳》：「僧孺爲德裕所惡，目爲『太牢公』，其相憎恨如此。」

〔一〇〕古時書簡約長一尺，故曰尺牘。《漢書·陳遵傳》：「遵略涉傳記，贍於文辭，性善書，與人尺牘，主皆藏去以爲榮。」

〔一一〕試牘，試卷也。沈括《夢溪筆談》(卷九）：「嘉祐中，劉幾爲文，驟爲怪嶮之語，歐公深惡之。會公主試，有一舉人論曰：『天地軋，萬物茁，聖人發。』公曰：『此必劉幾。』戲續曰：『秀才剌，試官刷。』以大朱筆橫抹之，謂之紅勒帛。」

〔二〕按此節論唐末姓氏稱謂之繁。

〔三〕歐陽發《先公事略》：「嘉祐二年，先公知貢舉，時學者為文以新奇相尚，文體大壞。公深革其弊，一時以怪僻知名在高等者，黜落幾盡。」《宋史·歐陽修傳贊》：「三代而降，薄乎秦、漢，文章雖與時盛衰，而蔚如其言，曄如其光，皦如其音，蓋均有先王之遺烈。涉魏、晉而弊，至唐韓愈氏振起之。唐之文，涉五季而弊，至宋歐陽修又振起之。挽百川之頹波，息千古之邪說，使斯文之正氣，可以羽翼大道，扶持人心，此兩人之力也。」又《曾鞏傳贊》：「曾鞏立言於歐陽修、王安石間，紆徐而不煩，簡奧而不晦，卓然自成一家，可謂難矣。」按「擴」，應作「廓」。

〔四〕《禮記·曲禮上》：「男子二十冠而字。」《儀禮·士冠禮》：「冠而字之，敬其名也。」居父之前稱名，他人則稱字也。」《顏氏家訓·風操》：「古者名以正體，字以表德。名終則諱之。」按此下劉刻《遺書》本有「至表德」三字。

〔五〕《周禮·春官》：「太祝掌辨六號」注：「號謂尊其名，更為美稱。」

〔六〕見《論語·子路》文。

〔七〕按此節論字號之繁。

〔八〕《史記·貨殖傳》：「范蠡既雪會稽之恥，乃喟然而歎曰：『計然之策七，越用其五而得意，既已施於國，吾欲用之家。』乃乘扁舟浮於江湖，變名易姓，適齊為鴟夷子皮，之陶為朱公。」

〔九〕《漢書·藝文志》道家：「《鶡冠子》一篇。」班固自注：「楚人，居深山，以鶡為冠。」《隋書·經籍志》

〔一〇〕《唐會要》：「天寶元年二月十二日，追贈莊子南華真人。三月十九日，李林甫奏列子號沖虛真人。」

〔一一〕《唐六典》卷四：「道士修行有三號，其一曰法師，其二曰威儀師，其三曰律師」葉靖法師，未詳。

〔一二〕《新唐書・后妃傳》：「玄宗貴妃楊氏，始爲壽王妃。開元二十年，武惠妃薨，後廷無當帝意者。或言妃姿質天挺，宜充掖廷，遂召内禁中，異之。即爲出自妃意者，勾籍女官（即女冠）號太真。」

〔一三〕《舊唐書・方伎傳》：「僧玄奘，洛州偃師人，大業末，出家，博涉經論。在西域十七年，經百餘國，悉解其國之語，奘既辨博出群，所在必爲講釋論難，番人遠近咸尊伏之。貞觀十九年，歸至京師。太宗採其山川謠俗土地所有，撰《西域記》十二卷。貞觀初，隨商人往遊西域，玄奘既辨博出群⋯⋯高宗在宮，爲文德太后追福，造慈恩寺及翻經院。玄奘及高僧等入住。顯慶元年，高宗令左僕射于志寧等潤色玄奘所定之經，凡成七十五部，奏上之。六年卒，年五十六。」太宗部於弘福寺翻譯。時爲三藏法師。劉咸炘《識語》：「三藏法師，猶五經博士之稱，非特賜嘉名。此失考。」

〔一四〕《後漢書・黨錮傳》：「海内希風之流遂共相標榜。」章懷注：「標榜猶相稱揚也。榜與牓同，古字通。」惠氏補注引胡三省曰：「立表以示人曰標，揭書以示人曰榜。標榜，猶言表揭也。」

〔一五〕《宋史・隱逸傳》：「陳搏字圖南，亳州真源人。後唐長興中，舉進士不第，遂不求祿仕，以山水爲樂。居武當山九室巖，服氣辟穀，歷二十餘年，但日飲酒數杯。移華山雲臺觀。周世宗好黄白術，顯

〔二六〕按此節論賜號之繁。

〔二七〕《史通·邑里》自注:"時修國史,予被配纂《李義琰傳》。琰家於魏州昌樂,已經三代,因云:'義琰,魏州昌樂人也。'監修者大笑,以爲深乖史體。遂依李氏舊望,改爲隴西成紀人。"

〔二八〕《莊子·齊物論》:"是其言也,其名爲弔詭。"陸德明《釋文》:"弔,音的,至也。詭,異也。"指詭異。

〔二九〕翟灝《通俗編》:"《夢溪筆談》:'登州四面臨海,春夏時,遥見空際有城市樓閣之狀,土人謂之海市。'今稱言行虚構者曰空中樓閣,用此事。"

〔三〇〕《孟子·梁惠王上》:"仲尼曰:'始作俑者,其無後乎!'"趙岐注:"俑,偶人也,用之送死。仲尼重人類,謂秦穆公時以三良殉葬,本由有作俑者也。夫惡其始造,故曰此人其無後嗣乎。"按此節論别號之繁。

〔三一〕見《感遇》注〔二〇〕。

〔三二〕按此節論隱名之繁。

（三三）按此節論改號之繁。

（三四）見《篇卷》篇注〔九〕。按「較」當作「校」。菁華閣本正作校。下同。

（三五）按此節論書名之繁。

（三六）《隋書·經籍志》道家：「《老子道德經》二卷」，有河上公、王弼、鍾會、孫登、劉仲融、盧景裕諸家之注。按《漢志》有《老子鄰氏經傳》四篇、《老子傅氏經說》三十七篇、《老子徐氏經說》六篇，則《老子》稱經已見於《漢志》矣。

（三七）《隋書·經籍志》道家：「《南華論》二十五卷，梁曠撰。」

（三八）見《言公上》注〔四〇〕。

（三九）見《篇卷》篇注〔七〕。《漢書·藝文志》從橫家：「《蒯子》五篇。」

（四〇）《史記·十二諸侯年表序》：「呂不韋者，秦莊襄王相，上觀尚古，刪拾《春秋》，集六國時事，以爲八覽、六論、十二紀，爲《呂氏春秋》。」《漢書·藝文志》雜家：「《呂氏春秋》二十六篇。」《漢書·司馬遷傳》：「不韋遷蜀，世傳《呂覽》。」按諸本「紀」上敚「二」字，茲據劉刻《遺書》本補。

（四一）見《經解下》注〔三七〕。按刻《遺書》本其上有「特」字，諸本無，茲據補。

（四二）史記，本爲古史之通稱，其見於遷書中者，如《周本紀》「太史伯陽讀史記」「十二諸侯年表」「孔子論史記舊聞」，《六國表》「秦燒天下《詩》《書》，諸侯史記尤甚」，不一而足。《漢志》錄遷書於《春秋》類，稱「《太史公》百三十篇」。《隋書·經籍志》始名《史記》而著之於正史。

〔四三〕《漢書·藝文志·兵書略》：「吳《孫子》兵法八十二篇，圖九卷。」《史記·孫武傳》：「闔閭曰：『子之十三篇，吾盡觀之矣。』」《七錄》：「《孫子兵法》三卷。」《史記正義》：「十三篇爲上卷，又有中下二卷。」

〔四四〕按此節論子史之異名。

〔四五〕《新唐書·藝文志》別集類：「李德裕《會昌一品集》二十卷，又《姑臧集》五卷，《窮愁志》三卷，《雜賦》二卷。」又「《元氏長慶集》一百卷，又小集十卷。」晁氏云：「今亡其四十卷。」又：「《白氏長慶集》七十五卷。」按會昌，唐武宗年號。長慶，唐穆宗年號。

〔四六〕《唐書·藝文志》別集類：「杜牧《樊川集》二十卷。」又：「獨孤及《毘陵集》二十卷。」

〔四七〕《書目答問》：「《韓內翰別集》一卷，唐韓偓撰。」

〔四八〕《宋史·藝文志》別集類：「李松《錦囊集》三卷。」又：「楊懷玉《忘筌集》三卷。」又：「熊皦《屠龍集》五卷。」《全唐詩》小傳：「李咸用與來鵬同時，工詩不第，嘗應辟爲推官，有《披沙集》六卷。」《新唐書·藝文志》別集類：「沈顏《聱書》十卷。」《書錄解題》別集類：「《元次山集》十卷，唐容管經略使元結撰。結自號漫叟。」

〔四九〕按此節論集部標目之失。

〔五〇〕《史記·孟荀列傳》：「雕龍奭。」《集解》引《別錄》：「奭修衍之文，飾若雕鏤龍文，故曰雕龍。」

〔五一〕如《隋書·經籍志》別集類：「梁儀同三司《徐勉前集》三十五卷，《後集》十六卷。」是。

〔五二〕如《隋書·經籍志》別集類：「梁太子洗馬《王筠集》十一卷，王筠《中書集》十一卷，王筠《臨海集》十一卷，王筠《左佐集》十一卷，王筠《尚書集》九卷。」是。

〔五三〕如《國史經籍志》別集類：「劉大謨《蜀游集》六卷，陳善《黔南稿》十卷。」是。

〔五四〕見《言公下》注〔三七〕。

〔五五〕《吕氏春秋·孟夏紀》：「其日丙丁。」注：「丙丁，火日也。」言凡斯等集，皆宜付之一炬，不可列入四部也。按此節論集部詩文標目之失。

匡謬〔一〕

書之有序，所以明作書之旨也，非以爲觀美也。序其篇者，所以明一篇之旨也。至於篇第相承，先後次序，古人蓋有取於義例者焉，亦有無所取於義例者焉，約其書之旨而爲之，無所容勉強也。《周易·序卦》二篇，次序六十四卦相承之義，《乾》《坤》《屯》《蒙》而下，承受各有說焉。〔二〕《易》義雖不盡此，此亦《易》義所自具，而非強以相加也。吾觀後人之序書，則不得其解焉。書之本旨，初無篇第相仍之義例，觀於古人而有慕，則亦爲之篇序焉。猥填泛語，強結韻言，以爲故作某篇第一，故述某篇第二。自謂淮南、太史、班固、揚雄〔三〕何其惑耶？夫作之述之，誠聞命矣。故一故二，其說又安在哉？且如《序卦》，《屯》次《乾》《坤》，必有其義。盈天地間惟萬物，《屯》次《乾》《坤》之義也。《蒙》《需》以下，亦若是焉而已矣。此《序卦》之所以稱次第也。故受之以《屯》者，蓋言不可受以《需》《訟》諸卦，而必受以《屯》之故也。《蒙》《需》以下，亦若是焉而已矣。此《序卦》之所以稱次第也。後人序篇，不過言斯篇之不可不作耳。必於甲前乙後，強以聯綴爲文，豈有不可易之理，如《屯》《蒙》之相次乎？是則慕《易》序者，不如序《詩》《書》〔四〕之爲得也。《詩》《書》篇次，豈盡無義例哉？然必某篇若何而承某篇則無是也。六藝垂教，其揆一也。何必優於《易》序，而歉於《詩》《書》之序乎？趙岐《孟子篇序》，尤爲穿鑿無取。〔五〕

夫書爲象數而作者，其篇章可以象數求也。其書初不關乎象數者，必求象數以實之，則鑿矣。《易》有兩儀四象，八八相生，其卦六十有四，[六]皆出天理之自然也。《太玄》九九爲八十一，《潛虛》五五爲二十五，[七]擬《易》之書，其數先定，而後摘文，故其篇章，同於兵法之部伍，可約而計也。司馬遷著百三十篇，自謂紹名世而繼《春秋》，[八]信哉，三代以後之絶作矣。然其自擬，則亦有過焉者也。本紀十二，隱法《春秋》之十二公也。《秦紀》分割莊襄以前，別爲一卷，而末終漢武之世，爲作今上本紀，明欲分占篇幅，欲副十二之數也。[九]夫子《春秋》，文成法立，紀元十二，時世適然，初非十三已盈，十一則歉也。而治遷書者之紛紛好附會也，則曰十未能免，此類是也。然亦本紀而已，他篇未必皆有意耳。漢儒求古，多拘於迹，識如史遷，猶二本紀，法十二月也，八書法八風，十表法十干，三十世家法一月三十日，七十列傳法七十二候，百三十篇法一歲加閏，[一〇]此則支離而難喻者矣。就其說，則表法十千，紀當法十二支，豈帝紀反用地數，而王侯用天數乎？歲未及三，何以象閏？七十二候，何以缺二？循名責實，觸處皆矛盾矣。然而子史諸家，多沿其說，或取陰陽奇偶，或取五行生成，少則併於三五，多或配至百十，[一一]要必象數相符，[一二]屈原《九歌》，難合九章，[一三]近如鄧氏《函史》之老陽少陽，[一四]《景岳全書》之八方八陣，[一五]則亦幾何其不爲兒戲耶？[一六]

古人著書命篇，取辨甲乙，非有深意也。六藝之文，今具可識矣。蓋有一定之名，與無定之名，要皆取辨甲乙，非有深意也。一定之名，典、謨、貢、範之屬是也。《帝典》《皋陶謨》《禹貢》《洪範》，皆古經定名。他如《多方》《多士》《梓材》之類，皆非定名。無定之名，《風》詩《雅》《頌》之屬是也。皆以章首二字爲名。諸子傳記之書，亦有一定之名與無定之名，隨文起例，不可勝舉；其取辨甲乙，而無深意，則大略相同也。象數之書，不在其例。夫子没而微言絶，《論語》二十篇，固六藝之奧區矣。[一七]然《學而》《爲政》諸篇目，皆取章首字句標名，無他意也。《梁惠王》與《公孫丑》之篇名，或云萬章之徒所記，或云孟子自著，[一八]要亦誦法《論語》之書也。說者以爲衛靈公與季氏，乃當世之諸侯，則亦章首字句，取以標名，豈有他哉？說者不求篇内之義理，而過求篇外之標題，則於義爲鑿也。師弟問答，自是常事，偶居章首而取以名篇，何足異哉？《孟子》篇名有《梁惠王》《滕文公》，皆當世之諸侯，與《公冶》《雍也》諸篇，等於弟子之列爾。《孟子》篇名有《萬章》《公孫丑》篇同列，亦此例也。[一九]此則可謂夫，孔子道德爲王者師，故取以名篇，與《公冶》《雍也》諸篇，等於弟子之列大穿鑿而無理者矣。就如其説，則《論語》篇有《泰伯》，古聖賢也。《微子》，孔子祖也。《堯曰》，古聖帝也。豈亦將推夫子爲堯與泰伯之師乎？《微子》名篇，豈將以先祖爲弟子乎？且諸侯之中，如齊桓、晉文，豈不賢於衛靈？弟子自是據同時者而言，則魯哀與齊景亦較衛靈爲賢，不應取此也。晏嬰、蘧瑗，[二〇]豈不賢於季氏？同在章中，何不升爲篇首，而顧去彼取此乎？孟子之於告

子，蓋卑之不足道矣。乃與公孫、萬章、躋之同列，則無是非之心矣。執此義以説書，無怪後世著書，妄擬古人而不得其意者，滔滔未已也。〔二〕

或曰：附會篇名，強爲標榜，蓋漢儒説經，求其説而不免太過者也。然漢儒所以爲此，豈竟全無所見，而率然自伸其臆歟？余曰：此恐周末賤儒，已有開其端矣。著書之盛，莫甚於戰國；以著書而取給爲干禄之資，蓋亦始於戰國也。故屈平之草稿，上官欲奪，〔三〕而《國策》多有爲人上書，〔三〕則文章重，而著書開假借之端矣。《五蠹》《孤憤》之篇，秦王見之，至恨不與同生。〔四〕則下以是干，上亦以是取矣。求取者多，則矜榜起，而飾僞之風亦開。余覽《漢藝文志》，儒家者流，則有《魏文侯》與《平原君》書。〔五〕讀者不察，以謂戰國諸侯公子，何以入於儒家？不知著書之人，自託儒家，而述諸侯公子請業質疑，因以所問之人名篇居首，其書不傳，後人誤於標題之名，遂謂文侯、平原所自著也。夫一時逐風會而著書者，豈有道德可爲人師，而諸侯卿相，漫無擇決，概爲相從而請業哉？必有無其事，而託於貴顯之交以欺世者矣。《國策》一書，多記當時策士智謀，然亦時有奇謀詭計，一時未用，而著書之士，愛不能割，假設主臣問難以快其意，如蘇子之於薛公及楚太子事，〔六〕其明徵也。然則貧賤而託顯貴交言，愚陋而附高明爲伍，策士誇詐之風，又值言辭相矜之際，天下風靡久矣。而説經者目見當日時事如此，遂謂聖賢道德之隆，必藉諸侯卿相相與師尊，而後有以出一世之上也。嗚呼！此則囿

假設問答以著書，於古有之乎？曰：有從實而虛者，《莊》《列》寓言，稱述堯、舜、孔、顏之問答，望而知其爲寓也。〔二八〕有從虛而實者，《屈賦》所稱漁父、詹尹，〔二九〕本無其人，而入以屈子所自言，是彼無而屈子固有也。有先生與子虛也。〔三〇〕有從質而假者，《公》《穀》傳經，設爲問難，〔三一〕而不著人名，是也。後世之士摛詞掞藻，〔三二〕率多詭託，知讀者之不泥迹也。考質疑難，必知真名。不得其人，而以意推之，則稱或問，恐其以虛搆之言，誤後人也。近世著述之書，余不能無惑矣。理之易見者，不言可也。必欲言之，直筆於書，其亦可也。作者必欲設問，則已迂矣。必欲設問，或託甲乙，抑稱或問，皆可爲也。必著人以實之，則何説也？且所託者，又必取同時相與周旋，而少有聲望者也，否則不足以標榜也。至取其所著，而還詰問之，其人初不知也，不亦誣乎？且問答之體，問者必淺，而答者必深；問者有非，而答者必是。今僞託於問答，是常以深且是者自予，而以淺且非者予人也，不亦薄乎？君子之於著述，苟足顯其義，而折其是非之中，雖果有其人，猶將隱其姓名而存忠厚，況本無是説而強坐於人乎？誣人以取名，與劫人以求利，何以異乎？且文有起伏，往往假於有問答，是則在於文勢則然，初不關於義有伏匿也。倘於此而猶須問焉，是必愚而至陋者也。今乃坐人愚陋，而以供己文之起伏焉，則是假推官以叶韻也。昔有居

於風氣之所自也。〔二七〕

下僚而吟詩謗上官者，上官召之，適與某推官者同見。上官詰之，其人復吟詩以自解，而結語云，問某推官。推官初不知也，惶懼無以自白，退而詰其何爲見誣。答曰：非有他也，借君銜以叶韻爾。〔三三〕

問難之體，必屈問而申答，故非義理有至要，君子不欲著屈者之姓氏也。孟子拒楊、墨，必取楊、墨之說而闢之，〔三四〕則不惟其人而惟其學。故引楊、墨之言，但明楊、墨之家學，而不必專指楊朱、墨翟之人也。是其拒之之深，欲痛盡其支裔也。蓋以彼我不兩立，不如是，不足以明先王之大道也。彼異學之視吾儒，何獨不然哉？韓非治刑名之說，則儒墨皆在所擯矣。〔三五〕墨者之言少，而儒則《詩》《書》六藝，皆爲儒者所稱述，故其歷詆堯、舜、文、周之行事，必藉儒者之言以辨之。故諸《難》之篇，〔三六〕多標儒者，以爲習射之的焉。此則在彼不得不然也，君子之所不屑較也。然而其文華而辨，其意刻而深，後世文章之士，多好觀之。惟其文而不惟其人，則亦未始不可參取也。王充《論衡》，〔三七〕則效諸《難》之文而爲之。效其文者，非由其學也，乃亦標儒者而詰難之。且其所詰，傳記錯雜，亦不盡出儒者也。王充《問孔》《刺孟》諸篇〔三八〕之辨難，以爲儒說之非也，其文有似韓非焉，王充與儒何仇乎？且其《問孔》《刺孟》諸篇之辨難，將以申刑名也。韓非紬儒，將以申刑名也。王充之意，將亦何申乎？觀其深斥韓非鹿馬之喻以尊儒，〔三九〕此則儒者之宗旨也。然則王充以儒者而拒儒者且其自叙，辨別流俗傳訛，欲正人心風俗，〔四〇〕

乎？韓非宗旨，固有在矣。其文之雋，不在能斥儒也。王充泥於其文，以爲不斥儒，則文不雋乎？凡人相詬，多反其言以詬之，情也。斥名而詬，則反詬者必易其名，勢也。今王充之斥儒，是彼斥反詬，而仍用己之名也。〔四〕

〔一〕按《史通·自叙》後有《紕繆》，目存而其文不傳，所論蓋專主史籍。本篇則泛指一般文字，而匡正其謬戾，用資學者考鏡得失之助。作年見《經解上》注〔一〕。

〔二〕孔穎達《周易正義》：「《序卦》者，文王既繇六十四卦，分爲上下二篇，其先後之次，其理不見，故孔子就上下二經，各序其相次之義，故謂之《序卦》焉。」《易·序卦》：「有天地，然後萬物生焉。盈天地之間者唯萬物，故受之以屯。屯者，盈也。屯者，物之始生也。物生必蒙，故受之以蒙。蒙者，蒙也，物之穉也。」乾坤指天地，下接屯，屯指萬物始生；下接蒙，蒙指幼穉；下接需，需指養有爭等。各卦之次序不可亂，故乾坤後不可接需訟。

〔三〕淮南子·要略》、《史記·太史公自序》、《漢書·叙傳》、《法言》之序，並明其述作之意而著其次第。劉咸炘《識語》：「《易序》，叙其次第。《書序》，撮其大旨。《詩序》，注其本事。馬、班之序，兼《易》與《書》。《淮南》《法言》，但用《易》義。後世單篇之文，前加文序者，則出於《詩》。叙次第者，以序爲目之用，防後人之倒亂也。」

〔四〕《隋書·經籍志》：「先儒相承，謂《毛詩序》，子夏所作，毛公及衛敬仲更加潤色。」鄭玄云：「《詩序》

〔五〕本一篇，毛公始分以置諸篇之首。」《四庫提要》以爲《小序》首句爲子夏作，其下爲衛宏等所續。蓋以《小序》首句《魯詩》《毛詩》各家皆同，斷其同出一源也。別詳《經解中》注〔二九〕。《漢書·藝文志》：「《書》之所起遠矣，至孔子篹焉，上斷于堯，下訖于秦，凡百篇而爲之序，言其作意。」陸德明《經典釋文》：「馬、鄭之徒，百篇之序，總爲一卷。孔氏以各冠其篇首。而亡篇之序，即隨其次居見存者之間。」(《經義考》卷七十三引)林光朝曰：「序乃歷代史官相傳，以爲《書》之總目，猶《詩》之有小序也。」(王應麟《漢書藝文志考證》卷一引)

〔五〕趙岐《孟子篇叙》：「孟子以爲聖王之盛，惟有堯、舜。堯、舜之道，仁義爲上；故以梁惠王問利國對以仁義爲首篇也。仁義根心，然後可以大行其政，故次之公孫丑問管、晏之政，答以曾西之所羞也。政莫美於反古之道。滕文公樂反古，故次以文公爲世子，始有從善思禮之心也。奉禮之謂明，明莫甚於離婁，故次以離婁之明也。明者當明其行。行莫大於孝，故次以萬章問舜往于田號泣也。孝道之本在於情性，故次以告子論情性也。情性在内而主於心，故次以《盡心》也。」蓋全倣《易序》。按此節論後世書序，叙其次第之謬。

〔六〕兩儀，謂陰陽也。四象，謂四時也。《易·繫辭上》：「是故易有太極，是生兩儀，兩儀生四象，四象生八卦，八卦定吉凶，吉凶生大業。」《漢書·藝文志》：「文王重易六爻，作上下篇。」重易六爻，即八爲六十四卦。

〔七〕見《易教上》注〔三二〕及注〔三七〕。

〔八〕見《史記·太史公自序》。

〔九〕劉咸炘《識語》：「此謂史公本紀法十二公，史公恐無此意。分割《秦紀》，別有用意。莊襄以前自不得仍爲秦紀，莊襄以後既爲紀，莊襄以前自不得不爲紀，故並爲紀，而分割以別之。前人譏之，不知其不得已也。」

〔一〇〕張守節《史記正義·論史例》：「作本紀十二，象歲十二月也。作表十，象天之剛柔十日，以記世代終始也。作書八，象一歲八節，以記天地日月山川禮樂也。作世家三十，象一月三十日，以記封建世代祿之家，輔弼股肱之臣，忠孝得失也。作列傳七十，象一行七十二日，言七十者，舉全數也。餘二日，象閏餘也。以記王侯將相英賢略立功名於天下可序列也。合百三十篇，象一歲十二月及閏餘也。」司馬貞《補史記序》，其說略同。

〔一一〕《莊子·駢拇》：「鳧脛雖短，續之則憂。鶴脛雖長，斷之則悲。」

〔一二〕趙岐《孟子篇叙》：「篇所以七者，天以七紀，璇璣運度，七政分離，聖以布曜，故法之也。」

〔一三〕《文選》五臣注，張銑云：「九者，陽數之極，自謂否極，取爲歌名。」姚寬《西溪叢語》：「《九歌》章句，名曰九而載十一篇，何也？曰，九以數名之，如《七啓》《七發》，非以其章名。」

〔一四〕《函史》，見《釋通》注〔三三〕。章氏《家書》三：「祖父嘗辨《史記索隱》謂『十二本紀法十二月，十表法十干』諸語，斥其支離附會。吾時年未弱冠，即覺鄧氏《函史》上下篇卷分配陰陽老少爲非，特未能遽筆爲説耳。」（劉刻《遺書》卷九）

〔一五〕《四庫簡明目錄》醫書類：「《景岳全書》六十四卷，明張介賓撰。其門目有傳忠錄、脈神章、傷寒典、

雜症謨、婦人規、小兒則、痘疹詮、外科鈐、本草正、新方八陣、古方八陣，名皆纖佻，而典謨二名尤妄。大旨以溫補爲宗，然主持太過，故主其說者，功與過參半。」《南潯桔語》：「張介賓分藥爲八陣：曰補，曰和，曰寒，曰熱，曰固，曰因，曰攻，曰散。其《景岳全書》中，傷寒曰典，雜症曰謨，尤爲奇恣。」

〔一六〕按此節論附會象數之謬。

〔一七〕《論語》，見《詩教上》注〔七三〕。班固《西都賦》：「防禦之阻，則天地之隩區焉。」

〔一八〕趙岐《孟子題辭》：「此書孟子之所作也。」《正義》曰：「唐林愼思續《孟子》書二卷，以謂《孟子》七篇，非軻自著，乃弟子共記其言。韓愈亦云：『孟軻之書，非軻自著；軻既没，其徒萬章、公孫丑相與記軻所言焉。』」

〔一九〕《孟子・梁惠王》章句上，趙岐注云：「聖人及大賢有道德者，王公侯伯及卿大夫咸願以爲師。孔子時，諸侯問疑質禮，若弟子之問師也。魯、衞之君，皆尊事焉。故《論語》或以弟子名篇，而有《衞靈公》《季氏》之篇。孟子亦以大儒爲諸侯所師，是以《梁惠王》《滕文公》題篇，與《公孫丑》等而爲一例也。」

〔二〇〕晏嬰字平仲，爲人善交，見《公冶長》篇。蘧瑗字伯玉，嘗使人於孔子，見《陽貨》篇。

〔二一〕按此節論附會篇題之謬。

〔二二〕《史記・屈原列傳》：「懷王使屈原造爲憲令。屈平屬草藁未定，上官大夫見而欲奪之。」《正義》引王逸云：「上官，靳尚。」

〔二三〕《顏氏家訓‧省事》："上書陳事，起自戰國。"《趙策》一，蘇秦爲齊上書說趙王，此爲國上書，亦爲齊王上書，即爲人上書。

〔二四〕見《知難》注〔五〕。

〔二五〕《漢志》儒家有《魏文侯》六篇。又有《平原君》七篇，班固自注云："朱建也。"章太炎先生《與人論國學書》云："以《藝文志‧平原君》七篇，謂是著書之人，自託儒家，而述諸侯公子請業質疑，因以名篇居首。不曉平原固非趙勝，《藝文》本注謂是朱建。建與酈生、陸賈、婁敬、叔孫通同時。陸、婁之書，亦在儒家。《漢書》明白，猶作狐疑，以此匡謬，其亦自謬云爾。"（《章氏叢書‧文錄‧別錄》二）

〔二六〕《戰國策‧齊策》三："楚王死，太子在齊質。蘇秦謂薛公曰：'君何不留楚太子，以市其下東國。'薛公曰：'不可。我留太子，郢中立王，然則是我抱空質而行不義於天下也。'蘇秦曰：'不然。郢中立王，君謂其新王曰，與我下東國，吾爲王殺太子。不然，吾將與三國共立之。然則下東國必可得也。'蘇子之事，可以請行，可以令楚王亟入下東國，可以益割於楚，可以忠太子而使楚益入地，可以爲楚王走太子，可以忠太子使之亟去，可以惡蘇秦於薛公，可以爲蘇秦請封於楚，可以使人說薛公以善蘇子，可以使蘇子自解於薛公。"下歷陳其說。（文略）此明係擬議之辭。

〔二七〕按此節論附會顯貴風習之由來。

〔二八〕《莊子‧逍遙遊》"堯讓天下於許由"節，又《齊物論》"昔者堯問於舜曰"節，又《大宗師》"顏回問仲

〔二九〕《漁父》、《楚辭》篇名。《卜居》稱詹尹,見《言公下》注〔一〇三〕。漁父、詹尹皆爲假託,洪興祖《楚辭補注》云:「《卜居》《漁父》皆假設問答以寄意耳。而太史公《屈原傳》,劉向《新序》,嵇康《高士傳》,或採《楚詞》《莊子》《漁父》之言,以爲實録,非也。」

〔三〇〕見《言公下》注〔一〇四〕及注〔一〇五〕。

〔三一〕《公羊傳》《穀梁傳》皆自問自答,以發明經義。劉熙載《文概》:「《公》《穀》二傳,解義皆推見至隱,非好學深思,不能有是。」

〔三二〕摘,音擿,布也。班固《答賓戲》:「摘藻如春華。」掞,音閃,去聲,舒也。左思《蜀都賦》:「摘藻掞天庭。」指在朝廷發播文藻。

〔三三〕徐釚《詞苑叢談》卷十一:「王齊叟字彥齡,元祐樞密彥霖之弟也。任俠有聲。初官太原,作詞數十曲,嘲都邑同僚,並及府帥。帥怒甚,因群吏入謁,面數折之曰:『君恃爾兄,謂吾不能治爾耶?』彥齡斂版頓首謝,且請其故。帥告之。復趨進,微聲吟曰:『昨日但吟《青玉案》,幾時曾唱《望江南》?』下句不屬,回顧適見兵官,乃曰:『請問馬都監。』帥不覺失笑,衆亦匿笑而退。時都監倉惶失措,伺其出,詰之曰:『素不相識,何故以我作證?』王笑曰:『不過借公叶韻耳。』葉君長青曰:『推官,疑爲都監之誤。』吕居仁《軒渠録》所載略同,或徐所本。按此節論以假託問答爲實事之謬。

〔三四〕孟子距楊墨，見《天喻》注〔三三〕。曾鞏《戰國策目錄序》：「孟子之書，有爲神農之言者，有爲墨子之言者，皆著而非之。」

〔三五〕《史記·韓非傳》：「非喜刑名法術之學，而其歸本於黃、老。」其排擯儒、墨，謂「儒以文亂法，俠以武犯禁」，以《五蠹》《顯學》諸篇爲著。

〔三六〕《韓非子》卷十五至卷十六爲《難一》《難二》《難三》《難四》。如《難一》：「歷山之農者侵畔，舜往耕焉，朞年甽畝正。河濱之漁者爭坻，舜往漁焉，朞年而讓長。東夷之陶者器苦窳，舜往陶焉，朞年而器牢。仲尼歎曰：『耕漁與陶，非舜官也。而舜往爲之者，所以救敗也。舜其信仁乎！乃躬藉處苦而民從之，故曰聖人之德化乎。』或問儒者曰：『方此時也，堯安在？』其人曰：『堯爲天子。』然則仲尼之聖堯奈何？聖人明察在上位，將使天下無姦也。今耕漁不爭，陶器不窳，舜又何德而化？舜之救敗也，則是堯有失也。賢舜則去堯之明察，聖堯則去舜之德化，不可兩得也。」

〔三七〕見《詩教下》注〔六七〕。

〔三八〕《論衡》卷九有《問孔》，卷十有《刺孟》。

〔三九〕《韓非子·外儲說右上》：「夫馬似鹿者，而題之千金。然而有百金之馬，而無千金之鹿者，何也？馬爲人用，而鹿不爲人用也。」《論衡·非韓》：「韓子之術，明法尚功。故其論儒也，謂之不耕而食，比之於鹿馬。馬之似鹿者千金。天下有千金之馬，無千金之鹿，鹿無益，馬有用也。論有益與無益也，比之於鹿馬。儒者猶鹿，有用之吏猶馬也。夫韓子知以鹿馬喻，不知以冠履譬。使韓子不冠徒

履而朝,吾將聽其言也。加冠於首而立於朝,受無益之服,增無益之仕,言與服相違,行與術相反,吾是以非其言而不用其法也。」

〔四〇〕《論衡·自紀》:「充既疾俗情,作譏俗之書。又閔人君之政,徒欲治人,不得其宜,不曉其務,愁精苦思,不睹所趨,故作政務之書。又傷僞書俗文,多不實誠,故爲《論衡》之書。」又云:「論貴是而不務華,事尚然而不高合。論説辨然否,安得不譎常心,逆俗耳?衆心非而不從,故喪黜其僞,而存其真。」王充存真黜僞,以爲韓非之説不真,故非之;又以爲孔、孟之説亦有不真,故《問孔》《刺孟》,並不矛盾。

〔四一〕按此節論《論衡》辨難之謬。

質　性〔一〕

《洪範》三德,正直協中,剛柔互克,〔二〕以劑其過與不及;是約天下之心知血氣,聰明才力,無出於三者之外矣。孔子之教弟子,不得中行,則思狂狷,〔三〕是亦三德之取材也。然而鄉愿者流,貌似中行而譏狂狷,則非三德所能約也。孔、孟惡之為德之賊,〔四〕蓋與中行狂狷,而為四也。乃人心不古,而流風下趨,不特中行者,亂三為四,抑且偽狂偽狷者流,亦且亂而為六;不特中行不可希冀,即求狂狷之誠然,何可得耶?其曼衍〔六〕為書,本無立言之旨,可弗論矣。乃有自命成家,按其宗旨,不盡無謂;而按以三德之實,則失其本性,而不於此致辨焉,所謂似之而非也。〔七〕學者將求大義於古人之要道,於其事。〔五〕吾蓋於撰述諸家,深求其故矣。

嗚呼!質性之論,豈得已哉?〔八〕

《易》曰:「言有物而行有恒。」〔九〕《書》曰:「詩言志。」〔一〇〕吾觀立言之君子,歌咏之詩人,何其紛紛耶?求其物而不得也,探其志而茫然也,然而皆曰:吾以立言也,吾以賦詩也。無言而有言,無詩而有詩,即其所謂物與志也。然而自此紛紛矣。〔一一〕

有志之士,矜其心,作其意,以謂吾不漫然有言也。學必本於性天,〔一二〕趣必要於仁義,稱

必歸於《詩》《書》,〔一三〕功必及於民物,〔一四〕是堯、舜而非桀、紂,尊孔、孟而拒楊、墨;其所言者,謂肄業及之也。〔一五〕或曰:宜若無罪焉。然而子莫於為執中,鄉愿於為無刺也。〔一六〕惠子曰:「走者東走,逐者亦東走;東走雖同,其東走之情則異。」〔一七〕觀斯人之所言,其為走之東歟?逐之東歟?是未可知也。然而自此又紛紛矣。〔一八〕

豪傑者出,以謂吾不漫然有言焉,物不得其平則鳴也。〔一九〕觀其稱名指類,〔二〇〕或如詩人之比興,〔二一〕或如說客之諧隱,〔二二〕即小而喻大,〔二三〕弔古而傷時,嬉笑甚於裂眥,〔二四〕悲歌可以當泣,誠有不得已於所言者。以謂賢者不得志於時,發憤著書以自表見也。蓋其旨趣,不出於《騷》也。吾讀騷人之言矣:「紛吾有此內美,又重之以修能。」〔二五〕「明道德之廣崇,治亂之條貫,其志潔,其行廉,皭然泥而不滓,雖與日月爭光可也。」〔二六〕此賈之所以弔屈,而遷之所以傳賈也。〔二七〕斯皆三代之英也。〔二八〕若夫託於《騷》以自命者,求其所以牢騷〔二九〕之故而茫然也。嗟窮嘆老,人貧貴而已貧賤也,人高第〔三〇〕而己擯落也,投權要而遭按劍也,爭勢利而被傾軋也,為是不得志,而思託文章於《騷》《雅》,以謂古人之志也;不知中人而下,所謂「齊心同所願,含意而未伸」〔三一〕者也。夫科舉擢百十高第,必有數千賈誼,痛哭以弔湘江,江不聞矣。吏部敘千百有位,必有盈萬屈原,搔首以

賦《天問》，〔三三〕天厭之矣。孟子曰：「有伊尹之志則可，無伊尹之志則篡也。」〔三三〕吾謂牢騷者，有屈賈之志則可，無屈賈之志則鄙也。然而自命爲騷者，且紛紛矣。〔三四〕

有曠觀者，從而解曰：是何足以介〔三五〕也，吾有所言，吾以適吾意也。人我之意見，不欲其過執也。必欲信今，又何爲也？有言不如無言之爲愈也。古今之是非，不欲其太明也。〔三六〕是其宗旨蓋欲託於莊周之齊物也。〔三七〕吾聞莊周之言曰：「内聖外王之學，暗而不明」也，「百家往而不反，道術將裂」也，〔三八〕「寓言十九，卮言日出。」〔三九〕然而稠適上遂，充實而不可以已，〔四〇〕則非無所持，而漫爲達觀，以略世事也。今附莊而稱達者，其旨果以言爲無用歟？雖其無用之説，可不存也。而其無用之説，將以垂教歟？則販夫皁隸，〔四一〕亦未聞其必蘄有用也。豕腹饕饕，羊角戢戢，〔四二〕何嘗欲明古今之是非，而執人我之意見也哉？怯之所以勝勇者，力有餘而不用也。訥之所以勝辨者，智有餘而不競也。蛟龍戰於淵，而蟓螘不知其勝負；虎豹角於山，而狌狸不知其強弱；乃不能也，非不欲也。以不能而託於不欲，則夫婦之愚，可齊上智也。〔四三〕然而遁其中者，又紛紛矣。〔四四〕

易曰：「一陰一陽之謂道。」〔四五〕陽變陰合，循環而不窮者，天地之氣化也。毗陰毗陽，〔四六〕是宜剛克柔克，所以貴學問也。驕陽沴陰，中於氣質，學以生，則爲聰明睿智。人秉中和之氣者不能自克，而以似是之非爲學問，則不如其不學也。孔子曰：「不得中行而與之，必也狂狷

乎！狂者進取，狷者有所不爲。」莊周、屈原，其著述之狂狷乎？屈原不能以身之察察，受物之汶汶，[四七]不屑不潔之狷也。莊周獨與天地精神相往來，而不傲倪於萬物，[四八]進取之狂也。昔人謂莊、屈之書，哀樂過人。蓋言性不可見，而情之奇至如莊、屈，狂狷之所以不朽也。鄉愿者流，託中行而言性天，剽僞易見，不足道也。於學見其人，而以情著於文，庶幾狂狷可與乎！然而命騷者鄙，命莊者妄。狂狷不可見，而鄙且妄者，紛紛自命也。夫情本於性也，才率於氣也。累於陰陽之間者，不能無盈虛消息[四九]之機。才情不離乎血氣，無學以持之，不能不受陰陽之移也。陶舞慍戚，[五〇]一身之內，環轉無端，而不自知。苟盡其理，雖夫子憤樂相尋，[五一]不過是也。其下焉者，各有所至，亦各有所通。大約樂至沉酣，而惜光景，必轉生悲；而憂患既深，知其無可如何，則反爲曠達。屈原憂極，故有輕舉遠遊餐霞飲瀣[五二]之賦；莊周樂至，[五三]不故有後人不見天地之純，古人大體之悲。若夫毗於陰者，妄自期許，感慨橫生，賊夫騷者也。毗於陽者，猖狂無主，動稱自然，賊夫莊者也。然而亦且循環未有已矣。[五四]

族子廷楓曰：「論史才史學，而不論史德，論文情文心，而不論文性，前人自有缺義。此與《史德》篇，俱足發前人之覆。」

〔一〕按此篇，廬江何氏鈔本題《莊騷》，蕭山王氏編題《性情》，通行本則作《質性》。王宗炎《復章氏書》：「《質性》篇題欲改『文性』，亦似未安，不如竟題『性情』乃得。（原注：『質性』二字亦近生譔。）憂至樂至者，情也。毗陰毗陽者，性也。能性其情則利貞，即狂狷之進於中行，似與尊著命意較合。」（劉刻《遺書》附錄）是知當日命篇，頗費斟酌。劉刻《遺書》本，篇前有序云：「前人尚論情文相生，由是論家喜論文情，不知文性實為元宰。離性言情，珠亡櫝在，撰《質性》篇。」是篇雖為論文而作，其義實不止於文，改題「文性」固未安。而論旨主乎辨性，性情並題亦未協。蓋情者性之動，性者情之質，「質性」命篇，正足以見篇義。且「質性」二字見於《韓非子・難言》，固非若王氏復書中所云近乎生譔者。《荀子・樂論》：「窮本極變，樂之情也。著誠去偽，禮之經也。」本篇大旨以為文生於情，情根於性，主存三德而去三偽，尤兢兢於狂狷真偽之辨，即著誠去偽，而歸於《孟子》反經之旨也。作年無可考。（本篇注多採程君千帆《文學發凡》）

〔二〕《書・洪範》：「三德：一曰正直，二曰剛克，三曰柔克。」孔穎達疏：「此三德者，人君之德張弛有三也。一曰正直，言能正人之曲使直。二曰剛克，言剛強而能立事。三曰柔克，言和柔而能治。」按《左傳》文五年，甯嬴引《商書》曰：「沉漸剛克。高明柔克。」杜預注：「沉漸，猶滯溺也。高明，猶亢爽也。言各當以剛柔勝己本性乃能成全也。」據杜意是言滯溺之人易至優柔，故須以剛自克之人易為剛斷，故須以柔自克。與傳疏主治人義殊。章氏此篇，尋繹下文，蓋用杜義。

〔三〕《論語・子路》：「子曰：『不得中行而與之，必也狂狷乎！狂者進取，狷者有所不為也。』」邢昺疏：

「中行,行能得其中者也。狂者進取於善道,知進而不知退。狷者守節無爲,應進而退也。二者俱不得中,而性恒一。欲得此二人者,以時多進退,取其恒一也。」《後漢書·獨行傳序》:「孔子曰:『與其不得中庸,必也狂狷乎。』此蓋失於周全之道,而取諸偏至之端者也。然則有所不爲,亦將有所必爲者矣。既云進取,亦將有所不取者矣。是狂狷之異異以迹,其本未嘗不同也。

〔四〕《論語·陽貨》:「子曰:『鄉原,德之賊也。』」原,愿之本字。《孟子·盡心下》:「孔子曰:『過我門而不入我室,我不憾焉者,其惟鄉原乎。鄉原,德之賊也。』曰:『何如斯可謂之鄉原矣?』曰:『何以是嘐嘐也?』言不顧行,行不顧言,則曰古之人,古之人。行何爲踽踽涼涼?生斯世也,爲斯世也,善斯可矣。閹然媚於世也者,是鄉原也。』萬章曰:『一鄉皆稱原人焉,無所往而不爲原人;孔子以爲德之賊,何哉?』曰:『非之無舉也,刺之無刺也,同乎流俗,合乎污世,居之似忠信,行之似廉潔,衆皆悦之,自以爲是,而不可與入堯、舜之道。故曰,德之賊也。孔子曰:惡似而非者。惡莠,恐其亂苗也。惡佞,恐其亂義也。惡利口,恐其亂信也。惡鄭聲,恐其亂樂也。惡紫,恐其亂朱也。惡鄉原,恐其亂德也。君子反經而已矣。經正,則庶民興。庶民興,斯無邪慝矣。』」

〔五〕《孟子·公孫丑上》:「公孫丑曰:『敢問夫子惡乎長?』曰:『我知言。我善養吾浩然之氣。』『何謂知言?』曰:『詖辭知其所蔽,淫辭知其所陷,邪辭知其所離,遁辭知其所窮。生於其心,害於其政,發於其政,害於其事。聖人復起,必從吾言矣。』」

〔六〕《莊子·齊物論》:「因之以曼衍。」司馬彪云:「曼衍,無極也。」

〔七〕按《辨似》謂：「學術之患，莫患乎同一君子之言之也；求其所以為言者，咫尺之間，而有霄壤之判焉，似之而非也。」其辨同析異，乃由顯而之隱。此篇判別誠偽，是本隱以之顯，尤探得知言之根本也。

〔八〕按此節論辨三偽，存三德，為立言之大本。

〔九〕《易·家人》象辭：「君子以言有物而行有恆。」王弼注：「君子以言必有物，而口無擇言。行必有恆，而身無擇行也。」

〔一〇〕《書·舜典》文。孔穎達疏：「作詩者自言己志，則詩是言志之書，習之可以生長志意。」

〔一一〕按此節論言之無物而中無志之弊。

〔一二〕見《朱陸》注〔三〕。

〔一三〕《禮記·樂記》：「要其節奏。」注：「要，猶會也。」韓愈《答李翊書》：「行之乎仁義之途，游之乎《詩》《書》之源。」

〔一四〕張載《西銘》：「民吾同胞，物吾與也。」

〔一五〕《左傳》文四年：「衛甯武子來聘，公與之宴。為賦《湛露》及《彤弓》，不辭，又不答賦。使行人私（私問）焉。對曰：『臣以為肄業及之（樂工學習到此二詩，認為此二詩不是為他奏的，故不答）也。昔諸侯朝正於王，王宴樂之，於是乎賦《湛露》。則天子當陽，諸侯用命也。諸侯敵王所愾（恨怒）而獻其功，王於是乎賜之彤弓一，彤矢百，玈弓矢千，以覺報宴。今陪臣來繼舊好，君辱貺之，其敢干大禮

質性

四八九

〔六〕《孟子·盡心上》:「孟子曰:『楊子取爲我,拔一毛而利天下,不爲也。墨子兼愛,摩頂放踵,利天下爲之。子莫執中。執中爲近之,執中無權,猶執一也。所惡執一者,爲其賊道也,舉一而廢百也。』」

〔七〕見《知難》注〔一七〕。

〔八〕按此節論鄉原,所謂貌似中行而譏狂狷者。

〔九〕韓愈《送孟東野序》:「凡物不得其平則鳴。」

〔一〇〕《易·繫辭下》:「其稱名也小,其取類也大。」

〔一一〕見《詩教上》注〔三〕。《文心雕龍·比興》:「比者,附也。興者,起也。附理者,切類以指事。起情者,依微以擬議。起情故興體以立,附理故比例以生。比則畜憤以斥言,興則環譬以託諷。蓋隨時之義不一,故詩人之志有二也。」

〔一二〕見《感遇》注〔二〇〕。

〔一三〕《說文》:「眥,目匡也。」《史記·項羽本紀》:「頭髮上指,目眥盡裂。」

〔一四〕見古樂府《雜曲歌辭》。

〔一五〕見《楚辭·離騷》。

〔一六〕見《史記·屈原列傳》文。

〔一七〕《史記·賈生傳》:「天子議以爲賈生任公卿之位。絳、灌、東陽侯、馮敬之屬盡害之,乃短賈生。於

〔二八〕《禮記·禮運》:「大道之行也,與三代之英。」章氏《爲謝司馬撰楚辭章句序》云:「太史公曰:『余讀《離騷》,悲其志。』夫讀屈子之文而知悲其志,可謂知屈子矣。然未明言其志,而後人懸揣其意而爲之説者,則紛如也。蓋求寄託之志而不得,則穿鑿而不可通也。夫屈子之志以謂忠君愛國,傷讒疾時,宗臣義不忍去,人皆知之。而不知屈子,抗懷三代之英,一篇之中,反復致意,其孤懷獨往,不復有春秋之世宙也。故其行芳志潔,太史推與日月爭光,而於賈生所陳三代文質,終見謫於絳、灌者,同致弔焉,太史所謂悲其志歟。」(劉刻《遺書》卷八)

〔二九〕《漢書·揚雄傳》:「又旁《惜誦》以下至《懷沙》一卷,名曰畔牢愁。」牢愁,韋昭訓爲牢騷。今用作抑鬱不平語。

〔三〇〕唐用科目取士,號曰科舉。宋用帖括,明清用八股考試,仍襲其名。應考獲中者,謂之及第。名列前茅者,則稱高第。

〔三一〕語見《古詩十九首》。

〔三二〕王逸《天問章句序》:「《天問》者,屈原之所作也。何不言問天,天尊不可問,故曰天問也。屈原放逐,憂心愁悴,彷徨山澤,經歷陵陸,嗟號昊旻,仰天歎息。見楚先王之廟,及公卿祠堂,圖畫天地山

川神靈，琦瑋僪佹，及古賢聖怪物行事；周流罷倦，休息其下，仰見圖畫，因書其壁，呵而問之，以渫憤懣，舒瀉愁思。」

〔三三〕見《孟子·盡心上》文。

〔三四〕按此節論僞狷，所謂命騷者鄙。

〔三五〕《後漢書·馬援傳》：「介介獨惡是耳。」注：「介介，猶耿耿也。」

〔三六〕《淮南子·説山》：「人無言而神，有言者則傷。」《廣雅·釋言》：「愈，賢也。」按劉刻《遺書》本「有言」下有「而啟人爭」四字。

〔三七〕《莊子·齊物論》郭象注：「夫自是而非彼，美己而惡人，物莫不皆然。然故是非雖異，而彼我均也。」

〔三八〕見《詩教上》注〔四〕。

〔三九〕《莊子·寓言》：「寓言十九，重言十七，巵言日出，和以天倪。」郭象注：「寄之他人，則十言而九見信。」又云：「夫巵滿則傾，空則仰，非持故也。況之於言，因物隨變，唯彼之從，故曰日出。日出，謂日新也。」

〔四〇〕《莊子·天下》：「彼（指莊子）其充實不可以已，上與造物者遊，而下與外生死無終始者爲友。其於本也，宏大而辟，深閎而肆。其於宗（主）也，可謂稠適而上遂（調通而上達）矣。雖然，其應於化而解於物也，其理不竭，其來不蛻，芒乎昧乎，未之盡者。」按《粵雅堂叢書》本「稠適」譌作「適調」，兹

質性

依劉刻《遺書》本正。

〔四一〕按劉刻《遺書》本，而其無用之說，「而」字作「昂」。《左傳》昭七年：「人有十等，下所以事上，上所以共神也。故王臣公，公臣大夫，大夫臣士，士臣皁，皁臣輿，輿臣隸，隸臣僚，僚臣僕，僕臣臺。」

〔四二〕《左傳》文十八年：「縉雲氏有不才子，貪于飲食，冒于貨賄，天下之民，謂爲饕餮。」注：「貪財爲饕，貪食爲餮。」《詩・小雅・無羊》：「爾羊來思，其角濈濈。」毛傳：「聚其角而息，濈濈然（狀和好）。」

〔四三〕《禮記・中庸》：「夫婦之愚，可以與知焉。及其至也，雖聖人亦有所不知焉。」

〔四四〕按此節論偽狂，所謂命《莊》者妄。

〔四五〕見《易・繫辭上》文。

〔四六〕見《史德》注〔二三〕。

〔四七〕《楚辭・漁父》：「屈原曰：吾聞之，新沐者必彈冠，新浴者必振衣。安能以身之察察，受物之汶汶者乎？寧赴湘流藏於江魚之腹中，安能以皓皓之白，而蒙世俗之塵埃乎？」

〔四八〕《莊子・天下》文。

〔四九〕《易・豐・彖辭》：「日中則昃，月盈則食。天地盈虛，與時消息，而況於人乎？」

〔五〇〕《禮記・檀弓下》：「人喜則斯陶，陶斯詠，詠斯猶，猶斯舞，舞斯慍，慍斯戚，戚斯歎，歎斯辟，辟斯踊矣。」

〔五二〕《論語・述而》：「葉公問孔子於子路。子路不對。子曰：『女（汝）奚不曰：其爲人也，發憤忘食，樂

〔五二〕以忘憂,不知老之將至云爾。」朱注云:「未得則發憤而忘食,已得則樂之而忘憂,以是二者俛焉日有孳孳,而不知年數之不足。但自言其好學之篤耳。」此所謂憤樂相尋也。

〔五三〕《楚辭‧遠遊》:「悲時俗之迫阨兮,願輕舉而遠遊。」又:「餐六氣而飲沆瀣(清露)兮,漱正陽而含朝霞。」

〔五四〕《莊子‧至樂》:「天地無爲也,而無不爲也。人也,孰能得無爲哉。」郭象注:「得無爲,則無樂而樂至矣。」

〔五五〕按此節剖析性情,而兢兢於狂狷真僞之辨。

黜陋[一]

取蒲於董澤,[二]承考於《長楊》,[三]矜謁者之通,[四]著卜肆之應,[五]人謂其黜也;非黜也,陋也。名者實之賓,[六]徇名[七]而忘實,并其所求之名而失之矣;質去而文不能獨存也。太上忘名,知有當務[八]而已,不必人之謂我何也。其次顧名而思義。[九]其次畏名而不妄爲。盡其所知所能,而不強所不知不能。黜者視之,有似乎拙也;非拙也,交相爲功也。最下徇名而忘實。[一〇]

樹名之地者,因名之所在,而思其所以然,則知當務而可自勉矣。

取蒲於董澤,何謂也?言文章者宗《左》《史》。《左》《史》之於文,猶六經之刪述也。《左》因百國寶書,[一一]《史》因《尚書》《國語》及《世本》《國策》《楚漢春秋》諸記載,[一二]已所爲者十之一,刪述所存十之九也。君子不以爲非也。彼著書之旨,本以刪述爲能事,所以繼《春秋》而成一家之言者,於是兢兢焉,事辭其次焉者也。古人不以文辭相矜私,史文又不可以憑虛而別搆,且其所本者,並懸於天壤,觀其入於刪述之文辭,猶然各有其至焉。斯亦陶鎔同於造化矣。吾觀近日之文集,而不能無惑也。傳記之文,古人自成一家之書,不以入集;後人散著以入集,文章之變也。既爲集中之傳記,即非刪述專家之書矣;筆所聞見,以備後人之

删述，庶幾得當焉。點於好名而陋於知意者，窺見當世之學問文章，而不能動矣，度己之才力，不足以致之；於是有見史家之因襲，而點次其文爲傳記，將以淵海其集焉，而不知其不然也。宣城梅氏之曆算，家有其書矣。丹溪朱氏之醫理，人傳其學矣。節鈔醫案，文累萬言，而省其私，未聞其於律算有所解識也。哀錄曆議，書盈二卷，以爲傳而入文集焉，[一四]何爲乎？退以爲傳而入文集，[一五]何爲乎？進而求其說，未聞其於方術有所辨別也。班固因《洪範》之傳而述《五行》，因《七略》之書而叙《藝文》。班氏未嘗深於災祥，精於校讎也，而君子以謂班氏之删述，其功有補於馬遷；又美班氏之删述，善於因人而不自用也。[一六]蓋以《漢書》爲廟堂，諸家學術，比於大鏞菱鼓[一七]之陳也。今爲梅、朱作傳者，似羨宗廟百官之美富，而竊取庭燎反坫，以爲蓬户之飾也。[一八]雖然，亦可謂拙矣。經師授受，子術專家，古人畢生之業也。苟可獵取菁華，[一九]以爲吾文之富有，則四庫典籍，猶董澤之蒲也，[二〇]

承考於《長楊》，何謂也？善則稱親，過則歸己。[二一]此孝子之行，亦文章之體也。《詩》《書》之所稱述，遠矣。三代而後，史遷、班固俱世爲史，而談、彪之業，亦略見於遷、固之叙矣。[二二]後人乃謂固盜父書，而遷稱親善。[二三]由今觀之，何必然哉？談之緒論，僅見六家宗旨，至於留滯周南，父子執手欷歔，以史相授，[二四]僅著空文，無有實跡。至若彪著《後傳》，原委具存，[二五]而三紀論贊，明著彪說，[二六]見家學之有所授受，何得如後人之所言，致啟鄭樵誣

班氏以盜襲之嫌哉？〔二七〕第史遷之叙談，既非有意爲略，而班固之述彪，亦非好爲其詳；孝子甚愛其親，取其親之行業而筆之於書，必肖其親之平日，而身之所際不與也。吾觀近日之文集，而不能無惑焉。其親無所稱述歟？闕之可也。其親僅有小善歟？如其量而錄之，不可略而爲漏，溢而爲誣可也。黷於好名而陋於知意者，侈陳己之功績，累牘不能自休，而曲終奏雅，〔二八〕則曰吾先人之教也。甚至敷張己之榮遇，津津有味其言，而賦卒爲亂，〔二九〕則曰吾先德之報也。夫自叙之文，過於揚厲，劉知幾猶譏其言志不讓，率爾見哂矣。〔三〇〕況稱述其親，乃爲自詡地乎？夫張湯有後，〔三一〕史臣爲薦賢者勸也；出之安世之口，則悖矣。伯起世德，〔三二〕史臣爲清忠者幸也；出之秉、賜之書，則舜矣。昔人謂《長楊》《上林》諸賦，侈陳遊觀，而末寓箴規，以謂諷一而勸百。〔三三〕史臣之文，其殆自詡百，而稱親者一歟？〔三四〕
矜詡者之通，何謂也？國史叙《詩》，申明六義。〔三五〕蓋詩無達言，〔三六〕作者之旨，非有序說，則其所賦，不辨何謂也？今之《詩序》，以謂傳授失其義，則可也；謂無待於序，不可也。《書》之有序，或者外史掌三皇五帝之書，〔三七〕當有篇目歟？今之《書序》，意亦經師授受之言，做《詩序》而爲者歟？讀書終篇，則事理自見；故《書》雖無序，而書義未嘗有妨也。且《書》故有序矣，訓詁之文終篇記言，以見訓詁所由作。是記事之《書》無需序，而記言之《書》本有序也。〔三八〕由是觀之，序之有無，本於文之明晦，亦可見矣。吾觀近日之文集，

而不能無惑也。樹義之文，或出前人所已言也，其人未嘗不知之，而必為之論著者，其中或亦有微意焉，或有所託而諷焉，或有所感而發焉；既不明言其故矣，必當序其論之時世，與其所見所聞之大略，乃使後人得以參互考質，而見所以著論之旨焉。是亦《書》序訓誥之遺也。乃觀論著之文，論所不必論者，十常居七矣，其中豈無一二出於有為之言乎？然如風《詩》之無序，何由知其微旨也。且使議論而有序，則無實之言類於經生帖括者，亦可稍汰焉，[三九] 而人多習而不察也。至於序事之文，古人如其事而出之也。偶然為之，固無傷也。乃觀後世文集，則多序外之序矣。雖然，猶之可也。點於好名而陋於知意者，序人請乞之辭，故為敷張揚厲以詡己也。一則曰：吾子道德高深，言為世楷，不得吾子為文，死者目不瞑焉。再則曰：吾子文章學問，當代宗師，苟得吾子一言，後世所徵信焉。己則多方辭讓，人又搏顙固求。凡斯等類，皆入文辭，於事毫無補益，而借人炫己，何其厚顏之甚邪？且文章不足當此，是誣死者也；請者本無是言，是誣生也。若謂事之緣起，不可不詳，則來請者當由門者通謁，剌揭先投，入座寒温，包苴後饋。[四〇] 亦緣起也，曷亦詳而誌之乎？而謂一時請文稱譽之辭，有異於是乎？[四一]

著卜肆之應，何謂也？著作降而為文集，有天運焉，有人事焉。道德不修，學問無以自

立,根本蹶而枝葉萎,此人事之不得不降也。世事殊而文質變,人世酬酢,禮法制度,古無今有者,皆見於文章。故惟深山不出則已矣,苟涉乎人世,則應求取給,文章之用多而文體分,分則不能不出於文集。其有道德高深,學問精粹者,即以文集爲著作,所謂因事立言也。然已不能不雜酬酢之事,與給求之用也,若不得爲子史專家,語無泛涉也。其誤以酬酢給求之文爲自立而紛紛稱集者,蓋又不知其幾矣。此則運會有然,不盡關於人事也。吾觀近日之文集,而不能無惑也。史學廢,而傳記多雜出,若東京以降,《先賢》《耆舊》諸傳,[四三]《拾遺》《搜神》諸記,[四三]皆是也。史學衰,而文集入傳記,若唐、宋以還,韓、柳誌銘,歐、曾序述,[四四]皆是也。負史才者不得身當史任,亦當搜羅聞見,覈其是非,自著一書,以附傳記之專家。至不得已,而因人所請,撰爲碑、銘、序、述諸體,即不得不爲酬酢應給之辭,以雜其文指,韓、柳、歐、曾之所謂無可如何也。黜於好名而陋於知意者,度其文采不足以動人,學問不足以自立,於是思有所託以附不朽之業也,則見當世之人物事功,群相誇詡,遂謂可得而藉矣。藉之,亦似也;不知傳記專門之撰述,其所識解又不越於韓、歐文集也,以謂是非碑誌不可也。碑誌必出於子孫之所求,而人之子孫未嘗求之也,則虛爲碑誌以入集,似乎子孫之求之,自謂庶幾韓、歐也。夫韓、歐應人之求而爲之,出於不得已,故歐陽自命在五代之史,[四五]而韓氏欲誅奸諛於既死,發潛德之幽光,作唐之一經,[四六]尚恨託之空言也。今以人所不得已而出之者,仰窺有餘

羨,乃至優孟〔四七〕以摩之,則是詞科之擬誥,非出於絲綸,〔四八〕七林之答問,〔四九〕不必有是言也;將何以徵金石,昭來許乎?〔五〇〕夫舍傳記之直達,而效碑誌之旁通,取其似韓、歐耶?則是矉里〔五一〕也。取其應人之求爲文望邪?則是卜肆也。昔者西施病心而矉,里之醜婦,美而效之;富者閉門不出,貧者挈妻子而去之。賤工賣卜於都市,無有過而問者,則曰:某王孫厚我,某貴卿神我術矣。〔五二〕

〔一〕按本篇論後世文集,多有狡於徇名而陋於知意者,條別其類,足資警戒。作年見《經解上》注〔一〕。

〔二〕《左傳》宣十二年:「楚熊負羈囚瑩。知莊子以其族反(返)之,廚武子御,下軍之士多從之。每射,抽矢菆(好箭)納諸廚子之房(箭筒)。廚子怒曰:『非子之求,而蒲(楊柳之箭)之愛』;董澤之蒲,可勝既乎?」洪亮吉《春秋左傳詁》:「既,塈,古字通。毛傳:塈,取也。」董澤,在今山西聞喜縣東北。此指董澤箭多,不勝取。

〔三〕《爾雅·釋親》:「父爲考。」《漢書·成帝紀》:「元延二年冬,幸長楊宮,縱胡客大校獵。」《揚雄傳》:「明年,上將大誇胡人以多禽獸。秋,命右扶風,發民入南山,西自褒斜,東至弘農,南敺漢中,張羅網罝罘,捕熊羆豪豬,虎豹狖玃,狐兔麋鹿,載以檻車,輸長楊射熊館。令胡人手搏之,自取其獲。是時農民不得收斂。雄從至射熊館還,上《長楊賦》。」李善注引《三輔皇圖》曰:「長楊宮有射熊館,在盩屋。」此言《長楊賦》尚有尊祖考功德意。

〔四〕《禮記‧曲禮下》:「問士之子,長,曰能典謁矣,幼,曰未能典謁也。」鄭注:「謁,請也。典謁者,主賓客告請之事。」

〔五〕嚴遵字君平,賣卜於成都市,日得百錢,足以自給,則閉肆下簾而授《老子》。見《漢書‧王貢龔鮑傳》。

〔六〕見《莊子‧逍遙遊》文。

〔七〕徇,求也。通作殉。《文選‧鵩鳥賦》:「貪夫殉財兮烈士殉名。」注引瓚曰:「以身從物曰殉。」

〔八〕《禮記‧曲禮上》:「太上貴德。」《顏氏家訓‧名實》:「上士忘名。」《孟子‧盡心上》:「孟子曰:『知者無不知也,當務之為急。』」

〔九〕《三國志‧魏志‧王昶傳》:「為兄子及子作名字,皆依謙實以見其意。故兄子默字處靜,沈字處道,其子渾字玄沖,深字道沖。遂書戒之曰:『欲使汝曹顧名思義。』」

〔一〇〕《後漢書‧黃瓊傳》:「永建中,公卿多薦瓊者。公車徵瓊至綸氏,稱疾不進。李固以書遺之曰:『常聞語曰,嶢嶢者易缺,皦皦者易汙。陽春之曲,和者必寡。盛名之下,其實難副。近魯陽樊君被徵初至,朝廷設壇席,猶待神明。雖無大異,而言行所守,亦無所缺;而毀謗布流,應時折減,豈非觀聽望深,聲名太盛乎?』此因名之所在,而以副實相勉也。

〔一一〕《顏氏家訓‧名實》:「名之與實,猶形之與影也。德藝周厚,則名必善焉。容色姝麗,則影必美焉。今不修身而求令名於世者,猶貌甚惡而責妍影於鏡也。上士忘名,中士立名,下士竊名。忘名者,體

道合德，享鬼神之福祐，非所以求名也。立名者，修身慎行，懼榮觀之不顯，非所以讓名也。竊名者，厚貌深姦，干浮華之虛稱，非所以得名也。」所論確當，可與此處參證。按此節論點者徇名之弊。

〔一三〕見《書教上》注〔三〕。

〔一三〕見《言公上》注〔四七〕。

〔一四〕《清史列傳·儒林傳》下一：「梅文鼎字定九（號勿庵），安徽宣城人。年二十七，習臺官交食法，著《曆學駢枝》二卷，自是遂有志曆學。值書之難讀者，必求其說，至廢寢食。人有問者，亦詳告無隱，期與斯世共明之。所著曆算書多至八十餘種。康熙六十年卒，年八十九。」清杭世駿《道古堂文集》有《梅文鼎傳》，錄梅氏曆議，書盈二卷。

〔一五〕元朱震亨字彥修，婺之義烏人，學者稱丹溪翁。嘗受業於許謙之門，別受醫學於羅知悌。以爲陽易動，陰易虧，主滋陰降火，創爲陽常有餘，陰常不足之說，爲醫家之一派。著有《格致餘論》《局方發揮》《金匱鉤玄》等書。戴良《丹溪翁傳》，全錄醫方。傳載《九靈山房集》卷十。

〔一六〕班氏述《五行》，叙《藝文》，並見《言公中》注〔三〇〕。《文心雕龍·史傳》：「班固述漢，因循前業；觀司馬遷之辭，思實過半。」《言公中》：「劉向《洪範五行傳》與《七略別録》雖亡，而班固史學出劉歆；今《五行》《藝文》二志具存，而劉氏之學未亡也。」

〔一七〕《詩·大雅·靈臺》：「賁鼓維鏞。」毛傳：「賁，大鼓也。鏞，大鐘也。」賁，《説文》作鼖。

〔一八〕《詩·小雅·庭燎·釋文》：「鄭云：『在地曰燎，執之曰燭，樹之門外曰大燭，於內曰庭燎，皆照衆爲

〔九〕明。」《論語·八佾》：「邦君爲兩君之好，有反坫。」《集解》：「鄭曰：反坫，反爵之坫，在兩楹之間。與鄰國爲好會，其獻酢之禮，更酌，酌畢則必反爵於坫上。」《莊子·讓王》：「蓬户不完。」菁，音精，華英也。《晉書·文苑傳序》：「《翰林》總其菁華，《典論》詳其藻絢。」

〔一〇〕四庫，詳《校讎通義·校讎條理》第七注〔一七〕。按此節論專家之書取以入集之陋。

〔一一〕見《禮記·坊記》文。

〔一二〕《史記·自序》，見下注。《漢書·叙傳》：「彪學不爲人，博而不俗；言不爲華，述而不作。」

〔一三〕《文心雕龍·史傳》：「班固述漢，因循前業，觀司馬遷之辭，思實過半。其十志該富，讚序弘麗，儒雅彬彬，信有遺味。至於宗經矩聖之典，端緒豐贍之功，遺親攘美之罪，徵賄鬻筆之愆，公理（仲長統）辨之究矣。」仲長統《昌言》，書佚不可考。案《漢書》贊中數稱司徒掾班彪云云，安得誣爲遺親攘美？《顔氏家訓·文章》：「班固盜竊父史。」《史記集解序·正義》：「司馬遷引父致意，班固父修而蔽之，優劣可知。」

〔一四〕司馬談《論六家要指》，見《原道中》注〔二九〕。《史記·太史公自序》：「是歲，天子始建漢家之封，而太史公留滯周南，不得與從事，故發憤且卒。而子遷適使反，見父於河、洛之間。太史公執遷手而泣曰：『余先，周室之太史也。自上世嘗顯功名於虞、夏，典天官事。後世中衰，絶於余乎？汝復爲太史，則續吾祖矣。今天子接千歲之統，封泰山，而余不得從行，是命也夫！命也夫！余死，汝必爲太史。爲太史，無忘吾所欲論著矣。自獲麟以來，四百有餘歲，而諸侯相兼，史記放絶。今漢興，海

內一統，明主賢君忠臣死義之士，余爲太史而弗論載，廢天下之史文，余甚懼焉。汝其念哉！」遷俯首流涕曰：『小子不敏，請悉論先人所次舊聞，弗敢闕。』」

〔二五〕見《書教上》注〔三四〕。

〔二六〕《漢書·元帝紀贊》注引應劭曰：「《元、成帝紀》，皆班固父彪所作。臣，則彪自説也。」按《韋賢》《翟方進》《元后》三傳贊，亦俱稱「司徒掾班彪曰」。師古曰：「《漢書》諸贊皆固所爲。其有叔皮先論述者，固亦具顯以示後人」，而或者謂固竊盜父名，觀此可以免矣。」又按三紀，當作二紀。鄭樵《通志序》：「彪續遷書，自孝武至於後漢，世世相承，如出一手，善乎其繼志也。其書不可得而見，所可見者，元成二帝贊耳。」可證。

〔二七〕見《言公上》注〔四五〕。

〔二八〕《漢書·司馬相如傳贊》：「相如雖多虛辭濫説，然其要歸，引之於節儉，此與詩之諷諫何異？揚雄以爲靡麗之賦，勸百而諷一，猶騁鄭衛之聲，曲終而奏雅，不亦戲乎！」

〔二九〕《論語·泰伯》：「子曰：『師摯之始，《關雎》之亂，洋洋乎盈耳哉！』」朱注：「亂，樂之卒章也。」《國語·魯語下》：「昔正考父校商之名頌十二篇於周太師，以《那》爲首。其輯之亂曰：『自古在昔，先民有作，溫恭朝夕，執事有恪。』」韋昭注：「輯，成也。凡作篇章，篇義既成，撮其大要爲亂辭。詩者，歌也，所以節儛也。如今三節儛矣，曲終乃更變章亂節，故謂之亂也。」《離騷》「亂曰」云云。王逸注：「亂，理也。所以發理詞指，總撮其要也。」

〔三〇〕《史通‧序傳》：「歷觀揚雄以降，其自叙也，始以誇尚爲宗。至魏文帝、傅玄、梅陶（依浦注前校）、葛洪之徒，則又踵於此者矣。何者，身兼片善，行有微能，皆剖析其言，一二必載；豈所謂憲章前聖，謙以自牧者歟？」《論語‧先進》：「子路率爾而對曰：『千乘之國，攝乎大國之間，加之以師旅，因之以饑饉，由也爲之，比及三年，可使有勇，且知方也。』夫子哂之。」

〔三一〕《漢書‧張湯傳贊》：「漢興以來，侯者百數，保國持寵，未有若富平者也。湯雖酷烈，及身蒙咎，其推賢揚善，固宜有後。」張湯，杜陵人，武帝時拜大中大夫，後爲朱買臣等所陷，自殺。子安世，官至衛將軍，封富平侯。

〔三二〕《後漢書‧楊震傳論》：「延光（安帝年號）之間，震爲上相，抗直方以臨權枉，先公道而後身名，可謂懷王臣之節，識所任之體矣。遂累葉載德，繼蹤宰相。信哉！積善之家，必有餘慶。先世韋（賢）平（當），方之蔑矣。」楊震字伯起，華陰人，官太尉，爲樊豐等構陷，卒。子秉，孫賜，曾孫彪，玄孫修，皆貴顯。

〔三三〕見上「曲終奏雅」注〔二八〕。

〔三四〕按此節論藉述親以自詡之陋。

〔三五〕《詩序》：「國史明乎得失之跡，傷人倫之廢，哀刑政之苛，吟詠性情，以風其上。」孔疏：「國史者，《周官》大史、小史、外史、御史之筆，皆是也。此承變風變雅之下，則兼據天子諸侯之史矣。得失之迹者，人君既往之所行也。明曉得失之迹，哀傷而詠情性者，詩人也，非史官也。《民勞》《常武》，公

卿之作也。《黄鳥》《碩人》，國人之風。然則凡是臣民，皆得風刺，不必要其國史所爲。此文特言國史者，鄭答張逸云：『國史采衆詩時，明其好惡，令瞽矇歌之，其無作主，皆國史主之，令可歌。』如此言，是由國史掌書，故託文史也。苟能制作文章，亦可謂之爲史，不必要作史官。《騶》云：『史克作是頌』，史官自有作詩者矣，不盡是史官爲之也。言明其好惡，令瞽矇歌之，是國史選取善者始付樂官也。言其無作主，國史主之，嫌其作者無名，國史不主之耳；其有作主，亦國史主之耳。」六義，見《詩教下》注〔四〕。

〔三六〕《春秋繁露‧精華》：「詩無達詁。」達詁，猶言通訓也。

〔三七〕《書序》，見《匡謬》注〔四〕。外史，見《原道中》注〔四〕。

〔三八〕如《湯誥序》云：「湯既黜夏命，復歸于亳，作《湯誥》。」《伊訓序》云：「成湯既沒，太甲元年，伊尹作《伊訓》、肆命徂后。」是也。

〔三九〕帖括，見《博約上》注〔七〕。《唐書‧選舉志》：「明經但記帖括。」按《粵雅堂叢書》本「稍」上無「可」字，茲據劉刻《遺書》本增。

〔四〇〕《釋名‧釋書契》：「書姓字於奏（箋奏）上曰刺。」刺，名片。《荀子‧大略》：「包苴行與。」注：「貨賄必以物苴裹，故總謂之苴。」

〔四一〕按此節論藉人請文以自譽之陋。

〔四二〕《隋書‧經籍志》雜傳類，所載自《海內先賢傳》《四海耆舊傳》而下，約二十餘種。

〔四三〕《隋書·經籍志》雜史類：「《王子年拾遺記》十卷，蕭綺撰。」又雜傳類：「《搜神記》三十卷，干寶撰。」此類非正式傳記。

〔四四〕方望溪云：「退之、永叔、介甫，俱以誌銘見長。」（《古文約選凡例》）姚姬傳《古文辭類纂序》：「余撰次古文辭，不載史傳，以不可勝載也。惟載太史公、歐陽永叔表、志、序、論數首，序之最工者也。其後目錄之序，子固獨優已。」此指傳記類入集部。

〔四五〕見《史注》注〔三三〕及《釋通》注〔六〇〕。

〔四六〕韓愈《答崔立之書》：「僕雖不賢，亦且潛究其得失，致之乎吾相，薦之乎吾君，上希卿大夫之位，下猶取一障而乘之。若都不可得，猶將耕於寬閒之野，釣於寂寞之濱，求國家之遺事，考賢人哲士之終始，作唐之一經，垂之於無窮，誅姦諛於既死，發潛德之幽光：二者將必有一可。」（《昌黎集》卷十六）章氏《丙辰劄記》云：「韓氏道德文章，不媿泰山北斗，特於史學非其所長，作唐一經之言，非所任耳。其文出於孟、荀，淵源《詩》《禮》，真六經之羽翼，學者自當楷模。但史家淵源，必自《春秋》比事屬辭之教，韓子所不能也。」（劉刻《遺書》外編三）此言韓愈能文而不明史學。

〔四七〕見《經解下》注〔四〕。

〔四八〕見《言公下》注〔八〕。

〔四九〕七林，見《詩教上》注〔四九〕。

〔五〇〕《詩·大雅·下武》：「昭茲來許。」傳：「許，進也。」

〔五一〕《莊子·天運》：「西施病心而矉其里。其里之醜人見而美之，歸亦捧心而矉其里。其里之富人見之，堅閉門而不出；貧人見之，挈妻子而走。彼知矉美，而不知矉之所以美。」

〔五二〕章氏《乙卯劄記》：「《池北偶談》引王秋潤論文，謂『西《漢書》諸列傳，加以銘辭，便是絕好碑誌。』王秋潤亦號大家，漁洋亦號古文通才，而所見之陋，乃如村荒學究，則時文之害人不淺矣。」（劉刻《遺書》外編二）按此節論虛爲碑誌人集之陋。此說正與予《黜陋》篇所論著卜肆之應一條，可以反證。

俗　嫌[一]

文字涉世之難，俗諱多也。退之遭李愬之毀，[二]《平淮西碑》本未略李愬功。歐陽辨師魯之誌，[三]從古解人鮮矣。往學古文於朱先生。[四]先生爲《吕舉人誌》。[五]吕久困不第，每夜讀甚苦。鄰婦語其夫曰：「吕生讀書聲高，而音節淒悲，豈其中有不自得邪？」其夫告吕。吕哭失聲曰：「夫人知我。假主文者，能具夫人之聰，我豈久不第乎？」由是每讀則向鄰牆三揖。其文深表吕君不遇傷心；而當時以謂佻薄[六]，無男女嫌，則聚而議之。又爲某夫人誌。[七]其夫教甥讀書不率，撻之流血。太夫人護甥而怒，不食。夫人跪勸進食。太夫人怒，批其頰。夫人怡色有加，卒得姑歡。其文於慈孝友睦，初無所間；而當時以謂婦遭姑撻，恥辱須諱，笞甥撻婦，俱乖慈愛，則削而去之。余嘗爲《遷安縣修城碑文》[八]中叙城久頽廢，當時工程更有急者，是以大吏勘入緩工；今則日更久，圮壞益甚，不容更緩。此乃據實而書，宜若無嫌。而當時閲者，以謂碑叙城之宜修，不宜更著勘緩工者以形其短。又嘗爲人撰《節婦傳》，[九]則叙其生際窮困，其後質之當世號知文者，則皆爲是說，不約而同。而其子則云：「彼時親族不盡窮困，特不我母子憐耳。今若云云，恐彼負慚，且成嫌隙。請但述母氏之苦，毋及親族不援。」此等拘泥甚多，不可更僕數矣。亦係援者，乃能力作自給，撫孤成立。

間有情形太逼，實難據法書者，不盡出拘泥也。又爲朱先生撰《壽幛題辭》云：「自癸巳罷學政歸，門下從遊，始爲極盛。」[10]而同人中，有從遊於癸巳前者，或憤作色曰：「必於是後爲盛，是我輩不足重乎？」又爲梁文定較注《年譜》云：「公念嫂夫人少寡，終身禮敬如母。遇有拂意，必委曲以得其歡。」[11]而或乃曰：「嫂自應敬，今云念其少寡而敬，則是防嫂不終其節，非真敬也。」其他瑣瑣，爲人所摘議者，不可具論，姑撮大略於此，亦可見文章涉世，誠難言矣。夫文章之用，内不本於學問，外不關於世教，已失爲文之質，而或懷挾憸心，[12]詆毁人物，甚而攻發隱私，誣涅清白，此則名教[13]中之罪人，縱倖免刑誅，天譴所必及也。至於是非所在，文有抑揚，比擬之餘，例有賓主，厚者必云不薄，醇者必曰無疵，殆如賦詩[14]必諧音調，然後音調措語必用助辭，然後辭達。今爲醇厚著說，惟恐疵薄是疑，是文句必去焉哉乎也，而詩句須用全仄全平，雖周、孔復生，不能一語稱完善矣。[15]嗟乎！經世之業，不可以爲涉世之文。不虞之譽，求全之毁，[16]從古然矣。讀古樂府，形容蜀道艱難，太行詰屈，[17]以謂所向狹隘，喻道之窮，不知文字一途，乃亦崎嶇如是。是以深識之士黯默無言。自勒名山之業，將俟知者發之，豈與容悦之流[18]較甘苦哉！

〔一〕按杜甫《偶題》：「文章千古事，得失寸心知。」政以其中甘苦疾徐，解人難得。本篇就己所親歷，舉

例以明俗嫌之難與語諸文事,俯仰一世,而有闇默以俟知者之歎也。此下四篇作年無考。

〔二〕《舊唐書·韓愈傳》:「元和十二年八月,宰臣裴度爲淮西宣慰處置使,兼彰義軍節度使,請愈爲行軍司馬。淮蔡平,十二月隨度還朝,以功授刑部侍郎。仍詔愈撰《平淮西碑》,其辭多叙裴度事。時先入蔡州擒吴元濟,李愬功第一,愬不平之。愬妻(唐安公主女也)出入禁中,因訴碑辭不實。詔令磨去愈文。憲宗命翰林學士段文昌重撰文,勒石。」按韓碑本未略李愬功,以立言體制攸宜,故叙次同於諸將,未特著之耳。平蔡事詳具《通鑑·憲宗紀》。段碑今載《唐文粹》卷五十九。

〔三〕尹師魯名洙,河南人。歐陽修撰《尹師魯墓誌銘》,其家人病其簡略。新進士孔嗣宗請詣潁州,與歐陽修辨論,凡留半月。修特撰《論尹師魯墓誌》一文,以辨明之。文略如下:「誌言『天下之人,識與不識,皆知師魯文學議論材能』;則文學之長,議論之高,材能之美,不言可知。又述其文,則曰『簡而有法』。此一句在孔子六經,惟《春秋》可當之。又述其學曰『通知古今』。此語若必求其可當者,惟孔、孟也。又述其論,云『是是非非,務盡其道理,不苟止而妄隨』。亦非孟子不可當此語。又述其材能。備言師魯歷貶,自兵興便在陜西,尤深知西事,未及施爲而元昊臣。師魯得罪,使天下之人,盡知師魯材能。此三者,皆君子之極美,然在師魯猶爲末事。如上書論范公而自請同貶,臨死而語不及私人,此其大節乃篤於仁義,窮達禍福,不愧古人,又可知也。既已具言其文、其學、其議論、其材能、其忠義,遂又言其爲仇人挾情論告以貶死;又言死後困窮之狀。欲使後世知有如此人,以此事廢死,

至於妻子如此困窮；所以深痛死者，而切責當世君子致斯人之及此也。」(《歐陽文忠全集》卷七十二)

〔四〕朱筠，見《傳記》注〔五〕。章氏《與汪龍莊簡》云：「憶初入都門，朱大興先生一見，許以千古。然言及時文，則云：『足下於此無緣，不能學，然亦不足學也。』曰：『科舉何難？科舉何嘗必要時文？由子之道，任子之天，科舉未嘗不得，即終不得，亦非不學時文之咎也。』弟信其說，故但教人爲文，而不教人爲揣之文。」(《劉刻《遺書》卷二十九)又嘗述朱氏論文之旨云：「有意於文，未有能至焉者。不爲難易，而惟其是，庶幾古人辭達之義矣。而平心迎拒，侔色揣稱，其餘事也，而其要乃在於聞道。不於道而於文，將有求一言之是而不可得者。」(《朱先生五十初度屛風題辭》，劉刻《遺書》卷二十三)。

〔五〕朱筠《庚午科舉人呂君行狀》：「君諱元龍，字麟洲，一字慕堂，順天大興人。辛未，試禮部不第，乃益發憤讀書，其出聲如鐘。君所善韓生者亦喜讀書，居比鄰，旦旦夜夜，牆以東西，咿唔相倡答也。其妻韓夫人賢，而善品藻人，聞書聲，謂其夫曰：『此子聲大而中淒以悲，其心有不自得者乎？』韓生以告。君叫然曰：『夫人知我。』既而曰：『脫世知我如夫人者，我豈不第哉？』即又慟哭。每早起則望其家頓首再拜，人或以爲狂。」(《笥河文集》卷九)

〔六〕《楚辭・離騷》：「余猶惡其佻巧。」佻，偷也。

〔七〕朱筠《王母高夫人行狀》：「夫人靜海高氏，寶坻王舜夫先生名詢之元配也。事君舅北臺先生諱枚

士，暨君姑解太夫人，允盡婦職。事姑如母，左右奉養，終姑之身，未嘗一日離於側。解太夫人性嚴重，而夫人承以愉婉，以故久之姑以爲孝。歲丙寅，夫人年五十矣。是時舜夫先生召諸甥於家，爲之延師讀書，間或督過之，予以杖。會甥病，而解太夫人以愛外孫甚，聞之不樂，曰：『兒奈何病若甥？』爲之罷食，至再。舜夫先生聞太夫人怒，則惶恐至不敢見。夫人怡色承受無忤，太夫人意已得解，乃敢見而謝過。卒，甥舅相好如初。人以是覘王氏子職之謹，而夫人以五十新婦純孝而賢，尤難能也。」（《笥河文集》卷九）

〔八〕《遷安縣重修城垣碑》中段云：「謹按乾隆十三年，前通州理事通判富某，奉檄勘議。又二十七年，前灤州知州奉檄，偕前知縣顧某同勘，需銀六萬餘兩。會二十八年，前總督直隸兵部尚書方諱觀承，彙奏所屬城工緩急，遷安與昌黎、樂亭同列緩工。自此因循未果，訖今又十五年。積久頹廢，日以益甚。不特官廨倉獄，當備非常；既廬舍民居，藉城保障。卑職於三十九年任事，即見紳士軍民紛紛籲請，卑職復勘無異。惟以初至未諳，又工費最鉅，未敢遽議興修。今三年來，請者益衆，詳視利害愈悉，允宜刻日建工，無庸疑貳。」（劉刻《遺書》卷十六）

〔九〕章氏《書董節婦事》：「昌黎高彙征述其外姑董節婦事，請余書實，以備採風。曰：『外姑戴氏，同縣監生天挺女也。』年二十一，歸外舅繼述。越二年，生子泰來。又二年，孿生二女。又二年，外舅沒

[一〇]《朱先生五十初度屏風題辭》:「乾隆戊戌季夏上旬六日,爲笥河朱先生五十初度之辰。門弟子一時居京師者,相與奉觴上壽,俾學誠勉爲之辭。」「前此十年爲戊子(乾隆三十三年),則先生自贊善晉學士。其間典試八閩,視學皖歙,出則輶軒購典,入則都邑徵書,遊歷名山大川,發舒志氣,披剔金石,搜羅逸獻遺文。而東南一時所謂沈溺、枯槁,與夫磊落奇偉魁閎寬通之士,莫不景合雲從,於是門下從遊,始稱極盛。」(劉刻《遺書》卷第二十三)

[一一]《梁文定公年譜書後》:「文定生朝,與伯兒同日,伯兒蚤世,故終身不稱觴。及秉樞要,壽日賀客盈門,文定下值,即避居靜室,或潛窺之,淚涔涔不自禁也。事孀婦、禮敬如母。撫湖北時,聞李甥堯棟入翰林,適見穉子慵學而嬉,嫂召文定,詰責課子不嚴,語涉繁瑣。文定欲退出,嫂遽呼曰:『若厭聞吾語耶?』則指所坐堂下曰:『爲我姑止此!』因故爲絮沓,歷數責之,聞者至不可堪。文定不少動,俟嫂氣漸平,始徐徐去。一府賓客,傳爲異聞。」(劉刻《遺書》卷第二十一)梁國治字階平,號瑶峰,浙江會稽人。乾隆進士,官至東閣大學士,兼戶部尚書,卒,諡文定。

[一二]《莊子·山木》:「有虛船來觸舟,雖有惼心之人不怒。」《釋文》:「惼,急也。」

[一三]名,謂名分。教,謂教化。《世説新語·德行》:「王平子、胡母彦國諸人,皆以任放爲達,或有裸體

者。樂廣笑曰：「名教中自有樂地，何爲乃爾也！」

〔一四〕按諸本「賦詩」二字誤倒，茲從劉刻《遺書》本乙。

〔一五〕章氏《丙辰劄記》：「李習之撰《楊烈婦傳》云：『李希烈分兵抵項城縣。縣令李侃，不知所爲。其妻楊氏，激發忠義，號召吏民。又箭傷侃手，侃歸，楊氏責令登陴死守。』叙楊之烈至矣，然爲李侃者，不亦難乎？古人記事從實，無所迴護，故其文光明磊落，可以取信於人。今人下筆，率多世俗忌諱；如爲人妻作傳，則必欲其夫無疵可摘，若餘文波及，雖被褎之人，大抵六親三黨皆是聖賢之徒，然後使其人可安，而爲文者亦得免於訾議。否則群闖交集，雖被褎之人，亦自跼蹐而不敢居。嗚呼！三代直道之公不可問矣。」（劉刻《遺書》外編三）

〔一六〕《孟子‧離婁下》：「孟子曰：『有不虞之譽，有求全之毀。』」

〔一七〕李白樂府《蜀道難》寫蜀道之險巇；魏武帝樂府《苦寒行》寫太行之詰屈。

〔一八〕《孟子‧盡心上》：「孟子曰：『有事君人者，事是君，則爲容悅者也。』」趙岐注：「事君，求君之意爲苟容以悦君者也。」

鍼 名〔一〕

名者,實之賓。實至而名歸,自然之理也,非必然之事也。君子順自然之理,不求必然之事也。君子之學,知有當務而已矣;未知所謂名,安有見其爲實哉?好名者流,徇名而忘實,〔三〕於是見不忘者之爲實爾。識者病之,乃欲使人後名而先實也。雖然,猶未忘夫名之見者也。君子無是也。君子出處,當由名義。〔四〕先王所以覺世牖民,不外名教。〔五〕伊古以來,未有舍名而可爲治者也。〔六〕何爲好名乃致忘實哉？曰：義本無名,因欲不知義者由於義,故曰名義。教本無名,因欲不知教者率其教,故曰名教。人不知衣,而揭盆繰〔七〕之名以勸蠶;人不知食,而揭樹藝之名以勸農;今不問農蠶,而但以飽煖相矜耀,必有輟耕織而忍饑寒之名也。故名教名義之爲名,飽煖也。好名者之名,飽煖也。必欲騖飽煖之名,以僞煖,斯乃好名之弊矣。故名教名義之爲名,農蠶也。好名者之名,飽煖也。必欲騖飽煖之名,以僞煖,斯乃好名之弊矣。故名教名義之爲名,農蠶也。好名者之名,飽煖也。必欲騖飽煖之名,假借糠秕以充飽,隱裹敗絮以僞煖,斯乃好名之弊矣。名,未有不強忍饑寒者也。〔八〕

然謂好名者喪名,自然之理也,非必然之事也。昔介之推不言祿,祿亦弗及。〔九〕實至而名歸,名亦未必遽歸也。天下之名,定於真知者,〔一〇〕而羽翼於似有知而實未深知者。夫真知者,必先自知。天下鮮自知之人,故真能知人者不多也。似有知而實未深知者則多矣。似有

鍼名

知,故可相與爲聲名。實未深知,故好名者得以售其欺。又況智干術馭,竭盡生平之思力,而謂此中未得一當哉?故好名者往往得一時之名,猶好利者未必無一時之利也。[二]且好名者,固有所利而爲之者也。如賈之利市[三]焉,賈必出其居積,而後能獲利;好名者,亦必澆漓[三]其實,而後能徇一時之名也。蓋人心不同如其面,[四]故務實者,不能盡人而稱善焉。好名之人,則務揣人情之所向,不必出於中之所謂誠然也。且好名者,必趨一時之風尚也。風尚循環,如春蘭秋鞠[五]之互相變易,而不相襲也。人生其間,才質所優,不必適與之合也。好名者,則必屈曲以徇之,故於心術多不可問也。[六]此言勢有必至,理有固然也。[七]學問之道,與人無忮忌,[八]而名之所關,忮忌有所必至也。學問之道,與世無矯揉;而名之所在,矯揉有所必然也。故好名者,德之賊也。[九]

若夫真知者,自知之確,不求人世之知矣。[一〇]其於似有知實未深知者,不屑同道矣。或百世而上,得一人焉,弔其落落無與儔[一一]也,未始不待我爲後起之援也。或千里而外,得一人焉,悵其遥遥未接迹也,未始不與我爲比鄰之洽[一二]也。以是而問當世之知,則寥寥矣,而君子不以爲患焉。至是而好名之伎,亦有所窮矣。故曰:實至而名歸,好名者喪名,皆自然之理也,非必然之事也。卒之事亦不越於理矣。[一三]

〔一〕按昔賢謂汲汲於名者，猶之汲汲於利，相去無幾。其在士林，矯揉忮忌，用偽亂真，允爲學術之公患。本篇揭其情弊，而謂定於真知者，蓋亦有感而言，義與《黠陋》《砭異》諸篇相發。作年無考。

〔二〕見《莊子·逍遙遊》文。

〔三〕見《黠陋》注〔七〕。

〔四〕《易·繫辭上》：「君子之道，或出或處，或默或語。」《孟子·告子下》：「孔子爲魯司寇，不用，從而祭，燔肉不至，不稅（脫）冕而行。不知者，以爲肉也，其知者，以爲無禮也。乃孔子則欲以微罪行，不欲爲苟去。君子之所爲，眾人固不識也。」古人出處必由名義，即此可見。

〔五〕《孟子·萬章上》：「天之生此民也，使先知覺後知，使先覺覺後覺也。予，天民之先覺者也。予將以斯道覺斯民也。非予覺之而誰也？」《詩·大雅·板》：「天之牖民，如壎如篪。」傳：「牖，導也。」

〔六〕《尹文子·大道上》：「名有三科，法有四呈。一曰命物之名，方、圓、白、黑是也。二曰毀譽之名，善、惡、貴、賤是也。三曰況謂之名，賢、愚、愛、憎是也。一曰不變之法，君、臣、上、下是也。二曰齊俗之法，能、鄙、同、異是也。三曰治衆之法，慶、賞、刑、法是也。四曰平準之法，律、度、權、量是也。」又云：「今萬物具存，不以名正之則亂。萬名具列，不以形應之則乖。故形名者，不可不正也。善名命善，惡名命惡，故善有善名，惡有惡名。聖、賢、仁、智，命善者也。頑、嚚、凶、愚，命惡者也。今即聖、賢、仁、智之名，以求聖、賢、仁、智之實，未之或盡也。即頑、嚚、凶、愚之名，以求頑、嚚、凶、

愚之實,亦未或盡也。使善惡盡然有分,雖未能盡物之實,猶不患其差也。故曰名不可不辨也。」

〔七〕繅,同繹。《説文》:「繅,繹出絲也。」《禮記‧祭義》:「夫人繅三盆手。」鄭注:「三盆手者,三淹也。」

〔八〕按此節論徇名忘實之弊。

凡繅,每淹大摠而手振之,以出緒也。盆,浸,繭浸水抽絲。

〔九〕《左傳》僖二十四年:「晉侯賞從亡者,介之推不言禄,禄亦弗及。推曰:『獻公之子九人,唯君在矣。惠、懷無親,外內棄之。天未絶晉,必將有主。主晉祀者,非君而誰?天實置之,而二三子以爲己力,不亦誣乎!竊人之財,猶謂之盜,況貪天之功以爲己力乎?下義其罪,上賞其姦,上下相蒙,難與處矣。』其母曰:『盍亦求之,以死誰懟?』對曰:『尤而效之,罪又甚焉;且出怨言,不食其食。』其母曰:『亦使知之,若何?』對曰:『言,身之文也。身將隱,焉用文之,是求顯也。』其母曰:『能如是乎?與女(汝)偕隱。』遂隱而死。晉侯求之不獲,以緜上爲之田,曰:『以志吾過,且旌善人。』」

〔一〇〕《莊子‧大宗師》:「且有真人而後有真知。」郭象注:「有真人而後天下之知皆得其真而不可亂也。」

〔一一〕按此節論好名者可邀一時之榮。

〔一二〕《易‧説卦》:「爲近利市三倍。」

〔一三〕《説文》:「澆,薄也。」漓,通醨。《説文》:「醨,薄酒也。」

〔一四〕見《言公中》注〔五二〕。

〔一五〕鞠同菊。《楚辭‧九歌‧禮魂》:「春蘭兮秋菊,長無絕兮終古。」洪興祖《補注》:「春蘭秋菊,各一

〔一六〕《左傳》僖五年：「晉侯復假道於虞以伐虢，宮之奇諫曰：『虢，虞之表也，虢亡，虞必從之。晉不可啟，寇不可翫，一之謂甚，其可再乎？諺所謂輔車相依，脣亡齒寒者，其虞虢之謂也。』」《莊子·胠篋》：「故曰，脣竭則齒寒，魯酒薄而邯鄲圍，聖人生而大盜起。」《釋文》引許慎《淮南》注云：「楚會諸侯，魯、趙俱獻酒於楚王，魯酒薄而趙酒厚。楚之主酒吏，求酒於趙。趙不與。吏怒，乃以趙厚酒易魯薄酒，奏之。楚王以趙酒薄，故圍邯鄲也。」

〔一七〕葉注引《戰國策·齊策》四：「譚拾子曰：『事有必至，理有固然，子知之乎？』」

〔一八〕《詩·邶風·雄雉》：「不忮不求，何用不臧？」毛傳：「忮，害也。」韓愈《原毀》：「雖然，爲是者有本有原，怠與忌之謂也。怠者不能修，而忌者畏人修。」(《昌黎集》卷十一)

〔一九〕按此節論好名者，忮忌矯揉，爲德之賊。

〔二〇〕韓愈《與馮宿書》：「以此而言，作者不祈人之知也，明矣。直百世以竢聖人而不疑耳。」(《昌黎集》卷十七)

〔二一〕《老子》第三十九章：「不欲琭琭如玉，落落如石。」落落，不相入貌。漢光武帝《臨淄勞耿弇》：「將軍前在南陽，建此大策，常以爲落落難合，有志者事竟成也。」

〔二二〕《詩·小雅·正月》：「洽比其鄰，昏姻孔云。」毛傳：「洽，合也。」

〔二三〕按此節論好名者，遇真知者則技窮而名喪。

砭異〔一〕

古人於學求其是，未嘗求異於人也。學之至者，人望之而不能至，乃覺其異耳，非其自有所異也。夫子曰：「儉，吾從衆。泰也，雖違衆，吾從下。」〔二〕聖人方且求同於人也，於衆，聖人之不得已也。天下有公是，成於衆人之不知其然而然也，聖人莫能異也。賢智之士，深求其故，而信其然。庸愚未嘗有知，而亦安於然。而負其才者，恥與庸愚同其然也，則故矯其說以謂不然。譬如善割烹者，甘旨得人同嗜，不知味者同嗜好，則必啜糟棄醴，去膾炙而尋藜藋〔四〕乃可異於庸俗矣。語云：「後世苟不公，至今無聖賢。」萬世取信者，夫子一人而已矣。夫子可以取信，又從何人定之哉？公是之不容有違也。夫子論列古之神聖賢人，衆矣。伯夷求仁得仁〔五〕泰伯以天下讓，〔六〕非夫子闡幽表微，〔七〕人則無由知爾。夫子之聖，而稱述堯、舜、禹、湯、文、武、周公，雖無夫子之稱述，人豈有不知者哉？以夫子之聖，而稱述堯、舜、禹、湯、文、武、周公，不聞去取有異於衆也，則天下真無可以求異者矣。是非之心，人皆有之。〔八〕至於聲色臭味，天下之耳目口鼻，皆相似也。心之所同然者，理也，義也。〔九〕然天下歧趨，皆由爭理義，而是非之心，亦從而易焉。豈心之同然，不如耳目口鼻哉？聲色臭味有據而理義無形。有據則庸愚皆知率循，無形則賢智不免於自用也。故求

異於人,未有不出於自用者也。治自用之弊,莫如以有據之學,實其無形之理義,而後趨不入於歧途也。夫内重則外輕,實至則名忘。〔一〇〕凡求異於人者,由於内不足也。自知不足,而不勝其好名之心,斯欲求異以加人,而人亦卒莫爲所加也。内不足,不得不矜於外,實不至,不得不鶩於名,〔二〕又人情之大抵類然也。以人情之大抵類然,而求異者固亦不免於出此,則求異者何嘗異人哉? 特異於坦蕩之君子爾〔三〕。夫馬,毛鬣相同也,齕草飲水,秣芻飼粟,一日而百里,或一日而千里;從同之中而有獨異者,且加之鞍韉而施以箝勒,無不相同也,〔三〕或一日而百里,或一日而千里;從同之中而有獨異者,聖賢豪傑,所以異於常人也。不從衆之所同,而先求其異,是必詭銜竊轡,踶跌噬齕,不可備馳驅之用〔四〕者也。

〔一〕按此蓋承上篇而爲言。好名之人,往往喜自立異,以爲名高,實齋特著論砭之。「内不足,不得不矜於外。實不至,不得不鶩於名」二語抉其病根之所在。劉咸炘《識語》云:「此篇亦《原道》之餘義。先生由校讎而得共由之義,又由共由而得平常之義。」亦有所見。

〔二〕《論語·子罕》:「子曰:『麻冕,禮也。今也純。儉,吾從衆。拜下,禮也。今拜乎上,泰也。雖違衆,吾從下。』」《集注》引程子曰:「君子處世,事之無害於義者,從俗可也。害於義,則不可從矣。」

〔三〕《孟子·告子上》:「口之於味,有同耆也。易牙先得我口之所耆者也。」

（四）《楚辭·漁父》：「衆人皆醉，何不餔其糟而啜其醨？」《孟子·盡心下》：「公孫丑問曰：『膾炙與羊棗孰美？』孟子曰：『膾炙哉。』」《說文》：「膾，細切肉也。」又：「炙，炮肉也。」《史記·太史公自序》「藜藿之羹。」張守節《正義》：「藜，似藿而表赤。藿，豆葉也。」

（五）《論語·述而》：「子貢曰：『伯夷、叔齊，何人也？』曰：『古之賢人也。』曰：『怨乎？』曰：『求仁而得仁，又何怨？』」

（六）《論語·泰伯》：「子曰：『泰伯，其可謂至德也已矣！三以天下讓，民無得而稱焉。』」

（七）《易·繫辭下》：「夫《易》，彰往而察來，而微顯闡幽。」

（八）《孟子·告子上》文。

（九）《孟子·告子上》：「故曰：口之於味也，有同耆焉。耳之於聲也，有同聽焉。目之於色也，有同美焉。至於心，獨無所同然乎？心之所同然者，何也？謂理也，義也。聖人先得我心之所同然耳。故理義之悅我心，猶芻豢之悅我口。」

（一〇）《莊子·達生》：「凡外重者內拙。」《德充符》：「故德所長而形有忘。」

（一一）自賢曰矜。《書·偽大禹謨》：「汝惟不矜，天下莫與汝爭能。」《漢書音義》：「直騁曰馳。亂騁曰鶩。」矜外則自炫其能，鶩名則矯飾其偽。

（一二）《論語·述而》：「子曰：『君子坦蕩蕩。小人長戚戚。』」鄭曰：「坦蕩蕩，寬廣貌。」

（一三）《莊子·馬蹄》：「馬，蹄可以踐霜雪，毛可禦風寒，齕草飲水，翹足而陸，此馬之真性也。」成玄英疏…

「齕，齩也。」《詩‧周南》：「言秣其馬。」毛傳：「秣，養也。」《木蘭詩》：「西市買鞍韉。」《說文》：「韉，馬鞍具也。」《正韻》：「銜，鎖項也。」有銜曰勒，無銜曰羈。

〔四〕《莊子‧馬蹄》：「詭銜竊轡。」《釋文》：「詭銜，吐出銜也。竊轡，齧轡也。」《漢書‧武帝紀》：「馬或奔踶而致千里。」師古曰：「踶，蹋也。」《後漢書‧班固傳》：「要趹追蹤。」注：「趹，奔也。」《詩‧鄘風‧載馳》：「載馳載驅，歸唁衛侯。」

砭俗〔一〕

文章家言及於壽屏祭幛，幾等市井間架，不可入學士之堂矣。其實時爲之也。涉世不得廢應酬故事，而祝嘏〔二〕陳言，哀輓〔三〕習語，亦無從出其性靈，而猶於此中斤斤焉，計工論拙，何以異於夢中之占夢〔四〕歟？夫文所以將其意也，意無所以自申，而槪與從同，爲之而豈無所辭，如冠男之祝，醮女之命〔五〕但舉成文故牘而已矣。文勝之習，必欲爲辭，爲之而善？則遂相與矜心作意，相與企慕傚效，濫觴流爲江河，不復可堙闕〔六〕矣。夫文生於質也，始作之者，未通乎變，故其數易盡。〔七〕資其灌漑，通其舟楫，乃見神明通久〔八〕之用焉。沿而襲之者之所以無善步也，文章之道，凡爲古無而今有者，皆度宣防〔七〕資其灌漑，通其舟楫，乃見神明通久〔八〕之用焉。沿而襲之者之所以無善步也，文章之道，凡爲古無而今有者，皆當然也。稱壽不見於古，〔九〕而叙次生平，一用記述之法；以爲其人之不朽，則史傳竹帛之文也。輓祭本出辭章，而歷溯行實，一用誄諡〔一〇〕之意，以爲其人之終始，則金石刻畫〔一一〕之文也。文生於質，視其質之如何而施吾文焉，亦於世教未爲無補，又何市井間架之足疑，而學士之不屑道哉？〔一二〕

夫生有壽言，而死有祭輓，近代亡於禮者之禮也。禮從宜，使從俗〔一三〕苟不悖乎古人之道，君子之所不廢也。文章之家，卑視壽輓，不知神明其法，弊固至乎此也。其甚焉者，存祭輓

而恥錄壽言，近世文人，自定其集，不能割愛而間存者，亦必別爲卷軸，一似雅鄭之不可同日語也。汪鈍翁[一四]以古文自命，動輒呵責他人，其實有才無識，好爲無謂之避忌，反自矜爲有識，大抵如此。此則可謂知一十而昧二五也。彼徒見前人文集有哀誄而無壽言，以謂哀誄可通於古，而祝嘏之辭，爲古所無也。不知墓誌始於六朝，[一五]碑文盛於東漢，[一六]於古未有行也。中郎碑刻，[一七]昌黎誌銘，[一八]學士盛稱之矣。今觀蔡、韓二氏之文集，其間無德而稱，但存詞致，所與周旋而俯仰者，有以異於近代之壽言歟？寬於取古，而刻以繩今，君子以爲有耳而無目也。必以銘誌之倫，實始乎古，則祝嘏之文，未嘗不始於《周官》六祝之辭，[一九]所以祈福祥也。以其文士爲之之晚出，因而區別其類例，豈所語於知時之變者乎？[二〇]

夫文生於質，壽祝哀誄，因其人之質而施以文，則變化無方，可以過於前人矣。夫因乎人者，人萬變而文亦萬變也。因乎事者，事不變而文亦不變也。揖讓之儀文，鼓吹之節奏，[二一]禮樂之所一用成文故典，古人不別爲辭，載在傳記，蓋亦多矣。醮女之辭，冠男之頌，後人沿其流而不廢也。然而其質不存焉，雖有神聖制作，無取儀文節奏，以爲特著之奇也。後人所關，辨其源者，則概爲之辭，所爲辭費也。進士題名[二二]之碑，必有記焉，明人之弊，今則無矣。科舉[二三]拜獻之錄，必有序焉，此則今尚有之。似可請改用一定格式，如賀表例。自唐、宋以來，秋解春集，進士登科，等於轉漕上計，[二四]非有特出別裁之事也。題名進錄，故事行焉，雖使李斯刻石，[二五]

指題名碑。劉向奏書，[二六]指進呈錄。豈能於尋常行墨之外，別著一辭哉？而能者矜焉，拙者愧焉，惟其文而不惟其事，所謂惑也。成室上梁，必有文焉；婚姻通聘，必有啟焉；[二七]同此堂構，[二八]同此男女，雖使魯般發號，高禖紹賓，[二九]豈能於尋常行墨之外，別著一辭哉？而能者矜焉，拙者愧焉，惟其文而不惟其事，所謂惑也。而當世文人，方且劣彼而優此，何哉？[三〇]國家令典，郊廟祝版，[三一]歲舉常事，則有定式，無更張也。推恩循例，群臣誥勅，[三二]官秩相同，則有定式，無更張也。萬壽慶典，嘉辰令節，群臣賀表，咸有定式，無更張也。文因乎事，事萬變而文亦萬變，事不變而文亦不變，雖周、孔制作，豈有異哉？揖讓之儀文，鼓吹之節奏，常人之所不能損者，神聖之所不能增，而文人積習相尋，必欲誇多而鬭靡，宜乎文集之紛紛矣。[三三]

《禮》曰：「君子未葬讀喪禮，既葬讀祭禮，喪復常讀樂章。」[三四]喪禮遠近有別，而文質以分，所以本於至情也。近世文人，則有喪親成服之祭文矣，葬親堂祭之祭文矣，分贈弔客之行述矣。傳曰：「孝子之喪親也，哭不偯，禮無容，言不文，煢煢苦塊之中，杖而後能起，朝夕哭無時。」[三五]尚有人焉，能載筆而摛文，以著於竹帛，何以異於蒼梧人之讓妻，[三六]華大夫之稱祖歟？[三七]或曰：未必其文之自爲，相喪者之代辭也。夫文生於質也，代爲之辭，必其人之可以有是言也。鴟鴞既處飄搖，不爲睍睆之好音，[三八]鮒魚故在涸轍，[三九]不無憤然之作色，雖代禽

魚立言，亦必稱其情也。豈曰代爲之辭，即忘孝子之所自處歟？[四〇]
或謂代人屬草，有父母者，不當爲人述考妣也。顏氏著訓，蓋謂孝子遠嫌，聽無聲而視無形，至諄諄也。[四一]雖然，是未明乎代言之體也。嫌之大者，莫過於君臣；周公爲成王詔臣庶，[四二]則不以南面爲嫌。嫌之甚者，莫過於男女；谷永爲元帝報許后，[四三]即不以內親爲忌。伊古名臣，擬爲册祝制誥，則追諡先朝，册后建儲，以至訓敕臣下，何一不代帝制以立言，豈有嫌哉？必謂涉世遠嫌，不同官守，樂府孤兒之篇，豈必素冠之棘人？[四四]古人寡婦之歎，[四五]何非鬚眉之男子？文人爲子述其親，必須孤子而後可，然則爲夫述其妻，必將閹寺[四六]而後可乎？夫非禮之禮，非義之義，君子弗爲，蓋以此哉。[四七]

〔一〕實齋《答朱少白書》：「文體不廢應酬。昌黎墓誌，無其實而姑取以應酬者，十之七八，與近代壽文有何分別？先夫子於壽序一體，多用傳記之法，最爲有用之文，豈可輕忽？鄙著正因世俗拘文體爲優劣，而不察文之優劣，並不在體貌推求，故撰《砭俗》之篇，欲人略文而求實也。」（劉刻《遺書·補遺》）是本篇作意，章氏蓋自言之矣。劉咸炘《識語》：「凡先生論文，皆本於質，其揚扢古今，極奇極紛，皆不出此。」

〔二〕《國語·楚語》：「虔其宗祝。」注：「祝，主祝祈也。」《詩·大雅》箋：「予福曰嘏。」「純嘏爾常矣。」

〔三〕又《魯頌·閟宮》：「天錫公純嘏，眉壽保魯。」後世因謂祝壽曰祝嘏。摯虞《文章流別》：「哀辭者，誄之流也。」崔豹《古今注》：「田橫自殺，門人傷之，作悲歌二章。至武帝時，李延年乃分爲二曲，《薤露》送王公貴人，《蒿里》送士大夫庶人，挽柩者歌之，亦謂之輓歌。」《世說新語·任誕》注：「按《莊子》曰：『紼謳所生，必於斥苦。』斥，疏緩也。苦，用力也。引紼所以有謳歌者，爲人有用力不齊，故促急之也。」《春秋左傳》曰：『魯哀公會吳伐齊，其將公孫夏命歌《虞殯》。』杜預曰：『《虞殯》，送葬歌。』《史記·絳侯世家》曰：『周勃以吹簫樂喪。』然則挽歌之來久矣，非始起於田橫也。」

〔四〕《莊子·齊物論》：「夢之中又占其夢焉。」

〔五〕《儀禮·士冠禮》：「始加祝曰：『令月吉日，始加元服（冠也）。棄爾幼志，順爾成德。壽爾維祺，介爾景福！』再加曰：『吉月令辰，乃申爾服。敬爾威儀，淑慎爾德。眉壽萬年，永受胡福！』三加曰：『以歲之正，以月之令，咸加爾服。兄弟俱在，以成厥德。黃耇無疆，受天之慶！』」又《士昏禮》：「父送女，命之曰：『戒之敬之！夙夜無違命。』母施衿結帨曰：『勉之敬之！夙夜無違宮事。』庶母及門內施鞶，申之以父母之命，命之曰：『敬恭聽宗爾父母之言，夙夜無愆，視諸衿鞶！』」鄭注：「酌而無酳酢曰醮。」

〔六〕濫觴。見《書教中》注〔二七〕。埋，塞也。閼，音遏，遮壅也。

〔七〕《漢書·溝洫志》：「自河決瓠子後二十餘歲，歲因以數不登。上迺使汲仁、郭昌發卒萬人，塞瓠子

〔八〕《易‧繫辭上》：「神而明之，存乎其人。」又下傳：「《易》窮則變，變則通，通則久。」

〔九〕《日知錄》（卷十三）：「生日之禮，古人所無。《顏氏家訓（風操）》曰『江南風俗，兒生一朞，爲制新衣，盥浴裝飾。男則弓矢紙筆，女則刀尺鍼縷，並加飲食之物及珍寶服玩，置之兒前，觀其發意所取，以驗貪廉智愚，名之爲試兒。親表聚集，因成宴會。自兹以後，二親若在，每至此日，常有飲食之事。無教之徒，雖已孤露，其日皆爲供頓，酣暢聲樂，不知有所感傷。梁孝元年少之時，每八月六日載誕之辰，常設齋講。自阮修容薨後，此事亦絶。』是此禮起於齊、梁之間。逮唐、宋以後，自天子至於庶人，無不崇飾此日，開筵召客，賦詩稱壽，而於昔人反本樂生之意，去之遠矣。」

〔一〇〕《文心雕龍‧誄碑》：「誄者，累也，累其德行，旌之不朽也。」《禮記‧檀弓上》：「魯莊公及宋人戰於乘丘，縣賁父御，卜國爲右。馬驚敗績，公隊，佐車授綏。公曰：『末之卜也。』縣賁父曰：『他日不敗績，而今敗績，是無勇也。』遂死之。圉人浴馬，有流矢在白肉。公曰：『非其罪也。』遂誄之。士之有誄，自此始也。」《説文》：「誄，行之迹也。」《汲冢周書‧謚法解》：「維周公旦、太公望開嗣王業，攻于牧野之中，終葬，乃制謚叙法。大行受大名，細行受細名，行出于己，名生于人。」《禮記‧檀弓上》：「死謚，周道也。」疏：「殷以上有生號仍爲死後之稱。周則死後別立謚。」

〔一一〕李商隱《韓碑》：「金石刻畫臣能爲。」（《李義山詩集》上）

〔一二〕按此節論文生於質，視其質如何而施文，故不以古無今有爲嫌。劉刻《遺書》本，「不屑」上有

〔一三〕見《禮記·曲禮上》文。

「所」字。

〔一四〕《清史列傳·文苑傳》：「汪琬字苕文，江蘇長洲人。順治十二年進士，授編修，纂修《明史》。二十九年，卒，年六十七。琬少孤，自奮於學，銳意爲古文辭，大抵原本於六經，灝瀚疏暢，頗近南宋諸家。詩則兼范成大、陸游、元好問之勝。有《堯峰詩文鈔》。」

堯峰山，閉戶著書者九年。康熙十八年，召試博學鴻儒，授編修，纂修《明史》。二十九年，卒，年六十七。琬少孤，自奮於學，銳意爲古文辭，大抵原本於六經，灝瀚疏暢，頗近南宋諸家。詩則兼范成大、陸游、元好問之勝。有《堯峰詩文鈔》。」

〔一五〕《封氏見聞錄》：「魏侍中繆襲葬父母，墓下題版文，則誌銘之作，納於壙中者，起於魏、晉無疑。」《文選》墓誌類李善注：「吳均《齊春秋》，王儉曰：石誌不出禮典，起宋元嘉顏延之爲王琳石誌。」此墓誌始於六朝之説也。葉君長青曰：「《西京雜記》三：『杜子夏葬長安北四里，臨終作文曰：魏郡杜鄴，立志忠款，犬馬未陳，奄先草露，骨肉歸於后土，氣魄不知所之，何必故丘，然後即化？封于長安北郭，此焉宴息。及死，命刊石埋于墓側。』據此，則墓誌始於前漢，不始於六朝也。」

〔一六〕司馬溫公云：「古人勳德，多勒銘鼎鐘，藏之宗廟，其葬則有豐碑，以下棺耳。秦、漢以來，始作文褒讚功德，刻之於石，亦之謂碑。」（見趙翼《陔餘叢考·碑表考》）姚氏《古文辭類纂序》：「碑誌類，其體本於《詩》，歌頌功德，其用施於金石。周之時，有石鼓刻文。秦刻石於巡狩所經過。漢人作碑文，又加以序。」《文心雕龍·誄碑》：「後漢以來，碑碣雲起，才鋒所斷，莫高蔡邕。」此碑文盛於東漢之説也。

貶俗

〔一七〕《後漢書·蔡邕傳》：「邕字伯喈，陳留人也。辟橋玄府，稍遷至中郎。後董卓辟邕，遷尚書。及卓被誅，王允收邕付廷尉，遂死獄中。」《文心雕龍·誄碑》：「觀楊賜之碑，骨鯁訓典；陳、郭二文，詞無擇言；周乎衆碑，莫非清允。其叙事也該而要，其綴采也雅而澤，清詞轉而不窮，巧義出而卓立，察其爲才，自然而至。」《蔡中郎集》有《司空文烈侯楊公碑》《陳太丘碑》《郭有道碑》。

〔一八〕茅坤《韓文公文鈔》引：「昌黎之奇，於碑誌尤爲巉削。」曾國藩《讀書錄》：「或先叙事系而後銘功德，或先表其能而後及世系，或有誌無詩，或有詩無誌，皆韓公創法，後來家踵之，遂援爲金石定例。究之深於文者，乃可與言例，精於例者，仍未必知文也。」

〔一九〕《周禮·春官》：「太祝掌六祝之辭，以事鬼神示，祈福祥，求永貞。一曰順祝，二曰年祝，三曰吉祝，四曰化祝，五曰瑞祝，六曰筴祝。」

〔二〇〕按此節論近世文集不錄壽言之謬。

〔二一〕《禮記·樂記》：「文采節奏，聲之飾也。」

〔二二〕《新唐書·選舉志》上：「初，舉人既及第，有曲江會，題名席。」劉禹錫《嘉話錄》：「慈恩寺題名，起自張莒。」唐王定保《摭言》：「既捷，列名於慈恩寺塔，謂之題名。」本於寺中閒遊而題其同年人，因爲故事。」

〔二三〕見《書教下》注〔二三〕。

〔二四〕《宋史·選舉志》：「初，禮部貢舉，皆秋取解，冬集禮部，春考試，合格及第者，列名放榜於尚書省。」

砭俗

〔三五〕又：「綴行期集，列叙名氏鄉貫三代之類書之，謂之小録。」《新唐書·選舉志》下：「初，吏部歲常集人，其後三數歲一集，選人猥至，文簿紛雜，吏因得以爲姦利。士至蹉跌或十年不得官，而闕員亦累歲不補。陸贄爲相，乃懲其弊，命吏部據内外員三分之，計闕集人，歲以爲常。是時河西、隴右没於虜，河南、河北不上計，吏員大率減天寶三之一，而入流者加之。」《史記·蕭相國世家》：「轉漕給軍。」漢制，郡國每歲詣京師，進計簿，謂之上計。《漢書·宣帝紀》：「受計於甘泉宫。」注：「受郡國所上計簿，若今之諸州計帳也。」

〔三六〕李斯《嶧山刻石》《泰山刻石》《琅邪臺刻石》《之罘刻石》《碣石刻石》《會稽刻石》，皆叙述年分，巡視地與刻石用意及垂戒，有一定格式，如進士題名碑。

《漢書·藝文志》：「成帝時以書頗散亡，使謁者陳農求遺書於天下，詔光禄大夫劉向校經傳、諸子、詩賦，步兵校尉任宏校兵書，太史令尹咸校數術，侍醫李柱國校方技，每一書已，向輒條其篇目，撮其指意，録而奏之。」劉向上所校書，皆叙明書名、篇數、參校各本、定著若干篇，再叙作者生平、著作内容，如《上戰國策叙》《上關尹子》《上晏子》等，有一定格式，如科舉之進呈録。

〔三七〕成室，見下注。後魏温子昇有《閶闔門上梁祝文》，知上梁有祝文。又舊時男家行聘，女家受聘，皆有請帖。

〔三八〕《書·大誥》：「若考作室，既底法，厥子乃弗肯堂，矧肯構？」僞孔傳：「父已致法，子乃不肯爲堂基，況肯構立屋乎？」

〔二九〕趙岐《孟子》注：「魯班，魯之巧人。」班一作般。《禮記·檀弓》下：「晉獻文子成室，晉大夫發焉。」鄭注：「文子，趙武也。作室成，晉君獻之，謂賀也。諸大夫亦發禮以往。」孔疏：「發，禮也。晉君既賀，則朝廷大夫並發禮，同從君往賀之。」發號，發禮以賀落成也。

〔三〇〕按此節論登科、上梁、通聘諸文皆有定式，文人于此妄分優劣之謬。

〔三一〕郊廟：祭天、祭宗廟。祝版：祭時書祝文者。

〔三二〕誥勅：官吏受封之辭也。

〔三三〕按此上論文有定式者，無事更張。

〔三四〕見《禮記·曲禮下》文。

〔三五〕《孝經·喪親章》：「孝子之喪親也，哭不偯，禮無容，言不文，美服不安，聞樂不樂，食旨不甘，此哀戚之情也。」《禮記·問喪》：「寢苫枕塊，哀親之在土也，故哭泣無時，偯，哭有餘聲。

〔三六〕《說苑·建本》：「蒼梧之弟，娶妻而美，請與兄易。忠則忠矣，然非禮也。」

〔三七〕《左傳》文十五年：「宋華耦來盟，公與之宴。辭曰：『君之先臣督（華耦，華督曾孫），得罪於宋殤公，名在諸侯之策，臣承其祀，其敢辱君？請承命於亞旅（上大夫）』。」魯人以為敏。」杜預注：「無

〔三八〕故揚其先祖之罪，是不敏。魯（愚）人以爲敏，君子所不爲也。」

〔三九〕《詩·豳風·鴟鴞》：「予羽譙譙，予尾翛翛，予室翹翹，風雨所漂搖，予維音嘵嘵。」又《邶風·凱風》：「睍睆黃鳥，載好其音。」睍睆，美好貌。

〔四〇〕見《言公上》注〔一五〕。

〔四一〕按此節論喪親時所作祭文行述之謬。

〔四二〕《顏氏家訓·文章》：「凡代人爲文，皆作彼語，理宜然矣。至於哀傷凶禍之辭，不可輒代。蔡邕爲胡金盈作母《靈表頌》曰：『悲母氏之不永，然委我而夙喪。』又爲胡顥作其父銘曰：『葬我孝議郎君。』《袁三公頌》曰：『猗歟我祖！出自有嬀。』王粲爲潘文則《思親詩》云：『躬此勞悴，鞠予小人。庶我顯妣，克保遐年。』而並載乎邕、粲之集。此例甚衆，古人之所行，今世以爲諱。」《禮記·曲禮上》：「聽於無聲，視於無形。」鄭注：「恒若親之將有教使然。」

〔四三〕見《言公上》注〔五〕。

〔四四〕《漢書·谷永傳》：「上嘗賜許皇后書，采永言以責之，語在《外戚傳》。」又《外戚傳》：「孝成許皇后，大司馬車騎將軍平恩侯嘉女也。自爲妃至即位，常寵於上，後宮希得進見。皇太后及帝諸舅憂上無繼嗣。時又數有災異，劉向、谷永等皆陳其咎在後宮。皇后迺上疏。上於是采劉向、谷永之言以報。」

〔四五〕《樂府詩集·相和歌辭·瑟調曲》有《古辭孤兒行》。《詩·檜風·素冠（居喪既祥後之冠）》：「庶

〔四五〕（幸）見素冠兮，棘（急）人欒欒（瘠貌）兮，勞心慱慱（憂勞貌）兮。」

〔四六〕《文選》，潘岳有《寡婦賦》。

〔四六〕《説文》：「閽，豎也。宮中閽閣閉門者。」《詩·秦風·車鄰》：「寺人之令。」傳：「寺人，内小臣也。」

〔四七〕《孟子·離婁下》：「孟子曰：『非禮之禮，非義之義，大人弗爲。』」按此節論代言體文俗嫌之謬。

文史通義校注卷五

內篇五

申鄭﹝一﹞

子長、孟堅氏不作，而專門之史學衰。陳、范而下，或得或失，粗足名家。至唐人開局設監，整齊晉、隋故事，﹝二﹞亦名其書爲一史；而學者誤承流別，不復辨正其體，於是古人著書之旨，晦而不明。至於辭章家舒其文辭，記誦家精其考核，其於史學，似乎小有所補；而循流忘源，不知大體，用功愈勤，而識解所至，亦去古愈遠而愈無所當。鄭樵﹝三﹞生千載而後，慨然有見於古人著述之源，而知作者之旨，不徒以詞采爲文，考據爲學也。於是遂欲匡正史遷，益以博雅，貶損班固，譏其因襲，﹝四﹞而獨取三千年來，遺文故冊，運以別識心裁，蓋承通史家風，而自爲經緯，成一家言者也。﹝五﹞學者少見多怪，不究其發凡起例，絕識曠論，所以斟酌群言，爲史學要刪；而徒摘其援據之疏略，裁剪之未定者，紛紛攻擊，勢若不共戴天。古人復起，奚足當吹劍之一吷乎？﹝六﹞若夫二十略中，《六書》《七音》與《昆蟲草木》三略，所謂以史翼經，本

非斷代爲書，可以遞續不窮者比，誠所謂專門絕業，漢、唐諸儒，不可得聞者也。〔七〕創條發例，鉅製鴻編，即以義類明其家學。其事不能不因一時成書，粗就隱括，〔八〕原未嘗與小學專家，特爲一書者，絜長較短；亦未嘗欲後之人，守其成説，不稍變通。夫鄭氏所振在鴻綱，而末學吹求，則在小節。是何異譏韓、彭名將，不能鄒、魯趨蹌，〔九〕繩伏、孔鉅儒，不善作雕蟲篆刻耶？〔一〇〕

夫史遷絕學，《春秋》之後，一人而已。其範圍千古、牢籠百家者，惟創例發凡，卓見絕識，有以追古作者之原，自具《春秋》家學耳。〔一一〕若其事實之失據，去取之未當，議論之未醇，〔一二〕使其生唐、宋而後，未經古人論定；或當日所據石室金匱之藏，及《世本》《諜記》《楚漢春秋》之屬，不盡亡佚；後之溺文辭而泥考據者，相與錙銖而校，尺寸以繩，不知更作如何掊擊之也。〔一三〕今之議鄭樵者，何以異是？孔子作《春秋》，蓋曰其事則齊桓、晉文，其文則史，其義則孔子自謂有取乎爾。〔一四〕夫事即後世考據家之所尚也，文即後世詞章家之所重也，然夫子所取，不在彼而在此。則史家著述之道，豈可不求義意所歸乎？文人惟鄭樵稍有志乎求義，而綴學之徒，囂然起而爭之。然則充其所裁，所求者徒在其事其文。惟鄭樵稍有志乎求義，而綴學之徒，囂然起而爭之。然則充其所論，即一切科舉之文詞，胥吏之簿籍，其明白無疵，確實有據，轉覺賢於遷、固遠矣。〔一五〕雖然，鄭君亦不能無過焉。馬、班父子傳業，終身史官，固無論矣。司馬溫公《資治通

鑑》，[一六]前後一十九年，書局自隨，自辟僚屬；所與討論，又皆一時名流，故能裁成絕業，爲世宗師。鄭君區區一身，僻處寒陋，獨犯馬、班以來所不敢爲者而爲之，立論高遠，實不副名，又不幸而與馬端臨之《文獻通考》，[一七]並稱於時，而《通考》之疎陋，[一八]轉不如是之甚。末學膚受，本無定識，從而抑揚其間，妄相擬議，遂與比類纂輯之業，同年而語，[一九]而衡短論長，岑樓[二〇]寸木且有不敵之勢焉，豈不誣哉？[二一]

〔二〕按史裁以通史爲貴，而通史之利病，《釋通》篇論之已詳。杜氏《通典》、馬氏《通考》所述，專明典章制度，而鄭氏《通志》則兼及治亂興衰。惟以包羅宏鉅，非一人力所能勝，故多疎略。當章氏之世，王鳴盛則指鄭樵爲妄人，戴震則斥之爲陋儒，準經衡史，語有過當。章氏心不能平，特著此篇。劉咸炘《識語》云：「此及下三篇與《書教》篇同爲論史大綱。此明史貴別識心裁，辭章考據不可爲史。名爲《申鄭》者，以矯正當時之譏鄭者耳，實不但爲鄭也。」據廬江何氏鈔本原題下注有「《釋通》傳一」四字，下篇《答客問上》下注《釋通》傳二。《釋通》與《答客問上》諸篇均載于《庚辛間草》。《答客問上》稱「癸巳在杭州」，則《釋通》作于乾隆三十八年癸巳，此篇作于癸巳後之庚辛，當爲乾隆四十五六年間歟？

〔三〕《史通・正史》：「初，太宗以梁、陳及齊、周、隋氏，並未有書，乃命學士分修，事具於上。（謂姚思廉撰《梁》《陳》二書，李百藥撰《北齊書》，令狐德棻撰《北周書》，魏徵、顏師古撰《隋書》。）仍使祕書

監脩,總知其務,凡有讚論,徵多預焉。始以貞觀三年創造,至十八年方就,合爲五代紀傳,并目錄凡二百五十二卷。」別見《説林》注〔七〕。貞觀十八年,又重修《晉書》,後此則相沿爲例,著書之旨,晦而不明,説見下篇。

〔三〕《宋史·儒林傳》:「鄭樵字漁仲,興化軍莆田人。好著書,不爲文章,每自負不下劉向、揚雄。居夾漈山,謝絶人事。久之,乃遊名山大川,搜奇訪古。遇藏書家必借留讀盡乃去。趙鼎、張浚而下皆器之。初爲經旨、禮樂、文字、天文、地理、蟲魚、草木、方書之學,皆有論辨。紹興十九年,上之,詔藏祕府。樵歸,益厲所學,從者二百餘人。以侍講王綸、賀允中薦,得召對,因言班固以來歷代爲史之非。帝曰:『聞卿名久矣,敷陳古學,自成一家,何相見之晚耶!』授右迪功郎,給札抄所著《通志》。書成,爲樞密院編修官。高宗幸建康,命以《通志》進,會病卒,年五十九。學者稱夾漈先生。」

〔四〕《通志·自序》:「大著述者,必深於博雅,而盡見天下之書,然後無遺恨。當遷之時,挾書之律初除,得書之路未廣,亘三千年之史蹟,而跼蹐於七八種書,所可爲遷恨者,博不足也。凡著書者,雖采前人之書,必自成一家言。今遷書全用舊文,間以俚語,良由採摭未備,筆削不遑,故曰余不敢墮前人之言,乃述故事,整齊其世傳,非所謂作也。劉知幾亦譏其多聚舊記,時挿雜言,所可爲遷恨者,雅不足也。」譏固因襲,見《言公上》注〔五〕。

〔五〕鄭樵著《通志》二百卷。帝紀起三皇訖隋恭帝,凡十八卷,附后妃傳二卷。易表爲譜,效《周譜》也,凡四卷。易志爲略,避大名也,凡五十二卷。周同姓世家一卷,附宗室傳八卷,周異姓世家二卷,列

傳九十八卷，載記八卷，四夷傳七卷。備有紀、傳、世家、載記、譜、略六體。紀、傳、世家、載記，多即舊文而損益之。其獨力經營，則在二十略，此樵《自序》所稱「凡著書者，雖採前人之書，必自成一家言」者也。

〔六〕《禮記‧曲禮上》：「父之讎，弗與共戴天。」《莊子‧則陽》：「夫吹管也，猶有嗃也。吹劍首者，吷而已矣。」司馬彪曰：「劍首，謂劍環頭小孔也。吷然如風過。」

〔七〕《通志‧自序》：「江淹有言，『修史之難，無出於志。』誠以志者，憲章之所繫，非老於典故者，不能爲也。不比紀傳。紀則以年包事，傳則以事繫人，儒學之士皆能之。志之大原，起於《爾雅》。司馬遷曰書，班固曰志，蔡邕曰意，華嶠曰典，張勃曰錄，何法盛曰說，餘史並承班謂之志，皆詳於浮言，略於事實，不足以盡《爾雅》之義。臣今總天下之大學術，而條其綱目，名之曰略，凡二十略。百代之憲章，學者之能事，盡於此矣。其五略（禮、職官、選舉、刑法、食貨），漢、唐諸儒所得而聞；其十五略（氏族、六書、七音、天文、地理、都邑、諡、器服、樂、藝文、校讎、圖譜、金石、災異、昆蟲草木），漢、唐諸儒所不得聞也。」

〔八〕《荀子‧性惡》：「枸木必待檃栝烝矯然後直。」楊倞注：「檃栝，正木之木也。」檃，一作隱。《後漢書‧鄧訓傳》：「考量隱栝。」栝，一作括。何休《公羊傳序》：「故遂隱括，使就繩墨焉。」

〔九〕韓信、彭越，漢高帝名將。《史記‧自序》：「北涉汶、泗，講業齊、魯之都，觀孔子之遺風，鄉射鄒嶧。」《詩‧齊風‧猗嗟》：「巧趨蹌兮。」毛傳：「蹌，巧趨貌。」

〔一〇〕伏勝、孔安國，漢初經師。雕蟲篆刻：見《感遇》注〔四三〕。按此上言鄭氏別識心裁，具有通史家風，學者吹求，多在小節。又按劉刻《遺書》此下尚有一節，文錄如下：「某君之治是書也，援據不可謂不精，考求不可謂不當，以此羽翼《通志》，爲鄭氏功臣可也。敘例（按即《續通志叙》）之中，反脣相稽，攻擊不遺餘力，則未悉古人著述之義，而不能不牽於習俗猥瑣之見者也。」

〔一一〕《通志・自序》：「自書契以來，立言者雖多，惟仲尼以天縱之聖，故總《詩》《書》《禮》《樂》而會於一手，然後能同天下之文」；貫二帝三王而通爲一家，然後能極古今之變。迨司馬氏父子出，世司典籍，工於制作，故能上稽仲尼之意，會《詩》《書》《左傳》《國語》《世本》《戰國策》《楚漢春秋》之言，通黃帝、堯、舜至於秦、漢之世，勒成一書，分爲五體，本紀紀年，世家傳代，表以正曆，書以類事，傳以著人：使百代而下，史官不能易其法，學者不能舍其書，六經之後，惟有此作。」

〔一二〕前人指摘《史記》者甚多，如王若虛《史記辨惑》，自事實以至文字議論，均有辨正。（《濟南遺老集》卷九至十二）

〔一三〕《史記・自序》：「紬石室金匱之書。」又《三代世表》：「予讀諜記，稽其曆譜。」《漢書・司馬遷傳》贊：「司馬遷據《左氏》《國語》，采《世本》《戰國策》，述《楚漢春秋》，接其後事，訖於天漢，其言秦漢詳矣。至於采經摭傳，分散數家之事，甚多疏略，或有抵梧。亦其涉獵者廣博，貫穿經傳，馳騁古今，上下數千載間，斯以勤矣。又其是非頗繆於聖人，論大道，則先黃、老而後六經；序游俠，則退處

〔四〕　士而進姦雄；述貨殖，則崇勢利而羞賤貧，此其所蔽也。然自劉向、揚雄博極羣書，皆稱遷有良史之才，服其善序事理，辨而不華，質而不俚，其文直，其事核，不虛美，不隱惡，故謂之實錄。」是班固於《史記》雖致不滿之辭，猶自有其推服之處，不若後人責之苛也。

〔五〕　見《孟子·離婁下》文。

〔六〕　按此上言《春秋》家學不必求備於事文之末，史公而後，惟鄭氏爲能有志於求義。

〔七〕　見《書教下》注〔三七〕及《史注》注〔三五〕。

〔八〕　馬端臨字貴與，宋丞相馬廷鸞之子，饒州樂平人。度宗咸淳中，漕試第一。會廷鸞忤賈似道去位，端臨因留侍養，不與計偕。宋亡後，曾任衢州路柯山書院山長。晚乃閉戶著書以終老。本其家學而成《文獻通考》三百四十八卷。凡立二十四門，曰田賦、錢幣、戶口、職役、征榷、市糴、土貢、國用、選舉、學校、職官、郊社、宗廟、王禮、樂、兵、刑、輿地、四裔，乃因《通典》之成規，而分析其門類，增續其書之所未備者。曰經籍、帝系、封建、象緯、物異，則《通典》之所未有，而採擄諸書以成之者。錢大昕云：「予讀唐、宋《藝文志》往往一書而重見，以爲史局不出一手之弊。若馬貴與《經籍考》，係一人所編輯，所采者不過晁、陳兩家之説，乃亦有重出者。如陸德明《經典釋文》三十卷，見卷百八十五經解類，又見百九十小學類。宋敏求《春明退朝錄》五卷，見卷二百一故事類，又見二百十六小説類。郭茂倩《樂府詩集》一百卷，見卷百八十六樂類，又見二百四十八總集類。李匡乂《資暇集》三卷，見卷二百十四雜家類，而卷二百十五又有李匡義《資暇集》三卷，不知義與乂乃字形相

〔一九〕按此比類纂輯之業蓋指《通考》。《釋通》自注：「《文獻通考》之類，雖仿《通典》，而分析次比，實爲類書之學，無別識心裁，便於對策敷陳之用。」近人金靜庵深不以章氏之說爲然。略謂「馬氏謂太史公作八書以述典章經制，斯言甚諦。是以《通典》之述州郡，則仿自《漢書・地理志》；述邊防，則出自諸史外國傳。《通考》之述藝文，則仿自《漢》《隋》兩志。苟一一取而探索之，必皆有其淵源。是故謂仿自官禮則可，謂悉出自官禮則不可。若乃鄭氏《通志》之二十略，大半鈔自《通典》，而無增補，以視馬書，更遠不如。且馬書所載，宋制最詳，多爲《宋史》各志所未備。所下案語，亦能貫穿古今，折衷至當，是又《通考》之長，非《通志》之所能盡具也。」（《中國史學史》第七章）

〔二〇〕見《說林》注〔五三〕。

〔二一〕按此上言鄭氏以一身而肩絕業，疏陋自屬難免。

答客問上〔一〕

癸巳在杭州，〔二〕聞戴徵君震〔三〕與吳處士穎芳〔四〕談次，痛詆鄭君《通志》，其言絕可怪笑，〔五〕以謂不足深辨，置弗論也。其後學者，頗有訾警。〔六〕因假某君叙説，辨明著述源流。自謂習俗浮議，頗有摧陷廓清之功。〔七〕然其文上溯馬、班，下辨《通考》，皆史家要旨，不盡爲《通志》發也。而不知者又更端以相詰難，因作《答客問》三篇。

客有見章子《續通志叙書後》者，〔八〕問於章子曰：《通志》之不可輕議，則既聞命矣。先生之辨也，文繁而不可殺，〔九〕其推論所及，進退古人，多不與世之尚論者同科，豈故爲抑揚，以佐其辨歟？抑先生別有説歟？夫學者皆稱二十二史，〔一〇〕著録之家，皆取馬、班而下，至於元、明而上，區爲正史一門矣。今先生獨謂唐人整齊晉、隋故事，亦名其書爲一史，而學者誤承流別，不復辨正其體焉。豈晉、隋而下，不得名爲一史歟？觀其表志成規，紀傳定體，與馬、班諸史，未始有殊。開局設監，集衆修書，亦時勢使然耳。今云學者誤承流別，敢問晉、隋而下，其所以與陳、范而上，截然分部者安在？〔二〕

章子曰：史之大原，本乎《春秋》。《春秋》之義，昭乎筆削〔三〕。筆削之義，不僅事具始末，文成規矩已也。以夫子「義則竊取」〔三〕之旨觀之，固將綱紀天人，推明大道。所以通古今

之變，而成一家之言者，[一四]必有詳人之所略，異人之所同，重人之所輕，而忽人之所謹，繩墨之所不可得而拘，類例之所不可得而泥，而後微茫杪忽之際，有以獨斷於一心。及其書之成也，自然可以參天地而質鬼神，契前修而俟後聖，[一五]此家學之所以可貴也。陳、范以來，律以《春秋》之旨，則不敢謂無失矣。然其心裁別識，家學具存，縱使反脣相議，[一六]至謂遷書退處士而進姦雄，固書排忠節而飾主闕，[一七]要其離合變化，義無旁出，自足名家學而符經旨，初不盡如後代纂類之業，相與效子莫之執中，求鄉愿之無刺，[一八]侈然自謂超軼固也。若夫君臣事蹟，官司典章，王者易姓受命，綜核前代，纂輯比類，以存一代之舊物，是則所謂整齊故事之業也。開局設監，集衆修書，正當用其義例，守其繩墨，以待後人之論定則可矣，豈所語於專門著作之倫乎？[一九]

《易》曰：「苟非其人，道不虛行。」[二〇]史才不世出，而時世變易不可常，及時纂輯所聞見，而不用標別家學、決斷去取爲急務，豈特晉、隋二史爲然哉？班氏以前，則有劉向、劉歆、揚雄、賈逵之《史記》，[二一]范氏以前，則有劉珍、李尤、蔡邕、盧植、楊彪之《漢記》，[二二]其書何嘗不遵表志之成規，不用紀傳之定體？然而守先待後之故事，與筆削獨斷之專家，其功用足以相資，而流別不能相混，則斷如也。溯而上之，百國寶書[二三]之於《春秋》，《世本》《國策》[二四]之於《史記》，其義猶是耳。[二五]

唐後史學絕,而著作無專家。後人不知《春秋》之家學,而猥以集衆官修之故事,乃與馬、班、陳、范諸書,並列正史焉。於是史文等於科舉之程式,胥吏之文移,而不可稍有變通矣。間有好學深思之士,能自得師於古人,標一法外之義例,著一獨具之心裁,而世之群怪聚駡,指目牽引爲言詞,譬若狙狙見冠服,不與齕決毀裂,至於盡絕不止也。[二六]鄭氏《通志》之被謗,凡以此也。[二七]

嗟乎!道之不明久矣。《六經》皆史也,[二八]形而上者謂之道,形而下者謂之器。[二九]孔子之作《春秋》也,蓋曰:「我欲託之空言,不如見諸行事之深切著明。」[三〇]然則典章事實,作者之所不敢忽,蓋將卽器而明道耳。其書足以明道矣,籩豆之事,則有司存,[三一]君子不以是爲瑣瑣也。道不明而爭於文,實不足而競於文,其弊與空言制勝,華辯傷理者,相去不能以寸焉。而世之溺者不察也。太史公曰:「好學深思,心知其意。」[三二]當今之世,安得知意之人,而與論作述之旨哉?[三三]

〔一〕按此篇論撰述,所以發明別識心裁者甚詳。其論撰述記注之別,較《書教》篇尤爲明晰。何氏鈔本原題下注有《釋通》傳二]四字。作年,與下二篇同見《釋通》篇注[一]。

〔二〕癸巳,爲乾隆三十八年。《年譜》:「先生由寧波返和州,道通杭州,聞戴震與吳穎芳談次,痛詆鄭樵

〔三〕《通志》。

〔四〕《清史列傳·儒林傳下》一：「戴震字東原，安徽休寧人。讀書好深湛之思。年十六七，研精注疏，實事求是，不主一家。從婺源江永游，出所學質之，永爲之駭歎。入都，紀昀、朱筠、錢大昕、王鳴盛、盧文弨、王昶皆折節與交。尚書秦蕙田纂《五禮通考》，求精於推步者，延震纂觀象授時一門。乾隆三十八年，詔開四庫館，總裁薦震充纂修。四十年，特命與會試中式者同赴殿試，賜同進士出身，改翰林院庶吉士。所校《大戴禮記》《水經注》尤精覈。四十二年，卒於官，年五十有五。震之學，由聲音文字以求訓詁，由訓詁以尋義理。謂義理不可空憑胸臆，必求之於古經。求之古經，而遺文垂絕，今古懸隔，必求之古訓。古訓明則古經明，古經明則賢人聖人之義理明，而我心之所同然者，乃因之而明。義理非他，存乎典章制度者也。彼歧訓詁義理而二之，是訓詁非以明義理，而義理不寓乎典章制度，勢必流於異學曲說而不自知也。」按所著書凡二十餘種，門人段玉裁、孔繼涵刻有《戴氏遺書》。

〔四〕《清史列傳·文苑傳》二：「吳穎芳字西林，浙江仁和人。幼赴童子試，爲吏所訶，以爲大辱，自是壹志稽古，終身不復仕進。生平博覽群籍，常怪鄭樵《通志》，務與先儒爲難，於是取六書七音聲略，一尊先儒而探其源，成《吹豳録》五十卷，《說文理董》四十卷，《音韻討論》四卷，《文字源流》六卷，《金石文釋》六卷。少與厲鶚善，鶚甚（教）之學詩，每一篇成，必數改而後定，故存詩雖少而格彌精。又精通內典。年八十，卒。有《臨江鄉人詩集》四卷。」

〔五〕戴震《與任孝廉幼植書》：「曏病同學者多株守古人，今於幼植反是。凡學未至貫本末，徹精粗，徒以意衡量，就令載籍極博，猶所謂思而不學則殆也。遠如鄭漁仲、楊用修諸君子，著書滿家，祇賊經害道而已矣。」又《與是仲明論學書》：「前人之博聞強識，如鄭漁仲、楊用修諸君子，著書滿家，淹博有之，精審未也。」（《戴東原集》卷九）

〔六〕訾，音訾，毀也。警音敖，不肖語也。《呂覽·懷寵》：「警醜先王，排訾舊典。」

〔七〕即《申鄭》。李漢《昌黎集序》：「先生於文，摧陷廓清之功，比於武事，可謂雄偉不常者矣。」

〔八〕貴陽本《申鄭》篇題下有按語曰：「後《答客上》舊黏箋云：『此《續通志敘書後》，即上《申鄭》篇，應將上篇題改云云。』頗疑續字費解。且原目未便遽易，因附原箋於此。」按《續通志》即乾隆中所修者。上文言假某君叙說，則題爲「書後」甚明，《申鄭》蓋編書時所改耳。（本劉咸炘說）

〔九〕殺，音曬，減削也。《禮記·禮器》：「禮不同，不豐不殺。」

〔一〇〕《四庫全書提要》：「《正史之名，見於《隋志》，至宋而定著有十七。明刊監板，合《宋》《遼》《金》《元史》二十有一。皇上欽定《明史》，又詔增《舊唐書》爲二十有三。近蒐羅四庫，薛居正《舊五代史》得裒集成編，欽稟睿裁，與歐陽修書並列，共爲二十有四。」按趙翼《廿二史劄記》所列之廿二史目，爲《史記》《漢書》《後漢書》《三國志》《晉書》《宋書》《南齊書》《梁書》《陳書》《魏書》《北齊書》《周書》《隋書》《南史》《北史》《新唐書》《五代史》《宋史》《遼史》《金史》《元史》《明史》。

〔一一〕按此上設問。

〔三〕見《易教下》注〔二六〕。

〔四〕語見司馬遷《報任少卿書》。

〔五〕司馬相如《封禪文》:「勤思乎參天二地。」《禮記·中庸》:「質諸鬼神而無疑,百世以俟聖人而不惑。」《離騷》:「謇吾法夫前修兮。」五臣云:「前脩,謂前代脩習道德之人。」

〔六〕《漢書·賈誼傳》:「婦姑不相說,則反脣而相稽。」

〔七〕《史通·忤時》:「夫《尚書》之教也,以疏通知遠為主。《春秋》之義也,以懲惡勸善為先。《史記》則退處士而進姦雄,《漢書》則抑忠臣而飾主闕,斯並曩時得失之列,良史是非之準,作者言之詳矣。」

〔八〕見《質性》注〔四〕及注〔二六〕。

〔九〕按此上言專門著述,非整齊故事之比。

〔一〇〕見《易·繫辭下》文。

〔一一〕見《言公上》。

〔一二〕《後漢書·文苑傳》:「劉珍字秋孫,南陽蔡陽人。永初中,鄧太后詔珍與劉騊駼、馬融校定東觀百家,又詔與騊駼作建武以來名臣傳。」又:「李尤字伯仁。和帝時,召詣東觀,拜蘭臺令史。安帝時,為諫議大夫,詔與謁者僕射劉珍等俱撰《漢記》。」《盧植傳》:「植字子幹,拜議郎,詔與馬日磾、蔡

邕、楊彪、韓説等補續《漢紀》。」《史通·正史》：「熹平中，光祿大夫馬日磾、議郎蔡邕、盧植，著作東觀，接續紀傳之可成者。」

〔二三〕見《書教上》注〔三〕。

〔二四〕見《言公上》注〔四七〕。

〔二五〕按此上言整齊故事與著述專家，功用足以相資，流別不容相混。

〔二六〕《莊子·天運》：「故禮義法度者，應時而變者也。今取猨狙而衣以周公之服，彼必齕齧挽裂，盡去而後慊。觀古今之異，猶猨狙之異乎周公也。」

〔二七〕按此上言唐後流別混淆，反目別識心裁者爲怪，鄭志所以被謗。

〔二八〕見《易教上》注〔二〕。

〔二九〕見《易·繫辭上》文。

〔三〇〕見《春秋繁露·俞序》及《史記·太史公自序》。

〔三一〕見《論語·泰伯》文。

〔三二〕《史記·五帝本紀贊》：「非好學深思心知其意，固難爲淺見寡聞道也。」

〔三三〕按此上言史文所以即器明道，故論史貴能知意。

答客問中〔一〕

客曰：孔子自謂：「述而不作，信而好古。」又曰：「好古敏以求之。」〔二〕夏殷之禮，夫子能言，然而無徵不信，慨於文獻之不足也。〔三〕今先生謂作者有義旨，而籩豆器數，不爲瑣瑣焉。毋乃悖於夫子之教歟？馬氏《通考》之詳備，鄭氏《通志》之疏舛，三尺童子所知也。先生獨取其義旨，而不責其實用，遂欲申鄭而屈馬，其説不近於偏耶？〔四〕

章子曰：天下之言，各有攸當，經傳之言，亦若是而已矣。讀古人之書，不能會通其旨，而徒執其疑似之説，以爭勝於一隅，則一隅之言，不可勝用也。天下有比次之書，有獨斷之學，有考索之功，〔五〕三者各有所主，而不能相通。《六經》之於典籍也，猶天之有日月也。讀《書》如無《詩》，讀《易》如無《春秋》，〔六〕雖聖人之籍，不能於一書之中，備數家之攻索也。〔七〕《易》曰「不可爲典要」，〔八〕而《書》則偏言「辭尚體要」。〔九〕讀《詩》不以辭害志，〔一〇〕而《春秋》則正以一言定是非焉。〔一一〕向令執龍血鬼車之象，而徵粵若稽古之文，〔一二〕託熊蛇魚旐之夢，以紀春王正月之令，〔一三〕則聖人之業荒，而治經之旨悖矣。多聞而有所擇，博學而要於約，〔一四〕其所取者有以自命，文獻徵信，吾不謂往行前言〔一五〕可以滅裂也。大道既隱，諸子爭鳴，皆得先王之一端，莊生所謂「耳目口鼻，皆有所明，而不能以成説相拘也。

相通」[一六]者也。目察秋毫，而不能見雷霆。耳辨五音，而不能窺泰山。謂耳目之有能有不能，則可矣；謂耳聞目見之不足爲雷霆山岳，其可乎？[一七]

由漢氏以來，學者以其所得，託之撰述以自表見者，蓋不少矣。高明者多獨斷之學，沉潛者尚考索之功，天下之學術，不能不具此二途。譬猶日晝而月夜，暑夏而寒冬，以之推代而成歲功，則有相需之益；[一八]以之自封而立畛域，則有兩傷之弊。故馬、鄭共注一經，必有牴經師，遷乎其地而弗能爲良；[一九]亦並行其道而不相爲背者也。[二〇]使伏、鄭[二〇]悟之病。使馬、班同修一史，必有矛盾之嫌。以此知專門之學，未有不孤行其意，雖使同儕爭之而不疑，舉世非之而不顧，此史遷之所以必欲傳之其人，[二一]而班固之所以必待馬融受業於其女弟。[二二]然後其學始顯也。遷書有徐廣、裴駰[二三]諸家傳其業，固書有服虔、應劭[二四]諸家傳其業，專門之學，口授心傳，不啻經師之有章句矣。然則春秋經世[二七]之意，必有文字之所不可得而詳，繩墨之所不可得而準。而今之學者，凡遇古人獨斷之著述，於意有不愜，囂然紛起而攻之，亦見其好議論而不求成功矣。[二八]

若夫比次之書，則掌故令史之孔目，[二九]簿書記注之成格，其原雖本柱下之所藏，[三〇]其用止於備稽檢而供采擇，初無他奇也。然而獨斷之學，非是不爲取裁；考索之功，非是不爲按據。如旨酒之不離乎糟粕，嘉禾之不離乎糞土，是以職官故事案牘圖牒之書，不可輕議也。然

獨斷之學，考索之功欲其智，而比次之書欲其愚。亦猶酒可實尊彝，而糟粕不可實尊彝；禾可登籩簋，而糞土不可登籩簋，理至明也。古人云：「言之不文，行之不遠。」[三二]「文不雅馴，薦紳先生難言之。」[三三]爲職官故事案牘圖牒之難以萃合而行遠也。於是有比次之法。不名家學，不立識解，以之整齊故事，而待後人之裁定，是則比次欲愚之效也。舉而登諸著作之堂，亦自標名爲家學，談何容易邪？且班固之才，可謂至矣。然其與陳宗、尹敏之徒，撰《世祖本紀》，與《新市》《平林》諸列傳，不能與《漢書》並立，[三四]而必以范蔚宗書[三五]爲正宗；則集衆官修之故事，與專門獨斷之史裁，不相綴屬又明矣。[三六]

自是以來，源流既失。鄭樵無考索之功，而《通志》足以明獨斷之學，君子於斯有取焉。馬貴與無獨斷之學，而《通考》不足以成比次之功，謂其智既無所取，而愚之爲道，又有未盡也。且其就《通典》而多分其門類，[三七]取便翻檢耳。因史志而裒集其論議，易於折衷耳。此乃經生決科之策括，[三八]不敢抒一獨得之見，標一法外之意，而奄然媚世爲鄉愿，[三九]至於古人著書之義旨，不可得聞也。俗學便其類例之易尋，喜其論說之平善，相與翕然交稱之，而不知著作源流之無似。此嘔啞嘲哳之曲，所以屬和萬人也。[四〇]

〔一〕 劉咸炘《識語》云：「此篇論記注與撰述之異。」按何氏鈔本原題下注有「《釋通》傳三」四字。

〔二〕並見《論語·述而》文。

〔三〕見《易教上》注〔一六〕。

〔四〕按此上設問。

〔五〕比次者，整齊其故事。獨斷者，別出其心裁。考索者，鈎稽其疑難。

〔六〕見《釋通》注〔七三〕。

〔七〕按黔刻本、粵雅堂本、志古堂本均作「考索」。

〔八〕見《易·繫辭下》文。

〔九〕見《書·偽畢命》文。

〔一〇〕《孟子·萬章上》：「故說詩者，不以文害辭，不以辭害志，以意逆志，是爲得之。」趙岐注：「文，詩之文章所引以興事也。辭，詩人所歌詠之辭。志，詩人志所欲之事。意，學者之心意也。孟子言說詩者，當本之志，不可以文害其辭，不可以辭害其志。」

〔一一〕杜預《春秋左氏傳序》：「《春秋》雖以一字爲褒貶，然皆須數句以成言。」疏云：「褒則書字，貶則稱名，褒貶在於一字。」

〔一二〕龍血鬼車：見《易教下》注〔六三〕及注〔三一〕。《尚書·堯典》：「粵若稽古帝堯。」傳：「若，順，稽，考也。」粵，一作曰。此言不能以《易》辭作史。

〔一三〕《詩·小雅·斯干》：「吉夢維何？維熊惟羆（是生男兆），維虺維蛇（是生女兆，皆吉夢）。」又《無

〔四〕見《原學上》注〔二〕。

〔五〕《論語·述而》：「子曰：『蓋有不知而作之者，我無是也。多聞擇其善者而從之，多見而識之，知之次也。』」《雍也》：「子曰：『博學於文，約之以禮，亦可以弗畔矣夫！』」

〔六〕見《莊子·天下》。按莊生所謂「謂」各本譌作「得」，茲依志古堂本正。

〔七〕按此上言比次之書，獨斷之學，考索之功，三者各有所主，不能相通。

〔八〕《漢書·律曆志》：「立閏定時，以成歲功。」韓愈《與于襄陽書》：「莫爲之前，雖美而不彰；莫爲之後，雖盛而不傳。」是二人者未始不相須也。」須，與需通。

〔九〕《莊子·秋水》：「泛泛乎若四方之無窮，其無所畛域。」陸機《文賦》：「離之則雙美，合之則兩傷。」

〔一〇〕伏勝，見《言公上》注〔六三〕。鄭玄，見《易教中》注〔五〕。

〔一一〕《周禮·考工記》：「遷地爲良。」

〔一二〕《禮記·中庸》：「道並行而不悖。」朱注：「悖，猶背也。」

〔一三〕《漢書·司馬遷傳》：「僕誠已著此書，藏之名山，傳之其人，通都大邑，則僕償前辱之責，雖萬被戮，豈有悔哉？」

〔一四〕見《史注》注〔八〕。按劉刻《遺書》本，班固之下有「書」字。

〔二五〕裴駰，見《史記》注〔九〕。徐廣，見《知難》注〔二二〕。

〔二六〕服虔見《知難》注〔二三〕。應劭，見《史注》注〔一〇〕。

〔二七〕《莊子·齊物論》：「春秋經世，先王之志，聖人議而不辯。」王先謙云：「按春秋經世，謂有年時以經緯世事，非孔子所作《春秋》也。」此用其語而義則別。

〔二八〕按此上論考索之功，與獨斷之學不同。

〔二九〕掌故，見《書教上》注〔二二〕。漢時蘭臺尚書皆有令史，主文書。唐有集賢殿孔目，主勾稽文牘者也。

〔三〇〕《史記·張蒼傳》：「秦時爲御史，主柱下方書。」《索隱》：「周、秦皆有柱下史，謂御史也。所掌及侍立恒在殿柱之下，故老聃爲周柱下史。今蒼在秦代，亦居斯職。方書者，方版，謂小事書於版也。或曰，主四方文書也。」

〔三一〕《周禮》有司尊彝之官。《說文》：「籩，黍稷圓器也。簠，黍稷方器也。」《廣韻》：「籩簠，祭器。」

〔三二〕見《言公上》注〔二〕。

〔三三〕見《史記·五帝本紀贊》。

〔三四〕《後漢書·班固傳》：「顯宗召固詣校書部，除蘭臺令史，與前睢陽令陳宗、長陵令尹敏、司隸從事孟異，共成《世祖本紀》。遷爲郎，典校祕書。固又撰功臣平林、新市、公孫述事，作列傳載記二十八篇，奏之。帝乃復使終成其所著書。固以爲漢紹堯運，以建帝業，至於六世，史臣乃追述功德，私作本紀，編於百王之末，厠於秦項之列，太初以後，闕而不錄。故探撰前記，綴集所聞，以爲《漢書》。」

〔三五〕見《詩教下》注〔三七〕。

〔三六〕按此上論比次之書與獨斷之史裁不同。

〔三七〕《通典》,見《書教中》注〔三三〕。《文獻通考》分類,見《申鄭》篇注〔七〕。

〔三八〕見《博約上》注〔七〕及注〔八〕。

〔三九〕見《質性》注〔四〕。

〔四〇〕白居易《琵琶行》:「豈無山歌與村笛?嘔啞嘲哳難爲聽。」司馬相如《上林賦》:「奏陶唐之舞,聽葛天之歌,千人唱,萬人和。」按此上論《通考》。

答客問下〔一〕

客曰：獨斷之學，與考索之功，則既聞命矣。敢問比次之書，先生擬之糟粕與糞土，何謂邪？〔二〕

章子曰：斯非貶辭也。有璞而後施雕，有質而後運斤，〔三〕先後輕重之間，其數易明也。夫子未刪之《詩》《書》，未定之《易》《禮》《春秋》，〔四〕皆先王之舊典也。然非夫子之論定，則不可以傳之學者矣。李燾謂「左氏將傳《春秋》，先聚諸國史記，國別為語，以備《內傳》之采摭。」〔五〕是雖臆度之辭，然古人著書，未有全無所本者。以是知比次之業，不可不議也。比次之道，大約有三。有及時撰集，以待後人之論定者，若劉歆、揚雄之《漢記》〔七〕是也；有有志著述，先獵群書，以為薪樵〔八〕者，若王氏《玉海》〔九〕司馬《長編》〔十〕之類是也；有陶冶專家，勒成鴻業者，若遷錄倉公技術，〔十一〕固裁劉向《五行》〔十二〕之類是也。夫及時撰集以待論定，則詳略去取，精於條理而已。先獵群書，以為薪樵，則辨同考異，慎於覈核而已。陶冶專家，勒成鴻業，則鉤玄提要，〔十三〕達於大體而已。而今之學者，以謂天下之道，在乎較量名數之異同，辨別音訓之當否，如斯而已矣，是何異觀坐井之天，測坳堂之水，〔十四〕而遂欲窮六合之運度，量四海之波濤，

以謂可盡哉？〔一五〕

夫漢帝春秋，年壽也。具於《別錄》，臣瓚注。〔一六〕伏生、文翁之名，徵於石刻；〔一七〕高祖之作新豐，詳於劉記；《西京雜記》〔一八〕孝武之好微行，著於外傳；《漢武故事》〔一九〕而遷、固二書，未見采錄，則比次之繁，不妨作者之略也。曹丕讓表，詳《獻帝傳》；〔二〇〕甄后懿行，盛稱《魏書》；〔二一〕哀牢之傳，徵於計吏，見《論衡》〔二二〕先賢之表，著於黃初；〔二三〕而陳、范二史，不以入編，則比次之私，有待作者之公也。然而經生習業，遂纂典林，辭客探毫，因收韻藻。晚近澆漓之習，取便依檢，各爲兔園私册，〔二四〕以供陋學之取攜；是比次之業，雖欲如糟粕糞土，冀其化朽腐而出神奇，何可得哉？〔二五〕

夫村書俗學，既無良材，則比次之業，難於憑藉者一矣。所徵故實，多非本文，而好易字句，滴其本質，以致學者寧習原書，怠窺新錄；〔二六〕則比次之業，難於憑藉者二矣。本非著作，而彙收故籍，不著所出何書，一似已所獨得，使人無從徵信；則比次之業，難於憑藉者三矣。傳聞異辭，記載別出，不能兼收並錄，以待作者之決擇，而私作聰明，自定去取；則比次之業，難於憑藉者四矣。圖繪之學，不入史裁，〔二七〕金石之文，但徵目錄，〔二八〕後人考核，徵信無從，則比次之業，難於憑藉者五矣。專門之書，已成鉅編，不爲采錄，大凡預防亡逸而聽其孤行，漸致湮没，則比次之業，難於憑藉者六矣。拘牽類例，取足成書，不於法律之外，多方購

備,以俟作者之辨裁,一目之羅,得鳥無日;[二九]則比次之業,難於憑藉者七矣。凡此多端,並是古人未及周詳,而後學尤所未悉。苟有志於三月聚糧,[三〇]則講習何可不豫?而一世之士,不知度德量力,咸囂囂以作者自命,不肯爲是筌蹄嚆矢[三一]之功程,劉歆所謂「挾恐見破之私意,而無從善服義之公心」[三二]者也。術業如何得當?而著作之道,何由得正乎?[三三]

〔一〕 劉咸炘《識語》云:「此篇專論比次。」按此當爲《釋通》傳四,何氏鈔本題下無注,或傳録敓之。
〔二〕 按此上設問。
〔三〕 《莊子・山木》:「既雕既琢,復歸於樸。」
〔四〕 孔子删《詩》《書》,定《易》《禮》《春秋》之説,見《史記・孔子世家》。
〔五〕 《史通・六家》:「左丘明既爲《春秋》内傳,又稽其逸文,纂其别説,分周、魯、齊、晉、鄭、楚、吴、越八國事,起自周穆王,終於魯悼公,别爲《春秋》外傳《國語》,合爲二十一篇。」是《國語》作於《左傳》之後。李燾則謂:「昔左丘明將傳《春秋》,乃先采集列國之史,國別爲語,旋獵其英華,作《春秋》傳。而先取采集之語,草藁具存,時人共傳習之,號曰《國語》。」(《通考》卷一八三《經籍考》十引)《宋史・李燾傳》:「燾讀王氏書,獨博通載籍,搜羅百氏,慨然以史自任。本朝典故,尤悉力研覈。仿司馬光《資治通鑑》例,爲編年一書,名曰長編。淳熙七年上之,詔藏祕府。燾自謂此書寧失之繁,無失之略,故一祖八宗之事,凡九百七十八卷,卷第總目五卷。上謂其書無愧

司馬光。官至敷文閣學士，卒諡文簡。」

〔六〕見《言公上》注〔四九〕。

〔七〕見前篇注〔三四〕。

〔八〕《詩·大雅·棫樸》：「薪之槱之。」傳：「槱，積也。」槱，音酉。

〔九〕盧文弨《宋史·藝文志補》：「王應麟《玉海》二百卷。」

〔一〇〕《書錄解題》編年類：「長編云者，司馬公之爲《通鑑》也，先命其屬爲叢目，既成，乃修長編，然後删之以爲成書。唐長編六百卷，今《通鑑》惟八十卷爾。」（《續通鑑長編》解題）

〔一一〕《史記·倉公傳》：「太倉公者，齊太倉長，臨淄人也。姓淳于氏，名意。少而喜醫方術。高后八年，更受師同郡元里公乘陽慶。慶年七十餘，無子，使意盡去其故方，更悉以禁方予之，傳黄帝、扁鵲之脈書，五色診病，知人死生，決嫌疑，定可治及藥論，甚精。受之三年，爲人治病，決死生，多驗。」傳後附述藥方甚備。

〔一二〕見《言公中》注〔二八〕及注〔三〇〕。

〔一三〕見《博約上》注〔一三〕。

〔一四〕韓愈《原道》：「坐井而觀天，曰天小者，非天小也。」《莊子·逍遙遊》：「置杯水於坳堂之上，則芥爲之舟，坳，於交切，窊下也。

〔一五〕六合：見《言公下》注〔七〕。按此上論比次之書，約分三種，作者應隨宜取辨。

〔一六〕按《漢書》十二紀各帝年壽，皆臣瓚注明。

〔一七〕《漢書・儒林傳》：「伏生，濟南人也。」張晏曰：「名勝，《伏生碑》云也。」《循吏傳》：「文翁，廬江舒人。少好學，通《春秋》。景帝末，爲蜀郡守。見蜀地僻陋，有欲誘進之，選郡縣小吏開敏有材者，遣詣京師，受業博士；又修學官於成都市中，招下縣子弟，以爲學官弟子，由是大化蜀地，學於京師者，比齊、魯焉。」《廬江七賢傳》：「文黨字仲翁。未學之時，與人俱入山取木，謂侶人曰：『吾欲遠學，先試投我斧高木上，斧當挂。』仰而投之，斧果上挂。因之長安受經。」楊慎曰：「文翁在蜀，庶幾爲生民立極。」(《升庵外集》卷四十一) 今所傳文翁碑，係贗品，無文翁名。

〔一八〕《西京雜記》(卷二)：「太上皇徙長安，居深宮，悽愴不樂。高祖竊因左右問其故。以平生所好皆屠販少年，酤酒賣餅，鬭雞蹴踘，以此爲歡。今皆無此，故以不樂。高祖乃作新豐，移諸故人實之，太上皇乃悅。故新豐多無賴，無衣冠子弟故也。」按《隋志》舊事類：「《西京雜記》二卷。」不著撰人名氏。《書錄解題》傳記類：「《西京雜記》六卷，句漏令葛洪撰。其卷末言：『洪家有劉子駿書百卷，先父傳之，歆欲撰《漢書》，雜錄漢事，未及而亡。』所謂先父者，歆之於向也，按洪博聞深學，江左絕倫，所著書幾五百卷，本傳具載其目，不聞有此書。而向、歆父子，亦不聞其嘗作史傳於世。使班固固所不取，不過二萬言，今鈔出爲二卷，以裨《漢書》之闕。」而《館閣書目》以爲洪父傳之，非是。《唐・藝文志》亦只二卷。今六卷者，彼人分之也。殆有可疑者。豈惟非向、歆所傳，亦未必洪之作也。」《酉陽雜俎》：

〔一九〕《漢武故事》:「常輕服微行。時丞相公孫弘數諫,不從。弘謂其子曰:『吾年已八十餘,陛下擇爲宰相。士猶爲知己死,況不世之君乎?今陛下微行不已,社稷必危,吾雖不逮史魚,冀萬一能以尸諫。』因自殺。上聞而悲之,自爲誄。」《四庫總目》小説類:「《漢武故事》一卷,舊本題班固撰。然史不聞固有此書,《隋志》著録傳記類中,亦不云固作。晁公武《讀書志》引張柬之《冥洞記跋》,謂出於王儉。唐初去齊、梁未遠,當有所考也。」

〔二〇〕《三國志·魏志·文帝紀》注引《獻帝傳》載禪代衆事讓表。

〔二一〕《三國志·魏志·甄后傳》注引《魏書》曰:「后自少至長,不好戲弄。年八歲,外有立騎馬戲者,家人諸姊皆上閣觀之,后獨不行。諸姊怪問之,后答言:『此豈女子之所觀耶?』年九歲,喜書,視字輒識。數用諸兄筆硯,兄謂后言:『汝當習女工,用書爲學,當作女博士耶?』后答言:『聞古者賢女,未有不學。前世成敗,用爲己戒,不知書何由見之?』」又曰:「有司奏建長秋宫,帝璽書迎后詣行在所。后上表曰:『妾聞先代之興,所以饗國久長,垂祚後嗣者,無不由后妃焉。故必審選其人,以興内教。今踐阼之初,誠宜登進賢淑,統理六宫。妾自審愚陋,不任粢盛之事,加以寢疾,敢守微志。』璽書三至,而后三讓,言甚懇切。時盛暑,帝欲須秋涼,乃更迎后。會后疾,遂篤,夏,六月丁卯,崩於鄴。帝哀痛咨嗟,策贈皇后璽綬。」

〔二三〕《論衡‧佚文》:「楊子山爲郡上計吏,見三府爲《哀牢傳》不能成,歸郡作上。孝明奇之,徵在蘭臺。」

〔二三〕黃初,魏文帝年號。《廿二史劄記》(卷七):「裴松之《三國志注》引《魏略》:(按注見《魏志》卷二,係引《獻帝傳》,非《魏略》),曹丕受禪時,李伏等勸進者一,許芝等勸進者一,司馬懿等勸進者一,桓階等勸進者一,尚書令合詞勸進者一,劉廙等勸進者一,劉若等勸進者一,輔國將軍等百二十人勸進者一,博士蘇林等勸進者一,劉廙等勸進者一,不皆下令辭之。最後華歆及公卿奏擇日設壇,始即位。此雖一切出於假僞,然猶見其顧名思義,不敢遽受,有揖讓之遺風。」

〔二四〕見《傳記》注〔三〕。

〔二五〕朽腐神奇,見《書教下》注〔三〕。按此上言比次之書,作者取辦,不妨略其所詳,至於《典林》《韻藻》之類,固無足論。

〔二六〕劉知幾語,見《釋通》注〔六七〕。

〔二七〕説詳外篇《和州志‧輿地圖序例》。

〔二八〕金石之文,足資考信,有裨於史學者甚鉅。自歐陽修《集古錄》以下,歷代金石著錄之書,指不勝屈。清王昶撰《金石萃編》一百二十七卷,收三代至宋末遼文字一千五百餘通,摹勒全文,間加詮釋,爲金石學中最賅博者。若但徵目錄,復有何用?

〔二九〕《淮南子‧説山訓》:「有鳥將來,張羅而待之,得鳥者,羅之一目也。今爲一目之羅,則得鳥無

〔三〇〕《莊子‧逍遙遊》：「適千里者，三月聚糧。」

〔三一〕《莊子‧外物》：「筌者，所以在魚，得魚而忘筌。蹄者，所以在兔，得兔而忘蹄。」《在宥》：「焉知曾、史之不爲桀、跖嚆矢也？」向秀云：「嚆矢，矢之鳴者。曰也。」

〔三二〕見《移讓太常博士書》。

〔三三〕按此上論比次之書，去其七蔽，尚待學者之努力。

答問〔一〕

或問：前人之文辭，可改竄爲己作歟？答曰：何爲而不可也。古者以文爲公器，前人之辭如已盡，後人述而不必作也。苟得其意之所以然，不必有所改竄，而前人文辭與己無異也。重在所以爲文辭，而不重文辭也。賦詩斷章，不啻若自其口出也。無其意而求合於文辭，則雖字句毫無所犯，而陰仿前人之所云，君子鄙之曰竊矣。〔二〕或曰：陳琳爲曹洪報魏太子，諱言陳琳爲辭。丁敬禮求曹子建潤色其文，則曰後世誰知定吾文者。〔三〕唐韓氏云：「惟古於文必己出，降而不能乃剽竊。」〔四〕古人必欲文辭自己擅也，豈曰重其意而已哉？文人之文，與著述之文，不可同日語也。著述必有立於文辭之先者，假文辭以達之而已。譬如廟堂行禮，必用錦紳玉佩，〔五〕彼行禮者，不問紳佩之所成。著述之文是也。錦工玉工，未嘗習禮，惟藉製錦攻玉以稱功，而冒他工所成爲己製，則人皆以爲竊矣。文人之文是也。故以文人之見解，而議著述之文辭，如以錦工玉工，議廟堂之禮典也。〔六〕

或曰：古人辭命草創，加以修潤，〔七〕後世詩文，亦有一字之師。〔八〕如所重在意，而辭非所計，譬如廟堂行禮，雖不計其紳佩，而紳佩敝裂，不中制度，亦豈可行邪？答曰：此就文論文，別自爲一道也。就文論文，先師有辭達之訓，曾子有鄙倍之戒，〔九〕聖門設科，文學言語並

存，[二〇]說辭亦貴有善爲者，古人文辭，未嘗不求工也。而非所論於此疆彼界，爭論文必己出，以矜私耳。自魏、晉以還，論文亦自有專家[二二]矣。樂府改舊什之鏗鏘，[二三]《文選》裁前人之篇什，[二三]並主聲情色采，非同著述科也。《會昌制集》之序，鄭亞削義山之腴，[二四]元和《月蝕》之歌，韓公擢玉川之怪；[二五]或存原款以歸其人，或改標題以入己集，雖論文末技，有精焉者，所得既深，亦不復較量於彼我字句之瑣也。[一六]

或曰：昔者樂廣善言，而摯虞妙筆，樂談摯不能對，摯筆樂不能復，[一七]人各有偏長矣。然則有能言而不能文者，不妨藉人爲操筆邪？答曰：潘岳亦爲樂廣撰讓表矣，必得廣之辭旨，而後次爲名筆，[一八]史亦未嘗不兩稱之。兩漢以下，人少兼長，優學而或歉於辭，善文而或疏於記。以至學問之中，又有偏擅，文辭一道，又有專長；本可交助爲功，而世多交譏互詆，是以大道終不可得而見也。文辭末也，苟去封畛而集專長，猶有卓然之不朽，而況由學問而進求古人之大體乎？然而自古至今，無其人焉，是無可如何者也。[一九]

或曰：誠如子言，文章學問，可以互託。苟有黜者，本無所長，而謬爲公義，以濫竽[二〇]其中，將何以辨之？答曰：千鈞之鼎，兩人舉之，不能勝五百鈞者，仆且蹶矣。富人遠出，不持一錢，有所需而稱貸，人爭與之，他人不能者何也？[二一]才智苟遜於程，一軍亂矣。富人遠出，不持一錢，有所需而稱貸，人爭與之，他人不能者何也？惟富於錢，而後可以貸人之錢也。故文學苟志於公，彼無實

者，不能冒也。〔二三〕

或曰：前人之文，不能盡善，後人從而點竄以示法，亦可爲之歟？答曰：難言之矣。著述改竄前人，其意別有所主，故無傷也。論文改竄前人，文心不同，亦如人面，〔二三〕未可以己所見，遽謂勝前人也。劉氏《史通》，著《點煩》之篇〔二四〕矣。左、馬以降，並有塗改，人或譏其知史不知文也。然劉氏有所爲而爲之，得失猶可互見。若夫專事論文，則宜慎矣。今古聰敏智慧，亦自難窮，今人所見，未必盡不如古。大約無心偶會，則收點金〔二五〕之功；有意更張，必多畫墁〔二六〕之誚。蓋論文貴於天機自呈〔二七〕不欲人事爲穿鑿耳。〔二八〕

或問：近世如方苞氏，刪改唐、宋大家，〔二九〕亦有補歟？夫方氏不過文人，所得本不甚深，〔三〇〕況又加以私心勝氣，非徒無補於文，而反開後生小子無忌憚之漸也。小慧私智，一知半解，未必不可攻古人之遺，拾前人之遺，此論於學術，則可附於不賢識小〔三一〕之例，存其說以備後人之采擇可也。若論於文辭，則無關大義，皆可置而不論。即人心不同如面，不必強齊之意也。果於是非得失，後人既有所見，自不容默矣，也必出之如不得已，詳審至再而後爲之。如國家之議舊章，名臣之策利弊，非有顯然什百之相懸，寧守舊而毋妄更張矣。苟非深知此意，而輕議古人，是庸妄之尤，即未必無尺寸之得，而不足償其尋丈之失也。方氏刪改大家，有必不得已者乎？有是非得失，顯然什百相懸者乎？有如國家之議舊章，名臣之策利弊，寧守舊

而毋妄更張之本意者乎？在方氏亦不敢自謂然也。然則私心勝氣，求勝古人，此方氏之所以終不至古人也。凡能與古爲化者，必先於古人繩度尺寸不敢逾越者也。蓋非信之專而守之篤，則入古不深，不深則不能化。譬如人於朋友，能全管、鮑通財[二]之義，非嚴一介取與[二]之節者，必不能也。故學古而不敢曲泥乎古，乃服古而謹嚴之至，非輕古也。方氏不知古人之意，而惟徇於文辭，且所得於文辭者，本不甚深，其私智小慧，又適足窺見古人之當然，而不知其有所不盡然，宜其奮筆改竄之易易也。[三]

[一] 按本篇論修改前人之文，引《言公》篇之緒。據《年譜》作於清嘉慶元年丙辰。柯氏鈔本《丙辰山中草》有其目。

[二] 《日知錄》（卷十八）：「漢人好以自作之書，而託爲古人，張霸百二《尚書》，衞宏《詩序》之類是也。晉以下人，則有以他人之書而竊爲己作，郭象《莊子注》、何法盛《晉中興書》之類是也。有明一代之人，其所著書，無非盜竊而已。」

[三] 見《辨似》注[三]。

[四] 並見《説林》注[三]及注[四]。

[五] 《説文》：「紳，大帶也。」錦紳，以錦爲帶。《詩·秦風·渭陽》：「何以贈之？瓊瑰玉佩。」

[六] 按此上言文人之文與著述之文不同。吳汝綸《嚴譯天演論序》：「晚周以來，諸子各自名家，其文多

可喜。其大要有集録之書,有自著之言。集録者,篇各爲義,不相統貫,原於《詩》《書》者也。自著者,建立一本,枝葉扶疏,原於《易》《春秋》者也。漢之士,爭以撰著相高,其尤者,《太史公書》繼《春秋》而作,人治以著,揚子《太玄》擬《易》爲之,天行以闡,是皆所謂一幹而枝葉扶疏也。及唐中葉,而韓退之氏出,源本《詩》《書》,一變而爲集録之體,宋以來宗之。是以漢氏多撰著之編,唐宋多集録之文,其大略也。」所論可與章氏之説相參。

〔七〕見《説林》注〔三〕。

〔八〕陶岳《五代史補》:「齊己攜詩詣鄭谷,詠《早梅》云:『前村深雪裏,昨夜數枝開。』谷曰:『數枝非早也,未若一枝。』齊己拜谷爲一字師。」

〔九〕《論語·衛靈公》:「子曰:『辭,達而已矣。』」朱注:「辭取達意而止,不以富麗爲工。」辭遠鄙俗,見《原道下》注〔三七〕。

〔一〇〕《論語·先進》:「子曰:『從我於陳、蔡者,皆不及門也。』德行,顔淵、閔子騫、冉伯牛、仲弓。言語,宰我、子貢。政事,冉有、季路。文學,子游、子夏。」朱注:「孔子因弟子之言,記此十人,而并目其所長,分爲四科。」

〔一一〕鍾嶸《詩品》,品騭高下,辨章流别;劉勰《文心雕龍》,析論體製,綜述理法;允爲論文專家之作。

〔一二〕《文心雕龍·樂府》:「凡樂辭曰詩,詩聲曰歌。聲來被辭,辭繁難節。故陳思稱李延年閑於增損古辭,多者則宜減之,明貴約也。」按增損古辭者,取古辭入樂,增減以就句度使應節也。

〔三〕如賈誼《過秦》，連三篇爲首尾（章氏謂乃《賈子》篇目），而《文選》錄其上篇；魏文帝《典論》爲書凡二十篇，而《文選》錄其《論文》；張載《擬四愁詩》只收一首，並裁取前人篇什之例也。

〔一四〕《書錄解題》別集類：「《會昌一品集》二十卷，別集十卷，外集四卷，唐宰相李德裕文饒撰。《一品集》者，皆會昌在相位制誥，詔册、表疏之類也。」鄭亞序：「其功伐也既如彼，其制作也又如此，故合武宗一朝册命、典誥、奏議、碑贊、軍機、羽檄，凡兩帙二十卷，輒署曰《會昌一品制集》。紀年，追聖德也。書位，旌官業也。歲在丁卯，亞自左掖出爲桂林，九月，公書至自洛，以典誥制命示於幽鄙，且使爲序，以集成書。」按《李義山文集》卷四，《太尉衛公會昌一品集序》題下注云：「代桂府滎陽公榮陽，鄭亞也。又載鄭亞題下注云：「改定商隱之作。義山有凌徐躪庚之學，鄭亞有討論修飾之功。」蓋編李集者，並取鄭亞改作以入集也。鄭亞，滎陽人，字子佐，元和進士。李德裕鎮浙西，辟爲從事，累官給事中，桂管觀察使。坐吳湘獄不得直，貶循州刺史，卒於官。（《新唐書·鄭亞傳》）

〔一五〕《新唐書·韓愈傳》：「盧仝居東都，愈爲河南令，愛其詩，厚禮之。仝自號玉川子。嘗爲《月蝕詩》以譏切元和逆黨，愈稱其工。」盧仝《月蝕詩》較怪，韓愈加以刪改，稱《月蝕詩效玉川子作》，收入己集中。見《言公下》注〔九二〕。

〔一六〕按此上言就文論文，未嘗不求其工。

〔一七〕《世説新語·文學》：「太叔廣甚辯給，而摯仲治長於翰墨，俱爲列卿。每至公座，廣談，仲治不能對；退著筆難廣，廣又不能答。」注引王隱《晉書》曰：「廣字季思，東平人，拜成都王爲太弟，欲使詣

〔一八〕《世説新語·文學》：「樂令善清言而不長於手筆，將讓河南尹，請潘岳爲表。潘云：『可作耳，要當得君意。』樂爲述所以爲讓，標位二百許語。潘直取錯綜，便成名筆。時人咸云：若樂不假潘之文，潘不取樂之旨，則無以成斯矣。」注引虞預《晉書》曰：「樂廣字彥輔，南陽人，清夷沖曠，加有理識，累遷侍中、河南尹，在朝廷，用心虛澹，時人重其貞貴。代王戎爲尚書令。」又引《晉陽秋》曰：「岳字安仁，滎陽人。夙以才穎發名，善屬文，清綺絕世，蔡邕未能過也。仕至黄門侍郎，爲孫秀所害。」按太叔廣與樂廣係兩人，此誤爲一，失考。

洛，廣子孫多在洛，慮害，乃自殺。摯虞字仲治，京兆長安人。祖茂，秀才。父模，太僕卿。虞少好學，師事皇甫謐，善校練文義，多所著述。歷祕書監，太常卿。從惠帝至長安，遂流離鄠、杜間。性好博古，而文籍蕩盡。永嘉五年，洛中大饑，遂餓而死。虞與廣名位略同，廣長口才，虞長筆才，俱少政事。衆坐廣談，虞不能對；虞退筆難廣，廣不能答。於是更相嗤笑，紛然於世。廣無可記，虞多所録，於斯爲勝也。」

〔一九〕按此上言文章學問可以交助爲功。

〔二〇〕見《言公下》注〔七四〕。

〔二一〕見《説林》注〔三〇〕。

〔二二〕按此上言文學有志於公，須先有其實。

〔二三〕人心如面，見《言公中》注〔五二〕。文心，見《文德》注〔三〕。

〔二四〕《史通·點煩》，在外篇第六。叙云：「嘗欲自班、馬以降，訖於姚、李、令狐、顔、孔諸書，莫不因其舊

義,普加鏟革。」按「點煩」原作「黜煩」,據劉刻《遺書》本改。章學誠認爲劉知幾之點煩與方苞之改古人文不同,即劉從史的角度看,他之點煩有得有失,即敘事有煩者可點,寫人傳神者不宜點。方從文的角度看,不應改古人文。

〔二五〕《列仙傳》:「許遊,南昌人,晉初爲旌陽令,點石化金,以足通賦。」黄庭堅《與洪駒父書》:「老杜作詩,退之作文,無一字無來處。蓋後人讀書少,故謂韓、杜自作此語耳。古之爲文章者,真能陶冶萬物,雖取古人之陳言入於翰墨,如靈丹一粒,點鐵成金也。」

〔二六〕《孟子·滕文公下》:「有人於此,毁瓦畫墁,其志將以求食也,則子食之乎?」朱熹《集注》:「墁,牆壁之飾。」畫墁,塗壞牆壁上之裝飾。

〔二七〕《莊子·秋水》:「今予動吾天機,而不知其所以然。」

〔二八〕按此上言著述改竄前人,意有所主,專事論文則宜慎。

〔二九〕方氏《古文約選·凡例》:「《詩》《書》《春秋》及《四書》一字不可增減,文之極則也。降而《左傳》《史記》韓文,雖長篇,字句可薙芟者甚少。其餘諸家,雖舉世傳誦之文,義支辭宂者,或不免矣。未便削去,姑鉤劃於旁,俾觀者别擇焉。」方苞字靈皋,清桐城人。幼從兄舟受業,遊太學,李光地見其文,歎曰:「韓歐復出,北宋後無此作矣。」姜宸英、王源嘗與論行身祈嚮,曰:「學行繼程、朱之後,文章在韓、歐之間,其庶幾乎!」康熙四十五年,成進士。五十年冬,《南山集》禍作,牽連被逮下刑部獄,李光地力救之,得宥。累官禮部右侍郎,解任,充經史館總裁。後以病歸里,就醫浙東,作雁蕩天

姆之遊。乾隆十四年卒，享年八十有二。論文嚴於義法。所著有《左傳義法舉要》、刪定《管子》《荀子》、刪定通志堂《宋元經解》及《望溪文集》行於世。(《國朝先正事略》卷十四)

〔30〕此句原作「方氏不過古人所謂本不甚深」，今據劉刻《遺書》本改。

〔31〕《論語·子張》：「子貢曰：『文、武之道，未墜於地；在人，賢者識其大者，不賢者識其小者，莫不有文、武之道焉。』」識，音志，記也。

〔32〕《史記·管晏列傳》：「管仲夷吾者，潁上人也。少時常與鮑叔牙游，鮑叔知其賢。管仲貧困，常欺鮑叔，鮑叔終善遇之，不以為言。」

〔33〕《孟子·萬章上》：「非其義也，非其道也，一介不以與人，一介不以取諸人。」朱注：「介，與草芥之芥同。言其辭受取與，無大無細，一以道義而不苟也。」

〔34〕按此上論方氏刪定前人之文。

古文公式〔一〕

古文體製源流，初學入門，當首辨也。蘇子瞻《表忠觀碑》，全錄趙抃奏議，文無增損，其下即綴銘詩。〔二〕此乃漢碑常例，見於金石諸書者，不可勝載；即唐、宋八家文中，如柳子厚《壽州安豐孝門碑》，亦用其例，本不足奇。〔三〕王介甫詫謂是學《史記》諸侯王年表，〔四〕真學究之言也。李耆卿謂其文學《漢書》，〔五〕亦全不可解。此極是尋常耳目中事，諸公何至怪怪奇奇，看成骨董？且如近日市井鄉間，如有利弊得失，公議興禁，請官約法，立碑垂久，其碑即刻官府文書告諭原文，毋庸增損字句，亦古法也。豈介甫諸人，於此等碑刻猶未見耶？當日王氏門客之訾摘駭怪，更不直一笑矣。〔六〕

以文辭而論，趙清獻請修表忠觀原奏，未必如蘇氏碑文之古雅。〔七〕史家記事記言，因襲而成文，原有點竄塗改〔八〕之法。蘇氏此碑，雖似鈔繕成文，實費經營裁製也。第文辭可以點竄，而制度則必從時。此碑篇首「臣抃言」三字，篇末「制曰可」三字，恐非宋時奏議上陳，詔旨下達之體；而蘇氏意中，揣摩《秦本紀》「丞相臣斯昧死言」及「制曰可」等語〔九〕太熟，則不免如劉知幾之所譏，貌同而心異也〔一〇〕。余昔修《和州志》，〔一一〕有《乙亥義烈傳》，〔一二〕專記明末崇禎八年，闖「賊」攻破和州，〔一三〕官吏紳民男婦殉難之事。用記事本末〔一四〕之例，以事為經，以人為

緯，詳悉具載。而州中是非鬨起。蓋因闖「賊」怒拒守而屠城，被屠者之子孫，歸咎於創議守城者，[一五]陷害滿城生命，又有著論指斥守城者部署非法，以致城陷，甚至有誣創議守城欲逃，爲「賊」擒殺，並非真殉難者。余搜得鳳陽巡撫朱大典[一六]奏報和州失陷，官紳殉難情節，乃據江防州同申報，轉據同在圍城逃脫難民口述親目所見情事，官紳忠烈，均不可誣。余因全錄奏報，以爲是篇之序。中間文字點竄，甚有佳處。然篇首必云：「崇禎九年二月日，巡撫鳳陽提督軍務都察院右副都御史臣朱大典謹奏，爲和城陷『賊』官紳殉難堪憐，乞賜旌表，以彰義烈事。」其篇末云：「奉旨，覽奏憫惻，該部察例施行。」此實當時奏陳詔報式也。或謂中間奏文，既已刪改古雅，其前後似可一例潤色。前後自是當時公式，豈可以秦、漢之衣冠，繪明人之圖像耶？蘇氏《表忠觀碑》，前人不知，而相與駭怪，其實不可通者，惟前後不遵公式之六字耳。夫文辭不察義例，而惟以古雅爲徇，則「臣拊言」三字，何如「岳曰於」[一七]三字更古？「制曰可」三字，何如「帝曰俞」[一八]三字更古？舍唐、虞而法秦、漢，未見其能好古也。[一九]

汪鈍翁撰《睢州湯烈婦旌門頌序》，[二〇]首錄巡按御史奏報，本屬常例，無可訾，亦無足矜也。但汪氏不知文用古法，而公式必遵時制，秦、漢奏報之式，不可以改今文也。篇首著監察

御史臣粹然言，此又讀《表忠觀碑》「臣抃言」三字太熟，而不知蘇氏已非法也。近代章奏，篇首叙銜，無不稱姓，亦公式也。粹然何姓，汪氏豈可因摹古而刪之？且近代章奏，銜名之下，必書謹奏，無稱言者。一語僅四字，而兩違公式，不知何以爲古文辭也？婦人有名者稱名，無名者稱姓，曰張曰李可也。近代官府文書，民間詞狀，往往舍姓而空稱曰氏，甚至有稱爲該氏者，誠屬俚俗不典。；然令〔二〕無明文，胥吏苟有知識，仍稱爲張爲李，官所不禁，則猶是通融之文法也。汪氏於一定不易之公式，則故改爲秦、漢古款，已是貌同而心異矣。至於正俗通行之稱謂，則又偏舍正而徇俗，何顛倒之甚耶？結句又云「臣謹昧死以聞」，亦非今制。汪氏平日以古文辭高自矜詡，而庸陋如此，何耶？ 汪之序文，於臣粹然言句下，直起云「睢州諸生湯某妻趙氏，值明末李自成之『亂』云云，是亦未善。當云「故明睢州諸生湯某妻趙氏，值明末李自成之『亂』」，於辭爲順。〔三〕蓋突起似現在之人，下句補出值明末李自成之「亂」，於辭爲順。〔三〕

者，當於此等留意辨之。

〔一〕文章可以學古，而制度則必須從時，本篇專就奏議之文，明其體式。據《年譜》是由丙辰（嘉慶元年）劄記中二段後合丁巳年劄記二段而成。按柯氏鈔本原題下注有「庚申新訂」四字。庚申爲嘉慶五年，始成篇於是年也。

（二）蘇軾《表忠觀碑》：「熙寧十年十月戊子，資政殿大學士右諫議大夫知杭州軍州事臣抃言：」（下略）

臣抃昧死以聞。」制曰「可。」《宋史·趙抃傳》：「趙抃字閱道，衢州西安人。累官殿中侍御史，彈劾不避權倖，京師號鐵面御史。帥蜀，以一琴一鶴自隨。後拜參知政事，與王安石不洽，求知杭州，請老，加太子少保，卒謚清獻。

（三）柳宗元《壽州安豐孝門銘》：「壽州刺史臣承思言：九月丁亥，安豐縣令臣某，上所部編戶甿李興，父被惡疾，歲月就亟，興自刃股肉，假託饋獻，其父老病，已不能啖啜，宿而死。興號呼撫膺，口鼻垂血，捧土就墳，沾漬涕洟。墳左作小廬，蒙以苦茨，伏匿其中，扶服頓踊，晝夜哭訴。孝誠幽達，神爲見異，廬上產紫芝白芝二本，各長一寸，廬中醴泉涌出，奇形異狀，應驗圖記。此皆陛下孝理神化，陰中其心，而克致斯事。謹按興匹庶賤陋，循習淺下，性非文字所導，生與耨未爲業，而能鍾彼醇孝，超出古列，天意神道，猶錫瑞物，以表殊異。伏惟陛下有唐堯如天如神之德，宜加旌褒，合於上下。請表里間。刻石明白，宣延風美，觀示後祀，永永無極。臣昧死上請。制曰可。（銘略）」（《柳河東集》卷二十）宋史繩祖《學齋佔畢》卷二：「東坡《表忠觀碑》先列狀奏以爲序，至『制曰可』而系之以銘，其格甚新。乃倣柳柳州所作《壽州安豐縣孝門銘》，蓋以忠比孝，全用其體例耳。柳文甚典雅，蘇碑視柳有加，宜乎金陵王氏以太史公所作年表許之。」

（四）宋徐度《却掃編》卷中：「東坡初爲趙清獻作《表忠觀碑》，或持以示王荆公。公讀之，沉吟曰：『此何語耶？』時客有在傍者，遽指摘而訾訾之。公不答，讀之再三，又攜之而起，行且讀，忽歎曰：『此

〔五〕宋李耆卿《文章精義》:「子瞻《表忠觀碑》實齋謂「學諸侯王年表」,蓋緣《文章精義》終篇述趙清獻公奏,不增損一字,是學《漢書》。但王介甫以爲『諸侯王年表』,則非也。」

〔六〕按此節言蘇氏《表忠觀碑》乃漢碑體例,原無足異。

〔七〕方望溪云:「趙公奏本,軒鶻老健,故可用《三王世家》體。然趙果能此,則其他文行世傳後者宜多,豈奏故子瞻代爲耶?」(《古文約選》)蕭穆云:「章氏似以爲趙公當日本有原奏,蘇公爲銘,後來入集,即就趙公原奏點竄潤色之,非也。蓋趙公此奏,當日即宜屬蘇公代爲主稿,今《趙清獻公文集》并無此奏。蘇公以此事本趙公主稿,故仍存當日代爲主稿原銜,乃至當也。」(《敬孚類稿》五)此蓋承方氏之説。然以趙集無此奏,亦不能定爲蘇公主稿。劉咸炘《識語》云:「若謂趙公此奏即屬蘇公主稿,則蕭氏揣測之詞耳。」

〔八〕李商隱《韓碑》:「點竄《堯典》《舜典》字,塗改《清廟》《生民》詩。」(《李義山詩集》上)

〔九〕《史記・秦始皇本紀》載李斯奏請焚書事,即此式。

〔一〇〕《史通・摸擬》:「蓋摸擬之體,厥途有二:一曰貌同而心異,二曰貌異而心同。」

〔一一〕據《年譜》,乾隆三十九年,撰《和州志》四十二篇,編摩既訖,因採州中著述有裨文獻及文辭典雅者,輯爲《和州文徵》八卷(《和州文徵序例》),計《奏議》二卷,《徵述》三卷,《論著》一卷,《詩賦》二卷,上其書於安徽學政秦潮。潮以州轄舍山一縣,志僅詳州而略於縣,且多意見不合,往復駁詰,志事遂

〔二〕中廢。《《方志辨體安徽通志》》乃删存爲二十篇，名曰《志隟》。（今載劉刻《遺書・外編》卷十六）

〔三〕按《章氏遺書・和州志》列傳第十至二十一闕，此篇在其中，今不傳。

〔四〕崇禎，明莊烈帝年號。和州，今安徽和縣。崇禎二年，高迎祥自稱闖王。李自成自延綏往迎之，號闖將。（《通鑑綱目》三編）崇禎八年十二月庚子，江北「賊」陷巢縣含山，遂襲陷和州。（《明史紀事本末》卷七十五）指闖王攻下和州。

〔四〕見《書教下》注〔三八〕。

〔五〕《和州志・馬如融傳》：「如融，如蛟弟也。崇禎乙亥之變，如蛟舉家殉難，事詳《義烈傳》中。初，『流寇』大至，州中倉猝無備，群議欲棄城遁，如蛟獨挺身議守城策。而『賊』中號令，守城至三日者，盡殺無赦。其後州城既陷，屠戮逮盡，州人以是歸咎馬氏。」

〔六〕《明史・朱大典傳》：朱大典字延之，金華人，明萬曆進士。崇禎中，巡撫山東，時「寇」亂，據登圖萊，大典集兵數萬攻之，「賊」平，擢總督漕運兼巡撫，移鎮鳳陽，屢有破「賊」功，尋被劾罷歸。福王時，以兵部尚書總督上江軍務，清兵南下，還守婺城，城破，闔門死之。

〔七〕《書・堯典》：「帝曰：『咨，四岳。』」僞孔傳：「四岳，分掌四岳之諸侯。」堯帝因洪水，向四岳求推薦治水之人。「僉曰：『於，鯀哉。』」僞孔傳：「僉，皆也。於，音烏。鯀，禹父也。」僉指四岳，故本文作「岳曰於」，於，嘆詞。

〔八〕《堯典》：「師錫帝曰：『有鰥在下，曰虞舜。』」僞孔傳：「師，衆。錫，與也。無妻曰鰥。」「帝曰：

〔一九〕按此上言文辭可求古雅，制度必須從時。蕭穆《跋文史通義》曰：「章氏所論，有文章可以學古，而制度則必從時，此真爲千古名言，後著作之家所當奉爲嚴師之訓也。乃今觀其論蘇文《表忠觀碑》則又有不然者。彼曰『臣抃言』『制曰可』，爲秦、漢之制，宋時陳奏原式。蘇公此文，即當時陳奏原式，所在歷歷可考。其實此制自漢至宋，歷代相沿，並未更改。蘇公此制，即當時陳奏原式。唐、宋名臣文集奏議，所在歷歷可考。姑以韓、杜兩集言之，杜公《上三大禮賦表》曰：『臣甫言。』韓公《論佛骨表》《潮州刺史謝上表》均曰：『臣愈言。』宋代諸名公集所載奏議，無不如是。其最昭晰顯見者，莫逾於司馬文正公《進資治通鑑表》，宋、元刻本均載之，一依當時陳奏原本格式。」（《敬孚類稿》〔五〕）劉咸炘云：「蕭説非也。此真唐宋名人集中彰具在之格式。表惟施於陳乞慶賀辭謝，不用以奏事，乃唐、宋一通式，宋、元刻本奏表式，表首具官姓名下，曰臣某言，末云臣謹頓首頓首，奏表以聞。疏奏則分劄子與狀，其首具年月全官，曰某某狀奏，或劄子奏，右臣竊以云云。狀末云，謹録奏聞，伏候勅旨。劄子末云，取進止。趙公此奏，必用劄子狀，必不用表，即表必不云昧死以聞。宋制，勅不稱制。表奏有批答，亦不但云『可』。蘇氏顯然摹古，何可回護？」（《文史通義•識語》）駁正蕭氏之説，可稱明晰。

〔二〇〕汪鈍翁，見《砭俗》注〔四〕。睢州，今河南睢縣。汪氏《睢州湯烈婦旌門頌序》：「順治十七年，巡撫河南監察御史臣粹然言：『諸生湯祖契妻趙氏，值明末李自成之亂，賊入祖契家，挺刃劫氏，將驅之出，氏厲聲呵曰：「國家何負於若，乃至屠割民人，裸辱女婦？天誅將降，行見磔若曹肉，餒飢犬彘。曾

不愍死,尚敢以刀鋸脅我!」賊大怒,遂刃之以死。迄今舉州流傳,言發涕下,華顛毀齒,無一異辭。於是士民某等,白其狀於長,其長上諸府若司道,以達於臣。臣加覆覈,謂宜旌氏門閭,用勸流俗。臣謹昧死以聞。」(《堯峰文鈔》卷三十七)

〔二〕按黔本及志古堂本「令」譌作「今」,茲從粵雅堂本、劉刻《遺書》本正。

〔三〕按此可見章氏之於文用心精細處。其《論文示貽選》云:「前寄《庚辛亡友列傳》,自喜情真,文體變而不詭於正。惟辭鋒有未斂處,恐不合於時人,故改正二處,續寄附訂,不料郵書遲滯,尚未到也。今接到永清刻本,於《樂子謂傳》內『天府生員』上加一『順』字,於事無礙。然『天府生員』四字自穩愜,加一『順』字便覺少却大興籍貫矣。此無明例,細辨文義,當自得之。」又云:「吾謂吾文豈如咸陽懸金,一字不可增減,然求文從字順者也。」(劉刻《遺書》卷二十九)可與此參觀。

〔三〕按此節論汪氏《睢州湯烈婦旌門頌》踵蘇文之失。

古文十弊〔一〕

余論古文辭義例，〔二〕自與知好諸君書，凡數十通；筆爲論著，又有《文德》《文理》《質性》《黠陋》《俗嫌》《俗忌》諸篇，〔三〕亦詳哉其言之矣。然多論古人，鮮及近世。兹見近日作者，所有言論與其撰著，頗有不安於心，因取最淺近者，條爲十通，思與同志〔四〕諸君相爲講明。若他篇所已及者不複述，覽者可互見焉。此不足以盡文之隱，然一隅三反，〔五〕亦庶幾其近之矣。

一曰，凡爲古文辭者，必先識古人大體，而文辭工拙，又其次焉。不知大體，則胸中是非，不可以憑，其所論次，〔六〕未必俱當事理。而事理本無病者，彼反見爲不然而補救之，則率天下之人而禍仁義矣。〔七〕有名士投其母氏行述，〔八〕請大興朱先生作誌。〔九〕敘其母之節孝，則謂乃祖衰年病廢卧牀，溲便〔一〇〕無時，家無次丁，〔一一〕乃母不避穢褻，躬親薰濯。其事既已美矣。又述乃祖於時蹙然不安，肅然對曰：「婦年五十，今事八十老翁，何嫌何疑？」嗚呼！母行可嘉，而子文不肖甚矣。本無芥蒂，〔一二〕何有嫌疑？節母既明大義，定知無是言也。此公無故自生嫌疑，特添注以斡旋其事，〔一三〕方自以謂得體，而不知適如冰雪肌膚，剜成瘡痏，〔一四〕不免愈濯愈痕瘢矣。人苟不解文辭，如遇此等，但須據事直書，不可無故妄加雕飾。妄加雕飾，謂之剜肉爲瘡，〔一五〕此文人之通弊也。

二曰，《春秋》書內不諱小惡。[一六]歲寒知松柏之後彫，[一七]然則欲表松柏之貞，必明霜雪之厲，理勢之必然也。自世多嫌忌，將表松柏，而又恐霜雪懷慚，則觸手皆荊棘矣。[一八]江南舊家，輯有宗譜。[一九]有群從先世為子聘某氏女，[二〇]後以道遠家貧，力不能婚，恐失婚時，偏報子殤，[二一]俾女別聘。其女遂不食死，不知其子故在。是於守貞殉烈，兩無所處。而女之行事，實不愧於貞烈，不忍泯也。據事直書，於翁誠不能無歉然矣。第《周官》媒氏禁嫁殤，[二二]是女本無死法也。《曾子問》娶女有日，而其父母死，使人致命女氏。注謂恐失人嘉會之時。[二三]是則某翁詭託子殤，比例原情，堉遠遊，三年無聞，聽婦告官別嫁。[二四]是律有遠絕離昏之條也。是之謂古有辭昏之禮也。今制，堉遠不足為大惡而必須諱也。」夫千萬里外，無故報幼子殤，尚不足為大惡而必諱也。而其族人動色相戒，必不容於直書，則匿其辭曰：「書報幼子之殤，而女家誤聞以為堉也。」夫千萬里外，無故報幼子殤，而又不道及男女昏期，明者知其無是理也。則文章病矣。人非聖人，安能無失？古人叙一人之行事，尚不嫌於得失互見也。今叙一人之事，而欲顧其上下左右前後之人，皆無小疵，難矣。

三曰，文欲如其事，未聞事欲如其人者也。嘗見名士為人撰誌，其人蓋有朋友氣誼，誌文乃傚韓昌黎之誌柳州也，[二五]一步一趨，[二六]惟恐其或失也。中間感歎世情反復，已覺無病費呻吟矣。[二七]末叙喪費出於貴人，及內親竭勞其事。詢之其家，則貴人贈賻稍厚，[二八]非能任喪費

也。而内親則僅一臨穴而已，亦並未任其事也。且其子俱長成，非若柳州之幼子孤露，[二九]必待人爲經理者也。詰其何爲失實至此？則曰：倣韓誌柳墓終篇有云：「歸葬費出觀察使裴君行立，[三〇]又舅弟盧遵，既葬子厚，又將經紀其家。」[三一]附紀二人，文情深厚。今誌欲似之耳。余嘗舉以語人，人多笑之。不知臨文摹古，遷就重輕，又往往似之矣。是之謂削趾適屨，[三二]又文人之通弊也。

四曰，仁智爲聖，夫子不敢自居。[三三]瑚璉名器，子貢安能自定。[三四]稱人之善，尚恐不得其實，自作品題，[三五]豈宜誇耀成風耶？嘗見名士爲人作傳，自云吾鄉學者，鮮知根本，惟余與某甲，[三六]爲功於經術耳。所謂某甲，固有時名，亦未見必長經術也。作者乃欲援附爲名，高自標榜，惡[三七]矣！又有江湖遊士，以詩著名，實亦未足副也。然有名實遠出其人下者，爲人作詩集序，述人請序之言曰：「君與某甲齊名，某甲既已弁言，[三八]且經援服、鄭，[四〇]夫齊名無其說，則請者必無是言，而自詡齊名，藉人炫己，顏頗不復知怩怩矣！[三九]君烏得無題品？」詩攀李、杜，[四一]猶曰高山景仰。[四二]若某甲之經，某甲之詩，本非可恃，而猶藉爲名。是之謂私署頭銜，[四三]又文人之通弊也。

五曰，物以少爲貴，人亦然也。天下皆聖賢，孔、孟亦弗尊尚矣。清言自可破俗，然在典午，則滔滔皆是也。[四四]前人譏《晉書》，列傳同於小說，[四五]正以採掇清言，多而少擇也。立朝

風節，強項敢言，[46]前史侈為美談。明中葉後，門戶朋黨，聲氣相激，誰非敢言之士？[47]觀人於此，君子必有辨矣。不得因其強項申威，便標風烈，理固然也。我憲皇帝[48]澄清吏治，裁革陋規，整飭官方，懲治貪墨，[49]實為千載一時。彼時居官，大法小廉，[50]殆成風俗；貪冒之徒，莫不望風革面，[51]時勢然也。[52]今觀傳誌碑狀之文，敘雍正年府州縣官，盛稱杜絕餽遺，[53]搜除積弊，清苦自守，革除例外供支，其文洵不愧於循吏傳矣。[54]不知彼時逼於功令，[55]不得不然，千萬人之所同，不足以為盛節。豈可見閹寺而頌其不好色哉？[56]山居而貴薪木，涉水而寶魚蝦，人知無是理也，而稱人者乃獨不然。是之謂不達時勢，又文人之通弊也。

六曰，史既成家，文存互見，有如《管晏列傳》，而勤詳於《齊世家》；[57]張耳分題，而事總於《陳餘傳》；[58]非惟命意有殊，抑亦詳略之體所宜然也。若夫文集之中，單行傳記，凡遇牽聯所及，更無互著之篇，[59]勢必加詳，亦其理也。但必權其事理，足以副乎其人，乃不病其繁重爾。如唐平淮西，《韓碑》歸功裴度，[60]可謂當矣。後中讒毀，改命於段文昌，[61]千古為之歎惜。但文昌徇於李愬，愬功本不可沒，其失猶未甚也。假令當日無名偏裨，[62]不關得失之人，身表阡，[63]侈陳淮西功績，則無是理矣。朱先生嘗為故編修蔣君撰誌，[64]中敘國家前後平定準回要略，則以蔣君總修方略，獨力勤勞，書成身死，而不得敘功故也。然誌文雅健，學

者慕之。後見某中書舍人死,有爲作家傳者,〔六五〕全襲《蔣誌》原文,蓋其人嘗任分纂數月,於例得列銜名者耳,其實於書未寓目也。是與無名偏裨,居淮西功,又何以異?而文人喜於撰事,幾等軍吏攘功,何可訓也?是之謂同里銘旌。〔六六〕昔有夸夫,終身未膺一命,好襲頭銜,將死,遍召所知,籌計銘旌題字。或徇其意,假藉例封贈修職登仕諸階,〔六七〕彼皆掉頭不悅。最後有善諧者,取其鄉之貴顯,大書勳階師保殿閣部院某國某封某公同里某人之柩。〔六八〕人傳爲笑。故凡無端而影附者,謂之同里銘旌,不謂文人亦效之也,是又文人之通弊也。

七曰,陳平佐漢,志見社肉;〔六九〕李斯亡秦,兆端廁鼠。〔七〇〕推微知著,固相士之玄機;〔七一〕搜間傳神,亦文家之妙用也。但必得其神志所在,則如圖畫名家,頰上妙於增毫;〔七二〕苟徒慕前人文辭之佳,強尋猥瑣,以求其似,則如見桃花而有悟,〔七三〕遂取桃花作飯,其中豈復有神妙哉?又近來學者,喜求徵實,每見殘碑斷石,餘文剩字,不關於正義者,往往藉以考古制度,補史缺遺,斯固善矣。因是行文,貪多務得,明知贅餘非要,卻爲有益後世,推求不憚辭費。〔七四〕夫傳人者文如其人,述事者文如其事,足矣。其或有關考徵,要必本質所具,即或閒情逸出,正爲阿堵傳神。〔七五〕不此之務,但知市菜求增,〔七六〕是之謂畫蛇添足,〔七七〕又文人之通弊也。

八曰,文人固能文矣,文人所書之人,不必盡能文也。叙事之文,作者之言也。爲文爲質,

惟其所欲，期如其事而已矣。記言之文，則非作者之言也；為文為質，期於適如其人之言，非作者所能自主也。貞烈婦女，明詩習禮，固有之矣。其有未嘗學問，或出鄉曲委巷，[七九]甚至傭嫗鬻婢，貞節孝義，皆出天性之優，是其質雖不愧古人，文則難期於儒雅也。每見此等傳記，述其言辭，原本《論語》《孝經》[八〇]出入《毛詩》《内則》，[八一]劉向之《傳》，[八二]曹昭之《誡》，[八三]不啻自其口出，[八四]可謂文矣。抑思善相夫者，何必盡識鹿車鴻案，[八五]善教子者，豈皆熟記畫荻丸熊，[八六]自文人胸有成竹，[八七]遂致閨修，[八八]皆如板印。與其文而失實，何如質以傳真也？由是推之，名將起於卒伍，義俠或奮閭閻，[八九]言辭不必經生，記述貴於宛肖。而世有作者，於斯多不致思，是之謂優伶演劇。[九〇]蓋優伶歌曲，雖耕氓役隸，矢口皆叶宫商，[九一]是以謂之戲也。而記傳之筆，從而效之，又文人之通弊也。

九曰，古人文成法立，未嘗有定格也。傳人適如其人，述事適如其事，無定之中，有一定知其意者，旦暮遇之。[九二]不知其意，襲其形貌，神弗肖也。[九三]性以建言著稱，故採錄其奏議。[九四]然性少遭亂離，[九五]全家被害，追悼先世，每見文辭。而《猛省》之篇尤沉痛，可以教孝，故於終篇全錄其文。其鄉有知名士賞余文曰：「前載如許奏章，若無《猛省》之篇，譬如行船，鷁首重而舵樓輕矣。[九六]今此篸尾，[九七]可謂善謀篇也。」余戲詰云：「設成君本無此篇，此船終不行耶？」蓋塾師講授《四書》文義，謂之時文，[九八]

必有法度以合程式。而法度難以空言，則往往取譬以示蒙學，擬於房室，則有所謂間架結構；擬於身體，則有所謂眉目筋節；擬於繪畫，則有所謂點睛添毫，[九九]擬於形家，則有所謂來龍結穴。[一〇〇]隨時取譬。[一〇一]然爲初學示法，亦自不得不然，無庸責也。惟時文結習，深錮腸腑，進窺一切古書古文，皆此時文見解，動操塾師啓蒙議論，則如用象棋枰布圍棋子，必不合矣。是之謂井底天文，[一〇二]又文人之通弊也。

十曰，時文可以評選，古文經世之業，不可以評選也。夫古人之書，今不盡傳，其文見於史傳，評選之家，多從史傳采錄。而史傳之例，往往删節原文，以就隱括[一〇三]，故於文體所具，不盡全也。評選之家，不察其故，誤謂原文如是，又從而爲之辭焉。於引端不具，而截中徑起者，詡謂發軔之離奇，[一〇四]於刊削餘文，而遽入正傳者，詫爲篇終之嶄峭。於是好奇而寡識者，轉相歎賞，刻意追摹，殆如左氏所云：「非子之求，而蒲之覓矣。」[一〇五]有明中葉以來，一種不情不理自命爲古文者，起不知所自來，收不知所自往，專以此等出人思議，誇爲奇特，於是坦蕩之塗，生荊棘矣。夫文章變化侔於鬼神，斗然而來，戛然而止，[一〇六]何嘗無此景象？但如山之巖峭，水之波瀾，氣積勢盛，發於自然；必欲作而致之，無是理矣。文人好奇，易於受惑，是之謂誤學邯鄲，[一〇七]又文人之通弊也。

五九〇

〔一〕按本篇旨趣，具見篇序。所條十事，在當時必皆確有所見，足爲學人針砭。據《年譜》作於嘉慶元年。（本篇注參取程君千帆《文學發凡》。）

〔二〕義例：見杜預《春秋左氏傳序》。

〔三〕論文書，具詳《遺書》文集。《文德》以下五篇俱見前，惟《俗忌》篇未見，殆即《砭俗》之舊題。

〔四〕《説文》：「同志爲友。」《後漢書·劉陶傳》：「所與交友，必也同志。」

〔五〕見《文理》注〔三五〕。

〔六〕《史記·五帝本紀贊》：「余並論次，擇其言尤雅者。」論定次第。

〔七〕《孟子·告子上》：「率天下之人而禍仁義者，必子之言夫！」

〔八〕行述，亦稱行狀。《古文辭類纂序》：「傳狀雖原於史氏，而義不同。劉先生（海峰）云：『古之爲名人達官傳者，史官職之。其人既稍顯，即不當爲之傳，爲之行狀上史氏而已。』」

〔九〕朱筠，見《傳記》注〔一五〕。《古文辭類纂序》：「誌者，識也。或立石墓上，或埋之壙中，古人皆曰誌。爲之銘者，所以識之之辭也。然恐人觀之不詳，故又爲序。世或以石立墓上曰碑，曰表，埋乃曰誌，及分誌銘二之，獨呼前序曰誌者，皆失其義。」

〔一〇〕《後漢書·張湛傳》：「遺矢溲便。」溲，音叟，小便也。

〔一一〕《文選·李陵答蘇武書》注：「丁年，謂丁壯之年也。」家無次丁，謂家中男子，除乃祖外無第二人也。

〔一二〕《漢書·賈誼傳》：「細故蔕芥，何足以疑？」師古曰：「蔕芥，小鯁也。蔕，音丑芥反。」蔕芥，疊韻連

綿字，倒文作芥蒂。

〔三〕《楚辭‧天問》：「斡維焉繫？」王逸注：「斡，轉也。」

〔四〕《莊子‧逍遙遊》：「藐姑射之山，有神人居焉，肌膚若冰雪，綽約若處子。」《文選‧西京賦》：「所好生毛羽，所惡成創痏。」薛綜注：「創痏，謂瘢痕。」

〔五〕聶夷中《憫農》詩：「二月賣新絲，五月糶新穀，醫得眼前瘡，剜却心頭肉。」

〔六〕《公羊傳》隱十年：「《春秋》録內而略外。於外大惡書，小惡不書。於內大惡諱，小惡書。」何氏《解詁》：「於內大惡諱，於外大惡書者，明王者起，當先自正，內無大惡，然後治諸夏大惡，因見臣子之義，當先爲君父諱大惡也。內小惡書，外小惡不書者，內有小惡，適可治諸夏大惡，未可治諸夏小惡，明當先自正而後正人。小惡不諱者，罰薄恥輕。」

〔七〕《論語‧子罕》：「子曰：『歲寒，然後知松柏之後彫也。』」彫，本作凋。

〔八〕權衡：稱量物體輕重之具，指稱量。

〔九〕宗譜：即族譜。黃汝成《日知錄集釋》引趙氏（翼）曰：「《南史》王僧孺被命作譜，而不知譜所自起，以問劉杳。杳曰：『《桓譚新論》云，太史公《三代世表》旁行斜上，並效周譜。以此而推，當起于周代也。』」

〔一〇〕從，似用切，同宗也。群從，謂諸從兄弟。《禮記‧内則》：「聘則爲妻，奔則爲妾。」聘，下聘禮。

〔一一〕婚時：《周禮‧地官‧媒氏》：「令男三十而娶，女二十而嫁。」《儀禮‧喪服》注：「殤，男女未冠笄

而死,可哀傷者。

〔三〕《周禮·地官·媒氏》:「禁嫁殤者。」鄭注:「殤,十九以下未嫁而死者。生不以禮相接,死而合之,是亦亂人倫者也。」賈疏:「不言殤娶者,舉女,男可知也。」

〔三〕《禮記·曾子問》:「曾子問曰:『昏禮,既納幣,有吉日,女之父母死,則如之何?』孔子曰:『婿使人弔。如婿之父母死,則女之家亦使人弔,父喪稱父,母喪稱母,父母不在,則稱伯父世母。婿已葬,婿之伯父致命女氏曰:某之子有父母之喪,不得嗣為兄弟,使某致命。女氏許諾而弗敢嫁,禮也。婿免喪,女之父母使人請,婿弗取,而後嫁之,禮也。女之父母死,婿亦如之。』」鄭注:「必致命者,不敢以累年之喪,使人失嘉會之時。」

〔四〕《大清律例》:「期約已過五年,無過不娶,及夫逃亡三年不還者,並聽經官告給執照,別行改嫁。」

〔五〕韓愈《柳子厚墓誌銘》載本集卷三十二。柳子厚嘗為柳州刺史,故世稱柳柳州。

〔六〕見《言公下》注〔一○二〕。

〔七〕辛棄疾《臨江仙》:「百年光景百年心,更歡須歎息,無病也呻吟。」

〔八〕《儀禮·既夕》:「知生者贈,知死者賻。」注:「賻之言補也,助也。貨財曰賻。」

〔九〕《柳子厚墓誌銘》:「子厚有子男二人,長曰周六,始四歲;季曰周七,子厚卒乃生。女子二人,皆幼。」嵇康《與山巨源絕交書》:「少加孤露,母兄見驕。」幼而喪父,無所庇蔭,故曰孤露。

〔三○〕裴行立,絳州稷山人,時為桂林觀察使。

〔三一〕《柳子厚墓誌銘》:「遵,涿人,性謹慎,學問不厭。自子厚之斥,遵徙而家焉。逮其死不去,既往葬子厚,又將經紀其家,庶幾有始終者。」

〔三二〕見《書教中》注〔四〕。

〔三三〕《孟子·公孫丑上》:「昔者,子貢問於孔子曰:『夫子聖矣乎?』孔子曰:『聖,則吾不能,我學不厭而教不倦也。』子貢曰:『學不厭,智也。教不倦,仁也。仁且智,夫子既聖矣。』夫聖,孔子不居。」

〔三四〕《論語·公冶長》:「子貢問曰:『賜也何如?』子曰:『女(汝)器也。』曰:『何器也?』曰:『瑚璉也。』」《集解》引包氏曰:「瑚璉,黍稷之器。夏曰瑚,殷曰璉,周曰簠簋,宗廟之器貴者。」

〔三五〕《後漢書·許劭傳》:「每月輒更其品題。」

〔三六〕《日知錄》(卷二十三):「《史記·萬石君傳》:『長子建,次子甲,次子乙,次子慶。』甲、乙,非名也,失其名而假以名之也。」

〔三七〕見《繁稱》注〔二四〕。

〔三八〕弁,冠冕之屬。弁言,猶序也。

〔三九〕《説文》:「忸怩,慙也。」《書·偽五子之歌》:「顏厚有忸怩。」鄭玄,見《易教中》注〔五〕。

〔四〇〕服虔,見《知難》注〔二三〕。

〔四一〕《新唐書·文藝傳》:「李白字太白,興聖皇帝(李暠)九世孫。其先隋末以罪徙西域,神龍初,遁還。客既長,隱岷山。天寶初,至長安,往見賀知章。知章見其文,歎曰:『子,謫仙人也!』言於玄宗,召

見金鑾殿，奏頌一篇。有詔供奉翰林。帝愛其才，數宴飲，白常侍帝，醉使高力士脫靴。力士素貴，恥之，摘其詩以激楊貴妃。帝欲官白，妃輒沮止。白自知不爲親近所容，懇求還山。帝賜金放還。乃浮游四方。安禄山反，轉側宿松、匡廬間。永王璘辟爲府僚佐。璘起兵敗，白坐長流夜郎。會赦還，李陽冰爲當塗令，白依之。代宗立，以左拾遺召，而白已卒，年六十餘。」《舊唐書·文苑傳》：「杜甫字子美，本襄陽人，後徙河南鞏縣。甫天寶初，應進士不第，後獻《三大禮賦》，授京兆府兵曹參軍。安禄山陷京師，肅宗即位靈武。甫遁赴行在，拜左拾遺。以論救房琯，出爲華州司功參軍。時關輔亂離，寓居同谷縣，自負薪采梠。嚴武鎮成都，奏爲參謀，檢校工部員外郞。乃於成都浣花里，種竹結廬，嘯詠其中。武卒，無所依，乃泝沿湘流，遊衡山，寓居耒陽卒，年五十九。是歲蜀中大亂，甫以其家避亂荆楚，扁舟下峽。未維舟而江陵亦亂，乃泝沿湘流，遊衡山，寓居耒陽卒，年五十九。有集六十卷。」

〔四二〕《詩·小雅·車舝》：「高山仰止，景行行止。」鄭箋：「景，明也。古人有高德者，則仰慕之。有明行者，則（仿效）而行之。」

〔四三〕封演《聞見記》卷五：「官銜亦曰頭銜。所以名爲銜者，如人口銜物，取其連續之義。」

〔四四〕《廿二史劄記》（卷八）：「清談起於魏正始中，何晏王弼祖述老、莊，謂天地萬物皆以無爲本者也。是時阮籍亦素有高名，口談虚無，不遵禮法。其後王衍、樂廣慕之，俱宅心事外，名重於時。天下言風流者，以王、樂爲稱首。後進莫不競爲浮誕，遂成風俗。」《蜀志·譙周傳》：「（譙）周書板示（文）立曰：『典午忽兮，月酉没兮。』典午者，謂司馬也。月酉者，謂八月也。」《論語·微子》：「滔滔者，

〔四五〕天下皆是也。」《集解》引孔曰:「滔滔,周流之貌。」此言清談盛於晉代。

《史通·採撰》:「晉世雜書,諒非一族,若《語林》《世說》《幽明錄》《搜神記》之徒,其所載或恢諧小辯,或神鬼怪物。其事非聖,揚雄所不觀。其言亂神,宣尼所不語。夫以干(寶)、鄧(粲)之所糞除,王(隱)、虞(預)之所糠粃,持爲逸史,用補前傳;此何異魏朝之撰《皇覽》,梁世之修《徧略》,務多爲美,聚博爲功,雖取說(悅)於小人,終見嗤於君子矣。」

〔四六〕《後漢書·酷吏傳》:「董宣爲洛陽令,湖陽公主蒼頭白日殺人,宣格殺之。主訴帝。帝使宣叩頭謝主。宣不從,強使頓之。宣兩手據地,終不肯俯。主曰:『文叔爲白衣時,藏亡匿死,吏不敢至門。今爲天子,威不能行一令乎?』帝笑曰:『天子不與白衣同。』因勅強項令出,賜錢三十萬。宣悉以頒諸吏。由是搏擊彊豪,莫不震慄,京師號爲卧虎。」

〔四七〕《詩·商頌·長發》:「昔在中葉。」傳:「葉,世也。」《四庫總目提要·欽定明臣奏議》:「有明一代,惟太祖以大略雄才,混一海內。一再傳後,風氣漸移,朝廷所趨,大致乃與南宋等。故二百餘年之中,士大夫所敷陳者,君子置國政而論君心,一劄動至千萬言,有如策論之體。小人舍公事而爭私黨,一事或至數十疏,全爲訐訟之詞。迨其末流,彌增詭薄,非惟小人牟利,即君子亦不過爭名。臺諫鬨於朝,道學譁於野。人知其兵防吏治之日壞,不知其所以壞者,由門戶朋黨爲之煽搆。蓋宋人之弊,猶不過議論多而成功少。明人之弊,則直以議論亡國而已矣。」

〔四八〕清世宗，名胤禛，在位十三年。年號雍正。

〔四九〕《左傳》昭十四年：「貪以敗官為墨。」杜注：「墨，不絜之稱。」

〔五〇〕《禮記·禮運》：「大臣法，小臣廉，官職相序，君臣相正，國之肥也。」

〔五一〕《左傳》襄四年注：「冒，貪也。」《易·革》：「小人革面。」王弼注：「小人變面以順上。」

〔五二〕《孟子·公孫丑上》：「雖有知慧，不如乘勢，雖有鎡基，不如待時。」時勢連文本此。《四庫總目提要·世宗憲皇帝聖訓》：「世宗憲皇帝，勵精圖治，日昃不遑，為萬世永賴之計，故理繁治劇，而不避其煩。厪一夫不獲之心，故慮遠防微，而不遺於細。且癸卯踐祚以前，侍聖祖仁皇帝之日長，上則政教之條制，刑賞之權衡，聞之最悉；下則百度之利弊，萬物之情偽，知之最深。」故其在位整飭吏治，革除陋規，風紀為之一新。

〔五三〕《小爾雅·廣詁》：「杜，塞也。」《周禮·玉府》注：「古者致物於人，尊者則曰獻，通行曰餽。」《廣雅·釋詁》：「遺，送也。」

〔五四〕《詩·靜女》箋：「洵，信也。」《史記》始有《循吏傳》，後史多沿之。《索隱》：「謂奉法循理之吏也。」

〔五五〕見《經解中》注〔二六〕。

〔五六〕《詩·巷伯序》箋：「寺人，內小臣也。」《匡謬正俗》：「寺人者，在壺閽庭寺之中，謂閽人耳。」嵇康《與山巨源絕交書》：「豈可見黃門而稱貞哉？」此用其語意。

〔五七〕《史記·管晏列傳贊》：「太史公曰：吾讀管氏《牧民》《山高》《乘馬》《輕重》《九府》，詳哉其言之

〔五八〕《史記·張耳陳餘列傳》《張耳傳》僅敘其娶外黃富女事百餘言，以下即入《陳餘傳》，備述耳、餘起兵始末。其後陳餘被殺，張耳降漢，立爲趙王。耳薨，子敖嗣，尚魯元公主，被誣謀反，其客貫高爲之辯雪諸端，亦敘之餘傳中，則以牽連所及，無事更端耳。

〔五九〕《校讎通義·互著》：「班、馬列傳家法，人事有兩端者，則詳略互載之。如子貢在《仲尼弟子》爲正傳，其入《貨殖》則互見也。《儒林傳》之董仲舒、王吉、韋賢，既次於經師之篇，而別有專傳。蓋以事義標篇，人名離合其間，取其發明而已。」此傳記互著之義也。

〔六〇〕唐淮西蔡州地，自吳少誠割據，歷少陽及其子元濟，三十餘年。至憲宗元和十年，宰相裴度出督師，李朔雪夜襲蔡州，擒吳元濟，始討平之。韓愈《平淮西碑》，其詞多敘裴度事。姚範評其文曰：「自元和九年，用兵淮蔡，至十年而始平，其間命將出師，攻城降卒，俱非一時事，亦非盡命裴度後事也；而序所以聳唐憲奮武耆功，申命伐叛之威。裴度以宰相宣慰，君臣協謀，亦一時事類之，蓋序所以聳唐憲奮武耆功，申命伐叛之威。裴度以宰相宣慰，君臣協謀，亦應特書；著度之威而主威益隆，此《江漢》《常武》之義也。於以見保大定功，綏馭震疊之謨。若詳著入蔡禽一叛臣，此於唐宗威德替矣。此公表所云『《詩》《書》之文，各有品章條貫』者也。」此與實齋之意正相發。

〔六一〕見《俗嫌》注〔三〕。

〔六三〕《左傳》襄三十年:「令尹之偏。」注:「偏,佐也。」《漢書·項籍傳》:「籍爲裨將。」注:「裨,相轉助也。」

〔六四〕《漢書·成帝紀》注:「阡陌,田間道也。」後人立石墓道曰表阡。

〔六五〕朱筠《編修蔣君墓誌銘》:「君諱雍植,字秦樹,辛巳以二甲第一人賜進士,改庶吉士,充平定準噶爾方略館纂修官。總裁諸公皆倚重之,令總辦方略一書。君早起坐書室,夕燒膏以繼,書成,而君之精殆銷亡於此矣。書既上,同修者皆得優敘,而君名以卒不與。館中諸公議欲如故侍讀楊公述曾賜銜例爲之請,已而未果。」(《笥河文集》卷十二)

〔六六〕謝靈運《山居賦》:「國史以載前紀,家傳以申世模。」《隋志》史部載漢、魏、六朝家傳二十九部。今宗譜中傳記亦稱家傳。

〔六六〕清吳榮光《吾學錄》:「《周禮·春官·司常》:『大喪共銘旌。』近代用絳帛粉書,借銜題寫,曰某官某公之柩。另紙書題者姓名,黏於旌下。大斂後,縣以竹杠,依靈右。葬時去杠及題姓名,以旌加於柩上。」

〔六七〕《大清會典》(卷十二)吏部:「凡覃恩予封者,辨其官之任與其級,列其應封者之名氏存故而題焉。本身爲授,曾祖父母、祖父母、父母及妻,存者爲封,没者爲贈。若貤封,各以其情請焉。得旨,則停其妻與身之封而予之。」此例封之義。又:「凡官事死者,皆贈以銜。凡贈銜之等十有八,皆視其官之職以爲差。」此待贈之義。又《則例》:「順治初年,定覃恩及三年考滿,例統封贈,一品至五品皆

授以誥命，六品至七品皆授以敕命，正八品修職郎，從八品修職佐郎，正九品登仕郎，從九品登仕佐郎。」此修職登仕之義。階，官階也。

師保者，若太師少師太保少保是也。殿閣者，若武英殿文淵閣大學士是也。部院者，若吏部戶部之尚書侍郎，翰林院都察院之侍讀御史是也。某國某封者，若某國公某國侯是也。皆高官顯禄也。吳喬《圍爐詩話》云：「今人作詩，動稱盛唐。曾在蘇州，見一家舉殯，其銘旌曰：『皇明少師文淵閣大學士申公間壁豆腐店王阿奶之靈柩。』可移以贈諸公。」蓋時有此笑談也。

〔六九〕《史記‧陳相國世家》：「陳丞相平者，陽武戶牖鄉人也。里中社，平為宰，分肉食甚均。父老曰：『善！陳孺子之為宰。』平曰：『嗟乎！使平得宰天下，亦如是肉矣。』」

〔七○〕《史記‧李斯列傳》：「李斯者，楚上蔡人也。年少時，為郡小吏，見吏舍廁中鼠食不潔，近人犬，數驚恐之。斯入倉，觀倉中鼠食積粟，居大廡之下，不見人犬之憂。於是李斯乃歎曰：『人之賢不肖，譬如鼠矣，在所自處耳。』乃從荀卿學帝王之術。學已成，欲西入秦，辭於荀卿曰：『斯聞得時無怠，今秦王欲吞天下，稱帝而治，此布衣馳騖之時也。處卑賤之位，而計不為者，此禽鹿視肉，人面而能強行者耳。故詬莫大於卑賤，而悲莫甚於窮困。久處卑賤之位，困苦之地，非世而惡利，自托於無為，此非士之情也。故斯將西說秦王矣。』」

〔七一〕《魏志‧臧洪傳》：「又不能原始見終，覩微知著。」《史記‧平原君列傳》：「平原君已定從而歸，歸至於趙曰：『勝不敢復相士。勝相士，多者千人，寡者百數，自以為不失天下之士，今乃於毛先生而

失之也。」薛綜《東京賦》注:「玄,神也。」《管子‧七法》注:「機者,發內而動外,爲近而成遠,不疾而速,不行而至,見其爲之,不知其所以爲。」按各本均作「智士之相機」,此從劉刻《遺書》本改。

〔七二〕《世說新語‧巧藝》:「顧長康畫裴叔則,頰上益三毛。人問其故。顧曰:『裴楷儁朗有識具,正此是其識具;看畫者尋之,定覺益三毛如有神明,殊勝未安時。』」

〔七三〕宋釋普濟《五燈會元》:「志勤禪師初在潙山,因見桃花悟道。有偈曰:『三十年來尋劍客,幾回落葉又抽枝;自從一見桃花後,直到如今更不疑。』」

〔七四〕《禮記‧曲禮上》:「禮不妄說人,不辭費。」

〔七五〕見《點陋》篇注〔三〕。劉刻《遺書》按王秉恩《校記》云:「左宣十二年《傳》『董澤之蒲,可勝既乎。』字作『既』,不作『墍』。既,杜注:『盡也。』言用之不可盡也。今各本作『墍』,非是。」

〔七六〕《世說新語‧巧藝》:「顧長康畫人,或數年不點目精。人問其故,顧曰:『四體妍蚩,本無關於妙處,傳神寫照,正在阿堵中。』」阿堵,晉人常語,猶今語這箇也。

〔七七〕皇甫謐《高士傳》:「司徒侯霸遣嚴子道奉書嚴光。子道求報書,光口授之,嫌少。光曰:『買菜乎?求益也。』」

〔七八〕《戰國策‧齊策》:「楚有祠者,賜其舍人卮酒。舍人相謂曰:『數人飲之不足,一人飲之有餘,請畫地爲蛇,先成者飲酒。』一人蛇先成,引酒且飲之,乃左手持卮,右手畫蛇,曰:『吾能爲之足。』未成,人一蛇成,奪其卮曰:『蛇固無足,子安能爲之足?』遂飲其酒。」

〔七九〕《禮記‧檀弓上》：「是委巷之禮也。」鄭注：「委，曲也。曲巷，猶言陋巷。」

〔八〇〕《論語》見《詩教上》注〔七三〕。《孝經》見《經解上》注〔二九〕。

〔八一〕《漢書‧儒林傳》：「趙人毛萇傳《詩》，是爲《毛詩》。」《内則》，《禮記》篇名。疏引鄭《目錄》云：

「《内則》者，以其記男女居室，事父母姑舅之法。閨門之内，軌儀可則，故曰内則。」

〔八二〕《隋書‧經籍志》雜傳類：「《列女傳》十五卷，劉向撰，曹大家注。」《漢書‧劉向傳》：「向以爲王教由内及外，自近者始，故采取《詩》《書》所載賢妃貞婦，興國顯家，可法則，及孽嬖亂亡者，序次爲《列女傳》八篇，以戒天子」。

〔八三〕《隋書‧經籍志》儒家類：「曹大家《女誡》一卷。」別詳《經解下》注〔二〇〕。

〔八四〕《尚書‧秦誓》：「人之彦聖，其心好之，不啻若自其口出，是能容之」《一切經音義》引《蒼頡》云：

「不啻，多也。」

〔八五〕《後漢書‧列女傳》：「勃海鮑宣妻者，桓氏之女也，字少君。宣嘗就少君父學，父奇其清苦，故以女妻之。裝送資賄甚盛。宣不悦，謂妻曰：『少君生富驕，習美飾，而吾實貧賤，不敢當禮。』妻曰：『大人以先生修德守約，故使賤妾侍執巾櫛，既奉承君子，唯命是從。』宣笑曰：『能如是，是吾志也。』妻乃悉歸侍御服飾，更著短布裳，與宣共挽鹿車，歸鄉里。拜姑禮畢，提甕出汲，修行婦道，鄉邦稱之。」又《逸民傳》：「梁鴻字伯鸞，扶風平陵人也。同縣孟氏有女，狀肥醜而黑，力舉石臼，擇對不嫁，至年三十，父母問其故。女曰：『欲得賢如梁伯鸞者。』鴻聞而聘之。女求作布衣麻屨，織作筐緝

續之具。及嫁，始以裝飾入門。七日而鴻不答。妻乃跪牀下請曰：『竊聞夫子高義，簡斥數婦。妾亦偃蹇數夫矣。今而見擇，敢不請罪？』鴻曰：『吾欲裘褐之人，可以俱隱深山者耳。今乃衣綺縞，傅粉墨，豈鴻所願哉？』妻曰：『以觀夫子之志耳，妾自有隱居之服。』乃更爲椎髻，著布衣，操作而前。鴻大喜曰：『此真梁鴻妻也。能奉我矣。』字之曰德耀，名孟光。居有頃，至吳，依大家皋伯通，居廡下，爲人賃舂。每歸，妻爲具食，不敢於鴻前仰視，舉案齊眉。伯通察而異之，曰：『彼傭能使其妻敬之如此，非凡人也。』乃方舍之於家。」

〔八六〕《宋史‧歐陽修傳》：「修四歲而孤，母鄭，守節自誓，親誨之學。家貧，至以荻畫地學書。」《新唐書‧柳仲郢傳》：「仲郢，字諭蒙，母韓，善訓子。仲郢幼嗜學，嘗丸熊膽，使夜咀嚥以助勤。」

〔八七〕蘇軾《畫竹記》述文與可之言：「畫竹必得成竹於胸中，執筆熟視，乃見其所欲畫者，急起從之，振筆直遂，以追其所見，如兔起鶻落，少縱則逝矣。」（《東坡前集》卷三十二）晁沖之《贈楊克一學文與可畫竹求詩》：「與可畫竹時，胸中有成竹。」

〔八八〕《爾雅‧釋宮》：「宮中之門，小者謂之闈。」《離騷》：「謇吾法夫前脩兮，非世俗之所服。」五臣注：「前脩，謂前代修習道德之人。」閨修，謂婦女有德者。

〔八九〕《周禮‧小司徒》：「五人爲伍，五伍爲兩，四兩爲卒，五卒爲旅，五旅爲師，五師爲軍。」張衡《西京賦》：「便旋閭閻。」薛綜注：「閭，里門也。閻，里中門也。」

〔九〇〕《左傳》襄六年注：「優，調戲也。」《國語‧周語》注：「伶，司樂官。」優伶，指演員。劇，戲也。

〔九一〕《廣雅·釋詁》：「矢，直也。」《法言·五百》：「聖人矢口而成言。」叶，同協，合也。

〔九二〕《莊子·齊物論》：「萬世之後，而一遇大聖，知其解者，是旦暮遇之也。」

〔九三〕成性，字我存，和州人。志傳見劉刻《遺書》外編卷十八《和州志》。

〔九四〕傳中載有叙述鄭成功形勢等八疏。

〔九五〕明崇禎乙亥，「流寇」陷和州，性全家被害，見志傳。

〔九六〕《淮南子·本經訓》：「龍舟鷁首，浮吹以娛，此遁於水也。」高誘注：「鷁，大鳥也。畫其像著船頭，故曰鷁首。」《玉篇》：「舵，正船木也。」

〔九七〕蘇軾《仇池筆記》：「蘇鶚云：以酒巡匜爲婪尾，一作藍尾。侯白《酒律》謂酒巡匜，末座者連飲三杯，爲婪尾酒。」

〔九八〕《四庫總目提要·四書類序》：「《論語》《孟子》，舊各爲帙，《大學》《中庸》，舊《禮記》之二篇，其編爲《四書》，自宋淳熙始。其懸爲令甲，則自元延祐科舉始。古來無是名也。」又《後案》曰：「案《四書》自元延祐中用以取士，而闡明理道之書，遂漸爲弋取功名之路。至明永樂中，《大全》出而捷徑開，八比盛而俗學熾，科舉之文，名爲發揮經義，實則發揮注意，不問經義何如也。且所謂注意，又不甚究其理，而惟揣測其虛字語氣，以備臨文之摹擬，併不問注意何如也。」此可略覘時文之弊。

〔九九〕見上注〔七三〕〔七六〕。

〔一〇〇〕《漢志·術數略·形法序》：「形法者，大舉九州之勢，以立城郭室舍形人及六畜骨法之度數，器物

〔一〇一〕之形容,以求其聲氣貴賤吉凶。」此爲後世形家所本。山脈爲龍,墓地爲穴,其術語也。

〔一〇二〕按劉刻《遺書》本此下有「習陋成風」四字。

〔一〇三〕《群書治要》引《尸子・廣》篇:「自井中視星,所見不過數星,自丘上以望,則見其始出也,又見其入,非益明也,其勢然也。」

〔一〇四〕隱括,見《申鄭》注〔八〕。《史記・司馬相如傳》:「無是公言上林及子虛言雲夢,所有甚衆,故刪取其要。」此史傳刪節原文之一例。

〔一〇五〕發軔,指開頭,見《辨似》注〔七〕。《漢書・鄒陽傳》:「輪囷離奇。」注:「離奇,委曲盤戾貌。」

〔一〇六〕見《黠陋》注〔三〕引《左傳》。王秉恩《校記》云:「覓,當從《傳》作愛。」按黔刻本正作「愛」。

〔一〇七〕《後漢書・竇融傳》注:「斗,峻絕也。」《書・益稷》:「戛擊鳴球。」戛,擊也。戛然:猶突然。古奏樂時,擊柷敔(形如伏獸)一聲,衆樂突然停止。

〔一〇八〕《莊子・秋水》:「子獨不聞夫壽陵餘子之學行於邯鄲與?未得國能,又失其故行矣,直匍匐而歸耳。」壽陵,燕邑。餘子:未成人之童子。學行:學步法。邯鄲:趙都。國能:趙國步法之能者。故行:舊步法。

浙東學術[一]

浙東之學，雖出婺源，[二]然自三袁之流，多宗江西陸氏，[三]通經服古，絕不空言德性，故不悖於朱子之教。至陽明王子，揭孟子之良知，[四]復與朱子牴牾。[五]蕺山劉氏，本良知而發明慎獨，[六]與朱子不合，亦不相詆也。梨洲黃氏，[七]出蕺山劉氏之門，而開萬氏弟兄經史之學；[八]以至全氏祖望[九]輩尚存其意，宗陸而不悖於朱者也。惟西河毛氏，[一〇]發明良知之學，頗有所得；而門户之見，不免攻之太過，雖浙東人亦不甚以爲然也。[一一]

世推顧亭林氏爲開國儒宗，然自是浙西之學。[一二]不知同時有黃梨洲氏，出於浙東，雖與顧氏並峙，而上宗王、劉，下開二萬，較之顧氏，源遠而流長矣。[一三]蓋非講學專家，各持門户之見者，故互相推服，而不相非詆。學者不可無宗主，而必不可有門户；故浙東、浙西，道並行而不悖也。浙東貴專家，浙西尚博雅，各因其習而習也。[一四]

天人性命之學，不可以空言講也。故司馬遷本董氏天人性命之說，而爲經世之書。[一五]儒者欲尊德性，而空言義理以爲功，[一六]此宋學之所以見譏於大雅也。夫子曰：「我欲託之空言，不如見諸行事之深切著明也。」[一七]此《春秋》之所以經世也。聖如孔子，言爲天鐸，[一八]猶且不以空言制勝，況他人乎？故善言天人性命，未有不切於人事者。三代學術，知有史而不知有

經，切人事也。後人貴經術，以其即三代之史耳。近儒談經，似於人事之外，別有所謂義理矣。[一九]浙東之學，言性命者必究於史，此其所以卓也。[二〇]

朱陸異同，干戈門戶，[二一]千古桎梏之府，亦千古荊棘之林也。究其所以紛綸，則惟騰空言而不切於人事耳。知史學之本於《春秋》，知《春秋》之將以經世，則知性命無可空言，講學者必有事事，[二二]不特無門戶可持，亦且無以持門戶矣。浙東之學，雖源流不異，而所遇不同。故其見於世者，陽明得之為事功，蕺山得之為節義，梨洲得之為隱逸，萬氏兄弟得之為經術史裁。授受雖出於一，而面目迥殊，以其各有事事故也。彼不事所事，而但空言德性，空言問學，則黃茅白葦，極面目雷同，[二三]不得不殊門戶，以自見地耳。故惟陋儒則爭門戶也。[二四]

或問事功氣節，果可與著述相提並論乎？曰：史學所以經世，固非空言著述也。且如六經，同出於孔子，先儒以為其功莫大於《春秋》，[二五]正以切合當時人事耳。後之言著述者，舍今而求古，舍人事而言性天，則吾不得而知之矣。學者不知斯義，不足言史學也。[二六]整輯排比，謂之史纂；參互搜討，謂之史考；皆非史學。

[一]浙東，浙江東部，為舊寧、紹、台、金、衢、嚴、溫、處八府地。浙東學術，一般以金華呂祖謙有中原文獻之傳，講明治體；永嘉陳傅良討論經制治法，葉適以經世濟用自負；永康陳亮究立國之本末方略；

皆浙東人，不同于朱熹、陸九淵之講性理，稱浙東學派。章實齋論浙東學術，不及以上諸人。因實齋論學「言性命者必究于史」，所謂浙東貴專家，善言天人性命，史學所以經世，非空言著述，不可無宗主，又不可有門户。既欲善言天人性命，故不取呂祖謙以下各家之言經世致用，有取于朱、陸之言性理；但必究于史，又不同于朱、陸而爲另一學派，推源陸九淵，下及王守仁、劉宗周、黄宗羲、萬斯大斯同兄弟及全祖望。陸、王、劉皆言性命，至黄、萬、全則究于史，王守仁稱「六經皆史」已有究于史之意。此爲另一派之浙東學術。

嘉慶五年，實齋時年六十三，殆其晚年定論也。

婺源，在今安徽省，朱熹，婺源人。浙東之學雖出婺源，全祖望《木鍾學案·序録》：「永嘉爲朱子之學者，自葉文修公（味道）與潛室（陳埴）始。文修之書不可考，《木鍾集》猶存焉。」（《宋元學案》卷六十五）葉味道字知道，温州人，師事文公（朱熹）。陳埴字器之，永嘉人。少師水心（葉適）。後從文公學，集其答弟子之問者，名之曰《木鍾集》，蓋能墨守師説者也。」按此爲浙東之學出朱熹者。但此非王守仁至黄宗羲一派。

[三]《宋史·袁燮傳》：「燮字和叔，鄞縣人。少讀東都《黨錮傳》，慨然以名節自期。入太學，登進士第，授江陰尉。寧宗即位，以太學正召。進直講學士，奉祠卒。初，燮入太學，陸九齡爲學録，見九齡弟九淵，發明本心之指，乃師事焉。每言人心與天地一本，精心以得之，競業以守之，則與天地相似。學者稱之曰絜齋先生。謚正獻。」《宋元學案》（卷七十五）：「袁肅，絜齋之子也。（號晉齋，慶元五

年進士,官至少卿。)從廣平(舒璘)於新安,其後知名於世。袁甫字廣微,絜齋之子也。嘉定七年進士第一,累官權兵部尚書,卒,謚正肅。少服父訓,又從慈湖(楊簡)問學。自謂吾觀草木之生發,聽禽鳥之和鳴,與我心契。著有《蒙齋中庸講義》四卷,所闡多陸氏宗旨。」

〔四〕見《博約下》注〔二〕。《陽明年譜》:「武宗至德三年春,至龍場。龍場在貴州西北萬山叢棘中,蛇虺魍魎,蟲毒瘴癘。與居夷人,鴃舌難語。可通語者,皆中土亡命。舊無居,教之范土架木以居。(劉)瑾憾未已,自計得失榮辱皆能超脫,惟生死一念尚覺未化。乃為石墎自誓曰:『吾惟俟命而已。』日夜端坐澄默,以求靜一,久之,胸中灑灑。而從者皆病,自析薪取水,作糜飼之。因念聖人處此,更有何道,忽中夜大悟格物致知之旨,寤寐中若有人語之者,不覺呼躍,從者皆驚。始知聖賢之道,吾性自足,向之求理於事物者,誤也。乃以默記《五經》之言證之,莫不脗合。」陽明嘗曰:「某於此良知之說,從百死千難中得來,不得已與人一口說盡。只恐學者得之容易,把作一種光景玩弄,不實落用功,負此知耳!」

〔五〕陽明最與朱子不合者,在其格物致知之說。陽明《答顧東橋書》有曰:「朱子所謂格物云者,是以吾心而求理於事事物物之中,如求孝子之理於其親之謂也。求孝之理,果在於吾之心耶?抑果在於親之身耶?假如果在於親之身,而親沒之後,吾心遂無孝之理與?見孺子之入井,必有惻隱之理。是惻隱之理,果在孺子之身與?抑在於吾身之良知與?以是例之,萬事萬物之理,莫不皆然。是可以見析心與理為二之非矣。若鄙人所謂致知格物者,致吾心之良知於事事物物也。吾心之良

知,即所謂天理也。致吾心之天理於事事物物,則事事物物皆得其理矣。故曰致吾心之良知者,致知也。事事物物皆得其理者,格物也。是合心與理而爲一者也。」(《陽明年譜》引)

〔六〕劉宗周字起東,號念臺,明山陰人。萬曆進士,天啟初,爲禮部主事,歷右通政,以疏劾魏忠賢、客氏,削籍爲民。崇禎二年,起順天府尹。請除詔獄,免新餉,帝不省。弘光帝立,以原官起用,以疏劾馬士英,阻用阮大鋮,不見納而告歸。杭州失守,絕粒而卒,年六十八。所著有《古易鈔義》《聖學宗要》《學言》《人譜》《文集》等。嘗築證人書院,講學蕺山,學者因稱蕺山先生。(《明史》本傳)念臺之學,以慎獨爲宗。嘗謂「君子之學,慎獨而已。無事此慎獨,即是存養之要。有事此慎獨,即是省察之功。其實一事獨外無理,窮此之謂窮理,而讀書以體驗之。獨外無身,修此之謂修身,而言行以踐履之。知乎此者,謂復性之學而已。」(《來學問答·答門人》)「獨外無理」與朱子求理于事事物物不合,但不詆朱子。

〔七〕《清史列傳·儒林傳下》一:「黃宗羲字太沖,浙江餘姚人。年十四,補諸生。從劉宗周遊。福王時,糾合黃竹浦子弟數百人,隨諸軍於江上,時呼世忠營。大兵定浙,宗羲間行歸家,遂奉母里門,畢力著述。既而請業者日至,乃復舉證人書院之會於越中,以申宗周之緒。宗羲之學雖出宗周,不恣言心性,教學者說經則宗漢儒,立身則宗宋學。常謂明人講學,襲語錄之糟粕,不以六經爲根柢,束書而從事於游談,更滋流弊。故學者必先窮經。然拘執經術,不適於用,欲免迂儒之誚,必兼讀史。

又謂「讀書不多，無以證斯理之變化。多而不求於心，則爲俗學。」故上下古今，穿穴群言，自天官地志九流百家之教，無不精研。所著有《易學象數論》六卷，《律吕新義》二卷，《明史案》二百四十四卷，《明儒學案》六十二卷，又輯《宋儒學案》《元儒學案》，以誌七百年儒學源流。《明文海》四百八十二卷，《南雷文定》十一卷，《文約》四卷。(康熙)三十四年卒，年八十六。」

〔八〕《清史列傳·儒林傳下》一：「萬斯大字光宗，浙江鄞縣人。父泰，善詩，兼熟史事。從黃宗羲得聞戢山劉氏之學，以經史分授諸子，使從黃宗羲遊，各名一家。斯大治經，以爲非通諸經，不能通一經，非悟傳注之失，則不能通經，非以經釋經，則亦無由悟傳注之失。其爲學尤精《春秋》三《禮》。所著有《學春秋隨筆》十卷，《學禮質疑》二卷，《儀禮商》三卷，《禮記偶箋》三卷，《周官辨非》二卷。康熙二十二年卒，年五十一。斯同字季野，生而異敏。年十四五，取家藏書遍讀之，皆得其大意。博通諸史，尤熟於明代掌故，作明開國以後至唐、桂功臣將相内外諸大臣年表，以備采擇。康熙十七年，薦博學鴻儒科，辭不就。會詔修《明史》，大學士徐元文爲總裁，欲薦斯同入館局，斯同復辭。乃延主其家，以刊修委之。元文罷，繼之者大學士張玉書、陳廷敬，尚書王鴻緒皆延之。乾隆初，大學士張廷玉等奉詔刊定《明史》，依據鴻緒稾本而增損之。鴻緒稾，實出斯同手。斯同性不樂榮利，見人惟以讀書勵名節相切劘。康熙四十一年卒，年六十。所著有《歷代史表》(六十卷)、《儒林宗派》(八卷)、《紀元彙考》(四卷)、《宋季忠義録》(十六卷)、《群書疑辨》(十二卷)、《石園詩文集》(二十卷)等書。」

〔九〕《清史列傳·儒林傳下》一：「全祖望字紹衣，浙江鄞縣人。乾隆元年進士，改翰林院庶吉士。二年，散館，以知事用，遂歸不復出。性伉直。既歸，貧且病，饔飧不給，人有饋弗受。主講蕺山、端溪書院，爲士林仰重。二十年，卒於家，年五十有一。祖望爲學，淵博無涯涘，於書靡不貫串。在翰林與李紱共借《永樂大典》讀之，每日各盡二十卷。時開《明史》館，復爲書六通移之。先論藝文，次論表，次忠義，隱逸兩列傳，皆以其言爲題。生平服膺黄宗羲，家居復修宗羲《宋元學案》。又七校《水經注》，三箋《困學紀聞》，爲《經史答問》十卷，《鮚埼亭文集》五十卷。」

〔一〇〕《清史列傳·儒林傳下》一：「毛奇齡字大可，浙江蕭山人。康熙十八年，以廩監生薦舉博學鴻儒科，試列二等，授翰林院檢討，充《明史》館纂修官。二十四年，充會試同考官。尋假歸，得痹疾，遂不復出。奇齡淹貫群書，詩文皆推倒一世，而自負者在經學。五十二年，卒於家，年九十一。門人蔣樞編輯遺集，經集凡五十種，文集雜著凡二百三十四卷。奇齡恃其縱橫博辯，肆爲排擊，漢以後人，俱不得免。而其所最詆者爲宋人，宋人之中所最詆者爲朱子。全祖望嘗發其集，爲《蕭山毛氏糾繆》十卷。」

〔一一〕按此節總叙浙東之學。

〔一二〕見《朱陸》注〔四六〕。浙西，浙江西部也，爲舊杭嘉湖三府地。

〔一三〕亭林倡經學即理學之説，爲清代經學家所信奉，而轉以之與宋明理學相抗衡。然亭林學術，固宗主朱子者也。《答友人論學書》曰：「《大學》言心不言性，《中庸》言性不言心。來教單提心字，而未朱子者也。

竟其説，未敢漫爲許可，以墮於上蔡（謝良佐）、橫浦（張九成）、象山（陸九淵）三家之學。竊以爲聖人之道，下學上達之方，其行在孝弟忠信，其職在灑掃、應對、進退，其文在《詩》《書》三《禮》《周易》《春秋》，其用之身，在出處辭受取與，其施之天下，在政令教化刑法，其所著之書，皆以爲撥亂反正，移風易俗，以馴致乎治平之用，而無益者不談。其於世儒盡性至命之説，必歸之有物有則，五行五事之常，而不入於空虛之論。僕之所以爲措筆。一切詩賦、銘頌、贊誄、序記之文，皆謂之巧言而不以學者，如此。以質諸大方之家，未免以爲淺近而不足觀。雖然，亦可以弗畔矣。世之君子，苦博學明善之難，而樂夫一超頓悟之易，滔滔者天下皆是也。」（《亭林文集》卷六）所謂博學明善，猶是朱子窮理致知之旨也。梨洲受業蕺山，以慎獨爲入德之要，仰承陽明良知之教，固是象山一脈相承者。

[四] 按此節言浙東、浙西學術風習之異。

[五] 司馬遷聞《春秋》學於董仲舒，作《史記》欲以究天人之際，見《太史公自序》。

[六] 程子曰：「人須學顔子。有顔子之德，則孟子之事功自有。孟子者，禹、稷之事功也。」（《二程語錄》卷八）此可見其尊德性而薄事功之意。

[七] 見《春秋繁露・俞序》及《史記・太史公自序》。

[八] 《論語・八佾》：「天將以夫子爲木鐸。」《集解》引孔曰：「木鐸，施政教民所振也。」

[九] 章氏《與邵二雲論學》曰：「夫子曰：『朝聞道，夕死可矣。』夫必朝聞而夕可死，甚言不聞道者爲枉生也。世儒言道，不知即事物而求所以然，故誦法聖人之言，以謂聖人別有一道在我輩日用事爲之

〔一〇〕外耳。」（劉刻《遺書》卷九）

按此節言浙東學術傳統之精神。

〔一一〕朱、陸異同，見《原道下》注〔二〕。

〔一二〕見《原學中》注〔一四〕。

〔一三〕黃茅白葦，見《言公下》注〔三七〕。《詩·小雅·何人斯》：「有靦面目。」《禮記·曲禮上》：「毋勦說，毋雷同。」

〔一四〕按此節言浙東之學，各有事事，故所表著者不同。

〔一五〕《孟子·滕文公下》：「孔子成《春秋》，而亂臣賊子懼。」《史記·太史公自序》：「夫《春秋》，上明三王之道，下辨人事之紀，別嫌疑，明是非，定猶豫，善善惡惡，賢賢賤不肖，存亡國，繼絕世，補敝起廢，王道之大者也。《易》著天地、陰陽、四時、五行，故長於變。《禮》經紀人倫，故長於行。《書》記先王之事，故長於政。《詩》記山川、谿谷、禽獸、草木、牝牡、雌雄，故長於風。《樂》，樂所以立，故長於和。《春秋》辨是非，故長於治人。是故《禮》以節人，《樂》以發和，《書》以道事，《詩》以達意，《易》以道化，《春秋》以道義。撥亂世，反之正，莫近於《春秋》。」

〔一六〕按此節言史學所以經世，切合人事。

婦　學[一]

《周官》有女祝女史,[二]漢制有內起居注,[三]婦人之於文字,於古蓋有所用之矣。婦學之名,見於《天官》內職,德言容功,所該者廣,非如後世祇以文藝爲學也。[四]然《易》訓正位乎內,[五]《禮》職婦功絲枲,[六]《春秋傳》稱賦事獻功,[七]《小雅》篇言酒食是議,[八]則婦人職業,亦約略可知矣。男子弧矢,女子鞶帨,自有分別。[九]至於典禮文辭,男婦皆所服習。蓋后妃、夫人、內子、命婦,於賓享喪祭,皆有禮文,非學不可。[一〇]

婦學之目,德言容功。鄭注:「言爲辭令。」自非嫻於經禮,習於文章,不足爲學。乃知誦《詩》習《禮》,[一一]古之婦學,略亞丈夫。後世婦女之文,雖稍偏於華采,要其淵源所自,宜知有所受也。[一二]

婦學掌於九嬪,教法行乎宮壼;內而臣采,外及侯封,六典未詳,自可例測。[一三]《葛覃》師氏,著於風詩。[一四]侯封婦學。婉娩姆教,垂於《內則》。[一五]卿士大夫。歷覽《春秋》內外諸傳,諸侯夫人、大夫內子,並能稱文道故,斐然有章。若乃盈滿之祥,鄧曼詳推於天道;[一六]利貞之義,穆姜精解於乾元;[一七]魯穆伯之令妻,典言垂訓;[一八]齊司徒之內主,有禮加封;[一九]士師考終牖下,妻有誄文;[二〇]國殤魂返沙場,嫠辭郊弔。[二一]以至泉水毖流,委宛賦懷歸之什;[二二]

燕飛上下，淒涼送歸媵之詩。[二三]凡斯經禮典法，文采風流，與名卿大夫有何殊別？然皆因事牽聯，偶見載籍，非特著也。若出後代，史必專篇，類徵列女，則如曹昭、蔡琰[二四]故事，皇彪炳，當十倍於劉、范之書[二五]矣。是知婦學亦自後世失傳，三代之隆，並與男子儀文，率由故事，初不爲矜異也。[二六]不學之人，以溱、洧諸詩，爲淫者自述。因謂古之孺婦，矢口成章，勝於後之文人，不知萬無此理，詳辨其説於後，此處未暇論也。但婦學則古實有之，惟行於卿士大夫，而非齊民婦女皆知學耳。

春秋以降，官師分職，學不守於職司，文字流爲著述。古無私門著述，説詳《校讎通義》。[二七]丈夫之秀異者，咸以性情所近，撰述名家。此指戰國先秦諸子家言，以及西京以還經史專門之業。至於降爲辭章，亦以才美所優，標著文采。此指西漢元、成而後，及東京而下諸人詩文集。而婦女之奇慧殊能，鍾於閨氣，[二八]亦遂得以文辭偏著，而爲今古之所稱，則亦時勢使然而已。然漢廷儒術之盛，班固謂利禄之途使然。[二九]蓋功令所崇，賢才爭奮，士之學業，鶩於聲名者也。[三〇]好名之習，起於中晚文字，非其職業，間有擅者，出於天性之優，非有爭於風氣，鶩於聲名者也。婦人文人，古人雖有好名之病，不區區於文藝間也。丈夫而好文名，已爲識者所鄙。婦女而鶩聲名，則非陰類矣。

唐山《房中》之歌，[三一]班姬《長信》之賦，[三二]《風》《雅》正變，《雅》指《房中》，《風》指《長信》。於宮闈，[三三]事關國故，史策載之。其餘篇什寥寥，傳者蓋寡，《藝文》所録，[三四]約略可以觀矣。起若夫樂府流傳，聲詩則效，[三五]《木蘭》征戍，《孔雀》乖離，[三六]以及《陌上》采桑之篇，[三七]山下蘼

蕪之什，[三八]四時《白紵》、《子夜》芳香，[三九]其聲嘽以緩，其節柔以靡，[四十]則自兩漢古辭，皆無名氏。訖於六朝雜擬，[四一]並是騷客擬辭，思人寄興，情雖託於兒女，義實本於風人，故其辭多駘宕，不以男女酬答爲嫌也。如《陌上桑》《羽林郎》之類，[四二]雖以貞潔自許，然幽閒女子，豈喋喋與狂且爭口舌哉。出於擬作，佳矣。至於閨房篇什，間有所傳，其人無論貞淫，而措語俱有邊幅。[四三]文君，淫奔人也，而《白頭》止諷相如。[四四]蔡琰，失節婦也，[四六]雖文藻出於天嬭，而範思不踰閫外。[四七]此則節著者，凡有篇章，莫不靜如止水，穆若清風，[四六]雖文藻出於天嬭，而範思不踰閫外。[四七]此則婦學雖異於古，亦不悖於教化者也。[四八]

《國風》男女之辭，皆出詩人所擬；以漢、魏、六朝篇什證之，更無可疑。古今一理，不應古人兒女，矢口成章。後世學士，力追而終不逮也。譬之男優，飾靜女以登場，終不似閨房之雅素也。昧者不知斯理，妄謂古人雖兒女子，亦能矢口成章，[四九]因謂婦女宜於風雅；是猶見優伶登場演古人事，妄疑古人動止，必先歌曲也。[五〇]優伶演古人故事，其歌曲之文，正如史傳中夾論贊體，蓋有意中之言，決非出於口者，亦有旁觀之見，斷不出本人者，曲文皆所不避。故君子有時涉於自贊，宵小有時或至自嘲，俾觀者如讀史傳，而兼得咏嘆之意。體應如是，不爲嫌也。如使真出君子小人之口，無是理矣。《國風》男女之辭，與古人擬男女辭，正當作如是觀。如謂真出男女之口，毋論淫者萬無如此自暴，即貞者亦萬無如此自褻也。

昔者班氏《漢書》，未成而卒，詔其女弟曹昭，躬就東觀，踵而成之。於是公卿大臣，執贄

請業，〔五二〕大儒馬融，從受《漢書》句讀。可謂擴千古之所無矣。然專門絕學，家有淵源，書不盡言，非其人即無所受爾。又苻秦初建學校，廣置博士經師，《五經》粗備，而《周官》失傳。詔即其家講堂，置生員百二十人，隔絳幃而受業，賜宋氏爵號爲宣文君。〔五三〕此亦擴千古之所無矣。然彼時文獻，盛於江左，苻氏割據山東，遺經絕業，幸存世學家女，非名公卿所能強與聞也。蓋傳經述史，天人道法所關，恐其湮沒失傳，世主不得不破格而崇禮，非謂才華炫燿，驚流俗也。即如靖邊之有譙洗夫人，〔五四〕佐命之有平陽柴主，〔五五〕辟署官屬，一則羽葆鼓吹，虎賁班劍。〔五六〕以爲隋、唐之主措置非宜，固屬不可；必欲天下婦人以是爲法，非惟不可，亦無是理也。〔五七〕

晉人崇尚玄風，任情作達，丈夫則糟粕六藝，婦女亦雅尚清言。〔五八〕步障解圍之談，〔五九〕新婦參軍之戲，〔六〇〕雖大節未失，而名教蕩然。論者以十六國分裂，生靈塗炭，轉咎清談之滅禮教，誠探本之論也。〔六一〕

王、謝大家，〔六二〕雖愆禮法，然其清言名理，會心甚遙；既習儒風，亦暢玄旨，方於士學，如中行之失，流爲狂簡〔六三〕者耳。近於異端，非近於娼優也。若其綺旎〔六五〕風光，寒温酬答，描摹纖曲，刻畫形似，〔六六〕脂粉增其潤色，標榜飾其從〔六四〕者也。

虛聲；晉人雖曰虛誕，如其見此，挈妻子而逃矣。[六七]王、謝大家，雖愆禮法，然實讀書知學，故意思深遠，非如才子佳人，一味淺俗好名者比也。

唐、宋以還，婦才之可見者，不過春閨秋怨，花草榮凋，短什小篇，傳其高秀。間有別出著作，如宋尚宮之《女論語》，侯鄭氏之《女孝經》；[六八]雖才識不免迂陋，欲作女訓，不知學曹大家《女誡》之禮，而妄擬聖經，等於《七林》設問，子虛烏有。而趨向尚近雅正，藝林稱述，恕其志足嘉爾。此皆古人婦學失傳，故有志者，所成不過如此。李易安之金石編摩，[六九]管道昇之書畫精妙，[七〇]後世亦鮮有其儷矣。然琳琅款識，惟資對勘於湖州；[七一]筆墨精能，亦藉觀摩於承旨。[七二]未聞宰相子婦，得偕三舍論文；[七三]李易安與趙明誠集《金石錄》，明誠方在太學，故云爾。翰林夫人，可共九卿揮塵。[七四]蓋文章雖曰公器，而男女實千古大防，凜然名義綱常，何可誣耶？[七五]

蓋自唐、宋以訖前明，國制不廢女樂。[七六]公卿入直，則有翠袖薰鑪；官司供張，每見紅裙侑酒。梧桐金井，驛亭有秋感之緣；[七七]蘭麝天香，曲江有春明之誓。[七八]其有妙兼色藝，慧擅聲詩，都士大夫，從而酬唱；大抵情綿春草，思遠秋楓，投贈類於交遊，殷勤通於燕婉；[八〇]詩情闊達，不復嫌疑，閨閣之篇，鼓鐘閫外，[八一]其道固當然耳。且如聲詩盛於三唐，[八二]而女子傳篇亦寡。今就一代計之，篇什最富，莫如李冶、薛濤、魚玄機[八三]三人，其他莫能並焉。是知女

冠坊妓，多文因酬接之繁，禮法名門，篇簡自非儀之誠，此亦其明徵矣。[八四]
夫傾城名妓，屢接名流，酬答詩章，其命意也，兼具夫妻朋友，可謂善藉辭矣。而古人思君懷友，多託男女殷情。[八五]夫忠臣誼友，隱躍存懇摯之誠；諷惡嫉邪，文代姣狂自述。區分三種，蹊徑略同，品騭韻言，不可不知所辨也。若詩人風刺邪淫，文代姣狂自述。區分三種，蹊徑略同，品騭韻言，不可而詩之得失懸殊，本旨不明，而辭之工拙迥異。《離騷》求女為真情，則語無倫次；《國風》溱、洧為自述，亦徑直無味。作為擬託，文情自深。故無名男女之詩，殆如太極陰陽之理，存諸天壤，而智者見智，仁者自見仁也。[八六]名妓工詩，亦通古義，轉以男女慕悅之實，託於詩人溫厚之辭；故其遺言，雅而有則，真而不穢，流傳千載，得耀簡編，不能以人廢也。[八七]第立言有體，婦異於男。比如《薤露》雖工，惟施於挽郎為稱；[八八]權歌縱妙，亦用於舟婦為宜。彼之贈李和張，所處應爾。[八九]自官妓革，而閨閣不當有門外唱酬，丈夫擬良家閨閣，內言且不可聞，門外唱酬，此言何為而至耶？[九〇]自官妓革，而閨閣不當有門外唱酬，丈夫擬為男女之辭，不可藉以為例，古之列女皆然。

夫教坊[九一]曲里，雖非先王法制，實前代故事相沿；自非濂、洛諸公，何妨小德出入。[九二]故有功名匡濟之佐，忠義氣節之流，文章道德之儒，高尚隱逸之士，往往閒情有寄，著於簡編，亦不甚為盛德累也。我朝禮教精嚴，嫌疑慎禁網所施，亦不甚為盛德累也。我朝禮教精嚴，嫌疑慎別，三代以還，未有如是之肅者也。自宮禁革除女樂，官司不設教坊，[九三]則天下男女之際，無

有可以假藉者矣。其有流娼頓妓，漁色售奸，並干三尺嚴條，決杖不能援贖。[九四]職官生監，並是行止有虧，永不叙用。雖吞舟有漏，未必盡罡爰書；[九五]而君子懷刑，豈可自拘司敗？[九六]每見名流，板鎸詩稿，未窺全集，先閱標題。或紀紅粉麗情，或著青樓[九七]唱和，自命風流倜儻，以謂古人同然；不知生今之世，爲今之人，苟於禁令未嫻，更何論乎文墨？周公制禮，同姓不昏。[九八]假令生周之後，以謂上古男女無別，而瀆亂人倫，行同禽獸，以謂古人有然，可乎？[九九]名士詩集，先自具枷杖供招，雖謂未識字可矣。

夫才須學也，學貴識也。才而不學，是爲小慧。小慧無識，是爲不才。不才小慧之人，無所不至，以纖佻輕薄爲風雅，雅者，正也，與惡俗相反。習染風氣謂之俗，纖佻鄙俚皆俗也。鄙俚之俗，猶無傷於世道人心，纖佻之俗，則風雅之罪人也。以造飾標榜爲聲名。好名之人，未有不俗者也。炫耀後生，猖披士女，人心風俗，流弊不可勝言矣。夫佻達出於子衿，[一〇〇]古人所有；矜標流於巾幗，[一〇二]前代所無。蓋實不足而爭騖於名，已非夫藉人爲重，男子有志，皆恥爲之。乃至誼絕絲蘿，禮殊授受，[一〇三]輒以緣情綺靡之作，託於斯文氣類之通，[一〇三]因而聽甲乙於臚傳，求品題於月旦；[一〇四]此則釵樓勾曲，前代往往有之；靜女閨姝，自有天地以來，未聞有是禮也。[一〇五]

古之婦學，如女史、女祝、女巫，[一〇六]各以職業爲學，略如男子之專藝而守官矣。至於通方之學，要於德、言、容、功，德隱難名，必如任、姒[一〇七]之聖，方稱德之全體。功粗易舉。蠶績之類，通乎士

庶。至其學之近於文者，言容二事爲最重也。蓋自家庭内則，以至天子、諸侯、卿、大夫、士，莫不習於禮容，至於朝聘喪祭，后妃、夫人、内子、命婦，皆有職事，平日講求不預，臨事何以成文？漢之經師，多以章句言禮，[一〇八]尚賴徐生，善爲容者，[一〇九]蓋以威儀進止，非徒誦説所能盡也。是婦容之必習於禮，後世大儒，且有不得聞也。但觀傳載敬姜[一一〇]之言，森然禮法，豈後世經師大儒所能及。至於婦言主於辭命，古者内言不出於閫，所謂辭命，亦必禮文之所須也。孔子云：「不學《詩》，無以言。」[一一一]善辭命者，未有不深於詩。但觀春秋婦人辭命，婉而多風。乃知古之婦學，必由禮而通詩，非禮不知容，非詩不知言。六藝或其兼擅者耳。穆姜論《易》之類。後世婦學失傳，其秀穎而知文者，方自謂女兼士業，德色見於面矣。不知婦人本自有學，學必以禮爲本；舍其本業而妄託於詩，而詩又非古人之所謂習辭命而善婦言也；是則即以學言，亦如農夫之舍其田，而士失出疆之贄矣。[一一二]何足徵婦學乎？嗟乎！古之婦學，必由禮以通詩，今之婦學，轉因詩而敗禮。禮防決，而人心風俗不可復言。夫固由無行之文人，倡邪説以陷之。彼真知婦學者，其視無行文人，若糞土然，無行文人學本淺陋，真知學者不難窺破。何至爲所惑哉？[一一三]古之賢女，貴有才也。前人有云「女子無才便是德」者，非惡才也；正謂小有才而不知學，乃爲矜飾鶩名，轉不如村姬田嫗，不致貽笑於大方也。

飾時髦之中馴，爲閨閣之絶塵，[一一四]彼假藉以品題，或譽過其實，或改飾其文。不過憐其色也。

無行文人，其心不可問也。嗚呼！己方以爲才而炫之，人且以爲色而憐之。不知其故而趨之，愚矣。微知其故，而亦且趨之，愚之愚矣！女子佳稱，謂之靜女，靜則近於學矣。今之號才女者，何其動耶？何擾擾之甚耶？噫！〔二五〕

〔一〕按此下三篇，爲批評袁枚而作。枚字子才，號簡齋，錢塘人。乾隆四年進士，出宰溧水，調江浦、沭陽，再調江寧，所在有聲。年甫四十即致仕，闢隨園江寧城西小倉山下，居之，以吟咏爲樂。嘉慶二年丁巳，卒於金陵，年八十二。袁氏性通侻，放情聲色。爲詩主性靈，不事雕飾，頗爲時流所推許。所著《隨園詩話》，多錄一時倡和之作，名媛閨秀，請業從遊，競附風雅。章氏惡之，乃著文以深譏焉。此外存《遺書》者，尚有《書坊刻詩話後》《論文辨僞》二篇。又按《與孫淵如論學十規》（逸篇）作於嘉慶元年丙辰（見劉刻《遺書》附錄臧鏞堂《丙辰山中草跋》）第十規即斥袁，已謂「別有專篇聲討」，則此諸篇有成於丙辰前者。《丁巳劄記》有一條云：「近有無恥妄人，以風流自命，蠱惑士女，大抵以優伶雜劇所演之才子佳人惑人。大江以南，名門大家閨閣，多爲所誘。徵詩刻稿，標榜聲名，無復男女之嫌，殆忘其身之雌矣。此等閨娃，婦學不修，豈有真才可取？而爲邪人之播弄，浸成風俗，人心世道，大可憂也！」此殆《婦學》諸篇所由作乎？

〔二〕《周禮·天官》：「女祝掌王后之內祭祀，凡內禱祠之事，掌以時招梗襘禳之事，以除疾殃。」又：「女史掌王后之禮職，掌內治之貳，以詔后治內政，逆內宮，書內令，凡后之事以禮從。」

〔三〕《隋書·經籍志》：「起居注者，錄紀人君言行動止之事。《周官》，內史掌王之命，遂書其副而藏之，是其職也。漢武帝有禁中起居注。後漢明德馬皇后撰《明帝起居注》。」然則漢時起居似在宮中，為女史之職。」

〔四〕《周禮·天官》：「九嬪掌婦學之法，以教九御：婦德，婦言，婦容，婦功。」鄭注：「婦德，謂貞順。婦言，謂辭令。婦容，謂婉娩。婦功，謂絲枲。」是婦學該備德言容功，固非徒有文藝也。

〔五〕《易·家人》：「象曰：家人，女正位乎內，男正位乎外。男女正，天地之大義也。」

〔六〕見上注。《禮記·內則》：「女子十年不出，姆教婉娩聽從，執麻枲，治絲繭，織紝組紃，學女事，以共衣服。」

〔七〕《國語·魯語下》：「王后親織玄紞（王冠前後垂纓）。命婦成祭服。列士之妻，加之以朝服。自庶士以下，皆衣其夫。社（春分祭社）而賦事（農桑），烝（冬祭）而獻功（五穀布帛），男女效績，愆則有辟（罪），古之制也。」

〔八〕《詩·小雅·斯干》：「乃生女子，載寢之地，載衣之裼（裸），載弄之瓦（紡塼）。無非無儀，惟酒食是議，無父母詒罹（憂）。」

〔九〕《禮記·內則》：「子生，男子設弧於門左，女子設帨於門右，三日始負子，男射女否。」又：「子能食食，教以右手。能言，男唯女俞。男鞶革，女鞶絲。」鄭注：「鞶，小囊，盛帨巾者。男用韋，女用繒，有飾緣之。」

〔一〇〕按此節明婦學所該及婦職所在。

〔一一〕《禮記·王制》:「樂正崇四術,立四教,順《詩》《書》《禮》《樂》以造士。春秋教以《禮》《樂》,冬夏教以《詩》《書》。」《荀子·勸學》:「其數則始乎誦經,終乎讀禮。」注:「數,術也。經,《詩》《書》。禮,謂典禮之屬也。」

〔一二〕按此節明婦言原本《詩》《禮》。

〔一三〕九嬪,王宮中女官。《周禮·天官·內宰》:「九嬪掌婦學之法,以教九御(管織紝之女官)。」壼同閫,音悃。《爾雅·釋宮》:「宮中衖謂之壼。」《書·堯典》:「帝曰,疇咨若予采。」疇,誰。咨,訪。若,順。采,事。問誰能順我事者。六典,見《詩教上》注〔二四〕。言婦學之在列侯卿大夫,雖未詳於《周官》六典,而由王朝宮閫可推而知。

〔一四〕《詩·周南·葛覃》:「言告師氏,言告言歸。」傳:「師,女師也。古者,女師教以婦德、婦言、婦容、婦功。」

〔一五〕《禮記·內則》:「女子十年不出,姆教婉娩聽從。」鄭注:「婉,謂言語也。娩之言,媚也。媚,謂容貌也。」

〔一六〕《左傳》莊四年:「楚武王荆尸(尸,陣;荆尸,為楚列陣),授師孑(戟)焉。將齊(齋),入告夫人鄧曼曰:『余心蕩。』鄧曼歎曰:『盈而蕩,天之道也。先君其知之矣,故臨武事,將發大命,而蕩王心焉。若師徒無虧,王薨於行,國之福也。』王遂行,卒於樠木之下。」

〔一七〕《左傳》襄九年：「穆姜薨於東宮。始往而筮之，遇《艮》之八。史曰：『是謂《艮》之《隨》。《隨》其出也，君必速出。』（《隨》卦要出去，勸穆姜出宮。）姜曰：『亡（無）！是於《周易》曰，《隨》，元亨利貞，無咎。元，體之長也。亨，嘉之會也。利，義之和也。貞，事之幹也。體仁足以長人。嘉德足以合禮。利物足以和義。貞固足以幹事。然故不可誣也，是以雖隨無咎。今我婦人而與於亂（參加作亂），固在下位而有不仁，不可謂元。不靖國家（欲廢魯成公），不可謂亨。作而害身，不可謂利。棄位而姣（與僑如淫亂），不可謂貞。有四德者，隨而無咎。我皆無之，豈隨也哉？我則取惡，能無咎乎？必死於此，弗得出矣。』」

〔一八〕《國語・魯語下》：「公父文伯退朝，朝其母（公父穆伯之妻）。其母歜曰：『魯其亡乎！使童子備官而未之聞邪？居！吾語女（汝）。昔先王之處民也，擇瘠土而處之，勞其民而用之，故長王天下。夫民勞則思，思則善心生。逸則淫，淫則忘善，忘善則惡心生。沃土之民不材，淫也。瘠土之民，莫不嚮義，勞也。爾今日，胡不自安，以是承君之官，余懼穆伯之絕祀也！』」公父文伯名歜。

〔一九〕《左傳》成二年：「齊侯見保（守）者曰：『勉之！齊師敗矣。』辟（避）女子。女子曰：『君免乎？』曰：『免矣。』曰：『銳（主銳兵）司徒免乎？』曰：『免矣。』曰：『苟君與吾父免矣，可若何。』乃奔。齊侯以爲有禮。既而問之，辟（壁，主壁壘）司徒之妻也，予之石窌（邑名）。」

〔二〇〕《論語・微子》：「柳下惠爲士師，三黜。」《列女傳》二：「柳下既死，門人將誄之。妻曰：『將誄夫子

之德邪？則二三子不如姜之知也。』乃諫曰：『夫子之不伐兮，夫子之不竭兮，夫子之信誠，而與人無害兮。屈柔從容，不強察兮。蒙恥救民，德彌大兮。雖遭三黜，終不蔽兮。愷悌君子，永能厲兮。嗟乎惜哉！乃下世兮。庶幾遐年，今遂逝兮。嗚呼哀哉！魂神泄兮。夫子之諡，宜爲惠兮。』門人從之以爲諡，莫能竄一字。」

〔二〕《禮記・檀弓下》：「齊莊公襲莒于奪，杞梁死焉。其妻迎其柩於路，而哭之哀。莊公使人弔之。對曰：『君之臣不免於罪，則將肆諸市朝，而妻妾執。君之臣免於罪，則有先人之敝廬在，君無所辱命。』亦見左氏襄二十三年傳。

〔三〕《詩・邶風・泉水》：「毖（泉流貌）彼泉水，亦流於淇。有懷於衞，靡日不思。孌彼諸姬，聊與之謀。」《詩序》：「《泉水》，衞女思歸也。嫁於諸侯，父母終，思歸寧而不得，故作是詩以自見也。」

〔四〕《詩・邶風・燕燕》：「燕燕于飛，下上其音。之子于歸，遠送于南。瞻望弗及，實勞我心！」《詩序》：「《燕燕》，衞莊姜送歸妾也。」劉沅《詩經恒解》云：「戴媯歸陳，莊姜送之而作。戴媯媵莊姜，生完，莊姜以爲己子，即位，是爲桓公。州吁弒之，而逐戴媯。莊姜送之于野，謀因陳以討賊，不但傷別而已。」

〔五〕班昭，曹世叔妻，見《經解下》注〔二〇〕。《後漢書・列女傳》：「陳留董祀妻者，同郡蔡邕之女也，名琰，字文姬，博學有才辯，又妙於音律。適河東衞仲道，夫亡無子，歸寧於家。興平中，天下喪亂，文姬爲胡騎所獲，沒於南匈奴左賢王，在胡中十二年，生二子。曹操素與邕善，痛其無嗣，乃遣使者以金璧

〔二五〕揚雄《太玄經》：「物登明堂，喬喬皇皇。」注：「喬喬，物長春風之聲貌也。」左思《蜀都賦》：「符采彪炳。」彪炳，光彩煥發貌。劉向《列女傳》，見《古文十弊》注〔八二〕。范曄《後漢書》，《列女傳》在卷一百十四。

〔二六〕按此節徵古時婦言之見經傳者。

〔二七〕《校讎通義·原道》第一：「理大物博，不可殫也，聖人為之立官分守，而文字亦從而紀焉。有官斯有法，故法具於官；有法斯有書，故官守其書；有書斯有學，故師傳其學；有學斯有業，故弟子習其業。官守學業，皆出於一，而天下以同文為治，故私門無著述文字。」

〔二八〕《春秋演孔圖》：「正氣為帝。間氣為臣。秀氣為人。」間氣者，謂傑材間世一出，關乎特殊之氣運也。

〔二九〕見《原學下》注〔四〕。

〔三〇〕按此節言漢時婦女能文，出於天性。

〔三一〕《漢書·禮樂志》：「房中祠樂，高祖唐山夫人所作也。」韋昭曰：「唐山，姓也。」又云：「高祖樂楚聲，故房中樂楚聲也。孝惠二年，使樂府令夏侯寬備其簫管，更名曰《安世樂》。」胡應麟《詩藪》外編一：「唐山《安世房中》，自當以《雅》《頌》目之，非漢人語。」

〔三二〕《漢書·外戚傳》：「孝成班倢伃，帝初即位，選入後宮，始為少使，蛾（同俄）而大幸，為倢伃，居增城

舍。帝游於後庭，嘗欲倢伃同輦載，倢伃辭謝。其後趙飛燕姊弟，自微賤興，踰越禮制，寢盛於前。鴻嘉三年，飛燕譖許皇后、班倢伃祝詛後宮。許皇后坐廢。倢伃恐久見危，求共養太后長信宮，上許焉。倢伃退處東宮，作賦自傷悼。

〔三三〕《後漢書·皇后紀》：「正位宮闈。」《説文》：「閫，宮中之門也。」

〔三四〕按《漢書·藝文志》詩賦略歌詩：「李夫人及貴幸人歌詩三篇。」

〔三五〕樂府，見《言公下》注〔七六〕。聲詩，見《詩教下》注〔八〕。

〔三六〕《木蘭詩》，見《言公下》注〔八五〕。《孔雀東南飛》，《玉臺新詠》題曰《古詩爲焦仲卿妻作》。其序曰：「漢末建安中，廬江府小吏焦仲卿妻劉氏，爲仲卿母所遣，自誓不嫁，其家逼之，乃没水而死。仲卿聞之，亦自縊於庭樹。時人傷之，爲詩云爾。」

〔三七〕《陌上桑》，《玉臺新詠》題爲《日出東南隅行》，一作《豔歌羅敷行》，崔豹《古今注》云：「《陌上桑》者，出秦氏女子。秦氏，邯鄲人，有女名羅敷，爲邑人千乘王仁妻。王仁後爲趙王家令。羅敷出採桑於陌上，趙王登臺，見而悅之，因置酒欲奪焉。羅敷巧彈箏，乃作《陌上桑》之歌以自明。趙王乃止。」

〔三八〕《上山採蘼蕪》《玉臺新詠》題作古詩，不著撰人名氏。

〔三九〕《白紵歌》，樂府舞曲歌詞。《樂府解題》：「古詞盛稱舞者之美，宜及芳時爲樂，其譽白紵曰：『質如輕雲色如銀，製以爲袍餘作巾。袍以光軀巾拂塵。』」《唐書·樂志》：「梁武帝令沈約改其辭爲《四

時白紵歌》。」《子夜歌》，樂府清商曲詞。《古今樂錄》：「吳聲十曲，一曰《子夜》。」別詳《言公下》注〔八四〕。

〔四〇〕《禮記·樂記》：「其樂心感者，其聲嘽以緩。」鄭注：「嘽，寬綽貌。」《書·僞畢命》：「商俗靡靡。」疏：「韓宣子稱紂使師延作靡靡之樂。靡靡者，相隨順之意。」

〔四一〕按漢哀帝時，罷樂府官。東漢一代，此官存置無考。漢、魏之際，曹氏父子咸有文采，解音律，或沿舊譜而改新辭，或撰新辭而並創新譜，至六朝人之擬樂府，則爲不入樂之詩耳。胡應麟《詩藪》内編一云：「樂府自魏失傳，文人擬作，多與題左，前輩歷有辨論。愚意當時但取聲調之諧，不必詞意之合也。」

〔四二〕《三國志·魏志·陳思王傳》：「是以雍雍穆穆，風人咏之。」《正字通》：「春色舒放曰駘蕩。」樂府義本風詩，辭多託諷，故雖駘蕩不以爲嫌也。《羽林郎》寫霍家奴馮子都調笑酒家胡女事，爲辛延年作。

〔四三〕《後漢書·馬援傳》：「公孫不吐哺走迎國士，與圖成敗，反修飾邊幅，如偶人形。」師古曰：「言若布帛，修整其邊幅也。」

〔四四〕《白頭吟》，一名《皚如山上雪》。《西京雜記》卷三：「相如將聘茂陵女爲妾；文君作《白頭吟》以自絕。相如乃止。」

〔四五〕《後漢書·列女傳》：「（董）祀爲屯田都尉，犯法當死。文姬詣曹操請之，音辭清辯，旨甚酸哀。操

〔四六〕《莊子‧德充符》：「人莫鑑於流水，而鑑於止水。」《詩‧大雅‧烝民》：「吉甫作誦，穆如清風。」

〔四七〕《禮記‧內則》：「內言不出于閫，外言不入于閫。」

〔四八〕按此節言漢代婦女間擅文藻，而不悖於正教。

〔四九〕見《古文十弊》注〔九二〕。

〔五〇〕按此節言《國風》男女之辭，皆出詩人所擬。

〔五一〕見《史注》篇注〔八〕。贄，與摯、質通。執物以為相見之禮也。《禮記‧曲禮下》：「凡摯，天子鬯，諸侯圭，卿羔，大夫鴈，士雉，庶人之摯匹。」

〔五二〕《晉書‧列女傳》：「苻堅嘗幸其太學，問博士經典，乃憫禮樂遺闕。博士盧壺對曰：『太常韋逞母宋氏，傳其父業，得《周官》音義，今年八十，視聽無闕。自非此母，無以傳授後生。』於是就宋氏家立講堂，置生員百二十人，隔絳紗幔而授業。號宋氏為宣文君，賜侍婢十人。《周官》學復行於世，時稱韋氏宋母焉。」

〔五三〕《隋書‧列女傳》：「譙國夫人者，高涼洗氏之女也。世為南越首領，跨據山洞，部落十餘萬家。夫人幼賢明，多籌略，在父母家撫循部眾，能行軍用師，壓服諸越。海南儋耳，歸附者千餘洞。梁大同

初,高涼太守馮寶,聘以爲妻。政令有序,人莫敢違。及寶卒,嶺表大亂。夫人懷集百越,數州晏然。陳永定二年,子僕拜陽春郡守。後廣州刺史歐陽紇反,夫人發兵拒之。紇徒潰散。僕以夫人功封信都侯,加平越中郎將,轉石龍太守。至德中,僕卒。陳國亡,嶺表數郡共奉夫人,號爲聖母,保境安民。高祖遣總管韋洸安撫嶺外。夫人遣其孫魂,帥衆迎入廣州。表魂爲儀同三司。未幾,番禺人王仲宣反,首領皆應之,圍洸於州城。夫人遣孫盎出討,進兵至南海,與鹿願軍會,共敗仲宣,嶺表遂定。高祖拜盎爲高州刺史,追贈寶爲廣州總督譙國公,册夫人爲譙國夫人,開幕府,置長史以下官屬。」

〔五四〕《舊唐書・柴紹傳》:「平陽公主,高祖第三女也。義兵將起,公主與紹並在長安,遣使密召之。主曰:『君宜速去,我一婦人臨時易可藏隱,當別自爲計矣。』紹即間行赴太原。時有胡賊何潘仁,聚衆未有所屬。公主遣家僮馬三寶,招引山中亡命,得數百人,起兵以應高祖。三寶又說群盜李仲文、向善志、丘師利等,各率衆數千人來會。公主說以利害,使攻鄠縣,陷之。掠地至盩厔、武功、始平,皆下之。得兵七萬人。公主令間使以聞。高祖大悅。及義軍渡河,遣紹將數百騎趨華陰,傍南山以迎公主。時公主引精兵萬餘,與太宗軍會於渭北。與紹各置幕府,俱圍京城,營中號曰娘子軍。京城平,封爲平陽公主。六年薨。及將葬,詔加前後部羽葆鼓吹、大輅麾幢、班劍四十人、虎賁甲卒。」按紹字嗣昌,晉州臨汾人。高祖微時,妻之以女,即平陽公主也。

〔五五〕譙國夫人開幕府,置長史以下官屬。

〔五六〕平陽公主詔加羽葆鼓吹，班劍四十人，虎賁甲卒。羽葆：以鳥羽連綴爲華蓋之飾。鼓吹：鼓鉦簫笳等合奏之樂曲。班劍：持劍武士。虎賁：勇士。

〔五七〕按此節言傳經史絕業如班氏、宋氏，並非以才華炫俗。

〔五八〕《宋書·謝靈運傳論》：「有晉中興，玄風獨扇。」《資治通鑑·魏紀》：「何晏好老、莊之書，與夏侯玄、荀粲及山陽王弼之徒，競爲清談，祖尚虛無，謂六經爲聖人糟粕。由是天下士大夫爭慕效之，遂成風流，不可復制焉。」《世說新語·德行》注引王隱《晉書》曰：「魏末，阮籍嗜酒荒放，露頭散髮，裸祖箕踞。其後貴游子弟阮瞻、王澄、謝鯤、胡母輔之之徒，皆祖述於籍，謂得大道之本。故去巾幘，脫衣服，露醜惡，同禽獸。甚者名之爲通，次者名之爲達也。」清言，見《古文十弊》注〔四四〕。

〔五九〕《晉書·列女傳》：「王凝之妻謝氏，字道韞，奕之女也。聰識有才辯。凝之弟獻之，嘗與賓客談議，詞理將屈。道韞遣婢白獻之曰：『新婦欲與小郎解圍。』乃設青綾步障自蔽，申獻之前議，客不能屈。」

〔六〇〕《世說新語·排調》：「王渾與婦鍾氏共坐，見武子從庭過，渾欣然謂婦曰：『生兒如此，足慰人意。』婦笑曰：『若使新婦得配參軍，生兒故可不啻如此。』」按渾弟淪字太沖，歷大將軍參軍，年二十五卒。

〔六一〕《日知錄》（卷五）：「魏明帝殂，少帝即位，改元正始。三國鼎立，至此垂三十年，一時名士風流，盛於雒下。乃其棄經典而尚老、莊，滅禮法而崇放達，視其主之顛危，若路人然，即此諸賢爲之倡也。

〔六二〕自此以後，競相祖述。《晉書·儒林傳序》云：『擯闕里之典經，習正始之餘論，指禮法爲流俗，目縱誕以清高。』此則虛名雖被於時流，篤論未忘乎學者。是以講明六藝，鄭（玄）、王（肅）爲集漢之終；演說老莊，王（弼）何（晏）爲開晉之始。以至國亡於上，教淪於下，羌戎互僭，君臣屢易，非林下諸賢之咎而誰咎哉！」按此節言自晉人放達，名教始隳。

〔六三〕王、謝，江左望族。《南史·賊臣·侯景傳》：「景請娶於王、謝。帝曰：『王、謝門高，非偶；可於朱、張以下訪之。』」

〔六四〕曹大家《女誡》：「女有四行，一曰婦德，二曰婦言，三曰婦容，四曰婦功。」《儀禮·喪服子夏傳》：「婦人有三從之義，無專用之道，故未嫁從父，既嫁從夫，夫死從子。」

〔六五〕中行，見《質性》注〔三〕。《論語·公冶長》：「吾黨之小子狂簡。」朱注：「狂簡，志大而略於事也。」

〔六六〕按綺，當作猗。《史記·司馬相如傳》：「猗旎從風。」《索隱》引張揖云：「猗旎，猶阿那也。」指輕盈柔順貌。

〔六七〕沈約《宋書·謝靈運傳論》：「相如工爲形似之言。」《文心雕龍·物色》：「近代以來，文貴形似，窺情風景之上，鑽貌草木之中，吟詠所發，志惟深遠，體物爲妙，功在密附。故巧言切狀，如印之印泥；不加雕削，而曲寫毫芥。故能瞻言而見貌，即字而知時也。」

〔六八〕按此節言王、謝大家讀書知學，非徒能文。

〔六九〕見《經解下》注〔一八〕及注〔一九〕。

〔六九〕宋李清照號易安居士，禮部員外郎格非女。幼有才藻，長適諸城趙明誠。明誠好儲經集及三代鼎彝書畫金石刻。連知萊、淄二州，竭俸入以事鉛槧。清照與共校勘。明誠作《金石錄》，考據精確，多足證史書之失；清照實助成之。靖康二年春，明誠奔祖喪於建康，半棄所藏。其年十二月，金人陷青州，火其藏書十餘屋。明誠，諸城人而家於青也。建炎二年，復起知建康府。三年，詔知湖州。至行在，病卒。清照自爲文祭之。既葬，清照赴台州，依其弟迒，輾轉避於越、衢諸州。紹興二年，又赴杭州，所攜古器物，以次失去。乃爲《金石錄後序》，自述流離狀況。著有《漱玉詞》集。（道光《濟南府志·列女傳》）

〔七〇〕元管道昇字仲姬，吳興人，翰林院承旨趙孟頫之妻也。畫墨竹梅蘭，筆意精絕，亦工山水佛像。翰墨詞章，不學而善。書牘行楷，殆與子昂無異。衛夫人之後，無與儔者。封魏國夫人，世稱管夫人。

〔七一〕李易安《金石錄後序》：「五月，至池陽，被旨知湖州。」

〔七二〕《元史·趙孟頫傳》：「孟頫字子昂，宋太祖子秦王德芳之後也。賜第於湖州，故孟頫爲湖州人。仕元，延祐三年，拜翰林學士承旨、榮祿大夫。孟頫詩文、清邃奇逸，讀之使人有飄飄出塵之想。篆籀分隸，真行草書，無不冠絕古今，遂以書名天下。其畫山水、木石、花竹、人馬，尤精緻。」

〔七三〕張琰《洛陽名園記序》：「文叔（李格非字）在元祐太學。宋制，初入學者爲外舍，由外舍升內舍，由內舍升上舍，猶清朝生員之有附生、增生、廩生也。」是易安乃宰相婦。宋相挺之子，亦能詩。杜甫《春日憶李白》詩：「何時一樽酒？重與細論文。」

〔一四〕秦以奉常、郎中令、衛尉、太僕、廷尉、典客、宗正、治粟内史、少府爲九卿。漢改奉常爲太常，郎中令爲光禄勳，典客爲大鴻臚，治粟内史爲大司農，歷代因之。揮塵，見《橫通》篇注〔10〕。

〔一五〕按此節言唐、宋以還，婦才可稱者亦不外鶩。

〔一六〕朱懷吴《昭代紀略》：「天子升殿，女官隨侍，女樂引導，必起於吕、武臨朝，而唐玄宗襲爲故事。至我（明）太祖革去，足洗千古之陋。」葉君長青云：「此言明代朝賀罷女樂，而女官六局所領之司樂，尚不廢也。」

〔一七〕宋陳世崇《隨隱漫録》卷五：「陸放翁宿驛中，見題壁云：『玉階蟋蟀鬧清夜，金井梧桐辭故枝。一枕淒涼眠不得，呼燈起作感秋詩。』放翁詢之，驛卒女也，遂納爲妾。方半載餘，夫人逐之。妾作《卜算子》云：『只知眉上愁，不識愁來路。窗外有芭蕉，陣陣黃昏雨。曉起理殘粧，整頓教愁去。不合畫春山，依舊留愁住。』」

〔一八〕未詳。按元代石君寶撰《李亞仙花酒曲江池》，演鄭元和在曲江遇李亞仙爲天香國色，春明、唐京城門之一，借指京城。春明之誓，或指兩人于曲江作山盟海誓。

〔一九〕籍没，謂籍録其所有而没收之也。明成祖於壬午殉難諸臣，有籍至十族者，遺孥發配教坊，多自經死。谷應泰曰：「暴秦之法，罪止三族。強漢之律，不過五宗。故步闑之門皆盡，（陸）機、雲之種無遺。世謂天道好還，而人命至重，遂可滅絶至此乎！又況孔融覆巢之女，郭淮從坐之妻，古者但有刑誅，從無沾染。而或分隸教坊，給配衆奴，潘氏承恩於織室，才人下降於廝養，此忠臣義士尤所爲

〔八〇〕江淹《別賦》：「春草碧色，春水綠波，送君南浦，傷如之何！」《楚辭·招魂》：「湛湛江水兮上有楓，目極千里兮傷春心。」《詩·邶風·新臺》：「燕婉之求。」傳：「燕，安；婉，順也。」

〔八一〕《詩·小雅·白華》：「鼓鐘于宮，聲聞于外。」

〔八二〕三唐，謂初唐、盛唐、晚唐也。高棅《唐詩品彙》則分爲四期，自高祖武德元年至睿宗太極元年（九十四年）爲初唐，自玄宗開元元年至代宗永泰元年（五十二年）爲盛唐，自代宗大曆元年至文宗太和九年（六十九年）爲中唐，自文宗開成元年至昭宣帝天祐三年（七十年）爲晚唐。

〔八三〕李冶，字季蘭，女冠也。《唐詩紀事》卷七十八：「季蘭五六歲，其父抱於庭作詩詠薔薇云：『經時未架却，心緒亂縱橫。』父恚曰：『此必爲失行婦！』後竟如其言。」《書錄解題》別集類：「《李季蘭集》一卷。」《全唐詩·小傳》：「薛濤字洪度，本長安良家女，隨父宦流落蜀中，遂入樂籍。韋皋鎮蜀，召之侍酒賦詩，出入幕府。經十一鎮，皆以詩受知。暮年居浣花溪，衣女冠服，好製松花小箋，號薛濤箋。有《洪度集》一卷。」又：「魚玄機字幼微，長安家女，喜讀書，有才思。補闕李億納爲妾。及愛衰，遂披冠帔於咸宜觀。後以笞殺女童綠翹事，爲京兆溫璋所戮。」《書錄解題》別集類：「《魚玄機集》一卷。」

〔八四〕非儀，見上注〔八〕。按此節言唐代女子傳詩，惟止女冠坊妓。

〔八五〕王逸《離騷經章句》：「《離騷》之文，依詩取興，引類譬諭；故靈修美人，以媲於君，宓妃佚女，以譬賢臣。」此所謂思君懷友，多託男女殷勤者也。詩序謂風之爲體，「主文而譎諫，言之者無罪，聞之者足以戒。」《鄭風·狡童序》：「《狡童》，刺忽也。不能與賢人圖事，權臣擅命也。」又《褰裳序》：「《褰裳》，思見正也。狂童恣行，國人思大國之正己也。」此所謂風刺邪淫，文託狡狂自述者也。此二者自與狹邪酬唱之作有別。

〔八六〕周敦頤《太極圖說》：「無極而太極。太極動而生陽，動極復靜。靜而生陰，靜極復動。一動一靜，互爲其根。分陰分陽，兩儀立焉。」《易·繫辭上》：「仁者見之謂之仁。智者見之謂之智。」

〔八七〕《論語·衛靈公》：「子曰：『君子不以言舉人，不以人廢言。』」

〔八八〕見《砭俗》注〔三〕。《薤露》，喪歌，挽柩者歌唱，故宜于挽郎。

〔八九〕《櫂歌行》，屬相和歌辭。陸機《櫂歌行》：「名謳激清唱，榜人縱櫂歌。」故稱「舟婦爲宜」。

〔九〇〕按此節言婦女應絕閨外唱酬。

〔九一〕《事物紀原》卷二：「唐明皇開元二年，於蓬萊宮側始立教坊，以隸散樂倡優曼衍之戲。」

〔九二〕周敦頤字茂叔，世稱濂溪先生。程顥、程頤，見《文理》注〔二八〕及注〔二九〕。二程，洛陽人，世稱其學爲洛學。理學家自律俱嚴，故舉以爲例。《論語·子張》：「子夏曰：『大德不踰閑，小德出入可也。』」

〔九三〕按唐初雅俗之樂，皆隸太常。開元二年，上以太常禮樂之司，不應典倡優，乃更置左右教坊。歷代因

之。宮中禮宴皆用女樂。清順治十六年，始改用太監。雍正七年，改爲和聲署，教坊始廢。

〔九四〕頓⋯停留，與流動對。《漢書·杜周傳》：『客有謂周曰：「君爲天下決平，不循三尺法，專以人主意旨爲獄。獄者固如是乎？」』注引孟康曰：「以三尺竹簡書法令也。」《大清律例》（卷三十五）刑律，官吏宿娼條：「凡文武官吏宿娼者，杖六十（注，挾妓飲酒亦坐此律）。媒合人減一等。若官員子孫宿娼者，罪亦如之。」條例一：「監生生員撒潑嗜酒，挾制師長，不守監規學規，及挾妓賭博，出入官府，起滅詞訟，說事過錢，包攬物料等項者，問發爲民，各治以應得之罪。得贓者，計贓從重論。」

〔九五〕《史記·酷吏傳》：「網漏於吞舟之魚。」「（張）湯掘窟，得盜鼠及餘肉，劾鼠掠治，傳爰書，訊鞫論報。」《索隱》引韋昭云：「爰，換也。古者重刑，嫌有愛惡，故移換獄書，使他官考實之，故曰傳爰書也。」

〔九六〕《論語·里仁》：「君子懷刑，小人懷惠。」《左傳》文十年：「子西曰：『臣免於死，又有讒言，謂臣將逸，臣歸死於司敗也。』」注：「陳楚名司寇曰司敗。」

〔九七〕曹植《美女》：「青樓臨大路，高門結重關。」按後世多以爲狹邪之稱。

〔九八〕周公制禮作樂而頌聲興。《禮記·曲禮上》：「娶妻不取同姓，故買妾不知其姓則卜之。」

〔九九〕按此節言詩集載婦女篇章，有違時制。

〔一〇〇〕《詩·鄭風·子衿》：「佻兮達兮，在城闕兮。一日不見，如三月兮。」傳：「佻，輕儇也。達，放恣也。」子衿，青年學子所服之衣，指青年學子。

〔一〕《晉書·宣帝紀》:「諸葛亮數挑戰,帝(指司馬懿)不出。因遺帝巾幗婦人之飾。」幗,婦人首飾。巾幗,指婦女。

〔二〕《詩·小雅·頍弁》:「蔦與女蘿,施於松柏。」傳:「蔦,寄生也。女蘿,菟絲,松蘿也。」《禮記·曲禮上》:「男女不親授。」

〔三〕《詩·小雅·頍弁》「蔦與女蘿」《南史》:「沈約、謝朓、王融以氣類相推轂。」

〔四〕宋程大昌《演繁露》:「今之臚傳,自殿上至殿下皆數人亢聲相接,傳所唱之語,聯續遠聞。」《後漢書·許劭傳》:「劭與靖具有高名,好共覆論鄉黨人物,每月輒更其品題。故汝南俗有月旦評焉。」

〔五〕釵樓,未詳。句曲,猶句欄。李商隱《倡家》詩:「簾輕幕重金句欄。」後人遂稱娼家爲句欄。《詩·邶風·靜女》:「靜女其姝。」傳:「靜,貞靜也。姝,美色也。」按此節言自非倡妓不求品題。

〔六〕《周禮·春官》:「女巫掌歲時祓除釁浴,旱暵則舞雩。」

〔七〕《詩·大雅·思齊》:「思齊太任,文王之母。」又:「太姒嗣徽音,則百斯男。」太姒,武王母也。

〔八〕《後漢書·橋玄傳》:「玄字公祖,梁國睢陽人也。七世祖仁,從同郡戴德學,著《禮記章句》四十九篇,號橋君學。」

〔九〕見《橫通》注〔二〕。

〔一〇〕《國語·魯語下》:「公父文伯之母(敬姜)如季氏。康子在其朝,與之言,弗應。從之,及寢門,弗應而入。康子辭於朝而入見曰:『肥也,不得聞命,無乃罪乎?』曰:『子弗聞乎?敬姜,見上注〔八〕。

天子及諸侯合民事於外朝，合神事於內朝。自卿以下，合官職於外朝，合家事於內朝。寢門之內，婦人治其業焉。上下同之。夫外朝，子將業君之官職焉。內朝，子將庀季氏之政焉。皆非吾所敢言也。

〔一一〕見《論語·季氏》。

〔一二〕《孟子·滕文公下》：「周霄問曰：『出疆必載質，何也？』曰：『士之仕也，猶農夫之耕也。農夫豈爲出疆舍其耒耜哉？』」質，通贄。

〔一三〕按此節言古時婦學必由禮以通詩。

〔一四〕《後漢書·順帝紀》：「孝順初立，時髦允集。」注：「《爾雅》曰：『髦，俊也。』郭璞注云：『士中之俊，猶毛中之髦。』時張皓、王龔、龐參、張衡、李郃、李固、黃瓊之儔也。」《史記·孫臏傳》：「田忌數與齊諸公子馳逐重射。孫子見其馬足不甚相遠。及臨質，孫子曰：『今以君下駟與彼上駟，取君上駟與彼中駟，取君中駟與彼下駟。』既馳三輩畢，田忌一不勝而再勝。」絕塵，見《言公下》注〔一○二〕。

〔一五〕按此節言今時炫才婦女，多受人愚。

婦學篇書後(一)

婦學之篇,所以救頹風,維世教,飭倫紀,別人禽,蓋有所不得已而爲之,非好辯也。説者謂解《詩》與朱子異指,違於功令。〔二〕不知諸經參取古義,未始非功令也。蓋以情理言之,蚩氓婦豎,矢口成章,〔三〕遠出後世文人之上,古今不應若是懸殊。漢人詩文,存於今者,無不高古渾樸;人遂疑漢世人才,遠勝後代。然觀金石諸編,〔四〕漢人之辭,不著竹素。而以金石傳после代者,其中實多蕪蔓冗闒,〔五〕與近人不能文者,未始懸殊。可知漢人不盡能文,傳者特其尤善者耳。三代傳文,當亦如是。必謂彼時婦豎矢音,皆足以垂經訓,豈理也哉?朱子之解,初不過自存一説,〔六〕宜若無大害也。而近日不學之徒,援據以誘無知士女,踰閑蕩檢,無復人禽之分;則解詩之誤,何異誤解《金縢》而啟居攝,〔七〕誤解《周禮》而啟青苗,〔八〕朱子豈知流禍至於斯極?即當日與朱子辨難者,亦不知流禍之至斯極也。從來詩話,論詩雖至淺近,不過較論工拙,比擬字句,爲古人所不屑道耳。彼不學之徒,無端標爲風趣之目,〔九〕盡抹邪正貞淫,是非得失,而使人但求風趣。甚至言采蘭贈芍之詩,有何關係而夫子錄之,〔一〇〕以證風趣之説。無知士女,頓忘廉檢,從風波靡。是以《六經》爲導欲宣淫之具,則非聖無法矣。〔一一〕

或曰：《詩序》誠不可盡廢矣。顧謂古之氓庶，不應能詩，則如役者之謠，[二]輿人之祝，[三]皆出氓庶，其辭至今誦之，豈傳記之誣歟？答曰：此當日諺語，非復雅言，正如先儒所謂殷盤周誥，因於土俗，歷時久遠，轉爲古奧，[四]故其辭多奇崛，非如風詩和平莊雅，出於文學士者，亦如典謨之文，雖歷久而無難於誦識也。以風詩之和雅，與民俗之謠諺，絕然不同，益知國風男女之辭，皆出詩人諷刺，而非蚩氓男女所能作也。是則風趣之説，不待攻而破，不待教而誅者也。[一五]

至於古人婦學，雖異丈夫，然於禮陶樂淑，則上自王公后妃，下及民間俊秀，男女無不相習也。蓋四德之中，非禮不能爲容，非詩不能爲言；詩教故通於樂，故《關雎》化起房中，而天下夫婦無不治也。[一六]三代以後，小學廢，而儒多師説之歧；婦學廢，而士少齊家之效；師説歧，而異端得亂其教，自古以爲病矣。若夫婦學之廢，人謂家政不甚修耳。豈知千載而後，乃有不學之徒，創爲風趣之説，遂使閨閣不安義分，慕賤士之趨名，其禍烈於洪水猛獸，名義君子，能無世道憂哉？昔歐陽氏病佛教之蔓延，則欲修先王之政，自固元氣，《本論》所爲作也。[一八]今不學之徒，以邪説蠱惑閨閣，亦惟婦學不修，故閨閣易爲惑也。婦人雖有非儀之誡，至於執禮通詩，則如日用飲食，不可斯須去也。[一九]

或以婦職絲枲中饋，文辭非所當先，則又過矣。夫聰明秀慧，天之賦畀初不擇於男女，如

草木之有英華，山川之有珠玉，雖聖人未嘗不寶貴也。豈可遏抑？正當善成之耳。故女子生而質樸，但使粗明內教，不陷過失而已。如其秀慧通書，必也因其所通，申明詩禮淵源，進以古人大體，班姬、韋母爲師，其視不學之徒，直妄人爾。[二]人大體，班姬、韋母，[二〇]何必去人遠哉？夫以班姬、韋母爲師，其視不學之徒，直妄人爾。

〔一〕按本篇申明前篇之義，謂興婦學在明詩禮。

〔二〕朱子因不滿於《詩序》，而作《詩集傳》二十卷，《詩序辨說》一卷，於風懷投贈之篇，往往謂爲男女自述。《元史·選舉志》：「仁宗皇慶二年十一月，詔科舉之法，經義一道，各治一經，《詩》以朱氏爲主。」《明史·選舉志》：「《詩》主朱子《集傳》。」功令，見《經解中》注〔一六〕。

〔三〕《詩·衛風·氓》：「氓之蚩蚩。」傳：「氓，民也。」蚩蚩者，敦厚之貌。」矢口成章，見《古文十弊》注〔九二〕。

〔四〕見《答客問下》注〔二八〕。

〔五〕《漢書·司馬遷傳》：「在閭茸之中。」師古曰：「閭茸，猥賤也。」亦作闒冗。此倒文，猶言庸冗也。

〔六〕《詩·鄭風》，朱子《集傳》：「鄭衛之樂，皆爲淫聲。」然以詩考之，衛詩三十有九，而淫奔之詩才四之一；鄭詩二十有一，而淫奔之詩已不翅七之五。衛猶爲男悅女之辭，而鄭皆爲女惑男之語；衛人猶多刺譏懲創之意，而鄭人幾於蕩然無復羞愧悔悟之萌；是則鄭聲之淫，有甚於衛矣。故夫子論爲邦，獨以鄭聲爲戒而不及衛，蓋舉重而言，固自有次第也。詩可以觀，豈不信哉！」

〔七〕《金縢》,《周書》篇名。孔疏:「武王有疾,周公作策書告神,請代武王死,事畢,納書於金縢之匱,遂作《金縢》。」《漢書·王莽傳》:「元始五年冬,熒惑入月中,平帝疾。莽作策請命於泰時,戴璧秉珪,願以身代。藏策金縢,置於前殿,敕諸公勿敢言。」師古曰:「詐依周公爲武王請命,作《金縢》也。」

〔八〕《周禮·地官·泉府》:「凡民之貸者,與其有司辨而授之,以國服爲之息。」國服,於國服事之稅,其國出絲絮則以絲絮償。《宋史·王安石傳》:「青苗法者,以常平糴本作青苗錢,散與人户,令出息二分,春散秋斂。」反對新法者,因稱安石誤解《周禮》而啟青苗。

〔九〕《文心雕龍·體性》:「風趣剛柔,寧或改其氣?」袁枚《隨園詩話》(卷一):「楊誠齋曰:『從來天分低拙之人,好談格調而不解風趣,何也?格調是空架子,有腔口易描。風趣專寫性靈,非天才不辦。』余深愛其言。須知有性情,便有格調。格調不在性情外。三百篇半是勞人思婦率意言情之事,誰爲之格,誰爲之律?今之談格調者,能出其範圍否?」

〔一〇〕《詩·鄭風·溱洧》:「溱與洧,方涣涣兮。士與女,方秉蕳兮。女曰『觀乎?』士曰『既且。』且往觀乎,洧之外,洵訏且樂。』維士與女,伊其相謔,贈之以勺藥。」傳:「蕳,蘭也。勺藥,香草。」《隨園詩話》(卷十四):「選家選近人之詩,有七病焉。動稱綱常名教,箴刺褒譏,以爲非有關係者不錄。不知贈芍采蘭,有何關係而聖人不刪。宋儒責蔡文姬不應登《列女傳》,然則十七史列傳,盡皆龍逢、比干乎?學究條規,令人欲嘔,四病也。」

[二] 從風波靡，各本如是。劉刻《遺書》本「波」作「披」，是。按此上言《詩序》之不可廢。

[三] 《左傳》宣二年：「鄭歸生受命於楚以伐宋。宋華元、樂呂禦之。二月壬子，戰於大棘。宋師敗績，囚華元，獲樂呂。」巡功。城者謳曰：「睅（突出）其目，皤其腹，棄甲而復。于思于思（狀多髭鬚），宋城，華元爲植（築城主），巡功。宋人以兵車百乘，文馬百駟，以贖華元於鄭。半入，華元逃歸。宋城，華元爲植（築城主），巡功。城者謳曰：『睅（突出）其目，皤其腹，棄甲而復。于思于思（狀多髭鬚），棄甲復來。』使其驂乘謂之曰：『牛則有皮，犀兕尚多，棄甲則那（何）？』役人曰：『從其有皮，丹漆若何？』」華元曰：『去之，夫其口衆我寡。』」

[三] 《左傳》襄三十年：「子產從政一年，輿人誦之曰：『取我衣冠而褚（藏）之，取我田疇而伍（編組）之。孰殺子產？吾其與之。』及三年，又誦之曰：『我有子弟，子產誨之。我有田疇，子產殖之。子產而死，誰其嗣之？』」

[四] 《尚書序》：「盤庚五遷，將治亳殷，民咨胥怨，作《盤庚》三篇。」又：「武王崩，三監及淮夷叛。周公相成王，將黜殷，作《大誥》。」韓愈《進學解》：「周誥殷盤，詰屈聱牙。」《朱子語類》（卷七八）云：「《書》有兩體，有極分曉者，有極難曉者。某恐如《盤庚》《周誥》《多方》《多士》之類，是當時召之來而面命之，自是當時一類説話。至於《旅獒》《畢命》《微子之命》《君陳》《君牙》《囧命》之屬，則是當時修其詞命。所以當時百姓都曉得者，有今時老師宿儒之所不曉。今人之所不曉者，未必當時之人却不識其詞義也。」又云：「典謨之書，恐是曾經史官潤色來。如《周誥》等篇，恐只是似如今榜文曉諭俗人者。方言俚語，隨地隨時，各自不同。林少穎嘗曰，即如今人即日伏惟尊

候萬福,使古人聞之,亦不知是何等説話。」

〔一五〕按此上言《國風》男女之辭,皆出於詩人諷刺。

〔一六〕《詩·關雎序》:「《關雎》,后妃之德也,風之始也,所以風天下而正夫婦也。」

〔一七〕《孟子·滕文公下》:「當堯之時,天下猶未平,洪水橫流,氾濫於天下。草木暢茂,禽獸繁殖,五穀不登,禽獸偪人。」

〔一八〕歐陽修《本論》:「堯、舜、三代之際,王政修明,禮義之教,充於天下。於此之時,雖有佛,無由入。及三代衰,王政闕,禮樂廢,後二百餘年,而佛至乎中國。由是言之,佛之所以爲患者,乘其闕廢之時而來。此其受患之本也。補其闕,修其廢,使王政明而禮義充,則雖有佛無所施於吾民矣。此亦自然之勢也。」(《歐陽文忠公全集》卷十七)

〔一九〕按此上言婦學廢而後外誘起。

〔二〇〕班姬,見《史注》注〔八〕。韋母,見前篇注〔五三〕。

〔二一〕按此上言婦女能文,應使之明《詩》習《禮》。

詩　話〔一〕

詩話之源，本於鍾嶸《詩品》。〔二〕然考之經傳，如云：「爲此詩者，其知道乎？」又云：「未之思也，何遠之有？」〔三〕此論詩而及事也。又如「吉甫作誦，穆如清風，其詩孔碩，其風肆好」，〔四〕此論詩而及辭也。事有是非，辭有工拙，觸類旁通，啟發實多。江河始於濫觴。後世詩話家言，雖曰本於鍾嶸，要其流別滋繁，不可一端盡矣。

《詩品》之於論詩，視《文心雕龍》〔六〕之於論文，皆專門名家〔七〕勒爲成書之初祖也。《文心》體大而慮周，《詩品》思深而意遠，蓋《文心》籠罩群言，而《詩品》深從六藝溯流別也。如云某人之詩，其源出於某家之類，最爲有本之學。其法出於劉向父子。論詩論文，而知溯流別，則可以探源經籍，而進窺天地之純，古人之大體矣。此意非後世詩話家流所能喻也。〔八〕鍾氏所推流別，亦有不甚可曉處。〔九〕蓋古書多亡，難以取證。但已能窺見大意，實非論詩家所及。

唐人詩話，初本論詩，自孟棨《本事詩》出，〔一〇〕亦本《詩小序》。乃使人知國史叙詩之意；而好事者踵而廣之，則詩話而通於史部之傳記矣。間或詮釋名物，則詩話而通於經部之小學矣。《爾雅》訓詁類也。或泛述聞見，則詩話而通於子部之雜家矣。此二條，宋人以後較多。〔一二〕雖書旨不一其端，而大略不出論辭論事，推作者之志，期於詩教有益而已矣。〔一三〕

《詩品》《文心》，專門著述，自非學富才優，爲之不易，故降而爲詩話者，不復知著作之初意矣。沿流忘源，爲說部者，不復知專家之初意也。詩話說部之末流，糾紛而不可犁别，學術不明，而人心風俗或因之而受其敝矣。[一三]

宋儒講學，躬行實踐，不易爲也。風氣所趨，撰語録以主奴朱、陸，[一四]則盡人可能也。論文考藝，淵源流别，[一五]不易爲也。好名之習，作詩話以黨伐同異，則盡人可能也。以不能名家之學，如能名家，即自成著述矣。入趨風好名之習，挾人盡可能之筆，著惟意所欲之言，可憂也，可危也！[一六]

說部流弊，至於誣善黨奸，詭名託姓。前人所論，如《龍城録》[一七]《碧雲騢》[一八]之類，蓋亦不可勝數，史家所以有别擇稗野之道也。事有紀載可以互證，而文則惟意之所予奪，詩話之不可憑，或甚於說部也。[一九]

前人詩話之弊，不過失是非好惡之公。今人詩話之弊，乃至爲世道人心之害。失在是非好惡，不過文人相輕之氣習，[二〇]公論久而自定，其患未足憂也。害在世道人心，則將醉天下之聰明才智，而網人於禽獸之域也。其機甚深，其術甚狡，而其禍患將有不可勝言者；名義君子，不可不峻其防而嚴其辨也。[二一]

小説出於稗官,委巷傳聞瑣屑,雖古人亦所不廢。[三]然俚野多不足憑,大約事雜鬼神,報兼恩怨,《洞冥》《拾遺》[三二]之篇,《搜神》《靈異》[三四]之部,六代以降,家自爲書。唐人乃有單篇,別爲傳奇[三五]一類。專書一事始末,不復比類爲書。大抵情鍾男女,不外離合悲歡。紅拂辭楊,[三六]繡襦報鄭,[三七]韓、李緣通落葉,[三八]崔、張情導琴心,[三九]以及明珠生還,[三〇]小玉死報,[三一]凡如此類,或附會疑似,或竟託子虛,[三二]雖情態萬殊,而大致略似。其始不過淫思古意,辭客寄懷,猶詩家之樂府古艷諸篇也。[三三]宋、元以降,則廣爲演義,[三四]譜爲詞曲,歷三變而盡失古人之源流矣。[三五]

小説歌曲傳奇演義之流,其叙男女也,男必纖佻輕薄,而美其名曰才子風流;[三六]女必冶蕩多情,而美其名曰佳人絶世。[三七]世之男子有小慧而無學識,女子解文墨而闇禮教者,皆以傳奇之才子佳人,爲古之人,古之人也。今之爲詩話者,又即有小慧而無學識者也。有小慧而無學識矣,濟以心術之傾邪,斯爲小人而無忌憚矣!何所不至哉?[三八]

〔一〕按此篇專爲批評袁氏《隨園詩話》而作。劉刻《遺書》,本篇後附有《坊刻詩話》一篇,及《題隨園詩話》十二首。

〔二〕見《文理》注〔三七〕。

〔三〕《孟子·公孫丑上》：《詩》云：『迨天之未陰雨，徹彼桑土，綢繆牖戶。今此下民，或敢侮予？』孔子曰：『爲此詩者，其知道乎？能治其國家，誰敢侮之？』」《論語·子罕》：「『唐棣之華，偏其反而。豈不爾思？室是遠而。』子曰：『未之思也，夫何遠之有？』」

〔四〕清風，見《婦學》注〔六〕。《詩·大雅·崧高》：「其詩孔碩，其風肆好。」

〔五〕按此節言詩話原於《詩品》。

〔六〕見《文德》注〔三〕。

〔七〕見《原道下》注〔五〕。

〔八〕《莊子·天下》：「後世之學者，不幸不見天地之純，古人之大體。」按此節言《詩品》溯流別，最爲有本之學。

〔九〕葉夢得《石林詩話》：「鍾嶸論陶淵明，乃以爲出於應璩，此語不知其所據。應璩詩不多見，惟《文選》載其《百一詩》一篇，所謂『下流不可處，君子慎厥初』者，與陶詩了不相類。五臣注引《文章錄》云：『曹爽用事，多違法度，璩作此詩以刺在位，意若百分有補於一者。』淵明正以脫略世故，超然物外爲意，顧區區在位者，何足累其心哉？且此老何嘗欲以詩自名，而追取一人而模放之？此乃當時文士與世競進而爭長者所謂，何期此老之淺？蓋嶸之陋也。」按此即不甚可曉者之一例。

〔一○〕《郡齋讀書志》總集類：「《本事詩》一卷，唐孟棨撰。纂歷代緣情感事之詩，叙其本事，凡七類。」

〔二〕宋歐陽修退居汝陰時，曾集《六一詩話》，其後司馬光有《續詩話》，劉攽有《中山詩話》，陳師道有《後山詩話》，宋人詩話遂不下數十家。清吳景旭有《歷代詩話》八十卷，搜羅宏富。其中所述，兼有傳記、小學、雜家三類。

〔三〕按此節言詩話之作，論辭論事，期於詩教有益。

〔四〕按此節言詩話末流，不通於傳記雜家，反滋詬病。

〔五〕說詳《朱陸》篇。

〔六〕《文心雕龍》論質性、體製，而兼溯淵源。《詩品》評工拙利病，而兼條流別。

〔七〕按此節言後來詩話，惟意所欲，是以可憂。

〔八〕《書錄解題》小說家類：「《龍城錄》一卷，稱柳宗元撰。龍城，謂柳州也。羅浮梅花夢事在其中。所記載十餘條，公卿多所毀詆，其說曰：『世以旋毛爲醜，此以旋毛爲貴，雖貴矣，病可去乎？』其不遜如此，聖俞必不爾也。或云實魏泰所作，託之聖俞，王性之辨之甚詳，而邵氏《聞見後錄》乃不然之。雖范文正亦所不免。

〔九〕《唐志》無此書，蓋依託也。或云王銍性之作。」

〔一〇〕《書錄解題》小說家類：「《碧雲騢》一卷，題梅堯臣作，而以廐馬爲書名。

〔一一〕見《原道下》注〔四二〕。

〔一二〕按此節言詩話之弊，今甚於古，不可不辨。

〔一三〕按此節說詆誣矯，益見詩話難憑。

(三一)《漢志·諸子略》:「小說家者流,蓋出於稗官。街談巷語,道聽塗説者之所造也。孔子曰:『雖小道,必有可觀者焉。』致遠恐泥,是以君子弗爲也。」然亦弗滅也,閭里小知者之所及,亦使綴而弗忘。如或一言可采,此亦芻蕘狂夫之議也。」

(三二)《書録解題》小説家類:「《洞冥記》四卷,《拾遺》一卷,東漢光禄大夫郭憲子横撰。題漢武帝《别國洞冥記》。其别録又於《御覽》中鈔出,然則四卷亦非全書也。」《拾遺記》,見《黜陋》篇注(四三)。

(三三)《搜神記》,見《黜陋》篇注(四三)。《隋志》雜傳類:「《靈異記》十卷。」不著撰人名氏。

(三四)《郡齋讀書志》小説類:「《傳奇》三卷,唐裴鉶撰。鉶,高駢客。其書所記,皆神仙怪譎事。」此直以傳奇名書者。胡應麟云:「凡變異之談,盛於六朝,然多是傳録舛譌,未必盡幻設語。至唐人乃作意好奇,假小説以寄筆端。」唐人傳奇小説,多收於宋李昉等所修《太平廣記》中。

(三五)杜光庭《虬髯客傳》略云:「隋煬帝幸江都,命司空楊素守西京。素驕貴,侍婢羅列。衛公李靖以布衣上謁。一妓有殊色,執紅拂立於前,獨目公。公歸逆旅,夜聞叩門聲。公問誰。曰:『妾楊家之紅拂妓也。』延入,脱去衣帽,乃十八九佳麗人。曰:『妾侍楊司空久,閲天下之人多矣,無如公者。絲蘿願託喬木,故來奔耳。』公遂與俱歸太原。」(《太平廣記》卷一九三)

(三六)白行簡《李娃傳》略云:「天寶中,滎陽鄭生(元和)應舉長安,嘗遊東市,至鳴珂曲,見李娃(亞仙),妖姿要妙,絶代未有,意若有失。他日,往叩其門,見姥,姥延生於館,乃命娃出,舉步豔冶,目所未覩。及旦,盡徙其囊橐,因家於李之第。歲餘,資財僕馬蕩然。姥意漸怠。一日,生至宅,門扃甚密,

姥已徙居矣。生惶惑發狂，罔知所措，因返舊邸。邁疾甚篤，邸主徙之於凶肆。後稍愈，令執總帷，獲其直以自給。聽其哀歌，無何，曲盡其妙。同黨舉之，經宿乃活。以乞食爲事，一日大雪，乞聲甚苦。娃自閣中聞之，連步而出，見生枯瘠非人狀，意感焉。乃前抱其頸，以繡襦擁歸。與生沐浴，易其衣服，未數月，平愈如初。因令生斥棄百慮以志學。其年生應直言極諫科，策名第一，授參軍，累遷清顯之任。十年間，至數郡。娃封汧國夫人。」(《太平廣記》卷四八四)

[二八] 張實《流紅記》，略云：「唐僖宗時，于祐視御溝中脫葉，若有墨跡載其上。取視之，果題詩曰：『流水何太急，深宮盡日閑。殷勤謝紅葉，好去到人間。』祐書於紅葉上云：『曾聞葉上題紅怨，葉上題詩贈阿誰？』置御溝上流，俾流入宮。後韓夫人出禁庭，祐盡大禮之數，交二姓之歡，篋中各取紅葉相示，歎曰：『事豈偶然哉？』韓氏爲詩曰：『一聯佳句題流水，十載幽思滿素懷。今日却成鸞鳳友，方知紅葉是良媒。』」按韓于此作韓李，涉筆之誤也。(《青瑣高議》前集卷五)

[二九] 元稹《鶯鶯傳》略云：「貞元中，張生遊於蒲。蒲東有普濟寺，張生寓焉。適有崔氏將歸長安，路出於蒲，亦止茲寺。有女(鶯鶯)顏色豔異，張惑之。崔之婢曰紅娘，生私爲之禮，綴春詞二首以授之。因會於崔氏者累月。張生俄以文調及期，當西去，不言其情，愁歎於崔。崔陰知將訣，徐謂張曰：『君常謂我善鼓琴，向時羞顏，所不能及；今且往矣，既君此誠。』因命拂琴，鼓《霓裳羽衣序》，不數聲，哀音悲亂，不復知其是曲也。明旦而張行。」(《太平廣記》卷四八八)

〔三〇〕薛調《無雙傳》略云：「王仙客，建中中朝臣劉震甥也。震有女曰無雙。震姊疾革，約爲子室。仙客護喪歸襄、鄧，服闋，抵京。涇原兵反，震召仙客押物出開遠門。會兵出城搜朝官，仙客捨輜走，歸襄陽。後知克復，乃入京訪舅氏消息。聞尚書受僞朝官，與夫人皆處極刑，無雙已入掖庭掃矣。無雙婢采蘋在金吾將軍宅，仙客納厚價贖之。累月，忽報有中使押領內家三十人往園陵，以備灑掃。仙客恐無雙在焉。乃假作理橋官，車過時近車立，果見無雙，得書云：『富平縣古押衙，人間有心人，可求之。』仙客遂尋見古生。生所願，必力致之。是夕更深，聞叩門甚急，啟之，乃古生也。領一筐子入，謂曰：『此無雙也。』仙客抱入閣，守之至明，遍身有暖氣，救療方愈。古生曰：『今日報郎君恩足矣。比聞茅山道士有藥術，服之者立死，三日即活。某使人求得一丸，令采蘋假作中使，以無雙逆黨，賜此藥使自盡。至陵下，託以親故百縑贖其尸。君不得更居此。』仙客乃挈家歸襄、鄧，與無雙偕老矣。」

（《太平廣記》卷四八六）陸采據之作《明珠記》。

〔三一〕蔣防《霍小玉傳》略云：「霍小玉母曰淨持，霍王之寵婢也。王薨，諸兄弟以玉出自賤庶，不甚收錄，遣居於外，易姓爲鄭。遣媒求壻，得李十郎（益）。婉孌相得，如此二歲。後生以書判拔萃登科，授鄭縣主簿。謂玉但端居相待，當尋使奉迎。到任旬日，求假往東都觀親。未至家日，太夫人已商與表妹盧氏定約，生不敢辭。玉自生逾期，憂恨歲餘，遂成沉疾。時盧氏在長安，生請假入城就親，有豪士挾至鄭宅，玉見生，不復有言，舉杯酒酹地曰：『君負心若此，今當永訣！我死之後，必爲厲鬼，使

君妻妾終日不安!」擲盃於地,長慟數聲而絕。後生所見婦人,輒加猜忌,至於三娶,率如初焉。」(《太平廣記》卷四八七)。

〔三二〕見《經解下》注〔三二〕。

〔三三〕《樂府詩集》引《古今樂錄》曰:「豔歌非一,有直云豔歌,即此《豔歌行》(翩翩堂前燕)是也。若《羅敷》《何嘗》《雙鴻》《福鍾》,亦皆豔歌。」

〔三四〕小說根據史事,而雜採稗野,以敷演成文者曰演義。按潘岳《西征賦》:「靈壅川以止鬬,晉演義而獻說。」李善注引《國語》曰:「靈王二十二年,穀、洛二水鬬,欲毀王宮,王欲壅之。太子晉諫曰:『不可。晉聞古之長人(民),不隳山,不防川。今吾執政實有所辟,而禍夫二川之神。』」演義二字本此。

〔三五〕按此節言自小說而傳奇而演義詞曲,三變而失其原指。

〔三六〕《後漢書·樊英傳論》:「漢世之所謂名士者,其風流可知矣。」《文選·宋書·謝靈運傳論》注:「如風之散,如水之流。」

〔三七〕見《婦學》篇注〔八五〕。

〔三八〕按此節言小說末流,遺害人心,今之詩話,乃緣其弊。

【附錄】 按江氏《靈鶼閣叢書》據廬江何氏鈔本《詩話》,此下尚有九條,茲錄如左:

詩話論詩,非論貌也。就使論貌,所以稱丈夫者,或魁梧奇偉,或豐頤美髯,或丰骨稜峻,

或英姿颯爽，何所不可。今則概未有聞，惟於少年弱冠之輩，不曰美如好女，必曰顧影堪憐，不曰玉映冰膚，必曰蘭薰蕙質，此亦約略之辭，非一定字樣也。不知其意將何爲也。甚至盛稱邪說，以爲禮制，但旌節婦，不褒貞男，以見美男之不妨作變，斯乃人首畜鳴，而毅然筆爲詩話，人可戮而書可焚矣！男子爲娼，古有禁律，其人不學，無由知也。

古今婦女之詩，比於男子詩篇，不過千百中之十一。蓋論詩多寡，必因詩篇之多寡以爲區分，理勢之必然者也。詩話偶有所舉，比於論男子詩，亦不過千百中之十一。所稱閨閣之詩，幾與男子相埒。甚至比連母女姑婦，綴合娣姒姊妹，殆於家稱王、謝，戶盡崔、盧。豈壼內文風，自古以來，於今爲烈耶？君子可欺以其方，其然，豈其然乎？且其叙述閨流，強半皆稱容貌，非誇國色，即詡天人，非贊聯珠，即標合璧，遂使觀其書者，忘爲評詩之話，更成品豔之編，自有詩話以來所未見也。

婦女內言不出閫外，詩話爲之私立名字，標榜聲氣，爲虛爲實，吾不得而知也。詩話何由知人閨閣如是之詳？即此便見傾邪，更無論僞飾矣。丈夫姓字，弧矢四方，詩話所名，豈能終祕？其中名德鉅公，志其餘事，奇才宿望，著其精能，或有身地寒微，表其幽雋，一節可取，藉端留芳，此誠詩話應有事也。今乃玉石不分，苗莠無別，往往詩話識其名姓，邂逅偶遇斯人，實乃風塵游乞，庸奴賤品。助語不辨虛實，引喻全乖向方，臃腫無知，贅瘤可厭，亦不乏其徒焉。此而可邀題品，

則真才宿學，寧不以同類爲羞乎？乃知閨閣稱詩，何從按實？觀其鏤雕纖曲，醞釀尖新，雖面目萬殊，而情態不異，其爲竄易飾僞，情狀顯然。豈無靜女名姝，清思佳什？牽於茅黃葦白，轉覺惡紫奪朱矣。

自衒自媒，士女之醜。桃李不言，下自成蹊。凡人之足以千古者，必有得於古人之所謂誠然，而終身憂樂其中，不顧舉世之所爲是與非也。傾邪之人，欲有所取於世，則先以標榜聲氣騷激人心。又恐人之不爲動也，則誘人以好名，甚且倡爲邪說，至云人之所以異於禽獸，以好名也。夫好名之人，矯情飾僞，競趨時譽，雖禽獸所不爲耳。至於附會經傳，肆侮聖言，尤喪心而病狂矣！《論語》：「君子去仁，惡乎成名？」「疾沒世而名不稱」皆妄引爲好名之證。

今倡說曰：人之所以異於禽獸，以能椎埋肢篋也，可乎？人之所以應傳名者，義類多矣。而彼之誘人，惟務文學之名，不亦小乎？即文學之所以應得名者，途轍廣矣。而彼之所以誘人，又不過纖佻輕雋之辭章，才子佳人之小說，男必張生、李十，女必宏度，幼微，將率天下之士女，翩翩然化爲蛺蜨楊花，而後大快於心焉。則斯人之所謂名，乃名教之罪人也！斯人之所謂名，亦有識者所深恥也。

學者亦知雅俗之別乎？雅者，正也，亦曰常也。安其正而守其常，實至而名自歸之，斯天下之大雅也。好名者流，忘己徇人，世俗譽之，則沾沾以喜，世俗非之，則戚戚以憂。以世俗

之予奪爲趨避,是己之所處,方以俗爲依歸也。且人以好名爲雅,好利爲俗,尤非也。名者,有所利而好之。所好不同,而其心無異。故好名之人,其俗甚於好利也。誘人好名者,其罪浮於教人肬篋也。一有名心,即沾俗氣。與衆爭趨,俗安可醫?

傾邪之人,必有所恃。挾纖仄便娟之筆,爲稱功頌德之辭。以揣摩抵掌之談,運宛轉逢迎之術。權貴顯要,無不逢也。聲望鉅公,無不媚也。筆舌不足,導以景物娛游。追隨未足,媚以烹庖口味。自記爲某貴人品嘗屬下進饌。又某貴人屢索其姬妾手調飲饌,有謝賞姬人啟事。自記爲某貴人品嘗屬下句曲。頌嬌姿於金屋,貴人愛寵,無不詳於筆記。尤稱絕技,備極精能。貴人公退之餘,亦思娛樂。優伶是其習見,狗馬亦所常調,數見不鮮,神思倦矣。忽見通文墨之優伶,解聲歌之犬馬,屈曲如意,宛約解人,能不愛憐,幾於得寶。使人誤認清流,因而揖之上坐,賜以顏色,假以羽毛。遂能登自託山林隱遁之流,足迹不離轂轅鈴閣。高而呼,有挾以令,舟車所向,到處逢迎,熒惑聽聞,干謁州縣,或關說陰訟,恣其不肖之圖,乘機漁色。或聚集少年,肆爲冶蕩之說。斯乃人倫之蟊賊,名教所必誅。昧者不知,誇其傳食列城,風聲炫燿,是猶羨儀、衍之大丈夫,而不知其爲妾婦所羞也。

聲詩三百,聖教所存,千古名儒,不聞異議。今乃喪心無忌,敢侮聖言,邪說倡狂,駭人耳目。六義甚廣,而彼謂《雅》《頌》劣於《國風》。《風》詩甚多,而彼謂言情妙於男女。凡聖賢

典訓，無不橫徵曲引，以爲導欲宣淫之具，其罪可勝誅乎！自負詩才，天下第一，庸妄無知甚矣。昔李白論詩，貴於清真，此乃今古論詩文之準則，故至今懸功令焉。清真者，學問有得於中，而以詩文抒寫其所見，無意工辭，而盡力於辭者莫及也。毋論詩文，皆須學問，空言性情，畢竟小家。彼方視學問爲仇讎，而益以胸懷之鄙俗，是質已喪，而文無可附矣。斤斤爭勝於言語之工，是鸚鵡猩猩之效人語也，不必展卷，而已知其詩無可錄矣。

人各有能有不能，無能強也。鄙俗之懷，傾邪之心，詩則無其質矣。然舍質論文，則其輕儁便給之才，如效鸚鵡猩猩之語，未嘗不足娛人耳目，雖非藝林所貴，亦堪附下馴以傳名矣。彼不自揣，妄談學問文章，古文辭頗有才氣，而文理全然不通。而其言不類，殆於娼家讀《列女傳》也。學問之途甚廣，記誦名數，特其一端。彼空疏不學，而厭漢儒以爲糟粕，豈知其言之爲糞土耶？經學歷有淵源，自非殊慧而益以深功，不能成一家學也。而彼則謂不能詩者遁爲經學，是伏、鄭大儒，乃是有所遁而爲之，鄙且悖矣。考據者，學問之所有事耳。學問不一家，考據亦不一家。鄙陋之夫，不知學問之有流別，見人學問眩於目而莫能指識，則概名之曰考據家。夫考據豈有家哉？學問之有考據，猶詩文之有事實耳。今見有如韓、柳之文，李、杜之詩，不能定爲何家詩文，惟見中有事實，即概名爲事實家，可乎？學問成家，則發揮而爲文辭，證實而爲考據。比如人身，學問其神智也，文辭其肌膚也，考據其骸骨也，三者備而後謂之著述。

著述可隨學問而各自名家,別無所謂考據家與著述家也。鄙俗之夫,不知著述隨學問以名家,輒以私意妄分爲考據家、著述家,而又以私心妄議爲著述家終勝於考據家。彼之所謂考據,不過類書策括。所謂著述,不過如伊所自撰無根柢之詩文耳。其實皆算不得成家。是直見人具體,不知其有神智,而妄別人有骸骨家與肌膚家,又謂肌膚家之終勝骸骨家也。此爲何許語耶?詩話論詩,全失宗旨。然暗於大而猶明於細,比於雜藝,小道可觀,君子猶節取焉。至其妄不自忖,僭論學問文章,直如蜀嶺晴雪,奔吠蒼黃,每論學問處,輒厭惡如吠所怪。揣籥聞鐘,臆言天日。比類則置甲而誤聯乙丙,摘非則忘衰而夒議功總。妄雖可惡,愚實堪憐。俚女村姬,臆度昭陽長信,畦泯野老,紛爭金馬玉堂。學人口氣,強效不類。大似載鬼一車,使人噴飯滿案。豈天奪其魄乎?何爲自狀其醜,津津有餘味耶?每失其意。

文史通義校注卷六

外篇一

方志立三書議〔一〕

凡欲經紀一方之文獻，〔二〕必立三家之學，而始可以通古人之遺意也。做紀傳正史之體而作志，做律令典例之體而作掌故，〔三〕做《文選》《文苑》之體而作文徵。〔四〕三書相輔而行，闕一不可；合而爲一，尤不可也。

或曰：方志之由來久矣，未有析而爲三書者。懼人以謂有意創奇，因假推或問以盡其義。〔五〕

曰：明史學也。賈子嘗言古人治天下，至纖至析。〔六〕余考之於《周官》，〔七〕而知古人之於史事，未嘗不至纖析也。外史掌四方之志，注謂：「若晉《乘》、魯《春秋》、楚《檮杌》之類」，〔八〕是一國之全史也。而行人又獻五書，〔九〕太師又陳風詩。〔一〇〕詳見《志科議》，此但取與三書針對者。是王朝之取於侯國，其文獻之徵，固不一而足也。苟可闕其一，則古人不當設是官，苟可合而爲一，則古人當先有合一之書矣。〔一一〕

或曰：封建罷爲郡縣，[一三]今之方志，不得擬於古國史也。曰：今之天下，民彝物則，[一三]未嘗稍異於古也。方志不得擬於國史，以言乎守令之官，皆自吏部遷除，既已不世其家，即不得如侯封之自紀其元於書耳。其文獻之上備朝廷徵取者，豈有異乎？人見春秋列國之自擅，以謂諸侯各自爲制度，略如後世割據之國史，不可推行於方志耳。不知《周官》之法，乃是同文共軌之盛治，[一四]侯封之禀王章，不異後世之郡縣也。[一五]

古無私門之著述，[一六]六經皆史也。[一七]後世襲用而莫之或廢者，惟《春秋》《詩》《禮》三家之別耳。紀傳正史，《春秋》之流別也；掌故典要，官《禮》之流別也；文徵諸選，風《詩》之流別也。[一八]獲麟絕筆以還，[一九]後學鮮能全識古人之大體，必積久而後漸推以著也。馬《史》班《書》以來，已演《春秋》之緒矣。劉氏《政典》，[二〇]杜氏《通典》，[二一]始演官《禮》之緒焉。呂氏《文鑑》，[二二]蘇氏《文類》，[二三]始演風《詩》之緒焉。並取括代爲書，互相資證，無空言也。[二四]

或曰：文中子曰：「聖人述史有三，《書》《詩》與《春秋》也。」[二五]今論三史，則去《書》而加《禮》，文中之説，豈異指歟？曰：《書》與《春秋》，本一家之學也。《竹書》雖不可盡信，編年蓋古有之矣。[二六]《書》篇乃史文之別具。古人簡質，未嘗合撰紀傳耳。左氏以傳翼經，則合爲一矣。[二七]其中辭命，即訓誥之遺也；所徵典實，即貢範之類也。故〈周書〉訖平王，《秦誓》乃附

侯國之書。而《春秋》託始於平王，明乎其相繼也。[二八]左氏合而馬、班因之，遂爲史家一定之科律，殆如江漢分源而合流，[二九]不知其然而然也。後人不解，而以《尚書》《春秋》分別記言記事者，[三〇]不知六藝之流別也。若夫官《禮》之不可闕，則前言已備矣。

或曰：樂亡而《書》合於《春秋》，六藝僅存其四矣。既曰六經皆史矣，後史何無演《易》之流別歟？曰：古治詳天道而簡於人事，後世詳人事而簡於天道，時勢使然，聖人有所不能強也。上古雲鳥紀官，[三一]命以天時，唐、虞始命以人事；《堯典》詳命羲、和，《周官》保章，[三二]僅隸春官之中秩，此可推其詳略之概矣。[三三]命、農、黃帝不相襲，夏、商、周代不相沿，[三四]作新兆人之耳目者也。後世惟以頒曆授時爲政典，而占時卜日爲司天之官守焉；所謂天道遠而人事邇，[三五]時勢之不得不然。是以後代史家，惟司馬猶掌天官，[三六]而班氏以下，不言天事也。[三七]

或曰：六經演而爲三史，亦一朝典制之鉅也。方州蕞爾之地，[三八]一志足以盡之，何必於備物歟？曰：類例不容合一也。古者天子之服，十有二章，公侯卿大夫士差降，至於元裳一章，[三九]斯爲極矣。然以爲賤，而使與冠履并合爲一物，必不可。前人於六部卿監，蓋有志矣。[四〇]然吏不知兵，而户不侵禮，雖合天下之大，其實一官之偏，不必責以備物也。方州雖

小，其所承奉而施布者，吏、户、禮、兵、刑、工，無所不備，是則所謂具體而微矣。國史於是取裁，方將如《春秋》之藉資於百國寶書也，[四三]又何可忽歟？

或曰：自有方志以來，未聞國史取以爲憑也。今言國史取裁於方志何也？曰：方志久失其傳。今之所謂方志，非方志也。其古雅者，文人遊戲，小記短書，清言叢説而已耳。其鄙俚者，文移案牘，江湖遊乞，隨俗應酬而已耳。搢紳先生每難言之。[四四]國史不得已，而下取於家譜誌狀，文集記述，所謂禮失求諸野也。[四五]然而私門撰著，恐有失實，無方志以爲之持證，故不勝其考覈之勞，且誤信之弊，正恐不免也。蓋方志亡而國史之受病也久矣。方志既不爲國史所憑，則虚設而不得其用，所謂觚不觚也，方志乎哉！[四六]

或曰：今三書並立，將分肘來方志之所有而析之歟？抑增方志之所無而鼎立歟？曰：有所分，亦有所增。然而其義難以一言盡也。史之爲道也，文士雅言，與胥吏簿牘，皆不可用；然而捨是二者，則無所以爲史矣。孟子曰：其事，其文，其義，《春秋》之所取也。[四七]即簿牘之事而潤以爾雅之文，[四八]而斷之以義，國史方志，皆《春秋》之流別也。譬之人身，事者其骨，文者其膚，義者其精神也。斷之以義，而書始成家。書必成家，而後有典有法，可誦可識，乃能傳世而行遠。故曰：志者志也，欲其經久而可記也。[四九]

或曰：志既取簿牘以爲之骨矣，何又删簿牘而爲掌故乎？曰：説詳《亳州掌故》之例議

矣，今復約略言之。馬遷八書，[50]皆綜覈典章，發明大旨者也。其《禮書》例曰：「籩豆之事，則有司存。」[51]此史部書志之通例也。馬遷所指爲有司者，如叔孫朝儀，韓信軍法，蕭何律令，[52]各有官守而存其掌故，史文不能一概而收耳。惜無劉秩、杜佑其人，[53]別刪掌故而裁爲典要。故求漢典者，僅有班書，而名數不能如唐代之詳，其效易見也。則別刪掌故以輔志，猶《唐書》之有《唐會要》，[54]《宋史》之有《宋會要》，[55]《元史》之有《元典章》，[56]《明史》之有《明會典》而已矣。[57]

或曰：今之方志，所謂藝文，置書目而多選詩文，似取事言互證，得變通之道矣。今必別撰一書爲文徵，意豈有異乎？曰：説詳《永清文徵》之序例矣，今復約略言之。志既倣史體而爲之，則詩文有關於史裁者，當入紀傳之中，如班《書》傳志所載漢廷詔疏諸文，可也。以選文之例而爲藝文志，是《宋文鑑》可合《宋史》爲一書，《元文類》可合《元史》爲一書矣，[58]與紀傳中所載之文，何以别乎？[59]

或曰：選事倣於蕭梁，繼之《文苑英華》，[60]其所由來久矣。今舉《文鑑》《文類》，始演風詩之緒，何也？曰：《文選》《文苑》諸家意在文藻，不徵實事也。《文鑑》始有意於政治，《文類》乃有意於故事，[61]是後人相習久，而所見長於古人也。[62]

或曰：方州文字無多，既取經要之篇入紀傳矣，又輯詩文與志可互證者，别爲一書，恐篇

次寥寥無幾許也。曰：既已別爲一書，義例自可稍寬。即《文鑑》《文類》，大旨在於證史，亦不能篇皆繩以一概也。名筆佳章，人所同好，即不盡合於證史，未嘗不可兼收也。蓋一書自有一書之體例，《詩》教自與《春秋》分轍也。[六三]近代方志之藝文，其猥濫者，毋庸議矣。其稍有識者，亦知擇取其有用，而愼選無多也。不知律以史志之義，即此已爲濫收；若欲見一方文物之盛，雖倍增其藝文，猶嫌其隘矣。不爲專輯一書，以明三家之學，進退皆失所據也。[六四]

或曰：《文選》諸體，無所不備，今乃歸於風詩之流別，何謂也？曰：說詳《詩教》之篇矣，今復約略言之。《書》曰：「詩言志。」[六五]古無私門之著述，經子諸史，皆本古人之官守；[六六]詩則可以惟意所欲言。唐、宋以前，文集之中無著述。文之不爲義解經學、傳記史學、論撰子家諸品者，古人始稱之爲文。其有義解、傳記、論撰諸體者，古人稱書不稱文也。蕭統《文選》，合詩文而皆稱爲文者，見文集之與詩，同一流別也。[六七]今倣選例而爲文徵，入選之文，雖不一例，要皆自以其意爲言者，故附之於風詩也。[六八]

或曰：孔衍有《漢魏尚書》，王通亦有《續書》，[六九]皆取詔誥章疏，都爲一集，亦《文選》之流也。然彼以衍書家，而不以入詩部，何也？曰：《書》學自左氏以後，并入《春秋》。[七〇]孔衍、王通之徒，不達其義而強爲之，故其道亦卒不能行。譬猶後世，濟水已入於河，[七一]而泥《禹貢》者，猶欲於滎澤、陶邱濬故道也。[七二]

或曰：三書之外，亦有相仍而不廢者，如《通鑑》之編年，本末之紀事，[七三]後此相承，當如俎豆之不祧矣。[七四]是於六藝，何所演其流別歟？曰：是皆《春秋》之支別也。蓋紀傳之史，本衍《春秋》家學，而《通鑑》即衍本紀之文，而合其志傳爲一也。若夫紀事本末，其源出於《尚書》；而《尚書》中折而入於《春秋》，故亦爲《春秋》之別也。馬、班以下，代演《春秋》於紀傳矣，《通鑑》取紀傳之分，而合之以編年；《紀事本末》又取《通鑑》之合，而分之以事類；而因事命篇，不爲常例，轉得《尚書》之遺法。所謂事經屢變而反其初，[七五]賁飾所爲受以剥，剥窮所爲受以復也。[七六]譬燒丹砂以爲水銀，取水銀而燒之，復爲丹砂，即其理矣。此說別有專篇討論，不具詳也。[七七]此乃附論，非言方志。

或曰：子修方志，更於三書之外，別有《叢談》一書何爲邪？[七八]曰：此徵材之所餘也。古人書欲成家，非誇多而求盡也。然不博覽，無以爲約取地。既約取矣，博覽所餘，攔入則不倫，[七九]棄之則可惜，故附稗野說部之流，而作叢談，猶經之別解，史之外傳，子之外篇也。其不合三書之目而稱四，何邪？三書皆經要，而《叢談》則非必不可闕之書也。前人修志，則常以此類附於志後，或稱餘編，或稱雜志。彼於書之例義，未見卓然成家，附於其後，故無傷也。既立三家之學，以著三部之書，則義無可借，不如別著一編爲得所矣。《漢志》所謂小說家流，出於稗官，街談巷議，亦采風所不廢云爾。[八〇]

〔一〕按《周官·春官》:「外史掌四方之志。」方志之名本此。劉氏《識語》:「此篇爲序例之總綱。而論六藝流別,亦三教篇之要删。」此與下篇柯氏鈔本原題注「已刻」。作年,見《書教上》注〔一〕。

〔二〕見《易教上》注〔六〕。

〔三〕《史記·龜策列傳》:「孝文、孝景因襲掌故,未嘗講試。」掌故,國家之故實。

〔四〕《文選》,見《書教中》注〔三〇〕。《文苑》,見《詩教上》注〔三九〕。文徵,見《易教上》注〔一六〕。

〔五〕按此節篇序。

〔六〕賈誼《論積貯疏》文。按析,當從原文作「悉」。《州縣請立志科議》引此不誤。

〔七〕見《易教下》注〔三〕。

〔八〕《周禮·春官》:「外史掌四方之志。」鄭注:「志,記也。謂若魯之《春秋》,晉之《乘》,楚之《檮杌》。」賈疏:「名《春秋》者,謂四時之序,春爲陽之首,秋爲陰之先,故舉春秋以包四時也。云晉謂之《乘》,《春秋》爲出軍之法,甸方八里,出長轂一乘,故名《春秋》爲《乘》也。云楚謂之《檮杌》者,檮杌謂惡獸,《春秋》者直史,不避善惡,事同檮杌,故謂《春秋》爲《檮杌》也。皆是國異故,史異名也。引之者,欲見《春秋》是記事,云與四方之志爲一故也。」

〔九〕《周禮·秋官》:「小行人掌邦國賓客之禮籍,以待四方之使者。其禮俗政事教治刑禁之逆順爲一書,其悖逆暴亂作慝猶犯令者爲一書,其札喪凶荒厄貧爲一書,其康樂和親安平爲一書。凡此物者,每國辨異之,以反命於王,以周知天下之故。」

〔一〇〕《禮記·王制》:「歲二月,東巡狩,命大師陳詩,以觀民風。」鄭注:「陳詩,謂采其詩而視之。」《公羊傳》宣十五年注:「男女有所怨恨,相從而歌,飢者歌其食,勞者歌其事。男年六十、女年五十無子者,官衣食之,使之民間求詩,鄉移於邑,邑移於國,國以聞於天子。」

〔一一〕按此節援《周官》以證三書之當分立。

〔一二〕《史記·秦始皇本紀》:「二十六年,丞相綰等言:『諸侯初破,燕、齊、荊地遠,不爲置王,毋以填之。請立諸子,唯上幸許。』始皇下其議於群臣。群臣皆以爲便。廷尉李斯議曰:『周文王所封子弟同姓甚衆,然後屬疏遠,相攻擊如仇讎,諸侯更相誅伐,周天子弗能禁止。今海內賴陛下神靈一統,皆爲郡縣。諸子功臣,以公賦稅重賞賜之,甚足,易制,天下無異意,則安寧之術也。置諸侯,不便。』始皇曰:『廷尉議是。』分天下以爲三十六郡,郡置守監尉。」

〔一三〕《詩·大雅·烝民》:「天生烝民,有物有則,民之秉彝,好是懿德。」傳:「烝,衆;物,事;則,法;彝,常;懿,美也。」鄭箋:「秉,執也。天之生衆民,其性有物象,謂五行仁義禮智信也。其情有所法,謂喜怒哀樂好惡也。然而民所執持有常道,莫不好有美德之人。」

〔一四〕同文共軌:見《詩教上》注〔六八〕。

〔一五〕按此節言《周官》之法,不以後世改郡縣而有異。

〔一六〕古無私著:見《詩教上》注〔三〕及同篇後一段。

〔一七〕六經皆史:見《易教上》注〔二〕。

〔八〕《立言有本》:「史學本於《春秋》,專家著述本於官《禮》,辭章泛應本於風《詩》,天下之文,盡於是矣。」(劉刻《遺書》卷七)可與此參證。《易·繫辭下》:「不可爲典要,唯變所適。」韓康伯注:「不可立定準也。」典要二字出此。

〔九〕絕筆:見《朱陸》注〔三二〕。

〔一〇〕劉氏《政典》:見《釋通》注〔二六〕。

〔一一〕杜氏《通典》:見《書教中》注〔三二〕。

〔一二〕呂氏《文鑑》:見《書教中》注〔三三〕。

〔一三〕蘇氏《文類》:見《書教中》注〔三三〕。

〔一四〕按此節言後史演《春秋》《詩》《禮》三家之流別。

〔一五〕《中說·王道》:「子謂薛收曰:『昔聖人述史三焉:其述《書》也,帝王之制備矣,故索焉而皆獲;其述《詩》焉,興衰之由顯,故究焉而皆得;其述《春秋》也,邪正之迹明,故考焉而皆當。此三者,同出於史而不可雜也,故聖人分焉。』」

〔一六〕竹書:《竹書紀年》,見《書教下》注〔四八〕。《隋書·經籍志》:「其所著書,皆編年相次,大似《春秋經》」;其所記事,多與《春秋左氏》扶同。」

〔一七〕《書教上》:「蓋官《禮》制密,而後記注有成法。記注有成法,而後撰述可以無定名。以謂纖悉委備,有司具有成書,而吾特舉其重且大者,筆而著之,以示帝王經世之大略。」而典、謨、訓、誥、貢、範、

〔二八〕《周書》訖於《文侯之命》。《書序》:「平王錫晉文侯秬鬯圭瓚,作《文侯之命》。」其下《費誓》,魯侯伯禽作。《秦誓》,秦穆公作。乃附錄侯國之書。杜預《春秋左氏傳序》:「周平王,東周之始王也,隱公,讓國之賢君也。考乎其時則相接,言乎其位則列國,本乎其始則周公之祚胤也。平王能祈天永命,紹開中興。隱公能弘宣祖業,光啟王室。則西周之美可尋,文武之迹不隊。是故因其曆數,附其行事,采周之舊,以會成王義,垂法將來。」足以發明託始平王之微意。

〔二九〕《書·禹貢》:「岷山導江。」又:「嶓冢導漾,東流為漢,又東為滄浪之水,過三澨,至于大別,南入于江。」

〔三〇〕見《書教上》注〔二四〕。

〔三一〕按此節言《尚書》《春秋》本一家之學,年事相繼。

〔三二〕見《易教下》注〔八〕。

〔三三〕羲和、保章⋯並見《天喻》注〔六〕。

〔三四〕開物成務⋯見《易教上》注〔六〕。神道設教⋯見《易教上》注〔三〕。是興神物,以前民用;見《易教上》注〔七〕。

〔三五〕按《周禮》太卜掌三《易》之法。鄭玄《易贊》:「夏曰《連山》,殷曰《歸藏》,周曰《周易》。」是夏、商、周不相沿也。而《連山》本於神農,《歸藏》本於黄帝,《周易》本於包羲,(見《易教上》注〔一〇〕)是羲、農、黄帝不相襲也。太卜掌三《易》,言古詳于天道。

〔三六〕《左傳》昭十七年:「裨竈言於子產曰:『宋、衛、陳、鄭將同日火。若我用瓘斝玉瓚,鄭必不火。』子產弗與。」十八年:「五月,宋、衛、陳、鄭皆來告火。裨竈曰:『不用吾言,鄭又將火。』鄭人請用之。子大叔曰:『寶以保民也,若有火,國幾亡,子何愛焉?』子產曰:『天道遠,人道邇,非所及也,何以知之?竈焉知天道!是亦多言矣,豈不或信。』遂不與,亦不復火。」

〔三七〕《史記·太史公自序》:「司馬氏世主天官。」《索隱》:「天官,乃廣知天文星曆之事。」

〔三八〕按此節言後史無演《易》之流別,其故在後世詳於人事。

〔三九〕《左傳》昭七年:「蔞爾國。」注:「蔞,小貌。」

〔四〇〕《周禮·春官》:「司服掌王之吉凶衣服,辨其名物與其用事。」鄭注:「此古天子冕服十二章。至周而以日月星辰畫於旍旗,所謂『三辰旍旗,昭其明也』。而冕服九章,登龍於山,登火於宗彝,尊其神明也。九章,初一日龍,次二日山,次三日華蟲,次四日火,次五日宗彝,皆畫以爲繢。次六日藻,次七日粉米,次八日黼,次九日黻,皆絺以爲繡。則衮之衣五章,裳四章,凡九也。鷩畫以雉,謂華蟲也。其衣三章,裳四章,凡七也。毳畫虎蜼,謂宗彝也。其衣二章,裳三章,凡五也。絺刺粉米,無畫也。

〔四一〕其衣一章，裳二章，凡三也。玄者，衣無文，裳刺黻而已。是以謂玄焉。凡冕服皆玄衣纁裳。

〔四二〕唐立吏、戶、禮、兵、刑、工六部尚書，以象周之六卿，統之於尚書省。《明史·藝文志》職官類：「宋啓明《吏部志》四十卷，王崇慶《南京戶部志》二十卷，應廷育《刑部志》八卷，劉振《工部志》一百三十九卷，夏時正《太常志》十卷，顧存仁《太僕志》十四卷，邢讓《國子監志》二十二卷。」

〔四三〕《孟子·公孫丑上》：「冉牛、閔子、顏淵，則具體而微。」

〔四四〕按此節言方志具體而微，爲國史所取裁。

〔四五〕《史記·五帝本紀贊》：「百家言黃帝，其文不雅馴，薦紳先生難言之。」《集解》引徐廣曰：「薦紳，即縉紳也。古字假借。」按縉與搢同。

〔四六〕見《橫通》注〔五〕。

〔四七〕《論語·雍也》：「觚不觚，觚哉觚哉！」劉寶楠《正義》：「毛奇齡《改錯》云：『古制器命名，各有取義。《禮》注云，觚容二升，取寡爲義。《詩》説所云飲常寡少曰觚，則此觚之命名，原與君子之稱孤寡，有同義也。今飲常不寡，而仍稱曰觚，名實乖矣，猶曰觚哉？』或謂觚當有稜，其後無稜亦曰觚。如《史記》所云『破觚爲圜』之比。此亦名實相乖，於義得通者也」按此節言後世方志失傳，乃不爲國史所憑。

〔四八〕《漢書·藝文志》：「讀應爾雅。」沈欽韓曰：《漢書疏證》曰：「《大戴記·小辯》篇：『爾雅以觀於

〔四九〕見《書教上》注〔二九〕。

〔四九〕《漢書》有十志,師古曰:「志,記也,積記其事也。」按此節言方志亦《春秋》之流別,即簿牘之事,潤以爾雅之文,而斷之以義。

〔五〇〕《史記》八書,《禮書》第一,《樂書》第二,《律書》第三,《曆書》第四,《天官書》第五,《封禪書》第六,《河渠書》第七,《平準書》第八。《索隱》:「書者,五經六籍總名也。此之八書,紀國家之大體,班氏謂之志,志亦記也。」八書猶方志中之掌故。

〔五一〕按《史記·封禪書》:「余從巡祭天地諸神名山川而封禪焉。入壽宮侍祠神語,究觀方士祠官之意,於是退而論次自古以來用事於鬼神者,具見於表裏,後有君子,得以覽焉。若至俎豆珪幣之詳,獻酬之禮,則有司存。」此云《禮書》,係失檢。《論語·泰伯》:「籩豆之事,則有司存。」邢疏:「籩豆,禮器也。」言執籩豆行禮之事,則有所主者存焉。

〔五二〕見《書教上》注〔一五〕。

〔五三〕劉秩,見《釋通》注〔二六〕。杜佑,見《書教中》注〔三〕。

〔五四〕《書錄解題》典故類:「《唐會要》一百卷,司空平章事晉陽王溥齊物撰。初,唐德宗時,蘇冕撰四十卷。武宗朝崔鉉續四十卷。至是溥又采宣宗以降故事,共成百卷。建隆二年正月,上之。」

〔五五〕《書錄解題》典故類:「《六朝國朝會要》三百卷,監修國史王珪撰。自建隆至熙寧十年。《續會要》三百卷,監修仙井盧允文等上。起元豐元年,迄靖康之末。《中興會要》一百卷,監修晉江梁克家等

上。自炎興元年續修,止紹興三十二年。《國朝會要總類》五百八十八卷,李心傳所編,合三書爲一。」

〔五六〕《四庫全書總目》政書類:《元典章》前集六十卷,附新集,無卷數,不著撰人名氏。前集載世祖即位到延祐七年英宗初政。其綱凡十,曰詔令、聖政、朝綱、臺綱、吏部、戶部、禮部、兵部、刑部、工部。其目凡三百七十三。新集體例略倣前集,續載英宗至治二年事,似猶未竟之本也。」

〔五七〕《四庫全書總目》政書類:《明會典》一百八十卷,弘治十年奉敕修,十五年書成,正德四年重校刊行。總裁爲大學士李東陽等。以六部爲綱,大抵以洪武二十八年諸司職掌爲主,而參以《祖訓大誥》《大明令》《大明集禮》《洪武制禮》《儀禮定式》《稽古定制》《孝慈錄》《教民榜文》《大明律》《軍法》《定律》《憲綱》十二書,於一代典章,最爲賅備。凡史志之所未詳,此皆具有始末,足以備後來之考證。」按此節明文徵掌故所以別爲一書之故。

〔五八〕《宋文鑑》見《書教中》注〔三二〕。《元文類》見同篇注〔三三〕。

〔五九〕按此節明文徵所以別爲一書之故。

〔六〇〕選業始於梁昭明太子蕭統所纂之《文選》,見《書教中》注〔三〇〕。《文苑英華》見《傳記》注〔三四〕。《唐文粹》,見《書教中》注〔三三〕。

〔六一〕周必大《宋文鑑序》曰:「皇帝陛下(孝宗)萬幾餘暇,猶玩意於著作。謂卷帙繁夥,難於遍覽,擇有補治道者,表而出之。乃詔著作郎呂祖謙,發三館四庫之所藏,裒縉紳故家之所錄,斷自中興以來,

彙次表上。古賦詩騷，則欲主文而譎諫；典策詔誥，則欲溫厚而有體；奏疏表章，取其直諒而忠愛者；箴銘贊頌，取其精慤而詳明者；書啟雜著，大率事辭稱者爲先，事勝辭則次之；文質備者爲先，質勝文則次之。復謂律詩經義，國家取士之源，亦加采掇，略存古代之制，定爲一百五十卷。」此所謂始有意於政治也。元陳旅《元文類序》曰：「翰林待制趙郡蘇天爵伯修慨然有志於此，以爲秦、漢、魏、晉之文，則收於《文選》；唐、宋之文，則載於《文粹》《文鑑》；國家文章之盛，不采而彙之，將遂散佚沈泯，赫然休光，弗耀於將來，非當世之大缺者歟？乃蒐撫國初至今名人所作，若歌詩、賦頌、銘贊、序記、奏議、雜著、書說、議論、銘誌、碑傳，皆類而聚之，積二十年，凡得若干首，爲七十卷，名曰《國朝文類》。百年文物之英，盡在是矣。」此所謂乃有意於故事也。

〔六二〕按此節言《文鑑》《文類》始演風詩之緒，有關史裁。

〔六三〕辭章本於風《詩》，史學本於《春秋》，塗轍自分。見上注〔八〕。

〔六四〕按此節言文徵所輯詩文，固在證史，而佳製亦可兼收。

〔六五〕今本《虞書·舜典》文。孔疏：「詩，言人之志意。」

〔六六〕按《原道中》：「《易》掌太卜，《書》在外史，《詩》領太師，《禮》自宗伯，《樂》有司成，《春秋》各有國史。」是群經本於古人之官守也。《漢志·諸子略》謂某家之學出於某官。是諸子出於古人之官守也。《史釋》：「《周官》五史所掌圖書紀載命令法式之事，今之所謂內閣六科翰林中書之屬是也。」諸史本於古人之官守也。

〔六七〕蕭統《文選序》：「若夫姬公之籍，孔父之書，與日月俱懸，鬼神爭奧，孝敬之準式，人倫之師友（經），豈可重以芟夷，加之剪裁？老莊之作，管孟之流，蓋以立意為宗，不以能文為本（子），今之所撰，又以略諸。至於記事之史，繫年之書，所以褒貶是非，紀別同異（史），方之篇翰，亦已不同。至若讚論之綜緝辭采，序述之錯比文華，事出於沈思，義歸乎翰藻（文），故與夫篇什（詩）、雜而集之。」此見文集與詩同一流別也。

〔六八〕按此節言入選之文，必取其自言己意者。

〔六九〕見《書教中》注〔一五〕。

〔七〇〕《書教上》：「《春秋》之事，則齊桓、晉文，而宰孔之命齊侯，王子虎之命晉侯，皆訓誥之文也。而左氏附傳以翼經，夫子不與《文侯之命》同著於編，則《書》入《春秋》之明證也。」

〔七一〕濟水源出河南濟源縣西王屋山，東南流為豬龍河，入黃河。其故道本過黃河而南，東流至山東，與黃河平行入海。今下游為黃河、大清河、小清河所佔，惟河北發源處尚存耳。

〔七二〕夏書·禹貢：「導沇水，東流為濟，入于河，溢為滎，東出于陶丘北。」胡渭《禹貢錐指》引吳氏曰：「濟既入河，其伏者潛行地下，絕河而南，溢為滎，再出于陶丘北。」滎澤在今河南滎澤縣治南。陶丘在今山東定陶縣西南。按此節言《書》自左氏并入《春秋》後，人欲別衍其緒者，殊為不達。

〔七三〕《通鑑》，見《書教下》注〔三七〕。

〔七四〕見《書教下》注〔三二〕。《紀事本末》，見同篇注〔三八〕。

〔一五〕見《書教下》。

〔一六〕《易·序卦》:「賁者,飾也。至飾然後亨則盡矣,故受之剝。剝者,剝也。物不可終盡,剝窮上反下,故受之以復。」

〔一七〕別有專篇,指《書教下》。按此節論司馬氏《資治通鑑》、袁氏《紀事本末》乃《春秋》之支別。

〔一八〕章氏《湖北通志》有《叢談》四卷,一曰考據,二曰軼事,三曰瑣語,四曰異聞。

〔一九〕按黔刻本「攔」作「闌」,後同。

〔二〇〕街談巷議,見《詩話》注〔三〕。按此節明《叢談》所以別爲一編之故。

州縣請立志科議〔一〕

鄙人少長貧困，筆墨千人，屢膺志乘之聘，〔二〕閱歷志事多矣。其間評騭古人是非，斟酌後志凡例，蓋嘗詳哉其言之矣。要皆披文相質，〔三〕因體立裁。至於立法開先，善規防後，既非職業所及，嫌爲出位之謀，間或清燕談天，輒付泥牛入海。〔四〕美志不效，中懷闕如。然定法既不爲一時，則立說亦何妨俟後，是以願終言之，以待知者擇焉。〔五〕

按《周官》宗伯之屬，外史掌四方之志，注謂若晉《乘》、楚《檮杌》之類，〔六〕是則諸侯之成書也。成書豈無所藉？蓋嘗考之周制，而知古人之於史事，未嘗不至纖悉也。司會既於郊野縣都掌其書契版圖之貳；〔七〕黨正「屬民讀法，書其德行道藝」；〔八〕胥比衆，「書其敬敏任恤」；〔九〕誦訓「掌道方志，以詔觀事，掌道方慝，以詔避忌，以知地俗」；〔一〇〕小史「掌邦國之志，奠系世，辨昭穆」；〔一一〕訓方「掌導四方之政事，與其上下之志，誦四方之傳道」；〔一二〕形方「掌邦國之地域，而正其封疆」；〔一三〕山師川師「各掌山林川澤之名，辨物與其利害」；〔一四〕原師「掌四方之地名，辨其邱陵墳衍原隰之名」；〔一五〕是於鄉遂都鄙之間，〔一六〕山川風俗，物產人倫，亦已鉅細無遺矣。至於行人之獻五書，〔一七〕職方之聚圖籍，〔一八〕大師之陳風詩，〔一九〕則其達之於上者也。

蓋制度由上而下，采摭由下而上，惟采摭備，斯制度愈精，三代之良法也。後世史事，上詳於

下。郡縣異於封建，方志不復視古國史，而入於地理家言，[二0]則其事已偏而不全。且其書無官守制度，而聽人之自爲，故其例亦參差而不可爲典要，勢使然也。[二一]

夫文章視諸政事而已矣。三代以後之文章，可無三代之遺制；三代以後之政事，不能不師三代之遺意也。苟於政法亦存三代文章之遺制，又何患乎文章不得三代之美備哉？天下政事，始於州縣，而達乎朝廷，猶三代比閭族黨，以上於六卿；[二二]其在侯國，則由長帥正伯，以通於天子也。[二三]朝廷六部尚書之所治，[二四]則合天下州縣六科吏典之掌故以立政也。[二五]其自下而上，亦猶三代比閭族黨、長帥正伯之遺也。六部必合天下掌故而政存，史官必合天下紀載而籍備也。乃州縣掌故，因事爲名，承行典吏，多添注於六科之外。而州縣紀載，並無專人典守，大義闕如。間有好事者流，修輯志乘，率憑一時采訪，人多庸猥，例罕完善，甚至挾私誣罔，賄賂行文。是以言及方志，薦紳先生每難言之。[二六]史官采風自下，州縣志乘如是，將憑何者爲筆削資也？[二七]且有天下之史，有一國之史，有一家之史，有一人之史。傳狀誌述，[二八]一人之史也；家乘譜牒，[二九]一家之史也；部府縣志，一國之史也；綜紀一朝，天下之史也。比人而後有家，比家而後有國，比國而後有天下。惟分者極其詳，然後合者能擇善而無憾也。譜牒散而難稽，傳誌私而多諛；朝廷修史，必將於方志取其裁。而方志之中，則統部取於諸府，諸府取於州縣，亦自下而上之道也。然則州縣志書，下爲譜牒傳志持平，上爲部府徵信，實朝史

之要刪也。[三〇]期會工程，賦稅獄訟，州縣恃有吏典掌故，能供六部之徵求；至於考獻徵文，州縣僅恃猥濫無法之志乘，曾何足以當史官之采擇乎？州縣挈要之籍，既不足觀，宜乎朝史寧下求之譜牒傳誌，而不復問之州縣矣。夫期會工程，賦稅獄訟，六部不由州縣，而直問於民間，庸有當歟？則三代以後之史事，不亦難乎？夫文章視諸政事而已矣。無三代之官守典籍，即無三代之文章。苟無三代之事功，不能昭揭如日月也。令史案牘，文學之儒，不屑道也。而經綸政教，未有舍是而別出者也。後世專以史事責之於文學，而官司掌故，不爲史氏備其法制焉，斯則三代以後，離質言文，史事所以難言也。今天下大計，[三一]既始於州縣，則史事責成，亦當始於州縣之志。州縣有荒陋無稽之志，而無荒陋無稽之令史案牘。志有法，典守有一定之人，所謂師三代之遺意也。故州縣之志，不可取辦於一時，平日當於諸典吏中，[三二]特立志科，僉典吏之稍明於文法者，以充其選。而且立爲成法，俾如法以紀載，略如案牘之有公式焉，則無妄作聰明之弊矣。積數十年之久，則訪能文學而通史裁者，筆削以爲成書，所謂待其人而後行也。如是又積而又修之，於事不勞，而功效已爲文史之儒所不能及，所謂政法亦存三代文章之遺制也。[三三]

然則立爲成法將奈何？六科案牘，約取大略，而錄藏其副可也。官長師儒，[三四]去官之

日，取其平日行事善惡有實據者，錄其始末可也。所屬之中，家修其譜，人撰其傳誌狀述，必呈其副；學校師儒，采取公論，覈正而藏於志科可也。所屬人士，或有經史撰著，詩辭文筆，論定成編，必呈其副，藏於志科，兼錄部目可也。衛廨城池，學廟祠宇，堤堰橋梁，有所修建，必告於科，而呈其端委可也。銘金刻石，紀事摘辭，必摹其本，而藏之於科可也。賓興鄉飲，〔三五〕讀法講書，凡有舉行，必書一時官秩及諸名姓，錄其所聞所見可也。置藏室焉，水火不可得而侵也。仿鄉塾義學之意，〔三六〕四鄉各設采訪一人，遴紳士之公正符人望者爲之，俾搜遺文逸事，以時呈納可也。學校師儒，慎選老成，凡有呈納，相與持公覈實可也。夫禮樂與政事，相爲表裏者也。學士討論禮樂，必詢器數於宗祝，考音節於工師，〔三七〕乃爲文章不託於空言也。令史案牘，則大臣討論國政之所資，猶禮之有宗祝器數，樂之有工師音節也。苟議政事而鄙令史案牘，定禮樂而不屑宗祝器數，與夫工師音節，則是無質之文，不可用也。獨於史氏之業，不爲立法無弊，豈曰委之文學之儒已足辦歟？〔三八〕

或曰：州縣既立志科，不患文獻之散逸矣。由州縣而達乎史官，其地懸而其勢亦無統要，府與布政使司，〔三九〕可不過而問歟？曰：州縣奉行不實，司府必當以條察也。至於志科，既約六科案牘之要，以存其籍矣。府吏必約州縣志科之要，以爲府志取裁；司吏必約府科之要，以

也。[四〇]

或曰：是於史事，誠有裨矣。不識政理亦有賴於是歟？曰：文章政事，未有不相表裏者也。令史案牘，政事之憑藉也。有事出不虞，而失於水火者焉，有收藏不謹，而蝕於淫蠹者焉；有奸吏舞法，而竊竊更改者焉；如皆錄其要，而藏副於志科，則無數者之患矣。此補於政理者不尠也。譜牒不掌於官，亦令古異宜，天下門族之繁，不能悉覈於京曹也。[四一]然祠襲爭奪，則有訟焉，產業繼嗣，則有訟焉，冒姓占籍，降服歸宗，[四二]則有訟焉，戶役隱漏，則有訟焉。或譜據遺失，或奸徒僞撰，臨時炫惑，叢弊滋焉。此補於政理者，又不尠也。古無私門之著述，蓋自戰國以還，未有可以古法拘也。然文字不隸於官守，則人不勝自用之私；呈其副於志科，則無數者之患矣。聖學衰而橫議亂其教，史官失而野史逞其私；晚近文集傳誌之猥濫，説部是非之混淆，其瀆亂紀載，熒惑清議，蓋有不可得而勝詰者矣。苟於論定成編之業，必呈副於志科，而學校師儒從公討論，則地近而易於質

為通志取裁；不特司府之志，有所取裁，且兼收並蓄，參互考求，可以稽州縣志科之實否也。至於統部大僚，司科亦於去官之日，如州縣志科之於其官長師儒，錄如州縣可也。諸府官僚，府科亦於去官之日，錄如州縣可也。此則府志科吏，不特合州縣科冊而存其副，司志科吏，不特合諸府科而存其副，且有自為其司與府者，不容略者，詳其始末，存於科也。

實,時近而不能託於傳聞,又不致有數者之患矣。此補於政理者,殆不可以勝計也。故曰文章政事,未有不相表裏者也。〔四三〕

〔一〕劉氏《識語》:「此論次比,與《答客問下》同義。」

〔二〕乾隆二十八年,實齋省親湖北,翌年,佐父驥衢先生修《天門縣志》;三十八年,應和州知州劉長城之聘,修《和州志》;四十二年,應永清縣知縣周震榮之請,修《永清縣志》;五十四年,爲亳州知州裴振修《亳州志》;五十七年,爲湖廣總督畢沅修《湖北通志》。

〔三〕陸機《文賦》:「碑披文以相質。」李善注:「碑以敘德,故文質相半。」

〔四〕《論語·憲問》:「曾子曰:君子思不出其位」《國語·齊語》:「使就閒燕。」注:「閒燕,猶清淨也。」《傳燈錄》:「洞山問龍山和尚:『見什麽道理便住此山?』師云:『我見兩個泥牛鬬入海,直至如今無消息。』」

〔五〕按此上篇序。

〔六〕見前篇注〔八〕。

〔七〕《周禮·天官》:「司會,掌國之官府郊野縣都之百物財用,凡在書契版圖之貳,以逆群吏之治,而聽其會計。」鄭注:「版,户籍也。圖,土地形象,田地廣狹。」賈疏:「此書契版圖,下文司書掌其正,此司會主鈎考,故掌其副貳。」

〔八〕《周禮・地官》：「黨正，正歲屬民讀法，而書其德行道藝，以歲時涖校比。」賈疏：「黨正於正歲建寅朔日，聚衆庶讀法，因即書其德行道藝。」

〔九〕《周禮・地官》：「閭胥，聚衆庶，既比則讀法，書其敬敏任恤者。」賈疏：「閭胥官卑而於民爲近，讀法無有時節，但是聚衆庶比之時節讀法，故云既比則讀法也。」

〔一〇〕《周禮・地官》：「誦訓，掌道方志，以詔觀事，掌道方慝，以詔辟忌。」賈疏：「云掌道方志者，志即今之識也。謂道四方所記識遠近之事以告王也。云以詔觀事者，謂告王觀博古之事也。訓誦又掌說四方言語所惡之事以詔告，令王避其忌惡。所以然者，使王博知地俗言語之事也。」按黔本「避忌」作「辟忌」。

〔一一〕《周禮・春官》：「小史，掌邦國之志，奠繫世，辨昭穆。」賈疏：「小史掌邦國之志者，邦國連言，據諸侯。志者，記也。諸侯國內所有記錄之事皆掌之。云奠繫世者，謂定帝繫世本。云辨昭穆者，帝繫世本之中，自有昭穆親疏，故須辨之。」

〔一二〕《周禮・夏官》：「訓方氏，掌道四方之政事，與其上下之志，誦四方之傳道。」鄭注：「道，猶言也。爲王說之。四方，諸侯也。上下，君臣也。傳道，世世所傳說往古之事也。爲王誦之，若今論聖德堯舜之道矣。」

〔一三〕《周禮・夏官》：「形方氏，掌制邦國之地域，而正其封疆。」賈疏：「形方氏主知四方土地形勢，故使掌作邦國之地域大小形勢，又當正其封疆，勿使相侵。」

〔一四〕《周禮·夏官》：「山師，掌山林之名，辨其物與其利害，而頒之于邦國，使致其珍異之物。」

〔一五〕《周禮·夏官》：「原師，掌四方之地名，辨其丘陵墳衍原隰之名，物之可以封邑者。」

〔一六〕周制，王畿内方千里，王城之外爲郊甸之地，郊有六鄉，甸有六遂，再外則爲公邑家邑小都大都。又其外則爲諸侯之國。《周禮·地官·大司徒》：「五家爲比，五比爲閭，四閭爲族，五族爲黨，五黨爲州，五州爲鄉。」遂人：「五家爲鄰，五鄰爲里，四里爲酇，五酇爲鄙，五鄙爲縣，五縣爲遂。」鄭注：「鄰、里、酇、鄙、縣、遂，猶郊内比、閭、族、黨、州、鄉也。異其名者，示相變耳。」又《天官·冢宰》上：「以八則治都鄙。」鄭注：「都鄙，公卿大夫之采邑，王子弟所食邑，周、召、毛、聃、畢、原之屬在畿内者。」

〔一七〕見前篇注〔九〕。

〔一八〕《周禮·夏官》：「職方氏，掌天下之圖，以掌天下之地，辨其邦國、都鄙、四夷、八蠻、七閩、九貉、五戎、六狄之人民，與其財用九穀六畜之數要，周知其利害。」

〔一九〕見前篇注〔一〇〕。

〔二〇〕自《隋書·經籍志》以下，方志之書，均著録於史部地理類。

〔二一〕按此上言三代文獻，采摭備，故制度精。後世方志無官守，故不爲典要。

〔二二〕《周禮·地官·大司徒》：「令五家爲比，使之相保；五比爲閭，使之相受；四閭爲族，使之相葬；五族爲黨，使之相救。」又黨正各掌其黨之政令教治，族師各掌其族之戒令政事，閭胥各掌其閭之徵

〔二三〕《禮記·王制》：「千里之外設方伯，五國以爲屬，屬有長；十國以爲連，連有帥；三十國以爲卒，卒有正；二百一十國以爲州，州有伯，八州八伯、五十六正、百六十八帥、三百三十六長。八伯各以其屬屬於天子之老二人，分天下以爲左右，曰二伯。」

〔二四〕見前篇注〔四二〕。

〔二五〕《大清會典》吏部：「直隸廳直隸州，分其治於縣，而治其吏、戶、禮、兵、刑、工之事。」

〔二六〕見前篇注〔四四〕。

〔二七〕見《易教下》注〔二六〕。

〔二八〕姚鼐《古文辭類纂序》：「劉先生云：古之爲達官名人傳者，史官職之。文士作傳，凡爲坏者種樹之流而已。其人既稍顯，即不當爲之傳，爲之行狀、上史氏而已。」《文心雕龍·書記》：「狀者，貌也。體貌本原，取其事實。先賢表諡，並有行狀。」又姚《纂序》：「誌者，識也。或立石墓上，或埋之壙中，古人皆曰誌。爲之銘者，所以識之之辭也。」行狀亦曰行述，乃述其生平行事也。

〔二九〕宋羅大經《鶴林玉露》：「山谷晚年作日錄，題曰家乘，取《孟子》晉之乘之義。」《史記·十二諸侯年表序》：「太史公讀《春秋》曆譜牒。」《索隱》：「譜起周代，《藝文志》有《帝王譜》。」又自古爲春秋學者有年曆譜牒之説，故杜元凱作《春秋長曆》及《公子譜》。」

〔三〇〕見《言公下》注〔八六〕。

〔三〇〕《周禮‧天官‧太宰》：「三歲則大計群吏之治而誅賞之。」明制，考察外官曰大計。其法州縣以月計上之府，府上下其考，上之布政司，三歲撫按通核其屬事狀，造冊具報，以八法處分之，曰大計。清因之。

〔三一〕《大清會典》（卷十二）吏部：「丞吏之別四，三曰典吏，司道府廳州縣之吏皆曰典吏。」

〔三二〕按此上言縣立志科，所以存三代文章之遺制。

〔三三〕見《詩教上》注〔七〇〕。

〔三四〕《周禮‧大司徒》：「以鄉三物教萬民而賓興之。」鄭注：「物，猶事也。興，猶舉也。民三事教成，鄉大夫舉其賢者能者，以飲酒之禮賓客之。既則獻其書於王。」科舉時代，士子將就鄉試，地方官設宴以待之，亦曰賓興，蓋仿古鄉飲酒之禮也。

〔三五〕《後漢書‧儒林‧楊仁傳》：「仁字文義，巴郡閬中人也。肅宗立，拜什邡令，勸課掾史子弟，悉令就學，由是義學大興。」

〔三六〕《周禮‧春官》之屬，有内宗、外宗、大祝、小祝、掌器數。工師，即樂工樂師也。

〔三七〕按此上言立志科之要與其辦法。

〔三八〕明太祖分全國為十三布政司，每司置布政使，管理全省之民政財政。其後增置總督、巡撫、巡按等官臨其上，其權日微。至清，布政使遂為總督巡撫之屬僚。

〔三九〕按此上言立志科有裨於史事。

(四一)　京官之任部曹者,各部司官以下皆是。

(四二)　出嗣之子爲本生父母持齊衰期,稱降服子。

(四三)　按此上言立志科有助於政理。

地志統部〔一〕

陽湖洪編修亮吉,〔二〕嘗撰輯《乾隆府廳州縣志》,其分部乃用《一統志》例,〔三〕以布政使司分隸府廳州縣。余於十年前,訪洪君於其家,謂此書於今制當稱部院,〔四〕不當泥布政使司舊文。因歷言今制分部與初制異者,以明例義。洪君意未然也。近見其所刻《卷施閣文集》,內有《與章進士書》,〔五〕繁稱博引,痛駁分部之說。余終不敢謂然。又其所辨,多余向所已剖,不當復云云者。則余本旨,洪君殆亦不甚憶矣。因疏別其說,存示子弟,明其所見然耳,不敢謂己說之必是也。〔六〕

統部之制,封建之世,則有方伯。郡縣之世,則自漢分十三部州;〔七〕六朝州郡,制度迭改,其統部之官,雖有都督總管諸名,而建府無常,故唐人修五代地志,即《隋志》。不得統部之說,至以《禹貢》九州,畫分郡縣,其弊然也。〔八〕唐人分道,〔九〕宋人分路,〔一〇〕雖官制統轄不常,而道路之名不改。故修地志者,但舉道路而分部明也。元制雖亦分路,而諸路俱以行省平章爲主,故又稱行省。〔一一〕而明改行省爲十三布政使司,〔一二〕其守土之官,則曰布政使。布政使司者,分部之名,而布政使者,統部之官,不可混也。然布政使司,連四字爲言,而行省則又可單稱爲省,分部之名,人情樂趨簡便,故制度雖改,而當時流俗,止稱爲省。沿習既久,往往見

於章奏文移，積漸非一日矣。我朝布政使司，仍明舊制；而沿習稱省，亦仍明制。此如漢制子弟封國，頒爵爲王，而詔誥章奏，乃稱爲諸侯王；當時本非諸侯，則亦徇古而沿其名。但初制盡如明舊，故正名自當爲布政使司。百餘年來，因時制宜，名稱雖沿明故，而體制與明漸殊。〔一三〕

今洪君書以乾隆爲名，則循名責實，必當稱部院而不當稱布政使司矣。〔一四〕蓋初制巡撫無專地，〔一五〕前明兩京無布政使司，而順天、應天間設巡撫；順天之外，又有鳳陽諸撫。〔一六〕不似今之統轄全部，自有專地。此當稱部院者一也。初制巡撫無專官。故康熙以前，巡撫有二品三品四品之不同，其兼侍郎則二品，副都御史則三品，僉都御史則四品；今則皆兼兵部侍郎、右副都御史矣。〔一七〕其畫一制度，不復如欽差無定之例。此當稱部院者二也。學差關部，皆有京職，去其京職，即無其官矣。今巡撫新除，吏部必請應否兼兵部都察院銜。雖故事相沿，未有不兼銜者，但既有應否之請，則亦有可不兼銜之理矣。按《會典》《品級考》諸書，〔一八〕已列巡撫爲從二品，注云：「加侍郎銜正二。」則巡撫雖不兼京銜，已有一定階級，正如宋之京朝官，知州軍知縣事，〔一九〕雖有京銜，不得謂州縣非職方也。此當稱部院者三也。國之大事，在祀與戎。〔二〇〕今戎政爲總督專司，而巡撫亦有標兵，〔二一〕固無論矣。壇廟祭祀，向由布政使主祭者，而今用巡撫主祭。〔二二〕則當稱部院者四也。賓興大典，向用布政使印

鈐榜者,而今用巡撫關防。[二二]此當稱部院者五也。初制布政使司有左右,使分理吏戶禮工之事。都司掌兵,按察使司提刑。是布政二使,內比六部;而按察一使,內比都察院也。今裁二使歸一,而分驛傳之責於按察使,裁都司而兵權歸於督撫,其職任與前異。[二三]故上自詔旨,下及章奏文移,皆指督撫爲封疆,而不日輶使;[二四]皆謂布政之司爲錢穀總匯,按察之司爲刑名總匯,[二五]而不以布政使爲封疆,總督頭銜則稱部堂;[二六]蓋兵部堂官,必準時立制,必當稱部院者六也。督撫雖同日封疆,而總督頭銜則稱部院;,蓋都察院堂官,雖兼兵部侍郎,而仍以察吏爲主者也。巡撫頭銜則稱部院,而斷無不隸巡撫之府州縣也。故今制陪京以外,有不隸總督之府州縣,而斷無不隸巡撫之府州縣。[二七]蓋兵部堂官,雖兼右都御史,而仍以戎政爲主者也。巡撫衙。直隸、四川、甘肅,有總督而無巡撫,則總督必兼巡撫銜。[二八]皆謂布政之而無總督,巡撫不必兼總督撫,督必兼撫銜哉?正以巡撫部院,畫一職方制度,並非無端多此兼銜。此尤生今之時,宜達今之體制,其必當稱部院者七也。今天下有十九布政使司,[二九]而《會典》則例,六部文移,若吏部大計,[三〇]戶部奏銷,[三一]禮部會試,[三二]刑部秋勘,[三三]皆止知有十八布政使司;,[三四]不聞公私文告,有蘇松直省、江淮直省之分。此尤見分部制度,今日萬萬不當稱使司,必當稱部院者八也。洪君以巡撫印用關防,矣。蘇松布政使司,與江淮布政使司,分治八府三州,巡撫實止有十五,總督兼缺有三。故江蘇部院,相沿稱江蘇省久政使司;,蓋巡撫止有十八部院故也。

不如布政使司正印，[三五]不得爲地方正主，可謂知二五矣。如洪君說，則其所爲府廳州縣之稱，亦不當也。府州縣固自有印，廳乃直隸同知，止有關防而無印也。[三六]同知分知府印，而關防可領職方。巡撫分都察院印，而關防不可以領職方，何明於小而暗於大也？此當稱部院者九也。洪君又謂今制督撫，當如漢用丞相長史出刺州事，[三七]州雖領郡，而《漢志》仍以郡國爲主，不以刺史列於其間。此比不甚親切。今制惟江蘇一部院，有兩布政使司；此外使司所治，即部院所治，不比漢制之一州必領若干郡也。然即洪君所言，則酈氏《十三州志》，[三八]自有專書，何嘗不以州刺史著職方哉。[三九]此當稱部院者十也。

夫制度更改，必有明文。前明初遣巡撫與三使司官，賓主間耳。[四十]其稍尊者，不過王臣列於諸侯之上例耳。自後臺權漸重，三司奉行臺旨。然制度未改，一切計典奏銷，賓興祭祀，皆布政使專主，[四一]故爲統部長官，不得以權輕而改其稱也。我朝百餘年來，職掌制度，逐漸更易。至今日而布政使官與按察使官，分治錢穀刑名，同爲部院屬吏，略如元制行省之有參政參議耳。[四二]一切大政大典，奪布政使職而歸部院者，歷有明文，此朝野所共知也。而統部之當稱使司，與改稱部院，乃轉無明文，何哉？以官私文告，皆沿習便而稱直省，不特部院無更新之名，即使司亦並未沿舊之名耳。律令典例，詔旨文移，皆有直省之稱；惟《一統志》尚沿舊例，稱布政使司，偶未改正。洪君既以乾隆名志，豈可不知乾隆六十年中時事乎？[四三]

或曰：《統志》乃館閣書，洪君遵制度而立例，何可非之？ 余謂統志初例已定，其後相沿未及改耳。初例本當以司爲主。其制度之改使司而爲部院者，以漸而更，非有一旦創新之舉，故館閣不及改也。私門自著，例以義起，正爲制度云然。且余所辨，不盡爲洪君書也。今之爲古文辭者，於統部稱謂，亦曰諸省，或曰某省。棄現行之制度，而借元人之名稱，於古蓋未之聞也。雍正、康熙以前，古文亦無使司之稱；彼時理必當稱使司。病也久矣。故余於古文辭，有當稱統部者，流俗或云某省，余必曰諸部院或某某等部院，節文則曰諸部某某等部；庶幾名正爲俗或云諸省及某某等省，余必曰某部院，或節文稱某部；流言順耳。使非今日制度，則必曰使司，其稱省則不可行也。或云：詔旨章奏文移，何以皆仍用之？ 答曰：此用爲辭語故無傷，非古文書事例也。且如詔旨章奏文移，稱布政爲藩，按察爲臬，府州縣長爲守牧令，辭語故無害也，史文無此例矣。〔四〕

〔二〕據《年譜》，清嘉慶二年三月，實齋在安徽桐城閲試卷，是年洪亮吉刻《卷施閣文集》，載《與章進士書》，反駁章氏十年前之説，乃作此篇以規之。

〔三〕洪亮吉字稚存，陽湖人，乾隆五十五年進士，授編修。嘉慶四年，授教習庶吉士，以上封事言詞直切，謫戍伊犁。明年放還，自號更生居士。家居十餘年卒，年六十四。其學無所不窺，詩文有奇氣，少與

武進黃景仁仲則齊名，仲則客死汾州，千里奔喪，世有巨卿之目。其後沈研經術，與同邑孫星衍季述論學相長，人稱孫、洪云。所著《左傳詁》二十卷，《公羊穀梁古義》二卷，《乾隆府廳州縣圖志》五十卷，《三國志疆域志》二卷，《東晉疆域志》四卷，《十六國疆域志》十六卷，《詩文集》共六十四卷，行於世。（《國朝先正事略》卷三十五）

（三）《四庫全書總目》地理類：「《大清一統志》五百卷，乾隆二十九年奉敕撰。是書初於乾隆八年纂輯成書，凡三百四十二卷，而外藩及朝貢諸國別附錄焉。迨乾隆二十年，平定伊犁，乃特詔重修，定爲此本。」

（四）部謂各部尚書侍郎。院謂都察院（漢以來有御史臺、明設都察院，清因之）。清時巡撫加侍郎及副都御史銜，故亦稱部院。

（五）《卷施閣文》甲集卷八《與章進士學誠書》：「承示拙著《乾隆府廳州縣圖志》，每布政司所轄，應改爲總督巡撫，始符體制。君詳于史例者也，用敢略陳一二焉。按唐分天下爲十道，故賈耽有《開元十道述》。厥後李吉甫因之，所著《元和郡縣志》，亦分爲十道；惟移隴右道至第十，與《開元志》略有不同而已。宋初分天下爲十二道，故樂史《太平寰宇志》因之。元分爲十三行省。明分爲兩京十三布政使司。本朝增爲十九布政使司，故王存《元豐九域志》因。元行省之舊稱，而實則同明布政司之成例。況地志者，志九州之土也。志九州之土，則每方各著沿守土之官以統之足矣。督撫自明成化以後，雖已有定員，然其名則欽命也，其所握則關防也，固非

可名之爲守土之官者也。且漢以剌史統郡守,而班固《地理志》則大書郡名,而下注云屬某州,不以州名冠郡之上也。唐以節度觀察使轄諸州,而《開元志》《元和志》《新、舊唐書·地志》皆以十道爲率,不以每節度每觀察所轄爲準也。宋亦設節度防禦團練等使以轄諸州,而二十三路,則專以轉運使所屬爲定。轉運使之職,與今布政使司無異也。又本朝《皇輿表》《一統志》皆各書某布政司,而不書督撫,是又志府廳州縣者所當效法耳。考之於古,則班固、賈耽、李吉甫、王存、樂史如彼;證之於今,則《皇輿表》《一統志》又如此;何必別翻新例,以紊舊法乎?又今之制,總督或轄兩巡撫,或轄三巡撫,又有有督而無撫,有撫而無督者。如君所言,將書總督乎?書巡撫乎?將一一爲之分釋乎?巡撫又或轄一布政,或轄兩布政。如君所言,將書巡撫復書布政乎?抑或止書巡撫乎?若一一書之,則題篇不勝其繁,若或書督或書撫,則稱名又嫌不一,則何如書各布政司之爲得乎!且每府沿革之下,必首記總督巡撫及兩司守道駐劄之所,是即班固於每郡下注屬某州之例,《新唐書·地理志》於每道下書采訪使治某州之例也。又今應鄉試者,皆云應某布政使司鄉試,不上及巡撫,亦不上及兼轄之總督。亦可知一方之官,至布政司而無不統矣,不待言督撫也。亮吉非憚于改正,實例當如此耳,敢更以質之左右。」

〔六〕按此節篇序。

〔七〕方伯,見前篇注〔三〕。《漢書·地理志》:「武帝攘却胡、越,開地斥境,南置交阯,北置朔方之州,兼徐、梁、幽、并。夏、周之制,改雍曰涼,改梁曰益,凡十三部,置刺史。」按《禹貢》九州,周省徐入青,

〔八〕《通典·職官》：「宋有總督諸州軍事。後魏置京畿大都督。後周改都督諸軍事爲總管。隋文帝以并、益、荆、揚四州置大總管。其餘總管府於諸州列爲上中下三等。」五代地志，即《隋志》。按《隋書·地理志》記錄隋代地理，以煬帝改州爲郡，計郡一百九十，縣一千二百五十五，據以編《地理志》，是隋代地志，不是「五代地志」，章說未諦。《隋志》在記錄一百九十郡時，不能不分爲若干部分，因此先列郡，如從京兆郡至河源郡二十七郡，歸屬雍州，即「以《禹貢》九州，畫分郡縣」是不得已。章氏認爲「其弊」，似不確。

〔九〕《新唐書·地理志》：「唐太宗元年，始因山川形便，分天下爲十道：一曰關内，二曰河南，三曰河東，四曰河北，五曰山南，六曰隴右，七曰淮南，八曰江南，九曰劍南，十曰嶺南。（睿宗）景元二年，分天下郡縣，置二十四都督府以統之。（玄宗）開元二十一年，又因十道分山南、江南爲東西道，增置黔中道，及京畿、都畿。置十五採訪使，檢察。凡郡府三百二十有八，縣千五百七十有三。（羈縻州郡不在數中）」

〔一〇〕《宋史·地理志》：「（太宗）至道三年，分天下爲十五路，（仁宗）天聖析爲十八，（神宗）元豐又析爲二十三。曰京東東西，曰京西南北，曰河北東西，曰永興，曰秦鳳，曰河東，曰淮南東西，曰兩浙，曰江南東西，曰荆湖南北，曰成都，曰梓、利、夔，曰福建，曰廣南東西。東南際海，西盡巴蜀，北極三關，東

西六千四百八十五里,南北萬一千六百二十里。」

〔二〕《元史·地理志》:「至元二十七年,立中書省一(統山東西、河北之地謂之腹裏);行中書省十有一:曰嶺北,曰遼陽,曰河南,曰陝西,曰四川,曰甘肅,曰雲南,曰江浙,曰江西,曰湖廣,曰征東,分鎮藩服。路一百八十五,府三十三,州三百五十九,軍四,安撫司十五,縣一千一百二十七。」

〔三〕《明史·地理志》:「洪武初,建都江表,革元中書省,以京畿、應天諸府直隸京師。後盡革行中書省,置十三布政使司,分領天下府州縣及羈縻諸司。仁、宣之際,南交屢叛,旋復棄之外徼。成祖定都北京,以北平為直隸,又增設貴州、交趾二布政使司。其分統之府百有四十,州百九十有三,縣一千一百三十有八。羈縻之府十有九,州四十有七,縣六,編里六萬九千五百五十有六。計明初封略,東起朝鮮,西據吐番,南包安南,北距大磧,東西一萬一千七百五十里,南北一萬零九百四里。」

〔四〕《明史·職官志》:「承宣布政使司左右布政使各一人,從二品,掌一省之政,朝廷有德澤禁令,承流宣播,以下於有司。」《大清會典》(卷四)吏部:「總督巡撫分其治於布政使,司分其治於府,府分其治於廳州縣而治其吏戶禮兵刑工之事。」此明、清體制所以殊也。

〔五〕按此句劉刻《遺書》本作「必當以巡撫為主稱部院,不當更稱布政使司矣」。

〔六〕《續文獻通考·職官》:「巡撫之名,始洪武中,遣皇太子巡撫陝西。永樂十九年,遣官巡行天下。

〔一六〕明兩京無布政使司,見上注〔三〕。《明史·職官二》:「成化八年,以畿輔地廣,從居庸關中分,設二巡撫,其東爲巡撫順天、永平二府,駐遵化。以西爲巡撫保定、真定、河間、順德、大名、廣平六府,駐真定。」又:「總理糧儲提督軍務,兼巡撫應天等府一員。總督漕運兼提督軍務巡撫鳳陽等處兼管河道一員。」

〔一七〕《清通典·職官》:「凡巡撫例兼都察院右副都御史銜。其應否兼兵部侍郎銜,由吏部請旨定奪。」

〔一八〕《四庫簡明目錄·政書類》:「欽定《大清會典》一百卷,乾隆二十六年奉敕撰。初修於康熙三十三年,再修於雍正五年,至是三經考定,踵事加詳,凡一切大經大法,無不臚載,宏綱細目,條理秩然。」陳氏房山《山房叢書》有康熙九年題定《品級考》一卷。

〔一九〕《宋史·職官志》:「宋初革五季之患,召諸鎮節度使會於京師,賜第以留之。分命朝臣出守列郡,號權知軍州事。軍謂兵,州謂民政焉。其後文武官參爲知軍州知軍,二品以上及帶中書樞密院宣徽使職事,稱判某府州軍監。諸府置知府事一人,軍監亦如之。掌總理郡政,宣布條教,導民以善而糾其姦慝,歲時勸課農桑,旌別孝悌,其賦役錢穀獄訟之事,民兵之政皆總焉。」又「縣令若爲京朝官則爲知縣事。有戍兵則兼兵馬都監或監押。」《日知錄》卷九:「宋初本有刺史,而別設知州以代其權;後則罷刺史而專用知州,以權設之名爲經常之任。」又:「《宋史》言宋初内外所授官,多非本

〔二〇〕見《左傳》文十三年文。

〔二一〕《續文獻通考·職官》：「總督之名自（明英宗）正統四年王驥征麓川始。後以軍興，因地增設。」《清通典·職官》十一：「總督掌總治軍民，統轄文武，考覈官吏，修飭封疆。」又《職官》十六：「提督掌統轄官兵，及分防營汛，節制各鎮，閱軍實，修武備，課其殿最，以聽於總督。」而山東、山西、河南、江西均以巡撫兼。清陸軍制以三營爲一標。巡撫所統者爲撫標。

〔二二〕《大清會典》禮部祀典注：「社稷壇主祭官，省城以巡撫。各省州縣建先師孔子廟，以春秋仲月上丁日釋奠，省城以巡撫爲正獻。」

〔二三〕賓興，見《州縣請立志科議》注〔三五〕。明沈德符《野獲編》，本朝印記，凡爲祖宗朝所設者，俱方印。後因事添設，則賜關防。按劉辰《國初事略》，太祖因部臣及布政使用預印空紙作奸，事發，議用半印勘合行移關防。則知關防始於明初，本半印，故長方形，後不勘合，猶沿作長方形也。

〔二四〕《清通典·職官》十二：「國初每省設承宣布政使司，置左右使各一人。康熙六年，去左右銜，每省止設布政使司爲江蘇、安徽各二人，餘之事，振揚風紀，澄清吏治。大者與藩司會議，以聽於部院。理闔省之驛傳。三年大比，爲監試官，大計爲考察官，秋審爲主稿官，與布政使稱兩司。」《明史·職官》五：「都司掌一方之軍政，各率

〔二五〕明、清以來稱督撫曰封疆，言居封疆將帥之任也。按明初都指揮使司掌一省之軍政，職任甚崇，其後遞降，至清都司僅爲四品武職，位次游擊，而軍權歸于督撫。

〔二六〕《史記・陳丞相世家》：「問天下一歲錢穀出入幾何？」錢穀，指賦稅而言。《史記・韓非傳》：「非喜刑名法術之學。」舊時謂在官署主刑事判牘者爲刑名。

〔二七〕清代各部尚書侍郎稱部堂，因其有大堂左右堂之名目也。各省總督加尚書銜，故亦稱部堂。

〔二八〕《大清會典》（卷四）吏部：「總督八人，直隸、兩江、閩浙、湖廣、陝甘、四川、兩廣、雲貴各一人。巡撫十有五人，山東、山西、河南、江蘇、安徽、江西、浙江、湖北、湖南、陝西、新疆、廣東、廣西、雲南、貴州省各一人。以總督兼者直隸、甘肅、福建、四川省四人。」

〔二九〕《清通典・職官》十二：「承宣布政使司布政使，直隸、山東、山西、河南、江寧、蘇州、安徽、江西、福建、浙江、湖北、湖南、陝西、甘肅、四川、廣東、廣西、雲南、貴州各一人。」又：「乾隆二十五年，分江蘇布政使爲江寧蘇州各一人。」

〔三〇〕《大清會典》（卷十一）吏部：「考群吏之法，京官曰京察，外官曰大計。京察有列題，有引見，有會覈。大計有考題，有會覆，三歲則舉行焉。」

〔三一〕《大清會典》（卷十八）户部：「均天下之賦役，仲春而開徵，仲冬而徵畢，徵存以納於司庫而報部，越

〔三二〕《大清會典》（卷三十三）禮部：「凡鄉試中式曰舉人，省各定其額。會試中式曰貢士。會試以鄉試次年三月舉行。」

〔三三〕《大清會典》（卷五十三）刑部：「凡刑至死者，則會三法司以定讞，秋審朝審。九卿詹事科道各入班以集議天安門外，乃進黃册於上，及期勾予。」

〔三四〕《皇朝輿地畧》：「江寧布政司統府四廳一州二，江寧府之北，揚州府、淮安府、海州，其西北徐州府，其東北海門廳，通州。蘇州布政司統府四州一，蘇州府之東、松江府、太倉州，其西常州府、鎮江府。」

〔三五〕《大清會典》（卷三十四）禮部鑄印：「各省總督關防，巡撫關防，俱銀質直鈕，長三寸二分，闊二寸。各省承宣布政使司印，銀質直鈕，清漢文小篆，方三寸一分，厚八分。」

〔三六〕《大清會典》（卷三十四）禮部鑄印：「各府印，清漢文垂露篆，方二寸五分，厚六分四釐，銅質直鈕。各縣印，清漢文垂露篆，方二寸一分，厚四分。各同知通判關防，均清漢文垂露篆，長二寸六分，闊一寸九分。州同州判關防，均清漢文垂露篆，長二寸八分，闊一寸九分。各州印，清漢文垂露篆，方二寸三分，厚五分。」

〔三七〕漢相國丞相及後漢三公府各有長史。又漢武帝初置刺史，掌奉詔察州，成帝更名牧，哀帝復名刺史。

〔三八〕《北史・闞駰傳》：「駰字玄陰，燉煌人也。博通經傳，聰敏過人，撰《十三州志》。」《隋志》地理類：

〔三九〕《十三州志》十卷，闞駰撰。」按書已亡，清張澍有輯本。

按劉刻《遺書》本此下有「闞書今雖不存，而《隋志》著錄，章懷太子《後漢書》注、六臣《文選》注多引之」；洪君以博雅名，豈未見邪？

〔四〇〕《明史·職官》二：「巡撫」注：「巡撫之名，起懿文太子巡撫陝西。永樂十九年，遣尚書蹇義等二十六人，巡行天下，安撫軍民。以後不拘尚書、侍郎、都御史、少卿等官，事畢復命，即或停遣。初名巡撫，或名鎮守。後以鎮守、侍郎與巡撫御史不相統屬，文移窒礙，定爲都御史巡撫，兼軍務者加提督，有總兵地方加贊理或參贊，所轄多事重者加總督。他如整飭撫治巡治總理等項，皆因事特設。其以尚書侍郎任總督軍務者，皆兼都御史，以便行事。」按明太祖每省置布政使司以治民，按察使司以司法，都指揮使司以治軍，猶秦時每郡置守監尉也。

〔四一〕《明史·職官》四：「布政使掌一省之政，朝廷有德澤禁令，承流宣播，以下於有司。凡僚屬秩滿，廉其稱職不稱職，上下其考，報撫按以達於吏部都察院。三年，率其府州縣正官，朝於京師，以聽察典。十年，會戶版以登民數田數。賓興，貢合省之數而提調之。宗室官吏師生軍伍，以時班其俸祿廩糧。祀典神祇，謹其時祀。」

〔四二〕《元史·百官志》：「行中書省，每省丞相一員，平章二員，左右丞各一員，參知政事二員。」參議待詳。

〔四三〕按此節駁洪氏之說。

〔四〕按此節正史文辭例。

【附錄】 鄭小谷文集《監司統部辨》（據劉氏《識語》引）

黃帝畫天下為九州，至禹而名天下以九州，雖時有變更，皆此地也。周末之天下乃以國計，秦初之天下乃以郡計，其後郡大而州小，郡同而國異。然漢時仍分為十三州，統以十三部。唐之疆域等於漢，改十三部為十五道，其監司則曰觀察使，或曰廉訪使，又曰節度使。宋之疆宇小於唐，又改十五道為九路，其監司曰轉運使，或曰提刑使，又曰鹽運使。曰道曰路，無分九州名目。為軍為府，猶領九州疆界也。至元而以京朝內官監司外臺，曰某地中書行省，而秦漢所謂州郡者無所係；明因之改稱布政使司，而漢宋所謂道路者益無歸；於是稱統部者窮於詞，而舉監官曰某省曰某司，名之不正，無怪乎詞之不文矣。顧元人不曰省而曰行省，明非朝中之省也。明人不曰司而曰使司，蓋直以元人之省當唐宋之道路，而替漢人之部矣。明時修《一統志》，稱各省為布政使司，國初修《一統志》，亦稱各省為布政使司，非不知巡撫之職已領方伯之權也，顧其名雖疆吏，其官本京銜，侍郎稱部，兼御史稱院，亦如布政之稱使司耳。

章實齋謂不可稱十八省使司，當稱十八省部院。且云其自作古文，於某省必曰某部院，省

文則曰某部，諸院必曰諸部院，省文或曰諸部，此則妄以爲從時而誤之甚者。今之巡撫，猶明之巡按，漢之刺史，而其權則隋之總管，唐之節度也。使漢人作文，於總部不曰某州而曰某牧，唐人作文，於統部不曰諸道而曰諸使，尚得謂之文乎？昔人謂作文者，地名官名宜從時，其說是也。然窮則變，變則通，言亦不能不中節。以不可通之詞，施於不可解之處，則無論摩古從時皆非也。夫唐虞以來之制，至秦而大變；漢唐以來之制，至元而盡變。如一王號也，唐、虞、夏、商、周、秦、漢、唐、宋皆地也，而元以後，則別製矣。一王號也，汝南、淮南、東平、北平、汝陽、汾陽亦地也，而元以後，則私撰矣。稱州稱部，變而稱道稱路，再變而稱省稱司，亦其勢之不得不然者也。

和州志皇言紀序例（一）

《周官》，外史「掌四方之志」，又「以書使於四方，則書其令」。鄭氏注四方之志，「若魯之《春秋》，晉之《乘》，楚之《檮杌》」是也。〔二〕書其令，謂「書王命以授使者」是也。〔三〕鄉大夫於「正月之吉，受教法於司徒，退而頒之鄉吏。」孔氏疏「謂若大司徒職十二教以下」是也。〔四〕

夫畿內六鄉，〔五〕天子自治，則受法於司徒，而畿外侯封，各治其國，以其國制自爲《春秋》。〔六〕列國之史，總名《春秋》。然而四方之書，必隸外史；〔七〕書令所出，奉爲典章。則古者國別爲書，而簡策所昭，首重王命，信可徵也。是以《春秋》歲首必書王正，〔八〕而韓宣子聘魯，得見《易象》《春秋》，以謂周禮在是。〔九〕蓋書在四方，則入而正於外史，而命行王國，亦自外史頒而出之。故事有專官，而書有定制，天下所以協於同文之治也。〔一〇〕

竊意《周官》之治，列國史記，必有成法，受於王朝，如鄉大夫之受教法，考察文字，罔有奇衰。至晉楚之史，自以《乘》與《檮杌》名書，〔二〕乃周衰官失，列國自擅之制歟？司馬遷侯國世家，〔三〕亦存國別爲書之義，而孝武《三王》之篇，詳書詔策，冠於篇首。〔四〕史家所重，有由來矣。後代方州之書，編次失倫，體要無當，〔五〕而朝廷詔誥，或入藝文紀，或載沿革。又或以州縣偏隅，未有特布德音，遂使中朝掌故，〔六〕散見四方之志者，闕然無

所考見。是固編摩之業，世久失傳，然亦外史專官，秦漢以來，未有識職故也。夫封建之世，國別爲史，然篇首尚重王正之書。[一七]郡縣受治，守令承奉詔條，一如古者畿内鄉黨州閭之法，而外史掌故，未嘗特立專條。宋、元、明州縣志書，今可見者，迄用一律，亦甚矣其不講於《春秋》之義也！今衷錄州中所有，[一八]恭編爲《皇言紀》一，以時代相次，蔚光篇首，[一九]以誌祇承所自云爾。

〔一〕據《年譜》，乾隆三十八年二月，實齋應和州知州劉長城之聘，撰《和州志》。翌年，成書四十二篇。編摩既訖，復輯《和州文徵》八卷，上其書於安徽學政秦潮。潮之意見多不合，往復辯詰，志事遂中廢。乃刪存爲二十篇，名曰《志隅》。自叙曰：「志者，史之一隅也。獲麟而後，遷、固極著作之能，向、歆盡條別之理，史家所謂規矩方圓之至也。魏、晉、六朝，時得時失，至唐而史學絕矣。其後如劉知幾、曾鞏、鄭樵，皆良史才，生史學廢絕之後，能推古人大體，非六朝、唐、宋諸儒所能測識。餘子則有似於史而非史，有似於學而非學爾。然鄭樵有史識而未有史學，曾鞏具史學而不具史法，劉知幾得史法而不得史意，此予《文史通義》之所爲作也。《通義》示人，而人猶疑信參之，蓋空言不及徵諸實事也。《志隅》二十篇，略示推行之一端，能反其隅，《通義》非迂言可比也。」（劉刻《遺書》外編卷十六）章氏史學創解，具見内篇，而外篇諸志叙例，足資證印，於此知其自負所以紹明絶學者，非空言也。

〔二〕見《方志立三書議》注〔八〕。

〔三〕《周禮·春官》外史職:「若以書使于四方,則書其令。」鄭注:「書王令以授使者。」

〔四〕《周禮·地官》:「鄉大夫之職,各掌其鄉之政教禁令。正月之吉,受教法于司徒,退而頒之于其鄉吏,使各以教其所治。」賈公彥疏:「云受法於司徒者,謂若大司徒職十二教已下,其法皆受於司徒而來。」此謂孔氏疏,涉筆之誤也。又大司徒職:「施十有二教:一曰以祀禮教敬,則民不苟;二曰以陽禮教讓,則民不爭;三曰以陰禮教親,則民不怨;四曰以樂禮教和,則民不乖;五曰以儀辨等,則民不越;六曰以俗教安,則民不偷;七曰以刑教中,則民不虣;八曰以誓教恤,則民不急;九曰以度教節,則民知足;十曰以世事教能,則民不失職;十有一曰以賢制爵,則民慎德;十有二曰以庸制禄,則民興功。」

〔五〕《説文》:「天子千里地以遠近言之則曰畿。」畿内,王畿之内也。《周禮·地官》鄉師注:「司徒掌六鄉,鄉師分而治之。」按各本「六鄉」譌作「六卿」,兹依劉刻《遺書》本正。

〔六〕見《方志立三書議》注〔八〕。

〔七〕同上。

〔八〕見《史德》注〔三〕。

〔九〕見《易教上》注〔三〕。

〔一〇〕見《詩教上》注〔六〕。

〔一〕見《書教上》注〔二九〕。

〔二〕《廿二史劄記》卷一:「《史記·衞世家贊》:『余讀世家言』云云,是古來本有世家一體,遷用之以記王侯諸國。《漢書》乃盡改爲列傳,傳者,傳一人之生平也。王侯開國,子孫世襲,故稱世家。今改作傳,而其子孫嗣爵者,又不能不附其後,究非體矣。」

〔三〕《史記·三王世家》:「六年四月乙巳,立皇子閎爲齊王,旦爲燕王,胥爲廣陵王。」備載封三王策文於篇。乾隆殿本《考證》引柯維騏曰:「《太史公書》原缺《三王世家》,獨其贊語尚存,故褚先生取廷臣之議及封策書補之。」

〔四〕見《言公下》注〔八〕。

〔五〕《尚書·畢命》:「辭尚體要。」

〔六〕見《方志立三書議》注〔三〕。

〔七〕按劉刻《遺書》本,此下有「列卿或慕《周官》之典」八字。

〔八〕哀,音抷。《爾雅·釋詁》:「聚也。」哀錄,猶集錄也。

〔九〕《易·革》小象:「君子豹變,其文蔚也。」《韻會》:「蔚,文深密貌。」

和州志官師表序例

《周官》，御史「掌贊書，數從政」。鄭氏注謂「凡數及其見在空闕者」。〔一〕蓋贊太宰建六典而掌邦治之故事也。〔二〕夫官有先後，政有得失；太宰存其綱紀，而御史指數其人以贊之，則百工叙而庶績熙也。〔三〕後代官儀之篇，考選之格，《漢官儀》《唐六典》《梁選簿》《隋官序錄》。〔四〕代有成書，而官職姓名，浩繁莫紀，則是有太宰之綱紀，而無御史之數從政者也。班固《百官公卿表》，〔五〕猶存古意，其篇首叙官，則太宰六典之遺也，〔六〕其後表職官姓氏，則御史數從政之遺也。范、陳而後，斯風渺矣。〔七〕至於《唐書》《宋史》，乃有《宰相年表》，〔八〕然亦無暇旁及卿尹諸官，非惟史臣思慮有所未周，抑史籍猥繁，其勢亦難概舉也。

至於嗜古之士，掇輯品令，聯綴姓名，職官故事之書，六朝以還，於斯爲盛。〔九〕然而中朝掌故，不及方州，猥瑣之編，難登史志。則記載無法，而編次失倫，前史不得不職其咎也。夫百職卿尹，中朝叙官；方州守令，外史紀載。《周官》御史數從政之士，則外史所掌四方之志，不徒山川土俗，凡所謂分職受事，必有其書，以歸柱下之掌，〔一〇〕可知也。唐人文集，往往有廳壁題名之記，〔一一〕蓋亦叙官之意也。然文存而名不可考，自非蒐羅金石，詳定碑碣，莫得而知，則未嘗勒爲專書之故也。宋、元以來，至於近代方州之書，頗記任人名氏；然猥瑣無文，如閱縣

令署役卯簿，[三]則亦非班史年經月緯之遺也。或編次爲表者，序錄不詳，品秩無次；或限於尺幅，其有官階稍多，沿革異制，即文武分編，或府州別記，以趨苟簡。是不知班史三十四官，分一十四級之遺法也。[三]又前人姓氏，不可周知，然遺編具存，他說互見，不爲博采旁搜，徒託闕文之義，[四]是又不可語於稽古之功者也。

今折衷諸家，考次前後，上始漢代，迄於今茲，勒爲一表，疑者闕之。後之覽者，得以詳焉。

[一]《周禮·春官》：「御史掌贊書，凡數從政者。」鄭注：「自公卿以下至胥徒，凡數及其見在空缺者。」賈疏：「自公卿已下至胥徒在王朝者，皆是凡數又是從政之人，故云凡數從政計數現在空缺者。」

[二] 見《詩教上》注[二四]。

[三]《書·堯典》：「允釐百工，庶績咸熙。」僞孔《傳》：「允，信；釐，治；工，官；績，功；咸，皆；熙，廣也。」

[四]《新唐書·藝文志》職官類：「應劭《漢官儀》十卷。徐勉《梁選簿》三卷。郎楚之《隋官序錄》十二卷。《六典》三十卷。」（原注：開元十年，起居舍人陸堅被詔集賢院，修《六典》。玄宗手寫六條，曰理典、教典、禮典、政典、刑典、事典。張說知院，委徐堅，經歲無規制；乃命毋煚、余欽、咸廙業、孫季良、韋述參譔，始以令式象《周禮》六官爲制。蕭嵩知院，加劉鄭蘭、蕭晟、盧若虛；張九齡知院，加陸

善經」，李林甫代九齡，加苑咸，二十六年書成。）晁氏曰：「《唐六典》三十卷，唐玄宗撰，李林甫、張説等注。以三公三師三省九寺五監十二衞等，列其職司官佐，叙其秩品，以擬《周禮》。雖不能悉行於世，而諸司遵用，殆將過半。觀《唐會要》請事者，往往援據以爲實；韋述以爲雖成而竟不行，過矣。」

〔五〕《漢書》卷十九爲《百官公卿表》，卷分上下，上卷叙百官職掌，下卷列表。

〔六〕《隋書·經籍志》職官《叙録》：「古之仕者，名書於所臣之策，各有分職，以相統治。《周官》冢宰掌建邦之六典，而御史數凡從政者。然則冢宰總六卿之屬以治其政，御史掌其在位名數先後之次焉。今《漢書·百官表》列衆職之事，記在位之次，蓋亦古之制也。」劉氏《識語》「以御史職證《百官表》，説本於《隋志》」，良然。

〔七〕《後漢書·百官志》僅叙録職官而無表。

〔八〕《新唐書·宰相表序》：「唐因隋舊，以三省長官爲宰相。已而又以他官參議，而稱號不一，出於臨時。最後乃以同品平章之名，然其爲職業則一也。」《宋史·宰輔表序》：「《宋宰輔年表》，前九朝始建隆庚申，終靖康丙午，凡一百六十七年。居相位者七十二人，位執政者二百三十八人。後七朝始建炎丁未，終德祐丙子，凡一百四十九年。居相位者六十一人，位執政者二百四十四人。」

〔九〕《隋志》職官《叙録》：「漢末王隆、應劭等以百官表不具，乃作《漢官解詁》《漢官儀》等書，是後相因，正史表志無復百僚在官之名矣。搢紳之徒，咸取官曹名品之書，撰而録之，别行於世。宋、齊以

〔一〇〕《史記·張蒼傳·索隱》：「周秦皆有柱下史。」詳《答客問》注〔三〇〕。

〔一一〕如《韓昌黎集》有《藍田縣丞廳壁記》，《柳河東集》有《監察使壁記》以下諸篇。

〔一二〕官署公事，例以卯刻始，其差役名冊謂之卯簿。

〔一三〕《漢書·百官公卿表》列相國、丞相、大司徒、太師、太傅、太保爲一級，太尉、大司馬爲一級，御史大夫、大司空爲一級，列將軍爲一級，奉常、太常爲一級，郎中令、光祿勳爲一級，衞尉、中大夫令爲一級，太僕爲一級，廷尉、大理爲一級，典客、大行令、大鴻臚爲一級，宗正、治粟内史爲一級，中尉、執金吾、少府爲一級，水衡都尉、主爵都尉、右扶風爲一級，左内史、左馮翊、右内史、京兆尹爲一級，凡三十四官十四級。

〔一四〕見《言公中》注〔三〕。

和州志選舉表序例

《周官》，鄉大夫「三年大比，興一鄉之賢能，獻書於王。王再拜受之，登於天府」，[一]甚盛典也。漢制，孝廉茂才力田賢良之舉，[二]蓋以古者鄉黨州閭之遺，當時賢書典籍，辟舉掌故，未有專書，則以科條爲繁，興替人文，散見紀傳；潛心之士，自可考而知也。江左六朝，州郡僑遷，士不土著，學不專業，鄉舉里選，勢漸難行。[三]至於隋氏，一以文學詞章，創爲進士之舉；[四]有唐以來，於斯爲盛。選舉既專，資格愈重，[五]科條繁委，故事相傳。於是文學之士，蒐羅典章，采摭聞見，識大識小，[六]並有成書。傳記故事，雜以俳諧，而選舉之書，蓋戛然與柱下所藏等矣。[七]

撰著既繁，條貫義例，未能一轍，就求其指，略有三門：若晁迥《進士編勅》，[八]陸深《科場條貫》之屬，[九]律例功令之書也；姚康、樂史《科第錄》，[一〇]姚康十六卷，樂史十卷。李奕、洪适《登科記》，[一一]李奕二卷亡。洪适十五卷。題名記傳之類也；王定保《唐摭言》，[一二]錢明逸《宋衣冠盛事》，[一三]稗野雜記之屬也。史臣采輯掌故，編於書志，裁擇人事，次入列傳；一代浩繁，義例嚴謹，其筆削之餘，等於棄土之苴，[一四]吐果之核，而陳編猥瑣，雜錄無文，小牘短書，不能傳世行遠；遂使甲第人文，《周官》所以拜獻於王而登之天府者，闕焉不備。是以方州之書，不遵鄉

近代頗有考定方州自爲一書者，若樂史《江南登科記》[一五]，張朝瑞《南國賢書》[一六]，陳汝元《皇明浙士登科考》[一七]，皆類萃一方掌故，惜未見之天下通行。而州縣志書，編次科目，表列舉貢，前明以來，頗存其例，較之宋元州郡之書，可謂寸有所長者矣。[一八]特其體例未純，紀載無法，不熟年經事緯之例，亦有用表例者，舉貢掾仕封廕之條，多所牴牾。猥雜成書，甚者附載事蹟，表傳不分，此則相率成風，未可悉數其謬者也。論辨詳列傳第一篇總論內。今摭史志之文，先詳制度，後列題名，以世相次，起於唐代，訖於今玆，爲《選舉表》。其封廕辟舉[一九]不可紀以年者，附其後云。

大夫慎重賢書之制，記載無法，條貫未明之咎也。

[一]《周禮‧地官》鄉大夫：「三年則大比，考其德行道藝，而興賢者能者。鄉老及鄉大夫群吏獻賢能之書于王。王再拜受之，登于天府，內史貳之。」鄭氏注：「賢者，有德行者。能者，有道藝者。衆寡，謂鄉人之善者無多少也。鄭司農云：『興賢者，謂若今舉孝廉。興能者，謂若今舉茂才。賓，敬也。敬所舉賢者能者』玄謂變舉言興者，合衆而尊寵之。以鄉飲酒之禮，禮而賓之。厥，其也。獻，猶進也。王拜受之，重得賢者。其書於天府。天府，掌祖廟之寶藏者。內史，副寫其書者，當詔王爵祿之時。」

〔二〕漢朝選舉有數科。惠帝四年，詔舉民孝弟力田者，復其身（《漢書·惠帝紀》）。武帝建元初，詔天下舉賢良方正直言極諫之士。後用董仲舒對策，令郡國歲舉孝廉各一人。公孫弘等議，有秀才異等，輒以名聞（《儒林傳》）。歷代因之，州舉秀才，郡舉孝廉，以爲定例。東漢避光武諱，改秀才稱茂才。

〔三〕《通典》卷十四：「魏文帝延康元年，吏部尚書陳群，以天朝選用，不盡人才，乃立九品官人之法。州郡皆置中正，以定其選。擇州郡之賢有識鑒者，爲之區別人物，第其高下。」晉因魏制，州有大中正，郡國有小中正，皆掌選舉。其後中正任久，愛憎由己，而九品之法漸弊。東晉之初，天下喪亂，務存慰勉，遠方孝秀，不復策試，到即除授。既經粗定，乃詔試經，有才不中舉者，免其太守。宋以後，凡州秀才郡孝廉至皆策試。

〔四〕《通考·選舉》：「隋文帝開皇七年，制諸州歲貢三人，工商不得入仕。治書侍御史李諤以選才失中，上書曰：『自魏之三祖，更尚文辭，忽君人之大道，好雕蟲之小藝，下之從上，有同影響，競逞浮華，遂成風俗。江左齊梁，其弊彌甚，貴賤賢愚，唯務吟咏。遂復遺理存異，尋虛逐微，競一韻之奇，爭一字之巧；連篇累牘，不出月露之形；積案盈箱，惟是風雲之狀。代俗以此相高，朝廷因茲擢士，祿利之路既開，愛尚之情愈篤。於是閭里童昏，貴遊總角，未窺六甲，先製五言。壞，遞相師祖，澆漓愈扇。及大隋受命，聖道聿興，屏黜華豔，付所司理罪。由是公卿大臣，咸知正路，莫不鑽仰墳索，棄絕華綺，擇先王之令典，行大道於茲代。如聞在外州縣，仍踵弊風，選吏舉人，未遵典則，至於宗黨稱年九月，泗州刺史司馬幼之，上表華豔，是以開皇四年，普詔天下公私文翰，並宜實錄。其

〔五〕唐代科舉，見《書教下》注〔三〕。《通考》卷二十九：「唐制取士之科，多因隋舊。」《新唐書·選舉志》：「開元十八年，侍中裴光庭兼吏部尚書，始作循資格，賢愚一概，必與格合，乃得銓授。」

〔六〕《論語·子張》：「賢者識其大者，不賢者識其小者。」

〔七〕柱下，見《答客問中》注〔三〇〕。哀，聚也。

〔八〕《宋史·藝文志》刑法類：「晁迥《禮部進士敕》一卷。」

〔九〕《明史·藝文志》故事類：「陸深《科場條貫》一卷。」

〔一〇〕《唐書·藝文志》雜傳記類：「姚康《科第錄》十六卷。」《通志·藝文略》三：「《重定科第錄》十卷，皇朝樂史撰。」

〔一一〕《唐書·藝文志》雜傳記類：「李奕《唐登科記》二卷。」《宋史·藝文志》傳記類：「洪适《宋登科記》二十一卷。」

〔一二〕《書錄解題》小説家類：「《摭言》十五卷，唐王定保撰。專記進士科名事。」《四庫簡明目錄》：「凡一百三門，述唐代貢舉之制特詳。其一切雜事，亦足見當日之士風，有資法戒。」

〔三〕《宋史·藝文志》小説類:「錢明逸《衣冠盛事》一卷。」

〔四〕義例,見《古文十弊》注〔二〕。筆削,見《易教下》注〔二六〕。《莊子·讓王》:「其土苴以治天下。」司馬云:「土苴,如糞草也。」

〔五〕《宋史·藝文志》傳記類:「樂史《江南登科記》三十卷。」

〔六〕焦竑《國史經籍志》傳記類:「《南國賢書》四卷,張朝瑞撰。」按丁氏《八千卷樓書目》作前編二卷,後編六卷。卷數與《志》不同。

〔七〕《國史經籍志》傳記類:「《皇明浙士登科考》十卷,陳汝元撰。」

〔八〕《楚辭·卜居》:「夫尺有所短,寸有所長。」

〔九〕封,誥封。廕,子孫因父祖之廕而得官者。辟,辟召。選,選舉也。

和州志氏族表序例上〔一〕

《周官》，小史「奠繫世，辨昭穆」。〔二〕譜牒之掌，古有專官。司馬遷以《五帝繫》牒、《尚書》集世記，爲《三代世表》，〔三〕氏族淵源，有自來矣。班固以還，不載譜系。而王符《氏姓》之篇，《潛夫論》〔四〕第三十五篇。杜預《世族》之譜，《春秋釋例》〔五〕第二篇。則治經著論，別有專長，義盡而止，不復更求譜學也。〔六〕自魏晉以降，迄乎六朝，族望漸崇。學士大夫，輒推太史世家遺意，自爲家傳。其命名之別，若《王肅家傳》、虞覽《家記》、范汪《世傳》、明粲《世錄》、陸煦《家史》〔七〕陸史十五卷。之屬，並於譜牒之外，勒爲專書，以俟採錄者也。至於摯虞《昭穆記》、王儉《百家譜》、以及何氏《姓苑》、賈氏《要狀》〔八〕賈希鑑《氏族要狀》十五卷。之類次，上者可裨史乘，下或流入類書，其別甚廣，不可不辨也。〔九〕族屬既嚴，郡望愈重。諸編，則總彙群倫，編分類次，上者可裨史乘，下或流入類書，其別甚廣，不可不辨也。國劉氏，隴西李氏，太原王氏，陳郡謝氏，雖子姓散處，或本非同居，然而推言族望，必本所始。〔一〇〕後魏遷洛，則有八氏、十姓、三十六族、九十二姓，並居河南、洛陽。門閥，有四海大姓、州姓、郡姓、縣姓，撰爲譜錄。〔一一〕齊梁之間，斯風益盛，郡譜州牒，並有專書。若王儉、王僧孺之所著錄，〔一二〕王儉《諸州譜》十二卷。王僧孺《十八州譜》七百卷。《冀州姓族》《揚州譜鈔》之屬，〔一三〕不可勝紀，俱以州郡繫其世望者也。唐劉知幾討論史志，以謂族譜之書，允

宜入史。[四]其後歐陽《唐書》，撰爲宰相世系；[五]顧清門鉅族，但不爲宰相者，時有所遺。至鄭樵《通志》，首著《氏族》之略，其叙例之文，發明譜學所繫，推原史家不得師承之故，蓋嘗慨切言之。[六]而後人修史，不師其法，是亦史部之闕典也。

古者，瞽矇誦詩，并誦世系，以戒勸人君。《國語》所謂「教之世，而爲之昭明德」者，[七]是也。然則奠系之屬，掌於小史，誦於瞽矇，先王所重；蓋以尊人道而追本始也。[八]鄉大夫三年大比，考德藝而獻書於王；[九]則其系世之屬，必有成數，以集上於小史，可知也。夫比人斯有家，比家斯有國，比國斯有天下。家牒不修，則國之掌故，何所資而爲之徵信耶？《易》曰：「天與火同人。君子以類族辨物。」[二〇]物之大者，莫過於人。當時州間族黨人之重者，莫重於族。記傳之別，或及蟲魚、地理之書，必徵土產；[二一]而於先王錫土分姓，[二二]所以重人類而明倫叙者，[二三]闕焉無聞，非所以明大通之義也。且譜牒之書，藏之於家，易於散亂；盡入國史，又懼繁多；是則方州之志，考定成編，可以領諸家之總，而備國史之要删，亦載筆之不可不知所務者也。[二三]

[一]《左傳》隱八年：「天子建國，因生以賜姓，胙之土而命之氏。諸侯以字爲諡，因以爲族。官有世功，則有官族，邑亦如之。」《疏》引《釋例》曰：「別而稱之謂之氏，合而言之則爲族。」顧炎武《原姓》：

「男子稱氏，女子稱姓。氏一再傳而可變，姓千萬世而不變。最貴者國君，國君無氏，不稱氏稱國。踐土之盟，其載書曰『晉重、魯申、衛武、蔡甲午、鄭捷、齊潘、宋王臣、莒期』，荀偃之稱齊環、衛太子之稱鄭勝、晉午，是也。次則公子，公子無氏，不稱氏稱公子，公子彄、公子益師，是也。最下者庶人，庶人無氏，不稱氏稱名。然則氏之所由興，其在於卿大夫乎？故曰諸侯之子爲公子，公子之子爲公孫，公孫之子以王父字若諡若邑若官爲氏。氏也者，類族也，貴貴也。考之於傳，二百五十五年之間，有男子稱姓者乎？無有也。女子則稱姓。古者男女異長，在室也稱姓，冠之以序，叔隗、季隗之類是也。已嫁也，於國君稱姓，冠之以國，江芊、息媯之類是也。於是大夫則稱姓，冠之以大夫之氏，趙姬、盧蒲姜之類是也。於彼國之人稱之，則冠以所自出之國若氏，驪姬、梁嬴之於晉，顏懿姬、鬷聲姬之於齊是也。既卒也，稱姓，冠之以諡，成風、敬嬴之類是也。亦有無諡而仍其在室之稱，仲子、少姜之類，是故氏焉者，所以爲男別也。姓焉者，所以爲女坊也。自秦以後之人，以氏爲姓，以姓稱男，而周制亡，而族類亂。」(《文集》卷一)

〔二〕見《州縣請立志科議》注〔二〕。

〔三〕《史記·三代世表序》：「余讀諜記，黃帝以來，皆有年數。稽其歷譜諜終始五德之傳，古文咸不同乖異。夫子之弗論次其年月，豈虛哉？於是以《五帝繫》諜、《尚書集世》，紀黃帝以來訖共和，爲世表。」《索隱》云：「諜，音牒。牒者，記系諡之書也。歷譜諜，謂歷代之譜諜也。按《大戴禮》有《五帝德》及《帝繫》篇，蓋太史公取此二篇之諜及《尚書》，集而紀黃帝以來爲系表（按即世表，以避唐太

宗諱改〕也」。日人瀧川資言《史記會注考證》引中井積德曰：「《尚書集世》，蓋書名。」

〔四〕《隋書·經籍志》儒家類：「《潛夫論》十卷，後漢處士王符撰。」《潛夫論·志氏姓》：「昔堯賜契姓子，賜棄姓姬，賜禹姓姒，氏曰有夏，伯夷爲姜，氏曰有呂」此爲最早之姓氏。又「或氏于諡」，如文武：「或氏于國」，如齊魯；「或氏于爵」，如王侯；「或氏于官」，如司馬司徒；「或氏于字」，如孟孫季孫：「或氏于事」，如巫匠；「或氏于居」，如東門西門。《後漢書·王符傳》：「符字節信，安定臨涇人也。少好學，有志操，與馬融、竇章、張衡、崔瑗等友善。安定俗鄙庶孽，而符無外家，爲鄉人所賤。自安、和之後，世務游宦，當塗者更相薦引，而符獨耿介不同于俗。以此遂不得升進，志意蘊憤，乃隱居著書三十餘篇，以譏當世得失，不欲章顯其名，故號曰《潛夫論》」。

〔五〕杜預《春秋序》：「又別集諸例，及地名譜第曆數，相與爲部，凡四十部十五卷，皆顯其異同，從而釋之，名曰《釋例》。」《隋書·經籍志》春秋類：「《春秋釋例》十五卷，杜預撰。」《四庫簡明目録》：「原本久佚，今從《永樂大典》録出。其書比事以求屬事之旨，《世族譜》《土地名》《長曆》尤爲精核。」

〔六〕杜預《釋例》，用佐治經。王符《志氏姓》：「《易》曰：『君子以類族辨物。』」「多識前言往行，以蓄其德。」『學以聚之，問以辯之。』故略觀世記，采經書，依國土及有明文，以贊聖賢之後，班族類之祖，言氏族之出，序此假意之篇，以貽後賢。」是其著論，取資辨物而已。

〔七〕《隋書·經籍志》雜傳頻：「《王朗王肅家傳》一卷。《虞氏家記》五卷，虞覽撰。《范氏世傳》一卷，范汪撰。《明氏世録》六卷，梁信武記室明粲撰。《陸史》十五卷，陸煦撰。」

〔八〕《晉書・摯虞傳》:「虞字仲洽,太子舍人。以漢末喪亂,譜傳多亡失,雖其子孫不能言其先祖,撰《族姓昭穆》十卷,上疏進之,以爲足以備物致用,廣多聞之益。」《隋志》史部譜系類:「《百家集譜》十卷,王儉撰。」《唐書・藝文志》譜牒類:「何承天《姓苑》十卷。賈希鏡《氏族要狀》十五卷。」

〔九〕《日知録》二十三《姓氏書》條,《集釋》引趙翼曰:「按《周禮》『小史尊繫世,辨昭穆』,是譜學之起於周無疑。漢高祖起布衣,故不重氏族。然漢鄧氏已有《官譜》,應劭有《氏族》一篇,王符《潛夫論》亦有《氏族》一篇。至魏九品中正法行,於是權貴右姓,有司選舉,必稽譜牒,故官有世官。於是賈氏、王氏譜學興焉。晉太元中,賈弼撰《姓氏簿狀》,何承天亦有《姓苑》二篇,劉湛又撰《百家譜》。而弼所撰傳子匪之,匪之傳子希鏡,撰《姓氏要狀》十五篇。希鏡傳子執,執傳其孫冠,故賈氏譜學最擅名。沈約謂咸和以後,所書譜諜,並皆詳實。梁武因約言,詔王僧孺改定《百家譜集抄》十五卷,《南北譜集》十卷,故又有王氏譜學。此南朝譜學之源流也。」

〔一〇〕《廣韻》:「劉姓出彭城沛國,李姓出隴西趙郡,王姓出太原琅邪,謝姓出陳郡會稽。」錢大昕云:「自魏晉以門第取士,士大夫始以郡望自矜。既顯貴,多寄居它鄉,而言王必琅邪,言李必隴西。」(《十駕齋養新録》卷十二)

〔一一〕晉末拓拔珪自立爲代王,國號魏,都平陽。傳至孝文帝遷洛,改姓元氏,故又號元魏。《隋書・經籍志》譜系叙録云:「後魏遷洛,有八氏十姓,咸出帝族。又有三十六族,則諸國之從魏者;九十二姓,世爲部落大人者;並爲河南洛陽人。其中國士人,則第其門閥,有四海大姓、郡姓、州姓、縣姓。及

〔一三〕《唐書‧藝文志》:「王儉《新集諸州譜》十二卷。王僧孺《十八州譜》七百一十二卷。」

〔一四〕《隋書‧經籍志》譜系類,有《冀州姓族譜》二卷,《揚州譜鈔》五卷,不著撰人名氏。

〔一五〕《史通‧書志》:「帝王苗裔,公侯子孫,餘慶所鍾,百世無絕。能言吾祖,郯子見師於孔公;不識其先,籍談取誚於姬后。故周撰《世本》,式辯諸宗。楚置三閭,實掌王族。逮乎晚葉,譜學尤煩;用之於官,可以品藻士庶;施之於國,可以甄別華夷。於是中朝江左,南北混淆,華夷邊民,虜漢相雜。隋及永嘉東渡,流寓揚、越,代氏南遷,華夷從夏。其間高門素族,非復一家,郡正州曹,世掌其任。凡為國有天下,文軌大同。江外山東,人物殷湊。史者,宜各撰氏族志,列於百官之下。」

〔一六〕《新唐書》卷七十二至卷七十五為《宰相世系表》。《容齋隨筆》六:「《新唐書‧宰相世系表》,皆承用逐家譜牒,故多有謬誤。」

〔一三〕《通志‧氏族略序》:「自隋、唐而上,官有簿狀,家有譜系;官之選舉,必由簿狀;家之婚姻,必由譜系。歷代並有圖譜局,置郎令史以掌之,仍用博通古今之儒知撰譜事。凡百官族姓之有家狀者,則上之官,為考定詳實,藏於祕閣,副在左戶。若私書有濫,則糾之以官籍;官籍不及,則稽之以私書。自五季以來,取士不問家世,婚姻不問閥閱,故其書散佚,而其學不傳。三代之前,姓氏分而為二,男子稱氏,

〔七〕《周禮·春官》：「瞽矇諷誦詩，世奠繫。」鄭注：「諷誦詩，謂闇誦詩，不依詠也。故書『奠』或爲『帝』。杜子春云：『世奠繫，謂帝繫、諸侯卿大夫世本之屬是也。』」小史主次序先王之世，昭穆之繫，述其德行。瞽矇主誦詩，並誦世繫，以戒勸人君也。」《國語·楚語》上：「莊王使士亹傅太子箴，辭。王卒使傅之。問於申叔時。叔時曰：『教之《春秋》，而爲之聳善而抑惡焉；教之世，而爲之昭明德而廢幽昏焉，以休懼其動。』」

〔八〕《周禮·地官》：「黨正，孟月吉日，則屬民而讀法，以糾戒之。」「族師，月吉，則屬民而讀邦法，書其孝弟睦婣有學者。」「閭胥，既正則讀法，書其敬敏任恤者。」「州長，正月之吉，各屬其州之民而讀法，以考其德行道藝而勸之，以糾其過惡而戒之。」

〔九〕見前篇注〔二〕。

婦人稱姓。氏所以別貴賤，貴者有氏，賤者有名無氏。今南方諸蠻，此道猶存。古之諸侯詛辭，多曰『隊命亡氏，踣其國家。』明氏亡則與奪爵失國同，可知其爲賤也。氏同姓不同者，婚姻可通。姓同氏不同者，婚姻不可通。姓所以別婚姻，故有同姓、異姓、庶姓之別。氏同姓不同者，婚姻可通。姓同氏不同者，婚姻不可通。三代之後，姓氏合而爲一，而以地望明貴賤。於文女生爲姓，故姓之字多從女，如姬、姜、嬴、姒、嫣、姞、妘、嫪、嬴之類，是也。所以婦人之稱，如伯姬、季姬、孟姜、叔姜之類，並稱姓也。奈何司馬子長、劉知幾謂周公爲姬旦、文王爲姬伯乎？三代之時，無此語也。良由三代後，姓氏合而爲一，雖子長、知幾，猶昧於此。」

〔一〇〕見《易·同人》象辭。

〔一一〕《書·禹貢》:「錫土姓。」僞孔傳:「天子建德,因生以賜姓,謂有德之人生此地,以此地名賜之姓以顯之。」

〔一二〕《書·洪範》:「彝倫攸叙。」

〔一三〕按劉刻《遺書》篇末云:「右原譜。」

和州志氏族表序例中

奠繫世之掌於小史，與民數之掌於司徒，其義一也。杜子春曰：「奠繫世爲帝繫、諸侯卿大夫世本之屬。」〔一〕然則比伍小民，其世系之牒，不隸小史可知也。鄉大夫以歲時登夫家之眾寡，三年以大比興一鄉之賢能。〔二〕夫夫家眾寡，即上大夫司徒之民數，其賢能爲卿大夫之選，又可知也。民賤，故僅登戶口眾寡之數；卿大夫貴，則詳繫世之牒，理勢之自然也。後代史志，詳書戶口，而譜系之作無聞，則是有小民而無卿大夫也。《書》曰：「九族既睦，平章百姓。」鄭氏注：「百姓，爲群臣之父子兄弟。」〔三〕見司馬遷《五帝本紀》注。《書》曰：「平章，乃辨別而章明之，是即《周官》小史奠系之權輿也。孟子曰：「所謂故國者，非謂有喬木之謂也，有世臣之謂也。」〔四〕近代州縣之志，留連故蹟，附會桑梓；〔五〕至於世牒之書，闕而不議，則是重喬木而輕世家也。且夫國史不錄，州志不載，譜系之法，不掌於官，則家自爲書，人自爲說，子孫或過譽其祖父，是非或頗謬於國史。〔六〕其不肖者流，或謬託賢哲，或私鬻宗譜，以僞亂真，悠謬恍惚，不可勝言。其清門華胄，則門閥相矜，私立名字。若江左王謝諸家，但有官勳，即標列傳，史臣含毫，莫能裁斷。以至李必隴西，劉必沛國，但求資望，不問從來，〔七〕則有譜之弊，不如無譜。蓋亦前人之過也。

夫以司府領州縣，以州縣領世族，以世族率齊民，天下大計，可以指掌言也。唐三百年譜系，僅録宰相，[八]彼一代浩繁，出於計之無如何耳。夫之所以書上賢能者也。今做《周官》遺意，特表氏族，方州之書，登其科甲仕宦，則固成周鄉大夫之書，有所折衷，[九]其便一也。一則譜法畫一；私譜凡例未純，可以參取，其便二也。一則史權不散，私門之書，有所折衷，[九]其便一也。一則譜法畫一；私譜凡例未純，可以參取，其便二也。一則史權不散，私門濁分塗，非其族類，不能依託，流品攸分，其便三也。一則昭穆親疎，[一〇]秩然有叙；或自他邦遷至，或後遷他邦，世表稽；非其籍者，無難句檢，其便四也。一則祖系分明；或有譜牒散亡，可以借此證彼，其便六也。嗣續之議，爭爲人後，其訟易平，其便五也。一則祖系分明；或有譜牒散亡，可以借此證彼，其便六也。編於志，其他州縣，或有譜牒散亡，可以借此證彼，其便六也。一則改姓易氏，其時世前後及其所改之故，明著於書，庶幾婚姻有辦；且修明譜學者，得以考厥由來，其便七也。一則世系蟬聯，[一二]修門望族，[一三]或科甲仕宦，系譜有書，而德行道藝，列傳無録，没世不稱，志士所恥；[一二]是文無增損，義兼勸懲，其便八也。一則地望著重，坊表都里，不爲虛設，其便九也。一則徵文考獻，館閣檄收，按志而求，易如指掌，[一四]其便十也。然則修而明之，可以推於諸府州縣，不特一州之志已也。[一五]

〔一〕小史掌奠繫世，見《州縣請立志科議》注〔二〕。《周禮·地官》：「大司徒之職，掌建邦之土地之圖與

人民之數，以佐王安擾邦國。」杜子春說，詳前篇注〔七〕。按《隋書·經籍志》：「漢時有李氏得《周官》，上於河間獻王，獨闕《冬官》一篇。獻王購以千金，不得，遂取《考工記》以補其處，合成六篇，奏之。至王莽時，劉歆始置博士，以行於世。河南緱氏杜子春受業於歆，因以教授。」賈公彥《周禮正義序》：「杜子春，永平初，年且九十，家於南山，能通其讀，頗識其說，鄭衆、賈逵往受業焉。」

〔二〕《周禮·地官》：「鄉大夫以歲時登其夫家之衆寡，辨其可任者。」云以歲時者，謂歲之四時。登，猶成也，定也。夫家，爲男女。謂四時成定其男女多少。云辨其可任者，謂分辨其可任使者。三年大比，見《和州志·選舉表序例》注〔一〕。

〔三〕見《書·堯典》。《史記·五帝本紀》作「便章百姓」。《集解》引鄭玄曰：「百姓，群臣之父子兄弟。」《索隱》：「古文《尚書》作平章，今文作辯章。古平字亦作便，音婢緣反。便則訓辯，遂作辯章。」《後漢書·劉愷傳》注引鄭玄注：「辯，別也。章，明也。」

〔四〕見《孟子·梁惠王下》。

〔五〕《詩·小雅·小弁》：「維桑與梓，必恭敬止。」傳：「父母之所樹，己尚不敢不恭敬。」後人因以爲鄉里之稱。

〔六〕《漢書·眭弘傳》注：「師古曰：私譜之文，出於閭巷，家自爲說，事非經典，苟引先賢，妄相假託，無所取信，寧足據乎？」

〔七〕錢大昕曰：「自魏晉以門第取士，單寒之家，屛棄不齒，而士大夫始以郡望自矜。唐宋重進士科，士

〔八〕皆投牒就試，無流品之分。而唐世猶尚氏族，奉勑第其甲乙，勒爲專書。五季之亂，譜牒散失，至宋而譜盛行，朝廷不復過而問焉。士既貴顯，多寄居他鄉，不知有郡望者，蓋五六百年矣。惟民間嫁娶名帖，偶一用之，言王必瑯邪，言李必隴西，言張必清河，言劉必彭城，言周必汝南，言顧必武陵，言朱必沛國，其所祖何人，遷徙何自，概置弗問，此習俗之甚可笑者也。」（《十駕齋養新録》卷十二）

〔九〕《新唐書·宰相世系表》，見前篇注〔一五〕。

〔一〇〕見《易教下》注〔五〇〕。

〔一一〕《禮記·祭統》注：「夫祭有昭穆。昭穆者，所以别父子遠近長幼親疏之序而無亂也。」

〔一二〕一作蟬連，相續不絶也。《世説新語·識鑒》：「王恭隨父在會稽。王大忱自都來拜墓，恭暫往墓下看之。二人素善，遂十餘日往還。父問恭：『何故多日？』對曰：『與阿大語，蟬連不得歸。』」

〔一三〕卓有聲望之族也。秦觀《王儉論》：「王謝二氏，最爲望族，江左以來，公卿將相出其門者十七八。」

〔一四〕《論語·衛靈公》：「君子疾没世而名不稱焉。」

〔一五〕《論語·八佾》：「或問禘之説。子曰：『不知也。知其説者之於天下也，其如示諸斯乎！』指其掌。」

〔一五〕按劉刻《遺書》篇末題云：「右致用。」

和州志氏族表序例下

《易》曰：「物不可窮也，故受之以《未濟》。」〔一〕夫網羅散失，是先有散失，而後有網羅者也。表章潛隱，是先有潛隱，而後有表章者也。《華陽》序志，概存士女之名。〔二〕常璩《華陽》序志，概存士女之名。〔三〕二子知掌故之有時而窮也，故以讚序名字，存其大略，而明著所以不得已而僅存之故，是亦史氏闕文之故例也。〔四〕和州在唐宋爲望郡，而文獻之徵，不少概見。至於家譜世牒，寥寥無聞。詢之故老，則云明季乙亥寇變，〔五〕圖書燬於兵燹。今州境之人士，皆當日僅存倖免者之曾若玄也。〔六〕所聞所傳，聞者不過五世七世而止，不復能遠溯也。傳世既未久遠，子姓亦無繁多，故譜法大率不修。就求其所有，則出私劄筆記之屬，體例未定，難爲典則，甚者至不能溯受姓所由來。余於是爲之慨然歎焉。

夫家譜簡帙，輕於州志：兵燹之後，家譜無存。而明嘉靖中知州易鸞、〔七〕與萬曆中知州康誥所修之州志，〔八〕爲時更久，而其書今日具存，是在官易守，而私門難保之明徵也。及今而不急爲之所，則倂此區區者，後亦莫之徵矣。且吾觀《唐書‧宰相世系》，列其先世，有及梁、陳者矣，有及元魏、後周者矣，不復更溯奕葉而上；則史牒闕文，非一朝一夕之故也。然則錄其所可考，而略其所不可知，乃免不知而作之誚焉。〔九〕每姓推所自出，備稽古之資也。詳

人籍之世代，定州略也。科甲仕宦爲目，而貢監生員與封君，及貲授空階皆與焉，[一〇]從其類也。無科甲仕宦，而僅有生員及貲授空階，定主賓輕重之衡也。科甲仕宦之族，旁支皆齊民，則及分支之人而止。不復列其子若孫者，君子之澤，五世而斬。[一一]若皆列之，是與版圖之籍無異也。雖有科甲仕宦，而無譜者闕之，嚴詆濫之防也。正貢亦爲科甲，微秩亦爲仕宦，不復分其資級，以文獻無徵，與其過而廢也，毋寧過而存之，[一二]是《未濟》之義也。[一三]

〔一〕見《易·序卦》。

〔二〕《三國志·蜀書·楊戲傳》：「楊戲字文然，犍爲武陽人也。戲以延熙四年著《季漢輔臣贊》」其所頌述，今多載於《蜀書》，是以記之於左。自此之後，卒者則不追諡，故或有應見稱紀而不載乎篇者也。其戲之所贊，而今不作傳者，余皆注疏本末於其辭下，可以粗知其髣髴云爾。」

〔三〕《隋書·經籍志》霸史類：「《華陽國志》十二卷，常璩撰。」《書錄解題》：「志巴蜀地理、風俗、人物，及公孫述、劉焉、劉璋、先後主，以及李特事迹。卷末爲《序志》，云肇自開闢，終乎永和三年。」按《序志》篇列梁、益、寧三州自漢興迄三國之終士女載傳記者，三百四十人；又三國兩晉以來人士五十一人，并爲三百九十一人。

〔四〕闕文，見《言公中》注〔三〕。《華陽國志·序志讚》：「凡此士人，或見《漢書》，或載《耆舊》，或見君紀，或在《三國書》，並取其秀異，表之斯篇。其洪伐張顯並附載者，齊之。其但見名目而不詳其行

〔五〕《明史紀事本末》：崇禎八年十二月，張獻忠圍廬州，分道陷巢縣、含山，遂陷和州。

〔六〕《爾雅·釋親》：「孫之子爲曾孫，曾孫之子爲玄孫。」

〔七〕易鸞字鳴和，江西分宜人。嘉靖三年，授和州知州。爲政尚大體，莅官三年，乃取陳鈞、黃公標二家州志，刪定爲一十七篇。見《和州志·前志列傳》《遺書》外編十八）。

〔八〕康誥字瀛湖，汀州衛人，以舉人於隆慶五年官和州知州。勤心民事，多所裨益。萬曆三年，以齊柯、劉珽修州志，爲綱凡八。（同上）

〔九〕《論語·述而》：「子曰：蓋有不知而作之者，我無是也。」

〔一〇〕科舉時，入學者稱生員，學行優異而膺貢舉者稱貢生。明制，令天下學行優者送國子監就學，謂之監生。清制，五貢（副貢、拔貢、優貢、歲貢、恩貢）皆得入監肄業。而普通所謂監生，則皆由於捐納者。其子孫顯貴而受封典者，稱封君。凡納貲爲官者，稱貲郎。

〔一一〕《孟子·離婁下》：「孟子曰：君子之澤，五世而斬，小人之澤，五世而斬。」朱注：「澤，猶言流風餘韻也。父子相繼爲一世。斬，絕也。大約君子小人之澤，五世而絕也。」

〔一二〕劉歆《移讓太常博士書》：「與其過而廢之，寧過而存之。」

〔一三〕按劉刻《遺書》篇末題云：「右通變。」

和州志輿地圖序例

圖譜之學，古有專門，鄭氏樵論之詳矣。〔一〕司馬遷爲史，獨取旁行斜上之遺，列爲十表；而不取象魏懸法之掌，列爲諸圖。〔二〕於是後史相承，表志愈繁，圖經浸失。鄭樵生千載而後，慨然有志於三代遺文，而於《圖譜》一篇，既明其用，又推後代失所依據之故，本於班固收書遺圖，亦既感慨言之矣。〔三〕然鄭氏之意，祇爲著錄諸家，不立圖譜專門，故欲別爲一錄，以輔《七略》四部之不逮耳。其實未嘗深考，圖學失傳，由於司馬遷有表無圖，遂使後人修史，不知採錄，故其自爲《通志》紀傳譜略，諸體具備，而形勢名象，亦未爲圖。以此而議班氏，豈所謂楚則失之，而齊亦未爲得者非耶？〔四〕夫圖譜之用，相爲表裏。周譜之亡久矣，而三代世次，諸侯年月，今具可考，以司馬遷採摭爲表故也。象魏之藏既失，而形名制度，方圓曲直，今不可知，以司馬遷未列爲圖故也。然則書之存亡，繫於史臣之筆削〔五〕明矣。圖之遠者，姑弗具論。自《三輔黃圖》〔六〕《洛陽宮殿圖》〔七〕以來，都邑之簿，代有成書，後代蒐羅，百不存一。鄭氏獨具心裁，〔八〕立爲專錄，以謂有其舉之，莫或廢矣。然今按以鄭氏所收，其遺亡散失，與前代所著，未始逕庭，〔九〕則書之存亡，繫於史臣之筆削者尤重，而繫於著錄之部次者猶輕，又明矣。鐏罍

之微，或資博雅，鹵簿之屬，或著威儀，[一〇]前人並有圖書，蓋亦繁富。史臣識其經要，未遑悉入編摩，鄭氏列爲專錄，使有所考，但求本書可也。至於方州形勢，天下大計，[一一]不於表志之間，列爲專部，使讀其書者，乃若冥行摘埴，[一三]如之何其可也？《易》者必通乎譜；圖象譜牒，《易》與《春秋》之大原也。《易》曰：「繫辭焉以盡其言。」[一三]《記》曰：「比事屬辭，《春秋》教也。」[一四]夫謂之繫辭屬辭者，明乎文辭從其後也。然則圖象爲無言之史，譜牒爲無文之書，相輔而行，雖欲闕一而不可者也。況州郡圖經，尤前人之所重耶？[一五]

或曰：學者亦知圖象之用大矣。第辭可傳習，而圖不可以誦讀，故書具存，而圖不可考也，其勢然也。雖然，非知言也。夫圖不可誦，則表亦非有文辭者也。表著於史，而圖不入編，此其所以亡失也。且圖之不可傳者有二：一則爭於繪事之工也。[一六]以古人專門藝事，自以名家，實無當於大經大法。若郭璞《山海經圖贊》，[一七]贊存圖亡。今觀贊文，自類雕龍之工，則知圖繪，殆亦畫虎之技也。[一八]一則同乎髦弁之微也。[一九]近代方州之志，繪爲圖象，廁於序例之間，不立專門，但綴名勝，以爲一書之標識，而實無當於古人圖譜之學也。夫爭於繪事，則藝術無當於史裁；而廁於弁髦，則書肆苟爲標幟，[二〇]以爲市易之道，皆不可語於史學之精微也。古人有專門之學，即有專門之書；有專門之書，即有專門之體例。[二一]旁行斜上，標分子

注，譜牒之體例也。開方計里，推表山川，輿圖之體例也。之以圖，互著之義也。文省而事無所晦，形著而言有所歸，述作之則也。[二三]圖不詳而繫之以說，說不顯而實筆削無能損其質，久遠之業也。要使不履其地，不深於文者，依檢其圖，洞如觀火，是又通方之道也。夫天官、河渠圖，而八書可以六；地理、溝洫圖，而十志可以八；[二四]然而今日求太初之星象，稽西京之版輿，或不至於若是茫茫也。況夫方州之書，徵名辨物，尤宜詳贍無遺，庶幾一家之作；而乃流連景物，附會名勝，以爲丹青末藝之觀耶？[二五]其亦不講於古人所以左圖右史之義也夫？[二六]

圖不能不繫之說，而說之詳者，即同於書，圖之名不亦綴歟？[二七]曰：非綴也。體有所專，意亦有所重也。古人書有專名，篇有專義。辭之出入非所計，而名實賓主之際，作者所謂竊取其義焉耳。且吾見前史之文，有表似乎志者矣，《漢書·百官公卿表》篇首歷敘官制。不必皆旁行斜上之文也。有志似乎表者矣，《漢書·律曆志》排列三統甲子。不必皆比事屬辭也。《三輔黃圖》，今亡其書矣，其見於他說所稱引，則其辭也。遁甲通統之圖，[二八]今存其說，猶《華黍》《由庚》之有其義耳。[二九]雖一尺之圖，繫以尋丈之說可也。圖之有類別，猶書之有篇名也。既曰圖矣，統謂之圖可也。以圖附書，則義不顯，又以類相次，不亦繁歟？曰：非繁也。圖之有分圖而繫之以說，義斯顯也。若皇朝《明史·律曆志》，於儀象推步皆繪爲圖，[三〇]蓋前人所未

有矣。當時史臣,未嘗別立爲圖,故不列專門,事各有所宜也。今州志分圖爲四:一曰輿地,二曰建置,〔二〕三曰營汛,〔二〕四曰水利。皆取其有關經要,而規方形勢所必需者,詳繫之說,而次諸紀表之後,用備一家之學,而發其例於首簡云爾。〔三〕

〔一〕《通志·圖譜略·索象》:「古之學者,爲學有要,置圖於左,索象於書,故人亦易爲學,學亦易爲功。秦人雖棄儒學,亦未嘗棄圖書,誠以爲國之具,不可一日無也。蕭何入咸陽,先取秦圖書。一旦干戈既定,文物悉張,故蕭何定律令,而刑罰清;韓信申軍法,而號令明;張蒼定章程,而典故有倫;叔孫通制禮儀,而名分有別。漢初典籍無紀,劉氏創意,總括群書,分爲七略,只收書不收圖,蕭何之圖,自此委地。惟任宏校兵書,一類分爲四種,有書五十三家,有圖四十三卷,載在《七略》,獨異於他。宋、齊之間,群書失次,王儉於是作《七志》以爲之紀。六志收書,一志專收圖譜。且有專門之書,則有專門之學,有專門之學,則其學必傳,而書亦不失。任宏之略,劉歆不能廣之;王儉之志,阮孝緒不能續之。孝緒作《七錄》,散圖而歸部錄,雜譜而歸記注,內篇有圖七百七十卷,外篇有圖百卷,未知譜之如何耳。隋家藏書,富於古今,然圖譜無紀。自此以來,蕩然無紀,至今虞、夏、商、周、秦、漢上代之書具在,而圖無傳焉。圖既無傳,書復日多,茲學者之難成也。」

〔二〕《史記·十二諸侯年表序》:「太史公讀春秋歷譜牒。」《梁書·劉杳傳》:「王僧孺被敕撰譜,訪杳血脈所因。查云:『桓譚《新論》云:三代世表,旁行斜上,並效周譜,以此而推,當起周代。』」《史記》

〔三〕《通志·圖譜略·明用》：「善爲學者，如持軍治獄，若無部伍之法，何以得書之紀？若無羲實之法，何以得書之情？今總天下之書，古今之學術，而條其所以爲圖譜之用者十有六：一曰天文，二曰地理，三曰宮室，四曰器用，五曰車旂，六曰衣裳，七曰壇兆，八曰都邑，九曰城築，十曰田里，十一曰會計，十二曰法制，十三曰班爵，十四曰古今，十五曰名物，十六曰書。凡此十六類，有書無圖，不可用也。」又《通志·總序》：「古之學者，左圖右書，不可偏廢。劉氏作《七略》收書不收圖，班固即其書爲《藝文志》，自此以還，圖譜日亡，書籍日冗，所以困後學而隳良材者，皆由於此。何哉？即圖而求易，即書而求難，舍易從難，成功者少。」

〔四〕見司馬相如《上林賦》。

〔五〕見《易教下》注〔二六〕。

〔六〕《隋書·經籍志》地理類：「《黃圖》一卷，記三輔宮觀、陵廟、明堂、辟雍、郊畤等事。」《書錄解題》：「載秦漢間宮室苑囿甚詳。多引用應劭《漢書解》，而如淳、顏師古復引此書爲據，意漢魏間人所作。」《日知錄》三十一：「漢西京宮殿甚多，讀史殊不易曉，《三輔黃圖》敘次頗悉。以長樂、未央、建

〔七〕《通志‧圖譜略》有《洛陽宮闕圖》，不著卷數及撰人名氏。

〔八〕《通志‧總序》：「臣乃立爲二記：一曰記有，記今之所有者，不可不聚；二曰記無，記今之所無者，不可不求。故作《圖譜略》。」

〔九〕《莊子‧逍遙遊》：「大有逕庭，猶霄壤。言逕路之與中庭，偏正懸絕。」

〔一〇〕鐏，本作尊。《説文》：「尊，酒器。」方以智云：「逕庭，猶霄壤。」《索隱》：「《漢書》作楚軍前簿。簿者，鹵簿。」《梁書‧王僧孺傳》「道遇中丞鹵簿，驅迫溝中」，是也。傳：「布常爲軍鋒。」按車駕法從次第爲鹵簿，百官皆有鹵簿，各有差等。《史記‧黥布

〔一一〕見《州縣請立志科議》注〔三〕。

〔一二〕《法言‧修身》：「摘埴索途，冥行而已矣。」注：「埴，土也。盲人以杖摘地而求道。」

〔一三〕見《易‧繫辭上》。

〔一四〕見《禮記‧經解》，按原作「屬辭比事」。

〔一五〕按此上劉刻《遺書》題云：「右考圖。」

〔一六〕《論語‧八佾》：「子曰：繪事後素。」《考工記》曰：「繪畫之事後素功。」

〔一七〕《隋書‧經籍志》地理類：「《山海經圖讚》二卷，郭璞注。」

〔一八〕《史記‧孟荀列傳‧集解》引劉向《別錄》：「騶奭修（鄒）衍之文，飾若雕龍文，故曰雕龍。」《後漢

〔一九〕《左傳》昭公九年：「豈如弁髦而因以敝之？」《正義》：「弁，謂緇布冠。髦，謂童子垂髦。凡加冠之禮，先用緇布之冠，斂括垂髦，三加之後，去緇布之冠，不復更用，故云因以敝之。」

〔二〇〕《法言·吾子》：「好書而不要諸仲尼，書肆也。」

〔二一〕本鄭漁仲說，見上注〔一〕。

〔二二〕裴秀《禹貢地圖序》：「制圖之體有六焉：一曰分率，所以辨廣輪之度也；二曰準望，所以正彼此之體也；三曰道里，所以定所由之數也；四曰高下，五曰方邪，六曰迂直，此三者各因地而制宜，所以校夷險之異也。有圖象而無分率，則無以審遠近之差。有分率而無準望，雖得之於一隅，必失之於他方。有準望而無道里，則施之於山海隔絕之地，不能以相通。有道里而無準望，雖有高下方邪迂直之校，則徑路之數，必與遠近之實相違，失準望之正矣。故以此六者參而考之，然後遠近之實，定於分率；彼此之實，定於道里；度數之實，定於高下方邪迂直之筭。故雖有峻山鉅海之隔，絕域殊方之迥，登降詭曲之因，皆可得舉而定者，準望之法既正，則曲直遠近無以隱其形也。」（《晉書》本傳）

〔二三〕《呂氏春秋·慎行論》：「子夏之晉，過衞，有讀史記者曰：『晉師三豕涉河。』子夏曰：『非也，是己亥也。』『夫己與三相近，豕與亥相似，至晉而問之，則曰：『晉師己亥渡河也。』」

〔二四〕言《天官》《河渠》省書作圖，《地理》《溝洫》以圖代志，則《史記》八書可爲六，《漢書》十志可爲八也。

〔一五〕《文選·吳都賦》:「丹青圖其珍瑋。」李善注:「中夏貴其珍寶而不能見,徒以丹青畫其象類也。」

〔一六〕《唐書·楊綰傳》:「性沈靖,獨處一室,左圖右史。」

〔一七〕《詩·大雅·桑柔》:「具贅卒荒。」疏:「贅,猶綴。」

綴,通作贅。

〔一八〕《國史經籍志》五行家有葛洪《三元遁甲圖》三卷。又《易通統圖》二卷,不著撰人名氏。

〔一九〕見《經解下》注〔一〇〕。

〔二〇〕《四庫全書總目》正史類:「《明史》三百三十六卷,國朝保和殿大學士張廷玉等奉敕撰。書成表進,凡本紀二十四卷,志七十五卷,表十三卷,列傳二百二十卷,目錄四卷。」推步:見《書教下》注〔二五〕。

按《明史·曆志》二,有《割圓弧矢圖》《月道距差圖》等。

〔二一〕《漢書·武五子傳贊》:「略取河南,建置朔方。」按謂設立郡縣也。

〔二二〕《大清會典》兵部:「參將、遊擊、都司、守備所屬皆爲營,千總、把總、外委所屬爲汛,以慎巡守,備徵調。」

〔二三〕按此上劉刻《遺書》題云:「右著例。」

和州志田賦書序例

自畫土制貢，創於夏書，[一]任土授職，載師物地事及授地職。專司之掌，有由來矣。班氏約取《洪範》八政，裁爲《食貨》之篇，[三]後史相仍，著爲圭臬。[四]然而司農圖籍，會稽簿錄，[五]填委架閣，不可勝窮，於是酌取一代之中，以爲定制。其有沿革大凡，盈縮總計，略存史氏要删，[六]計臣章奏，使讀者觀書可以自得，則亦其勢然也。若李吉甫、韋處厚所爲《國計》之簿，[七]李吉甫《元和國計簿》十卷，韋處厚《太和國計》二十卷。《會計》之錄，[八]丁謂《景德會計錄》六卷，田況《皇祐會計錄》六卷。[九]杜佑、宋白之《通典》，[一〇]王溥、章得象之《會要》，[一二]則掌故彙編；其中首重食貨，義取綜核，事該古今，至於麻縷之微，銖兩之細，[一三]不復委折求盡也。趙過均田之議，[一三]李翱《平賦》之書，[一四]則公牘私論，各抒所見；惟以一時利病，求所折衷，非復史氏記實之法也。夫令史簿錄，猥瑣無文，不能傳世行遠；文學掌故，博綜大要，莫能深鑒隱微；此田賦之所以難明，而成書之所以難觀者也。古者財賦之事，征於司徒，會於太宰。司會屬太宰。太宰制三十年爲通九式，均節九賦，自祭祀賓客之大，以至芻秣匪頒之細，俱有定數，[一五]以其所出，準之以其所入；雖欲於定式之外，多取於民，其道無由。此財賦所以貴簿正之法也。[一六]

自唐變租庸調而爲兩稅，[一七]明又變兩稅而爲一條鞭法，[一八]勢趨簡便，令無苛擾，亦度時揆勢，可謂得所權宜者矣。然而存留供億諸費，土貢方物等目，[一九]僉差募運之資，總括畢輸，便於民間，使無紛擾可也。有司文牘，令史簿籍，自當具錄舊有款目，明著功令所以併省之由，然後折以時之法度；庶幾計司職守，與編戶齊民，皆曉然於制有變更，數無增損也。文移日趨簡省，而案牘久遠無徵，但存當時總括之數，不爲條列諸科；則遇禁網稍弛，官吏不飭於法，或至增飾名目，抑配均輸，以爲合於古者惟正之貢，[二〇]孰從而議其非制耶？

夫變法所以便民，而吏或緣法以爲奸，文案之功，或不能備，圖史所以爲經國之典也。然而一代浩繁，史官之籍，有所不勝；獨州縣志書，方隅有限，可以條別諸目，瑣屑無遺，庶以補國史之力之所不給也。自有明以來，外志紀載，率皆猥陋無法；至於田賦之事，以謂吏胥簿籍，總無當於文章鉅麗之觀，遂據見行案牘，一例通編，不復考究古今，深求原委，譬彼玉卮無當，[二一]誰能賞其華美者乎？明代條鞭之法，定於嘉靖之年，而和州舊志，今可考者，亦自嘉靖中易鸞《州志》而止。[二二]當時正值初更章程，而州志即用新法，盡削舊條，遂使唐人兩稅以來沿革莫考，惜哉！又私門論議，官府文移，有關田賦利病，自當採入本書，如班書叙次蠡錯《貴粟》之奏入《食貨志》，[二三]賈讓《治河》之策入《溝洫志》，[二四]庶使事顯文明，學歸有用。否則裁入本人列傳，便人參互考求，亦趙充國《屯田》諸議之成法也。[二五]近代志家類皆截去文

詞，別編爲藝文志；而本門事實，及本人行業，轉使擴落無材。[二六]豈志目大書專門，特標義例，積成卷軸，乃等於匏瓜之懸，仰而不食者耶？[二七]康誥舊志，[二八]略窺此風。後來秉筆諸家，毅然刪去，一而至再，無復挽回，可爲太息者也！今自易《志》以後，其有遺者，不可追已；自易《志》以後，具錄顚末，編次爲書。其康誥《均田》之議，[二九]實有當於田賦利病；他若州中有關田賦之文，皆採錄之，次於諸條之後；兼或採入列傳，互相發明，疑者闕之。後之覽者，或有取於斯焉。

〔一〕《書·禹貢》：「禹別九州，隨山濬川，任土作貢。」僞孔傳：「任其土地所有，定其貢賦之差。」

〔二〕《周禮·地官》：「載師掌任土之法，以物地事，授地職，而待其政令。」鄭注：「任土者，任其力勢所能生育，且以制貢賦也。物，物色之屬，以知所宜之事者，而授農牧衡虞，使職之。」賈疏：「《孝經緯援神契》云：『五嶽藏神，四瀆含靈，五土出利，以給天下。黃白宜種禾，黑墳宜種麥，蒼赤宜種菽，洿泉宜種稻。』所宜衆多，故鄭云之屬也。」

〔三〕《漢書·食貨志序》：「《洪範》八政，一曰食，二曰貨。食謂農植嘉穀可食之物，貨謂布帛可衣，及金刀龜貝，所以分財布利，通有無也。」

〔四〕見《易教中》注〔三〕。

〔五〕《漢書·百官公卿表》：「治粟內史，秦官，掌穀貨。景帝後元年，更名大農令，武帝太初元年，更名

大司農。」會稽，疑應作「會計」爲是。《周禮》天官之屬有司會。鄭注：「會，大計也。」司會主天下之大計，計官之長也。」

〔六〕見《言公下》注〔八六〕。

〔七〕《唐書·藝文志》職官類：「李吉甫《元和國計簿》十卷。韋處厚《太和國計》二十卷。」李吉甫字弘憲，贊皇人，以蔭補倉曹參軍。貞元初，爲太常博士。憲宗元和二年，累官同平章事。德宗以來，姑息藩鎮，有終身不易地者。吉甫爲相歲餘，凡易三十六鎮，殿最分明。旋因事乞免，六年還秉政，天下想望風采而稍修怨。帝知其專，乃進李絳。遂與有隙，數爭辯殿上，然奉法顧大體。封贊皇縣侯，卒諡忠懿。（《新唐書》本傳）韋處厚字德載，京兆萬年人。中進士第，又擢才識兼茂科，授吉賢校郎，改咸陽尉，累官至中書侍郎，同中書門下平章事，封靈昌郡公。歷事憲、穆、敬、文四帝，以獻替爲己任，百僚不敢干以私，一時推爲賢相。性嗜學，藏書雠正至萬卷。爲拾遺時，撰《德宗實錄》。又與路隨撰《憲宗實錄》，創具凡例，未成而終。（《新唐書》本傳）

〔八〕《書錄解題》典故類：「《景德會計錄》六卷，丞相吳郡丁謂謂之撰。序言歲收兩京十七路帳籍四萬四百有七，日人疾徐事一千五百，文移倍之。倣李吉甫《國計簿》、賈耽《國要圖》，總其目得四十，列爲六卷，一戶賦，二郡縣，三課入，四歲用，五祿食，六雜記。大抵取景德中一年爲準。」又：「《皇祐會計錄》六卷，樞密信都田況元均權三司使時所撰。倣《景德》之舊，取一歲最中者爲準。」又爲《儲運》一篇，以補其闕。」丁謂字謂之，淳化進士，累官同中書門下平章事，昭文閣大學

〔九〕見《史釋》注〔七〕。

〔一〇〕杜佑《通典》，見《書教中》注〔三〕。《書錄解題》典故類:「《續通典》二百卷，翰林學士承旨宋白等撰。咸平三年奉詔，四年九月書成。起唐至德初，迄周顯德末。」宋白字太素，大名人。建隆進士，乾德初，試拔萃高等，授著作佐郎。太宗擢爲左拾遺，權知克州，會劉繼元降，白奏《平晉頌》。太宗召至行營褒慰。雍熙中，召與李昉等纂《文苑英華》一千卷。嘗三掌貢舉，頗致譏議。仕終吏部尚書，卒諡文安。(《宋史·文苑傳》)

〔一二〕王溥《唐會要》，見《方志立三書議》注〔五四〕。溥字齊物，并州祁人，漢乾祐舉進士甲科，爲祕書郎。周祖疾革，以溥爲中書侍郎、平章事。宋初進位司空。太平興國初，封祁國公，卒，年六十一。溥好學，手不釋卷，嘗集蘇冕《會要》、崔鉉《續會要》，補其闕漏爲百卷，曰《唐會要》。(《宋史》本傳)《通志·藝文略》三:「《國朝會要》一百五十卷，章得象等編。」

〔一三〕《說文》:「十黍爲絫，十絫爲銖，二十四銖爲兩。」

〔三〕按《漢書·食貨志》:「武帝末年,悔征伐之事,迺封丞相爲富民侯,下詔曰:『方今之務,在於力農。』以趙過爲搜粟都尉。過能爲代田,一畮三甽,歲改處,故曰代田。」師古曰:「代,易也。」是趙過所行者爲代田,非議均田也。按《五代會要》租稅類:「周世宗讀《長慶集》,見元稹在同州時所上《均田奏》,因製素爲圖賜諸道。」稹《均田奏》曰:「因農務稍暇,令百姓自通手實狀,又令里正書手傍爲穩審。並不遣官擅到村鄉,略無欺隱,除去逃荒,其餘頃畮取兩稅充額。計七縣沃瘠,一例作分抽稅。」然則均田之議,乃元微之也。此謂趙過,待考。按黔刻本「議」作「識」。

〔一四〕李翺《平賦書》見《全唐文》卷六百三十八。翺字習之,涼武昭王暠之後。貞元十四年,登進士第,調校書郎。元和初,爲史館修撰,再遷考功員外郎。初,諫議大夫李景儉表翺自代,景儉斥,翺下除朗州刺史。久之,召爲禮部郎中,入爲諫議大夫,知制誥,改中書舍人。柏耆使滄州,翺盛言其才,耆得罪,由是左遷少府少監,轉桂管湖南觀察使,山南東道節度使。會昌中卒。謚曰文。《新唐書》本傳)

〔一五〕《周禮·天官》:「大宰以九式均節財用:一曰祭祀之式,二曰賓客之式,三曰喪荒之式,四曰羞服之式,五曰工事之式,六曰幣帛之式,七曰芻秣之式,八曰匪頒之式,九曰好用之式。」鄭注:「式,謂用財之節度。荒,凶年也。羞,飲食之物也。工,作器物者。幣帛,所以贈勞賓客者。芻秣,養牛馬禾穀也。鄭司農云:『匪,分也。頒,讀爲班布之班,謂班賜。』玄謂王所分賜群臣也。好用,燕好所賜予。」

〔一六〕《孟子·萬章下》：「孔子先簿正祭器。」趙岐注：「先爲簿書，以正其宗廟祭祀之器。」

〔一七〕《文獻通考》卷三：「唐德宗時，楊炎爲相，遂作兩稅法，夏輸無過六月，秋輸無過十一月，置兩稅使以總之。凡百役之費，先度其數而賦於人，量出制入。户無主客，以見居爲簿。人無丁中，以貧富爲差。不居處而行商者，在所縣税三十之一。度所取與居者均，使無饒利。其租庸雜徭悉省，而丁額不廢。其田畝之税，以大曆十四年墾田之數爲定，而均收之。使者按察主户三百八十萬，客户三十萬。遣黜陟使按諸道丁産等級，免鰥寡惸獨不濟者。敢加斂，以枉法論。舊制，三百八十萬五千。歲斂錢二千餘萬緡，米四百萬斛以供外；錢九百餘萬緡，米千六百餘萬斛以供京師：天下便之。」按唐本行租庸調法，丁男授田一頃，歲輸粟二斛，謂之租。歲輸絹二匹，綿三兩，輸布者加五之一，麻三斤，或輸銀十四兩，謂之調。役人力歲二十日，閏月加二日，不役者月輸絹三尺，謂之庸。加役二十五日免調，三十日租調皆免。開元以後，版籍廢壞，丁户田產，均無可稽。楊炎遂併租庸調而爲一，分兩期取之，故曰兩稅。

〔一八〕《續通典》食貨：「（明）嘉靖以後，行一條鞭法。總括一州縣之賦役，量地計丁，丁糧畢輸於官，一歲之役，官爲僉募，力差則計其工食之用，量爲增減。銀差則計其交納之用，加以增耗。凡額辦派辦京庫歲需與存留供億諸用度，以及土貢方物，悉併爲一條，皆計畝徵銀，折辦於官。」

〔一九〕《左傳》隱公十一年：「寡人唯是一二父兄不能供億。」杜注：「供，給，億，安也。」《書·旅獒》：「無有遠邇，畢獻方物。」

〔二〇〕《宋史·神宗紀》:"三年乙卯,詔諸路散青苗錢,禁抑配。"《續通典》食貨:"神宗熙寧二年,立均輸市易之制。""諸路上供,本有常數,豐年物貴,可以多致,儉年物貴,難以供億,而不敢不足。遠方有倍蓰之輸,中都有半價之鬻。徒使富商大賈乘公私之急,以擅輕重斂散之權。今發運使實總六路之賦,凡羅買稅斂上供之物,皆徒貴就賤,用近易遠。令稍收輕重斂散之權,歸之公上而制其有無,以便轉輸;庶當供辦者,得以從便變易,蓄買以待上。幾國用可足,民財不匱。"此指均輸。《書·無逸》:"以庶邦惟正之供。"蔡忱《集傳》:"常貢正數之外,無橫斂也。"

〔二一〕當,底也。《韓非子·外儲説右上》:"堂谿公謂(韓)昭侯曰:'今有千金之巵而無當,可以盛水乎?'昭侯曰:'不可。''有瓦器而不漏,可以盛酒乎?'昭侯曰:'可。'對曰:'夫瓦器,至賤也,不漏,可以盛酒。雖有乎千金之玉巵,至貴而無當,漏,不可盛水,則人孰注漿哉?今爲人之主,而漏其群臣之語,是猶無當之玉巵也。'昭侯聞堂谿公之言,自此以後,欲發天下之大事,未嘗不獨寢,恐夢言而使人知其謀也。"

〔二二〕見《和州志·氏族表序例》注〔七〕。

〔二三〕鼂錯,潁川人。漢文帝時,拜太子家令,遷中大夫。景帝即位,爲内史,遷御史大夫。主削諸侯地,七國反,以誅錯爲名;景帝用袁盎言,斬於東市。《漢書·食貨志》:"文帝即位,躬修儉節,思安百姓。時民近戰國,皆背本趨末。鼂錯説上曰:'方今之務,莫若使民務農而已矣。欲民務農,在於貴粟。

貴粟之道，在於使民以粟爲賞罰。令募天下人粟縣官，得以除罪；如此，富人有爵，農民有錢，粟有所淺。』文帝從之，令民入粟拜爵。」

〔二四〕《漢書·溝洫志》：「哀帝初，平當使領河隄，奏言：『九河今皆實滅，河從魏郡以東北多溢決，水迹難以分明。宜博求能浚川疏河者。』待詔賈讓奏言治河有上中下策。」

〔二五〕趙充國字翁孫，隴西上邽人。爲人沈勇有大略。上奏言屯田十二便，寓兵於農。事詳《漢書》本傳。漢宣帝時，羌人叛。充國時年已七十餘，馳赴金城，圖上方略，因以破羌。

〔二六〕擴落：即廓落，指空洞。《莊子·逍遙遊》：「剖之以爲瓢，則瓠落而無所容。」簡文云：「瓠落，猶廓落也。」

〔二七〕《論語·陽貨》：「吾豈匏瓜也哉？焉能繫而不食？」何晏《集解》：「言匏瓜得繫一處者，不食故也。吾自食物，當東西南北，不得如不食之物，繫滯一處。」

〔二八〕見《和州志·氏族表序例下》注〔八〕。

〔二九〕康誥有《均田議》，載於其所修州志《田賦書》中。

和州志藝文書序例

《易》曰：「上古結繩而治，後世聖人易之以書契，百官以治，萬民以察。」〔一〕夫文字之原，古人所以爲治法也。三代之盛，法具於書，書守之官。天下之術業，皆出於官師之掌故，道藝於此焉齊，德行於此焉通，天下所以以同文爲治。而《周官》六篇，皆古人所以即守官而存師法者也。〔二〕不爲官師職業所存，是爲非法，雖孔子言禮，必訪柱下之藏是也。〔三〕三代而後，文字不隸於職司，於是官府章程，師儒習業，分而爲二，以致人自爲書，家自爲說，蓋泛濫而出於百司掌故之外者，遂紛然矣。六經皆屬掌故，如《易》藏太卜，《詩》在太師之類。書既散在天下，無所統宗，於是著錄部次之法，出而治之，亦勢之所不容已。然自有著錄以來，學者視爲紀數簿籍，求能推究同文爲治，而存六典識職之遺者，〔四〕惟劉向、劉歆所爲《七略》《別錄》之書而已。〔五〕故其分別九流，論次諸子，必云出於古者某官之掌，其流而爲某家之學，失而爲某事之敝，條宣究極，隱括無遺。學者苟能循流而溯源，雖曲藝小數，詖辭邪說，皆可返而通乎大道；而治其說者，亦得以自辨其力之至與不至焉。有其守之，莫或流也；有其趨之，莫或歧也。言語文章，胥歸識職，則師法可復，而古學可興，豈不盛哉？韓氏愈曰：「辨古書之正僞，昭昭若黑白分。」〔六〕孟子曰：「詖辭知其所蔽，淫辭知其所陷，邪辭知其所離，遁辭知其所窮。」〔七〕

孔子曰：「多聞，擇其善者而從之。」〔八〕夫欲辨古書正僞，以幾於知言，幾於多聞擇善之幾也。不能究官師之掌，而後悉流別之故，是劉氏著錄，所以爲學術絕續之幾也。不能究官師之掌，將無以條流別之故，而因以不知末流之失，則天下學術，無所宗師。「生心發政，作政害事」，〔九〕孟子言之，斷斷如也。然而涉獵之士，〔一〇〕方且炫博綜之才；索隱之功，〔一一〕方且矜隅墟之見；〔一二〕以爲區區著錄之業，校讎之業，可以有裨於文事，噫！其惑也。〔一三〕

六典亡而爲《七略》，是官失其守也。《七略》亡而爲四部，〔一四〕是師失其傳也。《周官》之籍富矣；保章天文，職方地理，〔一五〕虞衡理物，〔一六〕巫祝交神，〔一七〕各守成書以布治法，即各精其業以傳學術，不特師氏、保氏所謂六藝《詩》《書》之文也。〔一八〕司空篇亡，劉歆取《考工記》補之。〔一九〕非補之也，考工當爲司空官屬，其所謂記，即冬官之典籍，〔二〇〕猶《儀禮》十七篇，爲春官之典籍；〔二一〕《司馬法》百五十篇，爲夏官之典籍；〔二二〕皆幸而獲傳後世者也。當日典籍具存，而三百六十之篇，〔二三〕即以官秩爲之部次，文章安得散也？衰周而後，官制不行，而書籍散亡，千百之中，存十一矣。就十一之僅存，而欲復三百六十之部次，非鑿則漏，勢有難行，故不得已而裁爲《七略》爾。其云蓋出古者某官之掌，蓋之爲言，猶疑辭也。欲人深思，而曠然自得於官師掌故之原也。故曰六典亡而爲《七略》，官失其守也。雖然，官師失業，處士著書，雖曰法無統紀，要其本旨，皆欲推其所學，可以見於當世施行。其文雖連綴，而指趨可約也；其説雖

譎詭，而駁雜不出也。〔二四〕故老莊、申韓、名墨、縱橫、漢初諸儒猶有治其業者，〔二五〕是師傳未失之明驗也。師傳未亡，則文字必有所本。凡有所本，無不出於古人官守，劉氏所以易於條其別也。魏晉之間，專門之學漸亡，文章之士，以著作爲榮華；詩賦、章表、銘箴、頌誄，因事結構，命意各殊；其旨非儒非墨，其言時離時合，哀而次之，謂之文集。〔二六〕流別之不可分者一也。文章無本，斯求助於詞采，纂組經傳，摘抉子史，譬醫師之聚毒，以待應時取給；選青妃紫，取便省覽，其始不過備一時之捷給，未嘗有意留青，繼乃積漸相沿，後學傳爲津逮；〔二七〕分之則其本書具在，合之則非一家之言，紛然雜出，謂之書鈔。〔二八〕流別之不可分者二也。學術既無專門，斯讀書不能精一，删略諸家，取求之文貌，指摘句調工拙，品節宮商抑揚；俗師小儒，奉爲模楷，裁節經傳，摘比詞章，一例丹鉛，〔二九〕謂之評選。流別之不可分者三也。會心不足，求之文貌，指摘句調工拙，品節宮商抑揚；俗師小儒，奉爲模楷，裁節經傳，摘比詞章，一例丹鉛，〔三〇〕謂之評選。流別之不可分者四也。凡此四者，並由師法不立，學無專門，末俗支離，不知古人大體，下流所趨，實繁且熾；其書既不能悉付丙丁，〔三一〕惟有強編甲乙。而欲執《七略》之舊法，部末世之文章，比於柄鑿方圓，〔三二〕豈能有合？故曰《七略》流而爲四部，是師失其傳也。若謂史籍浩繁，《春秋》附庸，蔚成大國，〔三三〕《七略》以太史公列春秋家，至二十一史，不得不別立史部。名墨寥落，小宗支別，再世失傳；名家者流，墨家者流，寥寥數家者，後代不復有其書矣。以謂《七略》之勢，不得不變而爲四部，是又淺之乎論著錄之道者矣。〔三四〕

聞以部次治書籍，未聞以書籍亂部次者也。漢初諸子百家，浩無統攝，官《禮》之意亡矣。劉氏承西京之敝，而能推究古者官師合一之故，著爲條貫，以溯其源，則治之未嘗不精也。魏、晉之間，文集類興，魏文帝撰徐、陳、應、劉之文，都爲一集，摯虞作《文章流別集》，集之始也，[三五]魏文帝作《皇覽》，類書之始也。[三六]專門傳授之業微矣。而荀、李諸家，荀勗、李充，[三七]不能推究《七略》源流；至於王、阮諸家，王儉、阮孝緒。[三八]相去逾遠。其後方技兵書，合於子部，而文集自爲專門，類書列於諸子；唐人四部之書，四部創於荀勗，體例與後代四部不同，故云始於唐人也。錄不祧之成法，而天下學術，益紛然而無復綱紀矣。蓋《七略》承六典之敝，體存六典之遺法；四部承《七略》之敝，而不知存《七略》之遺法：是《七略》能以部次治書籍，而四部不能以書籍亂部次也。且四部之藉口於不能復《七略》者：一曰史籍之繁，不能附《春秋》家學也。夫二十一史，[三九]部勒非難；至於職官故事之書，譜牒紀傳之體，或本官禮制作，或涉儒雜家言，不必皆史裁也。今欲括囊諸體，[四〇]斷史爲部，於是儀注不入禮經，職官不通六典，誤語離絕《尚書》，史評分途諸子；史評皆諸子之遺，入史部，非也。變亂古人立言本旨，部次成法以就簡易，如之何其可也？二曰文集日繁，不列專部，無所統攝也。夫諸子百家，非出官守，而劉氏推爲官守之流別；[四一]則文集非諸子百家，而著錄之書，又何不可治以諸子百家之識職乎？夫集體雖曰繁賾，要當先定作集之人。人之性情必有所近；得其性情本趣，則詩賦之所寄託，論辨

之所引喻，紀敘之所宗尚，掇其大旨，略其枝葉，古人所謂一家之言，如儒、墨、名、法之中，必有得其流別者矣。[四二]如韓愈之儒家，柳宗元之名家，蘇軾之縱橫家，王安石之禮家。存錄其文集本名，論次其源流所自，附其目於劉氏部次之後，而別白其至與不至焉，以爲後學辨途之津逮，則厄言無所附麗，[四三]文集之弊，可以稍歇。庶幾言有物而行有恆，[四四]將由《七略》專家，而窺六典遺則乎？家法既專，其無根駁雜，類鈔評選之屬，輕言編次可哉？但學者不先有以窺乎天地之純，識古人之大體，而遽欲部次群言，辨章流別，將有希幾於一言之是而不可得者，是以著錄之家，好言四部，而憚聞《七略》也。[四五]

史家所謂部次條別之法，備於班固，而實仿於司馬遷。司馬遷未著成法，班固承劉歆之學而未精。則言著錄之精微，亦在乎熟究劉氏之業而已矣。究劉氏之業，將由班固之書，人知之；究劉氏之業，當參以司馬遷之法，人不知也。夫司馬遷所謂序次六家，條辨學術同異，推究利病，本其家學，司馬談論陰陽、儒、墨、名、法、道德，以爲六家。[四六]尚已。紀首推本《尚書》，《五帝本紀》贊。[四七]表首推本《春秋》，《三代世表序》。[四八]傳首推本《詩》《書》所闕，至於虞夏之文，《伯夷列傳》。[四九]皆著錄淵源所自啟也。其於六藝而後，周秦諸子，若孟荀三鄒、老莊申韓、管晏屈原、虞卿、呂不韋諸傳，論次著述，約其歸趣，[五〇]詳略其辭，頡頏其品，[五一]抑揚咏嘆，義不拘

墟,在人即爲列傳,在書即爲叙錄;古人命意標篇,俗學何可繩尺限也?劉氏之業,其部次之法,本乎官《禮》;至若叙錄之文,則於太史列傳,微得其裁。蓋條別源流,治百家之紛紛,欲通之於大道,此本旨也。至於卷次部目,篇第甲乙,雖按部就班,秩然不亂,實通官聯事,交濟爲功。如《管子》列於道家,而叙小學流別,取其《弟子職》篇,附諸《爾雅》之後,[五二]則知一家之書,其言可採,例得別出也。《伊尹》《太公》,道家之祖。次其書在道家。《蘇子》《䌷通》,縱橫家言,以其兵法所宗,遂重錄於兵法權謀之部次,冠冕孫吴諸家,[五三]則知道德兵謀,凡宗旨有所統會,例得互見也。夫篇次可以別出,則學術源流,無闕間不全之患也。部目可以互見,則分綱別紀,無兩歧牽掣之患也。學術之源流,無闕間不全;分綱別紀,無兩歧牽掣;卿聯事之意存,[五四]而太史列傳互詳之旨見。如《貨殖》叙子貢,不涉《弟子列傳》。《儒林》叙董仲舒、王吉,別有專傳。[五五]治書之法,古人自有授受,何可忽也? 自班固删《輯略》,而劉氏之緒論不傳;《輯略》乃總論群書大旨。[五六]省部目,而劉氏之要法不著;班省劉氏之重見者而歸於一。於是學者不知著錄之法,所以辨章百家,通於大道,《莊子·天下》篇亦此意也。而徒視爲甲乙紀數之所需;無惑乎學無專門,書無世守,轉不若巫祝符籙,醫士祕方,猶有師傳不失之道也。鄭樵《校讎》之略,力糾《崇文》部次之失,自班固以下,皆有譏焉。[五七]然鄭氏未明著錄源流,當追官《禮》,徒斤斤焉糾其某書當甲而誤乙,某書宜内而訛丁。夫部次錯亂,雖由家法失傳,然儒雜二家之易

混，職官故事之多歧，其書本在兩可之間，初非著錄之誤。如使劉氏別出互見之法，不明於後世，雖使太史復生，揚雄再見，其於部次之法，猶是茫然不可統紀也。鄭氏能譏班《志》附類之失當，而不能糾其併省之不當，可謂知二十而不知二五者也。且吾觀後人之著錄，有別出《小爾雅》以歸《論語》者，[五八]本《孔叢子》中篇名。《隋·經籍志》別出歸《論語》。有別出《夏小正》以入時令者，[五九]本《大戴禮》篇名。《文獻通考》別出歸時令。是豈足以知古人別出之法耶？特忘其所本之書，附類而失其依據者爾。《嘉瑞記》既入故事，又互見於雜傳；《隋書·經籍志》。[六〇]《西京雜記》既入故事，又互見於地理；《唐書·藝文志》[六一]是豈足以知古人互見之法耶？特忘其已登著錄，重複而至於訛錯者爾。夫末學支離，至附類失據，重複錯訛，可謂極矣。究其所以歧誤之由，則理本有以致疑，勢有所必至。然校讎之成法，苟未能深於學術源流，使之徒事裁篇析其精微，其中茫無定識，弊固至乎此也。徒拘甲乙之成法，而不於古人之所以別出、所以見互者，斷部而互見，將破碎紛擾，無復規矩章程，斯救弊益以滋弊矣。是以校讎師法，不可不傳，而著錄專家，不可不立也。[六二]

　　州縣志乘藝文之篇，不可不熟議也。古者行人采書，[六三]太史掌典，[六四]文章載籍，皆聚於上；故官司所守之外，無墳籍也。後世人自爲書，家別其說，縱遇右文之代，購典之期，其能入於祕府，領在史官者，十無七八，其勢然也。文章散在天下，史官又無專守，則同文之治，惟學

校讎儒得而講習，州縣志乘得而部次，著爲成法，守於方州，所以備輶軒之採風，[六五]待祕書之論定；其有奇衺不衷之説，亦得就其聞見，校讎是正；庶幾文章典籍，有其統宗，而學術人心，得所規範也。昔蔡邕正定石經，[六六]以謂四方之士，至有賄改蘭臺漆書，以合私家文字之異，況紀載傳聞，私書別録，學校不傳其講習，志乘不治其部次，則文章散著，疑似兩淆，後世何所依據而爲時郡國傳習，與中書不合之明徵也。[六七]文字點畫，小學之功，猶有四方傳習之異，況紀載傳之考定耶？鄭樵論求書之法，以謂因地而求，因人而求，[六八]是則方州部録藝文，固將爲因地因人之要刪也。前代搜訪圖書，不懸重賞，則奇書祕策，不能會萃；苟懸重賞，則僞造古逸，妄希詭合；三墳之《易》，古文之《書》，[六九]其明徵也。向令方州有部次之書，下正家藏之目，上借中祕之徵，則天下文字，皆著籍録；雖欲私錮而不得，雖欲僞造而不能，有固然也。夫人口孳生，猶稽版籍，水土所産，猶列職方。況乎典籍文章，爲學術源流之所自出，治功事緒之所流傳，不於州縣志書，爲之部次條別，治其要刪，其何以使一方文獻無所闕失耶？[七〇]

〔一〕見《易·繫辭下》。

〔二〕《周官》，見《易教下》注〔三〕。《漢書·儒林傳》：「孟喜受《易》，博士缺，衆人薦喜，上聞改師法，遂不用。」

〔三〕《史記‧孔子世家》:「南宮敬叔與孔子俱適周,問禮,蓋見老子云。」又《老子列傳》:「聃,周守藏室之史也。孔子適周,將問禮於老子。」《索隱》:「《張湯傳》:『老子爲柱下史。』即藏室之柱下,因以爲官名。」

〔四〕六典,見《詩教上》注〔二四〕。韓愈《樊紹述墓誌銘》:「文從字順各識職。」識職二字本此。

〔五〕《七略》,見《書教上》注〔一四〕。《別錄》,見《言公中》注〔二九〕。

〔六〕見《昌黎集》卷十六《答李翊書》。

〔七〕見《孟子‧公孫丑上》。

〔八〕見《論語‧述而》。

〔九〕《孟子‧公孫丑上》:「生於其心,害於其政;發於其政,害於其事。」

〔一〇〕《漢書‧賈山傳》:「涉獵書記,不能爲醇儒。」師古曰:「涉,若涉水。獵,若獵獸。言歷覽不能專精也。」

〔一一〕《禮記‧中庸》:「子曰:素(索)隱行怪,後世有述焉,吾弗爲之矣。」朱注:「索隱,深求隱僻之理也。」

〔一二〕隅,謂一隅也。《荀子‧解蔽》:「夫道者,體常而盡變,一隅不足以盡之。」墟,謂拘墟也。《莊子‧秋水》:「井䵷不可以語海者,拘於虛也。」《釋文》:「虛,本亦作墟。」

〔一三〕按此上劉刻《遺書》本題云:「右原道。」

〔四〕四部，見《文集》注〔五〕。《新唐書·藝文志》：「自漢以來，史官列其名氏篇第，以爲六藝九種、七略。至唐始分爲四類，曰經史子集。」

〔五〕保章，見《天喻》注〔六〕。職方，見《州縣請立志科議》注〔八〕。

〔六〕《周禮·地官》：「山虞，掌山林之政令，物爲之厲而爲之守禁。」「林衡，掌巡林麓之禁令，而平其守。」「澤虞，掌國澤之政令，爲之厲禁，使其地之人守其財物。」「川衡，掌巡川澤之禁令而平其守。犯禁者，執而誅罰之。以時舍其守，犯禁者，執而誅罰之。」

〔七〕《周禮·春官》：「司巫掌群巫之政令，若國大旱，則帥巫而舞雩；國有大災，則帥巫而造巫恆。」「太祝掌六祝之辭，以事鬼神示，祈福祥，求永貞。」

〔八〕《周禮·地官》：「師氏掌以媺（善也）詔王：以三德教國子：一曰至德，以爲道本；二曰敏德，以爲行本；三曰孝德，以知逆惡。教三行：一曰孝行，以親父母；二曰友行，以尊賢良；三曰順行，以事師長。」又：「保氏掌諫王惡，而養國子以道。乃教之六藝：一曰五禮，二曰六樂，三曰五射，四曰五馭，五曰六書，六曰九數。」

〔九〕唐賈公彥《周禮正義序》：「《周官》，武帝之時始出，祕而不傳。《周禮》後出者，以始皇特惡之故也。是以馬融傳云：『秦自孝公已下，用商君之法，其政酷烈，與《周官》相反，故始皇禁挾書，特疾惡欲絕滅之，搜求焚燒之獨悉，是以隱藏百年。孝武帝始除挾書之律，開獻書之路，既出於山巖屋壁，復入於祕府，五家之儒，莫得見焉。至孝成皇帝，達才通人劉向子歆，校理祕書，始得列序，著於錄略，

〔一〇〕然亡其《冬官》一篇，以《考工記》足之。」

〔一一〕四庫全書總目·周禮注疏：「《南齊書》稱文惠太子鎮雍州，有盜發楚王家，獲竹簡書，青絲編簡，廣數分，長二尺有奇。得十餘簡，以示王僧虔。僧虔曰：『是科斗書《考工記》。』則其爲秦以前書，亦灼然可知。雖不足以當冬官，然百工爲九經之一，共工爲九官之一，先王原以制器爲大事，存之而稍見古制。俞庭椿以下，紛紛割裂五官，均無知妄作耳。」

〔一二〕《隋書·經籍志》禮類：「《儀禮》十七篇，鄭玄注。」王應麟《漢書藝文志考證》引《七錄》：「古經，周宗伯所掌五禮威儀之事。」

〔一三〕漢書·藝文志·六藝略》禮類：「《軍禮司馬法》百五十五篇。」王應麟《漢書藝文志考證》：「《周官》：『縣師，將有軍旅會同田役之戒，則受法於司馬，以作其衆庶。』『小司馬，掌事如大司馬之法。』『司兵，授兵從司馬之法以頒之。』此古者《司馬法》即周之政典也。」

〔一四〕漢書·藝文志》：「禮經三百。」注引韋昭曰：「《周禮》三百六十官也。三百，舉成數也。」參詳《易教下》注〔三〕。

〔一五〕按劉刻《遺書》本，「連綴」作「連犿」。「駁雜」作「厖雜」。

〔一六〕諸子術業，漢初承流，史傳猶可考見。其較著者，如田叔學黃老術於樂鉅公，司馬談習道論於黃子，曹參、陳平治用黃老術，汲黯、鄭當時學好黃老術，東方朔滑稽多智，而《戒子書》旨本黃老，劉德少修黃老術，子向亦承其學，此道家者流也。史稱賈誼明申商，鼂錯學申商刑名於張恢，此法家者流

也。田叔喜任俠，季布尤有名，鄭當時任俠自喜，朱雲少時通輕俠，而司馬遷喜俠尤甚，此墨家之流變而汲揚其風者也。陸賈、劉敬、漢初辯士，莊助、朱買臣，皆當時文儒而實縱橫，鄒陽、嚴忌、枚乘、司馬相如並以詞賦著稱，而詞賦乃縱橫之變，此縱橫家者流也。

〔二六〕參看《文集》篇。

〔二七〕見《文集》注〔一八〕。

〔二八〕留青，謂留簡也。《後漢書·吳祐傳》："殺青簡以寫經書。"《水經注》："河北有層山，山甚靈秀。懸巖之中，多石室焉。室中有積卷矣，而世士罕有津逮者。"

〔二九〕章宗源《隋書經籍志考證》："《漢書鈔》三十卷，晉散騎常侍葛洪撰。"《新唐志》同。鍾嶸《詩品》："大明、泰始中，文章殆同書鈔。"

〔三〇〕王充《論衡》："揚雄采集異國殊語，常把三寸弱翰，齎油素四尺，以問其異語，以鉛摘之於槧。"《文選》任昉《爲范始興立太宰碑表》："人蓄油素，家懷鉛筆。"注："鉛粉筆也。"韓愈《秋懷》詩："不如觀文字，丹鉛事點勘。"丹砂鉛粉，古人校勘文字多用之。

〔三一〕見《繁稱》注〔五五〕。

〔三二〕《楚辭·九辯》："圓鑿而方枘兮，吾固知其鉏鋙而難入。"

〔三三〕《文心雕龍·詮賦》："六義附庸，蔚爲大國。"此用其語。

〔三四〕按此上劉刻《遺書》本題云："右明時。"

〔三五〕徐幹、陳琳、應瑒、劉楨，都爲一集，見魏文帝《與吳質書》。《文章流別集》，見《詩教上》注〔三七〕。按注文舊敓二「集」字，兹據劉刻《遺書》本補。

〔三六〕《三國志・魏書・文帝》：「初，（文）帝好文學，以著述爲務，自所勒成垂百篇。又使諸儒撰集經傳，隨類相從，凡千餘篇，號曰《皇覽》。」又《劉劭傳》：「劭字孔才，黃初中，爲散騎侍郎，受詔集《五經》群書，以類相從，作《皇覽》。」

〔三七〕荀勖，見《文集》注〔一五〕。《全晉文》小傳：「李充字弘度，重弟矩之子。成帝時，辟丞相王導掾，轉記室參軍，又參征北褚裒軍事，除剡令，入爲大著作郎，遷中書侍郎。有《論語注》十卷，《翰林論》五十四卷，集二十卷。」

〔三八〕王儉《七志》，見《文集》注〔一六〕。阮孝緒《七録》，見《詩教上》注〔三三〕。

〔三九〕明刊監版正史，以十七史合宋、遼、金、元四史爲廿一史，見《答客問上》注〔一〇〕。

〔四〇〕《易・坤》六四：「括囊无咎无譽。」此作包含解。

〔四一〕章太炎先生曰：「九流皆出王官，及其發舒，王官所不能與。官人守要，而九流宣究其義，是以滋長。」（《國故論衡・原學》）

〔四二〕說詳《校讎通義・宗劉第二》之四節。

〔四三〕卮言：見《質性》注〔三九〕。

〔四四〕見《易・家人》象辭。

〔四五〕按此上劉刻《遺書》本題云:「右復古。」

〔四六〕司馬談論六家要旨,見《史記·太史公自序》。

〔四七〕《五帝本紀贊》:「學者多稱五帝,尚矣。然《尚書》獨載堯以來。而百家言黃帝,其文不雅馴,薦紳先生難言之。」

〔四八〕《三代世表序》:「自殷以前,諸侯不可得而譜,周以來乃頗可著。孔子因史文次《春秋》,紀元年,正時日月,蓋其詳矣。」

〔四九〕《伯夷列傳》:「夫學者載籍極博,猶考信於六藝;《詩》《書》雖缺,然虞、夏之文可知也。」

〔五〇〕孟荀三鄒:此言《史記》部次條別之法,即何以將孟荀三鄒合爲一傳、驥衍騶奭合爲一傳。《孟子荀卿列傳》,因孟子、荀子是儒家;鄒忌諷齊威納諫;驥衍其語閎大不經,要其歸必止乎仁義節儉;騶奭修衍之文,飾若雕鏤龍文,「約其歸趣」,皆言仁義或德政,故合爲一傳。《史記》將孟子、荀子、鄒忌、騶奭合爲一傳。

老莊申韓:《史記》將老子、莊子、申不害、韓非合爲《老莊申韓列傳》,老子、莊子是道家。又曰:「申子之學,本於黄老,而主刑名。」「韓非喜刑名法術之學,而其歸本於黄老。」申韓通於道家,故老莊申韓合爲一傳。

管晏,《史記》將管仲、晏嬰合爲一傳,以管仲、晏嬰皆相齊國,世所謂賢臣,顯名于諸侯,故合爲一傳。屈原:《史記》將屈原、賈誼合爲一傳。此處僅言屈原而不及賈誼,因上文限於「周秦諸子」之故。虞卿:《史記》將平原君、虞卿合爲一傳,贊曰:「平原君利令智昏,使趙陷長平兵四十餘萬衆,邯鄲幾亡。」虞卿料稱,悲其志,故合爲一傳。

事揣情,爲趙畫策,何其工也。」用平原君與虞卿構成對照,合爲一傳。此處僅言虞卿而不及平原君,因限於「周秦諸子」,故不提平原君。最後舉呂不韋,是專傳非合傳,說明部次條別之法,有合傳,有專傳兩者。呂不韋令門客作《吕氏春秋》,是雜家,故也列入。以上合傳專傳是「約其歸趣,頡頏其品」。「在人即爲列傳」。《史記》又叙録孟子「序《詩》《書》,述仲尼之意,作《孟子》七篇」。稱荀子「推儒墨道德行事興壞,序列著數萬言」。稱「騶衍作怪迂之變,始終大聖之篇十餘萬言」。稱騶奭「頗采騶衍之術以紀文」。稱老子「著書上下篇,言道德之意」。稱莊子「其要本歸於老子之言,著書十餘萬言」。稱申子「本于黄老而主刑名,著書二篇」。稱韓非作「《孤憤》《五蠧》《内外儲》《説林》《説難》十餘萬言」。稱管晏「吾讀管氏《牧民》《山高》《乘馬》《輕重》《九府》,及《晏子春秋》,詳者其言之也」。稱屈原「屈平之作《離騷》,蓋自怨生也」。稱虞卿「不得志,乃著書,上採《春秋》,下觀近世,曰節義、稱號、揣摩、政謀,凡八篇。以刺譏國家得失,世傳之,曰《虞氏春秋》」。稱「吕不韋乃使其客人人著所聞,集論以爲八覽、六論、十二紀,二十餘萬言。以爲備天地萬物古今之事,號曰《吕氏春秋》」。以上是「論次著述」,「在書即爲叙録」。劉氏《七略》,固嘗於此微得其裁者也。

〔五二〕《詩・邶風・燕燕》:「燕燕于飛,頡之頏之。」傳:「飛而上曰頡,飛而下曰頏。」指分别上下。

〔五三〕《漢志・諸子略》道家類,有《筦子》八十六篇。而《六藝略》《孝經》類,有《弟子職》一篇。應劭曰:「《管子》所作,在《管子》書。」沈欽韓曰:「今爲《管子》第五十九篇。鄭《曲禮》注引之,蓋漢時單行。」

〔五三〕《漢志·諸子略》道家類有《伊尹》五十一篇,《太公》二百三十七篇。從橫家類有《蘇子》三十一篇,《蒯子》五篇。而《兵書略》權謀類,班固自注云:「省《伊尹》《太公》《管子》《孫卿子》《鶡冠子》《蘇子》《蒯通》《陸賈》《淮南》二百五十九篇,重(依劉奉世校)。」蓋《七略》重錄,而班氏省去也。

〔五四〕見《書教上》注〔二〕。

〔五五〕王吉字子陽,琅邪皋虞人。傳在《漢書》卷七十二,非《史記》也。按各本舊敓「儒林」叙董仲舒」六字,茲依劉刻《遺書》本補。

〔五六〕《校讎通義·原道》:「劉歆《七略》,班固刪其《輯略》而存其六。顏師古曰:『《輯略》爲諸書之總要。』蓋劉氏討論群書之旨也。此最爲明道之要,惜乎其文不傳。」

〔五七〕《崇文總目》,見《篇卷》注〔二〇〕。《通志·校讎略》論編次之譌云:「歲時自一家書,如《歲時廣記》百十二卷,《崇文總目》不列於歲時,而列於類書,何也?」論編次不明云:「《唐志》別出明堂經脈一條,而《崇文總目》合爲醫書。據明堂一類亦有數家,以爲一條,已自疎矣。況合於醫書,而其類又不相附,可乎?」譏彈班固,見《校讎通義·鄭樵誤校漢志》注〔一〕。

〔五八〕《書錄解題》小學類:「《小爾雅》一卷,《漢志》有此書,亦不著名氏。《唐志》有李軌解一卷。今《館閣書目》云,孔鮒撰。蓋即《孔叢子》第十一篇也。曰《廣詁》《廣言》《廣訓》《廣義》《廣名》《廣服》《廣器》《廣物》《廣鳥》《廣獸》,凡十章。又《廣度量衡》,爲十三章。當是好事者鈔出別行。」沈欽韓曰:「按班書時,《孔叢》未著,已有《小爾雅》,亦孔氏壁中文,不當謂其從《孔叢》鈔出也。」(《漢書

〔五九〕《書錄解題》時令類:「《夏小正傳》四卷,漢戴德撰,(宋)山陰傅崧卿注。此書本在《大戴禮》,鄭康成注《禮運》夏時曰:『夏四時之書也。』其存者有《小正》。」後人於《大戴禮》鈔出別行。崧卿以正文與傳相雜,仿《左氏》經傳,列正文其前而附以傳,且爲之注。」

〔六〇〕按《隋書·經籍志》史部雜傳類:「《嘉瑞記》三卷,陸瓊撰。」而子部五行類並無《嘉瑞記》。

〔六一〕見《答客問下》注〔八〕。《新唐書·藝文志》故事類,葛洪《西京雜記》二卷,而地理類又重錄之。

〔六二〕按此上劉刻《遺書》本題云:「右家法。」粵雅堂本舊連下文,兹依劉刻《遺書》本、黔刻本,此下提行。

〔六三〕見《方志立三書議》注〔九〕。

〔六四〕《周禮·春官》:「太史掌建邦之六典,以逆邦國之治。」鄭注:「典,法也。逆,迎也。六典,家宰所建,以治百官;太史又建焉,以爲王迎受其治也。」

〔六五〕《說文》:「輶,輕車也。」《風俗通序》:「周秦常以歲八月遣輶軒之使,求異代方言,還奏籍之,藏於祕室。」

〔六六〕《後漢書·蔡邕傳》:「建寧三年,辟司徒橋玄府,玄甚敬待之。出補河平長,召拜郎中,校書東觀,遷議郎。邕以經籍去聖久遠,文字多謬,俗儒穿鑿,疑誤後學。熹平四年,乃與中郎將堂谿典、光祿大夫楊賜、諫議大夫馬日磾、議郎張馴、韓說、太史令單颺等奏,求正定六經文字。靈帝許之。邕乃自書册於碑,使工鐫刻,立於太學門外。於是後儒晚學,咸取正焉。及碑始立,其觀視及摹寫者,車

乘日千餘兩，填塞街陌。」

〔六七〕《後漢書·儒林傳序》：「黨人既誅，其高名善士，多坐流廢，後遂至忿爭，更相言告；亦有私行金貨，定蘭臺漆書經字，以合其私文。熹平四年，靈帝乃詔諸儒正定《五經》，刊於石碑，爲古文篆隸三體書法，以相參檢，樹之學門，使天下咸取則焉。」

〔六八〕《通志·校讎略》：「求書之道有八：一曰即類以求，二曰旁類以求，三曰因地以求，四曰因家以求，五曰求之公，六曰求之私，七曰因人以求，八曰因代以求，當不一於所求也。」

〔六九〕劉炫僞造《連山易》，見《言公中》注〔一七〕。梅賾古文《尚書》，見《經解中》注〔二八〕。

〔七〇〕按此上劉刻《遺書》本題云：「右例志。」

和州志政略序例

夫州縣志乘，比於古者列國史書，尚矣。列國諸侯開國承家，體崇勢異；史策編列世家，抗於臣民之上，固其道也。州縣長吏，不過古者大夫邑宰之選，地非久居，官不世禄，其有甘棠留蔭，循蹟可風，[一]編次列傳，班於文學政事之間，亦其宜也。往牒所載，今不可知。若梁元帝所爲《丹陽尹傳》，見《隋志》，凡十卷。孫仲所爲《賢牧傳》，見《唐志》，十五卷。則專門編録，率由舊章。馬、班《循吏》之篇，要爲不易者矣。至於州縣全志，區分品地，乃用名宦爲綱，與鄉賢、列女、仙釋、流寓諸條，均分門類；是乃摘比之類書，詞人之雜纂，雖略倣樂史《太平寰宇記》中所附名目，[二]實兔園揅撦詞藻之先資。[三]欲擬《春秋》家學，外史掌故，人編列傳，事具首尾；苟使官民同録，體例龐無殊，未免德操諧龐公之家，一室難分賓主者矣。[四]

竊意蜀郡之慕文翁，[五]南陽之思邵父，[六]取其有以作此一方，爲能興利革弊，其人雖去，遺愛在民，[七]職是故也。正使伯夷之清，柳下之惠，[八]不嫌同科。其或未仕之先，鄉評未協；去官之後，晚節不終；苟爲一時循良，何害一方善政？夫以治績爲重，其餘行業爲輕，較之州中人物，要其始末，品其瑕瑜，草木區分，條編類次者，其例本不相侔。於斯分別標題，名爲「政略」，不亦宜乎？夫略者，綱紀之鴻裁，編摩之偉號，黃石、淮南之屬抗其題，《黃石公三略》

七一

《淮南子要略》。〔九〕張溫、魚豢之徒分其紀，張溫《三史略》，魚豢《典略》。〔一〇〕蓋有取乎謨略之遺，不獨鄭樵之二十部也。鄭樵《通志》二十略。以之次比政事，編著功猷，足以臨涖邦人，冠冕列傳，揆諸記載，體例允符，非謂如裴子野之刪《宋略》，〔一一〕但取節文爲義者也。

〔一〕《詩·召南·甘棠序》：「《甘棠》，美召伯也。召伯之教，明於南國。」孔疏：「謂武王之時，召伯爲西伯，行政於南土，決訟於小棠之下，其教著明於南國，愛結於民心，故作是詩以美之。」《廣韻》：「循，善也。」

〔二〕《郡齋讀書志》地理類：「《太平寰宇記》二百卷，皇朝樂史等撰。太平興國中，盡平諸國，天下一統。史悉取自古山經地志，正譌謬，纂成此書上之。」

〔三〕見《傳記篇》注〔三〕。

〔四〕《後漢書·逸民·龐公傳》注引《襄陽記》曰：「諸葛孔明每至德公家，獨拜牀下，德公初不令止。司馬德操嘗詣德公，值其渡沔上先人墓。德操徑入其室，呼德公妻子，使速作黍。須臾德公還，直入相就，不知何者是客也。」

〔五〕見《答客問下》注〔一七〕。

〔六〕《漢書·循吏傳》：「召信臣字翁卿，九江壽春人也。以明經甲科爲郎，遷南陽太守。爲人勤力有方略，好爲民興利，務在富之。躬耕勸農，出入阡陌，行視郡中水泉，開通溝瀆，爲民作均水約束，刻石

立於田畔,以防分爭。

〔七〕《左傳》昭公二十年:「子産卒,仲尼聞之出涕,曰:『古之遺愛也!』」其化大行,使民親愛,號之曰召父。卒後南陽爲立祠焉。」

〔八〕見《原道上》注〔三〕。

〔九〕《隋書·經籍志》兵書類:「《黃石公三略》三卷,下邳神人撰。」陳氏《書錄解題》:「世傳張子房受書圯上老人,曰:『濟北穀城山下得黃石,即我也。』後遂以黃石爲圯上老人,然皆附會依託也。」《淮南子》,見《詩教上》注〔五六〕。《要略》,乃其末篇。高誘注云:「凡鴻烈之書二十篇,略數其要,明其所指,序其微妙,論其大體,故曰《要略》。」

〔一○〕《隋書·經籍志》雜史類:「《三史略》二十九卷,吳太子太傅張溫撰。《典略》八十九卷,魏郎中魚豢撰。」《三國志·吳書·張溫傳》:「溫字惠恕,吳郡人也,少修節操,容貌奇偉。權聞之,徵拜議郎,選曹尚書,徙太子太傅,時年三十二。以輔義中郎將使蜀,蜀甚貴其才。還,權陰銜溫稱美蜀政,衆庶炫惑,會暨豔事起,因此斥還,後六年病卒。」按魚豢《魏志》無傳。

〔一一〕《隋志》古史類:「《宋略》二十卷,梁通直郎裴子野撰。」《梁書》本傳:「子野字幾原。曾祖松之,宋元嘉中,受詔續修何承天《宋史》,未及成而卒。子野常欲繼成先業,及齊永明末,沈約所撰《宋書》既行,子野更刪撰爲《宋略》二十卷。其叙事評論多善,約見而歎曰:『吾弗逮也!』書久佚,今存《宋略總論》,見《文苑英華》第七五四卷。

和州志列傳總論

志曰：傳志之文，古無定體。《左氏》所引《軍志》《周志》諸文，即傳也。〔一〕孟子所對湯武苑囿之問，皆曰「於傳有之」〔二〕即志也。《左氏》所引《象》《文言》謂之傳。〔四〕自《左氏春秋》依經起義，兼史爲裁。〔五〕而司馬遷爲經，則《象》《文言》謂之傳。〔四〕自《左氏春秋》依經起義，兼史爲裁。〔五〕而司馬遷七十列傳，略參其例，固以十二本紀，竊比《春秋》者矣。〔六〕夫其人別爲篇，類從相次，按諸《左氏》，稍覺方嚴，而別識心裁，略規諸子。〔七〕揆其命名之初，諸傳之依《春秋》不過如諸記之因經禮，因名定體，非有深文。即楚之屈原，將漢之賈生合傳；〔八〕談天鄒衍，綴大儒孟荀之篇；〔九〕因人徵類，品藻無方，咏嘆激昂，抑亦呂氏六論之遺也。〔一〇〕呂氏十二紀似本紀所宗，八覽似八書所宗，六論似列傳所宗。〔一一〕因人徵類，品藻無方，咏嘆激昂，抑亦呂氏六論之遺也。然逸民四皓之屬，王貢之附庸也。〔一二〕王吉、韋賢諸人，《儒林》之別族也。〔一三〕署目無聞；別族如田陳之居齊，〔一四〕重開標額；徵文則相如侈陳詞賦，〔一五〕辨俗則東方不諱諧言，〔一六〕蓋卓識鴻裁，猶未可量以一轍矣。范氏東漢之作，則題目繁碎，有類米鹽；傳中所列姓名，篇首必標子注。於是列傳之體，如注告身，首徵祖系，末綴孫曾，循次編年，惟恐失墜。〔一七〕求如陳壽之述《蜀志》，旁採《季漢輔臣》，〔一八〕沈約之傳靈運，通論六朝文史者〔一九〕不爲繩墨拘牽，微存

作者之意，戛然如空谷之足音矣。[三〇]然師般不作，規矩猶存。[三一]比緝成編，以待能者，和而不倡，[三二]宜若可爲；第以著述多門，通材達識，不當坐是爲詹詹爾。[三三]至於正史之外，雜記之書，若《高祖》《孝文》，論述策詔，皆稱爲傳。《漢·藝文志》有《高祖傳》十三篇，《孝文傳》十一篇。則故事之祖也。《穆天子傳》《漢武內傳》，[三四]小說之屬也。劉向《列女傳》，嵇康《高士傳》，[三五]專門之紀也。王肅《家傳》，王袁《世傳》，[三六]一家之書也。《東方朔傳》《陸先生傳》，[三七]一人之行也。[三八]其不爲傳名者，若《襄陽耆舊記》《豫章志後撰》之類；《陳留耆舊傳》《會稽先賢傳》之類；[三九]載筆繁委，不可勝數。網羅放失，綴輯前聞，譬彼叢流趨壑，細大不捐，五金在冶，利鈍並鑄者矣。司馬遷曰：「百家言不雅馴，搢紳先生難言之。」又曰：「不離古文者近是。」又曰：「擇其言尤雅者。」[三〇]載籍極博，要折衷六藝。《詩》《書》雖闕，虞夏可知。[三一]然則旁推曲證，聞見相參，顯微闡幽，折衷至當，要使文成法立，安可拘拘爲劃地之趨哉？[三二]

夫合甘辛而致味，通纂組以成文，[三三]低昂時代，衡鑒士風，[三四]論世之學也。情有激而如平，旨似諷而實惜，[三五]予奪之權也。或反證若比，或遙引如出均編，類次之法也。言之不文，行之不遠。[三六]聚公私之記載，參百家之短長，不能自具心裁，而斤斤焉徒爲文案之孔目，何以使觀者興起，而遽欲刋垂不朽興；一事互爲詳略，異撰忽爾同編，品節之理也。

耶。[三七]且國史徵於外志，外志徵於家牒，所徵者博，然後可以備約取也。今之外志，紀傳無分，名實多爽，既以人物列女標爲專門，又以文苑鄉賢區爲定品；裁節史傳，刪略事實，逐條附注，有似類書摘比之規，非復古人傳記之學；擬於國別爲書，丘分作志，不亦難乎？又其甲科仕宦，或詳選舉之條；誌狀碑銘，列入藝文之內。一人之事，複見疊出，或注事見某條，此殆有類本草注藥，根實異部分收；[三八]韻書通音，平仄互標爲用者矣。[三九]文非雅馴。學者難言。今以正史通裁，特標列傳，旁推互證，勒爲專家，上禆古史遺文，下備後人採錄；庶有作者，得以考求。如謂不然，請俟來哲。[四〇]

〔一〕《左傳》僖公二十八年：「《軍志》曰：『允當則歸。』」注：「《軍志》，兵書也。」又文公二年：「晉狼瞫曰：『《周志》有之，勇則害上，不登於明堂。』」注：「《周志》，《周書》也。」疏：「志者，記也。謂之《周志》，明是周世之書，不知其書何名也。」劉氏《識語》云：「合傳志爲一，蓋以古者官書大典乃稱經，其餘存之外史及諸小者，皆稱傳志。故紀傳家用以爲緯體之稱，而後世州縣史書稱志。」

〔二〕見《經解上》注〔七〕。

〔三〕《漢書・藝文志》注：「師古曰：六藝，六經也。」《後漢書・班彪傳》注：「六經，謂《詩》《書》《禮》《樂》《易》《春秋》。」劉熙《釋名》：「傳，傳也，以傳示後也。」《論語》《禮記》爲傳，説詳《經解上》。

〔四〕《日知錄》卷一：「《周易》自伏羲畫卦，文王作爻辭，周公作爻辭，謂之經；經分上下二篇。孔子作十翼，謂之傳；傳分十篇。《彖傳》上下二篇，《象傳》上下二篇，《繫辭傳》上下二篇，《文言》《說卦傳》《序卦傳》《雜卦傳》各一篇。」陸德明《釋文》曰：「太史公論六家要旨，引『天下同歸而殊塗，一致而百慮』，謂之《易大傳》；讀之韋編三絕而爲之傳；傳即十翼也。」

〔五〕《史通・六家》：「觀《左傳》之釋經也，言見經文而事詳傳內，或傳無而經有，或經闕而傳存；其言簡而要，其事詳而博；信聖人之羽翮，而述者之冠冕也。」浦起龍云：「傳有三家，《史通》唯取《左氏》，不及《公》《穀》者，《公》《穀》主釋義，《左氏》主載事，《公》《穀》非史法，《左》具史法也。」

〔六〕見《經解下》注〔三三〕。

〔七〕史公著史，竊比《春秋》，寓理於事，而自成一家之言，故曰略規諸子。

〔八〕詳《書教下》注〔二六〕。

〔九〕詳《書教下》注〔一九〕。

〔一〇〕呂氏，見《言公上》注〔二九〕。《文心雕龍・史傳》：「子長繼志，甄序帝勣，比堯稱典，則位雜中賢；法孔題經，則文非元聖；故取式《呂覽》，通號曰紀。紀綱之號，亦宏稱也。故本紀以述皇王，列傳以總諸侯，八書以鋪政體，十表以譜年爵，雖殊古式，而得事序焉爾。」章氏稱「呂氏十二紀，似本紀所宗」，著二「似」字，未敢肯定。劉勰說是肯定的。范文瀾注稱《史記・大宛傳贊》兩言《禹本紀》，正《史記》所本，則劉說非是。

〔二〕《漢書·王吉貢禹等傳叙》：「漢興，有園公、綺里季、夏黃公、甪里先生。此四人者，當秦之時，避入商山，自高祖聞而召之，不至。呂氏用留侯計，使皇太子卑辭安車，迎而致之。四人從太子見，高祖客而敬待之，太子得以爲重，遂用自安。」王吉，見《和州志·藝文書序例》注〔五五〕。貢禹，字少翁，琅琊人。以明經潔行著聞，徵爲博士，後爲御史大夫，數言得失，見本傳。《王制》鄭注：「小城曰附庸。附庸者，以國事附於大國，未能以其名通也。」

〔三〕《漢書·王吉傳》：「初，吉兼通《五經》，能爲《騶氏春秋》，以《詩》《論語》教授。好梁丘賀説《易》，令子駿受焉。」又《韋賢傳》：「賢字長孺，魯國鄒人。韋爲人質朴少欲，篤志於學，兼通《禮》《尚書》，以《詩》教授，號稱鄒魯大儒。徵爲博士、給事中，進授昭帝《詩》。」是其經術閎通，足以抗顔儒林也。

〔三〕《論語解集》引孔曰：「頊臾，伏羲之後，風姓之國，本魯之附庸，當時臣屬魯。」

〔四〕見《詩教下》注〔三〕。田陳古一聲，故陳氏於齊稱田氏。

〔五〕司馬相如，見《詩教上》注〔五〕。《詩教下》：「漢廷之賦，實非苟作，長篇録入於全傳，足見其人之極思；殆與賈疏董策爲用不同，而同主於以文傳人也。」

〔六〕見《感遇》注〔二〇〕。

〔七〕《韻會》：「唐制，授官之符曰告身。」《唐書·選舉志》：「擬奏受皆給以符，謂之告身。」按猶今之補官文憑也。《史通·題目》：「觀夫舊史列傳，題卷靡恒，文少者則具出姓名，若司馬相如、東方朔是

〔一八〕《蜀志》卷十五,錄楊戲《季漢輔臣贊》詳《和州志氏族表序例下》注〔二〕。

也。字煩者唯書姓氏,若毋將、蓋、陳、衛、諸葛傳是也。必人多而姓同者,則結定其數,若二袁四張二公孫傳是也。如此標格,足爲詳審。至范曄舉例,始全錄姓名,歷短行於卷中,叢細字於標外,其子孫附出者,注於祖先之下,乃類俗之文案孔目,藥草經方,煩碎之至,孰過於此。」

〔一九〕《宋書・謝靈運傳論》論周、漢、魏、晉、東晉、宋六代之文學:「周室既衰,風流彌著,屈原、宋玉,導清源於前;賈誼、相如,振芳塵於後。英辭潤金石,高義薄雲天。自玆以降,情志愈廣,王褒、劉向、揚、班、崔、蔡之徒,異軌同奔,遞相師祖;雖清辭麗曲,時發乎篇;而蕪音累氣,固亦多矣。若夫平子艷發,文以情變,絶唱高蹤,久無嗣響。至於建安,曹氏基命,三祖、陳王,咸蓄盛藻,甫乃以情緯文,以文被質。自漢至魏,四百餘年,辭人才子,文體三變。相如工爲形似之言,二班長於情理之説,子建、仲宣,以氣質爲體,立標能擅美,獨映當時。是以一世之士,各相慕習;原其飈流所始,莫不同祖風騷;徒以賞好異情,故意製相詭。降及元康,潘、陸特秀,律異班、賈,體變曹、王,縟旨星稠,繁文綺合,綴平臺之逸響,採南皮之高韻,遺風餘烈,事極江右。在晉中興,玄風獨扇,爲學窮於柱下,博物止乎七篇,馳騁文辭,義殫乎此。自建武暨於義熙,歷載將百,雖比響聯辭,波屬雲委,莫不寄言上德,託意玄珠,遒麗之辭,無聞焉爾。仲文始革孫、許之風,叔源大變太元之氣,爰逮宋氏,顔、謝騰聲,靈運之興會標舉,延年之體裁明密,立方軌前秀,垂範後昆」。

〔二〇〕《莊子・徐無鬼》:「夫逃空虛者,藜藋柱乎鼪鼬之逕,跟位其空,聞人足音跫然而喜矣。」成玄英云:

〔一一〕「跫,行聲也。」

〔一二〕《孟子·離婁上》:「孟子曰:離婁之明,公輸子之巧,不以規矩,不能成方員。」趙岐注:「公輸子,魯班,魯之巧人也。」《淮南子·道應訓》作公輸般。

〔一三〕見《莊子·德充符》。

〔一四〕《莊子·齊物論》:「小言詹詹。」李頤云:「詹詹,小辯之貌。」

〔一五〕《隋志》起居注類:「《穆天子傳》六卷,汲冢書,郭璞注。」《書錄解題》:「其體制與起居注正同。起居注者,自漢明德馬皇后始,漢魏以來因之。」《隋志》雜傳類:「《漢武內傳》三卷。」《郡齋讀書志》作二卷,云:「不題撰人,記王母降。」

〔一六〕《列女傳》,見《古文十弊》注〔八三〕。

〔一七〕《隋志》雜傳類:「《聖賢高士傳贊》三卷,嵇康撰,周續之注。」臧榮緒《晉書》:「嵇康字叔夜,譙國人。幼有奇才,博覽無所不見,拜中散大夫,以呂安事誅。」

〔一八〕《隋志》雜傳類:「《陳留耆舊傳》一卷,魏散騎侍郎蘇林撰。《會稽先賢傳》七卷,謝承撰。」

〔一九〕《襄陽耆舊記》,見《傳記》注〔五〕。《隋志》雜傳類:「豫章舊志後撰》一卷,熊欣撰。」

〔二〇〕《王肅家傳》,見《和州志氏族表序例上》注〔七〕。《隋志》雜傳類:「《王氏江左世家傳》二十卷,王褒撰。」按哀,當作襃。

〔二一〕以上均見《史記·五帝本紀贊》。

〔三一〕見《史記·伯夷列傳》。

〔三二〕《莊子·人間世》：「殆乎殆乎！畫地而趨。」

〔三三〕《西京雜記》：「盛覽問作賦。相如曰：『合纂組以成文，列錦繡而爲質。』」

〔三四〕衡，眉目之間也。左思《魏都賦》：「盱衡而誥。」士風：疑當作土風。劉氏《識語》：「此是史家縱橫二觀。」

〔三五〕劉氏《識語》：「此即古史之不明褒貶而止見其微意。後儒不能知其意，遂謂馬、班是非多謬於聖人矣。」

〔三六〕《左傳》襄公二十五年。

〔三七〕章氏《乙卯劄記》：「范氏列傳之體，即以文集之體行之，全失班、馬立意命篇之旨矣。故一卷可分數篇，一人可占一論，章幅少則可以牽合，多則可以別分，專門成家之言不如是也。陳壽《夏侯》諸葛之傳，猶有深意。」(劉刻《遺書》外編二)

〔三八〕《書錄解題》醫書類：「《大觀本草》三十一卷，唐慎微撰。本草之名，始見《漢書·平帝紀》《樓護傳》。舊經止一卷，藥三百六十五種。陶隱居增《名醫別錄》，亦三百六十五種。唐顯慶(高宗年號)又增一百十四卷，廣爲二十卷，謂之《唐本草》。開寶中，又益一百三十三種。蜀孟昶又嘗增益，謂之《蜀本草》。及嘉祐(宋仁宗年號)中，掌禹錫、林億等重加校正，更爲補注，以朱墨書爲之別，凡新舊藥一千八十二種，蓋亦備矣。今慎微頗復有所增益，然亦殊不多也。」本草注藥，

根實異性者，異部分收。

〔三九〕韻書最古者，爲魏李登《聲類》。晉呂靜倣其法，作《韻集》，齊周顒始著《四聲切韻》，梁沈約有《四聲》一卷，隋秦王俊有《韻纂》，陸法言有《切韻》，至唐孫愐《唐韻》出，而諸書皆廢。宋陳彭年等重修《廣韻》，丁度有《集韻》，元黃公紹有《韻會舉要》，明洪武中，宋濂等修《正韻》，此韻書之大略也。古韻有互相通轉者，韻書必標明於每韻部目之下。

〔四〇〕劉氏《識語》：「此篇論列傳之源流最詳，宜與《傳記》合觀。知此乃知紀傳之圓而神，乃知後論史之傳方板無法，乃知史傳不以人爲綱領，乃知史公百三十篇，班史百二十卷首尾爲一篇，乃知後論史者紛紛謂某人當立特傳，某人不當立傳（按全謝山《經史答問》有此語），皆皮相盲論，不足與言史也。」

和州志闕訪列傳序例

孔子曰：「吾猶及史之闕文也。」[一]又曰：「多聞闕疑，慎言其餘。」[二]夫網羅散失，紬繹簡編，所見所聞，時得疑似，非貴闕然不講也。而《春秋》仍列故題，[五]《尚書》斷自《堯典》；[六]夫疑者闕而弗竟，闕者存而弗刪，斯其慎也。司馬遷曰：「書闕有間，其軼時時見於他說。」[七]夫疑似之蹟，未必無他說可參，而舊簡以古文爲宗，百家以雅馴是擇，[八]心知其意，遂詳錄其諧隱射覆瑣屑之談，以見朔實止此，[一〇]是史氏釋疑之家法也。[二]陳壽《蜀志》，以諸葛不立史官，[三]蜀事窮於搜訪，因錄楊戲季漢名臣之讚，[一三]略存姓氏，以致其意，是史牒闕文之舊章也。壽別撰《益部耆舊傳》十卷，[一四]是壽未嘗略蜀也。《益部耆舊傳》不入《蜀志》，體例各有當也。或以譏壽，非也。自史學失傳，中才史官不得闕文之義，喜繁辭者，或雜奇衺之說；好簡潔者，或刪經要之言；《晉書》喜採小說，《唐書》每刪章奏。多聞之旨不遵，慎言之訓誤解。若以形涉傳疑，事通附會，含毫莫斷，故牒難徵，謂當削去篇章，方合闕文之說；是乃所謂疑者滅之而已，更復何闕之有？鄭樵著《校讎略》，以謂館閣徵書，舊有闕書之目；凡考文者，必當錄其部次，購訪天下。[一五]其論可謂精矣。

竊謂典籍如此，人文亦然。凡作史者，宜取論次之餘，或有人著而事不詳，若傳歧而論不一者，與夫顯列名品，未徵事實，清標夷齊，而失載西山之薇；[一六]學著顏曾，而不傳東國之業，[一七]一隅三反，其類實繁。或由載筆誤刪，或是虛聲泛採，難憑臆斷，當付傳疑；列傳將竟，別裁闕訪之篇，以副慎言之訓，後之觀者，得以考求。使若陳壽之季漢名臣，見上。常璩之華陽士女，《華陽國志》有序錄士女志，止列姓名，云其事未詳。[一八]不亦善乎？至於州縣之志，體宜比史加詳；而向來撰志，條規人物，限於尺幅，摘比事實，附注略節，與方物土產區門分類，約略相同。至其所注事實，率似計薦考語，案牘讕文，[一九]駢偶其詞，斷而不敘。士曰孝友端方，慈祥愷悌；吏稱廉能清慎，忠信仁良。學盡漢儒，貞皆姜女；[二〇]千篇一律，葭葦茫然，[二一]又何觀焉？今用史氏通裁，特標列傳。務取有文可誦，據實堪書；前志所遺，搜訪略盡。他若標名略注，事實難徵，世遠年湮，不可尋訪，存之則無類可歸，削之則潛德弗曜；凡若此者，悉編爲《闕訪列傳》，以俟後來者之別擇云爾。

〔一〕見《言公中》注〔三〕。
〔二〕見《論語・爲政》。
〔三〕《左傳》莊公二十四年，經出「郭公」。杜注云：「無傳，蓋經闕誤也。」桓公十四年，經出「夏五」。杜

〔一〕注云:「不書月,闕文。」《日知錄》卷三《闕文》條:「范介儒(守己)曰:紀子伯、郭公、夏五之類,傳經者之脫文耳,謂爲夫子之闕疑,吾不信也。」

〔四〕《易·繫辭下》:「古者包犧氏之王天下也,作結繩而爲罔罟,以佃以漁,蓋取諸離。包犧氏没,神農氏作,斵木爲耜,揉木爲耒,耒耨之利,以教天下,蓋取諸益。」

〔五〕《春秋》,魯史記之舊稱。杜預《春秋左氏傳序》:「《春秋》者,魯史記之名也。記事者,以事繫日,以日繫月,以月繫時,以時繫年,所以紀遠近,别同異也。故史之所記,必表年以首事;年有四時,故錯舉以爲所記之名也。」

〔六〕見《書教上》注〔二〕。

〔七〕見《史記·五帝本紀》。

〔八〕《史記·五帝本紀贊》:「百家言黃帝,其文不雅馴。」又曰:「總之,不離古文者近是。」又曰:「擇其言尤雅者,故著爲本紀書首。」日人瀧川氏《史記會注考證》引沈鑄曰:「古文,即謂《尚書》」。

〔九〕見《答客問上》注〔三〕。

〔一〇〕東方朔見《感遇》注〔二〇〕。《漢書·東方朔傳贊》:「朔之詼諧逢占射覆,其事浮淺,行於衆庶,童兒牧豎,莫不眩燿,而後世好事者,因取奇言怪語,附著之朔,故詳錄焉。」師古曰:「言此傳所以詳錄朔之辭語者,爲俗人多以奇異妄附於朔故耳。欲明傳所不記,皆非其實也。」

〔二〕《後漢書·左雄傳》:「雄上言郡國所舉孝廉,請皆詣公府諸生試家法。」章懷注:「儒有一家之學,

〔三〕故稱家法也。

〔四〕見《和州志·氏族表序例下》注〔二〕。

〔五〕《隋志》雜傳類：「《益部耆舊傳》十四卷，陳壽撰。」

〔六〕《通志·校讎略·編次必記亡書論》：「古人亡書有記，故本所記而求之。魏人求書，有《闕目錄》一卷；唐人求書，有《搜訪圖書》，所以得書之多也。」

〔七〕《史記·伯夷列傳》：「武王已平殷亂，天下宗周。」而伯夷、叔齊恥之，義不食周粟，隱於首陽山，采薇而食之。」《索隱》：「西山，即首陽山。」

〔八〕《史記·仲尼弟子列傳》：「顏回者，魯人也，字子淵，少孔子三十歲。回年二十九，髮盡白，蚤死。孔子哭之慟，曰：『自吾有回，門人益親。』」又：「曾參，南武城人，字子輿，少孔子四十六歲，孔子以為能通孝道，故授之業，作《孝經》，死於魯。」按東國，謂魯也。

〔九〕見《和州志·氏族表序例下》注〔三〕。

〔一〇〕案牘，猶云公文也。劉禹錫《陋室銘》：「無案牘之勞形。」《禮記·文王世子》：「獄成，有司讞於

公。」陳注:「議刑也。」

〔二〇〕《詩·鄘風·柏舟序》:「《柏舟》,共姜自誓也。衛世子共伯蚤死,其妻守義,父母欲奪而嫁之,誓而弗許,故作是詩以絕之。」

〔二一〕《藝苑卮言》:「白居易詩,千篇一律。」葭葦,見《言公下》注〔三七〕。

和州志前志列傳序例上

《記》曰:「疏通知遠,《書》教也。比事屬辭,《春秋》教也。」[一]言述作者殊方,而風教有異也。孟子曰:「頌其詩,讀其書,不知其人可乎?」[二]言墳籍具存,而作者之旨,不可不辨也。古者史官各有成法,辭文旨遠,存乎其人。孟子所謂其文則史,孔子以謂義則竊取,[三]明乎史官法度不可易,而義意爲聖人所獨裁。然則良史善書,亦必有道矣。前古職史之官不可考,《春秋》列國之良史,若董狐、南史之直筆,[四]左史倚相之博雅,[五]其大較也。竊意南、董、左史之流,當時必有師法授受。第以專門之業,事遠失傳,今不得而悉究之也。司馬遷網羅散失,采獲舊聞,撰爲百三十篇,以紹《春秋》之業。[六]其於衰周戰國所爲《春秋》家言,如晏嬰、虞卿、呂不韋之徒,《晏子春秋》《虞氏春秋》《呂氏春秋》皆有比事屬辭之體。即當時《春秋》家言,各有派別,不盡春王正月一體也。皆叙録其著述之大凡,[七]緝比論次;所以明己之博采諸家,折衷六藝,淵源流別,不得不詳所自也。司馬遷《自序》紹《春秋》之業,蓋溯其派別有自,非僭妄之言。論次西京史事,全録《太史自序》,推其義例,殆與相如、揚雄列傳同科。[八]范蔚宗《後漢》之述班固,踵成故事,墨守舊法,繩度不踰;[九]雖無獨斷之才,猶有饞羊告朔,禮廢文存者也。[一〇]及《宋書》之傳范蔚宗,《晉書》之傳陳壽,或雜次文人之列,或猥編同時之人,[一一]而於

史學淵源，作述家法，不復致意，是亦史法失傳之積漸也。至於唐修《晉》《隋》二書，惟資衆力。[一二]人才既散，共事之人，不可盡知，或附著他人傳末，或互見一二文人稱説所及，不復别有記載，乃使《春秋》家學，塞絶梯航，史氏師傳，茫如河漢；[一三]譬彼收族無人，家牒自亂；淄流甌散，[一四]梵刹坐荒；[一五]勢有必至，理有固然者也。

夫馬、班著史，等於伏、孔傳經。[一六]大義微言，心傳口授；或欲藏之名山，傳之其人：[一七]或使大儒伏閣，受業於其女弟。[一八]豈若後代紀傳，義盡於簡篇，文同於胥史，拘牽凡例，一覽無遺者耶？然馬、班《儒林》之篇，能以六藝爲綱，師儒傳授。《儒林傳》體，以經爲綱，以人爲緯，非若尋常列傳，詳一人之生平者也。自《後漢書》以下，失其傳矣。

後代史官之傳，苟能熟究古人師法，略倣經師傳例，標史爲綱，因以作述流法之相承，溯淵源於不替者也。試以馬、班而論，其先藉之資，《世本》《國策》之於遷《史》，[一九]揚雄、劉歆之於《漢書》是也。[二〇]後衍其傳，如楊惲之布遷《史》，馬融之受《漢書》是也。[二一]凡若此者，並可依類爲編，申明家學，以書爲主，不復以一人首尾名篇，則《春秋》經世，雖謂至今存焉可也。至於後漢之史，自王隱、虞預、劉珍、袁宏之作，[二二]華嶠、謝承、司馬彪之書，[二三]皆與范氏並列賅存。晉氏之史，自王隱、虞預、何法盛、干寶、陸機、謝靈運之流，作者凡一十八家，[二四]亦云盛矣。而後人修史，不能條别諸家體裁，論

次群書得失,萃合一篇之中。比如郯人善鬪,質喪何求?[二六]夏禮能言,無徵不信者也。[二七]他若聚衆修書,立監置紀,尤當考定篇章,覆審文字,某紀某書,編之誰氏,某表某傳,撰自何人。乃使讀者察其臧否,定其是非;庶幾涇渭雖淆,[二八]淄澠可辨。[二九]末流之弊,猶恃隄防。而唐、宋諸家,訖無專錄,遂使經生帖括,詞賦雕蟲,[三〇]並得啁啾班、馬之堂,攘臂汗青之業者矣。[三一]

(一) 見《禮記‧經解》,作「屬辭比事」。

(二) 見《孟子‧萬章下》。

(三) 見《孟子‧離婁下》。

(四)《左傳》宣公二年:「趙穿攻靈公於桃園;宣子未出山而復。大史書曰:『趙盾弒其君。』以示於朝。宣子曰:『不然。』對曰:『子為正卿,亡不越竟,反不討賊,非子而誰?』宣子曰:『嗚呼!我之懷矣,自詒伊慼,其我之謂矣。』孔子曰:『董狐,古之良史也,書法不隱。』」又襄公二十五年:「崔子稱疾不視事。乙亥,公問崔子,遂從姜氏。姜入于室,遂弒之。大史書曰:『崔杼弒其君。』崔子殺之。其弟嗣書,而死者二人。其弟又書,乃舍之。南史氏聞太史盡死,執簡以往,聞既書矣,乃還。」

(五) 見《書教上》注[三]。

(六)《漢書‧司馬遷傳》:「益州刺史任安予遷書。遷報之曰:『僕竊不遜,近自託於無能之辭,網羅天下

〔七〕放失舊聞，考之行事，稽其成敗興壞之理，凡百三十篇。」紹《春秋》之業，見《史記·太史公自序》。

〔八〕《晏子》，見《詩教上》注〔六六〕。《史記·管晏列傳贊》：「吾讀《晏子春秋》，詳哉其言之也。」又《十二諸侯年表序》：「趙孝成王時，其相虞卿，上采《春秋》，下觀近世，亦著八篇，爲《虞氏春秋》。呂不韋者，秦莊襄王相，亦上觀尚古，删拾《春秋》，集六國時事，以爲八覽六論十二紀，爲《呂氏春秋》。」

〔八〕《隋書·劉炫傳》：「自爲贊曰：通儒司馬相如、揚子雲、馬季倫、鄭康成等，皆自叙風徽，傳芳來葉。」《史通·序傳》：「屈原《離騷經》，其首章上陳氏族，下列祖考，先述厥生，次列名字，自叙發跡，實基於此。降及司馬相如，始以自叙爲傳。然其所叙者，但記自少及長，立身行事而已；逮於祖先所出，則蔑爾無聞。至馬遷又徵三閭之故事，放文園之近作，楷模二家，勒成一卷。於是揚雄遵其舊轍，班固酌其餘波，自叙之篇，實煩於代。雖屬辭有異，而兹體無易。」《史記·司馬相如傳》，《漢書·揚雄傳》，並仍其自序之文。（《漢書·雄傳贊》：「雄之自序云爾。」）《漢書·司馬遷傳》亦全錄《太史公自序》，故云與之同科也。

〔九〕《後漢書·班固傳》，亦多錄《漢書·叙傳》之文。

〔一〇〕餕羊，見《史注》注〔三〕。按粵雅堂本「存」譌作「成」，兹依劉刻《遺書》本正。

〔一一〕范曄字蔚宗，順陽人。《宋書》卷六十九，曄與劉湛同傳，此所謂猥編同時之人也。陳壽字承祚，巴蜀安漢人。《晉書》卷八十二，壽與王長文、虞傳、司馬彪、王隱、虞預、孫盛、干寶、鄧粲、謝沈、習鑿齒、徐廣諸人同傳，此所謂雜次文人之列也。

〔三〕《晉書》,見《詩教下》注〔四〕及《言公下》注〔二九〕。《史通·正史》:「《隋史》,當開皇、仁壽時,王劭爲書八十卷,以類相從,定其篇目,至於編年紀傳,並闕其體。煬帝時唯有王胄等所修《大業起居注》,及江都之禍,仍多散逸。皇家貞觀初,勅中書侍郎顏師古、給事中孔穎達,共撰成《隋書》五十五卷(外志三十卷)。」《舊唐書·魏徵傳》:「徵字玄成。初,令狐德棻撰諸史,徵受詔總加撰定。《隋書》序論,皆徵所作。」按《隋書》本顏、孔合撰,徵總其事耳。《通志略》:「古者修書成於一家,至唐始用衆手,《晉》《隋》二書是也。」

〔四〕《莊子·逍遙遊》:「吾驚怖其言,猶河漢而無極也。」成疏:「上天河漢,迢遞無極。」

〔五〕緇流,謂僧徒也。以衣黑衣,故名。

〔六〕梵刹,謂佛寺也。《翻譯名義集》:「又復伽藍名梵刹者,如輔行云,西域以柱表刹,示所居處也。」

〔七〕言司馬遷、班固之著史,有如伏勝、孔安國之傳授《尚書》,乃專門之業也。

〔八〕見《漢書·司馬遷傳》。

〔九〕《漢書·司馬遷傳贊》:「遷據《左氏》《國語》,采《世本》《戰國策》,述《楚漢春秋》,接其後事,訖於天漢。」參看《言公上》注〔四七〕。

〔一〇〕見《言公上》注〔四九〕。

〔一一〕見《史注》注〔七〕及注〔八〕。

〔二〕服虔,見《知難》注〔三〕應劭,見《史注》注〔一〇〕。

〔三〕《後漢書·文苑傳》:「劉珍字秋孫,永初中,鄧太后詔珍與劉騊駼、馬融校定東觀百家。又詔與騊駼作建武以來名臣傳。」袁宏,見《書教下》注〔三六〕。

〔四〕《晉書·華表傳》:「表子嶠,字叔駿,元康初,爲內臺中書散騎著作,門下撰集,皆典統之。初,嶠以《漢紀》煩穢,慨然有改作之意,會爲臺郎,典官制事,得徧觀秘籍,遂就其緒,爲紀典傳譜,凡九十七卷,改名《漢後書》。文質事實,有遷、固之規。」《吳志·謝夫人傳》:「弟承,拜五官郎中,稍遷長沙東部都尉,武陵太守,撰《後漢書》百餘卷。」注引《會稽典錄》曰:「承字偉平,博學洽聞,書所知見,終身不忘。」《晉書·司馬彪傳》:「彪字紹統,泰始中爲祕書郎,轉丞。討論衆書,綴其所聞,起於世祖,終於孝獻,編年二百,錄世十二,通綜上下,旁貫庶事,爲紀志傳凡八十篇,號曰《續漢書》。」《隋書·經籍志》正史類:「《後漢書》一百三十卷,無帝紀,武陵太守謝承撰。《續漢書》八十三卷,晉祕書監司馬彪撰。」《漢後書》九十七卷,晉少府卿華嶠撰。」

〔五〕《晉書·王隱傳》:「隱字處叔。父銓,有著述之志,每私錄晉事及功臣行狀,未就而卒。元帝召隱爲著作郎,令撰《晉史》。」《虞預傳》:「預字叔寧,少好學,有文章。諸葛恢、庾亮等薦,召爲丞相行參軍記室。太興二年,遷祕書丞著作郎。著《晉書》四十餘卷。」何法盛,《宋書》無傳。《晉書·干寶傳》:「寶字令升,新蔡人。祖統,吳奮武將軍。寶以才器召爲著作郎。著《晉紀》,自宣迄愍,凡二十卷,直而能婉。」《晉書·陸機傳》:「陸機字士衡,吳郡人。文章冠世。」《宋書·謝靈運傳》:

「靈運，陳郡陽夏人。祖玄，晉車騎將軍。靈運博覽群書，江左莫逮，襲封康樂公。奉敕撰《晉書》，粗立條流，書竟不就。」《隋書‧經籍志》正史類：「《晉書》八十六卷，晉著作郎王隱撰。《晉書》二十六卷，晉散騎常侍虞預撰。《晉中興書》七十八卷，宋湘東太守何法盛撰。《晉書》三十六卷，宋臨川内史謝靈運撰。」又古史類：「《晉紀》四卷，陸機撰。《晉紀》二十三卷，干寶撰。」十八家，見《言公下》注〔三〇〕。

〔二六〕見《言公中》注〔三六〕。

〔二七〕見《易教上》注〔一六〕。

〔二八〕《詩‧邶風‧谷風》：「涇以渭濁，湜湜其沚。」傳云：「涇渭相入而清濁異。」陸德明《音義》：「涇，音經，濁水也。渭，音謂，清水也。」

〔二九〕《列子‧仲尼》：「口將爽者，先辨淄澠。」張湛注：「淄水出魯郡萊蕪縣，界，流至壽光縣，二水相合。淄澠水異味，既合則難辨別。」

〔三〇〕帖括，見《博約上》注〔七〕。雕蟲，見《申鄭》注〔一〇〕。

〔三一〕《後漢書‧吳祐傳》：「父恢，爲南海太守，欲殺青簡以寫經書。」《御覽》六百六引《風俗通》：「劉向《別錄》，殺青者，直治竹作簡書之耳。新竹有汗，善朽蠹。凡作簡者，皆於火上炙乾之，陳楚間謂之汗。汗者，去其汁也。吳越曰殺，殺亦治也。」向爲孝成皇帝典校書籍二十餘年，皆先書竹，改易刊定可繕寫者，以上素也。」按劉刻《遺書》篇末題云：「右原史。」

和州志前志列傳序例中

晉摯虞創爲《文章志》，[一]叙文士之生平，論辭章之端委；范史《文苑列傳》所由仿也。[二]自是文士記傳，代有綴筆，而文苑入史，亦遂奉爲成規。至於史學流別，討論無聞，而史官得失，亦遂置之度量之外。甚矣，世之易言文而憚言史也。夫遷、固之書，不立文苑，非無文也；老莊申韓、管晏、孟荀、相如、揚雄、枚乘鄒陽，所爲列傳，皆於著述之業，未嘗不三致意焉。不標文苑，所以論次專家之學也。[三]文苑而有傳，蓋由學無專家，是文章之衰也。[四]然而史臣載筆，侈言文苑，而於《春秋》家學，派別源流，未嘗稍容心焉，不知將自命其史爲何如也？《文章志》傳，摯虞而後，沈約、傅亮、張騭諸人，[五]紛紛撰錄，傅亮《續文章志》沈約《宋世文章志》，張騭《文士傳》。指亦不勝屈矣。然而史臣采擴，存其大凡，著錄諸書，今皆亡失。乃前史不列專題，後學不知宗委，編摩故蹟，當其撰輯成書之際，公膝私楮，未必全無徵考也。遂使古人所謂官守其書，而家世其業者，乃轉不如文采辭章，猶得與於常寶鼎《文選著作人名》之列也。常書凡三卷。[六]唐李肇著《經史釋題》，宗諫注《十三代史目》。[七]其書編於目錄部類，則未通乎記傳之宏裁也。趙宋孔平仲，嘗著《良史事蹟》，[八]其書今亦不傳，而著錄僅有一卷，則亦猥陋不足觀采也。

夫史臣創例,各有所因;列女本於劉向,[九]孝義本於蕭廣濟,晉人,作《孝子傳》。[一〇]忠義本於梁元帝,《忠臣傳》三十卷。[一一]隱逸本於皇甫謐,《逸士傳》《高士傳》。[一二]皆前史通裁,因時制義者也。馬、班《儒林》之傳,本於博士所業,惜未取史官之掌,勒爲專書。[一三]後人學識,不逮前人,故使未得所承,無能爲役也。漢儒傳經,師法亡矣。後儒儒林之篇,不能踵其條貫源流之法,縱或未嘗不取當代師儒,就其所業,以志一代之學。則馬、班作史,家法既失,後代史官之事,亦編摩之不可不知所務者也。或以藝文部次,登其卷帙,敘錄後語,略標作者之旨,以謂史部要旨,已見大凡,人文上下,論次爲傳。則不知經師傳注,文士辭章,藝文未嘗不著其部次;而儒林史官之業,介乎其間,亦編摩之不可不知所務者也。則不知經師傳注,文士辭章,藝文部次,胡可忽諸?夫儒林治經,而文苑談藝,文苑之篇,詳考生平,別爲品藻,參觀互證,胡可忽諸?其或事蹟繁多,別標特景,不能合爲一篇,則於史官篇內,亦當存錄姓名,更注別自有傳。董仲舒、王吉、韋賢之例,自有舊章,仲舒治《春秋》,王吉治《毛詩》,韋賢治《魯詩》,並見《儒林》而別有專傳。[一三]兩無妨害者也。夫荀卿著《禮》《樂》之論,乃非十二子書,[一四]莊周恣荒唐之言,猶敘禽、墨諸子,[一五]欲成一家之作,而不於前人論著,條析分明,祖述淵源,折衷至當,雖欲有功前人,嘉惠來學,譬則卻步求前,未有得其至焉者也。[一六]

[一]見《詩教上》注[三七]。

〔二〕《文集》章氏自注:「《文苑傳》,始於《後漢書》。」

〔三〕揚、馬之辭賦,鄒、枚之縱橫(《書教中》語),均能自成一子之學,與夫專門之書,初無二致。《史》《漢》備錄其文,因以著其人焉。餘見《和州志藝文書序例》注〔五〇〕。

〔四〕《文集》:「兩漢文章漸富,爲著作之始衰。」

〔五〕沈約,見《史德》注〔一〇〕。《隋志》簿錄類:「《宋世文章志》二卷,沈約撰。」《宋書·傅亮傳》:「亮字季友,北地靈州人,博涉經史,尤善文詞。義熙中,累官侍中黃門侍郎。少帝之廢,亮與主謀。文帝即位,進爵始興郡公,加散騎常侍,開府儀同三司。元嘉初見誅。」《隋志》簿錄類:「《續文章志》二卷,傅亮撰。」張騭《文士傳》,見《文集》注〔三三〕。

〔六〕《新唐書·藝文志》目錄類:「常寶鼎《文選著作人名目》三卷。」

〔七〕《新唐書·藝文志》目錄類:「李肇《經史釋題》二卷。」宗諫《注十三代史目》十卷。」李肇,唐元和中爲翰林學士,坐薦柏耆,自中書舍人左遷將作少監。著有《翰林志》《唐國史補》。宗諫,未詳。

〔八〕《宋史·孔文仲傳》:「平仲字義甫,登進士第,又應制科,用呂公著薦,爲祕書丞,集賢校理。徽宗立,爲户部郎中。平仲長史學,工文詞,著《續世説》《繹解》《稗詩戲》諸書。」《宋史·藝文志》雜家類:「孔平仲《良史事證》一卷。」按「蹟」,應依志作「證」。

〔九〕見《古文十弊》注〔六二〕。

〔一〇〕《隋志》雜傳類：「《孝子傳》十五卷，晉輔國將軍蕭廣濟撰。」

〔一一〕《梁書·元帝紀》：「帝諱繹，字世誠，高祖第七子也。性不好聲色，頗有高名，與裴子野、劉顯、蕭子雲、張纘及當時才秀爲布衣交，著述辭章多行於世。所著《孝德傳》三十卷，《忠臣傳》三十卷，《丹陽尹傳》十卷，注《漢書》一百一十五卷。」《隋志》雜傳類：「《忠臣傳》三十卷，梁元帝撰。」

〔一二〕《晉書·皇甫謐傳》：「謐字士安，安定朝那人，漢太尉嵩之曾孫也。年二十，不爲學，游蕩無度，或以爲癡。嘗得瓜果，輒進叔母任氏曰：『修身篤學，自汝得之，於我何有！』因對之流涕。謐乃感動，就鄉人席坦受書，勤學不息。家貧，躬自稼穡，帶經而農，遂博綜經典百家之言。沈靜寡欲，有高世之志，以著述爲務，自號玄晏先生，徵辟皆不就。太康三年卒，年六十八。撰《帝王世紀》《年歷》《高士》《逸士》《列女》等傳、《玄晏春秋》並重於世。」《隋志》雜傳類：「《高士傳》六卷，《逸士傳》一卷，皇甫謐撰。」

〔一三〕按《史記》董仲舒入《儒林傳》。《漢書》仲舒、王吉、韋賢皆有專傳，而《儒林傳》中止敘仲舒傳《公羊》，吉傳《韓詩》，賢傳《魯詩》，並各云自有傳。此謂吉治《毛詩》，誤。

〔一四〕《荀子·禮論》《樂論》，爲其思想中心，而《非十二子》則評論諸子。十二子者，它囂、魏牟、陳仲、史鰌、墨翟、宋鈃、慎到、田駢、惠施、鄧析、子思、孟軻也。

〔一五〕《莊子·天下》，自謂其書乃「以謬悠之説，荒唐之言，無端崖之辭，時恣縱而不儻，不以觭見之也」。而於墨翟、禽滑釐、彭蒙、田駢、慎到、老聃、惠施諸家之學，各有所論列。

〔一六〕按劉刻《遺書》篇末題云：「右辨例。」

和州志前志列傳序例下

州縣志書,論次前人撰述,特編列傳,蓋創例也。[一]燦然大明於天下,則外志既治,書有統會,而國史要删,可以抵掌言也。[二]雖然,有難敘者三,有不可不敘者三,載筆之士,不可不熟察此論也。

何謂難敘者三?一曰書無家法,文不足觀,易於散落也。唐宋以後,史法失傳,特言乎馬、班專門之業,不能復耳。若其紀表成規,志傳舊例,歷久不渝,等於科舉程式,功令條例,[三]雖中庸史官,皆可勉副繩墨,粗就隱括。故書雖優劣不齊,短長互見,觀者猶得操成格以衡筆削也。[四]外志規矩蕩然,體裁無準,摘比似類書,注記如簿册,質言似胥吏,文語若尺牘;[五]觀者茫然,莫能知其宗旨。文學之士,鄙棄不觀;新編告成,舊志遽没。比如寒暑之易冠衣,傳舍之留過客,[六]欲求存錄,不亦難乎?二曰纂修諸家,行業不詳,難於立傳也。史館徵儒,類皆文學之士,通籍朝紳,其中且有名公卿焉。著述或見藝文,行業或詳列傳,參伍考求,[七]猶易集也。州縣志書,不過一時遊宦之士,偶爾過從;[八]不逾歲月,討論商搉,[九]不出州間。其人或有潛德莫徵,懿修未顯;所遊不知其常,所習不知其業,[一〇]等於萍蹤之聚,鴻爪之留。[一一]即欲效文苑之聯編,做儒林之列傳,何可得耶?三曰題序蕪濫,體要

久亡,難徵錄例也。馬、班之傳,皆錄自序。蓋其生平行業,與夫筆削大凡,自序已明;據本直書,編入列傳;讀者苟能自得,則於其書思過半矣。原敘錄之所作,雖本《易·繫》《詩》篇,[二]而史氏要刪,實自校讎諸家,特重其體。劉向所謂條其篇目,撮其指意,錄而奏上之文,[三]類皆明白峻潔,於其書與人,確然並有發明。簡首題辭,有裨後學,職是故也。後代文無體要,職非校勘,皆能率爾操觚?[四]凡有簡編,輒題弁語,[五]言出公家,理皆泛指。次,驟讀序言,不知所指何人,所稱何事。而文人積習相沿,莫能自反,抑亦惑矣。州縣修志,尤以多序爲榮,隸草誇書,風雲競體。棠陰花滿,先爲循吏頌辭;水激山峨,又作人文通贊。千書一律,觀者索然。[六]移之甲乙可也,畀之丙丁可也。掩其部作列傳之取材,爲一書之條貫耶?凡此三者,所爲難敘者也。

何謂不可不敘者三?一曰前志不當。天下耳目無窮,一人聰明有限,《禹貢》岷山之文尚矣,得《緬志》[七]鄭玄娑尊之說古矣,得王肅,而鑄金鑒其犧背。[八]窮經之業,後或勝前;豈作志之才,一成不易耶?然後人裁定新編,未必遽存故錄;苟前志失敘,何由知更定之苦心,識辨裁之至當?是則論次前錄,非特爲舊志存其姓氏,亦可爲新志明其別裁耳。二曰前志有徵,後志誤改,當備采擇也。史家積習,喜改舊文,取其易就凡例,本非有意苛求。然淮陰帶劍,不也,[九]爲文亦復稱是。人心不同,如其面

辨何人,誰當假借?」太史公《韓信傳》云:淮陰少年辱信云「若雖長大,中情怯耳」。班固刪去「若」字,文義便晦。太尉擕頭,誰當假借?」前人議《新唐書·段秀實傳》云:柳宗元狀稱太尉曰:「吾帶吾頭來矣。」文自明。《新唐書》改云:「吾帶頭來矣。」是誰之頭耶? 不存當日原文,則三更其手,非特亥豕傳訛,將恐蟲魚易體矣。〔二〇〕三曰志當遞續,不當迭改,宜衷凡例也。遷書採《世本》《國策》,集《尚書》世紀,〔二一〕《南·北史》集沈、蕭、姚、李八家之書,〔二二〕未聞新編告成,遽將舊書覆瓿也。〔二三〕區區州縣志乘,既無別識心裁,便當述而不作,〔二四〕乃近人載筆,務欲炫長,未窺龍門之藩,〔二五〕先習狙公之術,〔二六〕移三易四,輾轉相因,所謂自擾也。夫三十年爲一世,可以補輯遺文,蒐羅掌故。更三十年而往,遺待後賢,使甲編乙錄,新新相承,欲補逸文,亦當如馬無地理,班《志》直溯《夏書》;〔二七〕梁、陳無志,《隋書》上通五代;〔二八〕陳、北齊、後周、隋五代。例由義制,何在不然?乃竟粗更凡目,全錄舊文,得魚忘筌,有同剽竊,〔二九〕如之何其可也? 然琴瑟不調,改而更張。〔三〇〕今茲創定一書,不能拘於遞續之例,或且以矛陷盾,〔三一〕我則不辭;後有來者,或當鑒其衷曲耳。歷叙前志,存其規模,亦見創例新編,初非得已。凡此三者,所謂不得不叙者也。〔三二〕

〔一〕《春秋》經世,語見《莊子·齊物論》。家法,見《和州志·闕訪列傳序例》注〔二〕。

〔二〕外志，見《方志立三書議》注〔一〕。要删，見《言公下》注〔六〕。抵掌，見《詩教上》注〔二八〕。

〔三〕科舉，見《書教下》注〔二三〕。功令，見《經解中》注〔一六〕。

〔四〕隱括，見《申鄭》注〔八〕。筆削，見《易教下》注〔二六〕。

〔五〕類書，見《文集》注〔八〕。尺牘，見《繁稱》注〔一〇〕。

〔六〕《史記・酈食其傳》：「沛公至高陽傳舍。」《釋名・釋宮室》：「傳，轉也。人所止息，去者復來，轉轉相傳，無常主也。」《老子》第三十五章：「樂與餌，過客止。」

〔七〕見《説林》注〔六五〕。

〔八〕見《和州志前志列傳序例上》注〔三〕。

〔九〕《莊子・徐无鬼》：「可不謂有大揚搉乎？」注：「發揮商量也。」《北史・崔孝芬傳》：「商搉古今，間以嘲謔。」

〔一〇〕《禮記・曲禮》上：「夫爲人子者，出必告，反必面，所遊必有常，所習必有業。」

〔一一〕蘇軾《和子由澠池懷舊》詩：「人生到處知何似？應似飛鴻踏雪泥；泥上偶然留指爪，鴻飛那復計東西。」

〔一二〕姚氏《古文辭類纂序》：「序跋類者，昔前聖作《易》，孔子爲作《繫辭》《説卦》《文言》《序卦》《雜卦》之傳，以推論本原，廣大其義。《詩》《書》皆有序。」

〔一三〕以上數句，見《漢書・藝文志》。阮孝緒《七錄序》：「昔劉向校書，輒爲一錄，論其指歸，辨其訛謬，

〔四〕陸機《文賦》：「或操觚以率爾，或含毫而邈然。」張雲璈《膠言》：「觚，即木簡，猶今以粉版作書。」

〔五〕《儀禮·士冠禮》：「周弁，殷冔，夏收。」疏：「弁，是古冠之大號。」序冠篇首，故稱序文為弁語。

〔六〕棠陰，見《和州志政略序例》注〔一〕。《晉書·潘岳傳》：「岳為河陽令，滿縣皆栽桃花。」《世說新語·言語》：「王武子、孫子荊各言其土地人物之美。王云：『其地坦而平，其水淡而清，其人廉且貞。』孫云：『其山崔巍以嵯峨，其水㳌渫而揚波，其人磊砢而英多。』」千篇一律，見《和州志闕訪列傳序例》注〔三〕。《晉書·羊祜傳》：「劉禪降服，諸營堡者索然俱散。」

〔七〕《書·禹貢》：「岷山導江。」《漢書·地理志》：「嶓山在蜀郡湔氐道西徼外，江水所出。」《緬志》，未詳。按徐宏祖《江源考》云：「發於南者，曰犁牛石，南流經石門關，始東折而入麗江，為金沙江；又北曲為敘州大江，與岷山之江合。余按岷山之江，經成都至叙，不及千里；金沙江經麗江云南烏豪至叙，共二千餘里，故推江源者，必當以金沙為首。」（《徐霞客遊記·附錄》）

〔八〕《詩·魯頌·閟宮》：「犧尊將將。」毛傳：「犧尊，有沙飾也。」注：「犧，鄭，素河反，毛云有沙飾，則宜同鄭。」孔穎達疏：「此傳言犧尊者沙羽飾，與鄭司農飾以翡翠意同，則皆讀為娑。傳言沙，即娑之字也。王肅云：『太和中，魯郡於地中得齊大夫子尾送女器，有犧尊，以犧牛為尊，然則象尊，尊為象形也。』王肅此言，以二尊形如牛象，背上負尊，皆讀犧為義，與毛鄭義異，未知孰是。」洪邁云：「予按今世所存故物，《宣和博古圖》所寫犧尊，純為牛形，象尊純為象形，

而尊在背,正合王肅之說。」(《容齋三筆》卷十三)

〔一九〕見《言公中》注〔五二〕。

〔二〇〕亥豕,見《和州志輿地志序例》注〔三三〕。韓愈《讀皇甫湜公安園詩書其後》:「《爾雅》注蟲魚,定非磊落人。」

〔二一〕見《言公上》注〔四七〕。

〔二二〕見《釋通》注〔三七〕。八代之書者,沈約《宋書》、蕭子顯《南齊書》、姚思廉《梁書》《陳書》、魏收《魏書》、李百藥《北齊書》、令狐德棻《北周書》、魏徵《隋書》,是也。

〔二三〕見《辨似》注〔三七〕。

〔二四〕述而不作,見《論語·述而》。

〔二五〕《史記·太史公自序》:「遷生龍門。」(在今陝西韓城縣)故稱史遷爲龍門。

〔二六〕《莊子·齊物論》:「狙公賦芧,曰:『朝三而莫四。』衆狙皆怒。曰:『然則朝四而莫三。』衆狙皆悅。名實未虧,而喜怒爲用。」

〔二七〕見《書教上》注〔三五〕。

〔二八〕《五代史志》,見《釋通》注〔五七〕。

〔二九〕得魚忘筌,見《答客問下》注〔三〕。韓愈《樊紹述墓誌銘》:「惟古於詞必己出,降而不能乃剽賊。」

〔三〇〕見《書教中》注〔三〕。

〔三一〕《韓非子·難一》:「楚人有鬻楯與矛者,譽之曰:『吾楯之堅,物莫能陷也。』又譽其矛曰:『吾矛之利,於物無不陷也。』或曰:『以子之矛陷子之楯,何如?』其人弗能應也。」

〔三二〕按劉刻《遺書》篇末題云:「右申志。」

和州文徵序例

乾隆三十九年,撰《和州志》四十二篇。編摩既訖,因採州中著述有裨文獻,若文辭典雅有壯觀瞻者,輯爲奏議二卷,徵述三卷,論著一卷,詩賦二卷,合爲《文徵》八卷,[一]凡若干篇。既條其別,因述所以采輯之故,爲之敘録。

敘曰:古人著述,各自名家,未有采輯諸人,裒合爲集者也。自專門之學散,而別集之風日繁,[二]其文既非一律,而其言時有所長,則選輯之事興焉。[三]至於史部所徵,漢代猶爲近古。雖相如、揚雄、枚乘、鄒陽,但取辭賦華言,編爲列傳;[四]原史臣之意,雖以存録當時風雅,亦以人類不齊,文章之重,未嘗不可與事業同傳;不盡如後世拘牽文義,列傳止徵行蹟也。但西京風氣簡質,而遷、固亦自爲一家之書,故得用其義例。後世文字,如濫觴之流爲江河,[五]不與分部別收,則紀載充棟,[六]將不可紀極矣。唐劉知幾嘗患史傳載言繁富,欲取朝廷詔令,臣下章奏,倣表志專門之例,別爲一體。[七]類次紀傳之中,其意可爲善矣。然紀傳既不能盡削文辭,而文辭特編入史,亦恐浩博難罄,此後世所以存其説,而訖不能行也。

夫史氏之書,義例甚廣;《詩》《書》之體,有異《春秋》。若《國語》十二,《國風》十五,[八]所謂典訓風謡,各有攸當。是以太師陳詩,外史又掌四方之志,[九]未聞獨取備於一類之書

奏議第一[一八]

文徵首奏議，猶志首編紀也。自蕭統選文，以賦爲一書冠冕，論時則班固後於屈原，論體則賦乃詩之流別，[一九]此其義例，豈復可爲典要？而後代選文之家，奉爲百世不祧之祖。[二〇]

自孔道《文苑》、蕭統《文選》而後，唐有《文粹》，宋有《文鑑》，[一〇]皆括代選文，廣搜衆體。至於元人《文類》，則習久而漸覺其非，故其撰輯文辭，每存史意，序例亦既明言之矣。[一一]其於史事，未甚親切也。然其命意發凡，仍未脫才子論文之習，經生帖括之風，[一二]其於文學源流，鮮所論次。又古人云：「誦其詩，讀其書，不知其人可乎？」[一三]作者生平大節，及其所著書名，似宜存李善《文選》注例，[一四]稍爲疏證。至於建言發論，往往有文采斐然，讀者興起，而終篇扼腕，[一五]不知本事始末何如。此殆如夢古人而遽醒，聆妙曲而不終，未免使人難爲懷矣。凡若此者，並是論文有餘，證史不足，後來考史諸家，不可不熟議者也。至若方州界論文，略寓徵獻之意，是亦可矣。若近代《中州》《河汾》諸集，《梁園》《金陵》諸編，[一六]皆能畫選文、《國語》《國風》之說遠矣。奈何志家編次藝文，不明諸史體裁，乃以詩辭歌賦、記傳雜文，全做選文之例，列於書志之中，可謂不知倫類者也。是用修志餘暇，採擷諸體，草創規制，約略以類相從，爲敘錄其流別，庶幾踵斯事者，得以增華云爾。[一七]

亦可怪已。今取奏議冠首,而官府文移附之。奏議擬之於紀,而文移擬之政略,皆掌故之藏也。〔三〕

徵述第二

徵述者,記傳序述誌狀碑銘諸體也。〔三〕其文與列傳圖書,互爲詳略。蓋史學散而書不專家;文人別集之中,應酬存錄之作,亦往往有記傳諸體,可裨史事者。〔三〕蕭統選文之時,尚未有此也。後代文集中兼史體,修史傳者往往從而取之,則徵述之文,要爲不易者矣。

論著第三

論著者,諸子遺風,所以託於古之立言垂不朽者,其端於是焉在。〔三四〕劉勰謂論之命名,始於《論語》,〔三五〕其言當矣。晁氏《讀書志》,援「論道經邦」,出於《尚書》,因詆劉氏之疏略。〔三六〕夫《周官》篇出僞古文,晁氏曾不之察,亦其惑也。諸子風衰,而文士集中乃有論說辨解諸體,〔三七〕若書牘題跋之類,〔三八〕則又因事立言,亦論著之派別也。

詩賦第四

詩賦者，六義之遺。[二九]《國風》一體，實於州縣文徵爲近。《甘泉》《上林》，[三〇]班固錄於國史序《詩》之意，[三一]而蟲蟲焉爭於文字工拙之間，皆不可與言文徵者也。[三二]兹取前人賦咏，依次編列，以存風雅之遺；同時之人，概從附錄，以俟後來者之別擇焉。[三三]

列傳，行之當世可也。後代文繁，固當別爲專書。惟詩賦家流，至於近世，溺於辭采，不得古者

〔一〕見《和州志皇言紀序例》注〔一〕。

〔二〕見《文集》篇。

〔三〕選輯之事，應始於摯虞之《文章流別集》。（《流別集》見《詩教上》注〔三七〕）劉師培云：「文學史者，所以考歷代文學之變遷也。古代之書，莫備於晉之摯虞。虞之所作，一曰《文章志》，一曰《文章流別》。志者，以人爲綱者也。流別者，以文體爲綱者也。」（《蒐集文章志材料方法》載《國故》第三期）

〔四〕揚雄，見《易教上》注〔三二〕。司馬相如、鄒陽、枚乘，見《書教中》注〔二八〕及〔三〇〕。《史》《漢》於四人傳，備錄其文辭，所謂以文傳人也。

〔五〕見《書教中》注〔三七〕。

〔六〕柳宗元《給事中皇太子侍讀陸文通先生墓表》：「其爲書，處則充棟宇，出則汗牛馬。」

〔七〕見《書教中》注〔一七〕。

〔八〕《國語》，見《書教下》注〔二六〕。按《國語》乃國自爲篇，計有周、魯、齊、晉、鄭、楚、吳、越八國。此云十二，疑因《春秋》記十二公而誤。《詩經》十五國風，《周南》《召南》《邶》《鄘》《衛》《王》《鄭》《齊》《魏》《唐》《秦》《陳》《檜》《曹》《豳》是也。

〔九〕見《方志立三書議》注〔八〕及注〔一〇〕。

〔一〇〕《文苑》，見《詩教上》注〔三九〕。《文選》《文粹》《文鑑》，見《書教中》注〔三〇〕至注〔三三〕。

〔一一〕見《博約上》注〔七〕。

〔一二〕見《書教中》注〔三三〕。元陳旅《元文類序》：「翰林待制趙郡蘇天爵伯修慨然有志於此，以爲秦、漢、魏、晉之文，則收於《文選》；唐宋之文，則載於《文粹》《文鑑》；國家文章之盛，不采而彙之，將遂散佚沈泯，赫然休光，弗耀於將來，非當世之大缺者歟！乃蒐擴國初至今，名人所作，若歌詩賦頌、銘贊序記、奏議雜著、書說議論、銘誌碑傳，皆類而聚之，積二十年，凡得若干首，爲七十卷，名曰《國朝文類》；百年文物之英，盡在是矣。然所取者，必其有繫於政治，有補於世教，或取其雅製之足以範俗，或取其論述之足以補翼史氏，凡非此者，雖好弗取也。」

〔一三〕見《孟子·萬章下》。

〔一四〕李善《文選》注例：叙述作者生平並及作文緣由。如班固《兩都賦》，引《後漢書》叙述班固生平，又

稱後漢「都洛陽，西京父老有怨，班固恐（和）帝去洛陽，故上此詞以諫，和帝大悅」。即叙「本事始末」。《舊唐書·儒林·曹憲傳》：「李善者，揚州江都人，方雅清勁，有士君子之風。明慶中，累補太子内率府録事參軍，崇賢館直學士，兼沛王侍讀。嘗注解《文選》，分爲六十卷，表上之。詔藏於祕閣。又撰《漢書辨惑》三十卷。載初元年，卒。子邕亦知名。」

〔一五〕《史記·刺客列傳》：「樊於期偏袒搤腕而進。」《索隱》：「掌後曰腕。勇者奮厲，必先以左手扼右腕也。」搤，音厄，與扼通。

〔一六〕《四庫全書總目》總集類：「《中州集》十卷，附《中州樂府》一卷，金元好問編。録金一代之詩，每人各爲小傳，詳具始末，兼評其詩，大致主於借詩以存史」又：「《河汾諸老詩集》八卷，元房祺編。祺平陽人。據高昂霄跋，稱祺爲大同路儒學教授，而祺作後序，自稱横汾隱者，豈罷官後乃編斯集耶？所編凡麻革、張宇、陳賡、陳颺、房皞、段克己、段成己、曹之謙八人之詩，人各一卷，皆金之遺老，從元好問遊者。」又：「《梁園風雅》二十七卷，明趙彦復編，彦復字微生，杞縣人，官至湖廣按察司副使。是編中州之詩凡九家，李夢陽五卷，何景明五卷，王廷相一卷，薛蕙二卷，高叔嗣二卷，劉繪一卷，張九一三卷，彦復詩一卷附焉。」《國史經籍志》總集類：「《金陵風雅》四十卷，姚汝循撰。」

〔一七〕梁蕭統《文選序》：「蓋踵其事而增華，變其本而加厲。」

〔一八〕姚鼐《古文辭類纂序》：「奏議類者，蓋唐、虞、三代聖賢陳説其君之辭，《尚書》具之矣。周衰，列國

〔一九〕見《詩教下》注〔二八〕及注〔二九〕。《文選》別騷於賦,賦先於詩,類別未清,原委失序,説詳《詩教下》及《永清縣志文徵序例》。

〔二〇〕典要,見《答客問中》注〔八〕。不祧,見《書教下》注〔二二〕。

〔二一〕見《書教上》注〔三〕。

〔二二〕方熊《文章緣起補注》:「記者,紀之文。」又:「傳者,傳也。」自司馬遷作《史記》,創爲列傳,而後世史家卒莫能易。或有隱德而弗彰,或有細人而可法,則皆爲之作傳。」又:「《爾雅》云:『序,緒也。』字亦作敍。言其善敍事理,次第有序,若絲之緒也。」又:「先賢表諡,並有行狀。蓋具死者世系名字爵里行治壽言之詳,或牒考功太常使議諡,或上作者乞墓誌碑表之類,皆用之。」又:「古時宗廟立碑,以爲繫牲之用,後人因於上紀功德,則碑之所從來遠矣。後漢以來,作者漸盛。誌者,記也。銘者,名也。古之人有德善功烈可名於世,殁後人爲之鑄器以銘,而俾傳於無窮,若《蔡中郎集》所載《朱公叔鼎銘》是也。至漢杜子夏始勒文埋墓側,遂有墓誌,後人因之。」

〔二三〕《詩教上》:「史學不專家,而文集有傳記。」文取足以翼史,見上注〔二二〕。

〔二四〕《文心雕龍·諸子》:「博明萬事爲子,適辨一理爲論。」姚氏《古文辭類纂序》:「論辨類者,原於古之諸子,各以其所學著書詔後世。」

〔二五〕《文心雕龍·論説》:「論也者,彌綸羣言,而研精一理者也。仲尼微言,門人追記,故抑其經目,稱

〔二六〕晁公武《郡齋讀書志》別集類:「《文心雕龍》,晉劉勰撰。評自古文章得失,別其體製,凡五十篇,各為《論語》。蓋群論立名,始於茲矣。」

係之以贊云。余嘗題其後曰:世之詞人,刻意文藻,讀書多滅裂。杜牧之以龍星為真龍,王摩詰以去病為衛青,昔人譏之,蓋詩賦或率爾之作故也。今勰著書垂世,自謂嘗夢執丹漆器隨仲尼南行,其自負不淺矣。觀其《論說》篇,稱:『《論語》以前,經無論字;《六韜》二論,後人追題。』殊不知《書》有『論道經邦』之言,其疏略始過於王、杜矣!」章學誠稱《周官》出偽古文《尚書》至清代閻若璩始論定,晁公武不可能認識。《文心雕龍》范文瀾注:「非謂經書中不見《論》字,乃謂經書無以『論』為名者也。」晁公武所駁非是。

〔二七〕葉注引《涵芬樓文談·文體芻言》論辨類:「辨之義,主於反覆詰難,務達其初意,而與論大同而小異。後代經生家言,多用此體。說之始興,蓋出於子家之緒餘,故自漢以來,著述家所作雜說,出於寓言者,十常八九。蓋皆有志之士,憫時疾俗及傷己之不遇,不欲正言,而託物以寄意,此其義也。《戴記》有《經解》一篇,後人詁經之詞,多謂之解。然其實不專為解經設也。觀子家之文,或以解名篇可見。」

〔二八〕葉注引《涵芬樓文談·文體芻言》書牘類:「劉彥和云:『戰國之前,君臣同書。』蓋其時上與下則謂之書,下與上亦謂之書,所謂同也。其後名分既嚴,兩不相假,其得入書牘類者,則僅用之尊貴及自敵以下而已。牘即書之別名,史稱漢文帝遺匈奴尺牘,是也。」又序跋類:「跋蓋始於宋之中葉,歐

陽永叔集中有跋尾數十篇，蘇、黃之徒相繼爲之，前此未之見也。題後，即書後也。謂之題者，取審諦之義，義見《釋名》。」

〔二九〕見《詩教下》注〔一四〕。

〔三〇〕揚雄《甘泉賦》，司馬相如《上林賦》，《漢書》各載入本傳。

〔三一〕見《黜陋》注〔三五〕。

〔三二〕《中説·天地》：「李百藥見子而論詩，子不答。百藥退謂薛收曰：『吾上陳應、劉，下述沈、謝，分四聲八病，剛柔清濁，各有端序，音若塤篪，而夫子不應，我其未達歟？』薛收曰：『吾嘗聞夫子之論詩矣，上明三綱，下達五常，於是徵存亡，辨得失，故小人歌之以貢其俗，君子賦之以見其志，聖人采之以觀其變。今子營營馳騁乎末流，是夫子之所痛也！不答，則有由矣。」按此與章説相發。

〔三三〕王闓運云：「閲章學誠《文史通義》，言方志體例甚詳，然別立文徵一門，未爲史法。其詞亦過辨求勝，要之以志爲史，則得之矣。《詩》亡然後《春秋》作，此特假言耳。《春秋》豈可代《詩》乎？孟子受《春秋》，知其爲天子之事，不可云王者微而孔子興，故託云《詩》亡。而章氏入詩文於方志，豈不乖類！」（《湘綺樓説詩》卷二）按此於章氏徵文佐史之意，蓋未達焉。

文史通義校注 下册

中國史學基本典籍叢刊

〔清〕章學誠 撰
葉　瑛 校注

中華書局

文史通義校注卷七

外篇二

永清縣志皇言紀序例〔一〕

史之有紀，肇於《呂氏春秋》十二月紀。司馬遷用以載述帝王行事，冠冕百三十篇，蓋《春秋》之舊法也。〔二〕厥後二十一家，〔三〕迭相祖述，體肅例嚴，有如律令。而方州之志，則多惑於地理類書之舊法也，不聞有所遵循；是則振衣而不知挈領，詳目而不能舉綱，〔四〕宜其散漫無章，而失國史要刪之義矣。夫古者封建之世，列國自有史書；然正月必係周王，〔五〕魯史必稱周典，韓宣子見《易象》《春秋》，以謂《周禮》盡在於魯是也。蓋著禀所由始也。後世郡縣，雖在萬里之外，制如古者畿甸之法，〔六〕乃其分門次類，略無規矩章程，豈有當於《周官》外史之義歟？《周官》外史掌四方之志，掌達書名於四方。此見列國之書，不得自擅，必禀外史一成之例也。此則撰志諸家，不明史學之過也。〔七〕

呂氏十二月令，但名爲紀；而司馬遷、班固之徒，則稱本紀。原其稱本之義，司馬遷意在

紹法《春秋》，顧左氏、公、穀專家，各爲之傳；而遷則一人之書，更著書、表、列傳以爲之緯，故加紀以本，而明其紀之爲經耳。[八]其定名則倣《世本》之舊稱。[九]班固不達其意，遂併十志而題爲本志。[一〇]然則表傳之不加本稱者，特以表稱年表，傳稱列傳，與本紀俱以二字定名，惟志止是單名，故強配其數，而不知其有害於經紀緯傳之義也。古人配字雙單，往往有之，如《七略》之方稱經方，《淮南子》論稱書論之類，[一二]不一而足。惟無害於文義，乃可爲之耳。至於例以義起，則方志撰紀，以爲一書之經，當矣。如亦從史而稱本紀，則名實混淆，非所以尊嚴國史之義也。詩文，有關當代人君行事，其文本非紀體，而亦稱恭紀以致尊崇，於義固無害也。若稱本紀，則無是理矣。是則方志所謂紀者，臨本書之表傳，則體爲輕，對國史之本紀，則又爲緯矣。是以著紀而不得稱本焉。[一三]

遷、固而下，本紀雖法《春秋》，而中載詔誥號令，又雜《尚書》之體。[一三]至歐陽脩撰《新唐書》，始用大書之法，筆削謹嚴，[一四]乃出遷、固之上，此則可謂善於師《春秋》者矣。[一五]至於方志撰紀，所以備外史之拾遺，存一方之祗奉，[一六]所謂循堂楹而測太陽之照，處牖隙而窺天光之通，期於愼輯詳志，無所取於《春秋》書事之例也。是以恭錄皇言，冠於首簡；與史家之例，互相經緯，不可執一例以相拘焉。[一七]

大哉王言，出於《尚書》；王言如絲，出於《禮記》。[一八]蓋三代天子稱王，所以天子之言稱

王言也。後世以王言承用,據爲典故。而不知三代以後,王亦人臣之爵;,凡稱天子詔誥亦爲王言,此則拘於泥古,未見其能從時者也。夫《尚書》之文,臣子自稱爲朕,所言亦可稱誥。[一九]後世尊稱,既定於一,則文辭必當名實相符,豈得拘執古例,不知更易?是以易王言之舊文,稱皇言之鴻號,[二〇]庶幾事從其實,而名實不淆。[二一]

勅天之歌,載於謨典;[二二]而後史本紀,惟錄詔誥。蓋詩歌抒發性情,而詔誥施於政事,故史部所收,各有當也。至於方志之體,義在崇奉所尊,於例不當別擇。前總督李衛所修《畿輔通志》,[二二]首列詔諭宸章二門,[二四]於義較爲允協。至永清一縣,密邇畿南,[二五]固無特頒詔諭。若牽連諸府州縣,及統該直隸全部,則事實恭登恩澤之紀,而詔諭所該者廣,是亦未敢越界而書。惟是覃恩愷澤,襃贈貤封,[二七]固家乘之光輝,亦邑書之弁冕,是以輯而紀之。御製詩章,止有《冰窖》一篇,[二八]不能分置卷帙,恭錄詔諭之後,以志雲漢光華云爾。[二九]

[一]據《年譜》乾隆四十二年,永清縣知事周震榮延實齋修《永清縣志》。四十四年七月,書成。志分紀、表、圖、書、政略、列傳,凡六體。共二十五篇。外有《文徵》五卷,計奏議、徵實、論說、詩賦、金石各一卷(劉刻《遺書》外編卷六至卷十五)。按章氏與《周文清論文書》:「永清全志頗恨蕪雜,近已刪

〔二〕十二月紀，見《詩教下》注〔四八〕。本紀法《春秋》，見《經解下》注〔三三〕。

〔三〕謂二十一史也。見《答客問上》注〔一〇〕。

〔四〕《荀子‧勸學》：「若挈裘領，詘五指而頓之，順者不可勝數也。」《詩譜序》：「舉一綱而萬目張。」

〔五〕見《和州志皇言紀序例》注〔八〕。

〔六〕《周禮‧夏官》職方：「乃辨九服之邦國，方千里曰王畿，其外方五百里曰侯服，又其外方五百里曰甸服，又其外方五百里曰男服，又其外方五百里曰采服，又其外方五百里曰衛服，又其外方五百里曰蠻服，又其外方五百里曰夷服，又其外方五百里曰鎮服，又其外方五百里曰藩服。」

〔七〕按此節原紀。

〔八〕劉氏《識語》云：「知紀與表志傳爲經緯，則無疑於項羽之本紀矣。紀與經同義，訓紀爲記者非。劉子玄乃謂年由己立，乃可爲紀。（《史通‧本紀》：『紀之爲體，猶《春秋》之經，繫日月以成歲時，書君上以顯國統。』）後世遂泥於編年，不知皇甫謐《帝王世紀》不編年亦稱紀，猶《三代世表》，不可紀年而紀世，亦可稱表也。」

〔九〕《漢書‧藝文志》《春秋》類：「《世本》十五篇。」班固自注云：「古史官記黃帝以來，訖《春秋》時諸

侯大夫。」司馬遷嘗采之以著《史記》。孫星衍重輯《世本》序云:「《世本》之亡,當在宋世。《崇文總目》載氏族類諸書,始自《姓苑》,《宋·藝文》亦然,俱不載《世本》;則鄭樵撰《氏族略》,王應麟撰《姓氏急就章》,引《世本》,皆採獲他處,不見原書,明矣。」梁啟超云:「清儒先後輯者,有錢大昭、孫馮翼、洪詒孫、雷學淇、秦嘉謨、茆泮林、張澍七家。秦本最豐,凡十卷,然將《史記》世家及《左傳》杜注,《國語》韋注涉及世系之文,皆歸於《世本》,原書既無明文,似太泛濫。茆張二家最翔實。」

(《中國近三百年學術史》)

[一〇]《漢書》十志,曰《律曆志》《禮樂志》《刑法志》《食貨志》《郊祀志》《天文志》《五行志》《地理志》《溝洫志》《藝文志》。按今《漢書》無本字。劉氏《識語》云:「毛刻《漢書》乃稱本志,他刻不然,未必孟堅原本也。《序傳》中亦無本志之稱,此駁輕下矣。」

[一一]《七略》稱經方,見《漢書·藝文志·方伎略》。《淮南子》稱書論,見《要略》。

[一二]按此節明著紀而不稱本。

[一三]《史通·六家》論《尚書》家云:「《書》之所主,本於號令,所以宣王道之正義,發話言於臣下,故其所載,皆典謨訓誥誓命之文。」《史》《漢》以下,本紀中多載人主之詔誥號令,是雜有《尚書》之體也。

[一四]《新唐書》,見《史注》注[八]。陳氏《書錄解題》云:「今按舊史成於五代文氣卑陋之時,紀次無法,詳略失中,論贊多用儷語,固不足傳世。而《新書》不出一手,亦未得爲全善。本紀用《春秋》例,削去詔令,雖太略,猶不失簡古。至列傳用字多奇澀,殆類虬户銑谿體,識者病之。」

〔五〕趙翼《廿二史劄記》十八:「歐、宋二公,不喜駢體,故凡遇詔誥章疏四六行文者,必盡刪之。如德宗奉天之詔,山東武夫悍卒,無不感涕,討李懷光之詔,功罪不相掩,亦曲盡事情,而《本紀》皆不載。」是又不以歐削詔令爲然也。

〔六〕《爾雅‧釋詁》:「祇,敬也。」《尚書‧大禹謨》:「祇承于帝。」祇奉,猶祇承也。

〔七〕按此節明録言以緯史。舊本連下,兹依粵雅堂本、黔本、劉刻《遺書》本,此下提行。

〔八〕大哉王言,見《尚書‧咸有一德》。王言如絲,見《言公下》注〔八〕。

〔九〕《尚書‧皋陶謨》:「皋陶曰:朕言惠,可底行。」是臣子可稱謨也。《書序》:「湯歸自夏,至於大坰,仲虺作誥。」是臣子所言可稱誥也。《正字通》:「古者上下有誥,秦廢古稱制詔。漢武元狩六年初作誥,然不以命官。唐稱制不稱誥。宋始以誥命庶官。明命官用敕不用誥,三載考績則用誥以襃美。洪武十七年,奏定有封爵者給誥,如一品之制。二十六年,定一品至五品皆授以誥命,六品至七品皆授以敕命。」

〔一〇〕《説文》:「鴻,大也。」鴻號,大號也。

〔一一〕按此節明稱皇以符實。舊本連下,兹依粵雅堂本、黔本、劉刻《遺書》本,此下提行。

〔一二〕《尚書‧益稷》:「帝庸作歌曰:勅天之命,惟時惟幾。」

〔一三〕《四庫全書總目》地理類:「《畿輔通志》一百二十卷,國朝兵部尚書直隸總督李衞等監修。凡分三十一目,人物藝志二門,又各爲子目。訂譌補闕,較舊志頗爲完善云。」

〔二四〕即御製詩也。

〔二五〕永清縣，清屬順天府。

〔二六〕《大清會典》（卷十九）戶部：「凡荒政十有二，四日發賑。題報成災情形，即一面發倉，將乏食貧民先散賑一月，是爲正賑。及查明分數後，隨分析極貧次貧，具題加賑。七日蠲賦。以災戶原納地丁正耗準作十分，按災分之數蠲免。」

〔二七〕見《古文十弊》注〔六七〕。

〔二八〕劉刻《遺書·外編》卷六，《永清志·皇言紀》附御製詩一章，兹錄如下：「舊時北岸今南岸，舊近南隄今北隄。遷就向寬資蕩漾，已看汛過積淤泥。舊識黃河利不分，挾沙東注向瀛濆。渾流今有清流旦，此策思量未易云。新口疏通頗吸川，安瀾自可保當前。都來六十年三改，長此經行正未然。給資撥地遷村墅，讓水邊聽一麥耕。安土不難事姑息，那知深意訓《盤庚》」。

〔二九〕《詩·大雅·雲漢》：「倬彼雲漢，昭回于天。」鄭箋：「雲漢，謂天河也。」《尚書大傳》《卿雲歌》：「卿雲爛兮，糾縵縵兮。日月光華，旦復旦兮。」按此節明錄詩以崇奉。

永清縣志恩澤紀序例

古者左史紀言，右史紀事，〔一〕朱子以謂言爲《尚書》之屬，事爲《春秋》之屬，〔二〕其說似矣。顧《尚書》之例，非盡紀言；〔三〕而所謂紀事之法，亦不盡於春王正月一體也。〔四〕《周官》五史之法，〔五〕詳且盡矣。而記注之書，後代不可盡詳。蓋自《書》與《春秋》而外，可參考者，《汲冢周書》似《尚書》，《竹書紀年》似《春秋》而已。〔六〕然而《穆天子傳》，〔七〕獨近起居之注。其書雖若不可盡信，要亦古者記載之法，經緯表裏，各有所主；初不拘拘《尚書》《春秋》二體，而即謂法備於是，亦可知矣。三代而後，細爲宫史，若《漢武禁中起居注》，馬后《顯宗起居注》，是也。〔八〕是也。大爲時政，若唐《貞觀政要》，《周顯德日曆》，〔九〕是也。以時記録，歷朝起居注》，是也。薈粹全書，梁太清以下實録，〔一○〕是也。蓋人君之德如天，晷計躔測，璣量圭度，〔一一〕法制周遍，乃得無所闕遺。是以《周官》立典，〔一二〕不可不詳其義，而《禮》言左史右史之職，〔一三〕誠廢一而不可者也。〔一四〕

紀之與傳，古人所以分別經緯，初非區辨崇卑。〔一五〕是以遷《史》中有無年之紀，劉子玄首以爲譏，〔一六〕班《書》自叙，稱十二紀爲春秋考紀，〔一七〕意可知矣。自班、馬而後，列史相仍，皆以紀爲尊稱，而傳乃專屬臣下，則無以解於《穆天子傳》，與《高祖》《孝文》諸傳也。〔一八〕今即列史

諸帝有紀無傳之弊論之。如人君行蹟，不如臣下之詳，篇首叙其靈徵，篇終斷其大略；其餘年編月次，但有政事，以爲志傳之綱領；而文勢不能更及於他，則以一經一緯，體自不可相兼故也。誠以《春秋》大旨斷之，則本紀但具元年即位，以至大經大法，足爲事目，於義愜矣。人君行事，當參以傳體，詳載生平，冠於后妃列傳之上。是亦左氏之傳，以惠公元妃數語，先經起事，[一九]即屬隱公題下傳文，可互證也。但紀傳崇卑，分别已久；君臣一例，事理未安；則莫若一帝紀終，即以一帝之傳次其紀後，[二]而不混列傳；則名實相符，亦似折中之一道也。方志紀載，則分别事言，且崇其名曰大紀，蓋所以備外史之是正，初無師法《春秋》之義例，以是不可議更張耳。[二一]

〔一〕見《書教上》注〔二四〕。

〔二〕朱子《天子之禮》：「動則左史書之，言則右史書之。」自注：「其書《春秋》《尚書》有存者。」(《朱子全書》卷四十)

〔三〕《史通·六家》(《尚書》家)：「蓋《書》之所主，本於號令，所以宣王道之正義，發話言於臣下，故其所載皆典謨訓誥誓命之文。至如堯舜二典，直序人事；《禹貢》一篇，惟言地理；《洪範》總述災祥，《顧命》都陳喪禮，兹亦爲不純者也。」

〔四〕言紀事之書，不盡於編年一體也。

〔五〕見《史釋》注〔三〕。

〔六〕《汲冢周書》，見《書教中》注〔八〕。《竹書紀年》，見《書教下》注〔四八〕。

〔七〕見《和州志列傳總論序例》注〔二四〕。

〔八〕《隋書·經籍志》：「起居注者，錄紀人君言行動止之事。《春秋傳》曰：『君舉必書，書而不法，後嗣何觀？』《周官》内史掌王之命，遂書其副而藏之，是其職也。漢武帝有《禁中起居注》，後漢明德馬皇后撰《明帝起居注》。然則漢時起居似在宫中，爲女史之職，然皆零落，不可復知。今之存者，有漢獻帝及晉代已來起居注，皆近侍之臣所錄。晉時又得汲冢書，有《穆天子傳》，體制與今起居注正同。蓋周時内史所記王命之副也。」

〔九〕《新唐書·藝文志》雜史類：「吴兢《貞觀政要》十卷。」《宋史·藝文志》編年類：「《顯德日曆》一卷，周扈家、董淳、賈黄中撰。」

〔一〇〕《隋志》起居注類：「《梁太清實録》十卷。」

〔一一〕《説文》：「晷，日景也。」《玉篇》：「以表度日也。」《説文》：「躔，踐也。」徐曰：「星之躔次，星所履行也。」今本《書·舜典》：「在璿璣玉衡，以齊七政。」孔疏：「璣衡者，璣爲轉運，衡爲横簫，運璣使動，於下以衡望之，是王者正天文之器，漢世以來謂之渾天儀者，是也。」《周禮·地官·大司徒》：「以土圭之法測土深，正日景，以求地中。」此借測天以比記君之言動。

〔三〕見《書教上》注〔三〕。

〔四〕見《書教上》注〔四〕。

〔四〕按此節原紀體。黔本、劉刻《遺書》本，此下竝有文二節，茲錄如下：「史官各自爲書，所以備一書之採擇；地方志各隨所及，詳贍登紀，所以備諸史之外篇，固其宜也。史部本紀言事並載，雖非《春秋》本旨，文義猶或可通。方志敬慎採輯，體當錄而不叙，左右之史，不分類例，則法度混淆，而紀載不可觀本末矣。是以略倣左史而恭紀皇言，倣右史而恭紀恩澤焉。」又：「紀體本法《春秋》，而紀言固非列史正體；今以言冠於事，則以正史本紀法其專家，而方志外書本備採摭，故左言屬陽而居首，右事屬陰而居次，事有所宜，不拘拘於古法也。」此言方志先記皇言而後記皇事。

〔五〕劉氏《識語》：「此二語極精，大綱細目，互見複書，當通觀乃知之。」

〔六〕《史通·列傳》：「夫紀傳之興，肇於《史》《漢》。蓋紀者，編年也。傳者，列事也。編年者，歷帝王之歲月，猶《春秋》之經；列事者，錄人臣之行狀，猶《春秋》之傳。《春秋》則傳以解經，《史》《漢》則傳以釋紀。尋茲例草創，始自子長，而朴略猶存，區分未盡。如項王宜傳，而以本紀爲名，非唯羽之僭盜，不可同於天子，且推其序事，皆作傳言，求謂之紀，不可得也。或曰：遷紀五帝、夏、殷，亦皆列事而已，子曾不之怪，何獨尤於《項紀》哉？對曰：不然。夫五帝之與夏殷也，正朔相承，子孫遞及，雖無年可據，紀亦何傷。如項羽者，事起秦餘，身終漢始，殊夏氏之后羿，似黄帝之蚩尤；譬諸閏位，容可列紀，方之駢拇，難以成編。且夏殷之紀，不引他事。夷齊諫周，實當紂日，而析爲列傳，不入殷

[七]《漢書·叙傳》：「史臣追述功德，私作本紀，太初以後，闕而不錄。故探纂前記，綴輯所聞，以述《漢書》，起於高祖，終於孝平王莽之誅，十有二世，二百三十年，旁貫《五經》，上下洽通，爲春秋考紀表志傳凡百篇。」師古曰：「春秋考紀，即帝紀也。」劉奉世曰：「考，成也。」言以編年之故而後成紀表志傳，非止於紀也。

[八]見《言公上》注[四七]。

[九]《左傳》隱公元年：「惠公元妃孟子。孟子卒，繼室以聲子，生隱公。宋武公生仲子。仲子生而有文在其手，曰爲魯夫人，故仲子歸於我。生桓公，而惠公薨，是以隱公立而奉之。」此爲《左傳》叙事，先於《春秋》。用以説明《春秋》記人君行事，當參以傳體，如《左傳》在此所記也。

[一〇]《文獻通考·經籍考》：「鄭康成《易注》，《崇文總目》，今唯《文言》《説卦》《序卦》《雜卦》合四篇，餘皆逸。指趣淵確，本去聖之未遠。」別詳《經解上》注[八]。《日知録》（卷一）：「朱子記《嵩山晁氏卦爻象象説》，謂『古經始變於費氏，而卒大亂於王弼。據孔氏《正義》曰：『夫子所作象辭，元在六爻經辭之後，以自卑退不敢干亂先聖正經之辭。王輔嗣之意，以爲象者本釋經爻，宜相附近，其義易了，故分爻之象辭各附於當爻下，如杜元凱注《左傳》，分經之年與傳相附』。故謂連合經傳始於輔嗣，不知其實始於康成也。《魏志》：『高貴鄉公幸太學，問淳于俊曰：孔子作象象，鄭玄作注，經義一也。今象象不與經文相連，而注連之何也？俊對曰：鄭玄合象象於經者，欲使學者尋省易

了也。帝曰：若合之於學誠便，則孔子曷爲不合以了學者乎？俊對曰：孔子恐其與文王相亂，是以不合，此聖人以不合爲謙。帝曰：若聖人以不合爲謙，則鄭玄何獨不謙邪？俊對曰：古義宏深，聖問奧遠，非臣所能詳盡。』是則康成之書，已先合之，不自輔嗣始矣。」

〔二〕《漢書·司馬遷傳》注引張晏曰：「大傳，謂《易·繫辭》。」又劉刻《遺書》本此下尚有一節，茲錄如下：「我朝列聖相承，覃恩愷澤，史不絕書。永清密邇神京，被德尤普；而案牘或有遺軼，一時不及周詳，謹志其可考者，勒爲一典，以次《皇言》之後云。」

〔三〕按此節言記人君之言與事當分別經緯。

永清縣志職官表序例

職官選舉,入於方志,皆表體也。而今之編方志者,則曰史有百官志與選舉志,〔一〕是以法古爲例,定以鴻名,而皆編爲志,斯則迂疏而寡當者矣。夫史志之文,職官詳其制度,選舉明其典則,其文或倣《周官》之經,或雜記傳之體,編之爲志,不亦宜乎?至於方志所書,乃是歷官歲月,與夫科舉甲庚,年經事緯,足以爽豁眉目,有所考索,按格而稽,於事足矣。今編書志之體,乃以知縣、典史、教諭、訓導之屬,〔二〕分類相從,遂使乾隆知縣,居於順治典史之前;康熙訓導,次諸雍正教諭之後。〔三〕其有時事後先,須資檢閲,及同僚共事,欲考歲年,使人反覆披尋,難爲究竟,虛占篇幅,不知所裁。不識何故而好爲自擾如斯也!夫人編列傳,史部鴻裁,方志載筆,不聞有所規從;至於職官選舉,實異名同,乃欲巧爲附依,此永州鐵鑪之步,所以致慨於千古也。〔四〕

《周官》御史掌贊書,數從政,鄭氏注謂「數其現在之官位」,〔五〕則官職姓名,於古蓋有其書矣。三百六十之官屬,〔六〕而以從政記數之登書,竊意亦必有法焉。周譜經緯之凡例,恐不盡爲星曆一家之用也。劉向以譜與曆合爲一家,歸於術數。而司馬遷之稱周譜,則非術數之書也。疑古人於累計之法,多用譜體。〔七〕班固《百官公卿表》,叙例全爲志體,〔八〕而不以志名者,知歷官之須乎譜法

也。以《周官》之體爲經，而以漢表之法爲緯，古人之立法，博大而不疏，概可見矣。[九]東京以還，僅有職官志，而唐宋之史，乃有宰輔表，[一〇]亦謂百職卿尹之不可勝收也。至於專門之書，官儀簿狀，自兩漢以還，代有其編，而列表編年，宋世始多其籍：司馬光《百官公卿表》百五十卷之類。[一一]亦見歷官紀數之書，每以無文而易亡也。至於方州記載，唐宋廳壁題名，[一二]與時湮沒，其圖經古制，不復類聚官人，非闕典歟？元明以來，州縣志書，往往存其歷任，而又以記載無法，致易混淆，此則不可不爲釐正者也。[一三]或謂職官列表，僅可施於三公宰輔，與州縣方志：一則體尊而例嚴，一則官少而易約也。若夫部府之志，官職繁多，而尺幅難竟，如皆表之，恐其易經而難緯也。上方年月爲經，首行官階爲緯，官多布格無容處也。夫立例不精，而徒爭於紀載之難約，此馬、班以後，所以書繁而事闕也。班史《百官》之表，卷帙無多，而所載詳及九卿；唐宋宰輔之表，卷帙倍增，而所載止畫於丞弼。非爲古書事簡，而後史例繁也，蓋以班分類附之法，不行於年經事緯之中，宜其進退失據，難於執簡而馭繁也。按班史，表列三十四官，格止一十四級，[一四]或以沿革，並注首篇，相國、丞相、奉常、太常之類。或以官聯，共居一格，大行令、大鴻臚同格，左馮翊、京兆尹同格之類。篇幅簡而易省，事類從而易明，故能使流覽者，按簡而無復遺逸也。苟爲統部列表，則督撫提鎮之屬，[一五]共爲一格。布按巡守之屬，[一六]共爲一格。其餘以府州畫格，府屬官吏，同編一格之中，固無害也。及撰府州之志，即以州縣各占一格，亦可不致闕遺。

是則歷官著表，斷無窮於無例可通，況縣志之固可一官自爲一格歟？〔一七〕
姓名之下，注其鄉貫科甲，蓋其人不盡收於政略，注其首趾，亦所以省傳文也。
至於金石紀載，〔一八〕他有所徵，而補收於志，即以金石年月冠之，不復更詳其初仕何年，去官何
月，是亦勢之無可如何者耳。至於不可稽年月而但有其姓名者，則於經緯列表之終，橫列以存
其目，亦闕疑俟後意云爾。〔一九〕

〔一〕《後漢書》有《百官志》（卷三十四至卷三十八），《新唐書》有《選舉志》（卷四十四至卷四十五）。

〔二〕典史，知縣屬官，元置。清代以典史主縣獄及捕盜之事。《大清會典》（卷三十一）禮部：「凡學皆設
學官以課士，府曰教授，州曰學正，縣曰教諭，皆以訓導輔之。」

〔三〕按先後是順治、康熙、雍正、乾隆，故敘次顛倒。

〔四〕柳宗元《永州鐵爐步志》：「江之滸，凡舟可縻而上下者曰步。永州北郭，有步曰鐵爐步。余乘舟來
居九年，往來求其所以爲鐵爐者，無有。問之人，曰：『蓋嘗有鍛者居，其人去而爐毀者，不知年矣，
獨有其號冒而存。』余曰：『嘻！世固有事去名存而冒焉若是耶！』步之人曰：『子何獨怪是？今
世有負其姓立於天下者，曰吾門大，他不我敵也。問其位與德，曰久矣其先也。然而彼猶曰我大，世
亦曰某氏大。其冒於號，有異於茲步者乎？』」（《柳河東集》卷二十八）按此節明舊志失裁。

〔五〕見《和州志官師表序例》注〔一〕。

〔六〕見《和州志藝文書序例》注〔三〕。

〔七〕周譜，見《州縣請立志科議》注〔一九〕。《漢志·術數略》曆譜類，有《帝王諸侯世譜》二十卷，《古來帝王年譜》五卷，是以譜爲星曆一家之用也。司馬遷稱周譜者，《史記·三代世表》"不以譜爲星曆也。"《十二諸侯年表》"太史公讀春秋歷譜諜"，稽其歷譜。

〔八〕《漢書·百官公卿表》，見《和州志官師表序例》注〔五〕。劉氏《識語》："表可兼志體，如班書《百官公卿表》上卷，即所謂仿《周官》之經者也。志則不可用表體。方志但有班書下卷之體，何可名爲志耶？"

〔九〕按此節明表兼志體。

〔一〇〕見《和州志·官師表序例》注〔八〕。

〔一一〕《郡齋讀書志》職官類："《百官公卿表》一百四十二卷，皇朝司馬光君實等撰。熙寧中，光以翰林學士兼史館修撰，建議欲國史旁采異聞，敘宋興以來百官除拜，效《漢書》作表，以便御覽。詔許之。光請宋敏求同修，及敏求卒，又請趙彥若繼之，歷十二年書成，奏御。"按《宋史·藝文志》作十五卷，《書錄解題》同。

〔一二〕見《和州志官師表序例》注〔一一〕。

〔一三〕按此節言表宜釐正。劉刻《遺書》本此下提行。

〔一四〕見《和州志官師表序例》注〔三〕。

永清縣志職官表序例

〔一五〕《大清會典》（四十三）兵部：「凡綠騎兵在京，則統於巡捕營。十有九省，則統於督標、撫標、提標、鎮標。」

〔一六〕《大清會典》（卷四）吏部：「凡京畿盛京十有八省之屬，皆受治於尹、總督、巡撫，而以達於部。承宣布政司布政使十有九人，提刑按察使司按察使十有八人，分守分巡道八十有二人。」

〔一七〕按此節明表體因班。

〔一八〕金謂鐘鼎之屬，石謂碑碣之屬。

〔一九〕按此節著例。

永清縣志選舉表序例

選舉之表，即古人賢書之遺也。〔一〕古者取士，不立專科，興賢出長，興能出治；〔二〕舉才即見於用，用人即見於事。兩漢賢良、孝、秀，與夫州郡辟署，〔三〕事亦見於紀傳，不必更求選舉之書也。隋唐以來，選舉既專，〔四〕資格愈重。科條繁委，故事相傳，選舉之書，縶然充棟。〔五〕則舉而不必盡用，用而不必盡見於事。舊章故典，不可求之紀傳之中，而選舉之文，乃為史志之專篇矣。〔六〕

志家之載選舉，不解年經事緯之法，率以進士、舉人、貢生、武選，〔七〕各分門類，又以進士冠首，而舉貢以次編於後。於是一人之由貢獲舉而成進士者，先見進士科年，再搜鄉舉時代，終篇而始明其入貢年甲焉。於事為倒置，而文豈非複沓乎？間有經緯而作表者，又於旁行斜上之中，注其事實。以列傳之體而作年表，乃元人撰《遼》《金史》之弊法。〔八〕虛占行幅，而又混眉目，不識何所取乎此也。〔九〕

史之有表，乃列傳之敘目。名列於表，而傳無其人者，乃無德可稱，而書事從略者也。其有立傳而不出於表者，事有可紀，而用特書之例也。〔一〇〕今撰志者，選舉、職官之下，往往雜書一二事實；至其人之生平大節，又用總括大略，編於人物名宦條中；然後更取傳誌全篇，載於

藝文之內，此云詳見某項，彼云已列某條，一人之事，複見疊出。而能作表者，亦不免於表名之下，更注有傳之文，何其擾而不精之甚歟！〔二〕

表有有經緯者，亦有不可以經緯者。如永清歲貢，嘉靖以前，〔三〕不可稽年甲者七十七人，載之無格可歸，刪之於理未愜，則列叙其名於嘉靖選舉之前，殿於正德選舉之末，〔三〕是《春秋》歸餘於終，〔四〕而《易》卦終於《未濟》之義也。〔五〕史遷《三代世表》，於夏泄而下，無可經緯，則列叙而不復縱橫其體，是亦古法之可通者矣。〔六〕

〔一〕見《和州志選舉表序例》注〔一〕。

〔二〕《周禮·地官》鄉大夫職：「此謂使民興賢，出使掌之；使民興能，入使治之。」

〔三〕賢良孝秀，見《和州志選舉表序例》注〔二〕。《文獻通考·選舉考》十二：「漢初，王侯百官，皆如漢朝，唯丞相命於天子，其御史大夫以下皆自置。及景帝懲吳楚之亂，殺其制度，罷御史大夫以下官。至武帝又詔凡王侯吏職，秩二千石者，不得擅補。其州郡佐吏自別駕長史以下，皆刺史太守自辟，歷代因而不革。」又：「東漢時，選舉辟召，皆可入仕，以鄉舉里選循序而進者，選舉也。以高才重名躋等而升者，辟召也。故時人尤以辟召爲榮。」顧炎武《菰中隨筆》：「漢制，州郡佐吏，自別駕長史以下，皆刺史太守自辟，歷代因之。」

〔四〕見《和州志選舉表序例》注〔四〕。

〔五〕《隋書·經籍志》職官類：「《梁選簿》三卷，徐冕撰。《梁勳選格》一卷，《吏部用人格》一卷。」《唐書·藝文志》職官類：「裴行儉《選譜》十卷。《唐循資格》一卷，天寶中定。沈既濟《選舉志》十卷。」

〔六〕按此節言本表原始。劉刻《遺書》本此下尚有文一節，茲錄如下：「晁迥《進士編敕》，陸深《科場條貫》，律令功令之書也。王定保《唐摭言》，錢明逸《宋衣冠盛事》，裨野雜記之屬也。律令可采於志書，雜記有資於列傳，史部之所仰給也。至於題名歷年之書，浩博難罄，而取材實鮮。故姚康《科第錄》，洪适《登科記》，僅爲專門之書，而問津者寡矣。若夫搜抉方隅，畫分疆界，則掌故不備，而取材逾鮮。如樂史《江南登科記》，陳汝元《浙士登科考》，縉紳先生往往至於不能憶其目焉。夫歷科先後，姓氏隱顯，乃考古所必資，而徒以書無文采，簡帙浩繁，遂使其書不可蹤蹟：則方志之表選舉，所係豈淺鮮哉？」

〔七〕《大清會典》（卷三十三）禮部：「凡鄉試中式曰舉人，副於正榜曰副貢生，省各定其額。會試中式曰貢士。殿試賜出身曰進士。」又卷三十二禮部：「凡生員食餼久者，各以其歲之額而貢於大學，曰歲貢。有恩詔則加貢焉，曰恩貢。學官舉其生員之優者，三歲，學政會巡撫試而貢之，曰優貢。十有二歲乃各拔其學之尤者而貢之，曰拔貢。」注：「武進士除用侍衛外，其分別營衛，皆於殿試後欽定。武舉選於會試之年，由部奏請欽派大臣會同揀選。」

〔八〕《四庫總目提要》正史類:「《遼史》一百十六卷,元托克托等奉敕撰。至正三年四月,詔儒臣分撰,於四年三月書成,爲本紀三十卷,志三十一卷,表八卷,列傳四十六卷,國語解一卷。」又:「《金史》一百三十五卷,元托克托等奉敕撰。凡紀十九卷,志三十九卷,表四卷,列傳七十三卷。」以列傳之體而爲年表:如《遼史·皇子表》太祖子李胡,第二欄注爲太祖第三子,四欄注其爵位與謚法,五欄注其功績,六欄注其性格事迹,七欄注其死葬,八欄注其二子。將其人一生傳記,分散在八欄中,失去作表之義。

〔九〕按此節言舊志失裁。

〔一〇〕《日知錄》(卷二十六)·作史不立表志》條:「朱鶴齡曰:太史公《史記》,帝紀之後,即有十表八書,表以紀治亂興亡之大略,書以紀制度沿革之大端。班固改書爲志,而年表視《史記》加詳焉。蓋表所由立,昉於周之譜牒,與紀傳相爲出入。凡列侯將相三公九卿,其功名表著者,既系以傳。此外大臣無積勞,亦無顯過,傳之不可勝書,而姓名爵里存沒盛衰之跡,要不容以遽泯,即於表乎載之。又其功罪事實,傳中有未悉備者,亦於表乎載之。年經月緯,一覽瞭如,作史體裁,莫大於是。」

〔一一〕按此節言釐正表體。

〔一二〕明世宗年號。

〔一三〕明武宗年號。

〔一四〕《左傳》文公元年:「先王之正時也,履端於始,舉正於中,歸餘於終。」林堯叟注:「步曆之始,以爲

術之端首。朞之日,三百六十有六日。日月之行,又有遲速,而必分爲十二月,舉中氣以正月。有餘日,歸之於終,積而成閏,故言歸餘於終。」

〔一五〕《易‧序卦》:「物不可以終窮也,故受之以《未濟》終焉。」

〔一六〕《三代世表》前作表,後從「帝泄」以下不再作表。按此節著例。

永清縣志士族表序例

方志之表士族，蓋出古法，非創例也。《周官》小史：「奠系世，辨昭穆。」杜子春注：「系世若諸侯卿大夫系本之屬。」是也。〔一〕《書》曰：「平章百姓。」鄭康成曰：「百姓謂群臣之父子兄弟。」〔二〕平章乃辨別而章明之也。先王錫土分姓，〔三〕所以尊人治而明倫叙者，莫不由此。故欲協和萬邦，必先平章百姓，典綦重矣。〔四〕

士亦民也，詳士族而略民姓，亦猶行古之道也。《周官》鄉大夫「以歲時登夫家之衆寡」，三年以大比興一鄉之賢能。〔五〕夫民賤而士貴，故夫家衆寡，僅登其數；而賢能爲卿大夫者，乃詳世系之牒。〔六〕是世系之牒，重於户口之書，其明徵也。近代方志，無不詳書户口，而世系之載，闃爾無聞，〔七〕亦失所以重輕之義矣。〔八〕

夫合人而爲家，合家而爲國，合國而爲天下。天下之大，由合人爲家始也。家不可以悉數，是以貴世族焉。〔九〕夫以世族率齊民，以州縣領世族，以司府領州縣，以部院領司府，簡馭繁，天下可以運於掌也。孟子曰：「所謂故國者，非謂有喬木也，有世臣之謂也。」〔一〇〕州縣之書，苟能部次世族，因以達於司府部院，則倫叙有所聯，而治化有所屬矣。今修志者，往往留連故蹟，附會桑梓，〔一一〕而譜牒之輯闕然，是則所謂重喬木而輕世家矣。〔一二〕

譜牒掌之於官，則事有統會，人有著籍，而天下大勢可以均平也。今大江以南，人文稱盛，習尚或近浮華。私門譜牒，往往附會名賢，侈陳德業，其失則多椎魯無文。譜牒之學，闕焉不備，往往子孫不誌高曾名字，〔一三〕間有所錄，荒略難稽，其失則陋。夫何地無人，何人無祖，而偏誣偏陋，流弊至於如是之甚者，譜牒不掌於官，而史權無統之故也。〔一四〕

或謂古人重世家，而其後流弊，至於爭門第。魏晉而後，王、謝、崔、盧動以流品相傾軋；〔一五〕而門戶風聲，賢者亦不免於存軒輊，〔一六〕何可爲訓耶？此非然也。吏部選格，州郡中正，不當執門閥而定銓衡，〔一七〕斯爲得矣。若其譜牒，掌於曹郎令史，則固所以防散佚而杜僞託，初非有弊也。且郎吏掌其譜系，而吏部登其俊良，則清門鉅族，無賢可以出長，無能可以出治者，將激勸而爭於自見矣。是亦鼓舞賢才之一道也。〔一八〕

史遷世表，但紀三五之淵源；〔一九〕而《春秋》氏族，僅存杜預之世譜，〔二〇〕於是史家不知氏族矣。歐陽《宰相世系》〔二一〕似有得於知幾之寓言；《史通·書志》篇，欲立氏族志，然意存商榷，非劉本旨。〔二二〕鄧州韓氏，不爲宰相，以退之之故，而著於篇，〔二三〕是亦創例而不純者也。魏收《官氏》〔二四〕與鄭樵《氏族》〔二五〕則但紀姓氏源流，不爲條列支系。是史家之表系世，僅見於歐陽，而後人又不爲宗法，毋亦有鑒於歐陽之爲例不純乎？竊惟網羅一代，典籍浩繁，所貴持大體，

而明斷足以決去取，乃爲不刊之典爾。[二六]世系不必盡律以宰相，而一朝右族，聲望與國相終始者，纂次爲表，篇帙亦自無多也。標題但署爲世族，又何至於爲例不純歟？劉歆曰：「與其過而廢也，毋寧過而存之。」其是之謂矣。

正史既存大體，而部府州縣之志，以漸加詳焉。[二七]所謂行遠自邇，登高自卑，[二八]州縣博收，乃所以備正史之約取也。或曰：州縣有大小，而陋邑未必盡可備譜系。則一縣之內，固已有士有民矣。民可計戶口，而士自不虞無系也。或又曰：生員以上，皆曰士矣。文獻大邦，懼其不可勝收也。是則量其地之盛衰，而加寬嚴焉。或以舉貢爲律，或以進士爲律，[二九]至於部府之志，則或以官至五品或至三品者爲律，亦自不患其蕪也。夫志之載事，如鑑之示影者也。[三〇]盈尺以上，形之舒展亦稱是矣。未有至於窮而無所置其影者也。[三一]

州縣之志，體具而微，[三〇]盡勒譜牒矣，官人取士之祖貫可稽檢也，爭爲人後之獄訟可平反也，私門不經之紀載可勘正也，官府譜牒之訛誤譜牒之在官者。可借讎也。借私家之譜較官譜，借他縣之譜較本縣，皆可也。清濁流品可分也，嫺睦孝友可勸也；凡所以助化理而惠士民者，於此可得其要略焉。[三二]

先王錫土分姓，以地著人，何嘗以人著地哉？封建罷，而人不土著矣。然六朝郡望，問謝而知爲陽夏，[三三]問崔而知爲清河，[三四]是則人戶以籍爲定，而坊表都里，不爲虛設也。至於梅

里、鄭鄉，[三五]則又人倫之望，而鄉里以人爲隱顯者也。是以氏族之表，一以所居之鄉里爲次焉。[三六]

先城中，一縣所主之地也。次東，次南，而後西鄉焉，北則無而闕之，記其實也。城內先北街而後南街，方位北上而南下，城中方位有定者也。四鄉先東南而後西北，《禹貢》先青、兗，次揚、荆，而殿梁、雍之指也。然亦不爲定例，就一縣之形勢，無不可也。[三七]

凡爲士者，皆得立表，而無譜系者闕之。子孫無爲士者不入，而昆弟則非士亦書，所以定其行次也。爲人後者，録於所後之下，不復詳其所生；先世失考，亦著於篇。蓋私書易失，官譜易存，急爲錄之，庶後來可以詳定，兹所謂亦與入譜；先示之例焉耳。[三八]

私譜自叙官階封贈，訛謬甚多。如同知通判稱分府，[三九]守備稱守府，[四〇]猶徇流俗所稱也。錦衣千戶，[四一]則稱冠帶將軍，或御前將軍，或稱金吾，[四二]則鄙倍已甚，使人不解果爲何官也。今並與較明更正。又譜中多稱省祭官者，不解是何名號，今仍之，而不入總計官數云。[四三]

〔一〕小史，見《州縣請立志科議》注〔二〕。杜子春説，見《和州志氏族表序例上》注〔七〕。

永清縣志士族表序例

八四一

〔二〕見《和州志氏族表序例中》注〔三〕。

〔三〕見《和州志氏族表序例上》注〔二二〕。

〔四〕《荀子・王霸》楊《注》:「綦,極也。」按此節言本表所託始。

〔五〕《周禮・地官》鄉大夫職云:「以歲時登夫家之衆寡,辨其可任者。」三年大比,見《和州志選舉表序例》注〔二〕。

〔六〕《左傳》昭公二十五年:「右師不敢對,受牒而退。」疏:「牒,札也。」小史奠繫世,故賢能之爲卿大夫者,得詳其世系之牒也。

〔七〕《說文》:「閴,靜也。」《易・豐卦》:「闃其无人。」疏:「闃視其室而闃寂无人也。」

〔八〕按此節言方志詳戶口而略士族之失。

〔九〕世族:猶言世家也。《左傳》隱公八年:「官有世功,則有官族。」杜預有《世族譜》。

〔一〇〕見《孟子・梁惠王下》。

〔一一〕見《和州志氏族表序例中》注〔五〕。

〔一二〕按此節言舊志重故蹟而輕譜牒之失。

〔一三〕《晉書・摯虞傳》:「漢末喪亂,譜傳多亡,雖其子孫,不能言其先祖。」

〔一四〕按此節言南北風習誣陋,由於譜牒失掌。

〔一五〕《新唐書・儒林・柳沖傳》:「過江則爲僑姓,王、謝、袁、蕭爲大。東南則爲吳姓,朱、張、顧、陸爲大。

山東則爲郡姓，崔、盧、李、鄭爲大。」按尊尚姓氏，始於魏之太和，齊居河北，推重崔盧，梁陳在江南，首先王謝。《北史·崔悛傳》：「悛字長孺。初爲常侍，求人修起居注，或曰：『魏收可。』悛曰：『收，輕薄徒耳。』更引祖鴻勳爲之。又欲陷收不孝之罪，乃以盧元明代收爲中書郎。及收聘梁，過徐州，悛備刺史鹵簿迎之。使人相聞收曰：『勿怪儀衛多，稽古力也。』收語蹇，急報曰：『崔徐州建義之勳，何稽古之有？』悛自以門閥素高，特不平此言。收乘宿憾，故以此挫之。悛以籍第自矜，嘗與蕭祗、明少遐等高宴，終日獨無言。少遐晚謂悛曰：『驚風飄白日，忽然落西山。』悛亦無言，直曰『爾』。每謂盧元明曰：『天下盛門，惟我與爾，傅、崔、趙、李，何事者哉！』崔暹聞而銜之。」又《盧柔傳》：「子愷，字長仁，遷小吏部大夫。時染工王神歡者，以賂自進，冢宰字文護擢爲計部下大夫。愷諫曰：『古者，登高能賦，可爲大夫。求賢審官，理當詳慎。今神歡出染工，更無殊異，徒以家富自通，遂與縉紳並列，恐鵷翼之刺，聞之外境。』護竟寝其事。」此可見當日流品傾軋之一斑也。

〔一六〕《後漢書·馬援傳》：「援上疏曰：夫居前不能令人輕，居後不能令人軒。」章懷注：「言爲人無所輕重也。」《廿二史劄記》卷十二：「六朝最重世族，其時有所謂舊門、次門、後門、勳門、役門之類。以士庶之別，爲貴賤之分，積習相沿，遂成定制。陶侃微時，郎中令楊晫與之同乘，溫雅謂晫曰：『奈何與小人同載？』郗鑒陷陳午賊中，有同邑張實，先附賊，來見，竟卿鑒。鑒曰：『相與邦壤，義不及通，何可怙亂至此！』實慚而退。楊方在都，縉紳咸厚之。方自以地寒，不願留京，求補遠郡，乃出爲高

梁太守。王僧虔爲吳興太守，聽民何係先等，一百十家爲舊門，遂爲阮佃夫所劾。張敬兒斬桂陽王休範，以功高當乞鎭襄陽，齊高輔政，以敬兒人位本輕，不欲便處以襄陽重鎭。侯景請婚王謝，梁武曰：『王謝門高，可於朱張以下求之。』一時風尚如此。」北朝則推重崔盧，至唐初猶爾。《舊唐書·竇威傳》：「武德元年，拜威內史令，威謝。高祖笑曰：『比見關東人與崔盧爲婚，猶自矜伐，公代爲帝戚，不亦貴乎？』」此所謂門户風氣有所軒輊也。

〔一七〕州郡中正，見《和州志選舉表序例》注〔三〕。門閥，即閥閱也。《後漢書·章帝紀》：「或起畎畝，不繫閥閱。」章懷注：「《史記》曰：『明其等曰閥，積其功曰閱。』」言前代舉人，務取賢才，不拘門地。」《十七史商榷》四十：「《新唐書·儒林·柳沖傳》：『魏氏立九品，置中正，尊世冑，卑寒士，權歸右姓。』《北史·辛術傳》：『術遷吏部尚書，性尚貞明，取士以才以器，循名責實，新舊參舉，管庫必擢，門閥不遺，考之前後銓衡，在術最爲折衷，其爲當時所稱舉。』

〔一八〕按此節言譜系勒表，有裨激勸。

〔一九〕見《和州志氏族表序例上》注〔三〕。

〔二〇〕見《和州志氏族表序例上》注〔五〕。

〔三〕見《和州志氏族表序例上》注〔五〕。

〔二〕《史通·書志》:「蓋可以爲志者,其道有三焉:一曰都邑志,二曰氏族志,三曰方物志。」浦起龍云:「三説乃是商語。然嘗考之,都邑則略具於地理,非同輿服之無附。方物則雜出於外域,豈比食貨之有經。至如氏族一門,自是魏晉相沿四姓尚官之習,而任子積輕,尤不可通行。」劉氏議補氏族志,已引見《和州志氏族表序例上》注〔四〕。

〔三〕《新唐書·宰相世系表》,列韓氏宰相四人,瑗相高宗,休相玄宗,滉相德宗,弘相憲宗,而鄧州一系無宰執,亦著於篇。全祖望《經史問答》卷十:「問:韓氏《宰相世系表》四人,瑗爲一族,休滉父子爲一族,宏爲一族,祇應三表,而今有四,何也? 答:是歐公之誤也。退之一支,其家無作宰相者,而今亦人之,故有四篇。」章氏《丙辰劄記》云:「古人著述,有於義例未善,而流傳後世,轉得其用者,如《新唐書·宰相世系表》於例未爲盡善。蓋族望入於史表,原本《史記·三代世表》《漢書·古今人表》之遺,最爲典要。但限以宰相,則不可爲訓。蓋有官宰相而其族不可譜者,亦有無宰相而其族不可不譜者。歐陽氏以宰相標題,而宰相之族實有未全。且有寥寥無甚知名而強列於譜者,又鄧州韓氏本無宰相,爲韓文公而破例收之,亦覺自亂其例。余意譜牒之學,自有專書,其采錄入史,則當簡約其法,慎取一朝世族大家之尤著,且必與國家廢興衰盛終始可考見者,裁爲族望表,轉不必限以宰相標題。而篇必須約省,以見史裁之尚謹,亦不得如歐氏《唐書·系表》之多占篇幅也。」(劉刻《遺書》外編三)

〔一四〕魏收《魏書》卷一百一十三爲《官氏志》，兼及氏族。

〔一五〕《通志·氏族略序》：「凡言姓者，皆本《世本》《公子譜》二書，二書皆本《左傳》。然《左傳》所明志者，因生賜姓，胙土命氏，及以字以諡以官以邑五者而已。今則不然，論得姓受氏三十二類，左氏之言隘矣。」是於姓氏源流，獨詳審焉。

〔一六〕杜預《左氏春秋序》：「以爲經者，不刊之書也。」

〔一七〕劉歆語見《漢書》本傳《移太常博士書》。按此節言可著世族表，以上繼歐陽修之宰相世系而稍加修正。

〔一八〕《禮記·中庸》：「君子之道，辟如行遠必自邇，辟如登高必自卑。」

〔一九〕按粵雅堂本此下敓「至於部府之志，則或以官至五品或至三品者爲律」二十字。各本均有。

〔二〇〕語見《孟子·公孫丑上》。

〔二一〕按此節明表應相宜以定詳畧，無間公私。

〔二二〕按此節明表之裨益。

〔二三〕《廣韻》四十禡：「謝姓出陳郡會稽二望。」《中興書》曰：「謝奕，陳郡陽夏人。」

〔二四〕《廣韻》十五灰：「崔姓出清河博陵二望。」《北史·崔光傳》：「光，清河人。」

〔二五〕《史記正義》：「太伯居梅里，至十九世孫壽夢居之，號句吳。壽夢卒，諸樊南徙吳。」是吳自諸樊以前，世居梅里也。梅里在今江蘇省無錫縣東南三十里，即泰伯城。《後漢書·鄭玄傳》：「國相孔融

深敬於玄，屣履造門。告高密縣爲玄特立一鄉，曰：『公者，仁德之正號，不必三事大夫也。今鄭君鄉宜爲鄭公鄉。』」鄭公鄉在今山東省安丘縣境。

〔三六〕按此節著例一。

〔三七〕按此節著例二。

〔三八〕按此節著例三。粵雅堂本，闕凡下二十五字，各本皆有。

〔三九〕《明史・職官志》四：「府，知府一人。同知通判，分掌清軍巡捕、管糧治農、水利屯田牧馬等事，無常職，無定員。」

〔四〇〕《明史・職官志》五：「守備無品級，無定員。總鎮一方者爲鎮守，獨鎮一路者爲分守，各守一城一堡者爲守備。」又，南京守備一人，以公侯伯充之，兼領中軍都督府事。」

〔四一〕《明史・職官》五：「錦衣衛掌侍衛緝捕刑獄之事，以勳戚都督領之。」又：「千戶所，正千戶一人，副千戶一人，所轄百戶所凡十。」

〔四二〕同上：「凡各省各鎮鎮守總兵官有大征討，則掛諸號將軍或大將軍、前將軍、副將軍印。又凡上直衛親軍指揮使司二十有六，有金吾前衛、金吾後衛、金吾左衛、金吾右衛。」

〔四三〕按此節著例四。

永清縣志輿地圖序例

史部要義，本紀爲經，而諸體爲緯。有文辭者，曰書，曰傳；無文辭者，曰表，曰圖；虛實相資，詳略互見，庶幾可以無遺憾矣。昔司馬氏創定百三十篇，但知本周譜而作表，[一]不知溯夏鼎而爲圖；[二]遂使古人之世次年月，可以推求，而前世之形勢名象，無能蹤蹟；此則學《春秋》而得其譜歷之義，未知溯《易象》而得其圖書之通也。[三]夫列傳之需表而整齊，猶書志之待圖而明顯也。先儒嘗謂表闕而列傳不得不繁，[四]殊不知其圖闕而書志不得不冗也。嗚呼！馬、班以來，二千年矣，曾無創其例者，此則窮源竟委，深爲百三十篇惜矣。[五]

鄭樵《圖譜》之略，[六]自謂獨得之學；此特爲著錄書目，表章部次之法爾。其實史部鴻裁，兼收博采，並存家學，以備遺忘，樵亦未能見及此也。且如《通志》紀傳悉仍古人。反爲譜，改志稱略，體亦可爲備矣。如何但收錄圖譜之目，而不知自創圖體，以補前史之所無；以此而傲漢唐諸儒所不得聞，寧不愧歟？又樵錄圖譜，自謂部次，專則易存，分則易失，[七]其説似矣。然今按以樵之部目，依檢前代之圖，便能保使無失也。司馬遷有表，而周譜遺專家之學，不可不入史氏鴻編，非僅區區著於部錄，便能保使無失也。法，至今猶存；任宏錄圖，鄭樵云：任宏校兵書，有書有圖，其法可謂善矣。而漢家儀制，魏晉已不可

考；[八]則爭於著錄之功小，創定史體之功大，其理易明也。[九]
史不立表，而世次年月，猶可補綴於文辭；史不立圖，而形狀名象，必不可旁求於文字。此耳治目治之所以不同，[一〇]而圖之要義，所以更甚於表也。古人口耳之學，有非文字所能著者，貴其心領而神會也。至於圖象之學，又非口耳之所能授者，貴其目擊而道存也。[一一]以鄭康成之學，而憑文字以求，則娑尊詁為鳳舞；至於鑿背之犧既出，而王肅之義長矣。[一二]以孔穎達之學，而就文義以解，江源出自岷山，至金沙之道既通，而《緬志》之流遠矣。[一三]此無他，一則困於班固《地理》無圖學也。《地理志》自班固始，故專責之。雖有好學深思之士，讀史而不見其圖，未免冥行而摘埴矣。[一四]

唐、宋州郡之書，多以圖經為號，而地理統圖，起於蕭何之收圖籍。[一五]是圖之存於古者，代有其書，而特以史部不收，則其力不能孤行於千古也。且其為體也，無文辭可以誦習，非纂輯可以約收；事存專家之學，業非文士所能；史部不與編摩，則再傳而失其本矣。且如《三輔黃圖》、《元和圖志》，[一六]今俱存書亡圖，是豈一朝一夕故耶？蓋古無鐫木印書，[一七]圖學難以摩畫；而竹帛之體繁重，則又難家有其編。馬、班專門之學，不為裁定其體，而後人溯流忘源，宜其相率而不為也。解經多舛，而讀史如迷，凡以此也。[一八]

近代方志，往往有圖，而不聞可以為典則者，其弊有二：一則逐於景物，而山水摩畫，工其

繪事，則無當於史裁也。一則廁於序目凡例，而視同弁髦，[一九]不爲繫說命名，鼇定篇次，則不可以立體也。夫表有經緯而無辭說，圖有形象而無經緯，皆爲書志列傳之要刪；[二〇]而流俗相沿，苟爲悅人耳目之具矣。則傳之既久，欲望如《三輔黃圖》《元和圖志》之猶存文字，且不可得，而況能補焉、班之不逮，成史部之大觀也哉！[二一]

圖體無經緯，而地理之圖則亦略存經緯焉。孟子曰：「行仁政，必自經界始。」[二二]《釋名》曰：「南北爲經，東西爲緯。」[二三] 地理之求經緯尚已。今之州縣輿圖，往往即楮幅之廣狹，爲圖體之舒縮，此則丹青繪事之故習，[二四]而不可入於史部之通裁也。今以開方計里爲經，而以縣鄉村落爲緯；使後之閱者，按格而稽，不爽銖黍，[二五]此圖經之義也。[二六]

〔一〕見《和州志輿地圖序例》注〔二〕。

〔二〕《左傳》宣公三年：「昔夏之方有德也，遠方圖物，貢金九牧，鑄鼎象物，百物而爲之備。」

〔三〕《易·繫辭上》：「聖人有以見天下之賾而擬諸形容，象其物宜，是故謂之象。」焦循《易章句》：「明設卦所觀之象，以此所繫之辭，所以名象物也。」

〔四〕《日知錄·作史不立表志》條，見《永清縣志選舉表序例》注〔一〇〕。《史通·表曆》浦起龍按：「表自三國而下，暨乎南北朝皆無也。劉氏謂分國時可有，一統時不必有，故是酌分寸刊枝葉之言，然亦難

概後世矣。揆之史法，參以時宜，親若宗房，貴如宰執，傳有所不名，未可竟沒，胥以表括之，亦嚴密得中之一道哉。歸安吳提學大受言：「國史有表，似煩文，實省文。」

(五) 見《和州志輿地圖序例》注〔三〕。

(六) 百三十篇謂《史記》。按此節言史籍闕圖，責在史遷。

(七)《圖譜略‧索象》：「孝緒作《七錄》，散圖而歸部錄，雜譜而歸記注；蓋積書猶調兵也，聚則易固，散則易亡。」然鄭《略》著其目而無其圖，亦僅表章部次而已。

(八)《漢書‧藝文志》兵書略：「凡兵書五十三家，七百九十篇，圖四十三卷。」《隋書‧經籍志》：「漢興，叔孫通定朝儀。武帝時，始祀汾陰后土。成帝時，初定南北之郊，節文漸具。後漢又使曹襃定漢儀。是後相承，世有制作，而後世多故，遺文餘事多散亡。」按此節言鄭樵有圖目而無圖體。

(九)《穀梁傳》僖十六年：「隕石于宋，五。先隕而後石，何也？隕而後石也。于宋，四竟之内曰宋。後數，散辭也，耳治也。六鷁退飛，過宋都。先數，聚辭也，目治也。」此處目治指圖，耳治指文字。

(一〇)《莊子‧田子方》：「仲尼曰：若夫人者，目擊而道存矣。」

(一二) 見《和州志前志列傳序例》注〔一八〕。娑尊，黔刻本、菁華閣本、志古堂本作獻尊。

(一三) 見《和州志前志列傳序例下》注〔一七〕。

(一四) 冥行擿埴，見《和州志輿地圖序例》注〔三〕。按此節言地理闕圖，責在班固。

〔五〕《史記·蕭相國世家》:「沛公至咸陽,諸將皆走金帛財物之府,分之。何獨先入收秦丞相御史律令圖書,藏之。沛公為漢王,以何為丞相。項王與諸侯屠燒咸陽而去。漢王所以具知天下阨塞戶口多少強弱之處,民所疾苦者,以何具得秦圖書也。」

〔六〕《三輔黃圖》,見《和州志輿地圖序例》注〔六〕。《新唐書·藝文志》地理類:「李吉甫《元和郡縣圖志》五十四卷。」《書錄解題》作四十卷,云:「自京兆至隴右凡四十七鎮。篇首有圖,今不存。」《四庫總目提要》:「輿紀圖經之存於今者,惟此書為最古。」

〔七〕鑱,音鏨。《說文》:「穿木鑱也。」《夢溪筆談》卷十八:「板印書籍,唐人未盛為之。自馮瀛王(道)始印《五經》,已後典籍,皆為板本。慶曆中,有布衣畢昇又為活板。」清王三聘《古今事物考》卷二:「葉氏石林曰:『唐以前凡書籍皆寫本,未有模印之法;五代時,馮道始奏請官鏤印行。』又曰:『道但為監本《五經》板爾。柳玭《訓序》言:在蜀嘗閱書肆,云字書小學率雕板印紙,則唐固有之矣。』」

〔八〕按此節言古圖不存,胥由史部不與編摩。

〔九〕見《和州志輿地圖序例》注〔九〕。

〔一〇〕見《言公下》注〔六〕。

〔一一〕按此節言近代方志雖有圖,要無當於史裁。

〔一二〕見《孟子·滕文公上》。

〔一三〕《隋志·論語類》:「《釋名》八卷,劉熙撰。」《書錄解題》:「漢徵士北海劉熙成國撰。序云:『名之

與實,各有類義,百姓日稱而不知其所以然之意,故撰天地、陰陽、四時、邦國、都鄙、車服、喪紀,下及民庶應用之器,即物名以釋義,凡二十七篇。」按《周禮·天官》「體國經野」,疏:「南北之道謂之經,東西之道謂之緯。」此引《釋名》誤。

〔三四〕見《和州志輿地圖序例》注〔三五〕。

〔三五〕《說文》金部:「銖,權十絫黍之重也。」十黍爲絫,十絫爲銖,二十四銖爲兩。

〔三六〕按此節著例。

永清縣志建置圖序例

《周官》象魏之法，〔一〕不可考矣。後世《三輔黃圖》及《洛陽宮殿》之圖，〔二〕則都邑宮室之所由倣也。建章宮千門萬戶，〔三〕張華遂能歷舉其名；鄭樵以爲觀圖之效，而非讀書之效，〔四〕是則建制之圖，所係豈不重歟？朱子嘗著《儀禮釋宮》，以爲不得其制，則儀節度數，無所附著。〔五〕蓋古今宮室異宜，學者求於文辭，而不得其解，則圖闕而書亦從而廢置矣。後之視今，亦猶今之視古。〔六〕城邑衙廨，壇壝〔七〕祠廟，典章制度，社稷民人所由重也。不爲慎著其圖，則後人觀志，亦不知所向往矣。遷、固以還，史無建置之圖，是則元、成而後，明堂太廟，所以紛紛多異說也。〔八〕

邵子曰：「天道見乎南，而潛乎北；是以人知其前，而昧其後也。」〔九〕夫萬物之情，多背北而向南。故繪圖者，必南下而北上焉。山川之向背，地理之廣袤，列之於圖，猶可北下而南上，然而已失向背之宜矣。廟祠衙廨之建置，若取北下而南上，則簷額門扉，不復有所安處矣。華亭黃氏之雋，〔一〇〕執八卦之圖，乾南居上，坤北居下，〔一一〕因謂凡圖俱宜南上者，是不知河洛、《先、後天圖》〔一二〕，至宋始著，誤認爲古物也。且理數之本質，從無形而立象體，當適如其本位也。山川宮室，以及一切有形之物，皆從有象而入圖，必當作對面觀而始肖也。且如繪人觀八

卦圖，其人南面而坐，觀者當北面矣。是八卦圖，則必南下北上，此則物情之極致也。無形之理，如日臨簷，分寸不可逾也。有形之物，如鑑照影，對面則互易也，是圖繪必然之勢也。彼好言尚古，而不知情理之安，則亦不可以論著述矣。[二]

建置所以志法度也，制度所不在，則不入於建置矣。近代方志，或入古蹟，則古蹟本非建置也。或入寺觀，則寺觀不足爲建置也。舊志之圖，不詳經制，而繪八景之圖，其目有曰：南橋秋水，三塔春虹，韓城留角，漢廟西風，西山疊翠，通鎮鳴鐘，靈泉皷韻，雁口聲雖。[四]命名庸陋，搆意勉強，無所取材；故志中一切削去，不留題詠，所以嚴史體也。且如風月天所自有，春秋時之必然，而強叶景物，附會支離，何所不至。即如一室之內，曉霞夕照，旭日清風，東西南北，觸類可名，亦復何取？而今之好爲題詠，喜競時名，日異月新，逐狂罔覺，亦可已矣。[五]

〔一〕見《和州志輿地圖序例》注〔二〕。

〔二〕見《和州志輿地圖序例》注〔六〕及注〔七〕。

〔三〕《三輔黃圖》卷二：「武帝太初元年，柏梁殿災。粵巫勇之曰：『粵俗，有火災即復大起屋以厭勝之。』帝於是作建章宮，度爲千門萬戶。宮在未央宮西，長安城外。」

〔四〕《晉書·張華傳》:「華字茂先,范陽方城人。學業優博,辭藻溫麗,朗贍多通。圖緯方伎之書,莫不詳覽。華强記默識,四海之内,若指諸掌。武帝嘗問漢宮室制度,及建章千門萬户。華應對如流,聽者忘倦,畫地成圖,左右屬目。帝甚異之。時人比之子產。」鄭樵《通志·圖譜略》:「張華者,晉人也。漢之宮室,千門萬户,其應如響,時人服其博物。張華固博物矣,此非博物之效也,見漢宮室圖焉。使華不見圖,雖讀漢人之書,亦莫知前代宮室之出處。」

〔五〕《四庫全書總目》禮類:「《儀禮釋宮》一卷,宋李如圭撰。如圭既爲《集釋》,又爲是書,以考論古人宮室之制。仿《爾雅·釋宮》,條分臚序,各引經傳注疏,參考證明,深得經意,非空言說禮者所能也。考《朱子大全集》亦載其文,與此大略相同,惟無序引。宋《中興藝文志》,稱朱子嘗與之校定禮書。疑朱子固嘗録如圭是篇,而集朱子之文者,遂疑爲朱子所撰,取以入集耳。」章氏《丙辰劄記》亦云:「朱子《儀禮釋宮》,乃李如珪之書,朱子嘗録之耳。」(劉刻《遺書》外編三)

〔六〕見王羲之《蘭亭序》。

〔七〕《説文》:「壇,祭場也。」壇邊低垣圍繞者爲壇。《周禮·天官》掌舍職:「爲壇壝宫棘門。」鄭注:「謂王行止宿平地,築壇又委壝土,起堄埒以爲宫。」

〔八〕《禮記·明堂位》:「明堂也者,明諸侯之尊卑也。」阮元《明堂論》:「明堂者,天子所居之初名也。是故祀上帝則於是,祭先祖則於是,朝諸侯則於是,養老尊賢教國子則於是,饗射獻俘馘則於是,治天文告朔則於是,抑且天子寢食恒於是,此古之明堂也。黄帝、堯、舜氏作,宮室乃備。洎夏、商、周

三代，文治益隆。於是天子所居，在王城邦畿之中，三門三朝，後曰路寢，四時不遷。路寢之制，準郊外明堂四方之一，鄉南而治，故路寢猶襲古號曰明堂。若夫祭昊天上帝，則有圜丘，祭祖考則有應門內左之宗廟，朝諸侯則有朝廷，養老尊賢、教國子、獻俘馘，則有辟雍學校。其地既分，其禮益備，故城中無明堂也。然而聖人事必師古，禮不忘本，於近郊東南別建明堂，以存古制，藏古帝治法典冊於此，或祀五帝，布時令，朝四方諸侯，非常典禮乃於此行之，以繼古帝王之迹，此後世之明堂也。自漢以來，儒者惟蔡邕、盧植實知異地同名之制，尚昧上古中古之分。後之儒者，執其一端，以蔽衆說，分合無定，制度鮮通，蓋未能融合經傳，參驗古今耳。」（《研經室一集》卷三）《漢書·韋玄成傳》：「初，凡祖宗廟在郡國六十八，合百六十七所，而京師自高祖下至宣帝與太上皇、悼皇考，各自居陵旁立廟，并爲百七十六。至元帝時，貢禹奏言，不應古禮，宜正定。永光四年，因罷郡國廟。太上皇、孝惠、孝文、孝景廟，皆親盡，宜毀。』大司馬車騎將軍許嘉等二十九人，以爲孝文皇帝宜爲帝者太宗之廟。諫大夫尹更始等十八人，以爲皇考廟上序於昭穆，非正禮，宜毀。於是上重其事，依違者一年。乃下詔曰：『高皇帝爲漢太祖，孝文皇帝爲太宗，世世承祀，傳之無窮。孝宣皇帝爲孝昭皇帝後，於義壹體。孝景皇帝廟及皇考廟，皆親盡，其正禮儀！』玄成等奏曰：『太上、孝惠廟皆親盡，宜毀。』奏可。」

〔九〕見《皇極經世書》。《宋史·道學傳》：「邵雍字堯夫。其先范陽人，父古徙共城。雍年十三，游河

南，葬其親伊水上，遂爲河南人。雍事（李）之才，受河圖洛書、宓羲八卦六十四卦圖像。遂衍宓羲先天之旨十餘萬言，行於世。熙寧十年卒，年四十七。元祐中，賜諡康節。所著書曰《皇極經世》《觀物內外篇》《漁樵問對》，詩曰《伊川擊壤集》。」

[一〇]《清史列傳‧文苑傳》二：「黃之雋字石牧，江蘇華亭人。康熙六十年進士，改庶吉士。雍正元年，授編修，充日講起居注官，奉命提督福建學政。二年，遷中允。五年，以浮開廩冊革職。手編《唐堂集》六十卷，嘗纂《江南通志》，又《香屑集》十八卷。」

[一一]朱熹《周易本義》附《伏羲八卦方位》圖，「乾一」居上，「坤八」居下，即「乾南居上，坤北居下」。實齋以爲此宋人所作圖，非宋以前之古物，不當據以定南上北下。繪圖當南在下，北在上。

[一二]河圖洛書，見《天喻》注[一四]。《書錄解題》儒家類：「《皇極經世書》十二卷，處士河南邵雍堯夫撰。其子伯溫爲之序系，具載先天後天、變卦反對諸圖。」黃宗炎《太極圖辨》：「周子《太極圖》創自河上公，乃方士修鍊之術也。考河上公圖本名《無極圖》，魏伯陽得之以著《參同契》，鍾離權得之以授呂洞賓。洞賓與陳圖南（摶）同隱華山，而以授陳，陳刻之華山石壁。陳又得《先天圖》於麻衣道者，皆以授种放，放以授穆修與僧壽涯。修以《先天圖》授李挺之，挺之以授邵天叟，天叟以授子堯夫。修以《無極圖》授周子」（《宋元學案》卷十二《濂溪學案》）是則邵子《先天、後天圖》與周子《太極圖》同出於陳摶也。

[一三]按此節位圖。

（一四）《永清縣志》輿地圖古蹟：「韓淮陰城在縣西八里。韓信平燕，築城於此，遺址未湮。人稱韓城留角，漢廟西風，舊志爲八景之一。」又云：「八景之說無稽，今並刪去。」（劉刻《遺書》外編卷）其餘諸目莫詳。

（一五）按此節肅體。

永清縣志水道圖序例

史遷爲《河渠書》，班固爲《溝洫志》，〔一〕蓋以地理爲經，而水道爲緯。地理有定，而水則遷徙無常，此班氏之所以別《溝洫》於《地理》也。固兼天險人工之義；而固之命名《溝洫》，則考工水地之法，井田溝畎所爲，專隸於匠人也。〔二〕不識四尺爲溝，倍溝爲洫〔三〕果有當於瓠子決河、〔四〕碣石入海之義否乎？〔五〕然則諸史標題，仍馬而不依班，非無故矣。〔六〕

河爲一瀆之名，與江、漢、淮、濟等耳。〔七〕遷書之目《河渠》，蓋漢代治河之法，與鄭、白諸渠綴合而名，〔八〕未嘗及於江、淮、汶、泗之水，〔九〕故爲獨蒙以河號也。《宋》《元》諸史，概舉天下水利，如汴、洛、漳、蔡、江、淮圩閘，皆存其制，而其目亦爲《河渠》，〔一〇〕且取北條諸水，而悉命爲河，不曰汴而曰汴河，不曰洛而曰洛河之類，不一而足。則幾於飲水而忘其源矣。《水經》稱諸水，無以河字作統名者。

夫以一瀆之水，概名天下穿渠之制，包羅陂閘，雖曰命名從古，未免失所變通矣。孟子曰：「禹之治水，水之道也。」〔一一〕儻以水爲統名，而道存制度，標題入志，稱爲水道，不差愈乎？〔一二〕永定河名，聖祖所錫；〔一三〕渾河、蘆溝，古已云然；題爲河渠，是固宜矣；然減水、啞吧諸水，〔一四〕未嘗悉入一河，則標以《水道》，而全縣之水，皆可概其中矣。〔一五〕

地理之書，略有三例，沿革、形勢、水利是也。沿革宜表，而形勢水利之體宜圖，俱不可求之文辭者也。遷、固以來，沿革變遷，是使讀者記誦，以備發策決科之用爾。[一六]天下大勢，讀者瞭然於目，乃可豁然於心。今使論事甚明，而行之不可以步，豈非徇文辭而不求實用之過歟？[一七]

地名之沿革，可以表治，而水利之沿革，則不可以表治也。圖可得形象，而形象之有沿革，則非圖之所得概焉。是以隨其形象之沿革，而各爲之圖，所以使覽之者可一望而周知也。《禹貢》之紀地理，以山川爲表，而九州疆界，因是以定所至。[一八]後儒遂謂山川有定，而疆界不常，此則舉其大體而言之也。永定河形屢徙，往往不三數年，而形勢即改舊觀，以此定界，不可明也。今以村落爲經，而開方計里，著爲定法，河形之變易，即於村落方里表其所經，此則古人互證之義也。[一九]

志爲一縣而作，水之不隸於永清者，亦總於圖，此何義耶？所以明水之源委，而見治水者之施功有次第也。班史止記西京之事，而《地理》之志，上溯《禹貢》《周官》。[二〇]亦見源委之有所自耳。然而開方計里之法，沿革變遷之故，止詳於永清，而不復及於全河之形勢，是主賓輕重之義。濱河州縣，皆倣是而爲之，則修永定河道之掌故，蓋秩如焉。[二一]

〔一〕《史記》爲《河渠書》，《漢書》爲《溝洫志》。《史通・書志》：「司馬遷曰書，班固曰志，其義一也。」古號《河渠》，今稱《溝洫》。

〔二〕《周禮・考工記》：「匠人爲溝洫。耜廣五寸，二耜爲耦，一耦之伐，廣尺深尺謂之甽（畎）。田首倍之。廣二尺深二尺謂之遂。九夫爲井，井間廣四尺深四尺謂之溝。方百里爲同，同間廣二尋深二仞謂之澮。」

〔三〕《漢書・溝洫志》注引應劭曰：「溝廣四尺，深四尺。洫廣深倍於溝。」上引《周禮・考工記》同。此文當云四尺爲溝，倍溝爲洫。

〔四〕《漢書・溝洫志》：「孝武元光中，河決於瓠子，東南注鉅野，通於淮泗。上使汲黯、鄭當時興人徒塞之，輒復壞。」

〔五〕《書・禹貢》：「大行、恒山至于碣石，入于海。」僞孔傳：「此二山連延東北，接碣石而入滄海。百川經此衆山，禹皆治之，不可勝名，故以山言之。」

〔六〕按此節申司馬遷之稱《河渠》。劉氏《識語》：「班之命名《溝洫》，乃與《河渠》無異，王益吾《（漢書）補注》曾解之。此所糾未當。」

〔七〕見《言公下》注〔三二〕至注〔三三〕。《尚書大傳》：「江、河、淮、濟爲四瀆。」

〔八〕《史記・河渠書》：「韓聞秦之好興事，欲罷之毋令東伐，乃使水工鄭國間說秦，令鑿涇水，自中山西邸（至也）瓠口爲渠，並北山東注洛，三百餘里，欲以溉田。中作而覺，秦欲殺鄭國。鄭國曰：『始臣

為間；然渠成，亦秦之利也。」秦以爲然，卒使就渠。渠就，用注填閼之水，溉澤鹵之地，四萬餘頃，收皆畝一鍾。於是關中爲沃野，無凶年，秦以富強，卒并諸侯，因命曰鄭國渠。」《漢書・溝洫志》：「趙中大夫白公復奏穿渠，引涇水，首起谷口，尾入櫟陽，注渭，中袤二百里，溉田四千五百餘頃，因名曰白渠。民得其饒，歌之曰：『田於何所？池陽谷口；鄭國在前，白渠在後；舉臿爲雲，決渠爲雨。涇水一石，其泥數斗；且溉且糞，長我禾黍。衣食京師，億萬之口。』言此兩渠饒也。」

[九]《漢書・地理志》：「汶水出泰山萊蕪縣原山，西南入濟。」按今汶水正流大汾河，自萊蕪縣東北原山西南流經泰安縣治東，合石汶、牟汶、北汶、柴汶（小汶河）諸水，滙以西流，界舊泰安、兖州二府間，至東平縣與大清河、小清河合流相會，又西至汶上縣西南入運河。泗水出山東泗水縣陪尾山，四源並發，故名。《禹貢錐指》：「泗水自泗水縣歷曲阜、滋陽、濟寧、鄒縣、魚臺、滕縣、沛縣、徐州、邳州、宿遷、桃源至清河縣入淮，此禹跡也。今其故道自徐城以南，悉爲黃河所占。」今之泗水歷泗水、曲阜、滋陽、濟寧、東流入運河，乃古泗水之上游也。按此言《河渠書》論治河及渠，故稱「河渠」不確。

《河渠書》亦言「襃水通沔，斜水通渭」，襃水、沔水、斜水皆稱水，不稱河。

[一〇] 汴河亦曰汴渠，其上游爲古之滎瀆，又曰南濟。首受黃河，在滎陽曰蒗蕩渠，東流曰官渡水，又東大梁城北，曰陰溝，曰汳水。其在大梁城南分流者，曰鴻溝，下游入淮。洛水出陝西雒南縣冢嶺山，東流入河南，經盧氏、永寧，又東北經宜陽、洛陽、偃師、鞏縣，納澗、瀍、伊諸水，至洛口入於河。漳水，見《言公下》注[三]。蔡河即古之鴻溝，今曰賈魯河。由河南鄭縣東流至中牟南，經尉氏、扶溝入

〔一〕於穎。圩音于,岸也。江淮間水高於田,築隄而扞水曰圩。或讀如圍。《説文》:「閘,開閉門也。」

〔二〕見《孟子‧告子下》。

〔三〕《宋史‧河渠志》七。《元史》爲《河渠志》三。

〔四〕按此下劉刻《遺書》本另提行。

〔五〕《永清縣志‧水道圖説》:「永定河即桑乾河,古濕水也。其水濁,故曰渾河。以其色黑,故曰盧溝河。又遷徙不常,名無定河。永定河之名,聖祖仁皇帝之所錫也。」(劉刻《遺書》外編卷八)按永定河源出山西馬邑縣,東入河北,經宛平、固安、永清入大清河。

〔六〕《永清縣志‧水道圖説》:「減河本係古河。乾隆四年,疏古河爲草壩減河。啞吧河上無來源,自固安縣華各莊經東安縣境,至野雞劉各莊,入永清縣境之橫亭,復歸東安縣境,至濟南村會乾溝河。」(劉刻《遺書》外編卷八)此言減水、啞吧水原稱水,不稱河,故當改「河渠」爲「水道」。

〔七〕按此節定名。

〔八〕見《博約上》注〔八〕。

〔九〕按此節表圖。

〔一〇〕《書‧禹貢》叙九州,於冀州既載外,曰:「濟河惟兗州,海岱惟青州,海岱及淮惟徐州,淮海惟揚州,荆及衡陽惟荆州,荆河惟豫州,華陽黑水惟梁州,黑水西河惟雍州。」皆舉山川爲表,以定所至也。

〔一一〕按此節圖例一。

〔二〇〕《漢書·地理志》:「先王之迹既遠,地名又數改易,是以采獲舊聞,考迹《詩》《書》,推表山川,以綴《禹貢》《周官》《春秋》,下及戰國、秦、漢焉。」

〔二一〕掌故,見《方志立三書議》注〔三〕。按此節圖例二。

永清縣志六書例議〔一〕

史家書志一體，古人官《禮》之遺也。〔二〕周禮在魯，而《左氏春秋》，典章燦著，不能復備全官，則以依經編年，隨時錯見，勢使然也。〔三〕自司馬八書，孟堅十志，師心自用，不知六典之文，〔四〕遂使一朝大典，難以綱紀。後史因之，而詳略棄取，無所折衷，則弊之由來，蓋已久矣。〔五〕

鄭樵嘗謂書志之原，出於《爾雅》。〔六〕彼固特著《六書》《七音》《昆蟲草木》之屬，〔七〕欲使經史相為經緯，此則自成一家之言可也。若論制作，備乎官《禮》，則其所謂《六書》《七音》名物訓詁，皆本司徒之屬，所謂師氏保氏之官，是其職矣。〔八〕而大經大法，所以綱紀天人而敷張王道者，《爾雅》之義，何足以盡之？官《禮》之義，大則書志，不得係之《爾雅》，其理易見者也。〔九〕

宇文做《周官》，唐人作《六典》，〔一〇〕雖不盡合乎古，亦一代之章程也。而牛弘、劉昫之徒，〔一一〕不知挈其綱領，以序一代之典章，遂使《會要》《會典》之書，〔一二〕不能與史家之書志合而為一，此則不可不深長思者也。〔一三〕

古今載籍，合則易存，分則難恃。如謂掌故備於《會要》《會典》，而史中書志，不妨意存所

重焉；則《漢志》不用漢官爲綱領，而應劭之儀，殘闕不備；[一四]《晉志》不取晉官爲綱領，而徐宣瑜之品，徐氏有《晉官品》。亡逸無存。[一五]其中大經大法，因是而不可窺其全體者，亦不少矣。且意存所重，一家私言，難爲典則。若文章本乎制作，制作存乎官守；推而至於其極，則立官建制，聖人且不以天下爲己私也；而載筆之士，又安可以己之意見爲詳略耶？[一六]書志之體宜畫一，而史家以參差失之。列傳之體本參差，而史家以畫一失之。典章制度，一本官《禮》，體例本截然也。然或有《天官》而無《地理》，或分《禮》《樂》而合《兵》《刑》，[一七]不知以當代人官爲綱紀，其失則散。列傳本乎《春秋》，原無定式，裁於司馬，略示區分。抑揚詠歎，予奪分合，其中有《春秋》之直筆，亦兼詩人之微婉，[一八]難以一概繩也。後史分別門類，整齊先後，執泥官閥，錙銖尺寸，不敢稍越，其失則拘。散也，拘也，非著作之通裁也。[一九]
州縣修志，古者侯封一國之書也。吏戶兵刑之事，具體而微焉。[二〇]今無其官而有吏，是亦職守之所在，掌故莫備於是，治法莫備於是矣。且府史之屬，《周官》具書其數，[二一]《會典》亦存其制，而所職一縣之典章，實兼該而可以爲綱領；惟其人微而縉紳所不道，故志家不以取裁焉。然有入境而問故，[二二]舍是莫由知其要，是以書吏爲令史，首領之官曰典史。[二三]知令史典史之史，即綱紀掌故之史也，可以得修志之要義矣。[二四]
今之州縣，繁簡異勢，而掌故令史，因事定制，不盡皆吏戶兵刑之六曹也。[二五]然就一縣而

志其事，即以一縣之制定其書，且舉其凡目，而愈可以見一縣之事勢矣。案牘簿籍無文章，而一縣之文章，則必考端於此，常人日用而不知耳。今爲挈其綱領，修明其書，使之因書而守其法度，因法而明其職掌，於是修其業而傳授得其人焉，古人所謂書契易而百官治，[二六]胥是道也。[二七]

或謂掌故之書，各守專官，連牀架屋，[二八]書志之體所不能該，是以存之會典會要，而史志別具心裁焉。此亦不可謂之知言也。《周官》挈一代之大綱，而儀禮三千，[二九]不聞全入春官；《司馬法》六篇，[三〇]不聞全入夏官；然存宗伯司馬之職掌，而禮兵要義，可以指掌而談也。且如馬作《天官》，而太初曆象，[三一]不盡見於篇籍也。班著《藝文》，而劉歆《七略》，[三二]不盡存其論說也。史家約取掌故，以爲學者之要刪，[三三]其與專門成書，不可一律求詳，亦其勢也。既不求詳，而又無綱紀以統攝之，則是散漫而無法也。以散漫無法之文，而欲部次一代之典章，宜乎難矣！[三四]

或謂求掌故於令史，而以吏户兵刑爲綱領，則紀表圖書之體，不可復分也。如選舉之表，當入吏書，河道之圖，當入工書，充類之盡，則一志但存六書而已矣，[三五]何以復分諸體也？古人著書，各有義類；義類既分，不可强合也。司馬氏本周譜而作表，[三六]然譜歷之書，掌之太史，而旁行斜上之體，不聞雜入六典之中。蓋圖譜各有專書，而書

志一體，專重典章與制度，自宜一代人官爲統紀耳。非謂專門別爲體例之作，皆雜其中，乃稱隸括也。〔三七〕且如六藝皆周官所掌，而《易》不載於太卜，《詩》不載於太師，未嘗不見於太卜；而四《詩》之目，則又未嘗不著於太師也，〔三八〕是其義矣。〔三九〕

六卿聯事，〔四〇〕交互見功，前人所以有冬官散在五典之疑也。〔四一〕州縣因地制宜，尤無一成之法，如丁口爲戶房所領，〔四二〕而編戶煙册，乃屬刑房；以煙册非賦丁，而立意在詰奸也。〔四三〕武生武舉隸兵部，而承辦乃在禮房；以生員不分文武，皆在學校，而學校通於貢舉也。〔四四〕分合詳略之間，求其所以然者而考之，何莫非學問耶？〔四五〕

〔一〕按劉刻《遺書》本，此篇原題《吏書》第一，復有《戶書》第二，《禮書》第三，《兵書》第四，《刑書》第五，《工書》第六諸篇叙例，本書從略，似此篇宜從原題爲允。

〔二〕《史通·書志》：「夫刑法禮樂，風土山川，求諸文籍，出於三《禮》。及班、馬著史，別裁書志，考其所記，多効禮經。且紀傳之外，有所不盡，隻字片文，於斯備録，語其通博，信作者之淵海也。」章氏《丙辰劄記》：「劉氏《史通》，知書志乃三《禮》之遺，不知《史記》之《天官》《平準》名篇，乃是官名。班固改《天官》爲《天文》，改《平準》爲《食貨》，全失官《禮》之意矣。嘗議書志一體，實官《禮》之遺，非三《禮》之謂也。故叙事溯典，當取一代人官爲綱領，而重輕詳略，則作者自爲權衡。此義明，則

〔三〕《書教上》：「至官《禮》廢，而記注不足備其全，《春秋》比事以屬辭，而左氏不能不取百司之掌故，與夫百國之寶書，以備其事之始末，其勢有然也。」

〔四〕八書，見《方志立三書議》注〔五〇〕。《漢書》十志，曰《律曆》，曰《禮樂》，曰《刑法》，曰《食貨》，曰《郊祀》，曰《天文》，曰《五行》，曰《地理》，曰《溝洫》，曰《藝文》。六典，見《書教上》注〔三〕。

〔五〕按此節原書。劉氏《識語》：「馬書年代甚遠，商周年代無六官法，不得不自條例。漢世九卿，尤與六典出入，難於分配，班氏亦不得不自條例。若依官爲書，則漢世當依九卿，豈得參錯以配六典耶？先生惜其於各官掌故未能盡括其要，固是爲後史言，若概謂師心，殊爲過詆。六典之法，唐以後乃通行耳，而猶有支出不該者。先生於《亳州例議》亦云，《天官》《平準》猶存漢官一二遺意矣。」

〔六〕《通志·總序》：「志之大原，起於《爾雅》。司馬遷曰書，班固曰志，蔡邕曰意，華嶠曰典，張勃曰錄，何法盛曰説，餘史並承班固謂之志，皆詳於浮言，略於事實，不足以盡《爾雅》之義。」

〔七〕見《釋通》注〔五五〕。

〔八〕七音者，謂五聲及二變也。依十二律高下之次序，定宮、商、角、變徵、徵、羽、變宮七聲。此古今樂律所本。六書見《和州志藝文書序例》注〔一八〕。

〔九〕按此節闢鄭。劉氏《識語》：「《爾雅》乃名訓書經之別記，非書志之體也。鄭樵以《爾雅》之義法補馬班可耳，概謂書志原於《爾雅》則妄。」

〔一〇〕《北史·周帝紀》：「恭帝三年正月，初行《周禮》，建六官。帝以漢魏官繁，思革其弊。大統中，乃令蘇綽、盧辯依周制改創其事，尋亦置六卿；然爲撰次未成，衆務猶歸臺閣，至是始畢，乃命行之。」

〔一一〕《唐六典》，見《和州志官師表序例》注〔四〕。

〔一二〕《史通·正史》：「隋開皇中，秘書監牛弘追撰《周紀》十八篇，略叙紀綱，仍皆抵牾。」《隋書·牛弘傳》：「弘字里仁，開皇初，授秘書監，拜禮部尚書，敕修撰五禮，勒成百卷。有文集十三卷。」《隋志》正史類：「《周史》十八卷，未成，牛弘撰。」《郡齋讀書志》：「蘇綽秉政，軍國詞令，多準《尚書》。牛弘爲史，尤務清言。」《新五代史·雜臣傳》：「劉昫，涿州歸義人也。昫爲人美風儀，與其兄昈弟暐，皆以好學知名燕薊之間。唐莊宗即位，拜太常博士，以爲翰林學士，累遷兵部侍郎端明殿學士。明宗長興三年，拜中書侍郎，兼刑部尚書，同中書門下平章事。廢帝立，遷吏部尚書門下侍郎，監修國史，卒，年六十。」《宋史·藝文志》正史類：「劉昫《唐書》二百卷。」

〔一三〕見《方志立三書議》注〔五四〕至注〔五七〕。

〔一四〕按此節言牛弘《周史》，劉昫《唐書》，典章不備。

〔一五〕見《和州志官師表序例》注〔四〕。《書錄解題》：「《唐志》有《漢官》五卷，《漢官儀》十卷。今惟存一卷，載三公官名及姓名州里而已，其全書亡矣。李埴季允嘗《續補》一卷。」

〔一六〕《隋志》職官類注：「梁有徐宣瑜《晉官品》一卷，亡。」

〔一七〕按此節言書志不妨意存所重。「制作存乎官守」句，舊敓「制作」二字，茲依劉刻本補。

〔一七〕《史記》八書有《天官》而無《地理》。《漢書·禮樂志》，於《史記》爲《禮書》《樂書》，而《刑法志》兼叙兵制。《永清縣志·兵書》：「史遷以《律書》而論兵制，豈有得於師曠之吹律而知其軍數歟？

〔一八〕班固《漢志》以兵屬《刑法》，蓋取古者大刑兵甲之義耳。」（劉刻《遺書》外編卷九）

〔一九〕《和州志列傳總論》：「情有激而如平，旨似諷而實惜，予奪之權也。或反證若比，或遙引如興，一事互爲詳略，異撰忽爾同編，品節之理也。」所謂激諷比興，即言史傳兼有詩之微婉也。

〔二〇〕按此節言舊史紀傳失之拘，表志失之散。

〔二一〕舊時吏户禮兵刑工，在朝廷爲六部，在州縣爲六房，具體而微，其實一也。

〔二二〕見《史釋》注〔三〕。

〔二三〕《禮記·曲禮上》：「入國而問禁，入境而問俗。」

〔二四〕按此節言方志之於國史，具體而微。

〔二五〕《初學記》十一：「後周依《周禮》置六官尚書之任。隋氏六曹，吏部、户部、禮部、兵部、刑部、工部是也。」按唐州府佐史亦分六曹，即功曹、倉曹、户曹、兵曹、法曹、士曹也，以象尚書之六部。漢時蘭臺有令史，主文書。而尚書令史可以補郎，迄南北朝皆然。自隋以來，令史之任漸煩，而秩日卑，與後之書吏無異。唐宋皆有諸司令史，明廢。

〔二六〕見《詩教上》注〔六七〕。

〔二七〕按此節定體。

〔二八〕《世說新語·文學》：「庾仲初作《揚都賦》成，以呈庾亮，亮大爲其名價云：『可三《二京》，四《三都》。』謝太傅云：『不得爾，此是屋下架屋耳。』」《顏氏家訓·序致》：「魏晉已來，所著諸子，理重事複，遞相模效，猶屋下架屋，牀上施牀耳。」

〔二九〕《漢書·藝文志》：「《禮經》三百，威儀三千。」韋昭曰：「《周禮》三百六十官也。三百，舉成數也。」師古曰：「《禮經》三百，韋說是也。威儀三千，乃謂冠婚吉凶，蓋儀禮是也。」

〔三〇〕見《和州志藝文書序例》注〔二三〕。

〔三一〕見《天喻》注〔一〇〕。

〔三二〕見《書教上》注〔一四〕。

〔三三〕掌故，見《方志立三書議》注〔三〕。要刪，見《言公下》注〔八六〕。

〔三四〕按此節解惑一。

〔三五〕《永清縣志》六書：一曰《吏書》，二曰《戶書》，三曰《禮書》，四曰《兵書》，五曰《刑書》，六曰《工書》。

〔三六〕見《和州志輿地圖序例》注〔二〕。

〔三七〕見《申鄭》注〔八〕。

〔三八〕三《易》，見《易教上》注〔八〕。宋王質《詩總聞》以《南》《風》《雅》《頌》爲四詩。太師，見《原道中》注〔二五〕。按《周禮·春官·大卜》中不引用《易》之卦爻辭，但稱大卜「掌三《易》之法」。又《大師》

〔三九〕不引《詩》句，却稱大師「教六詩，曰風，曰賦，曰比，曰興，曰雅，曰頌。」猶周譜掌於大史，而大史中不引譜文。又「四詩」疑當作「六詩」。

〔四〇〕按此節解惑二。

〔四一〕見《書教上》注〔二〕。

〔四二〕《困學紀聞》卷四：「俞庭椿爲《復古編》，亦云：『司空之篇，雜出於五官之屬。』」俞庭椿認爲冬官大司空手下之官員，包括在天官、地官、春官、秋官、夏官五官以内，所以冬官没有亡失。《四庫全書總目》《禮》類：「《周禮復古編》一卷，宋俞庭椿撰。庭椿字壽翁，臨川人，乾道八年進士，官古田令。是書《宋志》作三卷，今本一卷。復古之説始於庭椿，厥後邱葵、吴澄皆襲其繆，説《周禮》者，遂有冬官不亡之一派。」江永《周禮疑義舉要》：「《周禮》本是未成之書，闕冬官，漢人求之不得，以《考工記》補之。恐是當時原闕爾。冬官雖闕，以諸經傳證之，當有大司空、小司空、匠師、梓師、豖人、嗇夫、司里、水師、玉人、漆氏、陶正、圬人、舟牧、輪人、車人、芻人等官，此皆冬官篇亡之證。後人讀書粗疏，果於妄作，如俞庭椿之徒，紛紛割裂牽補，致五官無一完善，《周禮》之罪人也。」

〔四三〕《大清會典》（卷十七）戶部：「凡民男曰丁，女曰口，丁口繫於戶。直省民數，督撫飭所屬，按保甲門牌册實在民數，造册報部。」

《大清會典》（卷十七）戶部：「正天下之戶籍，凡各省諸色人户，有司察其數而歲報於部，曰煙戶。其別凡十二，曰民戶、軍戶、匠戶、竈戶、流戶、回戶、番戶、羌戶、苗戶、猺戶、黎戶、夷戶。」

〔四四〕《大清會典》（卷五十二）兵部：「凡學政三歲一試武，外場會武職而蒞焉，武生各取以其額。及鄉試，以總督若巡撫主考，會提鎮以視外場；順天外內場官則題請簡派；會試亦如之，限其中額，刊試錄以進呈。」

〔四五〕按此節權宜。

永清縣志政略序例

近代志家，以人物爲綱，而名宦、鄉賢、流寓諸條，標分爲目，其例蓋創於元明之一統志。[一]而部府州縣之國別爲書，亦用統志類纂之法，可謂失其體矣。夫人物之不當類纂，義例詳於例傳首篇；名宦之不當收於人物，則未達乎著述體裁，而因昧於權衡義理者也。古者侯封世治，列國自具春秋，羊舌肸《晉春秋》、墨子所引《燕春秋》。[二]則君臨封內，元年但奉王正而已。至封建罷而郡縣，守令承奉詔條，萬里之外，亦如畿內守土之官，甘棠之詠召公，[三]鄭人之歌子産，[四]馬、班《循吏》之傳，所以與時爲升降也。若夫正史而外，州部專書，古有作者，義例非無可繹。梁元帝有《丹陽尹傳》，《隋志》凡二卷，起貞元，訖咸通。賀氏有《會稽太守贊》，《唐志》凡二卷。唐人有《成都幕府記》，《唐志》凡二卷。[五]皆取蒞是邦者，注其名蹟。其書別出，初不與《廣陵烈士傳》華隔撰，見《隋志》。《會稽先賢傳》謝承撰，見《隋志》。《益部耆舊傳》陳壽撰，見《隋志》。[六]猥雜登書。是則棠陰長吏，與夫梓里名流，[七]初非類附雲龍，固亦事同風馬者也。[八]敘次名宦，不可與鄉賢同爲列傳，非第客主異形，抑亦詳略殊體也。長吏官於斯土，取其有以作此一方，興利除弊，遺德在民，即當尸而祝之。[九]否則學類顔、曾，行同連、惠，[一〇]於縣無補，志筆不能越境而書，亦其理也。如其未仕之前，鄉評未允，去官之後，晚節不終，苟爲一時循良，

便紀一方善政。吳起殺妻，而效奏西河，[二]於志不當追既往也。黃霸爲相，而譽減潁川，[三]於志不逆其將來也。以政爲重，而他事皆在所輕；豈與斯土之人，原始要終，而編爲列傳者，可同其體制歟？[一三]

舊志於職官條下，備書政蹟，而名宦僅占虛篇，惟於姓名之下，注云事已詳前而已。是不但賓主倒置，抑亦未辨於襃貶去取，全失《春秋》之據事直書也。夫選舉爲人物之綱目，猶職官爲名宦之綱目也。選舉職官之不計賢否，猶名宦人物之不計崇卑，例不相侔而義實相資也。選舉有表而列傳無名，與職官有表而政略無誌，觀者依檢先後，責實循名，語無襃貶而意具抑揚，豈不可爲後起者勸耶？[一四]

列傳之體緐而文，政略之體直而簡，非載筆有殊致，蓋事理有宜然也。列傳包羅鉅細，品藻人物，有類從如族，有分部如井；變化不拘，《易》之象也；敷道陳謨，《書》之質也；抑揚咏嘆，《詩》之旨也；繁曲委折，《禮》之倫也；比事屬辭，《春秋》之本義也。具人倫之鑒，盡事物之理，懷千古之志，擷經傳之腴，發爲文章，不可方物。故馬、班之才，不盡於本紀表志，而盡於列傳也。[一五]至於政略之體，義取謹嚴，意存補救，時世拘於先後，紀述要於經綸。蓋將峻潔其體，可以臨苉邦人，冠冕列傳，經緯錯綜，主在樞紐，是固難爲文言也。[一六]

古人有經無緯之書，大抵名之以略。裴子野取沈約《宋書》，而編年稱略，亦其例也。而

劉知幾譏裴氏之書名略，而文不免繁，[七]斯亦未達於古人之旨。《黃石》《淮南》，《黃石公三略》、《淮南子·要略》。[八]諸子之篇也。張溫、魚豢張溫《三史略》、魚豢《典略》。[九]史册之文也。其中亦有譌略之意，何嘗盡取節文爲義歟？

循吏之蹟，難於志鄉賢也。治有賞罰，賞罰出而恩怨生，人言之不齊，其難一也。事有廢興，廢興異而難易殊，今昔之互視，其難二也。官有去留，非若鄉人之子姓具在，則蹟遠者易湮，其難三也。循吏悃愊無華，[二]巧宦善於緣飾，[二二]去思之碑，半是愧辭，[二三]頌祝之言，難徵實蹟，其難四也。擇當要路，載筆不敢直道；移治鄰封，瞻顧豈遂無情？其難五也。世法本多顧忌，人情成敗論才，偶遭罣誤彈章，[二四]便謂其人不善，知其難，而不敢不即聞見以存其涯略，所以石易湮，縱能粗舉大凡，歲月首趾莫考，其難七也。舊志紀載無法，風塵金窮於無可如何，而益致其慎爾。[二五]

列傳首標姓名，次叙官閥，史文一定之例也。政略以官標首，非惟賓主之理宜然，抑亦顧名思義之旨，[二六]不可忽爾。舊志以知縣縣丞之屬，分類編次，不以歷官先後爲序，非政略之意，故無足責也。[二七]

[一] 錢大昕補《元史·藝文志》地理類：「《大一統志》一千卷，大德七年，集賢大學士孛蘭肹、昭文館大

學士祕書岳鉉等上。」已佚。《明史・藝文志》地理類：「《明一統志》九十卷，天順中李賢等修。」今存。

〔二〕《國語・晉語七》：「悼公問德義，司馬侯曰：『諸侯之爲，日在君側，以其善行，以其惡戒，可謂德義矣。』公曰：『孰能？』曰：『羊舌肸習於《春秋》。』乃召叔嚮使傅太子彪。」《墨子・明鬼下》：「日中，燕簡公方將馳於祖塗，莊子儀荷朱杖而擊之，殪之車上。從者莫不見，遠者莫不聞，著在燕之《春秋》。」杜預《春秋序》：「《春秋》者，魯史記之名也。記事者，以事繫日，以日繫月，以時繫年，所以紀遠近，別同異也。故史之所記，必表年以首事，年有四時，故錯舉以爲所記之名也。」孔穎達《正義》：「昭二年，韓起聘魯，稱見魯《春秋》。外傳《晉語》，司馬侯對晉悼公云：『羊舌肸習於《春秋》。』《楚語》申叔時論傅太子之法云：『教之以《春秋》。』《禮・坊記》曰：『魯《春秋》記晉喪曰：殺其君之子奚齊。』《經解》曰：『屬辭比事，《春秋》教也。』凡此諸文所說，皆在孔子之前，則知未脩之前，舊有《春秋》之目。據周世法，則每國有史記，當同名《春秋》。」

〔三〕見《和州志政略序例》注〔二〕。

〔四〕《左傳》襄公三十年：「鄭子皮授子產政。子產使都鄙有章，上下有服，田有封洫，廬井有伍，大夫之忠儉者從而與之，泰侈者因而斃之。從政一年，輿人誦之曰：『取我衣冠而褚之，取我田疇而伍之；孰殺子產？吾其與之！』及三年，又誦之曰：『我有子弟，子產誨之；我有田疇，子產殖之；子產而死，誰其嗣之！』」此借鄭人歌頌子產以比循吏。

〔五〕《隋志》雜傳類:「《丹陽尹傳》十卷,梁元帝撰。」《新唐志》雜傳記類:「賀氏《會稽太守像讚》二卷。」《通志·藝文略》傳記類:「《成都幕府石幢記》二卷,記賓佐姓名,起貞元訖咸通。」按新舊《唐志》均未載。此皆指記載地方循吏之書。

〔六〕《新唐志》雜傳記類:「華隔《廣陵烈士傳》一卷。」按《隋志》未載,原注誤。《隋志》雜傳類:「《會稽先賢傳》七卷,謝承撰。」又:「《益都耆舊傳》十四卷,陳壽撰。」

〔七〕棠陰,見《和州志政略序例》注〔一二〕。梓里,見《和州志氏族表序例中》注〔五〕。

〔八〕雲龍,見《言公下》注〔一八〕。風馬,見《易教下》注〔一〇〕。

〔九〕《莊子·逍遙遊》:「庖人雖不治庖,尸祝不越樽俎而代之。」成玄英疏:「尸者,太廟中神主也。祝者,則今太常太祝,是也。執祭版對尸而祝之,故謂之尸祝也。」《釋文》:「傳鬼神辭曰祝。」

〔一〇〕顏曾,顏回,曾參也。連惠,魯仲連、柳下惠也。

〔一一〕《史記·吳起傳》:「吳起者,衞人也。齊人攻魯。魯欲將吳起,起取齊女爲妻,而魯疑之。吳起於是欲就名,遂殺其妻,以明不與齊也。魯卒以爲將,將而攻齊,大破之。魯人或惡吳起曰:『起之爲人,猜忍人也。』魯君疑之,謝吳起。起於是聞魏文侯賢,事之。文侯以起爲西河守,甚有聲名。」

〔一二〕《漢書·循吏傳》:「黃霸字次公,淮陽陽夏人也。爲潁川太守,民稱神明,前後八年,郡中愈治。五鳳三年,代丙吉爲相。霸材長於治民,及爲丞相,總綱紀號令,風采不及丙、魏、于定國,功名損於治郡時。」此言記循吏限于治郡時。

〔三〕按此節言名宦應與鄉賢有別。

〔四〕按此節言表略相因,明舊志之失。

〔五〕劉氏《識語》:「蓋列傳爲史之緯,體無所不包,綜一代之萬有而分爲衆篇,故六藝之體備焉。可知列傳之起,乃由合而分,非如後世官修之傳,徒備一人之始末,由分而合也。盡事物之理,故不以人爲綱,懷千古之志,故不以一節之得失,一人之是非爲概,此即所謂疏通知遠之志也。」

〔六〕按此節明體。

〔七〕《宋略》,見《和州志政略序例》注〔一一〕。《史通》外篇《雜說》中:「裴幾原(子野)刪略《宋史》,定爲二十篇,芟煩撮要,實有其力。而所錄文章,頗傷蕪穢。如文帝《除徐傅官詔》,顏延年《元后哀册文》,顏峻《討二凶檄》,孝武《擬李夫人賦》,裴松之《上注國志表》,孔熙先《罪許曜詞》,凡此諸文,是尤不宜載者。」

〔八〕見《和州志政略序例》注〔九〕。

〔九〕見《和州志政略序例》注〔一〇〕。

〔一〇〕按此節原名。

〔一一〕《後漢書·章帝紀》:「安靜之吏,悃愊無華,日計不足,月計有餘。」注:「《說文》云:悃愊,至誠也。」

〔一二〕《漢書·公孫弘傳》:「緣飾以儒術。」注:「譬之於衣,加純緣者。」

〔三〕《漢書·循吏傳》:「王成、黃霸、朱邑、龔遂、鄭弘、召信臣等,所居民富,所去民思。」《集古錄》有《虞城李令去思頌》,李白撰文,王通篆,即今之去思碑也。《世説新語·德行》注引《續漢書》:「林宗卒,蔡伯喈爲作碑,曰:『吾爲人作銘,未嘗不愧容,唯爲郭有道碑頌,無愧耳。』」《困學紀聞》十三:「蔡邕文,今存九十篇,而銘墓居其半。其頌胡廣、黃瓊,幾於老,韓同傳,若繼成漢史,豈有南董之筆?自云:『爲郭有道碑,獨無愧辭。』則其他可知矣。(翁注云:『瓊非廣所幾及,邕作頌而無軒輊,故王氏譏之。』)此言記循吏之去思碑半數不實。

〔四〕本作註誤。註,音卦,欺也。《漢書·王莽傳》:「臣莽當受註上誤朝之罪。」

〔五〕按此節慎難。

〔六〕見《黠陋》注〔九〕。

〔七〕按此節著例。

永清縣志列傳序例

傳者對經之稱，所以轉授訓詁，演繹義蘊，不得已而筆之於書者也。〔一〕左氏彙萃寶書，詳具《春秋》終始，〔二〕而司馬氏以人別爲篇，標傳稱列，〔三〕所由名矣。經旨簡嚴，而傳文華美，於是文人沿流忘源，相率而撰無經之傳，則唐宋文集之中，所以紛紛多傳體也。近人有謂文人不作史官，於分不得撰官，罪其越俎，使彼反脣相譏，〔四〕以謂公穀非魯太史，〔五〕何以亦有傳文。而乃稱說史解也。且使身爲史官，未有本紀，豈遽可以爲列傳耶？此傳例之不可不明者也。〔六〕

無經之傳，文人之集也。無傳之經，方州之志也。文集失之豓而誣，方志失之短而俗矣。自獲麟絶筆以來，〔八〕史官不知百國寶書之義。州郡掌故，名曰圖經；〔九〕歷世既久，圖亡而經孤，傳體不詳，其書遂成瓠落矣。〔一○〕樂史《寰宇記》，襲用《元和志》體，〔一一〕而名勝故蹟，略存於點綴。其後元明《一統志》，〔一二〕遂以人物、列女、名宦、流寓諸目，與山川、祠墓、分類相次焉。此則地理專門，略具類纂之意，以供詞章家之應時取給爾，初不以是爲重輕者也。閻若璩欲去《一統志》之人物門，〔一三〕此說似是。其實此等亦自無傷，古人亦不盡廢也。蓋此等處，原不關正史體裁也。州縣之志，本具一國之史裁，而撰述者轉用一統類纂之標目，豈曰博收以備國史之約取乎？〔一四〕

列傳之有題目，蓋事重於人，如《儒林》《循吏》之篇，初不為施、孟、梁邱、龔、黃、卓、魯諸人而設也。[一五]其餘人類之不同，奚翅什百倍蓰而千萬？必欲盡以二字為標題，夫子亦方人，我則不暇矣。[一六]歐陽《五代》一史，盡人皆署其品目，[一七]豈所語於《春秋》經世，聖人所以議而不斷哉？[一八]方州之志，刪取事略，區類以編，觀者索然，如窺點鬼之簿。[一九]至於名賢列女，別有狀誌傳銘，又為分裂篇章，別著藝文之下。於是無可奈何，但增子注，此云詳見某卷，彼云已列某條，複見疊出，使人披閱為勞，不識何故而好為自擾也！此又志家列傳之不可不深長思者也。[二〇]

近代之人，據所見聞，編次列傳，固其宜也。伊古有人，已詳前史，錄其史傳正文，無所更易，抑亦馬、班遞相刪述，而不肯擅作聰明之旨也。雖然，列史作傳，一書之中，互為詳略，觀者可以周覽而知也。是以《陳餘傳》中，并詳張耳之蹟，[二一]管晏政事，備於太公之篇，[二二]其明驗也。今既裁史以入志，猶仍列傳原文，而不採史文之互見，是何以異於鍥彼舟痕，而求我故劍也？

史文有訛謬，而志家訂正之，則必證明其故，而見我之改易，初非出於得已也。是亦時勢使然，故司馬氏《通鑑考異》[二四]不得同馬、班之自我作古也。[二五]至於史文有褒貶，《春秋》以來，未有易焉者也。乃撰志者，往往採其長而諱所短，則不如勿用其文，猶得相忘於不覺也。

也？[二三]

志家選史傳以入藝文，題曰某史某人列傳矣。按傳文而非其史意也，求其所刪所節之故，而又無所證也，是則欲諱所短，而不知適以暴之矣。[二六]比事屬辭，《春秋》之教也，史傳之先後，約略以代次；否則屈賈、老莊之別有命意也。[二七]疏通知遠，《尚書》之教也，比興於是存焉爾。[二八]疏通知遠，《尚書》之教也，象變亦有會焉爾。[二九]爲列傳而不知神明存乎人，[三〇]是則爲人作自陳年甲狀而已矣。[三一]

〔一〕《文心雕龍·史傳》：「睿旨幽隱，經文婉約，丘明同時，實得微言，乃原始要終，創爲傳體。傳者，轉也，轉受經旨，以授於後。」《左傳集解》疏：「傳者，傳也。博釋經義，傳示後人。」別詳《經解上》注〔四〕。

〔二〕《史記·伯夷列傳》《索隱》：「列傳者，謂敘列人臣事跡，令可傳於後世，故曰列傳。」《史通·列傳》：「紀傳之興，肇於《史》《漢》。蓋紀者，編年也。傳者，列事也。編年者，歷帝王之歲月，猶《春秋》之經。列傳者，錄人臣之行狀，猶《春秋》之傳。《春秋》則以傳釋經，《史》《漢》則以傳釋紀。尋茲例草創，始自子長。」此處以左氏之傳與司馬遷之列傳相比，本于《史通》。

〔三〕百國寶書，見《書教上》注〔二〕。《史通·採撰》：「觀夫丘明受經作傳，廣包諸國，蓋當時有周志、晉乘、鄭書、楚杌等篇，遂乃聚而編之，混成一録。」

其實《左傳》重在敘事，司馬遷重在記人，創爲人物傳記，與《左傳》之記事不同。此指釋經之傳，與記人之傳不同。

〔四〕見《傳記》注〔三〕。

〔五〕越俎，見前篇注〔九〕。反脣相稽，見《答客問上》注〔六〕。

〔六〕見《言公上》注〔五七〕。

〔七〕按此節原體。

〔八〕見《朱陸》注〔三〕。

〔九〕見《經解中》注〔二〕。章氏《姑孰備考書後》：「晉唐人作《左傳》注疏，及唐人作《史記正義》，所稱圖經，乃當代見行州郡圖經也。」（劉刻《遺書》卷十四）

〔一〇〕《莊子·逍遙遊》《釋文》：「簡文云：瓠落，猶廓落也。」

〔一一〕《寰宇記》，見《和州志政略序例》注〔二〕。《元和志》，見《永清縣志輿地圖序例》注〔一六〕。

〔一二〕見前篇注〔一〕。

〔一三〕《困學紀聞》卷十地理，注引閻氏云：「萬斯同季野嘗謂余云：『撰一統志，奚必及人物？人物自有史傳諸書。』余初駭其説，及近覽《元和郡縣圖志》《太平寰宇記》，意果不足重在此，一州內或無人物，或僅姓名貫址，即舉生平，亦寥寥數語，不似《明一統志》誇多浮濫，令人厭觀。乃悟書自有體要，苟其事其人無關地理，不容闌入。」此言一統志亦可附人物門，與閻説不同。

〔一四〕按此節明用。

〔一五〕施讎、孟喜、梁丘賀，並見《漢書·儒林傳》。龔遂、黃霸，並見《漢書·循吏傳》。卓茂、魯恭，並見

《後漢書》本傳。劉氏《識語》云：「以品類立傳名，馬、班甚少，蓋以明一種風氣之源流，非邪正之目也。班《書》《王貢傳》不稱逸民，范乃明標其目。《文苑》《列女》，亦范所增。然班未嘗無文苑，范特以人多而別立。至《列女》，則因馬、鄧臨朝之故，相時立體，所謂事重於人也。後世史官間有此意，《宋史》立《道學》，意同《黨錮》。《明史》創立《流寇》《土司》，皆不得已而立，非預立高下之目，以爲龍蛇之菹，而依格填寫也。自魚豢《魏略》標爲《純固》《清介》諸目，已誤學班、馬，後世沿之，益不足論。」

〔一六〕《論語·憲問》：「子貢方人。子曰：『賜也賢乎哉？夫我則不暇。』」

〔一七〕《書錄解題》正史類：「《新五代史》七十四卷，歐陽修撰。其爲説曰：『昔孔子作《春秋》，因亂世而立法。余爲本紀，以治法而正亂君。』發論必以嗚呼，曰：『此亂世之書也。』諸臣止事一朝曰某臣傳，其更事歷代者曰雜傳，尤足以爲世訓。」按自《周臣傳》下，有《死節》《死事》一行《唐六臣傳》，其更事歷代者曰雜傳，尤足以爲世訓。」按自《周臣傳》下，有《死節》《死事》一行《唐六臣》《義兒》《伶官》《宦者》等傳，故謂盡人皆署其品目也。

〔一八〕見《經解下》注〔三〇〕。

〔一九〕《玉泉子》：「王、楊、盧、駱有文名，人議其疵曰：楊好用古人姓名，謂之點鬼簿。駱好用數目作對，謂之算博士。」此言方志記人物過于簡略之病。

〔二〇〕按此節論類傳。

〔二一〕張耳、陳餘，《史記》《漢書》並兩人合傳。別詳《書教下》注〔一八〕，及《古文十弊》注〔五五〕。此言「陳餘

傳》中，并詳張耳之蹟」，不作兩人合傳，不確。

〔二三〕見《古文十弊》注〔五七〕。

〔二三〕《呂氏春秋·察今》：「楚人有涉江者，其劍自舟中墜於水，遽契其舟曰：『是吾劍之所從墜。』舟止，從其所墜者入水求之。舟已行矣，而劍不行，求劍如此，不亦惑乎！」此言方志記人物，引用正史傳記，當注意互為詳略，即人物當詳于與方志有關部分，而略于與方志無關部分。按此節論互注。

〔二四〕見《史注》注〔三五〕。

〔二五〕《國語·魯語上》：「哀姜至，公使大夫宗婦覿用幣。宗人夏父展曰：『非故也。』公曰：『君作故。』韋注：「言君所作，則為故事。」《史通·申左》：「自我作故，無所準繩。」

〔二六〕按此節論刪訂舊史。

〔二七〕屈賈合傳，見《書教下》注〔一六〕。老莊申韓合傳，見《釋通》注〔五八〕。此言方志傳記排列，當以時代先後為次，倘別有命意，亦可變通。

〔二八〕《史德》：「程子嘗謂『有《關雎》《麟趾》之意，而後可以行《周官》之法度』。吾則謂通六義比興之旨，而後可以講春王正月之書。」《和州志列傳總論序例》：「或反證若比，或遙引如興，一事互為詳略，異撰忽爾同編。」此並謂比辭屬事之中，比興存焉者也。

〔二九〕《書教下》：「夫史為記事之書，事萬變而不齊，史文屈曲而適如其事，則必因事命篇，而不為常例所拘，而後能起訖自如，無一言之或遺而或溢也。」此《尚書》之所以神明變化，不可方物。」此見《書》教

疏通知遠，而其體錯綜變化，則與《易》象相通也。

〔三〇〕見《砭俗》注〔八〕。

〔三一〕按此節論傳次。

永清縣志列女列傳序例

列女之傳，傳其幸也。[一]史家標題署目之傳，儒林、文苑、忠義、循良，及於列女之篇，莫不以類相次，蓋自蔚宗、伯起以還，[二]率由無改者也。第儒林、文苑，忠義，循良，勒名金石；且其人世不數見，見非一端，太史搜羅，易為識也。貞女節婦，人微迹隱，而綱維大義，冠冕人倫；地不乏人，人不乏事，輶軒遠而難採，[三]興論習而為常。不幸不值其時，或值其時而託之非人，雖有高行奇節，歸於草木同萎，豈不惜哉！永清舊志，列女姓氏寥寥；覆按其文，事實莫考，則託非其人之效也。今茲博採廣詢，備詳行實，其得與於列傳，茲非其幸歟？幸其遇，所以深悲其值非其時之效也。舊志留青而後，新編未輯以前，中數十年，略無可紀，則夫不遇者也！[四]

列女之名，仿於劉向，[五]非烈女也。曹昭重其學，[六]使為丈夫，則儒林之選也。蔡琰著其才，[七]使為丈夫，則文苑之材也。劉知幾譏范史之傳蔡琰，[八]其說甚謬；而後史奉為科律，專書節烈一門。然則充其義例，史書男子，但具忠臣一傳足矣，是之謂不知類也。永清列女，固無文苑儒林之選，然而夫死在三十內，行年歷五十外，中間嫠處，亦必滿三十年；不幸夭亡，亦須十五年後，與夫四十歲外，律令不得不如是爾。[九]婦德之賢否，不可以年律也。穆伯

之死，未必在敬姜三十歲前；[一〇]杞梁妻亡，[一一]未必去戰莒十五年後也。以此推求，但覈真僞，不復拘歲年也。[一二]

遷、固之書不著列女，非不著也；巴清敘於《貨殖》，[一三]文君附著《相如》，[一四]唐山之人《藝文》，[一五]緹縈之見《刑志》，[一六]或節或孝，或學或文，磊落相望；不特楊敞之有智妻，[一七]買臣之有愚婦也。[一八]蓋馬、班法簡，尚存《左》《國》餘風，[一九]不屑屑爲區分類別，亦猶四皓、君平之不標隱逸，[二〇]鄒、枚、嚴、樂之不署文苑也。[二一]李延壽《南》《北》二史，同出一家；《北史》仍魏、隋之題，特著《列女》；《南史》因無列女原題，乃以蕭矯妻羊以下，雜次《孝義》之篇。[二二]遂使一卷之中，男女無所區別，又非別有取義，是直謂之繆亂而已，不得妄託於馬、班之例也。[二三]至於類族之篇，亦是世家遺意，若王、謝、崔、盧孫曾支屬，[二四]越代同篇。王、謝、崔、盧本史各分朝代，而李氏合爲一處也。又李氏之寸有所長，[二四]不可以一疵而掩他善也。今以《列女》之篇，自立義例。其牽連而及者，或威姑年邁而有懿德，[二五]或子婦齒稚而著芳型，並援劉向之例。劉向之例，列女乃羅列女行，不拘拘爲節烈也。姑婦相附，又世家遺意也。[二六]其或事係三從，[二七]行詳一族，雖是貞節正文，亦爲別出門類；如劉氏守節，而歸義門列傳之類。庶幾事有統貫，義無枝離，不拘拘以標題爲繩，猶得《春秋》家法，是又所謂人合而我分者類。

也。[二八]范史列傳之體,人自爲篇,篇各爲論,全失馬、班合傳,師法《春秋》之比事屬辭也。[二九]馬、班分合篇次,具有深意,非如范史之取足成卷而已。故前《漢書》於簡帙繁重之處,寧分上中下而仍爲一篇,不肯分其篇爲一二三也。至於《列女》一篇,叙例明云不專一操矣。《自叙》云:「錄其高秀,不專一操」而已。[三〇]乃雜次爲編,不爲分別置論,他傳往往一人事畢,便立論斷,破壞體裁。其誤耶?今志中列傳,不敢妄意分合,破體而作論贊。此處當分,反無論斷。列傳不拘一操,每人各爲之贊。[三一]。太史標題,不拘繩尺;抑亦詩人咏嘆之義云爾。其事屬平恒,義無特著,則不復綴述焉。至班氏列傳,而名稱無假借矣。范史列傳,皆用班傳書法;而《列女》一篇,章首皆用郡望夫名,既非地理之志,何以地名冠首?又非男子之文,何必先出夫名?是已有失列女命篇之義矣。傳首直稱張廷尉,李將軍之類。蓋春秋諸子以意命篇之遺旨也。其上,何蔚宗之不憚煩也?當云某氏,某郡某人之妻,不當云某郡某人妻某也。至於曹娥、叔先雄二女,[三二]又以孝女之稱,揭於稱烈婦也,龐氏不聞稱孝婦也,[三三]是則娥、雄之加藻飾,又豈《春秋》據事直書,善惡自見之旨乎?末世行文,至有叙次列女之行事,不書姓氏,而直以貞女節婦二字代姓名者,何以異於科舉制義,破題人不稱名,[三四]而稱聖人、大賢、賢者,時人之例乎?是則蔚宗實階之厲也。[三五]

今以女氏冠章，而用夫名父族於其下，且詳書其村落，以爲後此分鄉析縣之考徵。其貞烈節孝之事，觀文自悉，不復强裂題目，俾覽者得以詳焉。[三六]婦人稱姓曰張曰李可也。今人不稱節婦貞女，即稱之曰氏，古人無此例也。稱其節婦貞女，是破題也。稱之謂氏，是呈狀式也。

先後略以時代爲次。其出於一族者，合爲一處；時代不可詳者，亦約略而附焉。[三七]無事可叙，亦必詳其婚姻歲月，及其見存之年歲者，其所以不與人人同面目，惟此區區爲耳。噫！人且以是爲不憚煩也。[三八]其有不載年歲者，詢之而不得耳。

（一）司馬遷謂砥行立名之士，非附青雲，烏施後世；而潛德幽光之得史傳表章，非其幸歟？范曄字蔚宗，見《詩教下》注[三七]。《後漢書》有《列女傳》，正史傳列女，自蔚宗始。《傳序》云：「《詩》《書》之言女德，尚矣。若夫賢妃助國君之政，哲婦隆家人之道，高士弘清淳之風，貞女亮明白之節，則徽美未殊也。而世典咸漏焉。故自中興以後，綜其成事，述《列女》篇。如馬、鄧、梁后，別見前紀，梁嫕李姬，各附家傳，若斯之類，並不兼書。餘但搜次才行尤高秀者，不必專任一操而已。」魏收字伯起，見《史德》注[一〇]。《魏書》有《列女傳》。

（三）見《和州志藝文書序例》注[六五]。

（四）按此節言傳列女，以得人爲幸。

（五）見《古文十弊》注[八三]。

〔六〕見《經解下》注〔二〇〕。

〔七〕見《婦學》注〔二四〕。

〔八〕《史通·人物》:「觀東漢一代,賢明婦人,如秦嘉妻徐氏,動合禮儀,言成規矩,毀形不嫁,哀慟傷生,此則才德兼美者也。董祀妻蔡氏,載誕胡子,受辱虜廷,文詞有餘,節概不足,此則言行相乖者也。至蔚宗《後漢》,傳標《列女》,徐淑不齒,而蔡琰見書,欲使彤管所載,將安準的?」

〔九〕《大清會典》(卷三十)禮部::「守節之婦,不論妻妾,自三十歲以前守節,至五十歲,或年未五十身故,其守節已及十五年,果係孝義兼全,陃窮堪閔者,俱准旌表。」《大清會典事例》卷四百四:「嘉慶六年,議准節婦旌表。成案拘於年逾四十身故一語,致婦人二十歲以內守節,至四十歲以內病故者,不能同邀旌典,係屬誤會例意。嗣後八旗及各省駐防,如有此等守節之婦,年未及四十,覈其守節已歷十五年而身終者,一體咨部題請。」

〔一〇〕見《婦學》注〔一八〕。

〔一一〕《列女傳》四::「杞梁妻,齊杞梁殖之妻也。莊公襲莒,殖戰而死。杞梁之妻無子,內外皆無五屬之親,既葬,遂赴淄水而死。」別見《婦學》注〔二一〕。

〔一二〕按此節言列女不限於節烈。

〔一三〕《史記·貨殖傳》::「巴蜀寡婦清,其先得丹穴,而擅其利數世,家亦不訾。清,寡婦也,能守其業,用財自衛,不見侵犯。秦皇帝以爲貞婦而客之,爲築女懷清臺。」

〔一四〕《史記‧司馬相如傳》：「臨邛富人卓王孫有女文君，新寡。相如之臨邛，車騎雍容，閒雅甚都，及飲卓氏，弄琴，文君竊從戶中窺之，心悦而好之，恐不得當也。既罷，相如乃使人厚賜文君侍者，通殷勤。文君夜亡奔相如。」

〔一五〕《漢書‧禮樂志》：「房中祠樂，高祖唐山夫人所作也。」注引服虔曰：「高祖姬也。」韋昭曰：「唐山，姓也。」此云《藝文志》，誤。

〔一六〕《漢書‧刑法志》：「文帝即位十三年，齊太倉令淳于公有罪當刑，詔獄逮長安。淳于公無男，有五女。當行會逮，罵其女曰：『生子不生男，緩急非有益也！』其少女緹縈，自傷悲泣，乃隨父至長安，上書曰：『妾父爲吏，齊中皆稱其廉平，今坐法當刑。妾傷夫死者不可復生，刑者不可復屬，後雖欲改過自新，其道亡繇也。妾願沒入爲官婢，以贖父刑罪，使得自新』書奏天子。天子憐悲其意，遂下令除肉刑。」

〔一七〕《漢書‧楊敞傳》：「昭帝崩，昌邑王徵即位，淫亂。大將軍（霍）光與車騎將軍張安世謀欲廢王更立，議既定，使大司農田延年報敞。敞驚懼不知所言，汗出洽背，徒唯唯而已。延年起至更衣。敞夫人遽從東廂謂敞曰：『此國大事，今大將軍議已定，使九卿來報君侯。君侯不疾應，與大將軍同心，猶與無決，先事誅矣！』延年從更衣還。敞夫人與延年參語許諾，請奉大將軍教令。遂共廢昌邑王，立宣帝。」按敞夫人，司馬遷女，楊惲母也。

〔一八〕《漢書‧朱買臣傳》：「朱買臣字翁子，吳人也。家貧，好讀書，不治產業，常艾薪樵賣以給食。擔束

薪,行且誦書。其妻亦負載相隨,數止買臣毋歌謳道中。買臣愈益疾歌。妻羞之,求去。買臣笑曰:『我年五十當富貴,今已四十餘矣,女苦日久,待我富貴,報女功。』妻恚怒曰:『如公等終餓死溝中耳!何能富貴?』買臣不能留,即聽去。其後買臣拜會稽太守,入吳界,見其故妻,妻夫治道。買臣駐車,呼令後車載其夫妻,到太守舍,置園中給食之。居一月,妻自經死。」

〔一九〕劉氏《識語》:「取備一朝之風俗事類,不必備一人之生平,旁見側出,此爲《左》《國》遺風。」此指《史記》《漢書》不區分類別。

〔二〇〕四皓,見《和州志列傳總論》注〔二〕。《漢書·王貢兩龔鮑傳》:「蜀有嚴君平,卜筮於成都市,以爲卜筮者賤業,而可以惠衆。人有邪惡非正之問,則依蓍龜爲言利害,與人子言依於孝,與人弟言依於順,與人臣言依於忠,各因勢而導之以善,從吾言者已過半矣。裁日閱數人,得百錢足自養,則閉肆下簾而授《老子》。博覽無不通,依老子、嚴周(即莊周)之指,著書十萬餘言。年九十餘,以其業終。」

〔二一〕見《書教中》注〔一九〕及注〔二〇〕。

〔二二〕《北史》有《列女傳》。《南史·孝義傳》末附蕭叡明姊文英、蕭矯妻羊等傳。《南》《北》二史,見《釋通》注〔三七〕。

〔二三〕見《永清縣志士族表序例》注〔一五〕。

〔二四〕見《和州志選舉表序例》注〔一八〕。

〔三五〕《廣雅·釋親》：「姑謂之威。」王念孫《疏證》云：「《說文》：『威，姑也。』引《漢律》『婦告威姑』。威姑，即《爾雅》所謂君姑也。君與威，古聲相近。《說文》：『君，從尹，君聲。讀若威。』是其例也。」

〔二六〕見《説林》注〔二三〕。

〔二七〕見《婦學》注〔六四〕。

〔二八〕按此節論分合，著例一。

〔二九〕見《書教上》注〔二０〕。

〔三０〕「錄其高秀」兩語，見《列女傳》序。

〔三一〕按劉刻《遺書》本此下另提行。

〔三二〕《後漢書·列女傳》：「孝女曹娥者，會稽上虞人也。父盱，能絃歌，爲巫祝。漢安二年五月五日，於縣江泝濤迎婆娑神，溺死，不得屍骸。娥年十四，乃沿江號哭，晝夜不絕聲，旬有七日，遂投江而死。至元嘉元年，縣長度尚改葬娥於江南道傍，爲立碑焉。」注：「《會稽典錄》曰：『度尚弟子邯鄲淳作碑文。後蔡邕題八字曰：黃絹幼婦外孫齏臼。』」又：「孝女叔先雄者，犍爲人也。父泥和，永建初爲縣功曹。縣長遣泥和拜檄謁巴郡太守，乘船墮湍水物故，尸喪不歸。雄感念怨痛，號泣晝夜，心不圖存，常有自沈之計。所生男女二人並數歲，雄乃各作囊盛珠環以繫兒，數爲訣別之辭。家人每防閑之，經百許日，後稍懈。雄因乘小船，於父墮處慟哭，遂自投水死。弟賢，其夕夢雄告之，却後六日，當共父同出。至期伺之，果與父相持，浮於江上。郡縣表言，爲雄立碑，圖像其形焉。」此指不當標

〔三三〕孝女之稱。

〔三四〕《後漢書·列女傳》：「安定皇甫規妻者，不知何氏女也。規初喪室家，後更娶之。妻善屬文，能草書，時爲規答書記，衆人怪其工。及規卒，時妻年猶盛，而容色美。後董卓爲相國，承其名，聘以輧輜百乘，馬二十匹，奴婢錢帛充路。妻乃輕服詣卓門，跪自陳情，辭甚酸愴。卓使傅奴侍者悉拔刀圍之，而謂曰：『孤之威教，欲令四海風靡，何有不行於一婦人乎？』妻知不免，乃立罵卓曰：『君羌胡之種，毒害天下，猶未足邪？妾之先人，清德奕世。皇甫氏文武上才，爲漢忠臣。君親非其趣使走吏乎？敢欲行非禮於爾君夫人邪？』卓乃引車庭中，以其頭懸軛，鞭撲交下。妻謂持杖者曰：『何不重乎？速盡爲惠。』遂死車下。後人圖畫，號曰禮宗云。」龐氏亦見《三國志》，詳《傳記》注〔一七〕。

〔三五〕《詩·大雅·瞻卬》：「婦有長舌，爲厲之階。」鄭箋：「長舌，喻多言語，是王降大厲之階。階，所由上下也。」此指范蔚宗始作之失。

〔三六〕按此節論傳贊、標題，著例二。

〔三七〕按此節論傳次，著例三。

〔三八〕按此節論係年，著例四。

永清縣志闕訪列傳序例

史家闕文之義，備於《春秋》。〔一〕兩漢以還，伏、鄭傳經，〔二〕馬、班著史，經守師說，〔三〕而史取心裁，於是六藝有闕簡之文，而三傳無互存之例矣。《公》《穀》異聞，不著於《左氏》；《左氏》別見，不存於《公》《穀》。夫經尊而傳別其文，故入主出奴，體不妨於並載；史直而語統於一，則因削明筆，例不可以兼存，固其勢也。司馬氏肇法《春秋》，創為紀傳，其於傳聞異辭，折衷去取，〔四〕可謂慎矣。顧石室金匱，方策留遺，〔五〕名山大川，見聞增益。〔六〕但著所取，而不明取之之由，自以為古文乖異，以及書闕有間，其軼時時見於他說云云者，〔七〕其敘例所謂疑者闕之，與夫慎言其餘。」〔九〕聞欲多而疑存其闕，慎之至也。馬、班而下，存其信而不著所疑以待訪，是直所謂疑者削之而已矣，又復何闕之有哉？〔一〇〕

闕疑之例有三：有一事兩傳而難為衷一者，《春秋》書陳侯鮑卒，並存甲戌己丑之文是也。〔二〕有舊著其文而今亡其說者，《春秋》書夏五郭公之法是也。〔三〕有慎書聞見而不自為解者，《春秋》書恒星不見，而不言恒星之隕是也。〔三〕韓非《儲說》，比次春秋時事，凡有異同，必加或曰云云，而著本文之下，〔四〕則甲戌己丑之例也。孟子言獻子五友，而僅著二人，〔五〕則

郭公夏五之例也。《檀弓》書馬驚敗績，而不書馬中流矢，[一六]是恆星不見之例也。馬、班以還，書聞見而示意者，蓋有之矣；一事兩書，以及空存事目者，絕無聞焉。如謂經文得傳而明，史筆不便於自著而自釋，則別存篇目，而明著闕疑以俟訪，未見體裁之有害也。[一七]

史無闕訪之篇，其弊有十。一己之見，折衷群說，稍有失中，後人無由辨正，其弊一也。才士意在好奇，文人義難割愛，猥雜登書，有妨史體，削而不錄，則稗說叢言，起而淆亂，其弊二也。初因事實未詳，暫置異同，勢難盡滅其蹟，不爲叙列大凡，等於入海泥牛，[一八]其弊四也。載籍易散難聚，不爲存證崖略，[一九]則一時不錄，後遂闕其事目，遂與篇目俱亡，後人雖欲考求，淵源無自，其弊五也。《春秋》有口耳之受，[二〇]馬、班有專家之學，史宗久失，難以期之馬氏外孫，[二一]蜷補綴，辭費心勞，且又難以得實，其弊六也。傳之立意命篇，如《老莊》《屈賈》是也；[二二]標題類叙，如《循吏》《儒林》是也；[二五]是於史法，皆有一定之位置，斷無可綴之旁文。凡有略而不詳，疑而難決之事，不存闕訪之篇，不得不附著於正文之內，類例不清，文辭難稱粹潔，其弊八也。開局修書，[二六]是非鬨起，子孫欲表揚其祖父，朋黨各自逞其所私；苟使金石無徵，傳聞難信，不立闕訪，以杜請謁，如云事實尚闕，而所言既有如此，謹存其略，而容後此之參訪，則雖有偏心之人，亦無從起爭端也。無以謝絕一偏之言，其弊九也。史無別

識心裁,便如文案孔目;苟具別識心裁,不以闕訪存其補救,則才非素王,[二七]筆削必多失乎,其弊十也。[二八]

或謂史至馬、班極矣,未聞有如是之詹詹也。[二九]今必遠例《春秋》,而近祧《史》《漢》,後代史家亦有見及於此者乎?答曰:後史皆宗《史》《漢》。《史》《漢》未具之法,後人以意創之,大率近於類聚之書,皆馬、班之吐棄而不取者也。夫以步趨馬、班,猶恐不及,況能創意以救馬、班之失乎?然有窺見一二,而微存其意者,功亦不可盡誣也。陳壽《蜀志》,以諸葛不立史官,蜀事窮於搜訪,因於十五列傳之末,獨取楊戲《季漢輔臣贊》,與《益部耆舊雜記》以補之。[三〇]常璩《華陽國志》,以漢中士女有名賢貞節,歷久相傳,而遺言軼事,無所考見者,《序志》之篇,皆列其名,而無所筆削。[三一]此則似有會於多聞闕疑之旨者。惜其未能發凡起例,特著專篇;後人不暇搜其義蘊,遂使獨斷之學,與比類之書,接踵於世,而《春秋》之旨微矣。[三二]

近代府縣志書,例編人物一門,廁於山川祠墓、方物土產之間,而前史列傳之體,不復致思焉。其有豐功偉績,與夫潛德幽光,[三三]皆約束於盈寸之節略,排纂比次,略如類書;其體既襲,所收亦猥濫而無度矣。舊志所載,人物寥寥,而稱許之間,漫無區別,學皆伏、鄭,才盡班、揚,吏必龔、黃,行惟曾、史。[三四]且其文字之體,尤不可通,或如應酬膚語,或如案牘文移,泛填排偶之辭,間雜帖括之句,循名按實,[三五]開卷茫然。凡若此者,或是鄉人庸行,請託濫收;或

是當日名流，失傳事實；削之則九原負屈，編之則傳例難歸。又如一事兩說，參差異同，偏主則襃貶懸殊，並載則抑揚無主，欲求名實無憾，位置良難。至於近代之人，開送事蹟，俱爲詳詢端末，纖悉無遺，具編列傳之中，曾無時世之限，其間亦有姓氏可聞，實行莫著，濫收比類之册，或可奄藏，人諸史氏體裁，難相假借。今爲別裁闕訪，同占列傳之篇，各爲標目，可與正載諸傳，互相發明。是用叙其義例，以待後來者之知所審定云爾。〔三六〕

〔一〕闕文，見《言公中》注〔三〕。《春秋》郭公夏五，杜氏謂爲闕文，見《和州志闕訪列傳序例》注〔三〕。此所謂其義備於《春秋》也。

〔二〕伏生名勝，見《言公上》注〔六二〕。鄭玄，見《易教中》注〔五〕。

〔三〕《後漢書·儒林傳序》：「若師資所承，宜標名爲證者，乃著之云。」漢儒傳經，經各有説，師師相承，守而弗失，此所謂經守師説也。

〔四〕傳聞異辭，見《經解上》注〔三〕。折衷，見《易教下》注〔五〇〕。

〔五〕《史記·太史公自序》：「抽史記石室金匱之書。」《索隱》：「按石室金匱，皆國家藏書之處。」《禮記·中庸》：「文武之政，布在方策。」

〔六〕蘇轍《上韓太尉書》：「太史公行天下，周覽四海名山大川，與燕趙間豪俊交遊，故其文疏蕩，頗有奇氣。」

〔七〕疑者闕之句，《高祖侯功臣年表序》文。古文乖異句，《三代世表序》文。書闕有間，其軼乃時時見於他說二句，《五帝本紀贊》文。數語見《史記》闕疑之義例。

〔八〕《莊子·外物》：「惠子謂莊子曰：『子言無用。』莊子曰：『知無用，而始可與言用矣。夫地非不廣且大也，人之所用容足耳。然則厠足而墊之致黄泉，人尚有用乎？』惠子曰：『無用。』莊子曰：『然則無用之爲用也，亦明矣。』」

〔九〕《論語·爲政》：「子曰：多聞闕疑，慎言其餘，則寡尤。」

〔一〇〕按此節言史應闕疑待訪。

〔一一〕《左傳》桓五年：「春正月甲戌己丑，陳侯鮑卒。」杜注：「甲戌，前年十二月二十一日。己丑，此年正月六日。陳亂故再赴。赴雖日異，而皆以正月起文，故但書正月。慎疑審事，故從赴兩書。」《穀梁傳》：「《春秋》之義，信以傳信，疑以傳疑。陳侯以甲戌之日出，己丑之日得，不知死之日，故舉二日以包之。」

〔一二〕見《和州志闕訪列傳序例》注〔三〕。

〔一三〕《春秋》莊公七年：「夏四月辛卯，夜，恒星不見。夜中，星隕如雨。」《左傳》：「恒星不見，夜明也。星隕如雨，與雨偕也。」

〔一四〕《韓非子·外儲說》第三十四：「管仲相齊，曰：『臣貴矣，然而臣貧。』桓公曰：『使子有三歸之家。』曰：『臣富矣，然而臣卑。』桓公使立於高、國之上。曰：『臣尊矣，然而臣疏。』乃立爲仲父。孔子聞

而非之曰：「泰侈偪上。」一曰：「管仲父出，朱蓋青衣，置鼓而歸，庭有陳鼎，家有三歸。孔子曰：『良大夫也，其侈偪上。』」

〔五〕《孟子·萬章下》：「孟獻子百乘之家也，有友五人焉，樂正裘、牧仲，其三人則予忘之矣。」

〔六〕《禮記·檀弓上》：「魯莊公及宋人戰於乘丘，縣賁父御，卜國為右，馬驚敗績，公墜。佐車授綏，公曰：『末之卜也。』縣賁父曰：『他日不敗績，而今敗績，是無勇也。』遂死之。圉人浴馬，有流矢在白肉。公曰：『非其罪也。』遂誄之。士人有誄，自此始也。」

〔七〕按此節明闕疑三例。

〔八〕見《州縣請立志科議》注〔四〕。

〔九〕《莊子·知北遊》：「夫道，窅然難言哉，將為汝言其崖略。」《說文》：「崖，高邊也。」《博雅》：「略，要也。」

〔一〇〕見《史注》注〔三〕。

〔一一〕謂楊惲也。《漢書·楊惲傳》：「惲字子幼。惲母，司馬遷女也。惲始讀外祖《太史公記》，為《春秋》，以材能稱。」《史記》由惲宣布，見《史注》注〔七〕。

〔一二〕謂班昭也。昭續成《漢書》，見《史注》注〔八〕。

〔一三〕劉氏《識語》：「心事難明一條，即因筆明削之義。班《書》《東方朔傳》，則因筆明削之義，（按師古注曰：『此傳所以詳錄朔之辭語者，為俗人多以奇異妄附於朔故耳。欲明傳所不記者，皆非其實

〔二四〕見《釋通》注〔五八〕。

〔二五〕《史通·題目》：「史傳雜篇，區分類聚，隨事立號，諒無恒規。」

〔二六〕唐貞觀初，詔修《隋書》。三年，詔修五代紀傳，開設史館，以宰臣監修，是爲設局修書之始。見《說林》注〔七七〕。

〔二七〕杜預《春秋序》：「說者以仲尼自衛反魯，脩《春秋》，立素王，丘明爲素臣。」孔穎達疏：「言孔子自以身爲素王，故作《春秋》，立素王之法。丘明自以身爲素臣，故爲素王作《左氏》之傳。」《莊子·天道》：「以此處下，玄聖素王之道也。」注：「有其道爲天下所歸而無其爵者，所謂素王自貴也。」

〔二八〕筆削，見《易教下》注〔二六〕。

〔二九〕見《和州志列傳總論》注〔三三〕。按此節列史無闕訪十弊。

〔三〇〕蜀不置史，見《和州志闕訪列傳序例》注〔三〕。《季漢輔臣贊》，見《和州志氏族表序例下》注〔三〕。

〔三一〕《蜀志·楊戲傳》：「《益都耆舊雜記》載王嗣、常播、衛繼三人，皆劉氏王蜀時人，故錄於篇。」此承祚所以補蜀史之闕也。《史通·史官建置》：「按《蜀志》稱王崇補《東觀》，許蓋掌禮儀，又郤正爲祕書郎，廣求益州書籍，斯則典校無闕，屬辭有所矣。而陳壽評云，蜀不置史官者，得非厚誣諸葛乎？」是蜀不置史之說，子玄深不謂然也。

〔三一〕《華陽國志》,列漢中女士,見《和州志氏族表序例下》注〔三〕。

〔三二〕按此節言闕訪立傳,義踵《春秋》。

〔三三〕見《黜陋》注〔四六〕。

〔三四〕伏鄭,見上注。班固,見《書教上》注〔三二〕。揚雄,見《易教上》注〔三二〕。《漢書·循吏傳》:「龔遂,字少卿,山陽南平陽人。以明經爲官。宣帝即位,以爲勃海太守。遂年七十餘,單車至府,郡中翕然。聞遂教令,盜賊悉平。遂躬率以儉約,教民務農桑。民有帶持刀劍者,使賣劍買牛,賣刀買犢。吏民皆富。數年,徵拜水衡都尉,以官壽卒。」黃霸,見《永清縣志政略序例》注〔三三〕。《莊子·駢拇》:「枝於仁者,擢德塞性,以收名聲,使天下簧鼓以奉不急之法非乎?而曾、史是已。」《釋文》:「曾、史,曾參、史鰌也。曾參行仁,史鰌行義。」按粵雅堂本「史」譌作「子」,茲從諸本正。

〔三五〕《北史·辛術傳》:「循名質實,新舊參舉。」

〔三六〕按此節明闕訪立傳,有裨於史。

永清縣志前志列傳序例

史家著作成書，必取前人撰述，彙而列之；所以辨家學之淵源，明折衷之有自也。〔一〕司馬談推論六家學術，〔二〕猶是莊生之叙禽、墨、荀子之非十二家言而已。〔三〕至司馬遷《十二諸侯表叙》，則於呂覽、虞卿、鐸椒、左丘明諸家，所爲《春秋》家言，反覆推明著書之旨，〔四〕此即百三十篇所由祖述者也。史遷紹述《春秋》，即虞、呂、鐸、左之意，人譏其僭妄非也。班固作遷列傳，范氏作固列傳，家學具存。〔五〕至沈約之傳范氏、姚氏之傳沈約，不以史事專篇爲重，〔六〕於是史家不復有祖述淵源之法矣。今兹修志，而不爲前志作傳，是直攘人所有而没其姓名，又甚於沈、姚之不存家學也。蓋州縣舊志之易亡，又不若范史、沈書之力能自壽也。

紀述之重史官，猶《儒林》之重經師，《文苑》之重作者也。《儒林列傳》當明大道散著，師授淵源；《文苑列傳》當明風會變遷，文人流别；此則所謂史家之書，非徒紀事，亦以明道也。如使儒林文苑不能發明道要，但叙學人才士一二行事，已失古人命篇之義矣。况史學之重，遠紹《春秋》，〔八〕而後史不立專篇，乃令專門著述之業，湮而莫考，豈非史家弗思之甚耶？夫列史具存，而不立專傳，弊已如是，况州縣之書，迹微易隱，而可無專録乎？〔九〕書之未成，必有所取裁，如遷史之資於《世本》《國策》，固書之資於馮商、劉歆，〔一〇〕是也。

書之既成，必有其傳述，如楊惲之布遷書，馬融之受漢史，[一]是也。書既成家，必有其攻習，如徐廣、崔駰之注馬，服虔、應劭之釋班，[二]是也。此家學淵源之必待專篇列傳而明者也。[三]馬、班而後，家學漸衰，世傳之家學也。而豪傑之士，特立名家之學起，如《後漢書》之有司馬彪、華嶠、謝承、范蔚宗諸家，世傳之家學也。而《晉書》之有何法盛等十八家，[一五]是也。同紀一朝之蹟，而史臣不領專官，則人自爲編，家各爲說，不爲敘述討論，萃合一篇之内，何以得其折衷？此諸家流別之必待專篇列傳而明者也。[一六]

六代以還，名家復歇，父子世傳爲家學，一人特撰爲名家。而集衆修書之法行，如唐人之修《晉書》，[一七]元人之修《宋》《遼》《金》三史，[一八]是也。監修大臣，著名簡端，而編纂校勘之官，則隱顯不一。即或偶著其人與修史事，而某紀某表編之誰氏，某志某傳輯自何人，孰爲草創規條，孰爲潤色文采，不爲整齊綴合，各溯所由，未免一書之中，優劣互見，而功過難知。此一書功力之必待專篇列傳而明者也。[一九]

若夫日曆起居之法，[二〇]延閣廣内之藏，[二一]投牒議謚之制，[二二]稗官野史之徵，[二三]或於傳首敘例，詳明其制；或於傳終論述，推說其由，無施不可。亦猶儒林傳敘，申明學制，表立學官之遺意也。[二四]誠得此意而通於著作，猶患史學不舉，史道不明，未之聞也。[二五]

志乘爲一縣之書，即古者一國之史也，而世人忽之，則以家學不立，師法失傳，文不雅馴，

難垂典則故也。新編告成,而舊書覆瓿,[二六]未必新書皆優,而舊志盡劣也。舊志所有,新志重複載之,其筆削之善否,初未暇辨;而舊志所未及載,新志必有增益,則舊志之易為厭棄者一矣。纂述之家,喜炫己長,後起之書,易於攻摘。每見修志諸家,創定凡例,不曰舊書荒陋,則云前人無稽;後復攻前,效尤無已。其實狙公頎倒三四,本無大相徑庭;[二七]但前人已往,質證無由,則舊志之易為厭棄者二矣。州縣之書,率多荒陋,文人學士,束而不觀。其有特事搜羅,旁資稽索,不過因此證彼,初非耽悅本書。新舊二本,雜陳於前,其翻閱者,猶如科舉之士,購求程墨,[二八]陰陽之家,檢視憲書,[二九]取新棄舊,理勢固然,本非有所特擇,則舊志之易為厭棄者三矣。夫索綏《春秋》,索綏撰《前涼春秋》端資邊瀏;[三〇]瀏承張駿之命,集涼內外事。常璩《國志》,《華陽國志》也。半襲譙周。[三一]《華陽國志》載李氏始末。其劉氏二志,大率取裁譙周《蜀本紀》。是則一方之書,不能無藉於一方之紀載,而志家不列前人之傳,豈非得魚忘筌[三二]習而不察?又何怪於方志之書,放失難考耶?[三三]

主修之官,與載筆之士,[三四]撰著文辭,不分名實;前志之難傳,一也。序跋虛設,於書無所發明,前志之難傳,二也。如有發明,則如馬、班之錄《自序》,可以作傳矣。書之取裁,不標所目,前志之難傳,四也。志當遞續,非萬不得已,不當迭改;迭改之書,而欲並存,繁重難勝;前志之難傳,五也。於難傳之中,而為之作傳,蓋不得已

而存之，推明其故，以爲後人例也。〔三五〕

〔一〕二句挈明要領。家學，見《史注》注〔三〕。折衷，見《易教下》注〔五〇〕。

〔二〕見《原道中》注〔三九〕。

〔三〕《莊子・天下》於總論道術之下，分敘各家學説。其叙墨云：「不侈於後世，不靡於萬物，不暉於數度，以繩墨自矯，而救世之急，古之道術有在於是者，墨翟、禽滑釐聞其風而説之。」《荀子・非十二子》，列它囂、魏牟、陳仲、史鰌、墨翟、宋鈃、慎到、田駢、惠施、鄧析、子思、孟軻十二家之説，著而非之。司馬談論六家學術，而未及著述宗旨，則猶是莊、荀之舊也。

〔四〕《史記・十二諸侯年表序》：「孔子明王道，干七十餘君莫能用，故西觀周室，論史記舊聞，興於魯而次《春秋》。上記隱，下至哀之獲麟，約其辭文，去其煩重，以制義法，王道備，人事浹。七十子之徒，口受其傳指，爲有所刺譏襃諱挹損之文辭，不可以書見也。魯君子左丘明，懼弟子人人異端，各安其意，失其真，故因孔子史記，具論其語，成《左氏春秋》。鐸椒爲楚威王傅，爲王不能盡觀《春秋》，采取成敗，卒四十章，爲《鐸氏微》。趙孝成王時，其相虞卿，上采《春秋》，下觀近世，亦著八篇，爲《虞氏春秋》。呂不韋者，秦莊襄王相，亦上觀尚古，刪拾《春秋》，集六國時事，以爲八覽六論十二紀，爲《吕氏春秋》。及如荀卿、孟子、公孫固、韓非之徒，各往往據攟《春秋》之文以著書，不可勝紀。漢相張蒼歷譜五德。上大夫董仲舒推《春秋》義，頗著文焉。」

〔五〕見《和州志前志列傳序例上》注〔八〕及注〔九〕。

〔六〕沈約《宋書·范曄傳》，見《和州志前志列傳序例上》注〔二〕。姚思廉《梁書·沈約傳》，只敘事蹟，未詳史學淵源。

〔七〕按此節言立傳所以明淵源。

〔八〕章氏論史，貴能寓理於事，通古今之變，成一家之言，遠師孔氏竊取其義之旨。

〔九〕按此節言立傳所以明宗旨。

〔一〇〕見《說林》注〔一四〕及《言公上》注〔四九〕。

〔一一〕見《史注》注〔七〕及《言公上》注〔八〕。

〔一二〕見《史注》注〔九〕及注〔一〇〕。

〔一三〕按此節言立傳所以重家學。

〔一四〕見《和州志前志列傳序例上》注〔三四〕。

〔一五〕見《言公下》注〔三〇〕。

〔一六〕按此節言立傳所以明流別。

〔一七〕見《和州志前志列傳序例上》注〔三〕。

〔一八〕《宋史》，見《史注》注〔一九〕。《遼》《金史》，見《永清縣志選舉表序例》注〔八〕。元順帝至正三年三月，右丞相脫脫奏請設局重修三史。四年三月，《遼史》成。同年十一月，《金史》成。五年十月，《宋

史》繼成。由脱脱及繼任右丞相阿魯圖先後表上。《宋史》，據王偁《東都事略》，李燾《續通鑑長編》，及元兵入臨安時董文炳所得之《宋史》與諸記注。《遼史》，據耶律儼《皇朝實錄》，蕭永祺《遼史》及陳大任重修之《遼史》。《金史》，據劉祁《歸潛志》，元好問《中州集》《壬辰雜編》，及張柔所獻之《金實錄》，王鶚所輯之《金史》。三史成書之速，亦以其有底本故也。

[一九] 按此節言立傳所以著功力。

[二〇] 宋吳曾《能改齋漫錄》卷一：「唐順宗時，宰相韋執誼監修國史，奏令史官撰日曆者，以事繫日，以日繫月，以月繫時，以時繫年，猶有《春秋》遺意也。宋時極重史事，日曆之修，諸司必關白，又詔誥則三省必書，兵機邊務則樞司必報，百官之進退，刑賞之予奪，臺諫之論列，給舍之繳駁，經筵之問答，侍從之直前啟事，中外之囊封廷奏，下至錢穀甲兵獄訟造作，凡有關政體者，無不隨日以錄。他日會要之修取於此，實錄之修取於此，百年之後，紀志列傳取於此，此日曆之始也。」

[二一] 《宋史》所以爲精鑿也。（《明‧文苑傳》及朱彝尊《曝書亭集‧徐一夔傳》起居注，見《婦學》注[三]。

[二二] 《初學記》一二引劉歆《七略》曰：「武帝廣獻書之路，百年之間，書積如丘山，故外則有太常、太史、博士之藏，内則有延閣、廣内、祕室之府。」延閣、廣内，皆宮中藏書之所也。

[二三] 《禮記‧檀弓》：「死，謚，周道也。」《汲冢周書》：「維周公旦、太公望開嗣王業，攻于牧野之中，終葬，乃制謚叙法，大行受大名，細行受細名，行出於己，名生於人。」方熊《文章緣起補注》：「先賢表

〔二三〕諡，並有行狀，具死者世系名字爵里行治壽言之詳，牒考功太常使議諡。」稗官，見《詩話》注〔三〕。野史，私家之記載也，亦稱稗史。《新唐書·藝文志》雜史類有公孫仲穆《太和野史》十卷。

〔二四〕《史記》《漢書》之《儒林傳叙》，詳叙武帝用公孫弘議立《五經》博士，置弟子員，設科射策之經過，所以申明學制，表立學官也。

〔二五〕按此節言立傳所以明史學，辨例一。

〔二六〕覆甕：即覆瓿也。見《辨似》注〔三七〕。

〔二七〕顛倒三四，見《和州志前志列傳序例下》注〔二六〕。逕庭，見《和州志輿地圖序例》注〔九〕。

〔二八〕科舉，見《書教下》注〔三三〕。程墨，應試文字有一定程式者。

〔二九〕即曆書，以避清高宗諱改。

〔三〇〕《史通·古今正史》：「前涼安定張氏史。

〔三一〕《史通·正史》：「蜀初號曰成，後改稱漢。李勢散騎常侍常璩撰《漢書》十卷，後入晉祕閣，改爲《蜀李書》。璩又撰《華陽國志》，具載李氏興滅。」《華陽國志》，見《史注》注〔四〇〕。《蜀志·譙周傳》：「周字允南，巴西充國人也。建興中，爲勸學從事，後遷光禄大夫。」鄧艾入陰平，後主從周策降魏，封陽城亭侯。晉泰始六年，卒。凡所著述撰定《法訓》《五經論》《古史考》書之屬百餘篇。」《三

〔三二〕《國志》裴松之注所引書，有譙周《蜀本紀》，爲常璩書所採納。

〔三三〕見《答客問下》注〔三二〕。

〔三四〕按此節言立傳所以詳得失，辨例二。

〔三四〕《禮記·曲禮上》：「史載筆。」

〔三五〕按此節言立傳有五難，申志。

永清縣志文徵序例

《永清縣志》告成，[一]區分紀、表、圖、書、政略、列傳六體，定著二十五篇，篇各有例。又取一時徵集故事文章，擇其有關永清而不能併收入本志者，又自以類相從，別爲奏議、徵實、論說、詩賦，各爲一卷，總四卷。卷爲叙録如左，而總叙大指，以冠其編。

叙曰：古人有專守之官，即有專掌之故；有專門之學，即有專家之言；未有博采諸家，彙輯衆體，如後世文選之所爲也。官失學廢，文采愈繁。以意所尚，採掇名雋，若蕭氏《文選》，姚氏《文粹》，[二]是也。循流溯源，推而達於治道，《宋文之鑑》是也。[三]相質披文，進而欲爲史翼，《元文之類》是也。[四]是數子之用心，可謂至矣。然而古者十五《國風》、八國《國語》，以及晉乘、楚檮杌、與夫各國春秋之旨繹之，則列國史書，與其文誥聲詩，相輔而行。[五]在昔非無其例也。唐劉知幾嘗患史體載言繁瑣，欲取詔誥章疏之屬，以類相從，別爲一體，入於紀傳之史，[六]是未察古人各有成書，相輔益章之義矣。第窺古人之書，《國語》載言，必叙事之終始；《春秋》義授左氏，《詩》有國史之叙，[七]故事去千載，讀者洞然無疑。後代選文諸家，掇取文辭，不復具其始末，如奏議可觀，而不載報可，寄言有託，而不述時世，詩歌寓意，而不綴事由，則讀者無從委決，於史事復奚裨乎？《文選》《文粹》，固無足責；[八]《文鑑》《文類》，見

九一五

奏議敘錄[二]

奏議之文，所以經事綜物，敷陳治道；文章之用，莫重於斯。而蕭統選文，用賦冠首；後代撰輯諸家，奉為一定科律，亦失所以重輕之義矣。如謂彼固辭章家言，本無當於史例，則賦乃六義附庸，而列於詩前；騷為賦之鼻祖，而別居詩後，[三]其任情顛倒，亦復難以自解。而《文苑》《文鑑》，[三]從而宗之，又何說也？今以奏議冠首，以為輯文通例，竊比列史之首冠本紀云爾。[四]

史家之取奏議，如《尚書》之載訓誥，其有關一時之制度者，裁入書志之篇；其關於一人之樹立者，編諸列傳之內。然而紀傳篇幅，各有限斷，一代奏牘，文字繁多，廣收則史體不類，割愛則文有闕遺。按班氏《漢書》，備詳書奏，然覆檢《藝文志》內，石渠奏議之屬，[五]《高祖》《孝文》論述册詔之傳，[六]未嘗不於正史之外，別有專書。[七]前人編《漢魏尚書》，近代編《名臣章奏》，[八]皆體嚴用鉅，不若文士選文之為表裏者也。

例,而不知者,往往忽而不察,良可惜也。

杜佑撰《通典》[二〇]於累朝制度之外,別爲禮議二十餘卷,不必其言之見用與否,而談言有中,存其名理。此則著書之獨斷,編次之通裁,其旨可以意會,而其說不可得而迹泥者也。然而專門之書,自爲裁制,或删或節,固無不可。史志之體,各有識職,[二一]徵文以補書志之闕,則録而不叙,自由舊章。今采得奏議四篇,咨詳稟帖三篇,亦附録之,[二二]爲其官府文書,近於奏議,故類入焉。其先後一以年月爲次,所以備事之本末云爾。[二三]

徵實叙録

徵實之文,史部傳記支流。古者史法謹嚴,記述之體,各有專家。是以魏晉以還,文人率有別集。然而諸史列傳,載其生平著述,止云詩賦箋銘頌誄之屬,共若干篇而已。[二四]未聞載其記若干首,傳若干章,志若干條,述若干種者也。由是觀之,則記傳志述之體,古人各爲專門之書,初無散著文集之内,概可知矣。唐宋以還,文集之風日熾,而專門之學杳然。於是一之中,詩賦與經解並存,論説與記述同載,而裒然成集之書,始難定其家學之所在矣。若夫選輯之書,則蕭統《文選》不載傳記,[二五]《文苑》《文鑑》始漸加詳,蓋其時勢然也。文人之集,可徵史裁,由於學不專家,事多旁出,豈不洵歟?[二六]

徵實之體,自記事而外,又有數典之文,[二七]考據之家,所以別於敘述之文也。以史法例之,記事乃紀傳之餘,數典爲書志之裔,所謂同源而異流者也。數典之源,本乎官《禮》,其大端矣。數典之文,古來亦具專家,《戴記》而後,若班氏《白虎通議》,應氏《風俗通議》,蔡氏《獨斷》之類,[二八]不可勝數。而文人入集,則自隋唐以前,此體尤所未見者也。至於專門學衰,而文士偶據所得,筆爲考辨,著爲述議,成書則不足,削棄又可惜,於是無可如何,編入文集之中,與詩賦書表之屬,分占一體,此後世選文之不得不收者也。[二九]

徵實之文,與本書紀事,尤相表裏,故采錄校別體爲多。其傳狀之文,有與本志列傳相彷彿者,正以詳略互存,且以見列傳采擷之所自,而筆削之善否工拙,可以聽後人之別擇審定焉,不敢自據爲私也。碑刻之文,有時不入金石者,錄其全文,其重在徵事得實也。仍於篇後著石刻之款識,所以與金石相互見也。[三〇]

論説敘錄

論説之文,其原出於《論語》。[三一]鄭氏《易》云:「雲雷屯,君子以經綸。」言論撰書禮,樂施政事。」[三二]蓋當其用,則爲典謨訓誥;當其未用,則爲論撰説議;聖人制作,其用雖異,而其本出於一也。周秦諸子,各守專家,雖其學有醇駁,語有平陂;然推其本意,則皆取其所欲行

而不得行者，筆之於書，而非有意爲文章華美之觀；是論說之本體也。自學不專門，而文求綺麗，於是文人撰集，說議繁多。其中一得之見，與夫偶合之言，往往亦有合於古人；而根本不深，旨趣未卓，或諸體雜出，自致參差；或先後彙觀，竟成複沓，此文集中之論説，所以異於諸子一家之言也。唐馬總撰《意林》，[三三]裁節諸子，標其名雋，此亦棄短取長之意也。今兹選文，存其論之合者，亦撰述之通義也。

《文選》諸論，若《過秦》《辨亡》諸篇，[三五]義取抑揚詠嘆，旨非抉摘發揮；是乃史家論贊之屬，其源略近詩人比興一流，[三六]與唐宋諸論，名同實異。然《養生》《博弈》諸篇，[三七]則已自有命意；斯固文集盛行，諸子風衰之會也。蕭氏不察，同編一類，非其質矣。[三八]

諸子一變而爲文集之論議，再變而爲説部之劄記，則宋人有志於學，而爲返樸還淳之會也。然嗜好多端，既不能屏除文士習氣；而爲之太易，又不能得其深造逢源。[三九]遍閱作者，求其始末，大抵是收拾文集之餘，取其偶然所得，一時未能結撰者，劄而記之，積少致多，哀成其帙耳。故義理率多可觀，而宗旨終難究索也。[四〇]

永清文獻荒蕪，論説之文，無可采擇，約存一首，聊以備體，非敢謂有合於古人也。[四一]

詩賦敘錄

詩賦者，六籍之鼓吹，文章之宣節也。[四二]古者聲詩立教，鏗鏘肆於司樂，篇什敘於太史；[四三]事領專官，業傳學者；欲通聲音之道，詢諸掌故，本末犁然，[四四]其具存矣。自詩樂分源，俗工惟習工尺，[四五]文士僅攻月露，[四六]於是聲詩之道，不與政事相通；而業之守在專官，存諸掌故者，蓋茫然而不可復追矣。唐宋以後，雖云文士所業，就其至者，亦可考其文辭，證其時事。故選文至於詩賦，能不墜於文人綺語之習，斯庶幾矣。[四七]指事類情，發揮微隱，敷陳政教；采其尤者，亦可不愧古人。

劉氏《七略》，以封禪儀記入《禮經》，秦官奏議、《太史公書》入《春秋》，[四九]而《詩賦》自爲一略，不隸《詩經》；則以部帙繁多，不能不別爲部次也。至於賦乃六義之一，其體誦而不歌。[五〇]而劉《略》所收，詩賦文集混一而不能犁晰之端耳。[四八]以致蕭《選》以下，奉爲一定章程，篇第倍蓰於詩，於是以賦冠前，而詩歌雜體，反附於後；[五一]若雜賦一門，皆無專主名氏，體如後世總集之異可謂失所輕重者矣。又其詩賦區爲五種，[五二]觀者猶可以意辨之，知所類別。至屈原以下二十家，於別集。詩歌一門，自爲一類，雖無敘例，陸賈以下二十一家，孫卿以下二十五家，門類既分爲三，當日必有其說；而敘例闕如，[五三]如諸

子之目後敘明某家者流，其原出於古者某官云云是也。不與諸子之書，同申原委，此詩賦一略，後人所爲州縣文徵，選輯詩賦，古者《國風》之遺意也。舊志八景諸詩，[五五]頗染文士習氣，故悉刪之，所以嚴史例也。文丞相詞[五六]與《祭漯河文》，[五七]非詩賦而並錄之者，有韻之文，如銘箴頌誄，皆古詩之遺也。[五八]

〔一〕見《永清縣志皇言紀序例》注〔一〕。

〔二〕見《書教中》注〔三〇〕及注〔三〕。

〔三〕《宋文鑑》：見《書教中》注〔三〕。

〔四〕《元文類》：見《書教中》注〔三〕。

〔五〕十五《國風》，見《和州文徵序例》注〔八〕。《國語》，見《書教下》注〔二六〕。各國《春秋》，見《方志立三書議》注〔八〕。聲詩，見《婦學》注〔三五〕。《和州文徵序例》云：「夫史氏之書，義例甚廣，《詩》《書》之體，有異《春秋》，若《國語》十二（當作八）《國風》十五，所謂典訓風謠，各有攸當。是以太師陳詩，外史又掌四方之志，未聞獨取備於一類之書也。」此所謂國史與文誥聲詩相輔而行者也。

〔六〕見《書教中》注〔七〕。

〔七〕見《黜陋》注〔三五〕。陳啟源《毛詩稽古編》曰：「凡記載之文，以詞紀世，議論之文，以詞達意，故觀其

词,而世与意显然可知。独《诗》则不然,除《文王》《清庙》《生民》数篇外,其意之见于词者,寥乎罕闻矣。又寓言深远,多微词渺旨,或似美而实刺,或似刺而实美,其意不尽在词中,尤难意测而知。夫论世方可诵《诗》,而《诗》不自著其世,得意方可说《诗》,而《诗》又不自白其意,使后之学《诗》者,何自而入乎?古国史之官,早虑及此,故《诗》所不载者,则载之於叙。"此诗之所以须有叙也。

〔八〕刘氏《识语》:"《文选》多存缘起,未可与《文粹》并讥。"

〔九〕见《和州志选举表序例》注〔一八〕。

〔一〇〕按此节言《文徵》有裨史裁,一篇总叙。

〔一一〕见《和州文徵》注〔一八〕。

〔一二〕六义附庸,见《诗教下》注〔三九〕。赋居诗后,见《诗教下》注〔五二〕。

〔一三〕见《诗教上》注〔三九〕。

〔一四〕按此节言奏议冠首,为辑文著例。

〔一五〕《汉书·宣帝纪》:"甘露三年,诏诸儒讲《五经》同异,太子太傅萧望之等平奏其议,上亲称制临决焉。"钱大昭《汉书辨疑》曰:"时与议石渠者,《易》家博士沛施雠、黄门郎东莱梁丘临,《书》家博士千乘欧阳地余、博士济南林尊、译官令齐周堪、博士扶风张山拊、谒者陈留假仓,《诗》家淮阳中尉鲁韦玄成、博士山阳张长安、沛薛广德,《礼》家梁戴圣、太子舍人沛闻人通汉,《公羊》家博士严彭祖、侍郎申輓、伊推、宋显、许广,《穀梁》家议郎汝南尹更始、待诏刘向、梁周庆、丁姓、中郎王亥,其可考

者，凡二十三人。議奏之見於《藝文志》者，《書》四十二篇，《禮》三十八篇，《春秋》三十九篇，《論語》十八篇，《五經雜議》十八篇，凡一百六十五篇。《易》《詩》二經，獨無議奏，蓋班氏失載之耳。」

〔一六〕見《言公上》注〔四七〕。

〔一七〕實錄者，專記一帝之事跡者也。《隋志》雜史類著錄《梁皇帝實錄》三卷，記武帝事，謝吴《唐志》作吴）《梁皇帝實錄》五卷，記元帝事，皆爲官撰之書，而取材有不限於記注者。迨唐以後，則每帝殂後，必由繼嗣之君敕修實錄，沿爲定例。起居注，見《婦學》注〔三〕。

〔一八〕《漢魏尚書》，見《書教中》注〔一五〕。《四庫全書總目》詔令奏議類：「《歷代名臣奏議》三百五十卷，明永樂十四年，黃淮、楊士奇等奉敕編。」

〔一九〕按此節著編旨。

〔二〇〕《郡齋讀書志》類書類：「《通典》二百卷，唐宰相杜佑撰。先是劉秩采經史，自黃帝至唐天寶末，制度沿革廢置，論議得失，倣《周禮》六官法，爲《政典》三十五篇。房琯稱才過劉向。佑以爲未盡，因廣之，參以新禮，爲二百篇，以食貨、選舉、職官、禮、樂、兵刑、州郡、邊防八門，分類敘載，世推該洽。凡三十六年成書，德宗時上之。」參看《書教中》注〔三〕。

〔二一〕識職，出韓愈《樊紹述墓誌銘》，見《文理》注〔三〕。

〔二二〕《永清文徵》錄有趙之符《敬陳民困疏》，福建司《井田科奏案》《敬陳屯莊事宜奏疏》《租種空分官地咨文》《回贖旗地奏議》《河灘租息歸入養局詳文》《雙營養局經費稟帖》七篇。（劉刻《遺書》外編十

〔三〕按此節明編例。
〔一四〕見《詩教下》注〔四〕。
〔一五〕《文選序》：「至於記事之史，繫年之書，所以褒貶是非，紀別同異，方之篇翰，亦已不同。」
〔一六〕按此節記事之文。
〔一七〕見《詩教上》注〔五〇〕。
〔一八〕《戴記》，即《大戴記》及《禮記》，見《傳記》注〔三〕。《白虎通義》《風俗通義》，見《釋通》注〔一四〕及注〔一五〕。《獨斷》，見《釋通》注〔三九〕。
〔一九〕按此節數典之文。
〔二〇〕按此節傳狀碑刻之文。
〔二一〕見《和州文徵序例》注〔二五〕。
〔二二〕見《經解上》注〔八〕。按粵雅堂本「撰」譌作「選」，茲依劉刻《遺書》本正。
〔二三〕《唐書·藝文志》雜家類：「馬總《意林》一卷。」今作五卷。《四庫簡明目錄》：「初，梁庾仲容取周秦以來雜記一百七家，摘其要語，名曰《子鈔》。總以其繁略失中，復增損以成之。書原本殘缺，僅存七十一家，每家所錄，不過數條，然今人所未見者，十之七八也。」
〔二四〕按此節論說體之導源。

〔三五〕見《詩教下》注〔六二〕及注〔六三〕。

〔三六〕章氏《論課蒙學文法》:「論贊欲其抑揚詠歎。」(劉刻《遺書》補遺)又《與喬遷安明府論初學課蒙三簡》:「馬、班諸人論贊,雖爲《春秋》之學,然本《左氏》假説君子推論之意。其言似近實遠,似正實反,情激而語轉平,意嚴而説更緩。尺幅無多,而抑揚詠歎,往復流連,使人尋味行中,會心言外,温柔敦厚,《詩》教爲深。」(劉刻《遺書》卷九)賈生《過秦》,意在諷漢,陸機《辨亡》,旨切規晉,此所謂比興一流也。

〔三七〕《文選》嵇康《養生論》,注引嵇喜所作《康傳》曰:「康性好服食,常采御上藥,以爲神仙稟之自然,非積學所致。至於導養得理,以盡性命,若安期、彭祖之倫,可以善求而得也。著《養生論》。」韋曜《博弈論》,注引《吳志》曰:「曜字弘嗣,吳郡人,爲太子中庶子。時蔡穎亦在東宫,性好博弈,太子和以爲無益,令曜論之。」二篇均自有命意,去諸子未遠。

〔三八〕按此節論説體之流别。

〔三九〕《孟子·離婁下》:「孟子曰:君子深造之以道,欲其自得之也。自得之則居之安,居之安則資之深,資之深則取之左右逢其源。故君子欲其自得之也。」

〔四〇〕按此節論説體之再變。

〔四一〕《永清文徵·論説》録有《唐節度使張公祠堂辨》一首。(劉刻《遺書》外編十五)按此節備體,堂本「一」譌作「二」,兹依劉刻《遺書》本正。粤雅

〔四三〕《世説新語・文學》：「孫興公（綽）云：『《三都》《二京》，《五經》鼓吹。』」《爾雅・釋樂》：「和樂謂之節。」王襃《洞簫賦》：「條暢洞達，中節操兮。」詩之音節最密，故謂爲文章之宣節也。

〔四四〕聲詩，見《詩教下》注〔八〕。《漢書・刑法志》：「但能紀其鏗鏘鼓舞。」注：「鏗鏘，金石之聲。」司樂，見《原道中》注〔二七〕。《禮記・王制》：「命太史陳《詩》，以觀民風。」

〔四五〕《明史・樂志》：「古人主樂之方已失，太常止以五凡工尺上一四六勾合字眼用之，去古益遠。」又：「沈居敬更協樂章，用尺用合用四用一用工用六。夫合，黄鍾也。四，太簇之正聲也。一，姑洗之正聲也。六，黄鍾之子聲也。」

〔四六〕《莊子・山木》：「木聲與人聲，犂然有當於人心。」宣穎云：「犂然，猶釋然，如犂田者其土釋然也。」

〔四七〕《文心雕龍・樂府》：「樂辭曰詩，詩聲曰歌。」樂府，見《言公下》注〔一八〕。

〔四八〕按此節叙詩。

〔四九〕《漢書・藝文志》六藝略禮類：「《古封禪群祀》二十二篇。《封禪議對》十九篇。《漢封禪群祀》三十六篇。」又《春秋》類：「《奏事》二十篇，秦時大臣奏事及刻石名山文也。」又：「《太史公》百三十篇。」此稱《七略》者，以其爲《漢志》所本也。《七略》，見《書教上》注〔一四〕。

〔五〇〕見《詩教下》注〔二七〕。

〔五一〕《漢書・藝文志・詩賦略》：屈賦二十家，三百六十一篇。陸賦二十一家，二百七十四篇。荀賦二十

〔五二〕五家，百三十六篇。雜賦十二家，二百三十三篇。歌詩二十八家，三百一十四篇。按諸賦都千四篇，較歌詩多六百九十篇，約三倍強。

〔五三〕見《詩教下》注〔三五〕。

〔五四〕按《詩賦略》除歌詩一門外，賦所分四類，屈（原）賦之屬，蓋主體物者也；陸（賈）賦之屬，蓋主說辭者也；荀（況）賦之屬，蓋主抒情者也；雜賦之屬，蓋多雜詼諧，或雜以寓言者也。（顧實《漢書藝文志講疏》）此在當日必有其說，班固著録，闕其叙例，殊可惜耳。

〔五五〕按此節叙賦。

〔五六〕見《永清縣志建置圖叙例》注〔三〕。

〔五七〕《永清縣志》輿地古蹟類：「舊志，信安鎮有文丞相館次。宋右相天祥北上，次信安。館人供帳甚盛，天祥達旦不寐，題《旅恨詞》於壁。」（劉刻《遺書》外編卷八）詞云：「雨過水明霞，潮平岸帶沙，葉聲寒飛透牕紗。懊恨西風吹世换，又吹我，落天涯。寂寞古豪華，烏衣又日斜。說興亡，燕入誰家？只有南來無數雁，和明月，宿蘆花。」（劉刻《遺書》外編卷十五）

潔河，即桑乾河。《祭潔河文》，明順天巡撫王一鶚撰。其辭曰：「並山嶽而稱功，惟河瀆之擅宗；苟捍災而禦患，稽祀典以褒崇。嗟永清之澤國，苦悍河之内決；極百折而不迴，射孤城而欲齧。忽陰雲之夕捲，幻虛舟而獨橫；竭胼胝以莫措，將誰依而誰憑？鼉乎吾人，聽龍蛇之陸行；竭胼胝以莫措，將誰依而誰憑？忽陰雲之夕捲，幻虛舟而獨橫；垂魚鼇乎吾人，聽龍蛇之陸行；之幾何，乃兹土之平成。豈仙槎之摇曳，仰太乙之蓮葉；舞馮夷而擊槳，奮元冥而鼓楫。匪宏造之

粒民，胡神工之叵測？懽田父而狎野，轉沮洳爲樂國。詛螳臂之守臣，致翁河之降靈；賴我聖明之當寧，故天清而地寧。觀重譯之遠來，雖海波而亦澄；奚神州之赤縣，任長鯨之揚鱗。念厥靈之明受，刓明賜之明改，鎮禹跡以無改，胥著，肇殷祀以永慕；捐世廟而食報，答神庥於霜露。苟有益於生靈，方無愛於髮膚；敢尸祝之或暮！具鍾簴於河干，偕士女以蒸嘗；自於今而伊始，享血食之苾香。於戲！閟宮有侐兮，彝俎繽紛；明粢孔庶兮，膳膏苾敢怒而不揚；陋錢塘之鐵弩，追瓠子之宣房。芬。於赫來臨兮，賴我思成！明有禮樂兮，幽有鬼神。海晏河寧兮，一境其永清。」（劉刻《遺書》外編卷十五）

〔五八〕按此節著例。　劉刻《遺書》此下尚有《金石叙録》，兹録如下：「金石之文，古人所以垂示久遠。三代以上，銘鍾圖鼎，著於載籍。三代而下，庸器漸少，石刻遂多。然以著録所存，推求遺蹟，則或亡或闕，十無二三。是金石雖堅，有時湮泐，而著録編次，竹帛代興，其功殆不勘矣。然陵谷變遷，桑滄迭改，千百年後，人蹟所至，其有殘碑古鼎，偶獲於山椒水涘之間，覆按前代紀載，校其闕遺，洞如發覆，略有三門：其定著文字，垂示法式，若三字石經、一字石經之屬，經學之準繩也。則古人作爲文字，托之器物，以自壽於天地之間，其旨良深遠矣。然留著録既多，取用亦異，約而摧之，別年月干支，若歐、趙諸録，洪、晁諸家之所辨訂，史部之羽翼也。至如書家之評法帖，賞鑑家之論古今，《宣和博古》之圖，《清河書畫》之舫，則又韵人墨客所爲，均之不爲無補者也。兹於志乘之餘，裁取文徵，既已與志相表裏矣。搜羅金石，非取參古橫今，勒成家學，惟以年月姓名官階科第，足以補

志文之所未備者,詳慎志之,以備後人之采錄焉,初非計其文之善否,字之工拙也。其全文有可采者,存於徵實,則不在此例焉。鄭樵嘗以歷代藝文,著錄多闕,發憤而爲《圖譜》《金石》二略,以備前史之闕遺,是不知申明藝文類例,而別爲篇帙之咎也。然鄭氏所爭,其功要自不可没矣。金石不錄其文,而僅著其目,自當隸入《藝文》之篇,爲著錄之附庸可耳,何爲編次《文徵》之内耶?蓋以永清無藝文,而推太史叙《詩》之意,竊比《華黍》《由庚》之存其義爾,初不以是爲一成之法也。」(劉刻《遺書》外編卷十五)

亳州志人物表例議上〔一〕

班固《古今人表》，爲世詬罵久矣。〔二〕由今觀之，斷代之書，或可無需人表；通古之史，不可無人表也。固以斷代爲書，承遷有作，凡遷史所闕門類，固則補之；非如紀傳所列君臣事迹，但畫西京爲界也。是以《地理》及於《禹貢》《周官》《五行》羅列春秋戰國，〔三〕人表之例，可類推矣。人表之失，不當以九格定人，強分位置，而聖仁智愚，妄加品藻，不得《春秋》謹嚴之旨。〔四〕又劉知幾摘其有古無今，名與實舛，〔五〕說亦良允。其餘紛紛議其不當作者，皆不足爲班氏病也。向令去其九等高下，與夫仁聖愚智之名，而以貴賤尊卑區分品地，或以都分國別異其標題，橫列爲經，而以年代先後標著上方，以爲之緯；且明著其說，取補遷書，作列傳之稽檢。則其立例，當爲後代通史者一定科律，而豈至反爲人詬罵哉？甚矣，千古良法，沉溺於衆毀之餘，而無有精史裁者，爲之救其弊而善所用也。〔六〕近代馬氏《繹史》，〔七〕蓋嘗用其例矣。然馬氏之書，本屬纂類，不爲著作。推其用意，不過三代去今日久，事文雜出，茫無端緒，列爲人表，若爲《繹史》而作，則亦未爲知類者也。〔八〕

夫通古之史，顧曰人表，則一經傳姓名考耳。且猶貶置班表，不解可爲遷書補隙；又不解擴其義類，可爲史氏通裁；所書事蹟，多取簡編故實，非如當代紀載，得於耳聞目見，虛實可以互參。

而既爲著作，自命專家，則列傳去取，必有別識心裁，成其家言，而不能盡類以收，同於排纂，亦其勢也。即如《左傳》中事，收入《史記》。而子產、叔向諸人，不能皆編列傳；《人表》安可不立？至前人行事，雜見傳記，姓名隱顯，不無詳略異同。列傳裁斷所餘，不以人表收其梗概，則略者致譏挂漏，詳者被謗偏徇，即後人讀我之書，亦覺闕然少繩檢矣。故班氏之《人表》，於古蓋有所受，不可以輕議也。〔九〕

〔一〕亳州，唐置，清屬安徽潁州府，民國改爲亳縣。據《年譜》，乾隆五十四年秋冬，實齋在亳州，時爲知州裴振修州志（《何君家傳》），書成於翌年二月間。有《與周永清論文書》云：「近日撰《亳州志》，頗有新得，視《和州》《永清》之志，一半爲土苴矣。主人雅相信任，不以一語旁參，與足下同。而地廣道遠，僕又逼於楚行，四鄉名蹟未盡游涉，而孀婦之現存者，不能與之面詢委曲，差覺不如《永清》；然文獻足徵，又較《永清》爲勝矣。此志擬之於史，當與陳、范抗行，義例之精，則又《文史通義》中之最上乘也。世人忽近貴遠，自不察耳。後世是非，自有定評，如有良才出，讀《亳志》而心知其意，不特方志奉爲開山之祖，即史家得其一二精意，亦當尊爲不祧之宗，此中自信甚真，言大實非誇也。」（劉刻《遺書》卷九）觀此《亳志》之作，其得意可知。惜裴振是年即去任，書或未及刊刻，當已佚耳。

〔二〕《漢書》有《古今人表》。《史通·表歷》：「異哉班氏之《人表》也，區別九品，網羅千載。論世則異

〔三〕見《釋通》注〔三三〕。

〔四〕《漢書·古今人表》三分上中下爲九等，上上爲聖人，上中爲仁人，上下爲愚人。其《序》曰：「譬如堯、舜、禹、稷、卨，與之爲善則行，鯀、讙兜，欲與之爲惡則誅，可與爲善，不可與爲惡，是謂上智。桀、紂、龍逢、比干，欲與之爲善則誅，于莘、崇侯，與之爲惡則行，可與爲惡，不可與爲善，是謂下愚。齊桓公，管仲相之則霸，豎刁輔之則亂，可與爲善，可與爲惡，是謂中人。因茲以列九等之序，究極經傳，繼世相次，總備古今之要略云。」

〔五〕已見上注〔二〕。

〔六〕章氏《信摭》：「《華陽國志》有三州士女目錄，《江表志》有諸王大臣標名而無事實，此皆古今人表之遺軌也。史家失其傳，而方隅別史時見其意，惜乎作者亦不知爲正史餘風，而覽者更昧所自矣。禮失求野，亦在有心人哉！」（劉刻《遺書》外編一）

〔七〕馬驌字宛斯，清鄒平人，順治十六年進士，官靈壁縣知事，有意政。康熙癸丑卒，年五十四。撰《繹史》百六十卷。纂錄開闢至秦末之事，博引古籍，疏通辨證，雖牴牾間亦不免，而史例六家，式由特創，允爲自成一家之體。顧亭林讀是書歎曰：「必傳之作也。」《繹史》，見《釋通》注〔三四〕。實，非羅泌《路史》、胡宏《皇王大紀》所可比，而史例六家，式由特創，允爲自成一家之體。顧亭林讀

〔八〕《繹史》後錄有《古今人表》一卷，自跋曰：「班氏《古今人表》，後人譏其妄作，一曰甲乙紛錯，二曰紀載不悉，三曰前代人物，無關漢事也。余取爲《繹史》終爲何？曰，上自宓羲，下逮秦亡，所紀之世，《繹史》之世也，所錄之人，《繹史》之人也，故《人表》若爲《繹史》作也。」（《繹史》卷百六十）

〔九〕按本篇言通史不可無人表。

亳州志人物表例議中

或曰：通史之需人表，信矣。斷代之史，子言或可無需人表，或之云者，未定辭也。斷代無需徵古，何當有人表歟？曰：斷代書不一類，約計蓋有三門，然皆不可無人表也。較於通史，自稍緩耳；有之，斯爲美矣。史之有列傳也，猶《春秋》之有《左氏》也。《左氏》依經而次年月，列傳分人而著標題，其體稍異；而其爲用，則皆取足以備經《春秋》。紀本紀。之本末而已矣。〔一〕治《左氏》者，嘗有列國《公子譜》矣。〔二〕治斷代紀傳之文者，僅有班《書》《人表》，甫著録而已爲叢詬所加，孰敢再議人物之條貫歟？夫《春秋》《公子》《謚族》諸譜，〔三〕杜預等。《名字異同》諸録，〔四〕馮繼先等。治編年者，如彼其詳。而紀傳之史，僅一列傳目録，而列傳數有限制；即年表世表，亦僅著王侯將相，勢自不能兼該人物，類別區分。是以學者論世知人，與夫檢尋史傳去取義例，大抵渺然難知；則人表之不可闕也，信矣。

顧氏炎武曰：「史無年表，則列傳不得不多；列傳既多，則文繁而事反遺漏。」因謂其失始於陳壽，而范、沈、姚、李諸家，咸短於此。〔五〕顧氏之説，可謂知一而不知二矣。年表自不可廢；然王公將相，范、沈、姚、李諸史，所占篇幅幾何？唐宋之史，復立年表，〔六〕而列傳之繁，乃數倍於范沈諸書，年表何救於列傳之多歟？夫不立人表，則列傳不得不多，年表猶其次焉

者耳。〔七〕而人表方爲史家怪笑，不敢復犯，宜其紛紛著傳，如填戶版，而難爲決斷，定去取矣。夫通古之史，所取於古紀載，簡册具存；不立人表，或可如遷史之待補於固，未爲晚也。斷代之史，或取裁於簿書記注，或得之於耳目見聞，勢必不能盡類而書，而又不能必其事之無有，牽聯而及；則縱攬人名，區類爲表，亦足以自見凡例，且嚴列傳通裁，豈可更待後之人乎？夫斷代之史，上者如班、陳之專門名家，〔八〕次者如晉唐之集衆所長，〔九〕下者如宋元之強分抑配。〔一〇〕專門名家之史，非人表不足以明其獨斷別裁。集衆所長之史，非人表不足以杜其參差同異；強分抑配之史，非人表不足以制其蕪濫猥芬。故曰，斷代之史，約計三門，皆不可無人表也。〔一一〕

〔一〕見《永淸縣志列傳序例》注〔三〕。

〔二〕《通志·藝文略》一：「《春秋公子譜》一卷，吳楊蘊撰。《小公子譜》六卷，杜預撰。」

〔三〕《宋史·藝文志》譜牒類：「《春秋氏族譜》一卷，《春秋宗族名謚譜》一卷。」不著撰人名氏。

〔四〕《通志·藝文略》一：「《春秋名字異同錄》五卷，馮繼先撰。」

〔五〕《日知錄·作史不立表志》（卷二十六）：「蓋表所由立，昉於周之譜牒，與紀傳相爲出入。凡列侯將相，三公九卿，其功名表著者，既系之以傳。此外大臣，無積勞亦無顯過，傳之不可勝書，而姓

名爵里存殁盛衰之跡，要不容以遽泯，則於表乎載之。又其功罪事實，傳中有未悉備者，亦於表乎載之。年經月緯，一覽瞭如，作史體裁，莫大於是。而范書闕焉，使後之學者，無以考鏡二百年用人行政之節目，良可歎也。其失始於陳壽《三國志》，而范曄踵之。其後作者，又援范書爲例，年表皆在所略。（原注：姚思廉《梁》《陳》二書，李百藥《北齊書》，令狐德棻《周書》，李延壽《南》、《北史》，皆無表志。）不知作史無表，則立傳不得不多，傳愈多，文愈繁，而事蹟反遺漏而不舉。歐陽公知之，故其譔《唐書》，有《宰相表》，有《方鎮表》，有《宗室世系表》《宰相世系表》，復班、馬之舊章云。」

〔六〕《新唐書》年表見上注。《宋史》有表三十二卷，爲《宰輔表》五，《宗室世系表》二十七。

〔七〕章氏《與史餘村書》：「《新唐書》以至宋元諸史，列傳猥濫，固由文筆不任，然亦不解表例，不特如顧寧人所指馬、班諸年表已也。班氏《古今人表》，史家詬詈，幾如衆矢之的。僕細審之，豈惟不可輕訾，乃大有關係之作，史家必當奉爲不祧之宗。此例一復，則列傳自可清蕪累耳。」（據馬夷初所鈔山陰何氏鈔本）

〔八〕《原道下》注〔五〕。班固《漢書》，紹傳家學。陳壽《三國志》，時稱良史。《郡齋讀書志》：「王通素稱壽書，令細觀之，實高簡有法。如不言曹操本生，而載夏侯惇及淵於諸曹傳中，則見嵩本夏侯氏之子也。高貴鄉公書卒，而載司馬昭之奏，則見公之不得其死也。他皆類是。」

〔九〕《晉書》，見《詩教下》注〔四〕。文徵明重刊《唐書序》：「唐興，令狐德棻等，始撰武德、貞觀兩朝國史

八十卷，至吳兢合前後爲書百卷，而柳芳、韋述嗣緝之，起義寧，訖開元，僅僅百餘年，而于休烈、令狐峘以次增緝，訖於建中而止；而大曆、元和以後，則成於崔龜從。厥後韋澳諸人又增緝之，凡爲書百四十六卷，而芳等又有《唐歷》四十卷，《續歷》二十二篇，皆當時紀載之言，非成書也。晉革唐命，劉昫等始因舊史緒成此書。」《四庫全書總目》稱《舊唐書》卷一三二有《楊朝晟傳》，卷一四四復爲立傳。蕭穎士既附見於卷一〇二，復見於一九〇《文苑傳》。與無人表有關。《廿二史劄記》卷十六：「宋仁宗以劉昫等所撰《唐書》卑弱淺陋，命翰林學士歐陽修、端明殿學士宋祁刊修，曾公亮提舉其事，十七年而成，凡二百二十五卷。」據曾公亮進書表，與歐、宋同修書者，有范鎮、王疇、宋敏求、呂夏卿、劉羲叟諸人。夏卿熟於唐事，博采傳記雜説數百家，又通譜學，創爲世系諸表，於《新書》最有功。敏求亦熟唐事，嘗補晚唐六朝實錄。王堯臣修《唐書》，奏爲編修官。是與修諸氏，皆一時名選，而歐、宋二氏又老於文學，爲之筆削裁成，宜乎論者謂《新書》事增於前，文省於舊也。至《四庫全書總目》稱：「牴牾參差，均所不免」。亦確有此失。

[一〇]《廿二史劄記》卷二十三：「大概宋度宗以前之史，皆宋舊史也。宋德祐、景炎、祥興之史，則元代中統、至元及延祐、天曆所輯也。其所以未有成書者，《托克托傳》云：『以義例未定，或欲以宋爲世紀，遼金爲載記』，或以遼金立國在宋先，欲以遼金爲北史，宋太祖至靖康爲宋史，建炎以後爲南宋史，各持論不決故耳。至順帝時，詔宋、遼、金各爲一史，於是據以編排，而紀傳表志本已完備，故不三年遂竣事。」又卷二十九：「明洪武二年，得元十三朝實錄，命修《元史》，宋濂、王禕爲總裁，二月開局，八月

成書。而順帝一朝,史猶未備,乃命儒臣往北採遺事,明年二月,重開史局,六月書成。」是宋元諸史,據舊史排纂成書,時日迫促,所謂強分抑配也。

〔二〕按本篇言斷代史不可無人表。

亳州志人物表例議下

方志之表人物，何所仿乎？曰：將以救方志之弊也，非謂必欲仿乎史也，而史裁亦於是具焉而已。今之修方志者，其志人物，使人無可表也。所謂人物志焉，而表又非其表也。蓋方志之弊也久矣！史自司馬以來，列傳之體，未有易焉者也。方志爲國史所取裁，則列人物而爲傳，宜較國史加詳。而今之志人物者，刪略事實，總擷大意，約略方幅，區分門類。其文非叙非論，似散似駢；尺牘寒溫之辭，簿書結勘之語，濫收猥入，無復翦裁。至於品皆曾、史，[一]治盡龔、黃，[二]學必漢儒，貞皆姜女，[三]面目如一，情性難求；斯固等於自鄶無譏，[四]存而不論可矣。[五]即有一二矯矯，雅尚別裁，則又簡略其辭，謬託高古；或倣竹書記注，[六]或摩石刻題名，[七]雖無庸惡膚言，實昧通裁達識；所謂似表非表，似注非注，其爲痼弊久矣。是以國史寧取家乘，不收方志，凡以此也。

夫志者，志也。人物列傳，必取別識心裁，法《春秋》之謹嚴，含詩人之比興。[八]離合取舍，將以成其家言；雖曰一方之志，亦國史之具體而微矣。[九]今爲人物列表，其善蓋有三焉。

前代帝王后妃，今存故里，志家收於人物，於義未安，削而不載，又似闕典。是以方志遇此，聚訟紛然，[一〇]而私智穿鑿之流，[一一]往往節錄本紀，巧更名目，輾轉位置，終無確當。今於傳刪人

物,而於表列帝王,則去取皆宜,永爲成法。其善一也。史傳人物本詳,志家反節其略,此本類書摘比,[一二]實非史氏通裁。然既舉事文,歸於其義,則簡册具有名姓,亦必不能一概而收,如類纂也。茲於古人見史策者,傳例苟無可登,列名人物之表,庶幾密而不猥,疏而不漏。其善二也。史家事迹,目詳於耳[一三],寬今嚴古,勢有使然。至於鄉黨自好,[一四]家庭小善,義行但存標題,節操止開年例;史法不收,志家宜具。傳無可著之實,則文不繁猥;表有特著之名,則義無屈抑,其善三也。凡此三者,皆近志之通病,而作家之所難言。故曰:方志之表人物,將以救方志之弊也。[一五]

〔一〕見《永清縣志闕訪列傳序例》注〔四〕。

〔二〕龔遂,同上。黃霸,見《永清縣志政略序例》注〔三〕。

〔三〕《列女傳》一:「周宣姜后者,齊侯之女也,賢而有德。宣王嘗早卧晏起,后夫人不出房。姜后脫簪珥待罪於永巷,使其傅母通言於王曰:『妾之不才,妾之淫心見矣,至使君王失禮而晏朝,以見君王樂色而忘德也。夫苟樂色而好奢窮欲,亂之所興也。原亂之興,從婢子起,敢請婢子之罪!』王曰:『寡人不德,實自有過,非夫人之罪也。』遂復姜后,而勤於政事,早朝晏退,卒成中興之名。」

〔四〕《左傳》襄公二十九年:「吳公子札來聘,請觀於周樂,自鄶以下,無譏焉。」

〔五〕《莊子·齊物論》:「六合之外，聖人存而不論。」

〔六〕見《書教下》注〔四八〕。

〔七〕《新論》:「泰山之石刻凡千八百餘處，而可識知者七十有二。」

〔八〕《春秋》謹嚴，見《易教下》注〔五〕。比興，見《詩教上》注〔三〕。

〔九〕見《永清縣志六書例議》注〔二〇〕。

〔一〇〕《後漢書·曹褒傳》:「會禮之家，名爲聚訟。」

〔一一〕《孟子·離婁下》:「所惡於智者，爲其鑿也。」

〔一二〕摘比：類書引用故實，摘錄原文，加以排比。

〔一三〕目詳於耳：指所見者詳，所聞者略，即詳今略古。《公羊傳》隱公元年注，分所見世、所聞世、所傳聞世，亦此意。

〔一四〕《孟子·萬章上》:「自鬻以成其君，鄉黨自好者不爲。」

〔一五〕按本篇言表人物所以救方志之弊。

亳州志掌故例議上[一]

先王制作，存乎六藝，[二]明其條貫，天下示諸掌乎？[三]夫《書》道政事，[四]典、謨、貢、範，[五]可以為經要矣。而《周官》器數，不入四代之書。[六]夏禮、殷禮，夫子能言，[七]而已不存其籍。蓋政教典訓之大，自為專書；而人官物曲之細，[八]別存其籍，其義各有攸當。故以周孔經綸，不能合為一也。司馬遷氏紹法《春秋》，著為十二本紀，其年表列傳，次第為篇，足以備其事之本末，[九]而於典章制度，所以經緯人倫，綱維世宙之具，別為八書，以討論之。班氏廣為十志，[一〇]後史因之，互有損益，遂為史家一定法矣。

謂周《禮》在魯。左氏綜紀《春秋》，多稱禮經。[一一]《天官》未改天文，《平準》未改食貨，猶存《漢書》一二名義，可想見也。[一二]鄭樵乃云：「志之大原，出於《爾雅》」，[一三]非其質矣。然遷、固書志，采其綱領，討論大凡，不求全備，猶左氏之數典徵文，[一四]紀傳互相發明，足矣。至於名物器數，以謂別有專書，討論之旨漸微，器數之加漸廣。至歐陽《新唐》之志，以十三名目，成書至五十卷，[一七]官府簿書，泉貨注記，分門別類，惟恐不詳。《宋》《金》《元史》繁猥愈甚，盈牀疊具《周官》之纖悉也。司馬《禮書》末云：「俎豆之事，則有司存。」[一六]其他抑可知矣。自沈、范以降，討論之旨漸微，器數之加漸廣。

几,難窺統要。是殆欲以《周官》職事,經禮容儀,盡入《春秋》,始稱全體。則夫子删述《禮》《樂》《詩》《書》,不必分經爲六矣。夫馬、班書志,當其創始,略存諸子之遺。《管子》《吕覽》《鴻烈》諸家,所述天文地圓官圖樂制之篇,[八]采掇制數,運以心裁,勒成一家之言,其所倣也。馬、班豈不知名數器物,不容忽略,蓋謂各有成書,不容於一家之言,曲折求備耳。惟夫經生策括,[九]類家纂要,本非著作,但欲事物兼該,便於尋檢,例必龐雜,而事或反晦而不顯矣。史家綱紀群言,將勒不朽,而惟沾沾器數,拾給不暇,是不知《春秋》官《禮》,意可互求,而例則不可混合者也。

〔一〕見《方志立三書議》注〔三〕。

〔二〕六藝:指六經,《易教上》曰:「六經,先王之政典也。」

〔三〕《論語·八佾》:「或問禘之説。子曰:『不知也。知其説者之於天下也,其如示諸斯乎!』指其掌。」

〔四〕《莊子·天下》:「《書》以道事。」《史記·太史公自序》:「《書》記先王之事,故長於政。」

〔五〕《尚書》中有二典、三謨、《禹貢》《洪範》也。

〔六〕《尚書》中《虞書》《夏書》《商書》《周書》也。

〔七〕見《易教上》注〔一六〕。

〔八〕見《書教下》注〔五〕。

〔九〕《經解下》:「遷、固本紀,本爲《春秋》家學;書志表傳,殆猶《左》《國》內外之與爲終始發明耳。」

〔一〇〕八書,見《方志立三書議》注〔五〇〕。十志,見《永清縣志六書例議》注〔四〕。

〔一一〕見《易教上》注〔三〕。《左傳》隱七年:「春,滕侯卒,不書名,未同盟也。凡諸侯同盟,於是稱名,故薨則赴以名,告終嗣也。以繼好息民,謂之禮經。」杜注:「此言凡例乃周公所制禮經也。十一年不告之例,又曰,不書於策。明禮經皆當書於策,仲尼修《春秋》,皆承策爲經。丘明之傳,博采眾記,故始開凡例,特顯此二句,他皆放此。」

〔一二〕見《永清縣志六書例議》注〔二〕。

〔一三〕《史記·天官書》,《漢書》則爲《天文志》。《史記·平準書》,《漢書》則爲《食貨志》。後來史志,多因班《書》。《天官》《平準》,名義猶本官《禮》也。

〔一四〕見《永清縣志六書例議》注〔六〕。

〔一五〕如桓二年,臧孫達之諫取宋郜鼎,而陳先王光昭令德之制;僖二十四年,富辰之諫以狄伐鄭,而陳宗周親親相及之義:是《左氏》之數典也。文十八年,季文子之逐莒僕,而引周公制禮誓命之文;昭十二年,子革之諫靈王,而誦祭公謀父《祈招》之詩:此《左氏》之徵文也。

〔一六〕《史記·封禪書贊》:「於是退而論次自古以來用事於鬼神者,具見其表裏,後有君子,得以覽焉至若俎豆珪幣之詳,獻酬之禮,則有司存。」此云《禮書》,誤。

〔一七〕按《新唐書》有《禮樂志》《儀衛志》《車服志》《曆志》《天文志》《五行志》《地理志》《選舉志》《百官志》《兵志》《食貨志》《刑法志》《藝文志》，凡十三目，五十卷。

〔一八〕按《淮南子》有《天文訓》《墜（地）形訓》。《管子》有《地員》篇《幼官圖》篇。《呂氏春秋》仲夏紀有《大樂》《侈樂》《適音》《古樂》等目。

〔一九〕見《博約上》注〔七〕。

亳州志掌故例議中

簿書纖悉，既不可淆史志，[一]而古人甲乙張本，後世又無由而知，則欲考古制而得其詳，其道何從？曰：叔孫章程，韓信軍法，蕭何律令，[二]皆漢初經要之書，猶《周官》之六典也。《漢志》禮樂刑法，不能賅而存之，亦以其書自隸官府，[三]人可咨於有司而得之也。官失書亡，則以其體繁重，勢自不能行遠，自古如是，不獨漢爲然矣。歐、宋諸家，不達其故，乃欲藉史力以傳之。[四]夫文章易傳，而度數難久，故《禮》亡過半，[五]而《樂經》全逸。[六]六藝且然，況史文乎？且《唐書》倍漢，而《宋史》倍唐，[七]已若不可勝矣。萬物之情，各有所極。倘後人再倍《唐》《宋》而成書，則連牀架屋，[八]毋論人生耳目之力必不能周，抑且遲之又久，終亦必亡。是則因度數繁重，反并史文而亡之矣，又何史力尚能存度數哉？

然則前代章程故事，將遂聽其亡歟？曰：史學亡於唐，而史法亦莫具於唐。歐陽《唐志》未出，而唐人已有窺於典章制度，不可求全於史志也。劉氏有《政典》，杜氏有《通典》，[九]並做《周官》六典，包羅典章，鉅細兼收，書盈百帙。未嘗不曰君臣事迹，紀傳可詳，制度名數，書志難於賅備，故修之至汲汲也。[一〇]至於宋初王氏有《唐會要》《五代會要》，[一一]其後徐氏更爲《兩漢會要》，[一二]則補苴前古，括代爲書。雖與劉、杜之典，同源異流，要皆綜核典章，別於史

志，義例昭然，不可易矣。夫唐宋所爲典要，既已如彼，後人修唐宋書，即以其法，紀綱唐宋制度，使與紀傳之史，相輔而行，則《春秋》《周禮》，並接源流。奕世遵行，不亦善乎？何歐陽述《唐》，元人纂《宋》，反取前史未收之器數，而猥加羅列，則亦不善度乎時矣。」或謂《通典》《會要》之書，較馬、班書志之體爲加詳耳。其於器物名數，亦復不能甄綜賅備，故考古者不能不參質他書，此又非知言也。古物苟存於今，雖户版之籍，市井泉貨之簿，未始不可備考證也。如欲皆存而無裁制，則岱岳不足供藏書，滄海不足爲墨瀋也。〔三〕故爲史學計其長策，紀、表、志、傳，率由舊章；再推周典遺意，就其官司簿籍，删取名物器數，略有條貫，以存一時掌故，與史相輔而不相侵，雖爲百世不易之規，可也。

〔一〕《楚辭·離騷》「世溷濁而不分兮」注：「溷，亂也。」補曰：「溷，胡困切。」

〔二〕見《書教上》注〔五〕。

〔三〕《校讎通義·原道》：「有官斯有法，故法具於官。有法斯有書，故官守其書。」

〔四〕《新唐書》爲歐陽修、宋祁所合修，其志書多至五十卷，蓋欲藉史力以存度數也。

〔五〕《漢書·藝文志》：「帝王質文，世有損益，至周曲爲之防，事爲之制，故曰：『禮經三百，威儀三千。』及周之衰，諸侯將踰法度，惡其害己，皆滅去其籍，自孔子時而不具。至秦大壞。漢興，魯高堂生傳《士禮》十七篇。訖孝宣世，后倉最明，戴德、戴聖、慶普皆其弟子，三家立於學官。《禮古經》者，出

〔六〕《漢書·藝文志》：「自黃帝下至三代，樂各有名。孔子曰：『安上治民，莫善於禮；移風易俗，莫善於樂。』二者相與並行，周衰俱壞，樂尤微眇，以音律爲節，（師古曰，言其道精微，節在音律，不可具於書。）又爲鄭衛所亂，故無遺法。」

〔七〕《唐書》，見《史注》注〔一八〕。《宋史》，見《史注》注〔一九〕。

〔八〕見《永清縣志六書例議》注〔一八〕。

〔九〕《政典》，見《釋通》注〔二六〕。《通典》，見《書教中》注〔三三〕。

〔一〇〕《文獻通考序》：「太史公作爲紀傳書表，紀傳以述理亂興衰，八書以述典章經制。自班孟堅而後，斷代爲史，無會通因仍之道，讀者病之。至司馬溫公作《通鑑》，取千三百餘年之事跡，十七史之紀述，萃爲一書，然後學者開卷之餘，古今咸在。然公之書，詳於理亂興衰，而略於典章經制。竊嘗以爲理亂興衰，不相因者也，代各有史，自足以該一代之終始。典章經制，實相因者也，其變通張弛之故，非融會錯綜，原始要終而推尋之，固未易言也。其不相因者，猶有溫公之成書，而其本相因者，顧無其書，獨非後學之所宜究心乎？」

〔一一〕《唐會要》，見《方志立三書議》注〔五四〕。《書錄解題》典故類：「《五代會要》三十卷，王溥撰。」《四庫

〔二〕《書錄解題》典故類:「《西漢會要》七十卷,《東漢會要》四十卷,清江徐天麟仲祥撰。以二史所載漢家制度典章,散於紀傳表志者,倣唐以來《會要》體,分門編纂,其用力勤矣。仲祥,乙丑進士,世有史學。世父夢莘商老,著《北盟會編》,父得之思叔,爲《左氏國紀》,兄筠孟堅作《漢官考》,皆行於世。」《四庫簡明目錄》政書類:「《西漢會要》凡三百六十七事,以類相從,分十五門,其無可隸者,以雜錄括之。《東漢會要》凡三百八十四事,門目與《西漢會要》同,惟《西漢會要》但錄事迹,此書則間有論斷,爲例小殊。」

〔三〕《老學庵筆記》:「晁以道藏硯必取玉斗樣,喜其受墨瀋多也。」

簡明目錄》政書類:「五代俶擾,百度淪亡,其法度典章,僅見於各朝實錄。溥因檢尋舊籍,條分件繫,以成是編。後歐陽修作《五代史》惟務刻畫《春秋》,鉤摹《史記》,於累朝掌故,屏棄蕩然;幸此編尚存其崖略也。」

亳州志掌故例議下

掌故之原，始於官《禮》。百官具於朝廷，則惟國史書志，得而擷其要，國家會典會要之書，〔一〕得而備其物與數矣。撰方志者，何得分志與掌故乎？曰：部寺卿監之志，〔二〕即掌故也；擬於《周官》猶夏官之有《司馬法》，〔三〕冬官之有《考工記》也。〔四〕部府州縣之志，乃國史之分體，擬於周制，猶晉《乘》、楚《檮杌》與魯《春秋》也。〔五〕郡縣異於封建，則掌故皆出朝廷之制度耳。六曹職掌，〔六〕在上頒而行之，在下承而奉之，較之國史，具體而微。志與掌故，各有其不可易，不容溷也。

今之方志，猥瑣庸陋，求於史家義例，似志非志，似掌故而又非掌故，蓋無以譏爲也。然簿書案牘，頒於功令，守於吏典，〔七〕自有一定科律，雖有奇才，不能爲加；雖有愚拙，不能爲損。名勝大邦，與荒僻陋邑，無以異也。故曰：求於今日之志，不可得而見古人之史裁，求於今日之案牘，實可因而見古人之章程制度。故曰：禮失求諸野也。〔八〕夫治國史者，因推國史以及掌故；蓋史法未亡，而掌故之義不明，故病史也。治方志者，轉從掌故而正方志，蓋志義久亡，而掌故之守未墜；修其掌故，則志義轉可明矣。《易》曰：「窮則變，變則通，通則久。」〔九〕志義欲其簡而明也，然而事不可不備也。掌故欲其整以理也，然而要不容不挈也。徒以簡略爲志，

此《朝邑》《武功》之陋識也。〔一〕但知詳備爲掌故,則胥史優爲之,〔二〕而不知其不可行矣。夫志者,志也。其事其文之外,蓋有義焉。〔三〕所謂操約之道者此也。而或誤以併省事迹,刪削文字,謂之簡也;〔三〕其去古人,不亦遠乎?夫名家撰述,意之所在,必有別裁,或詳人之所略,或棄人之所取,初無一成之法。要讀之者,美愛傳久,〔四〕而恍然見義於事文間,斯乃有關於名教也。然不整齊掌故,別爲專書,則志亦不能自見其意矣。

〔一〕記一代典制之書,唐宋謂之會要,明清謂之會典。

〔二〕《廣韻》:「部,署也。六卿之署曰六部。」《唐書·百官表》:「漢以太常、光禄勳、衛尉、太僕、廷尉、大鴻臚、宗正、司農、少府爲九卿。後魏以來,卿名雖舊,而所蒞之局,謂之寺,因名九寺。」又:「官署之別,曰寺,曰監。」

〔三〕見《和州志藝文書序例》注〔三〕。

〔四〕見《和州志藝文書序例》注〔一九〕。

〔五〕見《書教上》注〔一九〕及《方志立三書議》注〔八〕。

〔六〕見《永清縣志六書例議》注〔一五〕。

〔七〕功令,見《經解中》注〔一六〕。吏典即書辦,掌縣治文書。

〔八〕見《横通》注〔五〕。

亳州志掌故例議下

〔九〕見《易·繫辭下》。

〔一〇〕《朝邑志》二卷,韓邦靖撰。《武功志》三卷,康海撰。皆刻意求簡,而失於疏略,見後章氏二志書後。

〔一一〕《周禮·天官·冢宰》:「史十有二人,胥十有二人。」鄭注:「史,掌書者。胥,有才智爲什長。」

〔一二〕見《書教上》注〔二九〕。

〔一三〕曾公亮《進新唐書表》:「其事則增於前,其文則省於舊。」《日知錄》卷二十六:「《新唐書志》,歐陽永叔所作,頗有裁斷,文亦明達。而《列傳》出宋子京之手,則簡而不明。」

〔一四〕周子《通書》:「文辭,藝也。道德,實也。篤其實而藝者書之,美則愛,愛則傳焉。」

文史通義校注卷八

外篇三

答甄秀才論修志第一書〔一〕

文安宰幣聘修志，〔二〕兄於史事久負，不得小試，〔三〕此行宜踴躍。僕有何知，乃承辱詢。抑盛意不可不復，敢於平日所留意者，約舉數條，希高明裁擇！有不然處，還相告也。

一、州郡均隸職方，〔四〕自不得如封建之國別為史，然義例不可不明。如傳之與志，本二體也。今之修志，既舉人物典制而概稱曰志，則名宦鄉賢之屬，不得別立傳之色目。傳既別分色目，則禮樂兵刑之屬，不得仍從志之公稱矣。竊思志為全書總名，皇恩慶典，當錄為外紀；官師銓除，當畫為年譜；典籍法制，則為考以著之；〔五〕人物名宦，則為傳以列之。變易名色，既無僭史之嫌，綱舉目張，〔六〕又無遺漏之患。其他率以類附。至事有不倫，則例以義起，別為創制可也。瑣屑繁碎，無關懲創，則削而不存可也。詳贍明備，整齊畫一，乃可為國史取材；否則縱極精采，不過一家小說耳，又何裨焉？

一、今世志藝文者，多取長吏及邑紳所爲詩賦記序雜文，依類相附；甚而風雲月露之無關懲創，[七]生祠碑頌之全無實徵，亦胥入焉。此姑無論是非，即使文俱典則，詩必雅馴，而銓次類錄，諸體務臻，此亦選文之全例，非復志乘之體矣。夫既志藝文，當倣《三通》《七略》之意，[八]取是邦學士著選書籍，分其部彙，首標目錄，次序顛末，刪蕪擷秀，掇取大旨，論其得失，比類成編；乃使後人得所考據，或可爲館閣讎校取材，斯不失爲志乘體爾。至壇廟碑銘，城隄紀述，利弊論著，土物題詠，則附入物產、田賦、風俗、地理諸考，以見得失之由，沿革之故，如班史取延年、賈讓諸疏入《河渠志》，賈誼、鼂錯諸疏入《食貨志》之例，[九]可也。學士論著，有可見其生平抱負，則全錄於本傳；如班史錄《天人三策》於《董仲舒傳》，錄《治安》諸疏於《賈誼列傳》之例，[一〇]可也。至墓誌傳贊之屬，核實無虛，已有定論，則即取爲傳文；如班史仍《史記·自序》而爲《司馬遷傳》，仍揚雄《自序》而爲《揚雄列傳》之例，[一一]可也。此一定之例，無可疑慮，而相沿不改，則甚矣史識之難也！

一、凡捐資修志，開局延儒，實學未聞，凡例先廣，務新耳目，頓易舊書；其實顛倒狙公，[一二]有何真見？州郡立志，倣自前明。當時草創之初，[一三]雖義例不甚整齊，文辭尚貴真實，蔚裁多自己出；非若近日之習套相沿，輕雋小生，史字未曾全識，皆可奮筆妄修，竊叨餼脯者。[一四]然其書百無一存。此皆後凌前替，修新志者，襲舊志之紀載，而滅作者之姓名。充其

義類,將班《書》既出,《史記》即付祖龍。[一五]歐、宋成書,《舊唐》遂可覆甕與?[一六]僕以謂修志者,當續前人之紀載,不當毀前人之成書。即前志義例不明,文辭乖舛,我別爲創制,更改成書,亦當聽其並行,新新相續,不得擅毀;彼此得失,觀者自有公論。仍取前書卷帙目錄,作者姓氏,錄入新志藝文考中,以備遺亡;庶得大公無我之意,且吾亦不致見毀於後人矣。

一,志之爲體,當詳於史,而今之志乘所載,百不及一。此無他,搜羅采輯,一時之耳目難周;掌故備藏,平日之專司無主也。嘗擬當事者,欲使志無遺漏,平日當立一志乘科房,斂掾吏之稍通文墨者爲之。凡政教典故,堂行事實,六曹案牘,[一七]一切皆令關會,目錄真跡,彙册存庫。異日開局纂修,取裁甚富,雖不當比擬列國史官,亦庶得州閒史胥之遺意。[一八]今既無及,當建言爲將來法也。

一,志乃史體,原屬天下公物,非一家墓誌壽文,可以漫爲浮譽,悅人耳目者。聞近世纂修,往往賄賂公行,請託作傳,全無徵實。此雖不肖浮薄文人所爲,然善惡懲創,自不可廢。[二〇]僕謂譏貶原之志書,從無錄及不善者,一則善善欲長之習見,[一九]一則懼羅後患之虛心爾。不可爲志體,據事直書,善否自見'[二一]直寬隱彰之意同。不可專事浮文,以虛譽爲事也。

一,史志之書,有裨風教者,原因傳述忠孝節義,凜凜烈烈,有聲有色,使百世而下,怯者勇生,貪者廉立。[二二]《史記》好俠,多寫刺客畸流,猶足令人輕生增氣。況天地間大節大義,綱常

賴以扶持,世教賴以撐柱者乎?每見文人修志,凡景物流連,可騁文筆,典故考訂,可誇博雅之處,無不津津累牘。一至孝子忠臣,義夫節婦,則寥寥數筆;甚而空存姓氏,行述一字不詳,使觀者若閱縣令署役卯簿,又何取焉?竊謂邑志搜羅不過數十年,採訪不過百十里,聞見自有眞據,宜加意採輯,廣爲傳述;使觀者有所興起,宿草秋原之下,[三三]必有拜彤管而泣秋雨者矣。[三四]尤當取窮鄉僻壤,畸行奇節,子孫困於無力,或有格於成例,不得邀旌獎者,蹤跡既實,務爲立傳,以備採風者觀覽,[三五]庶乎善善欲長之意。

已上六條,就僕所見,未敢自謂必然。而今世刻行諸志,誠有未見其可者。丈夫生不爲史臣,亦當從名公巨卿,執筆充書記,而因得論列當世,以文章見用於時。如纂修志乘,亦其中之一事也。今之所謂修志,令長徒務空名,作者又鮮學識;上不過圖注勤事考成,下不過苟資館穀祿利。甚而邑紳因之以啟奔競,文士得之以舞曲筆;主賓各挾成見,同局或起牴牾;則其於修志事,雖不爲亦可也。乃如足下負抱史才,常恨不得一當牛刀小試。[三六]向與僕往復商論,窺兄底蘊,當非苟然爲者。文安君又能虛心傾領,致幣敦請,自必一破從前宿習;殺青未畢,[三七]而觀者駭愕,以爲創特,又豈一邑之書,而實天下之書矣。僕於此事,無能爲役,辱存商榷,陳其固陋之衷,以庶幾螢燭增輝之義,[三八]兄其有以進我乎?

〔一〕按《修志十議自跋》:「甲申冬杪,天門胡明府議修縣志,因作此篇,以附商榷。其論筆削義例,其大意與舊《答甄秀才》前後兩書相出入。」是知此兩書作於《十議》之前,當在乾隆二十八年癸未,與二十九年甲申之間。又《庚辛之間亡友列傳》:「余自乾隆壬午冬,肄業國子內舍,諸生以千百計,而真相知契者,德陽曾君、新寧甄君松年二人而已。甄君始疏終密,至今相爲因依。」(劉刻《遺書》卷十九)《甄鴻齋先生傳》:「乾隆二十八年癸未,學誠肄業國子監,新寧甄松年亦在監中,與學誠志義相得。」(《遺書》卷十七)《甄青圃六十序》:「始余識青圃於太學,六館內外諸生三百人,莫不愛慕青圃而土直視余。祭酒月較諸生文藝,青圃必首擢,而余卷塗抹若將不勝。旁未揭,其他不可知,余與青圃名,雖書吏皁隸可先知殿最也。然青圃乃與余交。青圃先余十二年舉於鄉,後余十一年成進士,中歷離合窮通,出處小異,而蹤跡不甚相遠。」(《遺書》卷二十三)可知章氏與甄交誼又何若也。

〔二〕文安,今河北省文安縣。宰,邑宰也。

〔三〕《史記·孫子列傳》:「闔廬曰:『子之十三篇,吾盡觀之矣,可以小試勒兵乎?』」

〔四〕見《州縣請立志科議》注〔八〕。

〔五〕劉氏《識語》:「外紀之外,對國史本紀爲稱。年譜,即表也。考則用歐陽《五代史》之稱,以避志。

〔六〕見《永清縣志皇言紀序例》注〔四〕。

〔七〕見《永清縣志文徵序例》注〔四六〕。

〔八〕《通典》,見《書教中》注〔二三〕。《通志》,見《文集》注〔三〇〕。《文獻通考》,見《申鄭》注〔一八〕。《七略》,見《書教上》注〔一四〕。

〔九〕按《漢書·溝洫志》,武帝時齊人延年上書,言開大河上領,出之胡中。哀帝初,賈讓治河有上中下三策。此云《河渠》,誤。又同書《食貨志》載賈誼《論積貯疏》,鼂錯《論貴粟疏》。鼂疏,見《和州志田賦書序例》注〔三三〕。

〔一〇〕見《書教中》注〔四五〕。

〔一一〕見《和州志前志列傳序例上》注〔八〕。

〔一二〕見《和州志前志列傳序例下》注〔二六〕。

〔一三〕《論語·憲問》:「子曰,爲命,裨諶草創之。」朱注:「草,略也。創,造也。謂造爲草藁也。」

〔一四〕《周禮·地官·司徒》:「廩人獻餼。」注:「禾米也。」《說文》:「脯,肉乾也。」

〔一五〕《史記·秦始皇本紀》:「三十六年秋,使者從關東夜過華陰平舒道,有人持璧遮使者曰:『爲吾遺滈池君。』因言曰:『今年祖龍死。』」《集解》引蘇林曰:「祖,始也。龍,人君象,謂始皇也。」按始皇焚書,付祖龍,意謂付之一炬耳。

〔一六〕即覆瓿也。見《辨似》篇注〔三七〕。

〔一七〕見《永清縣志六書例議》注〔一五〕。

〔一八〕小史,見《州縣請立志科議》注〔二〕。閒胥,見同篇注〔九〕。

〔一九〕《公羊傳》昭二十年：「君子之善善也長，惡惡也短；惡惡止其身，善善及子孫。」

〔二〇〕韓愈《答劉秀才論史書》：「夫爲史者，不有人禍，則有天刑，豈可不畏懼而輕爲之哉？」（《昌黎外集》卷二）

〔二一〕韓氏《論史書》：「愚以爲凡史氏褒貶大法，《春秋》已備之矣。後之作者，在據事跡實錄，則善惡自見。」與章氏所見正同。

〔二二〕《孟子·萬章下》：「故聞伯夷之風者，頑夫廉，懦夫有立志。」

〔二三〕《禮記·檀弓上》：「朋友之墓，有宿草而不哭焉。」鄭注：「宿草，謂陳根也。」

〔二四〕《後漢書·皇后紀》：「女史彤管，記功書過。」章懷注：「彤管，赤管筆也。《詩》云：『貽我彤管。』注：『古者，后夫人必有女史彤管之法也。』」

〔二五〕《漢書·藝文志》：「古有采詩之官，王者所以觀風俗，知得失，自考正也。」

〔二六〕《論語·陽貨》：「子之武城，聞弦歌之聲，夫子莞爾而笑曰：『割雞焉用牛刀？』」

〔二七〕見《和州志前志列傳序例上》注〔三〕。

〔二八〕《三國志·魏志·陳思王植傳》：「螢燭末光，增輝日月。」

答甄秀才論修志第二書

日前敬籌末議，〔一〕薄殖淺陋，猥無定見，非復冀有補高深，聊以塞責云耳。乃辱教答，借獎有加，高標遠引，辭意摯懇，讀之真愧且畏也！足下負良史才，博而能斷，軒視前古，意志直欲駕范軼陳，區區郡邑志乘，不啻牛刀割鷄。〔二〕乃才大心虛，不恥往復下問。〔三〕鄙陋如僕，何以副若谷之懷耶？〔四〕前書粗陳梗概，過辱虛譽，且欲悉詢其詳。僕雖非其人，輒因高情胅摯之深，〔五〕不敢無一辭以覆，幸商擇焉。〔六〕

一、體裁宜得史法也。州縣志乘，混雜無次，既非正體，編分紀表，亦涉僭妄。故前書折衷立法，以外紀、年譜、考、傳四體爲主，所以避僭史之嫌，而求紀載之實也。若考之與傳，今雖渾稱志傳，其實二者之實，未嘗不能合於古史良法者，考體多失之繁碎，而傳體多失之渾同也。考之實意當法古人。外紀年譜之屬，今世志乘，百中僅見一二。至元修《宋史》志分百六十餘。〔七〕綜核典章，包函甚廣。范史分三十志，《唐書》廣五十篇，〔八〕則已浸廣。子長八書，孟堅十志，〔九〕議者譏爲科吏檔册。然亦僅失爲體，乃傲書志而作。如星野疆域沿革，山川物產，俱地理志中事也；戶口賦役，征榷市糴，俱食貨考中事也；災祥歌謠，變異水旱，俱五行志裁制，致成汙漫；〔一〇〕非若今之州縣志書，多分題目，浩無統攝也。

中事也；朝賀壇廟祀典，鄉飲賓興，[二]俱禮儀志中事也。凡百大小，均可類推。篇首冠以總名，下乃纍分件悉，彙列成編；非惟總萃易觀，亦且謹嚴得體。此等款目，直在一更置耳。而今志猥瑣繁碎，不啻市井泉貨注簿，米鹽凌雜，又何觀焉？或以長篇大章，如班固《食貨》，馬遷《平準》，[三]大難結構。豈知文體既合史例，即使措辭如布算子，亦自條理可觀，切實有用。文字正不必沾沾顧慮，好爲繁瑣也。

一、成文宜標作者也。班襲遷史，孝武以前，多用原文，不更別異；[三]以《史》《漢》同一紀載，而遷史久已通行，故無嫌也。他若詔令書表之屬，則因其本人本事而明敘之，故亦無嫌於抄錄成文。至《史記》贊秦，全用賈生三論，則以「善哉賈生推言」一句引起。《漢書·遷傳》全用《史記自序》，則以「遷之自序云爾」一句作收。[四]雖用成文，而賓主分明，不同襲善。志爲史體，其中不無引用成文，若如俗下之藝文選集，則作者本名，自應標於目錄之下。今若刊去所載文辭，分類載入考傳諸體，則作者本名易於刊去，須仍復如《史》《漢》之例，標而出之。至文有蔓長，須加刪節者，則以「其略曰」三字領起，如孟堅載賈誼諸疏之例，[五]可也。援引舊文，自足以議論者，則如《伯夷列傳》中，入「其傳曰」云云一段文字之例，[六]可也。至若前綴序引，後附論贊，今世纂家，多稱野史氏曰，或稱外史氏曰，[七]揆之於理，均未允協；莫如直倣東漢之例，標出論曰、序曰之體爲安。[八]至反覆辨正，存疑附異，或加案曰亦可。否則直入

本文,不加標目,隨時斟酌,均在夫相體裁衣耳。

一,傳體宜歸畫一也。列傳行述入藝文志,前書已辨其非。然國史取材邑志,人物尤屬緊要。蓋典章法令,國有會典,官有案牘,其事由上而下,故天下通同,即或偶有遺脫,不患無從考證。至於人物一流,自非位望通顯,太常議謚,史臣立傳,[一九]則姓名無由達乎京師。其幽獨之士,貞淑之女,幸邀旌獎;按厥檔册,直不啻花名卯册耳。[二〇]必待下詔纂修,開館投牒,[二一]然後得核。故其事由下而上,邑志不詳備,則日後何由而證也?夫傳即史之列傳體爾。《儒林》《遊俠》,遷《史》首標總目;《文苑》《道學》《宋史》又畫三科。先儒譏其標幟啟爭,[二]然亦止標目不及審慎爾。非若後世志乘傳述碑版,統列藝文。及作人物列傳,又必專標色目,若忠臣、孝子、名賢、文苑之類,挨次排纂,每人多不過八九行,少或一二三行,名曰傳略。夫志曰輶軒實錄,[三]宜詳於史,而乃以略體行之,此何說也?至於標目所不能該,義類兼有所附,非以董宣入《酷吏》,[二四]則於《周臣》闕韓通耳。[二五]按《史記》列傳七十,惟《循吏》《儒林》而下九篇,標出總目。[二六]《漢書》自《外戚》《佞幸》而上七篇,標出總目。[二七]江都傳列三策,不必列以《儒林》;[二八]東方特好詼諧,不必列入《滑稽》。[二九]傳例既寬,便可載瓌特之行於法律之外;[三〇]行相似者,比而附之;文章多者,錄而入之。但以庸濫徇情爲戒,不以篇幅廣狹爲拘,乃屬善之善耳。

一，論斷宜守謹嚴也。史遷序引斷語，俱稱太史公曰[三一]云云，所以別於敘事之文，並非專標色目。自班固作贊，范史撰論，亦已少靡。南朝諸史，則於傳志之末，散文作論，又用韻語，做孟堅自敘體作贊，以綴論文之後，[三二]屋下架屋，[三三]斯為多文。自後相沿，製體不一。至明祖纂修《元史》，論宋濂等據事直書，勿加論贊。[三四]雖寓謹嚴之意，亦非公是之道。僕則以為是非褒貶，第欲其平，論贊不妨附入；但不可作意軒輊，亦不得故恣弔詭。[三五]其有是非顯然，不待推論，及傳文已極抑揚，更無不盡之情者，不必勉強結撰，充備其數。

一，典章宜歸詳悉也。僕言典章自上而下，可較人物為略，然是極言傳之宜更詳耳。學校祭祀，一切開載會典者，[三六]苟州縣所常舉行，豈可因而不載？會典簡帙浩繁，購閱非易。使散在州縣各志，則人人可觀，豈非盛事？況州縣舉行之典，不過多費棃棗十餘枚耳。[三七]今志多刪不載，未知所謂。

一，自注宜加酌量也。班史自注於十志尤多。以後史家文字，每用自注。[三八]宋人刻偽《蘇注杜詩》，[三九]其不可強通者，則又妄加「公自注」三字。[四〇]後人覺其偽者，轉矯之曰：古人文字，從無自注。然則如司馬《潛虛》，[四一]自加象傳，又何如耶？志體既取詳贍，行文又貴簡潔，以類纂之意，而行紀傳之文，非加自注，何以明暢？但行文所載之事實，有須詳考顛末，則可自注。如《潛虛》之自解文義，則非志體所宜爾。

一，文選宜相輔佐也。詩文雜體入藝文志，固非體裁，是以前書欲取各體歸於傳考。然西京文字甚富，而班史所收之外，寥寥無覯者，以學士著撰，必合史例方收，而一切詩文賦頌，無昭明、李昉[四二]其人，先出而採輯之也。史體縱看，志體橫看，其爲綜核一也。然綜核者事詳，而因以及文。文有關於土風人事者，其類頗夥，史固不得而盡收之。以故昭明以來，括代爲選，唐有《文苑》，宋有《文鑑》，元有《文類》，明有《文選》[四三]廣爲銓次，鉅細畢收，其可證史事之不逮者，不一而足。故左氏論次《國語》，未嘗不引諺證謠；[四四]而十五《國風》，亦未嘗不別爲一編，均隸太史。[四五]此文選志乘，交相裨益之明驗也。近於《湖廣通志》之外，[四六]又選《三楚文獻錄》。江蘇宋撫軍聘邵毘陵修《明文錄》外，[四七]更撰《三吳文獻錄》等集，亦佐《江南通志》之不及。[四八]僕淺陋寡聞，未知他省皆如是否？然即此一端，亦可類及。何如略做《國風》遺意，取其有關民風流俗，參伍質證，可資考校，分列詩文記序諸體，勒爲一邑之書，與志相輔，當亦不爲無補。但此非足下之方所克爲者，盍乘間爲當事告焉？

一，列女宜分傳例也。列女名傳，創於劉向，[四九]列女之籍。班、馬二史，均闕此傳。自范蔚宗東漢書中，始載通乎《詩》；而比事屬辭，實爲史家之籍。班、馬二史，均闕此傳。自范蔚宗東漢書中，始載《列女》，[五○]後史因之，遂爲定則。然後世史家所謂列女，則節烈之謂，而劉向所叙，乃羅列之謂也。節烈之烈爲列女傳，則貞節之與殉烈，已自有殊；若孝女義婦，更不相入，而閨秀才婦，

道姑仙女，永無入傳之例矣。夫婦道無成，節烈孝義之外，原可稍略；然班姬之盛德，曹昭之史才，蔡琰之文學，[五二]豈轉不及方技伶官之倫，更無可傳之道哉？劉向傳中，節烈孝義之外才如妾婧，[五三]奇如魯女，[五三]無所不載，即下至施、旦，[五四]亦胥附焉。列之為義，可為廣矣。自東漢以後，諸史誤以羅列之列，為殉烈之烈，於是法律之外，可載者少；而蔡文姬之入史，人亦議之。[五五]今當另立貞節之傳，以載旌獎之名，其正載之外，苟有才情卓越，操守不同，或有文采可觀，一長擅絕者，不妨入於列女，以附方技、文苑、獨行諸傳之例；庶婦德之不盡出於節烈，而苟有一長足錄者，亦不致有湮沒之歎云。狂瞽之言，幸惟擇之！醉中草草，勿罪。

〔一〕司馬遷《報任安書》：「僕亦嘗廁下大夫之列，陪奉外庭末議。」

〔二〕牛刀，見前篇注〔二六〕。《莊子·齊物論》注引司馬曰：「觳，鳥子欲出者也。」

〔三〕《論語·公冶長》：「不恥下問。」

〔四〕《老子》第二十四章：「知其榮，守其辱，為天下谷。」恒語虛懷若谷。

〔五〕《禮記·中庸》：「肫肫其仁。」注：「肫，懇誠貌。」《詩·周南·關雎》箋：「摯之言，至也。」

〔六〕按以上叙致書之意。

〔七〕八書，見《方志立三書議》注〔五〇〕。十志，見《永清縣志六書例議》注〔四〕。

〔八〕《後漢書》爲志三十，計《律曆志》三，《禮儀志》三，《祭祀志》三，《天文志》三，《五行志》六，《郡國志》五，《百官志》五，《輿服志》二。

〔九〕《宋史》爲志一百六十二篇，計《天文志》十三，《五行志》七，《律曆志》十七，《地理志》六，《河渠志》七，《禮志》二十八，《樂志》十七，《儀衛志》六，《輿服志》六，《選舉志》六，《職官志》十二，《食貨志》十四，《兵志》十二，《刑法志》三，《藝文志》八。

〔一〇〕《淮南子·道應訓》：「吾與汗漫期於九垓之外。」高誘注：「汗漫，不可知之也。」

〔一一〕見《州縣請立志科議》注〔三五〕。

〔一二〕《漢書》有《食貨志》，《史記》有《平準書》。

〔一三〕見《言公上》注〔四五〕。

〔一四〕《史記·秦始皇本紀》：「太史公曰：善哉乎！賈生推言之也。」下錄《過秦論》三首。《漢書·司馬遷傳》，於「以竢後聖君子第七十」下云：「遷之自叙云爾。」

〔一五〕《漢書·賈誼傳》：「誼數上疏陳政事，多所欲匡建，其大略曰。」云云。

〔一六〕《史記·伯夷列傳》：「其傳曰：伯夷叔齊，孤竹君之二子也。」

〔一七〕如《虞初新志》是。

〔一八〕《史通·論贊》：「既而班固曰贊，荀悅曰論，《東觀》曰序。」

〔一九〕清制，太常寺掌謚法，凡二品大員身後均賜謚。其有功德勳業者，宣付史館立傳。

[二〇] 人口之名，參差不一，故曰花名。卯册，見《和州志官師表序例》注[三]。

[二一]《廣韻》：「書版曰牒。」舊時開館修書，聽私家投牒，以備採擇。

[二二]《史記》始立《儒林傳》，班固《漢書》因之。范曄《後漢書》別於《儒林》外立《文苑傳》，《晉書》以下因之。《宋史》又添立《道學傳》三，《儒林傳》八，《文苑傳》七。章氏《知非日札》：「《隋志》有《道學傳》二十卷，乃釋教淵源也。元修《宋史》乃用以稱儒者，或又以道學二字，乃妤黨所以標榜君子，皆失實也。」（劉刻《遺書》外編卷四）《四庫全書提要》叙儒家類：「托克托等修《宋史》，以《道學》《儒林》分爲兩傳，當時所謂道學者，又自分二派，筆舌交攻，自時厥後，天下惟朱、陸是爭，門户別而朋黨起，恩讎報復，蔓延者數百年。」此與章氏並世之説。先儒，未詳。

[二三] 輶軒：見《和州志藝文書序例》注[六五]。

[二四] 見《古文十弊》注[四六]。

[二五] 見《釋通》注[六〇]。

[二六]《史記》自《循吏列傳》《儒林列傳》以下，爲《酷吏列傳》《游俠列傳》《佞幸列傳》《滑稽列傳》《日者列傳》《龜策列傳》《貨殖列傳》，合爲九篇。

[二七]《漢書》自《佞幸傳》《外戚傳》以上，爲《儒林傳》《循吏傳》《酷吏傳》《貨殖傳》《游俠傳》，合爲七篇。

[二八]《漢書・董仲舒傳》載《天人三策》，未嘗列入《儒林》。仲舒曾爲江都相。

[二九]《漢書》爲東方朔立傳，而不標《滑稽》。

答甄秀才論修志第二書

〔三〇〕《淮南子·詮言訓》:「聖人無屈奇之服,瑰異之行。」

〔三一〕《史記·五帝本紀贊》:「太史公曰。」《正義》:「太史公,司馬遷自謂也。《自敘傳》云『太史公曰,先人有言』;又云『太史公曰,余聞之董生』;明太史公,司馬遷自號也。遷爲太史公官,題贊首也。」

〔三二〕《史通·論贊》:「馬遷《自序傳》後歷寫諸篇,各叙其意。既而班固變爲詩體,號之曰述。范曄改彼述名,呼之以贊。尋述贊爲例,篇有一章,事多者則約之使少,理寡者則張之令大,名實多爽,詳約不同。且欲觀人之善惡,史之褒貶,蓋無假於此也。然固之總述合在一篇,使其條貫有序,歷然可閱。而後生作者,不悟其非,如蕭蔚宗《後書》,實同班氏,乃各附本事,書於卷末,篇目相離,斷隔失次。夫每卷立論,其煩已多,而(子顯)李(百藥)南、北、齊史,大唐新修晉史,皆依范書誤本,篇終有贊。嗣論爲贊,爲黷彌甚。」

〔三三〕見《永清縣志六書例議》注〔六〕。

〔三四〕《元史·凡例》:「歷代史書,紀志表傳之末,各有論贊之辭。今修《元史》,不作論贊,但據事直書,具文見意,使其善惡自見,準《春秋》及欽奉聖旨意。」

〔三五〕《永清縣志士族表序例》注〔六〕。弔詭,見《繁稱》注〔二八〕。

〔三六〕《四庫簡明目錄》政書類:「欽定《大清會典》一百卷,乾隆二十六年奉敕撰。初修於康熙三十三年,再修於雍正五年,至是三經考訂,踵事加詳,凡一切大經大法,無不臚載,宏綱細目,條理秩然。」

〔三七〕羅頎《物原》：「五代和凝始以棃板刊書。」雕印書籍，以棃木棗木爲上，故稱書版曰棃棗。

〔三八〕顏師古《漢書敘例》：「凡舊注是者，則無間然，具而存之，以示不隱。」故《漢書》表志，其注文不著名氏者，皆班固所自注。章氏《史篇別錄敘例》：「史家自注之例，或謂始於班氏諸志，其實史遷諸表，已有子注矣。表志中有名數不係屬辭，故大書分注，其道易行。紀傳自以純體屬辭，例無自注。故歷史紀傳，凡事涉互詳，皆以旁注之義，同入正文。久習不察其非，無人敢於糾正。」（劉刻《遺書》卷七）

〔三九〕《楊升庵外集》四十九《文人作僞書》：「宋有《碧雲騢》，則誣善醜正，甚矣。又有《雲仙散錄》《清異錄》，僞撰《杜詩注》，嫁名東坡，一切可以焚棄。」《容齋隨筆》一：「俗間所傳淺妄之書，如所謂《雲仙散錄》《老杜事實》《開元天寶遺事》之屬，皆絕可笑。然士大夫或信之，至以《老杜事實》爲東坡所作者。今蜀本刻《杜集》，遂以入注，頗能疑誤後生也。」錢謙益注《杜詩》，《略例》：「世所傳僞蘇注，即宋人《東坡事實》，朱文公云：『閩中鄭昂僞爲之也。』宋人注《太白詩》，即引僞杜注以注李，而類書多誤引爲故實，洪容齋謂疑誤後生者，此也。」

〔四〇〕葉君長青曰：「如宋嘉泰間蔡夢弼傅卿所刻集千家注《杜工部詩集》卷一，《龍門》云：『金銀佛殿開。』公自注：『山有佛寺，金碧照耀，最爲勝概。』《過宋員外之問舊莊》，公自注：『員外季弟執金吾，見知於代，故有下句。』」

〔四一〕見《易教上》注〔五七〕。

答甄秀才論修志第二書

九六九

〔四二〕蕭統《文選》，見《書教中》注〔三〇〕。李昉《文苑英華》，見《傳記》注〔三四〕。

〔四三〕《文苑》，見上注。《宋文鑑》《元文類》，見《書教中》注〔三二〕及注〔三三〕。《四庫全書總目》總集類：「《今文選》十二卷，明孫鑛撰。是編哀錄明人之文，所選自羅玘至李維楨，凡三十一人，並撮舉其姓氏爵里於卷前。其前七卷稱《今文選》，後五卷稱《續選》，觀其自序，蓋以李夢陽爲宗，故明初諸人無不及之焉。」

〔四四〕《國語·周語》單襄公引諺曰：「獸惡其網，民惡其上。」又衛彪傒引諺曰：「從善如登，從惡如崩。」

〔四五〕見《點陋》注〔三五〕《和州文徵序例》注〔八〕。

〔四六〕《四庫全書總目》地理類：「《湖廣通志》一百二十卷，總督湖廣等地兵部尚書兼副都御史邁柱等監修。是編成於雍正十一年，乃邁柱及湖北巡撫德齡、湖南巡撫趙宏恩奉詔纂輯，以湖南湖北合爲一書，大致據康熙甲子舊志爲本，而以類附益之。其目或增或併，總爲三十一門，又附見者十三門，人物門內又分爲四子目，條分縷析，按籍可稽。」

〔四七〕宋犖字牧仲，號漫堂，河南商丘人。康熙三十一年，官江蘇巡撫，朝臣稱其清廉爲天下最。四十四年，遷吏部尚書，四十七年乞罷，卒，年八十。吳中邵長蘅與犖爲布衣交，客公所最久，以文史相切劘。著有《西陂類稿》《筠廊偶筆》共四十六卷。(《國朝先正事略》卷九)邵長蘅字子湘，江蘇武進人。少稱奇童，讀書目數行下。十歲爲諸生，試必高等，應行省試輒不售，乃棄舉子業，益潛心六經

〔四八〕三史，及唐宋諸大家文。後入京師，友人強之入太學，試吏部，宋德宜得其文，驚曰：「今之震川也！」例授州同，不就。後客宋牧仲中丞所最久，談道論文，敦布衣昆弟之好。嘗選有明何、李、王、李四家詩，矯牧齋偏駁之論，而以程孟陽詩爲纖佻，識者韙之。卒年六十八。著有《青門集》。（《國朝先正事略》卷三十八）《明文錄》不詳。

〔四八〕《四庫全書總目》地理類：「《江南通志》二百卷，兵部尚書兩江總督趙宏恩等監修。先是康熙二十二年，總督于成龍等奉部檄創修《通志》，凡七十六卷。雍正七年，署兩江總督尹繼善等奉詔重修。九年冬，開局江寧，屬原任中允黃之雋等司其事，因舊志潤色補苴，凡閱五載，至乾隆元年書成。」

〔四九〕見《古文十弊》注〔八三〕。

〔五〇〕見《永清縣志列女傳序例》注〔二〕。

〔五一〕《漢書·外戚傳》：「孝成班倢伃居增成舍。成帝遊於後庭，嘗欲與倢伃同輦載，倢伃辭曰：『觀古圖畫賢聖之君，皆有名臣在側。三代末主，迺有嬖女，今欲同輦，得無近似之乎？』上善其言而止。其後趙飛燕姊弟驕妬，倢伃恐久見危，求共奉太后長信宮。成帝崩，倢伃充奉園陵。薨，因葬園中。」

〔五二〕班昭，見《經解下》注〔二〇〕。蔡琰，見《婦學》注〔二四〕。

〔五三〕《列女傳》六：「妾婧者，齊相管仲之妾也。甯戚欲見桓公，道無從，乃爲人僕，將車宿齊東門之外。桓公因出，甯戚擊牛角而商歌，甚悲。桓公異之，使管仲迎之。甯戚稱曰：『浩浩乎白水。』管仲不知所謂，不朝五日，而有憂色。其妾婧笑曰：『人也語君矣，君不知識矣。古有《白水》之詩，詩不云

乎?」「浩浩白水，儵儵之魚。君來召我，我將安居？國家未定，從我焉如？」此甯戚之欲得仕國家也。」管仲大悅，以報桓公。桓公乃修官職，齋戒五日，見甯子，因以爲相，齊國以治。」

〔五三〕《列女傳》三：「漆室女者，魯漆室邑之女也，過時未適人。當穆公時，君老，太子幼，女倚柱而嘯。旁人聞之，莫不爲之慘者。其鄰人婦從之遊，謂曰：『何嘯之悲也！子欲嫁耶？吾爲子求偶。』漆室女曰：『嗟乎！始吾以子爲知，今無識也。吾豈爲不嫁不樂而悲哉？吾憂魯君老，太子幼。』鄰婦笑曰：『此乃魯大夫之憂，婦人何與焉。』漆室女曰：『不然。非子所知也。昔晉客舍吾家，繫馬園中，馬佚馳走，踐吾葵，使我終歲不食葵。鄰人女奔隨人亡，其家倩吾兄行追之，逢霖雨出，溺流而死，令吾終身無兄。吾聞河潤百里，漸洳三百步。今魯君老悖，太子少愚，愚偽日起。夫魯國有患者，君臣父子皆被其辱，禍及衆庶，婦人獨安所避乎？吾甚憂之。子乃曰婦人無與者，何哉？』鄰婦謝曰：『子之所慮，非妾所及。』三年，魯果亂，齊楚攻之，魯連有寇，男子戰鬭，婦人轉輸，不得休息。」

〔五四〕《列女傳》七：「末喜者，夏桀之妃也，美于色，薄于德，亂孽無道，女子行，丈夫心，佩劍帶冠。桀既棄禮義，淫于婦人，求美女積之於後宮，收倡優侏儒狎徒能爲奇偉戲者，聚之於旁；造爛漫之樂，日夜與末喜及宮女飲酒，無有休時。置妹喜于膝上，聽用其言，昏亂失道，驕奢自恣。爲酒池可以運舟，一鼓而牛飲者三千人，騎其頭而飲之于酒池，醉而溺死者，末喜笑之以爲樂。龍逢進諫曰：『君無道必亡矣。』桀曰：『日有亡乎？日亡而我亡。』不聽，以爲妖言而殺之。造瓊室瑤臺，以臨雲雨，殫財盡

幣，意尚不饜。召湯囚之於夏臺，已而釋之。諸侯大叛，于是湯受命而伐之，戰於鳴條，桀師不戰。湯遂放桀與末喜嬖妾同舟流于海，死於南巢之山。」又：「妲己者，殷紂之妃也，嬖幸于紂。紂作新淫之聲，北鄙之舞，靡靡之樂；收珍物積之於後宮，積糟爲丘，流酒爲池，懸肉爲林，使人裸形相逐其間，爲長夜之飲；妲己好之。百姓怨望，諸侯有畔者。紂乃爲炮烙之法，膏銅柱加之炭，令有罪者行其上，輒墮炭中；妲己乃笑。比干諫曰：『不修先王之典法，而用婦言，禍至無日！』紂怒，以爲妖言。妲己曰：『吾聞聖人之心有七竅。』于是剖心而觀之。囚箕子，微子去之。武王遂致天之罰，斬妲己頭，懸于小白旗，以爲亡紂者，是女也。」按《國語‧晉語》云：「夏桀伐有施，施人以妹喜女焉。殷辛伐有蘇，有蘇以妲己女焉。」妲，《廣韻》音旦。施旦，疑即妹喜妲己也。又《吳越春秋》：「越王乃使相者國中得苧蘿山鬻薪之女，曰西施、鄭旦，三年學服而獻於吳，吳王大悅。」然《列女傳》不載。

〔五五〕文姬，蔡琰字，見上。劉知幾譏范曄《後漢書》之傳蔡琰，見《永清縣志列女列傳敘例》注〔八〕。

與甄秀才論文選義例書（二）[一]

辱示《文選》義例，大有意思，非熟知此道甘苦，何以得此？第有少意商復。夫蹠事增華，[二]後來易爲力。括代總選，須以史例觀之。昭明草創，[三]與馬遷略同。由六朝視兩漢，略已，先秦略之略已。周則子夏《詩序》，屈子《離騷》而外，無他策焉。[四]昭明兼八代，《史記》採三古，[七]而又當創事，故例疏而文約。《文苑》《文鑑》，皆包括一代；《漢書》《唐書》，皆專紀一朝；[八]亦猶班固《地志》之兼採《職方》《禹貢》，[一〇]《隋書》諸志之併收制科，則廣昭明之未登。[九]亦猶班固《地志》之補載陳隋，則續昭明之未備；《文鑑》之補述梁、陳、周、齊，[二]例以義起，斟酌損益，固無不可耳。夫一代文獻，史不盡詳，全恃大部總選，得載諸部文字於律令之外，參互考校，可補二十一史之不逮。[三]其事綦重，原與揣摩家評選文字不同，工拙繁簡，不可屑屑校量。讀書者但當採掇大意，以爲博古之功，斯有益耳。

駁文選義例書再答

來書云：「得兄所論《文選》義例，甚以爲不然。文章一道，所該甚廣，史特其中一類耳。

選家之例，繁博不倫，四部九流，〔三〕何所不有？而兄概欲以史擬之。若馬若班，若表若志，斤斤焉以蕭唐諸選，削趾適履，〔四〕求其一得符合。將毋陳大士初學時文，而家書悉裁爲八股式否？〔五〕東西兩京文字，入選寥寥，而班、范兩史排纂，遂爲定本。惟李陵塞外一書，班史不載，便近齊梁小兒，〔六〕果選裨史之不逮乎？抑史裨選之不逮乎？編年有《綱目》，紀傳有廿一史，歷朝事已昭如日星。而兄復思配以文選，連牀架屋，豈爲風雲月露之辭，可以補柱下之藏耶？〔七〕選事做於六朝，而史體亦壞於是，選之無裨於史明矣。考鏡古今，論列得失，在乎卓犖之士，不循循株守章句；〔八〕孺歌婦歎，均可觀采，豈皆與史等哉？昔人稱杜甫詩史，而楊萬里駁之，以爲《詩經》果可兼《尚書》否？〔九〕兄觀書素卓犖，而今言猶似牽於訓詁然者，僕竊不喜。或有不然，速賜裁示！」

惠書甚華而能辨，所賜於僕，豈淺鮮哉？然意旨似猶不甚相悉，而盛意不可虛，故敢以書報。文章一道，體製初不相沿，而原本各有所自。古人文字，其初繁然雜出，惟用所適，豈斤斤焉立一色目，而規規以求其一似哉？若云文事本博，而史特於中占其一類，則類將不勝其繁。《伯夷》《屈原》諸傳，夾敘夾議；而《莊周》《列子》之書，又多假敘事以行文。〔一〇〕兄以選例不可一概，則此等文字，將何以畫分乎？經史子集，久列四庫，其原始亦非遠。試論六藝之初，則經目本無有也。大《易》非以聖人之書而尊之，一子書耳。《書》與《春秋》，兩史籍耳。

《詩》三百篇，文集耳。《儀禮》《周官》，律令會典耳。自《易》藏太卜而外，[三]其餘四者，均隸柱下之籍，而後人取以考證古今得失之林，未聞沾沾取其若《綱目》紀傳者，而專爲史類，其他體近繁博，遽不得與於是選也。《詩》亡而後《春秋》作，[三]《詩》類今之文選耳，而亦得與史相終始何哉？土風殊異，人事興衰，紀傳所不及詳，編年所不能錄，而參互考驗，其合於是中者，如《鴟鴞》之於《金縢》，[三]《乘舟》之於《左傳》之類；[四]其出於是外者，如《七月》追述周先，[三]《商頌》兼及異代之類；[六]豈非文章史事，固相終始者與？兩京文字，入選甚少，不敵班、范所收，使當年早有如選《文苑》。其人，裁爲大部盛典，則兩漢事迹，吾知更赫赫如昨日矣。史體壞於六朝，自是風氣日下，非關《文選》。昭明所收過略，乃可恨耳。所云不循循株守章句，不必列文於史中，顧斤斤盡文於史外，其見尚可謂之卓犖否？楊萬里不通太史觀風之意，故駁詩史之説。[七]以兄之卓見而惑之，何哉？

〔一〕劉刻《遺書》卷十四，目録題下注：「此與下篇雖論《文選》義例，實以方志另立文徵，是仿《文選》而作，申明前書之意，故類列於此。」作年無考。

〔二〕見《和州文徵序例》注〔一七〕。

〔三〕昭明《文選》，見《書教中》注〔三〇〕。草創，見《答甄秀才論修志第一書》注〔三〕。

〔四〕《詩序》，見《經解中》注〔二九〕。屈宋之作，《文選》所錄非一，此僅舉《離騷》者，蓋取《騷》以名其全書耳。說見《經解下》注〔二七〕。此專指《文選》言，《文選》於周僅選《楚辭》及卜子夏《毛詩序》，非此外無可選，只不合蕭統選文標準耳。

〔五〕天漢：漢武帝年號。

〔六〕見《易教上》注〔二〕。

〔七〕昭明《文選序》：「遠自周室，迄於聖代，都爲三十卷。」即周、秦、漢、魏、晉、宋、齊、梁八代。三古，見《易注》注〔三〕。

〔八〕《文苑英華》，見《傳記》注〔三四〕。《宋文鑑》，見《書教中》注〔三二〕。《唐書》，見《史注》注〔八〕。《漢書》，見《書教上》注〔三四〕。

〔九〕《文苑英華》所選文自梁末、陳、隋至唐，實齋認爲以選唐文爲主，其餘只是補載。《文鑑》收制科，見《書教中》注〔三〕。

〔一〇〕見《釋通》注〔三〕。

〔一一〕見《釋通》注〔五七〕。

〔一二〕見《答客問上》注〔一〇〕。

〔一三〕見《書教中》注〔三五〕、《詩教上》注〔三〕。

〔一四〕見《古文十弊》注〔二〕。

〔一五〕《明史·文苑傳》:「陳際泰字大士,臨川人,與艾南英以時文名天下。」《日知錄》十六《試文格式》:「經義之文,流俗謂之八股,蓋始於成化以後。股者,對偶之名也。天順以前,經義之文,不過敷衍傳注,或對或散,初無定式。其單句題亦甚少。成化二十三年,會試《樂天者保天下》文,起講先提三句,即講『樂天』四股,中間過接四句,復講『保天下』四股,復收四句,再作大結。每四股之中,一反一正,一虛一實,一淺一深,其兩扇立格,則每扇之中,各有四股,其次第之法亦復如之,故今相傳謂之八股。」

〔一六〕《史通·雜說下》:「《李陵集》有《與蘇武書》,詞采壯麗,音句流靡,觀其文體,不類西漢人,殆後來所爲,假稱陵作也。遷史缺而不載,良有以焉。」蘇軾《答劉沔書》:「陵《與武書》,詞句儇淺,正齊梁間小兒所擬作,決非西漢文。」(《東坡後集》卷十四)

〔一七〕架屋,見《永清縣志六書例議》注〔二八〕。風雲月露,見《永清縣志文徵序例》注〔四六〕。柱下,見《答客問中》注〔三〇〕。

〔一八〕卓犖,一作卓躒,《文選》孔融《薦禰衡表》:「英才卓躒。」注:「卓躒,絕異也。」《韓非子·五蠹》:「宋人有耕田者,田中有株,兔走觸株,折頸而死,因釋其耒而守株,冀復得兔,兔不可復得,而身爲宋國笑。」章句,見《原道下》注〔六〕。

〔一九〕孟棨《本事詩》:「杜子美逢祿山之難,流離隴蜀,畢陳於詩,推見至隱,殆無遺事,故當時號爲詩史。」楊萬里字廷秀,吉水人,紹興進士,張浚嘗勉以誠意正心之學,遂名書室曰誠齋。按《楊升庵外

集》(卷七十)《詩史》:「宋人以杜子美能以韻語紀事,謂之詩史,鄙哉!宋人之見,不足以論詩也。夫六經各有體,《易》以道陰陽,《書》以道政事,《詩》以道性情,《春秋》以道名分。後世之所謂史者,左記言,右紀事,古之《尚書》《春秋》也。若《詩》者,其體其旨,與《易》《書》《春秋》判然矣。三百篇,皆約情合性而歸之道德也。杜詩之含蓄蘊藉者,蓋亦多矣,宋人不能學之。至於直陳時事,類於訕訐,乃其下乘,而宋人拾以爲己寶。又撰出詩史二字,以誤後人。如詩可兼史,《尚書》《春秋》可以併省。又如今俗《卦氣歌》《納甲歌》,兼陰陽而道之,謂之詩易可乎?」此云誠齋誤。

〔二〇〕《莊子》《列子》,見《詩教上》注〔五〕。按《莊子‧寓言》郭象注:「寄之他人,則十言而九見信。」此《莊》《列》之書所以多假敘事以行文也。

〔二一〕見《易教上》注〔八〕。

〔二二〕見《書教上》注〔八〕。

〔二三〕《毛詩‧豳風‧鴟鴞序》:「《鴟鴞》,周公救亂也。成王未知周公之志,公乃爲詩以遺王,名之曰《鴟鴞》焉。」《周書‧金縢》:「武王既喪,管叔及其群弟乃流言於國曰:『公將不利于孺子。』周公乃告二公曰:『我之弗辟,我無以告我先王。』周公居東二年,則罪人斯得。于後公乃爲詩以貽王,名之曰《鴟鴞》。」

〔二四〕《毛詩‧邶風‧二子乘舟序》:「《二子乘舟》,思伋、壽也。衛宣公之二子,爭相爲死,國人傷而思

〔二五〕《毛詩·豳風·七月序》：「《七月》，陳王業也。周公遭變，故陳后稷先公風化之所由，致王業之艱難也。」

〔二六〕見《博約中》注〔一五〕。《毛詩·商頌·那序》：「《那》，祀成湯也。」鄭司農云：「自考父至于孔子，又亡其七篇。」正考父者，得《商頌》十二篇於周之太師，以《那》爲首。按《史記·宋世家》云：「襄公之時，修行仁義，欲爲盟主，其大夫正考父美之，故追道契、湯、高宗所以興，作《商頌》。」近人王國維《說商頌》，謂其詩作於《魯頌》後。

〔二七〕劉氏《識語》：「駁詩史之説者乃楊升庵，非誠齋。」

之，故作是詩也。」《左傳》桓公十六年：「初，衛宣公烝於夷姜，生急子，屬諸右公子。爲之娶於齊而美，公取之，生壽及朔，屬壽於左公子。夷姜縊。宣姜與公子朔構急子，公使諸齊，使盜待諸莘，將殺之。壽子告之，使行。不可，曰：『棄父之命，惡用子矣！有無父之國，則可也。』及行，飲以酒，壽子載其旌以先，盜殺之。急子至，曰：『我之求也，此何罪？請殺我乎！』又殺之。二公子故怨惠公（朔）。十一月，左公子洩、右公子職，立公子黔牟。惠公奔齊。」

修志十議 呈天門胡明府（一）

修志有二便：地近則易覈，時近則迹真。有三長：識足以斷凡例，明足以決去取，公足以絕請託。有五難：清晰天度難，考衷古界難，調劑眾議難，廣徵藏書難，預杜是非難。有八忌：忌條理混雜，忌詳略失體，忌偏尚文辭，忌粧點名勝，忌擅翻舊案，忌浮記功績，忌泥古不變，忌貪載傳奇。有四體：皇恩慶典宜作紀，官師科甲宜作譜，典籍法制宜作考，名宦人物宜作傳。有四要：要簡、要嚴、要覈、要雅。今擬乘二便，盡三長，去五難，除八忌，而立四體，以歸四要。請略議其所以然者爲十條。先陳事宜，後定凡例，庶乎畫宮於堵之意云。〔二〕

一、議職掌。提調專主決斷是非，總裁專主筆削文辭，投牒者叙而不議，參閱者議而不斷，庶各不相侵，事有專責。

二、議考證。邑志雖小，體例無所不備。考核不厭精詳，折衷務祈盡善。〔三〕所有應用之書，自省府鄰境諸志而外，如《廿二史》《三楚文獻錄》《一統志》、聖祖仁皇帝御纂《方輿路程圖》《大清會典》《賦役全書》之屬，〔四〕俱須加意採訪。他若邑紳所撰野乘、私記、文編、稗史、家譜、圖牒之類，凡可資搜討者，亦須出示徵收，博觀約取。其六曹案牘，律令文移，有關政教典故、風土利弊者，概令録出副本，一體送館，以憑詳慎銓次。庶能鉅細無遺，永垂信史。

三，議徵信。邑志尤重人物，取舍貴辨真偽。凡舊志人物列傳，例應有改無削。新志人物，一憑本家子孫列狀投櫃，核實無虛，送館立傳。此俱無可議者。但所送行狀，務有可記之實，詳悉開列，以備采擇，方准收錄。如開送名宦，必詳曾任何職，實興何利，實除何弊，實於何事有益國計民生，乃爲合例。如但云清廉勤慎，[五]慈惠嚴明，全無實徵，但作計薦考語體者，概不收受。又如卓行亦必開列行如何卓，文苑亦必開列著有何書，見推士林，儒林亦必核其有功何經，何等著作有關名教，孝友亦必開明於何事見其能孝能友。否則行皆曾、史，學皆程、朱，文皆馬、班，品皆夷、惠，[六]魚魚鹿鹿，[七]何以辨真偽哉？至前志所收人物，果有遺漏，或生平大節，載不盡詳，亦准其與新收人物，一例開送，核實增補。

四，議徵文。人物之次，藝文爲要。近世志藝文者，類輯詩文記序，其體直如文選；而一邑著述目錄，作者源流始末，俱無稽考，非志體也。今擬更定凡例，一倣班《志》劉《略》；[八]標分部彙，刪蕪擷秀，跋其端委，自勒一考，可爲他日館閣校讎取材，斯則有裨文獻耳。但藝文入志，例取蓋棺論定；[九]現存之人，雖有著作，例不入志。此係御纂續考館成法，不同近日志乘，掇拾詩文，可取一時題詠，廣登尺幅者也。凡本朝前代學士文人，果有卓然成家，可垂不朽之業，無論經史子集，方技雜流，釋門道藏，圖畫譜牒，帖括訓詁，均得淨錄副本，投櫃送館，以

憑核纂。然所送之書，須屬共見共聞；即未刻行，亦必論定成集者，方准收錄。倘係抄撮稿本，畸零篇頁，及從無序跋論定之書，概不入編，庶乎循名責實之意。[一〇]惟舊志原有目錄，而藏書至今散逸者，仍准入志，而於目錄之下，注「亡」字以別之。

五，議傳例。史傳之作，例取蓋棺論定，不為生人立傳。歷考兩漢以下，如《非有先生》《李赤》諸傳，皆以傳為遊戲。《圬者》《槖駝》之作，則借傳為議論。至《何蕃》《方山》等傳，則又作貽贈序文之用。[二]沿至宋人，遂多為生人作傳。[三]其實非史法也。邑志列傳，全用史例，凡現存之人，例不入傳。惟婦人守節，已邀旌典；或雖未旌獎，而年例已符，[二]操守粹白者，統得破格錄入。蓋婦人從一而終，[一四]既無他志，其一生責任已畢，可無俟沒身單寒之家，不必表章，恐後此修志，不免遺漏，故搜求至汲汲也。至去任之官，苟一時政績卓然可傳，輿日不予表章，恐後此修志，不免遺漏，故搜求至汲汲也。至去任之官，苟一時政績卓然可傳，輿論交推，更無擬議者，雖未經沒身論定，於法亦得立傳。蓋志為此縣而作，為宰有功此縣，則甘棠可留；雖或緣故被劾，及鄉論未詳，安得沒其現施事迹？且其人已去，即無諛頌之嫌，而隔越方州，亦無遥訪其人存否之例。惟其人現居本縣，或現陞本省上官及有統轄者，仍不立傳；所以遠迎合之嫌，杜是非之議耳。其例得立傳人物，投遞行狀，務取生平大節合史例者，詳慎開載；纖瑣飣餖，凡屬浮文，[一五]俱宜刊去。其有事涉怪誕，義非懲創；或託神鬼，或稱奇夢

者，雖有所憑，亦不收錄，庶免鳧履羊鳴之誚。[一六]

六，議書法。典故作考，人物作傳，二體去取，均須斷制盡善，有體有要，乃屬不刊之書，[一七]可為後人取法。如考體但重政教典禮，民風土俗，而浮誇形勝，附會景物者，在所當略。其有古蹟勝概，確乎可憑，名人題詠，卓然可紀者，亦從小書分注之例，酌量附入正考之下；所以釐正史體，別於稗乘耳。蓋志體譬之治室，廳堂甲第，謂之府宅可也。若依岩之構，跨水之亭，謂之別業可，謂之正寢則不可。玉塵絲條，[一八]謂之仙服可，謂之紳笏則不可。此乃郡縣志乘，與卧遊清福諸編之分別也。[一九]列傳亦以名宦鄉賢，忠孝節義，儒林卓行為重。文苑方技有長可見者，次之。如職官而無可紀之蹟，科目而無可著之業，於法均不得立傳。蓋志屬信史，非如憲綱冊籍，一以爵秩衣冠為序者也。其不應立傳者，官師另立歷任年譜，邑紳另有科甲年譜，年經月緯之下，但注姓名，不得更有浮辭填入。即其中有應立傳者，亦不必更於譜內，注明有傳字樣，以昭畫一。若如近日通行之例，則紀官師者，既有職官志，以載受事年月，又有名宦志，以載歷任政績；而於他事有見於生祠碑頌、政績序記者，又收入藝文志。記邑紳者，既有科目志，又有人物志，亦分及第年分與一生行業為兩志；而其行業有見於誌銘傳誄者，則又收入藝文志。一人之事，疊見三四門類，於是或於此處注傳見某卷，於彼處注詳見某志，字樣紛錯，事實倒亂，體裁煩碎，莫此為甚。今日修志，尤當首為釐定，一破俗例者也。

七，議援引。史志引用成文，期明事實，非尚文辭。苟於事實有關，即胥吏文移，亦所採錄，況上此者乎？苟於事實無關，雖班揚述作，亦所不取，況下此者乎？但舊志藝文所錄文辭，今悉散隸本人本事之下，則篇次繁簡不倫；收入考傳方幅之內，其勢不無刪潤。如恐嫌似勦襲，〔三〇〕則於本文之上，仍標作者姓名，以明其所自而已。至標題之法，一倣《史》《漢》之例。《史》《漢》引用周秦諸子，凡尋常刪改字句，更不識別，直標「其辭曰」三字領起。惟大有刪改，不更仍其篇幅者，始用「其略曰」三字別之。若賈長沙諸疏是也。〔三一〕今所援引，一皆倣此。然諸文體中，各有應得援引之處，獨詩賦一體，應用之處甚少。惟地理考內，名勝條中，分注之下，可載少許，以證靈傑。他若抒寫性靈，風雲月露之作，果係佳構，自應別具行稿，或入專主選文之書，不應擾入史志之內，方爲得體。且古來十五《國風》，十二《國語》，〔三二〕並行不悖，未聞可以合爲一書。則志中盛選詩詞，亦俗例之不可不改者。倘風俗篇中，有必須徵引歌謠之處，又不在其例。是又即《左》《國》引諺徵謠之義也。〔三三〕

八，議裁制。取藝文應載一切文辭，各歸本人本事，俱無可議。惟應載傳志行狀諸體，今俱刪去，仍取其文裁入列傳，則有難處者三焉：一則法所不應立傳，與傳所不應盡載者，當日碑銘傳述，或因文辭裁爲重，不無濫收。二則志中列傳，方幅無多，而原傳或有洋洋大篇，全錄原文，則繁簡不倫；刪去事蹟，則召怨取議。三則取用成文，綴入本考本傳，原屬文中援引之

體,故可標作者姓名及「其辭曰」三字,以歸徵引之體。今若即取舊傳,裁爲新傳,則一體連編,未便更著作者姓名。譬班史作《司馬遷傳》,全用《史記自序》,則以「遷之自序云爾」一句標清賓主。[二四]蓋史公《自序》,原非本傳,故得以此句識別之耳。若孝武以前紀傳,全用《史記》成文者,更不識別;則以紀即此紀,傳即此傳,贊即此贊,其體更不容標司馬遷曰字樣也。今若邊同此例,則近來少見此種體裁,必有勦襲雷同之謗。此三端者,決無他法可處,惟有大書分注之例,可以兩全。蓋取彼舊傳,就今志義例,裁爲新傳,而於法所應刪之事,未便遽刪者,亦與作爲雙行小字,併作者姓氏,及刪潤之故,一體附注本文之下。庶幾舊志徵實之文,不盡刊落,而新志謹嚴之體,又不相妨矣。其原文不甚散漫,尚合謹嚴之例者,一仍其舊,以見本非好爲更張也。[二五]

九,議標題。近行志乘,去取失倫,蕪陋不足觀采者,不特文無體要,即其標題,先已不得史法也。如採典故而作考,則天文、地理、禮儀、食貨數大端,本足以該一切細目。而今人每好分析,於是天文則分星野占候爲兩志,於地理又分疆域山川爲數篇,連編累牘,動分幾十門類。夫《史》《漢》八書十志之例具在,[二六]曷常作如是之繁碎哉?如訪人物而立傳,則名宦、鄉賢、儒林、卓行數端,本不足以該古今人類。而今人每好合併,於是得一逸才,不問其行業如何超卓,而先擬其有何色目可歸;得一全才,不問其學行如何兼至,而先擬其歸何門類爲重;牴牾

牽強，以類括之。夫歷史合傳獨傳之文具在，曷嘗必首標其色目哉？所以然者，良由典故證據諸文，不隸本傳而隸藝文志，不隸本考而隸藝文志，則人無全傳，事無原委，不得不散著焉，以藏其苟簡之羞。行狀碑版諸文，不隸本傳而隸藝文志，則人無全傳，不得不強合焉，以足其款目之數。故志體壞於標題不得史法，標題壞於藝文不合史例；而藝文不合史例之原，則又原於創修郡縣志時，誤倣名山圖志之廣載詩文也。夫志州縣與志名山不同。彼以形勝景物爲主，描摩宛肖爲工，崖巓之碑，壁陰之記，以及雷電鬼怪之跡，洞天符檢之文，[二七]與夫今古名流遊覽登眺之作，收無子遺，[二八]即徵奧博，蓋原無所用史法也。若夫州縣志乘，即當時一國之書，民人社稷，政教典故，所用甚廣，豈可與彼一例？而有明以來，相沿不改，故州縣志乘，雖有彼善於此，而卒鮮卓然獨斷，裁定史例，可垂法式者。今日允當一破夙習，以還正史體裁者也。

十，議外編。廿一史中，紀表志傳四體而外，《晉書》有載記，《五代史》有附錄，《遼史》有《國語解》，[二九]至本朝纂修《明史》，亦於年表之外，又有圖式。[三〇]所用雖各不同，要皆例以義起，期於無遺無濫者也。邑志猥并錯雜，使同稗野小說，[三一]固非正體；若遽以國史簡嚴之例處之，又非廣收以備約取之意。凡事屬瑣屑而不可或遺者，如一產三男，人壽百歲，神仙蹤蹟，科第盛事，一切新奇可喜之傳，雖非史體所重，亦難遽議刊落；當於正傳之後，用雜著體，零星紀錄，或名外編，或名雜記，另成一體；使纖屑釘餖，先有門類可歸，正以釐清正載之體裁也。

謠歌諺語，[三]巷説街談，苟有可觀，皆用此律。

甲申冬杪，[三]天門[三]胡明府議修縣志，因作此篇，以附商榷。其論筆削義例大意，與舊《答甄秀才》前後兩書相出入。而此議前五條，則先事之事宜，有彼書所不及者。若彼書所條，此議亦不盡入，則此乃就事論事，而餘意推廣於纂修之外者，所未遑也。至論俗例拘牽之病，此較前書爲暢；而藝文一志，反覆論之特詳。是又歷考俗例受病之原，皆不出此，故欲爲是拔本塞源之論，而斷行新定義例，初非好爲更張耳。閱者取二書而互考焉，從事編纂之中，庶幾小有裨補云。自跋

[一] 天門縣，古之風國，清置縣，屬湖北安陸府，民初屬湖北襄陽道。據《年譜》乾隆二十九年甲申，實齋封翁驤衢先生主天門縣講席，是年冬杪，知事胡君議修縣志，實齋爲作是篇，時年二十七歲，其主張已開後來修志之先河。

[二] 柳宗元《梓人傳》：「畫宮於堵，盈尺而曲盡其制，計其毫釐而構大廈，無進退焉。」《柳河東集》卷十七）。

[三] 見《易教下》注[五〇]。

[四] 廿二史，見《答客問上》注[一〇]。《三楚文獻錄》，見《答甄秀才論修志第二書》注[四七]。《一統志》，見

〔一〕《地理統篇》注〔三〕。《大清會典》，見《答甄秀才論修志第二書》注〔二六〕。

〔五〕《三國志·魏志·李通傳》注：「司馬昭謂官長當清，當慎，當勤，修此三者，何患不治？」

〔六〕曾史，見《永清縣志闕訪列傳序例》注〔二四〕。伯夷，見《和州志闕訪列傳序例》注〔二六〕。柳下惠，見《婦學》注〔二〇〕。

〔七〕魚魚，謂無知也。鹿鹿，通錄錄。《漢書·蕭何傳贊》：「錄錄未有奇節。」注：「錄錄，猶鹿鹿也。」

〔八〕《漢書·藝文志》。《七略》，見《書教上》注〔一四〕。

〔九〕《晉書·劉毅傳》：「丈夫蓋棺事方定。」

〔一〇〕《淮南子·主術訓》：「循名責實，官使自司。」（文從王念孫説校）

〔一一〕東方朔《非有先生傳》，《文選》「傳」作「論」。意在諷當世以納諫。柳宗元《李赤傳》在刺欲利而遷神，雖皆遊戲之作，而旨存警戒。韓愈《圬者王承福傳》深譏食祿而怠事，柳宗元《種樹郭橐駝傳》託諷爲政而擾民，皆假傳以立論者。韓愈《太學生何蕃傳》爲蕃下第而作，蘇軾《方山子傳》爲陳慥作，乃贈序變體耳。各見本集。章氏《又答吳胥石書》：「韓退之述太學生何蕃，乃投贈之書，略如序記之類，對見存人，理宜如是。」（劉刻《遺書》補遺）

〔一二〕如司馬光《范景仁傳》、歐陽修《桑懌傳》等是。

〔一三〕見《永清縣志列女傳序例》注〔九〕。

〔一四〕《易·恒》六五象曰：「婦人貞吉，從一而終也。」

〔五〕韓愈《南山》詩：「肴核紛飣餖。」《玉篇》：「飣餖，貯食也。」《晉書·謝安傳》：「浮文妨要。」

〔六〕《後漢書·方術傳》：「王喬者，河東人也，顯宗時，爲葉令。喬有神術，每月朔望，常自縣詣臺朝。帝怪其來數而不見車騎，密令太史伺望之。言其臨至，輒有雙鳧從東南飛來。於是候鳧至，舉羅張之，但得一隻舄焉。詔尚方診視，則四年中所賜尚書官屬履也。」又：「左慈字元放，少有神道。曹操欲殺之。慈卻入壁中，霍然不知所在。後又逢慈於陽城山頭，因復逐之，入走羊群。操乃令就羊中告之曰：『不復相殺，欲試君術耳。』忽有一老羝屈前兩膝，人立而言曰：『遽如許。』即競往赴之，而群羊數百皆變爲羝，竝屈前膝，人立云：『遽如許。』」《史通·採撰》：「至范曄增損東漢一代，自謂無慙良直，而王喬鳧履，出於《風俗通》，左慈羊鳴，傳於《抱朴子》，朱紫不別，穢莫大焉。」

〔七〕杜預《春秋序》：「左丘明受經於仲尼，以爲經者，不刊之書也。」疏：「丘明以經者聖人之所制，是不可刊削之書也。」

〔八〕玉麈，謂玉柄麈尾也。《世說新語·容止》：「王夷甫容貌整麗，妙於談玄，恒捉白玉柄麈尾，與手都無分別。」《埤雅》：「塵似鹿而大，其尾辟塵。」塵，音主。《說文》糸部：「絛，扁緒也。」

〔九〕焦竑《國史經籍志》小説類：「《卧游錄》二卷，呂祖謙撰。」清福，未詳。

〔一〇〕見《辨似》注〔二八〕。

〔一一〕見《答甄秀才論修志第二書》注〔一五〕。

〔一二〕《國風》《國語》，見《和州文徵序例》注〔八〕。

〔一三〕《左傳》隱十一年：「周諺有之曰：山有木，工則度之。賓有禮，主則擇之。」《國語》引諺，見《答甄秀才論修志第二書》注〔四〕。

〔一四〕見《答甄秀才論修志第二書》注〔四〕。

〔一五〕見《書教中》注〔三〕。

〔一六〕八書，見《方志立三書議》注〔五〇〕。十志，見《永清縣志六書例議》注〔四〕。

〔一七〕《茅君內傳》：「大天之內，有地之洞天三十六所，乃真仙所居。」焦竑《國史經籍志》地里類：「《名山洞天記》一卷，《洞天集》五卷，《十大洞天三十六小洞天記》一卷。」《隋書·經籍志》：「《符籙》十七部一百三卷。」《後漢書·祭祀志》：「尚書令藏玉牒已，復石覆訖，尚書令以五寸印封石檢。」

〔一八〕《詩·大雅·雲漢》：「周餘黎民，靡有孑遺。」傳：「孑然遺失也。」

〔一九〕《晉書》有《載記》二十卷，紀十六國事。《新五代史》有《四夷》附錄三卷，紀十國事。《遼史》有《國語解》一卷。其敘曰：「遼之初興，與奚、室韋密邇，士俗言語，大概近俚。至太祖、太宗奄有朔方，其制雖參用漢法，而先世奇首遙輦之制尚多存者，子孫相繼，亦遵守而不易。故史之所載官制、宮衛、部族、地里，率以國語爲之稱號，不有注釋以辨之，則世何從而知，後何從而考哉？今即本史參互研究，撰次遼《國語解》以附其後，庶幾讀者無齟齬之患云。」

〔二〇〕《明史》有表十三卷，爲《諸王世表》五，《功臣世表》三，《外戚恩澤侯表》一，《宰輔年表》二，《七卿年表》二。前史有志而無圖，《明史·曆志》增圖以明曆數。

〔三〇〕見《詩話》注〔三〕。

〔三一〕《詩·魏風·國有桃》:「我歌且謠。」毛傳:「曲,合樂曰歌,徒歌曰謠。」韓詩曰:「有章曲曰歌,無章曲曰謠。」《書·無逸》:「乃逸乃諺。」僞孔傳:「俚語曰諺。」

〔三二〕乾隆二十九年。

〔三三〕嘉慶《大清一統志》湖北安陸府天門縣,注:「在府東南二百二十里。」

天門縣志藝文考序[一]藝文論附

嗚呼！藝文一考，非第志文之盛，且以慨其衰也。有志之士，負其胸中之奇，至於牴牾掎撅[二]不得已而見之於文，傷已！乃其所謂文者，往往竭數十年螢燈雪案，苦雨淒風，[三]所與刻肝賢，耗心血，而鄭重以出者。曾不數世，而一舭拓落，[四]存没人間，冷露飄風，同歸於盡，可勝慨哉！幸而輶軒載筆，[五]得以傳示來茲。[六]然漢史所録，《隋志》闕亡者若而人，《隋志》所録《唐書》殘逸者若干家，《崇文總目》《中興書目》《文淵閣目》，[七]上下千年，大率稱是。豈造物忌才，精華欲祕歟？抑所撰述，精采不稱，不足傳久遠歟？[八]《景陵舊志》[九]藝文不載書目，故揉，猥鄙瑣屑之談，亦具有存者，則其中亦自有幸不幸焉。今採摭諸家，勒爲一考，厥類有四：曰前人著作，未盡搜羅；而本傳附録生平著書，今亦不少概見。然則斯考所採，更閱三數十年，其散逸遺亡，視今又何如耶？此余之所以重爲諸家惜也。

經，曰史，曰子，曰集。其别有三：曰傳世，曰藏家，俱分隸四部；曰亡逸，别自爲類，附篇末。

論曰：近志藝文，一變古法，類萃詩文，而不載書目，非無意也。文章彙次甲乙成編，其有裨於史事者，事以旁證而易詳，文以兼收而大備。故昭明以後，唐有《文苑》，宋有《文鑑》，元有《文類》，[一〇]括代總選，雅俗互陳，凡以輔正史，廣見聞，昭文章也。第十五《國風》，十二《國

語》,〔二〕固宜各有成書,理無可雜。近世多做《國語》而修邑志,不聞做《國風》而彙輯一邑詩文,以爲專集;此其所以愛不忍刪,牽率牴牾,一變藝文成法歟。夫史體尚謹嚴,選事貴博採,以此詩文攔入志乘,〔三〕已覺繁多,而以選例推之,則又方嫌其少。然則二者自宜各爲成書,交相裨佐明矣。至著作部目,所關至鉅,未宜輕議刊置。故今一用古法,以歸史裁。其文之尤不忍刪者,暫隸附録。苟踵事增華,〔三〕更彙成書,以裨志之不逮,嗚呼!庶有聞風而嗣輯者歟?

〔一〕據《年譜》,《天門縣志》乃實齋父驤衢先生所修,諸序當是代筆,約作於甲申(乾隆二十九年)與戊子(乾隆三十三年)之間。按《與族孫汝楠論學書》:「《天門志》呈覽,中爲俗人所改,所存纔十之六七。著作之事,必自己出,即此亦見一端。」(劉刻《遺書》卷第二十二)則知章氏所代作者,又當不止三序已也。

〔二〕牴牾,見《原道下》注〔一〇〕。《說文》:「掎,偏引也。」又:「𢱧,手有所把也。」

〔三〕《晉書・車武子傳》:「武子,南平人,博學多通。家貧,不常得油,夏月則練囊盛數十螢火以照書,以夜繼日焉。」《初學記》二引宋齊語:「孫康家貧,常映雪讀書,清淡,交遊不雜。」《左傳》昭四年:「春無淒風,秋無苦雨。」

〔四〕《文選》陸機《文賦》:「或操觚以率爾。」李善注:「觚,木之方者,古人用之以書,猶今之簡也。」揚雄《解嘲》:「何爲官之拓落也。」李善注:「拓落,猶遼落,不諧偶也。」

〔五〕輶軒，見《和州志藝文書序例》注〔六五〕。

〔六〕《呂氏春秋·士容論·任地》：「今茲美禾，來茲美麥。」注：「茲，年也。」載筆，見《原道下》注〔一六〕。

〔七〕《崇文總目》，見《篇卷》注〔二〇〕。《書錄解題》目錄類：「《中興館閣書目》三十卷，祕書監陳騤等撰。淳熙五年上之。中興以來，庶事莫創，網羅遺逸，中祕所藏，視前世猶無歉焉。大凡著録四萬四千八百八十六卷，蓋亦盛矣。其中考究疏謬，亦不免焉。」《文淵閣書目》，見《篇卷》注〔二二〕。

〔八〕《書·皋陶謨》：「元首叢脞哉。」僞《孔傳》：「叢脞，細碎無大略。」《新唐書·藝文志序》：「六經之道，簡嚴易直而天人備，故其愈久而益明。其餘作者衆矣，質之聖人，或離或合。然颿零磨滅，不可勝數。豈盡其術，而怪奇偉麗，往往震發於其間，此所以使愛好博者不能忘也。然其有幸不幸與？而俚言俗説，猥有存者。亦其華文少實不足以行遠與？」

〔九〕《宋史·藝文志》地理類：「林英發《景陵志》十四卷。」竟陵，秦縣，南齊置郡，梁末廢，北周復置，五代晉改爲景陵，清改爲天門，即今湖北天門縣治。章氏稱舊志，當爲清改天門前縣志。

〔一〇〕《文苑》，見《傳記》注〔二四〕。《宋文鑑》《元文類》，見《書教中》注〔三三〕及注〔三二〕。

〔一一〕《國語》《國風》，見《和州文徵序例》注〔八〕。

〔一二〕按黔本「闌」作「闌」。

〔一三〕見《和州文徵序例》注〔一七〕。

天門縣志五行考序

堯水湯旱,〔一〕聖世不能無災。回星反火,〔二〕外物豈能為異？然而石鶂必書,〔三〕螟蝗謹志者,〔四〕將以修人事,答天變也。自《援神》《鉤命》,符讖荒唐,〔五〕遂失謹嚴。而班、范所錄,一準劉向《洪範》之傳,〔六〕連類比附,證合人事,雖存警戒,未始無附會矣。夫天人之際,聖人謹焉。〔七〕春秋二百四十二年,五行災祥,雜出不一,聖人第謹書之,而不與斤斤規合,若者應何事,若者應何人。〔八〕非不能也,蓋徵應常變之理,存其概,足以警人心,而牽合其事,必至一有不合,或反疑災變之不足畏,毋乃欲謹而反怠歟？按五事,〔九〕余以為祥異固有為而作,亦有不必盡然,難以附合者。故據事直書,不分門類,不注徵應,一以年月為次。人事有相關者,雜見他篇,可自得焉。

〔一〕《墨子・七患》：「故《夏書》曰：禹七年水。《殷書》曰：湯五年旱。」《荀子・王霸》：「禹十年水,湯七年旱。」賈誼《新書・憂民》：「禹有十年之蓄,故免九年之水。湯有十年之蓄,故勝七年之旱。」《帝王世紀》：「湯自伐桀後,大旱七年,禱於桑林之社。」

〔二〕《呂氏春秋・季夏紀》：「宋景公時熒惑在心,公召子韋問焉。子韋曰：『禍當君,雖然可以移於

天門縣志五行考序

〔三〕《左傳》僖公十六年，《春秋》經：「春王正月戊申朔，隕石於宋，五。是月，六鷁退飛，過宋都。」《公羊傳》：「五石六鷁何以書？記異也。」

〔四〕《公羊傳》隱公五年，《春秋》經：「螟。」傳：「螟何以書？記災也。」《呂氏春秋·不屈》注：「蝗，螽也。食心曰螟，食葉曰螣。」

〔五〕《援神契》《鉤命訣》《孝經》緯名。符，符命也。司馬相如《難蜀父老》：「然則受命之符，合在於此。」識，圖讖也。見《易教上》注〔三〕。

〔六〕《後漢書·五行志序》：「《五行傳》說及其占應，《漢書·五行志》錄之詳矣。故泰山太守應劭、給事中董巴、散騎常侍譙周，並撰建武以來災異。今合而論之，以續前志云。」按《後書·五行志》，乃梁剡令劉昭所補，無與范曄。劉向《洪範五行傳》，見《言公中》注〔二八〕。

相。」公曰：『相所與治國家也。』曰：『可移於民。』公曰：『民死，寡人將誰爲君？』曰：『可移於歲。』公曰：『歲害則民必死，誰以我爲君乎？』子韋曰：『君有至德之言三，天必三賞君，熒惑其徙三舍。舍行七星，星當一年，君延年二十一矣。』熒惑果徙三舍。《後漢書·儒林傳》：「劉昆字桓公，陳留東昏人，光武除爲江陵令。時縣連年火災，昆輒向火叩頭，多能降雨止風遷弘農太守，虎皆負子渡河。建武二十二年，徵代杜林爲光祿勳。詔問：『前在江陵反風滅火，後守弘農，虎北渡河，行何德政而致是事？』對曰：『偶然耳。』帝歎曰：『此乃長者之言也。』」反風滅火即反火。

〔七〕見《易教下》注〔八二〕。

〔八〕劉向《條災異封事》:「周室卑微,二百四十二年之間,日食三十六,地震五,山陵崩陁(頹)二,彗星三見,夜常星不見,夜中星隕如雨一,火災十四,長狄入三國,五石隕墜、六鶂退飛、多麋、有蜮蜚、鸜鵒來巢者皆一見,晝冥晦,雨木冰,李梅冬實,七月霜降,草木不死,八月殺菽,大雨雹,雨雪雷霆,失序相乘,水旱饑,蠭螽螟(皆指蟲災)蜚午(雜亂)並起。當是時,禍亂輒應,弑君三十六,亡國五十二,諸侯奔走,不得保其社稷者,不可勝數也。」《史通·書志》:「古之國史,聞異則書,未必皆審其休咎,詳其美惡也。故諸侯相赴,有異不為災,見於《春秋》,其事非一。」

〔九〕《漢書·五行志》:「經曰,羞用五事,一曰貌,二曰言,三曰視,四曰聽,五曰思。貌曰恭,言曰從,視曰明,聽曰聰,思曰睿。傳曰,貌之不恭,是謂不肅,厥咎狂,厥罰恆雨,厥極惡;時則有服妖,時則有龜孽,時則有雞禍,時則有下體生上之痾,時有青眚青祥,唯金沴木。」其言之不從,視之不明,聽之不聰,思之不睿,咎徵各異,並歷引災祥以證説之,此所謂列按五事也。

天門縣志學校考序

闕里備家乘矣，〔一〕成均輯故事矣。〔二〕膠庠泮水，〔三〕寰宇同風，謁事連編採摭，更爲專考？抑自兩漢以下，政教各有所崇，而學校有興無廢。〔四〕披水築宮，〔五〕拂簜拭履，〔六〕有事則於中講明而施行之；無事則父老子弟，於以觀遊自淑，而禮法刑政，民彝物則，胥出於是焉。〔七〕則學校固與吏治相爲表裏者也。典型具在，〔八〕墜緒茫然，〔九〕撫鐘鼓而想音徽，〔一〇〕可以蹴然興矣。〔三〕

〔一〕《漢書‧梅福傳》：「今仲尼之廟，不出闕里。」師古曰：「闕里，孔子舊里也。」地在今山東曲阜縣城中。《宋史‧藝文志》譜牒類：「黃恭之《孔子系葉傳》三卷（按《唐志》作二卷），《文宣王四十二代家狀》一卷，《闕里譜系》一卷。

〔三〕《周禮‧春官》：「大司樂掌成均之法。」周大學五，南曰成均。《明史‧藝文志》史部職官類：「蕭彥《國子監規》一卷，邢讓《國子監續志》十一卷，吳節《南雍舊志》十八卷，黃佐《南雍志》二十四卷，王材《南雍申教錄》十五卷，崔銑《國子監條例類編》六卷，盧上銘《辟雍紀事》十五卷，焦竑《京學志》八卷。

〔三〕膠庠，見《原道中》注〔二〕。泮，一作頖。《禮記·王制》：「大學在郊，天子曰辟雍，諸侯曰頖宮。」《詩·魯頌·閟宮》：「思樂泮水。」鄭箋：「泮之言半也。半水者，蓋東西以南通水，北無也。」

〔四〕漢武帝興太學，（見《漢書·武帝紀贊》）光武建武五年起太學，中元元年立明堂辟雍，明帝永平二年臨辟雍，行大射禮，皆是。

〔五〕蔡邕《明堂月令章句》：「取其圜水，則曰辟雍。」（《禮記·明堂位·正義》引）辟雍，周朝大學之一，取四周有水，形如壁環，故稱。

〔六〕《禮記·明堂位》：「夏后氏之龍簨虡。」鄭注：「簨虡，所以縣鍾磬也。橫曰簨，飾之以鱗屬。植曰虡，飾之以嬴屬，羽屬。」《後漢書·鍾離意傳》章懷注引《意別傳》曰：「意爲魯相，到官出私錢萬三千文，付戶曹朱訢，修孔子車，身入廟拭几席劍履。男子張伯除堂下草，土中得玉璧七枚，伯懷其一，以六枚白意。意令主簿安置几前。孔子教授堂下牀首有懸甕，意召孔訢問其何甕也？對曰：『夫子甕也，背有丹書，人莫敢發。』意因發之，中得素書，文曰：『後世修吾書，董仲舒。護吾車，拭吾履，發吾笥，會稽鍾離意。璧有七，張伯藏其一』。意即召問，伯果服焉。」

〔七〕民彝物則，見《方志立三書議》注〔三〕。蔡邕《明堂月令章句》：「明堂者，天子大廟，所以祭祀。夏后氏世室，殷重屋，周人明堂。饗功養老，教學進士，皆在其中。故言取正室之貌則曰太廟，取其正室則曰大室，取其堂則曰明堂，取其四時之學則曰大學，取其圓水則曰辟雍，雖名別而實同。」

〔八〕《後漢書·孔融傳》：「與蔡邕素善，邕卒後，有虎賁士，貌類於邕。融每酒酣，引與同坐，曰：『雖無

〔九〕老成人,且有典刑。」《詩·大雅·蕩》:「雖無老成人,尚有典刑。」融引用之。

〔一〇〕韓愈《進學解》:「尋墜緒之茫茫,獨旁搜而遠紹。」

〔一一〕《漢書·揚雄傳》:「高張急徽。」注:「琴徽也,所以表發撫抑之處。」《正字通》:「琴節曰徽。」

〔一二〕《禮記·孔子閒居》:「子夏蹶然而起。」

與石首王明府論志例〔一〕

志爲史裁，全書自有體例。志中文字，俱關史法，則全書中之命辭措字，亦必有規矩準繩，不可忽也。體例本無一定，但取全書足以自覆，不致互歧，毋庸以意見異同，輕爲改易。即原定八門大綱，〔二〕中分數十子目，略施調劑，亦足自成一家，爲目錄以就正矣。〔三〕惟是記傳叙述之人，皆出史學。史學不講，而記傳叙述之文，全無法度。以至方志家言，習而不察，不惟文不雅馴，〔四〕抑亦有害事理。文士囿於習氣，各矜所尙，爭強於無形之平奇濃淡。此如人心不同，面目各異，〔六〕何可爭，亦何必爭哉？惟法度義例，不知斟酌，不惟辭不雅馴，難以行遠；抑且害於事理，失其所以爲言。今既隨文改正，附商搉矣。恐未悉所以必改之故，約舉數端，以爲梗槪。則不惟志例潔清，即推而及於記傳叙述之文，亦無不可以明白峻潔，切實有用，不致虛文害實事矣。

如《石首縣志》，舉文動稱石邑，害於事也。地名兩字，摘取一字者，何所分別？即如石首言石，則古之縣名，漢有石成，齊有石秋，隋有石南，唐有石岩，〔七〕今四川有石柱廳，雲南有石屛州，山西有石樓縣，江西有石埭縣，江南、廣東又俱有石城縣，〔八〕後之觀者，何由而知爲今石首也？至以縣稱邑，〔九〕亦習而不察其實，不可訓也。邑者城堡之通稱，大而

都城省城府州之城,皆可稱邑。《詩》稱京邑,〔二〇〕春秋諸國通好,自稱敝邑,〔二一〕豈專爲今縣名乎?小而鄉村築堡,十家之聚,皆可稱邑,〔二二〕亦豈爲縣治邪?至稱今知縣爲知某縣事,亦非實也。宋以京朝官知外縣事,體視縣令爲尊,結銜猶帶京秩,故曰某官知某縣事耳。〔二三〕今若襲用其稱,後人必以宋制疑今制矣。若邑侯、邑大夫,〔二四〕則治下尊之之辭;施於辭章則可,用以敘事,鄙且倍矣。邑宰則春秋之官,〔二五〕雖漢人施於碑刻,〔二六〕畢竟不可爲訓。令尹亦古官名,不可濫用以疑後人也。〔二七〕官稱不用制度而多文語,大有害於事理。曾記有稱人先世爲司馬公者,適欲考其先世,爲之迷悶數日,不得其解。蓋流俗好用文語,以《周官》司馬,名今之兵部;〔二八〕然尚書侍郎與其屬官,皆可通名司馬,已難分矣。又府同知,俗稱亦爲司馬,州同亦有州司馬之稱。〔二九〕自兵部尚書以至州同,其官相懸絕矣。司馬公三字,今人已不能辨爲何官,況後世乎?以古庠序稱今之廩增附生。〔三〇〕以古庠序稱今之國子監生〔三一〕明經本與進士分科,而今爲貢生通號,〔三二〕然恩、拔、副、歲、優、功、廩、增、附,例十等,〔三三〕分別則不可知矣。通顯貴官,則諡率恭文懿敏;〔三四〕文人學子,號多峰岩溪泉。諡則稱公,號則先生處士,或如上壽祝辭,或似薦亡告牒,其體不知從何而來。項籍曰:「書足以記姓名。」〔三五〕今讀其書,見其事,而不知其人何名,豈可爲史家書事法歟?又如雙名止稱一字,古人已久摘其非。〔三六〕如杜臺卿稱卿,則語不完,而荀卿、虞卿,皆可

通用。〔二七〕安重榮稱榮，則語不完，而桓榮、寇榮，皆可通用。〔二八〕至去疾稱疾，無忌稱忌，不害稱害，且與命名之意相反，〔二九〕豈尚得謂其人歟？婦女有名者稱名，無名者稱姓。〔三〇〕《左》《史》以來，未有改者。今志家乃去姓而稱氏，甚至稱爲該氏，則於義爲不通，而於文亦鄙塞也。今世爲節烈婦女撰文，往往不稱姓氏，而即以節婦烈女稱之，尤害理也。男子抒忠，比諸公撰傳，〔三一〕不稱逢、比之名，而稱忠臣云云，有是理乎？經生之爲時藝，首用二語破題。〔三二〕破題例不書名，先師則稱聖人，弟子則稱賢者，顏、曾、孟子則稱大賢；蓋倣律賦發端，〔三三〕先虛後實，試帖之制度然爾。今用其法以稱節孝，真所謂習焉不察者也。

柳子曰：「參之太史以著其潔。」〔三四〕未有不潔而可以言史文者。文如何而爲潔，選辭欲其純而不雜也。古人讀《易》如無《書》，〔三五〕不雜之謂也。同爲經典，同爲聖人之言，倘以龍血鬼車之象，而參粵若稽古之文，〔三六〕取熊蛇魚旟之夢，而係春王正月之次，〔三七〕則聖人之業荒，而六經之文且不潔矣。今爲節婦著傳，不叙節婦行事，往往稱爲矢志柏舟，〔三八〕則文指不可得而解也。夫柏舟者，以柏木爲舟耳。詩人託以起興，非柏舟遂爲貞節之實事也。《關雎》可以興淑女，〔三九〕而雖鳩不可遂指爲淑女；《鹿鳴》可以興嘉賓，〔四〇〕而鳴鹿豈可遂指爲嘉賓？夫子曰：「必也正名乎。」〔四一〕文字則名言之萃著然。奈何紀事之文，雜入詩賦藻飾之綺語？理甚曉也。「名不正則言不順」而事理於焉不可得而明。是以書有體裁，而文有法度，君子之不得

已。苟徇俗而無傷於理，不害於事，雖非古人所有，自可援隨時變通之義，今亦不盡執矣。

〔一〕石首縣，清屬湖北荊州府。時知事王維屏，玉田人，因畢沅修《湖北通志》，（《通志》不知起於何年，據《年譜》，乾隆五十九年脫稿。）徵及州縣之書，乃修《石首縣志》。志分八門，爲書十篇。（見後《爲畢秋帆制府撰石首縣志序》）觀篇中目錄就正及隨史改正之語，知志之義例，固定自實齋，而志之文詞，亦由實齋所潤飾也。是篇柯氏鈔本原題注「癸丑錄存」。癸丑乃乾隆五十八年。

〔二〕一曰編年，二曰方輿，三曰建置，四曰民政，五曰秩官，六曰選舉，七曰人物，八曰藝文，見後《爲畢秋帆制府撰石首縣志序》。

〔三〕據此，知其前尚有商訂志目之書，今未見。

〔四〕見《答客問中》注〔三〕。

〔五〕見《原道下》注〔三七〕。

〔六〕見《言公中》注〔五二〕。

〔七〕《漢書·地理志》，石成縣屬右北平郡。《南齊書·州郡志》，石秋縣屬越州安昌郡。《隋書·地理志》，石南縣屬揚州鬱林郡。《唐書·地理志》，石巖縣屬嶺南道巖州。

〔八〕清石柱廳本土司地，民國改縣。清石屏州屬臨安府，民國改縣。清石樓縣屬汾州府。清石埭縣屬池州府，民國屬安徽省，按清初安徽與江蘇共屬江南，至康熙元年，置安徽巡撫，六年，設安徽布政使，

遂脱離江蘇，自成一省。此云江南，仍舊稱也。江西石城縣，清屬寧都州。廣東石城縣，清屬高州府，民國改爲廉江縣。

〔九〕《説文》：「邑，國也。從口。先王之制，尊卑有大小，從卩。」《左傳》莊公二十八年：「凡邑，有宗廟先君之主曰都，無曰邑。」

〔一〇〕按《詩》有京室（《大雅·思齊》）而無京邑。《文選·東都賦》：「京邑翼翼，四方所視。」李善注：「京，大也。京邑，謂洛陽也。」

〔一一〕如《左傳》僖公二年，晉荀息假道於虞曰：「今虢爲不道，保于逆旅，以侵敝邑之南鄙。」二十六年，展喜犒齊師曰：「聞君親舉玉趾，將辱於敝邑。」敝邑，猶言敝國也。

〔一二〕《論語·公冶長》：「十室之邑，必有忠信如丘者焉。」《史記·五帝本紀》：「舜一年而所居成聚，二年成邑。」

〔一三〕宋以京朝官知外縣事，見《地理統部》注〔九〕。于慎行《筆麈》：「宋時大縣四千戶以上，選朝官知，小縣三千戶以下，選京官知，故知縣與縣令不同，以京朝官之銜知某縣事，非外吏也。」《日知錄》卷九《知縣》條：「宋時結銜曰以某官知某府事，以某官知某州事，以某官知某縣事，以其本非此府此縣之正官而任其事，故云然。今則直云某府知府，某州知州，某縣知縣，文複而義乖矣。」

〔一四〕《左傳》襄公三十一年：「子皮欲使尹何爲邑。」杜預注：「邑大夫也。」

〔一五〕《論語·雍也》：「原思爲之宰。」《集解》引包曰：「孔子爲魯司寇，以原憲爲家邑宰。」又：「季氏使

閔子騫爲費宰。」《集解》引孔曰：「費，季氏邑。季氏不臣，而其邑宰數畔，聞子騫賢，故欲用之。」春秋時邑宰，秦以後改稱縣令。

〔一六〕章氏《信摭》：「漢碑文字已多俗例，如《孫叔敖碑》，以固始縣爲期思，令長爲宰。」（劉刻《遺書》外編一）

〔一七〕《論語·公冶長》：「令尹子文三仕爲令尹。」邢昺疏：「令尹，宰也。尹，正也。言用善人正此官也。」宋趙彥衛《雲麓漫鈔》卷三：「百里之長，周曰縣正，春秋時魯衛謂之宰，楚謂之令尹，晉謂之大夫，秦謂之令，漢因之，大曰令，次曰長，至唐不改。唐末始有知縣之稱。」

〔一八〕《周禮·夏官》：「大司馬之職，掌制軍詰禁，以糾邦國，以九伐之法正邦國。」後世因稱兵部尚書爲大司馬。清多爾袞《致史可法書》：「予向在瀋陽，即知燕京物望，咸推司馬師揚州，故以司馬稱之也。」時可法以兵部尚書督師揚州，故以司馬稱之也。

〔一九〕《大清會典》兵部：「尚書左右侍郎，掌中外武職官之政令。」按《唐書·百官志》，刺史之僚佐有司馬一人，位在別駕長史之下，上州者正五品下，中州者從五品上，下州者正六品上，故後世稱府同知州同知曰司馬，本此。

〔二〇〕成均，見《天門縣志學校考序》注〔二〕。《大清會典》（卷七十六）：「國子監掌國學之政令，凡貢生監生學生之隸於監者，皆教焉。」清制，五貢皆得入監肄業，曰監生。

〔二一〕庠序，見《原道上》注〔二〕。《大清會典》（卷三十一）禮部：「凡生員有廩膳生，有增廣生，有附生，各

〔三二〕視其大學中學小學以爲額。恩詔則廣額，巡幸亦如之。

《日知錄》卷十六《明經》：「今人但以貢生爲明經，非也。唐制有六科，一曰秀才，二曰明經，三曰進士，四曰明法，五曰書，六曰算。當時以詩賦取者，謂之進士；以經義取者，謂之明經。今罷詩賦而用經義，則今之進士乃唐之明經也。」

〔三三〕恩、拔、副、歲、優五貢，見《永清縣志選舉表序例》注〔七〕。廩、增、附生，見上注。《大清會典》（卷七十六）國子監：「凡貢生之別六：曰恩貢生，曰拔貢生，曰副貢生，曰歲貢生，曰優貢生，曰例貢生（廩增附生及監生援例入貢者）。監生之別四：曰恩監生，曰廕監生，曰優監生，曰例監生。」

〔三四〕《大清會典》（卷二）內閣：「凡諡法各考其字義而著於册，定爲上中下三册。下册則群臣賜諡者得用之。道德博聞曰文，修治班制曰文，勤學好問曰文，錫民爵位曰文。敬慎事上曰恭，愛民弟長曰恭，執事堅固曰恭，尊賢敬上曰恭，既過能改曰恭。好古不怠曰敏，才猷不滯曰敏。賢善著美曰懿。」

〔三五〕《史記·項羽本紀》：「籍曰：『書足以記名姓而已。』」

〔三六〕《日知錄》卷二十三《古人二名止用一字》：「班固《幽通賦》：『發還師以成命兮，重（重耳）醉行而自耦。』潘岳《西征賦》：『重戮帶以定襄，宏大順以霸世。』文公名止用一字，本於踐土載書，卻非翦截古人名字之比。至潘岳爲《關中》詩云：『紛紜齊萬，亦孔之醜。』《馬汧督誄》云：『齊萬哮闞，震驚台司。』則不通矣。豈有以齊萬年爲齊萬者耶？若梁王彤爲征西大將軍，而詩云『桓桓梁征』，尤

不成語。」

〔二七〕《隋書·杜臺卿傳》：「臺卿字少山，博陵曲陽人也，少好學，博覽書記。仕齊，歷中書黃門侍郎。周武帝平齊，歸鄉里，以《禮記》《春秋》講授弟子。開皇初，被徵入朝。嘗採《月令》觸類而廣之，為書名《玉燭寶典》十二卷。至是奏之，拜著作郎。十四年致仕，有集十三卷，撰《齊記》二十卷，竝行於世。」荀卿名況，趙人，游齊，襄王時三為祭酒。已乃適楚，春申君以為蘭陵令。春申君死，廢居蘭陵，著書數萬言而卒。虞卿趙孝成王相，後以魏齊故，去趙，困於梁，窮愁著書，以自見於後世。俱見《史記》本傳。

〔二八〕《五代史·安重榮傳》：「重榮小字鐵胡，朔州人也，有力，善騎射。晉高祖即位，拜成德軍節度使。時高祖與契丹約為父子。重榮謂詘中國以尊夷狄，困已弊之民，而充無厭之欲，此晉萬世恥也。天福六年冬，舉兵反，遣杜重威擒斬之。」《後漢書·桓榮傳》：「榮字春卿，沛郡龍亢人也，少學長安。建武十九年，拜議郎，使授太子。車駕幸太學，會諸博士論難於前。榮溫恭有蘊藉，辨明經義，以禮讓相厭，不以辭長勝人，儒者莫之及。拜太子少傅。顯宗即位，尊以師禮，甚見親重。」《後漢書·寇恂傳》：「恂曾孫榮，少知名，桓帝時為侍中。性矜絜自貴，於人少所與，以此見害於權寵。延熹中，陷罪免歸，吏持之急，榮恐不免，奔闕自訟，未至，刺史張敬追劾榮以擅去邊，有詔捕之，榮逃竄數歲，乃自上書，帝省章愈怒，遂誅之。」

〔二九〕鄭有公子去疾，魏有公子無忌，齊有浩生不害。章氏《評沈梅村古文》云：「顏氏《匡謬》，謂：『延壽

稱壽，相如稱疾，猶與命名之意無礙。若棄疾稱疾，不害稱害，無忌稱忌，則與命名之義且大背矣。』

〔三〇〕見《和州志氏族表序例》上注〔一〕。

〔三一〕謂關龍逢、比干也。《漢書·朱雲傳》：「雲呼曰：臣得下從龍逢、比干游於地下，足矣。」師古曰：「關龍逢，桀臣。王子比干，紂之諸父，皆以諫死，故云然。」

〔三二〕見《永清縣志列女傳序例》注〔二二〕。

〔三三〕清孫梅《四六叢話》卷四：「自唐訖宋，以賦造士，創爲律賦，用便程式。新巧以製題，險難以立韻，課以四聲之切，幅以八韻之凡。起謂之破題，承謂之領接，送迎互換其聲，進退遞新其格。」

〔三四〕見柳宗元《答韋中立論師道書》。

〔三五〕語見李翺《答王載言書》。

〔三六〕見《答客問中》注〔二〕。

〔三七〕見《答客問中》注〔三〕。

〔三八〕《詩·邶風·柏舟》：「之死矢靡他。」《詩序》：「《柏舟》，共姜自誓也。」

〔三九〕《詩·周南·關雎》：「關關雎鳩，在河之洲。窈窕淑女，君子好逑。」傳云：「雎鳩，王鳩也，鳥摯而有別。后妃說樂君子之德，無不和諧，又不淫其色，慎固幽深，若關雎之有別焉。」《詩序》：「《關雎》，后妃之德也。」

〔四〇〕《詩·小雅·鹿鳴》:「呦呦鹿鳴,食野之苹。我有嘉賓,鼓瑟吹笙。」傳云:「苹,蓱也。鹿得蓱,呦呦然鳴而相呼,懇誠發乎中,以興嘉樂賓客,當有懇誠相招呼以成禮也。」《詩序》:「《鹿鳴》,燕群臣嘉賓也。」

〔四一〕見《繁稱》注〔一六〕。

記與戴東原論修志〔一〕

乾隆三十八年癸巳夏，與戴東原相遇於寧波道署，馮君弼方官寧紹台兵備道也。〔二〕戴君經術淹貫，名久著於公卿間，而不解史學，聞余言史事，輒盛氣凌之。見余《和州志例》，〔三〕乃曰：「此於體例，則甚古雅，然修志不貴古雅。余撰《汾州》諸志，〔四〕皆從世俗，絕不異人，亦無一定義例，惟所便爾。夫志以考地理，但悉心於地理沿革，則志事已竟。侈言文獻，〔五〕豈所謂急務哉？」余曰：「余於體例，求其是爾，非有心於求古雅也。然得其是者，未有不合於古雅者也。如云但須從俗，則世俗人皆可爲之，又何須擇人而後與哉。方志如古國史，本非地理專門。〔六〕如云但重沿革，而文獻非其所急，則但作沿革考一篇足矣。且古今沿革，非我臆測所能爲也。考沿革者，取資載籍。載籍具在，人人得而考之；雖我今日有失，後人猶得而更正也。若夫一方文獻，及時不與搜羅，編次不得其法，去取或失其宜，則他日將有放失難稽，湮没無聞者矣。然則如余所見，考古固宜詳慎；不得已而圖事之要，莫若取後人所不得而救正者，加之意也。」戴他顧而語人曰：「沿革苟誤，是通部之書皆誤；名而勢不兩全，無寧重文獻而輕沿革耳。」余曰：「所謂沿革誤，而通部之書皆誤者，亦止能爲此府若州之志，實非此府若州也而可乎？」

誤入載籍可稽之古事爾。古事誤入，亦可憑古書而正之，事與沿革等耳。至若三數百年之內，遺文逸獻之散見旁出，與夫口耳流傳，未能必後人之不湮沒者。以及興舉利弊，切於一方之實用者，則皆覈實可稽，斷無誤於沿革之失考，而不切合於此府若州者也。」

馮君曰：「方志統合古今，乃爲完書，豈僅爲三數百年以內設邪？」余曰：「史部之書，詳近略遠，」〔八〕諸家類然，不獨在方志也。《太史公書》詳於漢制，其述虞、夏、商、周，顯與六藝背者，亦頗有之。〔九〕然六藝具在，人可憑而正史遷之失，則遷書雖誤，猶無傷也。秦楚之際，下逮天漢，〔一〇〕百餘年間，人將一惟遷書是憑；遷於此而不詳，後世何由考其事邪？且今之修方志者，必欲統合今古，蓋爲前人之修是志，率多猥陋，無所取裁，不得已而發凡起例，如創造爾。如前志無憾，則但當續其所有，前志有闕，但當補其所無。夫方志之修，遠者不過百年，近者不過三數十年。今遠期於三數百年，以其事雖遞修，而義同創造，特寬爲之計爾。若果前志可取，正不必盡方志而皆計及於三數百年，近或百年，近或三數十年，須更修也。夫修志者，非示觀美，將求其實用也。若云但考沿革，而他非所重，則沿革明顯，毋庸考訂之，州縣可無庸修志矣。」馮君恍悟曰：「然。」

戴拂衣徑去。明日示余《汾州府志》曰：「余於沿革之外，非無別裁卓見者也。舊志人物門類，乃首名僧，余欲刪之，而所載實事，卓卓如彼，又不可去。然僧豈可以爲人？他志編次

人物之中,無識甚矣。余思名僧必居古寺,古寺當歸古蹟,故取名僧事實,歸之古蹟,庸史不解此創例也。」余曰:「古蹟非志所重,當附見於輿地之圖,不當自爲專門,古蹟而立專門,乃統志類纂名目,陋儒襲之,入於方志,非通裁也。如云僧不可以爲人,則彼血肉之軀,非木非石,畢竟是何物邪?筆削之例至嚴,極於《春秋》。[二]其所誅貶,極於亂臣賊子。[三]亦止正其名而誅貶之,不聞不以爲人,而書法異於圜首方足之倫也。[三]且人物倣史例也,史於姦臣叛賊,猶與忠良並列於傳,不聞不以爲人,而附於地理志也。以古蹟爲名僧之留轍,而不以人物爲名,則《會稽志》禹穴,[四]《偃師志》湯墓,[五]而人物無湯;《曲阜志》孔林,[六]而人物無孔子;彼名僧者,何幸而得與禹、湯、孔子同其尊歟?無其識而強作解事,固不如庸俗之猶免於怪妄也。」[七]

[一]《年譜》:「乾隆三十八年癸巳,先生三十六歲。是年夏,在寧波道署遇戴震。是時戴年已五十,方主講浙東金華書院。先生與戴論史事,多不合。戴新修《汾州府志》及《汾陽縣志》,及見先生《和州志例》,謂修志但當詳地理沿革,不當侈言文獻。先生則謂:『考古固宜詳慎,不得已而勢不兩全,無寧重文獻而輕沿革。』」柯氏鈔本原題注「庚戌鈔存《通義》」。庚戌,爲乾隆五十五年,蓋追記之作也。

〔二〕章氏《湖北按察使馮君家傳》：「君馮氏，諱廷丞，字子弼，自號康齋。世家代州。乾隆十七年舉人，歷官浙江寧紹臺道。」（劉刻《遺書》卷十七）又《馮定九家傳》：「學誠與馮氏交，實自按察君廷丞壬辰癸丑間，余訪按察君於寧波使署。」（同上）

〔三〕章氏於乾隆三十八年二月，應劉長城聘，修《和州志》。先作《志例》，至是戴與馮氏相遇而得見之。

〔四〕段玉裁《戴先生年譜》，《汾州府志》三十四卷，乾隆三十四年修。《汾陽縣志》，乾隆三十六年修。

〔五〕見《易教上》注〔一六〕。

〔六〕說詳《亳州志掌故例議下》及《州縣請立志科議》。

〔七〕賈誼《過秦論下》：「故曠日長久而社稷安矣。」

〔八〕《荀子‧非相》：「傳者久則論略，近則論詳。」

〔九〕如《夏本紀》載皋陶之言曰：「翕受普施，九德咸事，俊乂在官，百吏肅謹。毋教邪淫奇謀，非其人居其官，是謂亂天事。」《索隱》：「此取《尚書‧皋陶謨》，爲文斷絕，殊無次第，即班固所謂疏略牴牾者也。」又如《齊世家》：「武王自孟津還師，與太公作此《泰誓》。」《魯世家》：「武王伐紂，至牧野。周公佐武王作《牧誓》。」王若虛曰：「按《尚書》，二篇皆王言也，而一以爲太公作，一以爲周公佐之而作，何所據耶？」（《滹南遺老集》卷九）

〔一〇〕《漢書‧司馬遷傳》：「述《楚漢春秋》，接其後事，訖於天漢。」天漢，武帝年號。

〔一一〕見《易教下》注〔五〕及注〔二六〕。

〔三〕見《浙東學術》注〔二五〕。

〔四〕《南史·陳紀上》:「方趾圓顱,萬不遺一。」

〔五〕會稽縣,清與山陰縣並爲浙江紹興府治。《吳越春秋》:「禹登宛委之山,發石,得金簡玉字。以水泉之脈,山中有一穴,深不見底,謂之禹穴。」(《史記·自序》「探禹穴」《正義》引)

〔六〕偃師縣,清屬河南河南府。《讀史方輿紀要》河南偃師縣亳城下注引晉《太康地記》:「尸鄉南有亳坂,東有桐城,太甲所放處,亦曰桐宮,湯墓在焉。」

〔七〕曲阜縣,清屬山東兗州府。孔林在曲阜城北二里。

〔八〕章氏《又答朱少白書》:「程易田《通藝錄》,直《周官》之精要義也,而不今不古之傳誌狀述,猶自以爲文也,而亦列其中。豈非自具村俚供招? 若戴東原氏,則更進乎程矣。然戴集中,應酬傳誌,亦自以爲文也而存之。且以惹人笑柄之《汾州府志》,津津自道得意,然則人之真自知者,寡矣!」(劉刻《遺書》補遺)

報廣濟黃大尹論修志書〔一〕

承示志稿，體裁簡貴，法律森嚴，而殷殷辱賜下詢，惟恐有幸盛意，則僅就鄙衷所見，約舉一二，以備采菲，〔二〕然亦未必是也。蓋方志之弊久矣，流俗猥濫之書，固可不論；而雅意拂拭，取足成家，則往往有之。大抵有文人之書，學人之書，辭人之書，說家之書，史家之書；〔三〕惟史家爲得其正宗。而史家又有著作之史，與纂輯之史，途徑不一。著作之史，宋人以還，絕不多見。而纂輯之史，則以博雅爲事，以一字必有按據爲歸，錯綜排比，整鍊而有剪裁，斯爲美也。

今來稿大抵仿朱氏《舊聞》，〔四〕所謂纂輯之善者也；而用之似不能畫一其體。前周書昌與李南澗合修《歷城縣志》，〔五〕無一字不著來歷。〔六〕其古書舊志有明文者，固注原書名目；即新收之事，無書可注，如取於案牘，則注某房案卷字樣；如取投送傳狀，則注家傳呈狀字樣；其有得於口述者，則注某人口述字樣；此明全書並無自己一語之徵，乃真仿《舊聞》而畫一矣。志中或注新增二字，或不加注，似非義例。

又世紀遺漏過多，於本地沿革之見於史志者，尚未采備，其餘亦似少頭緒；此門似尚未可用。至城市中之學校，錄及樂章及先賢先儒配位，此乃率土所同，〔七〕頒於令典，本不須載；今

載之,又不注出於《會典》,[八]而注出於舊志,亦似失其本原。又詩文入志,本宜斟酌,鄙意故欲別爲文徵。今倣《舊聞》之例,載於本門之下,則亦宜畫一其例。按《舊聞》無論詩文,概爲低格分載。今但於山川門中,全篇錄詩,而諸門有應入傳誌記叙之文,多删節而不列正文,恐簡要雖得,而未能包舉也。

又表之爲體,縱橫經緯,所以爽豁眉目,省約篇章,義至善也。今職官選舉,仍散著如花名簿,[九]名雖爲表,而實非表。户籍之表善矣,然注圖甲姓氏可也;[一〇]今有注人名者,不知所指何人,似宜覈。

藝文之例,經史子集,無不當收。其著書之人,不盡出於文苑。今裁文苑之傳而入藝文,謂倣《書録解題》。[一一]其實劉向《七略别録》,未嘗不表其人,略同傳體。[一二]然班氏撰入《漢·藝文志》,則各自爲傳,而於《藝文》目下,但注有傳二字,乃爲得體。[一三]今又不免反客而爲主矣。

以上諸條,極知瞀蒙之見,無當采擇。且不自揣,而爲出位之謀,[一四]是以瑣屑不敢瀆陳;然既承詢及,不敢不舉其大略也。

[一]據《年譜》是書作於乾隆五十八年癸丑。(據内藤目,題下有「癸丑存録」四字)廣濟縣,清屬湖北黄

州府，黃大尹，未詳。

〔二〕《詩·邶風·谷風》：「采葑采菲，無以下體。」葑，蔓菁。菲，蘆菔。下體，根莖。鄭箋：「此二菜皆上下可食，然而其根有美時，有惡時。采之者，不可以根惡時并棄其葉。」

〔三〕劉氏《識語》：「文人之書，妄摹史筆。學人之書，專精考據。辭人之書，好飾藻采。說家之書，喜掇瑣屑。」按文人亦好藻采。

〔四〕《清史列傳·文苑》二：「朱彝尊，字錫鬯，浙江秀水人。康熙十八年，詔舉博學鴻儒科，除檢討，預修《明史》。自少以詩古文辭見知於時，又博通書籍，著有《日下舊聞》四十二卷。」按朱氏《舊聞》拾故書及金石文字千六百餘種，分十門，書成於康熙二十七年。

〔五〕《清史列傳·儒林》下：「周永年字書昌，山東歷城人。少嗜學，聚書五萬卷，博洽貫通，爲時推許。乾隆二十六年進士，召修四庫書，改庶吉士，授編修，充貴州鄉試副考官。著有《先正讀書訣》一卷。」《清史列傳·文苑》三：「李文藻字素伯，山東益都人。乾隆二十五年進士，歷官桂林府同知。窮經志古，聚書數萬卷，皆自校讎。年四十九，卒。著有《恩平》《潮陽》《桂林》諸集。」按《歷城縣志》五十卷，乾隆三十六年修。

〔六〕劉氏《識語》：「修志概用舊文，亦多罣礙，焦里堂《與伊墨卿書》已詳論之。」(按焦循《上郡守伊公書》，見《雕菰樓集》卷十三)

〔七〕《詩·小雅·北山》:「溥天之下,莫非王土。率土之濱,莫非王臣。」

〔八〕《大清會典》,見《答甄秀才論修志第二書》注〔二〇〕。

〔九〕見《答甄秀才論修志第二書》注〔二六〕。

〔一〇〕《大清會典》(卷十七)户部:「凡編保甲,户給以牌,書其家長之名,與其丁男之數。十家爲牌,十牌爲甲。」圖甲,一地區之保甲。

〔一一〕《四庫全書總目》目錄類:「《直齋書錄解題》二十二卷,宋陳振孫撰。振孫字伯玉,號直齋,安吉人。周密《癸辛雜識》稱:『近年惟直齋陳氏書最多,蓋嘗仕於莆,傳録夾漈鄭氏、方氏、林氏、吴氏舊書,至五萬一千一百八十餘卷。且仿讀書作解題,極其精詳。』云云。則振孫此書,在宋末已爲世所重矣。其例以歷代典籍分爲五十三類,各詳其卷佚多少,撰人名氏,而品題其得失,故曰解題。馬端臨《經籍考》惟據此書及《讀書志》成編。《讀書志》今有刻本,而此書久佚,僅《永樂大典》尚載其完帙,謹詳加校訂,定爲二十二卷。」

〔一二〕如《别録》:「師氏《雅琴》者,名忠,東海下邳人,傳言云師曠之後,至今邳俗猶多好琴也。」(《北堂書鈔》一百九引)《七略别録》見《言公中》注〔二九〕。

〔一三〕如《諸子略》儒家,《晏子》八篇,自注云:「有列傳。」

〔一四〕見《州縣請立志科議》注〔四〕。

覆崔荊州書〔一〕

前月過從，正在公事旁午之際，〔二〕荷蒙賜贐贈舟，深切不安。措大眼孔，〔三〕不達官場緩急情事，屢書冒瀆，抱愧無地！冬寒，敬想尊候近佳。所付志稿，解纜匆忙，未及開視，曾拜書，俟旋省申覆；舟中無事，亦粗一過目，則歎執事明鑒，非他人可及。前在省相見，送志稿時，執事留日無多，即云：「志頗精當；内有訛錯，亦易改正。」數語即爲定評。

然究竟推敲，〔四〕簽摘如麻，甚至屢加詆詰嘲笑，全失雅道，乃使鄙人抱愧無地！不過職官、科目二表，人名有顛倒錯落；文徵碑記一卷，時代不按先後，誠然牴牾。然校書如仇，議禮成訟，〔六〕辦書之有簽商往復，亦事理之常。否則古人不必立校讎之學，今人修書，亦不必列校訂參閱之銜名矣。況職官、科目二表，實有辦理錯誤之處；亦有開送册籍，本不完全之處。文徵則因先已成卷，後有續收，以致時代有差。雖曰舛誤，亦不盡無因也。而諸紳指摘之外，嚴加詆訶，如塾師之於孺子，官長之於胥吏，則亦過矣。今開卷第一條，則凡例原文云「方志爲國史要明通，指摘果無差失，鄙人何難以嚴師奉之。要删，猶云删要以備用爾。語出《史記》，初非深僻。而簽改爲要典，則是删」，〔七〕語本明白。國史反藉方志爲重，事理失實，而語亦費解矣。文徵《二聖祠記》，上云「立化像前」，下云「食

頃復活」。化即死也,故字書死字從化字之半。[八]其文亦自明白。今籤立化句云「有誤,否則下文復活無根」。由此觀之,其人文理本未明通,宜其任意訶叱,不知斯文有面目也。至職官、科目之表,舛誤自應改正。然職官有文武正佐,科目亦有文武甲乙,既以所屬七縣畫分七格,[九]再取每屬之職官科目,逐一分格,則尺幅所不能容,是以止分七格,而以各款名目,注於人名之下。此法本於《漢書·百官表》,以三十四官,併列十四格,[一○]而仍於表內各注名目,最爲執簡馭繁之良法。今籤指云:「混合一表,眉目不清。」又文徵以各體文字分編,通部一例,偶因碑記編次舛誤,自應籤駁改正可也。今籤忽云:「學校之記當前,署廨列後,寺觀再次於後。」則一書之中,又須分類;分類未爲不可,然表奏、序論、詩賦諸體,又不分類,亦不籤改,則一書之例,自相矛盾。[一一]由此觀之,其人於書之體例,原不諳習,但知信口嫚罵,不知交際有禮義也。[一二]其餘摘所非摘、駁所非駁之處甚多,姑舉一二以概其餘。則諸紳見教之籤,容有不可盡信者矣。

《荆志》風俗,襲用舊文,以謂士敦廉讓。今觀此書籤議,出於諸紳,則於文理既不知字句,反正虛實,而於體例又不知款目前後編次,一味橫肆斥罵,殆於庸妄之尤,難以語文風土習矣。但因思執事數日之間,評定志稿得失,較諸紳紳彙集多日,紛指如麻,爲遠勝之,無任欽佩之至。此時執事無暇及此,而鄙人又逼歸期,[一三]俟明歲如籤聲覆,以聽進止可耳。

〔一〕崔龍見,永濟人,官荆州知府。時修《荆州府志》,首紀,次考,次表,次傳,附有《文徵》及《叢録》,卷數未詳。稿出章氏手筆,有所商訂,爰有是書之報。章氏以乾隆五十九年甲寅離湖北,觀篇中「鄙人又逼歸期」之語,志當成於癸丑甲寅之間。(參看《爲畢制府撰荆州府志序》柯氏鈔本原題注「甲乙賸稿」則書作年約可推知。

〔二〕《漢書・霍光傳》:「使者旁午。」注:「如淳曰:『旁午,分布也。』師古曰:『一縱一横爲旁午,猶交横也。』」

〔三〕唐張鷟《朝野僉載》:「江陵號衣冠藪澤,人言琵琶多於飯甑,措大多於鯽魚。」(《類説》四十)措大,失意之士人。《書言故事》:「窮措大,眼孔小,與錢十萬貫,塞破屋子矣。」

〔四〕《説文》:「勘,校也。」

〔五〕《唐詩紀事》卷四十:「賈島赴舉至京,騎驢賦詩,得『僧推月下門』之句,欲改推作敲,引手作推敲之勢,未决,不覺衝大尹韓愈,乃具言。愈曰:『敲字佳矣。』遂並轡論詩久之。」

〔六〕校書如仇,見《篇卷》注〔九〕。

〔七〕見《言公下》注〔八六〕。

〔八〕《説文》第四篇下:「死,澌也,人所離也。從歺人。」又第八篇上:「匕,變也。從到(倒)人。」段注「今變匕字盡作化」也。故云「從化字之半」。

〔九〕嘉慶《大清一統志》,湖北荆州府縣七:江陵縣、公安縣、石首縣、監利縣、松滋縣、枝江縣、宜都縣。

〔一〇〕見《和州志官師表序例》注〔三〕。

〔一一〕見《和州志前志列傳序例下》注〔二〕。

〔一二〕《孟子·萬章下》:「萬章問曰:『敢問交際何心也?』孟子曰:『恭也。』」又:「其交也以道,其接也以禮。」

〔一三〕據《年譜》,乾隆五十九年(甲寅)八月,湖廣總督畢沅以湖北邪教案,奏報不詳實,被議降補山東巡撫。畢沅既去,章氏亦離湖北。

爲張吉甫司馬撰大名縣志序〔一〕

乾隆四十六年冬，余自肥鄉知縣移劇大名。〔二〕大名自併魏移治府城，號稱畿南衝要；〔三〕而縣志尚未裒合成書，文獻之徵，闕焉未備。余有志蒐羅，下車之始，〔四〕姑未遑暇。至四十九年，乃與鄉縉紳討論商搉，採取兩縣舊志，〔五〕參互考訂，益以後所見聞，彙輯爲編；得圖說二篇，表二篇，志七篇，傳五篇，凡一十六篇；而敘例目錄之列於卷首，雜采綴記之附於卷末者，不與焉。五十年春正月，書成。會余遷河間府同知〔六〕尋以罣誤免官，〔七〕羈跡舊治。而繼爲政者，休寧吳君，自隆平移治茲縣。〔八〕吳君故嘗以循良名聲三輔，〔九〕而大雅擅文，所學具有原本。及余相得，莫逆於心。〔一〇〕因以志稿屬君訂定，而付之梓人。〔一一〕爰述所以爲志之由，而質之吳君。

曰：往在肥鄉官舍，同年友會稽章君學誠，與余論修志事。章君所言，與今之修志者異。余徵其說，章君曰：「郡縣志乘，即封建時列國史官之遺」。而近代修志諸家，誤倣唐宋州郡圖經而失之者也。〔一二〕《周官》外史掌四方之志，注謂若晉之《乘》，楚之《檮杌》，魯之《春秋》。〔一三〕是一國之史，無所不載，乃可爲一朝之史之所取裁。夫子作《春秋》，而必徵百國寶書，〔一四〕是其義矣。若夫圖經之用，乃是地理專門。按天官司會所掌書契版圖，注：版謂戶籍，

圖謂土地形象，田地廣狹，[一五]即後世圖經所由做也。是方志之與圖經，其體截然不同；而後人不辨其類，蓋已久矣。」余曰：「圖經於今，猶可考乎？」章君曰：「古之圖經，今不可見。間有經存圖亡，如《吳郡圖經》[一六]《高麗圖經》之類；[一七]又約略見於群書之所稱引，如水經地志之類，不能得其全也。今之圖經，則州縣輿圖，與六條憲綱之冊，[一八]其散著也。若元明之《一統志》書，[一九]其總彙也。散著之篇，存於官府文書，本無文理，學者所不屑道。統彙之書，則固地理專門，而人物流寓，形勝土產，古蹟祠廟諸名目，則因地理而類撮之，取供文學詞章之所採用，而非所以爲書之本意也。故形勝必用駢儷，人物節取要略，古蹟流連景物，祠廟亦載遊觀，此則地理中之類纂，而不爲一方文獻之徵，甚皎然也。」

余曰：「然則統志之例，非與？」閻氏若璩以謂統志之書，不當載人物者，[二〇]其言洵足法與？」章君曰：「統志創於元明，其體本於唐宋，質文損益，具有所受，不可以爲非也。《元和郡縣》之志，[二一]篇首各冠以圖，圖後系以四至八到，山川經緯之外，無旁綴焉；此圖經之本質也。《太平寰宇》之記，[二二]則入人物藝文，所謂踵事而增華也。[二三]《嘉熙方輿勝覽》，[二四]佇陳名勝古蹟，遊覽辭賦，則逐流而靡矣。《統志》之例，補《寰宇》之剩義，刪名勝之支辭，折衷前人，有所依據，閻氏從而議之過矣。然而其體自有輕重，不可守其類纂名目，以備一方文獻之全，甚曉然也。」余曰：「古之方志，義例何如？」章君曰：「三代封建，與後代割據之雄，大抵國

自爲制，其體固不侔矣。郡縣之世，則漢人所爲《汝南先賢》《襄陽耆舊》《關東風俗》諸傳說，[二五]固已偏而不備，且流傳亦非其本書矣。今可見者，宋志十有餘家，[二六]雖不能無得失，而當時圖經纂類名目未盛，則史氏家法猶存。未若今之直以纂類子目，取爲全志，儼如天經地義之不可易也。」余曰：「宋志十有餘家，得失安在？」章君曰：「范氏之《吳郡志》，[二七]羅氏之《新安志》，[二八]其尤善也。《羅志》蕪而不精，《范志》短而不詳，其所蔽也。《羅志》意存著述，《范志》筆具翦裁，其所長也。後人得著述之意者鮮矣。知翦裁者，其文削而不腴，其事鬱而不暢，其所識解，不出文人習氣，而不可通於史氏宏裁；若康氏《武功》之志，[二九]韓氏《朝邑》之志，[三〇]其顯者也。何爲文人習氣？蓋倣韓退之《畫記》而叙山川物産，不知八書十志之體，不可廢也。[三一]倣柳子厚《先友記》而志人物，不知七十列傳之例，不可忘也。[三二]然此猶文人徇名之弊也。等而下者，更無論矣。」

余曰：「如君所言，修志如何而後可？」章君曰：「志者，志也。其事其文之外，必有義焉，史家著作之微旨也。一方掌故，何取一人著作？然不託於著作，則不能以傳世而行遠也。文案簿籍，非不詳明，特難乎其久也。是以貴專家焉。專家之旨，神而明之，存乎其人，不可以言傳也。[三三]其可以言傳者，則規矩法度，必明全史之通裁也。」「明全史之通裁當奈何？」曰：「知方志非地理專書，則山川都里坊表名勝，皆當彙入地理，而不可分占篇目，失賓主之義也。

爲張吉甫司馬撰大名縣志序

一〇二七

知方志爲國史取裁，則人物當詳於史傳，而不可節錄大略；藝文當詳載書目，而不可類選詩文也。知方志爲史部要刪，則胥吏案牘，文士綺言，皆無所用，而體裁當規史法也。此則其可言者也。夫家有譜，州縣有志，國有史，其義一也。然家譜有徵，則縣志取焉。縣志有徵，則國史取焉。今修一代之史，蓋有取於家譜者矣，未聞取於縣志。則荒略無稽，薦紳先生所難言也。[三四]然其故，實始於誤倣圖經纂類之名目，此則不可不明辨也。

噫！章君之言，余未之能盡也。然於志事，實不敢掉之以輕心焉。[三五]二圖包括地理，不敢流連名勝，侈景物也。七志分別綱目，不敢以附麗失倫，致散渙也。五傳詳具事實，不敢節略文飾，失徵信也。鄉薦紳不余河漢，[三七]勤討論，勤爲斯志，庶幾一方之掌故，不致如章君之所謂誤於地理之偏焉耳。若求其志，而欲附於著作專家，則余謝不敏矣。[三六]

[一] 張維祺字吉甫，膠州人，與實齋有同年之雅，用實齋義例，修《大名縣志》，嘗以稿就正焉。（《記大名縣志軼事》，劉刻《遺書》卷十八）書成於乾隆五十年正月，凡四十卷。劉氏《識語》：「此篇論地理專門與方志異，及歷代志家源流，最明。讀諸志序例，當先知此。」

[二] 《大名縣志》卷十二《官師表》：「知縣張維祺，膠州人，戊戌進士，乾隆四十六年由肥鄉調任，陞河間

府同知。」肥鄉，清屬直隸廣平府，今河北肥鄉縣。移劇，謂移治劇邑也。清大名縣與元城縣同爲大名府治。民國廢府，以城縣并入。

（三）明時，魏縣治五姓店。清廢，并入大名縣。嘉慶《大清一統志》大名府注：「在直隸省治西南八百里。」按城臨漳、衛二水之北，左控魯西，右瞰豫北，夙爲黃河以北軍事之重鎮。

（四）《禮記·樂記》：「武王克殷，反商，未及下車，而封黃帝之後於薊。」後稱官吏初到任曰下車。

（五）即魏縣與大名縣舊志也。

（六）清河間府，本漢之河間國，今河北河間縣，其舊治也。宋時府州有同知府事、同知州軍事，元、明、清因之。

（七）見《永清縣志政略序例》注〔二四〕。

（八）《大名縣志》卷十二《官師表》：「知縣吳之珩，休寧人，丙戌進士，乾隆五十年由隆平調任。以事去。」休寧，今安徽休寧縣。隆平今河北隆平縣。

（九）《漢書·百官公卿表》：「內史，武帝更名京兆尹，左內史更名左馮翊，主爵中尉更名右扶風，是爲三輔。」此兹指京畿之地。

（一〇）《莊子·大宗師》：「相視而笑，莫逆於心。」

（一一）《周禮·考工記》，梓人乃攻木之工，造筍虡飲器及射侯者。此指雕工。

（一二）見《經解中》注〔二〇〕。

爲張吉甫司馬撰大名縣志序

一〇二九

〔三〕見《方志立三書議》注〔六〕。

〔四〕見《書教上》注〔二〕。

〔五〕見《州縣請立志科議》注〔七〕。

〔六〕《書錄解題》地理類：「《蘇州圖經》六卷，饒陽李宗諤等撰。《吳郡圖經續記》三卷，郡人朱長文撰。宣和六年，路允迪、傅墨卿使高麗，兢爲記祥符以後事，頗補前志之遺闕。」

〔七〕《書錄解題》地理類：「《高麗圖經》四十卷，奉議郎徐兢撰。宣和六年，路允迪、傅墨卿使高麗，兢爲之屬，歸上此書。物圖其形，事爲之説。今所刊，不復有圖矣。」

〔八〕葉長青據《後漢書·百官志》注引蔡質《漢儀》曰：「詔書舊典，刺史班宣周行郡國，省察治政，黜陟能否，斷理冤獄，以六條問事，非條所問即不省。一條，強宗豪右，田宅踰制，以強陵弱，以衆暴寡。二條，二千石不奉詔書，遵承典制，倍公向私，旁詔守利，侵漁百姓，聚斂爲姦。三條，二千石不卹疑獄，風厲殺人，怒則任刑，喜則任賞，煩擾苛暴，剥戮黎元，爲百姓所疾，山崩石裂，妖祥訛言，四條，二千石選署不平，苟阿所愛，蔽賢寵頑。五條，二千石子弟怙恃榮勢，請託所監。六條，二千石違公下比，阿附豪强，通行貨賂，割損政令。」

〔九〕見《永清縣志政略序例》注〔二〕。

〔一〇〕見《永清縣志列傳序例》注〔三〕。

〔一一〕見《永清縣志輿地圖序例》注〔六〕。

〔三〕見《和州志政略序例》注〔二〕。

〔三〕劉氏《識語》：「廣徵文獻，乃始摯虞。《隋書・經籍志》地理類序，言之甚詳，此未及考。」按《隋志》云：「晉世摯虞，依《禹貢》《周官》作《畿服經》，其州郡及縣分野封略、事業國邑、山陵水泉、鄉亭城郭、道里土田、民物風俗、先賢舊好，靡不具悉。凡一百七十卷。今亡。」

〔四〕盧文弨《宋史藝文志補》：「祝穆《方輿勝覽》七十卷。穆字和父，建安人。所載止東南十七路。」書成於理宗嘉熙三年。

〔五〕《隋志》雜傳類：「《汝南先賢傳》五卷，魏周斐撰。」《襄陽耆舊記》，見《傳記》注〔五〕。《關東風俗傳》，見《史注》注〔三八〕。

〔六〕按宋志存於今者，有樂史《太平寰宇記》一百九十三卷，王存《元豐九域志》十卷，歐陽忞《輿地廣記》三十八卷，祝穆《方輿勝覽》七十卷，朱長文《吳郡圖經續志》三卷，周淙《乾道臨安志》三卷，梁克家《淳熙三山志》四十二卷，范成大《吳郡志》五十卷，羅願《新安志》十卷，高似孫《剡錄》十卷，施宿《嘉泰會稽志》二十卷，張淏《寶慶續會稽志》八卷，陳耆卿《嘉定赤城志》四十卷，羅濬《寶慶四明志》二十一卷，梅應發、劉錫《開慶續四明志》十二卷，常棠《澉水志》八卷，周應合《景定建康志》五十卷，鄭瑤、方仁榮《景定嚴州續志》十卷，潛說友《咸淳臨安志》九十三卷，凡十餘種，均見於《四庫全書總目》。

〔七〕詳後《書吳郡志後》注〔一〕。

爲張吉甫司馬撰大名縣志序

〔二八〕《書錄解題》地理類：「《新安志》十卷，郡人羅願撰。時淳熙二年，太守則趙不悔也。」

〔二九〕見後《書武功志後》注〔一〕。

〔三〇〕見後《書朝邑志後》注〔一〕。

〔三一〕《畫記》只記形狀，書志要叙沿革制度，兩者不同。《畫記》，見《昌黎集》卷十三。韓愈，見《博約上》注〔三〕。

〔三二〕八書，見《方志立三書議》注〔五〇〕。十志，見《永清縣志六書例議》注〔四〕。

〔三三〕《先友記》記先人之友人籍貫簡歷，與傳記之叙述人物生平，詳略不同。《柳河東集》十二《先君石表陰先友記》：「先君之所與友，凡天下善士舉集焉。信讓而大顯，道博而無雜，今之世言交者以爲端。敢悉書所尤厚者，附兹石以銘於背，如右。」在碑背記先君之友六十七人姓名簡歷。柳宗元字子厚，河東人。少精敏絶倫，第進士博學宏詞科，授校書郎，貞元十九年，爲監察御史裏行。王叔文、韋執誼用事，尤奇待宗元，擢尚書禮部員外郎。會叔文敗，貶永州司馬，既竄斥，地又荒癘，因自放山澤間，其堙厄感鬱，一寓諸文。元和十年，移柳州刺史。十四年卒，年四十七。(《新唐書》本傳)七十列傳，見《書教下》注〔二〕。

〔三四〕神而明之二句，見《易·繫辭上》。《莊子·天道》：「語之所貴者，意也，意有所隨。意之所隨者，不可以言傳也。」

〔三五〕見《答客問中》注〔三〕。

〔三六〕柳宗元《答韋中立論師道書》：「吾每爲文章，未嘗敢以輕心掉之，懼其剽而不留也。」(《柳河東集》

卷三十四

〔三六〕見《答甄秀才論修志第二書》注〔二〇〕。

〔三七〕見《和州志前志列傳序例上》注〔二三〕。

〔三八〕按張氏《大名縣志》，經再後任知縣李棠刪補，刻於乾隆五十四年，除首卷序目凡例外，爲《圖說》十，《官師表》二，《選舉表》三，《建置志》二，《祀典志》一，《賦役志》一，《風土志》一，《古蹟志》二，《藝文志》四，《機祥志》一，《名宦傳》一，《鄉賢傳》八，《列女傳》二，《流寓傳》一，末爲《雜記》，凡四十卷。蓋已非其舊矣。兹録其序如下：「甲辰冬，余初任雞澤，以公至大名，時宰大名者，膠州雲嵋張君。張君以名進士出爲邑宰，鴻才碩學，游刃有餘。酒間語及修志，聆其議論，迥出時蹊，余心韙其言。嗣補滿城，去大名益遠，志之成與否，無從過問。丁未冬，余由滿城移調兹土，甫下車，即詢張君所爲志書，始知書雖成而未授梓，而其稿亦隨裝而去，爲悵然者久之。居無何，聞邑孝廉成君家尚存筆削遺本。取而讀之，始星野，終雜記，括以圖表志傳焉。抑余更有感者，今之大名，非昔之大名也。昔之大名，自爲一邑。今則併魏而附於郭，幅員寥闊，漳衞經焉，河伯爲災，歲當思患。則志地理，非徒誇形勝也，有經濟焉。約而核，贍而有體，卓乎作者之林，余復何間焉。又况地連三省，易於藏奸，則志風土，非徒侈貨殖也，有轉移焉。大名人文甲於他邑，自漢迄今，名臣接踵，後先相望；稽之國史，則不無遺珠；採之家乘，則不無溢美。況志與史異，史則兼書善惡，而志則惟善是録；史則備述一代，而志則僅紀方輿，此中去取權衡，尤宜參

爲張吉甫司馬撰大名縣志序

酌。而其他蕪者刪,缺者補,不辭譾陋,而親自操槧。蓋原書不可見,所見者,點竄殘編,而復多未經點定之文,故與成君訂定而成是書。是書成,將以備輶軒之採,豈侈言著作云乎哉?時乾隆五十四年,歲次己酉,孟秋上浣,知大名縣閩永安李棠撰。」(據《大名縣志·官師表》。李棠,永安人,辛卯舉人,乾隆五十二年,調任大名縣知縣。)

爲畢秋帆制府撰常德府志序[一]

常德爲古名郡,[二]左包洞庭,右控五溪,[三]戰國楚黔中地,秦楚爭衡,必得黔中以爲橐鑰;[四]所謂旁攝溪蠻,南通嶺嶠,[五]從此利盡南海者也。蠻,則州部之内,千里晏然。隋唐以來,益爲全楚關鍵。五季馬氏既并朗州治此,[六]蓋外控諸視,諸鎮莫敢與抗矣。蓋北屏荆渚,南臨長沙,遠作滇、黔門户,[七]而後屹然雄我朝奕世承平,[九]蠻夷率服,大湖南北,皆爲腹地。康熙二十二年,滿洲將軍駐防荆州,遂移提督軍門,彈壓常德。[一〇]後雖分湖南北爲兩部院,[一一]而營制聯絡兩部,呼吸相通,故節制之任,仍統於一。

余承乏兩湖,[一二]嘗按部常德,[一三]覽其山川形勢,慨想秦漢通道以來,治亂機緘,割制利弊,與夫居安思治,化俗宜民之道,爰進守土長吏,講求而切磋究之。知府三原李君大鑾,[一四]惻愊吏也。[一五]六條之察,[一六]次第既略具矣。府志輯於康熙九年,故册荒陋,不可究詰;百餘年之文獻,又逸焉無徵,於是請事重修。余謂此能知其大也。雖然,方志遍寰宇矣,賢長吏知政貴有恒,[一七]而載筆之士,不知辭尚體要,猥蕪雜濫,無譏焉耳。即有矯出流俗,自命成家,或文人矜於辭采,學士侈其蒐羅,而於事之關於經濟,文之出於史裁,則未之議也。

會稽章典籍學誠，遊於余門。〔一八〕數爲余言史事，犁然有當於余心。〔一九〕余嘉李君之意，因屬典籍，爲之撰次，閱一載而告成。凡書二十四篇：爲紀者二，編年以綜一郡之大事；爲考者十，分類以識今古之典章；爲表者四，年經事緯，以著封建、職官、選舉、人物之名姓；爲略者一，爲傳者七，采輯傳記，參合見聞，以識名宦、鄉賢、忠孝、節義之行事。綱舉而目斯張，〔二○〕體立而用可達。俗志附會古蹟，題咏八景，無實靡文，概從刪落。其有記序文字，歌詠篇什，足以考證事實，潤色風雅，志家例録爲藝文者；今以藝文專載書目，詩文不可混於史裁，別撰《文徵》七卷，自爲一書，與志相輔而行。其搜剔之餘，畸言脞説，〔二一〕無當經綸，而有資談助者，更爲《叢談》一卷。皆不入於志篇。凡此區分類別，所以辨明識職，歸於體要。於是常德典故，可指掌而言也。

夫志不特表章文獻，亦以輔政教也。披覽輿圖，則善德、桃源之爲山鎮，〔二二〕漸、潛、滄浪之爲川澤，〔二三〕悠然想見古人清風，可以興起末俗。爰求前蹟，有若馬伏波〔二四〕應司隸之流，〔二五〕制苗蠻於漢世；李習之、〔二六〕温簡輿其人，〔二七〕興水利於唐時；因地制宜，隨時應變，皆文武長吏前事之師。〔二八〕考古即以徵今，而平日討論，不可以不豫也。蓋政之有恒與辭之體要，本非兩事，昧於治者不察也。余故因李君之知所務也，而推明大旨，以爲求治理者法焉。

〔一〕《年譜》，乾隆五十八年至五十九年間，章氏除主修《湖北通志》外，尚修有數種府縣志。《常德府志》歷一年而成，爲書二十四篇，紀二，考十，表四，略一，傳七。別有《文徵》七卷，《叢談》一卷。柯氏鈔本本篇題下注云「甲乙賸稿」，則作於乾隆五十九年甲寅也。

〔二〕清湖南常德府治武陵縣，民國廢府，改爲常德縣。嘉慶《大清一統志》，湖南常德府建置沿革：「《禹貢》荆州之域，春秋戰國時，屬楚、秦黔中郡地。漢高帝置武陵郡，後漢因之。三國屬吳，晉屬荆州。南朝宋、齊屬郢州，梁置武州，後廢。陳天嘉元年，復置武州，大建元年，改曰沅州武陵郡。隋平陳，郡廢，改曰朗州。大業初，仍曰武陵郡。唐武德四年，平蕭銑，置朗州。開元中，屬江南西道。天寶初，仍曰武陵，改屬山南東道。乾元初，復曰朗州。」

〔三〕嘉慶《大清一統志》湖南常德府形勢：「沅水演迤，陽山雄峙，南楚上游，重湖舊壤，荆渚脣齒，左包洞庭之險，右控五溪之要，山林蓊鬱，湖水瀠闊。」《水經注》卷三十七：「武陵有五溪，謂雄溪、樠溪、西溪、潕溪、辰溪，悉蠻夷所居。」

〔四〕《文賦》李善注引河上公曰：「橐籥，中空虛，故能育聲氣。」籥與籌通。按此猶言關鍵耳。

〔五〕《爾雅·釋山》：「山銳而高曰嶠。」《讀史方輿紀要》卷八十：「秦惠王時，欲得楚黔中地，以武關外易之。昭王八年，留楚懷王於咸陽。二十七年，使司馬錯發隴西兵，因蜀攻楚黔中，拔之。秦得黔中，則旁倨溪蠻，南通嶺嶠，黔中之郡。」

〔六〕《讀史方輿紀要》卷八十：「漢置武陵郡，以填壓巴、黔。後漢陽嘉中，移荆州治此。」按後漢荆州刺

〔七〕史治漢壽，故城在今武陵縣東北。

〔八〕《讀史方輿紀要》卷八十：「隋唐以來，皆爲湖北襟帶，雷彥恭據有朗州，侵軼鄰境，兵鋒四出，馬氏併之，益爲雄鎮。」《五代史·楚世家》：「馬殷字霸圖，許州鄢陵人。梁太祖即位，封楚王。後朗州雷彥恭召吳人攻平江，殷遣秦彥暉攻朗州，彥恭奔于吳，執其弟彥雄等七人送于梁，請升朗州爲永順軍。」

〔九〕《讀史方輿紀要》卷八十：「王氏曰：朗州北屏荆渚，南臨長沙，實爲要會。今自巴陵而西，江陵而南，取道辰、沅，指揮滇、黔者，都其攬轡之初也。」然則常德不特荆湖之脣齒，亦滇、黔之喉嗌也。」

〔一〇〕鍾會《檄蜀文》：「奕世重光。」按奕世猶奕葉，累世也。

〔一一〕《清通典》卷三十六：「湖北荆州將軍一人。」按清於重要之省，設提督，統轄全省水陸各軍，敬稱軍門。移鎮，未詳。

〔一二〕明設立湖廣布政使司，清設立湖廣總督，管理湖南、湖北兩省地。清又分置湖南、湖北兩省，設兩巡撫，由湖廣總督統率。

〔一三〕《左傳》成二年：「韓厥曰：敢告不敏，攝官承乏。」杜注：「猶代匱也。」按畢沅以乾隆五十三年秋，由河南巡撫陞任湖廣總督，至五十九年八月去職。

〔一四〕三原：今陝西三原縣，清屬西安府。按部：按，考驗也。《漢書·丙吉傳》：「掾史不稱職，輒予長休告，終無所按驗。」

〔五〕見《永清縣志政略序例》注〔三〕。

〔六〕見《爲張吉甫司馬撰大名縣志序》注〔一八〕。

〔七〕見《辨似》注〔二六〕。

〔八〕譚廷獻《會稽實齋章公傳》：「章先生學誠，字實齋，會稽世族，成乾隆戊戌進士，官國子監典籍，恒就南北方志之聘，創《州縣立志科》《方志立三書議》，世未能盡用也。畢尚書沅，總督湖廣，延撰《湖北通志》。」（劉刻《遺書》附錄）據《年譜》，乾隆五十二年仲冬，章氏因周震榮之介紹，至河南見畢沅。五十三年歲暮，到武昌，投畢沅督署。

〔九〕見《永清縣志文徵序例》注〔四〕。

〔一〇〕見《永清縣志皇言紀序例》注〔四〕。

〔一一〕畸，數之零餘者。《書・皋陶謨》傳：「叢胜，細碎無大略。」

〔一二〕嘉慶《大清一統志》常德府山川：「善德山在武陵縣東南十五里，一名枉山，一名枉人山。《水經注》：『枉渚東里許，便得枉人山。』桃源山在桃源縣西南三十里，有桃源洞，相傳即陶潛所記桃花源也。」

〔一三〕嘉慶《大清一統志》常德府山川：「漸水在武陵縣北，流入龍陽縣西，北流入沅，一名澹水，一名鼎水，亦謂之鼎江。《漢書・地理志》：『武陵郡索，漸水東入沅。』潛水在武陵縣東北，一名麻河，一名從河，有二源，一自澧州安鄉縣流入，一出月山，東南流至縣城北，合漸水入沅。滄浪水在龍陽縣西，

源出武陵城南滄山，東北流至此，與浪水合。《寰宇記》：「滄浪二水合流，乃漁父濯纓之處。」《府志》：「滄浪二水合流，至滄港入江。」」

〔二四〕《後漢書‧馬援傳》：「援字文淵，扶風茂陵人。建武十七年，拜援伏波將軍，南擊交阯，破之，封新息侯。二十四年，武威將軍劉尚，擊武陵五溪蠻夷，深入軍沒。援因復請行，時年六十二，帝愍其老，未許之。援自請披甲上馬，據鞍顧盼，以示可用。帝笑曰：『矍鑠哉是翁也！』遂遣援率中郎將馬武、耿舒、劉匡、孫永等，將十二郡募士及弛刑四萬餘人，征五溪。」

〔二五〕《後漢書‧應奉傳》：「奉字世叔，汝南南頓人。先是武陵蠻詹山等四十餘人反叛，執縣令，屯結連年，詔下公卿議，四府舉奉才堪將帥。永興五年，拜武陵太守，到官慰納，山等皆悉降散。於是興學校，舉側陋，政稱變俗，坐公事免。延熹中，武陵蠻復寇亂。荊州車騎將軍馮緄，以奉有恩德，爲蠻夷所服，上書請與俱征，拜從事中郎。奉勤設方略，賊破軍罷，繩推功於奉，薦爲司隸校尉。」

〔二六〕《舊唐書‧李翱傳》：「元和十五年六月，授考功員外郎，並兼史職。翱與李景儉友善，初，景儉爲諫議大夫，舉翱自代，至是貶黜，七月，翱出爲朗州刺史。」嘉慶《大清一統志》常德府名宦：「李翱，隴西人，長慶元年，以考功郎爲朗州刺史，因故漢樊陂開渠，名考功堰。」

〔二七〕《舊唐書‧溫造傳》：「溫造字簡輿，河內人。幼嗜學，不喜試吏，自負節概，少所降志，隱居王屋，以漁釣逍遙爲事。德宗愛其才，召至京師。長慶元年，授京兆府司錄參軍，奉使河朔，稱旨，遷殿中侍御史。既而幽州劉總，請以所部九州聽朝旨。穆宗選可使者，乃拜造起居舍人，充太原鎮州、幽州宣

諭使,使還,總遂移家入觀。俄而坐與諫議大夫李景儉史館飲酒,景儉醉謁丞相,出造爲朗州刺史。在任開後鄉渠九十七里,溉田二千頃,郡人獲利,乃名爲右史渠。」

〔三八〕《戰國策·趙策》:「張孟談曰:前事之不忘,後事之師也。」

爲畢秋帆制府撰荊州府志序﹝一﹞

荊州富於《禹貢》《職方》，﹝二﹞雄據於三國六朝五季，﹝三﹞而衝要嚴劇於前明﹝四﹞。蓋至今所領僅七城，﹝五﹞而於湖北部內十一府州，猶爲重望云。三代畫州，荊域袤延且數千里，無可言也。漢分南郡，荊州所部。﹝六﹞鬻越說劉表曰：「荊州南據江陵，北守襄陽，西通巴蜀，八郡可傳檄而定。」﹝七﹞諸葛忠武說昭烈曰：「荊州北據漢沔，利盡南海，東連吳會，西通巴蜀，用武之國。」﹝八﹞六朝爭劇於蕭梁，五季稱雄於高氏，﹝九﹞一時獻奇借箸，﹝一〇﹞騰說雖多，大約不出蒯、葛數語。然是時荊州，實兼武陵、桂陽諸郡，幅員包湖南境。﹝一一﹞至明改元中興路爲荊州府，﹝一二﹞則今荊州境矣。彼時王國所封，蔚爲都會。我朝因明舊治，初以總兵官鎮守其地，旋改滿營，設將軍都統以下如制。﹝一三﹞雍正十三年，割二州三縣與土司地，分置宜昌、施南兩府。乾隆五十六年，又以遠安隸荊門州。﹝一四﹞於是荊州所部，止於七縣。然而形勢猶最諸府，則江陵固兼南北之衝，而東延西控，聯絡故自若也。至於時事異宜，則滿漢分城，民兵不擾；﹝一五﹞漕兌互抵，轉餉無勞，﹝一六﹞亦既因時而立制矣。惟大江東下分流，故道多湮，江防堵築，視昔爲重。乾隆戊申大水灌城，軍民被淹，城治傾圮。天子南顧疇咨，特命重臣，持節臨蒞，發帑二百萬金，鉅工大役，次第興舉。余於是時，奉命來督兩湖，﹝一七﹞夙夜惕惕，惟恐思慮有所未周，無以仰答

詔旨。咨於群公，詢於寮案，[一八]群策材力，幸無隕越。而億兆生靈，皆蒙愷澤，而出於昏墊，[一九]則荊州雖故而若新也。

逾年，民氣漸蘇，官司稍有清晏。知府山陰張君方理，[二〇]始欲整齊掌故，爲後持循；[二一]旋以事去。繼其任者，永濟崔君龍見，乃集七縣長吏而議修府志。[二二]崔君以名進士起家，學優而仕。[二三]其於斯志，蓋斤斤乎不苟作也。且《荊志》著於古者，倍他州郡，盛弘之有《荊州記》，[二四]庾仲雍有《江記》，[二五]宗懍有《荊楚歲時記》，[二六]梁元帝有《荊南志》，又有《丹陽尹傳》，[二七]書雖不存，部目可考，遺文逸句，猶時見於群書所稱引也。前明所修《荊州府志》，[二八]僅見著錄而無其籍。康熙年間，胡在恪所修，號稱佳本，而世亦鮮見。今存葉仰高志，自云多仍胡氏舊文，體例謹嚴，纂輯必注所出，[二九]則其法之善也。而崔君之於斯志，則一秉史裁，詳贍博雅之中，運以獨斷別裁之義。首紀以具編年史法，次表以著世次年代，掌故存於諸考，人物詳於列傳，亦既綱舉而目張矣。[三〇]又以史志之書，記事爲主。藝文乃著錄之篇，而近代志家，猥選詩文雜體；；其有矯而正者，則又裁節詩文，分類隸於本事之下，皆失古人流別。今師史例以輯府志，更做選例以輯文徵。自云：志師八家《國語》，文徵師十五《國風》，[三一]各自爲書，乃得相輔而不相亂。又采輯之餘，瑣事畸言，取則失裁，棄則可惜；近人編爲志餘，亦非史法。今乃別爲《叢談》一書，鉅細兼收，而有條不紊，蓋近日志家所罕見也。昔羅願撰《新安

志》,自謂儒者之書,不同鈔撮簿記。[二]今崔君所輯,本源深遠,視羅氏雅裁,有過之而無不及已。會湖北有《通志》之役,[三]聘會稽章典籍學誠,論次其事,與余言而有合。崔君又屢質於典籍,往復商搉,時亦取衷於余。余故備悉其始末,而敍於卷端。

〔一〕詳《覆崔荊州書》。柯氏鈔本原題注「甲乙剩稿」。

〔二〕《書·禹貢》:「荊及衡陽惟荊州。江漢朝宗于海。九江孔殷。沱潛(水自江出爲沱,自漢出爲潛)既道,雲土夢作乂(雲夢澤已治)。厥土惟塗泥。厥田惟下中。厥賦上下。厥貢羽毛齒革,惟金三品,杶榦栝柏,礪砥砮丹,惟箘簵楛(竹木可爲矢)。」《周禮·夏官》職方氏:「正南曰荊州,其山鎮曰衡山,其藪澤曰雲夢,其川江漢,其浸潁湛,其利丹銀齒革,其民一男二女,其畜宜鳥獸,其穀宜稻。」

〔三〕見下注。

〔四〕《明史·地理志》五:「荊州府江陵,洪武十一年建湘王府,永樂元年遼王府遷於此,萬曆二十九年建惠王府,故稱「衝要嚴劇於前明」。《左傳》隱元年:「夫制,巖邑也。」巖,險也。權德輿《送建州趙使君序》:「是邦爲關東劇地,故相安耳。」劇,艱也。

〔五〕荊州府屬七縣,見《覆崔荊州書》注〔九〕。

〔六〕《漢書·地理志》南郡下自注:「秦置。高帝元年,改爲臨江郡,五年,復故,屬荊州。」

〔七〕司馬彪《戰略》:「劉表之初爲荊州也,江南宗賊盛。袁術屯魯陽,盡有南陽之衆。吳人蘇代領長沙

太守,貝羽爲華容長,各阻兵作亂。表單騎入宜城,而延中廬人蒯越等與謀。越曰:『袁術勇而無斷,蘇代、貝羽皆武人,不足慮。宗賊帥多貪暴,爲下所患,示之以利,必以衆來。兵集衆附,南據江陵,北守襄陽,荊州八郡(長沙、零陵、桂陽、武陵、江夏、南陽、南郡、章陵)可傳檄而定。術等雖至,無能爲也。』遂使越遣人誘宗賊,斬之,襲取其衆,江南悉平。」(《三國志・魏書・劉表傳注》引蒯越字異度,中廬人。劉表字景升,山陽高平人。獻帝初平元年,爲荊州刺史。

〔八〕《三國志・蜀書・諸葛亮傳》:「亮躬耕隴畝,好爲《梁父吟》。時先主屯新野,三往乃見。因屏人曰:『孤欲申大義於天下,計將安出?』亮答曰:『荊州北據漢沔,利盡南海,東連吳會,西盡巴蜀,此用武之國,而其主不能守,此殆天所以資將軍也。』亮字孔明,琅邪陽都人。佐先主取荊州,定益州。先主即位,亮爲丞相。章武三年,先主病没永安,亮受遺詔輔政,封武鄉侯。後主建興十二年,卒於五丈原,年五十四。諡爲忠武侯。《蜀志・先主傳》:「先主姓劉諱備,涿郡涿縣人。建安二十六年四月,即位於成都。章武三年四月,殂於永安宫,時年六十三。諡曰昭烈皇帝。」

〔九〕《讀史方輿紀要》(卷七十八)「終六朝之世,荊州輕重係舉國之安危。蕭繹、蕭詧有荊州,而存亡之命,懸於他氏。蕭銑有荊州,而覆亡之禍,曾不旋踵。論者謂襄陽不守,則江陵以北危,此其明驗矣。唐以中州多事,建都置軍,用以鎮壓南服,翼蔽雍、梁。五代時,高氏竊之。」《五代史・南平世家》:「高季興字貽孫,陝州硤石人,梁開平元年,拜季興荊南節度使。當唐之末,爲諸道所侵。季興始至,江陵一城而已。兵火之後,井邑凋零,季興招輯綏撫,人士歸之。」

〔一〇〕《史記·留侯世家》：「臣請借前箸，爲大王籌之。」張晏曰：「求借所食之箸，用指畫也。」

〔一一〕《後漢書·郡國志》，荆州刺史所部，有南陽、南郡、江夏、零陵、桂陽、武陵、長沙七郡。《詩·商頌·長發》：「幅隕既長。」傳：「隕，均也。」隕，與員通。

〔一二〕《讀史方輿紀要》（卷七十八）：「元爲江陵路。天曆三年，改中興路。明改爲荆州府，領州二，縣十一。」

〔一三〕總兵官：地方武官，位在提督下。嘉慶《大清一統志》湖北省武職官：「荆州將軍駐荆州府，左右翼都統兩員，滿州協領八員，蒙古協領二員，滿州佐領三十二員，蒙古佐領十四員，滿州防禦四十員，蒙古防禦十六員，滿州步騎校四十員，蒙古驍騎十六員。」

〔一四〕嘉慶《大清一統志》湖北省建置沿革：「雍正十三年，升荆州府屬夷陵州爲宜昌府，降歸州直隸州爲州屬焉。以舊屬歸州恩施縣治爲施南府。」乾隆五十六年，以遠安縣屬荆門州。

〔一五〕康熙二十二年，滿洲將軍駐荆州，遂移提督駐常德，見前篇。

〔一六〕《大清會典》（卷二十二）戶部：「凡歲漕京師者，有河運，有海運，皆預報其起運之數以交兌，而輸之於通壩。凡糧，有正兌，有改兌，有改徵，有折徵，有籌備，皆隨以漕耗漕費。」

〔一七〕王昶《畢公沅神道碑》：「乾隆五十三年，夏秋多雨，江漢及洞庭、鄱陽諸水，俱驟漲出江，以截江流，故江水亦騰踊，決荆州隄，潰城而入。奉旨授湖廣總督，兼署湖北巡撫。」

〔一八〕《爾雅·釋詁》：「案、寮，官也。」邢疏：「官地爲案，同官爲寮。」

〔一九〕《文選》司馬相如《封禪文》：「昆蟲闓澤。」注：「文穎曰：『闓，澤，皆樂也。』闓，音愷。澤，音驛。」

〔二〇〕《書・偽益稷》：「下民昏墊。」鄭康成曰：「昏，沒。墊，陷也。」

章氏《贈張爕君知府序》：「山陰張爕君太守，爲方敏恪所器植，拜書天府，出綰縣符於山東，久不得遷。會乾隆五十三年戊申，荆州大水决城，洪流爲患。天子南顧疇咨，擢畢公制兩湖，且命大學士阿公同公經營相度，鉅工大賑，羽檄旁午。當時需才孔亟，於是兩公合辭入告，請破格用君爲荆州知府。君下車數月，次第經理，若網在綱，有條不紊。

〔二一〕掌故，見《方志立三書議》注〔三〕。《漢書・賈誼傳》：「此業壹定，世世常安，而後有所持循矣。」注：「執持而順行之。」

〔二二〕見《覆崔荆州書》注〔一〕。

〔二三〕《論語・子張》：「子夏曰：仕而優則學，學而優則仕。」朱注：「優，有餘力也。」

〔二四〕《隋書・經籍志》地理類：「《荆州記》三卷，宋臨川王侍郎盛弘之撰。」

〔二五〕《隋書・經籍志》地理類：「《江記》五卷，庾仲雍撰。」

〔二六〕《書録解題》時令類：「《荆楚歲時記》六卷，梁吏部尚書宗懍撰。記荆楚風物故事。」

〔二七〕《隋書・經籍志》地理類：「《荆南地志》二卷，蕭世誠撰。」又雜傳類：「《丹陽尹傳》十卷，梁元帝撰。」

〔二八〕《明史・藝文志》地理類：「王寵懷《荆州府志》十二卷。」

〔二九〕葉仰高《荊州府志》來謙鳴序：「荊郡之志，明代屢修，俱佚不傳。今存者，惟本朝康熙中，郡人胡參議在恪所修。乃時又七十年以往，增新訂舊，自不容已。」又《自序》：「余自乾隆十五年，奉命典茲郡，比四年，公務次第舉，乃集僚屬議曰：『《荊志》當修者三：前郡領二州十一縣，今領縣八，疆索既分，記録宜異，一也。前志修於康熙二十四年，距今且七十年。七十年中，一方之典章經制，閭澤之遒周曲被，以及户口田土之增益，官師俊造名賢貞淑之姓氏德善，逮今不詳，後此奚述？二也。隸邑首江陵，而邑故無志，餘雖有，或舛略不足觀，則郡志之輯，不可以後，三也。』維時大觀察盧公聞其議，亟爲獎掖。於是偕一二三寮寀，悉心籌畫，乃撰書幣，延名宿，裕餼廩，具章程。歲在乙亥孟春，揀日開館，閲兩載書成，爲類三十有二，卷五十有八，視舊志不啻衺益其半。余之盡心於此，固不憚煩，而載筆諸君子之勞，概可想見矣。」又凡例：「志乘分立門類，統括一方，古今事實，要在約而不漏，該而不雜，義例秩如，方稱穩善。茲分類三十有二，較之舊志，亦不大相逕庭。惟舊志附祥異於星野，附橋梁於山川，附寺觀於古蹟，今各析爲一類。舊志無恤政、鄉鎮、紀兵、雜記，今俱增輯。其帝王一類，則全削之。再舊志徵引載籍寥寥，今廣爲搜羅，兼詳所出，或於本文前，或側注於下序中，讀者可一覽即知。」

〔三〇〕見《永清縣志皇言紀序例》注〔四〕。

〔三一〕《國語》《國風》，見《和州文徵序例》注〔八〕。

〔三二〕《新安志·自序》:「儒者之書,具有微旨,不同鈔取記簿。」《新安志》,見《爲張吉府司馬撰大名縣志序》注〔二八〕。

〔三三〕見《傳記》注〔二七〕。

爲畢秋帆制府撰荆州府志序

爲畢秋帆制府撰石首縣志序〔一〕

石首爲荆州望縣，兩漢本華容地，晉平吳，分華容置縣，因山以石首名。〔二〕歷明至今，文物聲弦，易名建寧。尋遷繡林山左，復名石首。元大德中，又遷楚望山下。〔三〕趙宋改治調名，爲荆部稱盛。縣志不修，近六十年。舊志疎脱，詮次無法，又闕數十年之事實。知縣玉田王君維屏，〔四〕因余撰輯通志，〔五〕檄徵州縣之書，乃論次其縣事，犂剔八門，合首尾爲書十篇，以副所徵，且請余爲之序。

余披覽其書，而知王君之可與論治也。夫爲政必先綱紀，治書必明體要。〔六〕近日爲州縣志者，或胥吏案牘，蕪穢失裁；或景物題詠，浮華無實；而求其名義所歸，政教所重，則茫然不知其所指焉。夫政者，事也。志者，言也。天下蓋有言之斐然，〔七〕而不得於其事者矣；未聞言之尚無條貫，而其事轉能秩然得叙者也。今王君是志，凡目數十，括以八門，若網在綱，有條不紊。〔八〕首曰編年，存史法也。志者史所取裁，史以記事，非編年弗爲綱也。次曰方輿，考地理也。縣之有由立也，山川古蹟，以類次焉。次曰建置，人功修也。城池廨署，以至壇廟，依次附焉。〔九〕次曰秩官，昭典守也。次曰民政，法度立也。户田賦役之隸於司徒，郵驛兵防之隸於司馬，皆《洪範》八政之經也。長佐師儒，政教所由出也。而卓然

者，爰斯傳矣。次曰選舉，辟才俊也。論秀書升，《王制》之大，[一〇]興賢與能，《周官》是詳。[一二]勒邦乘者，所不容略也。次曰人物，次曰藝文，一以考獻，一以徵文，[一一]藝文謹著部目，而不以詩遺忘，尤爲乘時之要務也。人物必徵實事，而不以標榜爲虛名；[一三]藝文謹著錄之例，[一四]事必師古，而後可以法文充篇幅。蓋人物爲馬《史》列傳之遺，[一三]藝文爲班劉著錄之例，[一四]事必師古，而後可以法當世也。部分爲八，亦既綱舉而目張矣。[一五]至於序例圖考，冠於篇首，餘文剩説，綴於簡末，別爲篇次，不入八門。殆如九夫畫井，八陣行軍，[一六]經緯燦然，體用具備。乃知方志爲一方之政要，非徒以風流文采，[一七]爲長吏飾儒雅之名也。

且石首置縣以來，凡三徙矣。今縣治形勢，實爲不易，四顧平衍之中，至縣群山湧出，東有龍蓋，南有馬鞍，西有繡林，北有楚望，[一八]居中扼要，政令易均，是以明代至今，相仍爲治。夫撫馭必因形勢，爲政必恃綱紀，治書必貴體要，一也。王君以儒術入仕，知所先務。其於治書，洵有得於體要，後人相仍，如縣治矣。抑古人云：「坐而言者期起而行。」[一九]今之具於書者，果能實見諸政治，則必不以簿書案牘爲足稱職業，文采絢飾爲足表聲譽，是則雖爲一縣之志，即王君一人之治書也。古之良史，莫能尚已，余於王君有厚望焉。

〔一〕見《與石首王明府論志例》注〔二〕。柯氏鈔本原題注「甲乙剩稿」。

爲畢秋帆制府撰石首縣志序

一〇五一

〔三〕《讀史方輿紀要》（卷七十八）：「荆州石首縣，漢南郡華容縣地。晉置石首縣，以山爲名，仍屬南郡。劉宋省。唐武德四年，復置，屬荆州。宋因之。」

〔三〕《讀史方輿紀要》（卷七十八）：「石首舊城，劉昫曰：『舊治在石首山下。』《邑志》云：縣嘗改爲建寧，其址在調絃口，往東山路也。宋元祐中，遷於楚望山北，大江畔。元初，遷繡林山下。至元中，再遷楚望山北，即今治也。」

〔四〕清玉田縣，屬直隸遵化州。王維屏，見《與石首王明府論志例》注〔一〕。

〔五〕見《傳記》注〔二七〕。

〔六〕見《辨似》注〔二六〕。

〔七〕《論語・公冶長》：「斐然成章。」《説文》：「斐，分別文也。」

〔八〕《書・盤庚上》：「若網在綱，有條而不紊。」

〔九〕《書・洪範》：「八政：一曰食，二曰貨，三曰祀，四曰司空，五曰司徒，六曰司寇，七曰賓，八曰師。」

〔一〇〕《禮記・王制》：「命鄉論秀士，升之司徒，曰選士。司徒論選士之秀者升之學，曰俊士。升之司徒者不徵於鄉，升於學者不徵於司徒，曰造士。」又：「大樂正論造士之秀者，以告於王而升諸司馬，曰進士。」

〔二〕見《和州志選舉表序例》注〔一〕。

〔三〕見《古文十弊》注〔三七〕。

〔三〕《史通·列傳》:「尋茲例草創,始自子長。」

〔四〕班固《漢書》本劉歆《七略》而志《藝文》,學術流別,賴以辨章。《史通·書志》:「若乃《五行》《藝文》,班補子長之闕。」

〔五〕見《永清縣志皇言紀序例》注〔四〕。

〔六〕《三國志·蜀書·諸葛亮傳》:「亮性長於巧思,推演兵法,作《八陣圖》。」《寰宇記》:「八陣圖在奉節縣西南七里。」《荊州圖記》:「永安宮南一里渚下平磧上,有孔明八陣圖,聚細石爲之,各高五尺,廣十圍,歷然棋布,縱橫相當,中間相去九尺,正中間南北巷悉廣五尺,凡六十四聚。或爲人散亂,及爲夏水所没,冬水退,復依然如故。」

〔七〕杜甫《丹青引》:「文采風流今尚存。」

〔八〕《讀史方輿紀要》(卷七十八)石首山:「龍蓋山在縣東二里,縣之主山也。與繡林、馬鞍爲三峰,俱錯列江濱。」

〔九〕《荀子·性惡》:「凡論者,貴其有辨合,有符驗,故坐而言之,起而可設張而可施行。」

爲畢秋帆制府撰石首縣志序

書武功志後〔一〕

康海《武功志》三卷,〔二〕又分七篇,各爲之目:一曰《地理》,二曰《建置》,三曰《祠祀》,四曰《田賦》,五曰《官師》,六曰《人物》,七曰《選舉》。首仿古人著述,別爲篇叙,〔三〕高自位置,幾於不讓,而世多稱之。王氏士正,亦謂「文簡事核,訓辭爾雅」;後人至欲奉爲修志楷模,〔四〕可爲倖矣。夫康氏以二萬許言,成書三卷,作一縣志,自以謂高簡矣。今觀其書,蕪穢特甚。蓋緣不知史家法度,文章體裁,而惟以約省卷篇,謂之高簡,則誰不能爲高簡邪?志乃史裁,苟於事理無關,例不濫收詩賦,康氏於名勝古蹟,猥登無用詩文;〔五〕其與俗下修志,以文選之例爲藝文者,相去有幾?夫諸侯不祖天子,大夫不祖諸侯,嚴名分也。〔六〕歷代帝王后妃,史尊紀傳,不藉方志。修方志者,遇帝王后妃故里,表明其説可也。列帝王於人物,載后妃於列女,非惟名分混淆,且思王者天下爲家,〔七〕於一縣乎何有?康氏於人物,列后稷以至文王,〔八〕節錄太史《周紀》;次則列唐高祖、太宗,〔九〕又節錄《唐本紀》,乖刺不可勝詰矣。方志不當僭列帝王,姑且勿論。就如其例,則武王以下,何爲刪之?以謂後有天下,非邠之故邑耶?〔一〇〕則太王嘗遷於岐,文王又遷於豐,〔一一〕何以仍列武功人物?以謂武王實有天下,文王以上,不過追王,〔一二〕故錄之耶?則唐之高祖、太宗,又何取義?以謂高祖、太宗生

長其地，故錄之耶？則顯懿二祖，[一三]何爲刪之？后妃上自姜嫄，下及太姜，何爲中間獨無太任？[一四]姜非武功封邑，入於武功列女，以謂婦從夫耶？則唐高祖之太穆竇后，太宗之文德長孫皇后，皆有賢名，[一五]何爲又不載乎？夫載所不當載，爲蕪爲僭，以言識不足也。就其自爲凡例，任情出入，不可詰以意指所在，天下有如是而可稱高簡者哉？

尤可異者，志爲七篇，輿圖何以不入篇次？蓋亦從俗例也。篇首冠圖，圖止有二，而蘇氏《璇璣》之圖，[一六]乃與圖並列，可謂胸中全無倫類者矣。夫輿圖冠首，或仿范氏錄蔡琰《悲憤詩》所以揭一縣之全勢，猶可言也。《璇璣》之圖，不過一人文字，或仿古人圖經之例，例，[一七]收於列女之傳可也。如謂圖不可以入傳，附見傳後可也。驀然取以冠首，[一八]將武功爲縣，特以蘇氏女而顯耶？然則充其義例，既列文王於人物矣，曷取六十四卦之圖冠首？既列唐太宗於人物矣，曷取六陣之圖冠首？[二〇]雖曰迂謬無理，猶愈《璇璣圖》之僅以一女子名也。惟《官師志》襃貶並施，尚爲直道不泯，稍出於流俗耳。

[一一] 漢置武功縣，在今陝西郿縣。後漢改斄縣，移治之，即今縣。清屬陝西乾州。《四庫全書總目》地理類：「《武功縣志》三卷，明康海撰。是志僅七篇，曰《地理》，曰《建置》，曰《祠祀》，曰《田賦》，曰《官師》，曰《人物》，曰《選舉》。凡山川城郭，古蹟宅墓，皆括於地理。官署學校，津梁市集，皆歸於建

置。祠廟寺觀，則總以祠祀。戶口物產，則附於田賦。藝文則用《吳郡志》例，散附各條之下，以除宂濫。官師則善惡並著，以寓勸懲。王士禎謂其『文簡事核，訓詞爾雅』。石邦教稱其『義昭勸鑒，尤嚴而公，鄉國之史，莫良於此』。非溢美也。」此下六篇，柯氏鈔本原題注「方志義例」。

〔二〕《明史・文苑・李夢陽傳》：「康海字德涵，號對山，武功人，弘治進士，授編修。劉瑾專政，欲招之，海不往。會李夢陽下獄，書片紙招海曰：『對山救我！』海乃謁瑾說之。明日，釋夢陽。後瑾敗，坐瑾黨落職。每與王九思等，相聚沜東、鄠杜間，挾聲酣飲，製樂造歌，自比俳優，以寄其怫鬱焉。」

〔三〕《武功志・目錄叙》：「夫志者，記也。記其地理風俗人物之事也。《武功志》，余先君子長公蓋嘗述焉。然縣官掌故弗嚴，人匿之矣。余於是卒成先人之志，略序撰之。凡山川城郭，與風俗推移，皆地理所具，作地理第一。官署學校，乃諸有司所興行，皆建置之事，作建置第二。治民人者先其神，故祠祀興焉，作祠祀第三。有田則有賦，有身則有役，田賦之政，國所重焉，作田賦第四。疆域人民，非官不守，禮樂教化，非官不行，作官師第五。文獻之事，邦邑所先，以稽古昔，以啟後賢，作人物第六。科貢制行，士繇以興，作選舉第七。凡七篇。」

〔四〕王士禎字貽上，號阮亭，別號漁洋山人，新城人。順治十五年進士，官至刑部尚書。康熙五十年卒，年七十八。乾隆中，賜謚文簡。著有《帶經堂集》九十二卷。（《國朝先正事略》卷六《武功縣志》諸家評語，王阮亭《蠶尾集・新城縣新志序》：「以予所聞見，前明郡邑之志，不啻充棟。而文簡事核，訓辭爾雅，無如康對山誌武功。」又桂林陳榕門云：「對山《武功志》，文簡事核。凡所紀載，悉關

國計民生,人心風俗。確乎可傳,志乘之極則。」

〔五〕《武功志》地理第一,綠野亭爲宋儒張子厚寓所,既錄禮部尚書吳寬碑文,又錄縣學訓導趙文傑詩。詩云:「城南步百路西村。四五常開小洞門。綠野有名亭已沒,荒碑少字石猶存。經霜柏若乾坤影,遠帶河流今古痕。仰止橫渠尋不得,日中立馬到黃昏。」

〔六〕《禮記·大傳》:「禮,不王不禘。王者禘其祖之所自出,以其祖配之。諸侯及其大祖。諸侯非王,不得郊天配祖,於廟及祭大祖耳。」孔疏:「大祖,始封君也。」

〔七〕《漢書·蓋寬饒傳》:「引韓氏《易傳》,言五帝官天下,三王家天下,家以傳子,官以傳賢。」

〔八〕《史記·周本紀》:「后稷名棄,其母有邰氏女,曰姜原。棄好耕農,堯舉爲農師,天下得其利,封於邰,號曰后稷。」又:「季歷娶太任,生昌,有聖瑞。公季卒,子昌立,是爲西伯文王。」按《武功志》人物第六,叙后稷卒,子不窋立而止,未及文王。

〔九〕高祖見下。《唐書·太宗紀》:「帝諱世民,高祖第二子也。母曰穆順聖皇后竇氏,隋開皇十八年,生於武功,天資明敏,勸高祖舉兵,成帝業。武德九年,高祖傳位。貞觀二十三年,崩於含風殿,年五十三。諡曰文皇帝,一作圞,廟號太宗,葬昭陵。」

〔一〇〕邠,今陝西邠縣。《詩·大雅·公劉》傳:「公劉者,后稷之曾孫也,居於邰,而遭夏人亂,追

〔一〕《史記·周本紀》:「古公亶父復修后稷、公劉之業,積德行義,國人皆戴之。薰育、戎狄攻之,欲得財物,予之。已復攻,欲得地與民,民皆怒欲戰。古公曰:『有民立君,將以利之。今戎狄所爲攻戰,以吾地與民。民之在我,與其在彼何異?民欲以我故戰,殺人父子而君之,予不忍爲。』乃與私屬遂去豳,渡漆沮,止於岐下。豳人舉國扶老攜弱,盡復歸古公於岐下。」又:「西伯伐崇侯虎而作豐邑。自岐山而徙都豐。」岐山在今陝西岐山縣西北。《集解》引徐廣曰:「豐在京兆鄠縣東,長安南數十里。」

〔二〕《史記·周本紀》:「西伯崩,太子發立,是爲武王。西伯蓋受命之年稱王,而斷虞芮之訟。後十年而崩,謚爲文王。改法度,制正朔矣。追尊古公爲太王,公季爲王季,蓋王瑞自太王興。」

〔三〕《新唐書·高祖紀》:「高祖諱淵,字叔德,姓李氏,隴西成紀人也。武德元年甲子,即皇帝位於太極殿,追謚皇高祖曰宣簡公,皇曾祖曰懿王,皇祖曰景皇帝。」《舊唐書·高祖紀》:「熙爲金門鎮將,領豪傑,鎮武川,因家焉。儀鳳中,追尊宣皇帝。」本文作「顯懿二祖」,「顯」似當作「宣」。

〔四〕《列女傳》一:「棄母姜嫄者,邰侯之女也。當堯之時,見巨人跡,好而履之,歸而有娠,生棄。」又:「太姜者,王季之母,有邰氏之女也。太王娶以爲妃,生太伯、仲雍、王季。貞順率道,靡有過失。太王謀事遷徙,必與太姜。」又:「太任者,文王之母,摯任氏中女也。王季娶爲妃,端一誠莊,惟德之行。

〔一五〕《舊唐書·后妃傳》：「高祖太穆皇后竇氏，京兆始平人，以孝聞。事元貞太后，時或危篤，后晝夜扶侍，不脫衣履者，動淹旬月。好存規誡，崩於涿郡。上元元年八月，改上尊號曰太穆順聖皇后。」又：「太宗文德順聖皇后長孫氏，長安人。少好讀書，造次必循禮則。武德元年，冊爲秦王妃，孝事高祖，恭順妃嬪。太宗即位，立爲皇后。性尤儉約，凡所服御，取給而已。太宗彌加禮待。常與后論及賞罰之事，對曰：『牝雞之晨，惟家之索。妾以婦人，豈敢與聞政事？』太宗固與之言，竟不之答。十年六月，崩。上元元年八月，改上尊號曰文德順聖皇后。」

〔一六〕《晉書·列女傳》：「竇滔妻蘇氏，始平人也。名蕙，字若蘭，善屬文。滔，苻堅時爲秦州刺史，被徙流沙。蘇氏思之，織錦爲迴文旋圖詩以贈滔，宛轉循環以讀之，詞甚悽惋，凡八百四十二字。」又唐武后《璿璣圖叙》：「前秦苻堅時，秦州刺史扶風竇滔妻蘇氏，名蕙，字若蘭，縈心輝目，縱廣八寸，題詩二百餘首，計八百餘言，縱橫反復，皆成文章，才情之妙，超今邁古，名曰《璿璣圖》。遂發蒼頭齎致襄陽，滔鎮襄陽，絕蘇氏音問。蘇氏悔恨自傷，因織錦爲迴文，五彩相宜，瑩心輝目，縱廣八寸，題詩二百餘首，計八百餘言，縱橫反復，皆成文章，歸於漢南，恩好愈重。」說微不同，茲並錄之。

〔一七〕《後漢書·列女傳》：「興平中，天下喪亂，文姬爲胡騎所獲，沒於南匈奴左賢王。在胡中十二年，生二子。曹操遣使者以金璧贖之，而重嫁於董祀。後感傷離亂，追懷悲憤，作詩二章。」

〔一八〕《説文》：「騺，上馬也。從馬，莫聲。」段玉裁注：「上馬必捷，故引伸爲猝乍之稱。」

〔一九〕《史記·周本紀》：「崇侯虎譖西伯於殷紂曰：『西伯積善累德，諸侯皆向之，將有不利於帝。』紂乃囚西伯於羑里。其囚羑里，蓋益《易》之八卦為六十四卦。」

〔二〇〕《李子·問對》：「太宗曰：『卿所製六花陣法，出何術乎？』靖曰：『臣所本諸葛亮八陣法也。大陣包小陣，大營包小營，隅落鉤連，曲折相對，古製如此，臣為圖因之。』」(《百家類纂》卷三十九)

書朝邑志後〔一〕

韓邦靖《朝邑志》二卷,〔二〕為書七篇:一曰《總志》,二曰《風俗》,三曰《物產》,四曰《田賦》,五曰《名宦》,六曰《人物》,七曰《雜記》。總約不過六七千言,用紙十六七番,志乘之簡,無有過於此者。康《武功》極意求簡,望之睟乎後矣。〔三〕康為作序,亦極稱之。〔四〕

今觀文筆,較康實覺簡淨;惟總志於古蹟中,入唐詩數首為蕪雜耳。然康氏、韓氏皆能文之士,而不解史學,又欲求異於人,故其為書,不情至此,作者所不屑道也。韓氏則更不可以為志,直是一篇無韻之《朝邑賦》,又是一篇強分門類之《朝邑考》;入於六朝小書短記之中,如《陳留風俗》《洛陽伽藍》諸傳記,〔六〕不以史家正例求之,未始不可通也。故余於《武功》《朝邑》二家之志,以《朝邑》為稍優。然《朝邑志》之疵病雖少,而程濟從建文事,濫采野史,不考事實,〔七〕一謬也。書其父事,稱韓家君名,至今人不知其何名。舉人進士不載科年,二謬也。列女有韓太宜人張氏,自係邦靖尊屬;但使人至今不知為何人之妻,何人之母。〔八〕古人臨文不諱。〔九〕或謂司馬遷諱其父談為同;然《滑稽傳》有談言微中,不諱談字,〔一〇〕恐諱名之說未確。就使諱之,而自叙家世,必實著其父名,所以使後人有所考也。今邦靖諱其父,而使人不知為誰,稱其尊

屬爲太宜人,而使人不知爲誰之妻母;則是没其先人行事,欲求加人而反損矣。三謬也。

至於篇卷之名,古人以竹簡爲篇;簡策不勝,則別自爲編,識以甲乙,便稽核耳。後人以繒帛成卷,較竹簡所載爲多,故以篇爲文之起訖,而卷則概以軸之所勝爲量;篇有義理,而卷無義理故也。[二]近代則紙册寫書,較之卷軸,可增倍蓰,[三]題名爲卷,不過存古名耳。如累紙不須別自爲册,則分篇者,毋庸更分卷數,爲其本自無義理也。今《武功》《朝邑》二志,其意嫌如俗纂之分門類,而括題俱以篇名,可謂得古人之似矣。《武功》用紙六十餘番,一册足用,而必分七篇以爲三卷,於義已無所取。《朝邑》用紙僅十餘番,不足一册之用,而亦分七篇以爲二卷,則何説也? 或曰:此乃末節,非關文義,何爲屑屑較之? [四]希風前哲,不自度德量力,[五]概可知矣。

〔一〕後魏南五泉縣,西魏更名朝邑,清屬陝西同州府。《四庫全書總目》地理類:「《朝邑縣志》二卷,明韓邦靖撰。是書成於正德己卯,上卷四篇,曰《總志》,曰《風俗》,曰《物産》,曰《田賦》;下卷三篇,曰《名宦》,曰《人物》,曰《雜記》。上卷僅七頁,下卷僅十七頁,古今志乘之簡,無過於是者。而宏綱細目,包括略備。蓋他志多誇飾風土,而此志能提其要,故文省而事不漏也。然叙次點綴,若有餘

間，寬然無局促束縛之跡。自明以來，關中興記，惟康海《武功縣志》與此志最有名。」

〔二〕《明史·韓邦奇傳》：「弟邦靖，字汝度，年十四舉於鄉，與邦奇同登進士。授工部主事。權木浙江，額不充，被劾，以守官廉得免。進員外郎，乾清宮災，指斥時政甚切。武宗大怒，下之詔獄，給事中李鐸等以爲言，乃奪職爲民。世宗即位，起山西左參議，分守大同。歲饑，人相食，奏請發帑，不許。復抗疏千餘言，不報。乞歸，不待命輒行，軍民遮道泣留，抵家病卒，年三十六。」

〔三〕《莊子·田子方》：「夫子奔軼絕塵，而回瞠若乎後矣。」瞠，音撐，直視也。

〔四〕《朝邑志序》：「余讀郡邑志，蓋將極天下之撰矣，然益繁而不能詳，晦而不能白，亂而不能理焉，此安在於志耶？夫志者，記也。記其風土文獻之事，與官乎是郡邑者，可以備極其改革，省見其疾苦，察識其政治；使天下爲士大夫者讀之足以興，爲郡邑者讀之足以勸而已。然非以誇靈景行其已行，崇獎飾之細也。而撰者之志，每不皆若此焉，且何以觀也。朝邑令陵川王君薀縣之明年，以勝之迹，五泉韓子汝慶所撰《朝邑志》刻成，謂予宜序諸首。予讀五泉子之志，異而歎焉。曰：嗟乎！此吾五泉子之所以爲志也歟？置縣沿革與山川、故蹟、官署諸事，惟歸諸總志，此天下之所通見而不能裁者，斯予之所謂繁而不詳，晦而不白，亂而不理者矣，今畢以反之矣。名宦所以志其官師之行事，人物所以備其豪俊之餘烈，其恐猶有所遺而未盡也，括之以雜記。開卷之際，凡川源改革之實，文獻散失之舊，皆縷陳而無憾矣。使郡邑之志皆若此，其奚有不可也。正德己卯九月十有八日己酉，滸西山人康海序。」

書朝邑志後

〔五〕《朝邑志·總志》第一：「唐玄宗《過蒲關詩》云：鐘鼓嚴更曙，山河野望通。鳴鑾下蒲坂，飛蓋入秦中。地險關愈壯，天平政尚雄。春來津樹合，月落戍樓空。馬色分朝景，雞聲逐曉風。所希常道泰，非復候繻同。」

〔六〕《隋書·經籍志》雜傳類：「《陳留風俗傳》三卷，圈稱撰。」《洛陽伽藍記》見《史注》注〔三九〕。

〔七〕《朝邑志》人物第六：「大明程濟，洪武中以明經徵爲四川岳池縣學教諭，上書言某月某日西北方兵起。朝廷以爲非所宜言，繫至京，召入，將殺之。濟叩頭曰：『陛下幸囚臣，期而無兵，臣死未晚也。』遂繫濟詔獄。已而兵果起，乃赦出濟，更以爲軍師，護諸將北行，與靖難軍先鋒戰於徐州，大捷。會曹國公師退，文皇帝至江上，濟逃去，不知所終。始徐州捷時，諸將皆乃樹碑，載戰伐次第及統軍者姓名。濟一日夜往祭碑，人莫測其故。後文皇帝過徐州，望見碑，顧左右曰：『碑者何也？』或以狀對，上大怒，趣左右椎碑，一再擊，遽曰：『止！止！爲我錄碑來。』乃按碑族誅諸將，無得脫者。濟曩者之祭，蓋襄之也。」按程濟事，見於鄭曉《遜國臣記》。《明史·程濟傳》稱「考其實，徐州未嘗有捷也」。章氏以爲程事不足信。

〔八〕家君：自稱父曰家君。《世說新語·方正》：「客問元方：『尊君在不？』答曰：『待君久不至，已去。』友人便怒曰：『非人哉！與人期，行相委而去。』元方曰：『君與家君期日中，日中不至，則是無信；對子罵父，則是無禮。』友人慚。」《朝邑志》人物第六：「李濟、樊冕、蕭斌、劉讓、上志、韓家君名、馬驤、王壺、房瑄、韓邦奇、韓邦靖、牛斗、王朝鎣俱登進士。韓家君名至福建按察司副使」。又：

〔九〕「節婦則蔚太淑人薛氏,韓太宜人張氏。」

〔一〇〕《禮記·曲禮上》:「臨文不諱。」

〔一一〕《漢書·司馬遷傳》:「同子參乘,袁絲變色。」注引蘇林曰:「趙談也,與遷同諱,故曰同子。」《史記·滑稽列傳》:「談言微中,亦可以解紛。」日人瀧川資言《史記會注考證》曰:「按談字不諱者,何也?」

〔一二〕說詳《篇卷》。

〔一三〕《孟子·滕文公上》:「或相倍蓰。」趙岐注:「蓰,五倍也。」

〔一四〕屑屑,瑣屑也。《左傳》昭公五年:「女叔齊曰:禮所以守其國,行其政令,無失其民者也」;而屑屑焉習儀以亟,不亦遠乎!」

〔一五〕見《易教下》注〔二六〕。

〔一六〕《左傳》隱公十一年:「不度德,不量力。」

書吳郡志後〔一〕

范成大《吳郡志》五十卷,〔二〕分篇三十有九:曰沿革,曰分封,曰戶口稅租,曰土貢,曰風俗,曰城郭,曰學校,曰營寨,曰官宇,曰倉庫,而場務附焉,曰坊市,曰古蹟,曰封爵,曰牧守,曰題名,曰官吏,曰祠廟,曰園亭,曰山,曰虎邱,曰橋梁,曰川,曰水利,曰人物,而列女附焉,曰進士題名,曰土物,曰宮觀,曰府郭寺,曰郊外寺,曰縣記,曰塚墓,曰仙事,曰方技,曰奇事,曰異聞,曰考證,曰雜咏,曰雜志。篇首有紹定二年,〔三〕汴人趙汝談〔四〕序。〔五〕言「石湖志成,守具木欲刻。時有求附某事於籍而弗得者,譁曰:『是書非石湖筆也。』守莫敢刻,遂藏學宮。〔六〕紹定初元,廣德李侯壽朋以尚書郎出守。其先度支公嘉言,石湖客也。〔七〕謁學問故,驚曰:『是書猶未刊耶?』他日拜石湖祠,從其家求遺書,校學本無少異。而書止紹熙三年,其後大建置,如百萬倉、〔八〕嘉定新邑、〔九〕許浦水軍、〔一〇〕顧涇移屯等類皆未載。〔一一〕於是會校官汪泰亨、〔一二〕與文學士雜議,用褚少孫例,〔一三〕增所闕遺,訂其誤僞,而不自別爲續焉。」又曰:「石湖在時,與郡士龔頤、滕成、周南厚三人數咨焉,〔一四〕而龔薦所聞於公尤多,異論由是作。益公碑公墓,〔一五〕載所爲書,篇目可考」云云。其爲人所推重如此。今學者論宋人方志,亦推羅氏《新安志》與范氏《吳郡志》爲稱首,無異辭矣。〔一六〕

余諦審之，文筆亦自清簡。後世方志庸猥之習，彼時未開，編次亦爾雅潔。又其體制詳郡而略縣，自沿革、城池、職官題名之屬，皆有郡而無縣。縣記二卷，則但記官署，間及署中亭臺，或取題石記文而無其名姓，體參差不一律。此則當日志例，與近日府志之合州縣志而成者，迥不相同。余別有專篇討論其事，[一七]此固可無論也。第他事詳郡略縣，稱其體例可也；沿革有郡無縣，則眉目不分矣。宜其以平江路府，冒吳郡之舊稱，冠全志而不知其謬也。[一八]且沿革叙入宋代，則云：「開寶元年，吳越王改中吳軍爲平江軍。太平興國三年，錢俶納土。」[一九]考史，是時改蘇州矣，而志文不著改州文，忽入陞州爲府，文指亦不明矣。[二〇]通體采摭史籍及詩文説部，編輯而成，仍注所出於本條下，是足爲纂類之法，卻非著作體也。風俗多撼吳下詩話，[二一]間亦考訂方音，[二二]是矣。徐祐輩九老之會，[二三]章岵輩耆英之會，[二四]皆當日偶爲盛事，不當入風俗也。學校在四卷，縣記在三十七八卷，縣治官宇，既入縣記，而學校兼志府縣之學，是未出縣名而先有學矣。坊市不附城郭，而附官宇，亦失其倫。提點刑獄司，提舉常平鹽茶司題名，[二五]不入牧守題名本類，而附見官宇之後，亦非法度。提點刑獄題名，皆大書名姓於下，而分注任事年月於下，亦於體例未畫一也。提舉常平鹽茶，皆大書官階名姓於上，而分注出身與來去年月於下。牧守載有名人，而題名反著於後，是倒置矣。官吏不載品制員額，而但取有可傳者，亦爲疏略。功曹掾屬，與

令長相間雜次，亦嫌令長之名在縣記之先也。古蹟與祠廟、官宇、園亭、塚墓、宮觀、寺、山、川等，頗相混亂。別出虎丘一門於山之外，[二六]不解類例牽連詳略互注之法，則觸手皆荊棘矣。人物不自撰著，裁節史傳，亦纂類之例也。依次編爲八卷，不用標目分類，尚爲大雅。然如張、顧大族，代有聞人，自宜聚族爲篇，一族之中，又以代次可也。乃忽分忽合，時代亦復間有顛倒，不如諸陸之萃合一編，[二七]前後不亂。豈今本訛錯，非范氏之原次歟？仙事、浮屠、方技，亦人物之支流，縱欲嚴其分別，亦當次於人物之後，別其題品可也。今於人物之後，間以進士題名、土物、宮觀、府郭寺、郊外寺、縣記、塚墓，凡十二卷後，忽出仙事以下三門，遂使物典人事，淆雜不清，可謂擾而不精之甚者矣。土物搜羅極博，證事亦佳。但干將、莫邪、屬鏤之劍，[二八]吳鴻、扈稽之鉤，[二九]傳記所載一時神物，[三〇]亦復難以盡信。今概入之土物，非其類矣。奇事一卷，異聞三卷，細勘實無分別，考證疎而不至於陋。詩賦雜文，既注各類之下，又取無類可歸者，別爲雜詠一門，雖所收不惡，亦頗嫌漫漶無當也。[三一]每見近人修志，識力不能裁斷，而又貪奇嗜瑣，不忍割愛，則於卷末編爲雜志，或曰餘編。蓋緣全志分門，如布算子，無復別識心裁，故於事類有難附者，輒爲此卷，以作蛇龍之菹，[三二]甚無謂也。今觀范氏志末，亦爲雜志，則前輩已先導之。其實所載，皆有門類可歸，惜范氏析例之不精也。其五十卷中，官名地號之稱謂非法，人氏名號之信筆亂填，蓋宋人詩話家風，大變史文格律；其無當於方志專家，史官

繩尺，不待言矣。其所以爲世所稱，則以石湖賢而有文，又貴顯於當時；而翦裁筆削，雖不合於史法，亦視近日猥濫庸妄一流，[三]得名亦不偶然也。然以是爲方志之佳，則不確矣。

〔一〕盧文弨《宋史藝文志補》：「范成大《吳郡志》五十卷。」《四庫簡明目録》：「凡分三十九門，典贍而不蕪雜，爲地志之善本。藝文即附各條下，不別立一門，亦足以滌宂濫。惟汪泰亨所補，與本書相混，頗嫌淆雜。」

〔二〕《宋史・范成大傳》：「成大字致能，吳郡人，紹興二十四年進士。隆興中使金，竟全節歸。除中書舍人，充四川制置使，蜀士歸心。凡人才可用者，悉置幕下。除吏部尚書，拜參知政事，進資政殿學士，提舉洞霄宮。嘉泰四年薨，年七十九，謚文穆。成大素有文名，尤工於詩，自號石湖居士，有《石湖集》《攬轡録》《桂海虞衡志》行於世。」

〔三〕宋理宗年號。

〔四〕《宋史・趙汝談傳》：「汝談字履常，生而穎悟，登淳熙十一年進士第。端平初，以禮部員外郎召入對，改祕書少監，兼權直學士院。時集議出師，汝談反覆言不可輕戰，而尤非計。未幾洛師敗，朝論始服其先見。遷宗正少卿，後以刑部侍郎召，雖前言用兵不使者亦喜，汝談獨有憂色。復，尚書卒。汝談天資絶人，沈思高識，自少至老，無一日去書冊。所著有《易》《書》《詩》《論語》《孟

子》《周禮》《禮記》《荀子》《莊子》《通鑑》《杜詩》注。」按汝談餘杭人，有《南塘文集》九卷，見盧文弨《宋史藝文志補》。

〔五〕《吳郡志序》：「初，石湖范公爲《吳郡志》成，守具木欲刻矣，時有求附其事於籍而弗得者，因譁曰：『是書非石湖筆也。』守憚莫敢辨，亦弗敢刻，遂以書藏學宫。愚按風土必志，尚矣。吳郡自闔廬以霸，更千數百年，號稱雖數易，常爲東南大都會。當中興，其地視漢扶、馮，人物魁偉，井賦蕃溢，談者至與杭等，蓋亦盛矣。而舊圖經蕪漫失考，朱公長文雖重作，亦略是，豈非大缺者？何幸此筆屬公，條章粲然，成一郡鉅典，辭與事稱矣。而流俗乃復掩陃使不得行，豈不使人甚太息哉！紹定初元冬，廣德李侯壽朋，以尚書郎出守，其先度支公嘉言，石湖客也，是以侯習知之。及謁學問故，驚曰：『是書猶未刊邪？』他日，拜石湖祠，退以從其家求遺書，得數種，而斯志與焉，校學本無少異。談曰：『噫！信是已。吾何敢不力？』於是會校官汪泰亨與文學士雜議，用褚少孫例，增所缺遺，訂其倪譌，書用大備，而不自別爲續焉。侯喜曰：『是不没公美矣！亦吾先人志也。』書來屬汝談序，余病，謝弗果。侯重請曰：『吾以是石湖書也，故敢恩子，而子亦辭乎？』余不得已，勉諾。客有問余曰：『或疑書不盡出石湖筆，子亦信乎？』余笑曰：『是固前譁者云也。昔八公徒著道術數萬言，書標淮南，《通典》亦出衆力，而特表杜佑；自古如《呂氏春秋》、《大、小戴禮》，曷嘗盡出一手哉？顧提綱何人耳。余聞石湖在時，與郡士龔頤、滕宬、周南厚三人者，博雅善道古，皆州之雋民也。故公

數咨焉，而龔薦所聞於公允多，異論由是作。子亦盡觀益公碑公墓乎？載其爲書，篇目可考；子不信碑而信誕乎？且公凾以文名四方，位二府，余鄙何所繫重，余特嘉夫侯之不忘其先，能畢力是書以卒公志，而不自表顯焉，是其賢非余言莫能明也。抑余所感，則又有大此者焉。方是書始出也，疑謗橫集，士至莫敢伸喙以白；曾未四十年，而向之風波自息滅漸盡，至是無一存者，書乃竟賴侯以傳，是不有時數哉？然則世論是非，曷嘗不待久而後定乎？此余所以重感也。余誠不足序公，姑以是寄意焉，其亦可乎否也。』疑者唯服。侯父子世儒有聞，其治吳末期，百墜交舉，既上此職方氏，將復刊《石湖集》，與白氏《長慶》並行，而改漕湖北矣。余故併志，以申後觀焉。紹定二年十一月朔，汴人趙汝談序。」

〔六〕《漢書·何武傳》注：「學宮，學舍也。」

〔七〕李壽朋字傳老，宋桐川人。《吳郡志》（卷一一）牧守題名：「李壽朋朝請大夫，直寶謨閣，紹定元年十二月二十八日到任，二年十月二十七日除依舊直寶謨閣荊湖北路轉運判官。」嘉言，未詳。

〔八〕紹熙，宋光宗年號。《吳郡志》（卷六）官宇：「戶部百萬倉，在閶門裏，開禧三年創。」

〔九〕《吳郡志》（卷三十八）縣記：「嘉定縣在府東北一百四十里，（寧宗）嘉定十年置。」《讀史方輿紀要》（卷二十四）：「唐爲崐山縣之疁城鄉，宋爲練祈市，嘉定十年析置縣，以紀年爲名，屬平江府。」

〔一〇〕《吳郡志》（卷五）營寨：「淳熙二年，建御前許浦水軍寨。」《讀史方輿紀要》（卷二十四）：「許浦在常熟縣東北七十里。建炎初，水軍戍江陰、許浦、福山，無定所。紹興二年，仇愈爲福建兩浙淮東沿

海制置使,置司許浦,許浦水軍隸焉。乾道二年,詔調泉州左翼軍屯平江許浦鎮。三年,改隸殿前司。五年冬,改爲殿前水軍。六年,分主前、後、中三軍於許浦。八年春,併歸許浦,置副都統制之。淳熙四年冬,以七千人爲額。」

〔二〕《讀史方輿紀要》(卷二十四):「顧涇港在嘉定縣東四十里,宋時與茜涇、下張、七鴉、楊林、掘浦,共爲崑山六大浦。隆興二年開濬。淳熙十二年,殿前司奏請分許浦水軍駐此,從之。寶慶初,始置寨。」

〔三〕《漢書·司馬遷傳》:「十篇缺,有錄無書。」張晏曰:「遷沒之後,亡《景紀》《武紀》《禮書》《樂書》《兵書》《漢興以來將相年表》《日者列傳》《三王世家》《傅靳列傳》。元成之間,褚先生補缺,作《武帝紀》《三王世家》《龜策》《日者傳》,言辭鄙陋,非遷本意也。」《四庫全書總目·吳郡志》曰:「少孫補《史記》,雖爲妄陋,猶不混本書。泰亨所續,當時不別署爲續志,遂與本書淆亂,體例殊乖。」

〔四〕汪泰亨字豫叔,有文集二卷。

〔五〕龔頤《書錄解題》引作龔頤正)字養正,宋遂寧人。光宗時,爲國史檢討,官歷宗正丞,著有《芥隱筆記》,考證博洽,而舛謬處亦時有之。滕戚字季度,宋吳人。沈敏好學,耽研經史。淳熙中,以賢良徵,既試,午漏未移晷,已就,考官疑其輕己,擯之。後再召,遂不起。葉廷珪美其學行,號肅敬居士。

周南字南仲,宋平江人,年十六游吳下,視時人業科舉,心陋之。從葉適講學,頓悟捷得,文詞雅麗精

〔一五〕周必大字子充，一字洪道，宋廬陵人。紹興二十年進士，累官至右丞相益國公。立朝剛正，不避權倖。慶元初，以少傅致仕，卒。著書八十一種，有《平園集》二百卷。（《宋史》本傳）

〔一六〕《四庫全書總目》地理類：「《新安志》十卷，宋羅願撰。其書敘述簡括，引據亦極典核。其物產一門，乃願專門之學，徵引尤爲該備。所列先達始末，亦多史傳所遺。」又《吳郡志》：「其書徵引浩博，而敘述簡核，爲地志中之善本。」

〔一七〕見《爲張吉甫司馬撰大名縣志序》。

〔一八〕宋政和三年，改平江軍爲平江府，故《吳郡志》宜署爲《平江府志》。按章太炎先生於此有所辨正曰：「方志與傳狀異事。傳狀者，記今人，其里居官位宜從今。方志者，始自商周建國，及秦漢分郡縣，以逮近世，二三千年之事，皆在其中，即不可以今名限齊。若范成大志吳郡，閶間、夫差之臣，及孫氏時爲吳郡人者，皆比次入其籍。閶間、夫差所部，遠及江淮，其地不專屬宋之平江，其臣佐出何鄉邑不可校，以繫吳，故志之。孫氏之臣韋昭，本雲陽人，雲陽於宋不屬平江，以繫吳郡，故志之。若署爲《平江志》者，宜簡韋昭之徒使不得與，爲是斟酌古今，以吳郡爲之號，然後其無旁溢也。」（《國故論衡·原經》）

〔一九〕開寶，宋太祖年號。太平興國，宋太宗年號。《五代史·吳越世家》：「太平興國三年，詔（錢）俶來

書吳郡志後

一〇七三

〔二〇〕《吳郡志》（卷一）沿革：「乾寧之後，屬錢氏吳越國，唐同光二年，陞蘇州爲中吳軍，晉天福五年，割嘉興縣爲秀州，本朝開寶八年，改中吳軍爲平江軍，太平興國三年，錢俶納土，政和三年，陞蘇州爲平江府。」政和，宋徽宗年號。《讀史方輿紀要》（卷二十四）：「五代時，吳越改建中吳軍。宋仍曰蘇州，太平興國三年，改軍，名曰平江，政和三年，陞爲平江府。」

〔二一〕《吳郡志》（卷二）風俗：「《白紵舞》，按舞辭有巾袍之言，紵本吳地所出，宜是吳舞也。晉歌曰：『皎皎白緒，節節爲雙。』」吳音呼緒爲紵，疑白緒即白紵也。」（《古今樂錄》）

〔二二〕《吳郡志》（卷二）風俗：「吳語謂來爲釐，本於陸德明『貽我來牟』『棄田復來』，皆音釐。德明吳人，豈遂以鄉音釋注，或自古本有釐音耶？吳謂罷必綴一休字曰罷休。《史記》吳王謂孫武曰：『將軍罷休。』蓋亦古有此語。」

〔二三〕《吳郡志》（卷二）風俗：「慶曆九老會，都官員外郎徐祐與少卿葉參，俱以耆德告老而歸，約爲九老會。晏元獻公、杜正獻公皆寄詩贊之。晏詩首句云：『買得梧宮五畝秋，便追黃綺作朋儔。』杜詩卒章云：『如何九老人猶少，應許東歸伴醉吟』」《吳郡志》（卷二十五）人物：「徐祐字受天，除第爲吏，以清白稱。慶曆中，屏居吳下，日涉園廬以自適，終左司員外郎，年七十五。」

〔二四〕《吳郡志》（卷二）風俗：「九老會後更名耆英，又名真率。元豐間，章岵守郡，與郡之長老遊從，各飲

酒賦詩。時米黻禮部，以杭州從事罷，經由爲作敘，敘諸老之德甚詳。十老，謂太中大夫致仕上護軍濮陽縣開國侯程國子盧革仲新年八十二，奉議郎致仕騎都尉賜緋魚袋黃挺公操年八十二，正議大夫充集賢殿修撰致仕上柱國廣平郡開國侯程師孟公闢年七十七，朝散大夫致仕上輕車都尉鄭方平道卿年七十三，朝議大夫致仕護軍清豐縣開國子賜紫金魚袋閭丘孝終公顯年七十三，中散大夫知蘇州軍州事河間縣開國伯護軍賜紫金魚袋章岵伯望年七十三，朝請大夫主管建州武夷山沖佑觀賜紫金魚袋徐九思公謹年七十一，龍圖閣直學士正議大夫提舉杭州洞霄宮清河郡開國侯張仕騎都尉賜緋魚袋崇大年靜之年七十二，承議郎致訖樞言年七十，十人合七百四十六歲。十老各有詩，米黻序之。」章岵字伯望，宋建安人，寶元進士。

〔三五〕《吳郡志》（卷七）官宇：「提點獄司在烏鵲橋西北，紹興元年建。」又：「提舉常平茶鹽司在子城之東。」《宋史·職官》七：「提點刑獄公事，掌察所部之獄訟而平其曲直，所至審問囚徒，詳覆案牘。凡禁繫淹遲而不決，盜竊逋逃而不獲，皆劾以聞。」又：「提舉常平司，掌常平義倉、免役市易、坊場河渡水利之法，視歲之豐歉而爲斂散，以惠農民。」又：「提舉山莝海之利，以佐國用，皆有鈔法，視其歲額之登損以詔賞罰。凡給之不如期，鬻之不如式，與州縣之不加恤者，皆劾以聞。」元豐間，知蘇州，政以最聞，被命再任。

〔三六〕《吳郡志》（卷十六）虎丘：「虎丘山又名海湧山，在郡西北五里。遙望平田中一小丘，入山則泉石奇詭，應給不暇，其最者，劍池千人坐也。劍池，吳王闔廬葬其下，以扁諸、魚腸等劍各三千殉焉，故以

〔二七〕劍名池。葬之三日,有白虎踞其上,故山名虎丘。

〔二八〕《吳郡志》卷二十至卷二十一人物門,錄後漢陸康以下,迄唐陸徽之等五十八人。

《吳越春秋‧闔閭內傳》第四:「干將者,吳人也,與歐冶子同師。莫耶,干將之妻也。干將作劍,采五山之鐵精,六合之金英,伺天俟地,陰陽同光,百神臨觀,天氣下降,而金鐵之精不銷。干將不知其由。莫耶曰:『子以善為劍聞於王,王使作劍,三月不成,其有意乎?』干將曰:『吾不知其理也。』莫耶曰:『夫神物之化,須人而成。今夫子作劍,得無得其人而後成乎?』干將曰:『昔吾師作冶,金鐵之類不銷,夫妻俱入冶爐中,然後成物,至今後世即山作冶,麻絰葌服,然後敢鑄金於山。今吾作劍不變化,其為斯耶?』莫耶曰:『師知爍身以成物,吾何難哉。』於是干將妻乃斷髮剪爪,投於爐中,使童女童男三百人鼓橐裝炭,金鐵乃濡。遂以成劍,陽曰干將,陰曰莫耶,陽作龜文,陰作漫理。干將匿其陽,出其陰而獻之,闔閭甚重焉。」又《夫差內傳》第五:「吳王聞子胥之怨恨也,乃使人賜屬鏤之劍。」

〔二九〕《吳越春秋‧闔閭內傳》第四:「闔閭既寶莫邪,復命於國中作金鉤,令曰:『能為金鉤者賞之百金。』吳作鉤者甚眾。而有人貪王之重賞也,殺其二子,以血釁金,遂成二鉤,獻於闔閭,詣宮門而求賞。王曰:『為鉤者眾,子獨求賞,何以異於眾夫子之鉤乎?』作鉤者曰:『吾之作鉤也,貪而殺二子,釁成二鉤。』王乃舉眾鉤以示之何者是也。王鉤甚多,形體相類,不知其所在。於是向鉤而呼二子之名:『吳鴻、扈稽,我在於此,王不知汝之神也。』聲絕於口,兩鉤俱飛著父之胸。吳王大驚曰:

〔三〇〕『嗟乎！寡人誠負於子。』乃賞百金，遂服而不離身。」
〔三一〕《易·繫辭上》：「是興神物，以前民用。」
〔三二〕見《博約中》注〔四〕。
〔三三〕見《詩教上》注〔三五〕。
〔三三〕《漢書·叙傳》：「賈生矯矯，弱冠登朝。」矯矯，高舉貌。

書姑蘇志後〔一〕

王鏊《姑蘇志》六十卷，〔二〕首郡邑沿革，次古今守令，次科第，皆爲之表；次沿革，次分野，次疆域，次山，次水，次水利，次風俗，次戶口，次土産，次田賦，次城池，次坊巷，次鄉都，次橋梁，次官署，次學校，次兵防，次倉場，次驛遞，次壇廟，次寺觀，次第宅，次園池，次古蹟，次塚墓，次吳世家，附封爵氏族；次平亂，次宦績，次人物，而人物之中，分名臣、忠義、孝友、儒林、文學、卓行、隱逸、薦舉、藝術、雜技、遊寓、列女、釋老，凡一十三類；殿以紀異雜事。而卷次多寡，不以篇目爲齊。名臣分卷爲六，人物中之名臣分卷爲十，而忠義與孝友合爲一卷，儒林與文學合爲一卷，倉場與驛遞合爲一卷，如此等類，不一而足。總六十卷，亦約略紙幅多寡爲之，無義例也。《蘇志》名義不一，即范氏成大以蘇州爲《吳郡志》，已失其理，而前人惟譏王氏不當以蘇州府志爲《姑蘇志》，所謂貴耳而賤目也。〔三〕然郡縣志乘，古今卒鮮善本。如范氏、王氏之書，雖非史家所取，究於流俗惡爛之中，猶爲矯出。〔四〕今本《蘇州府志》之可取者多，亦緣所因之故籍足采摭也。然有荒謬無理，不直一笑，雖末流胥吏，略解文簿款式，斷不出於是者，如發端之三表是也。

表一曰郡邑沿革，以府縣爲郡邑，其謬不待言矣。表以州國郡軍府路爲目，但有統部州郡

而無縣邑，無論體例不當，即其自標郡邑名目，豈不相矛盾耶？〔五〕且職官有知縣，而沿革無縣名，不識知縣等官何所附耶？尤可異者，表之爲體，縱橫以分經緯；蓋有同年月而異地，或同世次而異支，所謂同經異緯，參差不齊，非尋常行墨所能清析，故藉縱橫經緯以分別之。如《守令表》，必以郡之守丞判録，〔六〕縣之令丞簿尉，〔七〕橫列爲經；而以朝代年月，縱標爲緯。後人欲稽莅任年月，由縱標而得其時世，由橫列而知某守某令某丞某録，或先或後，或在同時，披表如指掌也。假有事出先後，必不同時，則無難列款而書，斷無經緯作表之理。表以州國郡軍府路分格。夫州則蘇州也，國則吳國也，郡則吳郡也，軍府路則平江路府也，此皆一蘇州府地先後沿革之名；〔八〕稱吳國時並無蘇州，稱蘇州時並無吳郡，稱吳郡時並無平江路府；既無同時異出參差難齊之名，則按款羅列，閲者自知。《古守令表》，以太守、都尉權攝，忽上忽下，毫無義例，是徒亂人耳目；胥吏文簿，不如是顛倒也。〔九〕夫太守都尉，固有同官年月；至於權攝，猶今之署印官也。有守即無權守，有尉即無攝尉；權攝官與本官，斷無同時互見之理，則亦必無縱橫列表之法。今分列格目，虛占篇幅，又胥吏之所不爲也。職官列表，當以時制定名；守令之表，當題府縣官表，以後貫前可也。今乃指時制而言也，仍以守令稱明之知府知縣，則今乃古守令表，於文義固無礙矣。至於今守令表，則今乃指時制而言也，當題府縣官表，以後貫前可也。今云古守令表，名實之謬，又不待言矣。府官但列知府，而削同知以下；〔一〇〕縣官但列知縣，而削丞簿之屬，此何説也？又表有經

緯；經緯之法，所謂比其類而合之，乃是使不類者從其類也。故類之與表，勢不兩立。表則不能爲類，類則無所用表，亦胥吏之所通曉也。科第之表，分上中下，以古今異制，簡編繁重，畫時代以分卷可也。其體自宜旁書籍爲經，上書鄉會科年爲緯。〔一二〕舉人進士，〔一三〕皆科第也；今乃以科第爲名，而又分舉人進士列爲二表，是分類之法，非比類也。且第進士者，必先得舉人；今以進士居前，舉人列後，是於事爲倒置，而觀者耳目且爲所亂。大抵暗於史裁，又浸漬於文人習氣，〔一四〕以凡此謬戾，如王氏鏊，號爲通人，〔一三〕未必出其所撰；表無文義可觀，不復措意，聽一時無識之流，妄爲編輯，而不知其貽笑識者，至如是也。故曰文人不可與修志也。

至於官署建置，亭樓臺閣，所列前人碑記序跋，仍其原文可也。志文叙述創建重修，一篇之中，忽稱爲州，忽稱爲郡，多仍《范志》原文，不知《范志》不足法也。按宋自政和五年以前，名爲蘇州，政和五年以後，名爲平江路府；終宋之世，無吳郡名。〔一五〕《范志》標題既謬，〔一六〕則志文法度，等於自鄶無譏。〔一七〕王氏不知改易，所謂謬也。

又叙自古兵革之事，列爲平亂一門，亦不得其解也。平亂名篇，既不類於書志數典之目；〔一八〕宦蹟流寓，人物列女，皆傳述之體。山川田賦，坊巷風俗，戶驛兵倉，皆數典，亦不等於列傳標人，自當別議記載，務得倫序；否則全志皆當改如記事本末，〔一九〕乃不致於不類之譏。〔二〇〕然

此惟精史例者，始能辨之，尚非所責於此志也。其餘文字小疵，編摩偶舛，則更不足深求矣。《蘇志》爲世盛稱，是以不得不辨，非故事苛求，好擿先哲也。

〔二〕《明史・藝文志》地理類：「王鏊《姑蘇志》六十卷。」《四庫全書總目》：「蘇州自宋范成大、明盧熊二志後，纂輯久闕。弘治中，吳寬嘗與都穆續修未竟，惟遺稿僅存。後廣東林世遠爲蘇州守，以其事屬鏊。鏊乃與郡人杜啟、祝允明、蔡羽、文璧等共相討論，發凡舉例，咸本於寬，而芟繁訂譌，多所更益。凡八月而書成。首列沿革、守令、科第三表。自沿革、分野以下，分爲三十一門，而人物門中又分子目十三，繁簡得中，考核精當，在明人地志之中，猶爲近古。陳繼儒《見聞錄》稱：『鏊修志時，以楊循吉喜謠詠，不欲與之同局，志成，遣人送之循吉。循吉方櫛沐，不暇抽看，但顧簽票云：不通不通。使者還述其語。鏊以問之，循吉曰：「府志修於我朝，當以蘇州名志。姑蘇，吳王臺名也。以此名志，可乎？」鏊始大服。』繼儒所載，恐不足信。至志書題古地名，自宋代已有是例。核以名實，良有未安。」《讀史方輿紀要》卷二十四：「姑蘇山在蘇州府西三十里。姑蘇臺在其上，闔閭所作也。隋因山以名州。」

〔三〕《明史・王鏊傳》：「鏊字濟之，吳人。成化十年鄉試，明年會試，俱第一。廷試第三，授編修。弘治初，遷侍講學士，充講官，尋韓少詹事，擢吏部右侍郎，以父憂歸。正德元年四月，起左侍郎，與韓文諸大臣請誅劉瑾。俄命以本官與焦芳同入內閣，踰月，進户部尚書、文淵閣大學士。明年，加少傅兼

太子太傅,時中外大權悉歸瑾。鏊不能救,力求去,疏三上,許之。家居十四年,廷臣交薦,不起。世宗即位,遣人存問,未幾卒,年七十五,贈太傅,諡文恪。

〔三〕張衡撰《東京賦》:「若客所謂,未學膚受,貴耳而賤目者也。」錢大昕撰《養新錄》二十:「王文恪撰《姑蘇志》成,楊南峰詆爲不通,謂當稱《蘇州府志》,不可用古地名,又不可以一地該一郡。此語流傳至今,僉以爲不可易矣。予謂南峰知其一,未知其二。昔梁克家撰《三山志》矣,不云《福州志》也。陳耆卿撰《赤城志》矣,不云《台州志》也。文恪亦行古之道耳,志蘇州而名以姑蘇,豈遂爲大失哉?」

〔四〕見《書吳郡志後》注〔二三〕。

〔五〕見《和州志前志列傳序例下》注〔三〕。

〔六〕守謂太守,即知府。而府丞、府通判、録事,皆府佐也。

〔七〕令謂縣令,即知縣。而縣丞、主簿、縣尉,皆縣佐也。

〔八〕見《書吳郡志後》注〔二〇〕。

〔九〕《漢書·百官表》:「郡守,秦官,掌治其郡。秩二千石。景帝中二年,更名太守。」宋以後郡改爲府,故知府亦稱太守。又《百官表》:「郡尉,秦官,掌佐守典武職甲卒。秩比二千石。景帝中二年,更名都尉。」都尉,郡將也。《宋史·高宗紀》:「禁羨餘,罷權攝。」權攝,猶今言護理也。

〔一〇〕見《爲張吉甫撰大名縣志序》注〔六〕。

〔二〕《大清會典》（卷三十三）禮部：「鄉試正科，以子午卯酉年八月舉行。會試以鄉試次年三月舉行。若恩科鄉試或在三月者，會試即在本年八月。」非正科之年特旨舉行者，曰恩科。

〔三〕見《永清縣志選舉表序例》注〔七〕。

〔四〕見《朱陸》注〔五六〕。

〔五〕《史記·貨殖傳》：「漸漬於失教。」浸漬，浸淫漸漬也。

〔六〕見《書吳郡志後》注〔二〇〕。

〔七〕見《書吳郡志後》注〔一八〕。

〔八〕見《亳州志人物表例議下》注〔四〕。

〔九〕見《永清縣志文徵序例》注〔三七〕。

〔一〇〕見《書教下》注〔三八〕。

〔二〇〕《左傳》襄十六年：「晉侯與諸侯宴于溫，使諸大夫舞，曰：『歌詩必類！』齊高厚之詩不類。」

書灤志後〔一〕

家存《灤志》四帙,板刻模糊,脫落顛倒,不可卒讀;蓋乾隆四十七年,主講永平,〔二〕故灤州知州安岳蔡君薰,〔三〕欲屬余撰輯州志,因取舊志視余,即其本也。按《明史·藝文志》,有陳士元《灤州志》十一卷。〔四〕陳字養吾,湖廣應城人,嘉靖甲辰進士,歷灤州知州,有盛名;著述甚富,多見《明志》,而史不列傳。《應城縣志》,有傳而無書目;然縣人士至今猶侈言之。余少僑應城,〔五〕求其所著,一無所見。康熙中,知州侯紹岐依例續補,〔七〕雖十一卷之次,不可復尋,而門類義例,無所改易。篇首不知何人撰序,有云:「昔宦中州,會青螺郭公議修《許州志》。〔八〕公曰:『海內志書,李滄溟《青州志》第一,〔九〕其次即為《灤志》。』」〔一〇〕今觀其書,矯誣迂怪,頗染明中葉人不讀書而好奇習氣,是以侯君率由而不敢議更張也。陳君以博贍稱,而《灤志》庸妄若此,其他著述,不述可知矣。而郭青螺氏又如此妄贊,不可解矣。

其書分四篇:一曰世編,二曰疆里,三曰壤則,四曰建置。世編用編年體,倣《春秋》書法,知更如何也。篇首大書云:「帝嚳氏建九州,〔一一〕我冀分。」傳云:「書者何?志始也。」云實為妄誕不根。

云。以考九州分域,又大書云:「黄帝逐葷粥。」[二]傳云:「書葷粥何?我邊郡也。」又大書云:「周武王十有三祀,夷齊餓死於首陽,[三]封召公奭於燕,[四]我燕分。」此皆陳氏原編,怪妄不直一笑。《春秋》,魯國之書,臣子措辭,義有内外,故稱魯爲我,[五]非特別於他國之君。且魯史既以國名,則書中自不便於書國爲魯,文法宜然,非有他也。筆爲州縣志者,[六]孰非朝廷臣子,何我之有?至於公穀傳經,[七]出於經師授受,隱微之旨,珥難以遽喻,則假問答而闡明之,非史例也。州縣之志,出於一手,撰述非有前人隱義,待已闡明,而自書自解,自問自答,既非優伶演劇,何爲作獨對之酬酢乎?且劉氏《史通》,嘗論《晉紀》及《漢晉春秋》,力詆前人摩擬無端,稱我與假設問答,俱在所斥。[八]陳氏號爲通博,獨未之窺乎? 國史且然,況州縣志乎? 周武王十有三祀,文尤絀繆。殷祀周年,[九]兩不相蒙。《洪範》爲箕子陳疇,[一〇]書法變例,非正稱也。陳氏爲夷齊之故,而改年稱祀,其下與封召公,同蒙其文,豈將以召公爲殷人乎? 且夷齊不食周粟,餓死首陽,蓋言不受禄而窮餓以死,非絶粒殉命之謂也。[一一]即此數端,尚待窺其餘乎?

其世編分目爲三:一曰前代,二曰我朝,三曰中興。其稱我朝者,終於世宗嘉靖二十八年,其題中興者,斷始嘉靖二十九年,實亦不得其解。疆里之目有六:曰域界,曰理制,曰山水,曰勝概,曰風俗,曰往蹟。壤則之目有七:曰戸口,曰田賦,曰鹽法,曰物産,曰馬政,曰兵

政,曰驛傳。建置之目十一:曰城池,曰署廨,曰儒學,曰倉庫,曰舖舍,曰街市,曰坊牌,曰樓閣,曰橋渡,曰秩祀,曰寺觀。而官師人物,科目選舉,俱在編年之内。官師則大書年月,某人來任;其人有可稱者,即倣《左傳》之例,注其行實於下。科目則曰,某貢於學,某舉於鄉,某中某榜進士;其有可稱者,亦同官師之例,無則闕之。孝義節烈之得旌者,書於受旌之日。而閩修之儒,能文之士,不由科目,與夫節孝之婦,貞淑之女,偶不及旌,則無入志之例矣。

尤有異者,侯君續陳之志,於明萬曆四十七年,大書我太祖高皇帝天命四年己未,[三]分注前明年號於下;復大書馮運泰中莊際昌榜進士,又書知州林應聚來任。夫前明疆宇,未入我朝版圖,國朝史筆,於書明事,不關於正朔者,並不斥去天啟、崇禎年號。藉曰前臣子之義,内本朝而外前明,則既書天命年號於上,事之在前明者,必當加明字以別之;庶使閱者知所主客,是亦一定理也。今馮運泰乃明之進士,林應聚乃明之知州,隸於本朝年號之下,又無明字以爲之區别,是直以明之進士知州,爲本朝之科第職官,不亦誣乎!至《灤志》標題,亦甚庸妄。灤乃水名,[三]州亦以水得名耳。今去州字,而稱《灤志》,則閲書簽者,疑爲灤水志矣。然《明·藝文志》以陳士元撰爲《灤州志》,則題删州字,或侯紹岐之所爲。要以全書觀之,此等尚屬細事,不足責也。

〔一〕《讀史方輿紀要》（卷十七）：「灤州，古孤竹國地，戰國時屬燕，秦屬右北平郡，兩漢至晉俱屬遼西郡，後魏因之。隋屬平州，唐亦屬平州地。五代唐時，契丹分置灤州於此。金元因之，明亦曰灤州。」《明史·藝文志》地理類：「陳士元《灤州志》十一卷。」

〔二〕章氏《丙辰劄記》：「乾隆壬寅，主永平講席。」（劉刻《遺書》外編卷三）按《年譜》，乾隆四十七年（壬寅），章氏自畿南失意歸，未有所遇。時周震榮任永清縣知縣，邀與偕行。旋主講永平敬勝書院，自京師移家赴之。清永平府屬直隸。民國廢府，今盧龍縣其舊治也。

〔三〕未詳。

〔四〕陳士元字心叔，明應城人，嘉靖進士，官至灤州知州。著有《易象鉤解》《五經異文》《孟子雜記》《荒史》《名疑》等書。

〔五〕按《年譜》，乾隆十六年（辛未），驤衢先生罷官，仍僑居焉。《李清臣哀辭》：「丙子，先子罷縣，貧不能歸，僑居故治，又十許年。」（劉刻《遺書》卷二十三）則僑居應城，計有十數年之久也。

〔六〕未詳。

〔七〕未詳。

〔八〕劉氏《識語》：「郭青螺者，郭子章也。二人皆明中葉之染王、李習氣，學無體段，而好大言摹古者。」許州，今河南許昌縣。按《明史·藝文志》地理類有邵寶《許州志》三卷。

〔九〕李攀龍，人稱滄溟先生，著有《滄溟集》三十卷，附錄一卷，見《傳記》注〔一六〕。按《明史·藝文志》地理類有馮惟訥《青州府志》十八卷。李志未詳。

〔一〇〕《詩·大雅·假樂》：「不愆不忘，率由舊章。」

〔一一〕《帝王世紀》：「顓帝、帝嚳建萬國而制九州。」杜氏《通典》曰：「顓帝已上曰九州，帝嚳受之。」更張，見《書教中》注〔三〕。

〔一二〕《史記·五帝本紀》：「黃帝北逐葷粥。」《匈奴傳·索隱》：「唐虞已上曰山戎，亦曰熏粥，夏曰淳維，殷曰鬼方，周曰獫狁，漢曰匈奴。」

〔一三〕《史記·伯夷列傳》：「武王已平殷亂，天下宗周。而伯夷、叔齊恥之，義不食周粟，隱於首陽山，采薇而食之，遂餓死於首陽山。」

〔一四〕《史記·周本紀》：「武王十一年，封召公奭於燕。」

〔一五〕如隱公八年，《春秋》：「庚寅，我入祊。」《公羊傳》：「其言我何？言我者，非獨我也。」

〔一六〕見《言公下》注〔一〇〕。

〔一七〕見《言公上》注〔五七〕。

〔一八〕《史通·模擬》：「當春秋之世，列國甚多。每書他邦，皆顯其號。至於魯國，直云我而已。如金行握紀，海內大同。君靡客主之殊，臣無彼此之異。而干寶撰《晉紀》，至天子之葬，必云葬我某皇帝。以此而擬《春秋》，又所謂貌同而心異也。」又云：「五始所作，是曰《春秋》。且無二君，何我之有？以此而擬《春秋》，又所謂貌同而心異也。」此則先引經語，而繼以釋辭，勢使之三傳並興，各釋經義。如《公羊傳》屢云：「何以書？記某事也。

〔一九〕《爾雅·釋天》:「夏曰歲,商曰祀,周曰年,唐虞曰載。」郭注:「歲取歲星行一次,祀取四時一終,年取禾一熟,載取物終更始。」

〔二〇〕《書·洪範》:「惟十有三祀,王訪於箕子。」偽孔傳:「商曰祀。箕子稱祀,不忘本也。」

〔二一〕愼,同顚。見《文理》注〔二五〕。

〔二二〕清太祖努爾哈赤於明萬曆四十四年,由滿洲汗稱帝,建元天命。天命朝《東華錄》:「太祖姓愛新覺羅氏,天命十一年八月,崩,廟號太祖。康熙元年,加上尊號曰承天廣運、聖德神功、肇基立極、仁孝睿武、宏文定業高皇帝。」

〔二三〕嘉慶《大清一統志》,永平府山川:「灤河自遵化流入,南迳灤州東。」《讀史方輿紀要》(卷十七):「灤河在灤州東二里,自盧龍縣流入境,又東過樂亭縣入於海。」

書靈壽縣志後〔一〕

書有以人重者，重其人而略其書可也；文有意善而辭不逮者，重其意而略其辭可也。平湖陸氏隴其，〔二〕理學名儒，何可輕議？然不甚深於史學。所撰《靈壽縣志》，立意甚善，然不甚解於文理。則重陸之為人，而取作志之本意可也。重其人，因重其書，以謂志家之所矜式，〔三〕則耳食矣。〔四〕余按陸氏《靈壽縣志》十卷：一曰地理，紀事方音附焉，二曰建置，三曰祀典，四曰災祥，五曰物產，六曰田賦，七曰官師，八曰人物，人物之中，又分后妃、名臣、仕績、孝義、隱逸、列女，九選舉，十藝文。〔五〕其書大率簡略，而田賦、藝文分上下卷，祀典、災祥、物產均合於一，則所分卷數，亦無義例者也。而田賦，藝文獨詳，可謂知所重矣。《叙例》皆云：「土瘠民貧，居官者不可紛更聚斂，土著者不可侈靡爭競。」尤為仁人愷悌之言。〔六〕全書大率以是為作書之旨，其用心真不愧於古循良吏矣。

篇末以己所陳請於上，有所興廢於其縣者，及與縣人傳維雲往復論修志凡例終編。〔七〕其興廢條議，固切實有用；其論修志例，則迂錯而無當矣。余懼世人徇名而忘其實也，不得不辨析於後。如篇首地理，附以方音可也，附以紀事謬矣。〔八〕紀事，乃前代大事關靈壽者，編年而書，是於一縣之中，如史之有本紀者也。紀事可附地理，則《舜典》可附於《禹貢》，而歷史本紀

可入地理志矣。書事貴於簡而有法；似此依附，簡則簡矣，豈可以為法乎？建置之篇，刪去坊表，而云所重在人，不在於坊，[九]其說則迂誕也。人莫重於孔子，人之無藉書志以詳，亦莫如孔子，以為所重有在，而志削其文，則闕里之志，[一〇]可焚毀矣。坊表之所重在人，猶學校之所重在道也，官署之所重在政也，城池之所重在守也。以為別有所重而不載，是學校、官廨、城池皆可削去，建置一志，直可省其目矣。寺觀刪而不載，以謂闕邪崇正，[一一]亦迂而無當也。《春秋》重興作，凡不當作而作者，莫不詳書，[一二]所以示鑒戒也。以為闕邪崇正，千百載後，誰復知其為邪而闕之耶？況寺觀之中，金石可考，逸文流傳，可求古事，不當削者一也。僧道之官，定於國家制度，[一三]所以示鑒戒，則但須削去其文，不當削者二也。水旱之有祈禱，災荒之有賑濟，棄嬰之有收養，先賢祠墓之有香火，地方官吏多擇寺觀以為公所，多遴僧道以為典守，於事大有所賴，往往見於章奏文移，未嘗害於治體；是寺觀僧道之類，昔人以崇異端，[一四]近日以助官事，正使周孔復生，因勢利導，必有所以區處，未必皆執人其人而廬其居也。[一五]陸氏以削而不載，示其衛道，何所見之隘乎？官師選舉，止詳本朝，謂法舊志斷自明初之意，[一六]則尤謬矣。舊志不能博考前代，而以明初為斷，已是舊志之陋；然彼固未嘗取其有者而棄之也。今陸氏明見舊志，而刪其名姓，其無理不待辨矣。自古諸侯不祖天子，大夫不祖諸侯，[一七]理勢然也。方志諸家，於前代帝王后妃，但當著其出處，不可列

為人物，此説前人亦屢議之，而其説訖不能定。其實列人物者，謬也。姑無論理勢當否，試問人物之例，統載古今；方志既以前代帝王后妃，列於人物，則修京兆志者，當以本朝帝后入人物矣，此不問而知其不可。則陸志人物之首后妃，[一八]殊爲不謹嚴也。

至於篇末，與傅維雲議，其初不過所見有偏，及往復再辨，而強辭不準於情理矣。其自云：「名臣言行，如樂毅、曹彬，章章於正史者，止存其略。」[一九]維雲則謂「三代以上聖賢，事已見經籍者，史遷仍入《史記》」；史遷所敘孝武前事，班固仍入《漢書》；不以他見而遂略。前人史傳文集，荒僻小縣，人罕盡見；[二〇]藝文中如樂毅《報燕王書》、韓維《僖祖廟議》，不當刊削。[二一]其説是也。陸氏乃云：「春秋人物，莫大於孔子，文章亦莫過於孔子之事，不如叔向、子產之詳；於孔子之文，不如叔向、子產之多；相魯適楚，刪書正樂，事之章章於萬世者，曾不一見。《孝經》《論語》《文言》《繫辭》昭昭於萬世者，曾不一見。以孔子萬世聖人，不必沾沾稱述於一書，所以尊孔子也。」[二二]此則非陸氏之本意，因窮於措辨，故爲大言，以氣蓋人，而不顧其理之安，依然詆毀陽明習氣矣。[二三]《左傳》乃裁取國史爲之，所記皆事之關國家者，義與《春秋》相爲經緯。[二四]子產、叔向，賢而有文，又當國最久，故晉鄭之事，多涉二人言行，非故詳也，關一國之政也。孔子不遇於時，惟相定公爲郟谷之會，齊人來歸汶陽之田，[二五]是與國事相關，何嘗不詳載乎？其奔走四方，與設教洙泗，[二六]事與國政無關，左氏編

年附經,其體徑直,非如後史紀傳之體,可以特著道學、儒林、文苑等傳,[二七]曲折而書,因人加重者也。雖欲獨詳孔子,其道無由,豈曰以是尊孔子哉?至謂《孝經》《論語》《文言》《繫辭》不入《左傳》,亦爲左氏之尊孔子,其曲謬與前説略同,毋庸更辨。第如其所説,以不載爲尊,則帝典之載堯舜,謨貢之載大禹,[二八]是史臣不尊堯、舜、禹也;二南正雅之歌咏文武,[二九]是詩人不尊周先王也;孔子刪述《詩》《書》,是孔子不尊二帝三王也,其説尚可通乎?且動以孔子爲擬,尤學究壓人故習。[三〇]試問陸氏修志初心,其視樂毅、曹彬、韓維諸人,豈謂足以當孔子邪?

又引太史公《管晏傳贊》有云:「吾讀《管子》《牧民》《山高》《乘馬》《輕重》《九府》及《晏子春秋》,其書世多有之,是以不論。」[三一]可見世所有者,不必詳也。此説稍近理矣。然亦不知司馬氏之微意,蓋重在軼事,故爲是言。且諸子著書,亦不能盡裁入傳,韓非載其《説難》,[三二]又豈因其書爲世所有而不載耶?文入史傳,與入方志藝文,其事又異。史傳本記事之文,故裁取須嚴;而方志藝文,雖爲俗例濫入詩文,然其法既寬,自可裁優而入選也。必欲兩全而無遺憾,余別有義例,[三三]此不復詳。

〔一〕靈壽縣,漢置,屬常山郡,明清皆屬直隸正定府。《靈壽縣志序》:「靈壽於真定三十二州縣中,最爲

瘠壞。其民遇豐歲，荳飯菽羹，僅免溝壑。一遇水旱螽雹之災，流離轉死，不可救藥。蓋在前代已然，兵燹之後，元氣益復衰耗，以故文獻散佚無徵。按史傳所記故事，詢之土人，無有能道之者。大禹治衞，疏鑿何所？鮮虞、中山之時，疆理若何？武靈、惠文、屯兵何方？昌國君遺址安在？樂叔繼封，何鄉何里？邢侯食采，第宅何存？何年始廢？曹武惠、韓忠獻父子，聚族何村？始遷何代？大聖大賢之故迹，如煙雲之過目，不可復求，穆然徒見溥沱流而太行峙而已。即戶口之盛衰，賦役之繁簡，典禮之廢興，自明以前，亦湮沒不可考。豈不可慨也哉？國子學生傅君維橒，憫舊志之殘缺，網羅放失舊聞，彙緝成編，藏於家塾，筆削詳略，具有法度，不鑿不濫，然其已湮沒者，亦末如之何也。適余奉部檄徵縣志，因取其書，稍爲更定，附以管見，分爲十卷，聊以備採擇云爾。閲是編者，見其土瘠民窮，慨然思爲政者宜安靜，不宜紛更，毋損上，寧便民，毋便官，則可矣。若曰一方之文獻在是，則余與傅君皆不能無愧焉。康熙乙丑仲夏，直隸眞定府靈壽縣知縣，當湖陸隴其謹序。」

〔三〕陸隴其字稼書，浙江平湖人，康熙九年（庚戌）進士。十四年，知嘉定縣，以盜案落職。嘉定民罷市乞留。薦試博學鴻儒，未及試，奔父喪歸。總憲魏象樞以廉吏薦。二十二年，授靈壽知縣。二十九年秋，補四川道，試監察御史，俸滿，移疾歸。康熙三十一年卒，年六十三。賜諡清獻。其學以居敬窮理爲主。著《學術辨》，力闢陽明爲禪學。謂陽明之病，在認心爲性，顧涇陽、高景逸之病，在忘動求靜。論者謂程朱之統，自明薛瑄、胡居仁後，惟隴其得正宗。所著有《四書大全》《困勉録》《續

錄》《松陽講義》《古文尚書考》《讀書志疑》《讀禮志疑》《禮經會元注》《戰國策去毒》《呻吟語質疑》《衞濱日鈔》《問學錄》《靈壽縣志》《三魚堂賸言》《三魚堂文集》。(《國朝先正事略》卷九)

〔三〕《孟子·公孫丑下》：「使諸大夫國人皆有所矜式。」趙岐注：「矜，敬也。式，法也。」

〔四〕《史記·六國表序》：「學者牽於所聞，見秦在帝位日淺，因舉而笑之不敢道，此與耳食無異。」

〔五〕說詳《篇卷》。

〔六〕《靈壽縣志·凡例》：「靈壽土瘠民貧，居官知此，然後不敢以侈靡爭競爲能。綱領所在，故隨處提醒。」叙語，見上注一。悌愷，一作豈弟。《詩·齊風》：「齊子豈弟。」傳：「豈，樂也。弟，易也。」

〔七〕傅維樅字培公，清靈壽人。性恬退，不求仕進，以詩文自娛。有《燕川漁唱詩》《植齋文集》。《靈壽縣志》卷末，附錄《條陳志議》。

〔八〕《靈壽縣志》卷一《地里志·紀事》注：「事不可以無紀，然不能自成一卷，是以附之地里末。」

〔九〕《靈壽縣志·凡例》：「牌坊之建，蓋表厥宅里之意，所重在人，不在於坊。買櫝還珠，無取乎耳。故名臣賢士，既表章於各傳中，不復載其坊額。」

〔一〇〕閻若璩《四書釋地》：「闕里之名，首僅見《漢書·梅福傳》。東漢後方盛稱之，蓋緣魯恭王徙魯，於孔子所居之里造宫室，有雙闕焉。人因名孔子居曰闕里。爾時闕尚存，尚可得其名里之由。若後代迹既湮，撰《闕里志》者，有一能知者否？」《四庫全書總目》傳記類存目一：「《闕里誌》二十四卷，

明陳鎬撰,孔允植重纂。

〔二〕《靈壽縣志·凡例》:「闢邪崇正,爲政之大防。故佛老寺觀,概不敢載,如魯柏、祁林,止因事而見。」

〔三〕《大清會典》(卷三十六)禮部:「凡僧官道官,皆注於籍。京師僧官曰道錄司,正印一人,副印一人,左右善世二人,闡教一人,講經二人,覺義二人。僧官分設各城者凡六處。其分設各城之僧官道官,各設正一二人,演法二人,至靈二人,至義二人。道官分設各城,凡八處。道官曰道錄司一人,左右正一二人,演法二人,至靈二人,至義二人。道官分設各城凡六處。其分設各城之僧官道官,各設協理一員,僧官兼善世等銜,道官兼正一等銜。直省僧官,府曰僧綱,州曰僧正,縣曰僧會。惟湖南衡山縣稱僧綱。道官,府曰道紀,州曰道正,縣曰道會。惟衡山縣稱道紀。府州縣各一人。」

〔四〕《論語·爲政》:「子曰:攻乎異端,斯害也已。」

〔五〕韓愈《原道》:「人其人,火其書,廬其居。」

〔六〕《靈壽縣志·凡例》:「官師選舉,止詳本朝,亦本舊志斷自明初之例,非敢擅削也。」

〔七〕見《書武功志後》注〔六〕。

〔八〕《靈壽縣志(卷七)·人物志》后妃:「宋慈聖光憲曹皇后,靈壽人,彬之孫,玘之女,仁宗后也。」又:「後周德妃董氏,鎮州靈壽人也。周太祖聞妃有賢行,聘之,冊爲德妃。」

〔九〕《靈壽縣志·凡例》:「名臣言行,如樂昌國、曹武惠,彰彰於正史者,止存其略,俱不詳載。」《史記·

樂毅傳》：「樂毅者，其先祖曰樂羊。樂羊為魏文侯將，伐取中山，魏封以靈壽。樂羊死，葬靈壽。其後子孫因家焉。毅賢，好兵，聞燕昭王屈身下士，以招賢者，於是為魏使燕。燕王以為亞卿，後為上將軍，護趙、楚、韓、燕之兵以伐齊，攻入臨菑，封為昌國君。」《宋史·曹彬傳》：「彬字國華，真定靈壽人。父芸，成德軍節度使。漢乾祐中，彬為成德軍牙將。周祖受禪，隸世宗帳下，擢河中都監。後乾德初，伐蜀，峽中郡縣悉下。諸將咸欲屠城，彬獨申令戢下。及下江南，不妄殺一人，自出師至凱旋，士衆畏服，無輕肆者。未幾，拜樞密使。太宗即位，同平章事，進檢校太師，加侍中，封魯國公。咸平二年，薨，年六十九。謚武惠。」

[二〇]《靈壽縣志》末附傅維櫺《修志議》：「聖慈光獻曹后及樂、曹、韓諸公，雖見正史，不必詳傳；然考三代以上諸賢聖，事辭已見經籍者，史遷取以成本紀；西京而後，已詳《史記》者，班固采而著《漢書》，取其有關本文者，不因他見而遂略也。且靈邑僻陋，家鮮藏書，有欲識先正故實者，使求諸志中足矣。伏候鈞裁。」《史通·採撰》：「馬遷《史記》，採《世本》《國語》《戰國策》《楚漢春秋》；至班固《漢書》，則全同《太史》。自太初已後，又雜引劉氏《新序》《說苑》《七略》之辭，此並當代雅言，事無邪僻，故能取信一時，擅名千載。」

[二一]《靈壽縣志》末附傅維櫺《修志議》：「樂昌國《報燕惠王書》，韓持國《僖祖廟議》《請虛東向之位疏》，宜復載志內。嘗參稽古籍，如一文兩見者，曰事詳某處。如未見本書，雖習經聞見者，皆呕為

表著。史志譜乘家,率皆由之。志內近代著作已列於篇,而古文獨略,疑或不倫,伏候鈞裁。」樂毅《報燕惠王書》,見《史記》本傳。《宋史·韓維傳》:「維字持國,開封雍丘人,以父輔政,不試進士。宰相薦其好古嗜學,遂授以職。初,僖祖主已遷,及英宗祔廟,中書以爲僖祖與稷、契等,不應毀其廟。維言太祖戡定大亂,子孫遵業,爲宋太祖,無可議者。僖祖雖爲高祖,然仰迹功業,非有所因,若以所事稷、契事之,懼有所未安,宜如故便。王安石方初議,持不行。」

[三]《靈壽縣志》末附陸氏《答修志議》《請虛東向之位疏》當載也,高明以史遷、班固之例律之,固然矣。然又有說焉。昔春秋之人物,莫大於孔子,文章亦莫過於孔子;左丘明作傳,序孔子之事,彰彰於萬世者,不如叔向、子產之多;一切相魯適楚,删書正樂,事之彰彰於萬世者,不如叔向、子產之詳;一切《孝經》《論語》《文言》《繫辭》,文之昭昭於萬世者,曾不一及焉。是非詳於叔向、子產,而略於孔子也,誠以孔子萬世聖人,不必沾沾稱述於一書所以尊孔子也。叔向,晉大夫羊舌肸。子產,鄭大夫公孫僑。

《左傳》載二人事辭甚詳。《史記·孔子世家》:「定公十四年,孔子年五十六,由大司寇行攝相事。」又:「孔子在陳蔡之間,楚使人聘孔子。孔子將往拜禮。陳蔡大夫謀曰:『孔子賢者,所刺譏皆中諸侯之疾。今者久留陳蔡之間,諸大夫所設行,皆非仲尼之意。今楚大國也,來聘孔子,孔子用於楚,則陳蔡用事大夫危矣。』於是乃相與發徒役圍孔子於野,不得行。故孔子不仕,退而修《詩》《書》《樂》《禮》。弟子彌衆,則陳蔡用事大夫危矣。』於是乃相與發徒役圍孔子於野,不得行。故孔子不仕,退而修《詩》《書》《樂》《禮》。弟子彌衆,孔子。」又:「魯自大夫以下皆僭,離於正道。故孔子不仕,退而修《詩》《書》《樂》《禮》。弟子彌衆,

〔二三〕《三魚堂集》卷二《學術辨》上：「自陽明王氏倡爲良知之説，以禪之實，託儒之名；龍溪、心齋、近溪、海門之徒，從而衍之。王氏之學徧天下，幾以爲聖人復起，而古先聖賢下學上達之遺法，滅裂無餘。學術壞而風俗隨之。其弊也，至於蕩軼禮法，蔑視倫常。天下之人，恣睢橫肆，不復自安於規矩繩墨之中，而百病交作。」

《孝經》，見《經解上》注〔二九〕。《文言》《繫辭》，見《易教上》注〔二八〕。

〔二四〕《史通·列傳》：「《春秋》則以傳解經。」

〔二五〕《左傳》定公十年：「夏，公會齊侯于祝其，實夾谷。孔丘相。犁彌言於齊侯曰：『孔丘知禮而無勇，若使萊人以兵劫魯侯，必得志焉。』齊侯從之。孔丘以公退，曰：『士兵之！兩君合好，而裔夷之俘以兵亂之，非齊君所以命諸侯也。裔不謀夏，夷不亂華，俘不干盟，兵不偪好，於神爲不祥，於德爲愆義，於人爲失禮，君必不然。』齊侯聞之，遽辟之。將盟，齊人加於載書曰：『齊師出竟，而不以甲車三百乘從我者，有如此盟！』孔丘使兹無還揖對曰：『而不反我汶陽之田，吾無以共命者，亦如之。』齊侯將享公，孔丘謂梁丘據曰：『齊魯之故，吾子何不聞焉？事既成矣，而又享之，是勤執事也。且犧象不出門，嘉樂不野合。饗而既具，是棄禮也。若其不具，用秕稗也。用秕稗君辱，棄禮名惡，子盍圖之？夫享，所以昭德也。不昭，不如其已也。』乃不果享。齊人來歸鄆、讙、龜陰之田。」

〔二六〕《史記·儒林傳》：「世以混濁莫能用，是以仲尼干七十餘君無所遇。」《漢書·地理志》：「魯濱洙泗

〔二七〕之水。孔子閔王道將廢,迺修六經,以述唐、虞、三代之道,弟子受業而通者,七十有七人。」

〔二八〕見《答甄秀才論修志第二書》。

〔二九〕帝典,謂《堯典》《舜典》也。謨貢,謂《大禹謨》《禹貢》也。

〔三〇〕二南,《周南》《召南》也。《詩·小雅》自《鹿鳴》至《菁菁者莪》為正《小雅》,《六月》以下為變《小雅》。《大雅》自《文王》至《卷阿》為正《大雅》,《民勞》以下為變《大雅》。正《大雅》,正《小雅》,統稱正雅。

〔三一〕見《文德》注〔二四〕。

〔三二〕《史記》原文云:「太史公曰:『吾讀管氏《牧民》《山高》《乘馬》《輕重》《九府》及《晏子春秋》,詳哉!其言之也。既見其著書,欲觀其行事,故次其傳。至其書,世多有之,是以不論。論其軼事。』」

〔三三〕《說難》,《韓非子》第十二篇。《史記·韓非傳》全載之。

〔三四〕説詳《方志立三書議》。

校讎通義校注卷一

敘曰：校讎之義，〔一〕蓋自劉向父子部次條別，〔二〕將以辨章學術，考鏡源流；非深明於道術精微、群言得失之故者，不足與此。〔三〕後世部次甲乙，紀錄經史者，〔四〕代有其人，而求能推闡大義，條別學術異同，使人由委溯源，以想見於墳籍之初者，〔五〕千百之中，不十一焉。鄭樵生千載而後，〔六〕慨然有會於向、歆討論之旨，因取歷朝著錄，略其魚魯豕亥之細，〔七〕而特以部次條別，疏通倫類，考其得失之故而爲之校讎。〔八〕蓋自石渠天祿以還，〔九〕學者所未嘗窺見者也。顧樵生南宋之世，去古已遠，劉氏所謂《七略》《別錄》之書，〔一〇〕久已失傳，《唐志》尚存《宋志》已逸，嗣是不復見矣。所可推者，獨班固《藝文》一志。而樵書首譏班固，凡所推論，有涉於班氏之業者，皆過爲貶駁之辭。〔一一〕蓋自石渠以來，兩家宗旨，自昔殊異，所謂道不同不相爲謀，〔一二〕無足怪也。獨《藝文》爲校讎之所必究，而樵不能平氣以求劉氏之微旨，則於古人大體，終似有所未窺。〔一三〕又其議論過於駿利。隋唐史志，甲乙部目，亦略涉其藩，而未能推闡向、歆術業，以究悉其是非得失之所在。故其自爲《通志》，《藝文》《金石》《圖譜》諸略，牴牾錯出，〔一五〕與其所譏前人著錄之謬，未始徑庭，〔一六〕此不揣本而齊末者之效也。〔一七〕又其

論求書之法，校書之業，[八]既詳且備。然亦未究求書以前，文字如何治察，校書以後，圖籍如何法守；[九]又非專門之精，鉅編鴻製，不能無所疎漏，亦其勢也。凡此皆鄭氏所未遑暇。蓋其涉獵者博，淵源，有所甄別。[二]知言君子，或有取於斯焉。今爲折衷諸家，[二〇]究其源委，作《校讎通義》，總若干篇，[二一]勒成一家，庶於學術

　原道第一
　宗劉第二
　互著第三
　別裁第四
　辨嫌名第五
　補鄭第六
　校讎條理第七
　著録殘逸第八
　藏書第九

〔一〕見《篇卷》注〔九〕。（注引《文史通義》，止著篇名，後準此。）

〔二〕《漢書・楚元王傳》附：「劉向字子政，本名更生，年十二，以父德任爲輦郎。既冠，以行修飭，擢爲諫大夫。宣帝召選名儒俊材，向以通達能文與焉。元帝初，爲宗正，以謀誅許、史、恭、顯，坐廢十餘年。成帝即位，顯等伏辜，召拜爲郎中。數奏封事，遷光祿大夫。上方進於《詩》《書》，觀古文，詔向領校中《五經》祕書。」劉歆，見《原學中》注〔一八〕。

〔三〕辨章，見《和州志氏族表序例中》注〔三〕。《詩・大雅・文王有聲》：「考卜維王。」傳：「考，猶稽也。」《漢書・衞姬傳》：「深說經義，明鏡聖法。」鏡，亦明也。《莊子・天下》：「道術將爲天下裂。」《法言・孝至》：「或問羣言之長，曰，羣言之長，德言也。」宋衷曰：「羣，非一也。」近人孫德謙著《劉向校讎學纂微》，張爾田序之曰：「自來爲校讎者，夥矣，莫高於劉向氏。大哉校讎之學也！非其人博通古今學術，而又審辨乎源流得失，則於一書指意，不能索其奧而詔方來。當漢成世，既命謁者陳農求遺書，向獨爲之檢校，區分類例。今觀所傳《叙錄》，提要鉤玄，往往一二語即洞明流變，有不待詳說而釐然者。至以辨章舊聞，推爲司籍之功。所謂辨章舊聞，蓋不徒鰓鰓於寫官之異同，與夫官私著錄之考訂而已。若但取古今藏本，誋正文字，斯乃始事之所爲，向不如是也。」

〔四〕見《書教中》注〔三五〕。

〔五〕墳謂三墳，見《書教上》注〔三〕。籍，書也。《後漢書・蔡琰傳》：「聞夫人家多墳籍。」

〔六〕見《申鄭》注〔三〕。

〔七〕《抱朴子・遐覽》：「書三寫，魯爲魚，帝成虎。」豕亥，見《和州志輿地圖序例》注〔三〕。

〔八〕鄭樵《通志總序》：「册府之藏，不患無書。讎校之司，未聞見法。欲三館無素餐之人，四庫無蠹魚之簡，千章萬卷，日甚流通，作《校讎略》。」又《校讎略·編次必謹類例論》：「學之不專者，爲書不明也；書之不明者，爲類例之不分也。有專門之書，則有專門之學；有專門之學，則有世守之能。人守其學，學守其書，書守其類。人有存没而學不息，世有變故而書不亡。以今之書，校古之書，百無一存，其故何哉？士卒之亡者，由部伍之法不明也。書籍之亡者，由類例之法不分也。類例分，則百家九流各有條理，雖亡而不能亡也。」

〔九〕見《書教上》注〔一六〕。

〔一〇〕《七略》，見《書教上》注〔一四〕。《別録》，見《言公中》注〔二九〕。

〔一一〕《通志總序》譏《漢書贊》云：「班彪《漢書》不可得而見，所可見者，元成二帝贊耳。凡左氏有『君子曰』者，皆經之新意。《史記》之有『太史公曰』者，皆史之外事，不爲褒貶也。間有及褒貶者，褚先生之徒雜之耳。且紀傳之中，既載善惡，足爲鑑戒，何必紀傳之後，更加褒貶？此乃諸生決科之文，安可施於著述！後世史家，或謂之論，或謂之序，或謂之詮，或謂之評，皆效班固，曰有贊詞。」按贊有明助二義也。鄭氏誤以贊爲贊美之義，故不覺其言之過當耳。又《校讎略》於班氏所駁諸條，盡之，此明之義也。見後注引。

〔三〕章氏《釋通》:「梁武帝以遷、固而下,斷代爲書,於是上起三皇,下訖梁代,撰爲《通史》一編,欲以包羅衆史,史籍標通,此濫觴也。嗣是而後,源流漸別,總今古之學術,而紀傳一規乎史遷,鄭樵《通志》作焉。」《史通·六家》:「如《漢書》者,究西都之首末,窮劉氏之廢興,包舉一代,撰成一書,言皆精練,事甚該密。故學者尋討,易爲其功,自爾迄今,無改斯道。」

〔一三〕見《論語·衞靈公》。

〔一四〕古人大體,語本《莊子·天下》。章氏《信摭》:「校讎之學,自劉氏父子淵源流別,最爲推見古人大體,而校訂字句,則其小焉者也。絕學不傳,千載而後,鄭樵始有窺見,特著《校讎》之略,而未盡其奧,人亦無由知之。世之論校讎者,惟爭辯行墨字句之間,不復知有淵源流別矣。」(劉刻《遺書》外編一)

〔一五〕按《通志》二十略中,《藝文略》分門太繁,舛誤尤多;《金石略》所載,時與《器服略》複出,而無石經;《圖譜略》所收,時與經部史部所收圖譜相出入;而《地動圖》《瑞應翎毛圖》《文翁學堂圖》等,俱載《藝文略》中,而不入《圖譜》:此所謂牴牾錯出者也。

〔一六〕見《和州志輿地圖序例》注〔九〕。

〔一七〕見《說林》注〔五三〕。

〔一八〕鄭氏論求書之法,見《和州志藝文書序例》注〔六八〕。《通志·校讎略·校書久任論》:「司馬遷世爲史官,劉向父子校讎天祿,虞世南、顏師古相繼爲祕書監,令狐德棻三當修史之任,孔穎達一生不離學

〔九〕校之官,若欲圖書之備,文物之興,則校讎之官,豈可不久其任哉?

〔一〇〕見《和州志藝文書序例》注〔一〇〕。

〔一一〕見《易教下》注〔五〇〕。

〔一二〕按《校讎通義》撰於乾隆四十四年,初爲四卷,後二年遊汴,遇盜失去,幸前三卷有友人鈔存本可據,(《跋酉冬戌春志餘草》)即此十八篇,是也。(劉刻《章氏遺書》以原刊三卷爲內篇,別取諸論及校讎之文爲外篇一卷。)金君毓黻曰:「校讎之學,爲治書而生者也。先章氏爲此學者,有明人胡應麟之《經籍會通》《四部正譌》。《經籍會通》四卷,一曰源流,二曰類別,三曰遺軼,四曰見聞,篇章略具,亦《校讎通義》之先聲也。」(《中國史學史》第八章)

〔一三〕章氏《論修史籍考要略》:「校讎之學,與著錄相表裏,校讎類例不清,著錄終無原委。舊例以二十一家之言同列爲正史,其實類例不清。馬遷,乃通史也,梁武《通史》、鄭樵《通志》之例屬之。班固斷代專門之書也,華、謝、范、陳諸家屬之。陳志,分國之書也,《十六國春秋》《九國志》之類屬之。《晉書》《唐書》,集衆官修之書也,宋、遼、金、《南北史》,斷取數代之書也,歐、薛《五代》諸史屬之。家法明,庶幾條理可貫,而究史學者可溯源流矣。」(劉刻《遺書》卷十三)近人張爾田曰:「自來治班志者多矣,在宋則有王伯厚、鄭漁仲兩家,王但詳於考古,於史無裨。鄭亦惟論其編次之當否而已。至近代章實齋始寤及官師合一之旨,其所著《校讎通義》,廣業甄微,傑然知言之選。」(孫德謙《漢書藝文志舉例序》)姚振宗《漢書藝文志條理》:「按章氏之書,大旨以官師法守之

说，欲使古今典籍，溯其根源而悉從其類。其例謂之重複互著，裁篇別出。如謂《易》部《古五子》，當互見術數之五行類，《災異孟氏京房》，當互見術數之雜占類，《書》部劉向許商《五行傳記》，當互見五行，《禮》部《中庸説》，當互見儒家，《樂》部《雅歌詩》，當互見《詩》部，《春秋》董仲舒《治獄》，當互見法家，此重複互著之法也。謂《書》之《無逸》，《詩》之《豳風》，《大戴記》之《夏小正》，《小戴記》之《月令》，《爾雅》之《釋草》，《管子》之《牧民》，《吕氏春秋》之《任地》諸篇，俱當冠於農家之首，此裁篇別出之法也。又謂儒家之《周政》《周法》附之《禮經》，《高祖傳》《孝文傳》《鹽鐵論》附《尚書》，《虞氏》《吕氏春秋》《于長天下忠臣》劉向《新序》《説苑》《世説》《列女傳頌圖》附《春秋》，其意蓋欲於簿録之中，兼用類書之體；使其自著一書，則發凡起例，無所不可。若以例班氏之志，則支離破碎，多見其煩瑣無當者矣。」

叙

原道第一

古無文字。結繩之治,易之書契,聖人明其用曰:「百官以治,萬民以察。」[一]夫爲治爲察,所以宣幽隱而達形名,蓋不得已而爲之,其用足以若是焉斯已矣。理大物博,不可殫也,聖人爲之立官分守,[二]而文字亦從而紀焉。有官斯有法,故法具於官;有法斯有書,故官守其書;有書斯有學,故師傳其學;有學斯有業,故弟子習其業。官守學業皆出於一,[三]而天下以同文爲治,[四]故私門無著述文字。私門無著述文字,則官守之分職,即群書之部次,不復別有著錄之法也。

右一之一

後世文字,必溯源於六藝。[五]六藝非孔氏之書,乃《周官》之舊典也。[六]《易》掌太卜,《書》藏外史,《禮》在宗伯,《樂》隸司樂,《詩》領於太師,《春秋》存乎國史。[七]夫子自謂述而不作,[八]明乎官司失守,而師弟子之傳業,於是判焉。[九]秦人禁偶語《詩》《書》,而云「欲學法令者,以吏爲師」。[一〇]其棄《詩》《書》,非也。其曰「以吏爲師」,則猶官守學業合一之謂也。由秦人以吏爲師之言,想見三代盛時,《禮》以宗伯爲師,《樂》以司樂爲師,《詩》以太師爲

師，《書》以外史爲師；三《易》《春秋》，亦若是則已矣。又安有私門之著述哉？

右一之二

劉歆《七略》，班固刪其輯略而存其六。顏師古曰：「輯略謂諸書之總要。」〔二〕蓋劉氏討論群書之旨也。此最爲明道之要，惜乎其文不傳；今可見者，唯總計部目之後，條辨流別數語耳。〔三〕即此數語窺之，劉歆蓋深明乎古人官師合一之道，而有以知乎私門初無著述之故也。何則？其敘六藝而後，次及諸子百家，必云某家者流，蓋出古者某官之掌，其流而爲某氏之學，失而爲某氏之弊。〔三〕其云某官之掌，即法具於官，官守其書之義也。其云流而爲某家之學，即官司失職，而師弟傳業之義也。其云失而爲某氏之弊，即孟子所謂「生心發政，作政害事」〔二四〕辨而別之，蓋欲庶幾於知言之學者也。〔一五〕由劉氏之旨，以博求古今之載籍，則著錄部次，辨章流別，將以折衷六藝，〔一六〕宣明大道，不徒爲甲乙紀數之需，亦已明矣。

右一之三

〔一〕見《詩教上》注〔六七〕。

原道第一

一〇九

〔二〕《说文》:「官,吏事君也。」又:「守,守官也。从宀,官府也。从寸,法度也。」《周禮·天官》疏:「上古以雲鳥紀官,六官之號,見於唐虞。堯有重黎之後,羲氏和氏之子,使掌舊職天地之官。其時官名蓋曰稷曰司徒,是天官稷也,地官司徒也。又分命仲叔,使掌四時之官,春爲秩宗,夏爲司馬,秋爲士,冬爲共工。共工,冬官也。合稷與司徒,是六官之名見也。夏之官百有二十,公卿大夫元士具列其數。殷之官二百四十,至周三百六十而大備。」

〔三〕《莊子·天下》:「古之所謂道術者,果惡乎在?曰:無乎不在。其明而在數度者,舊法世傳之史,尚多有之。其在於《詩》《書》《禮》《樂》者,鄒魯之士,搢紳先生多能明之。」王國維《釋史》曰:「史之本義,爲持書之人,即爲掌書之官,引申爲大官庶官之稱,又引申爲職事之稱。故吏事二字,皆從史取義。而史吏事三字,古可互通。(古之官名,多由史出。殷周間,王室報政之官,經傳作卿士,而《毛公鼎》《小子師敦》《番生敦》《殷虚卜辭》作卿事,《殷虚卜辭》則稱御事,是卿事亦名史也。又天子諸侯之執政,通稱御事,而《殷虚卜辭》謂之三事,《書·甘誓》謂之六事;司徒、司馬、司空,《詩·小雅》謂之三事,《左氏》成二年傳謂之大匡《逸周·大匡》篇謂之三吏,此皆大官之稱。持書者謂之史,治人者謂之吏,即稱史者也。)其後三者各需專字,於是此三字於小篆中截然有別,而《詩》《書》古文,不甚區別也。」(《觀堂集林》卷六)是蓋出於秦漢之際,而古之道術,惟在官之卿士大夫得世守之。欲學者,必以官吏爲師,《曲禮》所謂「宦學事師」是已。《漢書·藝文志》本劉氏《七略》之說,謂某家者

〔四〕同文,見《詩教上》注〔六八〕。

〔五〕《漢書‧藝文志》注:「六藝,六經也。」

〔六〕《舊典,原道上》《漢志六藝第十三》均作周公舊典。按《隋書‧經籍志》:「文王作卦辭,周公作爻辭。鄭玄《詩譜序》:「周公致太平,制禮作樂,而頌聲興。」《書序》以《大誥》《嘉禾》《康誥》《酒誥》《梓材》《多士》《無逸》《君奭》《將蒲姑》《多方》皆周公作。《左傳》文十八年:「先君周公制《周禮》。」《尚書大傳》:「周公攝政六年,制禮作樂。」杜預《春秋序》:「韓子所見《易象》與魯《春秋》」,蓋周之舊典禮經也。仲尼因策書成文,而志其典禮,上以遵周公之遺制,下以明將來之法。」是《易》《詩》《書》《禮》《樂》《春秋》皆周公之舊典也。

〔七〕見《原道中》注〔二三〕至注〔二八〕。惟司樂,《原道中》作司成。司成,乃掌教之官,作樂是《周禮‧春官》:「大司樂以樂德教國子,中和祇庸孝友。以樂語教國子,興道諷誦言語。以樂舞教國子,舞《雲門》《大卷》《大咸》《大磬》《大夏》《大濩》《大武》。以六律六同五聲八音六舞大合樂,以致鬼神示,以和邦國,以諧萬民,以安賓客,以說遠人,以作動物。」此所謂樂隸司樂也。

〔八〕《論語‧述而》:「子曰,述而不作,信而好古,竊比於我老彭。」《集解》引包咸曰:「老彭,殷賢大夫,好述古事。我若老彭,但述之耳。」龔自珍《六經正名》:「孔子之未生,天下有六經久矣。莊周《天運》篇曰:『孔子曰,某以六經奸七十君而不用。』記曰:『孔子曰:入其國,其教可知也。』有《易》

《書》《詩》《禮》《樂》《春秋》之教。孔子所觀《易》《書》《詩》《禮》，即漢世出於淹中五十六篇。孔子所謂《春秋》，周室所藏百二十國寶書，是也。是故孔子所見《禮》，不作。」

〔九〕《原道中》：「其後治學既分，不能合一，天也。官司守一時之掌故，經師傳授受之章句，亦事之出於不得不然者也。」

〔一〇〕見《詩教下》注〔三〕。

〔一一〕《七略》，見《書教上》注〔四〕。《漢志》師古注：「輯與集同，謂諸書之總要。」《舊唐書·顏籀傳》：「籀字師古，齊黃門郎之推孫也。少傳家業，武德初，爲秦王府記室，遷中書舍人。」《新唐書·儒學傳》：「太宗嘗歎《五經》去聖遠，傳習寖訛，詔師古於祕書省考定，多所釐正。帝因頒所定書於天下，學者賴之。又爲太子承乾注班固《漢書》，上之，時人謂爲孟堅忠臣。遷祕書監，弘文館學士。十九年，從征遼，道病卒，年六十五。」

〔一二〕《國故論衡·論式》：「惜乎！劉歆《七略》，其六錄於《漢志》，而《輯略》俄空焉。不然，歆之謹審權量，斯有倫有脊者也。」姚振宗《漢書藝文志條理》：「按條辨流別數語，即《輯略》之文，班氏散附於諸篇之後者。何以明之？《七略》本於《別錄》，今考荀悅《漢紀》，成帝三年，劉向典校經傳，考集異同云：『名家者流，蓋出於禮官。名位不同，禮亦異數，故正名也。』又《史記·太史公自序·索隱》引劉向《別錄》云：『名家者流，出於禮官。古者，名位不同，禮亦異數。孔子曰：必也正名乎。』

〔一三〕此兩處所引，並與本志名家篇敘相同。知班氏取《輯略》之文，次之於此，而《七略》取《別錄》之文，著於《輯略》者也。蓋《別錄》首一篇，亦有《輯略》，故名《七略別錄》。《隋志》：「《七略別錄》二十卷，劉向撰。」劉歆刪取其要，每略各爲一卷，故《隋志》又云：「《七略》七卷，劉歆撰。」方之《四庫全書》，《別錄》則《總目提要》，《七略》則《簡明目錄》也。

〔一四〕見《原學中》注〔一九〕。

〔一五〕見《質性》注〔五〕。

〔一六〕《孟子‧公孫丑上》：「敢問夫子惡乎長？曰：『我知言。』」朱注：「知言者，盡心知性，於凡天下之言，無不有以究極其理，而識其是非得失之所以然也。」

見《易教下》注〔五〇〕。衷，通作中。《漢書‧貢禹傳》：「微夫子之言，則無所折中。」

原道第一

一二三

宗劉第二〔一〕

《七略》之流而爲四部,〔三〕如篆隸之流而爲行楷,〔三〕皆勢之所不容已者也。史部日繁,不能悉隸以《春秋》家學,〔四〕四部之不能返《七略》者一。名墨諸家,後世不復有其支別,〔五〕四部之不能返《七略》者二。文集熾盛,不能定百家九流之名目,〔六〕四部之不能返《七略》者三。鈔輯之體,既非叢書,又類書,〔七〕四部之不能返《七略》者四。評點詩文,亦有似別集而實非別集,似總集而又非總集者,〔八〕四部之不能返《七略》者五。凡一切古無今有、古有今無之書,其勢判如霄壤,又安得執《七略》之成法,以部次近日之文章乎?〔九〕然家法不明,〔一〇〕著作之所以日下也;部次不精,學術之所以日散也。就四部之成法,而能討論流別,以使之恍然於古人官師合一之故,則文章之病,可以稍救;〔一一〕而《七略》之要旨,其亦可以有補於古人矣。

右二之一

二十三史,〔一二〕皆《春秋》家學也。本紀爲經,而志表傳錄,亦如左氏傳例之與爲終始發明耳。〔一三〕故劉歆次《太史公》百三十篇於《春秋》之後,〔一四〕而班固叙例亦云,作春秋考紀十二

篇,明乎其繼《春秋》而作也。[一五]他如儀注乃《儀禮》之支流,[一六]職官乃《周官》之族屬,[一七]則史而經矣。譜牒通於曆數,[一八]記傳合乎小說,[一九]則史而子矣。凡此類者,即於史部叙録,申明其旨,可使六藝不為虛器,而諸子得其統宗,則《春秋》家學,雖謂今日不泯可也。

右二之二

名家者流,後世不傳。得辨名正物之意,[二〇]則顏氏《匡謬》、丘氏《兼明》之類,[二一]經解中有名家矣。墨家者流,自漢無傳。得尚儉兼愛之意,[二二]則老氏貴嗇,[二三]釋氏普度之類,[二四]二氏中有墨家矣。討論作述宗旨,不可不知其流別者也。

右二之三

漢、魏、六朝著述,略有專門之意。至唐宋詩文之集,則浩如煙海矣。今即世俗所謂唐宋大家之集論之,如韓愈之儒家,柳宗元之名家,蘇洵之兵家,蘇軾之縱橫家,王安石之法家,皆以生平所得,見於文字,旨無旁出,即古人之所以自成一子者也。[二五]其體既謂之集,自不得強列以諸子部次矣。因集部之目録,而推論其要旨,以見古人所謂言有物而行有恒者,[二六]編於叙録之下,則一切無實之華言,牽率之文集,亦可因是而治之。庶幾辨章學術之一端矣。

類書自不可稱爲一子，隋唐以來之編次，皆非也。如《文獻通考》之類，[二八]當附史部故事之後；其無源委者，如《藝文類聚》之類，[二九]當附集部總集之後；總不得與子部相混淆。或擇其近似者，附其説於雜家之後，可矣。

右二之四

鈔書始於葛稚川。[三〇]然其體未雜，後人易識別也。故《宋志》藝文史部，創爲史鈔一條，[三一]亦不得已也。嗣後學術，日趨苟簡，無論治經業史，皆有簡約鈔撮之工；其始不過便一時之記憶，初非有意留青；[三二]後乃父子授受，師弟傳習，流別既廣，巧法滋多；其書既不能悉畀丙丁；[三三]惟有強編甲乙；弊至近日流傳之殘本《説郛》而極矣。[三四]其書有經有史，其文或墨或儒，若還其部次，則篇目不全；若自爲一書，則義類難附。凡若此者，當自立書鈔名目，附之史鈔之後，可矣。

右二之五

右二之六

評點之書，其源亦始鍾氏《詩品》，[三五]劉氏《文心》。[三六]然彼則有評無點；且自出心裁，發揮道妙；又且離詩與文，而別自爲書，信哉其能成一家言矣。自學者因陋就簡，即古人之詩文，而漫爲點識批評，庶幾便於揣摩誦習。而後人嗣起，囿於見聞，不能自具心裁，深窺古人全體，作者精微，以致相習成風，幾忘其爲尚有本書者，末流之弊，至此極矣。然其書具在，亦不得而盡廢之也。且如《史記》百三十篇，正史已登於錄矣。明茅坤、歸有光輩，復加點識批評，[三七]是所重不在百三十篇，而在點識批評矣，豈可復歸正史類乎？謝枋得之《檀弓》，[三八]蘇洵之《孟子》，[三九]孫鑛之《毛詩》，[四〇]豈可復歸經部乎？凡若此者，皆是論文之末流，品藻之下乘，[四一]豈復有通經習史之意乎？編書至此，不必更問經史部次，子集偏全，約略篇章，附於文史評之下，庶乎不失論辨流別之義耳。

右二之七

凡四部之所以不能復《七略》者，不出以上所云；然則四部之與《七略》，亦勢之不容兩立者也。《七略》之古法終不可復；而四部之體質又不可改，則四部之中，附以辨章流別之義，以

見文字之必有源委,亦治書之要法。而鄭樵顧刪去《崇文》叙錄,[四二]乃使觀者如閱甲乙簿注,而更不識其討論流別之義焉,烏乎可哉?

右二之八

﹝一﹞張爾田《劉向校讎學纂微序》:「實齋之書,折衷諸家,究極源委,有見於官師合一,是其所長。其爲《校讎通義》也,特著《宗劉》一篇,以示學者趨向,可謂有功於向者中略附便章之義,如斯而已。至於向之所以爲學,不特語焉未詳,亦且蓄焉而未發,抑其疏矣。」

﹝二﹞見《文集》注[一五]。

﹝三﹞許慎《說文叙》:「宣王太史籀著《大篆》十五篇,與古文或異。秦丞相李斯作《倉頡篇》,中車府令趙高作《爰歷篇》,太史令胡母敬作《博學篇》,皆取史籀大篆,或頗省改,所謂小篆者也。是時秦燒滅經書,滌除舊典,大發吏卒,興成役,官獄職務繁,初有隸書,(下杜人程邈所作)以趣約易,而古文由此絕矣。」後漢王次仲始以隸字作楷法。魏鍾繇《賀克捷表》,備盡法度,爲正書之祖。後漢劉德昇即正書簡省,相間流行,始造行書。《夢溪筆談》十七:「古文自變隸,其法已錯亂,後轉爲楷字,愈益訛舛,殆不可考。」

﹝四﹞阮孝緒《七錄序目》:「劉氏之世,史書甚寡,附見《春秋》,誠得其例。」馬端臨《文獻通考‧經籍考》

〔五〕史部《總序》：「班孟堅《藝文志》無史類，以《世本》以下諸書，附於六藝《春秋》之後。蓋《春秋》即古史，而春秋之後，唯秦漢之事，卷帙不多，故不必特立史部。」按《漢志·六藝略》著錄《國語》《新國語》《世本》《戰國策》《奏事》《楚漢春秋》《太史公》馮商所《續太史公》《太古以來年紀》《漢著記》《漢大年紀》等於《春秋》家。晉《中經》以下，經史分錄。

〔六〕《四庫簡明目錄》叙《墨子》書曰：「其說爲孟子所闢，不行於世，然其書則歷代著錄，列爲九流之一。」按《莊子·天下》論墨子曰：「其生也勤，其死也薄，其道大觳，使人憂，使人悲，其行難爲也。恐其不可以爲聖人之道，反天下之心，天下不堪。墨子雖獨能任，奈天下何！」又論惠施曰：「徧爲萬物說，說而不休，多而無已，猶以爲寡，益之以怪，以反人爲實，而欲以勝人爲名，是以與衆不適也。」又論桓團、公孫龍辯者之徒曰：「飾人之心，易人之意，能勝人之口，不能服人之心，辯者之囿也。」公孫龍、惠子由名理而流於詭辯，其所持論，常與衆人之心理不相適合。此名墨二家，所以後世無傳歟？

〔七〕說詳《文集》及《和州志藝文書序例》。

〔八〕鈔輯古書，昉於晉葛洪，見下文。宋寧宗時，太學生俞鼎孫集《石林燕語辨》七種，刊爲《儒學警悟》四十卷，爲叢書所昉。類書，見《文集》注〔一八〕。

曾國藩《經史百家簡編序》：「梁氏劉勰、鍾嶸之徒，品藻詩文，褒貶前哲，其後或以丹黃識別高下，於是有評點之學。」《和州志藝文書序例》：「會心不足，求之文貌，指摘句調工拙，品節宮商抑揚。

俗師小儒，奉爲模楷，裁節經傳，摘比詞章，一例丹鉛，謂之評選。」別集、總集，見《書教中》注[四三]。

〔九〕許慎《説文叙》：「分別部居，不相雜廁。」此部次之義也。按《和州志藝文書序例》，主復《七略》之説，義有未安，此説已自修正。

〔一〇〕見《和州志藝文書序例》注[一二]。

〔一一〕《和州志藝文書序例》：「夫集體雖曰繁賾，要當先定作集之人。人之性情，必有所近。得其性情本趣，則詩賦之所寄託，論辨之所引喻，紀叙之所宗尚，撥其大旨，略其枝葉，古人所謂一家之言，如儒、墨、名、法之中，必有得其流別者矣。存錄其文集本名，論次其源流所自，附其目於劉氏部次之後，而別白其至與不至焉，以爲後學辨途之津逮，則尼言無所附麗，文集之弊，可以稍歇。庶幾言有物而行有恒，將由《七略》專家，而窺六典遺則乎！」

〔一二〕見《答客問上》注[一〇]。

〔一三〕見《經解下》注[三]。

〔一四〕見《永清縣志文徵序例》注[四九]。

〔一五〕見《永清縣志恩澤紀序例》注[一七]。

〔一六〕《隋志》史部儀注序：「儀注之興，久矣。自君臣父子，六親九族，各有上下親疏之別。養生送死，弔恤慶賀，則有進止威儀之數。唐虞以上，分之爲三，在周因而爲五，《周官》宗伯所掌，吉、凶、賓、軍、嘉，以佐王安邦國，親萬民，而太史執書以協事之類，是也。」

〔一七〕《隋志》史部職官序：「古之仕者，名書於所臣之策，各有分職，以相統治。《周官》家宰掌建邦之六典，而御史數凡從政者。然則家宰總六卿之屬，以治其政，御史掌其在位名數，先後之次焉。今《漢書·百官表》列衆職之事，記在位之次，蓋亦古之制也。」

〔一八〕《漢志·數術略》有曆譜十八家。

〔一九〕《隋志》史部記傳序：「魏文帝作《列異》以序鬼物奇怪之事，嵇康作《高士傳》以叙聖賢之風，因其事類，相繼而作者甚衆，名目轉廣，而又雜以虛誕怪妄之說，推其本源，蓋亦史官之末事也。」

〔二〇〕《易·繫辭下》：「開而當名，辨物正言，斷辭則備矣。」《正義》：「開而當名者，謂開釋爻卦之義，使各當所象之名，若乾卦當龍，坤卦當馬也。辨物正言者，謂辨天下之物，各以類正言之，若辨健物，正言其龍，若辨順物，正言其馬也。」魯勝《墨辯注叙》：「名者，所以別同異，明是非，道義之門，政化之準繩也。」(《晉書·隱逸傳》)

〔二一〕並見《釋通》注〔九〕。

〔二二〕《史記·孟子荀卿列傳》：「蓋墨翟，宋之大夫，善守禦，爲節用。」又《太史公自序》：「墨者儉而難遵。」《孟子·盡心上》：「墨子兼愛，摩頂放踵，利天下爲之。」《莊子·天下》：「墨子泛愛兼利而非鬭，其道不怒。」

〔二三〕《老子》第五十一章：「治人事天莫若嗇。」蘇轍曰：「嗇者，有而不用也。」

〔二四〕梵語，菩提薩埵，簡稱菩薩。菩提者，覺之義。薩埵者，衆生之義。謂既能自覺本性，又能普度衆生

〔二五〕劉師培《論文雜記》：「古人學術，各有專門，故發爲文章，亦復旨無旁出，成一家言，與諸子同。試即唐宋之文言之。韓、李之文，正誼明道，排斥異端，歐、曾繼之，以文載道，儒家之文也。子厚之文，善言事物之情，出以形容之詞，而知人論世，復能探源立論，核覈刻深，名家之文也。明允之文，最喜論兵，謀深慮遠，排兀雄奇，兵家之文也。子瞻之文，以粲花之舌，運捭闔之詞，往復卷舒，一如意中所欲出，而屬詞比事，翻空易奇，縱橫家之文也。介甫之文，侈言法制，因時制宜，而文辭奇峭，推闡入深，法家之文也。立言不朽，此之謂歟！」此引申章說，而言之較著明焉。

〔二六〕見《質性》注〔九〕。

〔二七〕《隋志》將《皇覽》《類苑》諸類書人於雜家類。新舊《唐志》則於子錄獨闢類書一目。

〔二八〕見《申鄭》注〔一八〕。

〔二九〕《舊唐書‧經籍志》丙部類事：「《藝文類聚》一百卷，歐陽詢等撰。」《書錄解題》：「按《唐志》令狐德棻、趙宏智等同修。其所載詩文賦頌之屬，多今世所無之文集。」《四庫簡明目錄》類書類：「中有蘇味道、李嶠、宋之問、沈佺期詩，皆後人竄入也。凡四十八門，以事實居前，詩文列後，在諸類書中，體例最善。」

〔三〇〕葛洪《史鈔》，見《文集》注〔二〕。

〔三一〕《宋史‧藝文志》史部史鈔類，著錄七十四部，一千三百二十四卷。

《無量壽經》：「惟餘阿彌陀佛四字，普度眾生。」也。

〔三三〕見《和州志藝文書序例》注〔二八〕。

〔三四〕見《篇卷》注〔一六〕。

〔三五〕見《文理》注〔三七〕。

〔三六〕見《文德》注〔三〕。

〔三七〕《明史·文苑傳》：「茅坤字順甫，號鹿門，歸安人。嘉靖十七年進士，累官廣西兵備僉事，遷大名兵備副使，爲忌者所中，落職。年九十，卒於萬曆二十九年。坤善古文，所選《唐宋八大家文鈔》，盛行海內。」有茅鹿門《史記評鈔》。歸氏《評點史記》，見《文理》注〔二〕及注〔三〕。

〔三八〕《宋史·謝枋得傳》：「枋得字君直，信州弋陽人也。寶祐中舉進士乙科。德祐初，元兵東下，枋得知信州，以兵逆之，敗。變姓名，入建寧唐石山。天下既定，遂居閩中。至元二十五年，福建行省參政魏天祐，見時方以求才爲急，欲薦枋得以爲功，強之而北，明年四月至京師，不食而死。」《批點檀弓》二卷，舊題宋謝枋得撰。

〔三九〕《宋史·文苑傳》：「蘇洵字明允，眉州眉山人。年二十七，始發憤爲學。至和、嘉祐間，與其二子軾、轍至京師。翰林學士歐陽修上其所著書二十二篇，既出，士大夫爭傳之。除祕書省校書郎，旋與姚闢同修禮書，爲《太常因革禮》一百卷。書成，方奏，未報，卒。贈光祿寺丞。有《文集》二十卷。」《蘇批孟子》二卷，舊題宋蘇洵評。

〔四〇〕孫鑛字文融，號月峰，萬曆會試第一，爲文選郎中，累進兵部侍郎，加右都御史，代顧養謙經略朝鮮還，遷南兵部尚書。時採鑛使橫出，妖人噪衆爲亂，鑛請以重典治之，被劾，乞歸。著有《孫月峰評經》。

〔四一〕《法言·重黎》：「或問《周官》？曰立事。《左氏》？曰品藻。」陳琳《爲曹洪與魏文帝書》：「襲之者，固以爲園囿之凡鳥，外廄之下乘也。」下乘，駑馬也。

〔四二〕鄭樵，見《申鄭》注〔三〕。《通志·校讎略·泛釋無義論》：「《崇文總目》出新意，每書之下，必著説焉。據標類自見，何必更爲之説？且爲之説也，已自繁矣，何用一一説焉？或與前書不殊者，則強爲之説，使人意怠。」《崇文總目》，見《篇卷》注〔二〇〕。《書錄解題》：「案晁公武《讀書志》，是書刊正訛謬，條次之，凡四十六類，計三萬六百六十九卷。《通考》作《總目》六十四卷。此云一卷者，或因鄭漁仲之言，以排比諸儒，每書之下，必出新意著説，嫌其繁蕪無用，故紹興中從而去其序釋，僅存其目也。」然錢大昕云：「朱錫鬯跋是書，謂因鄭漁仲之言，紹興中從而去其注釋。今考《續宋會要》載紹興十二年十二月，權發遣盱眙軍向子堅言：『乞下本省以《唐藝文志》及《崇文總目》所闕之書，注闕字於其下，付諸州軍，照應搜訪。』是今所傳者，即紹興中頒下諸州軍搜訪之本，有目無釋，取其便於尋檢耳。豈因漁仲之言而有意刪之哉？且漁仲以薦入官，在紹興之末，未登館閣，旋即物故，名位卑下，未能傾動一時。若紹興十二年，漁仲一閩中布衣耳，誰復傳其言者？朱氏一時揣度，未及研究歲月，聊爲辨正，以解後來之惑。」（《十駕齋養新録》卷十四）據此知刪去敘録，初非關於鄭氏之説也。

互著第三

古人著錄，不徒爲甲乙部次計。如徒爲甲乙部次計，則一掌故令史足矣。[一]何用父子世業，閱年二紀，僅乃卒業乎？[二]蓋部次流別，申明大道，敘列九流百氏之學，使之繩貫珠聯，無少缺逸；欲人即類求書，因書究學。至理有互通，書有兩用者，未嘗不兼收並載，初不以重複爲嫌，其於甲乙部次之下，但加互注，以便稽檢而已。古人最重家學。[三]敘列一家之書，凡有涉此一家之學者，無不窮源至委，竟別其流，[四]所謂著作之標準，群言之折衷也。[五]如避重複而不載，則一書本有兩用而僅登一錄，於本書之體，既有所不全；一家本有是書而缺而不載，於一家之學，亦有所不備矣。

右三之一

劉歆《七略》亡矣，其義例之可見者，班固《藝文志》注而已。班固自注，非顔注也。《七略》於兵書權謀家有《伊尹》《太公》《管子》《荀卿子》《鶡冠子》《蘇子》《蒯通》《陸賈》《淮南王》九家之書，[六]而儒家復有《荀卿子》《陸賈》二家之書，[七]道家復有《伊尹》《太公》《管子》《鶡冠子》四家之書，[八]縱橫家復有《蘇子》《蒯通》二家之書，[九]雜家復有《淮南

《王》一家之書。[一〇]兵書技巧家有《墨子》,而墨家復有《墨子》之書。[一一]惜此外之重複互見者,不盡見於著錄,容有散逸失傳之文。然即此十家之一書兩載,則古人之申明流別,獨重家學,而不避重複著錄,明矣。自班固併省部次,而後人不復知有家法,乃始以著錄之業,專爲甲乙部次之需爾。鄭樵能譏班固之胸無倫次,[一三]而不能申明劉氏之家法,[一三]以故《校讎》一略,工詞古人而拙於自用;即矛陷盾,[一四]樵又無詞以自解也。

右三之二

著錄之創爲《金石》《圖譜》二略,與《藝文》並列而爲三,自鄭樵始也。[一五]就三略而論之,如《藝文》經部有三字石經、一字石經、今字石經、《易》篆石經、鄭玄《尚書》之屬凡若干種,[一六]而《金石》中無石經;豈可特著金石一略,而無石經乎?諸經史部內所收圖譜,與《圖譜》中互相出入,全無牴牾。以謂鉅編鴻製,不免牴牾,抑亦可矣。如《藝文》傳記中之祥異一條,所有地動圖、瑞應翎毛圖之類,名士一條之文翁學堂圖、忠烈一條之忠烈圖等類,俱詳載《藝文》而不入圖譜,[一七]此何説也?蓋不知重複互注之法,則遇兩歧牽掣之處,自不覺其牴牾錯雜,百弊叢生;非特不能希蹤古人,即僅求寡過,亦已難矣。

右三之三

若就書之易淆者言之,經部《易》家與子部之五行陰陽家相出入,樂家與集部之樂府、子部之藝術相出入,小學家之書法與金石之法帖相出入,史部之職官與故事相出入,相部之經解相出入,故事與集部之詔誥奏議相出入,集部之詞曲與史部之小說相出入,子部之儒家與經部之經解相出入,史部之食貨與子部之農家相出入,非特如鄭樵之所謂傳記、雜家、小說、雜史、故事五類,與詩話、文史之二類,易相紊亂已也。[一八]若就書之相資者而論,《爾雅》與《本草》之書相資爲用,地理與兵家之書相資爲用,譜牒與曆律之書相資爲用,不特如鄭樵之所謂性命之書求之道家,小學之書求之釋家,《周易》藏於卜筮,《洪範》藏於五行已也。[一九]書之易混者,非重複互注之法,無以免後學之牴牾;書之相資者,非重複互注之法,無以究古人之源委一隅三反,[二〇]其類蓋亦廣矣。

右三之四

別類叙書,如列人爲傳,重在義類,不重名目也。班、馬列傳家法,人事有兩關者,則詳略互載之。如子貢在《仲尼弟子》爲正傳,其人《貨殖》,則互見也。[二一]《儒林傳》之董仲舒、王

吉、韋賢，既次於經師之篇，而別有專傳。〔二〕蓋以事義標篇，人名離合其間，取其發明而已。部次群書，標目之下，亦不可使其類有所闕，故詳略互載，使後人溯家學者，可以求之無弗得，以是爲著錄之義而已。自列傳互詳之旨不顯，而著錄亦無復有互注之條，以至《元史》之一人兩傳，〔三〕諸史《藝文志》之一書兩出，〔四〕則弊固有所開也。

右三之五

〔一〕掌故，見《書教上》注〔三〕。魏文帝《典論·論文》：「武仲以能屬文爲蘭臺令史，下筆不能自休。」漢時蘭臺尚書皆有令史，主文書以助郎職。

〔二〕見《校讎通義叙》注〔二〕。《書·僞畢命》傳：「十二年曰紀。」按成帝河平三年，向受詔領校祕書，至綏和元年卒，已閱時十九年。翌年哀帝即位，詔歆卒父業，至建平四年，共閱二十四年，不知是否於時卒業也。

〔三〕見《史注》注〔三〕。

〔四〕源委，本作原委。《禮記·學記》：「或原也，或委也。」

〔五〕標準：正則。韓愈《伯夷頌》：「聖人乃萬世之標準。」折衷，見《易教下》注〔五〇〕。

〔六〕《漢書·藝文志·兵書略》權謀家，班固自注：「省《伊尹》《太公》《管子》《孫卿子》《鶡冠子》《蘇

子《䰟通》《陸賈》《淮南王》二百九十五，種。」（劉奉世曰：種當作重。）

〔七〕《漢志·諸子略》儒家類：「《陸賈》二十三篇。」

〔八〕《漢志·諸子略》道家類：「《伊尹》五十一篇。」又：「《太公》二百三十七篇，《謀》八十一篇，《言》七十一篇，《兵》八十五篇。」又：「《鶡冠子》一篇。」

〔九〕《漢志·諸子略》從橫家類：「《蘇子》三十一篇，《䰟子》五篇。」

〔一〇〕《漢志·諸子略》雜家類：「《淮南內》二十一篇，《淮南外》三十三篇。」

〔一一〕《漢志·兵書略》技巧十三家下，班固自注：「省《墨子》，重。」又《諸子略》墨家類：「《墨子》七十一篇。」

〔一二〕見後《鄭樵誤校漢志第十一》注〔一〕。

〔一三〕劉氏《七略》辨章流別，申明家法，故於理有互通，書有兩用者，則兼收並載而互注之，以便稽檢。鄭氏《校讎略》未見及此。

〔一四〕見《和州志前志列傳序例下》注〔三〕。

〔一五〕《通志》有《藝文略》八卷，《圖譜略》一卷，《金石略》一卷。

〔一六〕《通志·藝文略》經部《易》類：「石經《周易》十卷。今字石經《易篆》三卷。一字石經《周易》一卷。」《書》類：「今字石經鄭玄《尚書》八卷。今字石經《尚書》本五卷。一字石經《尚書》六卷。三字石經《尚書》九卷。」《詩》類：「一字石經《魯詩》六卷。今字石經《毛詩》三卷。」《春秋》類：「一字

石經《春秋》一卷。三字石經《左傳古篆書》十二卷。今字石經《左傳經》十卷。一字石經《公羊傳》九卷。」《禮》類：「一字石經《儀禮》九卷。今字石經《儀禮》四卷。」

[一七]《通志·藝文略》史部傳記類祥異條，有《地動圖》一卷，《瑞應翎毛圖》一卷，名士條有《益州文翁學堂圖》一卷；《忠烈》條有《忠烈圖》一卷。

[一八]《通志·校讎略·編次之譌論》：「古今編書所不能分者五，一曰傳記，二曰雜家，三曰小說，四曰雜史，五曰故事。凡此五類之書，足相紊亂。又如文史與詩話，亦能相濫。」

[一九]《通志·校讎略·求書之道論》：「凡性命道德之書，可以求之道家，小學文字之書，可以求之釋氏。如《素履子》《玄真子》《尹子》《鷃子》之類，道家皆有。如《倉頡篇》《龍龕手鑑》郭逡《音訣圖》《字母》之類，釋氏皆有。《周易》之書，多藏於卜筮家。《洪範》之書，多藏於五行家。且如邢璹《周易略例正義》，今道藏有之。京房《周易飛伏例》，卜筮家有之。此之謂旁類以求。」

[二〇]《論語·述而》：「舉一隅不以三隅反，則不復也。」

[二一]《史記·仲尼弟子列傳》：「端木賜，衛人，字子貢，少孔子三十一歲。田常欲作亂於齊，憚高、國、鮑、晏，故移其兵欲以伐魯。子貢請行，一出存魯、亂齊、破吳、彊晉而霸越。常相魯、衛，家累千金，卒終於齊。」又《貨殖傳》：「子貢既學於仲尼，退而仕於衛，廢著鬻財於曹魯之間。七十子之徒，賜最為饒益。原憲不厭糟糠，匿於窮巷。子貢結駟連騎，束帛之幣，以聘享於諸侯，所至，國君無不分庭與之抗禮。夫使孔子名布揚於天下者，子貢先後之也。此所謂得勢而益彰者乎！」

〔二〕《漢書·儒林傳》:「胡母生字子都,齊人也,治《公羊春秋》,爲景帝博士,與董仲舒同業。仲舒著書稱其德。年老,歸教於齊,齊之言《春秋》者,宗事之。公孫弘亦頗受焉。而董生爲江都相,自有傳。」又:「趙子,河內人也,事燕韓生,授同郡蔡誼。誼授同郡食子公與王吉。吉爲昌邑王中尉,自有傳。吉授淄川長孫順。順爲博士。由是《韓詩》有王、食、長孫之學。」又:「韋賢治《詩》,事博士大江公及許生。又治《禮》,至丞相。傳子玄成,以淮陽中尉論石渠,後亦至丞相。玄成及兄子賞以《詩》授哀帝。又治《禮》,至大司馬車騎將軍,自有傳。由是《魯詩》有韋氏學。」《董仲舒傳》在卷五十六,《王吉傳》在卷七十二,《韋賢傳》在卷七十三,此所謂別有專傳也。

〔三〕《日知錄》卷二十六:「《元史》列傳八卷速不台,九卷雪不台,一人作兩傳。十八卷完者都,十九卷完者拔都,亦一人作兩傳。蓋其成書不出於一人之手。」又《養新錄》卷七:「《宋史》程師孟已見列傳第九十卷,而《循吏傳》又有程師孟,兩篇無一字異。又《李光傳》末附其子孟傳事十五言,而又別爲孟傳立傳。李熙靖已見列傳第百十六,而第二百十二忠義附傳又有李熙靖。靖靜同音,實一人也。」則一人兩傳,又不獨《元史》爲然矣。

〔四〕如《唐書·藝文志》史部故事類,錄葛洪《西京雜記》二卷,而地理類復重錄之。

別裁第四

《管子》，道家之言也，劉歆裁其《弟子職》篇入小學。[一]七十子所記百三十一篇，《禮經》所部也；劉歆裁其《三朝記》篇入《論語》。[二]蓋古人著書，有採取成說，襲用故事者。如《弟子職》必非管子自撰，《月令》必非呂不韋自撰，皆所謂採取成說也。其所採之書，別有本旨，或歷時已久，不知所出；又或所著之篇，於全書之內，自爲一類者，並得裁其篇章，補苴部次，[三]別出門類，以辨著述源流；至其全書，篇次具存，無所更易，隸於本類，亦自兩不相妨。蓋權於賓主重輕之間，知其無庸互見者，而始有裁篇別出之法耳。

右四之一

《夏小正》在《戴記》之先，而《大戴記》收之，[四]則小學而入於子矣。然《隋書》未嘗不別出《小爾雅》《小爾雅》在《孔叢子》之外，而《孔叢子》合之，[五]則時令而入於《禮》矣。《論語》，[六]《文獻通考》未嘗不別出《夏小正》以入時令，[七]而《孔叢子》《大戴記》之書，又嘗不兼收而並錄也。然此特後人之幸而偶中，或《爾雅》《小正》之篇，有別出行世之本，故亦從而別載之爾。非真有見於學問流別，而爲之裁制也。不然，何以本篇之下，不標子注，申明

篇第之所自也哉？

右四之二

〔一〕見《和州志藝文書序例》注〔五二〕。按《漢志》，《弟子職》入《孝經》類，此謂入小學，誤。

〔二〕《漢志·六藝略》《禮》類：「記百三十一篇。」班固自注：「七十子後學者所記也。」又《論語》類：「《孔子三朝》七篇。」《別錄》云：「孔子見魯哀公問政，比三朝，退而為此記，故曰《三朝》，凡七篇，立入《大戴禮》。」（《史記·五帝本紀·索隱》引沈欽韓曰：「今《大戴記》《千乘》《四代》《虞戴德》《誥志》《小辯》《用兵》《少閒》。《別錄》云：『孔子三見哀公，作《三朝禮》，今在《大戴記》』，是也。」（《漢書疏證》卷二十四）

〔三〕《新序·刺奢》：「衣敝不補，履決不苴。」補苴，猶彌縫也。韓愈《進學解》：「補苴罅漏，張皇幽眇。」

〔四〕《夏小正》，見《和州志藝文書序例》注〔五九〕。《大戴記》，見《傳記》注〔三〕。

〔五〕《漢志·六藝略》《孝經》類：「《小爾雅》一篇。」見《和州志藝文書序例》注〔五八〕。《孔叢子》始見於《中興書目》。《書錄解題》儒家類：「《孔叢子》七卷，孔氏子孫雜記其先世系言行之書也。《小爾雅》一篇，亦出於此。《中興書目》稱『漢孔鮒撰，一名《盤盂》』。按《孔光傳》夫子八世孫鮒，魏相順之子，『為陳涉博士，死陳下。』則固不得為漢人。而其書紀鮒之沒。第七卷號《連叢子》者，又記太

常藏而下數世,迄於延光三年季彥之卒,則又安得以爲鮒撰?按《儒林傳》所載爲博士者,又曰孔甲,顏注曰:『將名鮒而字甲也。』今考此書稱子魚名鮒,陳人,或謂之子鮒,或稱孔甲,然則顏監未嘗見此書耶?《藝文志》有孔甲《盤盂》二十六篇。本注謂『黃帝史,或曰夏帝孔甲,似皆非也』。其書蓋田蚡所學者,與孔鮒初不相涉也。《中興書目》乃曰一名《盤盂》,不知何據。豈以《漢志》所謂孔甲,即陳王博士之孔甲耶?」《四庫全書總目》著錄三卷。

〔六〕《隋書‧經籍志》經部《論語》類:「《小爾雅》一卷,李軌略解。」

〔七〕《文獻通考‧經籍考》史部時令類:「《夏小正》一卷。」

辨嫌名第五

部次有當重複者,有不當重複者。《漢志》以後,既無互注之例,則著錄之重複,大都不關義類,全是編次之錯謬爾。篇次錯謬之弊有二,(一)一則門類疑似,一書兩名,誤認二家也。(二)一則一書兩入也;(三)一則一書兩入於華也。自漢以後,異名同實,文人稱引,相為弔詭者,(九)蓋不少矣。《白虎通德論》删去德論二字,(十)《風俗通義》删去義字,(十一)《世説新語》删去新語二字,(十二)《淮南鴻烈解》删去鴻烈解而但曰《淮南子》,(十三)《吕氏春秋》有十二紀八覽六論,不稱《吕氏春秋》,而但曰《吕

右五之一

《太史公》百三十篇,今名《史記》。(五)《戰國策》三十三篇,初名《短長語》。(六)《老子》之稱《道德經》,《莊子》之稱《南華經》,(七)《屈原賦》之稱《楚詞》,(八)蓋古人稱名樸,而後人

覽》。[一四]蓋書名本全,而援引者從簡略也。此亦足以疑誤後學者已。鄭樵精於校讎,然《藝文》一略,既有《班昭集》,而復有《曹大家集》[一五]則一人而誤爲二人矣。晁公武善於考據,然《郡齋》一志,[一六]張君房《脞說》,而題爲張唐英,[一七]則二人而誤爲一人矣。此則人名字號之不一,亦開歧誤之端也。然則校書著錄,其一書數名者,必當歷注互名於卷帙之下;一人而有多字號者,亦當歷注其字號於姓名之下,庶乎無嫌名歧出之弊矣。

右五之二

〔一〕王秉恩《校記》:「此承上文言,應從黔本爲編次。」(劉刻《遺書》附錄)

〔二〕見《互著》第三注〔三〕。

〔三〕《通志·藝文略》,既有《班昭集》,復有《曹大家集》。

〔四〕李燾《進續資治通鑑長編表》:「竊聞司馬光之作《資治通鑑》也,先使其僚屬採拾異聞,以年月日爲叢目,叢目既成,乃修長編。」長編者,先搜集史料,按次排列,以爲撰述之資也。

〔五〕《太史公書》,見《釋通》注〔三〕。

〔六〕劉向《戰國策序》:「《國策》或曰國事,或曰短長,或曰事語,或曰長書,或曰修書。臣向以爲戰國時

游士輔所用之策謀，宜爲《戰國策》。其事繼《春秋》以後，訖楚漢之起，二百四十五年間之事，皆定以殺青，書可繕寫，得三十三篇。」

〔七〕見《經解中》注〔八〕及注〔一〇〕。

〔八〕見《文集》注〔二三〕。

〔九〕見《繁稱》注〔二六〕。

〔一〇〕見《釋通》注〔一四〕。

〔一一〕見《釋通》注〔一五〕。

〔一二〕《隋書‧經籍志》子部小說類：「《世說》八卷，宋臨川王劉義慶撰。」《四庫全書總目》：「黃伯思《東觀餘論》，謂《世說》之名，肇於劉向，其書已亡，故義慶所集，名《世說新書》。段成式《酉陽雜俎》引王敦操豆事，尚作《世說新書》，可證。不知何人改爲《新語》，蓋近世所傳，然相沿已久，不能復正矣。」

〔一三〕見《言公上》注〔四〇〕。

〔一四〕《呂氏春秋》，見《言公上》注〔三九〕。《漢書‧司馬遷傳》：「不韋遷蜀，世傳《呂覽》。」蘇林曰：「《呂氏春秋》篇名八覽六論。」

〔一五〕見上注〔三〕。

〔一六〕《宋史‧藝文志》傳記類：「晁公武《讀書志》二十卷。」又，目錄類：「晁公武《讀書志》四卷。」《四庫

全書總目》目錄類:「《郡齋讀書志》四卷,晁公武撰。後志二卷,亦公武所撰,趙希弁重編。附志一卷,則希弁所續輯也。公武字子止,鉅野人,沖之子。官至敷文閣直學士,臨安少尹。始,南陽井(度)憲孟爲四川轉運使,家多藏書,悉舉以贈。公武乃躬自讎校,疏其大略,爲此書。以時方守榮州,故名《郡齋讀書志》。後書散佚而志獨存。淳祐己酉,鄱陽黎安朝守袁州,因令希弁即其家所藏書目,參校,刪其重複,撮所未有,益爲《附志》一卷,而重刻之,是爲袁本。當時二書竝行於世。希弁以衢本所增,乃公武晚年續袁之書,而非所得井氏之舊,因別摘出爲《後志》二卷。又以袁衢二本異同,別爲《考異》一卷,附之編末。蓋原志四卷,爲井氏書,後志二卷,爲晁氏書,竝至南渡而止。附志一卷,則希弁家書,故兼及於慶元以後也。」

[七]《郡齋讀書志》小說類:「《搢紳脞說》二十卷,皇朝張唐英君房撰。」《書錄解題》:「按君房,祥符天禧以前人。楊大年改閑忙令,所謂紫微失卻張君房者,即其人也。嘗爲御史,屬坐鞫獄貶秩,因編修《七籤》,得著作佐郎。《七籤》自言君房,蓋其名非字也。唐英字次功,熙豐間人,丞相商英天覺之兄,作《名臣傳》《蜀檮杌》者,與君房了不相涉。不知晁何以合爲一人也?」盧文弨《群書拾補》所辨正同。

補鄭第六

鄭樵論書，有名亡實不亡，〔一〕其見甚卓。然亦有發言太易者，如云：「鄭玄《三禮目錄》雖亡，可取諸三《禮》。」則今按以《三禮正義》，其援引鄭氏《目錄》，多與劉向篇次不同，〔二〕是當日必有說矣，而今不得見也。豈可曰取之三《禮》乎？又曰：「《十三代史目》雖亡，可取諸十三代史。」〔三〕考《藝文》所載《十三代史目》，有唐宗諫及殷仲茂兩家，〔四〕宗諫之書凡十卷，仲茂之書止三卷，詳略如此不同，其中亦必有說。豈可曰取之十三代史而已乎？其餘所論，多不出此，若求之於古而不得，無可如何，而旁求於今有之書，則可矣。如云古書雖亡而實不亡，談何容易耶？〔五〕

右六之一

若求之於古而不得，無可如何，而求之今有之書，則又有采輯補綴之成法，不特如鄭樵所論已。昔王應麟以《易》學獨傳王弼，《尚書》止存偽《孔傳》，乃采鄭玄《易》注《書》注之見於群書者，爲鄭氏《周易》，鄭氏《尚書》，又以四家之《詩》，獨《毛傳》不亡，乃采三家《詩》說之見於群書者，爲《三家詩考》。〔六〕嗣後好古之士，踵其成法，往往綴輯逸文，搜羅略遍。

今按緯候之書，往往見於《毛詩》《禮記》注疏及《後漢書》注：[七]漢魏雜史，往往見於《三國志》注：[八]摯虞《流別》及《文章志》，往往見於《文選》注：[九]六朝詩文集，多見採於《北堂書鈔》《藝文類聚》：[一〇]唐人載籍，多見採於《太平御覽》《文苑英華》：[一一]一隅三反，充類求之，古逸之可採者多矣。[一二]

右六之二

鄭樵論書，有不足於前朝而足於後世者，以爲《唐志》所得舊書，盡《梁書》卷帙而多於隋，[一三]謂唐人能按王儉《七志》、阮孝緒《七錄》以求之之功，[一四]是則然矣。且如應劭《風俗通義》，劭自序實止十卷，《隋書》亦然，至《唐志》乃有三十卷，[一五]又非有疏解家爲之離析篇第，其書安所得有三倍之多乎？然今世所傳《風俗通義》，乃屬不全之書，[一六]豈可遽以卷帙多寡定書之全不全乎？

右六之三

[一]《通志・校讎略・書有名亡實不亡論》：「書有亡者，有雖亡而不亡者，有不可以不求者，有不可求

者。《文言略例》雖亡,而《周易》具在。漢、魏、吳、晉《鼓吹曲》雖亡,而《樂府》具在。《三禮目錄》雖亡,可取諸三《禮》。《十三代史目錄》雖亡,可取諸十三代史。常鼎寶《文選著作人名目錄》雖亡,可取諸《文選》。孫玉汝《唐列聖實錄》雖亡,可取諸唐實錄。《開元禮目錄》雖亡,可取諸《開元禮》。凡此之類,名雖亡而實不亡者也。」

〔三〕按孔穎達《禮記正義》於每篇之下,引鄭康成《目錄》皆有「此於《別錄》屬某某」一語。是劉向本有分類,而鄭引之也。如《曲禮》上下第一第二,引鄭《目錄》云:「名曰《曲禮》者,以其篇記五禮之事。此於《別錄》屬制度。」《檀弓》上下第三第四,引鄭《目錄》云:「名曰《檀弓》者,以其記人善於禮,故著姓名以顯之。此於《別錄》屬通論。」是鄭《目錄》與劉向篇次不同。賈公彥《周禮正義》引鄭《目錄》,而未及《別錄》,無由見其異同。其《儀禮正義》每篇下引鄭《目錄》並及《別錄》,而篇次正同。此云《三禮正義》所引鄭氏《目錄》多與劉向篇次不同,言之未晰。

〔四〕《通志‧藝文略》三,《十三代史選》五十卷,注:「叙《史記》、前後漢、《三國志》、晉、宋、齊、梁、陳、後魏、北齊、後周、隋十三家史。」

〔五〕見東方朔《非有先生論》。

〔六〕《通志‧藝文略》目錄類:「《十三代史目》十卷,唐宗諫撰。」又:「《十三代史目》三卷,殷仲茂撰。」

〔七〕王應麟,見《博約中》注〔六〕。王氏輯有《周易鄭氏注》《三家詩考》各一卷,附刻《玉海》中。孫星衍《尚書今古文注疏序》:「鄭注至宋散佚,王應麟及近代諸儒輯存之。」

補鄭第六

〔七〕葉君長青曰：「如《毛詩·大雅·卷阿·正義》《後漢書·光武紀》引《尚書中候》，《詩譜序·正義》《後漢書·曹褒傳》注引《尚書緯璇璣鈐》，《禮記·月令·正義》《後漢書·馮衍傳》注引《尚書緯考靈曜》，《毛詩·魯頌·閟宮·正義》引《尚書緯刑德放》，是也。」《書錄解題》《詩》類：「《毛詩正義》四十卷，唐孔穎達與王德韶等撰。專述毛、鄭之學，且備《鄭譜》於卷首，蓋亦增損劉焯、劉炫之疏而爲之也。」又《禮》類：「《禮記正義》七十卷，唐孔穎達等撰。」《後漢書》注，見《史注》注〔二九〕。

〔八〕《廿二史劄記》卷六：「（裴）松之所引書凡百五十餘種，謝承《後漢書》、司馬彪《續漢書》、九州春秋、《戰略序傳》、張璠《漢記》、袁暐《獻帝春秋》、孫思光《獻帝春秋》、袁宏《漢紀》、習鑿齒《漢晉春秋》、孔衍《漢魏春秋》、華嶠《漢書》、《靈帝紀》、《獻帝紀》、《獻帝起居注》、《山陽公載記》、《三輔決錄》、《獻帝傳》、《漢書地理志》、《續漢書郡國志》、蔡邕《明堂論》、《漢末名士錄》、《先賢行狀》、汝南先賢傳》、《陳留耆舊傳》、《零陵先賢傳》、《楚國先賢傳》（下略）凡此所引書，皆注出書名，可見其採輯之博矣。」別詳《言公中》注〔三〕。

〔九〕按《文選》張平子《南都賦》注引摯虞曰：「南陽郡治宛，在京之南，故曰南都。」班叔皮《北征賦》注引《流別論》曰：「更始時，班彪避難涼州，發長安，至安定，作《北征賦》也。」曹大家《東征賦》注引《流別論》曰：「發洛至陳留，述所經歷也。」木玄虛《海賦》注引《文章志》曰：「廣州木玄虛《海賦》，文甚儁麗，足繼前良。」張平子《思玄賦》注引摯虞《流別》，題云「衡注」。應吉甫《華林園集詩》注引

《文章志》曰：「應貞字吉甫，少以才聞，能談論，晉武帝爲撫軍將軍，以貞參軍，晉室踐阼，遷太子中庶子、散騎常侍，卒。」應璩《百一詩》注引《文章志》曰：「璩，汝南人也。」潘正叔《贈陸機出爲吳王郎中令詩》注引《文章志》曰：「潘尼字正叔，少有清才，初應州辟，後以父老歸供養，父終，乃出仕，位終太常。」繆熙伯《挽歌詩》注引《文章志》曰：「繆襲字熙伯。」潘元茂《册魏公九錫文》注引《文章志》曰：「潘勖字元茂，獻帝時爲尚書郎，遷東海相，未發，拜尚書左丞，病卒。《魏錫》，勖所作。」繁休伯《與魏文帝牋》注引《文章志》曰：「繁欽字休伯，潁川人，少以文辯知名，以豫州從事稍遷至丞相主簿，病卒。」陳孔璋《答東阿王牋》注引《文章志》曰：「陳琳字孔璋，廣陵人也。避亂冀州，袁紹辟之，使典密事。紹死，魏太祖辟爲軍謀祭酒，典記室，病卒。」《文章流別集》及《詩教上》注〔二七〕。《文選注》見《和州文徵序例》注〔二四〕。

〔一〇〕如郭璞《爾雅圖贊》散引於《藝文類聚》，鮑照《河清頌》見於《北堂書鈔》，是也。《舊唐書·經籍志》丙部類事：「《北堂書鈔》一百七十三卷，虞世南撰。」《直齋書錄解題》作一百六十卷。《四庫簡明目錄》：「北堂者，隋祕書省之後堂，猶未入唐時所作也。凡八百一類，多摘錄字句，而不盡注所出，不及歐陽詢書首尾完具。又原本爲名陳禹謨所竄改，亦非其舊，然所引究多古書，故考證家猶援以爲據焉。」《藝文類聚》見《宗劉第二》注〔二九〕。

〔二〕《書錄解題》類書類：「《太平御覽》一千卷，翰林學士李昉、扈蒙等撰。太平興國二年受詔，八年書成。」《四庫簡明目錄》：「凡五十八門，所採書一千六百九十種，搜羅浩博，至今爲考據之淵藪。」《文

苑英華》見《傳記》注[四]。《四庫簡明目錄》：「此書託始梁末，而下迄於唐，然南北朝之文十之一而弱，唐代之文十之九而強，往往全部收入，唐人諸集，傳世日稀，所賴以考見者，賴此編之存而已。」

[三]按乾隆三十八年，朱筠奏請開四庫書館，從《永樂大典》中輯出佚書，計經部六十六種，史部四十一種，子部一百零三種，集部一百七十五種，凡三百八十五種，四千九百二十六卷。章氏從筠河遊，興言及此，固當時風會所趨也。

[三]《通志·校讎略·闕書備於後世論》：「古之書籍，有不足於前朝而足於後世者。觀《唐志》所得舊書，盡梁書卷帙而多於隋，蓋梁書至隋，所失已多，而卷帙不全者又多。唐人按王儉《七志》、阮孝緒《七錄》搜訪圖書，所以卷帙多於隋，而復有多於梁者。如《陶潛集》，梁有五卷，隋有九卷，唐乃有二十卷。諸書如此者甚多，孰謂前代亡書，不可備於後代乎？」

[四]《隋書·經籍志》：「今書《七志》七十卷，王儉撰。」《七錄》，見《詩教上》注[三]。

[五]見《釋通》注[五]。

[六]其《姓氏》一篇，自宋已佚，而散見於《永樂大典》中，後人裒爲一篇，附錄於末。

校讎條理第七

鄭樵論求書遣官、校書久任之說，[一]真得校讎之要義矣。顧求書出於一時，而求之法，亦有善與不善；徒曰遣官而已，未見奇書祕策之必無遺逸也。夫求書在一時，而治書在乎日。求書之要，即鄭樵所謂其道有八，[二]無遺議矣。治書之法，則鄭樵所未及議也。古者同文稱治，漢制，吏民上書，字或不正，輒舉劾。[三]蔡邕正定石經，以謂四方之民，至有賄改蘭臺漆書，以合私家文字者。[四]是當時郡國傳習，容有與中書不合者矣。然此特就小學字體言之也。若紀載傳聞，《詩》《書》雜誌，真訛糾錯，疑似兩淆；又書肆說鈴，識大識小，[五]歌謠風俗，或正或偏；其或山林枯槁，專門名家，[六]薄技偏長，稗官脞說；[七]其隱顯出沒，大抵非一時徵求所能彙集，亦非一時討論所能精詳；凡若此者，並當於平日責成州縣學校師儒講習[八]考求是正，著爲錄籍，略如人戶之有版圖。載筆之士，果能發明道要，自致不朽，[九]願託於官者聽之。如是，則書掌於官，不致散逸，其便一也。書掌於官，不敢妄作淫詖邪蕩之詞，[一〇]無由伏匿，以干禁例，其便二也。求書之時，按籍而稽，無勞搜訪，其便三也。中書不足，稽之外府；[一一]外書訛誤，正以中書，交互爲功，同文稱盛，其便四也。此爲治書之要，當議於求書之前者也。　　　書掌於官，私門無許自匿著述，最爲合古。然數千年無行之者，一旦爲之，亦自不易。學官

難得通人，館閣校讎未必盡是，向、歆一流，不得其人，則窒礙難行，甚或漸啟挾持訛詐、騷擾多事之漸，則不但無益而有損矣。然法固待人而行，不可因一時難行，而不存其説也。

右七之一

校書宜廣儲副本。〔一二〕劉向校讎中祕，有所謂中書，有所謂外書，有所謂太史書，有所謂臣向書，臣某書。〔一三〕夫中書與太常太史，則官守之書不一本也。外書與臣向臣某，則家藏之書不一本也。夫博求諸本，乃得讎正一書，則副本固將廣儲，以待質也。夫太常領博士，〔一四〕今之國子監也。太史掌圖籍，〔一五〕今之翰林院也。凡官書不特中祕之謂也。

右七之二

古者校讎書，終身守官，父子傳業，故能討論精詳，有功墳典。〔一六〕而其校讎之法，則心領神會，無可傳也。近代校書，不立專官，衆手爲之，限以程課，畫以部次，蓋亦勢之不得已也。竊以典籍浩繁，聞見有限，校書者，既非專門之官，又非一人之力，則校讎之法，不可不立也。以謂校讎之先，宜盡取四庫之藏，〔一七〕中外之籍，擇其在博雅者，且不能悉究無遺，況其下乎？以謂校讎之先，宜盡取四庫之藏，〔一七〕中外之籍，擇其中之人名地號，官階書目，凡一切有名可治，有數可稽者，略倣《佩文韻府》之例，〔一八〕悉編爲

韻，乃於本韻之下，注明原書出處及先後篇第，自一見再見以至數千百，皆詳注之，藏之館中，以爲群書之總類。至校書之時，遇有疑似之處，即名而求其編韻，因韻而檢其本書，參互錯綜，即可得其至是。此則淵博之儒，窮畢生年力，而不可究殫者，今即中才校勘，而坐收於几席之間，非校讎之良法歟？

右七之三

古人校讎，於書有訛誤，更定其文者，必注原文於其下；其兩說可通者，亦兩存其說；刪去篇次者，亦必存其闕目，所以備後人之采擇，而未敢自以謂必是也。班固併省劉歆《七略》，遂使著錄互見之法，不傳於後世；然亦幸而尚注併省之說於本文之下，故今猶得從而考正也。向使自用其例，而不顧劉氏之原文，今日雖欲復劉歆之舊法，不可得矣。

右七之四

《七略》以兵書、方技、數術爲三部，列於諸子之外者，諸子立言以明道，兵書、方技、數術皆守法以傳藝，虛理實事，義不同科故也。至四部而皆列子類矣。南宋鄭寅《七錄》[一九]猶以藝、方技爲三門，蓋亦《七略》之遺法。然列其書於子部可也；校書之人，則不可與諸子同業

也。必取專門名家，亦如太史尹咸校數術，侍醫李柱國校方技，步兵校尉任宏校兵書之例，[二〇]乃可無弊。否則文學之士，但求之於文字語言，而術業之誤，或且因而受其累矣。

右七之五

〔一〕《通志‧校讎略‧求書遣使校書久任論》：「求書之官，不可不遣。校書之任，不可不專。漢除挾書之律，開獻書之路，久矣。至成帝時遣謁者陳農求遺書於天下，遂有《七略》之藏。隋開皇間，奇章公請分遣使人搜訪異本，後嘉則殿藏書三十七萬卷。禄山之變，尺簡無存，乃命苗發等使江淮括訪，至文宗朝，遂有十二庫之書。唐之季年，猶遣監察御史諸道搜求遺書。知古人求書欲廣，必遣官焉，然後山林藪澤，可以無遺。司馬遷世爲史官，劉向父子校讎天禄，虞世南、顏師古相繼爲祕書監，令狐德棻三朝當修史之任，孔穎達一生不離學校之官，若欲圖書之備，文物之興，則校讎之官，豈可不久其任哉？」

〔二〕見《和州志藝文書序例》注[六八]。

〔三〕同文，見《詩教上》注[六八]。舉劾，見《說林》注[四九]。

〔四〕見《和州志藝文書序例》注[六七]。

〔五〕《法言‧吾子》：「好書而不要諸仲尼，書肆也。好說而不要諸仲尼，說鈴也。」李軌注：「鈴，以喻小聲。猶小說不合大雅也。」崔豹《古今注》：「肆，所以陳貨鬻之物也。」識大識小，見《論語‧子張》。

〔六〕《莊子・刻意》：「刻意尚行，離世異俗，高論怨誹，爲亢而已矣。此山谷之士，非世之人，枯槁赴淵者之所好也。」

〔七〕《漢書・藝文志》注：「稗，音稊稗之稗。稗官，小官也。」《書・皋陶謨》傳：「叢脞，細碎無大略。」脞説，猶叢談也。

〔八〕見《詩教上》注〔七〇〕。此指州縣學官，書院山長。

〔九〕載筆，見《原道下》注〔二六〕。《老子》：「能知古始，是謂道紀。」又：「不貴其師，不愛其資，雖知大迷，是謂要妙。」《左傳》襄公二十四年：「古人有言曰，死而不朽。」

〔一〇〕奇衺，見《詩教上》注〔四〕。《孟子・公孫丑上》：「詖辭知其所蔽，淫辭知其所陷，邪辭知其所離。」朱注：「詖，偏陂也。淫，放蕩也。邪，邪僻也。」

〔一一〕《漢書・儒林傳》：「以中書校之，非是。」顏注：「中書，天子所藏之書也。」外府，謂府庫之在外者。

〔一二〕《隋書・經籍志》：「煬帝即位，祕閣之書，限寫五十副本。」

〔一三〕如《管子》書錄云：「所校讎中《管子》書三百八十九篇，大中大夫卜圭書二十七篇，臣富參書四十一篇，射聲校尉立書十一篇，大史書九十六篇。」《晏子》書錄云：「所校中書《晏子》十一篇，臣向謹與長社尉臣參校讎太史書五篇，臣向書一篇，參書十三篇。」《關尹子》書錄云：「所校中祕書《關尹子》九篇，臣向校讎太常書七篇，臣向本九篇。」《列子》書錄云：「所校中書《列子》五篇，臣向謹與長社尉臣參校讎太常書三篇，太史書四篇，臣向書六篇，臣參書二篇。」

〔一四〕《漢書・百官公卿表》：「奉常，秦官，掌宗廟禮儀。景帝中六年，更名太常。博士及諸陵縣皆屬焉。」

〔一五〕《史記自序》：「漢興，百年之間，天下遺聞古事，莫不畢集太史公。」

〔一六〕見《書教上》注〔三〕。

〔一七〕清乾隆三十八年，詔求遺書。安徽學政朱筠奏言：《永樂大典》內多古書，世所未見，請分別繕寫，以備著録。大學士于敏中上其奏，得旨，開四庫全書館。紀昀、陸錫熊爲總纂官，陸費墀爲總校官。時參館事者，約三百餘人，如校勘《永樂大典》纂修官，有戴震、邵晉涵，校辦各省遺書纂修官，有姚鼐、朱筠，篆隸分校官有王念孫，總目協勘官有任大椿，皆海内績學之士也。昀典書局，歷十餘年，每進一書，輒爲提要，冠諸篇首。乾隆四十七年，全書告成，總計存書三千四百五十七部，七萬九千七十卷，存目六千七百六十六部，九萬三千五百五十六卷。分鈔七分，建七閣以貯之。文淵閣在文華殿後，文源閣在圓明園，文津閣在熱河避暑山莊，文溯閣在奉天行宫，是爲内廷四閣。又以江浙人文所聚，特於揚州之大觀堂建文匯閣，鎮江之金山寺建文宗閣，杭州之聖因寺建文瀾閣，是爲江浙三閣。此清世四庫之藏也。

〔一八〕《四庫簡明目録》類書類：「《佩文韻府》四百四十三卷，康熙六十年奉敕撰。以《韻府群玉》《五車韻瑞》所已載者列前，而博徵典籍，補所未備，列於後，並以經史子集爲次，然舊有者不及十之二三，新增者逾於十之七八，自《韻海鏡源》以來，未有如是之總括詞林者也。」

〔一九〕《書錄解題》目錄類:「《鄭氏書目》七卷,莆田鄭寅子敬以所藏書爲《七錄》,曰經,曰史,曰子,曰藝,曰方技,曰文,曰類。寅,知樞密院僑之子,博文彊記,多識典故,端平初,召爲都司,執法守正,出爲漳州以没。」是以「藝、方技」爲二門。

〔二○〕見《書教上》注〔一四〕。

校讎條理第七

一二一

著錄殘逸第八

凡著錄之書,有當時遺漏失載者,有著錄殘逸不全者。《漢書·藝文志》注,卷次部目,與本志不符;顏師古已云「歲月久遠,無由詳知」矣。[一]今觀蕭何律令、叔孫朝儀、張霸《尚書》、尹更始《春秋》之類,皆顯著紀傳,而本志不收。[二]此非當時之遺漏,必其本志有殘逸不全者矣。[三]《舊唐書·經籍志》集部內,無韓愈、柳宗元、李翱、孫樵之文,[四]又無杜甫、李白、王維、白居易之詩,[五]此亦非當時之遺漏,必其本志有殘逸不全者矣。校讎家所當歷稽載籍,補於藝文之略者也。

[一]《漢書·藝文志》:「今刪其要,以備篇籍。」顏師古注:「其每略所條,家及篇數有與總凡不同者,傳寫脫誤,年代久遠,無以詳知。」

[二]《漢書·刑法志》:「漢興,高祖初入關,約法三章曰:『殺人者死,傷人及盜抵罪。』蠲削煩苛,兆民大悅。其後四夷未附,兵革未息,三章之法不足以禦姦,於是相國蕭何攈摭秦法,取其宜於時者,作律《九章》。」又《禮樂志》:「律令錄藏於理官。」《晉書·刑法志》:「魏文侯師李悝,著《法經》六篇,商君受之以相秦。漢承秦制,蕭何定律,益事律、興、廐戶三篇,合九篇。叔孫通益律所不及傍章十

八篇。張湯官律二十七篇，趙禹朝律六篇，合六十篇。」《漢書·叔孫通傳》：「孝惠即位，徙通爲奉常，定廟儀法，及稍定漢諸儀法。」《後漢書·曹褒傳》：「令小黃門持班固所上叔孫通《漢儀》十二篇。」《周禮·凌人》疏：「禮器制度，叔孫通前漢時作。」《漢書·儒林傳》：「世所傳《百兩篇》者，出東萊張霸，分析合二十九篇，以爲數十，又採《左氏傳》《書叙》，爲作首尾，凡百二篇。」又：「瑕丘江公受《穀梁春秋》及《詩》於魯申公。武帝時，《公羊》、《穀梁》爲作首尾，凡百二篇。」又：「瑕丘江公受《穀梁春秋》及《詩》於魯申公。武帝時，《公羊》、《穀梁》浸微，唯魯榮廣、皓星公二人受焉。沛蔡千秋從廣受，千秋又事皓星公，爲學最篤。汝南尹更始、翁君事千秋。甘露元年，大議殿中，平《公羊》《穀梁》同異，時《公羊》博士嚴彭祖、《穀梁》議郎尹更始等十一人，議三十餘事，多從《穀梁》。由是《穀梁》之學大盛。尹更始又受《左氏傳》，取其變理合者以爲章句。」《釋文》敘錄：「漢更始《穀梁章句》十五卷。」周壽昌曰：「《春秋》隱九年俠卒。《穀梁傳》曰：『俠者，所俠也。』孔氏疏云：『徐邈引尹更始曰，所者，俠之氏。』是更始之書，至晉猶存，而班氏未錄。」

〔三〕姚振宗《漢書藝文志條理》：「按本志不載之書，見於傳記可考者有三百餘部，予已別輯《拾補》六卷，詳見《拾補》中。」

〔四〕《新唐書·藝文志》別集類：「《韓愈集》四十卷。《柳宗元集》三十卷。《李翱集》十卷。孫樵《經緯集》三卷。」而《舊唐志》不載。韓愈見《博約上》注〔三〕。柳宗元見《爲張吉甫司馬撰大名縣志序》注〔三〕。李翱，見《和州志田賦書序例》注〔四〕。孫樵字可之，一字隱之。廣明初，黃巢犯長安，僖宗次鳳翔，樵赴行在，授職方員外郎，詔稱其有揚、馬之文。

〔五〕《新唐書·藝文志》別集類:「《李白草堂集》二十卷。《杜甫集》六十卷。《王維集》十卷。《白氏長慶集》七十卷。」而《舊唐志》不載。李白、杜甫，見《古文十弊》注〔四〕。王維字摩詰，河東人。開元九年進士，歷右拾遺監察御史、左補闕。天寶末，爲給事中。禄山陷西京，玄宗出幸，維扈從不及，爲賊所得，迎置洛陽，迫以僞署。禄山大宴凝碧池，悉召梨園諸工令樂，維聞，賦詩悼痛。賊平，下獄，或以詩聞，肅宗憐之，授太子中允。累遷給事中，轉尚書右丞。晚得宋之問藍田別墅，在輞口，與裴迪浮舟往來，彈琴賦詩，嘯咏終日。嘗聚其田園所爲詩，號《輞川集》。乾元二年七月，卒。(《舊唐書》卷一百九十《文苑》下)白居易，見《經解下》注〔三〕。

藏書第九

孔子欲藏書周室,子路以謂周室之守藏史老聃,可以與謀:[一]說雖出於《莊子》,然藏書之法,古有之矣。太史公抽石室金匱之書,成百三十篇,則謂「藏之名山,副在京師」。[二]然則書之有藏,自古已然,不特佛老二家,有所謂道藏、佛藏已也。[三]鄭樵以謂性命之書,往往出於道藏,小說之書,往往出於釋藏。[四]夫儒書散失,至於學者已久失其傳,而反能得之二氏者,以二氏有藏,以爲之永久也。夫道藏必於洞天,[五]而佛藏必於叢刹,[六]然則尼山、泗水之間,[七]有謀禹穴藏書之舊典者,[八]抑亦可以補中祕之所不逮歟?

〔一〕見《經解上》注〔三〕。

〔二〕《史記‧太史公自序》:「著十二本紀,十表,八書,三十世家,七十列傳,凡百三十篇,五十二萬六千五百字,爲《太史公書》序略,以拾遺補蓺,成一家之言,厥協六經異傳,整齊百家雜語,藏之名山,副在京師,俟後世聖人君子。」《索隱》:「言正本藏之書府,副本留京師也。《穆天子傳》:『天子北征,至於群玉之山,河平無險,四徹中繩,先王所謂策府。』郭璞云:『古帝王藏策之府。』則此謂藏之名山,是也。」

〔三〕道藏,有正統、萬曆二刻,其中所收多古子書,雖刻於明代,而實根源於宋。故清乾、嘉間學者,多據之校訂俗本。佛藏,則經、律、論各一,謂之三藏。宋、元、明皆有雕本,鴻編鉅帙,搜羅詳備。

〔四〕見《互著》第三注〔一九〕。按小說,《通志·校讎略》作小學;《互著》所引不誤。

〔五〕見《修志十議》注〔二七〕。

〔六〕《文選》王屮《頭陀寺碑》:「列刹相望。」注:「列刹,佛塔也。」唐以後通稱寺曰刹。叢刹,叢林也。《祖庭事苑》:「譬如大樹叢叢,故僧聚處曰叢林。」

〔七〕尼山,在山東曲阜縣東南六十里。泗水,見《永清縣志水道圖序例》注〔九〕。

〔八〕見《記與戴東原論修志》注〔一四〕。

校讎通義校注卷二

補校漢藝文志第十
鄭樵誤校漢志第十一
焦竑誤校漢志第十二

補校漢藝文志第十

鄭樵校讎諸論，於《漢志》尤所疏略，蓋樵不取班氏之學故也。然班、劉異同，樵亦未嘗深考，但譏班固續入揚雄一家，不分倫類而已。[一]其劉氏遺法，樵固未嘗討論；而班氏得失，樵議亦未得其平允。夫劉《略》、班《志》，乃千古著録之淵源，而樵著《校讎》之略，不免疏忽如是；蓋創始者難爲功爾。今欲較正諸家著録，當自劉《略》、班《志》爲權輿也。[二]

右十之一

鄭樵以蕭何律令，張蒼章程，劉《略》、班《志》不收，以爲劉、班之過，[三]此劉氏之過，非

班氏之過也。劉向校書之時，自領《六藝》《諸子》《詩賦》三略，蓋出中祕之所藏也。至於《兵法》《術數》《方技》，皆分領於專官；〔四〕則兵、術、技之三略，不盡出於中祕之藏，其書各存專官典守，是以劉氏無從而部錄之也。惟是申、韓家言，次於諸子，仲舒治獄，附於《春秋》；〔五〕不知律令藏於理官，章程存於掌故，〔六〕而當時不責成於專官典守，校定篇次，是《七略》之遺憾也。班氏謹守劉《略》遺法，惟出劉氏之後者，間爲補綴〔七〕；其餘劉氏所不錄者，東京未必盡存，《藝文》佚而不載，何足病哉？

右十之二

《漢志》最重學術源流，似有得於太史叙傳，及莊周《天下》篇、荀卿《非十子》之意。〔八〕韓嬰詩傳引荀卿《非十子》，並無譏子思、孟子之文。〔九〕此叙述著錄，所以有關於明道之要，而非後世僅計部目者之所及也。然立法創始，不免於疎，亦其勢耳。如《封禪群祀》入禮經，《太史公書》入《春秋》，〔一〇〕較之後世別立儀注、正史專門者，爲知本矣。《詩賦》篇帙繁多，不入《詩經》，而自爲一略，則叙例尚少發明其故，亦一病也。〔一一〕《諸子》推本古人官守，當矣。《六藝》各有專官，〔一二〕而不與發明，豈爲博士之業所誤耶？〔一三〕

右十之三

形而上者謂之道，形而下者謂之器。[一四]善法具舉，徒善徒法，皆一偏也。[一五]本末兼該，部次相從，有倫有脊，[一六]使求書者可以即器而明道，會偏而得全，[一七]則任宏之校《兵書》，李柱國之校《方技》，庶幾近之。其他四略，未能稱是。故劉《略》、班《志》，不免貽人以口實也。[一八]夫《兵書略》中孫、吳諸書，與《方技略》中內外諸經，[一九]即《諸子略》中一家之言，所謂形而上之道也。《兵書略》中形勢、陰陽、技巧三條，[二〇]與《方技略》中經方、房中、神仙三條，[二一]皆著法術名數，所謂形而下之器也。任、李二家，部官守書之明效也。充類求之，則後世之儀注，當附《禮》經為部次，《史記》當附《春秋》為部次；縱使篇帙繁多，別出門類，亦當申明敘例，俾承學之士，得考源流，庶幾無憾。而劉、班承用未精，後世著錄，又未嘗探索其意，此部錄之所以多舛也。

右十之四

或曰：《兵書》《方技》之部次，既以專官而能精矣。《術數》亦領於專官，而謂不如彼二略，豈太史尹咸之學術，不逮任宏、李柱國耶？答曰：此為劉氏所誤也。《術數》一略，分統七

條,則天文、曆譜、陰陽、五行、蓍龜、雜占、形法是也。[三一]以道器合一求之,則陰陽、蓍龜、雜占三條,當附《易經》爲部次,曆譜當附《春秋》爲部次,五行當附《尚書》爲部次;縱使書部浩繁,或如詩賦浩繁離《詩經》而別自爲略,亦當申明源委於敘錄之後也。乃劉氏既校六藝,不復謀之術數諸家,故尹咸無從溯源流也。至於天文、形法,則後世天文、地理之專門書也。自立門類,別分道法,大綱既立,細目標分,豈不整齊而有當乎?

右十之五

天文則宣夜、周髀、渾天諸家,下逮安天之論,談天之說,[三二]或正或奇,條而列之,辨明識職,[三四]所謂道也。《漢志》所錄泰一、五殘星變之屬,[三五]附條別次,所謂器也。地理則形家之言,專門立說,所謂道也。《漢志》所錄《山海經》之屬,[三六]附條別次,所謂器也。以此二類,專門部勒,自有經緯,而尹咸概收術數之篇,則條理不審之咎也。《山海經》與相人書爲類,[三七]《漢志》之授人口實處也。

右十之六

地理形家之言,若主山川險易,關塞邊防,則與兵書形勢之條相出入矣。若主陰陽虛旺,

宅墓休咎，則與《尚書》五行相出入矣。部次門類，既不可缺，而著述源流，務要於全，則又重複，互注之條，不可不講者也。任宏《兵書》一略，鄭樵稱其最優。[二八]今觀劉《略》重複之書，僅止十家，[二九]皆出《兵略》，他部絕無其例。是則互注之法，劉氏且未能深究，僅因任宏而稍存其意耳。班氏不知而刪併之，可勝惜哉？

右十之七

後世法律之書甚多，不特蕭何所次律令而已也。其承用律令格式之屬，附條別次，所謂道也。就諸子中掇取論治之書，若《呂氏春秋》，《漢志》入於雜家，非也。其每月之令文，正是政令典章，後世會典會要之屬。[三〇]諸家之言，部於首條，所謂道也。其相沿典章故事之屬，附條別次，所謂器也。就諸子中掇取論治之書，附條別次，所謂器也。就諸子中掇取論申、韓議法家言，部於首條，所謂道也。後世故事之書甚多，不特張蒼所次章程而已也。就諸子中掇取論治之書，若賈誼、董仲舒治安之奏，天人之策，皆論治體。《漢志》入於儒家類矣。[三一]諸家之言，部於首條，所謂道也。其相沿典章故事之屬，附條別次，所謂器也。例以義起，斟酌損益，惟用所宜：豈有讀著錄部次，而不能考索學術源流者乎？

右十之八

或曰：《漢志》失載律令章程，固無論矣。假令當日必載律令章程，就劉、班之《七略》類

例,宜如何歸附歟？ 答曰：《太史公書》之附《春秋》,《封禪群祀》之附《禮經》,[三三]其遺法也。律令自可附於法家之後,章程本當別立政治一門,《漢志》無其門類；然《高祖傳》十三篇,《孝文傳》十一篇,[三三]班固自注,高祖與大臣述古語及詔策也。章程亦必附於此矣。大抵《漢志》疏略,由於書類不全,勉強依附；至於虛論其理與實紀其蹟者,不使體用相資,則是《漢志》偶疏之處；《禮經》《春秋》。《兵書》《方技》便無此病。而後世之言著錄者,不復知其微意矣。

右十之九

鄭樵議章程律令之不載《漢志》,以爲劉、班之疏漏；然班氏不必遽見西京之全書,或可委過於劉《略》也。若劉向《別錄》、劉歆《七略》,[三四]則班氏方據以爲《藝文》之要刪,豈得謂之不見其書耶？ 此乃後世目錄之鼻祖,當時更無其門類,獨不可附於諸子名家之末乎？ 名家之叙錄曰：「名不正,則言不順；言不順,則事不成。」著錄之爲道也,即於文章典籍之中,得其辨名正物之意,此《七略》之所以長也。又云：「警者爲之,則苟鉤鈲析亂而已。」[三五]此又後世著錄,紛拏不一之弊也。然則凡以名治之書,固有所以附矣。後世目錄繁多,即可自爲門類。

右十之十

〔一〕見後《鄭樵誤校漢志第十一》注〔一〕。

〔二〕見《經解中》注〔三〕。

〔三〕《通志·校讎略·亡書出於後世論》：「古之書籍，有不出於當時，而出於後代者。按蕭何《律令》，張蒼《章程》，漢之大典也。劉氏《七略》，班固《漢志》，全不收。按晉之故事，即漢章程也。有《漢朝駁議》三十卷，《漢名臣奏議》三十卷，並爲章程之書，至隋唐猶存，奈何闕於漢乎？刑統之書，本於蕭何《律令》，歷代增修，不失故典，豈可闕於當時乎？又況兵家一類，任宏所編，有韓信《軍法》三篇，《廣武》一篇，豈有韓信《軍法》猶在，而蕭何《律令》、張蒼《章程》則無之，此劉氏、班氏之過也。」

〔四〕見《書教上》注〔四〕。

〔五〕《漢志·諸子略》法家類，錄《申子》六篇，《韓子》五十五篇。《六藝略》《春秋》類，錄《董仲舒治獄》十六篇。

〔六〕《漢書·藝文志》：「法家者流，蓋出於理官。」《禮記·月令》注：「理，治獄官也。」《漢書·劉歆傳》：「至孝文皇帝始使掌故朝錯，從伏生受《尚書》。」注引李奇曰：「掌故，官名也。」

〔七〕《漢書·藝文志·六藝略》,《書》入劉向《稽疑》一篇,小學入揚雄《倉頡訓纂》一篇,杜林《倉頡訓纂》一篇。《諸子略》儒家入揚雄所序》三十八篇,《詩賦略》入《揚雄賦》八篇。

〔八〕《太史公自序》論六家,見《原道中》注〔三九〕。

〔九〕韓嬰,見《言公上》注〔六一〕。按《東塾讀書記》十二:「其非十二子,實專攻子思、孟子。黃東發云:『欲排二子而去之,以自繼孔子之傳也。』《日鈔》卷五十五」故其非十子,但曰它囂、魏牟也,陳仲、史鰌也,墨翟、宋鈃也,慎到、田駢也,惠施、鄧析也,獨於子思、孟子,則曰子思、孟軻之罪也。」自注云:「《韓詩外傳》取此篇而删其非子思、孟子之語,《困學紀聞》遂謂:『非子思、孟子者,爲韓非、李斯之流,託其師説,以毀聖賢。』此爲荀子回護耳。」是則《韓詩》作十子者,有意删之,未必可據也。

〔一〇〕見《永清縣志文徵序例》注〔四九〕。

〔一一〕阮孝緒《七録序目》:「《七略》詩賦不從《六藝》《詩》部,蓋由其書既多,所以别爲一略。」餘見《漢志詩賦第十五》注〔三〕。

〔一二〕《原道》:「《易》掌太卜,《書》藏外史,《禮》在宗伯,《樂》隸司樂,《詩》領於太師,《春秋》存乎國史。」是六藝各有專官也。

〔一三〕《漢書·百官公卿表》:「博士秦官,掌通古今,秩比六百石。」又《儒林傳》:「自武帝立《五經》博士,開弟子員,設科射策,勸以官禄,訖於元始,百有餘年,傳業者寖盛,支葉蕃滋,一經説至百餘萬言,大

師衆至千餘人，蓋利祿之路然也。」

〔四〕見《易‧繫辭上》。

〔五〕《孟子‧離婁上》：「徒善不足以為政，徒法不能以自行。」

〔六〕《詩‧小雅‧正月》：「維號斯言，有倫有脊。」傳：「倫，道。脊，理也。」

〔七〕章氏論學要旨，即器而明道，學不離事也。

〔八〕《尚書‧仲虺之誥》：「予恐來世以台為口實。」《通志‧校讎略‧編書不明分類論》：「《七略》惟兵家一略，任宏所校，分權謀、形勢、陰陽、技巧為四種書。觀其類例，亦可知兵，況見其書乎！其次則尹咸校數術，李柱國校方技，亦有條理。惟劉向父子所校經傳諸詩賦，宂雜不明，盡採語言，不存圖譜。緣劉氏章句之儒，胸中元無倫類，班固不知其失，是以後世亡書多，學者不知流別。」姚振宗《漢書藝文志條理》：「按此以為宂雜不明者，由於不肯精心細讀故也。且六藝諸子之中，亦非不存圖譜，其顯見者，如《易》家有《神輸圖》一篇，《論語》家有《孔子徒人圖法》二卷，儒家有《列女傳頌圖》。又禮家明堂陰陽中有《明堂圖》《明堂大圖》，見《隋書‧牛弘傳》。道家《伊尹》書中有《主圖》，畫其形，見《七略》《別錄》，非圖譜之類歟？」

〔九〕《漢志‧兵書略》兵權謀，錄《吳孫子兵法》八十二篇，《齊孫子》八十九篇，《吳起》四十八篇。《方技略》醫經，錄《黃帝內經》十八卷，《外經》三十七卷，《扁鵲內經》九卷，《外經》十二卷，《白氏內經》三十八卷，《外經》三十六卷，《旁經》二十五卷。

〔一〇〕《漢志·兵書略》著録兵形勢十一家，兵陰陽十六家，兵技巧十三家。《方技略》著録經方十一家，房中八家，神僊十家。

〔一一〕見《宗劉第二》注〔一四〕。

〔一二〕按《漢志·數術略》著録天文二十一家，曆譜十八家，五行三十一家，蓍龜十五家，雜占十八家，形法六家，共分六類。此云「分統七條」，蓋緣誤析陰陽於五行耳。

〔一三〕《晉書·天文志》：「古言天者有三家，一曰蓋天，二曰宣夜，三曰渾天。漢靈帝時，蔡邕於朔方上書，言：『宣夜之學，絶無師法。《周髀》術數具存，考驗天狀，多所違失。惟渾天近得其情。』蔡邕所謂《周髀》者，即蓋天之説也。其所傳則周公受於殷商，其言天似蓋笠，地法覆槃，天地各中高外下。宣夜之書，漢祕書郎郄萌記先師相傳云：『日月衆星，自然浮生虚空之中，無所根繫。』成帝咸康中，會稽虞喜因宣夜之説，作《安天論》。至於渾天理妙，學者多疑，張平子、陸公紀之徒，咸以爲莫密於渾象者也。」《隋書·經籍志》：「《安天論》六卷，虞喜撰。」談天，見《詩教上》注〔六〕。

〔一四〕見《文理》注〔三〕。

〔一五〕《漢志·數術略》天文類：「《泰壹雜子星》二十八卷。《五殘雜變星》二十一卷。」

〔一六〕見《經解中》注〔八〕。

〔一七〕《漢志·數術略》形法類：「《相人》二十四卷」，在《山海經》下，連作一條。

〔一八〕見上注〔一八〕。

〔二九〕《漢志·兵書略》:「凡兵書五十三家,七百九十篇,圖四十三卷,省十家,三百七十一篇,重。」
〔三〇〕《吕氏春秋》,見〈言公上〉注〔三二〕。《月令》,見〈言公上〉注〔三二〕。
〔三一〕《漢志·諸子略》儒家有《賈誼》五十八篇,《董仲舒》百二十三篇。
〔三二〕見〈永清縣志文徵序例〉注〔四九〕。
〔三三〕見〈言公上〉注〔四七〕。
〔三四〕《別録》,見〈言公中〉注〔二九〕。《七略》,見《書教上》注〔一四〕。
〔三五〕見〈言公下〉注〔三二〕。

鄭樵誤校漢志第十一

鄭樵譏班固叙列儒家，混入《太玄》《法言》《樂》《箴》三書爲一，總謂揚雄所叙三十八篇，謂其胸無倫類，[二]是樵之論篤矣。至謂《太玄》當歸《易》類，《法言》當歸諸子，其說良是。然班固自注：「《太玄》十九，《法言》十三，《樂》四，《箴》二。」是《樂》與《箴》，本二書也；[三]樵誤以爲一書。又謂「《樂》《箴》當歸雜家」；是樵直未識其爲何物，而强爲之歸類矣。以此譏正班固，所謂楚失而齊亦未爲得也。[三]按《樂》四未詳。《箴》則《官箴》是也；[四]在後人宜入職官，而《漢志》無其門類，則附官《禮》之後可矣。[五]

右十一之一[五]

鄭樵譏《漢志》以《司馬法》入《禮》經，以《太公》兵法入道家，疑謂非任宏、劉歆所收，班固妄竄入也。[六]鄭樵深惡班固，故爲是不近人情之論。凡意有不可者，不爲推尋本末，有意增删遷就，强坐班氏之過，此獄吏鍛鍊之法：[七]亦如以《漢》志書爲班彪、曹昭所終始，而《古今人表》則謂固所自爲者惟此，[八]蓋心不平者，不可與論古也。按《司馬法》百五十五篇，今所存者，非故物矣。班固自注：「出之兵權謀中，而入於《禮》。」[九]樵固無庸存疑似之說也。

第班《志》敘錄，稱《軍禮司馬法》，鄭樵刪去「軍禮」二字，謂其入禮之非；不知《司馬法》乃周官職掌，如考工之記，本非官禮，亦以司空職掌，附著《周官》[一〇]此等敘錄，最爲知本之學。班氏他處未能如是，而獨於此處能具別裁，樵顧深以爲譏，此何說也？第班氏入於《禮》經，似也。其出於兵家，不復著錄，未盡善也。當用劉向互見之例，庶幾禮家不爲空衍儀文，而兵家又見先王之制，乃兩全之道耳。《太公》二百三十七篇，亦與今本不同。班氏僅稱《太公》，並無兵法二字，而鄭樵又增益之，謂其入於道家之非；不觀班固自注：「尚父本有道者。」[一一]又於兵權謀下注云：「省《伊尹》《太公》諸家。」[一二]則劉氏《七略》，本屬兩載，而班固不過爲之刪省重複而已。非故出於兵，而強收於道也。注省者，劉氏本有，而班省去也。注出入者，劉錄於此，而班錄於彼也。如《司馬法》，劉氏不載於《禮》，而班氏入之。則於《禮》經之下注云，入《司馬法》。今道家不注入字，而兵家乃注省字，是劉《略》既載於道，又載於兵之明徵。非班擅改也。且兵刑權術，皆本於道，[一三]先儒論之備矣。况二百三十七篇之劉《略》重複互載，猶司馬遷《老莊申韓列傳》意也。[一四]發明學術源流之意，書，今既不可得見，鄭樵何所見聞而增删題目，以謂止有兵法，更無關於道家之學術耶？

右十一之二

鄭樵譏《漢志》以《世本》《戰國策》《秦大臣奏事》《漢著記》爲《春秋》類，[一五]是鄭樵未嘗

知《春秋》之家學也。《漢志》不立史部，以史家之言，皆得《春秋》之一體，故四書從而附入也。且如後世以紀傳一家，列之正史，附諸正史之後。今《太史公書》列於《春秋》，樵固不得而譏之矣。至於國別之書，後世如三國、十六國、九國、十國之類，[一六]自當分別部次，以清類例。《漢志》書部無多，附著《春秋》，最爲知所原本。又《國語》亦爲國別之書，同隸《春秋》，[一七]樵未嘗譏正《國語》，而但譏《國策》，是則所謂知一十而不知二五者也。[一八]《漢著記》，則後世起居注之類，[一九]當時未有專部，附而次之，亦其宜也。《秦大臣奏事》，在後史當歸故事，[二〇]而《漢志》亦無專門，附之《春秋》，稍失其旨。而《世本》則當入於曆譜，《漢志》既有曆譜專門，不當猶附《春秋》耳；然曆譜之源，本與《春秋》相出入者也。

右十一之三

以劉歆、任宏重複著録之理推之，《戰國策》一書，當與兵書之權謀條，諸子之縱橫家，重複互注，乃得盡其條理。《秦大臣奏事》，當與《漢高祖傳》《孝文傳》[二一]注稱論述册詔。諸書，同入《尚書》部次；蓋君上詔誥，臣下章奏，皆《尚書》訓誥之遺；後世以之攙入集部者，非也。凡典章故事，皆當視此。

右十一之四

〔一〕《通志·校讎略·編次不明論》：「班固《藝文志》本於《七略》者也。《七略》雖疏而不濫，若班氏步步趨趨，不離《七略》，未見其失也。間有《七略》所無，而班氏雜出者，則蹟矣。揚雄所作之書，劉氏蓋未收，而班氏始出。若之何以《太玄》《法言》《樂》《箴》三書，合爲一總，謂之《揚雄所序》三十八篇，入於儒家類？按儒者，舊有五十二種，固新出一種，則揚雄之三書也。且《太玄》，《易》類也。《法言》，諸子也。《樂》《箴》，雜家也。奈何合而爲一家？是知班固胸中，元無倫類。」姚振宗《漢書藝文志條理》：「班氏此一條，注明云《樂》四《箴》二，宋時傳本不應有異，乃以四書爲三書，以《樂》《箴》爲一書，又以爲雜家。《揚雄傳》云：『箴莫善於《虞箴》，作《州箴》』。《宋中興書目》尚有揚雄《二十四箴》。觀乎此，亦可以悟《樂》《箴》非一書矣。儒家舊止有五十一家，亦非五十二家，即此數語之中，其謬誤已如此，尚欲詆訶古人乎？」

〔二〕《漢志·諸子略》儒家類録《揚雄所序》三十八篇。自《注》云：「《太玄》十九，《法言》十三，《樂》四，《箴》二。」是《樂》與《箴》本二書也。

〔三〕見《和州志輿地圖序例》注〔四〕。

〔四〕《左傳》襄四年：「昔周辛甲之爲太史也，命百官官箴王闕。」《漢書·揚雄傳》：「以爲箴莫善於《虞

〔五〕篴〕，作《州箴》。」注引晉灼曰：「九州之箴也。」

劉刻《遺書》本此下尚有一節，茲錄如下。「鄭樵云：『《漢志》於醫術類，有經方，有醫經；於道術類，有房中，有神仙，亦自微有分別。』因議後人更不本此。今按《漢志·方技略》醫經第一，經方第二，房中第三，神仙第四，未嘗別有所謂道術類，（原注，止有道家。）且以房中、神仙屬之也。如謂今本編次失叙，則叙例明云：『序方技為四種。』不知樵因何所見而為此説也？（原注，若謂一類之中，節次相承，則文法猶欠明析。）

〔六〕《漢志·六藝略》《禮》類：「《軍禮司馬法》百五十五篇。」《諸子略》道家類：「《太公》二百三十七篇，謀八十一篇，言七十一篇，兵八十五篇。」《通志·校讎略·編次不明論》：「《漢志》以《司馬法》為《禮》經，以《太公兵法》為道家，此何義也？疑此二條，非任氏、劉氏所收，蓋出班固之意，亦如以《太玄》《樂》《箴》為儒家類也。」姚氏《漢書藝文志條理》：「按此兩書，班氏已分別注明，鄭豈真未之見耶？《軍禮司馬法》次《周官傳》之後，班氏亦何嘗以為經？《太公》之書二百數十篇，其中有謀有言有兵，不僅兵法一端，舊時既合為一襲，故劉氏不復分析，從其大而著錄於道，亦未為失也。」

〔七〕《漢書·路溫舒傳》：「上奏畏卻，則鍛鍊而周內之。」注引晉灼曰：「精熟周悉，致之法中也。」《後漢書·韋彪傳》：「鍛鍊之吏，持心近薄。」注：「鍛鍊，猶言成熟也。言深文之吏，入人之罪，猶工冶陶鑄鍛鍊，使之成熟也。」

〔八〕《通志·校讎略·編書不明分類論》：「史家本於孟堅。孟堅初無獨斷之學，惟依緣他人，以成門

户。紀志傳，則追司馬之蹤；律曆藝文，則躡劉氏之迹。惟《地理志》與《古今人物表》是其胸臆。地理一學，後代少有名家者，由班固修書之無功耳。《古今人物表》又不足言也。」

〔九〕《漢志·兵書略》權謀類自注：「出《司馬法》，入《禮》也。」王鳴盛《蛾術編》説録：「《司馬法》、《漢藝文志》百五十五篇，宋元豐間存五篇，編入武經七書内。《仁本》《天子之義》二篇最純。」姚氏《漢書藝文志條理》：「《司馬法》一書，自太公、孫、吴、王子成父皆有所論著，至穰苴又自爲兵法申明之，齊威王又使大夫論述，並穰苴所作，附人其中，合衆家所著，故有百五十五篇之多。古書多有後人附益增長，此亦其一也。」

〔一〇〕見《和州志藝文書序例注》〔一九〕。

〔一一〕《漢志》道家，《太公》二百三十七篇下自注：「吕望爲周師尚父，本有道者。或有近世又以爲太公術者所增加也。」

〔一二〕見《互著第三》注〔六〕。

〔一三〕《老子》第三十章：「將欲歙之，必固張之，將欲弱之，必固强之，將欲廢之，必固興之，將欲奪之，必固與之，是謂微明。」吴澄曰：「老子大概欲與人之所見相反，而使人不可測知。孫、吴、申、韓之徒，用其權術，陷人於死，而人不知。其立言不能無弊，有以啟之。」此兵刑權謀本於道之一説也。

〔一四〕見《言公上》注〔五二〕。

〔一五〕《漢志·六藝略》《春秋》類，録《世本》十五篇，《戰國策》三十三篇，《奏事》二十篇，《漢著記》百九

〔六〕《新唐書·藝文志》雜史類:「員半千《三國春秋》二十卷。」《十六國春秋》,見《經解下》注〔三五〕。《書錄解題》僞史類:「《九國志》五十一卷,左正言知制誥祁陽路振子發撰。九國者,謂吳、唐、二蜀、東南二漢、閩、楚、吳越,各爲世家列傳,凡爲四十九卷。末二卷爲北楚,書高季興事,張唐英所補撰也。」又:「《十國紀年》四十卷,劉恕撰。十國者,即前九國之外,益以荆南,張唐英所謂北楚也。」

〔七〕《漢志·六藝略》《春秋》類:「《國語》二十一篇。」自注:「左丘明著。」

〔八〕見〔言公上〕注〔四八〕。

〔九〕《漢著記》,見上注〔三〕。

〔一〇〕《秦大臣奏事》,見上注〔二五〕。《史記·太史公自序》:「余所謂述故事,整齊其世傳,非所謂作也。」

〔一一〕《隋志》以下,史部均有故事類。

十卷。《通志·校讎略·編次不明論》:「《漢志》以《世本》《戰國策》《秦大臣奏事》《漢著記》爲《春秋》類,此何義也?」

〔一二〕見《言公上》注〔四七〕。

焦竑誤校漢志第十二[一]

自劉、班而後，藝文著錄，僅知甲乙部次，用備稽檢而已。鄭樵氏興，始爲辨章學術，考竟源流，於是特著《校讎》之略；雖其說不能盡當，要爲略見大意，爲著錄家所不可廢矣。樵志以後，史家積習相沿，舛訛雜出；著錄之書，校讎以前其失更甚；此則無人繼起，爲之申明家學之咎也。明焦竑撰《國史經籍志》，[二]其書之得失，別具論次於後。特其《糾繆》一卷，譏正前代著錄之誤，雖其識力不逮鄭樵，而整齊有法，去汰裁甚，[三]要亦有可節取者焉。其糾《漢志》一十三條，似亦不爲無見；特竑未悉古今學術源流，不於離合異同之間，深求其故；而觀其所議，乃是僅求甲乙部次，苟無違越而已。此則可謂簿記守成法，而不可爲校讎家議著作也。今即其所舉，各爲推論，以進於古人之法度焉。

右十二之一

焦竑以《漢志》《周書》入《尚書》爲非，因改入於雜史類。[四]其意雖欲尊經，而實則不知古人類例。按劉向云：「周時誥誓號令，孔子所論百篇之餘」，[五]則《周書》即《尚書》也。劉氏《史通》述《尚書》家，則孔衍《漢魏尚書》，王卲《隋書》，皆次《尚書》之部。[六]蓋類有相仿，

學有所本；六藝本非虛器，典籍各有源流；豈可尊麒麟而遂謂馬牛不隸走部，尊鳳凰而遂謂燕雀不隸飛部耶？

右十二之二

焦竑以《漢志》《尚書》類中《議奏》四十二篇入《尚書》爲非，因改入於集部。[七]按議奏之不當入集，已別具論，此不復論矣。考《議奏》之下，班固自注：「謂宣帝時石渠論也。」韋昭謂石渠爲閣名，於此論書。」是則此處之所謂議奏，乃是漢孝宣時，於石渠閣大集諸儒，討論經旨同異，帝爲稱制臨決之篇，[八]而非廷臣章奏封事之屬也。以其奏御之篇，故名奏議，[九]其實與疏解講義之體相類。劉、班附之《尚書》，宜矣。焦竑不察，而妄附於後世之文集，何其不思之甚邪？秦大臣奏事附於《春秋》，此爲劉、班之遺法也。

右十二之三

焦竑以《漢志》《司馬法》入《禮》爲非，因改入於兵家。[一〇]此未見班固自注，本隸兵家，經班固改易者也。説已見前，[一一]不復置論。

右十二之四

焦竑以《漢志》《戰國策》入《春秋》爲非，因改入於縱橫家。[一三]此論得失參半，說已見前，[一三]不復置論。

右十二之五

焦竑以《漢志》《五經雜議》入《孝經》爲非，因改入於經解。[一四]其說良允。然《漢志》無經解門類，入於諸子儒家，亦其倫也。

右十二之六

焦竑以《漢志》《爾雅》《小爾雅》入《孝經》爲非，因改入於小學。[一五]其說亦不可易。《漢志》於此一門，本無義理，殆後世流傳錯誤也。蓋《孝經》本與小學部次相連，或繕書者誤合之耳。《五經雜議》與《爾雅》之屬，皆緣經起義，類從互注，則益善矣。經解、小學、儒家三類。

右十二之七

焦竑以《漢志》《弟子職》入《孝經》爲非，因歸還於《管子》。[一六]是不知古人裁篇別出之法，其說已見於前，[一七]不復置論。惟是弟子之職，必非管子所撰；或古人流傳成法，輯管子者，採入其書。[一八]前人著作，此類甚多。今以見於《管子》，而不復使其別見專門；則《小爾雅》亦已見於《孔叢子》，[一九]而焦氏不還《孔叢》，改歸小學，又何說耶？然《弟子職》篇，劉、班本意，附於《孝經》與附於小學，不可知矣。要其別出義類，重複互注，則二類皆有可通。至於《六藝略》中，《論語》《孝經》小學三門，不入六藝之本數；則標名六藝，而別種九類，乃是經傳輕重之權衡也。

右十二之八

裁篇別出之法，《漢志》僅存見於此篇，及《孔子三朝》篇之出《禮記》而已。[二〇]充類而求，則欲明學術源委，而使會通於大道，舍是莫由焉。且如叙天文之書，當取《周官》保章，《爾雅‧釋天》，鄒衍言天，《淮南》天象諸篇，[二一]裁列天文部首，而後專門天文之書，以次列爲類焉。則求天文者，無遺憾矣。叙時令之書，當取《大戴禮‧夏小正》篇，《小戴記‧月令》篇，

《周書‧時訓解》諸篇，[二三]裁列時令部首，而後專門時令之書，以次列爲類焉。敘地理之書，當取《禹貢》、《職方》、《管子‧地圓》、《淮南‧地形》、諸史地志諸篇，[二三]裁列地理部首，而後專門地理之書，以次列爲類焉。則後人求其學術源流，皆可無遺憾矣。《漢志》存其意，而未能充其量，然賴有此微意焉。而焦氏乃反糾之以爲謬，必欲歸之《管子》而後已焉，甚矣校讎之難也！

右十二之九

或曰：裁篇別出之法行，則一書之内，取裁甚多，紛然割裂，恐其破碎支離而無當也。答曰：學貴專家，旨存統要。顯著專篇，明標義類者，專門之要，學所必究，乃掇取於全書之中焉。章而鈲之，句而釐之，牽率名義，紛然依附，則是類書纂輯之所爲，[二四]而非著録源流之所貴也。且如韓非之《五蠹》《說林》，董子之《玉杯》《竹林》，當時並以篇名見行於當世，[二五]今皆會萃於全書之中；則古人著書，或離或合，校讎編次，本無一定之規也。《月令》之於《吕氏春秋》，《三年問》《樂記》《經解》之於《荀子》[二六]尤其顯焉者也。然則裁篇別出之法，何爲而不可以著録乎？

右十二之十

焦竑以《漢志》《晏子》入儒家爲非，因改入於墨家。〔二七〕此用柳宗元之説，以爲墨子之徒有齊人者爲之。歸其書於墨家，非以晏子爲墨者也。〔二八〕其説良是。部次群書，所以貴有知言之學，〔二九〕否則徇於其名，而不考其實矣。《檀弓》名篇，非檀弓所著，〔三〇〕《孟子》篇名有《梁惠王》，〔三一〕亦豈以梁惠王爲儒者哉？

右十二之十一

焦竑以《漢志》《高祖》《孝文》二傳入儒家爲非，因改入於制詔。〔三二〕此説似矣。顧制誥與表章之類，當歸故事而附次於《尚書》；焦氏以之歸入集部，〔三三〕則全非也。

右十二之十二

焦竑以《漢志》《管子》入道家爲非，因改入於法家。〔三四〕其説良允。又以《尉繚子》入雜家爲非，因改入於兵家；則鄭樵先有是説，〔三五〕竑更申之。按《漢志》《尉繚》，本在兵形勢家，書凡三十一篇；其雜家之《尉繚子》，書止二十九篇，班固又不著重複併省，疑本非一書

也。[三六]

右十二之十三

焦竑以《漢志》《山海經》入形法家爲非，因改入於地理。[三七]其言似矣。然《漢志》無地理專門，以故類例無所附耳，得非疎歟？且班固創《地理志》，其自注郡縣之下，竊疑蕭何收秦圖籍，[三八]西京未亡，劉歆自可訪之掌故，乃亦缺而不載，或云秦作某地某名，[三九]即秦圖籍文也。西京奕世，及新莽之時，地名累有更易，見於志注，[四〇]當日必有其書，而史逸之矣。至地理與形法家言，相爲經緯，説已見前，不復置論。

右十二之十四

焦竑以《漢志》陰陽、五行、蓍龜、雜占、形法凡五出爲非，[四一]因總入於五行。不知五行本之《尚書》，[四二]而陰陽、蓍龜本之於《周易》也。[四三]凡術數之學，各有師承，龜卜蓍筮，長短不同，[四四]志並列之，已嫌其未析也。焦氏不達，概部之以五行，豈有當哉？

右十二之十五

〔一〕《明史·文苑傳》:「焦竑字弱侯,江寧人。萬曆十七年殿試第一,官翰林修撰。二十五年主應天鄉試,被劾,謫福寧州同知。歲餘,大計復鐫秩,竑遂不出。竑博極群書,自經史至稗官雜說,無不淹貫。善爲古文,典正馴雅,卓然名家。集名《澹園》,竑所自號也。四十八年卒,年八十。」

〔二〕《明史》本傳:「萬曆二十二年,大學士陳于陛建議修國史,欲竑專領其事。竑遜謝,乃先撰《經籍志》,其他率無所撰,館亦竟罷。」按《國史經籍志》,《四庫全書總目》未著錄,《粵雅堂叢書》收入,書凡五卷,末附《糾繆》。

〔三〕《左傳》宣四年注:「汏,過也。」《老子》:「是以聖人去甚,去奢,去泰。」

〔四〕《周書》,見《書教中》注〔八〕。焦氏《糾繆》:「《漢藝文志》,《周書》入《尚書》,非,改雜史。」

〔五〕《漢志·六藝略》《書》類:「《周書》七十一篇。」師古曰:「劉向云,周時誥誓號令也,蓋孔子所論百篇之餘也。」

〔六〕《史通·六家》《尚書》家:「自宗周既殞,《書》體遂廢,迄乎漢、魏,無能繼者。至晉廣陵相魯國孔衍,以爲國史所以表言行,昭法式,至於人理常事,不足備列,乃删漢、魏諸史,取其美詞典言足爲龜鏡者,定以篇第,纂成一家,由是有《漢尚書》《後漢尚書》《魏尚書》,凡爲二十六卷。至隋祕書監太

原王劭,又録開皇仁壽時事,編而次之,以類相從,各爲其目,勒成《隋書》八十卷,尋其義例,皆準《尚書》。」

〔七〕《漢志·六藝略》《書》類:「《議奏》四十二篇。」班固自注:「宣帝時石渠論。」韋昭曰:「閣名也,於此論書。」焦氏《糾繆》云:「《漢志》,《奏議》入《尚書》,非,改入集。」

〔八〕《漢書·翟酺傳》:「孝宣論六經於石渠。」注:「宣帝詔諸儒講《五經》於殿中,兼平《公羊》《穀梁》同異,上親臨決焉。」時更崇《穀梁》,故此言六經也。石渠,閣名。」又《儒林傳》:「施讎爲博士,甘露中,與《五經》諸儒雜論同異於石渠閣。」注引《三輔故事》:「石渠閣在未央殿北,以藏祕書也。」

〔九〕王秉恩校:「奏議,應依上文作議奏。」

〔一〇〕焦氏《糾繆》:「《漢藝文志》,《司馬法》入《禮》,非,改兵家。」

〔一一〕見《鄭樵誤校漢志第十一》注〔九〕。

〔一二〕焦氏《糾繆》:「《漢藝文志》,《戰國策》入《春秋》,非,改縱橫家。」

〔一三〕見《鄭樵誤校漢志第十一》之三節。

〔一四〕《漢志·六藝略》《孝經》類:「《五經雜議》十八篇。」班固自注:「石渠論。」焦氏《糾繆》:「《漢藝文志》,《五經雜議》入《孝經》,非,改經解。」

〔一五〕《漢志·六藝略》《孝經》類:「《爾雅》三卷,二十篇。《小爾雅》一篇。」焦氏《糾繆》:「《漢藝文志》,《爾雅》《小爾雅》入《孝經》,非,改小學。」

〔一六〕《漢志·六藝略》《孝經》類：「《弟子職》一篇。」應劭曰：「管仲所作，在《管子》書。」焦氏《糾繆》：「《弟子職》入《孝經》，非，改《管子》。」

〔一七〕説詳《別裁》第四。

〔一八〕見《言公上》注〔三三〕。

〔一九〕見《和州志藝文書序例》注〔五八〕，《別裁》第四注〔五〕。

〔二〇〕見《別裁》第四注〔二〕。

〔二一〕《周官》保章，見《天喻》注〔一六〕。《釋天》爲《爾雅》第八篇。鄒衍言天，見《詩教上》注〔六一〕。《淮南子·天文訓》第三，高誘注：「文者，象也。天先垂文象日月五星及彗孛，皆謂以譴告一人，故曰天文。」

〔二二〕《夏小正》，見《和州志藝文書序例》注〔五九〕。《時訓解》，見《書教中》注〔九〕。《月令》，見《言公上》注〔二二〕。

〔二三〕《禹貢》，見《書教上》注〔四〕。《職方》，見《書教中》注〔九〕。《地員》，見《言公上》注〔二三〕。《淮南子·墬形訓》第四，高誘注：「紀東西南北，山川藪澤，地之所載萬物形兆所化育也。故曰地形，因以題篇。」

〔二四〕見《文集》注〔二八〕。

〔二五〕《五蠹》《説林》，見《詩教下》注〔四七〕。《玉杯》《竹林》，見《詩教下》注〔五〇〕。

〔二六〕《月令》，見《言公上》注〔三三〕。《禮記·三年間》文同於《荀子·禮論》後半篇，《樂記》略同於《荀子·樂論》，《經解》繩墨誠陳一段，亦與《荀子·禮論》同。

〔二七〕《晏子》，見《詩教上》注〔六〕。焦氏《糾繆》：「《漢藝文志》《晏子》非，改墨家。」

〔二八〕柳宗元辯《晏子春秋》，見《言公上》注〔三七〕。宋濂《諸子辨》：「《漢志》《晏子》八篇，但曰《晏子》。隋唐七卷，始號《晏子春秋》，與今書卷數不同。《崇文總目》謂其書已亡。世所傳者，蓋後人采要行事而成，故柳宗元謂『墨氏之徒有齊人者為之，非嬰所自著，誠哉是言也』。」

〔二九〕見《原道第一》注〔一五〕。

〔三〇〕《禮記·檀弓上》第三，陸德明《音義》：「檀弓，魯人，以其善禮，故以名篇。」

〔三一〕《孟子·梁惠王》第一，趙岐注：「孟子以大儒為諸侯師，是以梁惠王、滕文公題篇。」

〔三二〕《高祖傳》《孝文傳》，見《言公上》注〔四七〕。焦氏《糾繆》：「《漢藝文志》《高祖傳》《孝文傳》，入儒，非，改制詔。」

〔三三〕《國史經籍志》卷五，集類分制詔、表奏、賦頌、別集、總集、詩文評六目。

〔三四〕《管子》，見《詩教上》注〔八〕。焦氏《糾繆》：「《漢藝文志》《管子》入道家，非，改法家。」

〔三五〕《漢志·諸子略》雜家類，錄《尉繚》二十九篇。原注：「六國時。」師古曰：「尉，姓，繚，名也。劉向《別錄》云：『繚為商君學。』」焦氏《糾繆》：「《漢藝文志》《尉繚子》入雜家，非，改兵家。」按《通志·校讎略·見名不見書論》：「編書之家，多是苟且，有見名不見書者。《尉繚子》兵書也，班固

文史通義校注

以爲諸子類，置於雜家，此之謂見名不見書。隋唐因之，至《崇文目》始入兵書類。」是鄭氏先有是説也。

〔三六〕《四庫全書總目》兵家類：「《尉繚子》五卷，周尉繚撰。其人當六國時，不知其本末。《漢志》雜家有《尉繚子》二十九篇，兵形勢家有《尉繚子》三十一篇。今雜家亡，而兵家傳二十四篇。」

〔三七〕《山海經》，見《經解中》注〔一八〕。焦氏《糾繆》：「《漢藝文志》《山海經》入形法，非，改地理。」

〔三八〕見《永清縣志輿地圖序例》注〔一五〕。

〔三九〕如《漢書·地理志》京兆尹下自注：「故秦内史，高帝元年屬塞國，二年，更爲渭南郡，九年罷，復爲内史，武帝建元六年，分爲右内史，太初元年，更爲京兆尹。」其屬縣華陰下自注：「故陰晉，秦惠文王五年，更名寧秦，高帝八年，更名華陰。」等是。

〔四〇〕如《漢書·地理志》渭城下自注：「故咸陽，高帝元年，更名新城，七年罷，屬長安。武帝元鼎三年，更名渭城，有蘭池宫。莽曰京城。」槐里下自注：「周曰犬丘，懿王都之，秦更名廢丘，高祖三年更名。有黄山宫，孝惠二年起。莽曰槐治。」是也。

〔四一〕焦氏《糾繆》：「《漢藝文志》，陰陽、五行、蓍龜、雜占、形法，數術互出；今總入五行。」按焦氏稱「數術互出」，不稱「五出」，疑「五」當作「互」。

〔四二〕《漢志》五行類叙録：「五行者，五常之形氣也。《書》云：『初一曰五行，次二曰羞用五事。』言進用五事，以順五行也。貌、言、視、聽、思，心失而五行之序亂，五星之變作，皆出於律曆之數，而分爲一

〔四三〕《漢志》蓍龜類敘錄:「蓍龜者,聖人之所用也。《易》曰:『定天下之吉凶,成天下之亹亹者,莫善於蓍龜。是故君子將有爲也,將有行也,問焉而以言,其受命也,如嚮。無有遠近幽深,遂知來物。非天下之至精,其孰能與於此!』」

者也。」此言五行與蓍龜、雜占不同,不能混而爲一。

〔四四〕《左傳》僖公四年:「初,晉獻公欲以驪姬爲夫人,卜之不吉,筮之吉。公曰:『從筮。』卜人曰:『筮短龜長,不如從長。』」杜預注:「龜象,筮數,故象長數短。」

校讎通義校注卷三

漢志六藝第十三
漢志諸子第十四
漢志詩賦第十五
漢志兵書第十六
漢志術數第十七
漢志方技第十八

漢志六藝第十三

六經之名，起於後世，然而亦有所本也。荀子曰：「夫學始乎誦經，終乎讀禮。」〔一〕莊子曰：「丘治《詩》《書》《禮》《樂》《易》《春秋》六經。」〔二〕荀、莊皆孔氏再傳門人，去聖未遠。〔三〕其書明著六經之目，則《經解》之出於《禮記》，〔四〕不得遂謂勦説於荀卿也。孔子曰：「述而不作。」又曰：「蓋有不知而作之者，我無是也。」〔五〕六經之文，皆周公之舊典，〔六〕

以其出於官守,而皆爲憲章,故述之而無所用作。〔七〕以其官守失傳,而師儒習業,故尊奉而稱經。〔八〕聖人之徒,豈有私意標目,強配經名,以炫後人之耳目哉?故經之有六,著於《禮記》,標於《莊子》,損爲五而不可,增爲七而不能,所以爲常道也。〔九〕至於《論語》《孝經》《爾雅》,則非六經之本體也;學者崇聖人之緒餘,而尊以經名,其實皆傳體也。蓋官司典常爲經,而師儒講習爲傳,其體判然有別,非謂聖人之書,有優有劣之理也。是以劉歆《七略》,班固《藝文》,叙列六藝之名,實爲九種。蓋經爲主,而傳爲附,不易之理也。〔一○〕後世著錄之法,無復規矩準繩,或稱七經,或稱十三經,〔一一〕紛紛不一。若紀甲乙部次,固無傷也;乃標題命義,自爲著作,而亦徇流俗稱謂,可謂不知本矣。非周公舊典,官司典常。計書幾部爲幾經可也。劉敞《七經小傳》,〔一二〕黃敏《九經餘義》,〔一三〕本非計部之數,而不依六藝之名,不知本也。

右十三之一

《孝經》本以經名者也,〔一四〕樂部有傳無經者也,〔一五〕然《樂記》自列經科,〔一六〕而《孝經》止依傳例,則劉、班之特識也。蓋樂經亡而其記猶存,則樂之位次,固在經部,非若《孝經》之出於聖門自著也。〔一七〕古者諸侯大夫失其配,則貴妾攝主而行事,〔一八〕子婦居嫡,固非攝主之名也。

然而溯昭穆者,不能躋婦於舅妾之列,亦其分有當然也。然則六藝之名,實爲《七略》之綱領,學者不可不知其義也。

右十三之二

讀《六藝略》者,必參觀於《儒林列傳》;猶之讀《諸子略》,必參觀於《孟荀》《管晏》《老莊申韓列傳》也。《詩賦略》之鄒陽、枚乘、相如、揚雄等傳,《兵書略》之孫吳、穰苴等傳,《術數略》之龜筴、日者等傳,《方技略》之扁鵲倉公等傳,無不皆然[二九]孟子曰:「誦其詩,讀其書,不知其人可乎?」[三〇]《藝文》雖始於班固,而司馬遷之列傳,實討論之。觀其叙述,戰國、秦、漢之間,著書諸人之列傳,未嘗不於其篇次,又推論其生平,以書而言,謂之叙錄可也;以人而言,謂之列傳可也。史家存其部目於《藝文》,載其行事於列傳,所以爲詳略互見之例也。是以《諸子》《詩賦》《兵書》諸略,凡遇史有列傳者,必注「有列傳」字於其下,[三一]所以使人參互而觀也。《藝文》據籍而紀,其於現書部目之外,不能越界而書,固其勢也。古人師授淵源,口耳傳習,不著竹帛者,實爲後代群籍所由起。 蓋參觀於列傳,而後知其深微也。 且如田何受《易》於王同、周王孫、丁寬三人,[三二]《藝文》既載三家《易》傳矣。[三四]其云:「商瞿受《易》於孔子,五傳而至田何,漢之《易》家,蓋自田

何而上未嘗有書。」[二五]然則所謂五傳之際，豈無口耳受授之學乎？是《藝文》《易》家之宗祖也。不觀《儒林》之傳，何由知三家《易》之先固有所受乎？費、高二家之《易》，《漢志》不著於録，後人以爲不立學官故也。[二六]然孔氏《古文尚書》，毛氏《詩傳》，左氏《春秋》，皆不列於學官，《漢志》未嘗不並著也。[二七]不觀《儒林》之傳，何由知二家並無章句，直以口授弟子，猶夫田何以上之傳授也。[二八]此不爲章句之明徵也。按《列傳》云：「費直以《彖》《象》《繫辭》《文言》十篇，解説上下經。」[二九]不觀《藝文》後序，以謂劉向校施、孟、梁丘諸家經文，惟費氏經之明驗也。[三〇]由是推之，則古學淵源，師儒傳授，承學流費直始，因罪費直之變古。是費直本無變亂古經之事也。別，皆可考矣。《藝文》一志，實爲學術之宗，明道之要，而列傳之與爲表裏發明，此則用史翼《易》與古文同。晁氏考定古《易》，則以《彖》《象》《文言》雜入卦中，自類。《災異孟氏京房》，[三二]當互見於術數略之雜占，或五行

右十三之三

　　[易]部《古五子》注云：「自甲子至壬子，説《易》陰陽。」[三一]其書當互見於術數略之陰陽

右十三之四

《書》部劉向、許商二家,各有《五行傳記》,[三二]當互見於五行類。夫《書》非專爲五行也,五行專家,則本之於《書》也;故必互見,乃得原委,猶《司馬法》入《周官》之微意也。[三四]

右十三之五

《詩》部韓嬰《詩外傳》,其文雜記春秋時事,與詩意相去甚遠,[三五]蓋爲比興六義,博其趣也。當互見於《春秋》類,與虞卿、鐸椒之書相比次可也。[三六]《春秋》與《詩》相表裏,其旨可自得於韓氏之《外傳》。史家學《春秋》者,必深於《詩》,若司馬遷百三十篇是也。[三八]屈賈,孟荀諸傳尤近。《詩》部又當互通於樂。[三九]

右十三之六

《禮》部《中庸說》,[四〇]當互見《諸子略》之儒家類。諸記本非一家之言,可用裁篇別出之法,而文不盡傳,今存大小戴二家之記,[四一]亦文繁不可悉舉也。大約取劉向所定,分屬制度者,可歸故事,而附《尚書》之部;分屬通論者,可歸儒家,而入諸子之部。[四二]總持大體,不爲

鉤鈲割裂,[四三]則互見之書,各有攸當矣。

《樂》部《雅樂歌詩》四篇,[四四]當互見於《詩》部,及《詩賦略》之雜歌詩。

右十三之七

《春秋》部之《董仲舒治獄》,[四五]當互見於法家,與律令之書,同部分門。說已見前,[四六]不復置論。

右十三之八

《論語》部之《孔子三朝》七篇,[四七]今《大戴記》有其一篇。考劉向《別錄》,七篇具出《大戴》之記,而劉、班未著所出,遂使裁篇與互注之意,俱不可以蹤蹟焉,惜哉!

右十三之九

《孝經》部《古今字》與《小爾雅》為一類。按《爾雅》,訓詁類也,主於義理。《古今字》,篆

隸類也，主於形體。則《古今字》必當依《史籀》《蒼頡》諸篇爲類，而不當與《爾雅》爲類矣。[四八]其二書不當入於《孝經》，已別具論次，[四九]不復置議焉。

右十三之十一

《樂》部舊有淮南劉向等《琴頌》七篇，[五〇]班固以爲重而刪之。今考之《詩賦略》而不見，豈志文之亡逸邪？《春秋》部注：「省《太史公》四篇。」[五一]其篇名既不可知，按《太史公》百三十篇，本隸《春秋》之部，[五二]豈同歸一略之中，猶有重複著錄，及裁篇別出之例邪？

右十三之十二

- 〔一〕見《荀子·勸學》。
- 〔二〕《莊子·天運》文。《困學紀聞》卷八：「六經，始見於《莊子·天運》篇。」
- 〔三〕見《經解上》注[三四]。《困學紀聞》卷八：「朱文公曰，莊周之學，出於老子。韓子始謂：『子夏之後，有田子方。子方之後，流而爲莊周。』以其書之稱子方者考之，則子方之學子夏，周之學子方者，皆不可見。」

文史通義校注

〔四〕《禮記·經解》第二十六，陸德明《音義》：「鄭云：《經解》者，以其記六藝政教得失。」

〔五〕並見《論語·述而》。

〔六〕見《原道第一》注〔六〕。

〔七〕《禮記·曲禮上》：「宦學事師。」《正義》引熊氏云：「宦，謂學仕宦之事。學，謂學習六藝。是二者俱是事師，非禮不親。」此見古者學在官守，師弟傳業，率由舊章，無所用作。

〔八〕《經解上》：「官師既分，處士橫議，諸子紛紛著書立說，而文字始有私家之言，不盡出於典章政教也。儒家者流，乃尊六藝而奉以為經。」

〔九〕龔自珍《六經正名》：「孔子之未生，天下有六經久矣。莊周《天運》篇曰：『孔子曰：某以六經奸七十君而不用。』《記》曰：『孔子曰：人其國，其教可知也。』有《易》《書》《詩》《禮》《樂》《春秋》之教。孔子所觀《易》《書》《詩》，後世知之矣。若夫孔子所見《禮》，即漢世出於淹中五十六篇。孔子所謂《春秋》，周室所藏百二十寶書是也。是故孔子曰：『述而不作。』司馬遷曰：『天下言六藝者，折衷於夫子。』六經六藝之名，由來久遠，不可以肊增益。」（《定盦文集》補編）《白虎通》曰：「經，常也。」有五常之道，故曰《五經》。《樂》仁，《書》義，《禮》禮，《易》智，《詩》信也。」（王氏《考證》引）王守仁《稽山書院尊經閣記》：「經，常道也。其在於天謂之命，其賦於人謂之性，其生於身謂之心。心也，性也，命也，一也。通人物，達四海，塞天地，亘古今，無有乎弗具，無有乎弗同，無有乎或變者也。是常道也。」（《王陽明全集》卷七）

〔一〇〕說詳《經解上》。

〔一一〕準繩，見《詩教下》注〔七二〕。《困學紀聞》卷八：「或云七經。」原注：「後漢趙典學孔子七經。蜀秦宓謂文翁遣相如東受七經。」全祖望云：「七經者，蓋六經之外加《論語》。東漢以後，則加《孝經》而去《樂》。九經，十三經，見《經解上》注〔三六〕。

〔一二〕晁氏《讀書志》經解類：「《七經小傳》五卷，皇朝劉敞原父撰。其所謂七經者，《毛詩》《尚書》《公羊》《周禮》《儀禮》《禮記》《論語》也。」《四庫簡明目錄》《五經》總義類：「宋人說經，毅然自異於先儒，實自敞始，遂開一代之風氣。」

〔一三〕《通志·藝文略》經類：「《九經餘義》一百卷，宋朝處士黃敏撰。」

〔一四〕《漢志·六藝略》《孝經》叙例：「夫孝，天之經，地之義，民之行也。舉大者言，故曰《孝經》。」

〔一五〕《漢書·藝文志·六藝略》樂類，錄《樂記》以下六家，百六十五篇，皆傳文也。《經義考》一百六十五：「《樂經》，《隋志》四卷，佚。《漢書·王莽傳》：『元始三年，立《樂經》。』應劭曰：『周室陵遲，禮崩樂壞，重遭暴秦，遂以闕亡。』按《周官》成均之法，所以教國子，樂德、樂語、樂舞三者而已。樂德，則《舜典》命夔教胄子數言，已括其要。樂舞，則鏗鏘鼓舞之節，不可以為經。樂之有經，大約存其綱領，然則大司樂一章，即樂經可知矣。《樂記》從而暢言之，無異《冠禮》之有義，《喪服》之有傳，即謂《樂經》於今具存，可也。」

〔一六〕《漢》《樂》類：「《樂記》二十三篇。」《禮記·樂記·正義》：「按鄭《目錄》云：『名曰《樂記》者，以其

記樂之義。此於《別錄》屬《樂記》。」蓋十一篇合爲一篇，謂有樂本，有樂論，有樂言，有樂禮，有樂情，有樂化，有樂象，有賓牟賈，有師乙，有魏文侯。今雖合此，略有分焉。劉向所校二十三篇，著於《別錄》。今斷取十一篇。餘十二篇之名，奏樂、樂器、樂作、意始、樂穆、説律、季札、樂道、樂義、昭本、昭頌、竇公，是也。按《別錄》《禮記》四十九篇，《樂記》第十九，則《樂記》十一篇入《禮記》也，在劉向前矣。至劉向爲《別錄》時，更載所入《樂記》十一篇，又載餘十二篇，總爲二十三篇也。」

〔一七〕《困學紀聞》卷七：「《致堂謂：『《孝經》非曾子所自爲也。曾子問孝於仲尼，退而與門弟子類以成書。』」別詳《經解上》注〔二九〕。

〔一八〕《左傳》：「惠公之元妃孟子。孟子卒，繼室以聲子，生隱公。」杜注：「聲，諡也。蓋孟子之姪娣也。《正義》曰：『媵，送也。言妾送適行，故夫人姪娣亦稱媵也。經傳之説，諸侯惟有繼室之文，無重娶之禮，故知元妃死，則次妃攝治内事。次妃，謂姪娣與媵諸妾之最貴者。』此貴妾攝行主事之徵也。」

〔一九〕梁啟超曰：「《史記》專就列傳論，其對於社會文化，確能面面顧及，政治方面代表之人物，無論矣。學問藝術方面，亦盛水不漏。試以劉向《七略》比附之：如《仲尼弟子》《老莊申韓》《孟子荀卿》等傳，於先秦學派，網羅略具，《儒林傳》於秦漢間學派，淵源叙述特詳，則《六藝略》《諸子略》之屬也。如《司馬穰苴》《孫子吳起》等傳，則《兵書略》之屬也。如《屈原賈生》《司馬相如》等傳，則《詩賦

略》之屬也。如《扁鵲倉公傳》，則《方技略》之屬也。如《龜策》《日者》兩傳，則《術數略》之屬也。《要籍解題及其讀法》）足以申明章說。姚氏《漢書藝文志條理》：「按此特言其略耳。論其發明，則列傳之外，紀志書表，皆有可以互證之處。若其隱僻之書，則雖求之諸子百家，亦有所不能盡。數術五行家，多前人所未言，則難之難者。」

〔一〇〕見《孟子·萬章下》。

〔一一〕說詳《和州志藝文書序例》。

〔一二〕《漢志》儒家如《晏子》《孟子》《孫卿子》《魯仲連子》，道家如《管子》，法家如《商君》，縱橫家如《蘇子》《張子》，賦家如《屈原》，兵家如《吳起》《魏公子》，皆注之曰「有列傳」。然於《老子》《莊子》《申子》《韓子》，亦不備書。

〔一三〕《漢書·儒林傳》：「漢興，田何以齊田徙杜陵，號杜田生，授東武王同子中、雒陽周王孫、丁寬、齊服生，皆著《易》傳數篇。」師古曰：「田生授王同、周王孫、丁寬、服生四人，而四人皆著《易》傳也。」

〔一四〕《漢書·藝文志·六藝略》《易》類，《易傳周氏》二篇。班固自注：「字王孫也。」又，《王氏》二篇。自注：「名同。」又，《丁氏》二篇。自注：「名寬，字子襄，梁人也。」

〔一五〕《漢書·儒林傳》：「自魯商瞿子木受《易》孔子，以授魯橋庇子庸，子庸授江東馯背子弓，子弓授燕周醜子家，子家授東武孫虞子乘，子乘授齊田何子裝。及秦禁學，《易》為卜筮之書，獨不禁，故傳者不絕也。」晁氏曰：「商瞿受《易》孔子，五傳而至田何。漢之《易》家，蓋自田何始。何之上未嘗有

〔二六〕（王氏《漢書藝文志考證》引）書。」

〔二六〕《漢書·藝文志》《易》類後序：「秦燔書，《易》爲卜筮之事，傳者不絶。漢興，田何傳之。訖于宣元，有施、孟、梁丘、京氏列於學官。而民間有費、高二家之説。」又《儒林傳》：「費直，東萊人，治《易》，長於卦筮，亡章句，徒以《彖》《象》《繫辭》十篇、《文言》，解説上下經。琅邪王璜平中能傳之。高相，沛人，治《易》，與費公同時。其學亦無章句，專説陰陽災異，自言出於丁將軍，傳至相。相康及蘭陵母將永，豵是《易》有高氏學。高、費皆未嘗立於學官。」

〔二七〕《漢書·藝文志·六藝略》《書》類：「《尚書古文經》四十六卷。」《詩》類：「《毛詩》二十九卷。」《春秋》類：「《左氏傳》三十卷。」按三書至漢平帝時，始立於學官。

〔二八〕見上注〔二六〕。

〔二九〕王氏《漢書藝文志考證》引晁氏曰：「先儒謂費直專以《彖》《象》《文言》參解《易》爻，以《彖》《象》《文言》雜入卦中者，自費氏始。其初費氏不列學官，唯行民間，至漢末陳元方、鄭康成之徒，皆學費氏，古十二篇之《易》遂亡。孔穎達又謂：『輔嗣之意，《象》本釋經，宜相附近，分爻之《象辭》各附當爻。』則費氏初變亂古制時，猶若今《乾卦》《彖》《象》繫卦之末歟？古經始變於費氏，而卒大亂於王弼。」按《郡齋讀書志·徂徠先生周易叙録》文，較此爲略。

〔三〇〕《漢書·藝文志》《易》類後序：「劉向以中古文《易經》校施、孟、梁丘經，或脱去无咎悔亡，惟費氏經與古文同。」章氏《信摭》：「劉向典校祕書，以中古文《易經》校施、孟、梁丘三家，或脱去无咎悔亡，

惟費氏與古文同。後人誤會《儒林傳》文，以《象》《彖》《文言》解上下經，因以分傳附於經後，謂始費氏，不知分傳附經，自後漢鄭、王諸家始也。」（劉刻《遺書》外編卷一）沈欽韓曰：「晁公武云：『凡以《象》《彖》《文言》等參入卦中，皆祖費氏。』《文獻通考》亦云：『《彖》《象》《文言》雜入卦中，自費氏始。』按《魏志》：『高貴鄉公問《易》博士淳于俊曰：孔子作《彖》《象》，不與經文相連，而注連之，何也？』俊對曰：『鄭合《彖》《象》於經者，欲使學者尋省易了也。』則合《彖》《象》等始自鄭氏，不關費氏。或鄭氏名重，遂專舉之耳。孔穎達又謂：『輔嗣之意，《象》本釋經，宜相附近，分爻之《象》辭』，各附當爻。』是漢魏間注費氏本者，共分析連綴之也。」（《漢書疏證》卷二十四）

〔三〕《漢志》《易》類：「《古五子》十八篇。」班固自注：「自甲子至壬子，說《易》陰陽。」《初學記》卷二十一：「劉向《別錄》曰，所校讎中《易傳》《古五子》書，除復重，定著十八篇，分六十四卦，著之曰辰，自甲子至於壬子，凡五子，故號曰《五子》。」

〔三〕《漢志・六藝略》《易》類：「《災異孟氏京房》六十六篇，此京氏注孟也。」按《四庫全書總目》《京氏易傳》三卷，收入術數類。

〔三〕《漢志・六藝略》《書》類：「劉向《五行傳記》十一卷，許商《五行傳記》一篇。」王氏《考證》：「伏生創紀《大傳》，五行之體始詳，劉向廣演《洪範》，休咎之文益備。」又曰：「夏侯始昌推五行傳，傳族子勝，下及許商，其傳與劉向同。」

（三四）《漢志·六藝略》《禮》類：「《軍禮司馬法》百五十五篇。」又《兵書略》班固自注：「出《司馬法》百五十五篇，入《禮》也。」

（三五）《書錄解題》《詩》類：「《韓詩外傳》十卷，漢常山太傅燕韓嬰撰。按《藝文志》有《韓故》三十六卷，《內傳》四卷，《外傳》六卷，《韓說》四十一卷，今皆亡，所存惟《外傳》，而卷多於舊，蓋多記雜記，不專解詩，果當時本書否也？」《四庫簡明目錄》《詩》類：「其書雜引古事古語，證以詩詞，與經義不相比附，所述多與周秦諸子相出入。班固稱三家之《詩》，或取《春秋》，采雜說，咸非其本意，或指此類歟？」

（三六）《漢志·六藝略》《春秋》類，《鐸氏微》三篇。班固自注：「楚太傅鐸椒也。」又，《虞氏微傳》二篇。自注：「趙相虞卿。」劉向《別錄》：「左丘明授曾申，申授吳起，起授其子期，期授楚人鐸椒，鐸椒作抄撮八卷，授虞卿，虞卿作抄撮九卷，授荀卿，荀卿授張蒼。」（王氏《考證》引）

（三七）《孟子·離婁下》文。朱注：「《詩》亡，謂《黍離》降為《國風》而《雅》亡也。《春秋》，魯史記之名，孔子因而筆削之。」

（三八）劉熙載《文概》：「《太史公》文兼括六藝百家之旨，第論其惻怛之情，抑揚之致，則得於《詩三百》及《離騷》居多。」

（三九）《困學紀聞》卷五，引致堂胡氏曰：「孔子曰：『吾自衛反魯，然後樂正，雅頌各得其所。』是《詩》與《樂》相須，不可謂《樂》無書。」詩樂相須，其互通之徵也。

〔四〇〕《漢志·六藝略》《禮》類：「《中庸說》二篇。」師古曰：「今《禮記》有《中庸》一篇，亦非本《禮經》，蓋此之流。」王鳴盛《蛾術編·說録》曰：「《漢志》《中庸說》二篇，與上記百三十一篇，各爲一條。則今之《中庸》，乃百三十一篇之一，而《中庸說》二篇，其解詁也。不知何人所作，惜其書不傳。師古乃云：『今《禮記》有《中庸》一篇，亦非本《禮經》，蓋此之流。』反以《中庸》爲說之流，師古虛浮無當，往往如此。」

〔四一〕見《經解上》注〔三五〕。

〔四二〕劉向所校定之《禮記》，分類爲次，其類之可考見者，一通論，二制度，三喪服，四吉禮或吉事，五祭祀，六子法或世子法，七樂記，八明堂或明堂陰陽也。

〔四三〕見《言公下》注〔三二〕。

〔四四〕《漢志·六藝略》《樂》類：「《雅歌詩》四篇。」王應麟《漢書藝文志考證》：「《晉志》《杜夔傳》舊雅樂四曲，一曰《鹿鳴》，二曰《騶虞》，三曰《伐檀》，四曰《文王》，皆古聲辭。此四篇，豈即四曲歟？」

〔四五〕《漢志·六藝略》《春秋》類：「《公羊董仲舒治獄》十六篇。」錢大昭曰：「《後漢書·應劭傳》，故膠東董仲舒老病致仕，朝廷每有政議，數遣廷尉張湯，親至陋巷，問其得失。於是作《春秋決獄》二百三十二事，動以經對，言之詳矣。」（王先謙《漢書補注》引）馬國翰輯本序：「董氏傳《春秋公羊》學，既撰《繁露》，悉究天人之奧，復撰此書，引經斷獄，當代取式焉。」

〔四六〕見《補校漢藝文志第十》之二節。

〔四七〕見《別裁第四》注〔二〕。

〔四八〕《漢志·六藝略》《孝經》類:「《小爾雅》一篇,《古今字》一卷。」姚氏《漢書藝文志條理》:「按《古今字》,分別古今,言其同異耳。《毛詩疏》引《爾雅序》:『《釋詁》《釋言》,通古今之字,古與今異言也。《釋訓》,言形貌也。』則《古今字》與《爾雅》《小雅》一類之學,相爲表裏者也,故附於其後。又《爾雅》《小雅》《古今字》三書,漢時皆不以爲小學,故附於《五經》雜議之後。」

〔四九〕見《焦竑誤校漢志第十二》之七節。

〔五〇〕《漢志》樂類,凡樂六家,百六十五篇。自注:「出淮南、劉向等《琴頌》七篇。」

〔五一〕《漢志》:「凡《春秋》二十三家,九百四十八篇。」班固自注:「省《太史公》四篇。」姚氏《漢書藝文志條理》:「按本志是篇都凡之下注云『《太史公》四篇』,當是馮氏續書。馮所續著録七篇,省四篇,蓋十一篇,故班氏、韋氏並云十餘篇。(見《張湯傳贊》及本志韋昭注)」

〔五二〕見《宗劉第二》注〔一四〕。

漢志諸子第十四

右十四之一

儒家部有《周政》六篇，《周法》九篇，其書不傳。班固注《周政》云：「周時法度政教。」注《周法》云：「法天地，立百官。」則二書蓋官《禮》之遺也。附之《禮》經之下為宜，入於儒家非也。〔五〕大抵《漢志》不立史部，凡遇職官、故事、章程、法度之書，〔六〕不入六藝部次，則歸儒雜二家：故二家之書，類附率多牽混，惜不能盡見其書，校正之也。夫儒之職業，誦法先王之道，以待後之學者。〔七〕因以所得，自成一家之言，孟荀諸子是也。若職官故事章程法度，則當世之實蹟，非一家之立言，附於儒家，其義安取？故《高祖》《孝文》諸篇之入儒，前人議其

儒家部《周史六弢》六篇，兵家之書也。觀班固自注：「或曰孔子問焉。」〔一〕劉恕以謂：「《漢志》列於儒家，恐非兵書。」〔二〕今亦不可考矣。雖然，書當求其名實，不以人名分部次於儒家之義耳。王而出其書於兵家也。《漢志》歸道家。劉氏《七略》，道家兵家互收。〔三〕《內經》之篇有黃帝問，不得因黃帝而出其書於方技也。〔四〕假使《六弢》果有夫子之問，問在兵書，安得遂歸儒家部次邪？

非,[八]是也。

右十四之二

儒家《虞氏春秋》十五篇,司馬遷《十二諸侯年表序》作八篇;[九]或初止八篇,而劉向校書,爲之分析篇次,未可知也。然其書以《春秋》標題,而撰著之文,則又上采春秋,下觀近世,而定著爲書,抑亦《春秋》之支別也。法當附著《春秋》,而互見於諸子。班《志》入僅著於儒家,惜其未習於史遷之叙例爾。

右十四之三

司馬遷之叙載籍也,疏而理;班固之志《藝文》也,密而舛。蓋遷能溯源,固惟辨蹟故也。遷於《十二諸侯表叙》,既推《春秋》爲主,則左丘、鐸椒、虞卿、吕不韋諸家,以次論其體例;然論《春秋》之支系也。至於孟、荀、公孫固、韓非諸書,命意各殊,與《春秋》之部,不相附麗;然論辨紀述,多及春秋時事,則約略紀之,蓋《春秋》之旁證也。張蒼歷譜五德,董仲舒推《春秋》義,乃《春秋》之流別,故終篇推衍及之。[一〇]則觀斯表者,求《春秋》之折衷,無遺憾矣。至於著書之人,學有專長,所著之書,義非一概,則自有專篇列傳,別爲表明;亦猶劉向、任宏於校讎

部次，重複爲之互注例也。[二]班氏拘拘於法度之內，此其所以類例難精而動多掣肘歟？[三]

右十四之四

《賈誼》五十八篇，收於儒家，似矣；然與法家當互見也。考《賈誼傳》，初以通諸家書，召爲博士，又出河南守吳公門下。吳公嘗學事李斯，以治行第一，召爲廷尉，乃薦賈誼。誼所上書，稱說改正朔，易服色制度，定官興禮樂，草具儀法。文帝謙讓未遑。然諸法令所更定，及列侯就國，其說皆自誼發之。[三]又司馬遷曰：「賈生、晁錯明申商。」[四]今其書尚可考見，宗旨雖出於儒，而作用實本於法也。《漢志》叙錄云：「法家者流，出於理官。」[五]蓋法制禁令，《周官》之刑典也。「名家者流，出於禮官。」[六]蓋名物度數，《周官》之禮典也。古者刑法禮制，相爲損益，故禮儀三百，威儀三千；而五刑之屬三千，條繁文密，其數適相等也。[七]是故聖王教民以禮，而禁之以刑。出於禮者，即入於刑，勢無中立。故民日遷善，而不知所以自致也。[八]儒家者流，總約刑禮，而折衷於道，蓋懼斯民泥於刑禮之蹟，而忘其性所固有也。程子曰：「有《關雎》《麟趾》之心，而後可以行周官之法度。」[三○]所謂《關雎》《麟趾》，仁義是也。所謂周官法度，刑禮之屬皆是也。然則儒與名法，其善不足以爲政，徒法不能以自行。」[九]夫法則禮刑條目，有節度者皆是也。善則欽明文思，允恭克讓，[三○]無形體者皆是也。孟子曰：「徒

原皆出於一,非若異端釋老,屏去民彝物則,嘗不本聖人之法,而所以制而用者非也。儒分爲八,墨分爲三,[二五]則儒亦有不合聖人之道者矣。鄧析、公孫龍之名,[二四]不得自外於聖人之道者矣。此其所以著錄之書,貴知原委,而又當善條其流別也。賈生之言王道,深識本原,推論三代,其效不待言矣。[二六]然其立法創制,條列禁令,則是法家之實。其書互見法家,正以明其體用所備;儒固未足爲榮,名法亦不足爲隱諱也。後世不知家學流別之義,相率而爭於無益之空名;其有列於儒家者,不勝其榮;不列於名法者,不勝其辱;豈知同出聖人之道,而品第高下,又各有其得失;,但求名實相副,爲得其宜,不必有所選擇。《漢志》始別九流,而儒雜二家,已多淆亂。[二七]後世著錄之人,更無別出心裁,紛然以儒雜二家爲蛇龍之菹焉。[二八]凡於諸家著述,不能遽定意指之所歸,愛之則附於儒,輕之則推於雜;夫儒雜分家之本旨,豈如是耶?

右十四之五

《董仲舒》百二十三篇,部於儒家,是矣。然仲舒所著,皆明經術之意。[二九]至於說《春秋》事,得失間舉,所謂《玉杯》《繁露》《清明》《竹林》之屬,則當互見《春秋》部次者也。[三〇]

右十四之六

桓寬《鹽鐵論》六十篇，部於儒家，[二]此亦良允。第鹽鐵之議，乃孝昭之時政，其事見《食貨志》。[三]桓寬撰輯一時所謂文學賢良對議，[三]乃具當代之舊事，不盡爲儒門見風節也。法當互見於故事；而《漢志》無故事之專門，亦可附於《尚書》之後也。

右十四之七

劉向所叙六十七篇，部於儒家，則《世說》《新序》《説苑》《列女傳頌圖》四種書也。[三四]此劉歆《七略》所收，全無倫類。班固從而效之，因有揚雄所叙三十八篇，不分《太玄》《法言》《樂》《箴》四種之弊也。鄭樵譏班固之混收揚雄一家爲無倫類，而謂班氏不能學《七略》之徵；[三五]不知班氏固效劉歆也。乃於劉歆之創爲者，則故縱之；班固之因仍者，則酷斷之，甚矣，人心不可有偏惡也。按《説苑》《新序》，雜舉春秋時事，[三六]當互見於《春秋》之篇。《世説》今不可詳，本傳所謂「《疾讒》《摘要》《救危》及《世頌》諸篇，依歸古事，悼己及同類也」，[三七]似亦可以互見《春秋》矣。惟《列女傳》，本採《詩》《書》所載婦德可垂法戒之事，以之諷諫宫闈，[三八]則是史家傳記之書；而《漢志》未有傳記專門，亦當次《春秋》之後可矣。

至其引風綴雅，託與六義，[三九]又與《韓詩外傳》相爲出入，則互注於《詩經》部次，庶幾相合；總非諸子儒家書也。

右十四之八

道家部《老子鄰氏經傳》四篇，《傅氏經說》三十七篇，《徐氏經說》六篇。[四〇]按《老子》本書，今傳道德上下二篇，共八十一章；《漢志》不載本書篇次，則劉、班之疎也。[四一]凡書有傳注解義諸家，離析篇次，則著錄者，必以本書篇章原數，登於首條，使讀之者可以考其原委，如《漢志》六藝各略之諸經篇目，是其義矣。

右十四之九

或疑伊尹、太公皆古聖賢，何以遂爲道家所宗，以是疑爲後人假託。[四二]其說亦自合理。惟是古人著書，援引稱說，不拘於方。道家源委，《莊子·天下》篇所敘述者，略可見矣。[四三]意其著書稱述，以及假說問對，偶及其人，而後人不辨，則以爲其自著。及察其不類，又以爲後人依託。今其書不存，殆亦難以考正也。且如儒家之《魏文侯》《平原君》，[四四]未必非儒者之徒，篇名偶用其人，如《孟子》之有《梁惠王》《滕文

《公》之類耳。不然，則劉、班篇次雖疏，何至以戰國諸侯公子稱爲儒家之書歟？

右十四之十

陰陽二十一家，與兵書陰陽十六家，同名異術，偏全各有所主；叙例發明其同異之故，抑亦可矣；今乃缺而不詳，失之疏耳。第《諸子》陰陽之本叙，以謂出於羲和之官，之總叙，又云「皆明堂羲和史卜之職也」。[四五]數術七種不相入。是則劉、班叙例之不明，不免後學之疑惑矣。[四六]今觀陰陽部次所叙列，本與數術中之天文五行夷雝龍之類，[四七]空論其理，而不徵其數者也。《數術略》之天文曆譜諸家，顓頊日月宿曆之類，[四八]顯徵度數，而不衍空文者也。蓋《諸子略》中陰陽家，乃鄒衍談天、鄒星氣，以及黃帝、惟於叙例，亦似鮮所發明爾。然道器合一，理數同符。劉向父子校讎諸子，之太史尹咸，[四九]以爲七種之綱領，固已失矣。叙例皆引羲和爲官守，是又不精之咎也。莊周《天下》之篇，叙列古今學術，其於諸家流別，皆折衷於道要。首章稱述六藝，則云「《易》以道陰陽」，[五〇]是《易》爲陰陽諸書之宗主也。使劉、班著略，於諸子陰陽之下，著云源出於《易》於《易》部之下，著云古者掌於太卜，[五一]則官守師承之離合，不可因是而考其得失歟？至於羲和之官，則當特著於天文曆譜之下，而不可兼引於諸子陰陽之叙也。劉氏父子精於曆

數,[五三]而校書猶失其次第」,又況後世著錄,大率偏於文史之儒乎?

或曰:羲、衍之談天雕龍,大道之破碎也。今日其源出於大《易》,豈不荒經而蔑古乎?師儒失其傳授,則遊談之書,推原前聖經傳,以折其是非。其官無典守,而師無傳習者,則是不根之妄言,屏而絶之,不得通於著録焉。其有幸而獲傳者,附於本類之下,而明著其違悖焉。是則著錄之義,固所以明大道而治百家也。何爲荒經蔑古乎?

右十四之十一

今爲陰陽諸家作叙例,當云陰陽家者流,其原蓋出於《易》。《易》大傳曰:「一陰一陽之謂道。」又曰:「易有太極,是生兩儀。」[五三]此天地陰陽之所由著也。星曆司於保章,卜筮存乎官守。[五四]聖人因事而明道,於是爲之演《易》而繫詞。[五五]後世官司失守,而聖教不得其傳,則有談天雕龍之説,破碎支離,去道愈遠,是其弊也。其書傳者有某甲乙,得失如何,則陰陽之原委明矣。今存叙例,乃云「敬順昊天,歷象日月星辰,敬授人時」。此乃數術曆譜之叙例,於

右十四之十二

衍、奭諸家何涉歟？

右十四之十三

陰陽家《公檮生終始》十四篇，在《鄒子終始》五十六篇之前，而班固注云：「公檮傳鄒奭《始終》書。」[五六]豈可使創書之人，居傳書之人後乎？又《鄒子終始》五十六篇之下注云：「鄒衍所說。」[五七]而公檮下注：「鄒奭《始終》。」名既互異，而以終始為始終，亦必有錯訛也。又《閭丘子》十三篇，《將鉅子》五篇，班固俱注云「在南公前」。[五八]而其書俱列《南公》三十一篇之後，亦似不可解也。觀「終始五德之運」則以為始終誤也。

右十四之十四

《五曹官制》五篇，列陰陽家，其書今不可考。然觀班固注云：「漢制，似賈誼所條。」[六〇]按《誼傳》：「誼以為當改正朔，易服色，定制度，定官名，興禮樂，草具其儀法，色尚黃，數用五，為官名。」此其所以為五曹官制歟？如此則當入於官《禮》。今附入陰陽家言，豈有當耶？大約此類，皆因終始五德之意，故附於陰陽。[六一]然則《周官》六典，取象天地四時，亦可入於曆譜家矣。

右十四之十五

于長《天下忠臣》九篇,入陰陽家,前人已有議其非者。或曰:其書今已不傳,無由知其義例。然劉向《別錄》云:「傳天下忠臣。」[六二]則其書亦可以想見矣。縱使其中參入陰陽家言,亦宜別出互見,而使觀者得明其類例,何劉、班之無所區別耶?蓋《七略》未立史部,而傳記一門之撰著,惟有劉向《列女》,與此二書耳。附於《春秋》而別爲之説,猶愈於攙入陰陽家言也。

右十四之十六

法家《申子》六篇,其書今失傳矣。[六三]按劉向《別錄》:「申子學號刑名,以名責實,尊君卑臣,崇上抑下。」[六四]荀卿子曰:「申子蔽於勢而不知智。」[六五]韓非子曰:「申不害徒術而無法。」[六六]是則申子爲名家者流,而《漢志》部於法家,失其旨矣。

右十四之十七

《商君·開塞·耕戰》諸篇,[六七]可互見於兵書之權謀條。《韓非·解老·喻老》諸篇,可

互見於道家之《老子》經。〔六八〕其裁篇別出之說，已見於前，不復置論。

右十四之十八

名家之書，當叙於法家之前，而今列於後，失事理之倫叙矣。蓋名家論其理，而法家又詳於事也。雖曰二家各有所本，其中亦有相通之原委也。

右十四之十九

名家之言，分爲三科：一曰命物之名，方圓黑白是也。二曰毀譽之名，善惡貴賤是也。三曰況謂之名，賢愚愛憎是也。尹文之言云爾。〔六九〕然而命物之名，其體也。毀譽況謂之名，其用也。名家言治道，大率綜核毀譽，整齊況謂，所謂循名責實之義爾。命物之名，其源實本於《爾雅》。〔七〇〕後世經解家言，辨名正物，〔七一〕蓋亦名家之支別也。由此溯之，名之得失可辨矣。

凡曲學支言，淫辭邪說，其初莫不有所本。著錄之家，見其體分用異，而離析其部次，甚且拒絕而不使相通。，則流遠而源不可尋，雖欲不泛濫而橫溢也，不可得矣。孟子曰：「詖辭知其所蔽，淫辭知其所陷，邪辭知其所離，遁辭知其所窮。」〔七二〕夫謂之知其所者，從大道而溯其遠近離合之故也。不曰淫詖邪遁之絕其途，而曰淫詖邪遁之知其所者，蓋百家之言，亦大道之散著

也。奉經典而臨治之,則收百家之用;忘本源而釐析之,則失道體之全。

右十四之二十

墨家《隨巢子》六篇,《胡非子》三篇,班固俱注「墨翟弟子」,而敘書在《墨子》之前。《我子》一篇,劉向《別錄》云「爲墨子之學」,[七三]其時更在後矣。敘書在隨巢之前,此理之不可解者,或當日必有錯誤也。

右十四之二十一

道家祖老子,而先有《伊尹》《太公》《鬻子》《管子》之書;[七四]墨家祖墨翟,而先有《伊佚》《田俅子》之書;[七五]此豈著錄諸家窮源之論耶?今按《管子》當入法家,[七六]著錄部次之未審也。至於《伊尹》《太公》《鬻子》乃道家者流稱述古人,因以其人命書,非必盡出僞託,亦非以伊尹、太公之人爲道家也。《尹佚》之於墨家,意其亦若是焉而已。然則鄭樵所云「看名不看書」,[七七]誠有難於編次者矣。否則班、劉著錄,豈竟全無區別耶?第《七略》於道家,敘黃帝諸書於老萊、鶡冠諸子之後,[七八]爲其後人依託,不以所託之人敘時代也。而《伊尹》《尹佚》諸書,顧冠道墨之首,豈誠以謂本所自著耶?其書今既不傳,附以存疑之說可矣。

右十四之二十二

六藝之書與儒家之言，固當參觀於《儒林列傳》；道家、名家、墨家之書，則列傳而外，又當參觀於莊周《天下》之篇也。蓋司馬遷敘傳所推六藝宗旨，尚未究其流別一篇，實為諸家學術之權衡。著錄諸家宜取法也。觀其首章列敘舊法世傳之史，與《詩》《書》六藝之文，〔八〇〕則後世經史之大原也。其後敘及墨翟、禽滑釐之學，則墨支、墨翟弟子勤以下諸人。墨言，苦獲、己齒、鄧陵子之屬，皆誦墨經是也。具有經緯條貫；〔八一〕較之劉、班著錄，源委尤為秩然，不啻《儒林列傳》之於《六藝略》也。宋鈃、尹文、田駢、慎到、關尹、老聃以至惠施、公孫龍之屬，皆諸子略中，道家名家所互見。〔八二〕然則古人著書，苟欲推明大道，未有不辨諸家學術源流；著錄雖始於劉、班，而義法實本於前古也。

右十四之二十三

縱橫者，詞說之總名也。蘇秦合六國為縱，張儀為秦散六國為橫，同術而異用，所以為戰國事也。〔八三〕既無戰國，則無縱橫矣。而其學具存，則以兵法權謀所參互，而抵掌談說所取資也。是以蘇、張諸家，可互見於兵書；《七略》以蘇秦、蒯通入兵書。〔八四〕而鄒陽、嚴、徐諸家，〔八五〕又為

後世詞命之祖也。

右十四之二十四

蒯通之書，自號《雋永》，今著錄止稱《蒯子》；且傳云「自序其說八十一首」，而著錄僅稱五篇；不爲注語以別白之，則劉、班之疎也。[八六]

右十四之二十五

積句成章，積章成篇；擬之於樂，則篇爲大成，而章爲一闋也。[八七]《漢志》計書，多以篇名，間有計及章數者，小學叙例之稱《倉頡》諸書也。[八八]至於叙次目錄，而以章計者，惟儒家《公孫固》一篇，注「十八章」，《羊子》四篇，注「百章」而已。[八九]其如何詳略，恐劉、班當日，亦未有深意也。至於以首計者，獨見蒯通之傳，不知首之爲章與？爲篇計與？志存五篇之數，而不詳其所由，此傳志之所以當互考也。

右十四之二十六

雜家《子晚子》三十五篇，注云：「好議兵，似《司馬法》。」何以不入兵家耶？[九〇]《尉繚

《尸子》二十篇，書既不傳，既云「商鞅師之」，[九二]恐亦法家之言矣。如云《尸子》非爲法者，則商鞅師其何術，亦當辨而著之；今不置一說，部次雜家，恐有誤也。

右十四之二十七

《呂氏春秋》，[九三]亦《春秋》家言而兼存典章者也。當互見於《春秋》《尚書》，而猥次於雜家，亦錯誤也。古者《春秋》家言，體例未有一定；自孔子有知我罪我之説，而諸家著書，往往以《春秋》爲獨見心裁之總名。[九四]然而左氏而外，鐸椒、虞卿、呂不韋之書，雖非依經爲文，而宗仰獲麟之意，觀司馬遷敘《十二諸侯年表》，而後曉然也。[九五]呂氏之書，蓋司馬遷之所取法也。十二本紀，倣其十二月紀；八書，倣其八覽；七十列傳，倣其六論。[九六]則亦微有所以折衷之也。四時錯舉，名曰春秋，則呂氏猶較虞卿《晏子春秋》爲合度也。劉知幾譏其本非史書，而冒稱《春秋》，[九七]失其旨矣。其合於章程，已具論次，不復置論。

右十四之二十八

子》之當入兵家，已爲鄭樵糾正，[九一]不復置論。

右十四之二十九

《淮南内》二十一篇,本名爲《鴻烈解》,而止稱淮南,[九八]則不知爲地名與?人名書名與?此著録之苟簡也。其書則當互見於道家,志僅列於雜家非也。外篇不傳,不復置論。

右十四之三十

道家《黄帝銘》六篇,與雜家《荆軻論》五篇,其書今既不可見矣;考《皇覽》黄帝金人器銘,及《皇王大紀》所謂與几之箴,巾几之銘,則六篇之旨,可想見也。[九九]《荆軻論》下注「司馬相如等論之」,而《文心雕龍》則云「相如屬詞,始讚荆軻」。[一〇〇]是五篇之旨,大抵史讚之類也。銘箴頌讚有韻之文,例當互見於詩賦,與詩賦門之《孝景皇帝頌》[一〇一]同類編次者也。《孔甲盤盂》二十六篇,[一〇二]亦是其類。

右十四之三十一

農家託始神農,遺教緒言,或有得其一二,未可知也。[一〇三]《書》之《無逸》,《詩》之《豳風》,《大戴記》之《夏小正》,《小戴記》之《月令》,《爾雅》之《釋草》,《管子》之《牧民》篇,《吕

氏春秋・任地》諸篇，[一〇四]俱當用裁篇別出之法，冠於農家之首者也。神農、野老之書，[一〇五]既難憑信，故經言不得不詳。

右十四之三十二

小説家之《周考》七十六篇，《青史子》五十七篇，其書雖不可知，然班固注《周考》，云「考周事也」。注《青史子》，云「古史官紀事也」。則其書非《尚書》所部，即《春秋》所次矣。觀《大戴禮・保傅》篇，引青史氏之記，則其書亦不儕於小説也。[一〇六]

右十四之三十三

〔一〕《漢志・諸子略》儒家，《周史六弢》六篇。班固自注：「惠襄之間，或曰顯王時，或曰孔子問焉。」師古曰：「即今之《六韜》也。蓋言取天下及軍旅之事。弢字與韜同也。」《館閣書目》：「《周史六弢》，恐別是一書。」（王應麟《漢書藝文志考證》引）沈濤曰：「按今《六韜》，乃文王、武王問太公兵戰之事，而此列之儒家，則非今之《六韜》也。六，乃大字之誤。《人表》有周史大弢。古字書無弢字，《篇》《韻》始有之，當爲弢字之誤。《莊子・則陽》篇，仲尼問於太史大弢，蓋即其人。此乃其所著

書，故班氏有孔子問焉之說。顏以爲太公《六韜》，誤矣。今之《六韜》，當在《太公》二百三十七篇之内。」(《銅熨斗齋隨筆》)

〔二〕劉恕《通鑑外紀》：「志在儒家，非兵書也。」(王應麟《漢書藝文志考證》引)《宋史·文苑傳》：「劉恕字道源，筠州人，未冠舉進士，賜第，調鉅鹿主簿和縣令。篤好史學，自太史公所記，至周顯德末，紀傳之外，至私記雜說，無所不覽，上下數千載間，鉅微之事，如指諸掌。司馬光編《資治通鑑》，召爲局僚，遇史事紛錯難治者，輒以諉恕。恕於魏晉以後事，考證差謬，最爲精詳。官至祕書丞，卒，年四十七。著有《五代十國紀年》《通鑑外紀》。」

〔三〕《漢志·諸子略》道家：《太公》二百三十七篇。又《兵書略》權謀類，自注：「省《太公》。」是劉氏《七略》道家兵家互收，而班氏省其重也。

〔四〕《内經》，見《詩教上》注〔八〇〕。王氏《考證》：「夏竦《銅人腧穴針灸圖經序》云：黃帝問岐伯，盡書其言，藏於金蘭之室。洎雷公請問其道，乃坐明堂以授之。」

〔五〕《漢志·諸子略》儒家，《周政》六篇。自注：「法天地，立百官。」姚振宗《漢書藝文志條理》：「按班氏仍錄略之舊，列於儒家，必有其故，後人未見其書，未可斷以爲非。」

〔六〕職官，見《宗劉第二》注〔七〕。章程，見《書教上》注〔一五〕。《隋書·經籍志》史部《舊事序》：「古者，朝廷之政，發號施令，百司奉之，藏於官府，各修其職守而弗忘。《春秋傳》曰『吾觀諸故府』，則其事

也。晉初，甲令以下至九百餘卷，晉武帝令車騎將軍賈充，博引群儒，刪采其要，增律十篇。其餘不足經遠者為法令，施行制度者為令，品式章程者為故事，各還其官府。」《書・大禹謨》：「罔失法度。」

〔七〕見《原道中》注〔一五〕。

〔八〕見《焦竑誤校漢志第十二》注〔三〕。

〔九〕《漢志》儒家類有《虞氏春秋》十五篇。班固自注：「虞卿也。」《史記・十二諸侯年表序》：「趙孝成王時，其相虞卿，上采春秋，下觀近世，亦著八篇，為《虞氏春秋》。」

〔一〇〕見《永清縣志前志列傳序例》注〔四〕。

〔一一〕說詳《互著第三》。

〔一二〕《呂氏春秋・審應覽・具備》：「宓子賤治亶父，將行，請近吏二人於魯君，與之俱，至於亶父，令吏二人書。吏方將書，宓子賤從旁時掣搖其肘，吏書之不善，則宓子賤為之怒，吏甚患之，辭而請歸。宓子賤曰：『子之書甚不善，子勉歸矣。』二吏歸，報於君。魯君太息而歎曰：『宓子以此諫寡人之不肖也。寡人亂子而令宓子不得行其術，必數有之矣。微二人，寡人幾過。』」

〔一三〕《史記・賈生列傳》：「賈生名誼，雒陽人也。年十八，以能誦詩屬書，聞於郡中。吳廷尉為河南守，聞其秀才，召置門下，甚幸愛。孝文皇帝初立，聞河南守吳公治平為天下第一，故與李斯同邑，而常學事焉，乃徵為廷尉。廷尉乃言賈生年少，頗通諸子百家之書。文帝召以為博士。是時賈生年二十

餘,最爲少,每詔令議下,諸老先生不能言,賈生盡爲之對,人人各如其意所出,諸生於是乃以爲能不及也。文帝說之,超遷一歲中至太中大夫。賈生以爲漢興至孝文二十餘年,天下和洽,而固當改正朔,易服色,法制度,定官名,興禮樂,迺草具其事儀法,色尚黃,數用五,爲官名,悉更秦之法。文帝初即位,謙讓未遑也。諸律令所更定,及列侯悉就國,其說皆自賈生發之。」

〔一四〕見《史記·太史公自序》。賈生,見上。《史記·鼂錯傳》:「錯,潁川人也,學申商刑名於軹張恢先所。」

〔一五〕《漢志》法家叙錄:「法家者流,蓋出於理官。信賞必罰,以輔禮制。」

〔一六〕《漢志》名家叙錄:「名家者流,蓋出於禮官。古者名位不同,禮亦異數。」

〔一七〕《禮記·中庸》:「禮儀三百,威儀三千。」《尚書·呂刑》:「墨罰之屬千,劓罰之屬千,剕罰之屬五百,宮罰之屬三百,大辟之罰其屬二百,五刑之屬三千。」

〔一八〕《孟子·盡心上》:「民日遷善而不知爲之者。」

〔一九〕見《孟子·離婁上》。

〔二〇〕見《書·堯典》。

〔二一〕見《史德》注〔三〕。

〔二二〕見《方志立三書議》注〔三〕。

〔二三〕見《詩教上》注〔一八〕及〔一九〕。

〔二四〕《漢志》名家類有《鄧析》二篇。班固自注：「鄭人，與子產同時。」又，《公孫龍子》十四篇。自注：「趙人。」

〔二五〕《韓非子·顯學》：「世之顯學，儒墨也。儒之所至，孔丘也。墨之所至，墨翟也。自孔子之死也，有子張之儒，有子思之儒，有顏氏之儒，有孟氏之儒，有漆雕氏之儒，有仲良氏之儒，有孫氏之儒，有樂正氏之儒。自墨子之死也，有相里氏之墨，有相夫氏之墨，有鄧陵氏之墨。故孔墨之後，儒分爲八，墨離爲三。」

〔二六〕劉熙載《文概》：「賈生《陳政事》，大抵以禮爲根極。劉歆《移讓太常博士》云：『在漢朝之儒，惟賈生而已。』一儒字下得極有分曉，何太史公伯稱其明申商也！」

〔二七〕九流，見《詩教上》注〔三〕。《漢志》儒雜二家著録淆亂，説見上。

〔二八〕見《詩教上》注〔三五〕。

〔二九〕劉熙載《文概》：「董仲舒學本《公羊》，而進取容止，非禮不行，則其於禮也，深矣。至觀其論大道，深奧宏博，又知於諸經之義，無所不貫。」

〔三〇〕按《漢志》儒家：「《董仲舒》百二十三篇。」今存《春秋繁露》十七卷。陳氏《書錄解題》著於《春秋》類，云：「本傳載所著書百餘篇，《清明》《竹林》《繁露》《玉杯》之屬；今總名曰《繁露》，而《玉杯》《竹林》則皆其篇名，此決非其本真。」王先謙《漢書補注》：「按本傳仲舒所著，皆明經術之意，及疏條教凡百二十三篇，而説《春秋》事得失，《聞舉》《玉杯》《蕃露》《清明》《竹林》之屬復數十篇，十餘

〔三一〕萬言,是此百二十三篇早亡,不在《繁露》諸書内也。

〔三二〕《漢志》儒家:「桓寬《鹽鐵論》六十篇。」師古曰:「寬字次公,汝南人也。昭帝時,丞相御史與諸賢良文學論鹽鐵事,寬撰次之。」

〔三三〕見《史德》注〔四二〕。

〔三四〕《四庫全書總目》儒家類:「《鹽鐵論》十二卷,漢桓寬撰。寬字次公,汝南人。昭帝始元六年,詔郡國舉賢良文學之士,問以民所疾苦,皆請罷鹽鐵權酤,與御史大夫桑弘羊等建議,相詰難。寬集其所論,爲書凡六十篇。後罷權酤,而鹽鐵則如舊,故寬作是書,惟以鹽鐵爲名,蓋惜其義不盡行也。明華亭張之象爲之注。」

〔三五〕《漢志》儒家:「劉向所序六十七篇。」班固自注:「《新序》《説苑》《世説》《列女傳頌圖》也。」劉向,見《校讎通義序》注二。

〔三六〕見《鄭樵誤校漢志第十一》注〔一〕。

〔三七〕《漢書·劉向傳》:「采傳記行事,著《新序》《説苑》五十篇,奏之。」《四庫全書總目》:「《新序》十卷。《崇文總目》云:『《新序》所載皆戰國、秦、漢間事。』以今考之,春秋時事尤多,漢事不過數條。推明古訓,以衷大抵採百家傳記,以類相從,故頗與《春秋》内外傳、《戰國策》《太史公書》相出入。《説苑》二十篇,其書皆録遺文佚事,足爲法戒之資於道德仁義,在諸子中,猶不失爲儒者之言也。古籍散佚,多賴此以存者。其例略如《韓詩外傳》。如《漢志》《河間獻王》三篇,《隋志》已不著

〔三七〕元帝時，中書宦官弘恭、石顯弄權，太傅蕭望之、少傅周堪、堪弟子張猛連被誣陷，望之、猛自殺，向亦坐廢。《漢書》本傳：「向傷之，乃著《疾讒》《摘要》《救危》及《世頌》凡八篇，依興古事，悼己及同類也。」

〔三八〕見《古文十弊》注〔八三〕。

〔三九〕見《詩教下》注〔一四〕。

〔四〇〕《漢志》道家有《老子鄰氏經傳》四篇。班固自注：「姓李名耳，鄰氏傳其學。」又《老子傅氏經説》三十七篇。自注：「述老子學。」又《老子徐氏經説》六篇。自注：「字少季，臨淮人，傳《老子》。」

〔四一〕宋濂《諸子辨》：「《老子》二卷，《道經》《德經》各一，凡八十一章，五千七百四十八言，周柱下史李耳撰。」姚振宗《漢書藝文志條理》：「《鄰氏經傳》四篇者，本經二篇，鄰氏傳二篇，經傳合爲一編，故下注姓李名耳。《漢志》於篇數章數多不及載，不獨此書。蓋其時有《别録》，有《七略》，言之已詳，志在簡要，故從其略。」是劉、班未見其疏，章氏蓋一隅之見爾。

〔四二〕《漢志》道家有《伊尹》五十一篇。自注：「湯相。」《太公》，見上注〔三〕。王應麟《漢書藝文志考證》：「《説苑·臣術》篇，《吕氏春秋》皆引伊尹對湯問。愚按孟子稱伊尹曰：『天之生此民也，使先知覺後知，使先覺覺後覺也。予，天民之先覺者也。予將以斯道覺斯民也，非予覺之而誰也？』伊

尹所謂道，豈老氏所謂道乎？志於兵書權謀，省《伊尹》《太公》而入道家，蓋戰國權謀之士，著書而託之伊尹也。」姚振宗《漢書藝文志條理》云：「按道家之言，託始黃帝。史言伊尹從湯言素王之事，蓋亦黃、虞之言爲多，此其所以爲道家之祖，而老子猶其後起者也。」

〔四三〕《莊子・天下》：「以本爲精，以物爲粗，以有積爲不足，澹然獨與神明居。古之道術有在於是者，關尹、老聃聞其風而悅之。建之以常無有，主之以太一，以濡弱謙下爲表，以空虛不毀萬物爲實。芴乎若亡，寂乎若清。同焉者和，得焉者失。未嘗先人，而嘗隨人。老聃曰：『知其雄，守其雌，爲天下谿。知其白，守其辱，爲天下谷。』人皆取先，己獨取後，曰：『受天下之垢。』人皆取實，己獨取虛。無藏也故有餘，歸然而有餘。其行身也，徐而不費。無爲也，而笑巧。人皆求福，己獨曲全。曰：『苟免於咎。』以深爲根，以約爲紀。曰：『堅則毀矣，銳則挫矣。』常寬容於物，不削於人，可謂至極。關尹、老聃乎！古之博大真人哉！」

〔四四〕見《匡謬》注〔三五〕。

〔四五〕《漢志・諸子略》陰陽家叙：「陰陽家者流，蓋出於羲和之官。敬順昊天，曆象日月星辰，敬授民時，此其所長也。」

〔四六〕《漢志・數術略》叙：「數術者，皆明堂羲和史卜之職也。史官之廢久矣。其書既不能具，雖有其書而無其人。《易》曰：『苟非其人，道不虛行。』」春秋時，魯有梓慎，鄭有裨竈，晉有卜偃，宋有子韋，六

國時，楚有甘公，魏有石申，夫（按此夫字衍）漢有唐都，庶得粗觕。蓋有因而成易，無因而成難，故因舊書以序數術爲六種。（天文、曆譜、五行、蓍龜、雜占、形法）按七種，應依志作六種。下同。

（四七）《漢志‧諸子略》陰陽家有《鄒子》四十九篇。班固自注：「名衍，齊人，爲燕昭王師，居稷下，號談天衍。」又，《鄒子終始》五十六篇。師古曰：「亦鄒衍所說。」又《鄒奭子》十二篇。班固自注：「齊人，號曰雕龍奭。」

（四八）《漢志‧數術略》天文：「《泰壹雜子星》二十八卷。《五殘雜變星》二十一卷。《常從日月星氣》二十一卷」曆譜：「《黃帝五家曆》三十三卷。《顓頊曆》二十一卷。《顓頊五星》十四卷。《日月宿曆》十三卷。」

（四九）《漢志》：「太史尹咸校數術。」

（五〇）《莊子‧天下》：「《詩》以道志，《書》以道事，《禮》以道行，《樂》以道和，《易》以道陰陽，《春秋》以道名分。」《釋文》：「道，音導。」

（五一）見《易教上》注（八）。

（五二）《漢書‧律曆志》：「至孝成世，劉向總六曆，列是非，作《五紀論》。向子歆究其微眇，作《三統曆》及譜，以說《春秋》，推法密要。」

（五三）俱見《易‧繫辭上》文。

（五四）保章，見《天喻》注（一六）。卜筮之官，見《易教上》注（八）。

〔五五〕見《易教上》〔二八〕。

〔五六〕《漢志》陰陽家，《公檮生終始》十四篇。班固自注：「傳鄒奭《始終》書。」

〔五七〕見上注〔四七〕。

〔五八〕錢大昭曰：「案下有《鄒子終始》五十六篇，此注始終，當作終始矣。奭字亦誤，作《終始》者鄒衍，非鄒奭也。」（王氏《漢書補注》引）姚氏《漢書藝文志條理》：「鄧名世《古今姓氏書辨證》：『公檮氏，《漢藝文志》有《公檮生終始》十四篇，傳《黃帝終始》之術。』是原注傳《黃帝終始》書，今注乃傳寫之誤也。」

〔五九〕《漢志》陰陽家有《閭丘子》十三篇。班固自注：「名快，魏人，在南公前。」又《將鉅子》五篇。自注：「六國時，先南公，南公稱之。」姚氏《漢書藝文志條理》：「按古人之書，多不出本人之手，皆門弟子傳其學者所輯錄。《七略》據其成書之先後爲次，故有似乎雜亂，實則倫貫有叙矣。」

〔六〇〕沈欽韓《漢書疏證》：「《五曹》，《算經》云：一爲田曹，地利爲先。既有田疇，必資人力，故次兵曹。人衆必用食飲，故次集曹。食廩貨幣，相交質，次金曹。」

〔六一〕《文選・魏都賦》注引《七略》：「『鄒子』有終始五德，從所不勝，土德後木德繼之，金德次之，火德次之，水德次之。」姚氏《漢書藝文志條理》：「按《漢書・魏相傳》：『相數條漢興以來，國家便宜行事，及賢臣賈誼，鼂錯，董仲舒等所言奏，請施行之。又數采《易》陰陽及《明堂》《月令》奏之曰：《易》曰：「天地以順動，故日月不過，四時不忒。聖以順動，故刑罰清而民服。」天地變化，必繇陰陽。陰

陽之分，以日爲紀。日冬夏至，則八風之序立，萬物之性成，各有常職，不得相干。東方之神太昊，乘震執規，司春。南方之神炎帝，乘離執衡，司夏。西方之神少昊，乘兌執矩，司秋。北方之神顓頊，乘坎執權，司冬。中央之神黃帝，乘坤艮執繩，司下土。茲五帝所司，各有時也。東方之卦，不可以治西方。南方之卦，不可以治北方。春興兌治則饑，秋興震治則華。明王謹于尊天，慎于養人，故立羲和之官，以乘四時，節授民事。臣愚以爲陰陽者，王事之本，群生之命，自古聖賢未有不繇者也」。此五曹官制，本陰陽五行以爲言，而羲和官守所有事，故《七略》入之此門。」

〔六二〕《漢志·諸子略》陰陽家有于長《天下忠臣》九篇。《困學紀聞》（卷十二）·考史》：「班固自注：「平陰人，近世。」師古曰：「劉向《別錄》云，傳天下忠臣。」《七略》，劉歆所爲，班固因之。歆，漢之賊臣，其抑忠臣也，則宜。」陶憲曾曰：「長書今不傳，其列陰陽，自別有意恉，後人不見其書，無從臆測。王應麟《困學紀聞》乃以此詆劉歆抑忠臣，過矣！」（王氏《漢書補注》引）

〔六三〕《申子》六篇，《宋志》已亡。清馬國翰輯《申子》一卷，凡二十四節。嚴可均輯《申子》十三節，王時潤有輯《申子逸文》一卷，較詳。

〔六四〕見《漢書·元帝紀》注引。陸心源曰：「刑名者，循名責實之謂。或以刑法當之，過矣。」

〔六五〕見《荀子·解蔽》。

〔六六〕見《韓非子·定法》。

〔六七〕《漢志·諸子略》法家,《商君》二十九篇。今傳者其目二十六篇,又亡兩篇,實二十四篇。《開塞》第七,《農戰》第三。

〔六八〕凌約言曰:「太史公作《史》,以老子與韓非同傳,世或疑之。今觀韓非書中《解老》《喻老》,所以明《老子》也。故太史公贊中有『皆原於道德之意,老子深遠』之句,則知韓子無非出於老子。」(《史記評林》本傳注引)章太炎先生曰:「周秦解故之書,今多亡佚,諸子尤甚。《韓子》獨有《解老》《喻老》二篇,後有說《老子》者,宜據《韓子》為太傳,而疏通證明之,賢於王弼遠矣。《韓子》他篇多言術,由其所習不純,然《解老》《喻老》未嘗雜以異說,蓋其所得深矣。」(《國故論衡·原道上》自注)

〔六九〕見《尹文子·大道上》。

〔七〇〕《爾雅》,見《經解上》注〔二八〕。郭璞《爾雅序》:「夫《爾雅》者,所以通詁訓之指歸,敘詩人之興詠,總絕代之離詞,辯同實而殊號者也。若乃可以博物而不惑,多識於鳥獸草木之名者,莫近於《爾雅》。」

〔七一〕見《宗劉第二》注〔二〇〕。

〔七二〕見《孟子·公孫丑上》。

〔七三〕《別錄》謂我子為墨子之學,見師古注引。《漢書藝文志條理》:「按《墨子》書中稱子墨子,亦墨氏之徒所錄。其眾徒幾徧天下,增長附益其書,不知凡幾,至其成書之時,已在隨巢、胡非、我子之後,故《七略》以之為墨家之殿。」

〔四〕《伊尹》《太公》，見上注。《鬻子》，見《詩教上》注〔七六〕。《管子》，見同篇注〔一八〕。

〔五〕漢志·諸子略》墨家，《尹佚》二篇。班固自注：「周臣，在成康時也。」又《田俅子》三篇。自注：「先韓子。」按《大戴記·保傳》盧辯注：「史佚，周太史尹佚也。」姚氏《漢書藝文志條理》：「按史佚之後有史角，而墨翟學於史角之後，其道盛於世，而以墨名其家，而其初出於清廟之守者也。清廟之守之為書者，自尹佚始，故是類以《尹佚》為之首。」

〔六〕按《史記·管晏列傳》，《正義》引《七略》：「《管子》十八篇，在法家。」《隋·唐志》皆從《七略》。

〔七〕見《焦竑誤校漢志第十一》注〔三五〕。

〔八〕《漢志》道家，《老萊子》十六篇。班固自注：「楚人，與孔子同時。」又《鶡冠子》一篇。自注：「楚人，居深山，以鶡為冠。」其下有《黃帝四經》四篇，《黃帝銘》六篇，《黃帝君臣》十篇，《雜黃帝》五十八篇。

〔九〕《史記·太史公自序》：「《禮》以節人，《樂》以發和，《書》以道事，《詩》以達意，《易》以道化，《春秋》以道義。」

〔八〇〕《莊子·天下》：「古之人其備乎！配神明，醇天地，育萬物，和天下，澤及百姓，明於本數，係於末度，六通四辟，小大精粗，其運無乎不在。其明而在數度者，舊法世傳之史，尚多有之。其在《詩》《書》《禮》《樂》者，鄒魯之士，搢紳先生多能明之。《詩》以道志，《書》以道事，《禮》以道行，《樂》以道和，《易》以道陰陽，《春秋》以道名分。其數散於天下而設於中國者，百家之學，時或稱而道之。」

〔八二〕《莊子‧天下》敘墨家之學：「不侈於後世，不靡於萬物，不暉於數度，以繩墨自矯，而備世之急，古之道術有在於是者，墨翟、禽滑釐聞其風而說之。為之大過，已之大循。作為《非樂》，命之曰《節用》。生不歌，死無服。墨子汎愛兼利而非鬬，其道不怒。又好學而博，不異，不與先王同。相里勤之弟子，五侯之徒，南方之墨者，苦獲、已齒、鄧陵子之屬，俱誦《墨經》，而倍譎不同，相謂別墨。以堅白同異之辯相訾，以觭偶不仵之辭相應。以巨子為聖人，皆願為之尸，冀得為其後世，至今不決。墨翟、禽滑釐之意則是，其行則非也。將使後世之墨者必自苦，以腓無胈，脛無毛，相進而已矣。亂之上也，治之下也。雖然，墨子真天下之好也。將求之不得也，雖枯槁不舍也，才士也夫！」

〔八三〕《莊子‧天下》叙墨學下，以次叙宋鈃、尹文、田駢、慎到、關尹、老聃、惠施、公孫龍諸家之學，茲不具引。《漢志》小說家，《宋子》十八篇。班固自注：「孫卿道宋子，其言黃老意。」道家，《田子》二十五篇。自注：「名駢，齊人，遊稷下，號天口駢。」法家，《慎子》四十二篇。自注：「名到，先申韓，申韓稱之。」名家，《惠子》一篇。自注：「名施，與莊子同時。」《公孫龍子》，見上注〔二四〕。《尹文子》，見《詩教上》注〔二〇〕。《關尹子》見同篇注〔二七〕。《老子》，見同篇注〔二四〕。

〔八四〕見《易教下》注〔四四〕及《說林》注〔六七〕。

〔八五〕見《書教中》注〔二〕及注〔二〇〕。

〔八六〕雋永，見《篇卷》注〔一七〕。《漢志》縱橫家，有《蒯子》五篇。自注：「名通。」《漢書藝文志條理》：

〔八七〕「按謂班氏之疏則有之，若劉氏，則《七略》《別錄》今不可見，何由知其皆無別白乎？」

〔八八〕《文心雕龍·章句》：「積句而成章，積章而成篇。」篇爲大成，章爲分闋，見《篇卷》注〔八〕。

《漢書·藝文志·六藝略》小學後叙：「漢興，閭里書師，合《蒼頡》《爰歷》《博學》三篇，斷六十字以爲一章，凡五十五章，并爲《蒼頡篇》。」

〔八九〕《漢志》儒家，《公孫固》一篇。自注：「十八章。齊閔王失國，問之，固因爲陳古今成敗也。」又《羊子》四篇。自注：「百章。故秦博士。」

〔九〇〕《漢志》雜家，《子晚子》三十五篇。自注：「齊人，好議兵，與《司馬法》相似。」《漢書藝文志條理》：「按不入兵家，亦必有故，未可執注文一語而概其全書也。」

〔九一〕見《焦竑誤校漢志第十二》注〔三五〕。《四庫全書總目》入兵家，《提要》：「《漢志》雜家有《尉繚》二十九篇，鄭樵譏其見名而不見書，馬端臨亦以爲然。然《漢志》兵形勢家，別有《尉繚》三十一篇，故胡應麟謂兵家之《尉繚》即今所傳，而雜家之《尉繚》並非此書。今雜家亡而兵家獨傳，鄭以爲孟堅之誤者，非也。特今書止二十四篇，與所謂三十一篇者數不合，則後來已有亡佚，非完本矣。」

〔九二〕《漢志》雜家，《尸子》二十篇。自注：「魯人，秦相商君師之。鞅死，佼逃入蜀。」

〔九三〕《漢志》雜家，《呂氏春秋》二十六篇。自注：「秦相呂不韋輯智略士作。」別詳《言公上》注〔三九〕。

〔九四〕《孟子·滕文公下》：「世衰道微，邪説暴行有作，臣弑其君者有之，子弑其父者有之。孔子懼，作《春秋》。《春秋》，天子之事也。是故孔子曰：『知我者，其惟春秋乎！罪我者，其惟春秋乎！』」

〔九五〕見《永清縣志前志列傳序例》注〔四〕。

〔九六〕見《和州志列傳總論》注〔一〇〕及原注。

〔九七〕《史通·六家》:「按儒者之説《春秋》也,以事繫日,以日繫月,言春以包夏,舉秋以兼冬,年有四時,故錯舉以爲所記之名也。苟如是,則晏子、虞卿、吕氏、陸賈,其書篇第本無年月,而亦謂之《春秋》,蓋有異於此者也。」

〔九八〕《漢志》雜家,《淮南内》二十一篇。自注:「王安。」高誘序云:「安爲辨達,善屬文,往歸焉。於是與蘇飛、李尚、左吴、田由、雷被、毛被、伍被、晉昌等八人,及諸儒大山、小山之徒,共講論道德,總統仁義,而著此書,號曰《鴻烈》。鴻,大也。烈,明也。以爲大明道之言也。劉向校定撰具,名之《淮南》。」是則其書本名《鴻烈》。《淮南》之名,劉向所命也。别見《言公上》注〔四〇〕。

〔九九〕《漢志》道家:「《黄帝銘》六篇。」王氏《考證》:「《皇覽》記《陰謀》:『黄帝金人器銘,武王問尚父曰:「五帝之誡,可得聞乎?」尚父曰:「黄帝之戒曰,吾之居民上也,摇摇恐夕不至朝。」故爲金人,三封其口,曰古之慎言。』《金人銘》,蓋六篇之一也。蔡邕《銘論》:『黄帝有巾机之法。』《皇王大紀》曰:『黄帝作輿几之箴,以警晏安。』作巾之銘,以戒逸欲。」

〔一〇〇〕《漢志》雜家,《荆軻論》五篇。班固自注:「軻爲燕刺秦王,不成而死,司馬相如等論之。」《文心雕龍·頌讚》:「相如屬筆,始讚荆軻。」黄注:「《文章縁起》:『司馬相如《荆軻贊》』,世已不傳。厥後班孟堅漢史,以論爲贊,至宋范曄更以韻語。」

〔一〕《漢志·詩賦略》:「李思《孝景皇帝頌》十五篇。」

〔二〕《漢志》雜家,《孔甲盤盂》二十六篇。自注:「黃帝之史,或曰,夏帝孔甲,似皆非。」

〔三〕《神農》,見《書教中》注〔三〕。

〔四〕《尚書·周書·無逸》第十七。《詩·國風·豳風》第十五。《夏小正》,見《和州志藝文書序例》注〔五九〕。《月令》,見《言公上》注〔三〕。《爾雅·釋草》第十三。《管子·牧民》第一。《呂氏春秋·士容論》第六,四曰《任地》。

〔五〕見《詩教上》注〔八一〕。

〔六〕《大戴記·保傅》:「《青史氏》之記曰,古者胎教,王后腹之,七月而就宴室。太師持銅而御戶左,太宰持升而御戶右。比及三月者,王后所求聲音非禮樂,則太師縕瑟而稱不習。所求滋味非正味,則太宰倚升而言曰,不敢以待王太子。」盧辯注:「《青史氏》,一曰《青史子》。」孔廣森補注:「《漢藝文志》《青史子》五十七篇,古史官記事也。」《文心雕龍·諸子》:「青史曲綴以街談。」周壽昌《校補》:「賈執《姓氏英賢錄》,晉太史董狐之子,受封青史之田,因氏焉。」姚氏《漢書藝文志條理》云:「按劉勰謂曲綴以街談,此其所以為小說家言,安得以殘文斷其全書乎!」

漢志詩賦第十五

《漢志》分藝文爲六略，每略又各別爲數種，每種始敘列爲諸家；猶如《太玄》之經，方州部家：〔一〕大綱細目，互相維繫，法至善也。每略各有總敘。論辨流別，義至詳也。惟《詩賦》一略，區爲五種，而每種之後，更無敘論，不知劉、班之所遺邪？抑流傳之脫簡邪？今觀《屈原賦》二十五篇以下，共二十家爲一種；《陸賈賦》三篇以下，共二十一家爲一種；《孫卿賦》十篇以下，共二十五家爲一種；名類相同，而區種有別，當日必有其義例。今諸家之賦，十逸八九，而敘論之說，闕焉無聞，非著錄之遺憾與？〔二〕若雜賦與雜歌詩二種，則署名既異，觀者猶可辨別；第不如五略之有敘錄，更得詳其源委耳。

右十五之一

古之賦家者流，原本詩騷，〔三〕出入戰國諸子。假設問對，莊列寓言之遺也。〔四〕恢廓聲勢，蘇張縱橫之體也。〔五〕排比諧隱，韓非《儲說》之屬也。〔六〕徵材聚事，《呂覽》類輯之義也。〔七〕雖其文逐聲韻，旨存比興，而深探本原，實能自成一子之學；與夫專門之書，初無差別。故其敘列諸家之所撰述，多或數十，少僅一篇，列於文林，義不多讓，爲此志也。然則三種

之賦，亦如諸子之各別爲家，而當時不能盡歸一例者耳。豈若後世詩賦之家，蔑然成集，使人無從辨別者哉？

右十五之二

賦者古詩之流，[八]劉勰所謂「六義附庸，蔚成大國」[九]者是也。義當列詩於前，而敍賦於後，乃得文章承變之次第。劉、班顧以賦居詩前，則標略之稱詩賦，豈非顛倒與？每怪蕭梁《文選》，賦冠詩前，絕無義理，[一〇]而後人競效法之，爲不可解。今知劉、班著錄，已啟之矣。又詩賦本《詩經》支系，說已見前，[一一]不復置議。

右十五之三

詩賦前三種之分家，不可考矣，其與後二種之別類，甚曉然也。三種之賦，人自爲篇，後當分體者也。雜賦一種，不列專名，而類敍爲篇，後世總集之體也。歌詩一種，則詩之與賦，固別集之體也。就其例而論之，則第一種之《淮南王群臣賦》四十四篇，及第三種之《秦時雜賦》九篇，當隷雜賦條下，而猥廁專門之家，何所取耶？揆其所以附麗之故，則以《淮南王賦》列第一種，[一二]而以群臣之作附於其下，所謂以人次也。《秦時雜賦》，列於《荀卿賦》後，[一三]志作

孫卿。《孝景皇帝頌》前，所謂以時次也。夫著錄之例，先明家學，同列一家之中，或從人次，或從時次可也，豈有類例不通，源流迥異，概以意爲出入者哉？

右十五之四

《上所自造賦》二篇，顏師古注「武帝所作」。[一四] 按劉向爲成帝時人，[一五] 其去孝武之世遠矣。武帝著作，當稱孝武皇帝，乃使後人得以考定。今日「上所自造」，何其標目之不明與？臣工稱當代之君，則曰上也。否則摛文紀事，上文已署某宗某帝，承上文而言之，亦可稱爲上也。竊意上所自造四字，必武帝時人標目，劉向從而著之，不與審定稱謂，則談《七略》者，疑爲成帝賦矣。班氏錄以入志，則上又從班固所稱，若無師古之注，則讀志者，又疑後漢肅宗所作賦矣。[一六]

右十五之五

《荀卿賦》十篇，居第三種之首，當日必有取義也。按荀卿之書，有《賦篇》列於三十二篇之內，[一七] 不知所謂賦十篇者，取其《賦篇》與否，曾用裁篇別出之法與否；著錄不爲明析，亦其疎也。

右十五之六

《孝景皇帝頌》十五篇，次於第三種賦內，其旨不可強爲之解矣。按六藝流別，賦爲最廣，比興之義，皆冒賦名。[八]風詩無徵，存於謠諺，[九]則雅頌之體，實與賦類同源異流者也。[一〇]縱使篇第傳流，多寡不敵，有如漢代而後，濟水入河，不復別出：[二一]亦當叙入詩歌總部之後，別而次之，或與銘箴贊誄通爲部錄，抑亦可矣。何至雜入賦篇，漫無區別邪？

右十五之七

《成相雜辭》十一篇，《隱書》十八篇，次於雜賦之後，未爲得也。按楊倞注《荀子·成相》：「蓋亦賦之流也。」[二二]朱子以爲「雜陳古今治亂興亡之效，託之風詩以諷時君」。[二三]命曰雜辭，非竟賦也。《隱書》注引劉向《別錄》，謂：「疑其言以相問對，通以思慮，可以無不喻。」[二四]是則二書之體，乃是戰國諸子流別，後代連珠韻語之濫觴也。[二五]法當隸於諸子雜家，互見其名，爲說而附於歌詩之後可也。

右十五之八

《漢志》詳賦而略詩，豈其時尚使然與？帝王之作，有高祖《大風》《鴻鵠》之篇，[二六]而無武帝《瓠子》《秋風》之什，[二七]或云：《秋風》即在上所自造賦內。臣工之作，有《黃門倡車忠等歌詩》，[二八]而無蘇李河梁之篇。[二九]或云：雜家有主名詩十篇，或有蘇李之作。然漢廷主名詩，豈止十篇而已乎？

右十五之九

詩歌一門，雜亂無叙，如《吳楚汝南歌詩》《燕代謳》《齊鄭歌詩》之類，[三〇]風之屬也。《出行巡狩及游歌詩》，與《漢興以來兵所誅滅歌詩》，[三一]雅之屬也。《宗廟歌詩》《諸神歌詩》《送靈頌歌詩》，[三二]頌之屬也。不爲詮次類別，六義之遺法，蕩然不可爲蹤蹟矣。

右十五之十

〔一〕 見《易教上》注〔三〕。

〔二〕 章炳麟《國故論衡·辨詩》：「《七略》次賦爲四家，一曰《屈原賦》，二曰《陸賈賦》，三曰《孫卿賦》，

四曰《雜賦》。屈原言情，孫卿效物，陸賈賦不可見，其屬有朱建、嚴助、朱買臣諸家，蓋縱橫之變也。」(原注，揚雄賦本擬相如，《七略》相如賦與屈原同次。班生以揚雄賦隸陸賈下，蓋誤也。)張惠言《七十家賦鈔序》謂屈賦出於《風》《雅》，《荀賦》源於《禮》經。《禮》以明制度，即效物也。《風》《雅》以攄哀樂，即言情也。姚氏《漢書藝文志條理》：「按詩賦各分以體，無大義例，故錄略不為小序，而班氏因之，不盡由於疏漏也。當班氏時，《別錄》《七略》二十七卷之書，殺青未久，傳寫始遍，亦既家喻戶曉矣。其人史者，力求簡要，存其大端，初不自以為義盡於此也。」

〔三〕《文心雕龍·詮賦》：「賦也者，受命於詩人，拓宇於《楚辭》也。」

〔四〕《文心雕龍·詮賦》：「述客主以首引，極聲貌以窮文。」賦設主客問對以發端，實《莊》《列》寓言之遺。《日知錄》十九：「古人為賦多假設之辭，序述往事，以為點綴，不必一一符同也。子虛、亡是公、烏有先生之文，已肇於相如矣。後之作者，實祖此意。」

〔五〕賦之為體，鋪張揚厲，乃縱橫之變，見《詩教上》。《漢書·揚雄傳》：「雄以為賦者，將以風也，必推類而言，極麗靡之辭，閎侈巨衍，競於使人不能加也。」

〔六〕《文心雕龍·詮賦》：「荀結隱語，事數自環。」又《諧隱》：「義欲婉而正，辭欲隱而顯。」《韓非子·內外儲說》始著連語，微文見意，賦家比事偶辭，用以宣究文趣，而旨歸託諷，殆有取焉。

〔七〕《文選·三都賦序》引李善注：臧榮緒《晉書》：「左思欲作《三都賦》，乃詣著作郎張載，訪岷邛之事，遂構思十稔，門庭藩溷，皆著紙筆，得句即疏之。賦成，張華見而咨嗟，都邑豪貴，競相傳寫。」賦

家徵材聚事,不遺餘力,視呂不韋類輯,無殊致也。

〔八〕見班固《兩都賦序》。

〔九〕見《文心雕龍·詮賦》。

〔一〇〕見《詩教下》注[五二]。

〔一一〕見《詩教上》及《永清縣志文徵序例》。

〔一二〕《漢志·詩賦略》:「《淮南王賦》八十二篇。」周壽昌曰:「《隋志》,集一卷,《北堂書鈔》一百三十五引劉向《別錄》云『淮南王有《熏籠賦》』。《古文苑》有《屏風賦》。」

〔一三〕《漢志·詩賦略》,《孫卿賦》十篇。

〔一四〕《漢志·詩賦略》,《上所自造賦》二篇。劉向無注。沈欽韓曰:「《傷李夫人》及《秋風辭》。《隋志》,《武帝集》一卷。」

〔一五〕《漢書》本傳:「向年七十二卒,卒後十三歲而王氏代漢。」由是推定向生於昭帝元鳳二年,卒於成帝綏和元年,故稱成帝時人。

〔一六〕肅宗,章帝也。班固著《漢書》,在章帝之世。

〔一七〕劉向《叙錄》:「所校讎中《孫卿書》凡三百二十二篇,以相校除復重二百九十篇,定著三十二篇」,劉向本舊第三十二。楊倞注本,移在第二十六。謝墉序《荀子》:「《漢志》又有《孫卿賦》十篇,今所存惟《禮》《知》《雲》《蠶》《箴》五篇。」姚氏《漢書藝文志條理》:「按此五篇,劉氏《別錄》

〔一八〕《文心雕龍・辨騷》：「虯龍以喻君子，雲蜺以譬讒邪，比興之義也。」劉弘度先生曰：「宋玉《風賦》，因風以明諷諭之志，賈生《鵩鳥》，見鵩而起生死之情，詩家之興也。」(《十四朝文學要略》)

〔一九〕《禮記・王制》述天子巡狩，命太師陳詩以觀民風。何休言采詩之義：「五穀畢入，民皆居宅。男女有所怨恨，相從而歌，飢者歌其食，勞者歌其事。故王者不出牖戶，盡知天下所苦，不下堂而知四方。」(《公羊傳》宣十五年注)《漢書・禮樂志》：「武帝定郊祀之禮，乃立樂府，采詩夜誦，有趙、代、秦、楚之謳。」沈德潛《古詩源例言》：「漢武立樂府，采歌謠。郭茂倩編《樂府詩集》，雜謠歌詞，亦俱收錄。謂觀此可以知治忽，驗盛衰也。」

〔二〇〕馬融《長笛賦序》：「追慕王子淵、枚乘、劉伯康、傅武仲等、簫琴笙頌，惟笛獨無，故聊復備數，作《長笛頌》。」何焯曰：「古人賦頌通為一名；馬融《廣成》，所言者田獵，然何嘗不題曰頌。揚之《羽獵》，亦有遂作頌曰之文。」按頌賦並為《詩》六義之一，其後各自流為一體，此所謂同源異流也。

〔二一〕見《言公下》注〔二二〕。

〔二二〕《荀子・成相》楊倞注：「以初發語名篇，雜論君臣治亂之事以自見其事，故下云託於成相以喻意。《漢書・藝文志》謂之《成相雜辭》，蓋亦賦之流也。」王引之曰：「按《志》所載《成相雜辭》在漢人

〔二三〕王氏《考證》:「朱文公曰:凡三章,雜陳古今治亂興亡之效,託聲詩以諷時君,若將以爲工師之誦,旅賁之規者,其尊主愛民之意,亦深切矣。」

〔二四〕《漢志·雜賦》類:「《隱書》十八篇。」師古曰:「劉向《別錄》云:隱書者,疑其言以相問對者,以慮思之,可以無不諭。」

〔二五〕見《詩教上》注〔四六〕。

〔二六〕《漢志》歌詩類:「《高祖歌詩》二篇。」按《大風歌》見《史記·高祖本紀》。亦曰《三侯之章》,見《漢書·禮樂志》。

〔二七〕《漢武帝故事》:「帝行幸河東,祠后土,顧視帝京,忻然中流,與群臣飲燕,自作《秋風辭》。」王氏《考證》:「《文選》有《秋風辭》。《溝洫志》有《瓠子之歌》二章。」

〔二八〕《漢志》歌詩類:「《黃門倡車忠等歌詩》十五篇。」王氏《考證》:「《樂府集》有《黃門倡歌》一首。」

〔二九〕《文選》雜詩有李少卿《與蘇武詩》三首,《蘇子卿詩》四首。《文心雕龍·明詩》:「逮漢李陵,始著五言之目。」李詩第三首有「攜手上河梁」句,故云河梁之篇。

〔三〇〕《漢志》歌詩類有《吳楚汝南歌詩》十五篇。沈欽韓曰:「崔豹《古今注》:《吳趨曲》,吳人以歌其地。」王先謙曰:「《文選·吳都賦》:『荊豔楚舞。』劉注:『豔,楚歌也。』吳趨楚豔,並以音調言。郭茂倩《樂府》有《雞鳴歌》,即《汝南歌詩》。」又《燕代謳雁門雲中隴西歌詩》九篇。沈欽韓曰:「《上

林賦》：『文成顛歌。』文穎注：『文成，遼西縣名。其縣人善歌。』《宋志》有《雁門太守行歌》，《樂府》瑟調曲有《隴西行》。」王先謙曰：「曹植陸機擬《出自薊北門行》。薊，故燕國也。」又《齊鄭歌詩》四篇。沈欽韓曰：「《禮樂志》有《齊四會員》《齊謳員》《鄭四會員》；《樂府解題》《齊謳行》，齊人以歌其地。」

〔二〕《漢志》歌詩類有《出行巡狩及游歌詩》十篇。王先謙曰：「蓋武帝《瓠子》等。」又《漢興以來兵所誅滅歌詩》十四篇。王先謙曰：「疑即漢《鼓吹》《饒歌》諸曲也。」

〔三〕《漢志》歌詩類有《宗廟歌詩》五篇。王先謙曰：「合上《《泰一雜甘泉壽宮歌詩》十四篇，爲十九章，見《禮樂志》。」又《諸神歌詩》三篇。又《送迎靈頌歌詩》三篇。沈欽韓曰：「後之迎送神弦歌本此。」

漢志兵書第十六

孫武《兵法》八十二篇，注「圖九卷」。此兵書權謀之首條也。按《孫武傳》：「闔閭謂孫武曰：子之十三篇，吾盡觀之矣。」阮孝緒《七錄》：「《孫子兵法》三卷，十三篇爲上卷，又有中下二卷。」[一]然則杜牧謂魏武削其數十萬言爲十三篇者，非也。[二]蓋十三篇爲經語，故進之於闔閭；其餘當是法度名數，有如形勢、陰陽、技巧之類，不盡通於議論文詞，故編次於中下，而爲後世亡逸者也。十三篇之自爲一書，在闔閭時已然，而《漢志》僅記八十二篇之總數，此其所以益滋後人之惑矣。

右十六之一

大抵《漢志》之疎，由於以人類書，不能以書類人也。《太玄》《法言》《樂》《箴》四書，類於揚雄所叙三十八篇；[三]《新序》《說苑》《世說》《列女傳》四書，類於劉向所叙六十七篇；[四]尤其顯而易見者也。《孫子》八十二篇，用同而書體有異，則當別而次之。縱欲以人類書，亦當如《太公》之二百三十七篇，已列總目，其下分析謀八十一篇，言七十一篇，兵八十五篇之例可也。[五]任宏部次不精，遂滋後人之惑，致謂十三篇非孫武之完書，則校讎不精之咎也。

右十六之二

八十二篇之僅存十三,非後人之刪削也。大抵文辭易傳而度數難久。即如同一兵書,而權謀之家,尚有存文;若經方、房中、神仙三門,百不能得一矣。同一方技,而醫經一家,尚有存文,若經方、房中、神仙三門,百不能得一矣。蓋文辭人皆誦習,而制度則非專門不傳,此其所以有存逸之別歟?然則校書之於形名制度,尤宜加之意也。

右十六之三

即如孫武、孫臏書,列權謀之家,而孫武有圖九卷,孫臏有圖四卷,〔六〕書篇類次,猶之可也。圖則斷非權謀之篇所用者矣。不為形勢之需,必為技巧之用,理易見也。而任宏、劉、班之徒,但知出於其人,即附其書之下;然則以人類書之弊,誠不可以為訓者也。

右十六之四

按阮孝緒《七錄》,有孫武《八陣圖》一卷,〔七〕是即《漢志》九卷之圖與否,宋可知也。然圖必有名,《八陣》之取以名圖,亦猶始《計》之取以名篇;〔八〕今書有其名,而圖無其目,蓋篇名

合於諸子之總稱，例如是也；圖亦附於其下，而不著其名，則後人不知圖之何所用矣。

右十六之五

鄭樵言任宏部次有法，〔九〕今可考而知也。權謀，人也；形勢，地也；陰陽，天也；孟子曰：「天時不如地利，地利不如人和。」〔一〇〕此三書之次第也。權謀，道也；技巧，藝也；以道爲本，以藝爲末，此始末之部秩也。然《周官》大司馬之職掌與軍禮之《司馬法》諸條，〔一一〕當先列爲經言，別次部首，使習兵事者，知聖王之遺意焉。任宏以《司馬法》入權謀篇，班固始移於經禮。〔一二〕夫司馬之法，豈可以爲權謀乎？宜班固之出此而入彼也。惜班固不知互見之法，與別出部首，尊爲經言之例耳。

右十六之六

書有同名而異實者，必著其同異之故，而辨別其疑似焉；則與重複互注、裁篇別出之法，可以並行而不悖矣。兵形勢家之《尉繚》三十一篇，與雜家之《尉繚子》二十九篇同名；〔一三〕兵陰陽家之《孟子》一篇，與儒家之《孟子》十一篇同名；〔一四〕《師曠》八篇，與小說家之《師曠》六篇同名；〔一五〕《力牧》十五篇，與道家之《力牧》二十二篇同名；〔一六〕兵技巧家之《伍子胥》十篇，

與雜家之《伍子胥》八篇同名，[七]著錄之家，皆當別白而條著者也。若兵書之《公孫鞅》二十七篇，與法家之《商君》二十九篇，名號雖異而實爲一人，[八]亦當著其是否一書也。

右十六之七

鄭樵痛詆劉、班著錄，收書而不收圖，以爲圖譜之亡，由於不爲專門著錄始也。因於《七略》之中，獨取任宏《兵書略》，爲其書列七百九十篇，而圖至四十三卷也。[九]然任宏兵略具在，而按錄以徵，亡逸之圖，又安在哉？夫著錄之道，不係存亡，可以旁證遠搜，此逸詩、逸書之所以貴存《小序》也。[一〇]任宏收圖，不能詳分部次，收而猶之未收也。誠欲廣圖之用，則當別爲部次，表名圖目，如《八陣圖》之類。而於本人本書之下，更爲重複互注，庶幾得其倫叙歟？

右十六之八

(一) 見《詩教下》注[四五]。

(二) 按《困學紀聞》卷十：「杜牧注《孫子序》云：『孫武著書數十萬言，魏武削其繁剩，筆其精切，凡十三

篇，因注解之。』考之《史記》本傳：『闔閭曰：子之十三篇，吾盡觀之矣。』非筆削爲十三篇也。』〔四庫全書總目〕兵家類：「《孫子》一卷，周孫武撰。考《史記·孫子列傳》，載武之書十三篇，而《漢書·藝文志》乃載《孫子》兵法八十二篇，圖九卷。杜牧謂武書本數十萬言，皆曹操削其繁剩，筆其精粹，以成此書，然《史記》稱十三篇，在漢之前，不得以後來附益者爲本書，牧之言固未可以爲據也。」

〔三〕見《鄭樵誤校漢志第十一》注〔一〕。

〔四〕見《漢志諸子第十四》注〔四〕。

〔五〕《太公書》，《漢志》著録於《諸子略》道家類，見《漢志諸子第十四》注〔三〕。

〔六〕見《詩教上》注〔三〕。

〔七〕王氏《考證》：「《隋志》：『梁有《孫子八陣圖》一卷。』《周禮》車僕注：『《孫子八陣》有革車之陣。』」

〔八〕《孫子》兵法首爲《計》篇。

〔九〕見《補校漢藝文志第十》注〔八〕。

〔一〇〕見《孟子·公孫丑下》。

〔一一〕大司馬，見《與石首王明府論志例》注〔八〕。《司馬法》，見《鄭樵誤校漢志第十一》注〔六〕。《漢書·藝文志·兵書略》叙：「兵家者，蓋出古司馬之職，王官之武備也。湯武受命，以師克亂而濟百姓，動之以仁義，行之以禮讓，《司馬法》，是其遺事也。」

〔三〕見《鄭樵誤校漢志第十一》注〔九〕。

〔三〕見《漢志諸子第十四》注〔九〕。

〔四〕《漢志》兵陰陽家有《孟子》一篇，儒家《孟子》十一篇，其內書七篇，見《匡謬》注〔八〕。趙岐《孟子題辭》：「又有外書四篇，《性善》《辯文》《說孝經》《為正》，其文不能宏深，不與內篇相似，似非《孟子》本真，後人依放而託也。」

〔五〕《漢志》兵陰陽家《師曠》八篇，班固自注：「晉平公時。」《諸子》小說家《師曠》六篇，自注：「見《春秋》。其言淺薄，本與此同，似因託也。」

〔六〕《漢志》兵陰陽家《力牧》十五篇，班固自注：「黃帝臣，依託也。」《諸子》道家，《力牧》二十二篇，自注：「六國時作，託之力牧。力牧，黃帝相。」

〔七〕《漢志》兵技巧家，《伍子胥》十篇，自注：「圖一卷。」《諸子》雜家，《伍子胥》八篇，自注：「名員，春秋時為吳將，忠直遇讒死。」清洪頤煊云：「今本《越絕書》篇次錯亂，以末篇證之，本八篇為一，《荊平》第二，《吳》第三，《計倪》第四，《請糴》第五，《九術》第六，《兵法》第七，《陳恆》第八，與雜家《伍子胥》篇數正同。」按《史記·孫吳列傳·正義》引《七錄》：「《越絕》十六卷，或云伍子胥撰。」此洪說所本，或可信也。

〔八〕《漢志·兵書略》權謀：「《公孫鞅》二十七篇。」近人羅焌云：「按此即法家之《商君書》，但少二篇耳。題名不同者，以諸子為劉向所校，兵書為任宏所校也。」

〔一九〕見《和州志輿地圖序例》注〔一〕。

〔二〇〕逸詩，謂不見於三百十一篇者。如《唐棣》之見於《論語》、《翹乘》之見於《左傳》是也。逸書，謂漢初所得二十九篇以外者。《史記·儒林傳》：「孔氏有古文《尚書》，而安國以今文讀之，因以起其家逸書讀之，得十餘篇。」《詩》有《小序》，見《經解中》注〔二九〕。《書序》，見《匡謬》注〔四一〕。

漢志數術第十七

數術諸書，多以圖著，如天文之《泰一雜子星》《五殘雜變星》，[一]書雖不傳，而世傳甘石《星經》，[二]未著於錄。則有星圖可證者也。《漢日旁氣行事占驗》不傳，而《隋志》《魏氏日旁氣圖》一卷可證。[三]《海中星占驗》不傳，而《隋志》《海中星圖》一卷可證[四]。《圖書祕記》十七篇，著於天文之錄。[五]《耿昌月行帛圖》，著於曆譜之錄。[六]《後漢‧曆志》賈逵論，引「甘露二年，大司農丞耿壽昌，奏以圖儀度日月行，考驗天運」[七]則諸書之有圖，蓋指不可勝屈矣。尹咸校數術書，非特不能釐別圖書，標目家學；即僅如任宏之《兵書》條例，但注有圖於本書之下，亦不能也。[八]此其所以難究索歟？

右十七之一

五行家之《鍾律災應》，當與《六藝略》樂經諸書互注；[九]《鍾律叢辰日苑》《鍾律消息》《黃鍾》三書，[一〇]亦同。《五音奇胲用兵》二十三卷，《刑德》二十一卷，當與兵書陰陽家互注。[一一]其五行之本《尚書》，蓍龜之本《周易》，已具論次，[一二]不復置議。

right 十七之二

雜占家之《禳祀天文》《請雨止雨》《雜子候歲》泰一子貢二家。《神農教田相土耕種》諸書，[二]當與諸子農家互注。

右十七之三

形法之家，不出五行、雜占二條，惟《山海經》宜出地理專門，而無其部次，故強著之形法也。說已見前，[二四]不復置議。

右十七之四

[二]《漢志·數術略》天文類有《泰壹雜子星》二十八卷。王先謙曰：「泰壹，星名，即太一也。見《天文志》。雜子星者，蓋此書雜記諸星，以太一冠之，猶下雜變星，以五殘冠之也。」又《五殘雜變星》二十一卷。師古曰：「五殘，星名也。見《天文志》。」

[三] 見《經解中》注[三]。

〔三〕《漢志》天文類有漢日旁氣行事占驗》三卷。沈欽韓曰：「《隋志》、《京氏日占圖》三卷，《夏氏日旁氣》一卷，《魏氏日旁氣圖》一卷。太卜注：『王者夜有夢，則晝見日旁氣，以占其吉凶。』」

〔四〕《漢志》天文類有《海中星占驗》十二卷。王氏《考證》：「《隋志》有《海中星占圖》《海中星占》各一卷，即張衡所謂海人之占也。」

〔五〕《漢志》天文類有《圖書祕記》十七篇。沈欽韓曰：「《後書》楊厚祖父春卿戒子統曰：『吾綈褱中有先祖所傳祕記，為漢家用。』又章帝賜東平王蒼，以祕書列仙圖道術祕方。」

〔六〕《漢志》曆譜類：「《耿昌月行帛圖》二百三十二卷。」

〔七〕《後漢書·曆律志》：「賈逵論曰：按甘露二年，大司農中丞耿壽昌，奏以圖儀度日月行，考驗天運狀，日月行至牽牛東井，日過度，月行十五度，至婁角，日行一度，月行十三度，赤道使然。」

〔八〕任宏校兵書，收圖而不詳部次，已失倫叙，尹咸校數術諸書，有圖而不注明，失之彌遠。

〔九〕《漢志》五行類有《鍾律災應》二十六卷。沈欽韓曰：「此蓋京房之術，《後志》京房以六十律分焦之日，黃鍾自冬至始，及冬至而復，陰陽寒燠風雨之占生焉。」《六藝略》樂類，錄《樂記》以下六家，皆傳記之類，此言樂經以傳為經也。

〔一〇〕《漢志》五行類：「《鍾律叢辰日苑》二十二卷，《鍾律消息》二十九卷，《黃鍾》七卷。」

〔一一〕《漢志》五行類有《五音奇胲用兵》二十三卷，王念孫曰：「《說文》，奇侅，非常也。侅，正字。胲，借字。」沈欽韓曰：「《抱朴子·極言》篇：『黃帝審攻戰，則納五音之策。』太師注：『《兵書》曰：王者

行師，出軍之日，授將弓矢，士卒振旅，將張弓大呼，大師吹律合音：商則戰勝，軍士強；角則軍擾多變，失士心；宮則兵和，士卒同心；徵則將急數怒，軍士勞；羽則兵弱，少威明。』按《六韜》亦有《五音》篇，兼以五勝制敵是也。」又《五音奇胲刑德》二十一卷。王念孫曰：「《淮南·兵略訓》明於刑德奇胲之數，即此所云奇胲刑德。」《兵書略》陰陽家《叙錄》：「陰陽者，順時而發，推刑德，隨斗擊，因五勝，假鬼神而為助者也。」師古曰：「五勝，五行相勝也。」

〔一二〕見《補校漢藝文志第十》之五節，及《漢志六藝第十三》之四五兩節。

〔一三〕《漢志》雜占類有《禳祀天文》十八卷。師古曰：「禳，除災也。音人羊反。」又《請雨止雨》二十六卷。沈欽韓曰：「《繁露》有《求雨》篇、《止雨》篇。」又《泰壹雜子候歲》二十二卷。王應麟曰：「《天官書》言候歲美惡，漢之為天數者，占歲則魏鮮。」又《子贛雜子候歲》二十六卷。葉德輝曰：「此因子貢貨殖，依託而作。」又《神農教田相土耕種》十四卷。葉德輝曰：「《呂氏春秋·愛類》引神農之教，言耕織儲粟之事。」

〔一四〕見《補校漢藝文志第十》之六節。

漢志方技第十八

方技之書，大要有四，經、脈、方、藥而已。經闡其道，脈運其術，方致其功，藥辨其性；四者備，而方技之事備矣。今李柱國所校四種，〔一〕則有醫經、經方二種而已。脈書、藥書，竟缺其目。其房中、神仙，則事兼道術，〔二〕非復方技之正宗矣。宜乎叙方技者，至今猶昧昧於四部相承之義焉。按司馬遷《扁鵲倉公傳》「公乘陽慶，傳黃帝、扁鵲之脈書」，〔三〕是西京未嘗無脈書也。又按班固《郊祀志》，成帝初，有本草待詔，〔四〕《樓護傳》少誦醫經本草方術。〔五〕是西京未嘗無藥書也。李柱國專官典校，而書有缺遺，類例不盡著錄，家法豈易言哉？

〔一〕《漢志》序方技爲四種，醫經七家，經方十一家，房中八家，神僊十家。

〔二〕《漢志·方技略》神僊家後序：「神僊者，所以保性命之眞，而求於其外者也。聊以盪意平心，同死生之域，而無怵惕於胸中。」房中家後序：「房中者，性情之極，至道之際，是以聖王制外樂以禁内情，而爲之節文。樂而有節，則和平壽考。」

〔三〕《史記·倉公列傳》：「太倉公者，齊太倉長，臨菑人也，姓淳于氏，名意，少而喜醫方術。高后八年，更受師同郡元里公乘陽慶。慶年七十餘，無子，使意盡去其故方，更悉以禁方予之，傳黃帝、扁鵲之

脈書，五色診病，知人死生，決嫌疑，定可治及藥論甚精。受之三年，爲人治病，決死生，多驗。」

〔四〕《漢書·郊祀志》：「成帝即位，明年，（匡）衡、（張）譚條奏所祠不應禮，請皆罷。方士使者、副佐、本草待詔七十餘人皆歸家。」師古曰：「本草待詔，謂以方藥本草而待詔者。」

〔五〕《漢書·游俠傳》：「樓護字君卿，齊人，父世醫也。護少隨父爲醫長安，出入貴戚家。護誦醫經本草方術數十萬言。」

引用書目

浙江書局刻本《文史通義》

伍氏《粵雅堂叢書》本《文史通義》

王秉恩校貴陽刻本《文史通義》

江氏《靈鶼閣叢書》本《文史通義補編》

趙天錫校菁華閣刻本《文史通義》

浙江圖書館鉛印本《章氏遺書》

劉氏嘉業堂校刻本《章氏遺書》

劉咸炘校志古堂刻本《文史通義》

盧江何氏鈔本《文史通義》

《章氏遺書》逸篇（載三十一年四川圖書館《圖書集刊》第二、三、四期）

右所據參校諸本

《周易》（魏王弼晉韓康伯注、唐孔穎達等正義）

宋朱熹《周易本義》

清焦循《易通釋》

《尚書》（漢孔安國傳、唐孔穎達等正義）

漢伏勝《尚書大傳》

宋蔡沈《尚書集傳》

清惠棟《古文尚書考》

清江聲《尚書集注音疏》

清胡渭《禹貢錐指》

《詩》（漢毛亨傳、鄭玄箋、唐孔穎達等正義）

漢韓嬰《韓詩外傳》
清陳啟源《毛詩稽古編》
《周禮》（漢鄭玄注、唐賈公彥疏）
清江永《周禮疑義舉要》
《儀禮》（漢鄭玄注、唐賈公彥等疏）
宋朱熹《儀禮釋宮》
《禮記》（漢鄭玄注、唐孔穎達等正義）
《大戴記》（盧辯注）
清孔廣森《大戴記補注》
《左傳》（晉杜預注、唐孔穎達等正義）
晉杜預《春秋釋例》
唐林堯叟《左傳補注》
《公羊傳》（漢何休解詁、唐徐彥疏）
漢董仲舒《春秋繁露》
《穀梁傳》（晉范寧集解、唐楊士勛疏）

《論語》（漢何晏集解、宋邢昺疏）
宋朱熹《論語集注》
清劉寶楠《論語正義》
《孟子》（漢趙岐注、宋孫奭疏）
宋朱熹《孟子集注》
清焦循《孟子正義》
清崔適《孟子事實錄》
清閻若璩《四書釋地》
《孝經》
《爾雅》（晉郭璞注、宋邢昺疏）
漢揚雄《方言》
漢班固《白虎通德論》
漢劉熙《釋名》
唐陸德明《經典釋文》
清朱彝尊《經義考》

引用書目

右經籍及小學類

漢許慎《說文解字》
清段玉裁《說文解字注》
清王念孫《廣雅疏證》
清王引之《經傳釋詞》
《廣韻》
清江有誥《群經韻讀》

漢司馬遷《史記》（晉裴駰集解、唐張守節正義、司馬貞索隱）
日人瀧川資言《史記會注考證》
明淩稚隆《史記評林》
後漢班固《漢書》（唐顏師古注）
清沈欽韓《漢書疏證》
清王先謙《漢書補注》
宋王應麟《漢書藝文志考證》
清姚振宗《漢書藝文志條理》
宋范蔚宗《後漢書》（唐李賢注）附司馬彪志
晉陳壽《三國志》（宋裴松之注）
唐房玄齡等《晉書》
梁沈約《宋書》
唐姚思廉《梁書》
北齊魏收《魏書》
唐李百藥《北齊書》
唐李延壽《南史》《北史》
唐魏徵等《隋書》
清章宗源《隋書經籍志考證》
後晉劉昫等《舊唐書》
宋歐陽修等《新唐書》
宋歐陽修《新五代史》

元托克托等《宋史》
清盧文弨《宋史藝文志補》
明宋濂等《元史》
清錢大昕《補元史藝文志》
清張廷玉等《明史》
明焦竑《國史經籍志》
清《九朝東華錄》
漢荀悅《漢紀》
宋司馬光《資治通鑑》
宋司馬光《通鑑考異》
宋劉恕《通鑑外紀》
宋李燾《續資治通鑑長編》
清谷應泰《明史紀事本末》
清馬驌《繹史》
《逸周書》（晉孔晁注）

《國語》（吳韋昭注）
《戰國策》（漢高誘注）
《世本》
《家語》（魏王肅注）
漢趙曄《吳越春秋》
漢劉向《新序》
漢劉向《說苑》
晉皇甫謐《帝王世紀》
晉常璩《華陽國志》
唐王定保《摭言》
宋錢易《南部新書》
漢劉向《列女傳》
晉皇甫謐《高士傳》
梁慧皎《高僧傳》
清李元度《國朝先正事略》

《清史列傳》
《三輔黃圖》
魏酈道元《水經注》
宋范成大《吳郡志》
明康海《武功志》
明韓邦靖《朝邑志》
清葉仰高《荊州府志》
清陸隴其《靈壽縣志》
清張維祺《大名縣志》
清顧祖禹《讀史方輿紀要》
嘉慶《大清一統志》
漢應劭《漢官儀》
唐玄宗《唐六典》
唐杜佑《通典》
宋鄭樵《通志》

元馬端臨《文獻通考》
清乾隆敕修《續通考》
《清通典》
《大清會典》
《大清律例》
清吳榮光《吾學錄》
宋晁公武《郡齋讀書志》
宋高似孫《子略》
宋陳振孫《直齋書錄解題》
清《四庫全書總目》
清《四庫簡明目錄》
清張之洞《書目答問》
明宋濂《諸子辯》
清姚際恒《古今偽書考》
唐劉知幾《史通》（清浦起龍通釋）

引用書目

一二六五

右史籍及所屬諸書

清趙翼《廿二史劄記》
清王鳴盛《十七史商榷》
魏文帝《典論》
漢揚雄《太玄經》（晉范望解）
漢揚雄《法言》（晉李軌注）
清王先謙《荀子集解》
《荀子》（唐楊倞注）
宋周敦頤《通書》
宋程顥、程頤《二程全書》
清張伯行《二程語錄》
宋朱熹、呂祖謙《近思錄》
宋黎靖德《朱子語類》
宋朱熹《朱子全書》
隋王通《中説》

清全祖望《宋元學案》
清黃宗羲《明儒學案》
清陸世儀《思辨錄》
清戴望《顏氏學記》
《老子》（魏王弼注）
《莊子》（晉郭象注）
《列子》（晉張湛注）
《管子》（尹知章注）
清王先慎《韓非子集解》
漢賈誼《新書》
《尹文子》
清孫詒讓《墨子閒詁》
《孫子》十家注
《鬼谷子》（尹知章注）
《尸子》

引用書目

《呂氏春秋》（漢高誘注）
《淮南子》（漢高誘注）
漢王充《論衡》
漢蔡邕《獨斷》
漢應劭《風俗通義》
晉葛洪《抱朴子》
北齊顏之推《顏氏家訓》
晉崔豹《古今注》
唐封演《封氏聞見記》
宋沈括《夢溪筆談》
宋吳曾《能改齋漫錄》
宋姚寬《西溪叢語》
宋洪邁《容齋隨筆》
宋沈作喆《寓簡》
宋陸游《老學菴筆記》

宋王應麟《困學紀聞》（清翁元圻注）
明楊慎《丹鉛總錄》
宋高承《事物紀原》
明周祈《名義考》
清顧炎武《日知錄》（黃汝成集釋）
清全祖望《經史問答》
清王鳴盛《蛾術編》
清錢大昕《十駕齋養新錄》
清方東樹《漢學商兌》
清何焯《義門讀書記》
清趙翼《陔餘叢考》
清翟灝《通俗編》
清蔣超伯《南漘楛語》
清梁章鉅《退菴隨筆》
宋劉義慶《世說新語》

文史通義校注

齊王儉《漢武故事》
梁吳均《西京雜記》
唐李肇《國史補》
唐孫棨《北里志》
宋李昉《太平廣記》
宋劉斧《青瑣高議》
宋蘇軾《東坡志林》
宋蘇軾《仇池筆記》
宋陶岳《五代史補》
宋徐度《却掃編》
宋史繩祖《學齋佔畢》
宋吳子良《林下偶談》
宋羅大經《鶴林玉露》
宋葉氏《愛日齋叢鈔》
宋俞成《螢雪叢說》

元陶宗儀《輟耕錄》
元王惲《玉堂嘉話》
明李日華《紫桃軒雜綴》
明朱懷吾《昭代紀略》
唐釋道世《法苑珠林》
宋釋普濟《五燈會元》
宋釋法雲《翻譯名義集》
宋釋道原《傳燈錄》

右諸子百家及筆記

唐魏徵《群書治要》
唐虞世南《北堂書鈔》
唐歐陽詢《藝文類聚》
唐徐堅《初學記》
宋李昉等《太平御覽》

右類書

一三六八

引用書目

《楚辭》（漢王逸注、宋洪興祖補注）
宋朱熹《楚辭辨證》
梁蕭統選《文選》（唐李善注、五臣注）
《古文苑》（宋章樵注）
宋李昉等選《文苑英華》
宋呂祖謙選《宋文鑑》
元蘇天爵選《元文類》
清方苞選《古文約選》
清姚鼐選《古文辭類纂》
清嚴可均編《全上古三代秦漢三國六朝文》
陳徐陵選《玉臺新詠》
宋郭茂倩編《樂府詩集》
《全唐詩》
清沈德潛選《古詩源》
北周庾信《庾子山集》

唐李白《太白全集》
唐韓愈《昌黎全集》
唐柳宗元《柳河東集》
唐李翱《李文公集》
唐李商隱《李義山詩集》
宋韓琦《韓魏公集》
宋歐陽修《歐陽文忠公集》
宋曾鞏《元豐類稿》
宋蘇洵《嘉祐集》
宋蘇軾《東坡全集》
宋蘇轍《欒城集》
金王若虛《滹南遺老集》
明王守仁《陽明全集》
明楊慎《升庵全集》
清顧炎武《亭林文集》

清錢謙益《牧齋初學集》
清汪琬《堯峰文集》
清陸隴其《三魚堂集》
清方苞《望溪全集》
清朱筠《笥河文集》
清戴震《東原文集》
清姚鼐《惜抱軒集》
清汪中《述學》
清洪亮吉《卷施閣集》
清焦循《雕菰樓集》
清阮元《研經室集》
清龔自珍《定盦文集》
清曾國藩《曾文正公集》
齊鍾嶸《詩品》
梁劉勰《文心雕龍》

梁任昉《文章緣起》（明陳懋仁注、清方熊補注）
唐孟棨《本事詩》
宋計有功《唐詩紀事》
宋尤袤《全唐詩話》
宋劉攽《中山詩話》
宋李耆卿《文章精義》
宋黃徹《碧溪詩話》
明王士貞《藝苑卮言》
明胡應麟《詩藪》
清黃宗羲《論文管見》
清劉熙載《藝概》
清徐釚《詞苑叢談》
清孫梅《四六叢話》
清吳喬《圍爐詩話》

清顧嗣立《寒廳詩話》
清袁枚《隨園詩話》

右總集別集及詩文評

胡適姚名達《章實齋年譜》
劉咸炘《文史通義識語》
張樹棻編《章實齋方志論文集》
章炳麟《國故論衡》
江瑔《讀子巵言》
羅焌《諸子學述》

梁啟超《中國近三百年學術史》
孫德謙《劉向校讎學纂微》
張爾田《史微》
錢穆《中國近三百年學術史》
金毓黻《中國史學史》
劉永濟《十四朝文學要略》
馬浮《復性書院講錄》

右近人著述

中國史學基本典籍叢刊 書目

- 穆天子傳彙校集釋
- 國語集解
- 國語彙校集注
- 吳越春秋輯校彙考
- 越絕書校釋
- 西漢年紀
- 兩漢紀
- 漢官六種
- 東觀漢記校注
- 校補襄陽耆舊記（附南雍州記）
- 十六國春秋輯補
- 洛陽伽藍記校箋
- 建康實錄
- 荆楚歲時記
- 大唐創業起居注箋證（附壺關錄）
- 貞觀政要集校（修訂本）

- 唐六典
- 蠻書校注
- 十國春秋
- 皇朝編年綱目備要
- 皇宋十朝綱要校正
- 隆平集校證
- 宋史全文
- 宋太宗皇帝實錄校注
- 金石錄校證
- 丁未錄輯考
- 靖康稗史箋證
- 中興遺史輯校
- 鄂國金佗稡編續編校注
- 皇宋中興兩朝聖政輯校
- 中興兩朝編年綱目
- 續宋中興編年資治通鑑

續編兩朝綱目備要
宋季三朝政要箋證
宋代官箴書五種
契丹國志
西夏書校補
大金弔伐錄校補
大金國志校證
聖武親征錄（新校本）
黑韃事略校注
元朝名臣事略
明本紀校注
皇明通紀
明季北略
明季南略
國初群雄事略
三朝遼事實錄

小腆紀年附考
小腆紀傳
史略校箋
廿二史劄記校證
通鑑地理通釋
文史通義校注